龙凤龟麟

中国四大灵物探究（上册）

虫化为龙，生殖意象与返祖回归，凤鸟的大小变化，鸟鱼冲突与互相转化，忍者神龟的智勇双全，巨龟的创生、创世与托载世界，麒麟出于长颈鹿与独角兽等内容不仅论点新颖、证据充分，而且趣味盎然、启发无穷。

萧 兵◎著

华中师范大学出版社

新出图证(鄂)字 10 号

图书在版编目(CIP)数据

龙凤龟麟:中国四大灵物探究/萧兵著.—武汉:华中师范大学出版社,2014.12
ISBN 978-7-5622-6599-3

Ⅰ.①龙… Ⅱ.①萧… Ⅲ.①中华文化—研究 Ⅳ.①K203

中国版本图书馆 CIP 数据核字(2014)第 081729 号

龙凤龟麟:中国四大灵物探究(上下册)

ⓒ萧 兵 著

| 责任编辑:章光琼 冯会平 | 责任校对:刘 峥 | 封面设计:胡 灿 |

编辑室:学术出版中心　　　　　　电　话:027—67863220
出版发行:华中师范大学出版社
社址:湖北省武汉市珞喻路 152 号
电话:027—67863040(发行部)　027—67861321(邮购)
传真:027—67863291
网址:http://www.ccnupress.com　　电子信箱:hscbs@public.wh.hb.cn
印刷:湖北新华印务有限公司　　　督印:章光琼
总字数:1200 千字　　　　　　　　总印张:63.5
开本:787mm×1092mm　1/16　　　彩插:8
版次:2014 年 12 月第 1 版　　　　印次:2014 年 12 月第 1 次印刷
总定价:130.00 元

欢迎上网查询、购书

敬告读者:欢迎举报盗版,请打举报电话 027—67861321

鳄蜥

守宫

蜥蜴

龙的母型

除了最重要的蛇，蜥蜴与鳄鱼（主要是扬子鳄）也是龙的母型；还有被人们所忽略的"特殊"昆虫——红山文化粗壮型玉龙就是金龟子幼虫（蛴螬）的身躯。它们都具有强大的生命力与生存智慧，甚至比恐龙还要"古老"。它们的蜕变与休眠是再生、永生、长生的象征。

马来鳄

印度的三头"那伽"龙,以眼镜蛇为母型,摄于泰国曼谷国际机场

大力神赫拉克里斯棒杀九首恶蛇许德拉,欧洲近世油画

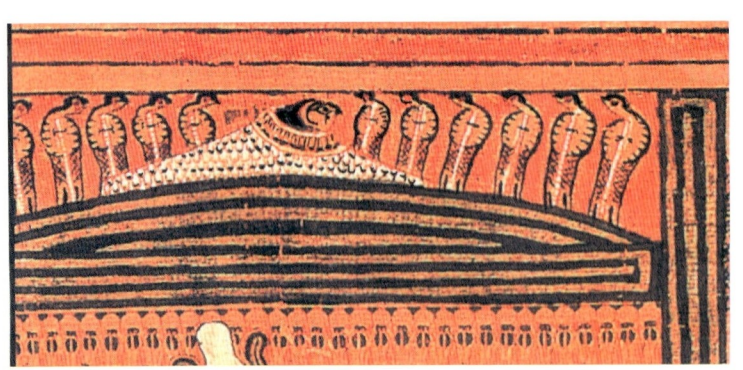

古埃及眼镜蛇神编组,大地的象征,陵墓壁画

眼镜蛇和九首雄虺

古代印度的"那伽"凶龙多以剧毒的眼镜王蛇为母型,还常常加以"编组",使其威力最大化。学者说:三头、七头或"九首雄虺"(中国称为"相柳"),可能由超大章鱼、水母或大王乌贼的"触手"取象。

剧毒的僧帽水母,水下动物摄影

翼龙，三叠纪晚期，复原图

早期欧洲"海蟒"身躯的凶龙——Dragon

恐龙的启示

　　早期的欧洲凶龙——Dragon（德拉贡）跟中国龙一样主要以巨蛇或"海蟒"为母型，后来才猛兽化，缩短身躯，利角长舌，能喷火吐水，但仍保留蛇尾。有的学者认为恐龙的"木乃伊"或骨骼化石启示了龙的创造——甚至凤凰也是一种绝灭的史前巨

清宫床榻的凤饰

模特身着绣龙旗袍表演

走龙装置,圆明园"枫丹白露"馆旧物

龙凤"飞入"寻常百姓家

龙凤取象曾为帝王所夺取和垄断,甚至成为专制的象征。现在逐渐回归寻常百姓家,包括龙的衣饰和器物,龙舟、龙灯、龙舞,都成了民众游戏、装潢、体育等等华美的仪具。

走龙即走兽化的龙,主要是游牧民族的创造,唐宋以后流行。

雉：锦鸡。Roger Tidman 摄影，采自《野生动物》杂志

凤凰的三大母型

古代"凤：鹏"同字，其母型是凶猛的巨型鹰鹫，后来加入雉鸡的优美、孔雀的华丽，加以夸饰和祭敬，就成了凤凰。

古人认为"凤鸟：大鹏"与狂风是共生的。"凤：风"在甲骨文里是一个字，为天帝的使者，能够交流人间与天上的信息。

孔雀

鹰鹫，动物摄影艺术，采自《世界知识画报》

蜂鸟,现已在武夷山发现

西藏黑颈鹤

凤凰也可大可小

凤凰跟龙一样,也能大能小,能幽能彰,不但以雄鸷的鹰、华丽的雉鸡和孔雀为母型,还从高大的仙鹤、善舞的鸵鸟,乃至纤巧的极乐鸟、蜂鸟等汲取形象元素。

极乐鸟,印尼

龙首铜龟,摄于江苏无锡太湖鼋头渚

作为参照的巨型象龟,太平洋上的加拉帕戈斯岛

独角龙(首)龟

龙头龟是对龟的最高神圣化,或称"赑屃龟"。独角可能从麒麟取象。

大型陆龟

海龟

玄武：凶猛的龟蛇

龟的品种很多，有的善于咬噬，有的能够呷蛇。

最初的玄武只是坚甲的大龟——力量巨大，长命而且耐饥，或被传说为长生不死。以"象龟"为母型的"赑屃"还能驮碑——最初是背负"世界大山"乃至地球。

龟蛇组合的玄武，不论表示交合还是战斗，目的都是使其威力倍增。

榜加剌人进贡麒麟，明代绘图

霍加皮，或说麟

麒麟的长颈鹿母型

麒麟的重要母型是长颈鹿。战国时已发现许多以长颈鹿为取象依据的长颈神兽造型。至迟汉代，已有"交颈麒麟"的祥瑞图形，这是从西亚、北非传进来的。

编磬的长颈神兽器架,湖北随县曾侯乙墓出土,战国

交颈长颈鹿

交颈长颈鹿:吉祥与胜利

长颈鹿"交颈",或说,这跟鸳鸯交颈一样表示爱恋或友好;有人却说是为了择偶而猛击对方脖子——如果在雌雄之间,那就是"玩耍"或"前戏"。

类似麒麟的混形怪兽,或即"马卡拉",泰国,范明三摄影并供稿

麒麟与独角兽

麒麟是混形神兽,在东南亚演变得相当繁缛。它的主要特征是长颈、独角、鳞身。西方的 Unicorn 是马身加鲸的独角。独角鹿则已发现。

麒麟浮雕

凡　例

（1）本书所引用的参考文献，一般注明出版社、出版年代、册次、页码。大陆以外，加注出版地，如台湾、香港，东京或纽约，以便查找。再次或多次引用者，仅注页码。引用短句或警语，一般仅注作者名。撮述大意或简要片断，前注"参见"，一般不注出页码。引用集体编著，一般不署作者或编者名。

（2）引用古籍，一般仅在正文中交代。优用新版，必要时注明出版社，再次引用时，仅注册次、页码。

常见典籍，如《十三经注疏》、《新编诸子集成》、《二十四史》等，均用中华书局新版。如《太平广记》（中华书局，1981年版）卷四六四（10·3817，即第10册，第3817页）。重要者注出校注笺释者姓名（如《韩非子》，陈奇猷集释本，加注页码）。

（3）引用外文文献，一般注明作者、书名、出版年月及地点等，只译注中文书名；借用他人汉译时，加以说明。引用汉译本，略同中文文献，一般加注译者及作者姓名、国籍。

（4）引用甲骨文、金文及其考释，一般使用学术界通用简称，注出卷次、页码及片号或编号。例如《前》4·53·4，指罗振玉编，石印本《殷墟书契前编》第4卷第53页第4片；《前释》指叶玉森著，对此书的释文与笺注，大东书局，1931年石印本，编码同上。可核查《甲骨文编》（孙海波著，科学出版社，1964年影印本）、《甲骨文字集释》（李孝定著，台湾历史语言研究所专刊，1960年影印本）；《金文编》（容庚著，科学出版社，1964年影印本）、《金文诂林》（周法高等著，香港中文大学，1975年影印本）；笺释可查《古文字诂林》（上海教育出版社，2000年版）。

（5）本书的叙述文字使用了大量引号，这些引号除了具有引号的一般作用外，更多地是为了表示强调。

（6）文中涉及多种民族语言及其他非汉语词汇的音标、音调，由于所使用的文献资源不同，有的用国际音标，有的则不是；有的音调用数字表示，有的用符号标示。为遵从原文，一仍其旧。

（7）引用同一作者的论著，见于同条注释者，第二种便不加作者姓名。如：刘城淮：《略论龙的始作者和模特儿》，《学术研究》1964年第3期；《中国上古神话》，上海文艺出版社，1988年，第21页。

(8) 参见本书作者著作，一般仅交代书名，出处参见书末"萧兵论著索引"，以便查考。

(9) 本书插图，均经缩小或放大，主要以单色处理，或描画线图，国际惯例，不为侵权。插图一般注明出土地点或作者姓名，一般不注所见书名。为免翻查之烦，因内容需要，少量重复使用，一般注明"本图复见"。

(10) 标点符号的较特殊用法，略作交代。[ ]表示增补，( )表示注释，多用以补足文意。用于语音等，【】表示待注的字，〔〕表示特定时期或语种，如：【龙】〔汉语上古音〕long（来东——来纽东部）；〔藏语〕brong；〔原始汉语〕＊mlong（＊是拟音符号）。

连读号"—"表示两字（词）紧密相连；分读号"·"或"/"表示两字（词）应加区分；[ ]又表明作者国籍，如[英]弗雷泽；"→"或"➡"表示演进，如：已→蛇→龙；冒号居中表示相当，如"蜃：蛟：妖龙"；"≈"表约等；"＝"表相等；⇌表示互动，如"蛇⇌蜥⇌鳄"，表示三者互相影响，生成为"龙"。

(11) 本书非严格学术著作，为使读者了解相关资料与分析判断，且为节省篇幅及查检之劳，本书使用一般学术知识、研究成果，包括本书作者的已有论述，大多不避重复、不注出处，仅作详略区别。失当之处，诸希谅鉴。

引　言

　　我想把这本《龙凤龟麟:中国四大灵物探究》当做艺术人类学兼文学人类学的一个"标本"或"个案"来写作。这原是我的《玄鸟》中"动物崇拜"的一部分。由于题材的"大众化"以及研究论著的繁多,便要求视角的独特与讲述的生动。我使用的仍然是传统人类学的理论与方法,却由于从根本上牵涉人类与自然、人类与动物的互动关系,写起来就有些像新兴的"生物人类学"的作品,尽管我不具备建构新学科的素养、学识与胆量。正像我反复陈述的那样,既然是"人类的",就必定是世界范围的观照,包括跨文化的"比较"和超时代的"贯通"。这当然更超出我的知识结构与能力范围,但这是无可奈何而又不得不勉力以赴的事情。以龙来说,不仅古代印度的"那伽"(Nāga),欧洲的"德拉贡"(Dragon)——也许还能远溯到古代埃及与古代西亚的"原龙",都有以蜥、鳄或蛇的形象出现,或以它们为母型(model)者,谁也不能保证它们没有间接的"联系"或因子水平上播化的可能。以鹰鹫为主要母型的神话大鸟,更是世界性的,其翼若垂天之云,抟扶摇而上九万里,像龙卷,如雷电,俨然"齐谐"里大鹏或印度的金翅鸟。它们不但以鱼(鲸)或蛇(龙)为食,而且鲲鹏一般地相互转化。龟、麟的跨民族可比性较少,但是,长颈动物的信仰,"独角兽"的神秘,海龟、海蟒等的"水怪化",也决不限于一国一洲。以上的神话动物或动物神话大都是趋同与可比的,许多是"整体对应/多重平行/细节密合"(比较文化三原则)兼具,很难用"偶似"之类遁辞来掩饰。这些,当然都要经过专家的再确认。

　　人类不过是"球面生物圈"的一员,远古时期并没有唯我独尊、贬低万物的意识。人必须跟多样化的生物世界融为一体,既要以动物和植物为食、为衣、为用,又要尽可能合理地与它们共处。尤其是"耕主牧副"的中华民族先民,对生物或生物环境是爱护与敬畏的;至迟在我们能够探知的"文明"时期(或"文野过渡期"),或所谓"三代",就已经积累或整理出一套爱惜自然、保护生物多样性的办法或规矩。例如不过度开发,不滥采乱伐;有特定的禁猎期、休渔期和轮作休耕制度,不捕孕孵,不擒"二毛",不杀仔幼,等等(这些在考古发掘、田野调查和古文字材料、经籍文献中都有不同程度的透露)。他们最关心与自己的生存密切联系的动物,对于其中特殊的种类,还把它们认作自己的亲戚乃至祖先——这就是所谓"图腾"。虽然近年来因"泛图腾"成灾(我们也不

古代天球仪（北京古天文台）

巨龙承载着圜天而又与云气一起缭绕升腾。无怪乎龙能成为中国人最为雄健刚强之想象或阳刚之气的象征。

免有过许多误识）而遭到国际人类学界的质疑与批判。但我们认为，作为"动物崇拜"的大宗或主流形态，远古中国还是实行过典型的图腾制度的。以我们的讨论对象"四灵"而言，龙的主要母型蛇、鳄、蜥、"虫"，都曾被我们的远祖当做"非人类的祖先"（这是图腾与一般神秘生物及其崇拜的主要区别）。它们"升华"成混形动物之"龙"，直到成文史时期，还被许多重要群团当做始祖或祖神来祀奉，以至今天我们还自称"龙的传人"。

沙雷尔等有一段很招惹"反感"的话：

> 以前的考古学界一直不重视意识形态，认为这是考古学研究力不能及的。……
>
> 当下的"后过程主义考古学"就认为，意识形态而非技术才是文化系统的推动力。人类社会借助意识形态确立关于自然和超自然世界的信仰体系。通过意识形态，形成了关于宇宙的秩序，以及人类在宇宙中的位置的观

念，确立了人与人以及人与周围万事万物的关系。(《发现我们的过去》，余西云等译，上海人民出版社，2002年，第408页)

我们的研究，多少有些（微观）"民俗考古"的意味——这是"（早期）生物人类学"的伙伴或助手。我们竭力避免"见物不见人"，尽力透过"四灵"（及其母型）与初民的密切关系，重建有关人/物关系以及世界秩序的"原始宇宙观"，乃至重建具有"活泼泼的生机"的专题文化史（这当然并非一部书便能臻至）。

意识形态是用象征符号来表达的，（必须）分析抽象的实物象征和写实的实物象征。(《发现我们的过去》，余西云等译，上海人民出版社，2002年，第412页)

"四灵"更是中国文化、中国古代宇宙观或意识形态的重要"象征符号"，也是中国文化或"神话思维"的"动物模式"。无论是"考古学/人类学/民族学"都不能绕开它们，而只能结合起来对其给予诠释。

"龙"在中国古代宇宙观、天下观或"多元一体"格局里举足轻重。

在中华民族栖止的远古大地上，似乎东南西北四个方向（姑以中原"核心文化区"，尤其豫晋陕三省交界或黄河南下东流转折处为基准），有若干氏族或部落敬畏"足迹遍天下"的"虫"、蛇以及蜥蜴（北纬36°以南，还有鳄），有的"独立发生"，有的"相互影响"。待到接触或"交流"的时候，不期然而然地都崇拜"蛇"这种"用肚皮走路"的神秘动物——有的还认为它应该"长出"四只脚，或在特定时空里"失去"四只脚……这就使得"蛇"跟四足爬虫如蜥、鳄等融汇起来，成为"龙"的主要母型。

然而"蛇形龙"多数保留有它们的"地方特色"（后来逐渐凝结成群团的集体表象或者"传统"），例如：北方或西北方的"虫"或"神蛇"（或曰"龙"），往往被加上四只脚，那是"四脚蛇"——蜥蜴，南下或东进之后还粘附上鼍鳄。但是，马家窑文化蟠于人脑后的却是小小的神蛇，与人首共享一对角。他们的头、角颇为多变：鹿的"初茸"，羊（羚羊）的尖角……后来还"接近"鹿首或马头。这跟"狄人集群"的"龙"颇有关系。

东北方的"龙"则体常蜷曲，多是虫躯，有的拉长为蛇，有的长着猪首乃至熊首（"通古斯"的意思就是"养猪人"），而且变化较快（例如猪首转换为较接近的熊首乃至"虫首"）。红山玉龙，与之似乎一脉相传的殷商之龙，多具勾曲的某种"幼虫"的身躯，但已与蜷蟠的蛇体互渗。

然而，东部（如夷殷）的龙，虽然"接受"东北方"卷龙"的体态特征，但是更多融入了凶猛的鼍鳄形象，还为它安上威风的、大肆夸张的"瓶状角"（鹿茸），或牛羊角。无角而加角，伊藤清司认为是"怪化"，我们则认为主要是

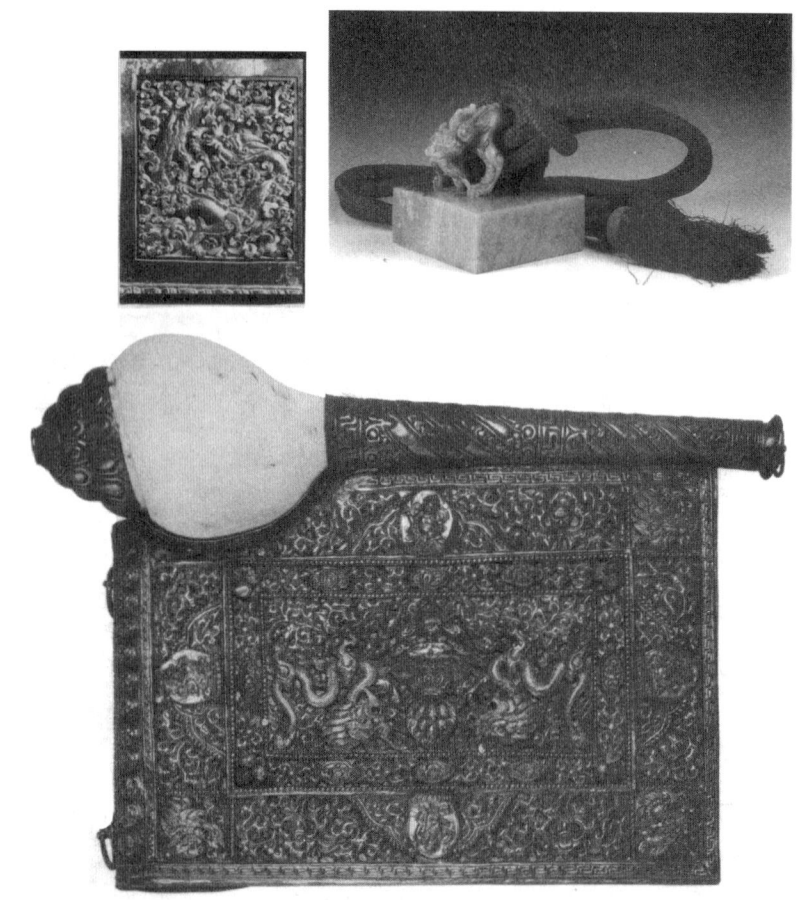

西藏的"龙"文物

（左上：（明代）鎏金龙纹卷草木雕，采自叶星生等；右上：（元代）封赠释教大元国师龙纽玉印，采自"西藏文物展"；下：龙饰金匣，现流落美国）

西藏的龙，本受印度与中国内地的影响，但也有纯粹中原式的。我们必须注意中华各民族的龙的共同点（例如蛇躯）以及各自的特征。

为了"尊化"——不论怎样，都是一种"去平凡化"的努力。

只有南方的"龙"更多保留着虫或"蛇虺"的本来特色（"虫：虺"字样之母型主要为眼镜蛇）；如果有角，则多像黄牛与水牛的角。有时还因为爱畏藏獒之类猛犬，逐渐崇拜或"塑造"出龙犬，让龙与犬的崇拜相结合（由于篇幅限制，上述内容本书并不过多牵涉）。

融合演进之后，它们已不仅仅是人类学家所说的"地方性知识"，而且慢慢成为了"中华"四方百族的共同的集体表象乃至基本信仰之一，成为文化传统与心理的"物化形式"之重要内含。所谓"龙的传人"绝非虚言，也不限于"华夏—汉"族。这也是中华民族能够凝聚为一个伟大共同体的重要心理—文化因由（请参看笔者的《中庸的文化省察》及待刊的《玄鸟》诸篇对龙、双蛇的讨论）。

再说凤。"天命玄鸟，降而生商，宅殷土芒芒。"（《诗·商颂·玄鸟》）殷商王族肯定以鸟为图腾（对此，学术界先辈如于省吾、郭沫若、闻一多、胡厚宣等都做过无可置疑的严密论证）。凤凰以鹰、孔雀、雉鸡为主要模特，燕子、乌鸦（日中三足乌）、鸥鹗等也渐次参与聚变而为凤凰母型。跟蛇龙（图腾）崇拜类似，鸟凤（图腾）崇拜也延展到许多地区和群团。龟、麟（图腾）崇拜也许只局限于小部族，却并非绝无仅有（这些在正文里都有所介绍）。

《左传》言"太皞氏以龙纪，故为龙师而龙名"，"太皞"者誉，是夷殷传说始祖，却尊龙若此。顾颉刚《读书笔记》说，这相当于《史记》所说"秦文公梦黄蛇下属地"，"秦文公猎，获黑龙"（看来都是蛇的"异读"）；他甚至据以说，"龙为鸟夷族之一图腾"（《学术文化随笔》68）。可见以鸟为图腾者仍然可以拜龙，仅以图腾很难解释。

我们不把图腾崇拜当做"四灵"观念或信仰的主要成因以及论述的重点，这固然由于以"图腾"来诠释四灵或四神的论著太多，不能过分重复；更重要的是动物崇拜，包括图腾崇拜、灵物崇拜，是随机现象，其选择往往是偶然的，不能机械地或侬靠统计学比率来规定（尽管偶然里潜伏着必然，但在许多时地却是偶然"压倒"必然）。经济也不是原初信仰产生或形成的主因。家畜如猪、羊、牛、马、犬、鸡，对于人类的生产生活比四灵、四神重要得多，关系密切得多，却没有被选择为"灵"，也不像蛇、鸟那样触目地成为"非血裔异类祖先"。恩格斯早就在《给斯密特的信》里指出，要从"原始谬论"（或译"原始的愚蠢"或"愚想"）里找出经济的原因，是徒劳无益的。因为"这各种各样的关于自然，关于人类性质，关于精灵、魔力等等的虚伪的表象，大都是消极地有着经济的基础；史前时代的低度的经济发展，把那关于自然的虚伪的表象当作了补充；有时当作了条件，甚至当作原因"（引见《马克思恩格斯通信集》）。民俗或传统，在这里举足轻重。

这就像上述以鸟为图腾的夷殷，也有龙的信仰或者崇拜，但不必是图腾。

"四灵"或"四神"或其母型，虽然都曾经成为初民的食物，却不是其狩猎或豢养的大宗。原因倒是经济性的：它们不像猪羊那样能够提供极多的肉，捕捉起来又困难得多。它们更没有成为驯化与畜牧的对象。根据哈里斯"文化唯物主义"定律，它们既不像猪羊那样能迅速、大量地把植物蛋白转化为人类生存与进化所必需的动物蛋白，又不能像牛马那样提供"动能"或"劳役"。它们成为灵物、图腾或神祇、神祇化身，主要原因不是纯实用、纯功利。那么，什么是它们成为"灵物"的主要原因？

我们认为，主要基于它们的生存能力、生存智慧与生存方式（这也是我们

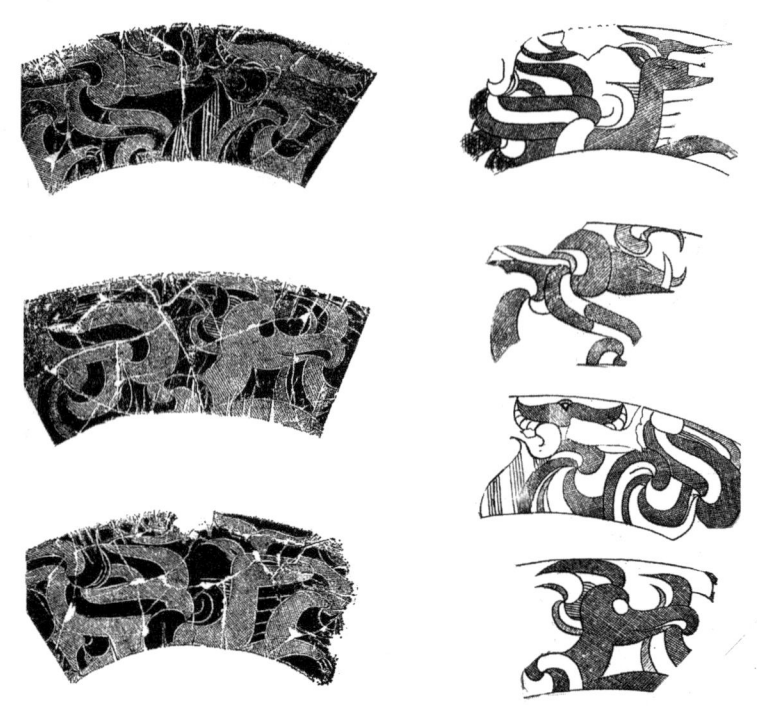

初具规模的类"四灵"

(陶罐纹饰,内蒙古敖汉旗小山出土,赵宝沟文化,新石器时期;本图复见)

在这盘根错节的神秘动物群中,可以粗略辨识出:飞鹿(麟)/野猪/龙/凤(图右,自上而下)。"四灵",除了猪与龟(玄武)完全不同之外,其他三种已经初步展现其神秘的姿容,鹿而有翼,猪似有角,龙而牛首,凤有长喙,"混形性"或"虚构性"已初现端倪。在那样早的时期,已有后世被广泛崇拜的四大灵物,真令人惊讶。其造型技巧之繁复、精密、巧妙、美丽,更令人难以置信。

的论述"与众不同"之处,尽管我们吸收了专家、前人与朋友的精彩见解;这里简要撮叙一下正文的论证,以醒眉目)。

四灵(也许还包括四神,内含主要"不同"只在麟与虎)或其母型,几乎都是生命力、繁殖力极强的动物,蛇、鳄、蜥、龟与某些昆虫,某种"巨鸟",有极为绵长的历史,有些可追溯到恐龙时代,比人类古老得多。它们经历过许多天文或地质的灾难,却未被灭绝而顽强地存活到今天,或者得到进化、"选择"与"改变"。生存的智慧是最大的智慧,何况它们还有许多神奇而又神秘的适应环境的生活方式,诸如能够"两栖"或"多栖"生存,或者能够"冬眠","深挖洞,广积粮",以最少饮食、耗费最低能量,最优化地延长或拓展生命……再加上其凶猛与诡秘,例如:鳄、蜥与某些鸟、虫的窟穴生活,蛇的"腹行",龟与水鸟的"多栖",候鸟的节律运动,鹿的换角,等等,在初民心目中是多么奇妙,多么神秘,多么有趣,多么智慧,引发他们多少遐想!

它们作为"生命"或"再生"原型(archetype),还有极为独特、奇妙的生命"转换"与活动方式,像蛇、蜥的"蜕皮",某些昆虫的由卵而幼虫、而成虫、而结蛹,连带着蛰伏与苏醒,都被善于观察与学习的初民看做能够再生、长生直到永生的生存能力或"方式"。"人为万物之灵。"当然包含着人类独立自主意识的标记或"觉醒"。然而原初人类并无"人类中心主义",并不把动物看做"愚昧"、"野蛮"、"恶劣"的物体,只能供人类杀戮、食用、役使或作乐。在许多环境与条件下,人类认为动物是朋友,是亲人,是老师……于是,"灵"而有"四",几乎都超越人类之上,值得人类敬仰、崇拜或者学习、模仿和利用。

"生命(力)"项下的生殖本性、蕃衍能力,也是"物"而为"灵"、"物"而成"神"的重要缘由。"四灵"及其母型几乎都有极强的交配与蕃衍能力。人类对此的向往与景仰,绝不仅限于它们自身的繁殖。"食色,性也。"初民极为关注提高自己的性能力以及与之直接关联的繁殖力。这决不仅仅是本能的满足与快乐,能不能向"灵"与"神"学习模拟这方面的超强能力,直接关系到个体生命的扩大,集体生命的延续。即使是所谓图腾机制里的"返祖"冲动与扩张需求,也不是(或不仅是)希求崇拜对象的大量蕃衍(以满足食/用等方面需求)。由于"交感"作用,"祈生"仪式乃至特定语境里的吃食图腾动物,像澳大利亚原住民的 Intechuma 仪式,以鸟为图腾与化身的王亥"两手持鸟,方食其头",还是祈使族裔的超常繁殖与绵延。

还有重要的一点,"四灵"或"四神"及其主要母型,都是(或多是)强悍而凶猛的动物。蛇、鳄与猛虎等不必说了,巨蜥极善进攻;公鹿权角有力;龟甲坚硬不破;凤凰最早的母型鹰鹫,最大变身之"大鹏",极为猛鸷。许多虫豸与某种水龟善于咬噬……这些都是它们生命力强大的证明,也是初民对它们既敬爱、又羡慕、复恐惧的重要理由;这还是被忽视的中华民族"尚武"精神、"勇敢"品质的古老显现。

特别是蛇,其成为龙的最重要母型,"神出鬼没",乃至"超凡入圣",上述缘由几乎全部具备。它行踪诡秘,以腹代足,忽隐忽现,蜕皮惊蛰,生殖力与生命力强大,既有"男根"又有女性特征,都使初民惊奇万状,敬畏无比。它多以剧毒致人死命,而几乎无声无息,无形无迹。"畏惧产生宗教。"费尔巴哈说,初民大多不崇拜益物而敬重毒蛇猛兽,直到恶神,其主要原因就是恐怖(感)。然而,中国的"四灵"之母型,又不全然是"凶恶的自然实体",有时还是"善良的自然实体"([德]费尔巴哈著:《宗教的本质》,王太庆译,人民出版社,1998年,第38页)。中国人的宗教观、审美观、艺术观总是带着"朴素的辩证法":善恶实体不但互渗，而且能够各自向其对立面转化。推己及物，自己害怕的，敌害、妖邪或恶物肯定也害怕。于是利用这些勇敢而又智慧的生物来辟邪、逐鬼、护宅或镇墓，不但可转害为利，让它们来保卫与突出自己，而且还能逐步建构自我的中心霸权话语或圣俗合法性。

蝰蛇吞卵

（动物摄影，原载美国《国家地理》杂志，采自《世界知识画报》）

蛇能够吞下比自己身躯大好几倍的食物，这大概是"巴蛇吞象"一类传闻产生的原因之一。蛇的神秘性极强，除善于潜伏，适应多种环境，冬眠、蜕皮与腹行之外，吞噬能力也是很奇特的一种。

恐怖又是崇高或壮美的一个"助成"原因，是"伟大"的特种证明。丑陋或怪诞都可能转变成华丽或雄伟。"丑到极点就成了美。"（贾平凹说）从蛇到龙，就是极好的证明。

这提醒我们，信仰与崇拜还包含美学原因。凤凰更像孔雀与锦雉，又具有鹰鹫的高大与雄伟，而逐渐把家鸡或雁鹅的元素排除殆尽，就提供着可贵的启发。这在相关艺术作品里体现得淋漓尽致，所以可当做艺术人类学标本来研究。

既然是信仰，是"象征讲述"或"神圣叙事"，四灵及其性格，就被逐渐扩延到非现实世界。例如，也许正是出于"四灵"或"四神"的勇猛强韧而又华美，生命与繁殖力强大，被看做"灵异"的历史又长，才使其成为"随葬"或"镇墓"的重要物象。古代"事死如事生"。坟墓尽可能重现生前的场景，却又要布置成一个"小宇宙"。人只有融入宇宙，特别是宇宙中心，才能"与天地兮同寿，与日月兮齐光"。所以墓顶模拟天穹，"中心"是日月或"北辰"，以取代中央"土"之兽麒麟；但"四向"的标识圣物仍然未改，像宫室或军阵那样：左青龙右白虎，前朱雀后玄武。"四"这个模式数字兴起得很早：新石器晚期人类就晓得根据太阳的时空运动确定四方（安徽含山凌家滩"龟书"玉版上的"八圭"，即"原八卦"，指向"四面八方"）。但什么时候建构为"四灵"或"四神"序列还不大清楚，大概于春秋战国之交初步形成。"四灵"跟"四神"紧密相关，都曾被用来"示向"，但与其粘附的群团关系不大：起于北方的（蛇）龙，却以"青色"标识日出的东方，东方之凤"卑化"为南方朱雀；阴湿之龟繁化成北方玄武，凶猛的虎与温顺的麟争夺过位序权，"死亡"的白虎终于归属"刑杀"与金属利器的日落的西方，麒麟标识"中央：土"的光荣历史并不是很长，也不稳定（麒麟有时标识北方，熊虎等又搅扰其间）。这样就大致回答了"灵"或"神"或"象"何以为"四"的主要缘由：跟早期"四大"（元素）及"五行"观念相关，它们也许很早就被用来标识大地的"四向"与"天区"（星座群）的"四宫"。对这方面的研究，王小盾有关"四神"的书讲得详细而又准确，我们的着力点不在于此。

上面讲的主要是人对自己的对象的观照、思辨与利用、改造。作为自然的有生部分，动物也不断被人化——不仅限于人性化与人格化——人也不断将自己的能动本质对象化于"有生的自然"。四灵有步骤、有层次地被"提升"到人或超人的地位，从而具有人或超人的"权威"或特性。龙与凤的"社会地位"特别高，逐步被统治者擢升为不可侵犯的神圣物，并且回过头来垄断为私有品，以证实君主无上权力之世俗"合法性"与宗教"权威性"。作为"引导兽"的麒麟（或其改型），精通人类的文化和语言，赐予灵智的生命与幸福。憨厚而又笨重的乌龟，却被看做武勇与"积极防御"的象征，还被赋予最高的智慧：不但能够占卜现在与未来，而且是"第一圣书"《周易》的建构者、参与者（含山

"原八卦"就从龟甲里获取"灵力")。这些都是社会构造、文化特性对于宗教与传统形成的基础性作用。

随着时代的进步，文化与智力的提高，"四灵"被歪曲、被独占的神圣性逐渐被解构，最终回归其作为智慧、勇武、美丽象征的神话与美学本性，成为中华民族凝聚力与精神资源不可分割的部分，乃至被当做游戏、观赏与装饰不可或缺的构成。我们本来跟它们距离很近，以后被拉远，现在又亲密接触；走向世界，而又回归自我，回归民族，回归文明。它们由世俗的普通的"生物学存在"，以其自身特有的专长，经过神话思维的"混合"、"夸饰"和"升华"，成为神圣性的文化与政治"实体"，如今又回到我们身旁。这种"俗—圣—俗"的特异"循环"，跟"生—死—生"的永恒回归，同样是人类思想史的有趣话题。

大约20年前，就听说王小盾（昆吾）在写"四神"的书，我在研究早期艺术、原初信仰，特别是部族图腾时又不得不牵涉四大灵物。龙与凤对于中国文化而言太重要了，研究的人极多，分歧也极大。我不揣冒昧，很想做个整合与建构的尝试，于是搜集资料与图片，了解诸家的成果。恰好，2004年初，他为他的博士生毕业答辩的事登门造访，我乘机请他审阅了我的部分图文资料与论述片断，他笑着说：基本不重复，各有千秋。我很高兴，忙里偷闲，将其整理为一个"艺术人类学"或"文学人类学"专题科普著作，快完成之时，收到他惠赠的巨著《中国早期思想与符号研究——关于四神的起源与体系形成》（上、下两册），快读一过，补充并修订我的初稿，吸收了一些我未及见的材料，还借机删繁就简，大动手术，舍弃了1/3左右的文字；删去的部分有用资料，或拟另用，主要有：

(1) 英雄屠龙

(2) 怪物，或四灵及母型之外的"混形动物"

(3) 龙女故事

(4) 龙涎香

(5) "双凤朝阳"与"日鸟怀卵"

(6) 中西凤凰涅槃神话及其发生背景

大家可以看出，我的重点放在"四灵"的种种母型及其"异说"所提供的人与动物或自然界的互动关系之上，兼及它们被选择的原因，以及它们的神话特性。由于本书的"通俗"性质，有些资料、学说、图片的来源没能注出，在此表示谢忱与歉意。仍然希望读者将本书跟我的其它论著，例如有关早期艺术以及《山海经的文化寻踪》等结合起来批判阅读。我诚惶诚恐地等待反应与批评。

周俐女士协助本书撰作，花费了巨大的劳动。特此致谢！

目　　录

第一部分　龙

第一章　从蛇到龙 ……………………………………………… 3
由母型开始 ………………………………………………………… 3
"龙为九似之物" …………………………………………………… 7
原初的龙 …………………………………………………………… 14
蛇升华为龙 ………………………………………………………… 21
龙与图腾崇拜 ……………………………………………………… 22
南方的蛇信仰 ……………………………………………………… 30
龙柱与鼓精 ………………………………………………………… 33
长生、再生、永生的意象 ………………………………………… 38
恐惧创造神 ………………………………………………………… 42
巨龙：蟒与海蟒 …………………………………………………… 48
西方的"龙"与蛇的关系 …………………………………………… 63
恐龙遗蜕的启示 …………………………………………………… 68
蛇颈龙的"遗裔" …………………………………………………… 79

第二章　鳄与蜥也是龙的母型 ………………………………… 87
东西方的龙都曾由鳄取象 ………………………………………… 87
两种鳄 ……………………………………………………………… 93
域外的鳄与鳄龙崇拜 ……………………………………………… 101
考古与文献上的鼍与龙 …………………………………………… 105
鼍鳄性征与龙的关涉 ……………………………………………… 114
作为雷雨之神的鼍龙与鳄龙 ……………………………………… 119
蜥蜴或"蜥蜴龙" …………………………………………………… 121
鳄与蜥的互渗 ……………………………………………………… 124
龙母型为蜥蜴——诸说 …………………………………………… 127

小龙：蝾螈 ·· 130
　　蜥蜴的智慧与神奇 ·· 132
　　蜥蜴，作为图腾或圣物 ···································· 136

第三章　龙出于虫 ·· 147
　　红山粗壮型玉龙："虫"母型 ······························ 147
　　"龙：虫"通转的形、音、义根据 ·························· 152
　　龙的多变多栖与虫的多栖多变 ······························ 154
　　虫/龙，"卑/尊：俗/圣：丑/美"的对转 ····················· 160
　　虫的习性、体征与龙 ······································ 168
　　水蛭：超微化的蛟龙 ······································ 175
　　虹龙也属虫虺 ·· 180
　　"虫形龙"是否含"蚕" ··································· 182
　　由蛙到龙 ·· 187
　　蜗螺也与龙相关 ·· 192
　　蜃龙 ·· 196
　　龙、虫同类吗？ ·· 197
　　反秩序的妖龙 ·· 198
　　史前"巨虫" ·· 200
　　"龙"的语音再分析——与四大母型的关系 ·················· 203

第四章　龙：生命的集聚与更新 ······························ 212
　　龙及其器官的"再生"能力 ································ 212
　　多首级：生命连续性的表征 ································ 215
　　四灵，灵验的"物占"或卜测用物 ·························· 218
　　龙，作为生命智慧的象征 ·································· 221
　　龙达成而又超越久远生存 ·································· 225
　　龙的角，生命力的标识 ···································· 233
　　龙为什么能飞 ·· 234
　　应龙 ·· 239
　　龙，生殖（器）意象 ······································ 245
　　纳西族生命神之"署"或"龙" ···························· 253
　　动物胚胎与龙的"成形" ·································· 255
　　"胚胎"理论、"返祖"现象与图腾回归 ···················· 264

  龙，共时结构克服着历时结构 …………………………………… 266

第五章　鱼龙混杂…………………………………… 277
  鱼与"改装"的龙 …………………………………… 277
  鲤鱼跳龙门 …………………………………… 284
  龙/鱼互转的语音依据 …………………………………… 286
  鲵龙 …………………………………… 287
  鲵与虹霓 …………………………………… 292
  远古文物里的鲵与类鲵 …………………………………… 294
  "海王"鲸，曾经的龙 …………………………………… 302
  海龙王，列维坦，摩羯鱼 …………………………………… 309
  泥鳅龙 …………………………………… 316
  鲮鲤：穿山甲：小龙或蛟 …………………………………… 318

第六章　龙与兽畜…………………………………… 322
  东北方龙的虫首或兽首 …………………………………… 322
  猪或龙与雷雨的关系 …………………………………… 328
  熊首龙 …………………………………… 331
  龙马 …………………………………… 334
  天马、水马、龙马多是野马 …………………………………… 340
  龙是海马？ …………………………………… 349
  龙与犬 …………………………………… 351
  牛龙与龙牛 …………………………………… 354
  象鼻龙 …………………………………… 358
  狮与龙 …………………………………… 361

第七章　龙与自然现象…………………………………… 365
  龙为虹说 …………………………………… 365
  龙星 …………………………………… 369
  龙与极光 …………………………………… 376
  龙：电闪雷鸣 …………………………………… 378
  彗星与火龙 …………………………………… 384
  龙卷风 …………………………………… 388
  龙为河川 …………………………………… 392
  泥石流与熔岩凝体 …………………………………… 394

  龙：树象或树神 396
  龙与木表 400

第八章　跨文化的龙

  东西方龙的基本特征 402
  东西方龙可能相互影响 413
  "吞入"龙腹及其象征意蕴 419
  守宝龙 431
  中国龙与印度龙 438
  弗栗多或那伽龙的古老形态 441
  炎帝系统与羌藏文化的龙 447
  西藏的龙 449
  纳西族的龙、龙王、龙女 453
  彝族的龙 460
  美洲的羽蛇龙 466

第二部分　凤

第九章　凤：大鹏鸟——风神

  凤的混形特征 471
  大鸟：鹰鹫——凤凰最古老的母型 476
  天帝的使者 484
  "风：凤：鹏：篷（帆）"的通转 488
  凤的标志性符号 492
  "凤：飞廉"：风神鸟 496
  鹤、凤的合合分分 501
  鸾与鸵鸟 509

第十章　凤凰与玄鸟

  "玄鸟"的多样性及其授孕能力 515
  鸾凤和鸣——鸟的性意味 524
  凤凰的二重性 530
  "凰"是什么 537
  凤凰曾是世界中心的"乐园鸟" 539
  "前凤凰"：太阳神鸟 547
  作为太阳神鸟的玄鸟 557
  "太阳离鸟"与凤凰 561

凤凰与南方朱雀 ……………………………………………… 565
　　凤凰与太阳神树 ……………………………………………… 571

第十一章　凤凰的"取象"与"异变" …………………………… 581
　　凤凰的孔雀母型 ……………………………………………… 581
　　在与"母型"对照中看"凤"的形质性征 ………………… 583
　　雉鸟：凤凰的又一母型 ……………………………………… 588
　　鸡 ……………………………………………………………… 592
　　鸣鸟与祥鸟 …………………………………………………… 599
　　猫头鹰亦或凤凰母型 ………………………………………… 605
　　猫头鹰的"二元对立结构" ………………………………… 614
　　极乐鸟：具体而微的凤凰 …………………………………… 621
　　餐风饮露的"迦陵频伽" …………………………………… 628

第十二章　世界性的大鸟、巨鱼神话 ……………………………… 635
　　远逝的大鸟 …………………………………………………… 635
　　古埃及太阳鹰 ………………………………………………… 641
　　古代埃及：日鸟与冥蛇的对立 ……………………………… 642
　　苏美尔"混形"怪鸟 ………………………………………… 646
　　古欧洲格律普斯—格里芬怪鹰 ……………………………… 652
　　古希腊宙斯、阿波罗殪杀妖蛇 ……………………………… 655
　　巨鹰攫人（首） ……………………………………………… 658
　　古代罗斯巨鸵斯特列菲 ……………………………………… 662
　　古印度妙翅鸟迦楼罗 ………………………………………… 663
　　鹏凤的改型与鲸鲲的对转 …………………………………… 666
　　大鹏鸟与龙王的对立 ………………………………………… 670
　　古代伊朗的卡尔希普塔尔与西姆尔克 ……………………… 677
　　波斯的大鱼巨鸟 ……………………………………………… 680
　　波斯—阿拉伯巨鸟鲁克 ……………………………………… 683
　　阿拉伯安卡神鹰 ……………………………………………… 685
　　非洲大鸟 ……………………………………………………… 686
　　蒙古脱斡邻勒 ………………………………………………… 688
　　希伯来的巴—雅克 …………………………………………… 693
　　美洲斗鲸雷鸟 ………………………………………………… 693
　　鸟/鱼：鹰/蛇斗争的象征指向 ……………………………… 700

第三部分　龟

第十三章　隐藏着的勇者与智者 …………………………………… 717

"四灵"序列里的龟鳖 …………………………………………… 717
神龟的混形性 ……………………………………………………… 722
忍者神龟：大智大勇 ……………………………………………… 727
玄武：从玄冥大龟到龟蛇组合 …………………………………… 732
"玄武"的成因 ……………………………………………………… 738
龟卜：龟的灵智 …………………………………………………… 742
"河图"、"龟书"的出现 …………………………………………… 747
纳西族"龟书"或"金蛙八卦" …………………………………… 753
含山玉龟与"原八卦"玉版 ……………………………………… 755
获麟得龟的政治效应 ……………………………………………… 763
与龟相关的文物 …………………………………………………… 765

第十四章　龟与饮食、寿命及财富 ………………………………… 770
"四灵"与人类的饮食习惯、习俗 ………………………………… 770
崇龟，为什么吃龟 ………………………………………………… 772
龟的神奇寿命 ……………………………………………………… 777
龟，或曾为图腾 …………………………………………………… 783
生命意象的"玄冥：玄龟" ……………………………………… 784
龟：财富象征 ……………………………………………………… 791

第十五章　天鼋与宇宙龟 ……………………………………………… 795
"天鼋"是什么 …………………………………………………… 795
授孕者玄鼋与蝾螈 ………………………………………………… 801
神龟托载大地 ……………………………………………………… 807
赑屃：象龟驮碑 …………………………………………………… 812
纳西族蛙、龟关系及神迹 ………………………………………… 813
作为媒介的创生大龟 ……………………………………………… 818
龟/鳖筑城与架桥 ………………………………………………… 822
鳌戴山抃：龟鳖维系世界的稳定 ………………………………… 826
玄龟及其创世息壤 ………………………………………………… 836
神龟胸怀："曼荼罗"就是掌控世界 …………………………… 845

第四部分　麟

第十六章　麒麟母型是长颈鹿 ……………………………………… 853
麟，文献迷踪 ……………………………………………………… 853

麒麟指霍加皮？ …… 857
　　"原麟"的形象 …… 860
　　"麒麟：其拉夫"语音对应 …… 868
　　长颈鹿的异闻 …… 872
　　麒麟与西亚有翼飞兽 …… 875
　　"四神/四灵"序列中的麒麟 …… 877
　　疑似麒麟的神兽 …… 889
　　东北圣兽或族称"栖林" …… 892
　　《春秋》"西狩"所获的是四不像？ …… 897
　　西狩获"麟"之母型，或指"麋鹿：四不像" …… 901

第十七章　麒麟与独角兽 …… 904
　　麒麟"独角" …… 904
　　独角犀与独角怪兽 …… 908
　　角端：引导兽 …… 914
　　甲骨文类"麟"与西亚的里姆（Rēēm） …… 918
　　廌：独角的"任法兽" …… 924
　　麒麟与天马 …… 929
　　西方独角兽及其象征 …… 937
　　麒麟，瓶状角与性神秘 …… 943
　　麒麟与生殖力崇拜 …… 951
　　龙、麟的羚羊角与"龙羊" …… 954

第十八章　麒麟的混形性及其成因 …… 962
　　"混形"是神话动物一大特征 …… 962
　　古代中国的长颈动物 …… 966
　　龙鹿，交互影响 …… 973
　　麒麟的出现 …… 974
　　"龙"对麟形象的影响 …… 976
　　龙/鹿之间的镇墓兽 …… 978
　　走龙，或兽化的龙 …… 980
　　铁证：东西方的交颈长颈鹿——麒麟 …… 988

萧兵论著索引 …… 993

第一部分 龙

第一章　从蛇到龙

由母型开始

近代"龙"的研究,侧重于它的母型,即"模特"(model,与容格-弗莱的 archetype 之"原型"不同)。大家都承认,龙基本上不是实有的生物(说其为"原来实有"、后来灭绝者多属附会),而是神话动物、幻想动物,或者说有母型、有实物依据的"混形动物";问题在于其(主要)母型是什么,其成因何在。目前学术界比较有力的说法是蛇,或蛇、蜥蜴、鳄鱼三者的混合与转换生成。我们也为之做了尽可能充足的补证(我们认为其主要母型还包括某种虫或"幼虫")。但是怀疑、批驳的很多。有许多专家舍弃原来大体还说得过去,理据相对充分的"成说","奋不顾身"地建构了许多新说,唯恐蹈人旧迹,落人之后。新说几达 30 种,令人眼花缭乱、目不暇接。有的简直令人匪夷所思、瞠目结舌。我们也尽量做了简介,有时还为之寻找"论据"。然而,想要为龙确认一种母型(所谓"单元论"),实在困难;而罗列现象,调和折衷,又于事无补。

九龙图

(纸本,46.3厘米×1096.4厘米,宋·陈容作,局部)

图中两龙相对,爪牙伸张,却似阴阳对立而又和谐。

不但可见"飞龙在天",龙形态与风云变幻关系之密切,又令人想起《周易·乾卦》,以还龙意象所深蕴之"天行健,君子以自强不息"的民族精神。

Long Feng Gui Lin 龙凤龟麟：中国四大灵物探究

龙是一种多元组合的神话动物，由多种动物混形而成；仅由一种物象构拟龙的母型至为困难。但30余种"龙母型"学说，却深含启迪。我们就主要由（30种）"龙母型"出发，吸取其合理性或精华，建构龙的性状、意蕴、结构与功能（我们努力为某一种学说补充理由、论据，特别是图像，"奇文共欣赏，疑义相与析"，让读者自己做出评断与选择）。我们的精力集中在这些"母型"所展示的人与（有生）自然的互动关系，以及所体现的"神话思维"及其发展的某种图式及规律。

如上所说，龙确实有多种物象，尤其是动物的自然基础，但这些物象却有主次之分。蛇是主要的，其次就是鳄/蜥，离开它们就无法诠释龙的躯干、四肢的取象依据。我们还补充了一种为大多数专家所忽略的"虫"。看似奇诡，却有意趣。

以上是"龙"的主要母型（与这四种动物关系最密切的恐龙以及有待证实或证伪的"海蟒"等动物姑附于此）。其它，如鱼、鲸、马、鲵等也比较重要，古人确实曾以之为"龙"，但只能算"次要母型"。我们在论述时不仅着重其多重证据（文献/考古/民族志、民间传说等田野材料，以及语言遗构等等），而且主要分析其与龙、龙的躯体、器官、"附加物"（如角、鳞等）的干连——各国度、各民族的"龙"（我们认为它们是可比的，大部分趋同，有些还有"播化"或相互影响的可能），倾于"整体"者有专门章节简介，"枝节"者则穿插于相关叙介之中，仍然采用我们喜欢的夹叙夹议、由点及面、宏微互渗、本末兼顾的写法。

既然龙是由（有主有次的）多种母型动物综合、升华而成，我们就不能不采"多元整合"的理论，寻找其多方面的"来源"或成因。既要分清主次，又得确定直接、间接，或深层、表层的缘由。

寻求"母型"，甚至挖掘"来源"，都不等于探索"龙"的"原始"或原生形态——当然原生形态并不全是所谓 beginning 即"开始"或"第一形态"，研究后者（例如争论谁是中华第一龙）往往更加吃力不讨好，容易被讥笑为"妄想追求终极答案却徒劳无功"，就像讨论"最先出现的艺术（品）"，争论"先有鸡还是先有蛋"那样。这些都还谈不上"发生学"的研究。

但是，由文化人类学之视角探索"龙"这种奇幻动物的"原生形态"及其演变，还是很有挑战性和吸引力的事情，对于探讨华夏—汉及其兄弟民族的"共同文化心理"、原始信仰与宗教、神话、艺术的早期建构，都是有些好处的。我们之所以首先着力于探讨龙的母型，还因为从它出发，能够比较便利地"去伪存真，去粗取精，由表及里，由此及彼"，达成某种理论性的概括。更由于龙本身及其种种母型的相关艺术品"压倒"其自然形象，所以我们把它看做文学人类学、艺术人类学兼生物人类学的一种研究。

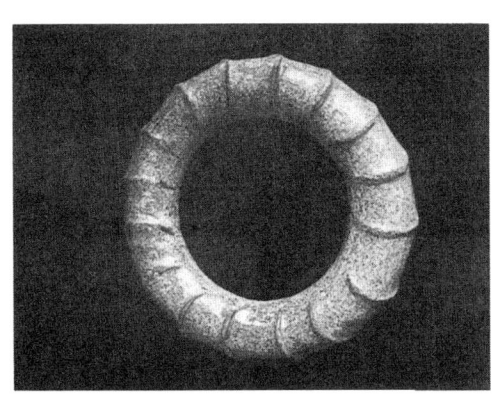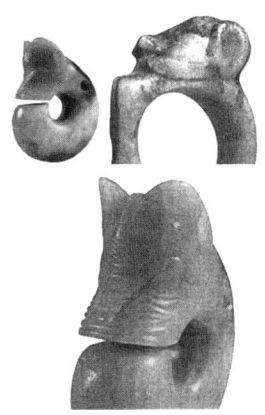

东北的龙
(左：有"节"的玉环；右：红山文化粗壮型玉龙)

东北新石器时期的玉龙，头部情况比较复杂：如豕似熊，个别像鸟，也有（正面观）极似金龟子幼虫或蛴螬之类的，其蜷曲肥胖的身子，与其说像蛇不如说似虫——虫（躯）很可能是龙的较早母型（有些玉环形器躯体还有"节"，似在纪念虫的神圣性）。但因其身躯圆滚，趋长而又夭曲，很快就跟蛇形"混淆"了。

我们的基本看法是：龙的原始形态或"最初母型"，是某种蛇、某种昆虫或其"幼虫"，例如"蛴螬"或"复育"之类。"虫"很快与形态略似的蛇或蜥蜴、或鳄鱼相比附，相粘连，相混合，相互为用，互动互渗，从而生长为"龙"（我们无法确定此名称出现在何时，论形态学要件，是新石器时期已有；形诸文字，则是殷墟卜辞）。

我们的理由是：较早发现的"龙"（暂且不计"类龙体"），包括红山文化和殷商的玉石龙，甲骨文的"龙"，绝大多数是圆滚、蜷曲、肥壮、粗短的，不完全像蛇而更像"蛴螬"之类；所谓"纤细型"的玉龙，仅二三例耳，极为罕见(请参见萧兵《中国早期艺术的文化释读》)。当然，有更早期的身体蜷曲的"蛇形龙"，但不那么粗短，而是蟠蜷矫夭；蜥蜴、鳄鱼也能夭曲其身，但极难"自啮其尾"，乃至首尾几乎相接。我们不能不承认有早期的"蛇形龙"，而且周朝以后，它还占了主流地位。但也正因为蛇、蜥、鳄身躯圆滚夭曲才可能与"蜷虫"相比附，并且"引长"其身，使更加凶猛的"后三者"迅速继起而成为龙的主要母型。

但是，罗列多种母型或"原形"，也不解决问题。姑不论一种"母型"或"原形"不能"涵盖"某一地区（例如东北的龙决不限于猪形或猪首），某些"原形"其实并不是龙，只是被古人尊称为龙（例如狗形、牛形），或可以相互"转化"（例如鱼/龙之间，马/龙之间），甚至只是今人的误读（例如长江中下游尊祀的猪并不是龙），最重要的是龙必须具有一个"主干"（例如虫躯或蛇躯），其它"原形"多局限于头部，肢体或"角爪"，只是作为"混形动物"的"组合件"——多数学者不得不承认，蛇蜥形的龙"分布地区极广"。除了个别"类龙形"、"准龙形"跟"蛇身"区别较大以外，可以说中国龙的基本结构是虫形、蛇形或"四脚蛇"形；鳄也可以看做有脚的短躯"蛇"，即猪婆龙（只是其分布限于北纬36°以南罢了）。必须承认龙基本是虫体或蛇（躯）这个最重要的事实，这是"中华"文化共同体具有"趋同性（原始）信仰"的一个重要指标。各"区域"的不同龙"原形"只能在此"基本构造"上生成。

以色列的马里（Joseph Mali）在《神话历史——一种现代史学的生成》里引用安德森（Benedict Anderson）的话说：

> 国家是想象的共同体，它们不仅创造了而且实际上也组成了历史的统一的神话。（金立江译）

龙，作为最重要的神话意象，确实在建构华夏—汉族及其亲密或紧邻的周边民族的"历史的统一性"，乃至建构

中华龙

（韩美林设计，卫恩科创作，2000 国际科技年献礼作品）

奔发向上，健行于天。即令向下滑翔之时，也不轻易低下它高贵的头颅，连它的鳍和尾都好像跟蓝天的赤云交织在一起，火焰般升腾。这也是"火龙"的性格。

庞大的"想象的共同体"的过程中起过重要的作用。奇妙的是，这些地区或其原居民群团都有（或多有）"类龙"或"原龙"的信仰，这确实提供了形成一个更大的"信仰"或"想象"所必需的神话及神话思维基础，是中华民族凝聚力或向心运动的重要动能。这在世界历史上都是少见的事情（在对比、分析、综合有关材料之前，我们自己也不大相信龙或类龙、原龙信仰或崇拜在中华大地上分布得如此"广泛"、如此"普遍"）。

这也是我们把龙及其母型当成中国特色"生物人类学"最重要的标本来研究的原因。

"龙为九似之物"

"龙变无常。"(《贾子新书·容经》)

"龙为九似之物。"(王符)

龙,作为一种神话性的"幻想动物",其最大的特征就是它的"混形性"或"综合性",尽管它有自然界的取象依据,有"主次分明"的母型(model),企图单元地、纯粹地或"最终地"确定龙之初型、母型或所谓原生、次生形态,已被证明为非常困难的事情。不过再困难也要试试。

九龙壁
(北京北海公园)

明清以来,龙的造型与技巧,已达顶峰,这也是中外人士心目中龙的标准形象。除北京外,山西的大同、平遥也有类似的九龙壁,是明代藩王府的遗存。

"九"以最高个位实数成为带神秘性的模式数字(pattern number),代表着"多"、"多变"或"多元",以及"崇高"、"神奇"等等,所以有"龙为九似之物","龙生九子"等说法,与"九龙(壁)"遥相呼应。

就神话思维而论,"神物"多是超越现实、变化多端的,龙也不例外。它从几种带着神秘性的动物来取"母型元素"或材料,所以必定是外形奇特,在现实中找不到的——它往往以不同面目出现,在神话学上,就体现为"九似",即不确定性与多变化性。

龙的特征是，其性状变化无常：可大可小，可长可短，可天可地，可水可陆（在寻找其母型时，必须最大程度地满足这种多变化性）。反过来，它的多变化，又决定着它的多母型、多形态——它不能只"依据"一种母型。

汉人贾谊《新书·容经》赞颂龙说：

> 龙之神也，其惟飞龙乎！能与细细，能与巨巨，能与高高，能与下下。

在哪儿都能生存，无论采取什么形态。"龙变无常，能幽能章。"至于龙之形体或器官的"组合性"，东汉的王符说："［龙］角似鹿，头似驼，眼似兔，项似蛇，腹似蜃，鳞似鱼，爪似鹰，掌似虎，身似牛。"（宋·罗愿《尔雅翼》引）

这就是所谓"龙形九似"。

鉴别龙的母型，"面部"或"头部"本应是主要指标，但由正面（或正视图）判定动物品种十分困难，所以还要注意它的体躯，它的肢爪，要从各方面分析，再做综合性判断。

《涌幢小品》（卷三十一）说："鹿角，牛耳，蛇身，兔目，蛇颈，蜃腹，鱼鳞，虎掌，鹰爪——龙之状也。"蛇身，这是最重要的体征：圆滚，趋长而往往矫天连蜷。现代专家在此点上看法较为一致。

闻一多的著名概括就自此推出。

> 大概图腾未合并以前，所谓龙者只是一种大蛇。这种蛇的名字便叫作"龙"。后来有一个以这种大蛇为图腾的氏族（klan）兼并了、吸收了许多别的形形色色的图腾团族，大蛇这才接受了兽类的四足，马的头、鬣和尾，鹿的角，狗的爪，鱼的鳞和须……于是便成为我们现在所知道的龙了。①

李济指出，龙是"由不同动物的不同器官或肢体汇合在一起"的"复合动物"，而不是"拆半—拼合"的"联合动物"②。他注意到，较早期的龙形、龙纹，可有足可无足，"长条躯干"是其基本造型，不管其头部如何变形或夸大③。

文崇一大体也采取这种有"主要母型"而又经过想象综合的看法。"如果说龙是由许多种不同的生物个体，比如蛇、鳄鱼、蜥蜴等等，在各种不同的想象之下所产生的一个象征性的生物，也许较为合乎实际。"④

---

① 闻一多：《神话与诗·伏羲考》，古籍出版社，1954年，第26页。
② 参见李济：《殷商时代装饰艺术研究之一：比较瓠形器花纹所引起的几个问题》，《中央研究院历史语言研究所集刊》第34本，《胡故院长适之先生纪念论文集》（下册），台湾南港，1962年。
③ 《李济考古学论文集》，张光直、李光谟编，文物出版社，1990年，第900页。
④ 文崇一：《中国古文化·楚的水神与华南的龙舟赛神》，（台北）东大图书公司，1990年，第43页。

正面观的龙

（左上：故宫九龙壁上的黄龙，丁卫国摄影；右上：傣族刺绣上衣，现藏台湾"中研院"民族学研究所；下：故宫的龙）

由正面看明清时期已成熟的龙，无法辨识它的母型（傣族的龙长着狮面，甚奇）。但是，角却是羚羊的，并非全是鹿角。有一种根部巨大的"瓶状角"，顶部小分叉，不知所据。

可以看出，虫蛇之躯是混形动物"龙"的最重要特征，万变不离其宗，九似不出其本（就连"九"字本身，古文字大致作 ↷，其意异说虽多，较可靠、较合理的解释是"蛇"，请参见萧兵《楚辞的文化破译》对《九歌》原来及构造的研究）。

必须注意，印度也有与若干动物（或其器官）相粘附的"异形龙（王）"，所谓"Nāga"，不独中国龙之为然。

《孔雀王咒经》就有依水、依虚空、依须弥山的"地行龙王"。"一头、二头彼常慈我；无足、二足、四足、多足，一切神龙，皆莫为害。"肢体的数目，颇为不同。

《大集经须弥藏品》说：

善住龙王为一切象龙王，
婆难陀龙王为一切蛇龙王，
阿耨达龙王为一切马龙王，
婆楼那龙王为一切鱼龙王，
摩那苏婆帝龙王为一切虾龙王也。

（据何星亮引）

何星亮《苍龙腾空》认为，这是受中国龙多元化的影响（第193页），笔者却认为不一定。

以上可见，龙的"变体"或"变形"是相当频繁的。

所谓"变"，不止是"变更"(change)，中文"变化"的含义颇为复杂。

一是跨物种的变身。例如蛇躯的女娲，"一日七十化"，由最初的"瓜：葫芦"形，变成蛇、蛙、螺等。"神话中的许多变化……乃是无数复杂的现实矛盾对于人们所引起的一种幼稚的想象、主观幻想的变化，并不是具体的矛盾所表现出来的具体的变化。"① 这种由一物变成另一物的超现实变化，在龙神话、龙故事中也颇为常见。例如鼓化为蛇，蛇变成狗，龙幻为马，等等，但更多的是可变回"原身"。

二是个体躯体或其器官的"更换"，或"增减"或"夸饰"或"变异"，这在龙身上最为明显，就好像以性状迥异的"组合件"拼凑为怪诞的"个体"那样，而其基本结构（圆长而夭曲的躯体）相对稳定。

三是外形大体不变，而只是忽大忽小，忽长忽短；或能显能隐，能真能幻。如上所说，这不但跟它的多母型相关，也因为其主要母型（如虫、蛇）的多栖、多品种所致。

四是生命形态乃至"性质"的转换，就像蛇、蜥、鳄与某些虫子能够"蜕皮"，或者冬眠、复苏，乃至"断肢再长"那样，龙被认为能够"更换"或者超越世俗生命，通过"再生"而飞升，直到"不死"。

可以说，几乎所有的"龙"都具有这种种"变化"的特质或本领。

龙形变化得这样繁复，肢体与器官"采纳"这样多的虫、蛇以外的动物元素，所谓鹿角、驼头（或马首）、牛耳、蜃腹、兔目、马牙、鱼鳞、虎掌、鹰爪……如此地变幻无常，当然属神话动物（如同 Griffin、Sphinx）"混形"与"怪异"的需要，但这只是肤表之言。也许初民为了"兼收并蓄"猛兽、鸷鸟、凶虫最显眼、最有力的器官，才以诸生物之长"聚变"出最优化的"综合力量"，

---

① 毛泽东：《矛盾论》，《毛泽东选集》（第1卷），人民出版社，1951年，第305页。

矫健欲飞的神龙

（唐代文物，金质小龙）

唐代的龙丰富多彩，盘龙、飞龙之外还有走龙、立龙——后者即令无翼，静止不动，也令人觉得它是在飞翔之中，变幻之中，升华之中，造型与制作技巧已臻巅峰。

这确实有理，但似乎还说得不深不透。

从结构上讲，"龙的传说多了，故事难免要走样；画得多了，形体也自然不会一致"①。话是有理，可也太简单了。为什么要"拼缀"入这么多器官元素呢？

闻一多说，是强大而成熟之"混合图腾"团（近人说是部落联盟或酋邦）吸收了被兼并的图腾团族的图腾成分。阎云翔驳斥说，子氏族被吞并后，不是改用母氏族图腾，就是另采（母氏族赞同的）新图腾，"无论如何也不会发生蛇氏族在不断的征服过程中也不断地将被征服之图腾溶于自己的图腾上的事"②。

---

① 参见文崇一：《中国古文化·楚的水神与华南的龙舟赛神》，（台北）东大图书公司，1990年，第41页。

② 参见阎云翔：《试论龙的研究》，（香港）《九州学刊》第2卷第2期，1988年；又见《中国神话学文论选萃》（下编），马昌仪编，中国广播电视出版社，1994年，第258页。

图腾组合之说不大容易讲得通。那么,是不是为了把可"再生"器官移植其身上以表示生命力之强大呢?

《论衡·无形》说,"龙之为性也,变化斯须,辄复非常";它的躯体是个"变量",所谓或短或长,或小或大。但说"龙之为虫,一存一亡,一短一长",就不大好懂。莫非指龙可能是"再生—循环型"的,"亡"了一条,另一条立即生出以为替换。但也有人说,"龙"本身既是肉体又是灵魂,它是永存的,并不经历生/死及其循环,"一存一亡"只是显/隐而已。"龙"不仅体现图腾信仰,而且实现了最具有中国特色的"祖先崇拜"。"在[中国式]祖先崇拜盛行之处,个体不仅感到自己通过连绵不断的生育过程与祖先紧密相连,而且认为自身与祖先同为一体。"① 这才是中国人自称"龙的传人"的真正含义:不仅回归,不仅认同,而且宣称全体中国人都是龙的

玛瑙龙盘
(中国工艺品)

巧妙地利用玛瑙的"色变",让一条苍龙盘旋泳游于白浪之中,体现其无限的生命力,它寄托着中国人向上而又善于在复杂环境中生存、发展的理想。

子孙,都是龙。这样,龙在中国人的集体无意识里,不仅是最强大的"再生"、"长生"与"永生"的原型,而且是中国人的自我形象,是中国人的灵魂、生命的符号,是中国人的信仰体系与价值观。这种根深蒂固的,肉体灵魂一体的信念,将体现在子孙身上并将在以后各代复现出来。

陈永峥认为,龙的组合性造型特征,其"整体"以及组成整体的"部分"(头角肢爪等),都有特定的文化意蕴,还代表着人的各种欲望,以及由其催生的各种对"力"的渴求、膜拜或礼赞。诸如:

龙的猪嘴,鸡爪——觅食的欲望;
龙的蛇身,鱼皮(鳞甲)——性的欲望;
龙的鹿角,羊须,麒麟尾——安全的欲望;

---

① [德]恩斯特·卡西尔:《神话思维》,黄龙保、周振选译,中国社会科学出版社,1992年,第196页。

龙的牛头，虎眉——攻击的欲望。①

这，就龙本身而言，都可以整合为"力"，尤其是可以整合为谢选骏、蔡大成等所说的"生命力"（的象征）。龙的主要"组合件"，例如鹿/羊角，鱼鳞，蛇/蜥/鳄的皮，马齿，鸡爪等，都是会脱落，并且能更换的（这是"再生"的标志）。食/色双重欲望属于生命之"能"，必须随时补充或增进。"攻击"不仅是为了生命的安全，还是为了生命的延续、丰富与扩大。它们自身都是"力"，由"力"造成并再造着"力"，特别是"合力"。

所以，有的学者指出，神话动物的"混形"往往有使其力量倍增的意图，巧妙组合的新整体远远大于"部分"之和。例如欧洲的"鹰狮兽"格里芬（Griffin）往往有鹰头鸟翼与狮的身躯，这是"天空/陆地"两种最强大动物的组合或混形，这样它就（或希望它）具有干预天上/人间/冥界的超级力量（参见"凤：大鹏鸟——风神"节章）。龙有了许多动物的器官与肢体，便不但能够营"天空/地上/水面"乃至地底、水下的"多栖"生活，且能获得这些动物（神奇的）能力或优长，而不仅仅是"欲望"；所谓"互通有无，取长补短"，在龙凤或麒麟这些混形动物的造型上最为明显。

而在获得多种动物的优长之后，"混形"神话动物所倍增的绝不仅仅是若干"世俗的"或自然的能量或技巧，而是突变一般地获得了更大、更多、更强的神奇、神秘、神圣，亦即超现实、超自然的"灵力"。

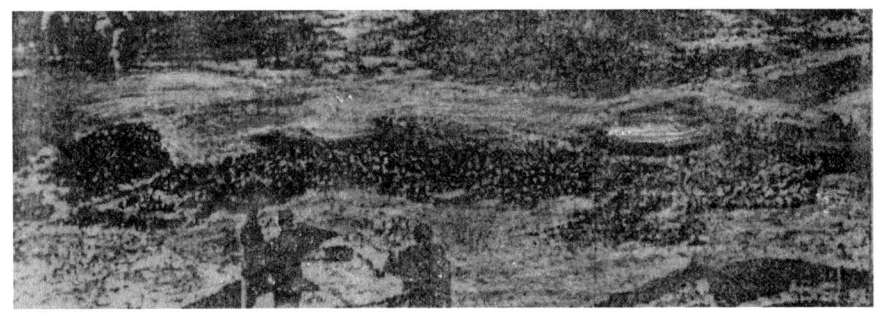

石砌类龙体

（辽宁阜新县沙粒乡查海，原图不清晰）

类龙体，以体积大小较为均等的褐色石块堆砌而成。"龙"头和躯干雕塑紧密，尾部比较松散。它昂首弓背，张口若吟，蜿蜒起伏。头朝西南，尾向东北。长约19.7米，宽近2米。在龙的腹部南侧下方，有墓葬及祭祀坑3个。坑内有较多猪骨（这成为兴隆洼文化发现石雕"猪龙"的一个佐证）。龙的北侧，有面积达120平方米的房屋基址。

---

① 参见陈永峥：《中国文化的本质——龙》，（台北）《中国正气》第115期，1986年。

当然，它也可能被"妖魔化"并带来负面效果。希腊与中国的某些（多种动物跨物种交配而生的）"怪物"，例如迈锡尼的怪牛与"蛇尾鹰爪狮"，埃及的斯芬克斯，以及中国的作为凤凰或猫头鹰异化的九头"鬼车鸟"、吃人的"蛟蜃"等，它们从反面证明"混形"力量的神异与可畏。

原初的龙

红山文化前后，出现蟠龙或蜷龙，身躯多粗短，学者或引为原初龙非蛇躯的证据。这里要说明的是，远在红山文化之前，已出现一些体积巨大的石砌或土塑的"类龙体"，例如：

辽宁阜新查海兴隆洼文化遗址，聚落中心的石砌龙形①；
葫芦岛连山塔山乡杨家洼，土塑丫形尾巨"龙"②；

以上距今7000～8000年。

内蒙古清水河岔河口，黄土夯筑鱼状巨"龙"③；
湖北黄梅白湖张陈村焦墩，大溪文化遗址，卵石摆塑巨"龙"④；

以上距今约6000年。它们看起来具有长大的蛇躯，头部却不都似蛇。查海遗址还发现两块陶片：一为蟠曲的蛇形，一为尾巴卷曲的似蛇形，身上都有鱼鳞，距今也有7000～8000年⑤。

它们都早于红山文化（距今5000～6000年），似乎能证明蛇是最早的"原龙"。这些都正处在讨论与考证中。我们只能说：

(1) 这些不一定被当地当时原居民认定为"龙"；
(2) 是龙是蛇，也难遽断——说成"类龙体"，安全一些。

这种"类龙体"在新石器时期遗物中还有一些，下结论还早。

对于查海的"摆塑大型龙形［堆］石"，郭大顺、张星德的描述是，处于遗

---

① 参见辛岩：《查海遗址发掘再获重大成果》，《中国文物报》1995年3月19日；《中国考古学年鉴（1996）》朱乃诚《新石器时代考古》文。
② 参见高美廉：《辽宁八千年前新石器时代遗址中发现龙图腾》，《中国文物报》1997年6月8日。
③ 参见王大方、吉平：《清水河出土新石器时代巨型鱼龙夯土雕像及大批文物》，《中国文物报》1998年8月19日。
④ 参见陈树祥：《黄梅发现新石器时代卵石摆塑巨龙》，《中国文物报》1993年8月22日。
⑤ 参见辛岩：《查海遗址发掘再获重大成果》，《中国文物报》1995年3月19日；《中国考古学年鉴（1996）》朱乃诚《新石器时代考古》文。

址中心,紧靠大房址和南侧墓地,看来跟人类活动尤其是祭祀仪式关系密切。

它是从遗址中央穿过的基岩石脉上、采用红褐色大小均匀的石块摆塑而成的。龙头、龙身处石块的堆摆尤为厚密,而尾部石块则较松散。可见龙昂首张口,弯身弓背,尾部若隐若现,给人一种巨龙腾飞之感。龙头朝西南,龙尾朝东北,全长19.7米,身宽1.8~2米,方向为215度,基本与房址建筑方向一致。①

也许该称之为"原龙"吧。他们联系查海筒形陶罐上"类龙纹"与"蛇吞蛙"装饰,认为当时已出现了龙崇拜观念——它们都跟蛇紧密相关。我们觉得,只有当它们超越了现生动物(如虫、蛇、鳄、蜥等)的"自然"外形,以某种变形或夸饰证明其具有"超现实性"的时候,才可以说,真正的龙与龙崇拜出现了。

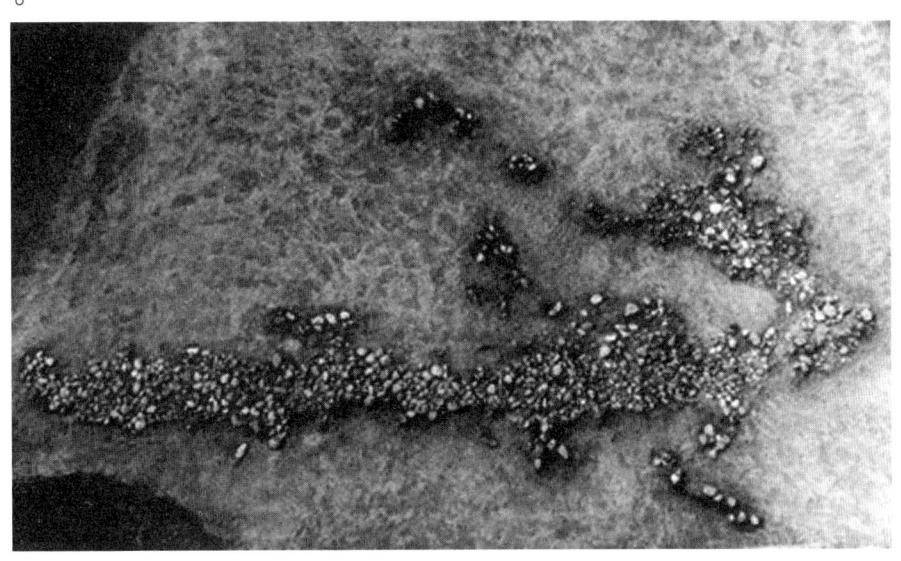

长江流域最早的龙形象:卵石摆塑龙
(湖北黄梅白湖乡张陈村焦墩遗址,原图不清)

这是长江流域最早的卵石摆塑龙,可以跟略早一些的北方、东北方的石砌、泥塑龙相对照。由此可见,新石器时期的龙或类龙已有大有小,有长有短。

据说,这类龙有些像红山文化的"玉珑",殷墟卜辞的"作龙",与汉代的土龙、草龙一样,是祈雨对象;巨大的场地,便是当年举国若狂、万人集聚的(祈雨)仪式场。

---

① 郭大顺、张星德:《东北文化与幽燕文明》(简称《幽燕》),《早期中国文明》系列(简称《早期》),李学勤、范毓周主编,江苏教育出版社,2005年,第132页。

成文史前时期的龙或类龙体

类别或形态	发现地点或考古学文化期	年代	主要文献索引
陶片（2），蟠屈类龙体及卷尾	辽宁阜新查海	距今 7000～8000 年	辛岩：《查海遗址发掘再获重大成果》，《中国文物报》1995 年 3 月 19 日
石砌龙形	辽宁阜新查海聚落中心，兴隆洼文化	距今 7000～8000 年	《中国考古学年鉴（1996）》朱乃诚《新石器时代考古》文
S 形龙野猪头泥塑	辽宁阜新，兴隆洼文化	距今 7000～8000 年	央视《7000 年前的文明》介绍
土塑巨龙（2），具丫形鱼尾	葫芦岛连山塔山乡杨家洼	距今 7000～8000 年	高美廉：《辽宁八千年前新石器时代遗址中发现龙图腾》，《中国文物报》1997 年 6 月 8 日
黄土夯筑（2），巨型鱼形龙	内蒙古清水河岔河口遗址	距今约 6000 年	参见黄石林：《考古发现的龙》
卵石摆塑巨龙	湖北黄梅白湖张陈村焦墩，大溪文化	距今约 6000 年	陈树祥：《黄梅发现新石器时代卵石摆塑巨龙》，《中国文物报》1993 年 8 月 22 日
猪首蛇躯"龙"，与鹿鸟并见；陶纹	内蒙古敖汉旗小山遗址，赵宝沟文化	距今约 6000 年	《内蒙古敖汉旗小山遗址》，《考古》1987 年第 6 期
猪首 C 形或玦形玉龙，或兽首，或虫身	内蒙古翁牛特旗三星他拉；辽宁喀左东山嘴等，红山文化	距今 5000～6000 年	参见郭大顺：《龙出辽河源》
猪首龙身泥塑；蜷体玉龙	辽宁建平牛河梁，红山文化	距今 5000～6000 年	《辽宁牛河梁红山文化"女神庙"积石冢群发掘简报》，《文物》1986 年第 8 期
类"鲵首龙"，或说鳄形，被鸟啄尾，彩陶瓶图饰	陕西宝鸡北首岭 M52:1，仰韶文化半坡类型	距今约 6000 年，C_{14}：6000～6800 年	《宝鸡北首岭》，文物出版社，1983 年
龙虎蚌塑	河南濮阳西水坡，仰韶文化后岗类型	距今约 6500 年，C_{14}：6460±135 年，公元前 4510 年	《1988 年河南濮阳西水坡遗址发掘简报》，《考古》1989 年第 12 期；《河南濮阳西水坡遗址简报》，《中原文物》1988 年第 3 期
（人面）鲵鱼形类龙形，瓶饰	甘肃甘谷西坪（采集），约当仰韶文化庙底沟类型晚期	距今约 5000 年	郎树德等：《试论大地湾仰韶晚期遗存》，《文物》1983 年第 11 期
鲵鱼形类龙形，瓶饰	甘肃武山傅家门，约当仰韶文化晚期石岭下类型	距今约 5000 年	张学政等：《谈马家窑、半山、半厂类型的分期和相互关系》，《考古学会论文集》（1），文物出版社，1980 年

续表

类别或形态	发现地点或考古学文化期	年代	主要文献索引
蟠屈在人首后之小蛇，或兼享人首双角	甘肃（采集），马家窑文化半山类型	公元前2650～前2350年，距今4000～5000年	［瑞典］安特生：《甘肃考古记》，《中华远古文化》
"带鱼状"类龙形，口衔神草	山西襄汾陶寺M3072，约当龙山文化	距今4000～5000年	《1978—1980年山西襄汾陶寺墓地发掘简报》，《考古》1983年第1期
有角玉卷龙	安徽含山凌家滩	距今4000～5000年	张敬国等：《凌家滩遗址考古发掘获重大成果》，《中国文物报》1998年12月9日
玉卷龙	湖北天门石门镇肖家屋脊遗址，石家河文化；又石家河罗家柏遗址	距今4000～4400年	杨泓：《含山玉器留下许多待解之谜》，《中国文物报》1999年1月31日

形体不规则的类龙体

（左上：山西吉县柿子滩岩画；右上：马家窑文化陶杯；左下：所谓由"蛙"生发的"龙"，马家窑陶器纹饰；右下、中：商周器物上的龙纹，作为参照）

柿子滩岩画，中心是一位"叉"开手脚的人，右边似是"支持"者，左边是类似"长颈鹿"或"立马"的走兽，尾部附双圈；论者或因其头顶有丫形角而以为它是"始祖龙"——其实至多是"类鹿体"。整幅画意义亦不明。

有一种龙的形体确实不规则，有的头尾难辨。这也许是早期龙的一个特征：未定型。这在彩陶上留下迹象，也许还给后世龙以影响。但这些图形是否为龙，也有争议。

山西吉县（在吕梁山南端）柿子滩岩画①，形体和布局十分奇特，左边是一似鹿首而站立的兽，尾部较长——这就是所谓"鱼尾鹿龙图"②——但所谓"鱼尾"，不过是竖立在兽尾上的不明物，左边还有双圈图案，右边有类似"双人体"的构成（略似汉字之"我"）。中间有一摊手摊足的人形，手足"抵"住右边的"动物"。意义不明。这种连"类龙体"都很难说得上的图像，不能遽定为"原龙"。其年代也有待进一步证实。

西安半坡出土的陶壶上，也有人以为出现了"龙纹"③。其时代距今 6120±140～6790±145 年。但这是否是"龙纹"，并不肯定。

原初"蟠龙"

（辽宁阜新查海出土的陶残片，兴隆洼文化，距今7000～8000年，现藏辽宁查海遗址博物馆）

赤色残陶呈现为蟠屈着的长躯动物，似蛇非蛇，因其鳞片既不似蛇，又不像鱼，专家或定为原初之"蟠龙体"，也不过是"疑似"。但这已是"原龙"初露真容了。

查海文化出现的"龙纹"或"类龙体"，在考古学上非常重要。苏秉琦指出：

查海文化是红山文化的根系之一。特征有两条：一是玉和龙，一是之字纹（引案："之"形纹可能与天曲的类龙体相关）。查海遗址出土的十多件玉器，都是真玉，说明当时的人对玉的认识鉴别已有相当高的水平。玉的加工是高级加工，其使用价值超越了作为工具和装饰品，而赋（富）于社会意义。④

据说，后来在兴隆洼文化遗址里，还发现一条用泥土堆成的蜷曲的龙（蛇躯明显），却在头部安上一具野猪的头骨（中央电视台与上海电视台的"记实"

---

① 参见干振玮：《龙纹图像的考古学依据》，《北方文物》1995 年第 4 期。
② 参见干振玮：《龙纹图像的考古学依据》，《北方文物》1995 年第 4 期。
③ 参见詹鄞鑫、徐莉莉：《神秘·龙的国度》，中州古籍出版社，1990 年。
④ 苏秉琦：《文化发端 玉龙故乡——谈查海遗址》，《华人·龙的传人·中国人——考古寻根记》，辽宁大学出版社，1994 年，第 127 页。

频道曾予再现），加上"石龙"附近的祭祀坑里出现了大量猪骨，成为这一时期存在"猪（首）龙"的重要证据。

如果前举确实为龙或"类龙"的话，那么，可以证明原初的龙主要是蛇躯或蛇状，蛇确实是龙最早或最重要的母型。

龙虎护卫墓主人

（河南濮阳，仰韶文化后期遗址，M45，"蚌壳塑"的"龙虎葬"）

有角的虎（或因其有角被认为是独角兽之麒麟），鳄形的龙，卫护着墓主人（最可能为高级巫觋），不让邪恶或鬼怪来侵犯；或说是呵护其"登天"或"再生"。最可能是以圣兽来突出占据"中心霸权"的墓主人的地位，就像汉画里常见的西王母蹲息于"龙虎座"当中，亦如汉镜铭文所写，"子孙备具居中央，左龙右虎辟不祥"。

再就是距今约6000年的，内蒙古敖汉旗小山赵宝沟文化遗址发现的一件陶尊①，其上有与鹿、鸟等并存的"猪首蛇躯"的龙形。该器纹饰繁缛绵密错综，动物经过图案化，很难确定其种类（在"麟"的研究里专节介绍）。"蛇躯"者更只能说是"类龙体"。

较古老的文献，如《山海经》，虽龙、蛇并见，但烛龙——烛阴，却是"人面蛇身"而赤；《淮南子·地形训》说，其神"人面龙身"，却"无足"，保持了其巨型蛇蟒本相。

稍早于红山文化的河南濮阳西水坡仰韶文化后期遗址，有蚌塑龙虎夹卫墓主人的发现②。其时代，依放射性同位素碳14确定为：

---

① 参见《内蒙古敖汉旗小山遗址》，《考古》1987年第6期。
② 参见《1988年河南濮阳西水坡遗址发掘简报》，《考古》1989年第12期。

C_{14}：距今 6460 ± 135 年

公元前 4510 年

这是迄今所发现的较为确定的龙，有四足，更似鼍鳄母型，而不似蛇，更像"虫"。

这给"龙有虫形"学说构成很大"障碍"。

我们只能辩解道："虫形说"只是依据大宗龙形文物立论。虫为龙母型的一种，而非单元论的说法。初时，"虫"与"蛇"互拟而为龙，"蛇躯"与"虫形"之龙可以长期并行不悖，互为消长。

现藏瑞典远东古物馆的一件"器盖形"纹面神像，其脑后蟠曲着一条小蛇，应是龙的雏形，一般蛇不会那么乖地爬在人头上；由商代的一件"人面龙身"青铜卣头上有茸状角推论，马家窑文化"器盖"，小蛇与人首也"共享"着一副茸状角。

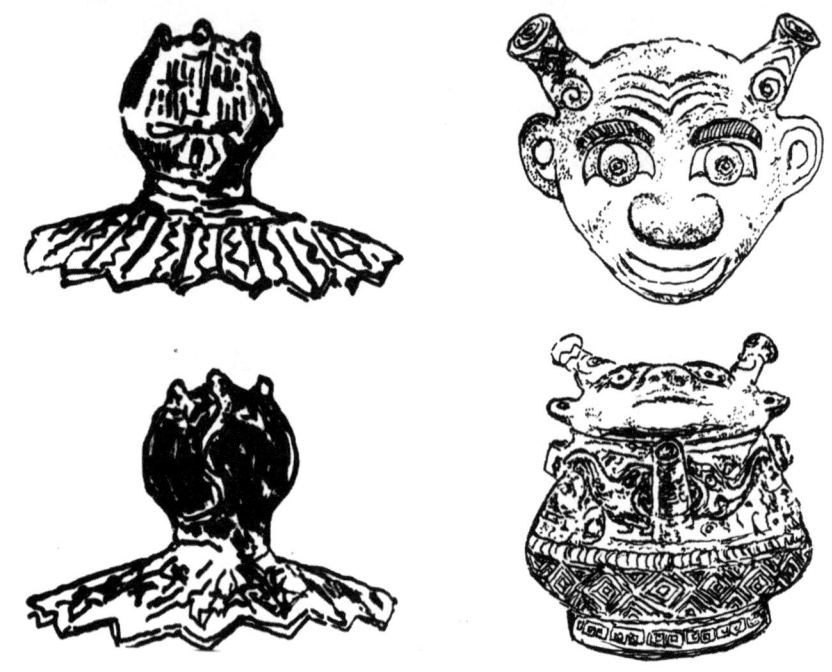

史前神蛇

（左：似器盖"纹面人"半身像，陶制，当为马家窑文化，现藏瑞典斯德哥尔摩远东古物馆；右：青铜卣，商代，传世，现藏美国华盛顿弗里尔博物馆）

小蛇蟠曲在"纹面人"后脑勺上，当然神异。也许是较早期的"蛇形龙"。青铜卣，器盖为头像，立体，身躯却蟠曲在器腹之上，浅浮雕。不注意时，人面自人面，龙躯自龙躯；注意一看，似断非断，似断又连，完全是"人首龙躯"的造型，而有一副（后世神龙常有的）"茸状角"。由此逆推，马家窑器盖，人头与蛇头应亦"共享"一副短角；"角蛇"，离龙不远矣。

蛇的体躯，最容易跟天曲的"幼虫"相粘附、相比拟，至迟在新石器后期互渗而为"龙"，二者或分或合，分分合合，合合分分，都可能在特定时空里独立地"升华"为龙。

作为早期"大地艺术"，龙塑必须高度放大（母型）才能造成视觉冲击力，并表示隆重虔敬。其母型也更可能选择体型较大的蛇蟒或蜥、鳄。大地上的泥塑、石堆、贝砌如此，更明确的濮阳西水坡龙虎蚌塑亦复如此。

《初学记》卷二"天部·雨·土龙"引《淮南子》："土龙致雨。"许慎注："汤遭旱，作土龙，以象云从龙也。""龙"而又用"土"制作，目的在祈求甘雨与丰收，是农业祭祀的"标志"①。

裘锡圭说，殷商曾经"作龙"求雨，可能是作"土龙"②。汉代更有"土龙请雨"之俗（见于《淮南子》、《春秋繁露》等）。那么，这些土石砌的巨龙，就很可能处于祈雨的仪式场中③，而跟"雩"而"请龙"的巫术相关连（参后）。

蛇升华为龙

古代有些文献已涉及蛇/龙的"母型"与神化的关系。

《书·洪范》"五行"传疏引汉·郑玄注曰："蛇，龙之类也。龙无角者曰蛇。"

汉·王充《论衡·讲瑞》云："龙或时似蛇，蛇或时似龙。"

《史记·外戚世家》褚少孙引传曰："蛇化为龙，不变其纹。"

晋·葛洪《抱朴子》说，"有自然之龙"，即原生态的龙，他也许指某种鳄；"有蛇、蠋化成之龙"——注意，这里揭示有类似野蚕的虫蠋变成的龙。

晋·任昉《述异记》："虺（虺蛇）五百年化为蛟，蛟千年化为龙。"蛟被当做半蛇半龙的"过渡形态"（或说蛟系无角、无脚或无鳞之龙）。

就民俗神话学而言，龙，出于蛇而又高于蛇，正如李埏等所说，龙的神秘正在于它似蛇而又非蛇，张扬着蛇的生物特性，而又不局限于蛇的现实存在。相传出自宋·王安石的《龙赋》引用古义而又抓住了龙蛇嬗变的观念升华作用：

龙之为物，能合能散，能潜能见，能弱能强，能微能章；

惟不可见，所以莫知其向；惟不可畜，所以异于牛羊；

---

① 参见王小盾：《中国早期思想与符号研究——关于四神的起源及其体系的形成》（下册）（简称《四神》），上海人民出版社，2008年，第777页。

② 参见裘锡圭：《说卜辞的焚巫尪与作土龙》，《甲骨文与殷商史》第1辑，上海古籍出版社，1983年，第33页。

③ 参见李锦山：《史前龙形堆塑反映的远古雩祭及原始天文》，《农业考古》1999年第1期。

变而不可测，动而不可驯。……

这样看来，蛇升华为龙，主要途径有两个：

一是外形的增删，更换，繁饰。如蛇而有脚（不仅仅由鳄/蜥取象），增加茸状角或羚羊角，夸饰"鱼鳞"，特别是在演进过程中——组合进鸟翼、马尾、鹿角、狮尾（或鱼尾），等等；头部变化更大，从而由外形的多变换走向"性质"的多幻变。更重要的是，性/格之超越（王安石《龙赋》可谓抓住了要害）。

不但夸大其由蜕皮、冬眠与复苏带来的生命形态的转换，而且因其多栖性所造成的"多机能"，升华为能够上天入地下水、白日飞升直到长生不死等灵力——在神仙家、道教的发育与佛教的传入之后，龙更具有多种的法术与超能力，如赐雨降丰、佑民保君，几乎战无不胜、无所不能，再也不是区区蛇虫了。

类龙形饰陶瓶
（山西襄汾陶寺文化遗址出土，约当龙山文化，距今 4000～5000 年）
图上有长而曲折的类龙形纹饰，但也有人说只是某种抽象图案，疑莫能明。

龙与图腾崇拜

以蛇为龙之母型，在上古史研究中，必然要牵涉到图腾崇拜。对此论述者实在太多，且成绩斐然，我们已经无从置喙。只摘述某些著作中已申明的几个要点。

所谓"图腾"，必须严格限制在"非人类祖先"的自我认同之上。一般的动、植物或"无生"崇拜、信仰、"化形"，都不一定属于图腾机制，否则就容易陷于盛极一时的"泛图腾主义"(pan-totemism) 的泥淖之中。按照这一标准，较合适的常见说法是：

西（北）部——夏人——龙图腾

东部——夷（殷）——鸟（凤图腾）图腾

夏人及其认同的"先民"黄帝一系，祖先或英雄（神）多化形为龙（蛇/蜥）或由其"感生"的传说。黄帝或轩辕为"黄龙体"的记载甚多。鲧为玄鱼或黄龙。禹剖黄龙之腹而出，化形为蛇虺（或蜥蜴）。启驾二龙。夏末"玄鼋"（蝾螈）遗螯而生人。夏代龙故事最多。自承夏后的周人也崇龙，后稷为母亲姜嫄（下简为"原"）履恐龙足印而孕生。《周易》为周人"蜥蜴"圣书（有人径称《龙经》）。《周易·乾卦》主要以龙说事，"勿用"之"潜龙"可能暗指潜蛰于大泽之后稷（龙）。

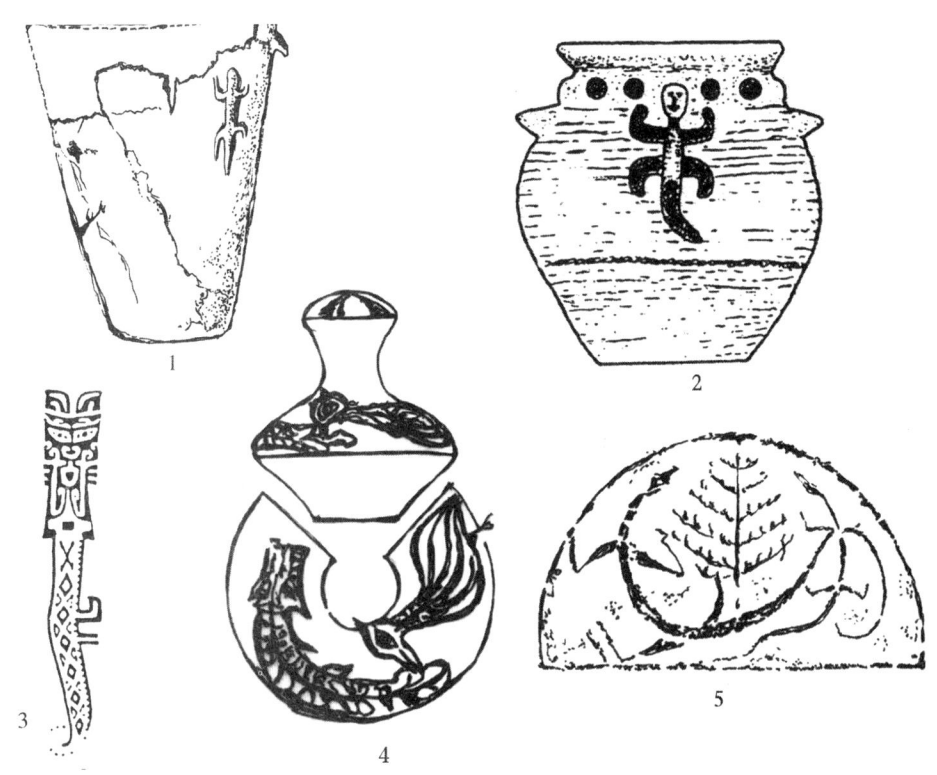

新石器时期的（类）蜥蜴纹饰

（1.蜥蜴塑饰陶缸，豫西龙山文化遗物；2.人首蜥蜴塑饰陶罐，陕西铜川前卯出土，史家类型；3.殷墟出土骨笄，类人首龙身；4.鸟啄鱼图饰陶制蒜头壶，陕西北首岭出土，仰韶文化；5.秦瓦当）

中国新石器时期出现一些（类）蜥蜴的纹饰或造型，有的已具混形性，或已部分人格化，首部是人面或类人面。铜川前卯的一件，为人面明白无误，五官俱全。杨晓能《另一种古史》说："这是中国人兽合体艺术传统中的最早实例之一。"（85）很可能，此时蜥蜴已开始"龙化"；亦即暗示，蜥蜴已初步成为龙母型之一。

炎帝以"姜水"成,为羌人之始祖,羌人也有龙崇拜,卜辞有"羌龙",但不能明白定其为"龙图腾族"。闻一多《伏羲考》论述夏周系龙图腾至精,却又说:"余尝疑伏羲为犬戎之祖,犬戎与周或本同族,故传言伏羲画八卦,文王演之,而《易》称《周易》。"且以伏羲跟禹为一家人(同属羌戎)。

伏羲亦有"龙"体(刘尧汉等说,伏羲为虎、女娲为龙,失于一偏)。伏羲为南方苗人集群传说始祖,而"蛮"字从虫,伏羲、蚩尤、盘古均有化形为龙之传言。羲娲人首蛇身交尾的汉唐画像,很多是蛇有巨爪,可以说是似蛇又似龙。

史称伏羲为太皞(疑非),"太皞氏"为龙师而龙名,则亦近似"龙图腾族"焉。但是,揑合伏羲、太皞跟炎帝、羌戎形象的关系,常会顾此失彼,捉襟见肘。这里只能存疑。所谓"龙图腾"云云,也只是一种似是"传统"的成见,目前证成它缺乏理据,推翻它又确实困难,最好是姑用其名而又"存疑"。

而炎帝—神农系统亦有神龙感孕等传说。

《艺文类聚》卷九引《帝王世纪》说:"神龙感女登于常羊,生炎帝。"

《补史记·三皇本纪》说:"少典之妃,感神龙而生炎帝。"

《通鉴·外纪》胡克家注引《春秋元命苞》说:"有神龙首感之(女登)于常羊,生神子,人面龙颜。"

炎帝后来与"神农"混合,或被称为"神龙氏"。例如《帝王世纪》说:"神农氏,姜姓也。人面牛身,长于姜水。"

"神农氏"或被写作"神龙氏"。

马卉欣等甚至认为:"真正的'神农'当为'神龙'。"繁体之"农"下半为"辰","明显与龙关涉"。《诗含神雾》云"神农龙首",被解释为"即龙图腾部落头领也,并非龙头之意"[①]。虽然不一定对,但"神农氏"族群及传说分布地区(例如湖南、湖北、陕西),可能也有龙的崇拜。不能因为"神农"见于记载甚晚,神农即炎帝之说不可信,便抹煞其先民或族裔的龙之信仰与传说。但说成是崇拜龙图腾,证据便不足了。

至于太皞(太昊、太皓),应指"东夷"先祖帝喾(夔:舜:俊),所谓"大光明"。而东夷以鸟(凤)为图腾,"天命玄鸟,降而生商",吞卵生子,事迹昭彰。而夷殷确实亦以龙为圣动物(而非始祖),为"龙饰",尊龙神,且祈雨于龙——这正像周人也有"神鸟"(后稷被"置于寒冰"有"鸟覆翼之",可附会为"图腾之救护"),周兴,鸑鷟鸣于岐山;周器饰凤,甚至多于殷彝。如果执于一端,就很可能像程德琪等那样,以夏为东夷。又比如刘尧汉以伏羲为

[①] 马卉欣、朱阁林:《盘古盘瓠关系辨——论盘古神话的根》,《民间文化论坛》1992年第4期,第7页。

羚羊式直角双龙

(清掐丝珐琅摆件)

直到明清,走龙仍极活跃,其造型技巧达到高峰。一方面它为帝王或宫廷所独占,另一方面却又是劳动者与工匠创造的稀世艺术品,让世界人民都为中国人的"龙艺术"而惊叹。

"虎",为羌彝、纳西一系之图腾祖先,却又说:"龙是东夷(很可能是黎、壮、水等族的远古先民)殷商的图腾(引案:那么鸟呢?)。商取代夏政之后,龙图腾占了优势。"① 其实,夷殷绝非龙图腾族。任意封"龙"谥"凤"为图腾,都会徒增混乱。当然这也不等于说殷商从不曾以其为"神物"。甲骨文"龙"(多似蛇鳄)用作专名。但是彝器上的种种龙纹,至少颇为神秘——很难判定它们全然不具"神圣性"。

学者们提出许多蛇被崇拜以及成为龙的原因,都比较有力。以闻一多、林惠祥等为代表的人类学派贡献尤多。这里仅简介近年所接触的一些新见。荒川纮以为,为了炫示大河与王权的势力,龙必须凶猛、强大。南方的蛇都比较小,很难提升为龙;要成为龙,必须借助修辞策略,努力"夸大"。这有些道理。以眼镜蛇为基干的印度蛇王"那伽"Nāga,或埃及"太阳神蛇",本身就很强大,能以剧毒致敌死命,没有必要再加上脚和角(案:中国南方的神蛇也多由眼镜蛇神化而来,起初也没有脚和角,而且南方有巨蟒存在)。而两河平原和中国黄河流域,没有眼镜蛇或别的大蛇,所以要创造出巨大体型并且武装起来的龙来显示力量。这样,荒川纮认为,要产生典型的龙,必须有三个自然条件。

(1) 有普遍存在的蛇;
(2) 没有大眼镜蛇(或巨蟒);

---

① 刘尧汉:《中国文明源头新探——道家与彝族虎宇宙观》,云南人民出版社,1985年,第111页。

（3）有大河存在。①

这并不符合中国情况。除了南方的蟒，北方也有较大的蛇。龙并不全靠"夸大"来创造。

在形式上，东西方的龙还有个重要区别：西方的龙有翼，东方的龙大多无翼，借重自身的力量，与"气"化为一体，在云雾里飞翔②。中国的龙更多被神化，西方的龙似乎更密切地与巨大的鸟、猛兽相混合。其实，中国"龙"首先也是单独的或"类似"的动物存在，而后才逐渐混形，组合，升华。

以蛇为龙的母型或"首席模特"的近世中国学者很多。他们认为，"神化"龙的前提是崇拜蛇，或以蛇为图腾，逐渐将蛇提升为龙。例如，朱芳圃的《甲骨学文字编》、《殷周文字释丛》，以及叶玉森《殷墟书契前编集释》（及所引）等较早期的古文字学著作多以蛇为龙之主要母型。他们有甲金文的依据，以为其相对古老、可信。

除闻一多的以蛇为主、综合其它特征的有力学说外，他的学生孙作云多次做过补充论述③。他以为虺尤属蛇图腾，"上升"为龙。黄帝号缙云氏，缙读为"戬"（灭），云象龙蛇，缙云氏即"戬蛇氏"、"戬龙氏"④，黄帝时"黄龙地螾见"，螾为大蚓，蝼则螭龙（《说文》"螭，若龙无角而

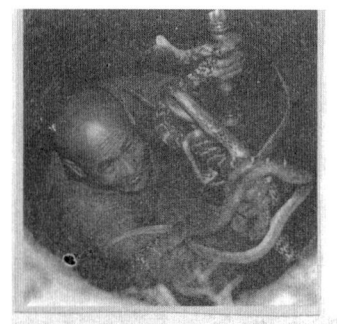

捕蛇——扰龙

（上：广西永州职业捕蛇人谢心音；下：降蟒，委内瑞拉，超景图片库，采自《旅行家》）

戏剧性的捕蛇或擒蟒，也可能传言为"扰龙"。它并不比戏鳄少些危险。

---

① 参见[日]荒川纮：《龙——大河文明孕育的怪兽》，李国栋译，《神话·祭祀与长江文明》，文物出版社，2002年，第43页。

② 参见[日]荒川纮：《龙——大河文明孕育的怪兽》，李国栋译，《神话·祭祀与长江文明》，文物出版社，2002年，第42页。

③ 参见孙作云：《敦煌画中的神怪画》，《考古》1960年第6期；又见《孙作云文集·美术考古与民俗研究卷》（简称《孙集》），河南大学出版社，2004年，第282~302页。

④ 孙作云：《中国古代图腾研究》，《孙集·神话传说》（上册），河南大学出版社，2003年，第30页。

黄,北方谓之土蝼")。"蚩尤之族是以蛇为图腾的,龙亦即蛇,所以说黄帝御世,黄龙见(征服蚩尤),这'黄龙见'三字促使他成了当时天下的共主。"① 我们以为,轩辕"黄龙体",黄帝时黄龙见是最古老的祥瑞,黄虯、土蝼、螭龙,都是"卑化"形式的龙,变态的蛇,却被援为政治合法性的神圣依据。这跟黄土地带蛇类相关。后代"天子"以龙自居,盗取了神话资源。

龙的一种母型:五步蛇

(上:五步蛇,照片摹本;左下:甲骨文"龙"之一种;右下:金文,疑似"龙"字)

张孟闻认为龙来自蛇。"龙字字源是从五步蛇生发出来,至少其基形是五步蛇的形象。"就左下图而言,有些像五步蛇,但其纹并非"三角形";说似蜥蜴或虫也行。更不能由此推及全部甲金文的"龙"之所象。右下,金文《迟父钟铭》所见,有专家谓"龙"字,可疑;张说像五步蛇三角形头部之正视,左下表示为其咬死之人尸,更加可疑。如此字确系"龙",可能表示龙灵之人格化,右下之"川",示其本在水中。

龙多变化,伸缩性很大。仅仅从体积或外形的巨大,不足以说明从蛇恐惧到蛇信仰的成因。不仅大蛇巨蟒,小蛇也可能成为龙的母型。宋以后祈雨,多有"龙"的实物供膜拜献祀。只是有些"奇怪",于特定时地抓来的小蛇或蜥、鳄,甚至虫、蛙,一把抓起来,供在香案上,便成了"龙"。

张孟闻亦持龙出于蛇之说。他看得较准确的是《后》(2·6·14)的一个甲骨文字(左下图),略呈环形,短身似蛇(或虫或蜥),该字是"该〔五步〕蛇

---

① 孙作云:《中国古代图腾研究》,《孙集·神话传说》(上册),河南大学出版社,2003年,第32页。

的简图,连蛇的简图,连蛇体上的斜方色斑也模拟出来了";但他试图由个别推及一般,以为全部"龙字字源是从五步蛇(褰鼻蛇或尖吻蝮,学名 agkistrodon acutus guenther)生发出来,至少其基形是五步蛇的形象"①,那就不免有些以偏概全了。甲骨文"龙"形象由来已颇多元:直立"戴干"张口者或似虫;爬行而有足,张口大牙者肯定像扬子鳄;个别似巨蜥;像蛇,只是其中一种。

然而崇拜蛇,并且将其升华为龙,却不一定能证明其成为图腾崇拜。拜蛇不一定是"蛇族",崇龙更不一定以之为"图腾"。

毕长朴认为:"龙"字本身就是蛇族创作的图腾符号,最高神。他说:

> "龙"字则是由蛇图腾族所创造的一个最高蛇神。其实原止作"育",具有帝王之尊。②

单纯说龙就是蛇(图腾)族崇拜之神,有些事很难讲通。他说,龙就是蛇。蛇族祀云,如"云从龙",黄帝(龙族)以云纪,为云师而云名。但蛇与云何干?至少,龙已是蛇之升华(也许可称为"超蛇"),"飞龙在天",才与云相关。所以,仅仅说龙原即蛇,是远远不够的。毕氏又说:

> 蛇图腾族与雨水雷的关系,蛇图腾族因为敬云,故亦祀水。《左传》昭二十九年有文曰:"龙,水物也。"本来蛇就是水中之物,故云"龙为水物"……凡从水之字大致皆有蛇义(案:此说可疑)。蛇图腾族因为敬云、敬阴、敬雨,故亦敬雷。蛇族乃有很多人名地名以雷为名。③

其实,蛇与雷除"惊蛰"外并无特殊关系(雷与鳄关系更大)。凡以单一品种之动物为龙等神话动物之母型,而又纯由此动物习性来推求其崇信之理由,均难说通。

袁德星说,龙早已不是自然动物而是"人文动物";"宗教上、文化中的蛇便是龙";"蛇晋级为龙,完全是文化行为所造成的"④。这一观点较为合理。

相继论述龙之"蛇"母型学说者,有李埏⑤、王昌正⑥、刘敦愿⑦、秋

---

① 张孟闻:《四灵考》,《中国科技史探索》(中文版),李国豪、张孟闻、曹天钦主编,上海古籍出版社,1986年,第507页。
② 毕长朴:《中国上古图腾制度探赜》,油印本,(台北)1979年,第56页。
③ 毕长朴:《中国上古图腾制度探赜》,油印本,(台北)1979年,第58页。
④ 袁德星:《史前至商周造型艺术中的龙》,《龙在故宫》,(台北)故宫博物院,1978年,第28、29页。
⑤ 李埏:《龙崇拜的起源》,《学术研究》1963年第9期,第29～30页。
⑥ 王昌正:《龙的研究》,《民间文学论坛》1985年第6期,第9页。
⑦ 刘敦愿:《最早的龙就是有角的蛇》,《文史哲》1978年第4期,第63～71页;《马王堆西汉帛画中若干神话问题》,《文史哲》1978年第4期,第65页。

浦①、徐乃湘与崔岩峋②,等等,实在不胜枚举。他们多数认为,蛇或龙曾成为崇拜者的图腾,但也有人并不说其即为"图腾"。

国外学者中较早期的,如拉克伯里(Lacuperie)、顾立雅(Creer)等,多以为中国龙主要取象于蛇,或以为其来自西方。利奇(E. Leach)在《圣·乔治与龙:神话抑或传说?》(*St. George and the Dragon: Myth or Legend*? London, 1954)中说:"龙无疑与蛇和蟒有密切关系。"(据文崇一)但在推论龙是否成为图腾的时候,他们一般较为谨慎,意见也并不一致。西方学者大部分熟知,原初"社会史"中较为典型的图腾群团,例如非洲、美洲与大洋洲的一些部落,他们所崇拜的动物图腾,绝大多数是实存的动物,鸟就是鸟,蛇就是蛇,极少像中国的龙、凤那样是混形性的神话动物。某些崇拜蛇做血裔祖先的"原始"群团,在历史的进程中,将其主要崇拜物(也许已成为祖灵或图腾)"附丽"以其它神秘动物的器官并加以夸饰,逐渐成为神话性的龙。这还有些道理。

当然也有一些不同意见。例如,安田喜宪最重要的意见是,应该把"龙崇拜"与"蛇崇拜"区别开来。

最早的以虚构、想象和综合为心理基础的龙,产生在中国的东北——是"以野猪(家猪)、鹿及鱼为原型的猪龙"③,显然他指的是查海、赵宝沟和红山文化的龙;而美索不达米亚的龙是"以羊、狮子及鸟、爬行动物为原型的"④——可它们都具有圆长的蛇躯(而且,某些所谓"猪龙"之身躯竟是以虫子为"样板"、为基干的)。所以,仍然必须注意蛇蟒在"龙"形成过程中的决定性作用。这里还不说查海等地发现的巨大的石龙或土龙。

安田氏说:

> 龙具有父权制性质,在龙的胎动与父权制都市文明诞生之间,存在着深刻的关系。这些畜牧民所接触的农耕民为麦作农耕民和粟作农耕民,而龙便诞生于畜牧民和麦作农耕民、粟作农耕民之接触地带。⑤

龙、蛇确实形似男根而代表男性、父亲,但也不一定。母系制或稻作农耕民难道就不会创造龙?

---

① 秋浦:《说龙》,《民间文学论坛》1988年第1期,第2页。
② 徐乃湘、崔岩峋:《说龙》,紫禁城出版社,1987年,第11~13页。
③ 参见[日]安田喜宪:《龙诞生于中国东北的森林中?》,(日本)《历史街道》1998年11月号。原文未见。参见④。
④ [日]安田喜宪:《龙的文明史》,蔡敦达译,《神话·祭祀与长江文明》,文物出版社,2002年,第1页。
⑤ [日]安田喜宪:《龙的文明史》,蔡敦达译,《神话·祭祀与长江文明》,文物出版社,2002年,第3页。

南方的蛇信仰

潮湿炎热的中国南方地区，盛行蛇蟒崇拜。毫无疑问，有的还衍生为（蛇母型的）龙之信仰。

南方曰"蛮"，《说文》云为"蛇种，从虫"；闽是"东南越，蛇种"，字亦从虫（虫者虺）。《隋书·南蛮传》有"蜒"（"虫"或在"延"下）。《集韵》："蜒，蛮属。或从蚰。"宋·范成大《桂海虞衡志》："蜒，海上水居蛮也。"明·邝露《赤雅》："蜒，神宫画龙以祭，自云'龙种'，浮家泛宅；或住水浒，或住水栏。……能辨水色，知龙所在。自称'龙种'，籍称'龙户'。"《华阳国志》等书还多见"巫蜒"。

侗族"拜水神（龙）"而"作文身"（参见乾隆《柳州府志》卷三八），盖以象"龙子"（参刘尧汉引）。纹身不限于龙族，但蛇龙族确多"纹身"。《淮南子·原道训》："九嶷之南，陆事寡而水事多，于是，民人被发文身，以象鳞虫。"《风俗通义》更明白地说，"刻画其身，以象龙文"。《汉书·地理志》说："[粤人]文身断发，以避蛟龙之害。"《说苑·奉使》："[越人]剪发文身，烂然成章，以象龙子者，将避水神也。"

《华阳国志》说，诸葛亮赐画，"龙生夷"，南中民众悦服。

西南兄弟民族，尤其是苗瑶语族者，崇蛇拜虫者甚多。

云南滇文化，如晋宁石寨山、江川李家山等地出土龙纹器物，蛇虺造型，杀人祭祀蟠蛇铜柱，更为著名。

李家山出土精美之"出篓大蛇"青铜器，充满神秘。

中国南方兄弟民族"龙"的情况极为复杂。本书只能在关涉某个"问题"，而且有助于提供理论性答案时才有选择地介绍。我们尤其关心其原生形态。

有些民族，几乎任何一种（被关注与被崇拜的）动物的头颅都可以加在蛇身上去成为龙。它的来源和性格都非常纷纭。

例如苗族，除了为"主"的"牛角龙"之外，还有蝴蝶龙、鱼龙、蜈蚣龙、马头龙等，极具个性或特色，材料也丰富。

我们的重点放在跟印度"那伽"（Nāga）与"华夏—汉人"龙关系特别密切的藏族、纳西族、彝族等的"龙"之上，它们特别有文化史的趣味。

纳西族的龙（称为"署"），"一般是人身蛇尾状，也有一些署取马头蛇尾、虎头蛇尾、牛头蛇尾、牦牛头蛇尾、蛙头蛇尾、水怪头蛇尾、象头蛇尾、雄鹿头蛇尾状"。白庚胜说："可见，蛇形是其最基本的形象特征。由此推测，署神信仰当是古老的水神崇拜的产物。"[①] 这，在讨论印度那伽龙时再详加介绍。

---

① 白庚胜：《东巴神话研究》，社会科学文献出版社，1999年，第89页。

"双蛇"陶饰

（左：出土于浙江余姚河姆渡遗址，第三期，"陶支脚"，T18②：85；右：供参照的台湾高山族"双蛇"陶罐）

"支脚"上雕塑的螺旋纹，我们认为是早期抽象化的"双蛇"，高山族陶罐纹饰可做佐证。双蛇纹后来成为"权力"的象征。

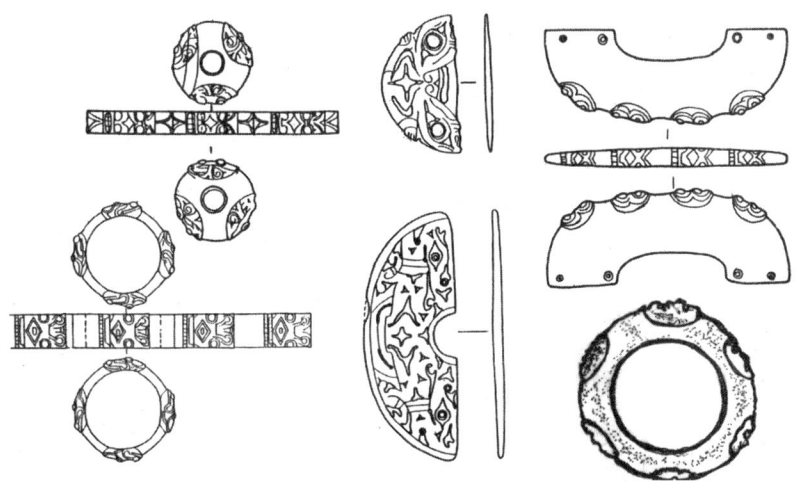

所谓"龙面纹"

（左：连续"兽面纹"环形器及展开图；中：玉石璜或"半圆形"器；右上："半圆形"器或玉石"梳篦头"，浙江余杭瑶山出土。以上为良渚文化。右下是作为参考的"蚩尤环"，采自那志良）

或说，良渚文化某些兽面是"龙面"。四兽面玉环上的"突起"，更是"四龙面"。所谓"神人兽面"纹，也有人说是"龙面"，其实其抽象化、图案化的程度很高，有的似可辨识出豕面、虎面乃至"虫面"；"龙面"就很难说。目前称之为"兽面"要稳妥些。

浙江余姚河姆渡第三期有一件"陶支脚"（T18②：85），其上有一对被称为"螺旋纹"的堆塑，依我们看是两条半蜷曲的蛇——这已不是现实中的蛇，而带着神奇，但很难说已形成信仰，更未变成"双龙"。

河姆渡文化之后的良渚文化中，有没有蛇、龙的信仰或崇拜呢？跟河姆渡文化相似,这里的"鸟"和"猪"获得较高的"位格"以及充分的形象体现,而没有蛇(乃至龙)的确定无疑的尊崇形象。

一般举出的是"玉环"上的"四龙首"。由于它很像后世的"虺尤环",先入为主的印象,诱导人们以为它是"龙面"。其实很难说。正面观的兽首或动物面,往往有极大变形。红山文化的某些"动物面",正面看就令人犹豫不决,"虫首"很可能被当成"豕首"或"熊首"。良渚玉环上的"动物面",似龙又似猪,故称之为"兽面"较为稳妥。

分解式"神人兽面":龙化?

(良渚文化,玉石"梳篦头",浙江余杭出土)

良渚文化最重要的图饰"神人兽面",被拆解移置:神面分在两旁,代替它的是曲绕的图案,乳房与阴门"兼体"的兽面清晰可辨。唯"头部"与臂手等被极大地"拉长",学者或据以证明这是"龙蛇之躯"。

梳篦与梳篦头是重要头饰,从远古到上古,常被当做尊贵与权威的标志,有如后来的冠冕。

考古发掘报告说,从"平面加一个侧面进行斜向观察,其形态和我国传统观念龙形颇为近似",那"环曲的镯身,或可视作龙体的象征";但说到其头面部就很令人犹疑,"眼和牙近似水牛或鹿,鼻如猪,角与耳非牛非鹿,似为各种动物的结合图形"[①]。孙机以为是"虎头"[②]。上海博物馆的张明华赞成龙说,又补充道,此类造型,"扁长吻,缩颈俯伏,面额仰天的身姿,酷似一条浅潜水下,仅浮露鼻眼,随时准备猎取小动物的鳄鱼的形象"[③]。

良渚的"神人兽面",李学勤等认为是龙[④],其实是猪,也可能是虎,不会

---

① 《余杭瑶山良渚文化祭祀遗址发掘简报》,《文物》1988年第1期,第52~53页。
② 参见孙机:《蜷体玉龙》,《文物》2001年第3期,第73页。
③ 张明华:《中华龙起源之我见》,《文汇报》2006年8月13日。
④ 参见李学勤:《良渚文化玉器与饕餮纹的演变》,《东南文化》1991年第5期,第43页。

是龙（它没有蛇躯，也无角）①。有一种镂空雕刻的"神人兽面"梳箆头，有似蛇形交错的身体（其实是肢体有意延长，以符造型需要），许多学者称之为龙。但也很难说，以存疑为妙。

马承源曾说，良渚文化、红山文化玉器"兽面"，颇像龙②。李学勤说，"当时龙的形象"，与红山文化"猪龙"作"正面之展开"，实在"非常相似"③。张明华说，良渚也有交通天人之"三蹻符"，除"鹿蹻"待发现外，虎蹻、龙蹻非常确定。

我们已证明其为张光直式的文化误读④。根本没有鹿蹻而只有"鹿卢蹻"。

从良渚玉环"类龙面"到后来的青铜器饕餮纹，额间多有◇⑤，或V形、类干盾形"识别符号"（参看萧兵《中国上古图饰的文化判读》），李学勤以龙为饕餮母型，高本汉等也曾着力于此，我们不赞成。良渚兽首之◇确实值得重视，但这可能是"尺木"之类的雏形。马承源说，良渚兽面有"蚌壳形"外眶之双目，"以多条抛物线与眉目相连"⑥；林巳奈夫等也非常重视此点。这一点也许能把红山/良渚/龙山"兽面"联系在一起，但不足以证明它们都是龙。猪也有椭圆目眶。

龙柱与鼓精

云南晋宁石寨山"滇王墓"(M6)出土编钟（M6：114~149）上有：

龙蛇变形图案⑦

"铜饰"（M6：22）台前"牌"上有一蛇

云南晋宁石寨山还出土——

(1) 铜鼓形贮贝器（M1）盖：杀人祭"蟠蛇立柱"（参见《晋宁》等）
(2) 贮贝器（M12：26）盖：铜柱蟠蛇（吞噬人牲)⑧

江川李家山等地也出现了"祭柱"的造型。

---

① 参见萧兵：《良渚玉器神人兽面纹新解》，《东南文化》1992年第5·6期；《良渚"神人兽面"的兼体造型和意蕴》，《考古与文物》2003年第6期。
② 参见马承源主编：《中国青铜器》，上海古籍出版社，1988年，第317页。
③ 李学勤：《良渚文化玉器与饕餮纹的演变》，《东南文化》1991年第5期，第43页。
④ 参见萧兵：《中国上古文物中人与动物的关系——评张光直教授"动物伙伴"之泛萨满理论》，《上海社会科学》2006年第1期。
⑤ 参见尤仁德：《古代玉器通论》，紫禁城出版社，2004年。
⑥ 参见马承源主编：《中国青铜器》，上海古籍出版社，1988年，第317页。
⑦ 参见《云南晋宁石寨山古墓群发掘报告》，文物出版社，1959年。
⑧ 参见《云南晋宁石寨山古墓群发掘报告》，文物出版社，1959年。

龙　柱

（左：沈阳故宫龙柱；右：大召寺佛殿龙柱，内蒙古呼和浩特）

蟒蛇喜欢蟠伏在大树上。上古东西方多有"蛇柱"的造型。

有的"英雄救世"或"除害"神话还说，恶龙或毒蟒兽被镇、被锁在"圣柱"上。或说，这是由"圣树"或"（中心）神柱"之神秘性诱发出来的情节：蛇、龙捍卫圣柱。

或说，龙蛇跟杆柱都是圆长体，二者曾经互拟，或"变形置换"：柱是固结或静态的龙，蛇是活跃或动态的龙。它们相生相克。

或说这是祭礼"图腾柱"（totem），或蛇图腾崇拜（参见《晋宁》等）；或说蛇为"土地神"，杀人祭祷丰饶。

张福说："这里的蛇亦可能是'龙'的象征。……蛇是'滇族'的原生图腾，而龙则是次生图腾而已。"① 冯汉骥不同意"图腾"说，而谓"大概系'土地'的象征的动物"②，象征"蕃殖力"（案：此与"龙"之神性一致）。

龙柱，从自然的观点看，是蛇蟒喜欢攀缘在树上之习性的艺术反映，演进为圣动物守卫神柱；另一方面，又是跟所谓"族杆：图腾柱"融合的结果。

后世还可以在宫殿、祠庙等处看到它"遗迹"性的再造：龙柱。

滇王金印更以蛇为纽。冯先生注意到，史载永昌太守曾以黄金制蛇以敬献。这些都是南方民族崇拜蛇龙的间接证明。

---

① 张福：《彝族古代文化史》，云南教育出版社，1999年，第374页。

② 冯汉骥：《云南晋宁石寨山铜器研究》，《云南青铜器论丛》，文物出版社，1981年，第6页。

杀人祭柱

（云南晋宁石寨山出土青铜贮贝器顶部雕塑，参见《云南晋宁石寨山古墓群发掘报告》；右附汉画里的"龙柱"，浙江海宁汉画像石前室北壁）

柱上盘龙，最终可能缘于树蟒和某些蛇的喜欢攀木——树或柱因而也有了神秘性与生命力（当然柱本身也可能独立成为"宇宙轴"之类而受到膜拜，而为圣动物所守卫）。杀人祭柱主要为了祭祀龙蛇——它们被看做大地蕃育力的象征。

"鼓用牲于社"，祭社往往建构突起物，如石柱、土坛、神树等作为社神的灵体，附加以龙蛇则更加隆重；祭社求雨祈丰，多要击鼓。鼓与龙蛇有关系吗？《穆天子传》（卷五）说：

献酒于天子，乃奏广乐，天子遗其灵鼓，乃化为黄蛇。……

天子遗留下来的"灵鼓"，怎么会变成"黄蛇"？

细玩其意，蛇似是鼓精。方艳的博士学位论文《〈穆天子传〉的文化阐释》认为可以将其理解为灵鼓化为黄龙（或夔龙）。因为"鼓神即雷雨神，为龙"。

《周礼·地官·鼓人》（上·720）："以灵鼓鼓社祭。"郑注："社祭，祭地祇也。"贾疏引《礼记·效特牲》说："社祭土，神地之道。"古社、土同字。甲骨文有"土"无"地"。《诗·商颂·玄鸟》："宅殷土茫茫。"本或作"殷社"。《周礼·春官·大司乐》方丘祭祀"地示"，亦用"灵鼓"。

蛇也是土地与阴之象征，所以可能成为"社：土"之灵。所以祭社的"灵鼓"可能变成蛇。鼓是土精，蛇是鼓神，二者可以相互转换。前举云南晋宁石寨山 M1，铜鼓形贮贝器上有大柱，盘绕巨蛇，杀人以祭。冯汉骥说，这里的蛇系"土地的象征"，杀人祭蛇柱，是"丰收"或"收获"祭祀仪式（harvest festival rite）①。《周礼·春官·大宗伯》说"血祭，祭社稷、五祀"，与此暗合。

---

① 冯汉骥：《云南晋宁石寨山遗址及墓葬》，《云南青铜器论丛》，文物出版社，1981年，第8页。

"灵鼓"置地,就像"蛇柱"一样,得到土气,重新变成"黄蛇"。

龙之殿堂与立柱

(越南高台教拜祭仪式)

"龙柱",除了在皇家宫殿大量出现之外,也可以在一些高级的神殿、祠庙(如孔庙)里看到,影响及于一些亚洲国家。但究其始,仍然跟"龙图腾柱"相关。

《春秋》屡见"鼓用牲于社"(参见《春秋》庄二十五年、三十年,文十五年),目的之一是救日蚀。另一便是在"社土"中祈雨。《左传》晋·杜预注:"伐鼓于社,责群阴。"日蚀、久旱,古人都认为是阴阳失调,龙蛇不安。必须用灵鼓振奋,督责它们忠于职守。

《公羊传》庄二十五年说,日蚀打鼓,"用牲于社,求乎阴之道,以朱丝萦(绕)社(主)",这是以威胁来祈请,有些像"打龙王"、"砸土地(庙)"的"武求雨"。汉·何休注:"社者,土地之主也。"月亮也是"土地之精",月亮蔽日造成日蚀,所以要"鸣鼓而攻"。《白虎通义·灾变》说:"社者,众阴之主,以朱丝萦之,鸣鼓攻之,以阳责阴也。"《春秋繁露》说"止雨"之祭,也要"以朱丝萦社",而且,同样"鼓用牲于社"。可见此仪式绝不仅限于救太阳。

所以,祈雨要"曝蛇"或"晒龙王"。鼓与蛇是一体化的。

《续汉书·礼仪志》晋·刘昭注补引干宝说,上举都是"圣人魔胜之法"。贿赂与魇胜是仪式的正反面。

对鼓/蛇都是要既"祀"又"胁"的。

《春秋繁露》"求雨"方法之一便是:暴(曝)巫聚蛇。

县邑以"水日"祷社稷、山川,当然也要击鼓。"一闻鼓声,皆烧猳猪尾",也许,猪尾似蛇,是对蛇的一种警告。

东方的龙,从印度的那伽(Nāga)到中国的神龙,都掌司或控制雨水,也跟其母型之蛇有密切关系。

南方的雨水丰富,但也会有旱。水田更需要及时的霖雨,所以人们对出没于田地、川泽的蛇特别"敏感"而"重视"(当然北方多旱,也企盼好雨,不乏拜蛇祭龙之举)。

蛇不仅对雨水敏感,它的"惊蛰"正在春雷震响与雨水丰沛的季节。在这雨季/旱季明显区分的地域分外突出,而且跟所谓"稻作文化"的春耕活动关系密切。

龙柱成了建筑艺术附饰

(上:澳门的龙柱;下:越南高台教庙宇龙柱)

正像龙进入寻常百姓家一样,龙柱也成了中国式建筑的艺术附饰,受到世界各地游客的景仰与赞赏。

北方用牛皮鼓、蛇皮鼓、鳄皮鼓,南方则用铜鼓,"鼓用牲于社",在季节转换之时敲击,惊醒在半冬眠中蛰伏的土地之精——龙蛇,督责它们履行职司,及时行雨,保障丰饶。

洛克(J. F. Roke)在讲到纳西族"龙"的信仰时说:

> 蛇在雨季出现这一现象或许导致产生了蛇控制着雨水的信仰,人们认

为是蛇的巫术力量产生了雨。①

这又连带着使他们"相信那伽有能使人畜和庄稼繁衍丰饶的力量"②。印度也是如此。蛇/龙由此渐渐"融为一体"。

长生、再生、永生的意象

颜元叔说，蛇具有象征的多元性，作为龙的主要母型——

> 蛇，就早期的人类看来，是生命的象征，不仅如此，还象征长寿，象征永生。原始人以为蛇能脱皮，就可不死，以脱皮取代死亡，是以永生。③

蛇也因而被认为具有许多神奇的本领，而且可以与人"交换"。

> 此外，早期人类看见蛇总是钻地洞，住在地下，因此以为蛇能控制地利与水利。所以要五谷丰登得拜蛇，要免涝免旱也得拜蛇。由于蛇经常出没在坟墓里，他们又以为蛇是祖先灵魂的化身。④

由蛇"提升"而成的龙，具有多变性、多栖性、多样性，应与蛇的这种生存适应能力相关，而且，这种生存能力可能通过成为"祖灵"或"图腾"传递给它的子孙——人。有人认为，华夏—汉人及其周围民族普遍崇蛇、祀蛇，就是为了获得它那绵延不绝的蓄育力与生命力。

蛇或龙的"死亡"与"复活"，是通过"蜕皮"，通过各个器官的定期更换，通过冬眠与惊蛰来实现的。所以——

> 这种神话的或抽象的循环原则便是：由生到死的个体生命在由死到生的持续发展中得到延伸。同一个个体的死与复活（引案：或死的表演与复活的再现）的这种同一性重生模式照例和其它所有循环模式是相同的。⑤

应该说，以虫、蛇、蜥、鳄为主要母型的"龙"将这种生命循环与永生的模式体现得相当完满而又独具特色（西方人一讲到东方的"长生"，便只是想到

---

① ［美］洛克：《论纳西人的"那伽"崇拜仪式——兼谈纳西宗教的历史背景和文字》，《国际东巴文化研究集粹》，杨福泉、白庚胜编译，云南人民出版社，1993年，第59页。

② ［美］洛克：《论纳西人的"那伽"崇拜仪式——兼谈纳西宗教的历史背景和文字》，《国际东巴文化研究集粹》，杨福泉、白庚胜编译，云南人民出版社，1993年，第59页。

③ 颜元叔：《西洋蛇》，原载《南洋商报》，《海外文摘》1989年第5期，第52页。

④ 颜元叔：《西洋蛇》，原载《南洋商报》，《海外文摘》1989年第5期，第52页。

⑤ ［加］弗莱：《原型批评：神话理论》，《神话—原型批评》，叶舒宪编译，陕西师范大学出版社，1987年，第209、210页。

龙　车

（河北磁县"纸马"，清代，采自陶思炎等）

中国汉族、藏族、纳西族等民族的龙都司雨，印度那伽龙传入以后，龙又成了"龙王"，仍然掌管水和雨。龙车从天上驶过，发出雷声。龙王们的"挥洒"便是雨水。

修炼、成仙得道或者原始轮回、托生转世，这是很不完全的)。

"飞龙在天，利见大人。"大人的"圣动物"模本就是龙。《乾卦》大传说："夫大人者，与天地合其德，与日月合其明，与四海合其序，与鬼神合其吉凶。"这只有体现宇宙生命节律与循环的蛇龙，才能达成。

这样，龙就成为（正常）时序的体现者与推动者（"时乘六龙，以御天也；云行雨施，天下平也"），而且是有节律变化的一体化的"宇宙生命"的象征。

加拿大的"原型批评"理论家弗莱（N. Frye）说：

> 神明世界中核心的过程或运动是一个神的死亡与复活，消失与回返，隐退或重现。神的这种运动被看成一种或数种自然界的循环过程，就是由此而联想到自然界的循环过程。（前《神话—原型批评》书，第210页）

比如说,"这个神可以是太阳神,夜晚死去而黎明重生,或是在每年的冬至重生一次";这个"神"也可以是与"大明"(太阳)或"大人"(圣贤)化为一体的龙,"春分而登天,秋分而沉渊"。但是,我们只知道神龙的潜隐而不大知道到它的死亡,"由于神按其本性来说几乎是不死的",龙只是忽隐忽现,能幽能明,"消失与回返,隐退或重现"。

古埃及的太阳神:眼镜王蛇

(左:吾拉威斯眼镜王蛇,参见 S. B. Johnson:《古代埃及的眼镜蛇神》;右:双蛇所控制的动物群)

眼镜蛇,尤其是眼镜王蛇,是古埃及大神,是太阳及其子孙法老的徽识。或说,埃及跟中国一样,以蛇或龙为再生之意象。眼镜蛇处于篓中,使人想起江川李家山处于筐中的神蛇:在仪具中人工饲养,二者均表示崇敬。

古代埃及人甚至以"再生意象"之蛇作为太阳的符号或象征。

一种毒蛇"尤里厄斯"(uraeus,复数为 uraei),或说为眼镜蛇(cobra)变形,被古埃及人当作太阳的徽识,或太阳神荷拉斯(Horace)的符号。

埃及法老自称为"太阳的子孙",他们的造像往往被刻画为太阳神的样子,并且用 uraeus、鹰或秃鹫、山羊或牛(角),或者蜣螂作为徽号。这些都是埃及传统的太阳象征,或"太阳动物",或太阳的"原型编码"。

尼罗河畔伊德夫(Idfu)地方荷拉斯神庙遗址的一块碑铭上说:这些都是智慧之神托特(Thoth)运用神通,"装嵌"在神庙进口上方,以纪念荷拉斯战胜邪恶的塞特或塞斯的(塞特或塞斯是暗害其兄奥西里斯的"黑暗"之神)——

这里依然存在着"光明/黑暗、善/恶"的二元对立(奥西里斯以稷神、水神兼为太阳神,或说"小太阳"荷拉斯是他的"儿子")。

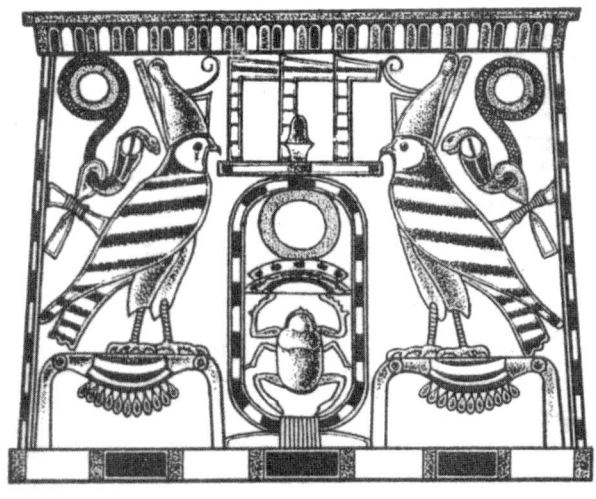

太阳原型:圣甲虫、太阳鹰和眼镜蛇
(古代埃及装饰纹样)

古代埃及太阳神的化身甚多,鹰、眼镜蛇与蜣螂(屎壳郎)是最重要的三种。

鹰以其高飞疾驰与明察秋毫象征太阳(太阳与鸟崇拜往往叠合,夷殷也是著例)。眼镜蛇则以其"剧毒"比拟烈日的酷烈,它颈上的"假眼",或被认做佳善的太阳神目(solar's good eyes)。蜣螂推着粪团就像推着太阳,使其永久循环运动,更新万物;没有蜣螂,沙漠的臭秽将会无法降解,世界也将肮脏无比。

古埃及代表黑暗的除了塞特之外,还有以"蛇"出现的"地下"恶魔阿普苏(Apsu)或阿波斐斯(Aphes),希伯来魔鬼撒旦(Satan)变成的"冥蛇"似之。

塞特住在幽冥世界里,是光明的死敌,黑暗的象征。他变成大蠕虫在漆黑一片的"死人城"里居住;这种地下的蠕虫,可以看做恶龙的一种形象渊源,为"龙(亦)出于虫"的假说增添一个辅证。他等待着光明神拉(Ra)驾驭的"太阳船"到来,准备杀死或吞吃他,毁掉"太阳船",让世界回归永远的黑暗即"混沌"。然而,没有黑暗就没有光明,没有死亡就没有诞生,没有混沌便无物可以"解破",没有"失乐园"就无所谓"复乐园"。所以,Apsu通过自己的"死亡"(为光明神拉〈Ra〉所杀),暗示曙光将要被"破坏"。

蛇在中国同样是可怕的东西(畏而生敬,恐惧或敬畏制造神,"龙"因而诞生),同样代表土地、水、冥界或幽都,代表阴的力量——龙,在特定情况下,也是水神、土地之神或海神。但既经"升华",由蛇演进的龙也能登天:飞龙在天。龙又可以代表"阳"(男性或天空)。像龙蛇对转一样,中国的蛇龙是跟"阴/阳"一般可以相互转化的。有翼无翼并非主要指标(否则就不会另立"有翼曰应龙"的特例)。

这样,蛇或龙就往往以生殖或生殖器官(阳具或阴道—子宫)的意象①,而且常常成为"先妣"、女神或"大母神"的化身或"代码"。除了众所周知的女娲、烛阴是蛇身以外,埃及、希腊往往以蛇尤其是眼镜蛇做女性的徽识或符号,阿兹特克(Aztec)的大地女神科阿特利库埃以蛇编织而成的裙子"遮蔽"或者"彰显"其下身。西亚两河平原的丰饶女神吉兹达等是"天上的雌性巨蛇"。

龙腹或蛇的泄殖腔,被看做子宫、乐园或者"阴:黑暗"的生命/灵魂之容器。"[蛇龙式]女性容器是创造性的,子宫是神圣的部位,在身体象征系统中具有真正神秘的特色。"② 所以,"子宫:龙腹"不但吸纳、裹藏生命,而且是生命重新获得新的形态、新的水平的过渡站。印度、美洲、非洲都有神话说,某一神祇、英雄或者重要人物通过蛇口(有时就是被蛇吞食),经过蛇腹的滋养,然后由蛇的泄殖腔娩出、再生并且"升华"。蛇龙之腹跟常见的"再生的兽口"一致。

恐惧创造神

如前所说,初民或古人像猿猴一般怕蛇,巢居、穴居都怕蛇。

古无偏旁。蛇写作它。《说文》卷十三虫部说:"它,虫也。从虫而长,象卷曲垂尾形。"上古人"草居患它(蛇)",所以见面打招呼是"无它乎",就好像近世的"吃过饭了吗"。可见其事关重大。

甲骨文有"亡它",用法跟"亡尤"差不多。胡光炜(小石)《甲骨文例》引《说文》"无它乎"来解说,"亡它"就是"无祸"③。张政烺说:"'它'的本义是一种短蛇。"④

---

① [德]埃利希·诺尔曼:《大母神——原型分析》,李以洪译,东方出版社,1998年,第36页。

② [德]埃利希·诺尔曼:《大母神——原型分析》,李以洪译,东方出版社,1998年,第36页。

③ 胡光炜:《甲骨文例》;引见叶玉森:《殷墟书契前编集释》,大东书局,1934年;又见《胡小石论文集》(第三编),上海古籍出版社,1995年。

④ 张政烺:《释甲骨文俄、隶、蕴三字》,《中国语文》1965年第4期,第298页。

《周易·比》第八:"初六,有孚。比之无咎,有孚盈缶,终来有它。吉。"

《大过》九四:"有它,吝。"

《中孚》初九:"有它,不燕。"

"它"并指"蛇"。于省吾先生指出,这就是《说文》"无它"的"它",重文作"蛇"。"是古人称意外之患为它。"① 他还认为"终来有它",应作"终未有它"②。神秘之它,无非平凡之蛇,却终成神圣之龙。与虫相比附,蛇成为龙的基干,这是无疑的。

与"蛇"相关的甲骨文"它"与"虺"

ᔑ(《燕》631) ᔑ(《乙》8718) ᔑ(《坊间》4·217) ᔑ(《铁》46·2)

ᔑ(《铁》178·3) ᔑ(《后》28·18) ᔑ(《戬》2·10) ᔑ(《后》1·16·6;与"虺"通用,"亡虺")

ᔑ(《前》2·24·8;"自甲它至于毓亡虺") ᔑ(《指》18·9) ᔑ(《乙》1123)

ᔑ(《京都》1249) (《编》13·3·1568)

ᔑ(《甲》1654;卜辞它从止) ᔑ(《乙》1236) ᔑ(《乙》6849;朱书)

ᔑ(《乙》8896) ᔑ(《甲》398) ᔑ(《后》1·2·10) ᔑ(《林》1·21·5)

ᔑ(《佚》11) ᔑ(《乙》8816) ᔑ(《前》2·9·7) ᔑ(《佚》514;人名)

ᔑ(《甲》1098) ᔑ(《邺》三下·43·9) ᔑ(《掇》1·337反) ᔑ(《京津》4782)

ᔑ(《掇》1·337反)(《编》13·4·1576,选)

人们对极度可怕或极度可爱的东西都不愿意直说,例如称狐狸(精)为"大仙"、"仙姑",呼蛇为"长虫"或"它",称男朋友为"他",使得"那个东西"之类显得更加神秘,修辞学上谓之"讳饰",近于民俗学上"语言的禁忌"(language taboo)。"禁忌"导致"回避","讳饰"造成"更换"。更换语词以隐瞒事物的性质,就是"符号"战胜了"实体"。

何星亮更从图腾称呼之避忌上说明"龙"称之"代兴"。龙或音"龙"(mang,pang)而近"蟒"。"为什么不称蟒而称龙呢?这是由于图腾言语(名

---

① 参见于省吾:《双剑誃群经新证·双剑誃易经新证》,莱薰阁,1935年。
② 参见于省吾:《双剑誃群经新证·双剑誃易经新证》,莱薰阁,1935年。

称）禁忌之故。"① 印第安人图腾氏族神圣动物各有别名，例如：

圆掌——狼

爬行——龟/蛇

不嚼——火鸡

高树——豪猪

"畲族崇拜犬，至今仍忌直呼狗（引案：或呼为龙/龙犬/敖）。鄂伦春等族均有图腾避讳习俗。……以蟒蛇为图腾的人以具有蟒蛇肤色特征的'龙'（厖：杂色）作为蟒蛇的别名。"② 这也是一种神化过程，偶像化操练，于是人们只知"龙"而不知其原来不过是"蟒"。综上所述，成为信仰或崇拜的"敬畏"与一般的"畏惧"迥然有异，它总离不开崇拜对象及其所形成的"民俗心理"所特有的"神秘性"。所以，我们必须从蛇本身跟一般动物不同的神奇习性或"行为"去理解它常为人敬畏的缘由（敬畏离崇拜或神化不过一步之遥）。综合诸家说法，提要如下（有的下文再加以讨论）：

（1）蛇用腹部行进——恩格斯说过，这对原始居民来说实在是十分神秘的事情。既然无足而能行，那么无翼也应能飞。这就是神话思维的"原逻辑"。所以有"腾蛇"与"飞龙"。这就不但使人畏服，而且产生神秘感与神圣感。"画蛇添足"而成龙，实在还不如原住民的想象丰富。加角或添翼则多属一般无角动物的尊化与神化。这是敬畏心理在"审美"领域的创作结果，却又反过来增进敬畏与崇高感。

（2）蛇穴居洞处，可又陆地、水中、高山、沙碛到处存在，无远弗届，时时处处给人造成威胁。

（3）蛇毒杀人不像猛兽那样咬得人鲜血淋漓，惨不忍睹，而是一场静悄悄的谋杀，让你先昏睡再死亡（李埏注意及此，他以为蛇之无毒、有毒，让人类学会分别龙之善恶）。而且隐蔽诡秘，使人防不胜防。台湾高山族排湾人等族群崇拜毒蛇，越毒越得到崇拜。龙之被敬畏、被崇拜，最初也因为它的威猛和凶狠。

（4）蛇明显地蜕皮（较蜥、鳄更多被人发现），蛇蜕简直是一条被提升的龙所抛弃的"死体"。加上穴居、冬眠，"死而复生"，更新自我，使它和由它升华的龙成为"再生"原型。这是人类灵魂深处对生命渴求的回应。

（5）别的动物，从幼体到成年，躯体大小有别是很自然的事。可是蛇，单是"成虫"，便有小如蚯蚓，大似巨蟒的区别。这实在不可思议。加上它分布区

---

① 何星亮：《中国图腾文化》，中国社会科学出版社，1992年，第363页。

② 何星亮：《苍龙腾空》，社会科学文献出版社，1998年，第77页。

响尾蛇

（动物摄影）

蛇的7大怪异之点，使人惊惧，并且让它成为备受崇拜的龙的母型。

（1）腹行；（2）穴居洞处；（3）蛇毒杀人，不留痕迹；（4）蜕皮——再生；（5）小大差别巨大，且具有"多栖性"；（6）姿势、动态变化大，以静制动，一击毙敌；（7）繁殖力强。

它的"善变"使龙成为变幻莫测、小大由之的混形神物。

域的广大和"多栖性"（地底、水中、冰下、地面、树巅……都有它的身影；只有"飞蛇"较为罕见），人们不能不承认它能短能长，能大能小，能显能隐，能真能幻。这进一步激活了人的想象力与敬畏心。

（6）蛇的姿势与动态变化巨大。"蟠曲"已经够奇怪，眨眼间便矫夭而行，飞跃而起（想想《动物世界》里在沙漠上曲折疾行的蛇吧，连古代孙子都借用它命名常山"蛇（形）阵"）。攻击起对方，是以静制动，以"死"待生，静若处子，动如脱兔，迅雷不及掩耳，一击便中，见血封喉。还能吞食比自己身躯大几倍的动物（巴蛇吞象自属夸张，森蚺食鹿却是常规）。这实在是太神奇、太可怕了。

（7）蛇有较强的交配与繁殖能力，产卵多而成活率高；常被当做性和性欲的意象。不但因为常居低湿或水滨、土穴被当做"土地"、"水"或"阴"、女性的象征，"维虺维蛇，女子之样"；还因为头形、体状被看做男根的"对应物"。

这些几乎都是"卑微"的蛇成为"高贵"的龙或直接或间接的原因，并且在敬畏之上加进了羡慕。所以，龙蛇或蛇龙的可怕，原因是多方面的，成为信仰或民俗心理的"恐惧"，严格地说应是一种神秘"敬畏"，跟一般恐惧有所不同。

什么是"恐惧"？

费尔巴哈的《宗教的本质》中说："畏惧不是别的，正是依赖感的最普遍、最显著的表现。"如罗马人所说，"依赖"就是一种"崇拜"，它是一种消极性的模仿或追求的出发点，"恐惧是宗教的产婆"。

心理学家给出的定义或界说往往不同。简单地说，恐惧是"危险"所造成的肾上腺素剧升、思维紊乱、行为慌张失措的一种包含自动"规避"在内的心—生理"应急反应"。恐惧的转化或升华，就是"崇拜"这种"原始性情感"的一项重要心—生理基础。

或说，恐惧的根源是对死亡的畏惧。最大的危险是对生命的威胁与毁坏。所以，动物都对危险有本能的畏惧与规避反应。对蛇的恐惧，就是本能对生命的保护。"恐惧对于个人来说，常有助于我们面对意外和不可预料的情况时集中注意力。"[1] 警觉或规避可以保护自我。从群体的利益来看，"恐惧的[优先]进化是因为它能够通过激发个体对威胁的即时反应而增强存活率"[2]。如M. Fanselow 所说："它作为保护我们脱离危及生命的环境的机制而[进一步]进化。"[3] 所以，恐惧并不总是"负面"的。

云中团龙
（定窑龙盘拓片，北宋）

"团龙"再现的往往是巨蛇蟠蜷休憩的形态，后世龙首多作正面观。这条龙虽然盘伏，却依然昂头奋爪，体现出十足的战斗精神。唐宋以来的龙多具鹿角，腿部较长。"标准型"中国龙由汉唐始初步形成（可以参见马王堆西汉帛画里的对龙），宋元以后定型。这种形态给周边群团以极大影响。庄严，矫健，雄奇——一定程度上体现着蛇的可畏与神秘。

有人反对把"龙蛇畏怖"看成人类与生俱来的本能反应。他们说，婴儿并不怕蛇，有时还能跟蛇和平共处，亲密接触。《老子》云："含德之厚者，比于赤子。蜂虿虺蛇弗螫，攫鸟猛兽弗搏，骨弱筋柔而握固。"（河上公本，第55章）通常的解释是，"无所畏惧"的婴儿不会伤害猛兽毒蛇，所以不会引起它们的攻击（逃跑、哭喊，有时会被野生动物觉得是一种畏惧甚至"挑衅"——蒂皮·德格雷告诫小朋友们千万不要因惊吓而乱动乱叫）。克里希那穆提说："一旦见

---

[1] [英]弗兰克·富里迪：《恐惧》，方军等译，江苏人民出版社，2004年，第1页。
[2] [美]沙龙·贝格勒：《恐惧之源》，赵向薇译，《国外社会科学文摘》2008年第5期，第44页。
[3] [美]沙龙·贝格勒：《恐惧之源》，赵向薇译，《国外社会科学文摘》2008年第5期，第45页。

到野兽［人］受到惊吓，你就会把这种感受传递给野兽，接到信息后野兽为了保护自己会本能地发起进攻。"① 这话只说对了一半。毒蛇猛兽在某些情况下不会主动攻击婴儿，除了"习性"或"情绪"之外，确实是因为婴儿不会"威胁"或不会"惊动"它们，但最重要的前提是它们不饿。浪漫主义者喜欢举蒂皮·德格雷做例子，但她一般是不去接触"危险动物"的。学者说，"初生犊儿不怕虎，长出犄角反怕狼"；孩子是大人教唆"坏"的，才会害怕或"攻击"动物。面对科学与技术令人目眩的发展，一些学者害怕了，甚至宣扬"危险不是源自无知，而是来自知识"②，从而推动了主要在欧美流行的"恐惧文化"（culture of fear）。这观点本身就很可畏惧——这跟民俗文化的"畏惧"或"敬畏"更加不同。我们在《老子的文化解读》里提出，蛇虿不螫、猛兽不搏赤子，有其"婴儿崇拜"的民俗—宗教背景，牛羊不践踏隧巷里的后稷，赫拉克里斯在摇篮中扼死巨蟒，都很说明问题。

初民不仅害怕蛇蟒危害自己的生命，还畏惧其可能破坏自己赖以生存的物质与精神根基。例如，洛克（J. F. Rock）论纳西族对蛇（龙）的崇拜之主导动机时说：

> 纳西人对蛇的崇拜并不是像印度一样是出于对毒蛇的恐惧而产生的，虽然纳西人大都敬畏毒蛇，但对蛇的崇拜更主要的原因是认为它们能控制水，并在人们侵犯了它们所拥有的特权，如森林、岩石、水源等时，会给人带来疾病。③

但他们最害怕的一点是，蛇会偷走人的灵魂，从而导致重病，"生命神也将从家中逃走"。这大概是因为蛇的活动一向鬼鬼祟祟，神出鬼没，最擅长偷袭。这种观念相当普遍。蛇也许曾被看做死神和死神使者（毒液使人迅速昏迷）。普罗普用大量例子说明："死神的降临是因为化身为动物的使者偷走了灵魂。蛇妖就是这种动物之一。"④ 但这都不是蛇信仰的主要原因，它已涉及文化性或民俗性的"精神恐惧"。

蛇既是人类的敌人，又是人类的朋友。人没有着力去驯化蛇，蛇也没有像犬、马、牛、羊、猪那样为人类所彻底驯化，然而，蛇最多或最常活动在有人类的地

---

① ［印］克里希那穆提：《恐惧的由来》，凯锋译，学林出版社，2007年，第27页。
② 参见［英］弗兰克·富里迪：《恐惧》，方军等译，江苏人民出版社，2004年，第43页。
③ ［美］洛克：《论纳西人的"那伽"崇拜仪式——兼谈纳西宗教的历史背景和文字》，《国际东巴文化研究集粹》，杨福泉、白庚胜编译，云南人民出版社，1993年，第61页。
④ ［俄］普罗普：《神奇故事的历史根源》，贾放译，中华书局，2006年，第323页。

方。"对于它的自附于人居的习惯,可追迹到它的友情与保护者的概念。"①

人类身上遗存的"魔性"或"蛇性"据称是脑内"爬虫复合体"的外显,在不同语境中具有不同的意义或价值。撒旦特征或"蛇性",固然潜藏着破坏与叛逆的"本能",可能危害人类社会及其演化的平衡或秩序,却又使人不会永久安于被压迫、被剥削、被愚弄、被欺凌,它可能导致"积极的反抗"。所以,拜伦与莱蒙托夫都写有歌颂 Satan 或"蛇"的长诗《恶魔》。由蛇"提升"的龙,便高扬着生命力与英雄性。由敬畏走向"崇拜"(worship),离开"原始宗教"也就不远了。

巨龙:蟒与海蟒

蛇的可畏,重要原因之一是存在巨大的蛇蟒——那是超出一般人的经验或"活物的心理尺度"的。

不妨先由蟒或蚺说起。

《山海经·南山经》猨翼之山,"多蝮虫,多怪蛇"(3)。郭注:"蝮虫,色如绶文,鼻上有针,大者百余斤,一名反鼻;虫,古虺字。"这其实说的是"蟒"。鼻上有针,又似"角蝰"。

《北山经》大咸之山正有称为"长蛇"的蟒,"其毛如彘毫,其音如鼓柝"(75)。郭注:"说者云长百寻。今蝮蛇色似艾绶文,文间有毛如猪鬐,此其类也。"(75)

蟒蛇鳞间有毛,或说鳞间夹着枯草,或竟因落入种籽而发芽生草;或说老蟒鳞边卷曲突起如刺。

其音如鼓柝,或说蟒亦能发声如雷(夔龙形象取材之一)。

《尔雅·释鱼》:"蟒,王蛇。"郭注:"蟒,蛇最大者,故曰王蛇。"(郝氏引孙星衍云,原应作莽;莽,大也)南方湿热,便于蟒蛇生长。

《楚辞·大招》:"王虺骞只。"王注:"王虺,即王蛇也。"

《艺文类聚》引郭璞《山海经图赞》:

> 惟蛇之君,是谓巨蟒;
> 小或数寻,大或百丈。

案:即蚺蛇(学名 pytton molurus,英文名 Indian pytton 或 black-tailed pytton),西文取 pytton 者,盖因其即太阳神阿波罗所射杀之神蛇,犹如后羿断

---

① 参见[英]柯克斯:《民俗学浅说》,郑振铎译,商务印书馆,1934年;《民俗学手册》,程德琪等译,上海文艺出版社,1993年。

修蛇（亦即吞象之巴蛇）也。

蚺或作"蚦"，即越南语之"蚺"(ran)。

《淮南子·精神训》作"髯蛇"，云越人得而食之。

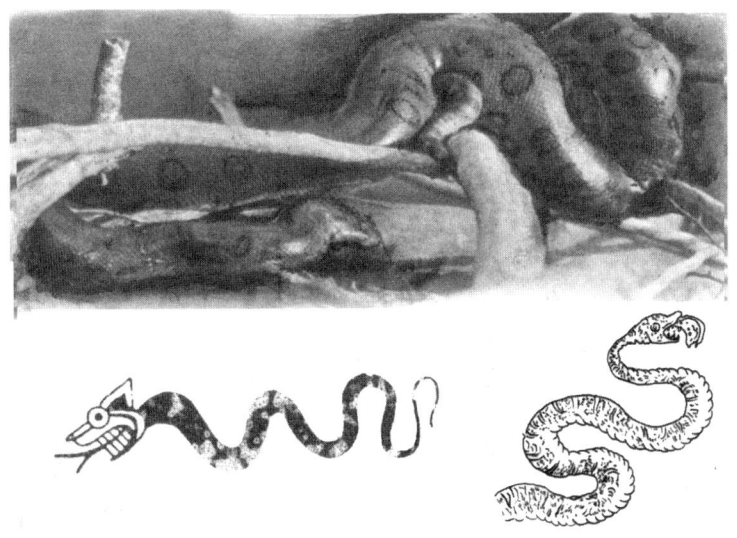

蟒：吞象的巨蛇

（上：森蚺——巨蟒；左下：玛雅巨蛇，美洲水蟒——龙；右下：灵蛇吞象，古人构拟的《山海经》插图）

蟒因其体型巨大和惊人的食性，最容易引起敬畏与夸饰，从而成为龙的重要母型。

《吴越春秋·阖闾内传》："吴在辰，其位龙也。"十二生肖"辰龙"之说初步形成。

"辰"字，被认为跟"蚺"的读音同源。包拟古（Bodman）拟"辰"之"原始汉语"读音为＊rin，与"蚺"相似。①

【蚺蛇】　　　　　　　　【辰】

〔越南语〕rǎn　　　　　〔原始汉语〕＊rin/＊yin

　　　　　　　　　　　　〔上古音〕ɦjin/źjěn②

【蟒：蚺】

〔广州话〕naːm² （蟒）

---

① 参见［美］包拟古：《原始汉语与汉藏语》，潘悟云、冯蒸译，中华书局，1995年，第109页。

② 参见［美］包拟古：《原始汉语与汉藏语》，潘悟云、冯蒸译，中华书局，1995年，第109页。

〔古南方语〕 *nam (nɒm, nam—蟒)

〔壮语〕 nu:m

〔临高语〕 ɲəɯ²

〔傣语（德宏）〕 ləm¹

〔泰语〕 lɯam¹（*hlɯem，A调）

这样，"蟒"也可以拟为：*mlang。

若然，"辰"的"远古音"就接近于"蚺"，而蛇蟒正是龙的最重要母型（"辰"的另一义为蛟蜃之蜃，亦龙母型，参见"龙出于虫"一章）。

"龙"（long）音近 lam 或 nam。

"庞"（pang 或 *plang）音近"蟒"（mang 或 mlang）；而"蛖"（蚌）若"庞"即读"莫江切"：蟒。

《字林》说："蚺，大二围，长二丈余。"

《埤雅》说："蚺蛇，尾圆，无鳞（？），身有斑纹，如故暗锦缬。似鼍（鳄），行地常俯其首。胆随日转：上旬近头，中旬在心，下旬近尾。"

外形的巨大或"超大"，足以让身躯与力量相对弱小的初民感到恐惧。而恐惧或恐怖至少能造成"表面"的伟大或崇高感。恐龙或某些史前动物，如"原始巨鳄"、巨蟒乃至猛犸象之类，其超常规的庞大是造成恐惧的重要原因，而恐惧是宗教的一个心理根源。正如罗马人所说，恐惧是宗教的产婆。克里希那穆提指出："无论何方神明以及膜拜的仪式，都是源于恐惧或想要达到某个境界的企盼而来的。"① 尽管爱弥尔·涂尔干反对"世上的神最初源于恐惧"，倡言原

巨 蛇

（蛇形镂孔青铜器，高24厘米，长31.7厘米，云南江川李家山 M51 出土）

网格式篓状物，一头是昂头露牙的巨蛇，狰狞可怖；另一端是圆口形的銎或柄。巨蛇似乎栖息在网兜中，像是一种"圣动物"。其用途与意旨不明。造型精美准确，体现出斯基泰野兽艺术作风。

奇怪的是，古代埃及的眼镜王蛇——太阳神，也像这样被放在篓里供奉。

---

① ［印］克里希那穆提：《恐惧的由来》，凯锋译，学林出版社，2007年，第137页。

初"诸神是朋友,是亲戚,是他天然的保护者"①。然而,初民确实曾因畏惧而崇拜、安抚、羁縻凶物,恐惧或依赖感在一定程度上诱导了宗教的发生。

东西方民俗与传言里都有能够吞下大象的巨蛇。

巴蛇吞象,见于《山海经》和《楚辞·天问》等。直到现代民间还熟知并使用着"人心不足蛇吞象"的谚语。

老普林尼说,印度有巨龙,能够把大象活活缠死。

《一千零一夜》里水手辛巴达的故事,说有吃大象的巨蛇,被大鹏抓去喂雏鸟。

朱芳圃说,甲骨文"龙",不计其"肉角",便"象巨口长身之虫,盖即巴字"。章炳麟《文始》注意到,"巴蛇食象"之"巴",《说文》云,其本身就是"食象蛇",象形。《尔雅·释鱼》:"蟒,王蛇。"《说文》无蟒。"盖本作莽。古音莽如'姥'(案:音'母'),则为巴也。"(《文始》5·17)

朱云:"龙,神化之巴(蟒)也。头上戴辛者,初民视巴为神物,故以烛薪之辉煌,象征其威灵也。"② 他说,其古读为复辅音。

【龙】

  miung liung

  miăng liăng

他的证据,就是前举"龙"或作"厐"。"是龙古音,除读来声东韵外,又读明声阳韵,与'蟒'读明声鱼韵,阴阳对转。又'巴'与'蟒'声近韵同,例相通转。"③

何星亮"龙"可通"蟒"之说略同。

"巴"音或如"蟒"。

唐善纯说,这是"古羌人对一种大蟒蛇的称呼"④。可比较:

【巴】

  〔汉语上古音〕pea

【蛇】

  〔彝语〕$bu^{33}ṣi^{33}$

  〔傈僳语〕fu^{44}

---

① [法]爱弥尔·涂尔干:《宗教生活的基本形式》,渠东、汲喆译,上海人民出版社,1999年,第294页。

② 朱芳圃:《殷周文字释丛》,中华书局,1962年,第24页。

③ 朱芳圃:《殷周文字释丛》,中华书局,1962年,第25页。

④ 参见唐善纯:《中国的神秘文化》,河海大学出版社,1992年,第97页。

【龙】

〔土家语〕phu^{35}，pho^{21}

〔哈尼语〕be^{33}，jɔ^{31}，bja^{33}，jang^{31}①

可惜对音不严密。

以"海蟒"为母型的西方大海怪

（上图是传说中的海蟒，注意其与帆船的对照；下附海中巨鳄，欧洲版画，作为对照）

西方传说里的海怪，多指"海蟒"，有时涉及巨鳄——有人认为这就是中国龙的母型。西方的龙，主要是兽身，蛇尾，有角。

何星亮论证龙之来源于蛇蟒，可谓不遗余力。他曾说："龙的基形为蛇较为可信。"② 龙的躯体长。"有的史籍称龙'长数丈'（《晋书·张华传》），有的称'蟠龙，身长四丈'（《太平御览》卷九三〇引《南越志》）。在所知的鳞虫类中，

---

① 参见唐善纯：《中国的神秘文化》，河海大学出版社，1992年，第97页。
② 何星亮：《图腾文化与人类诸文化的起源》，中国文联出版公司，1991年，第386页。

除了（已灭绝的）恐龙之外，身体最长的当是蛇类了，现在南方深山沼泽之中仍有长达数米的巨蛇。远古时期的巨蛇无疑更多，更大，更长。"①

古代的蟒当然可能比今日所见更为巨大，古称"蛇王"、"王蛇"或"蛇之君"，其中已包含"尊化"意图，离作为"鳞虫之长"的龙已经不远。据何说，大动物较容易被当做图腾或神物。他所列"龙出于蟒"的理由散见本书各段。最有力者为，龙或读"龙"（黑白杂色）若 mang，与"蟒"音义皆通②。他的《苍龙腾空》则更着重使用新石器时期若干条巨型的石砌龙、土堆龙或蚌壳龙来证明龙基本上像蟒。而初民忌呼图腾真名，"蟒蛇被神化，人们也逐渐忘却了'龙'的原义"③。

相传上古西方神庙里特别饲养着巨大的灵蛇。

>在古希腊，蛇是圣物，饲养在神庙里，由贞女祭司亲自侍奉。蛇会预测健康或者瘟疫、丰收或是饥馑。蛇是爱斯克勒庇阿斯（医神）的标识，并蜷伏在他的神杖之上。爱斯克勒庇阿斯本身就是一条神蛇，他将健康和丰收给予人类。④

然而，正如龙会变成蛟，蛇在古希腊也曾展现出它的负面特征或反面相：毒龙或怪龙。这就是"龙：Dragon"之初始或本相。巨蟒或神蛇比东（Python），本以地母该亚（Gaia）之子蕴蓄着土地或阴性的强大力量，然而又因为它"黑暗"的品性，必然为太阳与光明之神阿波罗（Apollo）所射杀，并被卑称为"怪龙"。在他射杀这只既"神"又"怪"的巨蛇的地方，这位被尊谥为"杀怪蛇的阿波罗"（Apollo-pythoneos）的太阳神建立起颁发预言的"特尔斐神坛"。据说这神坛就"镇压"在蛇尸之上，就好像大禹建"九成之台"来厌胜被杀的九首相柳那样。

泰勒的《原始文化——神话、哲学、宗教、语言、艺术和习俗发展之研究》介绍说：

>在蒙昧部落中，例如在红皮肤的印第安人中，我们看到了对响尾蛇、对一切蛇的祖先和蛇王的崇拜，把它们崇拜为能够派遣顺风或暴风雨神的庇护者。⑤

---

① 何星亮：《中国图腾文化》，中国社会科学出版社，1992 年，第 358 页。
② 何星亮：《中国图腾文化》，中国社会科学出版社，1992 年，第 362 页。
③ 何星亮：《苍龙腾空》，社会科学文献出版社，1998 年，第 77 页。
④ 参见《伦理宗教百科全书》，英文版，1948 年。
⑤ [英] 泰勒：《原始文化——神话、哲学、宗教、语言、艺术和习俗发展之研究》，连树声译，广西师范大学出版社，2005 年，第 592 页。

这很像中国古人的龙崇拜（印第安先民的"羽蛇"跟中国的飞龙、翼龙或应龙十分相像，参后）。泰勒试图以其为文化"遗痕"(survivals)，用来解释所谓"文明"的希腊、罗马对蛇的祭祀，进而论述"蛇在宗教界作为高级的神的化身、寓所或象征而占有显著的地位"①。人类的"文明"逐渐"提高"了，觉得膜拜卑微猥琐的虫蛇太不体面，于是就夸大巨蛇或蚺蟒的身躯，以提升其为"蛇王"，为"龙"，并且将其与某一大神相粘附。其实，在那大神或巨龙的影子底下，蜿蜒着的仍然是虫蛇。

保罗·拉法格说：甚至佛教都是蛇崇拜的延长与扩展。

> 虽然蛇是爬行的动物，或许正因为它"用肚皮行走"，在人类的历史上它起了卓越的作用。它几乎到处受人崇敬：墨西哥人和埃及人都把它当做神看待；埃塞俄比亚的土人认为它是人类之母；东方学家断言说佛教不是别的，只不过是对蛇的变相的崇拜……②

对这种惊人的看法虽有不同见解，却是欧洲学者论述过的一种有力的学说，至少可供参照。

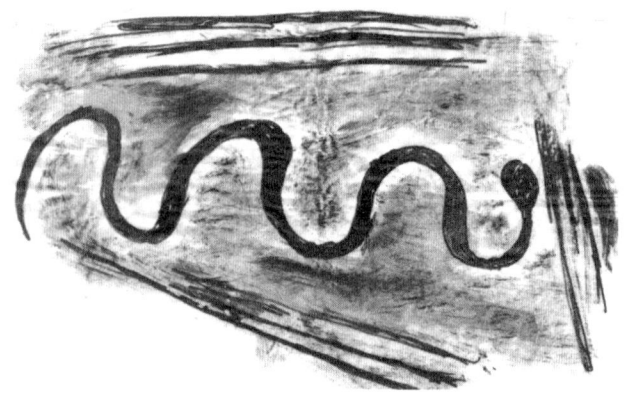

巨 蛇

（欧洲陶器纹饰，公元前4000年。参见玛丽亚·金芭塔丝：《古老欧洲的神灵们》，鹤冈真弓译，言丛社）

除了希腊、罗马之外，欧洲许多地方都崇拜大蛇，以为它是土地丰饶、蕃庶或创造的象征。

同样，跟佛教同列为世界大宗教的基督教，原初也充斥着对蛇的敬畏与崇

---

① ［英］泰勒：《原始文化——神话、哲学、宗教、语言、艺术和习俗发展之研究》，连树声译，广西师范大学出版社，2005年，第594页。
② ［法］保罗·拉法格：《宗教和资本·关于亚当和夏娃的神话》，王子野译，生活·读书·新知三联书店，1963年，第15页。

拜。除了撒旦以蛇化形之负面形象出现之外，正面的大神，尤其是女神都曾以蛇为标识。法国人让·谢瓦利埃等说：

> 大自然的所有女神，这些女神之母在基督教里就以上帝母亲的化身——圣母玛丽亚的形象继承了下来，她们都是以蛇作为象征的。①

"龙"的巨大和极佳的"水性"，使学者提出一种母型假设：海怪，尤其是"海蟒"。加拿大温哥华不列颠哥伦比亚大学的海洋学家保罗·勒布朗认为，中国至尊的龙是古人在太平洋某处"侧面"窥见的太平洋巨型"海怪"。

成为中国龙的某种母型的"海怪"（或水中不明巨大生物），不但有诸多传说、神话，还有各种现实性的"依据"。人们对这种水中"隐蔽动物"，有若干说法：

恐龙（蛇颈龙等），以及转到水中生存的恐龙后裔；
海蟒，或巨鳗；
大王乌贼或巨型章鱼；
巨型水母；
某种基因突变的鲸或鲨鱼，或其它海蜥蜴；
巨鳄。

天使加百利杀龙
（欧洲铜版画）

《新约·启示录》里的巨龙，基本为蛇形，专家们以为即"海蟒"。它被天使加百利所杀（参见本书第414页丢勒的铜版画）。

我们觉得，这里最重要的是由蟒与大海蛇而生发的海蟒。

---

① ［法］让·谢瓦利埃、阿兰·海尔布兰：《世界文化象征辞典》，海南出版社，1994年，第797页。

勒布朗、赛伯特参照法国人伯纳德·霍伊维尔曼斯《海蟒的踪迹》（1968年）的提示，调查了西北太平洋的相关传说，有相当大的收获。2001年7~8月间在巴西海岸发现的，至今不明的7米长、1米宽的海洋生物高度腐烂的尸体，更激起各种猜测（当年8月3日CCTV报道）。或说为"海蟒"。

如上所说，海怪里跟龙关系最大的便是"海蟒"。

关于海蟒，史籍上早有触涉（但也可能是对章鱼或大王乌贼巨大触手的"误读"）。

亚里士多德（公元前384—前322）的《动物志》说：利比亚（案：指非洲）有大蛇，吃大牲口。水手们传言，"巨蛇"爬上一条三层"楼船"，将其倾覆——这也可能是对章鱼触手的夸张。

老普林尼（公元23—79）的《博物志》（或译《自然史》）说，马其顿王亚历山大的一条探险船，曾受到30英尺（约6米）长的海蟒们的"集体"攻击。既可能是一群"蛇"，也可能是对章鱼或大王乌贼的触手的误传。他还说，这种大蛇，可以杀死巨象。

李维（公元前59—公元17）的《罗马史》说，一只巨大的海怪扰乱了布匿战争期间罗马军团的行动，后来为巨型弩炮与投石器所击毙。

古代阿拉伯人多认为龙是一条巨大的黑蛇。

> ［黑蛇］首先是生活在沙漠中和山区，那里的湍流和暴雨突然袭击它们，把它们驱入海中。它们在那里又以海中蕴藏的大量生物为食，其身体变得庞大了，其生命也能持续很长时间。这些蛇中的那条年龄达500年者将是海中所有动物之王……最后，可能有一些黑色的龙，其它则为白色，正如蛇本身的颜色那样。①

这长寿的黑龙可能就是传说中的海洋巨蟒。他说，地中海龙的数目很大（有人以为是某种身体狭长的鲸）。阿拉伯人多认为，"龙卷风"就是这种"龙：黑蛇"升空时造成的。它本是大洋深处的魔怪。"当这（怪）变得强大时就对海兽发动战争，上帝于是便在云中向它派遣天使，天使们让它从深渊中钻出来，以黑色的、闪闪发光和明亮的蛇形出现（案：又指龙卷风）。它在行进中用尾巴推倒了那些最为坚固的建筑、最高的树棵甚至是高山，仅仅是它的呼吸就能拔起许多生长茁壮的树干。"② 当然这种说法含有基督教成分。

1851年，两艘美国捕鲸船越过赤道，到达南大西洋马克萨斯群岛附近时，捕获一条长达31~33米的"海蟒"，黑背黄腹，躯干还有4只鳍状物，头颈围约

---

① ［阿拉伯］马苏第：《黄金草原》，耿昇译，青海人民出版社，1998年，第162页。
② ［阿拉伯］马苏第：《黄金草原》，耿昇译，青海人民出版社，1998年，第162页。

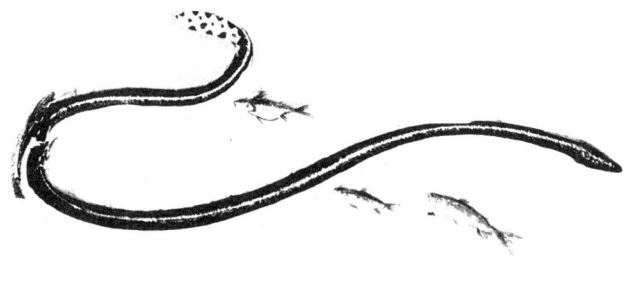

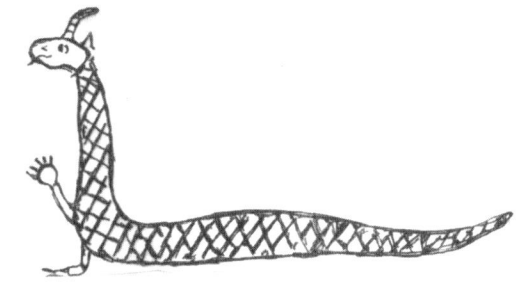
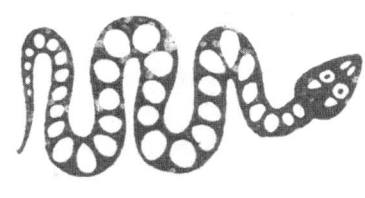

海蛇与海蟒

（上：海蛇；左下：苏美尔巨龙，滚筒印章图案；中、右下：大海蛇或"海蟒"，古代欧洲与美洲图绘）

海蛇有毒，对落水者是威胁；体型不大，但常被夸饰。

"海蟒"见于众多记载和报道，但至今没有捕获可靠的实体，也缺乏清晰的影像资料。

或说，西亚和古代欧洲的蛇形巨龙多由"海蟒"夸饰附会而来。

5米——砍下它的脑袋时，发现它皮下裹着10厘米厚的透明脂肪，保护"海蟒"躯体并助它在海中自由滑翔，刮它的油用了3天，装满10大桶。蟒口中长着94颗人手指那样大小的利牙。不久，船长和水手们再度出海时失踪。迷信的人们传言是海蟒复仇所致。当然，各类报道也有出入。

1848年8月6日，经过严格"目视"训练的英国"代达勒斯"号的高级船员，在返回英格兰，距离非洲350英里的洋面上，看到一条长达60英尺（约12米）的巨蟒，头、肩露出水面约4英尺（近1米），以13～14节的速度笔直地前进。据他们描述，"海蟒"为深褐色，颈有黄白色斑，似有"鬃"，头约10英尺（约2米）长，顶平或尖，上颌比下颌突出。

杨琇绿认为，从《管子》和《论衡》等书看，龙主要活动在水里，"绝不可能是陆地的蟒、蛇、蜥蜴等其它爬行动物"（其实龙是多栖性的）。他说：

> 所谓"欲大则藏于天下"，在古人看来，茫茫无际的海洋，自然就是天下；所谓"欲上则凌于云气"，很可能是把虹视作龙的幻化物；所谓"能小能巨"，"能屈伸其体，存亡其形"，可能是休眠时的龙，躯体收缩（？），复苏后又放大，休眠期潜于水底看不见；所谓"能幽能明"，则可能是在不同的环境中改变皮肤颜色。①

杨的说法，大体还说得过去，不乏理据而又趣味盎然。然而，除个别义项外，上述"解释"仍显得极为牵强——凡是采用独一母型或企图用"单元论"学说来诠释"龙"及其性征者，都难免遭遇种种困窘。"天下"是"国家"之外的"普天之下"，不仅是海洋。虹跟海蟒毫无关系，倒是常常托形为双首蛇虺（参见下引王子今等说）。休眠或冬眠时，蛇蟒之类躯体不会有太大的体积变化。只是他注意到了爬虫类的休眠现象，颇为难得。

杨琇绿进一步探究"龙宫"之所在。

海中怪鱼

（左：阿拉伯故事《一千零一夜》插图，现代；右：抹香鲸，克丽丝蒂娜·波米拉摄影）

阿拉伯故事《水手辛巴达航海历险记》里让船员们惊愕不已的大怪鱼指的最可能是鲸——有人称之为龙（插图是把它缩小了）。

---

① 参见（侗族）杨琇绿：《龙与龙文化新说》，《中国人民大学学报》1990年第2期。

近百年来，航海发现龙（海蟒）的区域，大致在南纬30°的巴西海湾到北纬42°之间靠大陆的海湾。海蟒是变温动物，对温度的依赖性大，它的栖域很可能是以南北赤道暖流为中心的南北回归线之间的海域。……①

海蟒的活动大都与海洋暖流有关。海洋暖流区域大体就是"龙宫"之所在。或评之曰："海蟒"本身还待证实，哪能以虚证虚，用来解释神话传说之"龙"？不过，"传说"互证，也不罕见。杨之独辟蹊径，奇兵突出，不失为"自然主义"神话学的有益尝试。但由于受"单元论"的限制，不免顾此失彼，进退失据。"由于龙（海蟒）百多年来才发现十几次，平均十年才一次，而且近半个世纪以来都未发现，说明它的数量较稀少，从种群密度之低，可以判断［其］繁殖力极弱，甚至可能正处于因死亡率高于出生率而濒临灭种的边缘。"②

然而，至少在东方（中、印、日等）人心目中，龙的性欲与生殖力都是很强的。用虫、蛇或蜥、鳄为母型，便没有此类困窘（何况还有极小的龙）。它们的分布极为广泛而又长久，却同样"神奇"与"可怕"，被"夸饰"为龙之几率比罕见的海蟒要高得多。况且，黄土高原上的原住民，几乎没有可能见到"海蟒"，却有那样多的龙或"类龙"的神奇故事与造型艺术，仅凭"耳食"，有可能吗？——也许，说传闻中的"海蟒"是"海龙"的一种母型，要更合适一些。

大章鱼袭击帆船
（［法］皮亚·丹尼斯·狄·蒙特福德的画作）

由古代希腊开始，就有多头巨蛇、海蟒，或章鱼、大王乌贼袭击船只，或者将其拖到水底的传闻。章鱼、乌贼确实是多首龙蛇的一种自然依据，但也可能被"讹传"为数条或一条海蟒来侵犯船只。

---

① （侗族）杨琇绿：《关于民间文化哲学的某些思考——从龙文化衍化规律谈起》，《民间文化论坛》1992年第4期，第46页。

② （侗族）杨琇绿：《关于民间文化哲学的某些思考——从龙文化衍化规律谈起》，《民间文化论坛》1992年第4期，第46页。

Long Feng 龙凤龟麟：
Gui Lin 中国四大灵物探究

传闻中的海洋不明生物

（左列：海龙，苏格兰民间传说；魔鬼似的鱼身海怪，据说，1400年在亚得里亚海捕获；似猪首的多眼足鳍鱼。右列：蝠翼蛇龙，或说会飞的鳗鱼；怪鲸，不列颠海滨附近；喷水怪鲸。采自美国《时代—生活丛书》）

自古到今，海洋怪物的传闻层出不穷。其形态"依据"主要有巨鱼/鲸/鲨/海兽/海蟒或水母/乌贼/章鱼。或因罕见而多怪；或因变异而莫识；或因错觉而讹传；或因恐惧而误认……其中只有极少数是至今不明的实有海洋生物。

约30年后的1879年，"巴尔的摩号"船员看到了类似的海蟒，头径达1米，能跃出水面约20英尺（约4米），张开大嘴，下潜时便闭上。一位海军少校说，看起来像一条"龙"跟斗牛犬的杂交种。

布赖恩·牛顿在《怪物与人》里记述道：1915年，一艘U28潜艇击沉英国的"伊比利亚号"时，同时把一只约60英尺（约12米）长的"海怪"抛向空中，它有四只"蹼足"和一条尖尖的尾巴，看起来像一只巨鳄——这就不能用"海蟒"来概括了。

1817年8月，在美国马萨诸塞州格洛斯特港附近海面上，船员们发现一条身长40米的暗褐色巨蟒（身粗只如半个啤酒桶，数据不知是否有误，此据上海文化出版社《世界 49 大谜·不明真相的海洋巨蟒之谜》),头似响尾蛇,大若马首,在海上翔游。

1848 年 8 月 4 日,英国巡洋舰"迪达尔斯号"上的水兵们在非洲南部 500 公里西海面上,看到昂首游来的巨蟒。

1875 年,一艘英国货船在洛克海观察到一条巨蟒正与巨鲸搏斗(大王乌贼倒是敢于用触手攻击抹香鲸)。

海 蟒

(上:巨大的吞舟海蟒,与大帆船比较,欧洲绘画;下:吃人的海蟒,[瑞士]巴勒作,1555 年)

传言里吞舟吃人的海怪,多指一种至少没有取得活体或尸骨的超大"海蟒"(或说应是咸水巨鳄)。有人认为,中国龙或西方"海龙",其主要母型是海蟒。

1877年，一艘游艇在格洛斯特海面上发现巨蟒游弋。

1905年，汽船"波罗哈拉号"发现巨蟒与其同行，片刻如潜水艇般下潜。

1910年，在洛塔里角，一艘英国拖网船发现有巨蟒昂首迎面游来（头颈如镰刀状）。

1936年，班船旅客在哥斯达黎加海面上目击"海蟒"。

1948年，肖路兹群岛海面，游览船上千位游客目睹"海蟒"，身长30余米，背上有瘤状突起。

这些多是来源于传闻，并非科学观测。我们所引，也多属科普趣味读物，难免龃龉粗略。有的是"幻觉"，有的是"误解"，有的不免加油添醋。但海洋里有一种长10米以上的大海蛇却是大有可能的。说它有30～40米长，恐是夸张。

"海怪"与霸王龙

（左：人们构想的一种"海怪"；右：霸王龙，复原图）

现代人传言或幻想中的"海蛇"，多像恐龙。例如可畏的巨大的霸王龙（尽管它生活于陆地）或蛇颈龙。

这可能是恐龙化石展览、宣传，特别是科幻电影与连环画诱导的结果。

《海蟒的踪迹》一书将目击者所描述的"海怪"分为九类。其外形——

长颈或长躯（蛇形）；

多（背）峰（蛇躯，兽躯）；

多鳍（蛇形，鱼形）；

黄腹（多种形态）。

其种类——

巨鳗鲡；

大水獭；

海（中）马；

海蜥蜴；

大海龟。

勒布朗、赛伯特则将调查所得分为三类：

蛇形海兽（例如赫里奥特湾怪物）；

马形或海马形巨兽；

有角怪物（像巨蜥变成的"克劳德"或"哥斯拉"，蛇蟒形或兽化蛇形）。

以上这些都可能被当成"水怪"或异变的海蟒，也可能成为龙的"另类"母型。

古人想象中的"海怪"
（西洋近古地图及海怪图像，采自艾儒略）

东西方古人都想象海里有许多超自然怪物——《山海经》中就有不少记述。这不但是因为海洋的巨大、渊深与风浪的可怕，还因为海里确实有一些"奇形怪状"、至今也还没被记录与分类的动物。

西方的"龙"与蛇的关系

欧洲的"德拉贡"(Dragon) 属于较早期者，或者说它的"前身"，近东、中东的"恶龙",也多以蛇蟒为主要母型,偶尔"生"出四足,兼采鳄鱼特征(例如洛坦—列维坦),使其"兽形化"。其体型一般都超常巨大。

有时跟巨鲸"混淆"(例如吞下约拿的海怪"列维坦")。

后期缩短并"粗壮"其躯体,采纳犀牛、河马特征,才使之彻底"走兽化"。

太阳神、月神、金星神与蛇妖相搏

甲骨文"龙"(《后》2·6·14)

海怪"列维坦"

(但丁《神曲》插图,古斯坦·多里作,1866年)

非洲"神蛇"

在海底游弋的斑竹花蛇鳗

如我们在"跨文化的龙"一章里所介绍的,西方的"龙:Dragon",其希腊语(源)Dracones(义曰"明眼所见"),希腊语、拉丁语作家多用来指巨蛇。老普林尼的《自然史》(即《博物志》)说,"龙",主要出产在印度,它住在树上,忽然跃下,把巨兽(甚至包括象)紧紧裹住,使其窒息死掉,然后吞食。这分明是"森蚺"的习性。古欧洲英雄们所杀的"龙",形状如蛇,中国作家或译"蟒龙",或译"巨蛇"。腓尼基、波斯等的"恶神"("黑暗")化形的毒龙,就是大蛇。迦南与希伯来的"魔鬼"或"邪神"如 Satan,化身亦为蛇。《圣经》系统里,吞吃约拿所杀的"龙"(列维坦)主要指鲸,圣·乔治等所屠的"龙"早先也是蛇(跟贝奥武甫们所杀一致),后来才逐渐被"兽化"。无论有无四足,增否双翼,抑或是否指涉鳄、鲸、巨蜥,喷火、吐水、兴雾、生电与否,其基本体型均为圆滚、夭曲、粗长,都是蛇形的。跟 Dragon 有亲缘关系的印度 Nāga 与 Frita,更明白无误地以蛇蟒为母型。

海怪:海中巨鳄

(阿瑟·里汉绘图,1908 年)

《圣经》里天使加百利所杀之龙,母型可能是海中巨鳄,或说是传言中的海蟒。它们都有可剥制的巨大的皮——鲸是不易剥皮的。据说,诸神用这海怪的皮制作帐篷,用来款待"救世主"弥赛亚。

这样,西方画家笔下的"海龙",往往同时具有鳄、鲸与海蟒的特征。

例如，英格兰古代英雄史诗《贝奥武甫》里守宝的毒龙是一条大龙，实际上是巨蛇（安书祉译《尼泊龙人之歌》称被杀的恶龙为"蟒龙"）。

（黑夜里）孽障再生，一条毒龙
盘踞了高高的墓冢，黄金的宝藏。

（冯象译，114）

它看守的宝物里有一只嵌满珠宝的"大盅"，在它"睡觉"时被一位"不知姓名的人"偷走了，它"怒火"冲天。原来，这是"一笔高贵的巨大遗产"，为某个"无名勇士"所埋。直到"无主的黄金/后来被一头古老的夜侵者（龙）发现了/鳞甲光滑的毒龙找到了墓冢"，其实便是"蛇穴"（史诗研究者或说，此龙便是埋金的武士所变的"护宝人"）。蛇是经常利用残毁的墓穴为洞的。它的出入便被当做古墓主人灵魂的翔游。于是，蛇与死在藏宝洞穴里的（守墓）武士合二为一。

北欧的龙

（木雕龙头手杖，10世纪爱尔兰）

北欧的龙紧紧地跟水相连，不同于德拉贡，它的母型最可能为海蛇与传说中的海蟒。

帕特里克驱邪

（雕刻，凯尔特人作品，15世纪）

据说，"传教士"帕特里克曾为凯尔特人驱除蛇害，被祀为神。他座下是被镇的蛇，手上似持着蛇头权杖。北欧人对蛇龙的态度颇具矛盾——哪个民族不是如此呢？

北欧的"龙"，多被认为是邪恶或恐怖之蛇。

冰岛史诗《埃达》里，"武士"们为了黄金，骨肉相残，杀父谋子。法夫尼尔（Favner）为了取得兄弟奥托被误杀的罚金，用利剑刺入熟睡的父亲雷德玛尔的胸膛，而后变成恶龙，盘踞在格尼塔洞穴里。他有一顶可怕的头盔——有些像中国龙头上的"尺木"之妖魔化——谁看上一眼就会被吓死（希腊蛇发女水怪墨杜萨，谁看她一眼就会变成石头）。

这条恶龙，一般认为是指大蛇，却有鳄鱼的习性。它出洞去水滨留下蜿蜒的痕迹，这也是它还穴的"必经之路"①。猎人们利用鳄鱼回家必走旧路（以为最安全）的癖性，在泥土中倒竖一把尖刀，它便会把自己柔软的肚皮完全划开。西古尔德（Siegfrid 或 Sigurd）便在这条"死路"上挖了一个大坑等它归来，不顾它喷出的毒雾弄湿全身，用利剑向上刺进它的心脏②。

迦南文献及《旧约》里上帝所"杀"的洛坦龙——列维坦海怪，专家也多认为既可能是蛇蟒，又可能是（咸水）巨鳄或鲸。

怪　物

（基督教的幻想绘画）

宗教里的怪物，有很多是"混形"的，多首级的龙蛇是重要的一种。它们或被人格化，或具人面、人身，是魔鬼的化形。它们也是海怪的一种，是 Dragon 的变型，也是海蟒、巨鳄或某些猛兽的"综合"。

---

① 《埃达》，石琴娥、斯文译，译林出版社，2000 年，第 316 页。
② 《埃达》，石琴娥、斯文译，译林出版社，2000 年，第 316 页。

恐龙遗蜕的启示

关于龙与恐龙的关系，当代学者有所评介与澄清①。但有人还是提出了一些谨慎的肯定见解。例如，何光岳说：

> 在七八千[万]年前，恐龙大量灭绝，可能侥幸残存下来了一种稀有而具有强大威力的神奇动物——龙，被炎黄祖先……所发现，加以高度崇拜，推尊为氏族部落的神圣图腾。②

何光岳又说，恐龙残余和"捉摸不定的形象思维的感觉"，很可能产生"龙"这种半真半假的"具有强大威力的动物"。王大有说，古人也许真的看到（残存的）恐龙，以后才把其"同类海鳄、湾鳄、扬子鳄"等视为龙崇拜的替代品③。但其"最原始的祖型，可能还是恐龙"。因为"古人以具有四足、细腰、

长颈"龙"

（左：湖北随县曾侯乙墓出土编磬磐虡，蛇颈翼龙，战国；右：三门峡出土银镶龙耳方鉴蛇颈兽身龙，战国。采自王大有等）

此类神兽颈部特长，或有翼而鹰爪。其颈，可能从霍加皮或长颈鹿取象。王大有说，也有可能受到蛇颈龙"遗裔"或化石的启发，证据不足，却可供参考。

---

① 参见阎云翔：《试论龙的研究》，（香港）《九州学刊》第2卷第2期，1988年；又见《中国神话学文论选萃》（下编），马昌仪编，中国广播电视出版社，1994年，第258页。
② 何光岳：《南蛮源流史》，江西教育出版社，1992年，第917页。
③ 参见华惠伦编：《十二生肖丛书——龙》，上海科学技术出版社，1990年，第36页。

长尾，类蛇、牛、虎头的爬行动物为龙，这可能是古人当时见到并描绘下来的某种恐龙形象"①。

这里，对我们最重要的是：

【恐龙】Dinosauria

原义便是"恐怖的蜥蜴"，词干 sauria 就是"蜥蜴"，是科学家对地质时代业已灭绝的爬行动物的命名。古生物学家虽然告诫我们，不要把传说的龙跟恐龙相混淆②，但是人们还是很容易由"可怕的龙"想到蜥蜴，再由蜥蜴想到"可敬的龙"。

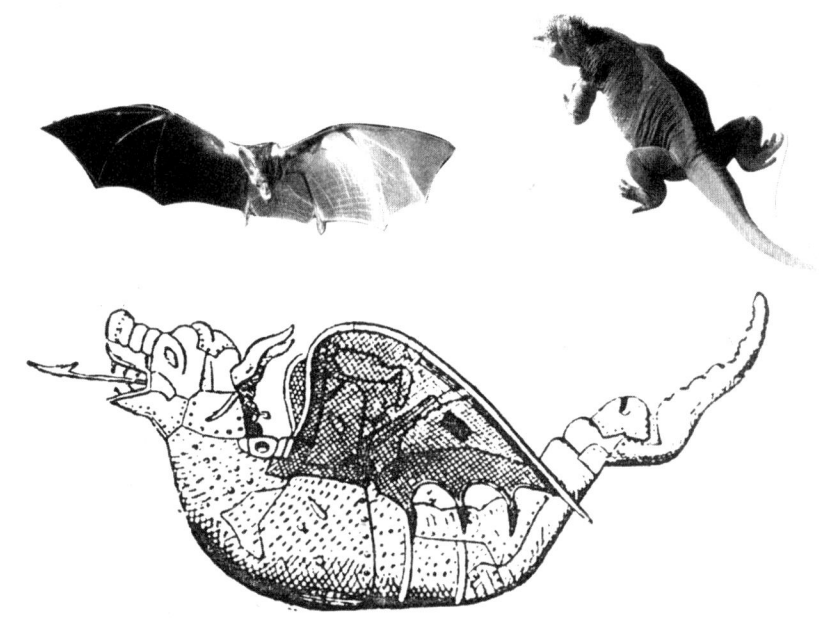

西方的蝠翼无足龙

（左上为蝙蝠，右上为加拉帕戈斯鬣蜥，供参照）

欧洲的龙，也是有变化的。但大多具备蝙蝠的肉翅——这代表黑暗、阴险与神秘莫测。这条龙非蛇非鳄非兽，倒有些像肥壮的巨蜥。注意它没有常见的四足，似是加角增翼的短躯虫蛇（或说船形化，表示它能在水面活动）。

由现代科学来看，幻想中以虫蛇为躯干的神圣动物"龙"跟地质时代确曾存在、业已灭绝的恐龙根本是两回事。但是，英国人海斯（Newton Hayes）的《中国的龙》（1922 年），日本南方熊楠的《十二支考——田原藤太郎龙宫漫谈》，徐知白的《谭龙》，叶玉森的《说契》、《研契枝谭》、《殷墟书契前编集释》等，

---

① 参见王大有：《龙凤文化源流》，北京工艺美术出版社，1987 年，第 120～121 页。
② 参见杨钟健：《龙》，《文史杂志》第 5 卷第 30 期。

都说龙的形态颇像恐龙,或许是人类脑海中潜藏着的"远古记忆残痕",或许是发现恐龙化石之后所造成的"类似联想",在建构龙的意象时起了促成作用。这些说法看似荒谬,却不是毫无学理可言(遗憾的是,除叶氏书外,上述论著笔者多未亲读)。《中国文化的精英》(上海文艺出版社,1989年)就判定姜嫄所履大迹最可能是化石状态的恐龙足印。还不能绝对排除像科摩多龙(超级巨蜥)、拉蒂曼鱼那样"活化石"存在的可能。太平洋"类蛇颈龙",玄武和尼斯湖怪等实体、传说或记载,也能够激起种种有关巨龙的幻想或联想。2006年以来,境外媒体几次报道美国、加拿大等地发现带"肌肉"的"类木乃伊"恐龙化石,而不仅仅是骨骼化石。

日本的南方熊楠就说过,龙作为想象动物,跟地球上存在过的巨大爬虫类的"逝去的记忆"有关。①

据普罗普介绍,德国人布尔舍(Bölsche)承认,在人类出现之前亿万年,恐龙之类动物早已灭绝,但是,人们能够根据(化石)骨骼来还原或重建有关这些巨大的爬行动物的观念。于是就有了神话或故事里的"龙"或"蛇妖"②。

这也许可以称为"记忆回归"理论(或称"心灵返祖"现象)。

蟒蛇食羚
(动物摄影,原载美国《国家地理》杂志,转采《世界知识画报》)

蛇的上下颌骨不相连接,或可临时"脱臼"。下颌骨可分成两半,由一条韧带肌相连,所以把嘴张到最大程度时能囫囵吞下比它身躯大好几倍的猎物。我国有资料记载,蚺蛇吞下公鹿以后,把头搁在树枝上,等待鹿体腐烂,杈角脱落,而后将其吞下。它的胃酸能把猎物连骨头一起消化掉。这样就引发了"巴蛇吞象"等夸张想象。看来,这类想象也不是一点"根据"都没有。

---

① 参见〔日〕南方熊楠:《十二支考——田原藤太郎龙宫漫谈》,引见(东京)《中国文学研究》第8期,1982年,第52页。

② 参见〔俄〕普罗普:《神奇故事的历史根源》,贾放译,中华书局,2006年,第286~287页。

中国人对恐龙化石并不陌生。在西方化石"恐龙"命名之前,我国就有人说那些巨大化石是"龙"的骨,称之为"龙骨"。由此可以反推,古人深信,远古有过这种巨大的"龙"。

《国语·鲁语》防风氏"骨节专车",孔子就指出那是远古遗存。《史记·河渠书》载,汉武帝时,在临晋(陕西大荔),"穿渠得龙骨",故名曰"龙首渠"(4·1412)。正义引《括地志》说,其后在此立"伏龙祠"。此为较早直称"龙骨"的记载。

《列子·汤问》有"龙伯"国人,钓起巨鳌六只,其骨也应是恐龙之类化石。因鳌骨可推断"龙伯"国人之为"大人",如《博物志》所说,"其儿则长大,能乘云而不能走,盖龙类"。

《山海经·海外南经》:"巴蛇食象,三岁而出其骨,君子服之,无心腹之疾。"(巴蜀本,331)这是以"龙骨"之类化石为药饵之源始。古《本草经》就说它主治"心腹"。《淮南子·本经训》:"羿断修蛇于洞庭。"这些都是巨龙的母型。《路史·后纪》(10)注引六朝·庾仲雍《江记》说:"[巴蛇]其骨若陵,曰'巴陵'也。"宋·范致明《岳阳风土记》说,地有"象骨山",巴蛇暴象骨于此,"山旁湖谓之象骨港"。这些多属"龙"或恐龙的化石。

晋·任昉《述异记》说:

> 晋宁县有龙葬洲。父老云:龙蜕骨于此洲,今水犹多龙骨。或深或浅,多在土中。齿角脊足,宛然皆具。大者数十丈,或盈十围,小者才一二尺或三四寸,体皆具焉(引案:小者当为鸟龙、恐爪龙之类)。尝因采取见之。

许进雄的《古事杂谈》就是据以解释龙之能大能小、可长可短的特性的。

宋本《政和本草》引陶弘景说,龙脑(化石),"白地锦文"(花纹凹凸分明),"舐之,著舌者,良"。至今古生物学家辨别化石真假,第一步也是用舌头试试"涩"不"涩"。古人认为龙是不死的,"[骨]皆是龙蜕,非真死也"。陶隐居曾"亲见"巴中"龙胞"(恐龙子宫或卵化石),"形体具存",是没有孵出的小恐龙。

《本草图经》:"龙骨,并齿、角,出晋地川谷及泰山岩水岸土穴中,死龙处。今河东州郡多有之。"

唐·李肇《国史补》有:"春水时至,鱼登龙门(《广记》卷四二〇引,下有'则有化者'),蜕其骨甚多,人采以为药。而有五色者,本经云出晋也,龙门又是晋地。岂今所谓'龙骨',乃此鱼之骨乎?"

宋·孙光宪的《北梦琐言》说,石晋时,乡豪见龙骨,"取其双角,角前有一物,如蓝色,文如乱锦,人莫之识",这说的大概是"三角龙"化石。

杨文公《谈苑》:"泽州山中多龙骨。盖龙蜕于土中。崖崩,多得之。体骨、

三角龙

(1. 白犀牛；2. 三角鬣蜥；3. 角鬣蜥；4. 黑犀牛；5. 希腊英雄卡德摩斯斗龙，欧洲铜版画；6. "三角龙"化石复原图)

西方的"龙"(Dragon)，其粗壮的身躯及头上的三叉角或独角，多从犀牛取象，跟古生物"三角龙"有些"巧合"。不过多加上蛇尾或蝙蝠的肉翅。

头角皆全。"(据《政和本草》引)

《太平广记》卷四一八引《感应经》,杂引诸书,记录"龙骨"故事,可参上文。

神龙是"永生"的。人死留名,豹死留皮,龙却不是死而留骨。蜕,是观察动物蜕皮所得,蝉能脱壳,"如蛇之蜕皮"(《太平广记》9·8403)。这也是因为神仙思想发育之后,某些神秘生物,包括"异人",被人们认为能够像蛇、龙一般不死,只是"蝉蜕"或者"羽化"而升天。但这也是龙蛇的生命力与"再生"特性有以启之——"龙骨"与"蛇蜕"是一种诱导因素。而神祇或仙圣,往往"乘龙登天",也可以说是龙蛇崇拜的副产品。这种崇拜可以看做后世神仙思想以及仙话、道教等的助产素。

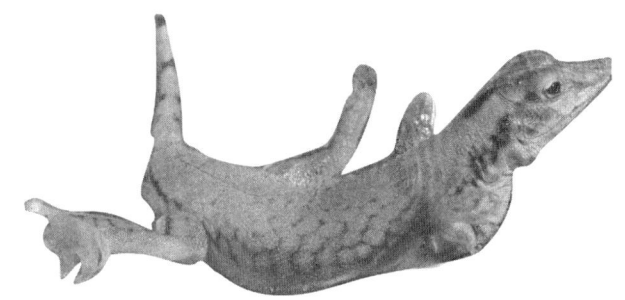

沙漠巨蜥

(采自美国《野生动物》杂志)

巨蜥,或被当做恐龙孑遗,跟恐龙化石一起,"混合"为龙的一种母型。

荒川纮说,从蛇返祖为"蜥蜴"再演进为龙的角度看,蜥蜴、龙与恐龙的关系值得注意。

> R. 欧文曾把恐龙命名为"可怕的蜥蜴"(日译"恐龙")。……恐龙有脚和角。在欧洲,龙一般都有羽翼。有的恐龙也有羽翼。人们直到19世纪才发现恐龙,但人们的想象早已创造了近似远古恐龙的动物——龙。①

可惜他没有说明产生这种"想象的巧合"的原因。

美国宇宙学家、科幻作品作家卡尔·萨根甚至说:

> 事实上,我在不同条件下花费了相当多的时间研究关于在地球这颗行星上的龙的传说,并且我对这些神秘的野兽是多少不同留有深刻的印象,[认为]西方著作家所称的所有的龙确是真的。②

---

① [日] 荒川纮:《龙——大河文明孕育的怪兽》,李国栋译,《神话·祭祀与长江文明》,文物出版社,2002年,第41页。

② [美] 卡尔·萨根:《布鲁卡的脑:对科学传奇的反思》,金吾伦、吴方群、陈松林译,生活·读书·新知三联书店,1987年,第114~115页。

对龙的想象可能不仅仅是由于恐龙化石不断发现，还可能因为人类大脑中"爬虫复合体"内潜藏着对恐龙的铭记与追忆。

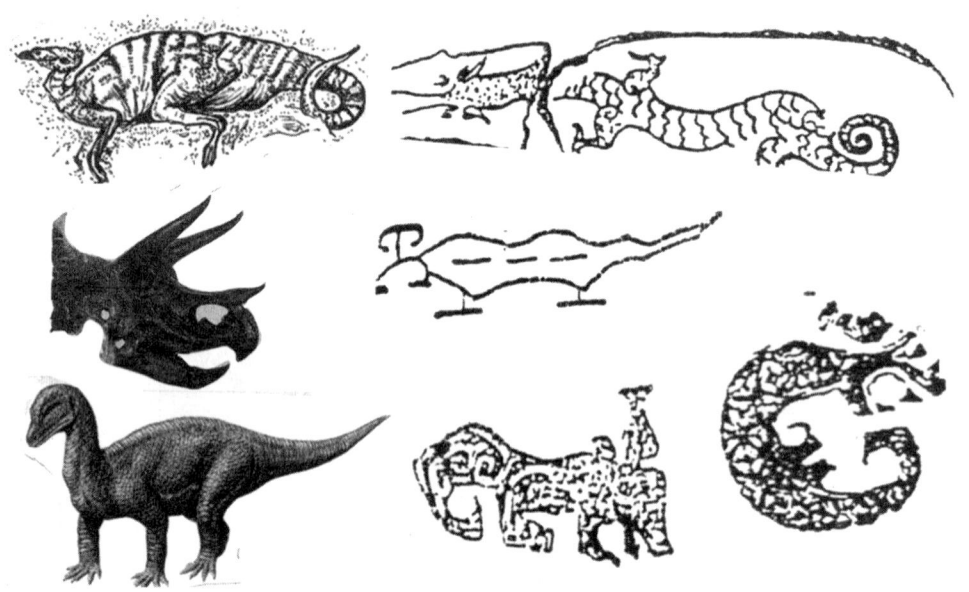

恐龙"木乃伊"化石

（左上：恐龙"木乃伊"化石复原图，发现于美国蒙大拿州，2002年；左中：三角龙头骨；左下：鼠龙复原图，侏罗纪，南美洲；右列：中国商周器物与文字之"龙"，可供比照）

带着皮肉的恐龙"木乃伊"化石复原图，跟三叠纪的"鼠龙"在形态上有些相似。

我们不妨拿它跟中国龙比照一下，看看有没有类似点。

中国新闻社2006年报道，1996年，贵州安顺市天岭县新铺乡出土了有双角（长约27厘米）的似龙化石。身躯各部如下：

总长7.6米；（三角形）头部长76厘米/颈长54厘米/身长2.7米/尾长3.7米/身宽约63厘米/嘴长32厘米

它有一些像古人传写的"龙"，被命名为"新中国龙"，展出于安顺兴伟生物化石博物馆。

其实，它生活在两亿多年前的三叠纪海洋之中，可两栖，以捕食鱼类和小型爬行动物为生。

奇特的只是它的双角（国外发现化石不乏有角者）。由于略有"形似"，便被附会为"龙"。

中国四川曾发现可能生活在湖泊里的蛇颈龙化石，定名为"威远中国上龙"。

20世纪头一个10年后期，科学家在中国东北义县发现1.45亿年前的幼体"双头龙"化石，长不到9厘米（成年后可达0.9米），命名为"中国水生蜥"，或称"凌源潜龙"。它基本水栖，但也能在陆地生存。"双头"，是因为细胞发生错误分裂，形成畸变。它有两副大脑，不时独立运转，危害生存。但瑞士有一只存活10年的双头海龟。双头的蜥蜴、蛇与鳄也不时有发现。这跟中国神话"双首蛇虺"只有观念上的联系。使我们得以窥见恐龙"真容"的是，2002年10月11日，美国媒体报道，美国古生物学家在蒙大拿州山上发掘到一副"木乃伊恐龙"化石，这是绝无仅有的，其皮肤、鳞片、肌肉、足趾，连肚里"最后的晚餐"，都保存完好，被命名为"莱昂纳多"。它在三四岁时死去，长约7米，体重在1.5～2吨，所处时代在7700万年前，其胃中有大量蕨类食物、针叶树叶、古玉兰，以及至少40种早已灭绝的史前植物花粉。

西方能喷火的Dragon，中译为"龙"者，实在也是一种幻想性的"综合动物"，是原型理论里的魔幻形象或"死亡"原型。

它生有三角、双角或独角，身若大犀而有巨尾，与中国的"夔龙"颇为相似。在化石里，恐龙类的"三角龙"（triceratops）最可能为它所"取象"。但它仍然颇像蜥蜴。长达4米的科摩多龙的红舌就像火焰一般。变色龙有三角者，但体型太小。

英国人兰克斯特的《科学常谈》说，西方"龙形似蜥蜴，有鳞，鼻端有短而尖之角（案：此如犀牛），颔下有髯，耳大而尖，为今日爬虫类所绝无者"，但也跟鳄以及某些蜥蜴略似。

只有它的背脊有骨片，跟新西兰等地所见之鬣蜥十分相似。美洲传说里从颈部到尾部长满骨刺的"蛇"，一般也被认为是鬣蜥。或说这是从鱼或鳄的背脊取象并加夸饰而成。但它有"间隔"，形状有变化。如前所说，中国商周铜器上有所谓"龙螭"形怪兽，亦曾引起惊讶和猜测。

如果就现实生活的取象或"母型"（model）来说，西方的龙，其体躯极像犀牛或河马。

如果说到化石动物，不但有霸王龙、梁龙那样长达数十米的庞然大物（然而一般不超过30米，还是没有现实中的蓝鲸、抹香鲸那样大），还有巨鲨、巨鳄等。

2000年8月23日，美国人保罗·塞内诺率领的探险小组，在非洲撒哈拉沙漠发现史前"霸王鳄"的化石，长度12～13米，重在10吨以上，仅头骨就长达1.8米。它是肉食者，大约生活在1亿1千万年前。当时，这块属于尼日尔的加都法瓦沙漠地区还是一片绿洲，是恐龙与巨鳄的乐园。

鳄鱼的进化最为稳定，生存方式与体态构造基本未变。它们十分"聪明"。

有背鳍的龙

（1. 螭龙罍盖，四川彭县竹瓦街出土，晚商或西周；2. 玉蟠龙，安阳殷墟M5妇好墓出土，商代；3、4、5. 商周时代的玉蟠龙，传世；6. 东汉画像石，郭稚文墓，陕西出土；7. 作为参照的剑龙化石，采自杨钟健）

商周以来，有一种（短躯的）龙，有所谓"背鳍"或骨板，跟常见的鱼鳍不大一样。有人便认为这是剑龙化石的"摹拟"，这种可能性不大。但一时也找不到合理的解释。

墨西哥潜水员吉姆·杰弗里斯曾在加利弗尼亚半岛原为古海的沙漠里发现长达5～6英寸的巨鲨牙齿化石（巨鲨生活在距今1万～2000万年），较大白鲨牙齿（2英寸多）约长3倍，以此推算，巨鲨至少比大白鲨大2倍。这可不是"科学幻想"。

斯皮尔博格的《大白鲨》已经够可怕的了，美国电影还有《史前巨鳄》、《史前巨蟒》、《金刚》，还有高百米以上的超级恐龙《哥斯拉》，它们都以"大"

取胜，以"恶"惊人，实际上是继承并且张扬了奇谈、传说与神话的一大特征：夸张。

脊鳍螭龙

（左：螭龙盖夔纹铜罍，四川彭县竹瓦街出土，晚商或说西周；中：巴拿马印第安人陶罐，采自王大有；右：螭龙盖夔纹铜罍，辽宁喀左出土，晚商，复见）

商周青铜器上有骨板式脊鳍的螭龙——或称"蜥蜴龙"，或称"鳄龙"——引起民俗学家、古生物学家的极大兴趣：它到底以什么为模特？难道真是"剑龙"式的"遗蜕"？

上左图"螭龙"的"掌形角"也引起注目。请将上中图、右图二器及盖上螭龙比照，可见其大同小异。

卡西尔的《神话思维》说："超自然的神魔力量尤其被归于较大的动物：象、虎和犀牛。"（第202页）欧洲人用Dragon涵盖龙和巨怪。印度人则以"龙"、"象"为Nāga，即"有力者"。

这说明"巨怪"的传闻绝不仅限于海洋。放大——"前进的夸张"，是神话思维的一大特色。"大人国"或"龙伯"型故事在世界各地盛行，已见前述。巨蟒的传闻更是龙的故事的重要成因。热带森林中的大蟒，最惊心动魄，加上"视错觉"作用——一直到中国赴缅远征军都传言，"野人山"等处远远望去有巨蟒长达数里，其巨如山。这是幸存者最喜欢讲、亲友们最爱听的"殊方异闻"。比如：吞吃吉普车的大蛇，那是最"小"的啦。《西游记》里吞人上万、积骨如山的怪蟒，比起某些记载所载，不过小蛇而已。又如《野人闲话》说，巴岭巨虺，"（圆）径可七八尺，鳞甲不啻开扇许大，头尾垂在山下"，穿林折木，"震响山谷"。登高才能看到其尾。欲谓之"龙"，却无风雨。"因知吞舟之鱼，翳天之鸟（大鹏），虫禽之绝大者，信有之焉"（《太平广记》卷四五九，10·3761）。

《马可波罗行记》说，哈拉章州有巨蟒，"其口之大，足吞一人全身"。

A. G. H. Charignon 说指蚺蛇或蟒，H. Imbet 说更可能指"短吻鳄"（alligators；参见冯承钧译注本）。

有背鳍的龙的母型

（左上：冠北螈，欧洲；左中：有鳍蜥蜴；左下和右下：北美洲双嵴冠蜥与亚洲安莫伊那饰蜥；右上：棘龙，侏罗纪；右中：中国青铜器龙觥）

不但是鱼，蜥蜴与蝾螈也有具背鳍者，它们可能成为想象中的"背鳍龙"的母型。但是上古图像里确实有一种兽形龙很像早已消失的剑龙或棘龙。有学者认为，这是龙取象于恐龙化石的有力证据，但这不足以得出"结论"。

目击者描绘的尼斯湖怪活动剪影

（原说明："尼斯湖怪的目击剪影。图中显示一个中部隆起的生物。这是大鳗鱼还是蛇颈龙？还是两者皆非？"）

尼斯湖怪是迄今报道最多、探测最佳、争论最大的水中怪物。可惜到现在都没有可靠而清晰的影像资料，遑论实体。

蛇颈龙的"遗裔"

鳍龙目（sauropterygia）之蛇颈龙类（plesiosauria），是被科学幻想与普及读物谈得较多的三叠纪水生爬行动物。人们最有兴趣的是长颈与短颈的蛇颈龙，后者正是"尼斯湖怪"、"新西兰海怪"外形可附会者。"蛇颈龙体宽而扁平，适于水中用四肢作桨状推动，尾的功用不大。"① 它有一个可以自由转动的长颈，所以从前的观察者把它的化石骨架"当做龟的身躯加上蛇的脖子"②。中国那"蛇龟合体"的玄武，便与这种"误读"相关（参见本书讲述"龟：玄武"章节）。

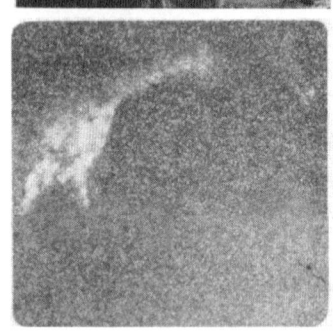

蛇颈龙的遗裔？

（左上：1977年4月25日，日本捕鱼船在新西兰附近捞出的不明水中生物的尸体；左下：1975年，美国科学家在英国尼斯湖水下摄影所得的"水怪"模糊身影；右上：复原的蛇颈龙形象；右下：科学复原的"尼斯菱鳍龙"想象图）

"新西兰海怪"，除有人认为是短颈蛇颈龙遗裔以外，还有人认为是鲸鲨、海龟。"尼斯湖怪"，有人认为不过是一根时沉时浮的木头，有人以为是巨鳗，1934年照片里的是海獭的尾巴。但也有一些模糊不清的"证据"或目击报告，至今争执不休。

被昵称为"尼西"的"尼斯湖怪"，讲述得已经太多（还有一部精彩的电影）。所谓"巨兽"的存在，除了环境要素之外，至少还要满足三个条件：

(1) 充足的"生存空间"；
(2) 丰富的食物；
(3) 维持一个较大的种群，至少20～30只，才好传宗接代。

---

① 杨钟健：《脊椎动物的演化》，科学出版社，1955年，第140页。
② 杨钟健：《脊椎动物的演化》，科学出版社，1955年，第140页。

根据这三大要素,许多"水怪"或"巨兽"都被归结为视错觉或讹传。尼斯湖在苏格兰高原,全长 39 公里,宽 2.4 公里,水深 213～293 米,勉强可满足条件 (1) 和 (2),条件 (3) 却难说得很。有人说,"湖怪"千万年水栖,已进化出"鳃",或鳃、肺并用,也可以潜在湖底休眠、避敌,还可能有"海眼"之类深洞或"湖中湖"可供生息,但都没有证据,电影《尼斯湖怪》却在推波助澜。

一个传说,由千百年前活跃至今,恐怕不会完全是空穴来风。"木头"浮沉假说,可以忽略不计,也不是"哥斯拉"似的个体基因突变,只有"不明动物"还可以搪塞。有的科考者在水下摄到疑似照片。但是,几次拉网式搜查,也尝试过超声探测等现代化手段,却全无发现,这又怎么说呢?

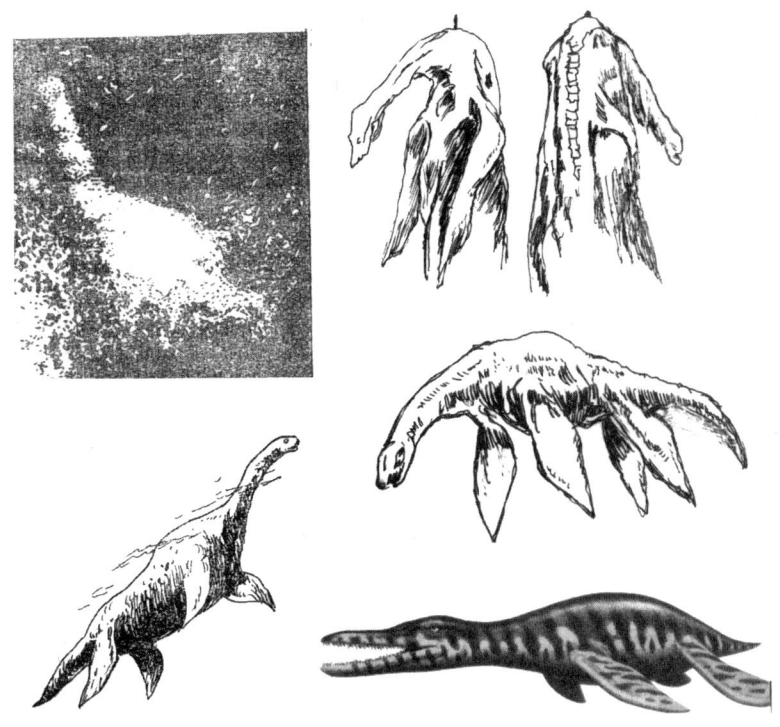

尼斯湖怪与太平洋巨兽

(左上:1975 年 6 月 20 日,美国科学家宣称在水下拍到的疑似水怪;左下:据相片初步复原的"尼斯菱鳍龙";右上:1977 年 4 月,日本渔船在新西兰海岸附近捕捞的长颈巨鳍"怪兽"照片,前视、后视摹本;右中:根据矢野道彦现场绘制的"怪兽"骨骼复原图,日本画家石森章太郎作;其下为"游龙",或"短颈蛇颈龙"复原图,三叠纪,欧洲)

对"新西兰海怪"的"异说",最重要的,说它是鲸鲨(可长达 20 米),头颈部腐烂变得小而长。但鲸鲨的软骨支持不了(吊起时的)自重,而且脂肪只在肝里而不像"海怪"那样在皮下。留下鳍须,细胞学鉴定为鲨的结论也被"存疑"。

1977年4月25日，日本渔船"瑞洋丸"在新西兰附近的太平洋里捞到一具长约10米、重约2吨的长颈动物尸体，引起世界轰动。由于尸体高度腐烂，船长害怕恶臭污染舱里的鱼，下令扔回海里。这造成的几乎是永恒的遗憾，骂声一片。有的日本学者还对教育制度提出质疑：居然把一点点财产看得比划时代的科学发现还重要。现在由仅存的几幅彩色照片可以看到，它的头很小（或说由于其首先腐烂造成），长颈有尾，有4只巨大的菱状鳍。现藏骨骼速写，已由画家复原。42根由鳍上扯下的须状物，不知道DNA测定结果。

专家们提出各种假说性鉴定：

——遗留下来的"长颈龙"，形似尼斯湖怪；

——某种大鱼，例如鲸鲨或魟鱼，或巨鳗（参后）；

——某种（脱壳）海龟（趾甲为角质）；

——某种基因突变的鱼、蜥；

——某种未知动物。

后续报道仅是某些渔民声称在新西兰海面看到过有"驼峰"的长躯生物游弋。

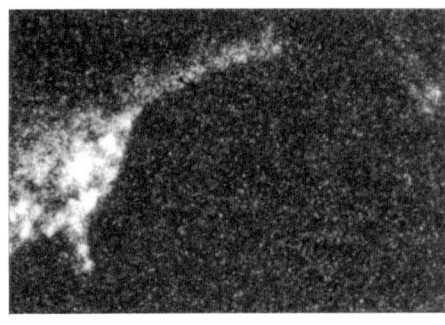 

蛇颈龙

（左：水下摄影，疑似"尼斯湖怪"的影像，赖恩斯摄，1975年；右：摹拟绘画，《尼斯湖中的求偶》，彼得·斯各特作）

追寻"尼斯湖怪"，已有数百年历史，至今无一确凿证据。有些人声称获得影像，但更多的人提出质疑。人类对于未知奇异动物的兴趣，是无穷无尽的。无怪乎龙、凤及其母型的争议，一直延续到今天，今后也很难平息。

除了"尼斯湖怪"之外，人类寻找"活恐龙"的活动，要算对非洲刚果原始森林湖"巨兽"的考察了。

当地民间盛传，这种脖子像长蛇的红褐色有尾巨兽，体似河马，身长12～13米，重在10吨以上，头长可达3米。夜间登岸觅食，一般不伤人。但有人捕食过这种动物，吃过就死了。名称——

虹兽 ［刚果语］莫凯来·姆奔贝（虹·怪兽） 意思是，"与虹一起出来的怪兽"。或说这是"雷龙"遗裔。有的"目击者"描绘出来，却像"蜥足龙"。

1978年初秋，法国科学探险队去追寻它，却全体失踪。

1981年8月，美国芝加哥大学路易·麦查尔组织科考队再沿赛尔布河逆溯到特雷湖附近，就发现湖面有长颈怪兽，头粗近半米（可见不是蛇颈龙）。可惜没留下物证。是否由陆栖到水栖的恐龙，一直没找到准确证据。美国科罗拉多大学研究生黛波拉·米克尔在怀俄明州北部海相堆积层里发现一步步走向海洋，越来越小的（高约1.8米的）恐龙足印。这是良好的开端。

刚果湖怪"莫戈拉-姆班比"（虹兽）
（想象还原图，麦西林·阿格纳格绘，1983年）

许多人说他们看到刚果森林湖中巨大的怪兽，但未获得任何影像。有人据"目睹"绘出其形象，却很像"蜥足恐龙"，但这种恐龙已经消失几千万年了。

从传说心理学角度看，人类的"好奇心"作为强形式的"求知欲"，总喜欢"谈论"神秘未知、奇异或怪诞的事物，既炫耀了见多识广，又能填补日常生活的"空白"或平庸。这也是人们爱看科幻小说、恐怖片的原因之一。

这样，传说最突出的特征便是夸张，趋向神异，"不可能"乃至"非理性"。质疑或批判导致"逆反"，一直扩展到对（现存）科学的怀疑与挑战。这里还不说"迷信"心理或传统的强大存在。

传说又有"趋同性"。传话者，即令尽量不加粉饰地传播见闻，却不知不觉地接受既有传说"趋同性"的影响或"成见"。这样，即使基本结构类似，细节却被不断创新。

传说务求生动有趣乃至刺激。这样，怪诞神秘奇异的成分便愈加突出。

宇宙和人类世界里还存在许多未知领域与"神秘"。科学、理性却常常表现出专断——专断的背后是无能——于是,怪异、幻想与"感觉"便成为解构"科学"的冲动或欲求。《哈里·波特》的走红是最有力的证明。

雷 龙

(北美洲,侏罗纪,复原图)

非洲刚果原始森林湖中的"虹·怪兽",长颈有尾,体长达12~13米,重在10吨以上。或说是"雷龙"遗裔。

民间的某些"发现",媒体为吸引眼球的"报道"或传闻,某些地区出现类似恐龙或科摩多巨蜥的"孑遗动物",里头有个别的确实值得注意,并且值得我们去思考其与"龙"形成的关系。

相传,1944年,黑龙江肇源一带,有人称目睹"黑龙坠地"。这可能是暴雨或大水过后,由松散的山崖随着小股泥石流坠到平地或沙滩的巨蛇、巨蜥之类,被误传为"从天而降"。但"龙体"发现地点在吉林扶余牡丹江沙滩,也可能系随流搁浅的巨蛇或巨鱼。有人因而认为是搁浅的鲸,像辽宁营口海滩所见的"龙"那样。

马小星通过大量地方志、史籍、笔记与采访,调查搜集到的有关"龙"的材料,认为这是一种实际存在过、属性未明的动物。①

现在看目击者任殿元的追忆和描述:

> 那东西真是太大了,长度足有12米。它卧在那里,身下看不着,但身围直径足有1米,宽有2尺稍多点。尾巴比身子略短一些。那形状和咱东北马蛇子(蜥蜴类)一模一样……脑袋稍小,大约像牛犊的脑袋那样大,略呈方形,上宽下窄。头上有一根朝天角,短且直,长约七八寸。额头向前突起,脸上无毛,眼睛闭着,嘴形特像鲇鱼,又扁又宽,嘴巴有1尺多长,宽度也得有6寸多吧,嘴上有几根青色的又硬又长的须子,根根硬朗,还微微抖动。更有意思的是,它还有一个比较细的脖子,形状有点像马脖子,

---

① 参见马小星:《龙——一种未明的动物》,华夏出版社,1994年。

脖子上也有鳞。它的鳞像鲤鱼的鳞,那鳞是有颜色的,脊背上的鳞最大,铁青色。最大的鳞直径约5寸,小的约2寸。它的鳞是可以自己抖动的,水边的苍蝇多,鳞片一动咔咔直响,有时还能夹到苍蝇。别看它满身鱼鳞,可它有四条腿,爪子陷在泥里,那腿胯子却看得清清楚楚。①

异齿龙或巨棘龙与沙地蜥蜴

(左上:或称为"异齿龙"的巨棘龙,下附省去巨棘者;右上:沙地蜥蜴,[英]托尼·费尔普斯摄影;右下附"楔齿龙")

相传,1944年,在黑龙江肇源等地,有黑龙堕地。有人于吉林扶余县陈家圈子村牡丹江南滩沙滩上发现搁浅的长约12米的黑龙。50年后,目击者之一描述其形,四足像牛,头似牛犊,口如鲶鱼,遍体鱼鳞。以恐龙图片请其辨认,据称略似无"帆"的巨棘龙或"异齿龙"——如果确有其事,则有些像巨蜥。异齿龙(dimetrodon)属盘龙类,肉食,背上有散热的薄帆。它是哺乳类动物的老祖宗。

此物傍晚或深夜消失,大概是随潮挟雨而去。马小星通过其子让老人看各种恐龙图片,被一一否认;只对"异齿龙"有点兴趣,据说去掉"帆",有些像盘龙类的异齿龙。这种"异齿龙",或称巨棘龙。无"帆"而似之者,或称"楔齿龙"。

小孩子看大动物,总是觉得极大,那是孩子的视角或尺度。如上数十年后,多次给儿孙追述,不免有不自觉的艺术加工,以强化趣味。不过照其描述,除

---

① 引见马小星:《龙——一种未明的动物》,华夏出版社,1994年。

巨大的海洋动物遗骸
（美国西海岸一带发现）

报刊上不断有海岸上发现不明巨大生物尸体的报道。除了个别至今不明真相外，海洋生物学已经辨识出巨型水母、章鱼与大王乌贼的形样。有的是罕见或异变的巨鲸或鲨鱼。它们都曾被当做"海怪"来传言与宣扬。

了独角不好解释之外，主要特征与巨蜥相似——远在北方嫩江平原，居然出现过科摩多巨蜥般的"水怪"，也够令人惊诧了。"科摩多龙"长不过4米，重量也只有100公斤左右。就"谣言学"的角度看，这可以当做"龙"幻想成因的某种"依据"。

美人与恶龙

（杂志插图，[美]波里斯·瓦莱约作）

哪怕是最具幻想力的现代画家，也免不了复现他意识深处的某种史前动物的（还原）形象——霸王龙就是常被"借鉴"的一种"始祖龙"（参见图右下）。

第二章　鳄与蜥也是龙的母型

东西方的龙都曾由鳄取象

欧洲传教士或"中国通",多以"德拉贡:Dragon"(或其拉丁母语之 draco)来对译中国的"龙",现代文化学者知其"不可",但亦无可奈何①。"文化误读"时间长了或传布广了,也可能约定俗成为"正读"。Dragon 的母型也确实多有蛇尾,而且跟鳄、蜥有较大类似之处。二者对译也并不是纯属任意。

以中文全译《圣经》的英国人马礼逊(Robert Morrison,1782~1834),也许心怀"成见",又觉得中国龙有四足,凶猛似鳄,所以在《华英字典》等书里,既用 Dragon 译"龙",以"龙"译《圣经》的远古传说中之 snake(蛇),又以"扬子鳄"定义中国龙(a kind of crocodile found in Yang-tze-kiang)②,这恐怕要算是龙母型为"鳄"的最早猜测。

地质学家章鸿钊的《三灵解》(1918 年),则是明确以鼍鳄为龙与 Dragon 之母型的。他甚至说,"Dragon"急读则与"鼍龙"、"土龙"或"土蝼"之音近似。而"巴比伦所钦崇而为达尼罗(Daniel),明为埃及神灵鳄鱼之一"③。暗示中国龙或由西方传入,跟当时"中国文化西来说"有关。

德国人爱尔克斯(Erkes)也说,龙,"无非是被崇为神明的鳄鱼"。中国人把它当做"农神"(vegetations gottheiten)。因为鳄鱼在一阵雷声和春雨之中,"由冬眠里醒来",春耕也就开始了。孔子告诫说,"无涸水",不要把池塘与小河里的水弄干,就是因为害怕伤害神龙——鳄鱼④。因为鳄、蜥、蛇类多有冬眠、惊蛰或者"蜕皮"的习性,在中国人的"集体无意识"里都是能够"复活"或者永生的神物,都是"生命的原型"(life archetype)。不但不可伤害,还要崇敬它们。它们在民俗学上是等值或对位的。

---

① 参见李奭学:《西秦饮渭水,东洛荐河图——我所知道的"龙"字欧译始末》,(台北)《汉学研究通讯》第 26 卷第 4 期,2007 年,第 11 页。

② 参见李奭学:《西秦饮渭水,东洛荐河图——我所知道的"龙"字欧译始末》,(台北)《汉学研究通讯》第 26 卷第 4 期,2007 年,第 11 页。

③ 章鸿钊:《三灵解》,法轮印刷局,1919 年。

④ [德]爱尔克斯:《中国古代的诸神》,周学普译,《民俗学集镌》第 2 辑,1932 年,第 2 页。

驯 鳄

（上：扬子鳄；中：泰国曼谷北榄养鳄场，又名"龙虎园"，艺人戏鳄，黄小平等摄；下：湾鳄，供参照）

不仅老练的男驯养员，就连年轻的姑娘都敢把头或手臂伸到鳄嘴里去。或说，这就是古代中国的"扰龙"。

章太炎先生有《说龙》文（1924年，原作未见）据《左传》等，龙可畜可扰可驯，还可食，说，那只能是鳄鱼。

卫聚贤竭力论证，龙就是鳄鱼。他说，甲骨文"虵"字即禹，"象两蛇相并或相交形，即《左传》、《国语》、《史记》以夏人豢龙祀龙，是以鳄为图腾的"[①]。他在《虞夏》一文里说，"禹"字由两个"九"组成，九即"虯"，"九为龙的一

[①] 卫聚贤：《古史研究·中国民族的来源》（第3集），商务印书馆，1936年，第53页；又可参见上海文艺出版社，1990年的影印本（第3集），第53页。

种",母型为鳄;有如尼罗河上的埃及人,"先见鳄鱼,继见水涨,乃以鳄鱼为水神或农神,则大加奉祀"①。

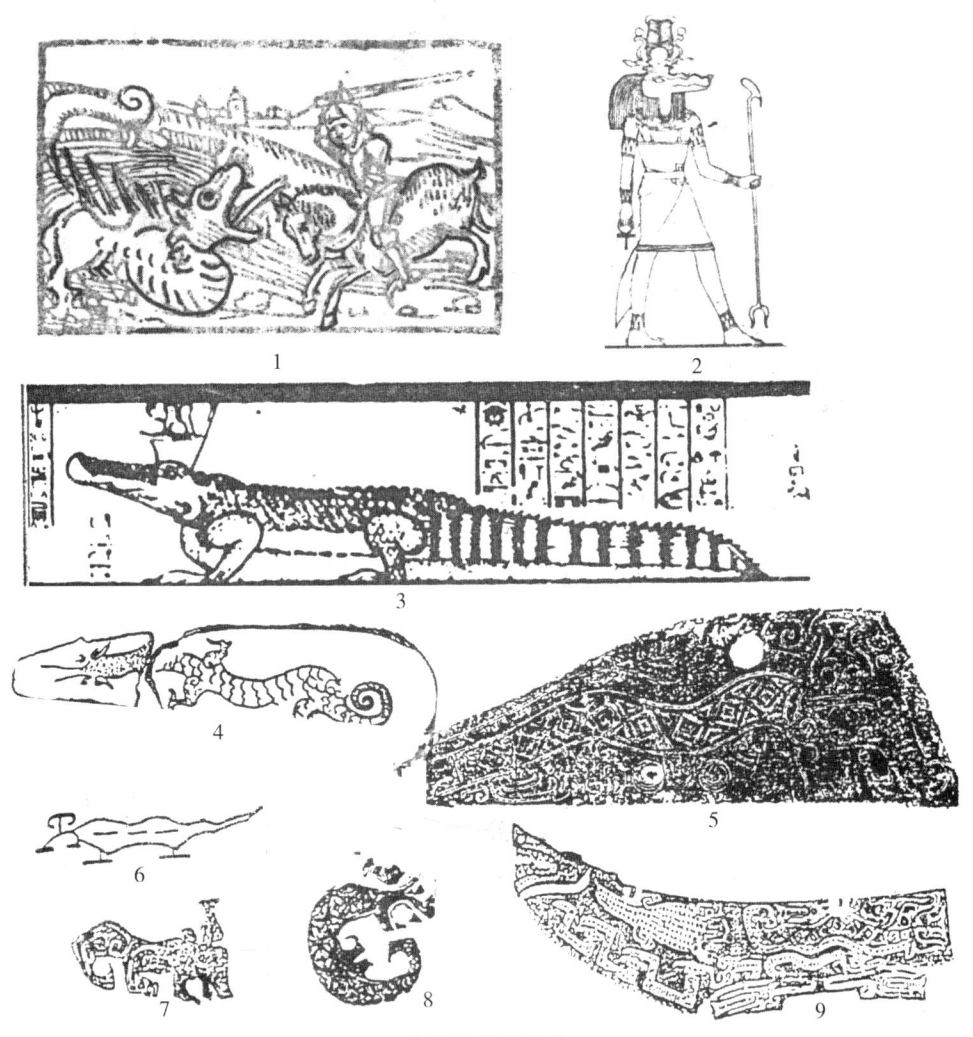

东西方的鳄形龙

(1. 骑士战龙,《特里斯坦与绮瑟》插图,1484年;2. 鳄头神索布克;3. 埃及的圣鳄,古埃及壁画;4. 中国上古陶器上的类龙形,传世;5. 石磬上的龙形,商代;6. 殷墟甲骨文"龙";7. 青铜器上的龙纹,商代;8. 商代玉器上的龙纹;9. 商代铜觥上的扬子鳄,山西石楼桃花庄出土)

绝不仅仅是中国、埃及与美洲把鳄当做龙、圣兽、神,欧洲也有把鳄当做Dragon之母型的。若干"英雄屠龙"的作品,把龙描绘成鳄,或者把鳄当成了龙。

---

① 卫聚贤:《古史研究·虞夏》(第3集),商务印书馆,1936年,第230页。

杨钟健先生采纳卫说，以为殷墟卜辞里的"龙"字多是鳄之象形①。他认为，商代所谓"龙"，主要指蛇、鳄等爬行动物，周代以后才"神诞不经"②。有人说："或许正因为鳄这种动物从新石器时代后期至历史初期，在中原地区的逐步稀少乃至绝迹所造成的结果。"③ 但据我们所知，甲金文里的"龙"，除有些像蜥蜴或鳄鱼④外，已经有"冠"，相当"怪诞"了。

古生物学家依然没有否认"龙"与蛇、鳄、蜥蜴的相似性。杨钟健除参考卫说外，还认为："依照我们目下的知识来批判，龙是代表种属鉴定不确的几种爬行动物；蛇与鳄鱼最为近似。"⑤ 古生物"恐龙"（Dinosauria）一词由西文sauria而来，指地质时代的"爬行动物"，其本义虽是"蜥蜴"⑥，但是利奇（E. Leach）仍引一说云："龙是一种像蝎子或蜥蜴形态的鳄鱼类。"⑦ 前史可追溯到化石时期。

霍多斯（L. Hodous）则说，"神话动物"之龙，"有时候也像鳄鱼"⑧。更早以前，希罗多德说，埃及人称鳄鱼为"卡姆普撒"；伊奥尼亚人称之为"克罗科狄洛斯"，而这是当地的一种蜥蜴⑨。这个意思便是龙本像鳄鱼，有时也与蜥蜴相似或相混，并非纯属幻想。

这些都像在兼概东西方的龙：有四足的爬行类。至今我们还能够在西方古代的一些"龙"的画像上看到鳄的形样。

高鸿缙说："龙不知何物。或曰：即今之鳄鱼。……说解云云，已属神化。甲文首上作丫者，与凤首同，象簇岳并起之形也。鳄本两栖，不列虫鱼而厕于兽类者，以其神怪也。"⑩ 也就是说，鳄并不像一般鱼或虺（虫），似蛇却有四足，而近于兽，太奇怪了。古人稍加夸饰，便成了龙。

---

① 参见杨钟健：《龙》，《演化的实证与过程》，科学出版社，1957年，第40页。
② 参见杨钟健：《龙》，《演化的实证与过程》，科学出版社，1957年，第40页。
③ 周本雄：《山东兖州王因新石器时代遗址中的扬子鳄遗骸》，《考古学报》1982年第2期，第259页。
④ 参见张秉午：《古文物纹饰中龙的演变与断代初探》，《文物》1984年第1期。
⑤ 杨钟健：《龙》，《文史杂志》第5卷，第3~4期，第3页。见杨钟健编译：《演化的实证与过程》，科学出版社，1957年，第31页。
⑥ 杨钟健：《龙》，《文史杂志》第5卷，第3~4期，第3页。见杨钟健编译：《演化的实证与过程》，科学出版社，1957年，第31页。
⑦ E. Leach, *St. George and the Dragon: Myth or Legend?*（《圣·乔治与龙：神话抑或传说？》），London, 1954；引见文崇一：《中国古文化·楚的水神与华南的龙舟赛神》，（台北）东大图书公司，1990年，第37页。
⑧ L. Hodous, *The Dragon*（《龙》），London, 1927；引同⑦。
⑨ 参见[古希腊]希罗多德：《历史》（上册），王以铸译，商务印书馆，1985年，第141页。
⑩ 高鸿缙：《中国字例》（第二篇），（台北）广文书局，1964年，第84页。

近年一些专家也提出理由证明，上古的龙或龙的母型，主要指鳄。祁庆富说："最早的龙是鳄鱼。"① 他指出，正因为鳄在中原的减少与灭绝，才使龙的形象越来越奇怪、越来越神秘。

河南濮阳西水坡出土的仰韶文化后期所谓"蚌壳塑"的龙虎形象（它们夹侍并"凸显"中央墓主人），龙的外形不似蛇而似鳄，使"鳄龙说"得到地下发现的实证支持。

王明达陈述了4条理由：（1）神话与工艺里龙的外形多似鳄；（2）龙的许多习性（如水生、冬眠，以及凶恶、诡秘等）像鳄；（3）南方的"龙"会侵袭人（例如湾鳄）；（4）鳄俗称"猪婆龙"②。特别是，鳄十分凶猛，外形丑诞；蜥蜴虽也像蛇而四足，外形与习性上的怪恶凶悍却比不过鳄鱼——而龙最初也是极为强悍多力且面目狰狞的。

王笠荃的意见是：

鼍鳄——龙（鼍龙）

湾鳄——蛟（蛟龙）

他说，"龙神是鳄的奇异特点的神化"。鳄不会升天，可是，龙卷风能把它带上天。"穿飞浓云、变幻无常的雷电被认为是龙的灵魂的化身或显现。"③ 雷电曾被比附为龙，但古人并不以其为"龙的灵魂"所化。"龙灵"只是"龙神"的另一种说法。古人并不追究龙的"灵魂"及其所化。王说的问题和后来的何新一样：扬子鳄的分布不超过北纬36°，马来鳄只出现在岭南或珠江三角洲；湾鳄是否到过中国，还很难说。神话意象及其母型很难凭空产生，最初一般只能通过"目击"，"耳闻"不容易造成强烈印象。当然事情总有例外。物以稀为贵。假如，北纬36°以北的周人的发源地突然出现了一条鳄鱼，那引起的惊讶与恐慌，恐怕要强过常常面对一群扬子鳄的殷人。

周勋初对鳄作为龙的母型也有细致论证。他说，由种种迹象看来，"龙是一种生长于水中又能活动于陆地的爬行动物，喜欢活动在潮湿的水泽地区"④。其形修长，有四足，巨口利牙，尾巴尖细，体有鳞斑，是鳄（主要为扬子鳄）的夸饰无疑（必须补充，巨蜥亦与之略同）。

尚民杰说，龙只能源于动物实体：鳄⑤。

---

① 祁庆富：《养鳄与豢龙》，《博物》1981年第2期。

② 参见王明达：《也谈我国神话中龙形象的产生》，《云南少数民族文学论集》，中国民间文艺出版社，1982年。

③ 王笠荃：《龙神之谜》，《中国文化》第5期，1991年秋季号，第90页。

④ 周勋初：《九歌新考》，上海古籍出版社，1986年，第128～129页。

⑤ 参见尚民杰：《中国古代龙形探源》，《文博》1995年第4期。

许进雄说,扬子鳄除了没有角,整个像龙,特别是它们都"脸部粗糙不平,嘴窄扁而长,且有利齿"①。

他注意到,鳄冬眠后随着春雷警醒,初民或古人见到它在雷雨中出现,便以为它也是由天而降的②。

这些论证都颇有理据,可以相辅相成。

鳄形龙

(1. 龙形饰,商代晚期,四川广汉三星堆1号器物坑;2、3、4. 商代青铜器纹饰;5、6. 美洲古代纹饰;7. 古代埃及鳄神或鳄龙;8. 夔龙纹青铜剑饰,春秋,台湾古越阁藏品;9. 作为参照的扬子鳄)

中国古代的龙纹,往往展示为鳄形,可以跟美洲古代"龙"纹比照。埃及人崇拜鳄鱼,视之如中国的龙。

---

① 许进雄:《古事杂谈》,商务印书馆,1997年,第12页。
② 参见许进雄:《中国古代社会——文字与人类学的透视》,台湾商务印书馆,1998年,第493~494页。

两种鳄

我们还可以为上述学说补充许多理由。

如前人所说,鼍、鳄之类多有冬眠之习,跟蛇、蜥同样,这被看作"再生"机能——龙也有这种"复活"乃至"长生"特点。还应补充:石龙子或守宫(壁虎)等,遇到危险或侵害时,常常"自断其尾",且让它跳动不已,以惊吓敌人;而后,其尾慢慢再生。民间传言,鳄鱼不但能够快速"换牙",也能断尾而后再生。

龙的许多"附加"器官,如鹿、羚之角,马齿,鱼鳞,鸡爪,都能脱落而后再生。民间深信,有的鳄鱼也能根据环境与自身的生长规律而更换器官,以更新生命。

古人甚至传言,鳄鱼在被斩首断躯,或拔牙截骨之后还能"再生"为新鳄。

晋·张华《博物志》说:"南海有鳄鱼(案指马来鳄),状似鼍(扬子鳄),斩其头而干之,去齿而更生;如是者三,乃止。"这似乎不仅说其齿可以再生,而且可能令人联想到斩断其头、躯乃至风干之后,都可能复活三次。

明·邝露《赤雅》说:"今其枯骨齿生,用作乐器,声极啁啾。经云:河有怪鱼,厥名为鳄,其身已朽,其齿三作。"似言其齿极有活力,肉朽之后,牙齿还能在骨架上再生三次。

我们多次申述,中国西南羲娲"洪水遗民"故事里,雷公曾救赠他的兄妹以牙齿,用其栽种生长为避水葫芦,"雷公牙"便有再生功能。

希腊神话更说,往昔,将"龙牙"栽进土中,生出新的人类或战士,称为"龙牙武士"。学者以为这主要是指鳄鱼能够再生的牙。

何新在《诸神的起源·龙凤新说》里称:"龙和凤并不是两种图腾,而是两种表记。"亦即初始群团的识别符号或徽记。要从功能、实在(实体)的不同角度分析龙的性征。"对龙来说,云,以及云和雨的功能性关系(云产生雨),就是产生龙的意象的基础。"① 这本质上是"云气说",跟龙来源于雷电、龙卷(风)、虹霓、星座等同属"天象学派"。先有天上像蛇的天体、天象;"旋卷起伏的云纹",而后才有(同样像蛇的)生物之龙;不是先有蛇、蜥、鳄等爬行动物的神奇形态、习性,再升华为神话性、想象性或混形性的龙。"龙就是云神的生命格。而这也正是中国神话中,云、雨、雷神名叫'丰隆'(隆、龙古音相通)的原因。"② 可见"龙:云"之说跟"龙:雷电"之说本质相通。但先有天象之龙再有动物之龙,这种看法不免"本末倒置"(参见下文对"龙:天象学派"的批评)。

---

① 何新:《诸神的起源》,生活·读书·新知三联书店,1986年,第98~99页。
② 何新:《中国远古神话与历史新探》,黑龙江教育出版社,1988年,第102页。

鳄/蜥/蛇与龙

（山西石楼出土青铜《龙觥》及其上的龙蛇纹样，分解图。刘敦愿描绘并供稿）

"扬子鳄"的样子太明白了（图4）。有的却分明是蜥蜴（图5）。其它，那长长的圆身子分明是蛇的。最下面（图10）的那种常见的"大扁头"（龙）却很像鲵鱼的头。可见龙的取象是"多元"的，其圆长委曲的躯体却是"蛇"形。

后来何新在小注里补充说："龙的真相是鳄鱼以及海鲸。"

他在1987年提出，龙来源于被"称作'湾鳄'的那种巨型鳄鱼"[①]。其学说的缺陷之一是不区分两种鳄：扬子鳄（短吻）和马来鳄（长吻）。他常常笼统地

---

① 何新：《龙的研究》，《民间文学论坛》1987年第4期，第10页。

称之为"蛟鳄"①。谨案：商代的龙都是短吻。山西石楼商代铜觥，甚至广西恭城东周铜尊，其上的鳄形象全是短吻。这是扬子鳄在形状上与马来鳄相区别的最主要之处。商周的龙，一部分是以它为母型。它的分布不越过北纬36°，马来鳄更不出岭南地区，怎么会变成周人或商人的龙呢？

何新指出，"否定龙、凤的生物性存在是不对的"，并指认，"龙中最大者为湾鳄，是陆生动物中体形最大者，自然无愧于鳞虫之长的称号"②。他的《龙：神话与真相》一书细致演绎、论证了龙为"湾鳄"之说。他还论证了鳄成为雷雨之神的龙的重要原因："鳄鱼确能预知风雨。每当大雨来前，都要吼叫，其吼声如雷，以致给人一种印象，似乎雨是'龙'的雷吼召来的。"③ 这就是明人何孚诗所说的"湾鱼明雷电"了。

他于1989年在香港中华书局出版的《谈龙》中说的要宽泛、灵活一些："［龙］指鳄鱼、蜥蜴一类爬行动物（但亦包括某些两栖动物如蝾螈）。"④

他的论证比较充分、有力。但是解决不了两个问题：（1）鳄之外，龙还有蛇、蜥、虫的特征，而且并非不"古老"；（2）两种鳄不同——"三代"居民怎么能观察到千里以外的"生物存在"？

湾鳄（crocodilus porosus, schneider），体形巨大，长吻，口闭时露第4下颌齿，不大耐寒，海水里也能栖息，这些也是它与扬子鳄的重要不同点。它主要分布在印度支那与马来半岛，所以有时也泛称"马来鳄"（这个名字一般被限制用于印支与马来以及岭南的鳄鱼）。印度、斯里兰卡、孟加拉湾、新几内亚、所罗门群岛，乃至澳大利亚北部与东部、斐济等地所见则多属湾鳄，它们主要是咸水大鳄，严格地说，跟马来鳄是有区别的。

文焕然、黄祝坚说：

> 由于对历史时期马来鳄在中国的地理分布等了解不够，起初只知唐宋时代的潮州和1912年的香港有马来鳄存在，后来又了解到清代彭岛和榆林港亦有鳄鱼栖息，因都只限于沿海的港湾、河口一带，故［笼统］称其为"湾鳄"。其实应该叫马来鳄。⑤

后来发现，马来鳄广泛分布于华南之广东、广西、福建、台湾四个省区，

---

① 参见何新：《龙：神话与真相》，上海人民出版社，1989年，第24～27页。
② 何新：《中国神龙之谜的揭破》，《书林》1987年第7期；参见《龙的研究》，《民间文学论坛》1987年第4期。
③ 参见何新：《龙为什么被看做雷电之神》，《北京晚报》1988年1月18日。
④ 参见何新：《龙凤问题与中国文明起源》，《晋阳学刊》1989年第5期，第96页。
⑤ 参见文焕然、黄祝坚等：《历史时期中国马来鳄分布的变迁及其原因的初步研究》，《华东师范大学学报》（自然科学版）1980年第3期。

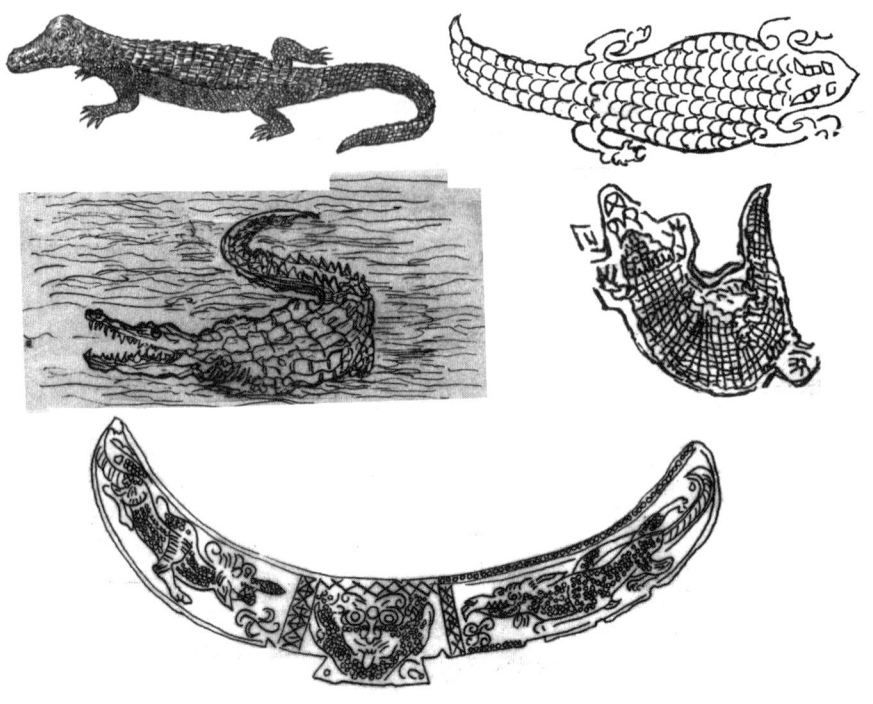

扬子鳄与湾鳄的对照

（左上：扬子鳄；右上：殷商的鳄图，山西石楼青铜觥纹饰；中右：东周铜尊鳄纹，广西恭城；中左：湾鳄的一种。下附波斯冠饰，内蒙古呼和浩特附近出土）

扬子鳄体形较小、吻短，主要在淡水里生活。

马来鳄跟一般湾鳄区别不大，主要是产地不同，体大、吻长。可在咸水里活动，但一般在淡水里生存。

不限于马来、印支或海湾地区，也不能笼统叫做湾鳄，最好称之为马来鳄。

元·周达观《真腊风土记》"鱼/龙"一节说："鳄鱼，大者如船，有四脚，绝类龙，特无角耳。"（夏鼐校注本，第157页）说的便是马来鳄，而不是印度等地的湾鳄。

所以，近年来，生物学家认为，应该严格区别这两种长吻鳄：淡水的马来鳄和海生的湾鳄。

马来鳄（tomistoma petrolica yeh，etc；又称切喙鳄或假食鱼鳄）

湾鳄（crocodilus porosus, schneider）

赵肯堂等经过严格调查研究，否认中国南方曾出现过湾鳄——那只是马来鳄。

根据对古生物的研究得知，华南（茂名县）和台湾还曾经在1958年、1972年发现一般切喙马来鳄（tomistoma petrolica yeh）及台湾马来鳄（tomistoma

鳄的头部特征
（上附美洲古今印第安人类龙或"蛇神"头像）

鳄鱼的特点之一是颈部上下左右都不能扭动，而与身躯连成一体，上腭也不能向下咬合，全靠下腭上"凑"。这也是某些龙造型的特征。

它的"眉弓骨"突起，这是某些"龙首"或"兽面"的重要细节。

taiwanicus，sikama）的化石。由此可见，华南地区在古代不但鳄类颇多，甚至还可能是一个多种马来鳄的分布地区。时至今日，我国仍未发现现存和化石的湾鳄标本①。

吴广平曾据此否定了何新"龙为湾鳄"的说法。②

中国古人区别鼍、鳄：

鼍：鳝；鮀　扬子鳄

鳄：噩　一般的鳄；多指马来鳄

但有时不免混淆。

甲金文的"鼍"分明是扬子鳄。

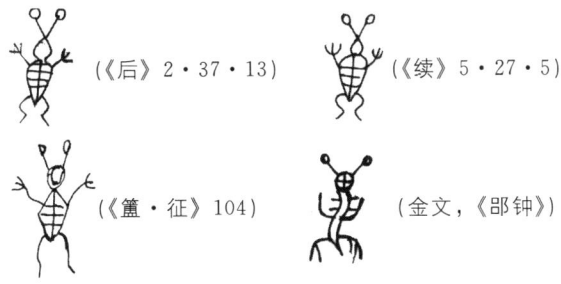

(《后》2·37·13)　　(《续》5·27·5)

(《簠·征》104)　　(金文，《邵钟》)

---

① 参见赵肯堂、宗愉、马积藩：《中国华南地区的马来鳄》，《生物学通报》1986 年第 4 期。
② 参见吴广平：《中国龙凤原型的破译》，《吉首大学学报》1989 年第 3 期，第 10 页。

身子肥壮如龟鳖（所以鼍字从黾，龙字也或作竜），有四足，甲板长方，同于其母型扬子鳄。夸张其露出水面呼吸的双鼻孔——后来讹变为"鼉"(鲜)。

比较这几条《说文》。

> 鼉，水虫，似蜥蜴，长大。从黾，单声（卷十三黾部，通鲜）。

此据段注本，又见陈昌治刻孙星衍所覆宋本（中华书局1963年影），指的是扬子鳄。或称"鼉鳄"。但有的本子将"长大"误为"长一丈"，就与"蝚：鳄"（马来鳄）混淆。

> 鲜，鱼皮，皮可为鼓。从鱼，单声（卷十一，鱼部）。

这跟从黾、单声的"鼉"相通，其皮可冒鼓。鲜，后来用作"鳝"，是讹误。

> 蝚，似蜥蜴，长一丈，水潜，吞人即浮。出日南。从虫，蝚声。

后来写作"鱷：鳄"。这才是马来鳄。

鳄，"长一丈"者，《说文》等谓，出于日南。"日南"属交州，即秦之象郡，在岭南。郦道元说，南海郡（治番禺，今广州）有鼋鼉群鳄，鳄即马来鳄。晋·张华《博物志》、左思《吴都赋》、虞喜《志林》，都提到马来鳄，地点在南海，"包括今南海以南的广东、广西以及台湾等省区的热带地区"①。

《尔雅·释鱼》之"蛋"，或说是蜥蜴之类，但晋·郭璞注说为"蝮属"，误；"今淮南人呼蛋子"，蛋，音恶，与"鳄"音近。特征之一是"有毒"。另一特征是"火眼"。动物学家介绍说："夜间在光的照射下，鳄眼有如天上的星星，闪闪发红光，相隔数百米亦清晰可见。"②

山西滹沱河，或作"恶沱河"。何新《龙：神话与真相》说，就是《诅楚文》中的深渊湫神"亚驼"，恶（亚）古音近鳄，"沱：驼"即鼍（扬子鳄）。鼍鳄畏寒，不越过北纬36°线，所以不是马来鳄。何引晋人笔记《兴地志》说，河间滹沱河有"蛟"，"五月恒曝，遂变为人"，此蛟亦指鼍鳄。

宋·陆佃《埤雅·释鱼》说："今鼉象龙形，一名鲜。"

宋·程大昌《演繁露》说，有一种螭龙，"四足，长尾，鳞成五色，头似龙，无角"。鼉鳄，确有人以之为变异的龙，小型的龙。其异称：

> 猪婆龙／土龙／鼉龙／鮀龙／鲜龙

明·李时珍《本草纲目》说：

> 鼉龙：[或称]鮀鱼，土龙。形如龙，声甚可畏。长一丈者，能吐气成云致雨。

---

① 文焕然、何业恒：《试论珠江三角洲马来鳄的历史变迁及其和"人与生物圈"变化的关系》，《活页文史丛刊》第5辑第72号，1982年，第5页。

② 参见陈璧辉等编著：《珍贵动物扬子鳄》，安徽科学技术出版社，1984年。

其长一丈者,似指马来鳄,而非鼍,亦见《说文》异本,或因之致误。

可怕的鳄口

(马来鳄,摄于泰国"龙虎园",2009 年)

鳄鱼张开巨口,似乎要扑噬,或威慑。其实是在炎炽的盛夏"散热",跟某些动物的"吐舌"一样。

可怕的龙口(鳄口)跟虎口同样,在民俗神话学上多被看做"生死关头",它隐喻死亡。但有时也表示:被吞入神秘动物腹中,可能会得到"再生"。

《梁书·扶南传》说,它"长二丈余","喙长六七尺,两边有齿,利如刀剑","遇得獐鹿及人亦噉之"。看来是长吻的马来鳄,口闭时露齿。

它那转动自如的长尾,也很可怕。《太平广记》(卷四六四)引《感应经》说,广州人传言,"鳄鱼能陆追牛马,水中覆舟杀人"(中华书局,1981 年版,10·3817)。其尾部参与发力。那么,夔或"仓兕"的"善覆人舟",所涉就不仅是河马了,疑为鳄属。

宋·沈括《梦溪笔谈》说,潮州之鳄,"尾有三钩,极铦利,遇鹿、豕,即以尾戟之食"。这样,《山海经·中山经》岷山"怪蛇",郭注所谓"钩蛇",就是马来鳄:"今永昌郡有钩蛇,长数丈,尾歧,在水中钩取岸上人、牛、马啖之。又呼'马绊蛇'。"(上海古籍出版社,1986 年,袁珂校注本,第 157 页,以下仅注页码;或用巴蜀书社 1993 年版,简称巴蜀本)《秀水闲居录》则说其"尾长数尺,末大如箕,芒刺成钩,仍自胶粘",都强调其尾的厉害。

中国两种鳄的分布、习性与环境,与"龙"的母型,"神迹"及雷神信仰之类民俗有密切关系。笔者就此当面请教过生物地理专家文焕然先生,并邀他将论文补订稿在我们编辑的《活页文史丛刊》上发表。文谓:由于人类活动与破坏生态的行为,华南的马来鳄"趋于灭绝"[①]。但扬子鳄是否在唐宋以后迁居华

---

① 文焕然、何业恒:《试论珠江三角洲马来鳄的历史变迁及其和"人与生物圈"变化的关系》,《活页文史丛刊》第 5 辑第 72 号,1982 年,第 11 页。

美洲龙——美洲鳄

（上："羽蛇墙"；左中：美洲鳄，或密西西比鳄；左下：马雅绘画里的鳄鱼；右中：印加帝国的"龙"；右下：马雅太阳神、雨神凯察尔柯特尔的"羽蛇"化形）

古代美洲的"羽蛇"或"龙"（现代人的称呼）大多是蛇形加上鸟羽、鸟翼，尾如响尾蛇，但也有一部分身躯粗壮者，系从美洲鳄取象。

南，替代马来鳄成为南方龙及雷神的母型，文先生不置可否。笔者在其文末附《鼍与鳄》小记，并提出，广西恭城东周铜尊上有"短吻鳄"形象（参见本书114页插图，5），是扬子鳄吗？总之，马来鳄确曾在岭南地区出现。如上所说，它可能成为南方（或应缩小为岭南）龙的一种母型——只是"一种"，其被"兽化"者，多是汉唐以后"走龙"的取象依据。

1963年，珠江三角洲之顺德曾出土鳄鱼"完整上颌骨"，经鉴定为马来鳄，系西汉时期遗物①。

文焕然等指出:"它不仅栖息在大陆沿海的港湾和河口,而且还深入内陆地区,如西江中游的梧州和中上游的邕州、韩江上游的梅州等,说明马来鳄是能适应海水和淡水两种生态环境的热带海洋爬行动物。"② 但它不像扬子鳄那样有一定耐寒力。而扬子鳄在秦汉以迄近世曾否南下珠江,也有待研究。

由此看来,似乎北纬36°以北地区,根本不可能出现马来鳄、扬子鳄的"信仰"以及将其提升为"龙崇拜"的"原始宗教"。

这里撇开"想象力"不谈,现实中也有出人意表、开人玩笑的"意外"或"偶然"。长颈鹿不出产于中国,可是至迟汉代,淮北的徐州等地汉墓画像中出现了大量长颈鹿形象(这就好像严寒的北欧,文物里也有极似长颈鹿的长颈动物)。而且,根据中原文献的描写,麒麟的"基本形态"或"主要母型"都很像长颈鹿。湾鳄、马来鳄当然并未到达长江,但生命力强大、适应力也不差的扬子鳄北上黄河、南下珠江,都不是绝无可能之事。这是要靠生物学家与文史学者合力探索才能澄清的难题。

域外的鳄与鳄龙崇拜

中国周边地区的"龙",不是受中国影响,就是因印度播化,主要以蛇蟒为母型,但也有长出四足、头角峥嵘者,颇像鳄、鼍。

日本"龙"的化形之一也是鳄。

《古事记》说,天孙之子火远理命进入"龙宫",跟海神女儿丰玉毗卖命(龙女)结婚,她临盆之时,化成"八寻鳄鱼,弯弯曲曲地匍匐着"。火远理命违约"偷窥",触犯禁忌,龙女觉得受辱,生下孩子就不管了。③

古今美洲印第安人都有崇拜鳄鱼为神者,学者或称之为"美洲龙"。玛雅的太阳神、雨神凯察尔柯特尔化身之"羽蛇",多数为蛇蟒形,少数则是美洲鳄或密西西比鳄的样子。它们的头部凹凸怪奇,吻部横向扩展,身躯有大量突起,特别是有四足,看来极不似蛇而似鳄。

希罗多德介绍埃及的鳄鱼崇拜说:底比斯人崇敬鳄鱼,还(像刘累扰龙一

---

① 参见王将克:《广东西樵山亚洲象——新亚种头骨的记述》,《古脊椎动物与古人类》第16卷第2期,1978年,第127页,注①。

② 参见文焕然、黄祝坚等:《历史时期中国马来鳄分布的变迁及其原因的初步研究》,《华东师范大学学报》(自然科学版)1980年第3期。

③ 参见[日]安万侣:《古事记》,邹有恒、吕元明译,人民文学出版社,1979年,第56页。

古代美洲鳄鱼（神）的形象

(左上：此神酷似湖北荆门出土的《舞戈图》鳄身海神禺疆，腰旁为两只巨鳄；右上：南美宽吻鳄；右中：美洲的鳄鱼造型；左下、右下：鳄神，有人说即古美洲之龙，玛雅图绘)

古今美洲印第安人都有把鳄鱼当神来崇拜的——有人说，即是"美洲龙"。注意其身上有坚甲与棘状突起，鼻子上端"赘疣"被夸饰，如象鼻上卷，中国古人称之为"猪鼻"（扬子鳄俗称"猪婆龙"）。它们有四足，躯、尾迥别，那分明是鳄，而不是蛇。

样）驯化和训练鳄鱼。"他们把熔化的石头（案指玻璃）或是黄金的耳环给鳄鱼带在耳朵上面，把脚环套在它的前脚上面。"① 死后还要把它剥制为木乃伊，埋进"圣墓"②。这就胜于刘累之"豢龙"了。马克西姆·提留士报告说，有埃及女人把小儿子跟鳄鱼一起养育，鳄鱼长大后吃掉她的孩子，她毫不悲伤，反而觉得儿子做"家庭的牺牲品，是件喜事"③。但是埃烈旁提涅市一带的人却"以鳄鱼为食"④，有如夏后氏吃"龙"肉。

古埃及崇拜的深渊之神索布克(Sebek)长着鳄鱼头。"Sebek"的意思是"促成

---

① ［古希腊］希罗多德：《历史》（上册），王以铸译，商务印书馆，1985年，第141页。
② ［古希腊］希罗多德：《历史》（上册），王以铸译，商务印书馆，1985年，第141页。
③ 参见曾文经：《谈动物崇拜》，《新建设》1964年第7期，第108页。
④ ［古希腊］希罗多德：《历史》（上册），王以铸译，商务印书馆，1985年，第141页。

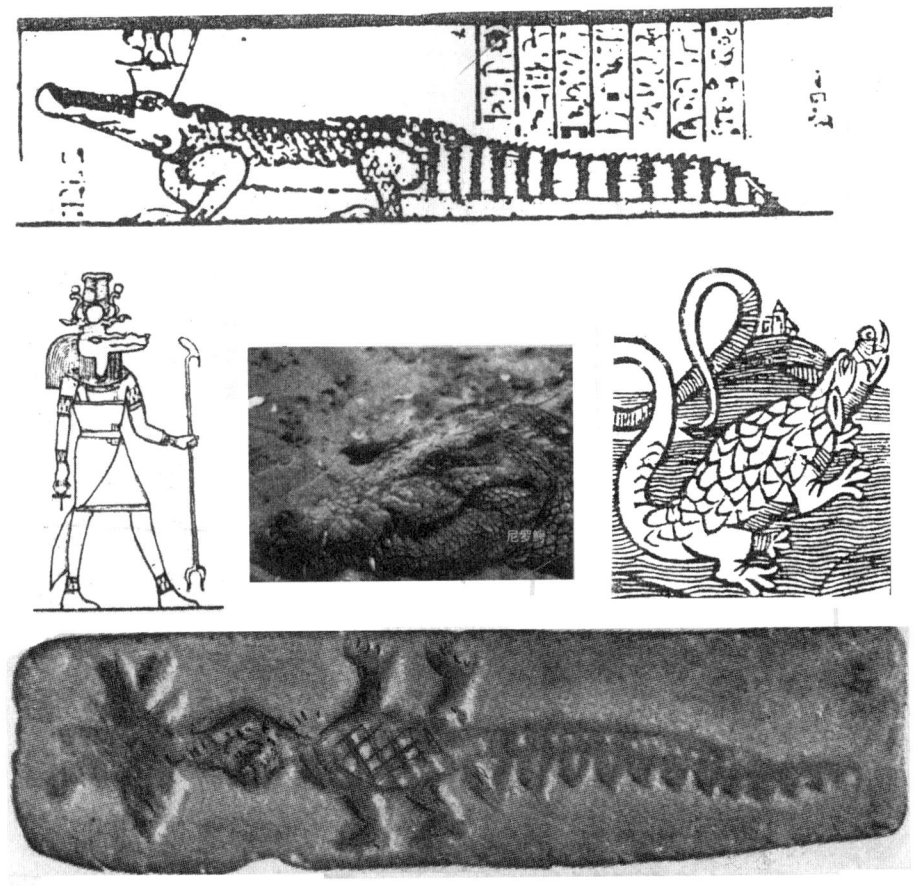

长吻鳄,以其为母型的龙或神

(上:古埃及之"龙",尼罗河鳄,埃及陵墓壁画;中左:鳄首人身的索布克,深渊之神;中:尼罗鳄,注意长吻;中右:欧洲的鳄形"龙",英国伦敦16世纪木刻,复见;下:古印度的龙——鳄,摩亨佐·达罗遗址出土碑版)

西亚、北非与古代欧洲的"龙",有的十分明确地以鳄(大多是长吻鳄)为母型;有的以蛇蟒——后来才逐渐缩短其身躯,饰以四足而走兽化(图像大多已在本书出现,为便于对照,此处集中复现)。

怀孕和蕃庶者"。他是女神奈特(Neth)的儿子,他不但是某一城邦的守护神,而且兼为太阳神,有 Sebek-Ra 之称。埃及人认为"在一切水里都有精灵居住着,这些精灵'居留在水里',其中为王的画成鳄鱼形状"①。

这有些像波斯语的 Šer 或 Sher,可指虎,可指狮,引申开来,"则天体中太阳、

---

① [苏]阿甫基耶夫:《古代东方史》,王以铸译,生活·读书·新知三联书店,1956年,第318页。

水族中鳄鱼、人中勇士、穆斯林中哈里发,均得以此称之"①。这就是"Šer:王者"的原意。这些都跟"皇权"建立起来以后以龙为君主的特权符号或象征有些相似。何新甚至认为,埃及、中国的"龙—鳄鱼神"在许多方面"完全一样"②。这实在是值得深入探讨的事。

印度有一种"泽鳄"(marsh crocodile,学名 crocodilus palustris),原产马来半岛和锡兰群岛的沼泽地带,性较温和,印度人以之为神,极力保护它。印度的 Nāga 的母型是蛇蟒,但有时又似有脚,凶猛异常,跟鳄也许不无关联。摩亨佐·达罗遗址里出现的"神"或"龙",就是鳄的形象。

鳄或鳄形龙,在古埃及也具有二重性。

尼罗河巨鳄有时被看做恶神塞特的儿子,被太阳神、天空与大气之神及其侍从所追杀。《纸草文书》写道:

滚回去,玛加,塞特之子!
你不要舞动你的尾巴,
你不要挥起你的脚爪,
你不要张开你的大嘴!
水将在你面前燃起火焰,
七十七位神将高扬巨臂。

太阳神"赖"(Ra)的长子"舒—奥努里斯"(Shu-Onuris,猎神),也是屠龙英雄。当太阳神驾起"神舟"驰骋于"天上的尼罗河"之时,他手持长矛,站在船头,驱除巨鳄,保卫光明。

我,奥努里斯,英勇善战,
我——力大无穷。
不要抓我,我是蒙图;
不要近前,我是苏特赫;
不要抓我,我是索普拉;
不要近前,我是拯救者!

(参用魏庆征汉译)

这些都是太阳及其从神的名号。有的地方以雷公为日神部属,即从神。

---

① 丁彦博:《元代虎符考》,《中华文史论丛》第 4 辑,1963 年,第 196 页。
② 参见何新:《谈龙》,香港中华书局,1989 年,序言;《龙凤问题与中国文明起源——香港版〈谈龙〉引言》,《晋阳学刊》1989 年第 3 期,第 97 页。

驯 鳄

（泰国曼谷鳄饲养场）

古人会驯鳄，如《左传》所记董氏之"扰龙"（鳄是龙的一种母型）。鳄的一个异名叫"夔龙"。据《吕氏春秋》记载，鳄或夔龙能够用尾巴敲打自己的肚子——这就是"鼍鼓"，古人便用鳄鱼皮蒙鼓（其实，鼍鼓是"鳄帆"发出的鸣声）；人格化以后就成了乐正"夔"。他在《尧典》里听从舜"诗言志"的教导，使乐舞和谐，人兽同乐。

考古与文献上的鼍与龙

考古证明，中国北方地区出现过扬子鳄，但没有越过北纬36°者。而且，中国新石器时期居民确实有吃扬子鳄的习惯。这跟《左传》所载，夏商时代有人喜食"龙肉"相合。

山东兖州王因遗址是在"庖厨"垃圾坑里发现大量扬子鳄残骨的①，有的骨板还烧过②。山东"大汶口居民将扬子鳄就地捕杀后，剥皮食肉，然后将鳞下骨板及其它残骸一起抛弃。王因垃圾坑中埋藏的正是这样的食剩物遗存。"③ 泰安大汶口文化遗址，确也发现过扬子鳄遗骸。④

由于6000年前地球正值多水高温期，河南濮阳水泽正是适宜扬子鳄生存的地方，同处于豫东鲁西低洼地带的山东兖州王因遗址，也出土过扬子鳄残骸，高广仁、邵望平认为濮阳西水坡蚌塑形象正是鳄龙，可由殷商龙的形状来印证。

---

① 参见胡秉华：《山东兖州王因新石器遗址发掘简报》，《考古》1979年第1期。
② 参见周本雄：《山东兖州王因新石器时代遗址中的扬子鳄遗骸》，《考古学报》1982年第2期。
③ 参见《大汶口》，文物出版社，1984年。
④ 知仁：《食鳄先民——饮食文物庸谈（八）》，《中国文物报》1992年8月23日。

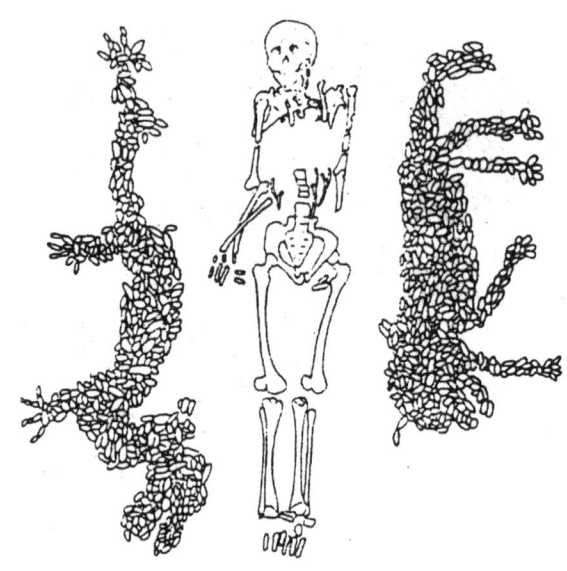

蚌壳摆塑龙虎

（河南濮阳西水坡 M45，仰韶文化；本图复见）

西水坡蚌塑"龙虎葬"异说甚多。

其龙，多说以扬子鳄为母型。其形粗大，已获夸张，有"兽化"趋向。

龙、虎侍卫中心之墓主人，犹如汉画常见之龙虎夹侍西王母。汉镜铭依然在歌唱：子孙备具居中央，左龙右虎辟不祥。

还应注意的是，虎似有独角。故有人说，那不是虎而是麟。

邵、高说：

"濮阳龙"与"鳄"的"亲缘"关系以及濮阳龙作为后世"中国龙"的直系祖先的观点，可以从商王朝礼器上已趋于定型的龙纹中得到证据。[①]

濮阳龙，"头大，眼大，吻部突出，有腿，有爪，体长，有尾"，极似扬子鳄，又有凶猛、神奇的特征[②]。所以孙德萱、李忠义也说：

西水坡的蚌龙是真正的龙——鳄，在很早的时候，祖先是把鳄称作龙的。[③]

---

① 参见邵望平、高广仁：《"濮阳龙"产生的环境条件与社会背景》，《中华第一龙——1995濮阳"龙文化与中华民族"学术讨论会论文集》，中州古籍出版社，1999年。

② 邵望平、高广仁：《龙的起源、发展及其社会功能的变迁》，《龙文化与民族精神》，上海人民出版社，2000年，第122页。

③ 孙德萱、李忠义：《濮阳西水坡蚌壳龙虎图案研究述评》，《龙文化与民族精神》，上海人民出版社，2000年，第75页。

不仅因为濮阳龙与扬子鳄形似，还因为这里是"乘龙"的帝颛顼之墟。此间"有所谓雷夏泽、大野泽、菏泽，最适合鳄的生存，而'雷泽'即传说中华胥履大人迹孕伏羲之处"①。《左传》昭二十九年：

> 有陶唐氏既衰，其后有刘累，学扰龙于豢龙氏，以事孔甲，能饮食之。夏后嘉之，赐氏曰"御龙"，以更豕韦之后。龙一雌死，潜醢以食夏后。夏后飨之，既而使求之。惧而迁于鲁县。范氏其后也。（《十三经注疏》，中华书局 1980 年版，下·2123）

可见龙并不是养来供日常食用的。饲龙，获得动物蛋白较少，还要用更多的动物来饲养它，很不合算。但龙，肉好吃，又很难得，不易捕获。有人说，能驾车的只能是"龙马"。马并不稀缺，肉也平常，还粗硬。尼亚瓦印第安人驯化并且饲养鳄鱼与巨蜥②，主要目的并非食用。

说了半天，这里的龙，如是实在动物，较有可能指河、汉的扬子鳄，驯化、饲养的主要目的是"表演"，或系仪式行为，也可观赏。为了尝鲜，也能吃。南方某些地方居民，婚礼必吃扬子鳄，则可能因其生殖力、生命力特强。所食者，或说指菜蟒、巨蜥，可能也有，但可能性不大。必须注意，鳄、蜥等虽能驯化、豢养、食用，但"不能为人服劳役"。这样，现实中的龙便"只能是蟒蛇，不是鳄鱼或蜥蜴"③。巨蟒虽不能"拉车"，却能养来做小孩的"保姆"，为其驱逐毒蛇。非洲等地即有此俗。

刘蔚华结合西水坡蚌塑龙，努力全面地证成"龙：扬子鳄"之说。他说："刘累所豢御的龙的原型，实际上就是这种鳄。……出土的殷代彝器龙形铜觥上的龙形酷似鳄鱼首的形状，区别只在于画上了两只角。"④ 然而此觥在"龙"之外还镌刻着写实的鳄鱼形象，说明此时殷人已把鳄与龙区别开来了。

龙是智者。

《左传》中，蔡墨却说，龙的智慧远不如人。人能豢龙、御龙。

唐·孔颖达疏引服虔曰："谷食曰豢。……《礼》：养犬、豕曰豢。知其以谷养，盖龙亦食谷也。"（下·2123）如果确切而非"机械"训释，那么龙—蛇、蜥—应是杂食性的，鳄则主要是肉食。

《左传》等还记载过"龙斗"。《周易》云：龙战于野，其血玄黄。蜥、鳄都好斗，求偶、争地盘更斗。蛇也斗，甚至相食，但不像鳄斗那样惊天动地。

即令是后世吉祥物之龙，外国人一看都认为其凶恶。龙一定勇猛，面目狰

---

① 孙德萱、李忠义：《濮阳西水坡蚌壳龙虎图案研究述评》，《龙文化与民族精神》，上海人民出版社，2000年，第76页。
② 参见焦震衡：《拉丁美洲的尼亚瓦人》，《民族译丛》1981年第5期。
③ 参见何金松：《汉字形义考源》（原书未见）。
④ 刘蔚华：《龙文化根源的考古探索》，《中州学刊》2000年第2期，第116页。

狞而似鳄。我们是看习惯了，觉得并不凶丑。习惯成自然。何况美是历史范畴，审美是跟经验、习惯和训练联系在一起的。"丑到极点便成了美。"（贾平凹）再看《左传》蔡墨所述龙之驯化情形。

> 昔有飂叔安，有裔子，曰董父。实甚好龙，能求其耆（嗜）欲以饮食之。龙多归之。乃扰畜龙以服事帝舜。帝赐之姓曰"董"，氏曰"豢龙"；封诸鬷川，鬷夷氏其后也。（下·2123）

龙凶，所以要"扰"（顺，驯也）。其所嗜，并非常物，所以要"求"；大概是活物，龙才高兴地又食又"饮"，而且自动来"归"，组成小动物馆。帝舜出身猎人，"夷人"猎牧事业发达，必须研究各种动物习性。部下中有懂得兽言鸟语的驯兽专家伯益，也需要善于驯化"猛物"的董父。

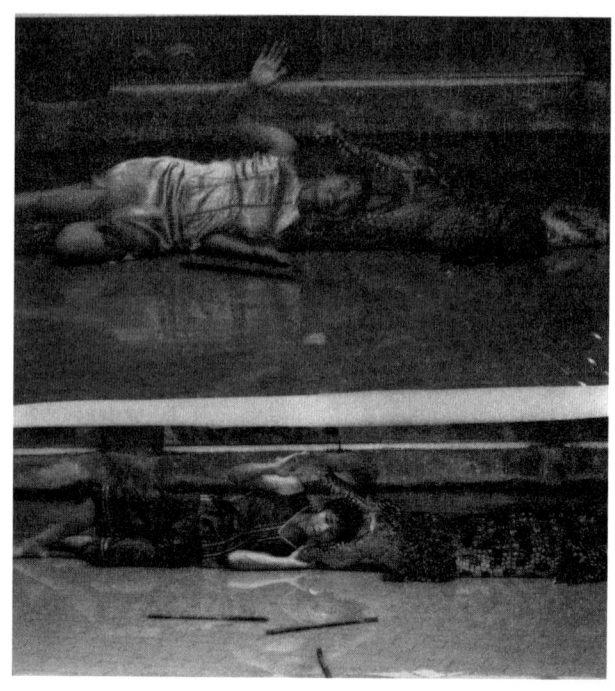

"扰 龙"

（驯鳄表演，摄于泰国养鳄场，2009年）

大家都知道，中国古代所谓"扰龙"，很可能指的是驯鳄。鳄是冷血动物，通常被认为不像犬马那样易于驯养，与人交通。但是，泰国的驯化与训练动物研究却取得巨大成功。过去要经验极其丰富的驯鳄师才能入试，现在连青年男女也能熟练地做这"危险的游戏"了。

《左传》说：

> 故帝舜氏，世有畜龙。及有夏孔甲，扰于有帝。帝赐之乘龙，河、汉各二，各有雌雄。孔甲不能食（饲），而未获豢龙氏。（下·2123）

这一节不大好懂。"乘龙",或说驾车,或说骑乘——成熟的骑乘(骡马)技术虽晚到春秋战国,但濮阳蚌塑(仰韶时期)已有人骑着龙。蛇、蜥不能"驾"车,也不好骑,能勉为其难的,只有大鳄。但这除了玩玩以外,没什么用处;若有,也只能是仪式行为。旧注知道,骑、驾难讲通。疏引服虔云:"传言赐之乘龙,赐之一乘之龙也。"黄河、汉水的龙各二,一雌一雄,共4条(或说8条,或说16条)。新注多不用,其实不无道理。一"乘",或指载满一车(饱食或冬天的"菜蟒"能老实蜷伏在车里,鳄鱼却不干)。这种解说也牵强。之所以强调其为雌、雄,应是突出其生殖力及其对乘驾者的积极影响(南方婚礼食用雌雄鼍鳄者以此)。沈玉成《左传译文》采用杨伯峻《春秋·左传注》,以"有帝"为"天帝",语译云:"到了有夏孔甲,顺服天帝,天帝赐给他驾车的龙,黄河和汉水的各两条,各有一雌一雄。"这就纯属"神话",神话的龙已经整合升华,不限于某种动物。当时应有"龙马"之说,所以有人以驾车之马如龙来辟解,但从整体看,很难讲通。只能书"乘龙"云云是仪式行为。

驯鳄——豢龙
(摄于泰国曼谷龙虎园鳄鱼馆)

从前都是年老、有丰富经验的"耍鳄人"敢跟凶猛的马来鳄亲密接触,现在年轻人包括少女都能戏鳄。

这使人想起《左传》里的豢龙氏,想起董父或刘累。

白族民间故事《绿桃少年》或《龙母》里有蟒蛇喂饲婴儿的情节。

(绿桃少年的妈妈)见一条大蛇盘在树上,含着食物,垂下头来,喂养这个娃娃。①

---

① 参见大理白族自治州文化局编:《白族民间故事选》,上海文艺出版社,1984年,第134页。

这是一则"龙母"故事。少年是"吞果"所生的"弃子英雄",后来变成黄龙。可见"蟒龙"也可能"驯化"。

善于驯化龙的"鲁县"在哪里?为什么帝舜赐其祖先以"董"姓?这可以由历史地理和语音两方面来考察。

殷墟卜辞屡见"龙方",与"羌方"相类。其与地望有关者如:

己卯,贞:令甾以众伐龙,灾?(《合》31972)

戊戌,贞:令众涉龙西北,亡祸?(《怀特》1654)

陈梦家以为"龙方"或与匈奴相关(匈奴祭龙或盘踞"龙堆"等),亦与夏代"御龙氏"有联系(《综》283)。龙是"较大的蛇类"(《综》283)。但北方大型蛇蟒稀见。龙方之龙,也可能原系扬子鳄或巨蜥。

岛邦男以为"龙方"有二:一"近西北甾地",亦"近于羌方";又一近"东北宫地",在今河北南部南宫县境(《殷代卜辞研究》)。

饶宗颐认为,"龙方"即《左传》成二年"齐伐鲁北鄙围龙"之"龙",系鲁邑(参见《巴黎所见甲骨录·考释》)。

谭其骧《中国历史地图集》定于陕西榆林一带(《商时全图》)。

彭邦炯说,龙方跟夏时赐姓"董"之豢龙氏相关,可以肯定(龙从童省声,"董"姓必与"童:龙"之声相关,参后)。所以《世本》说:"龙氏,董父既赐姓曰'董',又易氏曰'豢龙',其后亦为'龙氏'。"《左传》文六年,"改蒐于董",晋·杜预注,"河南汾阴县有董泽",宣十二年杜注,"河东闻喜县东北有董池坡"。顾祖禹《读史方舆纪要》概述云:"闻喜县东北三十五里有董泽,一名董氏坡,又名豢龙池,即舜封董氏豢龙之所,其地出泉,名曰董泉。"彭氏乃定龙董在闻喜、新绛一带。①

还要注意,古有噩地或鄂姓,不能排除某氏族曾以鳄为图腾。

殷墟卜辞有"噩"。

王其弋于噩,祉狩?(《佚》213)

二田噩,盂。(《粹》968)

罗振玉《殷墟书契·考释》说,噩为地名,"殆即噩侯国"。郭沫若《殷契粹编·考释》说噩通鄂,殷末有鄂侯。

商《成鼎》铭有"噩",李亚农云:"古代的氏族(噩),姞姓,殷代诸侯的后裔。"②陈梦家云,噩即敔,即"嚣"地,在今郑州、荥阳一带③。

---

① 彭邦炯:《卜辞所见龙人及相关国族研究》,《殷都学刊》1996年第4期,第6页。

② 参见李亚农:《史论集·西周与东周》,上海人民出版社,1989年。

③ 参见陈梦家:《殷墟卜辞综述》(简称《综》),科学出版社,1956年,第226页。

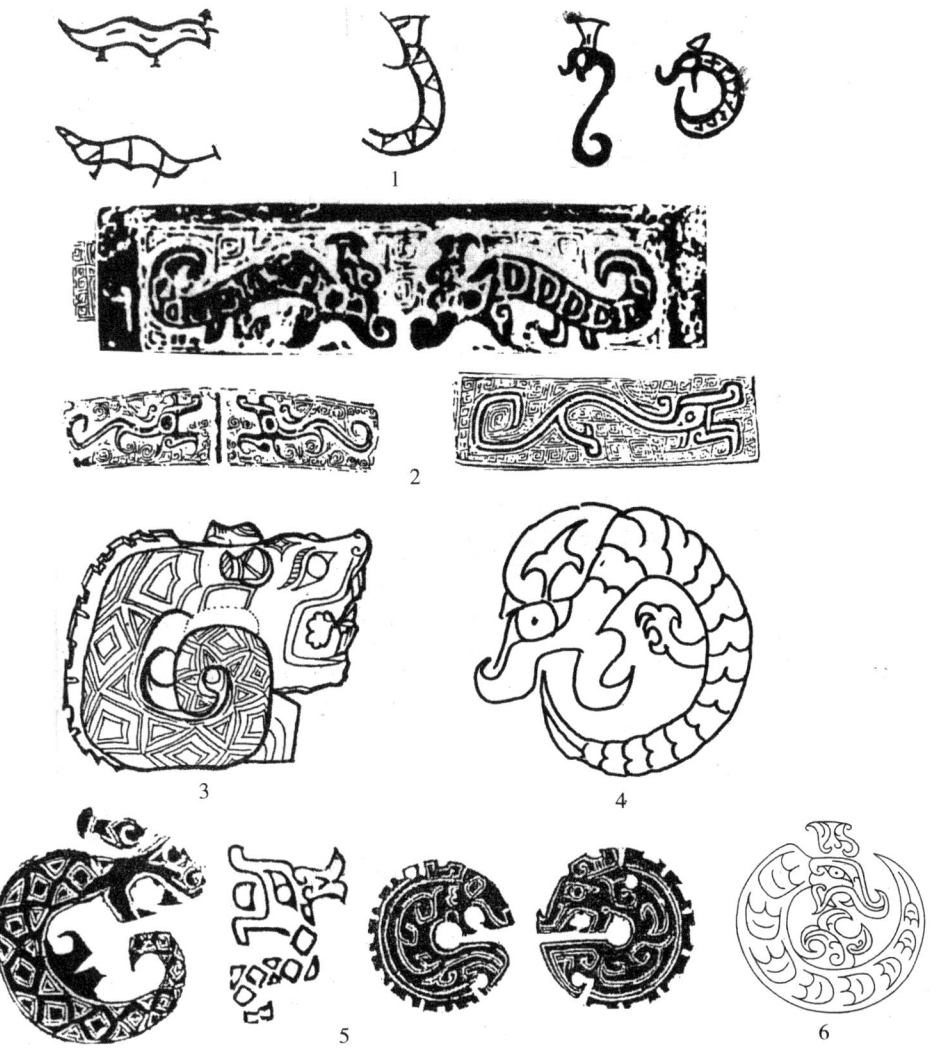

商周的(玉)卷龙

(1. 甲金文的"龙"字;2. 青铜器装饰,龙纹;3. 殷墟 M5 妇好墓出土玉龙;4. 殷商卷龙纹,R1022;5. 玉卷龙拓本;6.《父乙簋》器底龙纹,西周,采自孙机)

殷商出土玉卷龙多有大角或鹿茸角,但体态与红山文化者基本相同,由其可以推知红山文化者确为玉龙——甲金文也可参证。

殷商的龙,主要由"鼍:扬子鳄"取象,但也有蟠蛇乃至"蛟螭"等特征,有的还有"伪足"。

吴泽云:"噩地,有谓春秋时晋地之鄂。"① 何光岳同意其说,云:"鄂侯国

---

① 参见吴泽:《古代史·殷代奴隶制社会史》,堂棣出版社,1953年。

是商代的一个强盛的方国,亦称为噩方,才能任商朝的三公,与西伯姬昌并列。"① 噩,略在洛阳以西之鄂里坂,以后南迁南阳,写成"鄂"②。

"噩"是繁体"鳄"的声符,像其鸣声,如众口喧呼。但鄂国似不以鳄为龙。

摩尔根介绍说,南非贝川那(Bechuanas)各部落以动物命名③,其中Bakuora即"鳄之人们"④,有如噩氏或鄂氏,可能以鳄鱼为图腾。

《左传》昭十七年,郯子曰:"太皞氏以龙纪,故为龙师而龙名。"这有些图腾机制成分。太皞氏"伏羲"说,恐是后世整合,较可能指大光明神之"大昊"(约当帝喾),他们活动在济水流域,这里正是扬子鳄的活跃地区。跟王因等地发现鼍骨也基本相合。

罗二虎说,这一地区流行过鳄或鳄图腾的崇拜⑤,并且以之为龙的母型之一,此殆可肯定;但是否属严格的鳄图腾信仰,还要进一步论证。活动于此的"太皞:太昊"部落"以龙纪",或与鼍鳄的周期性生活有关。"太昊:帝喾"后裔之殷商,其"龙"形除似"虫"外,很像鳄——但夷殷集团或其一部,是否曾以鼍龙为图腾,证据却很不足。

殷商龙的主要活动地点在北纬36°及其以南地区。当时气候较今湿热。比湾鳄、马来鳄耐寒的"鼍鳄",能够跟象、犀牛、孔雀等热带、亚热带动物一起生存。

殷墟发现过鼍骨,以及用其(带着长方形骨板的)皮蒙鼓或制甲的痕迹。⑥

前举甲骨文里有"鼍"字(参见《后》2·37·13,《续》5·27·5等)。其形为大腹,有矩形鳞甲,短吻,夸张其二鼻孔——伸出水面呼吸空气。此即古代文献里说的能吃小孩的"水虎:人膝之怪"⑦。山西石楼桃花庄出土商代铜觥上有这种"(中国)短吻鳄的形象"⑧。注意,它跟同图出现的夔龙纹有区别。

---

① 参见何光岳:《扬子鳄的分布与鄂国的迁移》,《江汉考古》1986年第3期。
② 参见何光岳:《扬子鳄的分布与鄂国的迁移》,《江汉考古》1986年第3期。
③ [美]摩尔根:《古代社会》(下册),杨东莼等译,商务印书馆,1977年,第642页。
④ [美]摩尔根:《古代社会》(下册),杨东莼等译,商务印书馆,1977年,第642页。
⑤ 罗二虎:《龙与中国文化》,三环出版社,1990年,第52页。
⑥ 参见《河南安阳侯家庄殷代墓地第1217号大墓》(台北),1962年,第23~27页;又参见石璋如:《第七次殷墟发掘:E区工作报告》,《安阳发掘报告》第4期,1948年,第725页。
⑦ 参见萧兵:《巴楚文化的碰触——以荆门出土"海神戈"为例》,《东亚古物》B卷,文物出版社,2007年。
⑧ 参见谢青山、杨绍舜:《山西吕梁县石楼镇又发现铜器》,《文物》1960年第7期。

第一部分 龙

夷殷"龙"的形象

（鲵形龙与鳄形龙；山西吕梁石楼龙纹觥图饰分解，刘敦愿等供稿；本图有复见者）

除最上者似鲵鱼外，这里的龙或"龙首"多似鳄，巨口利牙长舌；扬子鳄形或与之并见，可供参照。

鼍纹与龙纹

(1.《御尊》龙纹,周代,湖北汉阳东城坑出土;2、3.甲金文及商周器饰之龙;4.青铜器龙纹;5.青铜尊上的短吻鳄与类鲵形龙纹,东周,广西恭城出土;6.青铜觥上的鼍纹、夔龙纹,商代,山西吕梁石楼桃花庄出土)

这里的扬子鳄图纹比较写实,短吻,唯比今日所见者要肥壮,腹、头均大。跟夔龙纹、蛇纹、鱼纹或"类鲵龙"纹并见,可见它们已有区别,经过升华或抽象的龙已经独立出现,不与母型"混淆"了。

鼍鳄性征与龙的关涉

多变化的龙在中国人心目中是三栖动物:空中、地面、水中,都有龙的活动(如果不算潜蛰于地底的话)。这里着重它的水中生活(因为它主要是中原—内陆的神物,跟海蛇、巨鲸、海兽、海马之类的干涉暂略)。除"水蜥"之外,蜥蜴主要是陆物,但它的"近亲"(或形似物)水蛇、蝾螈和鼍鳄却能在水中活动(鼍鳄虽然本是陆地动物,早适应了水中生活)。

《易·乾》九四,"或跃在渊",就指龙活跃于水渊。

所谓"深山大泽,实生龙蛇";"水不在深,有龙则灵"。

《荀子·劝学》："积水成渊，蛟龙生焉。"《管子·水地》："龙生于水，被五色而游，故神。"此之谓也。

秦汉以后，这种"水龙"的观念得到发展。例如贾谊赋说："袭九渊之神龙兮，沕深潜以自珍。"(参见《史记·屈原贾生列传》) 司马相如也说："[蛟龙赤螭] 橦鳍掉尾，振鳞奋翼，潜处于深岩。"虽然有"翼"，仍然深潜于山泽。

这样，在蛇、蜥、鳄三者里，鳄较多具备"水栖"的特征。

马承源分析作为装饰的"龙纹"说："青铜器时代的龙则主要是把它看做自然力量的形象而加以崇拜。"① 他说，在先秦文献里，龙作为装饰有两种含义：一是"水"，二是"星象"。

> 所谓"水以龙"(《周礼·冬官·考工记·画缋》) 是说龙是水神，是水中的灵物。《左传》昭公二十九年："龙，水物也。"水火是相对立的物质，《左传》的"火龙黼黻"(桓公二年)，龙与火对称，也是"水以龙"的意思。《尚书·益稷》("山龙华虫") 当然是后人假托，但"山龙华虫"的说法并非完全属于杜撰，只是"山龙"是"火龙"之讹，这里的龙也是指水物而言。②

当然，水中也有蜥蜴。《山海经·西山经》中的"鳑鱼"，"其状如蛇而四足，食鱼"，便是。许多虫、蛇、蜥都能游泳，还有水虫、水蛇、水蜥，但基本在水中活动、觅食者，却是各种鳄鱼。

鳄离开水，虽然不会像鱼儿那样马上就死，但也很难发挥其勇猛与灵活性。它不能忍受长期的干旱与曝露，清早虽然要上岸晒太阳以提高体温，但不时要下水泡一泡，或者躲在洞穴里。它的巢穴总是离水很近。所以，古书多说，龙（鼍龙）失水便不灵，哪怕是误栖浅水，也会"遭虾戏弄"(这里也连带着鲸)。

《管子·形势》说："蛟龙，水虫之神者也，乘于水则神立，失于水则神废。"

《楚辞·惜誓》云："神龙失水而陆居兮，为蝼蚁之所裁。"

蛇失水，好像没有这样严重。鼍龙，就不愿意多离水；鱼龙和鲸龙当然更怕"搁浅"，那真会是虾欺蚁食，蝇蚋满身了。

《淮南子·本经训》及高注讲述，伯益发明井，欲"凿地而求水"。龙预感到危机将临，故"登云而去，栖其身于昆仑之山"；连天空都不是其久居之地，当然神山除外。

---

① 马承源：《商周青铜器纹饰·综述》，《商周青铜器纹饰》，文物出版社，1984年，第6页。
② 马承源：《商周青铜器纹饰·综述》，《商周青铜器纹饰》，文物出版社，1984年，第6页。

对于鼍与龙的某些习性与体征的类同，必须注意动物学家的观察、描述。

［鼍：扬子鳄］喜生于近水沙地或丘陵，掘穴极深。但也可以栖息于陆上的山陵丛林中。据安徽地方志推断，它是既生于山陵又息于河川的动物。最有意思的是，作为一种两栖性的爬行动物，它却非常善于攀缘树木。①

跟蛇相似，"鼍：龙"在一定程度上也具多栖性，这就是某些记载说，龙不但发现于山涧水底，有时还攀缘在老树之上的缘由。

有角、无角，是龙与蛇、龙与蛟的重要区别。

加角，是一种尊化。印第安酋长上任便加角，罢免曰"摘角"。这在麟角部分还要细讲。

动物学家介绍说，"鼍：扬子鳄"等成体，耳后有一排弧形枕鳞，其上有坚强的棘状凸，远远看去仿佛是龙头上的角②。而龙头也像鳄首一样凹凸不平，不像普通蛇、蜥那样平滑。

《韩非子·说难》有："龙之为虫也，柔可狎而骑也，然其喉下有逆鳞径尺，若人有婴之者，则必杀人。"用来譬喻君主不爱听逆耳忠言。一碰"逆鳞"，就会暴跳起来，就像老虎屁股摸不得。这讲的也是鳄，其颌下倒是没有逆鳞，却非常敏感，一旦误触就会雷霆震怒。这跟"柔软的下腹部"一样是危险部位，当然不让随便接触。

许多龙的形象有"鬣"。古老的红山玉卷龙就有鬣。

专家们认为龙之鬣，所采者有：

(1) 马鬃；

(2) 鳄鱼背脊突起；

(3) 某些鱼的短脊或鳍；

(4) 猪鬃或猪鬣。

王大有说，商周青铜器和石雕的龙有"棘"，既像颈鬣，又似背鳍，"此非蛇所有，而为（中华）鼍龙所具"③。

对于红山玉龙，"猪鬣"的突出确非偶然。何新的《龙：神话与真相》指出，这也是鳄形龙的特征④。它也可能"诱发"出龙角来。

---

① 朱承琯：《鼍生活史的初步研究》，《动物学报》第9卷第2期，1957年。
② 参见陈璧辉等编著：《珍贵动物扬子鳄》，安徽科学技术出版社，1984年，第5页。
③ 王大有：《龙凤文化源流》，北京工艺美术出版社，1988年，第79页。
④ 何新：《龙：神话与真相》，上海人民出版社，1989年，第231页。

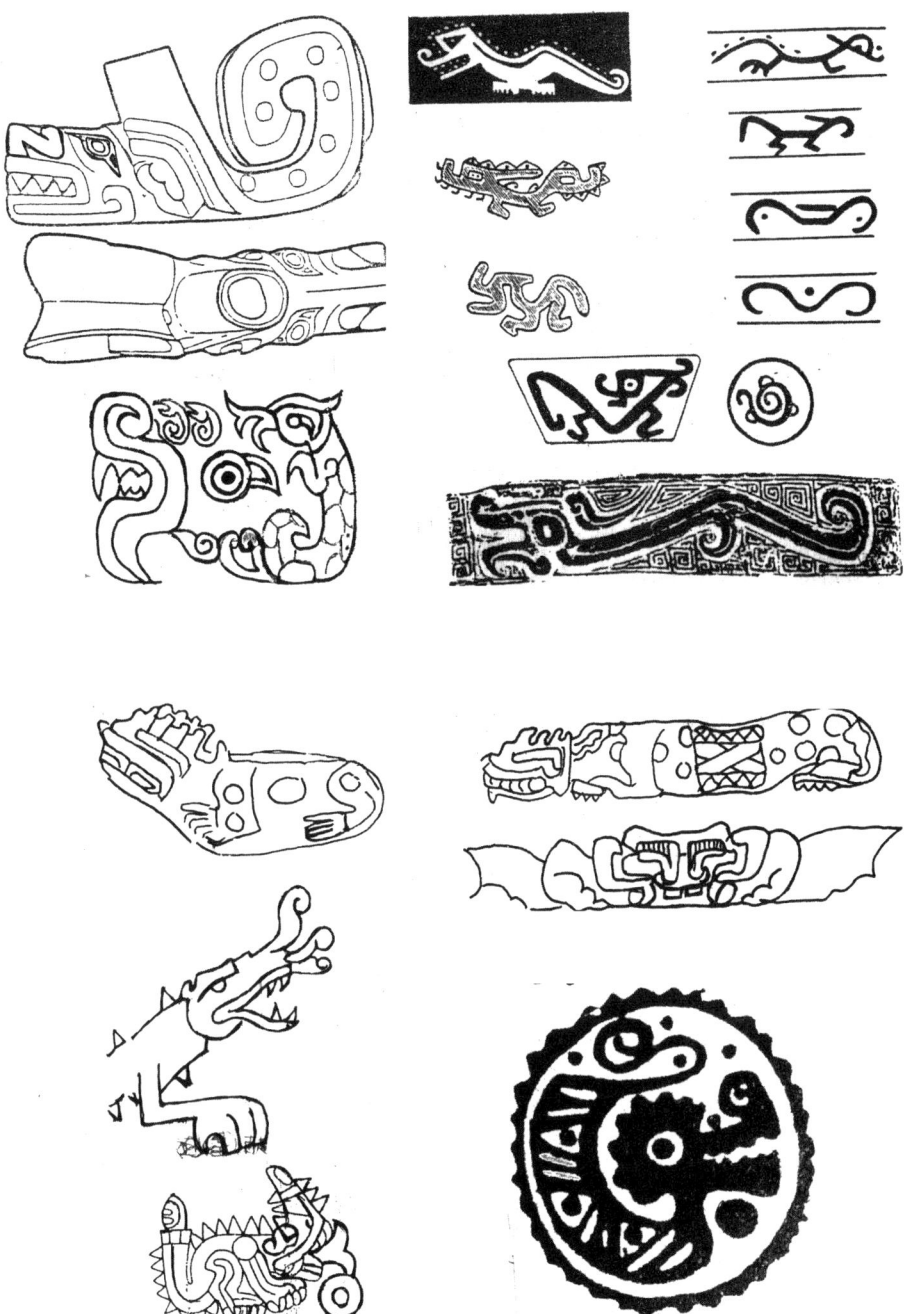

中国与美洲（类）龙纹的比照

（上部分：中国龙纹；下部分：美洲龙纹。图或复见）

中国与美洲（类）龙纹有若干相似点和值得注意的地方：（1）身躯或头部粗壮；（2）利齿；（3）发达的"眉弓骨"或额鼻似角的棘状突起；（4）卷鼻。

邵望平等揭示，扬子鳄骨板作长方形如▢，殷商的龙鳞多作菱形，是其美化；后来的龙才披挂鱼鳞（甲）。这是黄河中下游与长江流域的早期龙从鼍鳄取象的重要证明。

《本草》系统医书中，长吻/短吻两种鳄常混淆，或混称为鼍或鮀鱼。但都可以入药。《太平广记》卷四七八引《投荒杂录》还说，有种似蜥如鳄的"诺龙"可以做媚药，就像蛤蚧那样。古人婚礼或要食鼍，也是看上了它的生殖力。

蜀《本草图经》说的像马来鳄："生湖畔土窟中。形似守宫而大，长丈余，背、尾皆有鳞甲。今江南诸州皆有之。"点明其处于长江以南（实为珠江三角洲）地区。但肉皆可食。

宋本《政和本草》（卷二一）引陈藏器综述诸说云：

[鳄]肉至美。食之主[治]恶疮、腹内瘕。腹甲灸浸酒服之。口内涎有毒。长一丈者，能吐气成雾致雨。力至猛，能攻陷江岸。性嗜睡，恒目闭。形如龙大。长者自啮其尾。极难死。声甚可畏。……

引案：自啮其尾，即神话学所谓"咬尾者"(tail-eater)，即"乌伯罗斯"形构。龙属的轩辕、句龙、相柳（共工臣）等皆"尾交头上"，构成"永久循环"或"永恒回归"(eternal return)之意象。批评鳄为龙母型之一者，说龙蛇能蜷曲如"环龙"，鳄却不能蟠屈，其实鳄能快速屈曲，撕啮猎物时滚翻躯体，加上视觉残留，便似环龙。

远古"霸王鳄"
（想象图，保罗·塞内诺等发现并复原）

2000年8月23日，美国古生物学家保罗·塞内诺发现于非洲撒哈拉沙漠地带。这样的巨鳄及其骨骼很可能激起人们对巨龙的联想。

定名：霸王鳄，或帝王鳄。体长：12~13米。体重：10吨以上。头骨长度：1.83米。咬合力：9720千克。时代：1.1亿年前。

作为雷雨之神的鼍龙与鳄龙

龙的一个特征，是可能变得十分巨大，神话更爱夸张，有的说龙身长达十数丈或数十丈（前举成文史前"祭祀场"的石龙、土龙确实如此），完全超过史前与现生动物。以母型言，巨蟒、科摩多巨蜥、非洲巨鳄、鲸，庶几似之。马来鳄，除了《说文》等谓其"吞人"外，唐·刘恂《岭表录异》说：

> 鳄鱼，其身土黄色。有四足，修尾。形状如鼍（扬子鳄），而举止趫疾。口森锯齿，往往害人。南中鹿多，最惧此物。鹿走崖岸之上，群鳄嗥叫其下，鹿怖惧落崖，多为鳄鱼所得，亦物之相摄（慑）服也。（鲁迅校勘本，第27页）

韩愈《祭鳄鱼文》，祭的就是这种马来鳄，说它能吃大家畜。《宣室志》说潮阳郡西大湫有鳄，"约百余只，每一怒则湫水腾荡，林岭如震。民之马牛有滨其水者，辄引而噬之"（参见《太平广记》卷四八六，10·3842）。李德裕贬官潮州，过"鳄鱼滩"，船坏，连"昆仑奴"都害怕它，不敢下水捞宝物。或说，它长达10米，非洲新发现的史前巨鳄也不过12～13米。现生美洲鳄、非洲鳄和印度鳄都没有长过10米的。泰国鳄鱼养殖场里有一只老年马来鳄，硕大逾恒，但长也不过六七米。只有远古巨鳄能与某些恐龙比拟。

它们跟扬子鳄相同的一点是，当空气触动其喉头"腭帆"时，便发出如雷吼声。所以也有敬之为雷神的。

《本草纲目》引陈藏器说它"形状如龙"，"声甚可畏，长一丈余，能吐气成云致雨"，就跟龙掌云雨一致。引苏颂说："今江湖极多（引案：此与扬子鳄混淆）。形似守宫、鲮鲤（穿山甲）辈，而长一二丈（此为马来鳄）。背尾皆有鳞甲。夜则鸣吼，舟人畏之。"《太平广记》卷四六四引《感应经》说，如果杀了鳄鱼，"其灵能为雷电风雨，比（此）殆神物龙类"（10·3818）。

《山海经的文化寻踪》（下·1836）等书里说，夔有三种：蛇鳄形夔、猿猴形夔（夒：猱）、水牛或河马形夔，这三种有时互渗。但都有龙的神性：司理水、雨、雷、电。被称为"夔龙"者，是雷神或雷兽，母型是鳄。

《说文》卷五夂部："夔，神魖也。如龙，一足。从夂，象有角、手、人面之形。"《山海经》郭注："雷兽即雷神也。人面龙身，鼓其腹者。"

扬子鳄（或称鼍龙）吼声如雷，皮也可以蒙鼓。《吕氏春秋·古乐》说鼍（鼍）仰卧于地，用尾巴自击其腹，发出鼓声。这就是"天鼓：雷音"。所以"鳄夔"被看做雷神或雷兽——《山海经·大荒东经》正暗示"夔牛"也能引发雷电。它"出入水则必风雨（打雷时风雨交加），其光（闪电）如日月，其声如雷"。

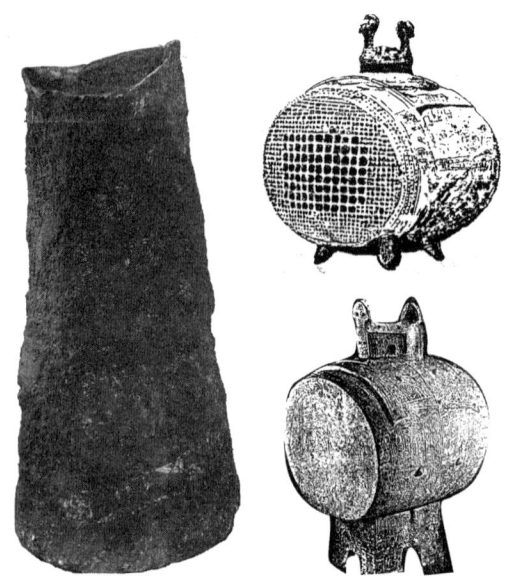

鼍 鼓

（左：陶寺文化土鼓，约当夏代开国前后，山西陶寺出土；右上：商代双鸟饕餮纹铜鼓，传世；右下：立式青铜鼓，商代，湖北崇阳出土）

这是目前发现的最古老的"鼍鼓"，证明传说可靠。殷商的铜鼓，兀自在鼓面上镌刻长方形的"鼍鳞：骨板"，以纪念真正的鳄皮木鼓。

作为"雷兽"的夔（或夔龙）能够像鳄鱼一样发出击鼓一般的鸣声，它的皮也能蒙鼓。而这种龙鼓跟空中的"雷：天鼓"会发生交感，催发霖雨——跟鼍龙的"兆雨"功能一致。这一点跟南方铜鼓趋同。

这跟西方的"龙：Dragon"能够戏水并且喷火、怒吼有相似之处。鳄皮冒鼓，"夔"，"黄帝得之，以其皮为鼓，橛以雷兽之骨，声闻五百里，以威天下"（《山海经》），是为"夔皮鼓"。这又是黄帝败蚩尤传说的象征讲述，跟其它"英雄斩龙"同属世界性神话类型。

山东泰安大汶口最大的一座墓中发现"朱土"，墓东北角还残存着鳄鱼的皮下骨板，似分两组。高广仁、邵望平认为"可能是鳄皮蒙制的木胴'鼍鼓'的残存，鼍鼓是一种至尊身份的标示物"[①]。我们认为，或为巫师或巫酋（Preist King，或译"巫王"）所专用，它是用来模拟、响应或者感召雷声的，希望作为雷雨之神的"原龙：鼍鳄"能够回应巫术的交感或共振作用，召来（及时的）雷雨，使庄稼茂盛。

---

① 高广仁、邵望平：《海岱文化与齐鲁文明》（简称《海岱》），见李学勤、范毓周主编：《早期中国文明》系列，江苏教育出版社，2005年，第91页。

蜥蜴或"蜥蜴龙"

在成文史前,蜥蜴纹样已带神秘性,有的还具有"人面",似是故意"去平凡化",有人因此认为是"人面蜥身"的原始龙(神)。

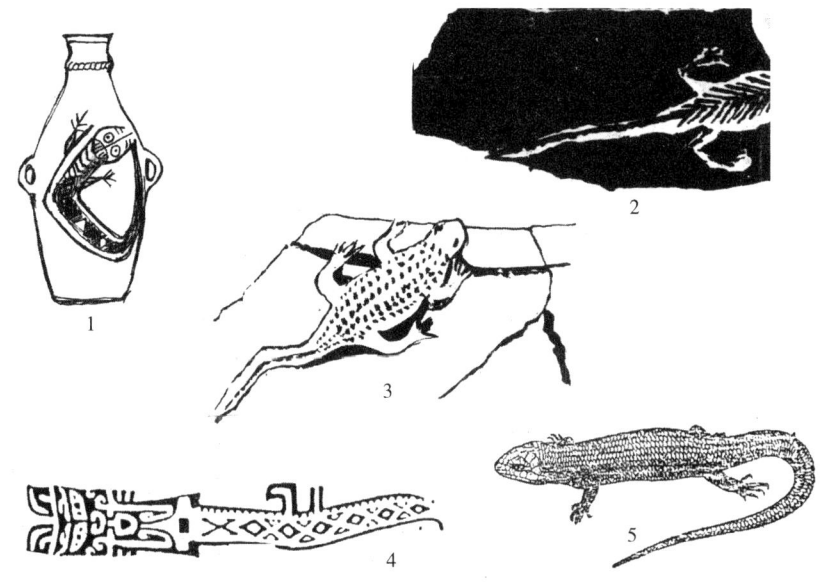

新石器时代的蜥蜴纹饰

(1. 陶瓶,甘肃甘谷西坪采集,仰韶文化庙底沟类型,距今约 5000 年;2. 陶片,河南陕县出土,仰韶文化庙底沟类型;3. 陶瓮,陕西庙底沟出土,仰韶文化庙底沟类型;4. 供参照的人面鲵鱼或蜥蜴纹,殷商,河南安阳殷墟出土;5. 石龙子。本图复见)

蜥蜴在成文史前已成为重要造型或装饰纹样。观其造型,有的具有人面,可见已被神秘化;有人认为,这就是"原始龙"的雏形。

李仰松等注意到,泥塑或彩绘的"蜥蜴",在新石器时期的彩陶器里不是偶见,而是较多地出现,它们肯定具有某种"意义",或竟具有相似、相同的"意义"。他们举出:

——河南洛阳西干沟豫西龙山文化高领瓮(耳);
——陕西庙底沟仰韶文化陶瓮(口沿),距今约 5000 年;
——河南陕县仰韶文化庙底沟类型残陶片,距今约 5000 年;
——陕西铜川前峁史家类型陶罐(口沿);
——甘肃临洮辛店文化遗址双耳陶罐,距今约 3600 年;
——浙江余姚河姆渡文化陶器(口沿);

——甘肃广河彩陶罐,齐家文化,距今约4000年;

——甘肃玉门火烧沟四坝文化陶壶(罐)。

或绘画,或雕塑,都可见蜥蜴形象,而且"往往位于陶器的口沿、肩部、器耳或器盘内"。"从时代上说,这些器物多是距今 2000~8000 年以前的;从分布地域讲,主要分布在我国中原地区,甘肃、青海、西藏地区和东南沿海一带。"① 它们多属农业文化区,也跟善于适应环境的蜥蜴分布范围一致。

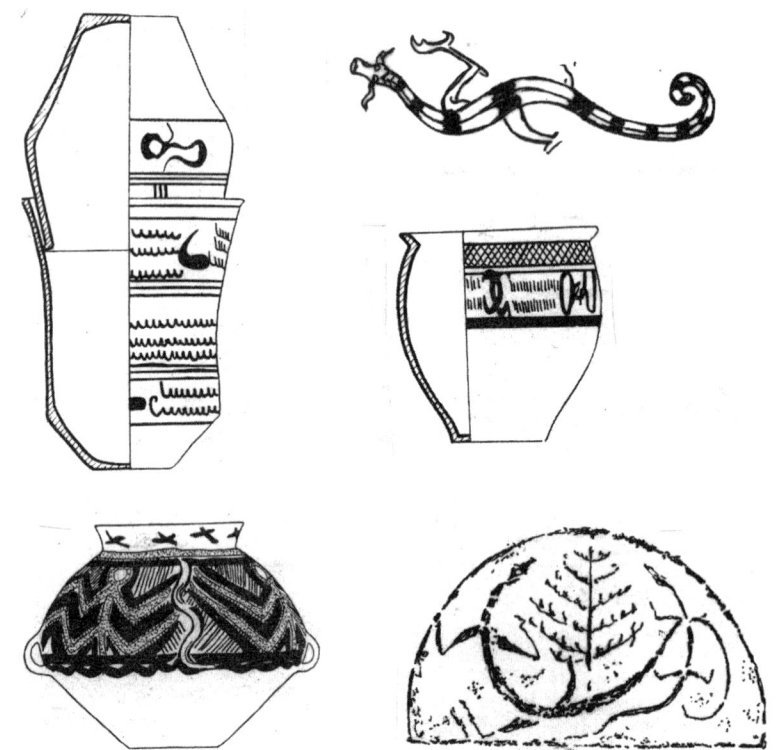

蜥蜴或类蜥蜴纹

(新石器时期陶罐纹饰;右上为战国楚帛画的龙,右下为汉瓦当双蜥,供参照)

远古纹饰里有"类蜥蜴"者,有的变形较大,有的近于蛇虫,却似乎并非任意点缀,很可能已具信仰因素。

至于创作这种形象的意图,李仰松认为是一种交感巫术。

> 蜥蜴(壁虎)是擅长捕食蚊蝇的动物……塑绘在陶器的口沿部位,是为了驱除飞虫的干扰,观其形体也正是在捕食蚊蝇的姿态。……谷物酿酒

---

① 李仰松:《我国谷物酿酒起源新论》,《考古》1993 年第 6 期;《民族考古学论文集》,科学出版社,1998 年,第 154 页。

经过发酵产生醇香，（曲蘖）气味也最容易招引蚊蝇的吸吮。①

这当然不失为一个"理由"，但也未免太浅表，太简易，太讲"实用"了。例如，仅仅为了驱虫，为什么要"安装"一张人脸呢？

蜥蜴，汉·扬雄《方言》的"名称"或"分类"是：

  守宫 秦晋西夏谓之"守宫"
  蚚蝘（或谓）
  蜥易（郭注："南阳人又呼蝘蜓。"）
  易蜴（其在泽中者）
  蛇医（南楚）
  蝾螈（或谓）
  蠑螈（东齐海岱；郭注："似蜥易，大而有鳞；今所在通言蛇医耳。"）
  祝蜓（北燕）
  蛤解（桂林之中，守宫大者而能鸣，谓之蛤解。郭注："似蛇医而短，身有鳞采，江东人呼为蛤蚖，音头颔。汝颍人直名为蛤鹊；音解，误声也。"）

这种分类，当然跟现代动物分类学不同；但可以看出，古人的"蜥蜴"包含的范围是很广大的。

丁惟汾《方言音释》认为，这里的异名，多存在"音转"关系。例如"蛇医"为"蜥易"之音转②等。其它异名如：

  蚵蚾（《广雅·释鱼》；《玉篇》："蚵蚾，蜥蜴也。"）
  蝘蜓（江南） 蛛蜥（山东） （参见《一切经音义》）

清·郝懿行《尔雅笺疏》说："今登莱人谓守宫为蝎虎。"其在草间即"马蛇子"。

《通雅》说："蜥蜴总曰螭（此说无据）。大者曰山龙子，缘木曰蝘蜓，在草曰蝾螈，在屋曰守宫，捕蝇曰蝎虎。"这里所说"首随十二时变色"者应专指变色龙（汉名"避役"或"避疫"）。

《本草》系统对蜥蜴的分类各有不同，且有杂驳或混淆者。李时珍总结性的《本草纲目》中，"石龙子"的异名是：

  山龙子/泉龙/石蜴/蜥蜴/猪婆蛇/守宫

---

① 李仰松：《我国谷物酿酒起源新论》，《考古》1993年第6期；《民族考古学论文集》，科学出版社，1998年，第154页。

② 丁惟汾：《方言音释》，齐鲁书社，1985年，第155页。

现代动物学家一般分蜥蜴类（Sauria）为六亚目：

裂舌类（如蛇舅母）／短舌类（如石龙子）／粗舌类（如壁虎）／虫舌类（如避役，即变色龙）／有环类（如无足之蚓蜥，双足蜥）／嘴头类（如鳄蜥）

鳄　蜥

（左：动物绘画；右：活体，徐健摄，广西金秀瑶族自治县罗香乡，采自《中国国家地理》2001 年第 11 期）

鳄蜥，又名楔齿蜥，全长约 65 厘米，背部、尾部都有棘刺状鳞片，四爪锐利有力；看起来颇像鳄鱼，分布区有限，数量极少。我国仅广西瑶山有所保存，是国家一级保护动物。

它的长尾遇敌时会"自断"，转移敌之注意，过后"再生"。

它还有"颅顶眼"，俗称"第三只眼睛"，反照日光，指导行动。跟古文字里的"易"，四爪爬虫头上"冠日"可能有关。

鳄与蜥的互渗

蛇、蜥、鳄三种爬行动物都是龙的模特，神话上"互渗"，传说中"互化"。

古生物中，蛇、蜥、鳄三者在分类上极其接近，形态也颇为相似，是恐龙的近亲。

据杨钟健介绍，蜥蜴类与蛇类二亚目同属于"鳞皮龙类"(squamata)，"前者较原始，化石记录也较早"。蜥蜴类分七个亚目，"蜥类"(anguimorpha) 自中生代生活到今天。第五亚目的引蜥类（amphisbaenin）作虫状，在地下生活，自始新纪开始有化石，由第七亚目扁蜥类（platynota）演化出来的"沧龙"(mosasaurus) 竟是"海中生活的蜥蜴"①，习性是很古怪的。或归之于"蛇形

---

① 杨钟健：《脊椎动物的演化》，科学出版社，1955 年，第 149 页。

类",其长度可达 15 米。① 所谓 "原蜥类"(prolacertiformes) 则可能是从 "始鳄类"(eosuchia) 里体型很小的杨氏鳄 (youngina) 演化而出。"现在还有一种喙头蜥属 (rhynchocephalia),残存于(新西兰)New Zealand 的附近岛屿。这一属一方面与蜥蜴很相像,但另一方面保留着许多原始性质,距始鳄类并不远。"② 无怪乎初民容易把这三种爬行动物"混淆",并且"共同"当做龙的母型。蜥蜴是 sauria,欧文用"可怕的蜥蜴"(dinosaur) 来命名中生代爬行动物,日本人、中国人为了通俗,译作"恐龙",至今还有人以为它就是神话里的"龙"。

巨　蜥
(动物摄影,中为印第安图案)

　　无论沙漠巨蜥还是草原巨蜥,习惯于蜥蜴体形微小的人们都会震惊——虽然龙与它的母型蜥蜴都善"变",甚至伸屈随心,小大由之,但是原本很小的动物忽然变得硕大无比,蜂蚁如象,蜥蜴若蟒,最容易使人产生恐惧感与膜拜冲动,被崇拜者的观感由"数量(或外形)的巨大"走向"质量的崇高"。

鳄鱼与蜥蜴在动物学上的区别是极大的,虽然都属爬行类,都是在龙稍微后起的重要母型。易混淆者:"鳄蜥"(shinisaurus crocodilurus)、"巨蜥"(varanus griseus),它们跟鳄确实颇为相似。

专家介绍,鳄,西文为 crocodile,在希腊语里原指"蜥蜴";鳄,另一名称 alligator,在西班牙语里原来也指"蜥蜴"。

扬子鳄,中国人称"鼍",音"鮀",跟蛇字音符"它"一致。拉丁学名 alligator sinensis fauvel,即"中国钝吻鳄",直译就是"中国的长大蜥蜴"③。可见东西方古人不能严格区分蛇、蜥、鳄,或认为它们能相互转化,所以"综合"其特征而为龙的母型。

鳄鱼跟蜥蜴的"混淆",不独中国为然。

---

① 参见朱洗:《生物的进化》,科学出版社,1958 年,第 87 页。
② 杨钟健:《脊椎动物的演化》,科学出版社,1955 年,第 145 页。
③ 参见周明镇:《扬子鳄的属名》,《生物学通报》1957 年第 6 期,第 23～24 页。

巨蜥：科摩多龙

(动物照片，美国耶鲁展馆图片，叶舒宪供稿)

巨蜥是印尼科摩多岛仅存的"活化石"，它们的历史几乎跟恐龙一样长，却存活到现代。学术界为了生动，命名其为"科摩多龙"。发现的时间未过百年。

它们的存在暗示：自然界确实还有未被发现的"神秘动物"。

希罗多德说，埃及语里鳄鱼称"卡姆普撒"，而伊奥尼亚人称它们为"鳄鱼"——希腊语为"克罗科狄洛斯"。西方语言里的 crocodilus 即由其化出，其义兼指蜥蜴——是因为鳄鱼的"形状和出没在伊奥尼亚[峭]壁上并且被称为克罗科狄洛斯的蜥蜴相似之故"(《历史》2·69，中译本，上·141)。

丁汉波介绍说，"异蜥科"(xenosauridae)的体型"介于蜥蜴与鳄之间"。其中"鳄蜥属"(shinisaurus)的鳄蜥(学名 shinisaurus crocodilurus)看起来就像小鳄鱼，极为珍异。产于中国西南山地丛林，"喜在枝头昂首假眠，受惊后落水逃避"①。俗名：大睡蛇、雷公蛇(参见本书第124页及插图)。

我们知道，鼍鳄正是所谓"夔：雷兽"的一种母型。

杜亚泉《动物学大辞典》则称，有一种鳄蜥(学名 hatteria punctata gray)产于新西兰等地，形态似鳄，背脊有"棘"及鬣状物，体下披有近方形之鳞板——跟鬣蜥(iguana tuberculata laur, iguana)是不同的。②

学者们指出，现存蛇、蜥、鳄作为冷血的爬行类动物在"行为"和形态方面也有很多相同的地方，这些"共同点"容易发生聚合效应，从而被升华为龙。圆长、矫曲的身子，或存或缺的四肢——蛇的四脚"退化"(有的蟒蛇还有后肢痕迹构造)，有的蜥蜴则前肢或后肢残缺；卵生；蜕皮或冬眠；鳞下骨板——鳄具方形骨板(曾被误认为"麻龟板")，有的蛇蜥鳞下有小骨板。

赵国华说得很对，长期以来龙的形象都是未定型，"测不准"，而又是综合

---

① 参见丁汉波：《脊椎动物学》，高等教育出版社，1983年。
② 参见杜亚泉：《动物学大辞典》，商务印书馆，1944年。

的。"这是因为上古人类注重的是蜥蜴、蛇和鳄的共同的象征意义和共同的神性,同时也因为蜥蜴、蛇和鳄又有相似的形态。"①

何新在《中国龙之谜的揭破》里说,龙是鳄鱼和蜥蜴类动物的"大共名"。他在答央视记者问"龙的真相"时说:"在古代关于龙的大量记载中,都把龙描写成像一种大蜥蜴的动物。"紧接着又说,"所谓大蜥蜴就是鳄鱼"②,古人确实有时不区别巨蜥、鳄蜥与"鳄、鼍",但也不是从来不加区别。许多记载里的龙、龙子母型是蜥蜴,有些却明白地指鳄、鼍(扬子鳄)。

王大有也很强调"鳄"与"蜥"由互渗而融汇为龙,认为"越古的龙越象鳄鱼,象大蜥蜴(实际上是鳄;引案:不一定),象爬虫。甚至有的象恐龙,则恰好说明越古的人越以鳄甚至恐龙孑存的一支为龙"③。但是仅仅讲鳄鱼就没法解释黄土高原及迤西地区"龙"和龙崇拜的产生。"龙"还应该是以蛇为躯干,取象及于虫、蜥、鳄等的幻想动物,混形动物。

龙母型为蜥蜴——诸说

蜥蜴作为"有足的蛇",是中国龙的重要取材母型。正如《唐本草注》所说,石龙子身皆细长,尾与身相类,"似蛇者四足,去足便直蛇形也"。似蛇而又称"龙"。

汉·王充《论衡·龙虚》说:"世俗画龙之象,马首蛇尾,由此言之,马、蛇之类也。"或读此为"马蛇",便指蜥蜴。因为蜥蜴俗名"马蛇子"或"马刀蛇"。这里似说龙首似马,而尾如蛇,所以下文又说"言[龙]虫可狎而骑,蛇、马之类明矣"。但前者也可理解为"马蛇"(蜥蜴)而具马首蛇尾。然则陆地的蜥蜴跟江河的鳄、鼍同样,确实为"蛇(形)龙"而增添了四足。这里已触及龙的母型为蜥蜴的学说。

《淮南子·精神训》中有个传说,夏禹南济于江,黄龙负舟。——有人说这很像可怕的长可达10米的湾鳄袭击船只——而禹"视龙犹蝘蜓"(上·233)。可见它们很相似。但《荀子·赋》说,"螭龙为蝘蜓,鸱枭为凤凰",分明为二物,而且贵贱迥别。当然它们有相似点,不然就不会如此混淆。

滑稽的东方朔在"射覆"(这实在是占筮的"游戏化")的时候,也表现出这样的游移:容器里"覆"着什么?

---

① 赵国华:《生殖崇拜文化论》,中国社会科学出版社,1990年,第286页。
② 何新:《中国远古神话与历史新探》,黑龙江教育出版社,1988年,第337页。
③ 王大有:《龙凤文化源流》,北京工艺美术出版社,1988年,第119页。

> 臣以为龙又无角，谓之为蛇又有足，跂跂脉脉善缘壁，是非守宫即蜥蜴。(《汉书·东方朔传》)

可见在古人心目中，蜥蜴是无角的龙，有足的蛇。苏东坡《蝎虎诗》说：

> 跂跂有足蛇，脉脉无角龙；
> 为虎君莫笑，食尽蛋尾虫。

写的就是似龙又似蛇的蜥蜴类的壁虎（守宫）。前举古书，也有涉及"蜥蜴/龙"之间的"互名"关系的。

自名称言，蜥蜴异称涉龙者如龙子、石龙子、山龙子。

> 《列仙传》云，或于池中，"求得龙子，状如守宫"。
> 《古今注》："蝘蜓，一曰守宫，一曰龙子。"
> 吴普《本草》："石龙子，一名守宫，一名山龙子。"

《名医别录》陶注说，蜥蜴，大而纯黄者是蛇医，"其次似蛇医而小形长尾，见人不动者，名龙子"。《物理小识》说，蜥蜴"与龙通气"。

《越南志》："有媪于水中得一卵，大如斗，归置器中，经十余日，有一物如守宫，长尺余，穿卵而出。秦始皇闻之曰：此龙子也。"又如：

> 《辨惑篇》（卷一）："有龙如蜥蜴而五色。"
> 《北游录·记程》："龙犹……蜥蜴。"
> 《铁围山丛说》（卷六）："一日，昧爽，小龙者出运纲之船尾，有舵工之妇不识也，谓是蜥蜴。"

（此三条据刘城淮《中国上古神话》引）

清·薛福成《庸庵笔记》说，蜥蜴又名"旋龙"。

据《宋史》记载，"茅山有池产龙"——大概是蝾螈，古人见其"如蜥蜴而五色"（蝾螈体表有斑，色彩可能变异），遂以之为"龙"。祥符中，尝取"二龙"入都，半路逃掉一只，使者托称"飞空而逝"，以免罪罚。另一只"民俗虔奉不懈"，理学家程颢以为迷信，"捕而脯之"了事。可见他知道蜥蜴、蝾螈可能被误会为"龙"。宋初，孙光宪记，后蜀时，川东云安"汉成宫"绝顶，"有天池深七八丈，其中有物如蜥蜴，长咫尺，五色备具，跃于水面，像小龙也"。或说是蝾螈。蝾螈，曾被古人混淆为蜥蜴的一种。

唐·段成式《酉阳杂俎》说，有种蜥蜴，叫"蛇医"，亦称"蛇师"，可以借以求雨。"旧说：龙与蛇师为亲家。"

可见蛇、蜥、龙三者可以相通。

不少现代学者把龙的主要母型认作蜥蜴——虽然他们不一定说"易"指蜥

蜴（笔者的《周易的文化解码》有相关论述，待刊）。

较早的如唐兰，说："龙，旧以为从'童'省声，实象蜥蜴类戴角的形状。"①

刘城淮大抵采用"综合说"，但他强调，除蛇、马之外龙与蜥蜴最为相似②。他还说："龙由夏族的图腾（主要是蛇类、蜥蜴类与马类）融化而成。"③

贾兰坡等说，初民还不能科学地解释蛇、蜥、鳄等爬行动物的习性时，就想象出了龙④；易言之，这三种爬行动物是龙的（主要）母型。

赵国华也非常强调龙的"蜥蜴"形象依据。

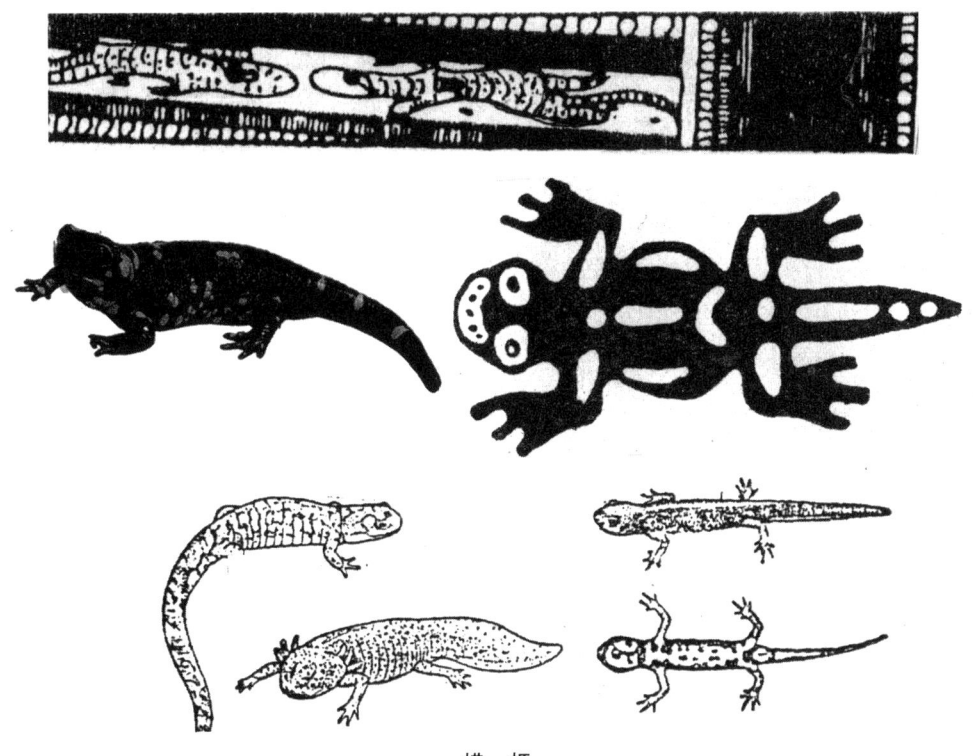

蝾 螈

（上：蝾螈纹饰，昆明羊甫头 M113，战国—汉初；左中：蝾螈；右中：美洲古代纹饰；左下组：蝾螈成体与幼体；右下组：东方蝾螈侧面观与腹面观，采自何新等）

中国古代并不严格区分螈或蜥。《郑语》二龙精液所化，韦昭说即"玄蚖"，又说就是蜥蜴。它是夏周图腾母型，升华为龙，异化成蛟。

---

① 唐兰：《古文字学导论》，齐鲁书社，1981年，第269页。
② 参见刘城淮：《略谈龙的始作者．模特儿》，《学术研究》1964年第3期。
③ 刘城淮：《中国上古神话》，上海文艺出版社，1988年，第21页。
④ 参见贾兰坡、甄朔南：《化石世界：龙和龙骨》，科学出版社，1978年，第132页。

小龙：蝾螈

我们觉得，值得重视的是龙与蝾螈的关涉。

《国语·郑语》里的"玄鼋"，或说"天鼋"（龟鳖蛙螈等可互转，参见本书探讨"玄武：龟灵"部分），汉·韦昭说即"玄蚖"，与"蝾螈"可通，又谓即蜥蜴。蜥蜴为爬虫类。蝾螈（学名 diemyctylus pyrrhogaster）则是两栖类，有尾目，跟蜥蜴一样有四爪，体色斑驳。古人常混淆。《诗经·小雅·正月》疏引李巡曰："蝾螈，一名蜥蜴。"引陆玑说："虺蜴一名蝾螈，[水]蜴也。"（上·443）

triton 一词音译"特里同"，可以指蝾螈，但同样是半人半蛇或半人半鱼的海神。"安菲特里忒和波涛喧嚣的摇动大地之神（海神）生下了身材庞大、统治广大水域的特里同（triton）……他是一个可怕的神灵。"① 他在希腊时代以前就已存在。"在泡萨尼阿斯的笔下，特里同的外貌是：长着人的鼻子，血盆大口，龇出獠牙，满头绿发，耳旁有腮，两手表面象贝壳一样粗糙，拖着一条海豚尾巴以代替双脚。"② 只有某些器官像蝾螈。但有一种蝾螈（学名 triturus orientalis）便是从 triton 一词演化而来的，或译"龙螈"，或称华东蝾螈，在中国分布颇广。有的两栖动物便被直接叫 triton，或 triturus③。

《说文》卷十三虫部有"蚖"，云"荣蚖"，又说即"蛇医"，"以注鸣者"。显然，这也是与蜥蜴混淆。清·段玉裁注：

> [《尔雅》]《释鱼》曰：蝾螈，蜥蜴也。《小雅·节南山》传曰：蜴，螈也。螈当作蚖，荣蚖或单呼蚖。《史记》：龙漦化为玄蚖（案：参见汉·韦昭《国语解》）。南楚谓之蛇医，或谓之蝾螈。东齐海岱谓之蠑螈（案：参见《方言》）。

可谓治丝愈棼，主要是因为与现代科学分类方法不同。但由此也可以看出，它们在古人心目中可以"通转"。

朱芳圃将虺、蜴都列于"蚖"之同字属，以其形、音、义皆有可通之处。

> 虫若虺，即蚖如螈。盖虫为初文，象形，虺为虫之后起形声字，蚖为虺之异文。盖虺从兀声，蚖从元声，兀与元实为一字又二物，皆以注（咮）

---

① [古希腊] 赫西俄德：《神谱》，张竹明、蒋平译，商务印书馆，1991 年，第 53~54 页。
② [苏] M. H. 鲍特文尼克等：《神话辞典》，黄鸿森、温乃铮译，商务印书馆，1985 年，第 293 页。
③ [美] E. C. 耶格：《生物名称和生物学术语的词源》，滕砥平、蒋芝英译，科学出版社，1965 年，第 547 页。

火蜥蜴

（1. 火蜥蜴，欧洲古代绘画；2. 火蜥蜴，欧洲近世书籍插图；3. 蝾螈；4. 龙化的蜥蜴，欧洲绘画；5. 鳄或鳄蜥或楔齿蜥，美洲古代绘画；6. 楔齿蜥或鳄蜥）

西方古代人认为某种蝾螈能够在火里生活——某些蜥蜴也因而被当做"火蜥蜴"。他们的"龙：Dragon"跟这种观念有关。

后来他们还认为蝾螈能够防火、灭火，就好像印度人、中国人以为某一种"龙鱼"（摩羯鱼/鸱尾/螭吻）能够"辟火"，便把它们装饰在神坛或屋脊上当"鸱吻"一样。

火蝾螈的得名，与它遍体红色有关。有人说，由于它栖息之处多发现"炭末"，欧洲古代人便以为炭是它烧树的残留物。

鸣，是其证，螈又与蚖之同音假借。①

朱芳圃图解其演变如下：

```
虫——虺——蚖
       └─螈—原
```

---

① 朱芳圃：《中国古代神话与史实》，王珍整理，中州书画社，1982年，第18页。

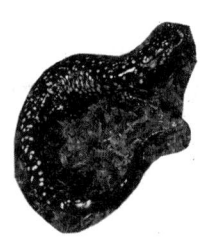

被当成龙的蝾螈

（英国牛津科学电影公司的照片）

博物学家曾认为蝾螈是龙的一种母型，其实只有晚近笔记小说记载的小龙像蝾螈或蜥蜴。

蜥蜴的智慧与神奇

中国第一部"智慧之书"《周易》之"易"，《说文解字》释为蜥蜴。蜥蜴是大智者——生存智慧就是最大的智慧，无论砂碛热寒湿冷，它都能生存。比它的近亲"恐龙"活得更长。"易"就是"变"，郭沫若说源于石龙子或避疫（避役）的善于"变色"，这是有道理的（尽管还不准确）。

宋·沈括《梦溪笔谈》记"彭蠡小龙"，看似迷信，却近写真。

宋熙宁年间，"王师"过江而南，有"小蛇"登船，船师说它特来保护"军杖"，过江时果然风平浪静，遂被诏封"顺济王"。礼官林希奉旨致祭，酌酒，"蛇"便由银香奁中出来吸酒，其形只是"首如龟"，未记有无四足。

> 俄出循案行，色如湿胭脂（大概是"红案"），烂然有光；穿一（黄）绶花过，其尾尚赤，其前已变为黄矣，正如雌黄色；又过一（绿叶）花，复变为绿，如嫩草之色。少顷，行上屋梁，乘纸幡以行，轻若鸿毛，倏忽入帐中，遂不见。

这显然是"变色龙"。洞庭湖流域罕见，乃以为"龙君"。变色龙是热带动物，中国只有广东、海南等南方地区有所发现。但《易经》却主要是发祥于黄土高原的周人的创作。这很难解释，尽管"怪事"多多，"例外"时有。早周或先周时期，其王族及"基干"，都没有到达北纬36°，未直接接触扬子鳄。这是否意味着周人的龙只能是由蛇与普通蜥蜴取象呢？——这很难简单作答。

蜥蜴，由于它具有冬眠、蜕皮或者变色的神奇特性，很容易由"世俗"进入"神圣"的领域。如果《易经》确实由蜥蜴得名的话，那它的"神圣性"无可怀疑。这很可能跟它成为龙的母型或被神化为龙同步。所以，我们觉得，发

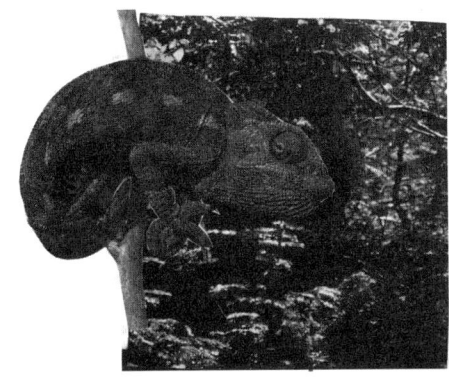 

避疫：变色龙：十二时虫

(牛津科学电影公司的照片)

在枯叶间的避疫（避役）本是棕黄色，进入绿荫，身子渐渐变绿了——这种神奇的特性，是《易：变易之书》取象的一个依据。有人甚至因此称《易经》为"龙书"。

祥于北纬36°以北的早周人未见扬子鳄而以蛇、蜥为龙的母型是很有可能的。

河南偃师二里头文化有所谓"龙"纹残陶片，距今约4000年。发掘简报描述道：

> 龙纹共有两条。一条线条纤细流畅，已残缺，周身起鳞纹，巨眼，有利爪。一条线条粗壮，也已残缺，一头两身，头朝下，眼珠外凸。在龙的头部附近饰有云雷纹。（参见本书第143页插图）

龙上还有彩饰的龟纹，"富有神秘的色彩"。我们注意到有一只似乎有爪，那便与蜥蜴相关。

"龙"首中有菱形纹◇，赵国华说代表"颅顶眼"（《生殖崇拜文化论》第288页）。我们认为这可能是"龙"或"太阳蛇"颅顶太阳符号的变形（参后专节）。但是，如范明三、靳之林等所发现，民间蛙蟾图案胸腹间常常开"十字眼"或菱形空洞，表示生殖孔。

有人认为，菱形与贝形符号同样是女性生殖器的变形或几何纹样化。作为**饕餮**的一种识别符号（尤仁德《古代玉器通论》还说只有额上有菱形纹者才是**饕餮**），跟龙的"特殊标志"一样，是蕃育力的暗示（参见笔者的《中国上古图饰的文化判读》，湖北人民出版社，2011年）。

二里头文化属于夏文化，周人自认是夏人族裔。夏人神圣化蜥蜴，把它塑造成似龙之状，那么，周人以蜥蜴为龙的母型之一，是承袭了夏人的传统。

《易》之取义于"蜴"，实在不仅因其能够"变色"，而且因为上面所说的能够"蜕皮"与"冬眠"，具备此两种习性的动物如蛇、蛙、蝉等，初民都以为是再生、永生、长生动物，加上其它的性征与想象，蛇蜥便成为具有第一等"生命智慧"的圣物。

避疫（避役）：变色龙

"避疫（避役）：变色龙"（学名 chamaeleontes vulgaris）随着环境——不同时空而变换色泽，这是《周易》之"易"取象的一个依据，但也只是"一个"而已。由此可见，蜥蜴类确实曾被古人看做一种龙。

弗雷泽在《旧约中的民俗》①里指出：伊甸园里，那撒旦（Satan）化身的蛇，实际上就是关于"生/死"的神旨之误传者或误导者。"分别善恶"的智慧树既是"生命树"也是"死亡树"，有了生当然也会有死。初民借这个故事来讲解"死亡"的起源或原因，体现着人类超越死亡的永恒追求。此蛇或有足。这条"四脚蛇"本质上就是传错了"人类永生"信息而给世界带来"死亡"的"可怕的蜥蜴"。所以，耶和华"剥夺"了它的四足，罚它必须"用肚皮走路"，彻底变成蛇，是所谓"去神圣化"，却又加以"妖魔化"，与撒旦化为一体。然而，由于蜥蜴能够蜕皮、冬眠、"变色"，初民相信其能"再生"，或以为是它篡改神旨，窃取了本属于人的长生不死，而又因"永生"获得崇拜。

蛇、蜥等爬行动物的"蜕皮"，在世界民俗里，普遍被认为是"再生"的表象。弗雷泽说，从成文史前时期到闪族人、腓尼基人等，都"相信蛇和其它动物以每年一度的蜕皮而更新青春，从而不死"。……希伯来人似乎曾认为鹰更新"青春"是靠了蜕换羽毛，而若果真如此，蛇为什么不能靠了蜕皮亦这样呢？②

蜥蜴在"蜕皮"这一点上跟蛇一样可达成"更生"与"不死"③。

这样，共同构成"龙"的模特的蛇与蜥蜴，便以其"蜕皮"或"冬蛰"的周

---

① James G. Frazer, *Folklore in the Old Testament*（《旧约中的民俗》），Macmillan and Co., London, 1918, pp. 45-47.

② [英]弗雷泽：《旧约中的民俗·人类的堕落》，朝戈金译，《西方神话学论文选》，上海文艺出版社，1994年，第107页。

③ [英]弗雷泽：《旧约中的民俗·人类的堕落》，朝戈金译，《西方神话学论文选》，上海文艺出版社，1994年，第127页。

以（类）蜥蜴为母题的秘鲁彩陶纹饰

（左：蜥蜴；中上：鲇鱼头兽或夸饰之蜥蜴；中下：怪兽，或为吐舌长尾之蜥蜴；右上：鼍蜥与蛇；右下：夸饰的鼍蜥。古代秘鲁莫奇卡文化）

美洲有多种蜥蜴。在古今美洲原住民文化中有重要地位与神奇传说。

期性"生—死—生"循环，象征变化不定的《易》以及《易》生生不已的精神。

纳西人或认为，人死后要变成"蛇"，才能完成生命形态的转变与提升，而后才能成为"祖先（神）"。

这种"返祖"过程、这种向图腾的回归，被认为是通过"蜕皮"来实现的。东巴经《雌逸姑树蜡》里的"素木日标神"，意含"人死变成蛇了"。东巴（巫师）和士诚、和开祥解释此"人死变成蛇了"，就是人之死，"如蛇一样蜕一层皮，然后才可能变成祖先。因此，火葬场才称为'蛇蜕皮之地'（日恩牟子鲁），因为变成蛇的死者要在此蜕一层皮"①。

蛇蜥蜕皮，（崇拜蛇蜥的）人也要蜕皮。蜕皮，不仅是生命或生命形态之增进，而且是重获新的生命，迈入新的生命层次（死人—祖先—祖先神），进而复归于图腾的必经过程。

广西横县民间故事说：人都要死，蛇却能通过蜕皮而长生。人便去求神。神仙以"生死簿"为据，说："人老人为椁，蛇老蛇蜕壳。"准许人"蜕壳"变得年轻。可是有位老婆婆蜕壳蜕到眼睛，经不住剧痛，便说："不蜕了！我宁愿死！"神仙又因此准许人不再蜕皮更生。

傣族创世史诗《巴塔麻嘎捧尚罗》，创造性地"篡改"了可能由传教士掺入

---

① 杨福泉：《原始生命神与生命观》，云南人民出版社，1995年，第145页。

的基督教神话:大绿蛇(有如撒旦)挑唆看守"乐园"的人吃了"甜芒果"与"生殖器",人变得漂亮,还会蜕皮,使自己青春永葆。"十万年以后,人比蛇还多"①,与蛇争食,而且吃蛇。帝娃大绿蛇只好骗他们吃"疾病果","人吃了老化/再不能蜕皮",不足三十岁就死。

> 从此人与蛇/结下了深仇
> 从此天底下/蛇寿命最长②

它只吃生命果,不吃疾病果,用蜕皮来更新自我——人看到死蛇,也以为它无非是"蜕皮",变成大蛇了(这条大绿蛇可能原指草蜥蜴)。

龙或龙的主要母型动物,多通过"蜕皮"更新与壮大自己。

在世界民俗里,还有蛇、蜥等动物与人类争夺"蜕皮"的权利——实质上是"生命权"或"长生"特权之争夺。例如,在某些"原始"民族的观念里,"贝"是一种生命或"永生"的象征。有的学者甚至认为,龙与蚌贝的生命形态相关。萨摩亚人(Samoan)的"死亡起源"故事说,神祇们聚会决定人类的结局:是人还是贝享有"蜕皮"以重获青春与生命的权利。一个神说:贝!大雨便倾盆而下,结束了争论。③

这样,贝等就因为能够"蜕皮"而可获得永生,人却要因衰老而死亡。前文说,人本来是不死的。蛇或蜥蜴却无意(或者故意)传错了神的意旨,让人类不能通过蜕皮来更新自己的生命,而不免一死。这样,"所有叙述蜥蜴或蛇怎样成为人类不免一死的罪恶的媒介的神话,或许都可以认为源于人与蜕皮动物之间的嫉妒和敌对的神话"④。这样就形成人与蜕皮动物冲突而又相互"利用"的局面:人对它们害怕、仇恨而又羡慕,又不得不供奉与讨好它们。

蜥蜴,作为图腾或圣物

新卡里多尼亚以蜥蜴为图腾。它是他们生命存在的依据,存在的形式,存在的"诗意"。

---

① 《巴塔麻嘎捧尚罗》,岩温扁译,云南人民出版社,1989年,第110页。
② 《巴塔麻嘎捧尚罗》,岩温扁译,云南人民出版社,1989年,第113页。
③ [英]弗雷泽:《旧约中的民俗·人类的堕落》,朝戈金译,《西方神话学论文选》,上海文艺出版社,1994年,第121页。
④ [英]弗雷泽:《旧约中的民俗·人类的堕落》,朝戈金译,《西方神话学论文选》,上海文艺出版社,1994年,第127页。

图腾存在于新卡里多尼亚那种嫩绿色的蜥蜴身上:"他除了眨眨眼睛之外,没有任何动作,他似乎是与森林结为一体,象征着在这个无生气世界中的生命。"他栖息于空间而又把空间固定在适当的位置上。①

安达曼岛上的阿卡拜尔部落把目光如豆的巨蜥当做"第一个人",称为 DaDuKu 或 Petie②,就是认它做祖宗。

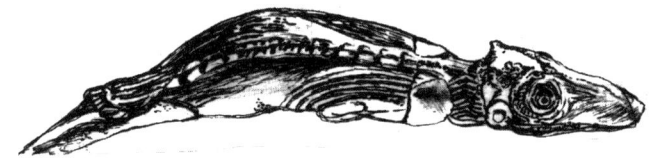

蜥蜴形守护棒
(复活节岛"舞宴房门"守护用木雕)

这根"守护棒"有蜥蜴形躯体、头部和类人的四肢。它是"蜥蜴部落"哈诺毛科("毛科"意即蜥蜴)具有辟邪镇恶守险功能的"图腾圣器"。

可以与之相参照的是玻利尼西亚的传说:神派蜥蜴来咬敌人的"致命器官",所以它能御敌除害。但是在他们的"二元性"思维里,蜥蜴主要代表死亡或噩运,偶尔也代表"生命"。

在澳大利亚的狄耶里部落那里,图腾祖先穆拉穆拉(Muramura)制造了许多黑蜥蜴,然后去掉尾巴,安上性器官,他们就成了人③。这就是说,蜥蜴是这个部落成员的"原生"形态。

据统计,澳大利亚卡奔塔利亚湾附近的12个部落有255种图腾,其中:

蛇图腾27种(约占10.5%);蜥蜴图腾23种(约占9%)。④

北部阿尔恩格姆地区7个部落有192种图腾,其中:

蛇图腾22种;蜥蜴图腾9种;龟图腾4种。⑤

据塞利格曼(C. G. Seligman)《不列颠—新几内亚的美拉尼西亚人》报

---

① [美]埃里克·达戴尔:《神话》,朝戈金等译,《西方神话学论文选》,上海文艺出版社,1994年,第308页。
② 参见[英]拉德克利夫·布朗:《安达曼岛人》,梁粤译,广西师范大学出版社,2005年,第142页。
③ 参见[苏]托卡列夫等:《澳大利亚和大洋洲各族人民》(上册),李毅夫等译,生活·读书·新知三联书店,1980年,第315页。
④ 参见[苏]海通:《图腾崇拜》,何星亮译,上海文艺出版社,1993年,第46页。
⑤ 参见[苏]海通:《图腾崇拜》,何星亮译,上海文艺出版社,1993年,第47页。

道，那里不少氏族以蜥蜴为图腾，并且有明确的蜥蜴图腾徽识。

非洲的班图人，当长辈死去的时候，他们认为其"灵魂"（"伊汤戈"）会以某种形式出现。如变成一条蛇或蜥蜴"在坟旁晒太阳或去看望牛栏和茅舍，或者在他亲属的梦中出现"①。

斯宾塞和吉伦报告说，澳洲中部也有类似的"蜥蜴祖灵"观念。在神话时代，蜥蜴图腾的祖先是两条小蜥蜴，具有神奇的力量②。蜥蜴死去以后，他们遗留的"婴儿魂"（迈-奥尔利）相应地化身为男人和女人，逐渐形成"蜥蜴图腾群体"③。他们的祖先往往是肢体不全的人形或兽形动物，有的还生活在水中，没有什么感觉器官。以后"造人者"，例如大神因甘比库拉来到，赋予他们以完整的肢体、感官和性别。但造人者最后却回归于"蜥蜴"母型④。可见蜥蜴在某些群团里无论作为祖灵或尊神，跟中国龙的神性都有些相似，能够创世并且创生——创造人类。

蜥蜴，被认为跟蛇一样具有强大的蕃殖力；有时被当做性象征或蕃殖仪式里的"神体"或灵物，有些像中国西南方"性药珍品"的蛤蚧。

澳大利亚中部蜥蜴图腾团族的"因特丘马"（Intechuma）仪式一般由妇女主持，就是因为妇女职司蕃殖。在这个仪式里，人们砸碎石头，使之飞向四面八方，表示蜥蜴后裔的密集分布。这个仪式往往在季节交替之时完成。雨季之后，草原与河床上果然布满形形色色的动物。⑤

平时，他们禁食图腾的肉，但在 Intechuma 仪式里，酋长吃少量蛇或蜥蜴图腾的肉，就好像鸟图腾族王亥"两手持鸟，方食其头"，然后将其分给部众品尝。据说，这会使图腾蕃衍，族团也因而获得图腾灵性（mana）。⑥ 这通常被认为是"圣餐"的起源。⑦

---

① ［英］塞格利曼：《非洲的种族》，费孝通译，商务印书馆，1982 年，第 146 页。
② B. Spencer & F. Gillen, North Tribes of Central Australia（《澳大利亚中部的北方部落》），London, 1904, p.145.
③ ［苏］海通：《图腾崇拜》，何星亮译，上海文艺出版社，1992 年，第 50 页。
④ ［苏］海通：《图腾崇拜》，何星亮译，上海文艺出版社，1992 年，第 52 页。
⑤ 参见［苏］托卡列夫等：《澳大利亚和大洋洲各族人民》（上册），李毅夫等译，生活·读书·新知三联书店，1980 年，第 286 页。
⑥ B. Spencer & F. Gillen, North Tribes of Central Australia（《澳大利亚中部的北方部落》），London, 1904, pp.197-199.
⑦ ［法］沙利·安什林：《宗教的起源》，宋桂煌等译，生活·读书·新知三联书店，1964 年，第 78 页。

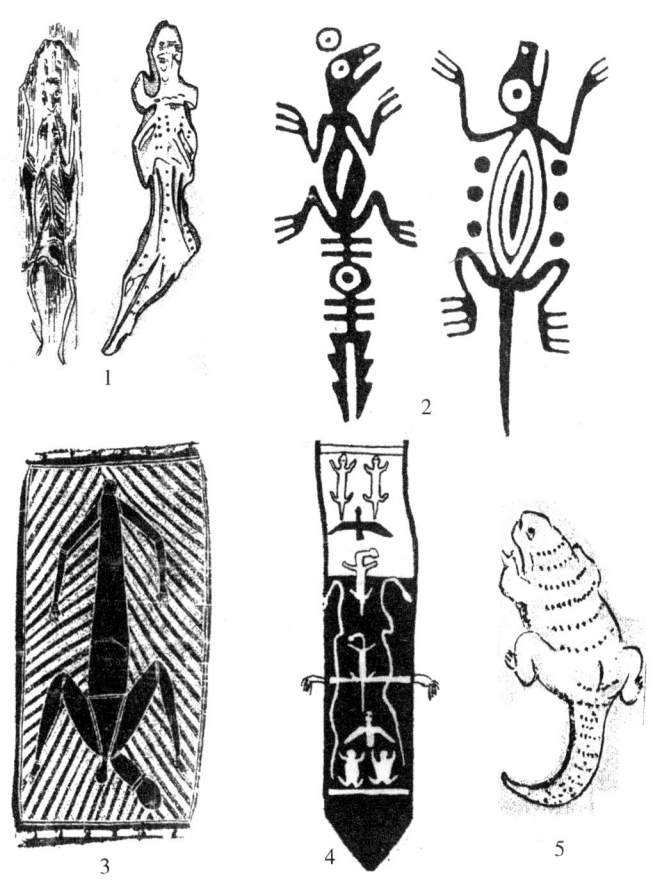

作为生殖力量的蜥蜴

(1. 所谓"蛙人"与"女人蜥蜴"结合体,法国南部旧石器时期遗址出土,马格德林中期,公元前1万~1.5万年;2. 古代墨西哥岩画;3. 蜥蜴化男性精灵,澳大利亚原住民树皮画;4. 萨满神帽图案,埃文基人,采自王纪、王纯信;5. 端午"五毒"中的蜥蜴,或说带尾蟾蜍,陕西民间作品,采自张自修、叶舒宪)

墨西哥古代岩画"蜥蜴"不仅有人形化趋向,还突出其尾或生殖器官:一只像带有"生命种子"的雄性,另一只腹部有类似女阴的图案,其旁为卵。

澳大利亚原住民的精灵"蜥蜴化",突出男根。萨满神画里的蜥蜴,有时让它的头部变形为阳具状。

民间绘画则突出其腹、其尾,使其近似"带尾蟾蜍"。

赵国华曾论证蜥蜴是龙的母型[①],还非常强调蜥蜴是"男根—男性"的象征

---

① 赵国华:《生殖崇拜文化论》(简称《生殖》),中国社会科学出版社,1990年,第127~128页。

物。甚至连禹及其部属所化的黄龙、应龙，他都认为原是蜥蜴①。他举出的证据还有河南偃师二里头陶片"一首二身"龙纹，鳞纹、蛇躯或有爪（参见第143页插图）；额间的菱形◇则是石龙子和楔齿蜥等所特有的"颅顶眼"(第三只眼)。他用此证明二里头时期的夏代已有龙的奉祀（有人认为◇是饕餮纹的识别符号）。夏先之禹或句龙正是蜥蜴（顾颉刚说）。"步不相过，人曰'禹步'。"(《尸子》) 这正是"蜥蜴步"后肢不越前肢的样子。龙的起源是多元的，"占据主导地位的是蜥蜴……[它]最早被选择为男根的象征物"②。这跟虫、蛇、蜥、鳄乃至龙具有强大的繁殖力、生命力，也是有关联的。

蜥蜴，作为龙的一种母型，也被认为是生命或生命力（life force）强大的象征。

崇拜蜥蜴图腾的新卡里多尼亚人，就认为蜥蜴是"这个无生气世界中的生命"③，是"生命的力量"，或"生命繁衍的主宰"④。这绝不仅因为"守宫"之类曾被看做"守卫"宫室（实际上是捍卫"处女的子宫"）的"圣者"，又是"监守自盗"的雄性，常常侵犯"室女"、"宫闱"或子宫（这是我们跟耶鲁大学的康正果对"守宫"或"守宫砂"迷信的共同看法）；而且，被认为具有超常的繁殖与"自我更生"的能力。

我们必须注意各民族对蜥蜴的神化及其理由。这绝不限于图腾。古代印度传言，蜥蜴是由智者或仙人变成的。

《摩诃婆罗多》里有羚羊与蜥蜴的对话。羚羊之妻被毒蛇咬死，羚羊发誓要杀死蛇。蜥蜴辩解道，咬人的毒蛇（尊者）是另外一种，虽然他跟我"彼此模样相同"。羚羊似乎认识到蜥蜴是仙人，但又觉得奇怪："你是被谁变成了这般模样？"蜥蜴答道：

> 羚羊啊！
> 我从前是仙人，千足为名；
> 由于一位婆罗门的诅咒，
> 我才变化成为蛇类之形。⑤

---

① 赵国华：《生殖崇拜文化论》，中国社会科学出版社，1990年，第288页。
② 赵国华：《生殖崇拜文化论》，中国社会科学出版社，1990年，第289页。
③ [美] 埃里克·达戴尔：《神话》，朝戈金等译，《西方神话学论文选》，上海文艺出版社，1994年，第308页。
④ [美] 埃里克·达戴尔：《神话》，朝戈金等译，《西方神话学论文选》，上海文艺出版社，1994年，第308页。
⑤ 《摩诃婆罗多插话选》（上册），金克木、赵国华等译，人民文学出版社，1987年，第91页。

可见，古代印度人也认为"四脚蛇"（蜥蜴）可能由蛇变化而成，而且曾是神仙，是智者。

印第安人也把蜥蜴看做思考者和指路者（详见《周易的文化解码》等）。

蜥蜴跟蛇同样是萨满教的尊神。

在赫哲族族杆和萨满神鼓上，蜥蜴、蛇、蟾蜍和龟鳖合绘在一起①，他们都定期蜕皮或冬蛰，传达着萨满的"再生"信仰。

萨满神鼓与神帽的蜥蜴纹

（左：赫哲族萨满鼓；右：哈萨克人萨满帽。采自凌纯声等）

赫哲族萨满神话上绘着蜥蜴、蛇、蛤蟆和龟，都是能够"定期蜕变"或"冬眠—惊蛰"的爬虫类、两栖类动物，寄托着"再生"的信仰。

左上图是山西万泉新石器时期彩陶图纹，或说是"双蛇朝阳"，取作对照。

西伯利亚雅库特人（Yakuts）的萨满，就自认为全身心都由爬虫类或两栖类动物"构成"。他们可以自由幻化成蜥蜴、青蛙等，并且借以登天、通神。

这种改变形状或外貌并在多维世界之间来去的能力，也是雅库特萨满教传说里幻化成青蛙或蜥蜴的鬼神的特性。它是未来的萨满在童年时便已获得的一种能力。②

罗二虎曾就新石器时期以降"蜥蜴"图像的分布说：这恰好是夏人的主要活动地区。

---

① 参见凌纯声：《松花江下游的赫哲族》（上册），中央研究院历史语言研究所，1934年，第109页。

② ［法］希洛克：《史诗英雄的幻化》，吴岳添译，《民族文学译丛》（第1集），中国社会科学院少数民族文学研究所，1983年，第282页。

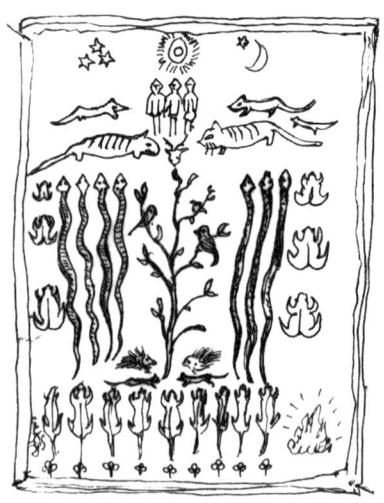

萨满神衣上蜥蜴等纹样

（左：治病用女上衣，绘画；右：张姓萨满治病用"富克多西瓦单"，绥化满族，采自王纪、王纯信）

　　萨满神画多用汉族所谓"五毒"（蛇、蜥、蟾等）为神物，因为它们行踪诡秘，出没无常，甚至能够上天入地，交际神人。身躯不大，却有巨大的毒性或灵力。加上有冬眠或蜕皮的习性，常被认为是自我更新生命的不死灵物。

　　夏人的中心活动区域在今河南西部和山西南部一带，即中原地区偏西一侧。新石器时代彩陶上蜥蜴形象的发现地点也基本上都在河南西部至甘肃东部一带，也在中原地区偏西一侧，二者在地域上也是吻合的。①

这跟活动于陕甘至豫西晋南的夏商人都有"蜥蜴"的信仰是大体相符的——这是否为他们所崇拜的图腾呢？

考古学界多认为，属于夏文化的距今约4000年的河南偃师二里头文化出土的残陶片有所谓"龙"纹，有的还一头而双身；有的比蛇更像一种"草蜥"，尖首而又有足。它似乎已被初步神圣化，颇为像龙。

夏的先祖为鲧为禹。"鲧"或"鲧"是玄鱼，或黄龙（黄熊）。祖神或英雄的化身多属图腾（但也不尽然）。治水英雄鲧—禹—启家族多有水族化身，到了夏启，更明确地驾两龙以登天——或说龙马一体化，或说是其图腾龙②。至于禹，顾颉刚先生早就揭示：

---

　　① 罗二虎：《龙与中国文化》，三环出版社，1990年，第54页。
　　② 参见萧兵：《中国文化的精英·治水英雄》，上海文艺出版社，1989年。

"双身龙纹"
(残陶片,河南偃师二里头出土,或说夏文化)

　　这是一种奇怪的蛇身神物,或者说是不易辨识母型的"原始龙"。左边一幅头部似由蛇变形,眼又似人,有双身。李济说是"肥遗纹",却有可能是"蜕"而一头双身者。中,残缺过甚,只看到它有爪有"鳍",或棘状突起。右,有角,吐舌,勾尾,多鳞。无足似蛇,有足如蜥。

　　顾自力说它头部似水牛。赵国华说可体现生殖力量。

　　或可看做夏人的图腾。由于它有冠、双身,或有鳍、勾尾,多少已有龙的样子,这对研究夏、周的蜥蜴或蜥蜴龙的崇拜是极为重要的。

　　禹,《说文》云,"蟲也,从内。象形";内,《说文》云"兽足蹂地也"。以蟲而有足蹂地,大约是蜥蜴之类。①

　　夏人圣物由蜥蜴和"虫：虺：蛇"尊化为"龙",所以(王)伯祥氏云:"禹或即是龙(龙王)。"②后来顾氏又说:"禹是有足的虫类,据近人考证,确是龙螭之属,'句龙'的'句'字又与'禹'字的一部相似。"③

　　夏人假借黄帝为始祖。黄帝牵连"轩辕"。郭沫若等说,"轩辕"可音转为"玄鼋"、"天鼋"。而"轩辕"恰恰又是"盘蛇"、"卷蜥"之象。《山海经》便屡说它人面蛇身,尾交头上。"轩辕：玄鼋：天鼋"对位如果确实的话,轩辕也可能化身蜥蜴。因为玄鼋或说玄虺,即蝾螈。何新已认识及此:"玄鼋在古汉语中并不专指鳖类,蜥蜴别名亦称玄鼋。蜥蜴在古代被看做是与鳄同类之物。"④

---

① 顾颉刚:《与钱玄同先生论古史书》,《古史辨》(简称《辨》)(第1册),商务印书馆,1926年,第63页。

② 顾颉刚:《与钱玄同先生论古史书》,《古史辨》(简称《辨》)(第1册),商务印书馆,1926年,第63页。

③ 顾颉刚、童书业:《鲧禹的传说》,《古史辨》(第3卷下册),商务印书馆,1930年,第63页。

④ 何新:《龙：神话与真相》,上海人民出版社,1989年,第170~171页。

《史记·天官书》,"权"星之轩辕也是"黄龙体"。集解引孟康曰:"形如腾龙。"

这跟《九歌》里矫夭连蜷的云中君具"云龙:应龙"之体暗合。所以我们有《云中君是轩辕星》之作。

轩辕(星)作为"主雷雨"之神,也跟雷神(或雷兽)所化之夔龙以鼍鳄乃至巨蜥为母型相关。以此,蜥蜴龙、鳄龙都兼为雷雨之神。

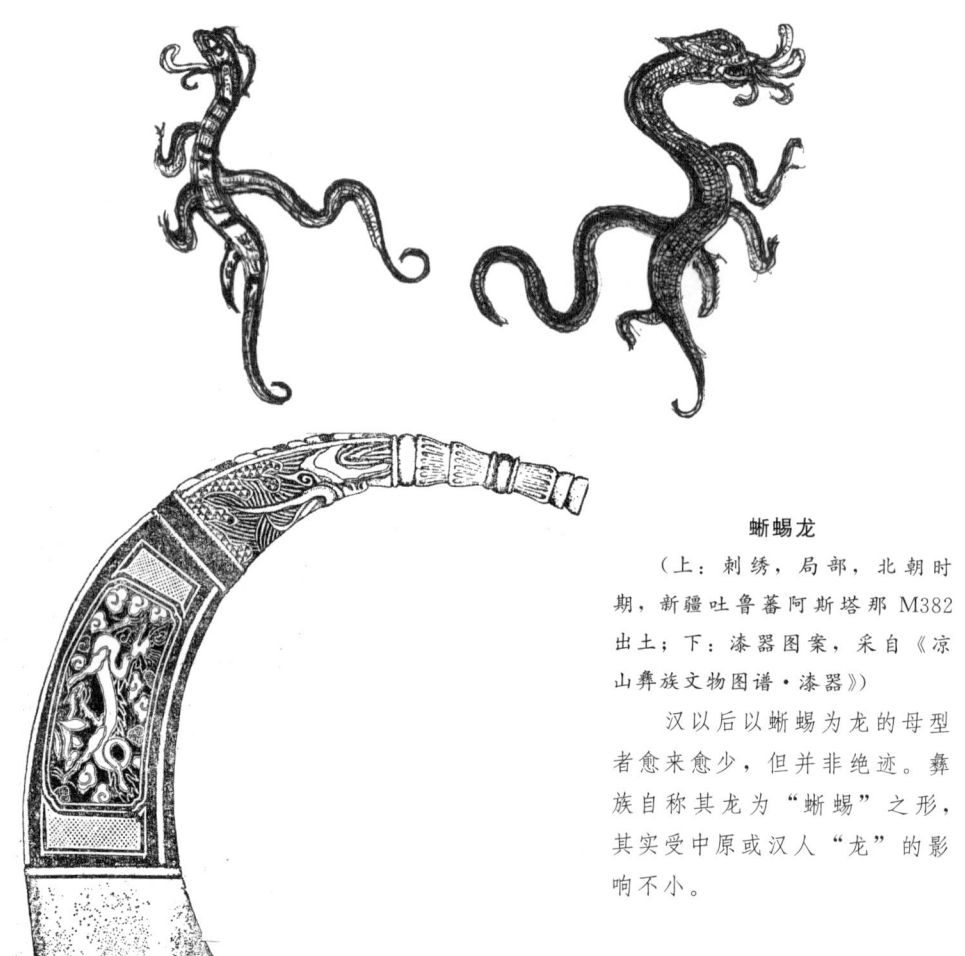

蜥蜴龙

(上:刺绣,局部,北朝时期,新疆吐鲁蕃阿斯塔那M382出土;下:漆器图案,采自《凉山彝族文物图谱·漆器》)

汉以后以蜥蜴为龙的母型者愈来愈少,但并非绝迹。彝族自称其龙为"蜥蜴"之形,其实受中原或汉人"龙"的影响不小。

而轩辕又跟黄龙、黄螾之体的"黄帝"忽分忽合,是夏周两族所奉祀的传说始祖①,是夏周以龙或蛇蜥为图腾或宗神无疑。再回过头来看二里头——晚夏文化出现似蛇又似蜥的"准龙形",可知夏人与其"文化继承者"周人以蜥蜴为龙的母型加以崇拜,或"用"于神圣场合,是极为可能的。前引闻一多《伏羲考》

---

① 参见孙作云:《中国古代图腾研究》,《孙作云文集·中国古代神话传说研究卷》(下册),河南大学出版社,2004年,第2000页。

详细论证，夏民族以龙为图腾。

孙作云也注意到，禹字从它，而它、虫一字。"禹，虫也"；字又变为"九"，"盖其先本为象形字，其后乃从'九'得声之形声字也"；所以禹为虫、蛇①。这并不错，但字下之"内"没有交代。《说文》解为"以足蹂地"之象。蛇而有足，非蜥而何？所谓"禹步"，"禹跳"，没有那"蹒跚的蜥足"，就没有着落了。

罗二虎说，夏先之"禹"，拟蛇之"巳"，都与蜥蜴相关。但甲骨文里的"巳"多有足，"显然绝非是蛇，其形象却似蜥蜴"；西周早期金文也如此，晚期逐渐"失足"而似蛇。他根据种种迹象推论："夏族的龙崇拜当是从蜥蜴图腾崇拜演进而来，在夏人的姓（姒：巳）和'禹'的文字字义中，隐喻着这种最初的蜥蜴图腾的意象。"②

如果想起《周易》跟周人与蜥蜴的纠葛，就不免牵涉到承袭夏文化传统的周人以什么为图腾，这种图腾跟蜥蜴是什么关系的严重问题了。因为《周易》（比较平实的看法）究竟是由周人成书的。我们希望能在"周/易/蜥蜴（或龙蛇）"之间找到联系或中介。目前周人图腾比较有力的说法是：

龙蛇　　（闻一多等）

天鼋，龟鳖或蛙黾　　（郭沫若等）

熊　　（孙作云等）

玄鼋；玄蚖；螈蜥　　（汉·韦昭等）

我们看历史材料，最触目的是周人继承夏人的"龙"祖先传说——所谓"图腾"(totem) 的要害正在于"非人类圣物"的血缘联系（通俗说，就是认"非人类"的东西做父母或祖先）。这种"联系"往往用可视性"符号"来表示，其中有鲜明的"徽记"或"旗帜"，可以用来自我识别并识别他人。这就是我们都知道的"交龙为旗"，饰物以龙等，是精灵或祖神的"物化形式"。

我们无法证明周人起源于西域，如岑仲勉等所说。

但据《山海经的文化寻踪》的研究，"潜龙勿用"的后稷曾经"潜伏"其中并化为"后稷龙"的"大泽"或"稷泽"，就是《山海经》及《汉书·西域传》所说的"泑泽：盐泽"，即是当时还绿波荡漾、湛蓝无底的"罗布泊"(Lop nor)。

而沙漠巨蜥是最容易被看做龙之异变或母型的（科摩多巨蜥，至今犹习称"科摩多龙"——这是恐龙的远亲或"孑遗"）。

元人李志常在《长春真人西游记》中对此有所记载，说丘处机在阿姆河东

---

① 参见孙作云：《中国古代图腾研究》，《孙作云文集·中国古代神话传说研究卷》（下册），河南大学出版社，2004年，第2000页。

② 罗二虎：《龙与中国文化》，三环出版社，1990年，第55页。

南,"见蜥蜴,皆长三尺许,色青黑"。元·刘郁《西使记》也说:"[四月元日,过伦立儿城]所产蛇皆四趾,长五尺余,首黑身黄,颇似鲨鱼,口吐紫焰。"

"紫焰"者,其长舌也——或拟为闪电。西方龙之能喷火者,似亦与此有关。这就是西方人所谓"黄巨蜥"(英文名 yellow moniter, or desert monitor, 学名 varanus griseus),也是它们受到崇拜并且被神化的原因。

沙漠巨蜥

(动物照片,或称"黄巨蜥";左附长沙子弹库出土楚帛画上的龙)

沙漠巨蜥,亦称黄巨蜥,是荒漠地区"龙"的最可能母型。后稷龙,传言曾蛰伏于水底,所谓"潜龙勿用",很可能就是以沙漠巨蜥冬眠或度夏于沙碛水泉湿土之下为背景。

巨蜥爬行时,头部抬起,前足易见;后足"拖"于身后,似隐沙中。容易被误解为大型"双足蜥"。楚帛画"龙"有二足,但腮旁二触须不知所据。

第三章　龙出于虫

红山粗壮型玉龙："虫"母型

到底什么是"龙"？"龙"至少要满足两个条件：

（1）身形圆滚或夭曲（可分粗壮/纤细二型）的似蛇动物；
（2）具有神奇、神秘的"幻想"或"象征"趋向。

说得玄虚一些，它是异形或混形组合，或者处于特异时空，带有被"信仰"的"灵异"性质，是既现实又超越现实的生物存在。

离开这两条或仅具其中之一，连"原龙"都说不上。该是什么就是什么——无论其为"俗物"或者"灵物"。只要被神化，或进入"圣"的领域，具备这两条者，就可能成为"龙"。

对这两条标准，再加缩略和明朗，那就是：

多有四足的似蛇灵物，主要"似蛇"，但最初却不一定全是蛇，而可能是某种"幼虫"。

它的头部或头面器官、肢趾常常被"替换"、组合或混形，但基本躯干（类蛇躯）不变。早期的龙，由躯干判定母型，较"依首而定"为可靠。它的躯体结构最为稳定。

后起的却有"龙首"而异其身（例如人身、鸟躯，或者是龙鱼、龙马、龙鸟、龙鹿等）。仅仅看头部，分歧便更大。早期"龙首"灵物，除人形外，躯干多属"粗壮型"，仍保存着虫躯，也有部分"细长型"，类于"蛇躯"。到后来，这种龙首或似龙首的鸟兽的身躯往往被拉长，这就是人们常说的"蛇形化"，慢慢变成"真正的龙"，特别是被加上"角"、"鳞"等"装饰物"的时候。

也许学术界没有注意到，陈绶祥早在1984年就提出，龙身近虫。他说，应该看重被异文化所忽略的"量词"，这是"中国人对事物认识的特殊方式的表现"。例如，"中国人说虫，量词是条，注意虫的身子，故龙选择虫的身子"；当然蛇也是用"条"计量，虫、蛇都"决定"龙的身子是矫夭圆长的。"而兽都说头，对兽类重视的是头，龙选取兽的头。鱼重视的是尾，所有的鱼都可说尾，龙选取鱼的尾。鸟注意爪（'隻'，在甲骨文里，上面是鸟形，下面是脚爪，所

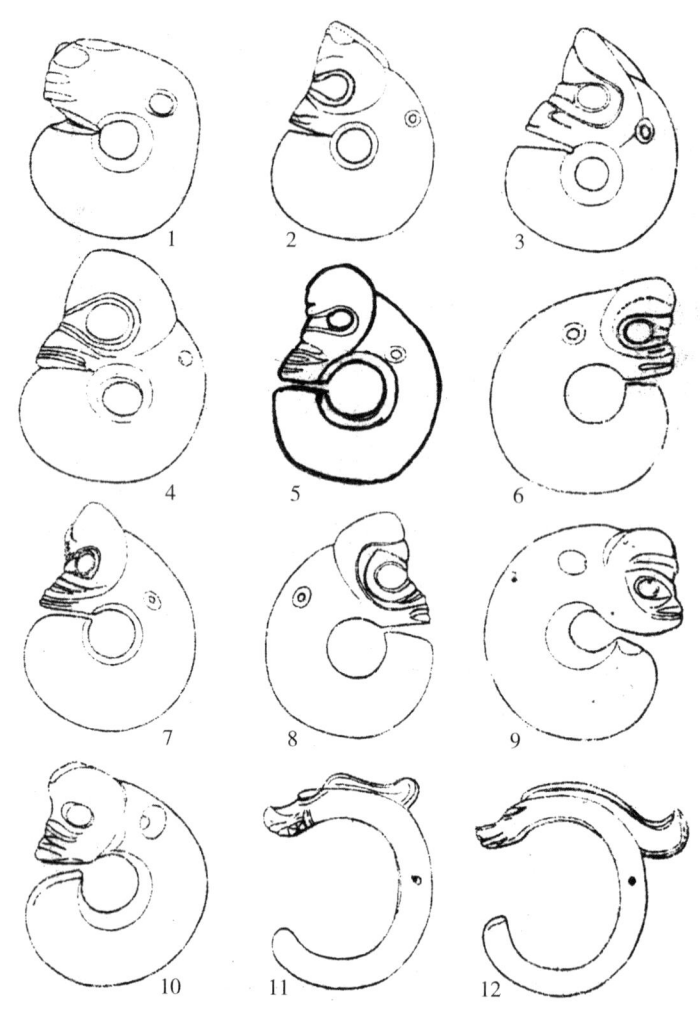

红山文化的蜷体玉龙

（1.吉林农安出土；2.内蒙古巴林右旗羊场出土；3、7.辽宁建平牛河梁出土；4.围场下伙房出土；5.内蒙古巴林左旗尖山子出土；6.内蒙古巴林右旗那斯台出土；8.内蒙古敖汉旗大洼子出土；9.征集品，天津市文化局文物处藏；10.自辽西地区征集，辽宁省博物馆藏；11.内蒙古翁牛特旗黄谷屯出土；12.内蒙古翁牛特旗三星他拉出土。采自孙机等）。

红山文化的蜷龙，除了极少数"纤细型"的C形龙（右下角，11、12）之外，多数是体躯粗壮（依然圆滚夭曲）而不似蛇，倒很像某种"幼虫"。

从构造看，龙的体躯相对稳定，头部变换不定，争论也大。

以鸟称'只'），龙的爪是鸟爪"①。这样龙便具有——

---

① 《龙文化五人谈》，陈绶祥的谈话，《民间文学论坛》1984年第4期，第67页。

虫身（条）/兽头（头）/鱼尾（尾）/鸟爪（只）

作为"生命的标记"或"生长的标记"，几种动物的肢体组合成了龙（此解与蔡大成等一致）。"龙是中国上古对自然认识、对生物认识的综合体。"① 在"混形说"里，突出了"虫身"（早期的例如红山文化的龙确实较多为"粗壮型"的虫身，与蛇有异）。他从量词出发，考察古人心目中动物器官的"要害"，再由之寻找龙的母型，其思路是独到的。

中国学者还有较早触及龙之原生态为昆虫幼虫者。例如，曹振峰说：考古上"种种古龙造型的发现，打乱了习惯的演化顺序和归类。按说，呈弯曲虫状的龙如胚胎（引案：他已注意到虫龙或勾龙形似胚胎，参见后引王小盾等说），该是早期原始形态，而后才成长为游动于云海之际的样子；岂知，虫体龙反而晚于敖汉旗龙两三千年"②。

其实，红山文化"虫形玉龙"出现不算太晚。

陈绶祥还将目光投向早期器物纹饰上的"类龙形象"。

> 第一类为虫形纹样。这类纹样有的比较像蛇和蜥蜴，有的比较像龟和蛙，还有的比较像鳄和鲵，它们往往本身体态修长，或有尾有肢有爪，或有甲有棘有鳞，只要在头部与体态上稍加处理，就可能与后来的龙形十分相像。③

此种"类龙"纹样，"注重扭动的身躯和伸张的肢节"。陈绶祥又认为选择虫、鱼、蛇、蜥等为龙之母型，"与物候历法的使用关系密切"，"它们是原始农业生产中活的'月份牌'"④。此说颇具"原创性"，可惜不很贴切（参后对"木表说"的批评）。

俄罗斯考古学家 S. V. 阿尔金在提供给"1994 年中国民俗文化研讨会（北京）"的一份论文提要里说：他跟昆虫学家 V. E. 柯尔帕柯夫图解分析了红山"C"形玉雕，认为它是鳃角类甲虫科（金龟子）处于变形阶段的幼虫⑤。这种幼虫含有丰富的蛋白质、脂肪、氨基酸和多种维生素，可供食用，而且它的定期蜕变使它成为神话民俗的重要象征。"古代的中国人、土耳其人、芬兰乌戈尔族人，特别是通古斯满族人和阿依努人，通过那些昆虫和它们的幼虫，可以把人或

---

① 《龙文化五人谈》，陈绶祥的谈话，《民间文学论坛》1984 年第 4 期，第 67 页。
② 曹振峰：《古龙觅踪》，《民俗与民间美术》，陈瑞林编，湖南美术出版社，1990 年，第 28 页。
③ 陈绶祥：《中国龙》，《遮蔽的文明》，北京工艺美术出版社，1992 年，第 67 页。
④ 陈绶祥：《中国龙》，《遮蔽的文明》，北京工艺美术出版社，1992 年，第 67 页。
⑤ [俄] S. V. 阿尔金：《东亚神话中的昆虫学部分》，程应瑞译，《1994 年中国民俗文化研讨会论文》（提要），第 2 页。

动物的灵魂联系起来。"① 我们在会议上呼吁重视此原创性见解，但是它正式刊出很晚，未引起注意。

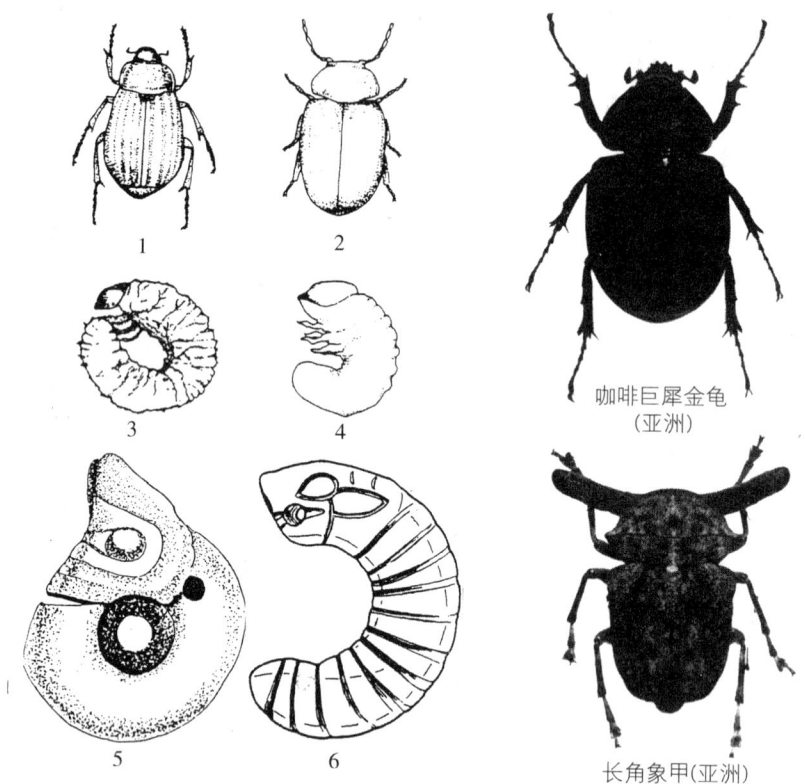

金龟子、蛴螬与"虫（形）龙"

（1. 金龟子；2. 豆象；3. 金龟子的幼虫：蛴螬，注意其"伪足"；4. 蜂象幼虫；5. 沃尔金所谓"金龟子幼虫"；6. 玉蛴螬，上村岭虢国墓出土，M2006。采自孙机等。右附两种类似成虫供参考）

红山文化粗壮型龙（或"类龙体"）确实很像金龟子等的幼虫（有的还刻出伪足）。后来还出现了一些确实为蛴螬等形象的半圆形（或玦形）"类龙体"玉石造像（如图6），可反证前者（如图5）确实是"虫（形）龙"。

红山文化玉器，有极似虫或蛹形者（参后）。

邓淑苹非常重视这些玉"蝉蛹"或"虫"形玉，说"此类虫形玉，近年在辽西喀左三合子，内蒙东端扎鲁特日旗出土，乃红山玉器固有之类型"②。传世

---

① [俄] S. V. 阿尔金：《东亚神话中的昆虫学部分》，程应瑞译，《1994年中国民俗文化研讨会论文》（提要），第2页。

② 参见邓淑苹：《蓝田山房藏玉百选》（原书未见），（台北）千禧文教基金会，1995年。

的也有类似的"虫"形玉（现在所见多未经严格鉴定，即令杂书著录甚多，也要谨慎对待）。

孙机对其做了较为严谨的论证。他说，最早的文字里的"龙"见于殷墟卜辞（如《前》4·54·3等，参见插图），"这个字的特点：前有大头，后部为几乎蜷曲成环形的短躯"，这就是"虫"形，"凡与之相同或相近的形象即龙"①。今天大家叫做"龙"的，是否"龙"还很难说，因为跟甲骨文所见区别太大（案：有的如西水坡之龙与后世鳄形龙很相似，是龙无疑，然非"虫龙"）。他只承认红山文化玉龙与卜辞相似者，大多"躯体蜷曲"，或首尾相接如环，有的有"缺"似玦，却都有"大头"②。

虫形"龙"

（上列为甲骨文部分"龙"字，采自《甲骨文编》、《甲骨文字集释》等；左下：双连杯，甘肃临洮齐家坪出土，齐家文化；右下为秘鲁陶饰，美洲"虫形龙"，供参考）

甲骨文"龙"有作"大头曲身"似某种昆虫幼虫者（但也有人说似蛇），较红山文化的"蜷虫"形玉之粗壮型已有"拉长"趋向，但仍基本相似。由它可以反证红山文化之"玉蜷虫"确已是"龙"。

上古器物里有些虫形具有人首、龙首或兽首，其寓神性可知。

---

① 参见孙机：《蜷体玉龙》，《文物》2001年第3期，第69页。
② 参见孙机：《蜷体玉龙》，《文物》2001年第3期，第69页。

"龙：虫"通转的形、音、义根据

"龙"有从虫作"蚖"或"蛮"者。

《史记·龟策列传》："蚨龙伏之。"索隐引作"蛮"，说："蚨当为蛟。蛮音龙。"暗示有一种龙似虫。

蟲，《说文》中古音"直弓切"，澄东合三平通（郭锡良）；上古音在定纽冬部，旁转为"宠"，透纽东部。中古音"宠"便转入彻纽，澄彻相近。郭沫若说，甲骨文里已有假借"龙"字当"宠"用的（参见《通》3，别2·4）。"［龙］假为宠。'若兹不雨，唯兹邑宠'，乃求晴之卜也。"（为便印刷，改用今字）

【蟲】〔上古音〕定冬 dǐwəm（郭锡良）
　　　〔中古音〕直弓切（《广韵》）澄东合三平通 ḍʻiung

【宠】〔上古音〕透东 tǐwong（郭锡良）
　　　〔中古音〕丑陇切（《广韵》）彻肿合三上通 tʻiwong

应该注意，这一组与"龙"相关的文化字群，都在冬部或东部。

龙／丰隆／虹

蟲／宠／龚／董

而"宠"与"龙"在特定情况下通转。

于省吾释"鼎龙"云：

> 甲骨文借龙为宠，宠乃后起的分别字。周器《迟父钟》的"不显龙光"，应读作"丕显宠光"。《诗·蓼萧》"为龙为光"的《毛传》，和《诗·酌》"我龙受之"的《郑笺》，并训龙为宠。①

然则，"龙"可通过"宠"通转为"蟲"。

明·陈第《毛诗古音考》就说，"龙"可读如"蟲"，若"宠"。

金文《眉寿钟》有从"龙"的类"宠"字，异说颇多。戴家祥说，其上犹宝盖头，可读宠。"囗年无疆，宠事朕辟皇王。"文例同《国语·周语》"宠神其祖，以取威于民"，韦注："宠，尊也。"② 无论从宀从今，都由龙之尊荣取义。

此例如《诗·小雅·蓼萧》："既见君子，为龙为光。"毛传："龙，宠也。"郑笺："言天子恩泽光耀被（披）及己也。"（上·420）孔疏读为"宠遇"。高亨《诗经新注》："龙，通宠，荣也。"（第240页）《诗·周颂·酌》："我龙受之。"《商颂·长发》："何天之龙！""龙"都可以读"宠"。而"宠"在中古即转入

---

① 于省吾：《甲骨文字释林》，中华书局，1979年，第218页。
② 参见戴家祥：《墙盘铭文通释》，《华东师范大学校刊》，1978年，第82页。

"彻"纽，与转为"澄"纽的"虫"越来越接近（参见下文"龙"字的读音分析）。

最重要的是——

【蚛】

〔中古音〕卢红切　long　来东

这个字的上古音很难确定。字书如《尔雅》（释为"杠蜡"），《说文》（释为"丁蜡"，大蚂蚁），都次于虫部，那么应该是"冬"韵，却注为"从虫，龙声"，卢红切（字亦作"虻"），读为来纽东韵，同于"龙"。应该说，此字的音义都在两可之间。《史记·龟策列传》蚨（蛟）、蚛并举，应是水中灵龙，而又从虫，说明它曾以"虫"形出现。其音则可东可冬，表现出"过渡"趋向，也证明了"龙：虫"在特定时期音义可通。

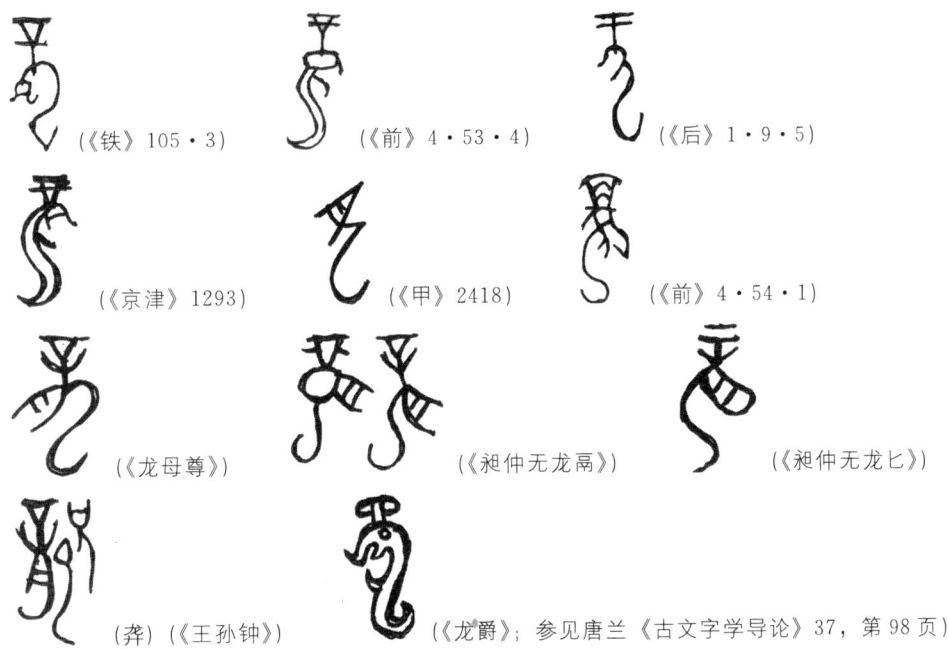

甲金文常见的"龙"字

（上：甲骨文，《铁》105·3，《前》4·53·4，《后》1·9·5；《京津》1293，《甲》2418，《前》4·54·1；下：金文，《龙母尊》，《昶仲无龙鬲》及《匕》，《王孙钟》，《龙爵》，唐兰云后者"已非纯原始形文"，《古文字学导论》第98页）

角是动物的武器。所谓"戴干"、"戴辛"，都是一种武装或夸饰，原来跟昆虫触角相关，后来才替代以羚角、鹿角、牛角。

"龙"字头上旧注"肉角"，所谓"戴辛"，盖尊荣之也。实则是表示其生命力、成长力的鹿茸状角。孙机说，即借以"升天"的"尺木"；朱芳圃云是表其辉煌的柴薪（火）；袁德星说是男根（且）意象。

龙的多变多栖与虫的多栖多变

"变化无日,上下无时"(《管子·水地》),龙是"再生原型"(reborn archetype),是"变化"的原型,是《周易》的形象基础。最能让"幼虫"成为"原生龙"之首选母型的原因,不仅是它们令人惊奇的生长力与蕃殖力,还在于它们的生命形态的剧烈变化。S. V. 阿尔金说:"在动物中,昆虫是唯一的一种具有完整的蜕变变形过程的物种:它们的幼虫,在化蛹过程中,整个消失了,经过5至10次的蜕变,最后才变成一个成虫。这个过程经常发生在人们眼前,使人们对它不能漠不关心;自然之神用昆虫阐明了人们关于生与死的看法,即再生的基本观念。很可能,基于这种观念,在许多古老的神话中都有昆虫出现。"①

比如汉·王充《论衡·无形》所说:"凡诸命蠕蜚(飞)之类,多变其形,易其体。"这就是它们的"动态"结构。

及至这种"剧变"跟蛇、蜥、鳄等的"蜕皮"或器官再生相互"渗透",特别是它们相互转换生成,并且都被承认为"龙"的时候,龙的躯体可小可大、可短可长、可细可粗、可圆可扁的"复杂变化"(或其"观念")便形成了。

"龙/虫"本来是圣/俗的两端,"龙/虫并雕"常成对照,现在却出乎意料!

这里可能暗藏着某种原初的"进化"观念。这种观念往往是以生物躯体的"生长"(长—高—大)或器官的增加为标识的,因而"进化"与"变化"被看做是异质同构性的。例如:

$$\text{幼虫—蛇—蟒}— \begin{array}{|c|} \hline \text{蜥} \\ \text{鳄} \\ \hline \end{array} —\text{增加角、翼或更换头部:龙}$$

很明显,在提升为"龙"的过程中,其躯体在加长、加高或扩大,其器官(例如足和角)也逐步添加。其实,蛇、蜥、鳄,只要被增饰,尤其是添加武器性的角/甲/翼,就已经是"龙"了;更换头部(例如猪/马/鹿/羊等)而保留蛇、蜥之躯,应该称"龙的变化"(或多样化),但"进化"迹象仍然明显:越变越复杂,越神奇,越多功能、多职司。当然,就龙的结构而言,它也有静态的一面。例如其圆长夭曲的躯体,便是相对稳定乃至"不变"的。不管头部有多么重要,其变换是多么常见,多么"剧烈",其躯体却"万变不离其宗"——是蛇虫之形,否则便不是龙(当然,纯粹的虫蚓或蛇蟒,没有变形、增饰,也只

---

① [俄] S. V. 阿尔金:《东亚神话中的昆虫学部分》,程应瑞译,《1994年中国民俗文化研讨会论文》(提要),第2页。

是蛇虫而不是龙)。这就是它的"同构性"。

《论衡·无形》说,作为"虫"的龙,"一存一亡,一短一长",讲的也是它的躯体或形态的"变化斯须,辄复非常"。"大自然最爱翻新,最爱改变旧形,创造新形。"(毕达哥拉斯)

有的学者认为,这说明龙跟它所变形的闪电异质同构。有如《论衡·感虚》所说:"云、龙相应,龙乘云雨而行。"何星亮认为,这是讲"龙升天"变为闪电。"雷电大作之时,闪电一闪即逝,时隐时现,故云'一存一亡';大闪电很长,而小闪电较短,故云'一短一长'。"① 这当然也说得通。但我们总觉得,最好把龙的"天象(无机界)存在"与"生物存在"融汇起来才能对这种忽大忽小、忽存忽亡的超现实变化做出较合理的解释。在"宇宙生命一体观"的统摄之下,初民的幻想世界里,一切都有生死存亡,都存在内在与外在形态的对立转化:方生方死,方死方生,忽无忽有,乍存乍亡。龙是把虫、蛇等最触目的生命变化,以及雷电雨虹等最迅疾的景观转换,最集中地体现出来,从而成为被民众敬仰得最普遍、言说得最久长的"神物"或审美意象,成为中国人乃至一切"古典文明世界"集体无意识里"永生"之原型。

像卡西尔《人论》所借用的密尔顿诗歌所描述,龙和龙所寓存的世界是——

  一个深不可测的海洋,
  无边无际,苍苍茫茫,在这里,长度、宽度、高度
  和时间、空间都消逝不见……

正是所谓"能与细细,能与高高,能与下下"(贾谊)!

这样,龙就完全可以由虫、蛇而蜥、鳄而鱼、鲸地做形态或结构上的转换,完全可以由地下、由水底而天空地变换自己与环境的"存在形式",完全可以由"微小的生物"而云霞、而雨虹、而雷电、而"龙卷"地进行"异质同构"的幻化……终于成为超越现实阈限的"多维时空"的神奇生物或混形动物。

昆虫的分布极为广泛,品种最多。当然,"变化"也最大。

作为"鳞虫之长",龙的体躯小大的变化,首先跟"幼虫"的成长有关(对此,孙机业已觉察,但我们的论证与之不同)。

其如虫的小细纤弱者,如:

《管子·水地》说,龙:

  欲小则化为蚕蠋……

---

① 何星亮:《苍龙腾空》,社会科学文献出版社,1998年,第134～135页。

可见，不但大螾、土蝼（蚯蚓之属）可看做一种龙，蚕蠋、蛴螬也曾被认为是（未"升华"的）龙。它们逐渐认同于"异质同构"，更加强壮而凶猛的蛇蟒、巨蜥、鼍鳄，所以说它：

> 欲大则藏于天下，欲上则藏于云气，欲下则入于青泉。

但"藏于云气"，能够在天空飞翔者本是有翅昆虫的本领，某些昆虫的卵或幼虫在水中发育生长，即所谓"入于青泉"，所谓"深渊是藏"（《尔雅·释鱼》）；当然，更多的是蛰伏于土中。

既然许多身子圆滚、蜷曲的"幼虫"，或爬虫类动物，都渐次被当成"龙"或"龙"的母型，直观地、笼统地看来，当然就是：

> 能小能巨，能幽能明，
> 能细能长……（参见《尔雅·释鱼》和《说文解字》）

龙能变短、变长，西域亦有此观念。《艺文类聚》卷九六，《太平御览》卷一一、卷七三六、卷九二九引《抱朴子》说：

> 案使者甘宗所奏西域事云：外国方士能神咒者，临渊禹步吹气，龙即浮出，其初出乃长十数丈。于是方士更一吹之，一吹则龙一缩。至长数寸，方士乃摄取著壶中。……大旱时，"乃发壶出一龙，著渊潭之中，因复禹步吹之，一吹一长，辄长数十丈，须臾而云雨四集矣"。

可见西域也认为"龙"善变化，可大可小，可长可短，只躯干不变。只不过托之于巫术，托之于人为而已。至于其小"龙"，无非蛇耳，或说是以蜥蜴或蝾螈求雨；吹"大"是故神其事。这些恐怕是出于印度的观念。

《白蛇传》"收钵"一出，法海和尚收白蛇于水盂之中，蛇体随盂之大小变化而巨细长短，就是由这类故事化出。

较直接的文献，可以举出《晋书·僧涉传》："每旱，坚常使之（指僧涉）咒龙请雨。俄而龙已下钵中，天辄大雨。"

可见西域的 Nāga 也能忽大忽小，小时亦如虫蚓、小蛇。

这也是中国龙跟西域 Nāga 趋同的重要证明。《管子》是"伪书"，但其主干不会晚于战国，部分羼入秦汉材料。其中却也屡言，龙欲大可横驰天空，欲小则如蚕蠋，与印度观念大同。

《古今图书集成·神异典》卷二五六引《闽书》说，明洪武年间，有母龙"行雨失律"犯罪，要在午时被震死。乃化为老妪求救于道士俞震斋。俞问："能幻形小之，藏我钵盂中乎？"龙便化小，蜿蜒投盂中。用的也是这类故事。《封神演义》里哪吒说：

龙会变化：要大便撑天柱地，要小便芥子藏身……

他甚至强迫东海龙王敖光变成小青蛇放在袖子里。柳存仁指出，这类描写跟佛经龙、龙王故事有关。①

或说，初民看到各种如龙的化石，有长有短，以为是龙的变化遗迹。这样，恐龙化石的发现，对龙的形象的创造应有所影响。许进雄指出，恐龙化石的特点就是有大有小，引唐籍《感应经》为证：

> 按山阜岗岫，能兴云雨者皆有龙骨。或深或浅，多在土中。齿角尾足，宛然皆具。大者数十丈，或盈十围。小者才一二尺，或三四寸，体皆具焉。尝因采取见之。

"古人见[脊椎动物]化石大小悬殊，故而有能变化的见解。"②

这确实不失为龙之可大可小、可长可短观念来源的一个重要解释。但比较牵强，而不如昆虫多变化之现成而又顺理成章。王笠荃则以龙的"影子"随其活动而变化来解释这种忽大忽小、能长能短的特性。"原始人普遍认为人的灵魂就是人在水中的倒影或日光月光下的黑影，可长可短，乍存乍亡，可望而不可捕捉。"③ 这样变化的是龙的"精灵"或"影子"而不是其实体。这种[龙的]精灵即是变幻无常的雷电。"④这种诠释至少不大符合秦汉以前人们对龙的认识。

"宇宙间一切都无定形，一切都在变易，一切形象都是在变易中形成的。"（古罗马奥维德《变形记》所陈述的毕达哥拉斯思想）④ "生生之谓易。"《周易》的乾卦，龙或潜于水，或现于田，或跃于渊，或飞于天……

"云行雨施，品物流形。"大千宇宙之中，易而不易，不易而易者，其龙乎！无怪于《周易》以龙的一大母型的"蜥蜴"来命名。

这正像卡西尔所说：

> 他们（初民）的生命观是综合的，不是分析的。生命没有被划分为类或亚类；它被看成是一个不中断的连续整体，容不得任何泾渭分明的区别。各不同领域间的界线并不是不可逾越的栅栏，而是流动不定的。在不同的生命领域之间绝没有特别的差异。没有什么东西具有一种限定不变的静止形态；由于一种突如其来的变形，一切事物都可以转化为另一切事物。⑤

---

① 参见柳存仁：《和风堂读书记·毗沙门天王父子与中国小说之关系》（下册），（香港）龙门书局，1977年，第303~304页。
② 许进雄：《古事杂谈·龙到底是什么动物》，商务印书馆，1991年，第12页。
③ 王笠荃：《龙神之谜》，《中国文化》第5期，1991年秋季号，第95页。
④ [古罗马]奥维德：《变形记》，杨宪益译，人民文学出版社，1982年，第208页。
⑤ [德]恩斯特·卡西尔：《人论》，甘阳译，上海译文出版社，1983年，第104页。

但如果具体地看起来，龙的多变化，多"转换"，首先与虫蛇之善"变形"相关。

龙的生存是"全天候"的，"立体"的，多维度的。它的多栖生活是交替进行的，有时是有规律的。这是为种种"母型"学说所最难解释者。除了"昆虫幼虫"以外，几乎没有一种"母型"（包括最近乎情理的蛇、蜥、鳄）能够一元地、完美地解释龙的"三维"存在或"立体生存"，或"多栖性"。

前举《管子·水地》所说，龙"欲上则凌于云气，欲下则入于深泉"，《书·洪范·五行传》所说，龙"生于渊，行无形，游于天者也"。

这样，哪怕是龙卷风、闪电、虹霓、彗星，甚至异石、奇树、河川……都可能被看做具有虫体蛇躯的龙之幻象（有的学者便把这些自然现象当做龙的母型）。这还因为初民常常看到鳄、蛇、蜥等爬行动物能够在水中活动，却又跟无法离水生存的鱼类完全不同，它们或能营两栖生活，或可在陆地生存——人们不能准确分辨其在分类学上的特征，而往往因"形似"而将其"一体化"（例如不去区别水蛇、海蛇和普通的蛇），认定它们能够神奇地"多栖"——当然，"飞翔"的龙蛇主要出于想象和想象的组合，主要是神话性思维运作的结果（尽管飞龙有飞蜥之类的"模特"）。但这样的解释不如虫的多栖与善变的解释那样自然。

这也是上述龙信仰、龙崇拜分布之广泛的一种反映或证明。

双蛇夹蛙与鼍龙

（东周铜尊图纹，广西恭城出土，下附鼍鳄纹）

这组极富南方色彩的图纹，主体为"双蛇夹蛙"，蛇具虫形（鼍旁小蛇更似勾虫），似在食蛙——或说是在突出神蛙的灵力。

右侧双蛇"夹"的却是"小蛇"与鳄——看它的短吻，应为扬子鳄而非马来鳄。但是，那"夹"蛙的双蛇却似虫。可见有时虫蛇难分。

所谓"潜龙",跟虫、蛇等于特定时空在水底或水滨洞窟躲藏或休眠有很大关系。潜伏是以虫、蛇、鳄、蜥为母型的龙的重要习性。

《淮南子·本经训》说:"伯益作井,而龙登玄云,神栖昆仑。"汉·高诱注:"伯益佐舜,初作井,凿地而求水,龙知将决川谷,漉陂池,恐见害,故登云而去,栖其神于昆仑之山也。"(《新编诸子集成》,刘文典:《淮南鸿烈集解》,上·252)①

可见龙像某种"幼虫"或"水蛇"一样潜居水底或地下,预知掘井将危害其生存(人掌握了凿井技术,便不过分依赖水和雨,龙或龙神垄断水雨的权力从而动摇),所以蜕变而升云(若高注近是,则龙与其"灵"在此时"分离"),可见其能自由入地、下水、登山或升空。

正如陈绶祥所说,作为中华上古文化开放性的一种映象,"连中国那'人心营构之象'的代表'龙'也是一种具有'全能'运动方式与'全天候'运动能力的牲灵"②。

前举晋·傅奕的《灵蛇铭》,最能概括虫、蛇之提升为龙,或者说,虫、蛇之成为龙的主要母型的民俗依据。他说的蛇"行不假(借)足",同时也是许多昆虫幼虫的特征;"飞不须翼",却是由成虫或飞鸟那里"剽窃"的新技。《后汉书·南蛮传》说,盐水女神夜与廪君共宿,"旦即化为虫,与诸虫群飞,掩蔽日光,天地晦冥"(9·2840)。这显然是云雨的意象。飞翔便是在行云布雨,是卑化的"云雨龙"。廪君射她——"射"是性侵犯的隐语——"女神:虫"死去,"天乃大开",转换到另一种"生命"(形态),"上腾云霄,下游山岳",复归于水和土。

 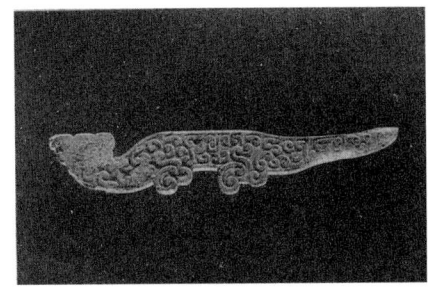

"虫形龙"的遗子

(左:玉龙佩,战国,传世;右:玉龙佩或觿,春秋,传世)

这些"龙",制作极为精美,头部却难于辨识母型。躯体曲折似虫,有的"勾尾",有的"扭动",依然"虫态可掬",似可看做"虫龙"遗子。

---

① 本书引用先秦两汉诸子著作,均据中华书局《新编诸子集成》,仅注册次、页码。
② 陈绶祥:《遮蔽的文明·中华文化的开放性特征》,北京工艺美术出版社,1992年,第29页。

虫/龙，"卑/尊：俗/圣：丑/美"的对转

阿尔金论述道：

> 在中国东北地区新石器时代文化中，软玉雕刻的幼虫并不是唯一的一种昆虫形象。在和这种文化同一时期的红山、后洼和姚营子文化中，还有 chrisalices 和昆虫成虫的小雕像。①

他说，必须从当时宗教观念的整体来考察这些"神虫"，西伯利亚和某些远东地区的旧藏、马尔他旧石器与波依斯曼那（Boysmana Ⅱ）新石器遗物，都有类似红山文化的宗教用品。他没有断定玉制金龟子幼虫等是原生态的"蜷体虫龙"，却强调："古代人对龙的态度，正如他们对两个世界之间神话般的中介者的态度，这似乎是人们努力解决这个问题的重要原因。在自然界，某些昆虫的幼虫居住在两种生活条件的交界处，它们本身就是具有中介功能的例子。"②

生命本身可以看做一种"力"。作为熵与负熵的对立统一体，它是自然力在有机结构里的集中。它处在不断的运动与更新之中，随时要与自然界交换能量，吐故纳新，新陈代谢。其理想的象征物——龙，确实是组合进了许多生命力旺盛，并且"体表"有明显"转换—更新"现象的生物体。它的主要母型，从昆虫幼虫到蛇、蜥、鳄，无不具有"超常"生存的力量与智慧。它们不但善于繁殖，有炽热的"食、色"欲望与能力，一旦蜕变成功，便勇往直前，不是冲向天空，便是遍布陆地，机动灵活，"静如清波，动如骇龙"。它们最懂得保存或积蓄能量，待机瞬间释放，以静制动，以逸待劳，突起闪击，百发百中，以最小化的力取得最大化的能，是节约生命、蕴蓄生命、延长生命、扩大生命的能手，而且无处不见其形，无所不用其极。

龙，有如它的主要母型那样，"向往"并且"模拟"三维空间的自然力，潜藏于"土"，泳游于"水"，甚至飞翔于"天"，把自己的"生存空间"多维化、立体化，吸收而又散发自然界种种可畏而又必需的能量，行云布雨，打雷放电，开山发水，赐予丰殖、福寿、富饶与吉庆。

甲骨文里，有些"龙"字，还保存有"虫身"：（1）大头，或大嘴；（2）身子蜷曲，或尾几交首；（3）身子已拉"长"，有些像蛇。由于多用作地名，没有上下文，不能最后断定为"龙"字。如㇢，或云系"龙"字之简。此字王国维释

---

① 参见［俄］S. V. 阿尔金：《红山文化软玉的昆虫学鉴证》，程应瑞译，《北方文物》1997年第3期。

② 参见［俄］S. V. 阿尔金：《红山文化软玉的昆虫学鉴证》，程应瑞译，《北方文物》1997年第3期。

"旬",刘鹗谓近"虺",孙诒让径定为"它"(蛇)。而虫躯之"龙",唐兰更提出"蛇虺"之解,说其字"象龙蛇之类"①,接近真实。

案:蚯蚓,民间与《本草》系统医书等,称"地龙",或"土龙",古人看得很神秘。《淮南子·泰族训》说:"土龙致雨。"说的恐怕就是蚯蚓,而不一定是人工制作的"土龙"。

《尔雅·释虫》:"螾,蚓,蜸蚕。"郭注:"即蛩蟺也。江东呼寒蚓。"(下·2639)由于它单体生殖,古人以为"无心而淫邪",是生殖力的象征。郭璞《山海经图赞》:

蚯蚓土精,无心之虫。
交不必分,淫于阜螽。
触而感物,无有常雄。

(据《太平御览》虫部引)

《大戴礼·易本命》说:"食土者,无心而不息。"蛩蟺,即民间所称之"曲蟮",象其屈曲而动,有雨则出,拟为"龙子",或"蛇儿"。郝氏笺疏引《古今注》:"蚯蚓一名曲蟺,善长吟于地中,江东谓之'歌女'。"

俗谓"龙吟虎啸","龙吟"是蚓歌的超级放大。

"大螾":土龙

(上及左下:蚯蚓;右下:《阴山岩画》777,蛇或蚯蚓)

蚯蚓,中国人称为"土龙"。只要它在某一神异的时空出现,例如黄帝成功之时的"大螾现",都可能被当成"龙"。因为它的形体跟蛇一样圆长、蜷曲。所以,初民把某种飞虫的"蛴螬"当成蜷龙的一种母型,也就无足为奇了。

前引唐兰说,所谓"大螾"并非蚯蚓(案:螾可为蚓),而是甲骨文所见的简式似虫的"龙"字,该字应读如螭。《说文》"螭若龙而黄,北方谓之地蝼",为黄

---

① 参见唐兰:《天壤阁甲骨文存·考释》(影印本),1939年,第40~41页。

帝时天降之"祥瑞"①，甚至可能是"黄龙体"的轩辕——黄帝的一种化形。可见螾、螭、蝼与龙可能"混淆"或转化。

孙机对"螾"（蚓）有一个很新鲜的注释。他说，《说文》"螾"又训"蟺"，《尔雅·释虫》："蟺，蚓。"郭注"即䖤蟺也"（案：崔豹《古今注》以为蚯蚓别名），《文选·琴赋》张铣注，释为"盘旋貌"。《说文》卷十三虫部："蟺，夗蟺也。"段注："夗，转卧，引申为凡宛曲之状。"其字异写颇多。孙机云："则螾又指躯体盘旋宛曲之虫。这样，它与《封禅书》里说的'黄龙'就互相接近了。"②《吕氏春秋·应同》："黄帝之时，天先见大螾、大蝼。"前举《说文》谓"若龙而黄"的螭又叫"地蝼"。《方言》卷十一之"天蝼"又指"蟓（蛴）螬"，《尔雅》与《说文》都说指蝼蛄。蛴螬，这就是阿尔金等所说的极似红山粗壮型玉龙的金龟子、豆象等的幼虫，"屈曲如环，头尾几乎碰到一起"③。案：蝼、龙双声，似可通转。民间称蚯蚓为"地龙"，即"地蝼"；升天则成"天蝼"。

孙机虽然没有说"虫"是龙的"原生态"，最早的龙出于蛴螬之类，但这结论已水到渠成，该瓜熟蒂落了。

在神话世界里，人与动物、动物与动物之间，没有严格的分界；更没有所谓"大就崇高，小则卑微"的等级观。不仅黄帝，就连北欧天神奥丁（Odin），他也可以把自己变换成任意的形态：鸟、鱼、蚯蚓④；"即便在众神以清晰的人形出现于我们面前的地方，他们与动物的亲缘关系也常常表现为一种几乎不受约束的变形力"⑤。这样，只要是身体像蛇一般圆滚、蜷曲或者细长，并且在特定时空出现，哪怕是蚯蚓，都有可能被当成是龙的一种母型。这一点，孙机也注意到了。

《史记·封禅书》："黄帝得土德，黄龙、地螾见。"
《史记·五帝本纪》："［轩辕］有土德之瑞，故号黄帝。"
《史记索隐》："炎帝火，黄帝土代之，即黄龙、地螾见是也。"

螾，按集解引应劭说，就是蚯蚓——大概因为它特别巨大，而又在"适当"时机呈现为"瑞应"吧，《帝王世纪》就说："黄帝时，螾大如虹。"（《太平御览》卷九四七引）

---

① 参见唐兰：《天壤阁甲骨文存·考释》（影印本），1939年，第40页。
② 孙机：《蜷体玉龙》，《文物》2001年第3期，第70页。
③ 孙机：《蜷体玉龙》，《文物》2001年第3期，第71页。
④ ［德］恩斯特·卡西尔：《神话思维》，黄龙保、周振选译，中国社会科学出版社，1992年，第214页。
⑤ ［德］恩斯特·卡西尔：《神话思维》，黄龙保、周振选译，中国社会科学出版社，1992年，第215页。

《说文》虫部释"螭"时曾说它"若龙而黄,北方谓之地蝼"。

"地蝼"并不是蝼蛄,而是蚯蚓的一种叫法,"地蝼:地龙"是一音之转。"土龙请雨",一是以"土"制成龙形而祈雨,另一是向土中之龙请水。可以参考《春秋繁露》求雨止雨法与《淮南子·说林训》。

有时"蝼"、"螾"并称,明其同类。《吕氏春秋·应同》有:"凡帝王之将兴也,天必见祥乎下民。黄帝之时,天先见大螾、大蝼。"

"地蝼"由于是龙的一种,可以登天变成"天蝼",见于《尔雅·释虫》和《大戴礼记·夏小正》等,而汉·扬雄《方言》(卷十一)却说它是"蟒蠌"一类的金龟子幼虫——这又跟所谓"虫形(玉)龙"撞到一起了!

龙的最早母型或"原生态",除蛇外,主要为昆虫幼虫形,这在古代文献里有痕迹可寻。龙被当做"鳞蟲之长",鳞指鱼类,"蟲"便是广义昆虫。见于甲骨文,可隶定为"蚰"或"蟲"(后者甲骨文下部从"土",《说文》所无)。《说文》云,双虫者,读若昆,"虫之总名";又说,"有足谓之蟲,无足谓之豸"。《大戴礼·易本命》说:"有鳞之虫三百六十,而蛟龙为之长。"

双虫之字,屡见卜辞(如《前》4·52·4,4·55·2,4·55·3,4·55·4;《后》1·9·11,1·23·15;《甲》1716等)。金文见于《鱼鼎匕》,其字与"蚩:螭"相干,可能跟蚩尤氏有关系,且非常重要(参看《藏獒》及《山海经的文化寻踪》"传说"部分),或暗示"龙螭"是"水虫"的提升。卜辞里,"蚰"的地位颇高,享用"燎祭"。陈邦福认为是先公旧臣之名,或即"仲虺"(《殷契说存》3,《殷契辨疑》3),至少是一种神虫,或水神。

《管子·形势》:"蛟龙,水虫之神者也。乘于水,则神立;失于水,则神废。"《韩非子·难势》:"飞龙乘云,腾蛇游雾。云罢雾霁,而龙蛇与蚓蚁同类,则乘其所乘也。"

《论衡·龙虚》亦引慎子曰:"蜚龙乘云,腾蛇游雾,云罢雨霁,与螾(蚓)、蚁同类。"暗示龙本来是跟蚯蚓、蚂蚁同类的虫子,只是可能借云雨升空为龙;假如云散雨收,就跟蚯蚓、蚂蚁差不多。这跟黄帝时"大螾见",崇拜者视若"黄龙降"一致。

槃瓠(相当于盘古),主要化身是藏獒或龙犬(参看《藏獒》),但在苗族传说里,却曾是老妇人耳朵里挑出来的一条虫,后来才变成龙或龙犬。《盘皇歌》还唱道:

　　攒出(或"初为")金虫三寸长,
　　变作龙鱼二丈余……

皇帝传旨号金龙。①

这里的"升级"过程为：

　　金虫——龙鱼——金龙

　　甘肃民歌有《盘古龙》，以尾巴解破"混沌"，上升者为天，沉降者为地。可证盘古化龙神话，南北皆有。

　　盘古死后，"身化宇宙"万物，双眼化日、月，骨血变山、川，"身上诸虫，化作众虻（民）"，原来人类是"盘古龙"身上的虫子（可以读做"龙子"或"小龙"）变成的，无怪乎我们都自称是"龙的传人"。

　　西方传教士或"中国通"，较早期者，很难搞清中国古人"虫"有广义和狭义之分，"虫"（可指蛇虺）、"蚰"（昆虫）、"蟲"（广义，有时指"有足"昆虫，有时兼概鱼类、兽类）三个字含义不同。只看到字书上"龙"为"鳞蟲之长"，而不知道"鳞蟲"广指水族，包括鱼类、爬虫类和两栖类，便把"龙"归于"虫"属（例如利玛窦、罗明坚以葡萄牙文 bicho/bichinho 为龙之归属）。而此前的西班牙人门多萨，知道龙很难说成现代意义的"虫"，便加上"蛇"（serpens）以点明它的躯体似蛇，并且创出一个"复合字"：bicha-serpens。②

　　此字，李奭学直译"虫蛇"，林虹秀的硕士论文《龙之英译初探》（2007 年）意译为"似蛇之大虫"③ ——其实民间称蛇为"长虫"，颇饶古意，"龙"则是神化之长虫，而蛇也被尊化为"小龙"（十二生肖之蛇的尊称）。而虫，便可能是在成长中的蛇、变化中的龙。

　　这些都在无意间触及了龙的一个原生形态：虫。

　　印度史诗《摩诃婆罗多》里有个小情节：多刹加蛇王化装成苦行者，给继绝国王送去一枚果子：

　　上面有一条细细小虫，
　　虫体很短，乌黑的眼睛，
　　寿那迦呀！其身色如铜。

（《摩诃婆罗多插话选》上·208）

　　小虫变回多刹加的蛇本相，紧缠国王脖颈，将其咬死。蛇飞空中，"身体色

---

① 参见何子星（联奎）：《畲民问题》，《东方杂志》第 20 卷第 13 号，1933 年。
② 参见李奭学：《西秦饮渭水，东洛荐河图——我所知道的"龙"字欧译始末》，（台北）《汉学研究通讯》第 26 卷第 4 期，2007 年，第 7 页。
③ 参见李奭学：《西秦饮渭水，东洛荐河图——我所知道的"龙"字欧译始末》，（台北）《汉学研究通讯》第 26 卷第 4 期，2007 年，第 7 页。

如红莲/仿佛做了蓝天的镶边"；还顺带喷出烈焰，烧毁了国王的柱殿。我们知道，蛇或蛇王是印度"那迦"（Nāga）龙的母型或前身，却可由虫变成。这里的变化图式是：

（蛇）——→ 虫 ——→ 蛇 ——→ 龙（Nāga）

西藏有一种苯教"赎罪经"说：

龙王住在所有的河流中，

年王住在所有的树上和岩石上，

土主住在五种土中，

人们说，那里就是土主、龙（Klu）和年。

它们有什么眷属？

带有长刺的蝎子，

细腰的蚂蚁，

金色的青蛙，

松蕊石色的蝌蚪，

贻贝一样白的蝴蝶，

这些就是他们的眷属。①

可见在藏族先民的原初想法中，龙主要是水族，但跟虫蚁同类。

龙之原初形象之一为"虫"，在南国龙信仰里还有珍贵的遗存。

"蚩尤"，蚩就是"螭"，是龙属，"蚩"字从虫，"尤"也曾加上虫旁作"蚘"。这里的"虫"固然可以是蛇虺，但仍然保留有"大头勾尾"的夭曲"幼虫"的形态。在前举《鱼鼎匕铭》里主体作乚，跟商代甲金文之"虫"字基本一致。铭云：

曰：诞有昆尸，

坠王"鱼鼎"。

曰：钦哉！出游水虫。

下民无知，参蚩尤命。

薄命入羹，忽入忽出，毋处其所！②

这里，化身"螭龙"的蚩尤原来是一种"水虫"（参见笔者的《中国上古图饰的文化判读》）。

如前所说，在"齐物论"式的神话思维里，万物并没有高低贵贱之分，人类既不是"万物之灵"，也远非万物"中心"。日本安万侣《古事记》说，大女

---

① 参见［德］霍夫曼：《西藏的宗教》，中国社会科学院民族研究所，1965年，第5~6页。

② 参见李零：《考古发现与神话传说》，《学人》第5辑，1998年。

神伊邪那岐命在黄泉国里"死"去,"满身蛆虫蠕动",虽未清楚交代其所"化",在继起的"祓禊"—净化仪式里,她身上洗去的"污秽"都变成了"神"①,"蛆虫"应不例外。冰岛神话里,"身化宇宙"的巨人伊米尔(Ymir),被天神奥丁(Odin)们"解体"后,尸体"长出了一些蛆类的虫子"②,神用它们造出了"小矮人"(dwarfs),还"赋予他们以人形和理性"③。印度阿萨姆邦东北角当麦族创世神话说,当初无天无地,原人夫妻生下一男一女,无处安置,由空中掉下,被蛆虫吃了,女神定计,男神用网捉住蛆虫,"割开蛆虫的身体,两个孩子便从腹中出来了。蛆虫的下半身变成了大地,上半身变成了天"④。可见此虫之大。这条"宇宙虫"跟常见的"宇宙蟒",包括"身化宇宙"的"盘古龙"是等值的。它不但包容人祖(兄/妹),而且自身剖分为天/地。

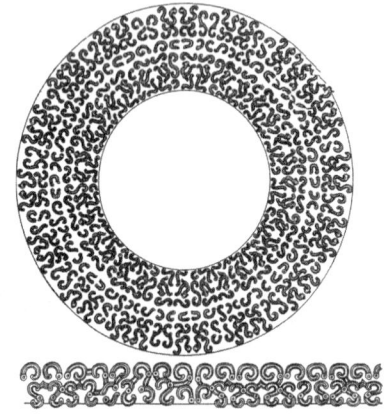 

"虫纹"与幼虫

(左:青铜尊口纹饰,湖北随县曾侯乙墓,战国;右:幼虫,英国牛津科学电影公司图片)

幼虫的大量繁衍与快速生长,使初民感到十分惊奇,它们蜕变为飞虫更被看做生命的奇迹。它们与"虫龙"形体的某些相似,特别是小大、细粗、短长之变化自如,以及蜕变特性,使虫与龙之间没有了"不可逾越的鸿沟"。

青铜器纹饰中某些所谓"变形虺纹"实是"虫纹"——也许可以被看做一种"幼龙"。

初民的想象力,或曰神话思维,其丰富与神奇,实在不是"文明的"现代人所能比拟的。机械化的逻辑思维,或曰"理性",其生长是以想象力的毁损为

---

① 参见[日]安万侣:《古事记》,邹有恒、吕元明译,人民文学出版社,1979年,第11~15页。
② [法]吕凯等:《世界神话百科全书》,徐汝舟等译,上海文艺出版社,1992年,第359页。
③ [法]吕凯等:《世界神话百科全书》,徐汝舟等译,上海文艺出版社,1992年,第359页。
④ [日]大林太良:《人类合成与世界巨人》,陈岗龙译;张玉安、陈岗龙主编:《东方民间文学比较研究》,北京大学出版社,2003年,第4~5页。

代价的——就好像超前学"知识"的孩子被牺牲了想象与天真的本性那样。

初民对于物种间、宇宙秩序与价值系统相互转换的构想，充满了朴素的辩证法。诸如真/伪、善/恶、美/丑，以及高/低、清/浊、尊/卑、圣/俗……之间无不可以随机对转或变化。决不仅仅限于小/大、细/粗、短/长间的转化。由蛴螬到龙的转换生成，就是出人意表又意味深长的典型个案。

《尔雅·释虫》："蟦，蛴螬；蝤蛴，蝎。"(下·2638；标点有争议) 郭注说，前者在粪土中，后者在木中。古人或有所混淆。邢疏云：一虫而六名。《说文》卷十三虫部"蛴"释为"蛴螬"（为便印刷，采其简体）。《方言》作蝤蛴，说它就是"天蝼"（与"蝼：地蝼"通）。

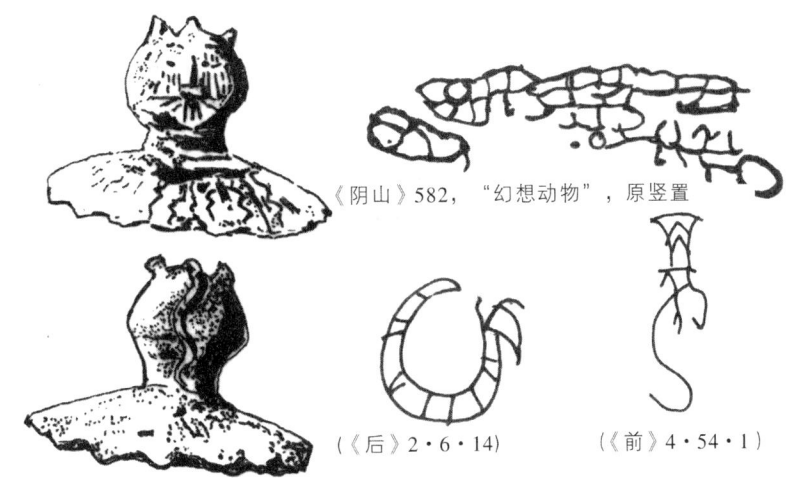

蛇形龙与虫形"龙"

（左：彩陶器盖形纹面神像，马家窑文化，现藏瑞典斯德哥尔摩远东古物馆，本图复见；右上：岩画类"虫龙"，《阴山岩画》852，原竖置，题为"幻想动物"；右下：甲骨文"龙"，见《后》2·6·14，《前》4·54·1，前者为蛇，后者似虫）

甲骨文有个"龙"字，蜷躯有纹，似有角，形似蚰蜒，但身体较长，又像小蛇。马家窑文化彩陶，小蛇蟠伏于人脑后，自是神蛇，似乎跟神像共享一副"茸状角"。甲骨文也有虫形龙，冠戴茸状角。

《尔雅》郝笺引陆玑《诗疏》及《别录》，医书如《本草拾遗》、《唐本草》、《本草图经》等，都说蛴螬生粪土之中，这样肮脏卑下的"蛆虫"居然能演进为高洁尊贵的神龙，真是"匪夷所思"，完全颠覆了我们所有的思维惯性和定势以及"美学"成见。蝤蛴本来是指一种"木蠹"的幼虫（与蝎无干），所谓"肥白而长"，初民不但将其混同于蛴螬，以通灵的宝玉将其塑造为"蜷龙"的形象，而且由于它们对雨水的敏感，而被认为能"上天入地"、"行云布雨"，进而祷求它止旱赐丰。上古的诗人还用它譬喻美人雪白丰满的脖子（日本人认为颈部最性感），就是《诗经·卫风·硕人》所谓"领如蝤蛴"，美/丑、洁/污、尊/卑，竟能如此奇妙地对立转化。蛣蟧能化为鸣蝉，"无人信高洁，谁为表予心"。它蜕变为在天的螭蟉乃至飞龙，又有什么可奇怪的呢？

初民并不以肥胖圆滚的幼虫为丑，还故意用洁白的玉来模拟其体态肤色——红山玉龙以蛣蟧等为母型，很可能有这一层审美的原因。

虫的习性、体征与龙

《孔子家语》："龙，夏食而冬蛰。"

《淮南子·泰族训》："土龙（蚯蚓？）致雨。"此处土龙与黄龙并举，应非人工制作以求雨的土龙。大雨将临，蚯蚓出洞，或为饮水，或怕淹死。而"黄龙入藏生黄泉"，黄泉由潜蛰的龙虫生成，"黄泉之埃，上为黄云"，黄土、黄风、黄云打成一片。所以《后汉书·张衡传》载《思玄赋》曰：

夫玄龙迎夏，则凌云而奋鳞，乐时也；涉冬，则混泥而潜蟠，避害也。

成虫产卵入土，或竟潜到水底泥中，变为幼虫或成蛹，冬蛰而夏兴。上述都涉及这种生命的更新与转换，龙也因此成为再生、长生、永生的意象。古埃及人崇拜推动粪球（拟态为太阳）的屎壳郎（蜣螂），以其为太阳的标识；还用它取代将制成木乃伊的法老（被挖出的）心脏，以为它能促成"再生"。还有的学者说，蜣螂把"唯一的卵"生在巨大的粪团里，等待其出生。法老被置于金字塔内，就像被置于石砌的"粪团"里，总有一天会像幼虫一样重生，并且钻出。

蛰伏待变的习性或特征，许多动物都不如昆虫那样"强烈"而又触目。"蛰"字就从虫。《说文》卷十三虫部："蛰，藏也。从虫，执声。"《周易·系辞》（下）："龙蛇之蛰，以存身也。"虫被看做龙蛇的幼体。

《庄子·天运》："蛰虫始作，吾惊之以雷霆。"

《礼记·月令》："东风解冻，蛰虫始振。"（上·1355）

郑注引《夏小正》："正月启蛰。"见于《大戴礼》。孔疏："正月中气之时，蛰虫得阳气，初始振动，至二月乃大惊而出。"（上·1355）昆虫或其卵、蛹、幼体，变化繁复，程序杂多。

《月令》仲春二月，"雷乃发声，始电，蛰虫咸动，启户始出"（上·134）。

《汉书·律历志》，以立春为正月节，"惊蛰"为正月中气。西汉末年，刘歆作《三统历》，复改"惊蛰"为二月节。民间谓之龙抬头。

卡西尔《神话思维》说："最原始的民族把出现在特定季节的动物看做这个季节的创造者，引导者。"①

---

① [德]恩斯特·卡西尔：《神话思维》，黄龙保、周振选译，中国社会科学出版社，1992年，第202页。

《说文》谓龙,"春分而登天,秋分而潜藏",与某些昆虫的蛰伏—惊蛰是有关联的。特别是,二月,"雷乃发声",蚕子孵出幼虫,许多虫儿都蠢动起来——龙或"虫龙"是由雷声惊醒并且引出的("蚕"有"龙子"之称而有"蚕龙"之变)。然而,在民俗观念里,雷电又是龙的"创作"或实现,是龙带来春雨与初雷,正如燕子带来了春天。

《论衡·无形》说:"龙之为虫,一存一亡,一短一长;龙之为性也,变化斯须,辄复非常。"

《龙虚篇》:"龙之所以为神,能屈伸其体,存亡其形。"

虫的行动正多"屈伸其体",潜藏惊蛰、翻云覆雨即"存亡其形"。这些也都可以用其原生态(昆虫幼虫)的活动或"行为"为背景来理解。敦煌写本《瑞应图》"黄龙"条所说大抵也是这意思:

[龙]能高能下,能细能精,能幽能冥,能短能长,乍存乍亡。

《月令》仲秋之月,"雷始收声,蛰虫坏户"(上·1374);季秋之月,"蛰虫咸俯在内"(下·1380)。

前举《说文》所谓龙"秋分而潜藏"(蛰,藏也),与此是相符的;所谓"能幽能明",与此是相应的。

文献屡言,二月春分祭龙或龙星,是祈雨的好时机;但事实上是被称为龙的虫在启蛰时出现,便祭祀之,以求雨水充沛。制作玉龙、土龙都能请雨,其实祭祀某种"虫龙"也能致雨。仪礼上称为"龙"者,很可能具有虫形。

某些昆虫在幼虫期要蛰藏极长时间(有的长达数年),成虫的生命反而很短。看守金羊毛的毒龙本来是不闭眼睡觉的,伊阿宋(Jason)与美狄亚(Medea)用一种催眠的草药汁(或说"曼陀罗:蒙汗药")灌睡了它,盗去宝物。其实情是,昆虫或爬虫们大吃一顿后,进入冬眠,入侵者趁机偷走了它们为过冬或惊蛰储备的食物。

有的蛇冬眠期很长。鼍龙"嗜睡",据说一年中有半年休眠期,蛰伏洞中。平时也似睡似醒,懒洋洋地晒太阳(冷血动物不能调节体温,必须多多吸收太阳热量),这是为了积累精力,以备捕食时的一扑。《尔雅翼》说,鼍性"嗜睡,目常闭"。这些都跟某些虫子的冬眠习惯相同。

这就导致"懒龙"传闻的发生。

《太平广记》卷三一一引《传记》(明抄本作《传奇》):

[龙]好睡。大即千年,小不下数百岁。偃仰于洞穴,鳞甲间聚其沙尘,或有鸟衔木实,遗弃其上,乃甲拆生树,至于合抱,龙方觉悟,遂振迅修行。(7·2461;参见周楞伽辑注本《裴铏传奇》,第81页)

值得注意的是,西方的"恶龙:蛇妖"也往往嗜睡(参见普罗普《神奇故事的历史根源》等);连百眼巨龙也是留着一只眼睛看守金羊毛,其它眼睛闭着睡觉,实是冬眠。

有"角"的"虫形龙"

(左上为粗壮硕蝽;右上为玉石"龙",辽宁东沟后洼出土,后洼文化;左方"硕蝽"下为粗壮型玉龙,辽宁阜新胡头沟出土,红山文化;其余为商周时代玉龙,传世,或有"瓶状角")

龙的"角"(或"类角饰"),或说是外加的,表示尊荣;或说是某些甲虫,如蝽象、豆象等,本就有较大的触角,被移置于幼虫。

必须注意,蛇或蛇形龙,也可以加角,如马家窑文化"陶瓶盖"所见。

有的龙角——包括"龙"头上的"肉角"——或与虫的触角相关。

安徽含山凌家滩新石器文化遗址出土的蜷体玉龙已有似羚之双角。后洼文化、红山文化粗壮型玉龙也有似角的突起。商周玉龙及器物装饰之龙，跟甲金文"龙"字一样，大多有角（后世无角者卑化为蛟，为螭）。可见龙的重要特征是有角，而蛇、蜥、鳄都没有角，某些昆虫幼虫却有"角"，被认为是其"同类"的蜗螺更有明显的触角。某些幼虫蜕变为成虫（例如蝶、蛾）后也有触角——角是神异或高贵的符号，如此幼小而软弱的蜷虫却能长出将成为"武器"的双角，实在可怪之极。所以，被比附为"拉长了的虫子"的蛇、蜥、鳄，也被安上可畏而尊贵的角（例如羚羊角、鹿角）。马家窑文化纹面人首，脑后蟠伏之神蛇，就跟神头"共享"着一对"茸状角"。

孙机说："红山玉龙无足，蛴螬却往往有三对伪足；溯本追源，妇好墓玉龙之足似乎仍取法于蛴螬。说明商代龙虽日益神化，但尚未摆脱红山蜷体玉龙及其原型地蝼即蛴螬的影响。"①

蛇无足，只有大蟒残留着极小的腹下"牙状足"或"爪状距"。某些幼虫却有"伪足"（有的玉虫龙或玉猪龙还刻出"伪足"来，已为孙机所发现）。这足够使它与蜥、鳄的四足相混淆，"画蛇添足"，让龙长着猛兽那样有利爪的短足。或说，龙之有二足者，系从退化的蛇足（或爪状距）夸饰而来，回归远古有足蛇的本相。但也有人说，幼虫"伪足"是更现成的"蓝本"。

欧洲的 Dragon，印度的 Nāga，都是饕餮一般的"吞食者"，有的能吃金属、吃石头，有的吃人，且食量惊人（中国龙在吃上比较"模糊"）。

昆虫不但繁殖迅速，而且消耗巨大。按身体比例而言，昆虫及其幼虫食量最大。能不能吃，是初民衡量生命力大小、强弱的重要指标。从昆虫到猛兽，被敬畏的要因之一，就是能吃能喝。各民族、各地区的"饕餮"食性的动物，从狼獾到鬣犬到藏獒，都备受敬畏，后者则成为中国"饕餮"（纹饰）的重要母型（参看笔者的《中国上古图饰的文化判读》）。这是英雄性的一种浅层表现。比如，北欧神话里天帝奥丁（Odin）的客人，都是能吃善喝、能征惯战的英雄。

然而，尽管蛴螬、毛毛虫之类令现代女性毛骨悚然，尖声喊叫，尽管某些"幼虫"正面看也颇狰恶（注意插图里长满利牙的"虫龙"或"豕龙"），但它们究竟不够凶猛，而龙应该是勇武而又威风的。费尔巴哈说，人们通常崇拜凶恶的动物，例如猛兽，"畏惧"是原始宗教的产婆。"龙"在建构过程中不断被狞

---

① 孙机：《蜷体玉龙》，《文物》2001年第3期，第72页。

蚓纹或虫龙纹

（青铜鉴纹饰，河南辉县琉璃阁，战国；下为供参照的蚯蚓）

某些被定为虺纹，乃至龙纹的图饰其实是蚓纹或虫（龙）纹。蚯蚓的习性神秘而大有益于农稼，黄帝龙族不是无缘无故以大蚓为"祥瑞"的。

猛化，不断吸纳蛇、巨蜥、鳄鼍可怕的凶恶与狰狞的特性，逐渐更像蛇、蜥、鳄而不似幼虫，原因即在于此。

从表层来看，某些龙的贪吃，包括吃人或吞食非食物的各种无机体，是初民和古人对某些虫蚁巨大腹部的误解。修蛇能够吞吃比它体积大好几倍的活物或卵，从鸡蛋到公鹿，甚至"大象"，据称全能吞下，以致肚子胀得像铜鼓（其实它们往往长期不进食，以"熟睡"或蛰伏、休眠来消化食物，调节体能，避免频繁外出与捕猎的危险）。这就使龙得了"饕餮"的恶名，甚至变成了蠢货与丑角。以性为基础的爱情是诗，多与悲剧相关联；吃，则是喜剧，它是卑贱而可笑的。满足口腹之欲，跟肮脏的胃、肠道、排泄器官直接相关。这跟能吃善饮的"英雄性"相反相成，喜悲剧互渗。创造与改变世界，控制宇宙与人间权力的龙是多么雄伟、崇高，吃人的龙却只留下恐怖，吃烧饼油条的龙便连虫蛇都不如了。赫梯女神伊拉那（Inaras）设宴款待巨龙 illuyankas（此名兼有"蛇"义），他"狼吞虎咽地大吃大喝着，结果肚子撑得进不了他的洞穴，于是（凡人）胡帕斯亚斯就用一根绳子将他绑了起来，风暴神走进来，不费吹灰之力便将巨龙杀死了"①。

"龙面"饕餮纹

（上：商代青铜鼎；下：安徽含山凌家滩出土玉虎、玉龙正面观，依次为 M16：2，征集 3，M8：26，采自方向明）

有的学者认为，商周有一种"饕餮纹"是以龙面为"基调"的。我们认为，所谓"龙面饕餮"很难从此类大量的纹饰里辨识出来。但青铜礼器上确实有龙纹，其意旨在于彰显商王们的权威，并以之震慑异类或"文化他者"。所以，极力以正面展示原初的龙（甚至"虫龙"）狞猛凶恶的本相。

瑞典汉学家高本汉（Bernhard Karlgren）说："在礼器纹饰中，龙是一种神奇力量的象征。它不断地出现，显然是用它为器物注入一种神性，一种巨大的神奇力量。"可备一解。

正面观的动物，很难鉴识母型。上举凌家滩玉器所见，就龙虎难分。

伊利亚德（M. Eliade）指出，这里的龙已与征战或权力控制脱离，"缺乏

---

① ［美］米尔恰·伊利亚德：《宗教思想史》，晏可佳等译，上海社会科学出版社，2004年，第125页。

智慧，而且是一个贪吃的家伙"①。龙堕落成或复归为"虫"。但这也许是"文明人"的偏见，善吃往往是古朴的英雄或神怪的杰出表现之一，但后来逐渐被"喜剧化"了，就像猪八戒。

"虫"跟饕餮的牵连，不仅在其习性，某些动物的正面观往往因为：（1）极难看出真身或母型（这是许多红山玉龙长久没有被认出"虫"形的重要原因）；（2）看起来特别凶猛。

所以绝大多数的饕餮（纹）都作"正面观"。牛羊鹿豕，不但被猛兽化，而且因夸张的"正面"而可畏。从高本汉到李学勤都说，不少的饕餮纹为"龙面"（我们觉得极难辨识出来），有时仅仅因为其"正面"而又特别"丑陋"或"凶恶"——也正因此，某些饕餮可能是虫面（母型）而至今未被辨出。如果龙或"虫龙"被当做饕餮纹的"模板"的话，那正因为它们原初本就狞厉非常。

我们甚至觉得，某些龙的"正面"，使人觉得变形极大，可能即因其母型具有虫的因素。

镇庙龙鼎

（北京白云观，近世）

后世的龙，尤其是盘龙或团龙，多展示其狞猛的正面。这样就弄得母型难辨，"面目全非"。甚至有可能，由于早期曾采用某些"凶虫"的正面观为"龙面"，或竟以"虫形"饕餮纹为模板，再加以变形与夸饰，以致今天我们很难窥见其"本相"。

---

① [美]米尔恰·伊利亚德：《宗教思想史》，晏可佳等译，上海社会科学院出版社，2004年，第125页。

水蛭：超微化的蛟龙

宋人张邦基《墨庄漫录》说，有一种蛟，形似蛇，"多居溪潭石穴中，声如牛鸣；岸行或溪行者，时遭其害"，何新说是鳄鱼，颇有理趣。但它有极强的吮血技能，"见人，先以腥涎绕之，[人]既入水，即于腰下吮其血，血尽乃止"，却完全是"蚂蟥"的特性。当然，蚂蟥形体虽如短蛇，亦可极力"放大"，却很难夸饰为"其首如虎，长者至数丈"，且"声如牛鸣"。看来可能是鳄/蛭二者特性的混合。

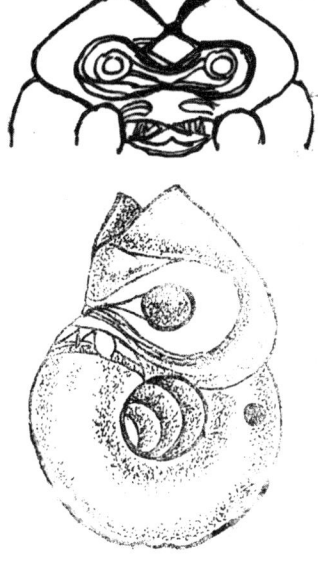

水蛭：蚂蟥

水蛭，俗称蚂蟥，能够以注入融血的"水蛭素"的方式，吮饮哺乳动物的血液，吸一次就能活200天；医生常利用它吸掉病伤者的淤血。

由于吸血后在光照下遍体通红，相传又有极强的"续断"或"再生"的能力，曾被视如"太阳神虫"。日本的女性太阳神就叫做"水蛭子"。

"凶猛"的幼虫

（上：所谓"豕首龙"的正面观，红山文化玉龙，局部；下：粗壮型，或虫状玉龙，辽宁建平牛河梁出土，红山文化，全体）

许多动物，如果正面拍摄或描摹，就很难辨清其真面目。有名的红山文化"猪龙"，身蜷头巨，满口利齿，头上有二突起（触角或棱突），一旦点明为"金龟子幼虫"，再正面看，就很像"虫首"了。这也是青铜器上某些饕餮纹很难判定其母型的重要原因。而正面观的龙首或虫首，往往分外狞厉可怖——这也正是饕餮"攘辟"功能所首重的"品质"与外形。

宋初孙光宪《北梦琐言》云：

> 南僧说，蛟之形如马蟥，即水蛭也；涎沫腥粘，掉尾缠人，而噬其血，蜀人号为"马绊蛇"。头如猫鼠，有一点白。

"水虫"之一的"蚂蟥：水蛭"，作为蛟之母型，据说有极强的再生能力。《尔雅·释鱼》："蛭，虮。"郭注："今江东呼为水中蛭虫。"邢疏："《本草》谓之水蛭。"（下·2640）东西方古医都用它吮吸淤血。陈藏器《本草拾遗》说："此物难死，虽加火炙，亦如鱼子，烟熏三年，得水犹活。"《本草图经》所述略同。《广韵》引《博物志》曰："水蛭三断而成三物。"郝懿行《尔雅笺疏》据以谓："此物至难死，碎断能复活也。"它的躯体可拉长缩短，忽肥忽瘦，旧说"断而能续"，或"死而复生"，加其缠附吸噬能力，被看做"蛟"（卑化之龙）的微型化母型，不足为奇。

《庄子·天运》说："龙，合而成体，散而成章，乘云气而养乎阴阳（'养'或读为'翔'）。"这不大好理解。

陈鼓应今译为："龙，合起来成一体，散开来成文采……"（第387页）前一句似说龙是整合某些"灵物"而为一体，后一句则暗示拆分开来，各部分仍然焕发出文章。暗示其如蟥蛭蝼蚓"可合可分，可断可续"。如果说"蚂蟥"可成为蛟龙的母型，那不免会被讥为"匪夷所思"。但是，它的某些生命特征却可能跟"高贵的"龙发生互渗。

而且，水蛭在初民心目中不一定就"卑微"，何况它还可能被提升，被想象成无限生机、无尽生长的灵物。日本安万侣《古事记》说，伊邪那岐命、伊邪那美命（像伏羲、女娲）兄妹结婚生儿，"却是个水蛭子"（表层意思是先天不足的畸形儿），然而它不仅是漂流型"弃子（英雄）"，而且因为善于补充鲜血（卑称为"嗜血者"），遍体通红，永不死亡，而被祀为太阳神。

《日本书纪》有异文，水蛭子神生于日、月诞生之后，名曰：

童蛭（英译 child-leech）

或说，水蛭子生下时如"肉球"（《日本书纪》说，"虽已三岁，脚犹不立"），如徐偃王生时如卵（或说连胞衣生出而不破），稍长则"偃"，如得了"软骨症"。或说，这是近亲结婚结下的苦果，在民俗学上是"乱伦"触忌（taboo）所致。严绍璗说："日本二神合婚神话中的这一层'怪胎'的阴翳，是神话的传播者或记录者，以中国汉民族的'夫唱妇随'的伦理观念的内核，加以编织而蒙盖在原始神话上的。"[①] 这种"社会学的解释"是不够的。

---

① 严绍璗：《中日古代文学关系史稿》，湖南文艺出版社，1987年，第30页。

如果生下时是"肉球","展开"或"生长"为水蛭,则意义重大。

（1）这跟中国西南边疆羲娲型"兄妹结婚"后生下肉蛋或卵形"葫芦：瓜"的模式趋同（意味深长的是羲娲都具龙蛇之身，而卵生的盘古也曾化龙），卵是生命结晶；

（2）肉卵是"混沌"的具象化，是"宇宙卵"的袖珍本；

（3）"卵"（充满鲜血）跟"太阳"都属圆形，可以互拟。

尾畑喜一郎编的《日本神话要说》（樱枫社，1993年，第21页）综述多年来日本学者对"水蛭子"研究的主流见解云：

作为远古时代日本神话的原型，这个肉球是作为太阳而诞生的。从神话原型的诞生到《古事记》、《日本书纪》的成书经历了一个漫长的岁月，这期间由于"天照大神"的出现，夺去了神话原型中"肉球"本应占据的位置，使它变成了一个畸形儿。①

按照龙起于胚胎的理论，水蛭也像"未成形的胎儿"，如"巳"字所示。

据说，武光诚的《日本神话之谜》（大和书房，1992年，第44页）还考据出，日本人的"惠比寿神"（商业神）的原型，就是神话中的那个大肉球"蛭儿"。

弗洛伦茨（Florenz，或译弗罗沙）《根据坎特派·绍塞的宗教史研究》（第1卷）《论日本人》（第286页）认为，水蛭子可能本为男性太阳神，"因人们崇拜得胜的大和民族部落保护神天照（太阳女神）而退居幕后"②。

或说：

【水蛭子】

童蛭（hiruko） 蛭儿（英译 child-leech）

〔缩略语〕

饶速日（nigihaya-hi，义为"敏捷温柔的太阳"）：朝日

堂堂太阳神居然是一条水蛭或蚂蟥，人们在心理上似乎难以接受。但如果说它是具体而微的龙母型，"飞龙在天"，"龙飞九五"，以龙体而司摄太阳运动，就并不令人感到"匪夷所思"了。

吕凯等的神话小百科著作引据弗罗沙之说："通过对典籍的比较，我们可以

---

① 参见于长敏：《中日民间故事比较研究》，吉林大学出版社，1996年，第34页。
② 参见于长敏：《中日民间故事比较研究》，吉林大学出版社，1996年，第35页。

确定，这位太阳神是天照（太阳女神）的孙子琼琼杵命之弟。"① 按照《古事记》，天照大神的太子跟高木神的女儿结合，先生"天火明命"，后生其弟，为"天孙"。

【天孙】

天迩岐志国迩岐志天津日高日子番能迩迩艺命（《古事记》）＝
琼琼佐命（《日本书纪》）＝
丰苇原水穗国主（简称"苇原中国"主）

他们无疑都是"太阳神"（子孙）。这跟许多有"龙"化形的主神兼为太阳神一致。

虫（形）龙？

（左上：青铜罐面纹饰，河南三门峡上村岭；上中：青铜簋足纹饰，展开图，湖北襄阳山湾；右上：青铜匜鋬纹饰，湖北襄阳山湾；左下：青铜提链壶盖面纹饰，河南淅川下寺楚墓；右下：青铜簋盖纹饰，湖北襄阳山湾。春秋时期。采自陈振裕等）

某些青铜器纹饰上所谓龙纹或虺纹，显得十分短小，"卑微"，很可能是所谓"虫形龙"（这里仅举少量显著者）。

《后汉书·南蛮传》载，盐水女神晚上跟巴人之祖廪君双飞双宿，"旦即化为虫，与诸虫群飞，掩蔽日光，天地晦冥"。这是云雨之象。"风雨如晦，鸡鸣不

---

① ［法］吕凯等：《世界神话百科全书》，徐育新等译，上海文艺出版社，1992年，第580页。

已。"准日神廪君无情射出"太阳光箭",射死雨虫,"天乃开明"。这位盐水女神肯定跟"朝为行云,暮为行雨"的巫山神女同格,都是云雨意象,性爱原型("射"又是交合隐语)。这也因为某些虫子(如蚯蚓、蚂蚁、蚂蟥即水蛭等)对暴雨十分敏感,甚至被初民当做暴风雨的预告者。日本崇祀水蛭子为太阳神,太阳为主掌晴雨之神;而龙正司摄云雨。

《楚辞·天问》:"萍号起雨,何以兴之?"郭沫若今译:

> 雨师萍号何以能够兴云雨,
> 他的身子只像个蚕子?

郭译虽不必是,却有依据。《汉唐地理书钞》引《荣氏遁甲开山图》说:"霍山、南岳有云师雨虎。"荣氏解云:"雨虎如蚕,长七八寸,似蛭。云雨之时,出在石上;肉甘,可食。"可见虫子可能成为雨神。"雨虎"似蛭,而南方某些地区的人确实吃烤蚂蟥,"食之香嫩"。

这里要特别注意的是,龙的这种行云布雨的神性,无论其在水底、土中抑或太空,根本上却与某种虫或爬虫对风雨敏感的特性相关。龙星,由爬虫之龙"升上"天空以名星宿,但这爬虫之龙跟昆虫(幼体)之龙是互渗的,它们因体躯圆滚夭曲,有"冬眠—春苏"习惯而相比附,所以说"启蛰龙见"并且"启蛰而雩",都在二月春分之际。一旦惊蛰,龙虫、龙星之类便出现了。土龙、玉龙、草龙都已成为早期雩祭对象而致雨。裘锡圭说,殷墟卜辞有"作龙"之卜,三种龙都可以"作";而"玉龙"(《说文》合体为"珑")早在红山文化时期已颇多见,其功能最可能为祷旱、请雨。玉龙多具虫躯,"虫龙"是否可以兴雨呢?

前举甲骨文燎祭的对象"蚰"(读若昆),地位很高,也见于金文《鱼鼎匕铭》,称为"水虫"(蚩尤化身),郭沫若读"蜮"(《金考》2·145),而《韩诗说》以蜮为"水神"(见《太平御览》兽部第二一引)。饶宗颐说:

> 殷人祀之,所以侑雨;以其为水神,与水旱有关也。①

而"虾蛄"与某些昆虫卵和幼虫是生活在水中的。由水面"飞"出,适逢风雨随之,初民乃惊为水雨之神若龙。②

这作为"水神",并且能够"助雨"的"水虫:昆",是很可能被当做行雨布云之龙的一种母型的。

古人或以为,龙在未升天之时,不过是"水虫"——例如"蜗龙"、"蜃龙"之类。

---

① 饶宗颐:《巴黎所见甲骨录》,香港大学刊本,1956年,第14页。
② 参见萧兵:《虫形玉龙的象征功能》,《民族艺术》2004年第3期,第54页。

汉·公孙弘《答东方朔书》说：

龙之未升，与鱼鳖为伍；
及其升天，鳞不可睹。

与鱼鳖为伍的"虫龙"体型不会太大，海蛇、湾鳄、水蜥之类都可能被当做尚未飞升的水中之龙。而某些形体更小，又古怪的对风雨敏感的"水虫"之类，也是可能被看成正在生长、有待提升的"小龙"的。

或说蛟螭是由鳄与某种"水虫"结合而成的无角小龙。它常以异化的形式展现神龙凶恶或嗜食的负面。

蛟　螭
（瓦当，清代建筑元件）

虹龙也属虫虺

或说"龙起于虹"（王子今等，参后）。

虹为双首蛇虺之象，而虫也有两头者，如"蛫"。

《说文解字》卷十三虫部："蛫，蛹也。从虫，鬼声。读若溃。"段注："《颜氏家训》曰：《庄子》'蛫二首'。蛫即古虺字，见《古今字诂》。"《韩非子·说林》亦谓："虫有蛫者，一身两口。"

商代铜戈上有一条单身双头的奇虫，或为蜈蚣，我们认为是"双头虫"。

蛫：魄：蚘：虺（虫）——肥遗

与甲骨文所见及《山海经·海外东经》虹"各有两首"相合。

双头虫"蛫"，字又作蚘，见《管子·水地》。它们还可能被看做"委蛇：肥遗：延维"的合音①。本来是虫类，后来"引申"为蛇虺。应该说，"蛫：肥遗"在语言学和民俗学上，是通过"虺：虫"的中介，由虫形变成（双首）蛇形，

---

① 参见萧兵：《委维或交蛇：圣俗"合法性"的凭证》，《民族艺术》2002年第4期；《趣味考据》（第3集），王子今编，云南人民出版社，2007年。

并最终"长成"龙形的。

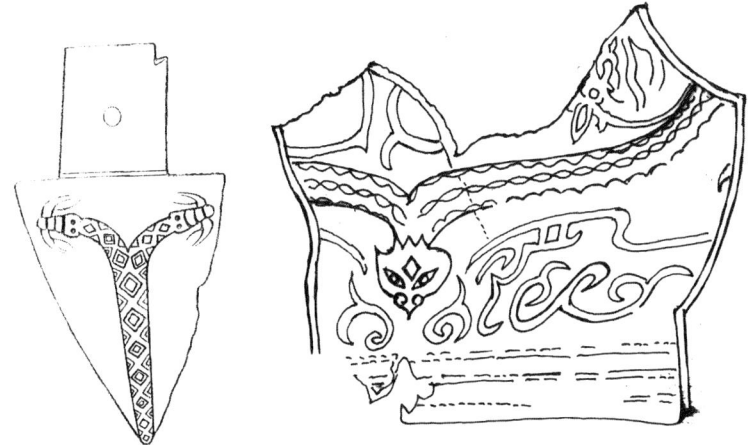

龙化的"双首虫"——蚖

（左：铜戈，商代，河南城固五郎庙出土；右：残陶片，河南偃师二里头出土，或说夏文化遗物，复见）

古人说一身二首的"虫"，叫做"蚖"，此戈纹极似之（但也有专家说是蜈蚣或蜈蚣龙——却也是虫类）。

"蚖"也写做"虺：虯"，通"虺"（虫）；其析音即"肥遗：委蛇；委维"（有数十种写法，俱一音之转）。后者是一首多身或一身多首的"蛇龙"或"蜥蜴龙"、"虫龙"，在"神话修辞学"上都是"加法：前进的夸张"，其意象是等值的。

李济指出，二里头陶片（图右）所见为"肥遗纹"，饕餮纹多为此种纹饰"剖开"或"对半拆分"（再整合为一体）的表现法，多见于泛太平洋文化艺术，从造型手法上看是对的。但这可能也是以某种"大头虫"为母型，是夏商龙的一种雏形，与一身二头者恰成对照而具可比性。

如上所说，龙与它的最早母型"虫"，又都是多栖性或游动于天、土、水"三界"的——但作为这三维空间之"中介"的"龙体天象"，是虹霓（参见下引王子今等说）；而"虹、蜺"都被看做一种"神虫"，字均从虫。"虹"也从"申"（闪电：神），而与龙所控制的雷电云雨相干。

《说文》卷十三虫部："虹，螮蝀也。状似虫。"（段注本）

甲骨文虹作双首蛇龙而大头（有角）之象，华学涑释"虺"（《华埃文字比较表》），郭沫若谓"霓"（《粹释》86～87），于省吾等定为"虹"（《骈》1·15；参《综》243）；唯叶玉森说为"桥"（《前释》7·6），最受诟病。盖殷时不知是否有"桥"，更不知是否有"拱桥"。但非洲、美洲原住民多以虹为桥或"天梯"

181

(heaven ladder)，看做"天/地/人"的媒介。而炎黄之母称"有蟜氏"——至迟战国已把"虹龙"看做一种"天桥"。传说黄帝恰恰埋葬在"桥山"。"蟜"字亦从虫。《说文》卷十三虫部："蟜，虫也。"《汉书·薛宣朱博传》注引吕靖云："蟜，毒虫也。今借以为矫字。"窃尝疑"有蟜氏"为原生性之"虫（形）龙"或"虹龙"，所以生出云神龙身之黄帝（参见待刊之《玄鸟·传说·黄帝章》）。

蛟龙之可幻形桥梁乃至"虹桥"者，已见于《楚辞·离骚》：

忽吾以行此流沙兮，遵赤水而容与；
麾蛟龙使梁津兮，诏西皇使涉予。

汉·王逸注："以蛟龙为桥梁，乘之以渡，似周穆王之越海，叱鼋鼍以为梁也。"弓起背的蛟龙最似桥或虹桥。可以参看今本《穆天子传》，穆王确曾命令鼋鳄鱼鳖排在水面上像浮桥似的做他渡河的桥梁。

"虫形龙"是否含"蚕"

流落海外的一件"蜷虫形玉"[①]，邓淑苹、孙守道等定为红山文化器物[②]，称为"龙形蚕"[③]。

这件珍异的"玉蜷虫"，跟孙机所举的上村岭虢国墓 M2006 的"玉蛴螬"十分相似[④]，而后者也曾被误定为"玉蚕"。定为"龙形蚕"，并没有多大根据，只是它"方圆首，圆弧尾，头部两侧微突，圈状大眼，体腹'打洼'成环节六道，蠕动勾曲盘卷，形体如龙"[⑤]，其实任何"蛴螬"都是这个样子。倒是孙守道提供的一件"双首璜形蚕"，身上环节如毛毛虫，尖喙也颇似蛴螬的尖嘴，值得注意。

从卵到幼虫到成虫（蛾），生命形态之变化为人所易见者，无过于"蚕"。蚕也有"龙子"之称。《周礼·夏官·马质》郑注说："蚕为龙精。"其尊称即为"龙蚕"。《荀子·赋》说："[蚕]身女好而头马首。"龙也有"马首"者，"马八

---

① See Angus Forsyth, *Jades from China*（《中国玉器》），Museum of East Asian Art, 1994.
② 参见邓淑苹：《群玉别裁》，台北，1995年。
③ 参见孙守道：《红山文化"玉蚕神"考》，（台北）《中国文物世界》第153期，1998年，第52页。
④ 参见孙机：《蜷体玉龙》，《文物》2001年第3期，第71页。
⑤ 参见孙守道：《红山文化"玉蚕神"考》，（台北）《中国文物世界》第153期，1998年，第52页。

尺为龙"。所以，中国人认为"蚕与马同气"而与龙相关①。

陈绶祥说："中国人对虫极重视，所以驯化了蚕。为什么重视虫？还是重视它的生命现象。"②

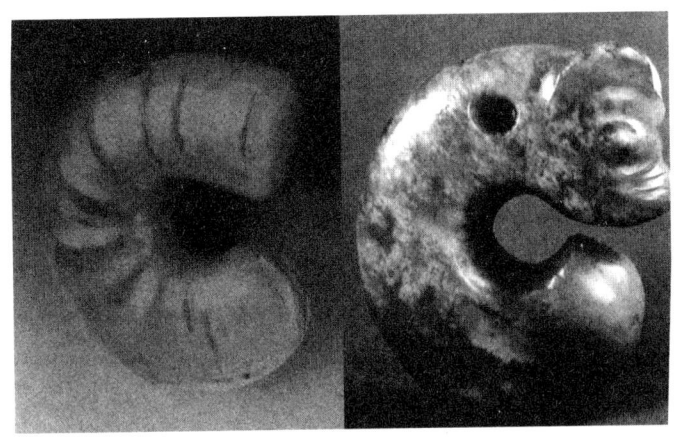

虫体玉龙

（左：虫形玉，或说"蚕尾猪形"玉；右：豕首虫身玉，或说蚕尾"猪首龙"，或说熊首。传世。采自孙守道等）

有的红山 C 形（或粗壮型龙身）玉，身体有"节"，明显属"虫"。根据大多数 C 形蜷体玉龙提供的"通例"，所谓"虫体玉"实际上也是"蜷龙玉"——不管头部清晰与否或归属何种动物，它们都该是粗壮型玉龙。

早在新石器时期，河姆渡文化出土"蚕纹"盅形器，浙江吴兴钱山漾良渚文化遗址发现家蚕丝织品残片。专家或认为，驯化蚕始于中国南方。叶舒宪说，南蛮之"蛮"不从虫虺而从"虫蚕"。范明三等则认为，养蚕始自羌人。"龙族"黄帝与羌人"螺蛳姑娘"嫘祖结婚，她带来养蚕缫丝技术，蚕也就被龙化；或者说，龙也带上了蚕形。初民也许认为蚕与龙、蚕族与龙族有神秘联系，结合则更加神圣。

李济于 1926 年在山西夏县西阴村仰韶文化遗址里发现了一粒经过人工切割的蚕茧③。斯密生博物馆的专家鉴定为"家蚕蛾"(bombyx mori) 的茧④。这茧引起学术界的关注与争论。夏鼐认为，其年代测定可疑，新石器时期遗址不大

---

① 参见萧兵：《蚕马女象征叙事的解读》，《文化与文本》，叶舒宪主编，中央编译出版社，1998年。

② 《龙文化五人谈》，陈绶祥的发言，《民间文学论坛》1984年第4期，第67页。

③ 参见李济：《西阴村史前遗存》，清华研究院，1928年，第22～23页。

④ 李济：《安阳——殷商古都发现、发掘、复原记》，苏秀菊等译，中国社会科学出版社，1990年，第47页。

可能发现保存如此完好的茧，也不能做平直的切割①（后来证明，燧石薄片可以做到）。日本的布目顺郎经过再研究，鉴定其为"白眼蚕"，目前中国北部已无它的踪迹。标本可靠。端部切掉17％左右，使蚕蛹取出时不致受损——蛹供食用，茧用于抽丝和纺丝②。德国的库恩认为，这样便可以解释商代为什么会有那么发达的丝织技术。③

蚕与蛾

（左："蚕"纹象牙雕刻盅形器，下为"蚕"纹，河姆渡文化，采自林华东；中：新石器时期石蚕、骨蚕及甲骨文类"蚕"字；右上：蚕蛹模型，河北正定出土；右下：青铜缶耳部，湖北襄阳山湾出土，春秋）

中国南方约在7000年前新石器时期开始驯化并养育蚕，并迅速向北推广（或说养蚕始自羌族或巴蜀地区），有一整套关于养蚕的仪式或信仰。初民对从卵、幼虫到蛹与蛾的蜕变熟知并且惊奇，以为蕴藏着自然的秘密，直到将其与"龙"或"虫龙"的多变化联系起来。

龙族的黄帝与蚕族的嫘祖联姻并非偶然。蚕与龙都具有蜕变的神秘，或许古人认为，二者结合可能更加神秘。用今天的话来说，就是可能造成"共生效应"或者倍增优势。

民俗学家或认为：割去茧端，可能是为了让作为"龙子"或"小龙"的蚕之灵魂（随着蛹或蛾出来）能够飞升。此说待考。

---

① 参见夏鼐：《考古学和科技史·我国古代蚕桑丝绸的历史》，科学出版社，1974年，第100页。

② 参见［日］布目顺郎：《关于山西省西阴村出土的仰韶期的茧壳》，《日本蚕丝学杂志》第37卷第3期，1968年，第187～194页；《养蚕的起源与古代绢》（东京），1979年，第164～174页；参见《中国科技史探索》，上海古籍出版社，1986年，第369页。

③ ［德］库恩：《商代的丝织物工场》，刘龙光译，《中国科技史探索》，上海古籍出版社，1986年，第368～369页。

江苏金坛三星村距今 5500～6500 年的新石器文化遗址（相当于马家浜文化中晚期至崧泽文化早期），发现目前时代最早、保存最完好的两件（没有使用痕迹的）精美礼仪用石钺，其镦饰为鸱目图案，"背饰"则是一"虫"形物：一条"虫"身上布满中心有点的小圆圈⊙，相当于"鳞"或"斑"，数目多，不能说是太阳纹，但与同地出土的"神秘"骨板条图案基本相同；另一条"虫"全身饰有点长方块图案▦，很像扬子鳄骨板，所以发掘者的说明是：

　　侧视钺饰呈扁薄鳄鱼首状。①

但是，它看起来却是腹下有四对足，正在昂首爬行的样子（据说，刘持平等鉴定为蚕）。蚕而有圆鳞或骨板纹饰，这已有"龙化"嫌疑。石钺肯定是权威仪杖或"暴力话语"的象征，为巫酋或"军务酋长"之类所掌持，"钺镦"饰鸱鸮之"眉目"，体现勇猛与神秘；钺端却饰以柔弱之蚕，显得无力（在此语境中，"生命转换"云云恐怕不足为诠释），只有鳄化或龙化才能炫示圣虫的权威性。

　　至少在后世观念里，纤细而柔软的蚕能够表示"财富"、"多产"，乃至生命的多变化，但很难象征"武力"——索绪尔说过，象征是有"理由"的，约定俗成，而又为传统与众人所认同，随机而不随意。所以，河姆渡文化陶钵上的昂头爬行的"虫"，何新的《龙的研究》就认为是鳄鱼浮雕，当地出现过鳄骨。鳄鱼镌刻在"宗教祭器"上，表明"它如同神一样受到当时人们的恐惧和膜拜"（《神与神话》38）。他认为鳄鱼者，绝大多数研究者（包括我们）却认为是蚕。因为它处于钵盂之上，刻鳄不合适。这不仅因为上古造型艺术中，许多"近似"生物（如鳄/蚕，蛇/蜥）容易被混淆，也由于很难就虫蚕的神圣性达成共识。

　　"蚕"字与"蛇"字也不易区分。卜辞有较粗短的"它"字，还有被当做"蚕神"的"它"字②（见于《蚕业史话》等）。张政烺先生坚决主张"它"是蛇而不是"蚕"③，其"本义是蛇，象形"④。此说却也不是一点讨论余地都没有（参见下文论"黾"节）。

---

① 南京师范大学、金坛市博物馆编：《金坛三星村——出土文物精华》，南京出版社，2004 年，第 165 页。
② 参见叶玉森：《研契枝谭》，富晋书社，1929 年；参见《甲骨文编》附 876·5023。
③ 参见张政烺：《释甲骨文俄、隶、蕴三字》，《中国语文》1965 年第 4 期。
④ 张政烺：《释它示——论卜辞中没有蚕神》，《古文字研究》（第 1 辑），中华书局，1979 年，第 66 页。

跟蝉一样，蚕的生命形态变化也剧烈而明显：蜕皮一次，生命壮大一次，跟蛇也类似。所以，有人甚至认为龙出于蝉或蚕。特别是蚕的最后成蛾，"羽化"升天——如蛇之增翼，龙的飞腾。

龙化的蚕

（右：礼仪用石钺；左上：石钺"柄盖"饰；左下：另一柄钺的柄盖，鸱鸮面纹钺镦。江苏金坛三星村出土，约当马家浜文化晚期、崧泽文化早期，距今5500～6500年。摹自《金坛三星村——出土文物精华》）

石钺制作精美，没有使用痕迹。可能为礼仪用品，是权力与地位的标志。钺镦刻画勇猛的猫头鹰头面像，钺柄盖饰上恐怕不是一般的蚕：一条身饰似鳞有点圈纹，另一条身饰长方形似鳄骨板纹（所以，报告定为鳄鱼），像是有意神化——亦即具有"龙化"趋向。

《广异记》（《太平御览》卷九二一引）说，赤帝（炎帝）女居阳崿山桑树上（暗示其为蚕女神），其父以火焚之，女即升天。既像蛾，又似龙。可见炎、黄二帝确实都与"龙/蚕"神话相关。这又为龙之生翼、能飞提供了一个辅证。

蚕的出卵跟蛇龙或蜥鳄的"惊蛰"一致。"千红万紫安排着，只待春雷第一声。"古人以为蚕为雷的子孙，伤蚕就会引起雷的震怒，雷动时做不洁的事情，蚕业将毫无收成。而龙被认为是雷雨之"灵"或者雷雨之"神"。蚕与龙在"雷精"这一点上密合无间。

由蛙到龙

一种比较新鲜的说法：从马家窑文化纹饰看，龙（纹）是由蛙（纹）演变出来的①。而蛙，跟蛇一样，被古人归类于虫。

马家窑文化彩陶有丰富的蛙纹与"蛙人纹"。论者多以蛙为马家窑文化主人的图腾（其实，这也不能确证），以为这与他们的滨水生活相关。

马家窑文化彩陶的蛙纹或蛙人纹，有的是"多层"的构造，有的多达5层，看起来像有10条腿似的。这当然不是普通的蛙，而是被高度夸饰的"神蛙"或"蛙神"。但这可能是"复叠式"神物造型的"简化版"——前者多见于"泛太平洋文化"艺术。其中有一件极为独特：多层蛙纹横置，身躯粗壮如蛇蟒。它在甘肃康乐县出土，属马厂型，距今约3500年。钱正东称之为"飞天龙"，描述道：

> 长着10余对粗壮有力肢爪的凌空腾飞的动物，首尾相接，而且可以围绕器物一周……它（飞天龙）为龙源于蛙之说提供了充分的依据。②

公元前3300年　　公元前2650年　　公元前2350年　　公元前2050年

---

① 参见王志安：《龙图腾新断》，《西部论丛》2004年第12期（原文未见）。
② 钱正东：《马家窑蛙纹，中华龙起源》，《文汇报》2006年7月6日；甘肃省马家窑文化研究会主编：《马家窑文化源流》2006年第8期，第41页。

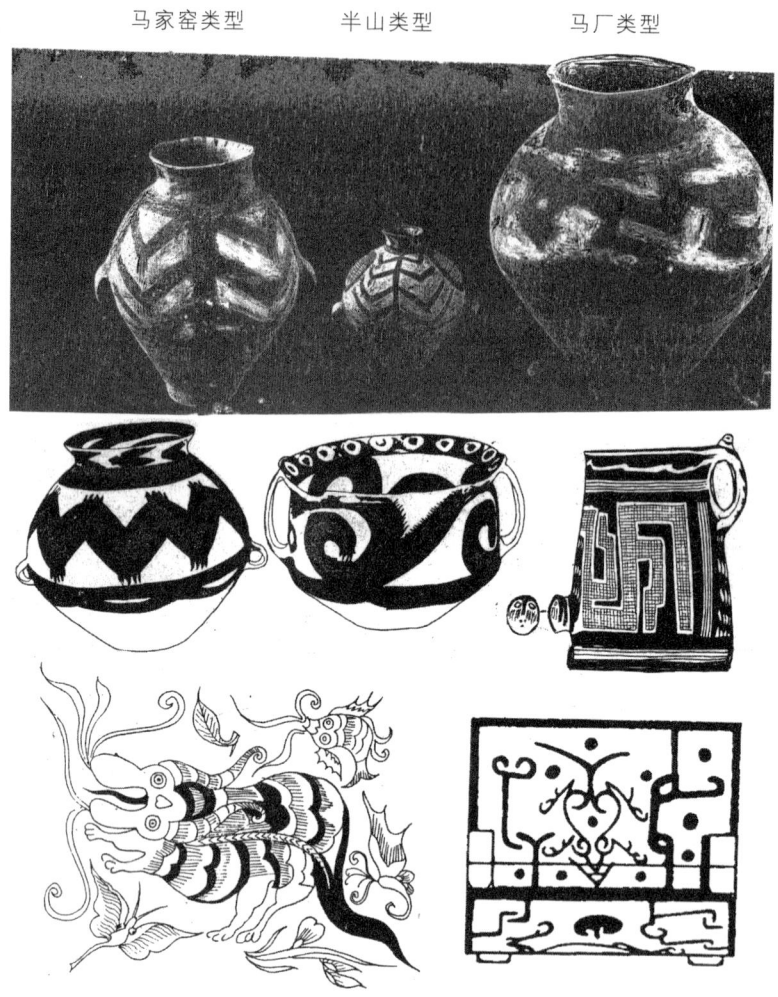

多层连续的蛙造型

（马家窑文化彩陶。下附陕北民间变形蛙造像；曾侯乙墓漆盒蛙形图纹，战国）

彩陶里的蛙——本身就已简化或抽象——身子细长，夸大其腿，好像几只蛙连续重叠，看不见头。横向构图者，看起来有些像蛇蟒。有的学者认为是"原始龙"，并且推断，龙是由蛙演进而来的。我们觉得那仍然是"连体蛙"，个别被"蛇形化"。蛇蛙合流。有的已高度抽象（第三列），不经过仔细辨析，很难看出原貌。陕北民间有一种蛙造型，加角添尾，看起来像连体蛙——也许连蛙都不是。可供参照。

泛太平洋文化有一种"复叠式"人神像，几个神像叠在一起，有时也不好区分。多见于图腾柱或祖灵牌。多层连续的蛙造型，有些像它，但因为"简化"或变形过甚，很难多做评断。

龙出于蛙之说获得一些学者的赞同。他们认为，马家窑文化居民爱水，爱蛙；一旦洪水来袭，又羡慕两栖的蛙在陆在水都能自如地生存与活动，"加上青蛙产卵量大，繁殖能力极强"①，便认同于蛙，或竟以蛙为图腾、为祖灵；进而增饰、夸张其身躯和肢爪，使其演变为（飞天）龙，"希望彻底摆脱水患的威胁，离开地面，飞上蓝天，腾云驾雾，呼风唤雨，掌握自己的命运"②。王志安也特别强调："蛙神（引案：包括具人形或人首的神蛙）有驾驭洪水的强有力的四肢，有超自然的神力。"③段小强说，这证实了"史前"便有龙的崇拜，"这是目前发现最早（3800～4000年前）的龙图案"④。

依我们看，这种"复叠"形象，基本上是连体蛙。但横向构图者确实有些"蛇龙化"，简直可以说"蛇蛙不分"。虽然还不能说是"原始龙"，但从特定视角看，此说虽奇，却有理致。彩陶盆的长躯多爪"连体蛙"，确实初具蛇龙的体形，说不定是"类龙体"或"准蛙龙"。蛙蟾跟某些虫、蛇一样，不但冬眠春苏，而且由蝌蚪而生出四足，弃去大尾，"生命"变化特大。

蝌蚪由大头细身小尾，到有双足、四足，确实很像可小可大的龙的演进过程。龙形象最主要的是出于蛇与虫，最初与甲金文的"巳"略作 ♀ 极为相似（参后）——可它也很像蝌蚪。

据博客（http://blog.sina.com.cn/u/1244574133）介绍，2003年9月28日有杨国驹文《古越诸暨蝌蚪图腾的文化意义》，认为龙的形成与"蝌蚪图腾"关系极大；"蝌蚪"在古越语中与"女阴"同音，可能崇拜龙的古越人已窥知胚胎与生育、与龙形象形成的关系（参见王小盾《四神》，下·692）。

繁殖，"再生"与生命形态变化巨大，"能幽能明，能细能巨，能短能长"，从而显示生命力的强盛与恒久，是龙的重要神话特征，也是其成为龙的母型的现实性动物几乎必备的要素。

但此说也有缺欠。说"龙源于蛙"更是理由不足。

上海博物馆的张明华说，中国已有七八千年的"龙文化史"，此说被"倒退"或"缩短"了3000～4000年。是的，说"蛙（形）龙"是最早的龙（形），

---

① 钱正东：《马家窑蛙纹，中华龙起源》，《文汇报》2006年7月6日；《马家窑文化源流》2006年第8期，第40页。

② 钱正东：《马家窑蛙纹，中华龙起源》，《文汇报》2006年7月6日；《马家窑文化源流》2006年第8期，第42页。

③ 王志安：《马家窑文化的发现与彩陶图案破译》，《马家窑文化源流》2006年第8期，第11页。

④ 段小强：《马家窑文化对中国史前考古的贡献》，《马家窑文化源流》2006年第8期，第13页。

恐怕不易服人。然而说它毫无龙之影像，"更像一只匍匐于水底的、无甚作为的、变形的娃娃鱼之类的小动物"①，也显过激。小小的鲵鱼、蚯蚓、蚕蠋、蛴螬、蝌蚪，都可能成为龙的母型，尤其"雏形"之龙；何况"变形"不定，可小可大，可短可长，幻化无端，是龙的一大特点。蛙、鲵意象都并非"毫无作为"。例如，初民可能借其祈雨求丰或调节水旱。神话与民俗，是不能单凭理性来推求，更不能仅用"科学知识"来衡定的，必须从想象力或幻想性的向度，去探讨作为象征讲述与诠释系统的神话（思维）的秘密。

我们必须注意，兄弟民族确有以蛙等水族为龙之化形（或称"载体"）的。例如藏族。吐蕃二十九代赞普珠年德与妃子秦萨鲁杰，害了癞病（可能是麻风）而死，相传是吃了由龙神处带来的"炸蛙"，得罪了龙神，得了"龙病"（他们认为许多恶病是由龙魔降下的）②。可见蛙曾被当成龙的"近亲"乃至"子属"。纳西族的龙神（或象形文字"龙"），主要是蛙首，"金蛙八卦"是他们的准"龙经"。

某些神话学家在"青蛙王子"或"青蛙与公主"类型的故事中，看出青蛙与龙（龙王子/龙公主）的对位性或等值性。例如，坎伯（通译坎贝尔）的《千面英雄》就说：

> 青蛙，亦即小恐龙（案指Dragon），是相当于孕育以头支撑地球，代表混沌创生和造物力量之地府大蛇（案即cosmic snake，如印度之婆薮吉）的象征。它衔着刚被它深黑之水吞噬的（公主丢失的）金球上来；此时就像东方的中国巨龙，口里衔着旭日般的龙珠。③

他还想起刘海（误为韩湘子）的金蟾。因为蛙蟾跟龙，除了同为"四足的水族"之外，还代表着创世或创生的力量（既有"蛇体混沌"又有"蛙体混沌"；纳西族的金蛙还是创世者，高句丽的金蛙是始祖神）。

卡西尔《人论》的"神话与宗教"章，开头就是："在人类文化的所有现象中，神话和宗教是最难相容于纯粹的逻辑分析的了。"（甘阳译本，第92页）但这不是说，它们毫无"条例"或"规律"可循。

钱正东竭力从马家窑彩陶蛙纹的演进里去发现"非孤立"的"蛙——龙"形象的发展过程：

第一部曲：从蛙到蛙图腾
第二部曲：从蛙图腾到驭水蛙神

---

① 参见张明华：《中华龙起源之我见——读〈马家窑蛙纹，中华龙起源〉有感》，《文汇报》2006年7月6日。
② 参见周锡银、望潮：《藏族原始宗教》，四川人民出版社，1999年，第62页。
③ [美] 乔瑟夫·坎伯：《千面英雄》，朱侃如译，（台北）立绪出版公司，1998年，第52页。

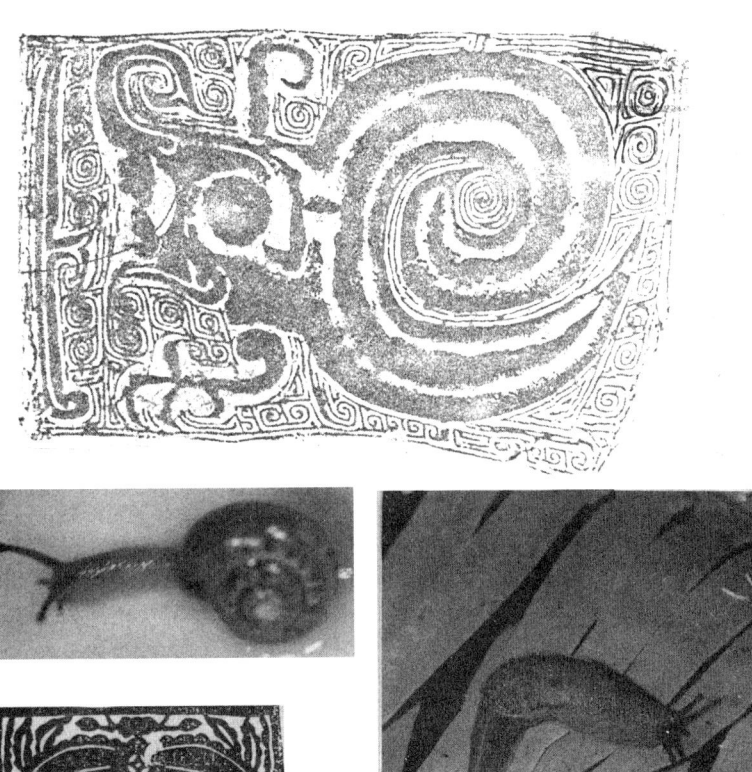

"走兽化"的蜗螺

（兽化的蜗螺纹，《蜗身兽纹簋》，西周早期，《商周纹饰》607；下附蜗牛与蛞蝓以及苗绣中的"神虫"）

青铜器纹饰里有一种"蜗螺"，或称"蜗身兽"。它具有龙首、钩角、侈口、利爪和"象鼻唇"。注意：画面上的蜗螺似乎无壳，柔软蜷曲的身躯暴露在外。

有人说，如果把它的"蜷曲"身躯拉"长"，就是"活龙活现"了。

孙机便认为这是"蜷体龙"纹的一种。

第三部曲：从蛙神到飞天龙

从蛙到龙的三部曲尽管有缺陷，这种寻求"系统"的努力确实能诱致"序列"的发现。但"由蛙到龙"确有缺环。虫、蛇或"蛇（形）龙"的形象发生在前，无法掩藏。马家窑文化那稍前于"类蛙龙壶"的"器盖"状纹面"神像"，脑后就蟠伏着小小的"灵蛇"，令人想象到它可能与人头"共享"一对茸状角，成为很难抹杀的"雏形龙"。圆滚、细长、夭曲、蟠蜷……这种原生形态或基本结构的"龙身"很可能"介入"马家窑"多层/多足"的蛙纹的创作,诱导它朝着(蛙形)龙形象的"走向"演进。龙意象是多元架构,采纳的母型及"元素"颇为多样,蛙或蛙纹可以成为其中的一种。它丰富与强化了龙的形象,使其更富审美意趣与文化张力。

蜗螺也与龙相关

或说,龙出于蜗牛或螺蛳。理由:

(1) 蜗牛身体蜷曲,如"环蛇"或"卷龙";
(2) 有"触角"(或成为"月神");
(3) 蜗螺是"生殖"的意象。

《楚辞·天问》:"女娲有体,孰制匠之?"女娲就是"女蜗",一日七十化,由蜗牛之体变成蛇身(或龙躯),有如蝌蚪变成青蛙("蝌蚪"古称"活东",可与"龙"音比附——参见前文有关"龙出蛙蟾"部分)。螺,作为女阴意象,与"蜗"同类。嫘祖就是"螺祖"(参见何新《诸神的起源》)——最早的"螺蛳姑娘",亦即"白水素女"(参见笔者《山海经的文化寻踪》)。蜗螺脱壳,就蜕变为螺蛳龙,即"雷龙"(嫘祖又作"雷祖"),与黄帝(云龙)匹配。

其形象再现,就是青铜纹饰所见之"蜗龙"或"蜗身兽"。它们恰恰已经"脱壳",身体蜷曲或自环,如蜷体龙。

蜗身兽:蜗形龙

(西周青铜器纹饰。左上:簋腹,陕西峡山王家嘴出土;右上:尊腹,陕西泾阳高家堡 M1;左下:簋腹,陕西泾阳高家堡 M1。采自陈振裕等。右下附古代美洲蜗形兽,与冠蛇、持蛇、腰蛇的武士大战,秘鲁陶饰展开图,莫奇卡文化)

有人说,中国的"蜗身兽",其实是蜗形龙,龙首而屈身如环。

有趣的是古代美洲也有"蜗身兽",更加兽形化;唯有壳,长尾,"兼体"为"龙"。

说蜗螺可能是龙的一种母型,实在不太容易令人接受。但如果结合下文龙之原生形态为昆虫之幼体,那此说不但不古怪,反而有助于理解"虫"成为龙母型之一的缘由。因为古人是把蜗螺等都当做"虫"的,字也从"虫"。《本草》系统,有些书说,蜗牛脱壳(或无壳)就是蛞蝓,有的予以驳斥。而蛞蝓更像浑身粘液的(粗壮型)"虫(形)龙",把身躯拉"直"拉"长",便与"蛇(形)龙"无大区别。这跟"水蛭:蚂蟥"因为"形似"被看成"小龙"有些类似。

孙机不同意马承源"蜗身兽"的定名①。他认为:

> 其蜷曲的身躯并不代表"蜗牛壳",而是商代的蜷体龙纹被周人改造了的结果。……在《天亡簋》等器物上出现的,已是西周[蜷体龙]的新式样了,其中的原委很耐人寻味。②

在古人或初民的神话思维里,有壳、无壳并不特别重要,有壳可以脱壳,无壳可以加壳,只要"主体"蜷曲圆滚而又带些神秘性,就有资格成为某一时期、某一地区、某一语境里龙的母型。"蜗"有"螺旋"之意,蜷曲虫体而入壳就是"蜗"——"蜗身兽"强调的就是其"涡纹"。

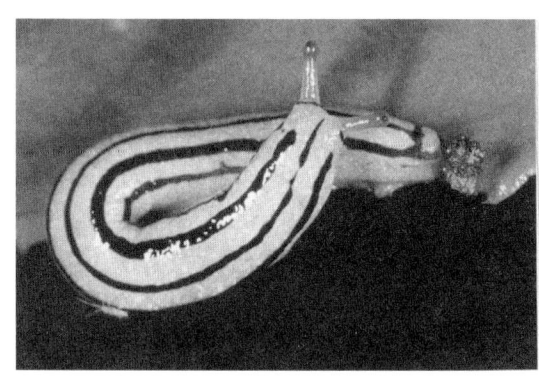 

蛞蝓与蜗牛

(动物照片)

蛞蝓,脱了壳的蜗牛就因为有了这样圆滚的虫蛇形身子,而成为"蜗龙"或"蜗身兽"的母型。脱壳与蜕皮,更是"再生"的象征。

初民对于"螺旋(形)"有一种神秘感:它是"循环"乃至"永恒回归"的意象(就像对"涡卷"、"涡旋"或"类太极"图像的敬畏那样)。加上"玄武"般的坚壳,与脱壳的联想,"蜗龙"之意象渐次告成。

何新暗示,这实在是一种"蜗形龙"。他说,马承源以为这是"龙头形"而

---

① 参见马承源:《商周青铜器纹饰·综述》,文物出版社,1984年,第16页。
② 孙机:《蜷体玉龙》,《文物》2001年第3期,第74页。

身负蜗牛壳的幻想中的动物。所谓"貐（蝓）"，本是"龙、虎、鳄的通名"，所以，"这种龙的纹饰作蜗体状，头上有触角，并且有一条卷曲的长鼻……而且从蜗壳中伸出一个锐利的爪子"①。

所谓"蜗身兽"，夸饰其凶猛、壮硕——"虫（形）龙"，往往要向其"后身"蛇鳄或猛兽借用其爪牙。《唐本草》批评陶弘景将"蛞蝓"混入"三十六禽"或"角虫"，说成"爕室星之精"，指出蝓不是貐或猰貐之类，所谓"食人之兽"。马承源却说蜗身兽就是《山海经》中的猰貐，何新对此大加赞赏。其实那是以藏獒为母型的猛兽（任乃强之说；参看《藏獒》），被加上"龙首"以为尊荣。蜗牛或蛞蝓却因身躯夭曲连蜷，可能与"原龙"相涉。

西周式蜷体龙纹或"蜗身兽"

（1.《天亡簋》图纹；2. 灵台白草坡出土簋图纹；3. 喀左北洞村出土罍图纹。采自孙机）

这种"蜗形兽"或"蜗形龙"，往往成双作对，像"对凤"、"对龙"、"对兽"一样，夹恃或拱卫着中心神圣符号。这种符号，多为饕餮纹额间尊饰，本身也已"神灵化"。

蜗形、涡纹、螺旋跟蜷体虫龙、卷龙、蟠龙等同样都是"永生"的原型意象，都体现"永久循环"，即"永恒回归"的朴素哲理。

---

① 何新：《龙：神话与真相》，上海人民出版社，1989年，第322页。

蜗入水就成了螺,成了"水虫"。古人以为其同类,可相互转化。《说文》卷十三虫部:"蜗,蜗蠃也。从虫,呙声。"而"蠃",一指螺蠃,另一就是虒蝓、蜗螺之类,见于《尔雅·释鱼》,郭注,"蜗牛也"。

蜗、螺都有角,这不但"助成"着龙的角,而且使其关涉月亮——弯弯的牛角或蜗牛角都曾被比附为"月牙儿",蜗螺蚌蛤的身体或器官还随着月望月晦而"潮起潮落"(参看《山海经的文化寻踪》第1478~1480页)。而蜗牛之称"虪"者,清·郝懿行《尔雅笺疏》说,它本指"虎之有角";后来,生长为"龙角"。注意,"蜗身兽"就有角,《天亡簋》图纹作明显的"拆半—拼合"式,角更明显。秘鲁彩陶之"类蜗身兽",有角有尾,长舌锐爪,利齿獠牙,已是活生生的"美洲兽形龙"了!

蚌蜃与蛟蜃可能相互转化。例如,蜗身兽被附会为吐出云气的"蜃"——蜃本亦软体动物,与蚌蛤有关(或说为蚌壳制成的农具),后来却成为一种龙:蜃龙。十二生肖里的"辰龙",便由"蜃"来。它是"龙生九子"之一。《尔雅翼》引宋人说,所谓"蜃气"或"蜃楼"不是蚌蛤而是鱼龙所作,它"有耳有角,背鬣皆红"。

这主要是民间观念。《封神演义》里四大金刚之一,手里就抓着"蜃龙",见于近世佛寺山门(民间认为暗指"风调雨顺"之"顺",顺、蜃谐音)。《本草纲目》则收"蜃"于"蛟龙"之下,后世或并称"蛟蜃"。

古代美洲的蜗身龙

(秘鲁彩陶纹饰,右上已抽象化;或说是"蜗牛"与"蜗形兽",背着蜗壳,莫奇卡文化)

这种美洲"蜗身兽"极似"蜗形龙"——走兽化的龙。有的已经"脱壳而出",只不过把"蜗壳"置于背上,成为自我标识的符号,是名副其实的"负翁"。或说,身有十字符号、手持神圣武器者(右下)为"太阳龙"。

蜃 龙

《物类相感志》:"蜃,龙也。如池、井间有之,则吐气为雨。"(据何新《龙:神话与真相》第 48 页引)

《本草纲目》:"蛟之属有蜃。其状亦似蛇而大。……蛟、蜃皆是一类,有生有化也。"

《渊鉴类函》引《杂兵书》:"渭水出气如蜃。蜃,形似蛇而大,腰以下鳞尽逆。一曰:状似螭龙,四耳,有角。背鬣作红色。嘘气成楼台……"(据何新引)

蜃似某种小蛇,其怪异多在口头传播,见于记载甚晚。

奇怪的是,蛟蜃与蚌蜃居然可能在特定条件下相互转化。它们都吐气为"海市蜃楼"。红山文化"勾云形器",我们以为其母型为软体动物,某些专家却以为是变体之龙。蒂亚马特(Tiamat)化形为蛇、鱼,被马尔杜克如"干鱼"般解体成两半;异文却说被这位太阳神像"蚌蛤"一般剖开它,一半做天,一半做地。它们又多与雉相关。《礼·月令》等说:"雉入大水为蜃。"所以红山"勾云形器"或作蚌相,或化鸟形。而前引《杂兵书》言:"世云:雉与蛇交而成蜃。"《本草纲目》引唐·陆禋《续水经》说,蛇、雉交,遗卵于地,千年而为蛟。

"辰"与"龙"的对位,至迟在战国时期已见端倪。二者在特定语境中可以互证。《吴越春秋·阖闾内传》:"吴在辰,其位龙也。故小城南门上反羽为两鲵鱙,以象龙角;越在巳地,其位蛇也。故南大门上有木蛇,北向首内,以示越属于吴也。"暗示"辰龙"形象为鲵鱼之类。"辰龙巳蛇"之配搭已经明确。此与"星野"理论可能相干(以上请参见《中国早期艺术的文化释读》有关"勾云形—蚌蜃形玉佩"的讨论)。

"辰"星,也曾被说成苍龙之宿的构成。

《史记·天官书》索隐引《春秋文耀钩》:"东宫苍龙,其精为龙。"引《尔雅》:"大辰,房(龙腹)、心(龙心)、尾(龙尾)也。"李巡注:"大辰,苍龙宿,体最明也。"郭璞注:"龙星明者,以为时候,故曰大辰。"

这也暗示大辰之"辰:蜃"略具龙形,或像部分龙体;其从"虫",或表示曾与"虫:龙"相关。陈绶祥很敏感地说:"[这]是属于一种与草木生长等农事直接有关的名叫'辰'的'虫'。"[①] 他还说,殷墟卜辞里若干"辰"字(《甲》1999,《殷契》756,《佚》383 背,《龟》1·1·11,《续存》2737,《前》3·3·2,《后》1·18·7,《甲》2330),"无一不是一条扭动的虫,它们有的正从地面上钻出头来,有的则钻入土中,真像一个无头'龙'字"[②]。当然这还要进一步证明。

---

① 陈绶祥:《遮蔽的文明·中国龙》,北京工艺美术出版社,1992 年,第 74 页。
② 陈绶祥:《遮蔽的文明·中国龙》,北京工艺美术出版社,1992 年,第 74 页。

龙、虫同类吗？

近年，叶舒宪等也采用以红山玉龙为代表的"龙"，采用猪、熊、鹿、虫为"原型要素"的说法①。前三者的"要素"，主要指头部。他还有《熊图腾》等专著，广涉及此。

而一些敏锐的"前现代"学者也体悟到龙与某些蠕虫相关。普罗普引文特氏的话说："很可能在［蛇妖］长翅膀的形象上，确实隐藏着人们久已忘记的关于代表灵魂的鸟的概念，而在龙的蛇形躯干上，则隐藏着关于代表灵魂的蠕虫的概念。"② 这绝不仅仅因为蠕虫与蛇在形态和习性上有些"类同"，还因为它们能够代表灵魂与灵魂之"复生"。普氏说，"冥国：死人的世界"或远在天外，或在云端，但多在地下——全都"与世隔绝"，远离现实界与人间。"与此相应，死者所能变的动物数量亦受到了限制。鸟为遥远的国度而生，蛇、蠕虫、爬行类动物为地下王国而生，其中显然并无特殊的界限。"③ 它们组合而为龙。

这样把"昆虫"跟"蛇蟒"（龙）视为同类就毫不为奇了。列维-斯特劳斯说：

> 蜜蜂在非洲和澳洲都是图腾动物。但是，对于尼尔人来说，蜜蜂是与巨蟒有联系的次要的图腾，因为这两种动物有着特征类似的体形。把巨蟒当做图腾的人也不杀死蜜蜂或吃蜂蜜。在红蚂蚁和眼镜蛇之间也有同一种类型的联系，因为眼镜蛇字面的意思就是"棕色虫"。④

一种重要的"归类"办法或标准是"蜕变"与否。如上所说，这关系到能否"再生"或"永生"，这样蛇、蜥与某些昆虫就会被看成"同类"（从而按照一样的"理由"被认同为某种圣物，例如"龙"的母型）。圭亚那的阿拉瓦克人（Arawaks）认为，造物者剥夺了"邪恶的人类'不灭的生命而［将不死］赠与那些蜕皮的［同类］动物，如蛇、蜥蜴和甲虫'"⑤。

原始的分类不是没有标准，只不过并非现代所依据的所谓"本质"，例如是否"哺乳"（卵生或胎生并非"本质"，比如下蛋而且有"鸭嘴"，还在"水里"生活的鸭嘴兽依然跟人、老虎同属哺乳类，"初民"觉得荒唐得不可思议——鸭

---

① 参见叶舒宪：《"猪龙"与"熊龙"："中国维纳斯"与龙之原型的艺术人类学通观》，《文艺研究》2006年第4期。
② ［俄］普罗普：《神奇故事的历史根源》，贾放译，中华书局，2008年，第320页。
③ ［俄］普罗普：《神奇故事的历史根源》，贾放译，中华书局，2008年，第320页。
④ ［法］列维-斯特劳斯：《野性的思维》，李幼蒸译，商务印书馆，1987年，第67页。
⑤ ［英］弗雷泽：《旧约中的民俗·人类的堕落》，朝戈金译，《西方神话学论文选》，上海文艺出版社，1994年，第120页。

嘴兽完全无视上帝规定的类别、秩序、标准而存在，只能跟蛇同属罪恶的怪物）。他们依据的往往是触目的某一特征，例如颜色，"乌鸦的颜色很特别，所以它自然而然地包括了雨，继而包括了冬天和冬天的云，以及电闪和雷鸣"①。它们都是同类。又比如行为方式，蛇、蠕虫乃至雨云、电闪，都矫天、蠕动，当然是同类。这样的分类标准"只及一点，不计其余"。要按照林奈式的分类，就没法理解了。

反秩序的妖龙

原初或上古的"分类"，是跟现代"科学分类"完全不同的。把虫与龙看成同一系统、同一类别或同一性质的东西，确实让"文明人"惊愕。但正如列维-斯特劳斯所说，"从词项的平面上看，系统是任意的，只有在被看成一个完整的系列时它才是条理一贯的"。要考虑它们的语境，原初分类，"一方面为历史与文化环境，另一方面为各项必定出现于其中的系统的结构的作用"所决定（《野性的思维》，第65页）。

又例如，《旧约·利未记》表明，原始基督教的动物分类主要是依据系统中有选择的"结构"，诸如：

（1）活动的空间（绝不混淆的空/水/地三重世界）；
（2）常规的肢体；
（3）行为方式或习性。

例如，四条腿的兽畜在陆地跳跃、跑走，是常规；蛇龙（没有腿或"妄加"四足）却蠕动着身子"爬行"，甚至能够下水、上天。这就违背了上帝在创世时就规定好的活动空间与方式，所以（龙：Dragon；Nāga：羽蛇）是反神圣、反秩序的怪物②。也正因如此——

> 爬行动物的原型或范型包括蛆虫（引案：它们都蠕动）。正如鱼应归入海洋一样，蛆虫应归入坟墓的领域，那里是死亡与混乱之地。③

蠕虫、蛇与基督教世界的龙因而注定是妖恶，"代表"或制造死亡。

---

① [法]爱弥尔·涂尔干、马塞尔·莫斯：《原始分类》，汲喆译，上海人民出版社，2005年，第19页。
② 参见[美]玛丽·道格拉斯：《〈利未记〉的憎恶》，刘澎译，《20世纪西方宗教人类学文选》（上册），史宗主编，金泽译，上海三联书店，1995年，第328页。
③ 参见[美]玛丽·道格拉斯：《〈利未记〉的憎恶》，刘澎译，《20世纪西方宗教人类学文选》（上册），史宗主编，金泽译，上海三联书店，1995年，第329页。

冯特（Wundt）的《神话与宗教》在讨论"祖灵"或图腾崇拜发生时曾说：

> 当他们（初民）看到蛆虫从尸体中生出来，就以为死者的灵魂已经化身其中并随之而去。因此，蛆虫，并扩展到爬行动物（蛇、蜥蜴等——引案：它们都是龙的母型），就首先被作为死者灵魂的寄托之所，因而也最早受到崇敬并扮演了图腾的角色。①

这曾被认为是虫崇拜、龙崇拜，尤其是虫、龙图腾（或祖灵）崇拜的一个根源。虫与蛇、蜥都常常出现在坟墓及其缝隙，有时便被当做死者（包括祖先）的化形或精灵。祖鲁人等认为，人死后可能变成黄蜂、蜥蜴或蛇。泰勒在《原始文化》中说："这些动物由于它们那种蜕皮的特性，而在关于复活和不死的观念中起作用。"②成文史前的观念，现代人真难"理解"：蛇与蛆虫往往因为出入尸体或坟墓中被认为是恶灵而受到殴逐（上古有"蜡仪"或"蹉蛆舞"），有时却又被认为是祖灵的"神变"，特别是当它们被观念地升华或审美地再现的时候。涂尔干反对冯特们把虫蛇之类当做最古老或最尊贵的"图腾"，他认为"这种膜拜所针对的并不是动物，而是图腾形象的标记"③，如韦莱（Weley）们所说，"徽识（或符号）有时比（动物）图腾本身更重要"。然而涂尔干说："在关于标记的宗教和祖先崇拜之间，无论如何是没有任何联系的。"④ 这话也说得太"绝对"了。

或以为，欧洲龙（或"蛇妖"）之所以蛇身、蝎尾、蝠翼、鳄足或虫形，大半与埃及人的地狱想象有关。科普特派基督教圣徒比金齐亚假托木乃伊自述道：

> 当我落入地狱时，出了这么件事：我看见了一片30丈方圆的大湖，湖里挤满了爬虫（reptiles）。每一条爬虫都长着7个脑袋，长着跟蝎子差不多的身子。这地方还有一条巨大的蠕虫，看到它的人都会被它那模样吓住。它满嘴的牙齿跟两排木桩一般（引案：注意粗壮型红山玉龙的利齿）。一条爬虫把我抓起来扔给了这条蠕虫，这东西总在吃啊吃的，从来没停过嘴；就在这时候，别的爬虫都聚到了它的身边，它把我的肉塞了一嘴，所有聚集到它身边的爬虫也填满了它们的嘴巴。⑤

---

① ［法］爱弥尔·涂尔干：《宗教生活的基本形式》，渠东、汲喆译，上海人民出版社，1999年，第245页。
② ［英］爱德华·泰勒：《原始文化》，连树声译，广西师范大学出版社，2005年，第415页。
③ ［法］爱弥尔·涂尔干：《宗教生活的基本形式》，渠东、汲喆译，上海人民出版社，1999年，第229页。
④ ［法］爱弥尔·涂尔干：《宗教生活的基本形式》，渠东、汲喆译，上海人民出版社，1999年，第229页。
⑤ ［俄］普罗普：《神奇故事的历史根源》，贾放译，中华书局，2008年，第324页。

这也是某些"蛇妖：恶龙：蛟蜃"喜欢吃人的传说依据。它们在特定语境中被看做死神或死神使者，有时又被当做冥界中人类灵魂的动物化身（也正因如此，长出翅膀的虫蛇或蛟龙又能挣脱地心吸力或地狱枷锁负载着灵魂升上太空）。

这样，非常态、反秩序、不确定、难规范的"所有的爬行动物和昆虫，似乎都被看做人类之邪恶的敌人，总想最残酷地灭绝人类"①。所以在西方，Dragon 是负面形象，还有那样多的屠龙英雄（中国人则主要杀戮进一步异化的毒蛇、蛟蜃或"猪婆龙"之类，而虞君则因"杀虫"促晴获得崇敬，那是因为它们都是损害人类利益的恶物）。而中国龙很早就成为神、祥瑞或吉善之物，布雨行云，而极少有关于龙吃人或要灭绝人类的传说。

史前"巨虫"

有一种奇特的说法：太阳神阿波罗当初杀的不是神蛇比东，而是蠕虫②。也许希腊语 python（比托）一词有"腐烂"的意思，阿波罗斩怪时曾说，"你就躺在这儿腐烂吧"，蛇妖和杀妖之地都被命名为 Python 或 Pytho，它们的故事由此而起；而蛇、蠕虫都跟"腐烂"相联系。比东（Python）是大地女神该亚（Gaia）所生，本来深深躲在黑暗的地底或幽冥世界，惊蛰之后便像毛毛虫一样"蹂躏德尔斐（Delphi）四周的田野"③，才被"光明神"所杀。"据另一神话，皮同（即 Python）是从丢卡利翁时代大洪水留下的死水潭中出生的。"④ 像蛇蝎又如蠕虫。就像九首蛇身人面的相柳所"抵"的泽溪，"其血腥，不可以树五谷种。禹［杀而］厥之，三仞三沮，乃以为众帝之台"（《山海经·海外北经》，巴蜀版，第 280 页）。阿波罗也在比东埋尸之所筑起了自己光明的神坛以镇魔之。得尔斐神庙与石坛就是为此建立的。

这就像中国的"虫"字既是蛇虺之虺，又可借用为昆虫之"虫"，"虫：虺：蛹：蚓"诸字可同音相假，python 既是 snake、serpent，又是 insect、worm。如果此说得到确证，则"虫：蛇（龙）"之为异质同构，便毫无疑问。

一条很奇特的考证：作为希腊"故都"与阿波罗圣地的德尔斐（Delphi），古名却是：

---

① ［美］E. H. 利奇：《语言的人类学：动物范畴和骂人话》，《20 世纪西方宗教人类学文选》（上册），史宗主编，金泽译，上海三联书店，1995 年，第 346 页。
② 参见［英］麦克斯·缪勒：《比较神话学》，金泽译，上海文艺出版社，1989 年，第 115 页。
③ 鲁刚主编：《世界神话词典》，辽宁人民出版社，1989 年，第 135 页。
④ 鲁刚主编：《世界神话词典》，辽宁人民出版社，1989 年，第 135 页。

pythō

这或许暗示其为"腐虫"兼"毒蛇"的 python 所占。如上所说，pytho 一词在希腊语中是"使腐败"之意①，所以有些"蠕虫"或"害虫"之名，也以其为词根。例如昆虫类之——

  pytho

  pythodora

  pytho—plesius

而一种蟒蛇也叫做 python②。

可见"虫：蛇（恶毒的龙）"在特定情况下可以通转，"虫"可以"提升"为龙，龙也能够"降落"为虫。

印度的那迦，或蛇王，有一位叫做德叉迦（Takshaka），同样潜伏地底，"他闪光的都城是地狱王国的光荣"。帕里奇特（Parikchit）王无心骚扰了隐修者，蒙受恶咒：德叉迦蛇的毒汁将"烧"死你。他在湖心建立顶在圆柱上的宫殿以避祸。蛇王却命小蛇变成苦行僧献果。王打开美果，出现一条两眼和全身都闪光的怪虫。王叹道："太阳将要落下去，我现在不怕死了。"把怪虫放在脖子上。"德叉迦"龙王现出原形，缠住国王，一声大吼，升上高空。"像莲花一样红/在天国的前部划出一道线/笔直如新娘头上的发缝。"烈火围住宫殿，王像遭雷击一样死去。③

事见史诗《摩诃婆罗多》。这不是一般的化身、改容，而是表明：龙虫同构，可大可小；龙能够像小虫般藏于果中。

从史前史层面看，古生物学家或认为有一种跟现代昆虫迥不相侔的极为巨大的"节肢类"虫形动物（其"幼虫"可能比现存森林中的巨蟒还要大），化石材料"零散"——更多学者认为，只有重力环境不同的"外星"，才可能有超大昆虫。因为过大的昆虫，其躯壳（所谓"外骨骼"）无法支持其自重，地心吸力将"压缩"其"肉体"成为"一张纸"。种种的传言、记载与争论，诱使大量的巨怪型科幻小说与影视出现——例如有名的《金刚》、《异形》、《史前巨蟒》、《巨鳄》、《哥斯拉》等，主要以"巨大的怪物"来吓人——也激起公众的极大热情与兴趣。可怕的巨虫之类，或来自"湮没的（侏罗纪）世界"，或来自外太

---

① ［美］E. C. 耶格：《生物名称和生物学术语的词源》，滕砥平、蒋芝英译，科学出版社，1965 年，第 438 页。

② ［美］E. C. 耶格：《生物名称和生物学术语的词源》，滕砥平、蒋芝英译，科学出版社，1965 年，第 438 页。

③ 参见［法］吕凯等：《世界神话百科全书》，徐育新等译，上海文艺出版社，1992 年，第 492~493 页。

空，或来自"地心"，或由于核辐射等外因引起基因突变。

有的学者便说，这种"史前巨虫"是"（毒）龙"的一种母型。然而，立即产生了跟"龙出自恐龙"学说同样的"质疑"：初民或古人从何得见这种"史前"或"外星"巨虫？回答是除上举"科幻"派作者的假设外，仍然是常见的几种：巨虫化石/孑遗的活体/地底或宇宙探测的新发现……仍然多属披着科学外衣的幻想。

史前巨虫或沙漠巨虫
（现代人的构拟）

在民间传言或"科学幻想"中，有一种"沙漠巨虫"，能够吞噬人、兽；某些科幻电影也曾出现它们可怕的身影。或说，这是凶龙、恶龙或毒龙的一种母型。

《破译达·芬奇密码》的作者丹·布朗在"政治幻想"小说《骗局》中说，受尽抨击的美国航空航天局宣布，由北极冰层中采掘出一块来自外太空的巨型陨石，其中包藏着"太空超级昆虫"化石，无可辩驳地"证实"外星生物的"存在"，而且为"胚种论"(生命来自太空) 提供了实证。

这种生物无疑属于虱目昆虫：具有扁平身体，一千条腿，而且其繁殖育儿袋的构造与窃虫、球潮虫、海滩跳虫和蛀木水虱的完全一样。①

它至少有两英尺长（大的在1米上下），幼虫可由此推算。

地球上昆虫数量的巨大和生命力的超强，旁证着"虫龙"存在的恒久性与普遍性。

地球昆虫：125万种（已知）
　　　　　50万种（尚未分类）
占地球生物种类：95%
占地球生物量：40%

---

① ［美］丹·布朗：《骗局》，朱振武译，人民文学出版社，2006年，第81页。

作家们据以"论证"道：这其中有一两种变形的"超大昆虫"，又算得了什么呢？

昆虫的生命力远超爬虫类。南极冰层，"死谷"烈日，沙漠荒地，超大气压，深海幽冥，冻土热泉，甚至热核辐射……都不妨碍昆虫的生存。"天文学家意识到，节肢生物所具有的起保护作用的外骨骼使其相当适宜栖居在充满无数辐射的星球上，而在这些地方，其他任何生物都无法生存。"①

当然，所谓"陨石化石"是用地球"昆虫化石"伪造的，它是海底火山活动的产物。深海的重力环境与陆地不同。"这个以前从来没有人见过的太空虫，尽管样子古怪异常，实际上可能就是一种非常古老的深水甲壳动物。"②

不管是真实还是"幻觉"，超大昆虫及其幼虫都是可能存在的。最重要的是，它的躯体与蛇、龙"同构"，其可大可小、可粗可细、可长可短；以及数量巨大和普遍存在的特点，都可能成为龙幻想的"基础"。

"龙"的语音再分析——与四大母型的关系

现在集中分析一下"龙"的古音，注意"龙"与其四大母型紧密的语音关系。

【龙】

〔汉语上古音〕　　　　　　　　　　　拟音者
来东（来纽东韵）　　liewn　　　（周法高）
来东　　　　　　　　long　　　　（王力、唐作藩）
来东　　　　　　　　liwon　　　（郭锡良）

《说文》云："龙""从童省声"，字形用童之上部辛，韵母则与"童"同在东部——所以御龙者被夏王赐姓为"董"。

我们的初步感觉是，"龙"的读音跟它的主要母型的名称都有关联，有的是（准）叠韵，有的则是或直接或间接的"通转"。

例如，"蟲"（以下简为"虫"）跟"龙"、跟"童"、跟"董"语音关系密切。

"虫"跟"龙"所从的"童"声系"双声"，跟"董"（端东）相去不远。它们的韵母在冬部或东部，今音全同，上古音相去较远，但到了中古，冬、东便差别无几。

还有个"蚕"字通"龙"，简直"兼"了东、冬二部，详见上文。

这显然已构成"龙"组文化语音丛。

"龙"的读法可在古越语或原始台语里找到某些依据。包拟古等举的是东南

---

① ［美］丹·布朗：《骗局》，朱振武译，人民文学出版社，第2006年，第82页。
② ［美］丹·布朗：《骗局》，朱振武译，人民文学出版社，第2006年，第278页。

亚语言。

〔越南语〕

【龙】röng（去声）

〔汉越语〕

【龙】long（平声）（或"帝王的"）

〔泰语〕

【龙】maroong（piimaroong，龙年里的"龙"）

〔柬埔寨语〕

【龙】rong

〔原始瑶语〕

【龙 rong】[2]

〔中古汉语〕

＊ròng　rjong/ljwong

〔原始汉语〕

＊b-rong（包氏构拟）

《周易·说卦》："震为龙。"陆氏释文说"如字"，虞翻、干宝的本子作"駹"。

《周礼·春官·巾车》："革路龙勒。"郑注："龙，駹也。"

甲骨文有从龙从亡之字（《粹》1544）。亡或是声符，暗示此字读"芒"若"萌"。这就意味着，"龙"可音转为"厖"（龙，牻，駹，浺）。又：

《周礼·冬官·考工记·玉人》："上公用龙。"

郑玄引郑众曰："龙当为龙，杂色也。"

这里的"龙"指玉，犹《说文》"祷旱玉"之"珑"。《左传》昭二十九年传有"龙辅"（下·2122），是一种玉。

案：《说文》马部作"駹"。

戴震说："龙、駹古字通用。"（据孙诒让《周礼正义》卷八十引）

《汉书·南粤王传》注引晋灼云："龙读为駹。"

《春秋元命苞》说，"龙之言'萌'也"，是龙有明纽音，而《类篇》言，龙的四种读音中有"莫江切"。

【龙：厖】

明东　　　　mrewng　　　　（周法高）

明东　　　　mong　　　　　（王力、唐作藩）

明东　　　　meong　　　　 （郭锡良）

"龙"可读"厖"，"厖"含"龙"或"龙"音，所以必须考虑太古汉语"龙"或"龙"（厖）可能是个复辅音字。

【龙/龙】

＊mlong，mlong　　　　　　（李方桂、包拟古等）

这就像"蒙龙"的"快读"，其合成便是甲骨文之从龙从亡之字。

骉,"有马如龙",可见,龙跟马的关系确较密切(参见专节)。
我们再细看典籍上的有关用法。

《诗经·商颂·长发》:

> 受(授)小共、大共,为下国骏厖,何天之龙(宠)!
> 敷奏其勇,不震不动,
> 不戁不竦,百禄是总。
>
> (上·626~627)

小共、大共,都是礼玉(珙:礼玉)。骏厖,或读为杂色美玉(高亨《新注》云即"桓圭",纡曲)。陈子展《诗经直解》依《鲁诗》读为"骏蒙",译此句为"为天下诸国的庇荫"(下·1200),泥于旧说。袁梅等的《诗经全译》略同(第544页),程俊英的《诗经译注》(第681页)、金启华的《诗经全译》(第900页),等等,都大同小异。

唯朱熹《诗集传》引董氏说:"《齐诗》作'骏骁',谓马也。"比较说得通。这是讲的拉车之高大杂色的马,似乎暗示其如龙。小共、大共,以礼玉饰马车,更显华贵,下几句都赞颂商人属国军容之威盛。真是"何天之宠"。

从语音上说,"厖"与"共"、"龙"为韵,确有"龙"音。

【厖】

> 莫邦反(毛传)
>
> 武讲反(郑笺)
>
> (叶)莫孔反(朱注)

反过来"龙"也可以入 ang' 韵。

也有人认为,由于北方游牧民族以"马"为"龙",华夏—汉族上古文献(例如《周易》、《左传》等)中的许多"龙"其实都指未加驯化的"野马"[①],所以,"龙"字的读音有时近"马"而读为"骁"。

然而,蒙古语与上古汉语的"马/龙"意义区别依然清楚,但这两种语族(古蒙语—匈奴语属阿尔泰语系)的"马"、"龙"二字读音有接近之处,可能相互有过"影响"。

【马】

> 〔蒙古语〕mcrn("抹骦",口语)　mɔr(书面语)
>
> 〔上古汉语〕mea(明纽鱼部)

---

① 参见阿尔丁夫:《华夏文化中龙的原型及其由来》,《民间文化论坛》1992年第2期,第8~9页。

【龙】
〔蒙古语〕luu（口语）　luus（书面语）
〔上古汉语〕liwong

【龙：厖：骁】
〔上古汉语〕meong

毕长朴说，由蒙古语"龙"读音近汉语，推知匈奴语"茏"亦读如"龙"，"茏城"含义仍是"龙（之）城"①。

何新则由此推论：

> 龙古音读如厖（mang），与"马"、"莫"二音极为相近。以上例援之，即可知龙古音不仅与"马"、"蟒"相近，而且有一系音读如"武"，因而与"王"、"万"、"鳄"、"物"诸音皆为相通。②

这里的"音通"不很准确，后一句尤其可疑。他最重视的"鳄"在疑纽（ng-），与"龙/厖"读音有差别，但值得进一步讨论。

包拟古（Nicholas C. Bodman）说，属于明纽的"盲"、"芒"、"厖"、"龙"一类字，原始汉语应属复辅音*ml——，而与藏语对应。

【龙/尨】
〔藏语〕mdonga（马额白斑，或孔雀尾翎眼）
〔原始汉语〕*mlong/mång（杂色，黑白相间之杂色)③

而《考工记》"龙"可借用作"尨"，证明"龙"字可读明纽或有复辅音。

【龙】
*mang 或 *mlong

朱芳圃、何星亮等说，古"龙"或与"蟒"音通，则以"蟒"为母型，是有道理的。

包氏前举泰语里"龙年"(piimaroong) 的 maroong（龙一）也可以考虑在龙的复辅音读法之内。

"龙"字的汉台语读法跟汉语上古音基本一致。但包氏构拟的"原始汉语"读法"? *b-rong"已含有复辅音。

再以"龙"字可转为"厖"字来看，"龙"字可能暗含"厖"字的读法，或者说"厖"字涵盖着"龙"字的古读，所以李方桂、包拟古诸氏以为，"龙"可

---

① 参见毕长朴：《中国上古图腾制度探赜》，油印本，（台北），1981年，第101页。
② 何新：《龙：神话与真相》，上海人民出版社，1989年，第12页。
③ [美]包拟古：《原始汉语与汉藏语》，潘悟云、冯蒸译，中华书局，1995年，第199页。

读为复辅音字。

【龙/龙】

＊mlong（mloang）

就是常见的明纽加舌边音（来纽）的复声母。

王小盾也有一种分析与记音方法。①

【龙】

rong（词根）$\begin{cases} b \text{——} brong（庞）\\ g \text{——} grong（龚）\end{cases}$

这也是（两种）复辅音，与傣语/苗瑶语分别对应。

【龙】

〔傣语〕brong（"庞"类）

〔苗瑶语〕grong（"龚"类）

跟藏语的对应也很明显。

【龙】

〔藏语〕brug/brong（汉语"庞"类）

glu/grong（汉语"龚"类）

王小盾据此两种读音（藏语、苗语"龙"与上古汉语相合）说，"实际上反映了龙在不同历史阶段的两种形态"②。

(1) ＊grong，或 glu：无角之龙（潜龙：蟠龙）

虬龙：九龙：句龙

(2) ＊brong，或 brug：有角之龙（飞龙：翼龙）

庞龙

他说："上古'龙'字可以拟音为＊brong。这和傣语'龙'的读音正好相同。又如'龚'与'龙'谐声，龚的声母是 g，故上古'龙'字又可以拟音为＊grong。这又和苗瑶语'龙'的读音相同。与此相应，藏语'龙'也有两读：一读为 brug，一读为 glu，正好与上古汉语'龙'的两种读音分别符合。"③ 这就

---

① 参见王小盾：《龙的实质和龙文化的起源》，《寻根》2000 年第 1 期，第 21～22 页。
② 参见王小盾：《中国早期思想与符号研究》（下册），上海人民出版社，2008 年，第 689 页。
③ 参见王小盾：《中国早期思想与符号研究》（下册），上海人民出版社，2008 年，第 688 页。

把汉藏语系内部"龙"的读音的对应关系说得很清楚了。

《周易·说卦》云:"震为雷,为龙,为玄黄……"

这里的龙,本或作"駹"。郑注读为"龙"。朱骏声《说文通训定声》说龙的本音应即"龙"。

《左传》昭二十九年,古者畜龙,所以国有"豢龙氏"。《国语·郑语》说,豢龙(氏),则夏灭之。《韩诗外传》等作"关龙逢"。关就是豢。这里的"逢",森安太郎说,即由龙——音"龙"化出,可拟音比较如下:

【龙】

    mung

【逢】

    biung

他说:"b、m 皆[重]唇音,可以互通。关龙逢即豢龙龙,龙龙同义连文乃成龙。"① 这很有道理。但这也暗示"龙"读复辅音。"龙龙"应作"龙龙",即李方桂、包拟古等构拟的:

【龙:龙】

    * mlong

这又联系上了"丰隆"。"丰隆"是雷(雷声/雷神),是"震",与"龙"相连。所以说"震为雷,为龙……"

对于"龙"的可能为复辅音(或复声母)字,闻一多有另一种构拟。

【龙/红(茳)/鸿】

    * glung(或 * klong)

他的理由也颇充足。

(1)"茳"又名"屈茳"。《淮南子·地形训》:"海间生屈茳。"高注:"屈茳、游龙,鸿也。"读法如"窟窿"、"空洞"(这些都属于"混沌"语词丛)。

(2)《尔雅·释草》:"红,茳古。"古是"茳"(字)塞音韵尾(-g)的"重读"或强化。这一点待检验(有人援此,以为"虹"亦应同读)。

(3)卜辞有"莽双"(《前》4·29·3,4·30·1),或作"龙双"(《前》4·29·4),可见龙通莽,而"莽:龚"都含共声(g-),所以与其相通的

---

① [日]森安太郎:《黄帝的传说:中国古代神话研究》,王孝廉译,(台北)时报文化出版公司,1988年,第33页。

"龙"也含共声，而应读 *glung 或 *glong。①

这样一来，"龙"不但因其蛇体矫夭曲延（所谓句龙、屈龙或蟠龙）而有圆旋之态，更因其体圆而中空，有如"胡同"、"穹隆"而得在一定条件下纳入"混沌文化群"。这还可以参看对"共工：句龙"的分析（参见《玄鸟·传说》，待刊）。

或说，"虹"也读 *klong，证明龙出于"虹"（参见下文专节）。

有一种说法，"蟒"之言"奔"。《尔雅》疏引高诱说，"奔蛇，腾蛇"；许慎说，"奔蛇，驰蛇"。清·郝懿行云，"奔"形近"莽"，"奔误作莽，俗又加虫作蟒矣"（《尔雅义疏》）。缘于蛇行如奔（"飞蛇"、"腾蛇"也由蛇奔迅疾而来）。此说不确。"莽"从犬藏草中，义为"草莽"、"丛莽"。音读如"母"，又近"庬"（此与龙或音"庬"相关），确实与"龙"的上古音义相关。

"蛇"字从"它"。"它"及其关系字又构成"它"组文化语音丛，跟"龙"组可能相关。"它"读音如"鼍"。

是古人以蛇、鼍同类，甚或一物，并为龙之母型。其读音或与"龙"亦有关系。

孙作云说，"古蛇字为 te 复辅音（*tl-）"，读为：

【蛇】

蛇（它）龙（tulung）——鼍龙

《孟子·滕文公》云，"蛇龙居之"，"驱蛇龙而放之"，《论衡·吉验》说，"驱蛇龙"，"蛇龙潜处"，他以为"蛇龙并言，似二字本为一字之复辅音"，这不大可靠，但"蛇"、"鼍"古或亦有双声母。他又说："螭古读若蛇（古无舌上音）。"螭龙即"蛇龙"②，盖犹"鮀龙：鼍龙：鳝龙"。这些都值得注意。

这并不妨碍他承认，"句龙、虬龙、蛟龙其得声皆为 kl——复辅音，盖像蛇行拘挛之状"。"'蛇龙'乃所以状蛇之疏散，此言句龙（kulung）乃所以状蛇之滚动，异名而同实也。"③

---

① 参见闻一多：《古典新义·诗经通义》（上册）（简称《古典》），古籍出版社，1954年，第197页。

② 参见孙作云：《中国古代图腾研究》，《孙作云文集·中国古代神话传说研究》（上册）（简称《孙集·神话传说》），河南大学出版社，2003年，第181页。

③ 参见孙作云：《中国古代图腾研究》，《孙集·神话传说》（上册），河南大学出版社，2003年，第202页。

扬子鳄叫做"鼍",读为"鮀",音近"它"(蛇)。而"鳄:鼍"读音又与"龙"有关。

邢公畹、王筠等介绍说,云南德宏、西双版纳等地傣语方言中,"龙"读如汉语之"鳄"。

【龙】

〔傣语〕ngek(如"鳄")

〔布依语/泰语〕ngek(如"鳄")①

邢公畹说,台语"龙",汉语"鳄",在古汉台语中,应属同源。"所谓'龙'就是当时人所见蛇与鳄等爬行动物而被神化者。"②

"龙"的"内容"(意义)跟它的"语音形象"(语言外壳)是既有联系,更有间隔的。

按现代人所想,不但所谓"原始词",许多较早出现的重要词汇,特别是"重要的"生物名称,跟"被命名者"的性质(或被假定的"内容")乃至某种"声音"是有联系的。"妈妈",作为几乎唯一的人类共同"原语词",其出现是有理由的。"啊"(a/a)是最早也最基本的语气词。第一次呼吸,也就是第一声"啼哭",是"啊"(许多基本词汇都是它的延长、扩张、变异或者高低起伏、顿挫抑扬)。"妈:ma"是从封闭到爆发的(需求的)"呐喊"。专家说,"妈"是婴儿索乳的哭喊。而无论是痛苦还是快乐,是饥饿还是觉醒,都是由"m"到"a——",都是"妈——"或者"妈!"母亲接受并且领会了它,也"爱情化"了它,改造和充实了它,以致婴儿看到生命与食物的来源及情感与需求的对象时,也必然叫"妈",带着欢喜或者眼泪……许多动物的名称,确实跟它的叫声(或造成的音响)是有关系的。赫尔德尔《语言的起源》提出的"象声说",被(现代)科学家所嘲笑、批评和抛弃,其实并非一点道理都没有。中国古人也说:

猫之言"喵"/鸭之言"呷"/虎之言"吼"……

汉人刘熙的几乎整部《释名》都用类似的"声训法",连许慎的《说文解字》也间或使用。只要不固执、不任意、不扩张,"象声"理论或者"声训",还是可参考的。

如上所说,"龙"的上古读音,最可能有三种:

---

① 参见王筠等:《壮侗语族语言简志》,民族出版社,1984年,第804页;王小盾:《四神》,下·690,又参本页注②。

② 参见邢公畹:《汉台语比较手册》,商务印书馆,1999年,第357页。

复辅音（双声母）

＊brong，或＊plong（蓬龙，或"丰隆"）

＊grong，或＊klong（共龙，或"句龙"）

＊mrong，或＊mlong（蒙龙，朦胧）

混合音（或"析音"之快读）

pang/pong（庞，龙）

kong（龚，或"共工"）

mong/mang（萌，蟒）

何新《诸神的起源》等书，也由龙音＊mlong 或 plong 与"丰隆"的关系推衍到龙与云及雷雨的干连。他说："'龙'就是云神的生命格。而这也正是中国神话中，云、雨、雷神名叫'丰隆'（隆、龙古字相通）的原因。"① 他也注意到"以云纪"并且"为云师而云名"的黄帝有云龙的化身②。

"龙"的可能读为有复辅音的 ＊mlong，可以析音为：

mong long（蒙龙，朦胧）

这可以说为云雨或云雨之神的意象，亦可状其"见首不见尾"，或"群龙无首，吉"。但吴广平却由此推出龙为月神来。"蒙者昧也暗也。……[反义互训]蒙龙就是明龙。而'蒙龙'二字后来均从'月'，这是'重著以自明'，表明是月神。'月有阴晴圆缺'，时明时晦，因而后来以'朦胧'状不清晰之状。"③ 这也有理，但证据欠缺。可见不能仅仅根据音读来判定某一未明事物的性状。不然容易胶柱鼓瑟。

"丰隆"（古无轻唇，读为 pong long，合音为 plong），在古代文献里为雷神，它模拟雷声。或说云神、云雨之神。这样，龙就最可能是跟雷雨、云雨相关的神秘动物。"飞龙在天"，龙最重要的"职司"或神性（神话功能）是赐雨或给水（何新等已论述及此）。

但是，更古老的似乎该是"实体"，是"实在"，是"实有"。龙最初应以实有的蛇等真实动物出现。"共工"是水神，其子或臣属"句龙"，是水神兼社神（土神）。那么龙就主要活动于水和土地。"潜龙勿用。"或说，这模写的是蛇的两（多）栖性，是蛇的冬眠习性——这跟"雷"是相关的。这是第一性的。春雷惊蛰，龙蛇出土。共工或句龙都是蛇身，也能飞行。"雄虺九首，倏忽焉在？"它也能飞天。这是第二性的。这又反过来证明龙的最重要母型是蛇（朱芳圃、何星亮说，龙音庞，音近"蟒"）。

---

① 参见何新：《中国远古神话与历史新探》，黑龙江教育出版社，1988年，第102页。

② 参见何新：《中国远古神话与历史新探》，黑龙江教育出版社，1988年，第102页。

③ 吴广平：《中国龙凤原型的破译》，《吉首大学学报》1989年第3期，第3页。

第四章　龙：生命的集聚与更新

龙及其器官的"再生"能力

  龙为什么能够象征"力量"(伤害力、权力、暴力,支配天象、地气与人文的能力以及繁殖力与其它神秘力)?最初当然是源自某些昆虫及爬行动物那种神奇的生命现象,如蜕皮、冬眠等所体现的"再生"本领,生存的智慧,以及对其它生命的威胁乃至控制。这就是龙跟人类信仰,跟文化的"自然联系的根基"。人类具有极大的适应性与联想力。"象征"是人类的特权。人类利用昆虫与爬行动物的生命、超生命能力为自己取得"保护"与"势力",并且把自己的"自由能动"的本质力量对象化于这种在进化层级上并不怎么"高"的"虫"与蛇、蜥、鳄身上,并最终将其升华为"龙"①。在讨论龙的四大母型之余,我们很想探索一下龙的生命特性,它的强大,它的恒久,特别是它"可更新"的能力。这还得从它的主要母型讲起。

  蛇,乃至某些虫,在初民看来都有极长的寿命。它们通过蜕皮、肢体再生或冬眠惊蛰而"恢复生命"或改变生存形态。久而久之,这些特征就在民众的集体无意识里,变成了"不死"或"长生"的原型(archetype),不食、不寝、不息,"风雨是谒(是为烛龙)",不朽生存,成为不依赖其它"生命"的生命。

  作为龙的母型——蛇,通过人的"祭祀",获得灵性,逐渐成为龙。龙蛇的灵力逐渐交汇,相互加强,融为一体。蛇/龙于是难分难解:蛇是卑化的龙,待升的龙;龙是尊化的蛇,飞升的蛇。这样的蛇,便是"原龙";这样的龙,便是"超蛇"(super snake)。

  蛇升华为龙的途径,"内在"的因素便是加强、充实和提高它的灵力;外在的因素便是活化它的躯体,添加、更换和改善它的器官:圣化以角,强韧以鳞,狞猛以爪,畏怖以牙,灵活以眼……要之,就是"宗教"或"信仰"所要求的神秘与神圣,或所谓"去平凡化"。这样,龙就具有了超能力,

---

  ①　参见萧兵:《龙的生命力、适应性和大智慧——兼论蛇、蜥、鳄成为龙之母型的原因和意义》,《龙文化与民族精神》,上海人民出版社,2000年。

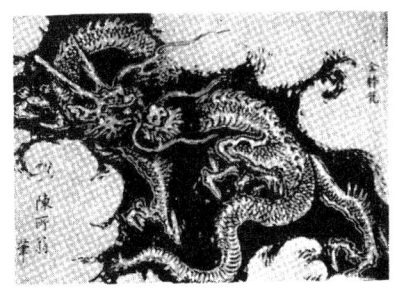

龙的多栖性

（左上：带着鱼性的龙，古人绘画；右上：法源寺石雕，北京；左下：明故宫石雕，北京；右下：《云龙》，陈所翁作品）

中国的龙无翼能飞，无蹼能泳。中国古人不强调其"反正统"，反而将其"妖魔性"祥瑞化；跟西方因其"反传统"而对其妖魔化恰恰相反，中国古人把它变成吉祥物，而且纳入"正统"，铸为"传统"。

超动物性与超现实性，无远不届，变幻无穷。进一步来说，正像蔡大成们所揭示的，"龙"是生命力及其升华的象征，其所附加或移植的器官，都标识着"宇宙生命"的更新与永恒：

鹿角，鲤鳞，鸡距，马牙，蟹眼……

如上所说，这些都能定期脱落，定时更换，新陈代谢，与时俱进。蛇的外形，几乎是唯一地被"保存"下来的，是它们强大、永久并且不断沉积与更新的生命（包括"生命智慧"）以及体现这种生命力量的圆滚、硕长和夭曲、灵动的身躯。晋·傅奕的《灵蛇铭》很好地概括了蛇多方面的神异以及变成龙的基本原因。

嘉兹灵蛇，断而能续。
飞不须翼，行不假足。
上腾云霄，下游山岳。
逢此明珠，预身龙族。

同样，由"蛴螬"等"生长"或"扩张"起来的神虫，跟蛇、蜥、鳄同样，也有蜕变或"再生"的能力,使它们逐渐替代一般昆虫幼虫而成为龙的主要或重要的母型。

例如,蚺蛇及其胆,被认为能够"再生",取胆以后还能重新生长。

唐·刘恂撰《岭表录异》说,普安州专业养蛇户,取蚺蛇胆药用,"却合内肝,以线合其疮口,即收入笼;或云:舁归放川泽"(鲁迅校勘本,第38页),以后能复生。《本草图经》述此作:"复内(纳)肝腹中,以线缝合创口,蛇亦复活。舁归,放于川泽。"还说,取胆后蛇能活三年。遇到捕者,侧身露疮口,表示已"无胆"矣。鲁迅据《大观本草》卷二二引亦有小异,如"此蛇至难死,剖胆复能活三年,未知的否耳"(第56页)。《唐本草》注说:"[蚺]难死似鼍。"陈藏器《本草拾遗》说,蚺蛇"至难死,开肋边取胆,放之犹能生,三五年平复也"。都是这一类的说法。

《朝野佥载》说,以刀刲取蛇胆,"药封放之,不死;复,更取"。疑亦据此。前引晋·傅奕《灵蛇铭》:"嘉兹灵蛇,断而能续。"

《太平广记》卷四五七引《穷神秘苑》,罗列蛇的"再生"异迹。

三头巨蟒

(范明三摄于泰国,并供稿)

多首级龙蛇,出现在水中,可能是多触手的章鱼或大王乌贼的"误读"。但在陆地就不一样。某些蛇类,喜欢挤在一堆,猛看起来便是多首一身,或一首多身,加上神话思维的整合和揄扬,便成了"三头巨蟒"、"七头那伽"或"九首雄虺"。

[引]《搜神记》:"蛇千年,则断复续。"
[引]《淮南子》云:"神蛇自断其身而自相续。"

又说,隋炀帝在岭南等地求得这种金色蛇,触之令怒,"则自断为三四(段),其断之处,如刀截焉,见其皮骨文理,亦有血焉。然久怒定,则三四段稍稍自相就而连续,体复如故"(10·3737)。真是神奇之至,在现实的爬虫世界里绝无可能。然而这却是黄帝族所崇拜的"大螾"(蚯蚓)的本领,经过夸饰和"转移"而来的。

多首级：生命连续性的表征

龙蛇的"续断"或"再生"能力，还体现在它的多首级上，像孙悟空一样，斩断一颗，又长出一颗，永远是这颗或者许多颗头颅，所以不会因断头而死去。

世界各地神话和故事里，恶龙或者妖蛇，几乎都是多首级的。"雄虺九首，倏忽焉在？"蒙古和东北亚地区以蛇或熊/猿为母型的吃人恶魔"莽盖"也是多首级的，斩不尽，杀不死，砍了一颗头立即长出来，就像孙悟空的"砍头"游戏（有些正面的龙蛇形或龙蛇化的"人皇"也有"九头"，开明亦"九首"）。最明显的如赫拉克里斯的对手许德拉（Hydra）也是九首雄虺——自然学派神话学家都说是大章鱼触手的夸饰，这些触手断了以后一般能够再长出来。但这样说很难周延。

普罗普说，几乎所有"蛇妖"都有好几个脑袋，不论是水里、地上还是空中的①。"它是长生不死和不可战胜的。"② 只能死在故事主人公手下或特种武器里。应该说，这跟某些虫（如蚯蚓）、蛇、蜥、鳄的"再生"或"续断"机能（无论是实际的还是传闻的）有关。只不过在西方系统妖魔化龙的偏见里，被歪曲为Dragon的负面特征。

大力神杀九头怪蛇
（欧洲近世油画）

希腊的"九首雄虺"，有时被再表现为恶龙，它的名字叫许德拉（Hydra），带有"水"的意思。自然学派神话学家认为其模特是多"触手"的大章鱼。希腊英雄"大力神"赫拉克里斯（Herakles）斗杀许德拉，是他十二件"劳绩"之一。

---

① ［俄］普罗普：《神奇故事的历史根源》，贾放译，中华书局，2006年，第277页。
② ［俄］普罗普：《神奇故事的历史根源》，贾放译，中华书局，2006年，第283页。

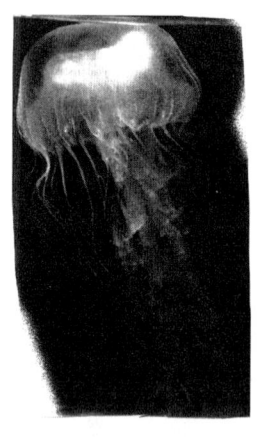 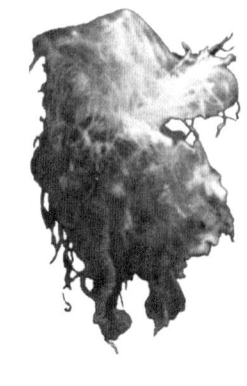 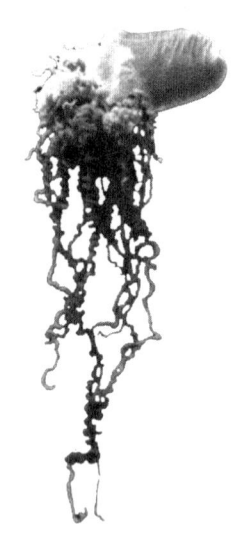

水 母

（左：常见的水母；中、右：霞水母、僧帽水母，主要产于西太平洋）

许多水母体型巨大，"触手"众多——跟大王乌贼、大章鱼等一样，可能被附会或夸张为"九首"虺龙或水怪许德拉（Hydra）。霞水母躯体达2米方圆——有的不知名，在水手口碑中流传的巨型水母，"触手"可长到30~50米，比"大王乌贼"可怕得多，同样能"颠覆"小舟，攫食船员。

僧帽水母等有剧毒，蜇杀落水者不过"举手之劳"，瞬间之事。《福尔摩斯探案》里就有一则描写海滨游泳的人被水母蜇得遍体鳞伤，而被当做谋杀案的奇事。这些也是九头龙、九首蛇虺吃人传闻的某种"现实依据"。

欧洲的德拉贡（Dragon）曾有过3颗或3颗以上的脑袋，较长时期跟九首许德拉混淆或有所牵连。

印度妖龙那伽（Nāga），或有七个头。马苏第的《黄金草原》（§288）说，波斯人也相信海中有龙，长着7颗脑袋，名叫埃及代哈（Ejdehā 或 Adjdahā）[①]。这种多首龙蛇有可能是章鱼或大王乌贼触手的"误读"。

有人则说，跟水母的"触须"有关——有的目击者说，水母可能长得极大，连"触手"算在内，比"最大的动物"蓝鲸、抹香鲸还要长。它的尸体在海滩上能堆成一座小山。

有的水母相当可怕。僧帽水母还有剧毒，能够杀人。

这些都可使巨型水母成为海怪或海龙的一种母型。但这只是一种解释。

---

① [阿拉伯] 马苏第：《黄金草原》，耿昇译，青海人民出版社，1998年，第162页。

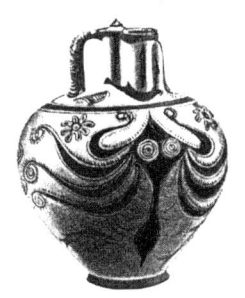

赫拉克里斯棒打九首雄虺
(左上：希腊陶瓶，龙蛇化的章鱼；左下：希腊陶瓶，章鱼或大乌贼；右：欧洲版画)

希腊神话里，章鱼母型的水怪非常活跃，并且较早升华为多首巨龙。

"雄虺九首，倏忽焉在？"大力神赫拉克里斯打死的九头龙许德拉（Hydra），神话学家多认为其多头颈就是由章鱼或大王乌贼的"触手"幻化而来的。

昆虫的多肢、重翅、叉尾，特别是这些肢体或器官脱落或离断之后能够重新长出来，也许有助于说明蛇龙之多肢体的由来。

日本的蛇妖是八头八尾；有的具有四对以上翅膀或八条腿。但蛇龙的"多首级"，仅仅用自然学派的理论来解释，且"配拟"其以章鱼之多触手，说服力确实不够。普罗普猜测，是"飞奔的形象表达"(《神奇故事的历史根源》第320页)，如同"雄虺九首，倏忽焉在"，因为"视觉残留"，像看电影慢镜头那样，"幻觉"它或误会它具有"多首级"或"多身躯"。这一说法恐怕也不足以说服人。

龙蛇被描述成多肢体，主要目的是夸大其生命力与再生性。

我们在《山海经的文化寻踪》等书里说过，神话的修辞策略之一是夸张。

  前进的夸张——夸大，增多，加法（如九头蛇，三足乌）
  后退的夸张——缩小，缺少，减法（如独足夔，无首刑天）

目的之一是炫示怪诞及其产生的神奇力量。残缺仍能行动如常，而且功效倍增；增多当然更能强化力量——这也许正是黑格尔所讥讽的"数量的崇高"。其极致便是"百眼巨龙"("昆虫龙"多复眼)和千手千眼菩萨。普罗普也说到，多翅膀能够疾飞，多首级自然善吃，"在这里强化通过增加数量来实现，通过数量来表达性质"(《神奇故事的历史根源》第 320 页)。如果再加上"再生"功能，说法也许稍微周全一些。

卧于"蛇筏"的世界主毗湿奴

（印度绘画与雕塑，下图现藏伦敦维多利亚与阿尔伯特博物馆）

眼镜蛇（即宇宙蟒舍湿）组成"蛇筏"，飘浮于世界海。创造大神"世界之主"毗湿奴卧息其上。由其脐中生出莲花及趺坐其中的"四面"大梵天神。旁坐者为吉祥天女。暗示蛇蟒参与了宇宙的创造。

四灵，灵验的"物占"或卜测用物

四灵在古代被当做灵验的"物占"或卜测用物，这跟龙的主要母型——蛇具有高度的智慧更加有关。

基督教视为恶魔的蛇，其实是伟大的启蒙者，亏了它劝人吃了被禁止的智慧果，才使人走出"混沌"，懂得学习、创造、生产与爱情。

罗克·库克说：

> 蛇的力量和智慧在伊甸园使亚当和夏娃从无知的沉睡中醒来。蛇使他们初次意识到世界及生命的真正条件，意识到二者都相互承认。在另一方面，人可以说，他们生命力象征之蛇在他们身上被唤醒。因为不光是在《创世纪》里能看到树和蛇这一对[生命]，一般总是与两性多产和生命复

活相联系的蛇,象征从大地深处冒出来的水的再生力。①

他还说:

> 伊甸园的蛇,还体现自然界的"循环"和"再生"之力。
>
> 在宇宙之内和树本身之内,这些水的流动永远是由月缺月圆的各个阶段调节的。至于蛇,也以自己的活动、神态、在地面和地下的隐现、皮的定期变化来代表月亮的周期,这个天体调节生命的节奏强于其它任何天体。②

动物的生活周期总有规律可循,能够"蜕皮"与"冬眠"并且按时醒来的蛇,在特定的文化环境中,曾被看做能够卜测未来吉凶的灵物("四灵"称"灵"与此有关)。

"龙种"或"龙牙武士"
(近世欧洲绘画)

> 相传,人"死"后,牙齿与头发还会"长"一点,或者因肌肉收缩而更多地"露"出。民间或认为,牙、发有强大的生命力,尤其某些神物,例如龙、鸡龙的牙,更具有繁殖力。羲、娲兄妹依嘱把葫芦里的"雷公牙"(籽)种在地里,便生出人或动植物来。希腊神话中,被英雄杀死的龙,其牙种入地中,不久茁长出许多刀枪不入的"龙牙武士"来。

作为龙的母型,可怕的蛇,具有可畏的智慧与可敬的"先知性"。邓启耀说:这使它成为物占灵物。

> 蛇可能显示着一种玄妙的预知力。……[作为"先知"]天地异常,蛇最敏感。地震天灾到来之前蛇多有反常行为。原始族民见而诧之,以为是蛇带来的灾祸。《山海经·五藏山经》和一些上古易卦卜辞中,多以蛇的出

---

① [法]罗杰·库克:《生命之树》,让·布莱特译,祁庆岚节译。
② [法]罗杰·库克:《生命之树》,让·布莱特译,祁庆岚节译。

现兆示大旱和大水。……以异物所显之殊象来探测天意吉凶，是古代"物占巫术"的常见方式。①

具有这样的反应与"预感"能力，蛇因而成为许多群团占卜吉凶异变的重要对象，乃至主宰这种占卜的高贵神祇。例如，布朗族崇拜一种叫做"苦拉"的水鬼，"每当下大雨、涨大水，或山崩地塌时就会出来，人见了立刻会死"。其"正面"者，如"独龙族、佤族、傣族神话中的蛇，还能先知般地启示或预言一些关于生殖和生死的问题"②。这很像同列于"四灵"的龟。

所以，蛇龙在一定时空环境里被看做智慧，尤其是生存智慧的负载者、指导者。这对我们理解蜥蜴成为《易》的原型意象是个近切的参照系。

神圣的眼镜蛇

（左：睡在蛇筏上的毗湿奴；右：湿婆神。印度绘画）

眼镜蛇、眼镜王蛇地位尊荣。它是破坏神湿婆的武器、法宝或符号。创造大神、水天毗湿奴睡在眼镜蛇编成的"筏"上，漂浮在宇宙海，这暗示着世界即将诞生。四个"面孔"的大梵天便从毗湿奴脐中生出，向四面放射光芒。

这样，我们就应该注意，四大"灵物"在古代卜筮与占验上的重要作用。

龟，龟甲，用为占卜用品，殷商前后，史不绝书，更有大量的出土实物证明。

龟、蛇并举，"玄武"不仅能够御侮保民，也能指示吉凶。作为龙的母型，蛇与蜥蜴能够预示灾害，使民知所趋避。有的地区认为，鼍鳄出没，能够助人推测雨旱；鳄帆催发的"鼍鼓"，还能占示丰歉灾祥。

---

① 邓启耀：《超自然神秘力量的一个原始象征——云南各族神话和造型艺术中的蛇及文化背景试析》，《云南民间文艺源流新探》，云南民族出版社，1986年，第198页。

② 邓启耀：《超自然神秘力量的一个原始象征——云南各族神话和造型艺术中的蛇及文化背景试析》，《云南民间文艺源流新探》，云南民族出版社，1986年，第198页。

麟，作为祥瑞，来则兴，去则败，其死亡更预示灾难或毁灭。所以，孔子为麒麟不出而悲叹，闻知麟死而为之惊惶。麟属的角端更是吉凶的报告者与行止的"引导人"。

凤鸟更是幸福快乐、繁荣昌盛的报告者。周兴，"鸑鷟鸣于岐山"，便是证明。

孔雀开屏是吉庆的象征，还是避开危险的"障蔽物"（落难的英雄或王子因为躲在"雀屏"之后得救）。雉鸡还能预知并报告祸福。

这些在各属章节中有详细介绍。

龙，作为生命智慧的象征

"四灵"之所以能成为占测的"平台"，卜筮之载体，就是因为它们具有伟大的生命智慧。

"四灵"的母型，大都生命绵长，历史悠久。像龟蛇，某些虫类的生命史，都可以追溯到恐龙时代，而至今没有灭绝。

印度的"龙"甚至"妖蛇"，也具有这种"生命的智慧"。

> 据说阿底提之子（Adityas）原先就是蛇。他们蜕去旧皮（意味着他们获得了不朽的生命，即"他们战胜了死亡"）后，就成了神，成了提婆（Deva；《般遮云夏梵书》，Pancaviṃśa Br.，25·15·4）。最后，《百道梵书》（13·4·3·9）中宣称"关于蛇的知识"（sarpavidyā）即是《吠陀》（案：Veda，有"明慧之论"意）。换言之，关于神的教义与某种"知识"（这种知识至少在最初是有一定"魔性"的）极为矛盾地等同在一起。①

剧毒的眼镜蛇、眼镜王蛇的地位也十分尊荣。它是破坏大神的法宝或符号。眼镜蛇编成的"筏"是创造的"温床"，睡在其上的毗湿奴由脐中生出"大梵天"。

印度的"Nāga：龙"被看做"不死"的象征，诚如《玄应音义》所说："那伽（龙）有三义：一云龙，二云象，三云不来。"什么是"不来"？"孔雀经名佛为那伽，言佛不更来生死故也。"就是超越了世俗生死，超越了六道轮回。

英国人劳伦斯·比尼恩说，中国龙的本质在它"具有奇妙的生命力"。他觉得：

> 中国人对于这一观念的热烈爱好是如此之强，以至于世间所有的生灵都不能使他满足，必须发明一个像云、水那样行动敏捷、体型弯曲的生灵，

---

① [美] 米尔恰·伊利亚德：《宗教思想史》，晏可佳等译，上海社会科学院出版社，2004年，第174页。

发明一个以无限广阔的空间为家，永远运动不息的生灵。①

于是龙在"永恒生命"的向往中产生。

黑格尔说过："东方所强调和崇敬的往往是自然界的普遍的生命力。"② 似乎没有把"精神"放在第一位。其实，中国人以为，精神的力量是建构在生命力量的基础之上的。精神不能脱离肉体，智慧不可有悖生命。

所以，我们认为，力，尤其是"生命力"与智慧（力），是龙意象的主导面或正面相。所谓"蛇蝎之性"或"爬虫复合体"的复现（"返祖"现象）等，只是龙的"潜在的负面"或意识深层可能的"反面性"（参后）。这也不能仅仅看做"恶"。

生命的本性在于进步，在于更新。

某些"虫"或蛇，用自己的"蜕皮"证明生命的可变性与更新性——在神话与民俗里，"蜕变"与"惊蛰"便是永生。

在基督教文化的正面观中，是蛇或撒旦开启"原人"在性与精神生活上的无知，把我们的祖先带出了蒙昧与混沌，学会品尝"知识树"上带着苦味的甘果。

生命的本质是创造。"蛇性"或"魔性"、"叛逆性"或"破坏性"，在"适宜的环境"中或"正确的引导"下，便可能转化并升华为发明或创造性。文化便是人类在物质、精神两方面的创作，其根柢是"爬虫复合体"的不安定性、不对称性——所以"文化"便是人类升华自己的"蛇性"而走向更高的人性。文化固然就是"人化"，但是，千万不要隐讳、不要抹杀"蛇性"的刺激与"可转换性"。

如果说"蛇性"是人性根系的重要构成因素，那么"龙性"便是人性的一种升华，一种肯定，一种更新。

人类的思想者，不是毫无理由地赞赏蛇或"魔鬼"（Satan）的聪明，更不是毫无根据地把龙当做智慧的化身的。

"魔鬼"的蛇、可恶的那伽、凶残的德拉贡，就这样对立统一着善与恶、美与丑。

这样，龙就成为中国人智慧与生命力的强大载体，在一定程度上还被"异文化"看做中国文化的象征——也许这正是龙在今日的最大意义。

词的"意义"跟"（语音）外壳"并不是完全"一致"或绝对"相关"的。马克思说过：

> 如果现象形态和事物的实质是直接合一的，一切科学就成多余了。③

---

① [英]劳伦斯·比尼恩：《亚洲艺术中人的精神》，孙乃修译，辽宁人民出版社，1988年，第17页。
② [德]黑格尔：《美学》（第3卷上册），朱光潜译，商务印书馆，1979年，第40页。
③ [德]马克思：《资本论》（第3卷），人民出版社，1978年，第1069页。

生有蝙蝠肉翅的西方龙

(左上：犀身蝠翼蛇尾的怪物，图片剪贴；左下：能游泳、能飞翔的有翼海蟒；右上："混形"Dragon 的标准像，弗朗兹·波奇作，1846 年；右中：鸡首蜥舌蝠翼鹰爪蛇身的 Dragon，或说 Griffin 与 Dragon 的混合；右下："船"形化的翼龙。以上为欧洲绘画摹本)

东西方的龙都是混形性的，蛇躯为主流。西方的 Dragon 一般都有翼，具有多栖性与多变性；但主要因为其不正常、反传统而被"妖魔化"。

如果只知道龙主要是一种神化的蛇，或者说，是以虫蛇蜥鳄等为母型的混形性神话动物，而不去发现它那挖掘不尽的历史精神实质，那么，在文化科学上至少是意义不大的。卡西尔的《人论》说："神话仿佛具有一副双重面目。一方面它向我们展示一个概念的结构，另一方面则又展示一个感性的结构。"[①] 作为神话意象的龙，就具有这种既是"意识形态"又是"想象力游戏"的二重性。

而索绪尔揭示，语词作为符号，是概念和音响形象的结合。

$$
符号\begin{cases}概念（concept）：所指（signified）\\ 音响形象（image\ acoustique）：能指（signifier）\end{cases}
$$

---

① [德]恩斯特·卡西尔：《人论》，甘阳译，上海译文出版社，1985 年，第 97 页。

"概念"与"音响形象"的结合,是历史性与约定俗成的。

这样,一方面,"语言符号是任意的",也就是说:能指和所指的联系是任意的①。另一方面,作为符号的"象征"(symbol)又是非任意的。

"龙",可以叫做"龙"或"plang:pang"或"klong:kong",也可以叫做Dragon或Nāga,其音响形象随民族、历史而异,也因环境、文化而变,它跟龙的"概念"本性或意义的联系也是随机或任意的。但一旦用作"象征",其"能指"与"所指"就必须有"理由",有"原因",有最低限度的"必然性"或"盖然性",不然就"定"不下"约","成"不了"俗"。

> 象征的特点是:它永远不是完全任意的;它不是空洞的;它在能指和所指之间有一点自然联系的根基。②

我们在承认中国龙的"凝聚力"的同时,也获得它的自我的张力。龙从来都是"力"(力量或"能")的象征。我们在"龙"的历史与现实叠压的"语义场"里,定位并且张扬我们在世界文化里的独特性。

不必惭愧,更不必忏悔,中国龙曾经被专制制度利用为"镇压的武器"和霸权话语的暴力。只要我们保持历史的清醒与批判的意识,没有必要去遮掩、去回避"龙"在"中国心"深处的意义与功能。梅洛—庞蒂说:

> 因为我们存在于世界中,所以我们注定具有意义,我们不能做或者说任何在历史上没有名字的事情。

三千年以上的积淀,早已让"龙"成为中国话语里的一个"关键词",一个具有强大或多元象征功能的符号。不论其价值预设是什么,心理期待是什么,我们都"认"了:只能予以"同情的理解",不要也不可能"否认"或抛弃它。

从前,笛卡儿说:"我思故我在。"现象学家与后现代主义者说:我说故我在。语言被看做"存在"的家园,甚至于"语言就是一切"(瓦莱里)。如海德格尔所揭示:

> 人只有当他在"说话"时,才能揭示出存在的本质。

龙是典型的中国话语,鲜明的中国符号。"龙"是"概念"充实而又"模糊"的"音响形象"(如果把"龙"仅仅说成"庞:蓬隆"或者"龚:共龙",那就丧失了它在时空中的定质或"存在的意义"了)。我们没有必要因为它的历史性去牺牲它的现实性。例如,不能因为它是宗法制度、专制君主所独占的符号

---

① 参见〔瑞士〕索绪尔:《普通语言学教程》,高名凯译,商务印书馆,1985年。
② 参见〔瑞士〕索绪尔:《普通语言学教程》,高名凯译,商务印书馆,1985年。

而抛弃它。我们是"龙的国度",是"龙的子孙",是"龙的传人"。

龙达成而又超越久远生存

恐龙,恐龙时代,一去不复返,只留下"龙骨"供我们凭吊与研述,也许还有人类脑部深处的"爬虫复合体"值得勾稽。有没有残存的"恐龙"呢?《左传》昭二十九年所记豢龙、食龙之事,常被引用,却没有被细说。假定其为记实,或者是有根据之传闻,那么,就可能是劫后余生的活体恐龙——但机率极低。

> 秋,龙见于[晋]绛郊。(下·2122)

此龙就是下文被"食"的实在动物,但肯定在晋地罕见。不然,魏献子就没有必要问诸蔡墨。"吾闻之,虫莫知(智)于龙,以其不生得也(不能活捉)。谓之知(智)。"所以,有人说,这是当时濒危、现已灭绝的一种爬行动物,不是一般的蛇、蜥、鳄。

古人认为"龙"的最大特异之处就是有较高的智力。

生存的智慧是最大的智慧。昆虫的古老与众多不必说了。蛇、蜥蜴和鳄鱼都存在数千万年以上,进化得非常成功。它们的"亲戚"恐龙,虽然称王道霸亿万斯年,却终因彗星或小行星撞击地球之类的灾变灭绝了。可虫、蛇、蜥、鳄却因为能躲藏于土中、水下而活了下来,如今遍布世界各地,这是多么了不起,以致中国最神奇的"智慧之书"还用蜥蜴来命名。

《玄应音义》说,"孔雀经"曾以(可畏的)"那伽:龙"喻称"佛",佛就是最高的觉悟,就是最高的智慧,超越了生死与有无,是谓"不来"(不更来生死)。无怪乎保罗·拉法格说,佛教就是对蛇的崇拜。

"那伽"是"最大力"的守护神,以蛇蟒为母型,人格化而为"龙王",格、位却不高。但在龙树菩萨的《大智度论》(鸠罗摩什译)里,那伽龙虔诚听佛说经,"禅定智慧",有如从大海水中出,无复烦恼,心智得到"解脱","回到自身的存在",达成内在超越与升华。是谓"正智慧"。这个时候,Nāga龙也走向了"超蛇"。这有些像孔子称赞老子为"龙"。

Nāga与Dragon看起来都很可怕(中国龙,人们看熟了,见怪不怪,习惯成自然),但在艺术家笔下,也可以是天真、稚拙而又灵动,像贝尼尼的作品,跟幼儿一道嬉戏的"小龙子",同样炫示着它的可爱。

西方的Dragon虽然常被看做妖恶(这跟基督教敌视"Satan:蛇"的传统有关),然而它因为能够护宝,被认为具有天赋智慧。

Long Feng 龙凤龟麟:
Gui Lin 中国四大灵物探究

"背鳍":龙,或其母型——恐龙特征

(左上:土耳其鳄蝾螈;右上:古代墨西哥"日历"上的鳄形龙,西帕克特里;左中:剑龙,复原图;右中:亚洲列疣蝾螈;下:露在水面上的鳄鱼"背鳍",龟伏其上)

龙及龙的外形乃至习性,保存着某些恐龙(或"可怕的蜥蜴")的某些特征。

某些中国龙或怪兽背脊上"剑龙"似的大骨板,跟恐龙背棘相似。但它既可以由鱼鳍夸饰而来,也能够由某些爬行动物"脊梁骨板"取象,不必远取于恐龙化石。

龙的主要母型,虫、蛇、蜥、鳄,几乎全是恐龙的"同时代者"。然而恐龙灭绝了,它们却活到了今天,成为吉祥与光荣的龙的取象依据。这不是证明着龙是极具生命伟力、生命智慧的圣物吗?

专家曾举出一句古英语格言诗:

...Draco sceal on hlewe Frod, Fraewum wlanc.

龙居泽穴而护宝,荣膺灵智有寿考(大意)。

(参考李奭学汉译)

它以灵智与神力保卫珍宝而长期不辍,并且享有寿命,虽然往往因此被"掠夺者"——英雄所屠杀,但是其忠贞、勇武和聪智却往往为人所称道,它身上体现着"另类"的悲剧性与崇高。

可爱的小龙

(《男孩与龙》，大理石雕刻，[意]贝尼尼(1598—1680)，现藏法国让·保罗·盖蒂博物馆，左附刚出壳的鳄鱼)

"小的总是美好的。"(亚里斯多德)所有动物，小时候都很可爱。小鳄鱼也很好玩——它很像婴幼时期的海龙，能够跟幼儿一起嬉戏。这不仅是宣扬纯洁与爱的力量，《老子》说婴儿是猛兽不攫、毒虫不螫的，一种有神话背景的理想主义；还传达了一个重要的思想：人可以而且应该跟哪怕是凶毒的动物和平共处，就好像常常跟野兽零距离接触的法国小姑娘蒂皮那样，以保持生物的多样性。

西方人认为，龙血有剧毒，却又能使人具有极强的防御能力，进而具有超凡的智力。以龙血沐身，便可以刀枪不入。屠龙勇士西格夫里特(Siegfrid)在蟒龙血中沐浴，只有肩胛骨处被遮，此处便成为他的"生命点"或致命部位，就像希腊英雄阿契里斯的脚后跟和《江总传》中白猿的腹脐处。

当滚烫的鲜血从那条蟒龙的伤口中淌流，当勇敢的骑士在蟒龙血中沐浴的时候，一片菩提树叶落在他的肩胛骨之间，那里变成致命部位，这就是我担心的理由。①

冰岛史诗《萨迦》与《埃达》中，西古尔德杀龙后，舔了龙心上的血后便能听懂鸟语，"倘若他把恶龙心肝吞咽下肚/他就会变得更加精明和机灵"②。初民认为，饮敌人之血，尤其吃强敌的心，就可以得到他的勇敢与智慧(龙吃人也一样)——何况吃的是"灵物"全身的精华。正如《楚辞·招魂》所写：

雄虺九首/往来倏忽/吞人以益其心些！

冰岛史诗《埃达》里，夺宝藏宝的武士法夫尼尔(Favner)变成守宝的毒龙，凶残猛恶，可是设计杀它的英雄西古尔德却称赞道：

人家说你知识渊博而又很精明……③

---

① (佚名)《尼泊龙人之歌》，安书祉译，译林出版社，2000年，第189页。
② (佚名)《埃达》，石琴娥、斯文译，译林出版社，2000年，第321页。
③ (佚名)《埃达》，石琴娥、斯文译，译林出版社，2000年，第316~317页。

向它打听三位命运女神的性格、火巨人所燃烧的岛屿的所在……它死到临头还对答如流。

更重要的是,中国的龙还超越了一般的"生存"。它们不仅以善于保存自我与群体生命的智慧,度过了地质史上许多可怕的灾难,而且获得了越来越多的经验与灵性——比它的母型更大程度地达成了"内在的超越"。这也许并非龙本身,尤其并非龙母型所固有的,而是某些先圣所赋予的(例如孔子之辈对"龙"的评价),却是龙研究中特别应该注意与看重的(可惜龙的这种"内在超越"逐渐为后人所漠视)。

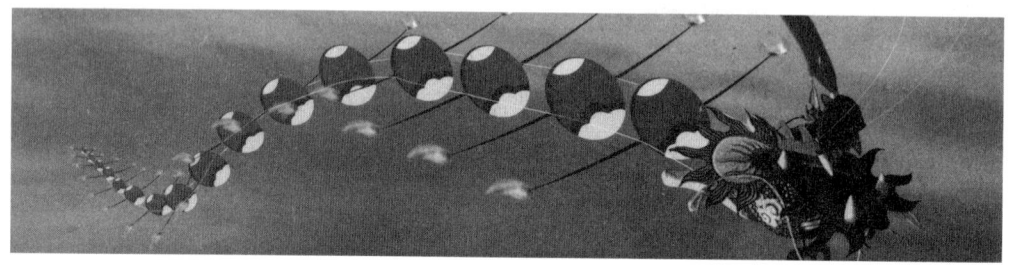

龙风筝

(中国民间工艺)

"飞龙在天。"龙的一大神秘,是不假翼翅便能驾云升天。中国的(龙)风筝,正诠释着龙的"超蛇"本领与气势。"老子,其犹龙邪?"不可方物,不可捉摸,不可掌控,不可限制……正是"飞龙"的本性。

孔子用龙来譬喻老子和老子的智慧。老子的智慧,从根本上说,是对生命(也许还是一体化的"宇宙生命")的敬畏、热爱与执著。生而不有,为而不恃,长而不宰。"能辅自然而不敢为",升可以融汇天人,谐和主客;降可以民胞物与,泰国安民。

这是继承并发扬了"蜥蜴经典"那生生不已、自强不息之精神的。虚静无为,长生久视,挫锐解纷,和光同尘,无非是其具体显现而已(参看《老子的文化解读》)。这不但是躯体的智慧,也是心灵的健全,"精神专一,动合无形,赡足万物"(司马谈《六家要旨》——也可以用来形容最佳状态下的龙)。这可以说是龙或"超蛇"的真精神,真智慧。

前举孔子论老子说:"鸟,吾知其能飞;鱼,吾知其能游;兽,吾知其能走。"这些都是可以直观感受,也是能够控制乃至伤害的:"走者可以为网(网罗),游者可以为纶(绳钓),飞者可以为矰(弋射)。"只有龙,既不是鸟,又不是鱼,还不是兽,能在不知不觉、无声无迹之中驾驭风云,自由翱翔于天空。不但保证生存,而且高扬生命。"老子,其犹龙邪!"达到了前面说的最高智慧,亦即生存与发展的智慧。

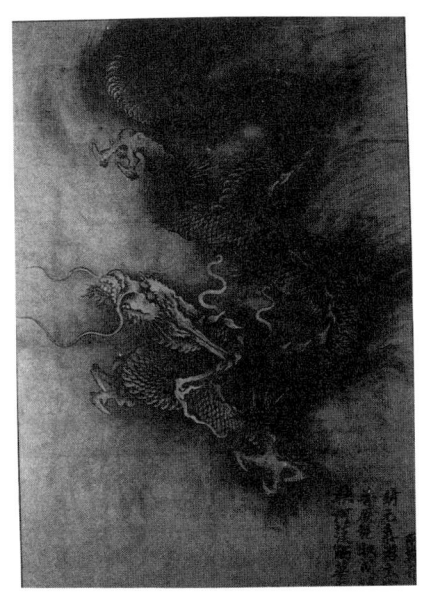

云龙图轴

（绢本，题为"所翁作"，201.5厘米×130.5厘米）

风生从虎，云生从龙。见首不见尾的神龙在云中出没，成为中国古代画家最喜爱的题材。

此图的画面苍劲沉郁而又豪放。题铭云："骑元气，游太空，普厥施，收成功，抉河汉，触华嵩。"豪气薄云，雄心震天，尽收崇高之美。西方的"龙：Dragon"假蝙蝠式的肉翅而飞，中国的"腾蛇"、"飞龙"却无翼而飞，更加神奇。而画家还能将其再现得十分天然，真实，可信。孔子曰："其乘风云而上天"，"乘云气而养乎阴阳"，它回到"自身的存在"，很难以外物来制限它。

龙是"力"，却更是"智慧"。智慧内含着超越自身的精神自由。《史记·老子列传》说："龙，吾不能知，其乘风云而上天。吾今日见老子，其犹龙邪（耶）！"（7·2140）①可见中国人认为，作为蛇母型升华的龙已不再是蛇。如前所说，鸟，能飞，可以射它；鱼，能游，可以钓它；兽，能跑，可以网它。可是你对自由翱翔于太空的龙，又能怎么办呢？难以言传身授的《老子》，就是龙、龙祖宗智慧之精髓。

《庄子·天运》说，孔子见老子归来，三天不说话，感叹道："吾乃今于是乎见龙！龙，合而成体，散而成章，乘云气而养乎阴阳。"看到他，嘴都张不开，有什么好说的呢？

"万物作而不言（辞）。"用赫克尔—麦克莱恩—萨根的理论来说，这是人脑中最高尚的智慧，是超越"爬虫复合体"之占有欲、侵略性、统治观、攻击力的"新皮质"的产物。这象征着人的"龙性"战胜了"蛇性"。

> 人的新皮质约占脑重的85%，同脑干、爬虫复合体和边缘系统相比，这确实是一个重要特征。……人类完全能够抵制沉溺于爬虫脑的每个冲动的强烈欲望。②

---

① 本书引用《二十四史》，除明确标注外，其余均为中华书局标点本，仅注出册次、页码。

② ［美］卡尔·萨根：《伊甸国的飞龙——人类智力进化推测》，吕柱、王志勇译，河北人民出版社，1980年，第47页。

萨根的这个"人脑"三分法还没有得到解剖学家与遗传学家的普遍承认，还需要严格的检验与证实。但如果把它看做一种"象征"，那还是会令人兴味无穷的。

"新皮质"，主要创造艺术、诗歌、科学、哲学与道德。如果体现蛇性的"爬虫复合体"可以拿"勿用"的"潜龙"来隐喻的话，"新皮质"就是"在天"的"飞龙"。在这个意义上，可以说龙是一种"超蛇"。

它在中国古代的显现，就是《易经》、《老子》、《论语》……"飞龙在天"，劳伦斯·比尼恩恰恰就是引用这几句来赞颂如龙的老子之智慧的。"我[还要]多引几句话，你们会明白这种精神以龙作为一种象征，是多么恰当而且意味深长，这些精神与老子的思想是多么相似。"①他认为水的意象与龙的意象是相表里的（龙是水的精灵，雨和庄稼的控制者）。龙是会飞又会潜的，风一般不可捉摸，水一般灵动自如。

　　天下莫柔弱于水，而攻坚者莫之能先（胜）。
　　譬道之在天下，犹川谷之于江海。
　　江海所以能为百谷王者，以其善下之，故能为百谷王。
　　上善若水。水善利万物而不争，处众人之所恶，故几（接近）于道。
　　　　　　　　　　　　（《老子》第78、第32、第66、第8章）

这难道不就是龙能为万物之主、诸灵之首的原因吗？"大曰逝，逝曰远，远曰反。"——"这些话似乎着实使中国画家在构思龙的形象时得到触发而瞥见这强健有力的身影，它从水里腾起，进入云间，回到自身的存在。"②

"龙"以"爬虫复合体/边缘系统/新皮质"这三种大脑基本结构为其意象的"解剖学基础"。这是"人脑"的新三位一体：以"新皮质"为主导，"边缘系统"做支撑，"爬虫复合体"隐蔽在底层。

"爬虫复合体"并不能用"好"或"坏"这种纯粹道德价值取向来判定。人脑中潜藏着的"爬虫复合体"（可简化为蛇性或兽性），导致"进攻"、"暴力"或"破坏"本能。但"进攻"可以转化为"进取"，"侵犯"能够变成主动精神，"破坏"之后便是"创造"。福兮祸所伏，祸兮福所倚。何况"爬虫复合体"还有产生利他主义、合群本能的"边缘系统"的支撑，从而逐渐升华为"新皮质"，为"龙性"。"理性是新皮质的一种功能。"它体现在"龙"（龙祖宗/龙传人）的生存智慧之上（"智慧"能够自反馈、自组织、自生长，因而能够自动地改善、扩大和提高"生存"）。它可能扩充到人类理性与知性的一切领域。

---

　　① [英]劳伦斯·比尼恩：《亚洲艺术中人的精神》，孙乃修译，辽宁人民出版社，1988年，第45页。
　　② [英]劳伦斯·比尼恩：《亚洲艺术中人的精神》，孙乃修译，辽宁人民出版社，1988年，第46页。

当礼仪、情感和推理成为我们人本质的重要领域时，抽象的联想力和推理能力几乎是人独有的特征。好奇心和解决问题的迫切愿望就是我们人类感情的标志。数学、科学、技术、音乐、艺术——这些比通常包括在"人文学科"范围内更广泛一点的学科都是人所特有的活动。①

而龙就集中着、体现着人的这些智慧与精神的活动。"人中之龙"，是对人的最高评价而并不为帝王所专有、所霸占。

蜥蜴是一种"龙"。黎翔凤的《周易新探》干脆说，《周易》就是周代创作的"龙经"（易经：蜥蜴的经典），就是"龙祖宗"留给"龙传人"的智慧经典。

《周易·乾卦》四处说到龙，或谓实即"龙卦"。《易传》说，从龙潜到龙飞，其精神即是"天行健，君子以自强不息"，朝乾夕惕，自勉自励，勇往直前。用比尼恩的话来说，龙能够"表现为水与云的力，永远运动，永远变化，既在破坏，又在结果，还在保存"②，哪怕是蛰伏深潜，也在积蓄力量，待机而动——却又不自恃其力，过度亢奋，强直僵硬，"亢龙有悔"。

有翼的圣羚羊
（西亚文物）

圣羚羊（或山羊）加上翅膀也是西亚—中亚有翼神兽母题的重要构成。羚羊角仍被精心刻画，并成为圣兽（例如龙）的神奇附加物。东方古人以为羚羊角可以入药，治病救人，还有"隐形"、"透视"、"变幻"与"再生"等灵异。早期的龙角不是鹿角、牛角，而多是羚羊角，原因在此。

《周易·乾卦》的大传写道："'亢'之为言也，知进而不知退，知存而不知亡，知德（得）而不知丧。"只有矫夭蜿曲，时刻处在运动和变化中的"龙"，才能

---

① [美]卡尔·萨根：《伊甸国的飞龙——人类智力进化推测》，吕柱、王志勇译，河北人民出版社，1980年，第60页。

② [英]劳伦斯·比尼恩：《亚洲艺术中人的精神》，孙乃修译，辽宁人民出版社，1988年，第11页。

体现辩证法的精神而得其中正("龙,德而正中者也")。"其唯圣人乎?知进退存亡而不失其正者,其唯圣人乎!"所以孔子赞扬老子像一条龙。

魏献子曾问蔡墨以传闻:

> 虫莫知(智)乎龙。

虽然只局限于"不生得",虽然蔡墨驳之以"豢龙"、"御龙"的古事,然而龙是具有最高智慧的动物,却是社会上普遍的看法(参见《左传》昭二十九年)——龙从来没有以"活体"被人捉拿或看见,人所得的只是"骨骼"(化石)。这就为"恐龙"遗存说提供了一点论据。

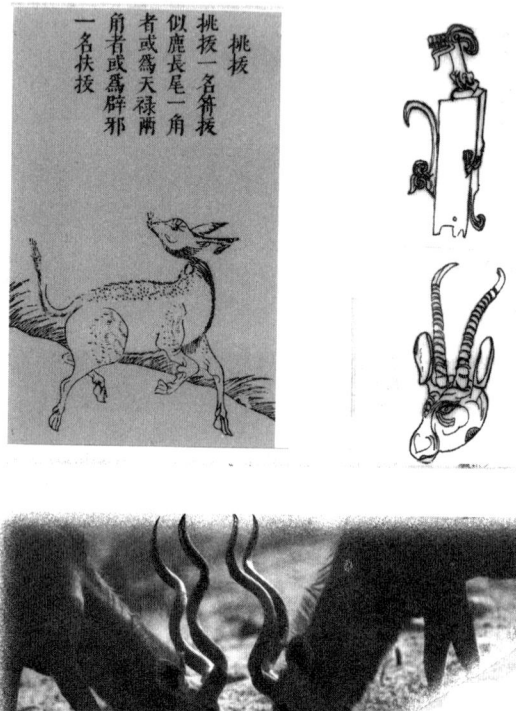

羚角龙与挑拔

(左上:挑拔,古人构拟;右上:"爬龙"青铜柱形器,四川广汉三星堆,晚商;右中:银羚羊头,古代埃及,现藏开罗博物馆。下为羚羊)

羚羊是一种行踪莫测、运动迅速的灵异动物。龙加上羚羊角,便更加神奇,更加多变化,在多维时空中迅速运动,不可捉摸,变幻不定。或说挑拔即羚羊。

龙的角,生命力的标识

龙的基干是蜷曲的"虫"与蛇(夭曲圆长的身子),但是随着蛇崇拜的风俗、文化与地区的变化而被"改造"为、或"组织"为某种神秘的"混合动物"——也有学者认为,这种"组合"是跟图腾团族(Clan)的联合或兼并是同步的(这也不能机械对待)。

例如,某些北方地区除有"蛇信仰"之外还崇拜鹿,于是便用象征"权威"或灵力的鹿角来做装饰物或添加品。前举马家窑文化彩陶人头形"器盖",后脑勺上爬着小蛇,头顶却又生出一副"瓶状角"——这种有"圆盖"的柱状角只能是鹿的初茸——以后这对角又移到蛇头,并长出分叉。这就是蛇崇拜(或说蛇图腾)与鹿崇拜(或说鹿图腾)的融汇——早期的"鹿角龙"也由是诞生。但更多的却是古人对羚羊神奇的角产生兴趣,便将其"组装"到蛇头上。古人认为,羚羊角不但能够治病救人,益寿延年,还能"隐形"、"透视"、"变幻"。

羚羊和鹿的角都能脱落而后再生,"鹿茸"更是生命伊始和更新的展示。作为生命、生命力原型意象的龙,特别需要这种符号性的"标识"。

分叉角

(《亚沚方尊》局部纹饰,商代;
原器河南安阳郭家庄西 M160 出土;
原题"鹿首纹")

龙的角也颇具"变化性"。但以羚羊与鹿的角为主要母型——有时采取其初生的"茸"形,有时夸饰为星,为掌,为花冠。它们不但是其善于隐匿与幻变的象征,而且由于定期脱落、更换而成为"再生"的意象。龙的角与它的生命力一体化,相互加强,相互映衬。

鹿角代表雄性(除了麋鹿,只有雄鹿才有叉角),代表进攻和"生殖力",而且是极理想的"装饰"或美。千万不要忽视"混形动物"附加件的审美功能。华美的"叉角"之外,还有一种"掌状角",长在似鹿的"怪兽"头上。

樋口隆康称这种怪兽为"掌形角蛇尾怪兽"而不大管它的鱼式背脊。以出土于四川彭县竹瓦街的青铜罍为例,他认为,这种"掌形角"兽,"见于枹禁组，是殷末周初［青铜器］的特征"①。

马承源的《商周青铜器纹饰》关于"角"分类中有"花冠角"②。

有的学者注意到，即令"掌形"或"多齿"角，仍是鹿茸的夸饰，炫耀着生命力。曹振峰《古龙觅踪》说，"所谓'多齿角'，则是鹿茸角的装饰物，或表示茸角春天孳生、生命蕃衍之意"；"所谓'花冠角'，实为麋角的骨叉角"③。

这是蔡大成等说的龙的生命力及其更新的明显标识。

鹿角盘龙

（明代雕漆盘，沿圈足款设为"大明万历己丑年制"，1589年）

这类"团龙"都巧妙地"适应"圆形器物对构图的要求，又容纳着蛇龙喜欢蟠伏"自保"的习性。注意它的鹿角，这是它善于变幻又善于隐藏的象征。

龙为什么能飞

前文讲，龙的不可触摸，难于感知，无法控制，就因为它无翼而能登云上天。中国古籍多言龙蛇能飞；或说，蛇能跃起捕捉飞鸟，夸张即成能飞。这太"平凡化"了。《山海经·中山经》柴桑之山，"多白蛇、飞蛇"。郭注："即螣蛇，乘雾而飞者。"（178）

爬虫却能飞，而且不一定添翅，这真奇怪极了。当然也有增翼者。

《山海经·中山经》有鸣蛇，有四翼，"其音如磬，见则其邑大旱"（122）；有化蛇，"其状如人面而豺身，鸟翼而蛇行，其音如叱呼，见则其邑大水"（122）。

《荀子·劝学》："螣蛇无足而飞。"

《大戴礼·劝学》："腾蛇无足而腾。"（王聘珍解诂本，133）

螣蛇或腾蛇一般认为是龙类，或飞龙的"卑化"。

---

① ［日］樋口隆康：《西周铜器之研究》，《日本考古学者中国考古学研究论文集》，蔡凤书译，（东京—香港）东方书店，1990年，第50页。

② 参见马承源：《商周青铜器纹饰》，文物出版社，1984年。

③ 曹振峰：《古龙觅踪》，《民俗与民间美术》，陈瑞林编，湖南美术出版社，1990年，第32页。

有翅膀的龙

（上：河南洛阳卜千秋墓壁画，西汉；中左：圣·乔治屠龙，欧洲近代油画；中右：天使加百利降龙，雕刻，法国里昂富维耶大教堂；下：魏晋南北朝时期的画像砖，邓县）

西方的龙大多有肉翅、利角，能吐火，能飞行，也能泅水。中国的龙，即令无翼也能飞行。潜水，陆行，穿土，行空，无所不能。有翼者叫"应龙"，是云雨之神，但并非都有严格界定。一般来说，无翼的龙时代较早，有翼的较晚。

《尔雅·释鱼》作"螣",云"螣蛇"。陆氏释文引《字林》云:"神蛇也。"郭注:"龙类也。能兴云雾而游其中。《淮南》云蟒蛇。"《后汉书》注引《尔雅》旧注:"螣蛇有鳞,是为龙类也。"(下·2641)

《慎子》:"飞龙乘云,螣蛇游雾。"(参见《尔雅义疏》)

《史记·龟策列传》:"螣蛇之神而殆于即且。"

"即且"是一种凶猛的昆虫,如蜈蚣。可见"螣蛇之神"(近于飞龙)也并非不可战胜。

蛇的飞行多出于想象。最重要的却是:蛇被认为是一种神秘虫虺的升华,由"成虫"那里获得飞行的本领。

有的文献说,蜥蜴或蛇能够像龙一般飞翔,有的蛇不但能跳起捕食飞鸟,还能从一棵树"跳"到另一棵树上,造成"飞翔"的幻觉,至今还可在电视屏幕上看到。

飞龙在天

(赤练环蛇和飞壁虎)

龙有翼能飞,是组合进鸟的翅膀,也许跟西来的"翼兽"有关。有人说是受了"翼龙"的启示;有人说是受飞蜥的影响(但是,其可能性极小)。有位苏联学者甚至说,印度的蟒加上爪哇的飞蜥,就成了中国龙。虽诸说纷纭,但龙肯定是组合性的神话意象。其独特之处在于,中国有"无翼而飞"的螣蛇或云龙。

这虽然是在"去神圣化",却是"飞蛇"的一个小小的自然"依据"。

《抱朴子·名实》说:"蝼、蜥腾于云霄。"这就可能有现生动物为传说"背景"了。

爪哇森林里有一种依靠"肋膜"滑翔的飞蜥,体型很小,或称"侏儒龙"(矮人龙)。有科普作家认为它就是中国龙(飞龙)"活的模特儿",因为"中国人是文明民族中最先了解到马来亚群岛的大自然的"①。

---

① [苏]阿基穆什金:《自然界奇闻怪事》,宋东方译,科学普及出版社,1981年,第120页。

这种爪哇飞蜥，或称飞蛇（学名draco lineatus，英文名dragon-lizard），腹旁有翼膜，曾被混同于蝙蝠的肉翅。

中国东北地区有一种蜥蜴能够在树间"滑翔"，俗名"飞龙"。它的药用价值很高。

飞龙（学名draco volans），属蜥蜴类，飞龙科，肋旁有皮质变形物，或称"翼膜"，可助力于飞跃滑翔。

西文之"龙"，所谓dragon者，亦有蝙蝠状肉翅，或谓自飞蜥取象。所以西文"飞龙"、"飞蛇"皆有drago(n)之词根。

现代动物学家还告诉我们——

斑飞蜥（学名draco maculatus）产于我国闽南、广西、海南、云南和西藏，亦产于越南、印度和马来半岛。

裸耳飞蜥（学名draco blanfordii），鼓膜裸出，产于云南。①

可见能"飞"的爬虫绝不只有爪哇飞蜥。

值得注意的是，大宗的"北方龙"，却几乎没有机会从"飞蜥"获取飞翔的特性。

我们曾提出，龙的能飞，与其母型之一的昆虫（成虫）多能飞翔有关。

王充《论衡·无形》说："蛴螬化为复育，复育转而为蝉；蝉生两翼，不类蛴螬。"这是现实性的变化。但幻想中的变化，即毛泽东的《矛盾论》所说非具体特定、非按自然规律的变化，却带着很大的随机性或主观随意性。仅仅根据一点因由，看到蝉飞树巅，便可以说蛴螬或"虫形龙"在特定时刻添翼能飞——龙也因而"在天"了。

普罗普说：龙＝蛇＋鸟。

蝙蝠翼的西方龙

（希腊神话的革律龙，三身三头六臂六足或人首，欧洲近世绘画）

西方的龙也能飞。跟中国龙无翼无足亦能飞不同，它长着蝙蝠的肉翅，蝙蝠跟蛇同样被认为是反常规、反正统的怪物。

"革律龙"是上古怪物中的一种，或说是Dragon的前身。

---

① 参见丁汉波：《脊椎动物学》，高等教育出版社，1985年，第204页。

蛇妖是由两种代表灵魂的动物组合而成，这就是鸟与蛇。……鸟与蛇是最平常最常见的代表灵魂的动物，在龙的身上二者融为一体。①

苏联学者阿基穆什金则说，所谓"龙"是：

印度蟒蛇＋爪哇飞蜥

为什么龙的体躯那样巨大呢？那是借鉴地下巨兽或恐龙化石加以综合想象的结果②。这至多能解释印度"龙：Nāga"和欧洲"龙：Dragon"，没有办法讲清中国龙的来源或母型（除非有人回到旧学术，把中国龙说成是由印欧民族那里引进再加改造而来的）。爪哇飞蜥非常罕见。我们只是在驳斥某些人说爬行动物不会飞，所以不是龙的母型时才举出"飞蜥"这个特例的。我们不敢说，"飞龙在天"讲的就是飞蜥。

西方有种怪鸟叫"格里芬"（Griffin，参看本书的凤凰部分），早期是鹰形而狮首，后来变化很大（主要是狮身有翼）。有人说，作为混形神话动物，格里芬跟中国的龙、凤（尤其是二者混杂的形象）很有些牵涉。

中国的神鸟或怪鸟，有些确实跟龙颇有牵扯。

清·宋翔凤集校本《帝王世纪》（卷一）就说："黄帝服斋于中宫，坐于园扈洛上。乃有大鸟，鸡头燕喙，龟颈龙形，麟（鳞）翼龟尾，其状如鹤，体备五色。"这显然组合进了龙或龙族元素。《说文解字》里的凤，也"蛇颈鱼尾"，"龙文虎背"，有些像Griffin。

中国少数民族神话里，偶见"鹰龙"之类。而民间有"鸡龙"之说，或说台湾的"基隆"本来就是"鸡龙"。

日本的"虾夷"（Ainus）崇拜鹫与蛇，其崇拜之"神"被称为"哥弁伊"（Kamui），形状为大枭，但又兼有"鸟兽"两义③。或说是Griffin那样的鸟兽龙"混形动物"；或说，古代"四灵"之中，唯龟特立独行，是日常所见的动物。

爪哇飞蜥
（现代动物画）

"飞蜥"或东北"小飞龙"，是蛇龙能飞"取象"的一个自然"依据"。

---

① ［俄］普罗普：《神奇故事的历史根源》，贾放译，中华书局，2008年，第320页。
② 参见［苏］阿基穆什金：《自然界奇闻怪事》，宋东方译，科学普及出版社，1981年，第121页。
③ 参见岑家梧：《图腾艺术史》，学林出版社，1986年，第13～14页。

其余三者都经过神化或混形。其发音为双声：

龙/麟/鸾（凤）

这三者之间，器官或纹饰相互借用或互渗，也是 Griffin 式的混形组合（其实龟也是"混形性"的）。

鸟、凤的"龙化"

（左：西周石编磬之一，陕西召陈乙区出土；右：汉代瓦当，朱雀，"四神"之一）

为着构图需要，也为着"圣化"鸟、凤，古代艺术家将鸟身加长（有时还突出"鳞状羽"），再让翼翅和尾羽展延，极尽矫夭飞动之能事，这样凤、鸟看起来便像龙，或者更灵活地与龙相匹配。

两种形式的 Griffin，在春秋战国以前或北方草原之外，都很少见到。它们跟殷商以来的"鸟喙龙"并不很像。作为神鸟，"鹰龙"在中土神话里，往往被（看守宝物的）离朱（三头鸟）、九凤（句芒）等所替代，兽的元素隐晦而稀少（参见《山海经的文化寻踪》等）。

倒是"龙凤混形"这一奇特的现象值得一提。这跟"龙的虎化/虎的龙化"主要出于构图或装饰的需要不大一样。它们的"尊化"或"神化"也不仅在加角或"戴干（辛）"，其互渗或混同似乎能够相互强化其神圣性。

《论衡·讲瑞》："王莽时有大鸟（鸵鸟）如马（案：马或视为龙），五色龙文，与众鸟数十集于沛国蕲县。"有"龙文"就可能被看做凤凰。或说：殷商虽也尊龙（太皞氏以龙纪），但主要以鸟为图腾，所以龙也被加上鸟的特征。可多数的龙为什么不"加"呢？

应 龙

翼翅与飞翔，炫耀着龙的生命张力或生存拓展。再没有令地上生命向往的

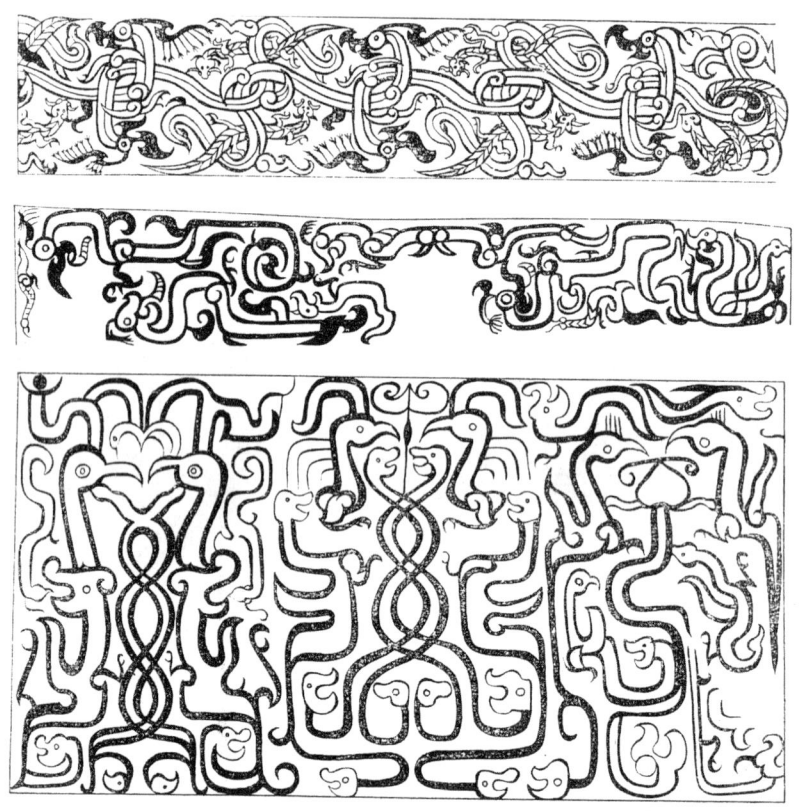

鸟的龙化

（装饰纹样，湖北随县曾侯乙墓，战国）

有时，"神鸟"的身躯被拉长并且蜷曲，弄得"鸟蛇不分"或"龙凤交汇"，古人的真正意图我们并不清楚，只晓得在他们那里，物种并没有绝对的界限；神圣的龙/凤的形貌与性征也可以相互借用、渗透或"交换"。

挣脱地心引力的束缚而飞翔于高空的生命极致与生存自由了。飞龙在特定语境里寄托着"自由"的幻想。

龙，本来可以无翼而飞天——继承着其"祖先"圣虫的蜕化升空，借鉴于鼯鼠、蝙蝠乃至飞蜥之翱翔。当然也借鉴鸟类的飞行——却实在不如虫类或能飞翔的爬行类、哺乳类动物给人的印象更深。但后来逐渐有了带翼的龙。比较文化史家多说有翼飞兽或飞龙远源于西亚，这也不一定。华夏本土很早就有"带翼"的"应龙"，它能画地成河，蓄水贮云。王海龙等说，"应龙"应是"鹰龙"之省。龙而带有鹰（鹏：凤）的器官，有翼而且利爪；有的还有弯钩之鹰喙，而且早在殷商青铜器纹饰里就有了。可惜先秦文物中至今还没有发现有明确翼翅的龙。

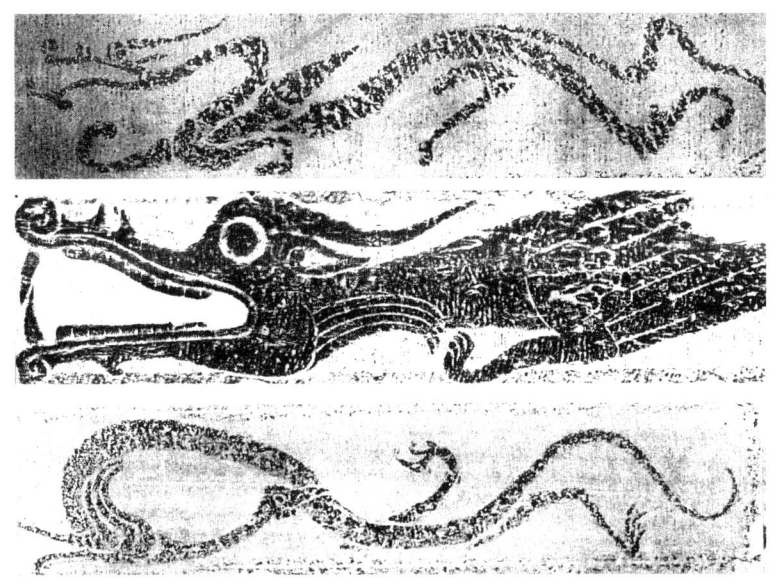

中国的翼龙和鸟首龙

（河南南阳汉墓画像石）

"爬虫"而能飞天，而且不一定要插翅添翼，这是龙的神奇性的一大证明。这也有自然与人文的双重"依据"，并不纯属幻想。

应龙主要见于《山海经》。《大荒北经》说："蚩尤作兵伐黄帝，黄帝乃令应龙攻之冀州之野。"（袁珂注本，430）

"应龙已杀蚩尤，又杀夸父，乃去南方处之，故南方多雨。"

《大荒东经》："应龙处南极，杀蚩尤与夸父，不得复上，故下数旱。旱而为应龙之状，乃得大雨。"

此如卜辞"作龙"、红山"玉龙"、查海"土龙"及龙形，祭仪龙形法具，皆能致雨，跟普通的掌司云、雨、雷、电的龙没有很大区别。

"应龙蓄水"，有如雨云（我们曾怀疑其为云中君的动物化身，很可能跟主持风、雨、雷、电、虹、霓二十四变的轩辕星对应），其形象见于马王堆西汉帛画。云气缭绕之中，长着五彩翅膀的应龙蜿蜒于月亮之下，月神嫦娥或月御纤阿坐在应龙的翅膀上。这样应龙又可能涉及月亮（又一翼龙形象，见于河南洛阳西汉卜千秋墓壁画）。

蓄水者应龙，既能发水，也会理水。《楚辞·天问》："应龙何画？河海何历？"王注："有鳞曰蛟龙，有翼曰应龙。"引或说："禹治洪水，时有神龙以尾画地，导水所注当泽者，因而治之也。"（宋·洪兴祖《补注》云，此出《山海经图》）用自然主义神话学的目光看，"大雨冲刷土地，使其沟渠纵横，汇水流而入河海，是普遍的现象"（《楚辞与神话》第63页）。晋·王嘉《拾遗记》则说："禹尽力沟洫，导川夷岳，黄龙曳尾于前，玄龟负青泥于后。"（齐治平注本，37）。这是指应龙之尾有特异功能（鳄、蟒之尾，其力非常）。但最重要的是出现了翼——专家们或以为，翼龙与翼兽的形象远源于西亚。

《淮南子·览冥训》："〔女娲〕乘雷车，服驾应龙。"高注："一说：应龙，有翼之龙也。"《广雅·释鱼》："有翼曰应龙。"《文选》中汉·班固《答宾戏》有"应龙潜于潢污"。旧注引项岱曰："天有九龙，应龙有翼。"

龙/鸟难分

（上、下：《凤尊》颈部、足部纹饰，商代，原题"龙纹"；中左：羊面饕餮与龙纹，采自《商周纹饰》；中右：作为参照的苗绣）

有些鸟纹，鹰喙，颌颈有羽饰，钩尾，爪具三趾的形象，明明是鸟，有的专家却认为是"龙纹"，只因其身躯圆长，也的确有些商周纹饰是龙/鸟不分或鸟/龙难分。

"应龙"之"应"，较难索解，一般认为是某种"音变"。

翼龙
鹰龙
膺龙（胸膺云雨待发，盖犹"撰体协胁，鹿何膺之"的膺受风气）
云龙

目前还很难论定。从文字学来看，以"鹰龙"说为较合理。

专家们或说，这可能来源于西亚—中亚的半鹰半狮的安祖德（Anzud）—格里芬,但也只是"可能"。

这种"混形神物"主要有两种形式:

主干为鹰,狮首或狮爪;

主干为狮,有翼,喙爪或似鹰。

中国虽然也有半蛇半鸟或兽身鸟翼的混形神物,战国秦汉以来虽然也有鸟喙有翼的兽形出现,却找不到"应龙"向Griffin"取象"的有力证据。

西方的"龙:Dragon"多有一重要特征:有薄膜之翼。有人说,这跟史前"翼龙"化石的发现与观察有关。

西方翼龙

(左上:作为参照的蝙蝠图形;右上:西方文献里的"飞龙";中:日本的飞龙;下:克拉福德的标志性雕塑——英雄斗杀翼龙)

西方的"龙:Dragon",跟中国的龙同样是带有"幻想性"的混形动物。蛇尾、兽躯、蝠翼、鹰爪,头部变形并且怪异化,有的还是鹰头(参见右上),似乎还有鹰翅狮身的"格里芬"的影像;有些日本龙与西方龙相似之处更多,不知关系如何。

我们认为，西方的龙翼多是从蝙蝠的肉翅取象。人们往往厌恶并且害怕蝙蝠，因为它长相古怪，非鸟非鼠又似鼠似鸟。"不确定性"就是神秘、犹疑或者可畏，再进一步说，反常规、反传统就带着些叛逆性与"妖魔性"了。

蝙蝠或老鼠多在阴暗处所歇息，夜间活动。多跟昏暗、卑湿、幽秘相联系——这也是死亡的"环境"。

少数蝙蝠会吮吸动物的血，被夸大成"吸血鬼"。这样，西方的dragon或魔鬼就多被加上蝠翼。撒旦（Satan）的一个化形，就是长着肉翅的蛇。中国没有欧美那么多的"吸血鬼"故事，吸血的主要是僵尸（中国人在许多情况下不怎么讨厌蝙蝠，不仅因"蝠：福"同音，如用"蝠鹿松鹤图"寓意"福禄寿喜"，还把蝙蝠当成雷神）。

另一情形就是阿基穆什金等所说的，蟒蛇加上"飞蜥"再加犀牛，成为Dragon。

中国的龙，虽然可能与"飞蜥"相关；然而，"飞龙在天"，多数的龙无翼也能腾云驾雾，翱翔太空。这是中国龙的灵力与超现实性的最重要证明。不论我们找出多少蛇或蛇形龙无翼而能飞的"自然背景"，都不能抹煞龙的这种超能力。

综上，龙之所以能飞，是因为人作为"球面生物圈"进化相对成功的一分子，渴望挣脱地心引力的束缚，翱翔于太空（同时又希望向地底进发），享受比鸟儿更大的快乐。但"直立行走"又没有翅膀的动物，实在很难不借助"外力"或机械而实现这种自由。于是他们创造了能够上天下地、入水潜渊的龙，这几乎唯一的"三维空间（幻想）生物"来演绎自己的愿望。他们借用了鸟的翼、鸡的爪，能够游泳、飞跃并且钻洞的蛇躯，来实现像"幼虫"变成"飞虫"那样的蜕变——首先是升天。这里，最奇妙的是中国龙，有翼能飞，无翼也能飞，把"母型"的跳跃升华为飞行。这也是一个"去平凡化"或"圣化"的飞跃。

龙的多栖性与多变性，进一步证明它生命的广延与繁盛。它几乎无处不在，无远不届。如上所说，它的再生性或不朽性，足可以成为中华民族、中国文化延续力与持久性的理想象征。中华文化几乎是世界上唯一没有灭绝、没有断裂的也没有转移的古老文化，这难道跟中国人喜爱龙、崇敬龙一点关系也没有吗？

以应龙、腾蛇等为代表的中国龙的生存与行动能力，委实太强了：

无足能行；

无翼能飞；

无蹼能泳。

这跟西方的Dragon、印度的Nāga以及它们的主要母型"蛇"同样是反传统的。

印欧民族因其反传统，把它打成"叛逆"、"魔鬼"，不断地"妖魔化"；中国人却把同样"反正统"的妖怪"祥瑞化",纳入传统,奉为正统(在一段历史时期里还把它变做"至尊无上"的标识)。这个原因一时不易说清楚。重要的一点,也许是因为同样生命力强大的"庄稼人"热爱生命,中国民族性的主流是"务实趋善重和"。"天人以和,万物谐作",乃至"凤凰来仪"、"百兽率舞",跟自然打成一片,与万物和平共处,是中国人的最高社会追求和美学理想。

龙,生殖(器)意象

龙之作为生命(力)或生殖(器)意象,不仅因为蛇身、龟头与男根异质而同构,更重要的是它体质与生命力的强盛。

生命力与性能力成正比。古人判断性能力的标准是:(1)频率;(2)时效;(3)强度。但最终仍是由效果来检验:生育后代的多少。龙的最重要母型——蛇,古人把它们的纠结,在装饰上再现为"蟠螭纹",当做频繁而长时间交配的证据。神龙见首不见尾,有时却是见尾不见首——尾太活跃了,时刻在纠缠,在蠕动,吸引眼球。《周易》说,"群龙无首,吉",旧注很难讲通。闻一多《周易古义类纂》说是苍龙七宿在云气中出没,稍好一些。可为什么"无首"(没有头或没有头目)却是"吉"呢?仍然不好说。只有在交尾时不断蟠结纠缠,看不见或分不清头尾,却能使生命无尽地繁衍。其意象如我们论说的"咬尾蛇"或"无穷结",无头无尾,无始无终,以其不自生故能长生,族裔绵延——这才是吉。也许跟战斗中部队的隐蔽性、自动性相关,却似乎不像另一种形式的"战斗"("龙战于野",或雌雄的"搏斗"),更能诠释"无首"而"吉"的非常态。周以后中国人一般讳言性与性生活,却往往把动物的交合当做吉庆的征兆。

蟠虺纹
(青铜当卢纹饰,山西晋国赵卿墓出土,战国;原题"蟠蛇纹")

所谓"蟠蛇纹"或"蟠虺纹",也许可以看做简化的"蟠螭纹",身体更长,纠曲更甚。此例头部仍似"蜺首(龙)",或"吐舌"。整体更加图案化。中心为"冏"形,表示太阳火。这种纹样不妨看做所谓"群龙无首"的一种装饰重现,本来是纠结蟠缠地"交尾",所以头部不明显。它暗示着龙蛇螭虺生命的强大与绵延。

蛇龙由于蕃殖力强大而被崇拜,但往往被一些学者所忽略。

作为大母神的女娲"一日七十化",从马王堆汉墓"帛画"以后,就以"人首蛇身"的形象出现,象征着土地、水和女性的蕃育力。

两河平原的丰饶与生育之神宁吉兹达,其象征物是蛇,甚至大母神之子塔木兹也被称为"天上的雌性巨蛇"。

南美洲契布恰·穆伊斯卡人的女始祖或大母神巴丘埃,化身是巨蟒。

澳大利亚"始祖母"(人称"老婆婆")兼地母女神库纳皮皮,其象征物也是一条大蛇——澳大利亚与大洋洲原住民的创世神话,有时以大蛇为中心。

穆林巴诺人称蛇为"昆曼谷尔"——第一位祖先。

这些都像前举台湾高山族排湾等族群,以俗称"龟壳花"之剧毒蛇(学名 trimerosuriis linkianns hilgd)为祖灵,以为是其繁殖出了人类子孙。其祖灵偶像、酋长居所等,都有其形象。从前还在"大房子"里专建小房,供其"居住"①。

二龙穿璧

(汉墓漆棺绘画)

璧,曾被当做女性或女阴象征物。二龙穿璧,不少学者认为隐喻交媾,阴阳好合就是吉祥与长久。

由于母型蛇、蜥等在民俗里常为男根之意象,龙也曾被说成阳刚的男性及其生殖器的象征(可以参看赵国华《生殖崇拜文化论》等)。

王海龙注意到"鱼、龙、蛇可以互生互化"的原始性观念。"《山海经·大荒西经》、《淮南子》等书中就有鱼、龙、蛇互相转化的实例,这种转化是天衣

---

① 参见林惠祥:《台湾蕃族之原始文化》,《社会学研究所专刊》第3种,前中央研究院,1930年;参见《林惠祥人类学论著》,福建人民出版社,1979年。

无缝、浑为一体的,故古人留下'鱼龙混杂'的句子。"① 他认为,龙之所以能够成为"蕃育"或生殖力的象征,是跟"鱼龙转化"的观念相关的,鱼下籽其多无比,具有鱼特征的龙便因为联想的作用而被赋予强大的生育能力。当然,这也是跟龙的主要母型(蛇)常被当做男性生殖器的象征分不开的。后世诸如羲娲蛇身交尾、二龙穿璧(环)的意象,包括它们的图案化,都是"具有原始龙蛇(形象)所蕴含的生命崇拜和生殖祈祷意义的"②。但同样,善于繁殖的鱼及其"升华"的龙,亦能以同样理由成为女性及其生殖器官的象征。而鱼,在特定情境中也能成为男根之意象。闻一多的《说鱼》、孙作云的《诗经恋歌发微》等,就举出了不少例子。"鱼水之欢",鱼便代表男性。猪八戒也曾变做鲶鱼在蜘蛛精隐私部位乱拱。

鱼龙繁衍
(西藏日土县任姆栋岩画,第1组1号,局部)

左边牦牛之下的日/月、男根/女器,都有阴阳交合、促进(人/畜)蕃衍的意思。

右下10只陶罐,满地的鱼鸟,按照一般概念,是一种"祭祀场"。右上"环形鱼"似鲵,但也有人认为如中原那样已升华为龙,是祭祀对象。藏族原不吃鱼,认为鱼是神或神属,但可用作神秘事物祀神,像布里亚特蒙古人用"神秘的羊毛"祭神那样。

《山海经·中山经》祭祀龙首之神计蒙,"聊用鱼",聊犹言"衈",指是割出血来以祭,或以鱼血、鱼腥、鱼体祭龙,"同声相应,同气相求"——祭祀用物似乎还有鲵或蜥蜴,以及鸟——这都是为了祈求繁盛与丰饶。罐装水酒,也是祭品。

日/月,男根/女器,牦牛之神,"鱼龙"之神,都是接受"聊祭"的对象。

---

① 王海龙:《龙图腾与中国政治的深层结构》,《中国文化源》,百家出版社,1991年,第198~199页。
② 王海龙:《龙图腾与中国政治的深层结构》,《中国文化源》,百家出版社,1991年,第199页。

我们再看明清时期一些笔记所写的蛇性十足的龙，都具有强烈的性欲。在某些"文本"，包括图像与田野报告中，龙曾被当做祈求增进性能力与提高繁殖效果的对象。

明·谢肇淛《五杂俎》说："龙性最淫。故与牛交，则生'麟'；与豕交，则生象；与马交，则生龙马。即妇人遇之，亦有为其所污者。"后者，在一些"感生帝"故事里颇为常见。

明·沈德符《野获编》也说："龙苗裔甚伙，不特九种也已。且龙极淫，遇牝必交。"例如，龙"得雉则结卵成蛟"（"蛟"之析音即"吉吊"），最为大地灾害；其遗体石罅中，数十年后始裂山飞出，移城郭，夷城市，所杀不胜计"，将洪水、地震都归罪于它。所谓与鹿、与雉或与蛇交配而成的"吉吊"（蛟），还能补阴壮阳，"治阳痿"。

如上，在"感生帝"或"异类授孕"传说中，龙出现的频率很高。

《补三皇本纪》说，神龙感女登生炎帝；纬书《春秋合诚图》等说，赤龙感庆都生帝尧。

这些都可以说是后人附会，统治者捏造，但这样的传言总有它的民俗依据或文化因由：一是龙在秦汉以后已逐渐成为帝王的专利物或垄断品，二是龙被认为生命力、繁殖力强盛的象征。秦始皇并非无故被称为"祖龙"；汉高祖则更被明确说成是"龙种"。

> 其先，刘媪尝息大泽之陂，梦与神遇。是时雷电晦冥，太公往视，则见蛟龙于其上。已而有身，遂产高祖。（《史记·高祖本纪》）

其后，"真命天子"几乎无一不是"龙子龙孙"。中国人"国骂"的要害是侮辱别人的母亲而自居人父，然而母亲被"蛇"们入侵，却是无比光荣的事。

在西方，可怕的凶龙，也被看做善于"进攻"的男性与阳刚之气的意象，美女如爱神维纳斯跟龙偎依在一起，一方面是体现"美"与"爱"对于"丑"与"恨"的驯化或改造，另一方面又是在暗示阴/阳的好合与欢娱。

作为龙的"第一母型"，蛇被认为是性、性欲的象征，却又是性的启蒙人和教育者。它通过"性"解放并升华了人，使其成为世界之主、万物之灵。

古代希腊传说中，天帝宙斯化身为蛇，与菲利浦的王妃奥林庇亚斯媾合，生下马其顿王亚历山大。

罗马第一代皇帝奥古斯都也是神蛇与其母婚配生下来的——它在她身上留下的斑点永远也洗不掉。这跟中国龙蛇型"感生帝"的传说十分相似。

基督教的神秘教派诺斯替派认为，人类是由蛇和夏娃交合生下来的，所以人的生命充满邪恶和罪孽。蛇被看做中国那"监守自盗"的进入少女宫室的"守宫"，而绝不仅仅是引诱我们的祖先偷吃禁果的教唆犯。

被驯化的凶龙

（约翰·戴尔的雕塑，近世欧洲）

凶狠的毒龙（海兽化的 Dragon）完全被维纳斯的美艳与抚爱所驯化，"百炼钢化为绕指柔"，是这类"美女与野兽"的主题：爱能征服一切。何况小丘比特窥伺在侧，随时随地要用他的金箭为爱增添力量。但它更是在强调阴阳的好合与谐调。

蛇：魔鬼的诱惑

（左：被诱惑的亚当和夏娃，《圣经》故事画，[德]卡罗斯费尔德；右：化成"毒龙"的撒旦在诱惑众生，欧洲中世纪版画）

撒旦（魔鬼）化形为蛇，诱骗亚当、夏娃偷吃"禁果"，犯下原罪（sin）。但也正是蛇作为（性）启蒙者，引导人类初祖由（性）蒙昧走向"文明"，明白了男女之间的"关系"及其后果，才有了今天的我们。

学者们认为，中世纪以来，欧洲龙长出羊角或者驴耳，这跟"撒旦蛇"的形象有关。但也可以说，蛇早已回归并且升华为龙，成为启蒙者与生命的创造者。

荣格说："最终也是这蛇导致通过上帝之子（耶稣）对人类的救赎。正如我们所知，这一因果联系引出了蛇教（诺斯替教）式的蛇与救主形象的同一化。"①谢瓦利埃等甚至认为："大自然的所有女神，这些女神之母在基督教里就以上帝母亲的化身——圣母马丽亚的形象继承了下来，她们都是以蛇作为象征的。"②

美国学者汉斯·约纳斯的《诺斯替宗教》认为，"确实，有不止一个的诺斯替派别取名于对蛇的崇拜"③。例如，"奥菲特派"取名于希腊文：

【蛇】

  ophis（蛇）

诺斯替教对蛇的"教唆"做了"背叛性的（再）创造"或反讽似的"诠释"。"由于是蛇劝亚当和夏娃去品尝知识（诺斯），从而背叛创造主，因此蛇进入了许多思想体系之中，以代表'普纽玛'（pneumatic'生命质素'，约当中国的'气'）的本原。"④ 蛇就成了哲理化的生命质素或本原。

摩尼（Mani）教派则更进一步。在其创世论中，让亚当吃生命果的不是蛇而是耶稣。

  他让他起来，让他吃了生命果。

这简直是"直接以耶稣取代蛇"⑤——蛇被进一步神化与圣化了。于是有叛逆诗人歌颂造反的蛇与撒旦，却没有人再特别提起蛇曾经与圣母/圣子对位或等值。由此也可以看出蛇在基督教文化里的重要地位。

傣族迁徙史诗《巴塔麻嘎捧尚罗》，在近世流播中，可能羼入了基督教圣经《旧约·创世纪》的某些成分——传教士是很善于利用故事，包括原住民固有神话的。这里有"伊甸"（Eden）一般的"天神的果园"，天神英叭告诫看守者憨神兄弟说，"唯有仙芒果/你们不能吃/要是偷吃了/你们就会死"⑥。由"恶神"帝

---

① [瑞士]卡尔·荣格：《心理学与文学》，冯川、苏克译，生活·读书·新知三联书店，1987年，第87页。
② [法]让·谢瓦利埃、阿兰·海尔布兰：《世界文化象征辞典》，集体译，海南出版社，1994年，第797页。
③ [美]汉斯·约纳斯：《诺斯替宗教——异乡神的信息与基督教的开端》，张新樟译，上海三联书店，2006年，第87页。
④ [美]汉斯·约纳斯：《诺斯替宗教——异乡神的信息与基督教的开端》，张新樟译，上海三联书店，2006年，第87页。
⑤ [美]汉斯·约纳斯：《诺斯替宗教——异乡神的信息与基督教的开端》，张新樟译，上海三联书店，2006年，第88页。
⑥ 《巴塔麻嘎捧尚罗》，岩温扁译，云南人民出版社，1989年，第89页。

娃达变成的"大绿蛇"挑唆他们偷吃"禁果"。它带头吃,"芒果刚吃完/绿蛇就蜕皮/绿蛇变美了/长身发绿光"。两兄弟"上当",吃了芒果变得非常漂亮。蛇又骗他们吃了"生殖器果"①,变成一对男女(这似乎在暗示"兄妹结婚",亚当、夏娃其实也是"同父兄妹")。这种"剽袭",却可以看出外来的神话如何被"创造性接受",如何"本土化",如何别具特色地"解码"出原有神话的真实本相。按照下文"绿蛇阿銮"之形象,撒旦式"大绿蛇"应该也是"四脚蛇",是更像龙的蜥蜴,只是受了上帝的诅咒,才不得不"用肚皮走路"的。

龙的羚羊角:生殖器意象
(汉瓦当,青龙纹,直径20.5厘米;图上方是羚羊,供参照)

较早期的龙,不是头戴鹿的权角——茸状角较早——而是加上羚羊的瘦尖角。"羚"就是"灵"。羚羊角具有疗疾、强身、壮阳、辟邪以及隐形等灵性或巫术功能。龙因而富于变化,又善于繁育。

云南永胜彝族支系他留人十氏族之一"断树枝氏族",传说有姑娘到河中挑水,遇"断树杆"感孕而生下其祖先(依汉习改姓为段)。例之以"沙壹"(沙壶)"触沉木若有感,因怀妊"以及竹王故事,则"断木"、"竹段"都是龙的

---

① 《巴塔麻嘎捧尚罗》,岩温扁译,云南人民出版社,1989年,第95页。

"植物化",跟蛇、龙、龟同样,是暗指侵略成性的男根。

其实,龙(及其母型蛇、蜥等)作为生命、生命力或繁殖力之意象,既可以是、而且主要是男性或男根的象征或"符号"①,是阳刚的、主动进取的;但在特定"语境"中,又跟土地、水、洞穴或所谓"阴"相联系,也能成为母性乃至女阴之意象(应该承认,这并不多见)。这要由"上下文"来决定。执于一偏,就可能拆了东墙还补不了西壁。

所以说,龙既可以成为女阴意象,又可能被当做男子生殖器的"动物模式"。这就是《华阳国志·南中志》所说,沙壹(沙壶)感触神龙所化的木段(男根意象),生下九子——九隆,实即"九龙",成为哀牢夷始祖。"种人皆刻画其身,象龙文,衣皆著尾。"(《后汉书·南蛮传》,9·2848)。《南蛮传》又说,夜郎有女子在水中遭遇"三节大竹流入足间"(9·2844),跟哀牢夷"九龙"传说异质同构,是被男根(或所谓"竹节龙")三次侵犯,生下夜郎侯,其后为"竹王三郎神",能以剑击石出水。

王振复说:"中国龙,实际首先是巫术意义上的男性生命力、生殖力的象征。"② 他还认为,"由于龙是一种尊祖的生命图腾符号",所以连"龙灯的挥舞,实际[也]是人对自身生殖力的炫耀,象征对祖宗的崇拜,其意蕴有如印度古代女子在祭典歌舞时手中提着的那个'林加'(limga,男根)"③。

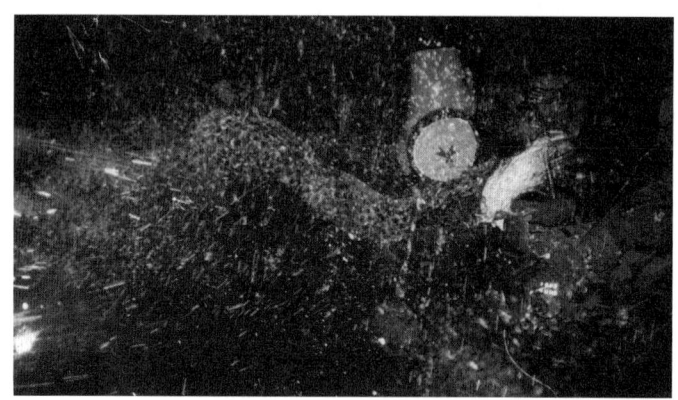

舞龙:生命力的炫耀
(壮族的"舞火龙",龙蟠甸摄影)

舞龙与耍龙都是阳刚之气与生命力的炫耀——灯与火就是强力象征。有人认为龙是男根之意象,舞龙本是男性的专利,也是男人气概与力量的张扬。

---

① 参见普学旺:《社祭与中国龙的起源》,《中南民族学院学报》1992 年第 2 期。
② 王振复:《龙文化阐释》,《龙文化与民族精神》,上海人民出版社,2000 年,第 15 页。
③ 王振复:《周易的美学智慧》,湖南出版社,1991 年,第 221 页。

而袁德星则以为，龙头加上"角形符号"，实则是"且"(祖)的变形，表示雄性的力量，实属男性生殖器崇拜①。必须注意，李学勤指出，殷墟发现的几只大理石"瓶状角"(或茸状角)，被一些学者当成"石祖"(男根模型)；这也因为二者的形制、功能都难解难分。

龙被当做"女阴意象"，在民俗里确实不很多见。但彝族一系自承哀牢夷后裔，"龙子龙孙"，每年都要祭龙。如果不祭龙，不与龙举行"象征性的交配仪式"，则人丁不旺，六畜不蕃②——龙于是被当成"女阴"意象③，尽管外形并不相似。

吴广平说，"蛇、蜥蜴、蜗牛、鳄鱼、马、蚕、鱼等都是龙[母型]，龙就是兽、虫、鱼的共名"；"龙在上古并不是指某一种具形动物，而是兽、虫、鱼的变形、综合和共名"④。又说，龙("朦胧"合音)是"月神"，所以龙与月亮都是女性生殖器的象征，更因为龙与鱼常常互拟，又涉及蛇、蚌、蜗等。鱼、蛇、蚌、蜗等为女性或女阴的象征，则龙亦然⑤。这种推论不很准确。

纳西族生命神之"署"或"龙"

在西南民族龙崇拜里，有一事值得特别注意。纳西族的"生命神"称为"署"(^{3}Ssu)，一般认为跟"龙"(署，^{1}Ssu)没有关系。但是透过洛克、图齐等人的研究发现，两者居然在音义上相通，那么，它们的性格一定也会有共同点。

意大利学者图齐(Tucci)的《西藏画卷》说，藏族的"龙"(Klu)或"那伽"(Nāga)繁多无比，但其鬼怪信仰中包含有一位著名的"龙"灵：

Se-hphang nag-po，或 Srog-dkar rgyal-po

而 Srog 发音为 Sog，是"指生命的词"。这样二者便相通了。

【Ssu（素，即署）】	【龙】
〔纳西语〕^{3}Ssu（素，即署），SV^{55}	^{1}Ssu（署）
〔藏语〕Srog（Sog）	Klu（卢）

"署"，生命神，李霖灿、方国瑜等称"家神"，现代多称"生命神"，本来汉写为"素"，实通"署"。

---

① 参见袁德星：《史前至商周时代造型艺术中的龙》，《龙在故宫》，(台北)故宫博物馆，1978年。
② 参见师有福：《论龙图腾起源于女性生殖崇拜》，《红河民族研究》1989年第1期。
③ 参见何星亮：《中国图腾文化》，中国社会科学出版社，1992年，第227页。
④ 吴广平：《中国龙、凤原型的破译》，《吉首大学学报》1989年第3期，第2~5页。
⑤ 吴广平：《中国龙、凤原型的破译》，《吉首大学学报》1989年第3期，第2~5页。

【生命或"家神"】

〔纳西语〕SV⁵⁵（署；汉本写为"素"，现为统一，一律改为"署"，或注出）

（生命神或活的，活着的人）

杨福泉说："按照各地东巴（巫师，经师）的解释，这里所说的'素'（署），既可理解为生命神'素'（署），也可理解为活着的人们——'素'（署），传递给生命神即相当于传递给某个个体家庭活着的成员，这里'素'（署）为生命神的性质已十分明了。"①

洛克等注意"素"（署）神与"署"（龙）的潜在联系是有意义的。华夏—汉人也把龙看做"生命力"的意象原型（或生殖力的象征）。

杨福泉则认为，"素"（署）是生命神，有时指一种"力"或灵性（mana），各种神都有自己的"素"（署）。"五方主宰大自然之精灵'署'与龙等，都有属于他们自己的素（署）神。"② "素"（署）如同 mana，联系着一切相类的事物。

孟彻理说，为了求得"尼"与"窝"（哦）的仪式，亦即为得到家畜和财富而举行的仪式：

〔纳西语〕niq xioqxiubbei（尼许窝许背）

这是祭祖、祭神（包括祭"山神：署：龙"）仪式的一种，其目的显然是祈使"两种生产"双丰收，"所关心的是俗世的问题，如家畜和植物的繁殖增殖、人口的繁衍、婚姻继嗣关系、姻亲关系等"③。这就不能否认"署：龙：Nāga"兼司生命、生产与生殖。

据杨福泉介绍，纳西族婚礼与婚歌里往往要祝祷祈求取得"尼"与"窝"（哦）。例如向"素"（生命神，或"署"）吟诵：

愿抹酥油后，
又得"尼"又得"哦"。④

译注："尼与哦，包括男女生育力、人口繁衍、财富、家畜等，一般译为'福泽'。"⑤ 一般的"求福泽"仪式，叫做：

nɯ³¹ngv⁵⁵ngv³³（尼夫哦夫）

---

① 杨福泉：《原始生命神与生命观》，云南人民出版社，1995年，第3页。
② 杨福泉：《原始生命神与生命观》，云南人民出版社，1995年，第79页。
③ [美]孟彻理：《纳西宗教综论》，《国际东巴文化研究集粹》，杨福泉、白庚胜编译，云南人民出版社，1993年，第104～105页。
④ 杨福泉：《原始生命神与生命观》，云南人民出版社，1995年，第39页。
⑤ 杨福泉：《原始生命神与生命观》，云南人民出版社，1995年，第36页。

祭祀包括"人类神"、"生育神"、"丰收神"、"增殖神"在内的各种"素"（或署）③。

这也涵化着"龙神：署"的固有神性与灵力。

洛克（J. F. Rock）说得更加明确，纳西人深信那伽龙具有使人畜与庄稼蕃庶的力量，不断献祭，向其祈求"尼"与"哦"①。

【尼】

〔纳西语〕¹Nnü（射精）

【哦（窝）】

〔纳西语〕¹O（受孕；女阴及其分泌液；分娩）

然则那伽或"署"（龙）能够通过释放生命要素促成受孕。这样，纳西龙的"生命—生殖神"性质就更加明确。

孟彻理（C. F. Mckhann）严厉批评洛克的说法，"我采访过的东巴们没有哪一个像洛克一样地对这两个词作出含义如此狭窄的定义"；但他又承认，"从这一类仪式结构和内容中可以清楚地看出，性别和两性之间的关系以及社会形态的再生产（案即'生殖'）是其中最重要的因素"。只是洛克限制其于"器官"，太狭隘了。

动物胚胎与龙的"成形"

或说龙即胚胎之意象。苏开华较早提出，龙是一种还没有成熟或未发育完全的"鱼龙"状胚胎②。这是一个新鲜而重要的龙"母型"学说，对于证明龙与生命、与繁殖力量的本质性关联具有相当的理论意义。

王小盾详细论证，"龙"是一种：（1）有尾巴；（2）主要生活在水中；（3）善于变化的神秘动物。商以前龙的造型是"大头小尾，团曲成圈"（引案：这种形态或习性跟海马、蛴螬都基本相合）。他认为，"这一形态显然就是各种哺乳动物所共有的胚胎形态"③。古人崇拜这种"胚胎：龙"的原因是：

> 胚胎昭示了生命的共同性，代表了生命的起源。……胚胎是生命开始前的形态，是从无到有的重要环节，是作为远古人类主要伴侣的那些动物具有亲缘关系的证明。④

---

① 参见［美］洛克：《论纳西人的"那伽"崇拜仪式——兼谈纳西宗教的历史背景和文字》，《国际东巴文化研究集粹》，杨福泉、白庚胜编译，云南人民出版社，1993年，第59页。
② 参见苏开华：《论龙的原始形象与意蕴》，《争鸣》1993年第5期。
③ 王小盾：《龙的实质和龙文化的起源》，《寻根》2000年第1期，第21页。
④ 王小盾：《龙的实质和龙文化的起源》，《寻根》2000年第1期，第21页。

但这个理论的前提,从实践层面看,必须是原始人曾经解剖过许多哺乳类,直到爬行类、两栖类、鱼类、鸟类动物的不同阶段的胚胎,并做过相当细致的观察和比较——这样,"当古代先民剖开怀孕的动物尸体的时候,我们[才]可以想象他们的惊讶……"① 这可能吗?

据王小盾等介绍,杨国驹在新浪网博客上称,1993 年前,陈良年等发表文章提出,"龙图腾"起源于胚胎,浙江诸暨越族崇拜蝌蚪图腾——这是龙的雏型,而与萧山古越原住民以蛙为图腾相一致(案:有人以蛙为龙的来源,参见前文专节)。他们的词汇中——

蝌蚪≈女阴

说明他们对"胚胎"(幼体)与生育关系已有认识(由蝌蚪的大头小尾无足,到二足、四足,确与龙形变化相似)。2003 年 9 月 23 日,他们曾发表了《古越诸暨蝌蚪图腾的文化意义》的文章,未曾获睹,不敢妄评。

1988 年,《内蒙古师范大学学报》第 3 期发表了邱瑞中的论文《龙的始原》,认为龙之母型源于脊椎动物初期"胚胎",它与龙具有两层共同性,即:胚胎构造共同性和起源共同性。他以"尺木"(即所谓"戴干"或"戴辛")为龙演变的"成熟"(具备蛇、鳄等特征)。

> 龙为商先集团的图腾,它以胚胎为原型;凤是商人的图腾(案:凤、商等字亦有"尺木"),它以玄鸟为原型。……但从龙的演变来看,至少到[殷商]中晚期,已昧其本义了。铸在青铜器上的龙纹,回曲勾连,与云纹相似。又因为它头顶尺木,可以飞天,故后人把它与云、继而与雨联系起来,这是两周以后的认识。②

《内蒙古社会科学》1992 年第 5 期还发表了邱瑞中的《它字探源:兼论中国殷周胚胎学》,他提出西周有青铜"它盘"(现藏陕西省博物馆),应定名"㠯盘","㠯"即"子"(胎儿)。

㠯:未成形的胎儿——无臂
子:成形出生了的胎儿——有臂

谨案:"子"是成形或娩出的婴(胎)儿,谁都承认。但"㠯蛇"的"㠯"却不一定都是"未成形的胎儿"。虽然许多学者赞成此说(参见《说文》卷九包部),却还需要论证。《说文》卷十四释"㠯"的要义是"㠯为蛇象形"。金文作:

---

① 王小盾:《龙的实质和龙文化的起源》,《寻根》2000 年第 1 期,第 21 页。
② 参见邱瑞中:《龙的始原》,《内蒙古师范大学学报》1988 年第 3 期;参见《四神》下·668～669。

第一部分　龙

⊖（《盂鼎》）　　⊖（《毛公鼎》）　　⊖（《吴王光鉴》）

如果望文生义，与其说像"胚胎"，不如说像"精子"（甲骨文之"巳"更像）。但那要证明殷人已发明显微镜。其实"巳"像大头的蛇（至多是大头胎儿侧面观）。"它"字更是"蛇"（古无"虫"旁；"虫"亦蛇虺之象）。"无它乎？"就是"没碰到蛇吧？""也"字，甲骨文"它"、"也"不分，都是蛇形。《说文》说"也"是女阴，只有周谷城同意。古代字汇简单。甚至"己"都是蛇，与"巳"不分。清·桂馥《说文义证》云："龙字从己，龙蛇不分。"现代专家在说到"巳"以及"祀"之所从时，意见并不一致。

⊖（《乙》8718）　　⊖（《铁》178·3）　　⊖（《后》28·18）

⊖（《戬》2·10），参《前》2·24·8）

"巳"是"祀"的主体。郭沫若说："祀象人跪于生殖神象之前。"（《粹释》1·67）。

李孝定在《甲骨文字集释》中说，"祀"字所从之巳，"亦象子未成形"（《集释》4·4368》）。

高鸿缙的《中国字例》云，"巳像胎儿"（2·98）。周法高是之（《金诂》1·101）。

这样，可以肯定两组文化字汇有区别，但也可能有所干连。

子（婴儿）——子：字（孕子）：𠫓（倒"子"）：育（毓：㐬，生"子"）⎤
巳（蛇虫）——巳：己：它：也：虫（虺；或说像胎儿）　　　　　　⎦象形

它们在某些情况下可能混同。

邱瑞中的说法来自《说文》，卷九包部：

包，象人怀妊也。"巳"在中，象子未成形也。……

"包"，后来写成"胞"（《说文》解为胎胞）。这很可能是从观察未足月胎儿流产得到的经验，很不容易。但不能诛求过甚。日本高田忠周《古籀篇》（40·13）说，包在其中的"巳"，"即精虫将化为'子'之象也"，再进一步，就可以"证明"殷人发明显微镜了。

高鸿缙《中国字例》（2·98）说："[包：胞]巳为胎儿，象大头小尾之形。"比较谨慎。田倩君的说法与邱瑞中的更为接近，却不任意推扩。

"巳"在甲骨文中，原是个"子"字。如⊖有两只手，下部在襁褓中；

257

或书成 ![], 象胎儿形（案：正侧观不同）。但到了周金文字，却把胎儿下部略成弯曲状者伸长，多加弯曲［而］无手，古文还在头部加一点，像眼睛，变成像一条曲蠕前进的蛇，《说文》也［就］说是蛇。①

动物胚胎有些像龙

（上：动物胚胎比较，从左至右：鱼类/两栖类〈蝾螈〉/爬行类〈龟〉/鸟类〈鸡〉/哺乳类〈猪〉/人；左中、下：古代图饰里的"龙"或"胎儿"，见龙山文化玉圭神像耳饰，台北故宫博物院；右下：红山文化，"兽形玦"或"C形龙"，采自曲石：《藏海寻珍》，《文博》1980年第3期，第61页）

动物胚胎在早期多是大头修尾而蜷曲，是生命进化"同源"的证明，看起来也确实有些像某种龙（特别是红山文化玦形龙）。但我们实在不知道，初民或古人怎么能解剖并比较这么多种"胚胎"，而且"整合"出龙来。

---

① 田倩君：《中国文字丛释》，台湾商务印书馆，1968年，第143～144页；参见《金诂》15·8296。

本来"子/巳"二字只是正侧观的区别，如果说"巳"像还没长出双手的流产胎儿，跟蛇相似，所以混同于"巳蛇"之"巳"或"它"字，也还勉强可通；但要说这（或者许多脊椎动物之胚胎）就是龙的母型，那要观察或解剖多少动物胎胞啊。而且，"巳"若是蛇形胎儿，那"蛇"便是"胚胎—龙"之间的中介。那还不是因为"龙出于蛇"吗？说"巳：蛇：龙"是胚胎图腾，那更糟糕，图腾的第一要义是"非人类祖先"，"巳"是人类胚胎，还能再变成"图腾"吗？再说，按照"官盘"是接生盆而"巳"字是未成形胎儿的逻辑①，那么这铜盘便只能是"流产专用容器"，正常胎儿则应用"孟"或"盂"矣。

然而，胚胎的形象确实可能出现于中国文物。例如台北故宫博物院收藏的一件传世的"龙山文化玉圭"，其上有常见的小"人/神/鬼/兽面"（或称"小神面"）②，它的双耳垂下吊挂着一对"龙"形饰——却几乎是未发育完全的婴儿首加勾曲的幼虫（或短蛇）形躯体，极似人类或某种动物的胚胎，我们特为放大揭载。春秋黄君孟夫妇墓出土一对"尾交头上"的人首蛇躯玉饰，学者们认为是新石器时期器物被用为随葬品③，与前举"胚胎饰"相似——其实只有玉圭上者才真正像胎儿，这是可以从流产胎儿观察到的。

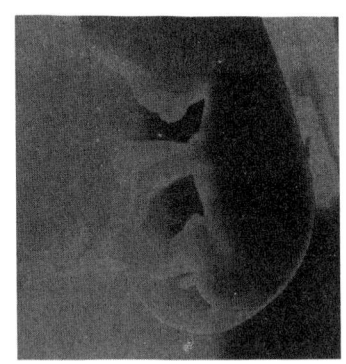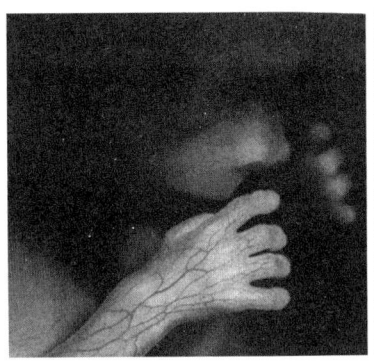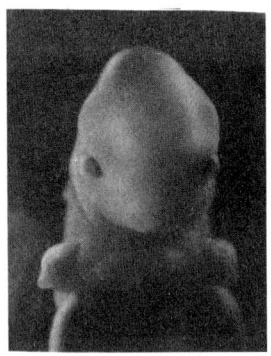

相似的胎儿

（左：亚洲短尾猴，10周；中：人类；右：猪，30天。［瑞典］尼尔森摄）

脊椎动物（尤其是哺乳动物）的胎儿，越早期越相似。有学者认为，早期的"钩尾大头"龙，就是从这些大同小异的早期胎儿中取象的。

---

① 参见邱瑞中：《官字探源：兼论中国殷周胚胎学》，《内蒙古社会科学》1992年第5期。
② 参见林继来：《论春秋黄君孟夫妇墓出土玉器》，《玉文化论丛》，文物出版社、众志美术出版社，2006年，第9页。
③ 参见林继来：《论春秋黄君孟夫妇墓出土玉器》，《玉文化论丛》，文物出版社、众志美术出版社，2006年，第9页。

邱瑞中、王小盾等提出的"龙：胚胎母型"学说，除了具有整体性与系统性的理论价值，对于"四灵"与"四神"研究极有启发之外，还在"胚胎"与龙形象之间找到"结合点"或"趋同点"，所以不能轻加摒弃。

"龙"的具体涵义是作为万物之祖的阴阳始分，即妇孕三月之时的人类胚胎和与之相类似的生命形态。由于哺乳动物的胚胎是被羊水环抱的，所以龙被看做水物。由于人类个体胚胎能在几个月的成长发育期内再现自身自鱼、两栖动物、爬行动物而至哺乳动物的进化过程，所以龙被看做变化之物。由于上述进化过程的主线是脊椎的成熟和胚胎的成熟，由于蜷曲、有脊椎、首大于身等等是哺乳动物胚胎的主要特点，所以在夏商时候的龙艺术中，蜷身、巨首、脊椎鲜明等形象要素曾得到特别的强调。①

这是很有理趣的论证。但判读上古（神奇）物象、符号或文字都不能仅从"形似"立论。如果仅言"形似"，由这个理论同样可以推出，虫或蛇、鳄、蜥之类，不但与从红山文化到夏商的龙奇似，它们也有一个从小到大的成长过程（特别是某些"虫"有蝌蚪那样的生长"变形"），与龙的可小可大、可短可长、可曲可直以及可陆可水往往相应，这样的现成、明白、直观，为什么一定要"深窥"胚胎呢？

再者，如果说仅指某种"龙形"，例如蜷体玉猪龙，形似猪胎，倒不是一点可能都没有的。美国迈阿密大学洛尔博物馆藏的一件红山文化晚期大头小身玉猪龙，江美莉（Elizabe C. Johnson）就认为是"胎儿形状，也许象征生育"②。

钱益中、韩连国也有类似看法，他们特别强调猪胚胎与红山文化等玉猪龙的相似。

包括人类在内，所有脊椎动物的早期胚胎在外形上都很相似，全都长着一个大大的脑袋和蜷曲有尾的身子。这恰好与玉猪龙的形态相吻合，其以猪的早期胚胎与玉猪龙最为相近。③

他们认为，这种通过宰杀或"解剖"得见的猪胎儿，可能激起红山原居民对猪或猪图腾的崇拜，以及"猪龙"的创造来。

或许（从事渔猎和畜牧的）他们早就发现人与猪的早期胚胎作为一种

---

① 王小盾：《中国早期思想与符号研究——关于四神的起源及其体系的形成》（下册），上海人民出版社，2008年，第689页。
② [美]江美莉、古方：《玉器时代：美国博物馆藏中国玉器》，科学出版社，2009年，第27页。
③ 钱益中、韩连国：《红山古玉》，上海书画出版社，2003年，第37页。

代表祖先神灵的图腾物来加以崇拜。①

这至少还注意到"直观"的认识。但也仅限于猪胎,不能推及一切的龙。

陈逸民、陈莺对红山文化"玦"形玉猪龙(粗壮型)也有个很重要的看法:这是(不同发育阶段的)猪胚胎。

> 从这些"玦"形龙弯曲蜷缩的形状来看,我们发现,它很像动物的胚胎,尤其像猪的胚胎。……玉猪龙的各种形状几乎包括了猪的胚胎发育的各个阶段。②

这些不但说明龙形出于动物胚胎之说并非纯粹的个人臆想,而且,有些"蜷形龙"确实有点像(猪)胚胎。但是,第一,并非所有或多数的远古或上古的龙都蜷曲成C形或准C形;第二,C形"蜷体玉龙"的母型也可以是金龟子"幼虫"之类,而不一定是(猪)胚胎;第三,龙的形体多变化,可以做种种比附、猜想或推导,只是根据某些器物、图像的"形似"某物,就想证成各种各样新的"原始母型",是远远不够的。我们需要更多、更早、更实在的综合证据。这就好像释读古文字仅据外形偶似是很危险的,要尽量求得形、音、义的统一。

图中,在伏羲、女娲像下,各有一蛇,相互交叉,两蛇蛇首处于两人生殖器部位。

王小盾说:如果把蛇理解为男、女性器官的延伸,那么,汉画像石、汉画像砖中的伏羲、女娲交尾图,便都可以说是对阴阳构精的具体展示(参见唐长寿:《四川汉墓画像中的死亡和生命》,《四川文物》2004年第2期)。

汉画像石中的伏羲、女娲
(画像石棺,出土于四川璧山县)

王小盾大概也知道,鱼卵里的胚胎,由于太小不易取得,而将其理论对象主要限制在哺乳动物里。"于是各种关于图腾的信仰都获得了一个新的内容:以哺乳动物为图腾的民族(例如猪、马等图腾民族),于是建立了关于图腾胚胎的

---

① 钱益中、韩连国:《红山古玉》,上海书画出版社,2003年,第37页。
② 陈逸民、陈莺:《红山玉器收藏与鉴赏》,上海大学出版社,2004年,第41页。

崇拜；以非哺乳动物为图腾的民族（例如蛇、鱼等图腾民族），于是把自己的图腾比拟为胚胎而使它获得了新的神性。人们还从一切有胚胎形态的物体中寻找灵感，于是使'龙'具有云彩之习性、雷电之神性以及霓虹之神性"①。图腾的确立与认同，过程与理由都相当繁杂，并且具有很大的偶然性与主观性，但一般有现实的依据或原因，不会隐藏得这么深。

他这个"胚胎崇拜：龙崇拜"的理论注意到龙跟生殖力量的联系，例如：

震：辰：娠

三者有关系（参见本书"龙与雷电"部分）。龙为"萌"，是"物之始生"(《春秋元命苞》)。

雷神"龙身而人头，鼓其腹"(《海内东经》)，是怀孕的形象（案：不一定；据称，鼍龙以尾自鼓其腹成雷声）——龙也确曾"感孕"给人。这都有些道理，可惜前提不牢靠。

我们实在很难知道中国人在什么时候晓得——

未具人形的胚胎，其形态正好是和爬行动物相近的，或者说是和猪、马、犬、牛等动物的胚胎同形的。②

是的，"它显然会成为古人膜拜的对象，因为它反映了一种神秘的普遍性，完全有理由成为关于生命起源的具象符号"③。但这本身在民俗或原始宗教上就是比较罕见的。

今人在王小盾的逻辑、文本和图像的诱导下，可能看到概括着若干脊椎动物相似阶段胚胎形态的具象符号，其"各种特征正好是和龙的特性一一吻合的"。然而，上古时代，由虫、蛇、蜥、鳄等活体演化出来的龙（例如新石器时期三条最重要的非蜷缩、非圆曲的蛇躯龙），实在很难是"生命的胚胎状态或孕育状态这一观念的代名"④。即令蜷龙，如同我们在前后文中所陈述的那样，也还有"盘蛇"，冬眠的蜥、鳄，尤其是蛾蝉类幼虫的形态母型。很难把它们都"捆绑"在胚胎理论上。

这个新颖理论成立的前提也因而必须是：崇拜龙的初民，精通"解剖学"，必须至少解剖出"六种脊椎动物在相似发育阶段上的胚胎"以后，才能认定再造、升华"隐藏在各种哺乳动物母体内的胚胎"为龙的形象。而这一点，虽然不是绝无可能，也是极难做到的。

---

① 王小盾：《龙的实质和龙文化的起源》，《寻根》2001年第1期，第22页。
② 王小盾：《龙的实质和龙文化的起源》，《寻根》2000年第1期，第21页。
③ 王小盾：《龙的实质和龙文化的起源》，《寻根》2000年第1期，第21页。
④ 王小盾：《龙的实质和龙文化的起源》，《寻根》2000年第1期，第21页。

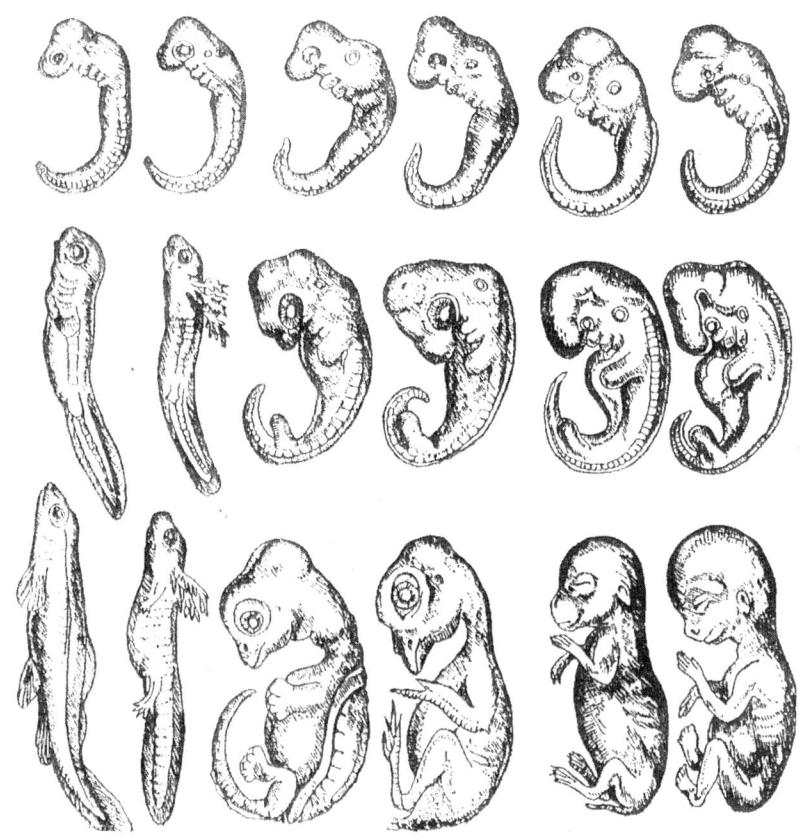

六种脊椎动物在相似发育阶段上的胚胎

（各行自左至右为：鱼类，两栖类〈蝾螈〉，爬行类〈龟〉，鸟类〈鸡〉，哺乳类〈猪〉，人）

脊椎动物在胚胎状态时极为相似，越早越像；后来才逐渐有区别，越后区别越大。起初，人也有尾，有腮裂——这甚至成为人类起源于鱼类理论之"根据"。这些胚胎在早中期（上二行）确实跟某些"龙"的形状相似。

生命的赞礼之中可能包含胚胎崇拜。不管是流产、意外还是伤亡，甚或有意的宰杀，人或某些常见脊椎动物的胚胎被观察或认知，都有可能。但是，很难想象，科学知识水平低下的"初民"能够发现并比较多种动物胚胎的"相似性"。即令在近世，在非实验室条件下，"发现"这一点依然困难。这里还不说"成文史"大段时期里中国人对于尸体、胚胎及其"解剖"的误识或"禁忌"。事实上，人类也是在现代生物学、解剖学和医学昌明之后，才知道人的胚胎在早期与鱼、与鸟、与兽的胚胎相似：大头长尾而无"四肢"。

以上主要从实践的层面驳斥"龙是胚胎"的学说，这并不影响其理论上的启发价值。我们的征引也不避繁复，尽力周全。

"胚胎"理论、"返祖"现象与图腾回归

龙的"胚胎"起源理论,还引出了民俗学与生物学上的一个重大母题:人类的"信仰"是否存在"回归"或"返祖"的现象。这当然还涉及(龙)图腾崇拜问题(参见上文论图腾专节)。

19世纪,德国解剖学家恩斯特·赫克尔(Ernst Haeckel)曾提出,在动物胚胎发育中存在"复演"其祖先在进化过程中所遵循的程序:人的胎儿在子宫中最初并不呈现人形,而是跟许多动物胚胎形状相似:像鱼,像爬虫类,像非灵长类哺乳动物。有鳃裂,有龙、蛇那样的钩形尾巴,有待脱的体毛。"鱼形阶段",出现"鳃裂"(这证明人类"远祖"动物曾在水里生存,用鳃呼吸,所谓"人鱼"、"海猿"或"水中猿人"假说,就是在这种解剖学现象之上提出的,参见笔者的图文小册子《美人鱼》)。胎儿依靠脐带通过母体获得空气和营养,并不用鳃在羊水中呼吸,"鳃裂"可以说是毫无用处的"痕迹构造"。

而"龙"如果是"复演"人类进化或胚胎发育的"鱼形/爬虫"阶段的形态的话,那就是在意识深层形象地再现了"非人类祖先"的原初形态。

澳门的舞龙
(艺术摄影)

龙的信仰、龙的记忆,甚至龙的游戏、龙的艺术,已成为中华民族凝聚力与向心力的一大象征。不论是远在海外,还是徙居他乡,中国人念念不忘的,往往首先是龙。

我们在"龙与图腾关系"专节里曾经提到,"非人类祖先"是图腾的本质特征。近年,国际人类学界对"泛图腾主义"提出严重的质疑与非难。我们从《山海经的文化寻踪》(2002 年)开始,十分小心地使用这个词,没有把握之时,多称"动物祖灵"。我们在批判张光直先生"泛萨满"的"动物助手"理论的同时,援引并且发挥了他在《说图腾》短文中的论点。无法回避的是,"图腾崇拜",包括"龙图腾崇拜",是客观存在的。"想象"并"传说"自己的血族祖先是由(非人类的)龙、蛇等爬虫类"授孕"而来,就是图腾观念而不是一般的动物崇拜。按照这把标尺,中国上古的龙图腾群团,比较可靠的是夏族及其"假托"祖先黄帝(族)。黄帝母亲为"有蟜氏",蟜是一种"虹状"蛇虺。黄帝族崇拜云与雷、电、雨、虹,这些都是跟龙形象相似、龙性征相关的天象。与黄帝同格并且逐渐混合的轩辕是"黄龙体"。黄帝自身也与"黄龙"叠合或者粘附。

夏人先民或夏系,禹父之"鲧"曾经化形为黄龙,为玄鱼——大禹由黄龙(鲧)腹中剖裂而出——更明显的是,大禹自身化形黑龙或者"玄虺:蜥蜴"("大禹是条虫",顾颉刚为此大吃苦头,实际上他说的是:大禹曾化形蛇虺)。这种"化形"(化身图腾动物)传说,是典型图腾机制的显现,当然必须具备"非人类血裔祖先"的前提。这可以看做人类"返祖"冲动在民俗—意识形态上的体现,以对图腾祖先的认同,与图腾的"一体化"来复演人类进化的程序。我们在这里重提它,是因为这个理论跟"龙出胚胎"的学说一起构成龙为生殖或生命意象最有力的支持——可惜其本身还有很多疑难,需要进一步的批判性兼建设性的论证。

稳定的龙形象
(左:战国龙纹青铜壶;中:清斗彩龙瓶;右:明青花龙瓶)

从春秋战国到明清,龙的形象或结构基本未变。早期,它是核心地区及周边群团的"精灵",后来才被皇家所垄断。它已是中华民族文化与艺术传统的有机构成。即令有人想"摆脱",可是,传统斩得断吗?

按照赫克尔理论，胎儿的脑不但由简单而复杂，更是由内向外分层次或有顺序地演化的：

神经框架→

爬虫复合体→

边缘系统→

新皮质

卡尔·萨根按照赫克尔的"返祖"理论，认为"人脑的爬虫复合体在某种意义上还执行着恐龙的功能"①，这在上文讲到有关龙形象与恐龙的关系时已做交代。龙之所以被看做力量与权威的象征，可能跟人类大脑中"爬虫复合体"（R-complex）的激活以及"复演"其基本功能的冲动有联系，龙蛇崇拜也被说成跟"爬虫复合体"的存在、运作相关。

有的学者还试图用来解释人的"进攻"行为和"统治欲"——这在雄性动物、雄性生殖器的"侵略性"上再现得极为清楚。麦克莱恩（Paul Maclean）认为："爬虫复合体在攻击行为、保卫领域、礼仪和建立社会等级差异中起着重要作用。"②

龙，共时结构克服着历时结构

作为"爬虫复合体"在神话与民俗上的形象再现的龙，几乎整个地集中着它的基本功能与基本冲动：

力：进攻性与"侵略性"

蛰伏或暗藏（保全自身和"领地"，待机而动）

占据"分层"社会高端（"统治欲"——王权）

礼仪：伪装与礼制（控制他者的秩序）

到了阶级社会，龙为专制君主所独占，变本加厉地体现出 R-complex 中的兽性、蛇性、恐龙性。王海龙在运用麦克莱恩—萨根理论时就揭示：

> 龙的观念以至"龙的文化"事实上是通过神话资料介入政治、介入中国传统文化的；又加上封建统治者的夸大神秘化和封建帝王脑中爬虫复合意识的强化，它与中国政治吻合并产生了互动——合体——再生——致用

---

① ［美］卡尔·萨根：《伊甸园的飞龙——人类智力进化推测》，吕柱、王志勇译，河北人民出版社，1980年，第46页。

② ［美］卡尔·萨根：《伊甸园的飞龙——人类智力进化推测》，吕柱、王志勇译，河北人民出版社，1980年，第47页。

的一个过程。它的实质是神话为统治者利用,图腾变为了政治的产物。①

上述理论是有争议的。但有可能刺激科学家在基因或"文化基因"层面上研究"恐龙复现"的根源。

要之,龙是生命(力)乃至"宇宙生命"及其"一体化"的象征。

"象征"(symble)是一个文化传统。它具有普遍性和历史性。"约定俗成",就是一种普遍性。前文陈述,语词的"概念"(内容)跟"音响形象"(读音)的结合,多是随机乃至任意的。然而,"所指"与"能指","象征"与"被象征"虽是矛盾体,却又带着"同一性"。

索绪尔说:

> 事实上,一个社会所接受的任何表达手段,原则上,都是以集体习惯,或者同样可以说,以约定俗成为基础的。②

被帝王所垄断的龙
(明朝皇帝龙服画像)

很长一段时间,龙被专制君主及其宫廷所垄断,成为专制统治的专用品与象征,龙与民众完全隔离,但这并不妨碍民间各种游戏里的龙仍为人们所喜爱。

我们在《孔子诗论的文化推绎》里曾指出,譬喻是即兴创作的,越新鲜越好;象征却是相对稳定与恒久的。如上所说,在中国社会里,"龙"是力量的符号,无论它象征凶猛、强暴(例如它的母型虫、蛇、蜥、鳄,尤其是蛇),或者象征权威、高贵,还是象征丰盛、喜庆,都因为它具有"力量"("力量",包括生命、智慧和创造、丰殖的力量),是对龙的"概念"、内涵、"所指"的最一般概括,它也是"龙"意象最稳定、最基本的"结构"。这是龙作为象征或符号的"同一性"、"普遍性"或"共时性"。

按照原型理论,作为"原始意象"的龙,"它在历史进程中不断发生并且显现于创造性幻想得到自由表现的任何地方"③,它不但寓含着历史的"潜能",而且是不断在实现与加强的现实性力量。"在这一瞬间,我们('龙的传人':炎黄子孙)

---

① 王海龙:《龙图腾与中国政治的深层结构》,《中国文化源》,百家出版社,1991年,第209页。
② 参见[瑞士]索绪尔:《普通语言学教程》,高名凯译,商务印书馆,1985年。
③ [瑞士]卡尔·荣格:《心理学与文学》,冯川、苏克译,生活·读书·新知三联书店,1987年,第120~121页。

不再是个人，而是整个族类，全人类的声音一齐在我们心中回响。"① 而——

　　个体的人不可能充分发挥他的力量，除非他们在称之为理想的集体表象中得到援助。这些理想释放出所有深藏的、不为自觉意志接纳的本能力量。②

在这里，"龙"，"龙的传人"，"龙的子孙"，是譬喻而又不再是譬喻，属象征而又不仅是象征。这就像荣格说的：

　　故乡（mother country，直译"母国"）——母亲的譬喻
　　祖国（fatherland，直译"父土"）——父亲的譬喻

然而，"那种激动我们的力量并不来自譬喻，而是来自我们故乡土地的象征性价值"③，是我们和我们的祖先赖以存在的土壤；或者说，它们早已成为我们心底的一种涌动不已的力量（尽管自己不一定觉察到，不一定喜欢，不一定承认）。

青花龙缸

（清咸丰年制，台北老忠记陶艺古玩行藏品）

这是价格高昂的皇家用品。但现在人们视之为流落民间、可买卖的古董。一旦流到国外，则又会激起眷恋故土宝物的爱国之情。龙的意象更被赋予这种不忘传统和历史的思古幽情。

龙　陛

（北京故宫太和殿正面台陛）

这是帝王登临的雕龙台陛。臣子们一到它跟前，就会诚惶诚恐，颤栗畏敬，不由自主地跪下来。现在仍不准践踏，却是为了保护这精美的"装置艺术"。

---

① ［瑞士］卡尔·荣格：《心理学与文学》，冯川、苏克译，生活·读书·新知三联书店，1987年，第120～121页。
② ［瑞士］卡尔·荣格：《心理学与文学》，冯川、苏克译，生活·读书·新知三联书店，1987年，第120页。
③ ［瑞士］卡尔·荣格：《心理学与文学》，冯川、苏克译，生活·读书·新知三联书店，1987年，第127页。

象征的这种普遍性或共时性，也是集体无意识里的一种能唤起群体共鸣或响应的"原型意象"，是文化传统的一个有机组成，甚至具有"惰性"。

然而，从龙的意象或象征功能上来看，它又是变化的，是不确定与非均衡的。

在成文史以前，龙跟它的母型（蛇、虫、巨蜥、鳄鱼等）联系更加紧密，更多表露出凶猛的爬行动物的本性，并且因为其凶恶、神秘而受到敬畏或崇拜。这一时期（传统上称为原始社会或史前期），龙往往代表着某种自然力，例如雷、电、云、雨或土地的繁殖力等，受到尊敬和膜拜。但也被"利用"或受控制，例如让它行云布雨、降福赐丰等（红山文化中的玉龙就可能是用来祈雨的，大地上的龙塑，陶器上所见"类龙"、"初龙"形象则多与祈求丰殖相关）。此时的龙已被视为具有神秘的创生、促生的能力。

到了这个时期的末段，特别是在"文野过渡"之时，社会开始分层，龙渐渐成为所谓"原始权贵"，包括长老、巫师、酋长、军务指挥者直到"酋邦"之"主"等的"特殊符号"，许多龙的形象被用来证成这些"原始权贵"的威风、特权、巫力或财富。若干珍贵而含灵性的材料，例如玉石、"原始"金属、牙骨制成的"龙形象"，往往为他们所独占。例如，巫师"专用"玉龙为法器来"呼风唤雨"，巫酋或邦主以龙（堆塑等）作为自己的警卫或扈从；或者与龙"混形"，以证明自己的高贵等。

似龙玉佩

（左：红山文化，传世，13.7厘米×6.4厘米×0.75厘米；右：《函皇父鼎》腹部纹饰，西周）

红山文化不但有丰富的蜷体玉龙，而且其"勾云—蚌蜃形器"也有疑似为龙或龙面者。蚌蜃一体，蜃龙相生，"蚌蜃"与龙的转换生成，证明龙是可登天、可入地、可处山、可潜水的多变化"混合神物"。有的学者则以此证明龙崇拜或"龙图腾"的古老与普遍。

荒川纮说，新石器时期通常作为"丰饶"象征的蛇大多是普通的小蛇，例如常见的蝮蛇。"日本绳文时代陶器上的蛇无疑显示着绳文农耕时代的存在。"河姆渡文化以至现代高山族陶器上的蛇确实都不大。

小河流域的农业后来发展成大河流域的大面积灌溉农业。使其变化的根本原因是自然环境的干旱化。……来到大河周边以后，作为大河的象征，小蛇显然太小,不合适了。因此,人们以小蛇为原型,创造出了巨大而强有力的神兽——龙。在这个过程中,脚和角也被加上了。①

龙被看做大河农业的产物。但是西南山区农业不靠大河,却有蟒,也能据以创作巨龙。龙有脚,这样的龙,可以看做"蛇的蜥蜴化",即"返祖龙"。

"治理大河,广开耕地是一个强大的国家诞生的必要条件。"苏美尔和殷商都是这样诞生的。"于是,龙不仅是大河的象征,也是治理大河的国家权力的象征。"世界起源于水的理论,也是"大河统治者的宇宙观"。再就是以强壮凶猛的龙来向敌人显示"大河帝国"和王权的力量,所以,龙又是"政治化的蛇"。西方的dragon是被英雄或神驱除的恶魔,东方的龙则"作为神兽象征王权"②。其实这全是后来的事。

然而,此时的龙,作为符号、象征或者意象,依然具有较大的"普遍性",龙还是某些群团的徽号与标志。而且,不论到了什么时候,社会基层或所谓"平民群众"仍然欣赏或尊敬龙所代表的"力"(包括生命力)。请看,民间的龙船、龙舞、龙灯,哪一样不需要"力",不体现"力"呢?

到了阶级产生或国家建立,(成文)历史进入传统所说"文明"时期,龙意象、龙象征便越来越多地被篡夺,被独占,被"异化",成为剥

金銮殿御座龙椅
(北京故宫崇政殿)

这是龙被帝王独占的典型标本。稍加窥伺,偶露不敬,便是"篡逆",或杀或剐。这是龙被质疑与批判的重要原因。但它究竟是民族的光辉创造,文化传统之组成。

---

① [日]荒川纮:《龙——大河文明孕育的怪兽》,李国栋译,《神话·祭祀与长江文明》,文物出版社,2002年,第41页。
② [日]荒川纮:《龙——大河文明孕育的怪兽》,李国栋译,《神话·祭祀与长江文明》,文物出版社,2002年,第41页。

削者统治的世俗合法性与宗教权威性的证明。龙是"皇权"的象征，几乎与龙有关的事象都被皇家所强占。外人称中国为"龙的国度"，这个"国度"却逐渐为民众所厌弃。清末的"龙旗"被看做垂死挣扎的王朝的遮羞布——顶多是个哄人的招牌。

更为严重的是，在平民意识里，在逐渐觉醒的"民主"需求里，龙被看做专制、政治霸权话语、统治暴力或独裁的同义语。在激进的人士中，甚至发出了抛弃龙、放逐龙、消灭龙的"正义呼声"。

龙凤"飞"入百姓家
(左：身穿金凤凰大红礼服的中国小姐关琦；右：清顺治孝康章皇后朝服像)

从前龙、凤图形被皇家垄断，成为帝、后专用服饰的纹样，我们却不能因而唾弃本是民众信仰的吉祥物之龙凤。一方面，这已成为史迹或者文物，应予保护与适当开发；另一方面，作为文化资源，它已被老百姓所共享，可以当做"游戏"、宠物或者服饰，回归其美善的本位，为什么要抛弃它们呢？

然而，"历时结构"不会"混同"于"共时结构"，也不能全盘颠覆"共时结构"。承认龙的历史性、不稳定性或变化性，并不等于要抹煞龙在绵长的历史里所集成的普遍性与永久性。龙终究是中国人的创作，中国人的幻想，中国人的愿望。作为"遗产"，我们完全可以有选择、有侧重地"批判继承"。龙意象是中国人"集体无意识"中智慧、丰满与美丽的象征，富足、健全与灵动的符号。"力量"总是受尊敬的，即令破坏力也能受控制。消极因素可以转化为积极因素。种种龙的形象更是珍贵的文物，保护还来不及，怎能"抛弃"。

这有些像"万里长城"。长城固然有其负面或消极性，在许多时候并不曾阻挡住外来的侵略。然而，我们能够否认长城及其"象征"的伟大与永恒吗？

世界也逐渐承认，龙是中国在觉醒、在进步、在强大的一种"意识能"，一种超越"存在"与"历史局限"的力量。我们应该满心欢喜地"迎接"并张扬这种"现实的运动"。

龙舟竞渡

（上、左下：《龙舟夺标图》，元代绘画；右下：女子好龙舟队）

专制皇朝禁止臣下、民间僭用龙制品、龙艺术、龙装饰，可是却不禁龙舟、不禁龙灯——他们倒也明白，龙文化已成为"全民性"的游戏与仪轨，一切都禁，只能引起不满、反抗或骚动，因而至多加些限制（例如不能制成五爪金龙）。传统的再现在各方面的体现与应用都有所不同。"一刀切"，连专制君王都知道不是好办法。

"帝制"推翻以后，为什么普通民众还对"龙"如此敬仰乃至喜爱呢？

当然，其间免不了掺杂对帝王的畏敬乃至羡慕。"百足之虫，死而不僵。"专制制度3000余年的重压，不免压曲了国人的灵魂——甚至于压出"臣仆意识"（奴才意识）来。直到现在，挂起帝王商标的"货物"仍然大行其道，仍然受到部分人的欢迎或膜拜。鱼龙混杂、泥沙俱下的"帝王电影"、"宫廷艺术"，极端缺乏批判精神，并未洗净"封建意识"（当然这里面少不了人们热衷于寻觅隐私

古今中外舞龙忙

（上：山东沂南汉墓画像石；中左：中国澳门的舞醉龙，春节庆典，萨共旗摄影；中右：中国北方舞龙；左下：意大利人舞龙，罗马；右下：日本浅草寺3月18日等"祭祀日"金龙舞）

中国的舞龙或耍龙灯出现很早。汉代"鱼龙曼衍"之戏包含龙灯、鱼灯与魔术性质的"幻变"，可能采用了欧洲的机械与魔术技巧。至迟到唐，龙灯东传到日本，南下东南亚，与印巴次大陆的灯戏、水嬉等合流。现在，跟赛龙船一样，播行于欧、美、澳、非等地。

的"窥视癖");御膳或仿膳最受追捧,谁都想尝鼎一脔;至少,"皇家酒楼"、"王府宾馆"、"皇后歌厅"、"太子饭店",也得去逛一逛。论者说:旧时王谢堂前燕,飞入寻常百姓家,是一种解放或进步。龙"到民间去",标志着专制制度的崩溃和"家天下"的瓦解。这确实是其"正面相",但是"制度层面"不如"意识层面"的刚韧,我们要时刻保持清醒。

中国人一直具有"大一统"观念乃至"情结"。龙,以其最早的"中华文化共同体"的信仰骨干,以其最早的"王朝"标志,成为"大一统"的象征——历朝历代都用"龙"来做皇室及其尊荣、王朝及其权威的符码,这在世界史上并不多见。中国王朝不像日本那样由"天照大神"一脉相传、万世一系,而是不断改变,换姓易名,仅仅皇朝"正史"就有25部之多,皇帝或王朝一旦弄到君不君、臣不臣,那谁都有"权"把它推翻,"取而代之",取得新的合法性、神圣性。然而,"龙"却基本不变,两三千年一直是皇权的象征,而且包含着、体现着"神权"或"教权",结合着"世俗"与"神圣"的权威性。真龙天子及

温州的"手杖(首饰)龙"
(乐清柳市、翁垟镇,马建河摄影,采自《旅行家》杂志)

温州的"手杖龙"(或称"首饰龙"),像龙灯、龙船,又似"抬阁戏",它把古代的书画、剪纸、雕刻、刺绣、彩塑等跟民间彩扎、裱糊、编织等工艺结合在一起,把有关龙的游戏及娱乐提高到"纯艺术"高度,却又受到民众的顶礼膜拜,成为旅游观光的精美节目。"龙灯"上有3～5层舞台,有小殿50多座,每座殿里都有彩扎戏曲人物,其下以木制齿轮联动,摇动灯下小柄,"傀儡"们便手舞足蹈,随着灯内的锣鼓点,演出《盗仙草》、《十八相送》、《回荆州》以及四大小说里的片断曲目,受到人们极大的欢迎。

其后裔，都被看成或说成"天与神授"的"超人"。不像欧洲那样各个王朝、各个皇室，多有自己的"族徽"或"国徽"。马克思认为，统治阶级的思想往往是统治的思想。龙的权威，几乎为全民所承认——"真命天子"，特别是它的血裔，都可以更换，其象征却稳定不变。

中国人的"大一统"观念以及与之难解难分的向心力或凝聚力，可谓根深蒂固，几乎是与生俱来，其原因极为复杂。我们在《中庸的文化省察》里曾略作探讨：四周为险阻或海洋所阻隔，而又有一个巨大的空间，可供"中华文化共同体"（包含它的"叠合带"或"粘附物"）的生存与驰骋；中央部位，又有越来越成熟的"文化核心区"（中原）施展其凝聚力与散射性。气候相对温和，人种（黄色的蒙古人种）又相对整一。三千年以上的成文史，加上五千年以上的"传说史"，更是合多离少，"统一"压倒"分裂"。因此，这个文化共同体的向心力当然大于离心力，凝聚性必然强于分散性。不可否认，龙不但是这种民族凝聚力的强大象征，也贡献着自己的一份"团结"与"加固"的（粘合）力量。"龙的传人"跟"炎黄子孙"几乎是同义语（黄帝化身"黄龙"，炎帝牛首龙角，都与龙相关，且不说几乎无处不在的"龙崇拜"）。龙的代表性、团结力，矛盾而又统一的和谐感，圆满的"力量"乃至"崇高"的精神，灵动、勇健与智慧，组织成并且体现着"中国心"、中国的文化性格。

民间的划龙船

（左："南地"女子龙舟队；右：云南兄弟民族的龙舟竞赛，范瑜摄）

划龙船是极为古老的仪式与游戏，远在屈原投江以前。有人称之为"图腾艺术"。最初的"赛龙"，包含占卜丰歉或祈雨求丰，甚至还有"杀龙"的节目（参看笔者发表在《楚文艺论集》里的专题论文），绝不仅仅是游戏或体育活动。这也是专制王朝不敢禁赛龙舟的重要缘由。

"龙"，代表古人的生命智慧与创造力、丰殖力，它不仅是传世的珍贵"文物"，还深潜着最古老、最坚强的"共同信仰"。我们曾经论述过，龙在相当大的"时空"和"程度"上是"中华文化共同体"的基元性信仰。而龙又扬弃了其"母型"如虫、蛇、蜥、鳄等的"凶暴"或"怪诞",而从中凸显出生存智慧与"力量"(尤其是"生命的力量")——特别是克服了原初的"丑陋"、"阴暗"与"卑下",其形象的主导面是雄伟、矫健、灵动以及权威、尊贵与富丽。"飞龙在天",天行健,君子以自强不息。朝乾夕惕、励志笃行,更充满崇高感。今天,我们对于龙,更多是采取一种"美学的态度",欣赏多于敬畏。许多由龙派生的民俗艺术,像龙灯、龙船、龙舞等,这些最讲求也最显现"力"的龙的仪典,早已成为一种竞技或游戏。而"游戏"(play),是人的自由能动精神的弱形式体现。而且,它又从游戏的层面、审美的层面进入意识的层面、文化的层面,成为我们生存与行动的一种力量,为什么要回避它,害怕它,抛弃它呢?

第五章 鱼龙混杂

鱼与"改装"的龙

龙,作为水族,一直跟鱼相干连。"鱼:龙"关系密切到可以互转的地步。

在考古发现里,辽宁阜新查海遗址出土的两块"陶片",呈赤褐色,其纹饰都是蟠曲体,似蛇又似"虫",其中之一尾部勾蜷,身上已有鱼鳞纹(但也可说是蜥、蛇之鳞片);或属兴隆洼文化,距今7000~8000年。①

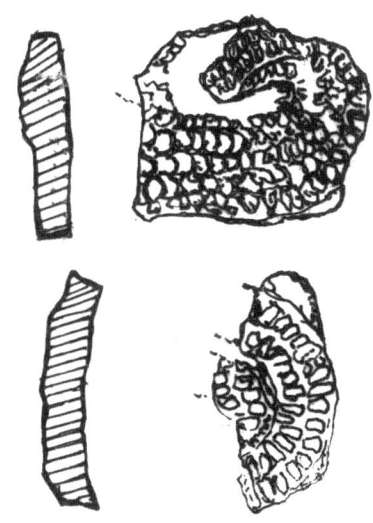

鱼特征之"原龙"

(残陶片,辽宁阜新,查海—兴隆洼文化,距今7000~8000年)

最古老的"蟠龙"或摆塑"游龙",或有鱼鳞,或具鱼尾,可证,在远古中国龙已具备鱼的某些特征,暗示其能在水中活动,也许跟水雨有所干连。

葫芦岛连山塔山乡杨家洼新石器时期遗址,发现土塑巨龙2条,具有丫形鱼尾,距今7000~8000年②。

---

① 参见辛岩:《查海遗址发掘再获重大成果》,《中国文物报》1995年3月19日。
② 参见高美廉:《辽宁八千年前新石器时代遗址中发现龙图腾》,《中国文物报》1997年6月8日。

内蒙古清水河岔河口新石器时期遗址，发现有用黄土夯筑的巨型龙，体躯较粗壮而似鱼。

詹鄞鑫、徐莉莉认为，西安半坡陶壶上已出现带着鱼形的龙。所以，他们提出龙本是水中的"蛇状长鱼"，可能带有变态的鳍。① 待考。

以上考古所见之"龙"，虽然不能说都是鱼（形）龙，但多少都具有鱼的特征。如此早期的鱼特征的龙形象很值得注意。

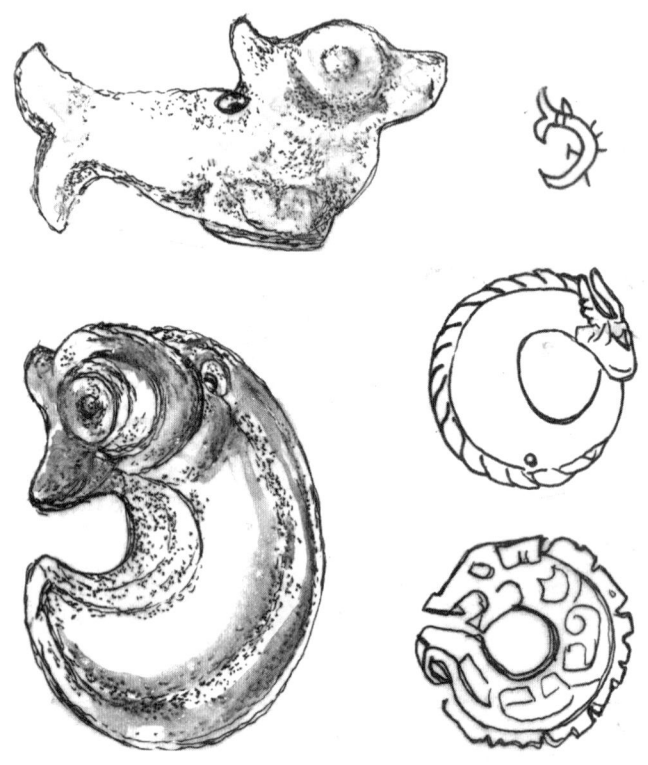

鱼形玉龙

（左上、下：红山文化玉龙，传世；右上：甲骨文里的鱼尾龙，《拾》1·5；右中：安徽含山凌家滩出土鱼脊玉蜷龙；右下：商代玉蜷龙，传世）

红山文化"玉龙"里已有形体近鱼者，可惜多属"传世"之物，甚至可能有赝品。如系真品，则玉龙确有似鱼者，且属身躯相似，而不仅仅是局部或器官相同。安徽含山凌家滩龙有"羚角"，但鱼鳍明显。李修松认为此即"句龙：禹"的形象。但也未必。

尤应注意的是，甲骨文"龙"亦有鱼尾而带鳍者（例如图右上，《拾》1·5）。

---

① 参见詹鄞鑫、徐莉莉：《神秘·龙的国度——华夏文明面面观》，中州古籍出版社，1997年。

安田喜宪认为，中国东北地区最早出现龙的形象，包括红山文化里存在体系性的对玉和龙的崇拜，是因为数量众多的红山玉龙的蜷曲形体跟殷墟卜辞的"龙"字大致相似（参见孙机等说），我们可以放心地说，它确已被红山原住民认定为"龙"——粗壮型者基本上是虫躯，首大而有变异。安田说，其中，除了猪、鹿的头部特征明显以外，鱼的要素应予以重视。他认为：龙首先诞生于中国东北部旱田农耕地带的森林之中，它以森林中的猪、鹿及栖息于森林河川中的鱼类为母型[①]。

这就是7000多年前查海遗址的"蟠龙"，它已有明显的鱼鳞。而红山玉龙也有似鱼者。

作为混形性神话动物，龙形有个重要特征：其"历时结构"，主要看躯干，圆浑、矫夭，基本稳定；变化者，主要在头部，还有某些器官。这样，寻找它的母型，主要看躯干，蛇、虫、鳄、蜥首先入选，它们统统圆浑或圆长（只有蛇无脚，却最"像"）。蛇虫形躯干终于成为龙的"共同结构"。龙的头部常常变换，不很稳定，器官更多变化或"增删"。以鱼龙关系而言，龙或被添加，或被更换：

鳞

鳍

尾（丫形）

头（个别略似鱼首）

这跟其它动物与龙的关系相同：龙"借用"或"变换"它们的器官。

但是，所谓"鱼形龙"或"龙形鱼"，连躯干都像鱼（只是头部不一定似鱼，且多有角）。这一点，只有某些"虫躯龙"与之相似。

例如，前举陶寺陶盆上的"衔草"带状鱼蛇，有人以其躯干偏长，定为"原始龙"。某些传世的红山文化玉龙，十之八九像鱼。凌家滩和某些传世的殷商玉蟠龙，有鱼鳍或鱼脊（背鳍），或有角，有人定为"鱼形龙"（鱼跃出水面，身体或高度"弯曲"，稍加夸饰，便近似"咬尾蛇"）。有鱼尾者，如前举甲骨卜辞《拾》（1·5），则极似长体的鱼，有鳍，更有T形"龙足"。据称，商周有种"有脚玉鱼"，乍看起来完全是鱼，细看却似有足（陈仲中有论文《商周有脚玉鱼之研究》，见《玉文化论丛》3：41～70，1998）；或以为其是"鱼形龙"或"龙形鱼"之过渡形态，应予注意。

---

① ［日］安田喜宪：《龙的文化史》，蔡敦达译，《神话·祭祀与长江文明》，文物出版社，2002年，第9～10页。

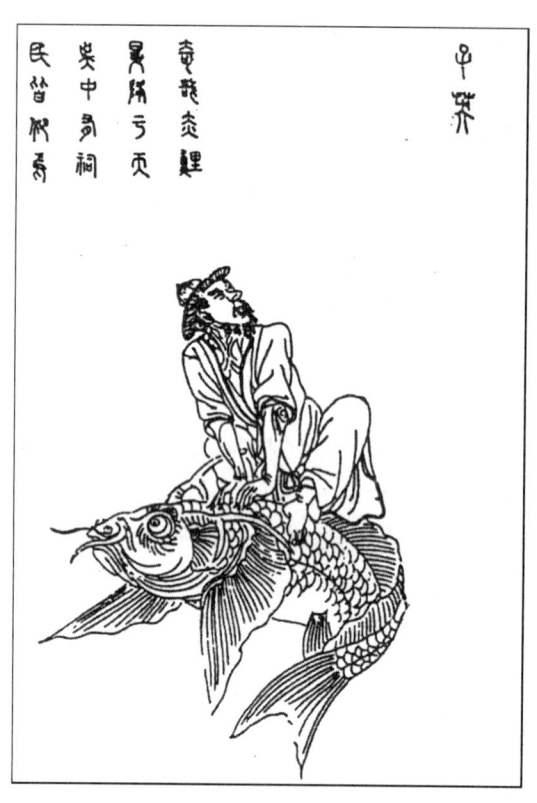 

鲤鱼：引人升天
（采自《列仙图赞》、《列仙全传》）

古人认为"鱼龙：赤鲤"可以互转。在神仙家观念里，鲤鱼就是"神仙鱼"，有角、大鳍、长须，与常鱼不同，它能够助人登天或升仙。

我们知道，蛇、虫、鳄、蜥体表虽有"甲"或鳞片，但绝不如（大）鱼鳞那样有力地起护体和帮助游泳的作用。初步或成熟地"神化"的龙（主要为水族）披上了鱼鳞，并非奇怪的事（成文史时期，人们还发明了鱼鳞甲）。何况，某些鱼的鳞会"脱落—再生"，可以强化龙作为"再生"或"长生"意象的特性。

龙跟鱼的关系，还可以由古人姓名、族称等窥见其姻缘。

例如，《伯旂簠》铭有"伯旂鱼父"。郭沫若引《论衡·福虚》，"龙，鱼之类也"；《淮南子·修务训》"龙门"及高注，《兵略训》"疾如骇龙"注，"龙，鱼也"，论证说："龙与蛇为类，《尔雅·释鱼》篇中兼及蛇，《广雅·释鱼》篇中更兼及龙。故此名'鱼父'而字'伯旂'也(《周礼·司常》"交龙为旂")。"① 这里的"鱼父"略同"龙父"。

---

① 郭沫若：《金文丛考·彝铭名字解诂》（简称《金考》），人民出版社，1954年，第124页。

南国之"吴"若"虞",卫聚贤《古史研究》等曾说其出于"鱼"。周国荣便说,龙来源于鱼,龙应起源于古吴族①。但这一时间不易确认。

古代,龙化为鱼,比较常见。虽说是一种"卑化",却也因为它们都是水族,有若干共同点(如游水须具的鳞、鳍、尾)。

最著名的便是见于《庄子》等书的"白龙鱼服,见困豫且",及其"初版"的河伯化龙为羿所射(详后),而河伯又能化鱼,即是龙而"鱼服"。可见"鱼:龙"二者在神话中虽不等值,却可对位、互转、相化。

古代美洲的"鱼怪"与鱼尾龙

(古代秘鲁彩陶图案)

美洲神话里有一种凶猛的鱼(或说其母型为"食人鱼"),肢体如人,头部却似鳄若龙(见上面一组)。有的"龙"(或称神蛇)却有鱼、鳄特征(见左下);有的长着明显的鱼尾与"人化"的鳄首。

在秦汉神仙家观念里有"龙鳞"而又长"须"的赤鲤,常以"神仙鱼"的资格引人升天或者成仙。其根底便是因为鱼具有"龙性",龙也具有"鱼性"。

汉唐以来,有的龙具有鱼尾(鱼尾龙),跟西方的"鱼尾兽身龙"相似。洛阳西汉卜千秋墓壁画,伏羲神像人首蛇身,却是鱼尾。西方人有时称之为"鱼尾神"②。

---

① 参见周国荣:《龙的起源和古吴族》,《东南文化》1988年第2期。
② 参见〔英〕李约瑟:《中国科学技术史》,第1卷第2分册,科学出版社,1977年。

新西兰毛利族的女首蛇身像,有时也是鱼尾,或略具鱼形①。用东方人的眼光看,那也是"鱼尾龙"。

鱼龙或变形鱼尾龙
(苗绣,贵州)

苗族的龙种类很多,鱼(尾)龙极为常见。有的展尾如蝶,跟人祖"蝴蝶妈妈"混合,或称"蝴蝶龙"。

古代美洲也有大量的"鱼尾龙",或暗示其为可能龙化、龙兽化的"鱼怪"。据说,维吾尔族曾以鱼为龙。

云南新平鲁魁山彝族以獐子为"干龙","但他们又在水池或龙潭中放入红鱼以象征龙"②。这跟"赤鲤"化龙的信念相合。龙除了具有鱼鳞、鱼尾之外,鳍也多取象于鱼、鲸之类的鳍。而古人笔下的"龙鲤"多带龙须乃至龙角,在外形上也互渗。甚至蜥蜴(龙的母型之一)都曾被看做一种"鱼",或称"鱼妇"。"鱼妇"者,松冈正子据《太平广记》卷四七八引《三教珠英》:

> 曹叔雅《异物志》曰:鱼跳跳,则蜥蜴从草中下;稍相依近,便共浮水上而相合。事竟,鱼还水底,蜥蜴还草中。(10·3940)

这暗示蜥蜴和鱼本质上为同一物种,并能交配。蜥蜴为"四脚蛇",可能成

---

① Terence Barrow, *Maori Art of Newzeland*(《新西兰毛利人的艺术》),W. Reed & The Unesco Press, Paris, 1978, p.61.
② 杨和森:《图腾层次论》,云南人民出版社,1987年,第91页。

为"鱼妇"或"鱼夫",这种观念还保存在民俗中①。而且蜥蜴形体似蛟,也可视为蛟龙的卑化形态。

鱼蛇(或鱼龙)"互化"的传说也可由此得到旁证。当然,也有一些相关意见,我们不敢苟同。

詹鄞鑫依据宝鸡北首岭蒜头壶上"鸟食鱼"的纹饰说,此为"龙和鸟互相衔接的图案,这个'龙'除了身躯略似蛇以外,完全是鱼的形象"②。这条倒霉的"鱼"明明是被"吃",而不仅仅是与鸟"衔接"。而且,谁也没有声称或规定它是龙。前提不成立,这样就很难证明"正是这种头有两耳、身上有鳍的蛇状长鱼,逐渐演变成东方巨龙的形象"。他又说,襄汾陶寺陶盘上是蟠曲的"龙纹"。结论为:"从半坡型和夏墟型的原始龙纹分析,最早的龙是一种生长于水中的蛇状长鱼。这种鱼的头旁有类似两耳的东西,可能是变态的鳍。"③ 其实,他必须首先论证这两幅图像确实为龙或"原始龙"。好在他不反对其为蛇身(如蛇的鱼有鳝、鳅等,确实是龙的一种母型,参见卫聚贤说)。"龙的雏型是一种似蛇的大鱼,它逐渐被加上角和足,但仍保留了蛇身有鳍的原始特征。在传说中,龙蛇往往不分,所谓'蛇'只是后人对长身鱼形的误解和讹传而已。"④ 即令这样,也很难证明龙由鱼出,或鱼是龙的主要母型。

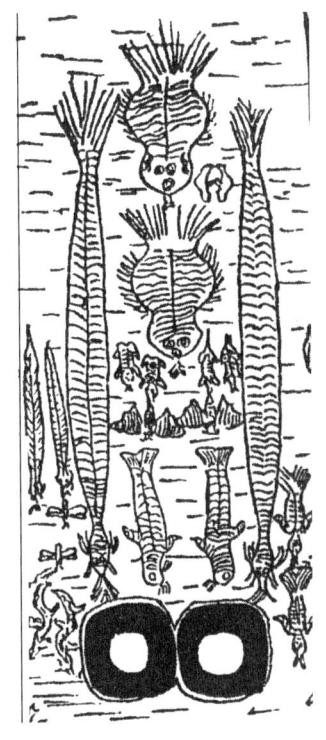

萨满绘画里的鱼

(桦皮盒图案,采自王纪、王纯信)

萨满巫术绘画里的鱼可大可小,可长可短,可肥可瘦。鱼的身子拉得极长,略加变形,也就成了龙。

这也可以用来说明龙母型的多变性。

---

① 参见[日]松冈正子:《人鱼传说》,《中国文学研究》,(东京)早稻田大学中国文学会,第8期,1982年,第53页。
② 詹鄞鑫:《神灵与祭祀——中国传统宗教综论》,江苏古籍出版社,1992年,第91页。
③ 詹鄞鑫:《神灵与祭祀——中国传统宗教综论》,江苏古籍出版社,1992年,第91页。
④ 詹鄞鑫:《神灵与祭祀——中国传统宗教综论》,江苏古籍出版社,1992年,第96页。

鲤鱼跳龙门

谨案:《论衡·福虚》说:"龙,鱼之类也。"

宋·陆佃《埤雅·释鱼龙》说:

> 龙八十一鳞,具九九之数;九,阳也;
>
> 鲤三十六鳞,具六六之数;六,阴也。

鲤鱼逆流而上跃过"龙门"去繁衍,被认为是鱼龙转化的关键。《淮南子·修务训》:"凿龙门。"汉·高诱注:"龙门本有水门,鳣鱼游其中,上行,得[从]上过者,便为龙,故曰龙门。"(刘文典集解本,下·631)

《三秦记·龙门》(《太平广记》卷四六六引)说,此处"每暮春之际,有黄鲤鱼逆流而上,得[过]者便化为龙";或说,"初登龙门,即有云雨随之,天火自后烧其尾,乃化为龙矣"(10·3839)。

鲤鱼跳龙门
(民间绘画)

古代及民间传说里,作为水中灵物的龙和鱼能够相互转化。龙,卑化即为鱼;鱼,尊化便是龙。

鱼尾龙

(左上:北京故宫御花园钦安殿石雕;左下:北京法源寺石雕。采自王大有等。右边是供参考的"螭吻",实为"鱼身龙头")

后世的龙,也有具鱼尾或鱼身者,有的变成宫殿或寺庙(式)建筑屋脊上的"螭吻"。据称,其与水、雨有联系,以之辟除火灾。

《埤雅》更引俗说云：

　　鱼跃龙门，过而为龙。

　　［鲤］殆亦龙类。是以仙人乘龙，亦或骑鲤，乃至飞跃山湖。

这就是前述神仙乘鱼或凡人骑鱼上天的重要依据。

韩国的"鲤鱼跳龙门"

（左上：《魁星图》，龙暗喻龙门，现藏韩国海印寺；左下：《跃鲤图》，现藏韩国多宝城；右：《鱼成龙图》，私人收藏。采自王小盾《四神》，下册，彩色版）

　　深受中国文化浸染的朝鲜半岛，古代亦盛行龙崇拜。"一登龙门，则身价十倍。"这里再现的属于鱼龙转化的图像，与科举制度有关。

龙/鱼互转的语音依据

"龙/鱼互化"的一个思维上的"依据",是在语音学上作为龙的主要母型之"蛇",古音与"鱼"能够通转。

《山海经·海外南经》:"南山在其东南。自此山来,虫为蛇,蛇号为鱼。"(186)

粗看起来,这讲的是"蛇/鱼"间的转化。郭注说:"以虫为蛇,以蛇为鱼。"可对照:

《山海经·大荒西经》:"有鱼偏枯,名曰鱼妇。颛顼死即复苏。风道北来,天乃大水泉,蛇乃化为鱼,是为鱼妇。颛顼死即复苏。"(416)

可见在神话中,蛇确实可能转化为鱼——在语音上,名称的混同性、通转性在一定程度上反映着原始思维里物种的可置换性。"蛇"不仅可转化为"鱼"(或转化为"鳄"),而且在特定语言集团或特殊语境里能够读成"鱼"(或"鳄")。郝懿行《山海经笺疏》就是这样理解的:

今东齐人亦呼蛇为虫也。《埤雅》(卷一)云:"《恩平郡谱》蛇谓之讹。"盖蛇古字作它,与讹声相近;讹,声转为鱼,故蛇复号鱼也。

它们都在"鱼"部(或说"歌"部)。

也正如前文所说,在上古音和汉藏语系的某些民族里,"蛇:鱼:鳄"读音非常接近。现在把相关字的上古音排列如下:

【它(蛇)】　t'a(周法高)　　　t'a(唐作藩)　　　t'a(郭锡良)
【鱼】　　　ngiwo(李方桂)　ngja(包拟古)　　ngjaɤ(周法高)
　　　　　　nga(唐作藩)　　 ngǐa(郭锡良)
【讹】　　　ngwa(周法高)　　nga(唐作藩)
　　　　　　ngua(李方桂、王力、郭锡良)
【鳄】　　　ngak(周法高)　　 ngak(唐作藩)　　ngak(郭锡良)

除了所拟音值略有不同,音标写法与繁简有异外,诸家所确定的声纽、韵部基本一致。

鱼、讹、鳄都在疑纽;鱼歌旁转,"鱼:讹"相通;鱼铎阴入相配,"鱼:鳄"可转。同理,它们跟歌部的"它:蛇"韵通,然而声纽却相去很远。

汉藏语"鱼:鳄"读音至近,他们把鳄看成鱼(的一种)。

【鱼】

〔藏缅语〕＊nga，＊ngya　　〔上古汉语〕ŋjwo　　〔原始闽语〕＊hnyi

〔列普查语〕ngo　　〔中古汉语〕ngjwo　　〔福州话〕ngiō

〔藏语〕nya（＊ngya）①　　　　　　　　　　〔厦门话〕hiō

据说，Pulleyblank 氏把"鱼"的上古音拟作 ＊ngà②，跟鳄"阴入相配"。

"鱼：蛇"读音为什么能够通转？

王国宇试图从上古少数民族（越人）及其后裔的语言里寻找解决这个疑难的途径，他把他认为属于百越后裔的少数民族语言分为两组，列出他们"蛇"字的读音。

【蛇】A 组

〔壮语〕ngɯ^2

〔布依语〕ngɯə^2

〔临高语〕ngia^2

〔傣语〕ngu^2

〔云南侬语〕ngui^2

B 组（略）

而李方桂拟测，原始台语（或古越语）"蛇"的读音跟上列 A 组极为接近，可能是其原始读音。

【蛇】　　＊ngɯɯ（平）（李方桂）

它跟汉语上古音的鱼、吪、鳄也相当接近（特别是声母，都在疑纽：ng）。

这些语言事实证明，不但"鱼"跟龙母型的"鳄"，而且在特定情况下跟"蛇"可以"通转"，它们都以"水族"参与了龙意象的创造。

鲵　龙

"鲵（形）龙"极可能已在上古文物里发现。或说"鲵"即"鲮"。案："鲮鲤"主要指称穿山甲，初民或古人视若小龙，称为"龙鱼"；又视为"陵（阜）"之"鱼"。主要因为"语词病变"或者"语源错讹"（详后）。又由于"陵鱼：龙鱼：鲮鲤"与"人（鱼）"、"鲵鱼"读音接近，古人把它说成是一种（跟美人鱼

---

① ［美］包拟古：《原始汉语与汉藏语》，潘悟云、冯蒸译，中华书局，1995 年，第180 页。

② ［美］包拟古：《原始汉语与汉藏语》，潘悟云、冯蒸译，中华书局，1995 年，第180 页。

不同的)"人鱼"。

《山海经·海内北经》:"陵鱼,人面,手足,鱼身,在海中。"(323) 其实这讲的是"大鲵:娃娃鱼"。

《山海经·北山经》:"[龙侯之山/决决之水]其中多人鱼,其状如䱱鱼,四足,其音如婴儿,食之无痴疾。"(86)

郭注:"或曰:人鱼即鲵也。似鲇而四足,声如小儿啼。"民间因而叫做"娃娃鱼"。郭注《尔雅·释鱼》略同(下·2641)。

有些古代文献说,鲵"雄曰鲸,雌曰鲵",龙一般忽大忽小。

有的记载则把"大鲵:娃娃鱼:人鱼"描述得像美人鱼,或者"人面鱼身"的混形动物(参看笔者的图文小册子《美人鱼》)。例如,清·吴任臣的《山海经广注》引邓元锡《物性志》:"近列姑射山,有稜鱼,人面人手鱼身。见则风涛起。"蒋骥《山带阁注楚辞》引《禽虫述》:"陵鱼,[有]手足,人面而鱼身。"

鲵鱼或鲵龙

(上:商代青铜觥上的纹饰〈鲵形〉,山西石楼出土;左中:秘鲁彩陶;左下:新疆北鲵,李都摄影;右下:大鲵)

从新石器时期到商周,都有大头阔嘴短躯的鲵(形)龙,这显然是以大鲵为母型。有的鲵鱼前肢特别发达,鲵龙或省其后肢;或四肢皆省,使其近鱼而又似蛇,保持圆滚身子的"原龙"的体征。

鲵鱼在中国南北都有分布。北鲵于1866年被俄人克斯勒(Kessler)发现以后,似乎绝迹;一百多年之后,王秀玲重新发现了它,震动了中外生物学界。

"大鲵：娃娃鱼"，现代人看来没有多大神奇之处，奇特的是有些古老的龙形或类龙生物极像鲵鱼。也许因为鲵能变为鲸的缘故吧。

小小的鲵鱼，居然能成为龙的一种母型（新石器时期文物上颇见鲵鱼形象，或有"人面"；殷商以迄秦汉的文物上也有所谓"鲵形龙"纹饰），实在是很奇怪的事。它的独特无非包括：(1) 鱼而四足，"人鱼"之称，"人面"之异，均由此来，不仅因为它像婴儿那样"哭叫"；(2) 秦汉以降，或以鲸为龙，虽小大迥异，鲵、鲸外形有些相似，雌鲸名"鲵"；(3) 潜居溪谷，随着暴雨或山洪出现，或被附会为水或虹之精灵（有些像鲮鲤，为水冲出，被附会为蛟）。

唐·段成式《酉阳杂俎》记鲵鱼云：

> 鲵鱼，如鲇，四足长尾，能上树，天旱辄含水上山（山或作树），以草叶覆身；张口，鸟来饮水，因吸食之。声如小儿。峡中人食之，先缚于树鞭之，身上白汗出如构汁，去此方可食，不尔有毒。（方南生校，中华书局，1981年，第164页；《太平御览》虫鱼部引《异物志》略同）

北 鲵

（王秀玲发现；李都摄影，新疆）

小小的娃娃鱼，绝不会因为其鸣声如儿啼而成为龙的母型。它身子圆滚而又有四足，习性诡秘，善于隐藏；龙的形象又可大可小，可短可长——鲵鱼可能先被当做生命顽强的"龙子"，有如蝾螈。

罕见的北鲵极为珍稀，很难成为"西域龙"之母型。但如果考虑到周先后稷以"潜龙"蛰伏在盐泽（罗布泊）的传说，当年的北鲵为西域先民所注意，也并非奇怪之事。

鞭打出汁而后食,并无多少根据,也并不神奇。"上树"云云,为陈藏器《本草拾遗》等所采。据生物学家观察,鲵鱼含水上树,诱鸟来饮,扑而食之,居然是真的!

《逸周书·王会解》说,秽人贡献"前儿","前儿若猕猴,立行,声似小儿",或说就是鲵鱼之夸饰。

《水经·伊水注》引《广志》:"鲵鱼,声如小儿啼,有四足。形如鲮鲤。可以治牛。出伊水也。"

鲵鱼的历史十分悠久,跟虫、蛇、蜥、鳄同样可以追溯到恐龙时代,也许因此被认为生命力强大。

四川峨眉山有"白龙池",原多鲵鱼。唐·刘恂《岭表录异》记鲵鱼说:

全义岭之西南有盘龙山,山有乳洞(案:喀斯特地貌之钟乳石洞),斜贯一溪,号为灵水溪(今桂州灵川县也)。溪内有鱼,皆修尾、四足、丹其腹,游泳自若。渔人不敢捕之(《尔雅》[注]云:鲵似鲇,四足,声如小儿。今商州山溪内亦有此鱼,谓之鲉鱼,即此类也)。(鲁迅校勘本,第28页)

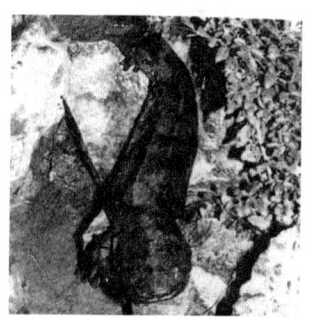

大鲵:娃娃鱼

(左:人工饲养的大鲵;右:大鲵线图与相片)

大鲵行踪诡秘,似鱼有足,似蛇又短,似鳄而柔,成为龙母型之一,这是很奇怪的事。

其分布之北界，可达新疆。近年王秀玲教授发现"北鲵"，因其珍贵有如熊猫，轰动一时，原来却以为灭绝了。一般大鲵也被国家定为一级珍稀动物，大力予以保护，据说近年人工繁殖成功，许多人养之致富。

《史记·秦始皇本纪》说始皇墓以"人鱼膏"燃长明灯，或说指鲵鱼油。现在专家认为，最可能用的是鲸油。始皇曾命人射海大鱼，即捕鲸。鲵鱼油，不可能收集到能点长明灯那么多。

在西方，人们同样认为娃娃鱼是一种"迷人的动物"。有渔夫觉得这水中的神秘活物进了他的网，结果却被拖到水底。

> 她半拖着他，
> 他半截沉下，
> 以后便再也看不见了。①

荣格（C. Jung）说："这娃娃鱼是一种神奇女性的更本能化的变形，我把那神奇女性称作阿利玛。她也是一个海妖，一尾美人鱼，一个变成了树的山林水泽之仙子……"②

这也是塞壬（Siren，美人鸟或美人鱼）、罗累莱（Lorelei）等欧洲美丽女水妖的一种来源。她们以歌声"诱捕"水手，使其魅惑落水而食之，诸如此类哀感顽艳的故事无非是"次生态的鱼神话"(参看笔者的图文小册子《美人鱼》)。

鱼人和人鱼

（协和广场海神喷水池里的"鱼尾人"，摄于法国巴黎）

西方有许多"鱼形人"或"人形鱼"的神话传说。华沙美人鱼、哥本哈根美人鱼，都为众所熟知——后者的铜像还特地被运到上海世博会上展览。其实希腊神话里已多见此类形象，多作为海神扈从或水神化身。欧洲神话中塞壬（Siren）、罗累莱（Lorelei）等著名的水妖，也曾以"美人鱼"的形象出现。

---

① ［瑞士］卡尔·荣格：《心理学与文学》，冯川、苏克译，生活·读书·新知三联书店，1987年，第75页。
② ［瑞士］卡尔·荣格：《心理学与文学》，冯川、苏克译，生活·读书·新知三联书店，1987年，第75页。

鲵与虹霓

鲵鱼神秘，也因为鲵可能与"虹霓"之"霓"若"蜺"有关系。"鲵：蜺"在形音义上都可通。"虹"在甲骨文里作——

像"双首蛇虺"之形。也有些像方首、有须之鲵。"虺"，繁变为"虺蜴"，即蜥蜴。

古人可能认为大鲵跟"虺：蜥蜴"同类，或者能够相互转化，并且成为龙的母型。而虹是龙成像的一个辅因。王子今还认为，龙来源于虹崇拜。他说，马王堆汉墓（M3）出土的《天文气象杂占》里的一双虹龙，正是"传说中一雄一雌的虹霓"①。

"虺：蛇：虫"既然可能变做"虹霓"之形，那么大鲵也可能变成"蜺：霓"，而且成为一种龙：雌龙。

很值得注意的是，古人把霓当做一种龙。《楚辞·天问》汉·王逸注："霓，云之有色似龙者也。"

龙纹觥

（左：后世金质仿制品，传世，或说唐代遗物；右：商代青铜觥拓本，山西石楼桃花庄出土）

觥的纹饰，中部为鼍，扬子鳄；其旁有一箅角吐舌龙，似鲵；其下有蛟螭等类龙体，可见晚商时三者已有区别。但这不妨碍鳄成为龙之母型，观其侈口及方形骨板便知。

而"鲵"也曾被"升上"天空，成为虹霓的"霓"。

霓是副虹，阳光通过空气里的水珠二次折射就成为霓。《尔雅·释天》："蟒蛛谓之雩。蟒蛛，虹也。蜺为挈贰。"（下·2608）《说文》卷十一雨部："霓，屈

---

① 参见王子今：《史记的文化发掘》，湖北人民出版社，1997年，第618页。

虹。青、赤或白色,阴气也。从雨,儿声。"而虹霓,也曾被王子今等看做天上的龙母型。霓以副虹成为阴气,所以是雌性的。

虹霓关涉虺蜴,"雄虺九首",虺雄而蜴雌吗?可能的。而蜺也是"雌性"的。中国文字、词汇虽不像拉丁文那样有明确的阳性、阴性标识,却往往各有专字。

"雄曰虹,雌曰蜺。"雌鲸曰鲵,那么雌性之"蜴"也可能称"鲵",而与雌虹之"蜺"对位。鲸呼吸的水汽,或映日生虹,虹因而与鲸、与龙粘附,"虹吸鲸吞"的成语说明它们相互关涉。

雄——鲸:虺:虹:(雄?)龙
雌——鲵:蜴:霓(副虹):(雌?)龙

这样,鲵就在"雌虹:霓"或"雌蜴:蜺"这一点上相通了。而雌鲸名鲵,不仅因为它们外形有些相似,一大一小,恰好跟"同形"的龙有可大可小的神秘特性暗合,弱小的鲵因而也带上强大的鲸的"神圣性"(鲸油也因而被称为鲵鱼、人鱼的油)。

鲵　龙
(秦代空心砖上的龙纹)

秦代的这种鲵形龙,头部依然方正,大圆嘴,有"髭须",角似耳,跟商代后期铜觥所见纹饰颇为相似。

何新敏锐地注意到"鲵"与"霓"的对应关系。他说:"古人以为〔鲵〕与鳄鱼同类。鳄鱼能兴云雨,吐气成虹,所以古人称虹为'霓'(音与鳄同),又称'蜺',字亦作'霓'。"①由于他认为龙源于湾鳄,不得不拐这么个弯,说鲵因为通鳄而可以通"霓",其实多余(对音也不准确)。可惜现在还没有发现鲵鱼与虹霓的直接关系。但鲵鱼有某种"神秘",初民把它看做龙的一种化形,或"类龙",也就不是太奇怪之事了。

---

① 何新:《龙:神话与真相》,上海人民出版社,1989年,第224页。

"鲵龙"和太阳

（上行：北美洲的美国大鲵与黄星鲵；中行：印第安人岩画，美国加利福尼亚州；左下：双头鲵首蛇身饰陶器，印第安人作品；右下：作为参照的殷商蟠龙纹《鸮卣》外底，河南安阳大司空南出土）

鲵鱼也是美洲"龙"的一种母型。它有时跟太阳伴出，强调其"太阳—羽蛇"神的特征。

远古文物里的鲵与类鲵

陕西宝鸡北首岭，约当仰韶文化半坡类型之 M52 中出土陶制所谓蒜头瓶（M52：1），其上有"水鸟衔鱼"纹①。

水鸟似鹭，或说鹳，白鹳。郑为《中国彩陶艺术》称"鸡啄鱼"图。所衔

---

① 参见《宝鸡北首岭》，文物出版社，1983年。

者喙方、腮突，尾三歧而扁。异说大致有：

(1) 鱼，鲵鱼或鲵形龙（郑元者等）
(2) 扬子鳄（何新）
(3) "原始龙"或"原龙"（王振复、詹鄞鑫、田兆元、张劲松等）
(4) 螭龙（范冬青、马世之、黄石林等）
(5) 似鱼似蛇，可能是龙（陆思贤）

照我们看，这里的鲵鱼（或其它动物）处于弱势，并没有多大神性；画面也并不神秘，只是装饰着水滨常见的"弱肉强食"的生动情景。

鲵鱼与鹭鸟的冲突
（左：现代绘画；右上：陶制"蒜头壶"，陕西宝鸡北首岭M52：1，仰韶文化半坡类型晚期；右下：印第安陶器纹饰，鸟啄者或为蜥）

原始时期，鲵鱼往往以"弱者"为水鸟等所啄食，鲵鱼与鹭鸟的冲突，或以为反映鸟/鱼（图腾）部落的斗争。但我们看不到这里的鲵鱼有多少"神性"。这里的鲵鱼，显然不能如某些学者所说的那样被看成龙或龙的母型。

北首岭蒜头瓶上的图像，明明是鹭、鹳之类水鸟啄鱼——鱼首方形，近似大鲵，或泥鳅。

有的专家曲为之说，以为"鸟鱼互连"，甚至是"鸟鱼融汇"，而为龙凤并呈的雏型。前引詹鄞鑫以二者相"连接"，是鸟龙并重，鲵是鱼形龙。田兆元说，这表示龙与凤（集团）建立了联盟关系，是"真正的龙凤集团前身"[①]。郑

---

① 田兆元：《神话与中国社会》，上海人民出版社，1998年，第27页。

元者认为是以鲵鱼为母型的龙①。马世之说,这"鱼"实即"螭龙"的形象,暗示龙可能产生于鱼②。张劲松认为,黄土高原器物上出现的此类龙形是"旱粮农作的保护神,即司雨之神"③。

鲵形龙?

(左上:龙纹铜骹图饰,山西石楼出土,商代后期,参见《文物》1973年第7期,第12页,图八;左下:似龙纹图饰,云南江川李家山;右:"人面龙身"图饰,河南安阳小屯)

成文史时期,一般认定为"龙纹"的头部,依然可以看到方头圆口有须的似鲵鱼形象——哪怕有的已经"人面化"。

王振复说,"该纹样以一鱼一鸟相构,为鸟啄鱼尾之状"。他的观察很细致:"其头部高昂呈回首状,似鸟啄其尾因巨(剧)痛而有挣扎的样子。"④ 这很像某种泥鳅,或夸饰的大鲵,但他仍然说是"迄今所发现的最早的'龙'纹样"⑤。龙为什么如此狼狈呢?他依据河南临汝阎村仰韶文化陶缸《鹳鱼石斧图》之意象,推论这也是"在显示鸟图腾氏族对鱼图腾氏族的一种文化优势"。但《鹳鱼石斧图》是否像严文明等所说的喻示图腾斗争,抑或象征对女性或财富的占有,

---

① 参见郑元者:《艺术之根》,湖南教育出版社,1998年,第253页。
② 参见马世之:《龙与黄帝部落的图腾崇拜》,《中州学刊》1988年第2期。
③ 参见张劲松:《中国史前信仰与原始符号》,北京燕山出版社,2001年,第116页。
④ 王振复:《龙文化阐释》,《龙文化与民族精神》,上海人民出版社,2000年,第6页。
⑤ 王振复:《龙文化阐释》,《龙文化与民族精神》,上海人民出版社,2000年,第6页。

还大有讨论的余地（参看笔者的《中国早期艺术的文化释读》）。王振复也着意强调这里的鱼是"原龙"，暗示着"龙飞凤舞"。

"龙凤"的原型，即为"鱼鸟"。鸟者，凤也；鱼者，岂不是"龙"么？这就是说，龙的形象建构可能与鱼有关。所以，这里的鱼纹，大约就是一种"原龙"之状。① 但龙凤交腾的母题或原型意象，跟水鸟吃鱼是有龃龉的。

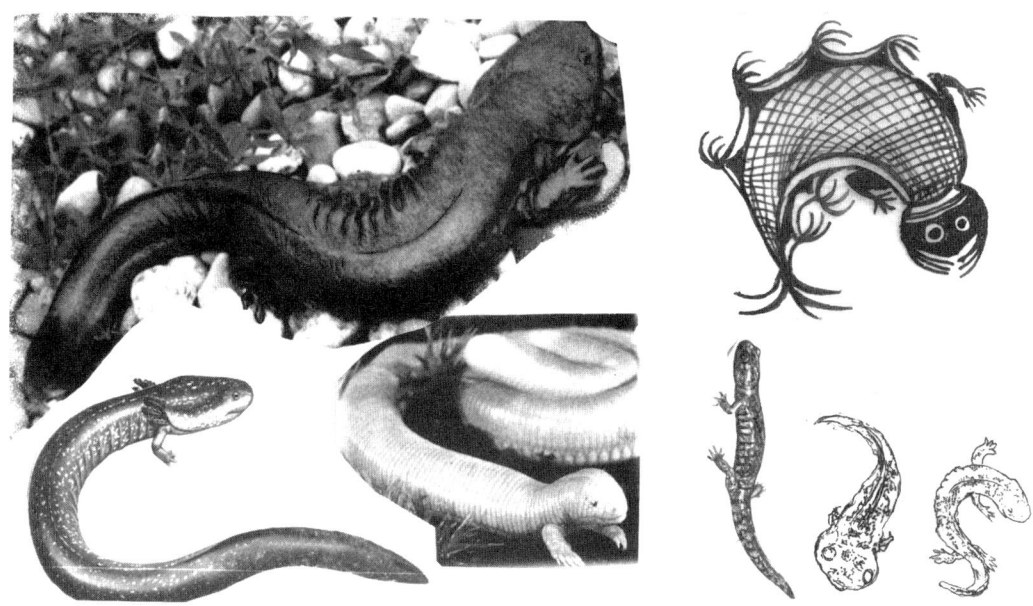

鲵鱼，或人首鲵鱼

（左：鲵鱼，双足之拟鳗螈及双足蚯蚓。俱出于北美洲，供参照；右上：彩陶瓶图纹，甘肃武山傅家门出土，仰韶文化石岭下类型；右下组：各种鲵鱼。）

鲵鱼而有（似）"人首"，这就神秘起来了。或说，这就是其"圣化"或"龙化"暗示。鲵鱼一般四足，上古图纹里双足者，后肢似被掩，或忽略。双足的类似动物也是有的。

甘肃甘谷西坪采集到的一件小口平底陶瓶②，或判定为仰韶文化庙底沟类型（晚期），距今约5000年③。曾骐说是"人面鱼身图形"④，显然不准确。它不一定是鱼，王大有称之为"土鲵龙纹"⑤。汪宁生说，这"可能是对当时某种动物

---

① 王振复：《龙文化阐释》，《龙文化与民族精神》，上海人民出版社，2000年，第6页。
② 参见《甘肃古文化遗存》，《考古学报》1960年第2期，第14页。
③ 参见郎树德、许永杰、水涛等：《试论大地湾仰韶晚期遗存》，《文物》1983年第11期。
④ 参见曾骐：《"人面鱼纹"彩陶盆新解》，《历史大观园》1990年第1期。
⑤ 王大有：《龙凤文化源流》，北京工艺美术出版社，1988年，第104页。

（如蜥蜴）图腾的描绘"①。何新说，这是"人面蛇身"，亦即"尾交首上的原始'伏羲'神形象"②。后来他又说是"人首蜥蜴类动物"，是"二足蜥蜴（或鳄）"③。或说此是具有"类人首"的二足蛇或（变体）蜥蜴，实为"鲵鱼"④。

人鱼：鲵鱼：娃娃鱼

（左上：陶瓶，甘肃甘谷西坪采集，复见；左下：鲵，动物绘画；右：鲵形龙纹，《司母辛觥》盖饰，殷墟 M5 妇好墓出土）

中国古代记载里的"人鱼"，很多指"娃娃鱼"，不但形体有些像，鸣声也像娃娃哭。它是上古时代"龙"的一种母型，但跟"美人鱼"及其母型都不同，特别应该注意它扁平而方阔的头部，这些特征还遗存在后世的某些龙身上。有的鲵（参见左下图）腮边有"肉刺"，乃被夸饰为耳或角。

---

① 汪宁生：《从原始记事到文字发明》，《考古学报》1981 年第 1 期，第 28 页；又见《民族考古学论集》，文物出版社，1989 年，第 37 页。
② 何新：《诸神的起源》，生活·读书·新知三联书店，1986 年，第 23 页。
③ 何新：《龙：神话与真相》，上海人民出版社，1989 年，第 291、302 页。
④ 参见张学正、张明川、郭德勇：《谈马家窑、半山、马厂类型的分期和相互关系》，《中国考古学会第一次年会论文集》，1980 年。

一般认为，这是目前所见最早的非典型"人首蛇身"图像①，或以为是"原始龙"或"类龙形"。如朱狄认为，"在整个新石器时代中"，除"这个陶瓶上的形象外，我们再也找不到与龙更接近的形象了"②。或称"人面蜥蜴纹"③；或称"变体蜥蜴纹"，以为其与"人面蛇身，尾交头上"的"轩辕之国"相似④。何星亮说是"人面鲵鱼"，"可能是新石器时代渭水流域的人们崇拜的早期龙形象之一"⑤。

甘肃武家山傅家门发现一只喇叭形平底瓶⑥，其上彩绘一条八足（变体）"鲵鱼"或"鲵形龙"，头部似为"人面"。奇特的是瓶上还有六只"三爪足"；普通的"前爪"两只，其余图案化，一共八足。或说是蜥蜴或蜥蜴形"原龙"，时代为仰韶文化庙底沟类型晚期，或稍晚些的石岭下类型⑦。或说为马家窑文化器物，距今 4400~5200 年。黄石林说："将（变体）鲵鱼纹四足增为八足，增加了神秘感。"⑧ 前引何星亮文，也认为其是形状有异的"鲵鱼纹"。

袁德星曾就此对照论述说：这是最早的二足龙纹。"这形象明显是人面蛇身二肢的神话动物，绝对不能视为四足的蜥蜴。"⑨ "二肢"，是前部的未变形的二足，其余六只已图案化者，看来也颇似"足"。

山西襄汾陶寺遗址发现朱绘蟠屈长身水族陶盘（M3072）⑩，它具有"带鱼"那样的长躯，"金环蛇"那样的花纹，头上有┏形"角"或"冠"，一般认为是非典型的"蟠龙"或类龙形。它绝非鲵鱼，姑且附述于此。因为它也被说成是原龙的鱼类。田昌五分析道："龙为方头，圆豆目，巨口，上下有两排牙齿，舌外伸；既像蛇，又像鳄鱼，是综合这两种动物而成的。"⑪

他试图将其与唐尧时期或"帝尧形象"联系起来，说它祭祀的就是帝尧，这结论未免仓促而又粘着。陶寺遗址，据 C14 测定，经树轮校正：其年代距今 4415

---

① 参见郎树德、许永杰、水涛等：《试论大地湾仰韶晚期遗存》，《文物》1983 年第 11 期。
② 朱狄：《原始文化研究》，生活·读书·新知三联书店，1988 年，第 533 页。
③ 参见《甘肃古文化遗存》，《考古学报》1960 年第 2 期，第 14 页。
④ 参见黄石林：《考古发现的龙》，《龙文化与民族精神》，上海人民出版社，2000 年，第 22 页。
⑤ 何星亮：《中国龙文化的特征及其发展阶段》，《龙文化与民族精神》，上海人民出版社，2000 年，第 133 页。
⑥ 参见郎树德、许永杰、水涛等：《试论大地湾仰韶晚期遗存》，《文物》1983 年第 11 期。
⑦ 参见黄石林：《考古发现的龙》，《龙文化与民族精神》，上海人民出版社，2000 年，第 22 页。
⑧ 参见张学正、张明川、郭德勇：《谈马家窑、半山、马厂类型的分期和相互关系》，《中国考古学会第一次年会论文集》，1980 年。
⑨ 袁德星：《龙的原始》，（台北）《故宫文物月刊》第 60 期。
⑩ 参见《1978—1980 年山西襄汾陶寺墓地发掘简报》，《考古》1983 年第 1 期。
⑪ 田昌五：《先夏文化的探索》，《文物与考古论集——文物出版社成立 30 周年纪念》，文物出版社，1986 年。

±130～3855±95年。徐华铛在《中国的龙》中称其为中国或"天下第一龙"①，却不断为新的发现所取代，"第一"是最不稳当的。

李修松等经过仔细观察，发现陶寺"鱼龙"之中还有一条（颜色浅淡的双角短身蜷体龙），为一般图版所不具。李认为，口衔"嘉禾"的鱼龙为"夏部族的图腾"（案：缺乏证据），而"被此龙所呵护着的带角的盘曲如钩状的动物，无疑就是'龙子有角'的虬龙，也就是句龙，也就是禹的神形"②。这种"虬龙：句龙"可以上溯到凌家滩玉蜷龙，那是龙崇拜的萌芽。我们认为，其结论下得太急。把出土文物上的"形象"跟文献中传说时代的人物（如"鲧：共工/禹：句龙"等）勉强整合或对位，必须十分谨慎，且要求有仔细的论证，不然就像说西水坡龙虎蚌塑间埋葬的即是帝颛顼那样不靠谱。

中国与古印第安的蟠蜷"蛇鱼"口衔神草

（左上：衔草的"鱼（形）龙"，山西襄汾陶寺，距今约4000年，据李修松；右下：类龙纹匕首，云南昆明羊甫头 M113：266，约为战国—汉初；其余为古印第安人的类似图案）

身上有奇特图案，似有角，长嘴里衔着"仙草"，绝非普通的鱼。奇怪的是，古印第安人也有类似图案。意义待明。

杨晓能综合诸说，略谓，其"造型接近蛇类、水族动物或蛇与鳄鱼的混合物"③。虽有依违两可之嫌，却也说明此物难于辨识种属或母型。

---

① 参见徐华铛：《中国的龙》，中国轻工业出版社，1988年。
② 李修松：《试论凌家滩玉龙、玉鹰、玉龟、玉版的文化内涵》，《凌家滩文化研究》，文物出版社，2006年，第2页。
③ ［美］杨晓能：《另一种古史：青铜器纹饰、图形文字与图像铭文的解读》，唐际根、孙亚冰译，生活·读书·新知三联书店，2008年，第220页。

发掘简报称，盘中所见，"似蛇非蛇，似鳄非鳄"，是"山西晋西南夏人部落想象虚拟的生物"。

王克林认为，彩陶盘（M3072）上的蟠龙，是"以蛇为主体，综合了鳄、羊、鸟等动物的部分特征组成的复合图案"①。从社会史看，以鳄为母型的龙是夏人的"图腾"；其"羊（形）角"则意味着它已联系或容纳着以羊为图腾的羌族。这还勉强说得过去。"龙口中所衔的叶脉状羽纹，应代表一个图腾为雉鸟的氏族（部落）。"②此论则显见牵强或穿凿。那分明是"蛇医"式的原始龙所衔的"生命草"，被初民认为可以带来健康、富饶和吉祥。

杜金鹏说，这龙盘跟伴出的"鼍鼓"等同样是"图腾的载体"兼"祭器"（同墓出土的还有"特磬"和成套玉石器）。龙是以蛇和鳄为母型的神圣动物，如闻一多《伏羲考》所说，它逐渐融合了以鱼、马、鹿、狗及其它兽类为图腾的氏族，并且吸纳其特征，逐步建构出以蛇为骨干、兼具相关动物性征的综合形象③。这个说法就客观、谨慎一些。可见，人们对"陶寺龙"本身也有异说。

（1）蛇或蛇龙（邵望平、杜金鹏、王克林、何星亮、黄石林）

（2）鱼形龙

（3）螭龙

（4）蛇状长鱼（詹鄞鑫）

（5）谷（神）龙（尹荣方）

（6）鲔龙（王大有）

其中有代表性的看法，如前举王克林说，陶寺"盘龙"是"以蛇为主体，综合了鳄（首、鳞）、羊（角）、鸟（口中羽）等动物的部分特征所组成的复合图腾"④。他以为夏以龙为图腾，"夏之兴也，融降于崇山"，融就是龙。"叶脉状（鸟）羽"，代表与夏族联盟的翟族图腾⑤——这是不是推求过甚？

王大有则称之为鲔龙，说"陶寺龙实即鲔鱼变异，其鳞甲、头、耳（硬鳍）状［似］仰韶鲔，口含水草或羽毛，非蛇信"⑥。他不大同意王克林之说，而以为"陕西仰韶文化北首岭鸟衔鲔鱼纹，鲔鱼形象头、耳、鳞与陶寺龙完全一致……唯龙口中羽纹，倒极可能是翟族象征"⑦。

---

① 参见王克林：《龙图腾与夏族的起源》，《文物》1986年第6期。
② 参见王克林：《龙图腾与夏族的起源》，《文物》1986年第6期。
③ 参见杜金鹏、杨菊华：《中国史前遗宝》，上海文化出版社，2000年，第129、130页。
④ 参见王克林：《龙图腾与夏族的起源》，《文物》1986年第6期。
⑤ 参见王克林：《龙图腾与夏族的起源》，《文物》1986年第6期。
⑥ 王大有：《龙凤文化源流》，北京工艺美术出版社，1988年，第130页。
⑦ 王大有：《龙凤文化源流》，北京工艺美术出版社，1988年，第134页。

黄石林以为龙盘是礼器，"陶寺地处'夏墟'之地，夏为龙族。夏人器物上，往往饰有龙形（标志）"①。

陶寺"蟠龙"的一大特征，是口有所衔，衔的是什么？

(1) 嘉禾（李修松）或粟穗（尹荣方）
(2) 水草（王大有）
(3) 神草（药）（萧兵）
(4) 羽毛（王克林、何星亮、王大有）
(5) 舌：长信（田昌五、孙机、陆思贤、黄石林）

谨案：这只"蟠龙"或说"蛇鱼"，因其有"冠"或"角"而被视为神秘动物。它的环形斑纹既像"金环蛇"，又像某种蜥蜴。特别是它的牙齿不是蛇牙而是密集的"带鱼"式的牙——也很像某种蜥蜴的齿。如果仅看身躯的话，有点像"玉卷龙"的"纤细型"。

最重要的是，它衔着一枚草叶——虽然不敢说就是蓍草或"还魂草"、"长生草"之属，但系某种神草或灵药则似可肯定，不一定是某些专家说的"嘉禾"。如果应用"名从旧有"原则的话，那么这种"嘉禾"也应看做一种"神草"。

某种蜥蜴绝不是无缘无故被唤作"蛇医"的——民间一向认为它能够衔来仙草治病救人。

蛇与仙草和医药相联系的传说，从《吉尔伽美什》就开始了；在中国则有《白蛇传》之类的传奇。这里可以肯定，古人一定认为，存在着某种四足灵蛇，如蜥蜴类，因其与医药相关涉而被称为"蛇医"。《嫏嬛记》有一则小故事说，有人为蛇所伤，痛苦欲死，忽有一个孩子跑来，说："可用两刀在水内相磨，取水饮之，神效。"言毕，化为"绿螈"，钻进壁孔，其人依法疗治，乃愈。这好像在演绎或"曲解"蛇医："蛇医"者，医蛇毒者也。

那么，这可能就是带着特殊灵性的早期环形鱼、蛇身的"类龙"。

"海王"鲸，曾经的龙

鲸是龙的一种重要母型。古人多不知道它是生活在海中的哺乳动物，一般称为"鲸鱼"。按照古代观念，"鲸/龙"亦能互化，所以可列于"鱼（形）龙"或"龙（形）鱼"项下。

鲸，古代写做"鱸"，见于汉·许慎的《说文解字》等。

鲸是海神，或者说是海神的动物化身——印度的"那伽"（Nāga）和"四海龙王"还没有真正传到中国之时，"土生土长"的海龙或"海龙王"多是鲸（另

---

① 黄石林：《考古发现的龙》，《龙文化与民族精神》，上海人民出版社，2000年，第22页。

一可能是海蟒)。中国的海神叫"海若"或者"禺彊"等。"彊"(强)就是"鱷",亦即鲸。所以禺彊也写做"禺京"(京、强一声之转)。这也就是《庄子·逍遥游》里的"鲲"。简单说,"禺京(鲸):禺彊(鱷)"就是巨鲸,是海神的一个化身。

湖北荆门出土的、约战国时期楚人或巴人的所谓"大武舞戚",上面有一位鳞身的巨人,一般以为即海神弇兹或禺彊的形象(或改说"太岁"),那跟记载里所说的海神为人形、鱼身、黑身或鳞身暗合①;也可以看做"海若:巨鲸"的人格化②。

综上,《山海经》、《庄子》、《列子》诸书里屡见化身为巨鱼的海神:

"禺彊:禺强:禺京"就是巨鲸。"禺彊"之"彊"通"鱷"毫无疑问,正像它也能写成"京:鲸"一样。而正因为古人以为鲸是一种大"鱼",所以用"禺:鱼"来标识它。"禺"跟"鱼"的上古音可能相通。

【禺】ngĭwo　　疑纽侯部　　(王力、郭锡良)

【鱼】ngĭa　　疑纽鱼部　　(王力、郭锡良)

"侯/禺:鱼"例可转化。"禺彊"犹言"鱼鱷",正是《山海经》这类珍异古籍所保存的"大名(类)+小名(属)"的独特结构(唐善纯提醒注意到"禺:鱼"在汉藏语系彝语支里的读音趋同,是有见地的)。据唐善纯及王国宇等民族语言学家介绍:

【鱼】

〔藏语〕nya(﹡ngya)

〔彝语〕nga

〔哈尼语〕nga

〔基诺语〕ngɔ

〔独龙语〕nga

〔阿昌语〕ngu ③

扩大开来——据包拟古等的介绍——更多的语言也是如此读法。

【鱼】

〔图隆语〕ngō

〔日旺语〕ngà

---

① 参见萧兵:《巴楚文化的碰撞——以荆门出土〈海神戈〉为例》,《东亚古物》B卷,文物出版社,2007年。
② 参见萧兵:《马王堆帛画与楚辞》,《考古》1979年第2期。
③ 参见唐善纯:《中国的神秘文化》,河海大学出版社,1992年,第89页。

〔卢舍依语〕sà-hngáa

〔切邦语〕ngā?

〔列普查语〕ngo

唐善纯则说,"禺京"读音可与汉藏语系中某些"鱼"或"大"的读音比照,可以看出,其间有所干连。其义略为"鱼大",今则读为"大鱼",暗示其为"鲸"①。

【禺京】

ngiwo-kiang（汉语上古音）

【鱼】	【大】
〔藏语〕nya, ngya	qen
〔彝语〕ngɔ, nga	yé
〔哈尼语〕nga	Xɯ
〔独龙语〕nga	ka
〔景颇语〕nga	ka
〔阿昌语〕nga	kɯ ②

鲸为"龙属",所以能用来测候、祈雨。

晋·葛洪《西京杂记》说：

> 昆明池,刻玉石为鱼。每至雷雨,鱼常鸣吼,鳍尾皆动。汉世祭之以祈雨,往往有验。(中华书局,1985年,第6页)

谨案：《太平广记》卷四六六引作"刻石为鲸鱼"(10·3838),一字之缺,价值殆尽。盖"鲸鱼"能测雨,常鱼一般无此民俗功能。

又,所谓"龙涎香"(ambergris),前人多认为是龙的口涎所凝结,其实是抹香鲸肠胃的分泌物——由此可证古人曾以鲸为"龙"。

中国东部濒海,海岸线很长,所以对巨鲸有丰富的认识与记载。例如,唐·刘恂《岭表录异》称鲸为"海鳅"。

> 海鳅鱼,即海上最伟者也。其小者亦千余尺。吞舟之说,固非谬矣。……[海]深阔处,或见十余山,或出或没。篙工曰：非山岛,鳅鱼背也。果见双目闪烁,鬐鬣若簸朱旗。危沮之际,日中忽雨霂霂。舟子曰：此鳅鱼喷气,水散于空,风势吹来若雨耳。及近鱼,即鼓船而噪,倏尔而没去(鱼畏鼓,物类相伏耳)。(鲁迅校勘本,第28页)

---

① 参见唐善纯：《中国的神秘文化》,河海大学出版社,1992年,第89页。
② 参见唐善纯：《中国的神秘文化》,河海大学出版社,1992年,第89页。

记录颇为准确生动,特别是所写鲸的呼吸。

李白的《古风》歌唱道:

北海有巨鱼,身长数千里。

仰喷三山雪,横吞百川水。(《全唐诗》3·4·382)

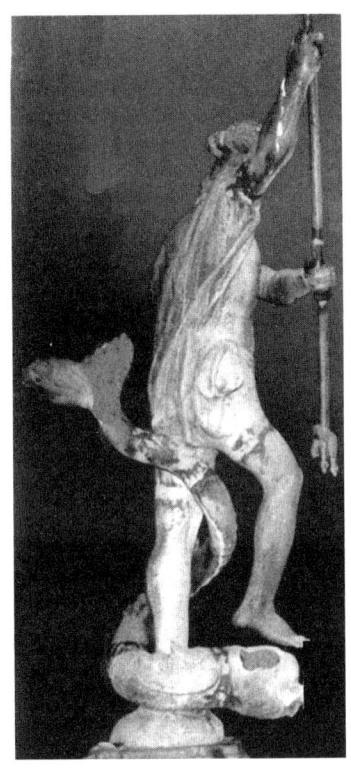

圣·乔治屠龙

(英雄以三叉戟刺杀鱼尾龙)

圣·乔治是欧洲史诗及文献记录中的屠龙英雄,为欧洲人民所崇拜,被认为是杀逐魔鬼或妖邪的正义力量。

西方的海神

(文艺复兴时期的雕塑,摄于意大利佛罗伦萨)

古希腊海神普赛顿有时驾着驷马金车在海面奔驰——白马是波涛的意象。他有时也化形水族,其随从多是"半鱼人"。怀疑西方的海神跟中国的"海若:禺疆"同样也有巨鲸的化形。

这就是《庄子·逍遥游》里的北溟大鱼"鲲"(鲸),能够变化为大鹏鸟,"凭陵随海运(大风),焯赫因风起;吾观摩天飞,九万方未已!"(李白)

又:"海湄有长鲸,白齿若雪山。"(李白《公无渡河》)

古人惊讶于鲸的巨大,传言它能吞下小舟乃至"龙船"。《太平御览》卷九三八引《山海经》说:"鲮鱼吞舟。"这里的鲮鱼就是"龙鱼",亦即鲸。

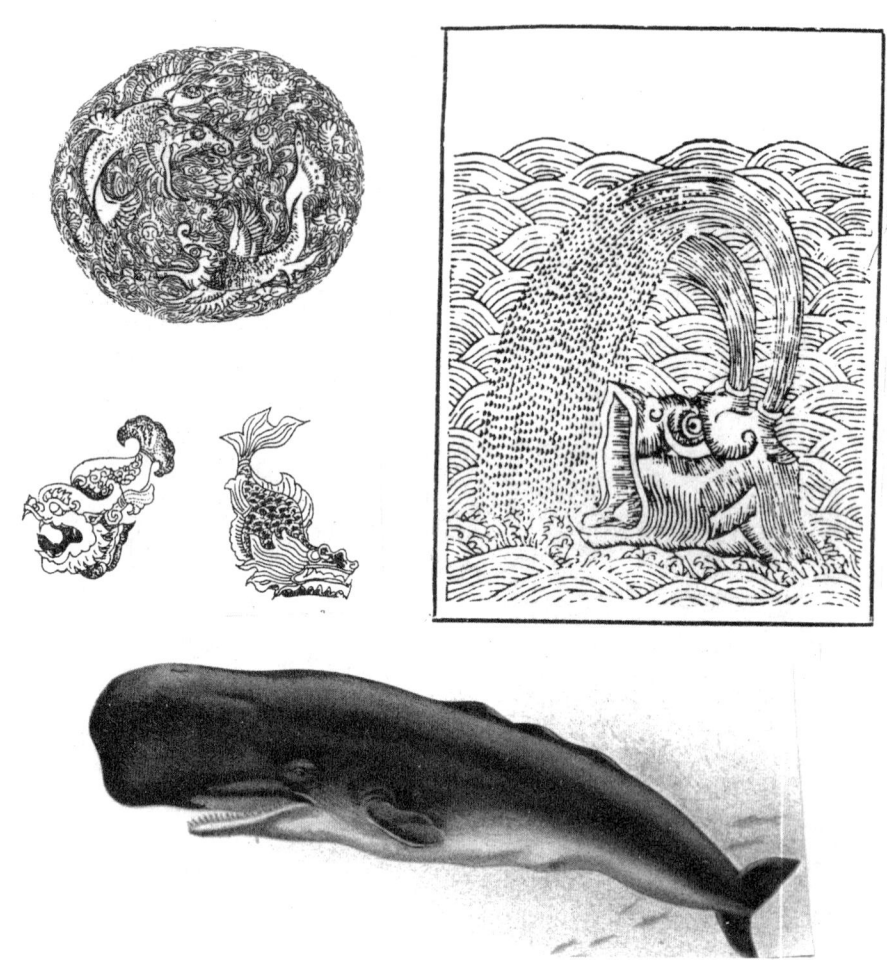

摩羯鱼或巨鲸

（左组图：印度的"摩羯鱼"，原指鲸，或被处理成"龙鱼"；右上：呼气的鲸，采自艾儒略《职方外纪》；下：座头鲸）

古人多以鲸为"海大鱼"，是龙（尤其是海中龙）的一个母型。东西方的海神或水怪，往往也是巨鲸的形状。

晋·潘岳《沧海赋》："鱼则吞舟鲸、鲵。"（参见《太平御览》卷九三八）《文选》左思《吴都赋》："长鲸吞舫，修鲵吐浪。"连龙母型之一的鲵鱼也被放大成为雌鲸。《文选》唐·李善注引《异物志》说：

鲸鱼，长者数十里，小者数十丈。

雄曰鲸，雌曰鲵。

《古今注》稍有夸张，还算写实。

> 鲸鱼者，海鱼也。大者长千里，小者数十丈，一生数万子。常以五月、六月就岸边生子，至七八月导从其子还大海中。鼓浪成雷，喷沫成雨。水族惊畏，皆逃匿莫敢当者。其雌曰鲵，大者亦长千里。眼为明月珠。

《文选·海赋》描写其为"横海之鲸"——

> 茹鳞甲，吞龙舟，
> 噏波则洪涟踧蹜，
> 吹涝则百川倒流。

唐·李善注引《赵都赋》说：

> 巨鳌冠山，陵鱼吞舟，
> 吸潦吐波，气成云雾。

这正是巨鲸出水呼吸空气形成的水雾。这也是所谓"陵鱼：龙鱼：鲮鲤"的尽情放大，有时又说它有独角（独角鲸，学名 mondon monoceros，独角实为牙），或者鳍足成三角棱刺，如《临海异鱼赞》所写：

> 吞舟之鱼，其名曰稜，
> 背腹有刺，如三角菱。

龙为爬虫之尊，鲸则为江海水族之王。如《淮南子》汉·高诱注所说：

> 鲸，海中鱼之王也。

李白咏鲸诗云：

> 连弩射海鱼，长鲸正崔嵬。
> 额鼻象五岳，扬波喷云雷。
> 鬐鬣蔽青天，何由睹蓬莱。
>
> （《古风》，《全唐诗》3·4·380）

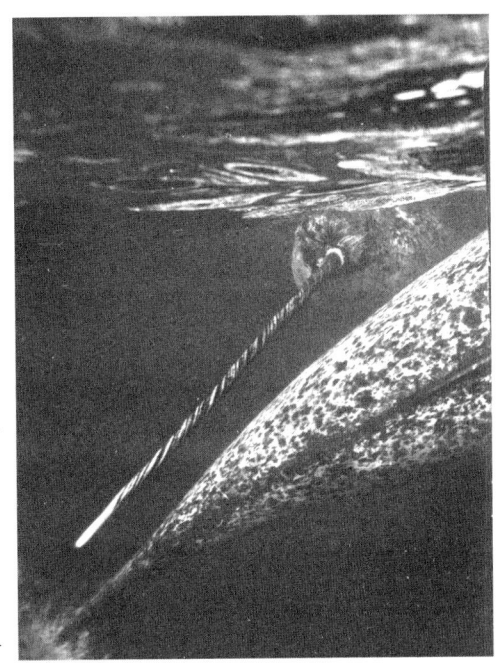

独角鲸

（动物摄影）

鲸，尤其是独角鲸，是（海）龙的重要母型。西方"独角兽：麒麟"的角也主要由鲸的"独角"（巨齿）取象。

秦始皇帝热爱大海，有"海洋"与"恋日"情结。方士曾对他说：寻找仙药的船只为"大鱼"所阻；又说：

> 始皇梦与海神战，如人状（案：此即禺彊，见于《大武海神戈》者）。问"占梦"，博士（或在此断句）曰："水神不可见，以大鱼蛟龙为候。"
>
> （《史记·秦始皇本纪》，1·263）

这是较早的以海大鱼（鲸）为海神，并且暗示大鲸与蛟龙是一类东西。秦始皇祀黑龙，以"祖龙"自居，欲与海神——鲸龙争霸海洋。他命人射大鱼，即中国最早的捕鲸业。鲸肉可食，鲸鱼脂肪可炼为"人鱼膏"，秦人深信用其点灯千年不灭，始皇陵就有鲸鱼烛。在意识层面上，杀鲸也不仅仅是因为它们阻碍了寻找仙药的海舶。

这条"海大鱼"传到西方却成了海蟒。"于是秦始皇命令敲鼓吓唬龙王。据说鼓声使龙王浮出水面，足有500米长。皇帝命令弓箭手放箭，海水于是被龙王的鲜血染红。但是这位陛下却在一个星期后死去——大概是受到了惊吓。"①

中国对鲸油已有一定认识。除始皇墓"人鱼膏"最可能是鲸油之外，其它文献也有所记载。

宋·周去非的《岭外代答》，曾记非洲取搁浅巨鲸器官制油的情形："刳取[其]脑髓及眼睛为油，多者至三百余磴，和灰修船舶，或用点灯。"

沈福伟的《中国与非洲》引外国学者说，鲸油取自真甲鲸（physeter macrocephalus），是"印度洋西岸贝纳迪尔的特产"②。

晋·王嘉《拾遗记》说：

> 至亿万之年，山一轮，海一竭，鱼、蛟陆居，有赤鸟如鹏，以翼覆蛟鱼之上。蛟以尾叩天求雨，鱼吸日之光，冥然则暗如薄蚀矣，众星与雨偕坠。（齐治平校注本，中华书局，1981年，第25～26页）

这分明是巨鲸"自杀"，搁浅海滩，鹰鹫啄食——古人或误以为鸟、鱼交媾，生卵成蛟——蛟是一种异变或怪化的"龙"，鲸也可能被看成蛟。王嘉所记，无比珍贵，只是被他用华丽词藻淹没了。

> 昔北极之外，有潼海之水，渤潏高隐于日中。有巨鱼大蛟，莫测其形也。吐气则八极皆闇（暗），振鬣则五岳波溢。（齐治平校注本，第25页）

搁浅的鲸
（实景相片）

鲸，甚至鲸群，常因为气候或磁场等的变化，误上沙滩搁浅——民间认为是"犯了罪错的龙"受到天谴。现代人称之为"自杀"。

这里的"鲸：蛟"，就是《庄子·逍遥游》里的"鲲：鲸"。

---

① [法]加科·布德：《人与兽——一部视觉的历史》，李扬等译，山东画报出版社，2001年，第219页。

② 沈福伟：《中国与非洲——中非关系二千年》，中华书局，1990年，第270页。

西方人也是到近世，才对鲸有了一些近真的认识，一直到艾儒略《职方外纪》描写巨鲸或章鱼，依然是"错误"百出：

> 一鱼甚大，长十余丈，阔丈余，目大二尺，头高八尺，其口在腹下。有三十二齿，齿皆径尺，颐骨亦长五六尺。迅风起，尝冲至海涯。
> 一鱼甚大，且有力。海舶尝遇之，其鱼竟以头尾抱船两头。舟人欲击之，恐一动舟必覆。惟跪祈天主，须臾解去。（谢方校释，中华书局，2000年，第149页）

前者或说指抹香鲸（sperm whale），尝搁浅；或说亦指大章鱼。由其"头"及触手可推测其长度。后者为大章鱼或大王乌贼，以触手抱船，几致覆舟。

海龙王，列维坦，摩羯鱼

印度教三大神之一毗湿奴（Vishnu）十大化身之一，便是巨鲸。这位创造大神以"宇宙母"或"宇宙鱼"面目，含蓄地出现在《薄伽梵歌》（Bhagavad Gita）里。现在列两种汉译于下，以期"意义"能够显豁一些。

我们应该注意这里"创世"与"反创世"以及"鲸：龙"互化的潜在蕴涵。

传说，毗湿奴由它口中吐出，实在是它像"列维坦"或吞食约拿的"龙鱼"那样"吃人"的对立反映。它应该就是后来所谓的"摩羯鱼"。

> 巨臂之神啊！你那硕大的躯体
> 有无数面、目、腹、股和胳臂，
> 因为口生獠牙而令人生畏，
> 诸界见到你，和我一样恐怖战栗。
>
> 你高耸云霄，光辉灿烂，
> 大口如盆，巨目闪闪，
> 见到您，我的心瑟缩颤抖，
> 毗湿奴！我不能宁定泰安。
>
> 你的口犹如劫末之火，
> 颗颗巨齿而令人恐怖，
> 见到它我失魂落魄，
> 平息吧！宇宙之归宿！
> ……
> 持国的儿子们，
> 和那些护世之王，
> 还有毗湿摩、德罗纳、
> 苏多之子（迦尔纳）和我方的良将，

瞬息之间都被吸进您的口,
您嘴里的巨齿让人畏惧,
见到已经化为齑粉的头颅,
还挂在您那牙齿的缝隙。

宛如条条川溪江河,
向着大海汹涌奔流,
人世诸雄也纷纷进入您那喷焰吐火之口。

(张保胜汉译)①

我看到你有无数的手臂与肚腹,
无数的颜面及眼睛;
我看到你的每一面都有无穷的形相,
但是我看不到你的结尾、中间与开头。
……
当我看到你发光的形体上达天空,
并闪烁着许多颜色时,
当我看到张大嘴巴、一双大眼睛闪烁明亮的你时,
我最深的灵魂因害怕而颤抖,
我既无勇气也不安宁,喔,毗湿奴!

当我看到你的那些嘴,像吞噬一切的"时间"之火一样,
以它们的獠牙制造恐怖时,我感到迷失,不得安宁。
请你慈悲,喔,"万神之神",喔,"宇宙的住所"!

所有这些持国天的子孙,
以及君王、威音王(Brishma)、香姓婆罗门(Drona)、
羯力挚(即 Karna)和我们这边的战士领袖等人,
都突然被吸进你长着獠牙的可怕嘴巴,
看得令人胆颤心惊。
有的被你的牙齿咬住,
他们的头被压得粉碎。

正如百川激流汇聚入海一样,
世界的英雄也都冲进你
凶猛喷火的嘴巴。

(朱侃如译)②

---

① 《薄伽梵歌》,张保胜译,中国社会科学出版社,1993年,第132、133页。
② 参见[美]坎伯:《千面英雄》,朱侃如译,(台北)立绪出版公司,1998年,第248~249页。

湿婆神驾驭摩羯鱼

(印度民间绘画)

　　破坏大神湿婆以瑜伽冥想态坐在"莲花：女阴"之上，而莲花却置于摩羯鱼（鲸）背上。

　　这表示，"破坏"以后便是"创造"，就像死亡之后是"再生"；"鲸：摩羯鱼"也参与了世界创造的伟业。或说，地球是由他来驮载的（另一说驮载者为龟）。

创造神毗湿奴的第十个化身：摩羯鱼

(皮卡尔的木刻，欧洲，18世纪)

　　"水天"毗湿奴由吞下他的摩羯鱼口中"再生"——这条巨鲸也是这位创造大神的第十个化身。这暗示着"鲸：摩羯鱼"负担着世界（及其创造）。左上方是坐在莲花瓣上的四面神大梵天。

　　实际上，这里描述的是鲸龙，跟 Dragon 一样能够喷气吐火。这里涵化着若干有关龙与英雄的母题：进入龙腹（死亡—再生），"宇宙鱼"的创世，鱼与龙的转换，宇宙的毁灭与重生……

　　　　毗湿奴！您以光辉充满宇宙，
　　　　又用可怕的烈焰将它烤焚。①

　　鲸，她是"世界母亲"，宇宙的创造者，跟"宇宙蟒"同格，是"宇宙生命"的具体显现。傣族创世史诗和神话里"混沌"与"大海"之中的巨鱼，母型也是鲸，只是不像《薄伽梵歌》蕴涵那样复杂的哲理。

---

①《薄伽梵歌》，张保胜译，中国社会科学出版社，1993年，第134页。

大水的泡沫和水气
都从它的鼻孔涌出……
升腾到水面上
就变成腾腾烟雾
它张口大水晃荡
它吐气浪柱冲天
太空里烟雾混浊
是由于鱼尾摇摆
水面上波浪掀腾
是由于神鱼扇鳃①

在《论傣族诗歌》里，宇宙大神英叭在混沌大水里见到的就是这条"巨大的水神鱼"。人们一看便会明白，那是鲸。

它的身子很大很大，足有一万约札拿粗，身长二十万约札拿还多，花花绿绿的鳞片，每一片就有一千约札拿。它住在茫茫无际的海水里，吃着海水和蒸气。那时啊，整个无限的真空里，除了英叭和水神鱼，就再也没有别的什么动物了。②

以上可见，鲸在印度上古神话尤其是婆罗门教系统的神话中，地位是很高的。其实质：

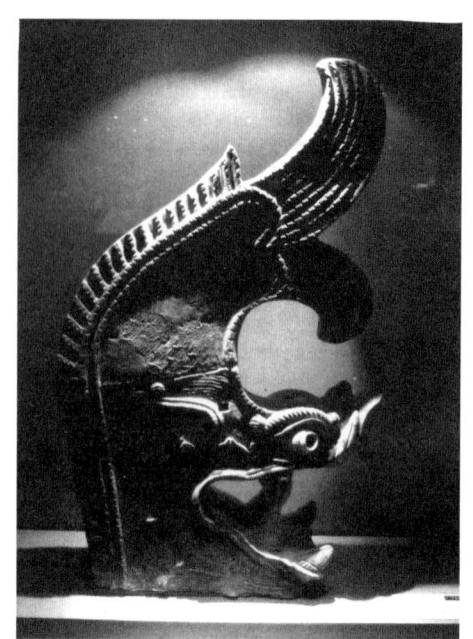

鱼化的"鸱尾"或"螭吻"

（西夏王陵建筑残件，郭子鹰摄影，现藏中国国家博物馆）

"螭：蚩"都是水的精灵，可以辟火。鸱鹗夜行，是阴的力量，同样可对抗"阳火"。或称"螭吻"。据说螭（蚩）是"龙生九子"之一。

"蚩尾：螭尾：鸱尾"或"鱼化"，佛教东来以后或以摩羯鱼（龙鱼：鲸）的形象出现。

——是"宇宙鱼"（或说像巨龟载地一样，世界是负载于鲸背之上的）；
——是创世大鱼（跟创世大神毗湿奴同格或"混合"）

所以传到中国云南以后，它的"宇宙母亲"的位格，创世/创生的"世界大鱼"的形象更加突出了（或者说保存、生长得很好）。

在《往世书》里，由毗湿奴变成的"巨鱼"，在洪水毁灭世界与"第二次创世"里扮演主要角色。毗湿奴变成小鱼，第七世"摩奴"救助了它，并且把它由缸中放进大海，以便这条变得无比巨大的神鱼得以自由游动——它头上长着

---

① 《巴塔麻嘎捧尚罗》，岩温扁译，云南人民出版社，1989年，第14～15页。
② 祜巴勐：《论傣族诗歌》，岩温扁译，中国民间文艺出版社，1981年，第12页。

巨角,实际上是独角鲸——洪水泛滥时,摩奴把"方舟"系在鱼角上,它把大舟拖到喜马拉雅山上避难,人类得以延续。

鲸又称"摩竭","摩羯鱼",来自梵语"摩伽罗"(参见《翻译名义集》)。

北魏·杨衒之《洛阳伽蓝记》(卷五)说,辛度大河(印度河)西岸,"有如来作'摩竭大鱼',从河而出"("摩竭"亦作"摩羯")。这表明鲸已开始"卑化",《翻译名义集》收入《畜生篇》。

原初,作为"海之王"的巨鲸,不但是龙的一种母型,而且是最古老的"海龙王"的一个化形。东西方大体若此。所以,《薄伽梵歌》赞美它:"高耸云霄,光辉灿烂/大口如盆,巨目闪闪。"

在介绍印度妖龙那伽时,我们会看到龙王在印度神话里神格不高,而且由于那伽龙的主要母型是大蟒或毒蛇,其形象趋于负面。

然而,鲸(尤其是独角鲸)作为"世界大鱼"与古老的"龙:龙王"混合,就是很壮伟的形象。可惜它的故事大多亡佚。

鲸或摩羯鱼,在中国不但跟"鱼龙:龙鱼"混合,而且变化也极大。它变成能够"灭火"的螭龙,作为东方宫殿式建筑的屋簷装饰"螭吻",其形象依然壮丽而又优雅(它又成为龙生九子之一,事繁姑略)。

古人或初民常以为鲸巨大可畏,多误认其能"吞舟"或者"吃人"——其实除了极少数如蓝鲸等,其它鲸一般不攻击人。

尤内斯和鱼

(伊朗细密画)

波斯—伊朗有人斗巨鱼或巨鱼吞人的传言与故事,属于"屠龙"传说系统。巨鱼的主要母型为鲸,有时还转变为"海龙"。

吞人的巨鲸

（左上：怪鱼"列维坦"将约拿吐出，科隆主教堂彩色玻璃窗，德国，约 1280 年；右上：吞食的怪鱼；下：凶猛的蓝鲸，动物画）

鲸的"吞舟"大口当然便于吃人，蓝鲸确实能攻击人类，但是这样的事发生得很少。中外古人却深信鲸爱吃人。

印第安英雄海华沙要捕捉大鱼"弥歇—拿马"（Mishe—Nahma），诗人朗费罗说是"大鲟"[①]，神话学家一般认为即巨鲸。

> 它伏在水底，盔甲蔽身，
> 每边还有一块护身的盾，
> 它的额上长满了骨片，
> 它的腰，它的背，和它的肩，
> 都是针刺密集，骨片布满！
> 它身上还涂着战争的涂饰，
> 交错着红、黄、蓝各色的条纹，

---

① ［美］朗费罗：《海华沙之歌》，王科一译，新文艺出版社，1957 年，第 101 页。

标色和黑色的斑点遍布全身。①

从外表看,此鲸果然像鲟鱼,而且具有"龙"的一些特征。它是"鱼王",是"吞舟之鱼",显然由鲸取象。

它一怒之下纵身向上,
仿佛闪电跃进了阳光;
它张开了血盆大口,
一口吞下了海华沙和他的独木舟。②

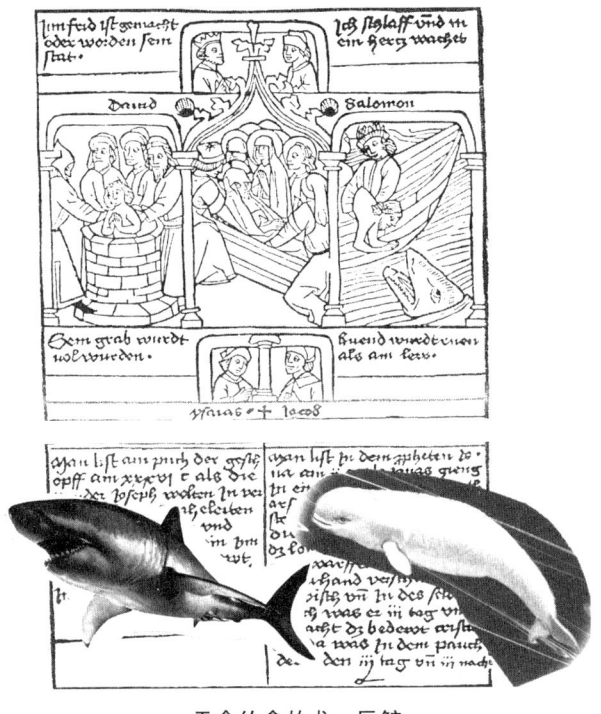

吞食约拿的龙:巨鲸

(上为欧洲中世纪书籍插图,下为大白鲨与白鲸)

美国作家、《白鲸》一书著者麦克维尔认为,《圣经》里被吞到"鱼腹"里的耶拿(即约拿),是被巨鲸囫囵咽了下去——鲸是西方水中巨龙的一种母型,也是"列维坦"的母型。

实际上,鲸一般不主动攻击人,更极少吞人。吃人的该是被斯皮尔伯格夸张得十分可怕的大白鲨。它使人想起人类社会里某种像法西斯蒂那样好战、嗜血的异化力量。

---

① [美]朗费罗:《海华沙之歌》,王科一译,新文艺出版社,1957年,第105页。
② [美]朗费罗:《海华沙之歌》,王科一译,新文艺出版社,1957年,第105页。

《旧约》说，耶和华安排一条大鱼，吞了约拿，后来约拿破鱼腹而出。对于此鱼的真面目，争议颇大，一般认为指鲸。麦克维尔的《白鲸》就认为它是一条巨鲸，即"列维坦"。鲸腹能容人，也有人确实曾被吸入鲸腹，侥幸脱险。有人说，大型之蓝鲸、抹香鲸等，不会主动攻击人。吞人的是大白鲨或"史前巨鳄"——西方龙的母型。它们构成海中巨怪"列维坦"形象的多种母型元素。

约拿还曾被当做最古老的捕鲸手——其实，《史记·秦始皇列传》写秦人乘舟泛海，见到"海大鱼"而射之，那才是真实的"射鲸"的记载——也是巨鲸的灾难之开始。

有的学者由约拿降鲸联想到西方古代大量的屠龙英雄，提出屠龙的一个"现实版本"就是"捕鲸"，鲸是海龙的母型。

"列维坦"曾被霍尔维修用做政治幻想作品的题名，它被弄得神乎其神，又被定为巨怪，其实都是对鲸的"误读"。

泥鳅龙

还有的学者认为龙的母型是喜爱在水底或泥涂中生存与"扭动"的泥鳅、鳝鱼之类，影响虽不大，也不妨一提。

泥鳅龙

（左：战国玉龙，传世，现藏上海博物馆；中：汉代瓦当；右附一种长触须龙，上古残陶）

有人说，泥鳅也是一种"卑化"的龙母型，纠缠在一起的泥鳅或鳝鱼便是"蟠龙群"取象的依据。这不无道理。

案：《山海经》之《大荒北经》、《大荒东经》皆有"应龙"，郭注"龙有翼者也"。孙作云本以为其亦"水中之巨灵"，曾化为"人类"[①]。他后来又认为其

---

① 参见孙作云：《蚩尤考——中国古代蛇氏族之研究，夏史新探》，《中和月刊》1941年第2卷第4、5期；《孙作云文集·中国古代神话传说研究》（上册），河南大学出版社，2004年，第176页。

为"泥鳅",或"泥鳅氏族的酋长"①。"'应'有'小'的意思,'应龙'即'小龙'。"② 后来他反复论证:

> 蚩尤以蛇为图腾,其近亲氏族为泥鳅,在神话上的名字叫应龙。③

> [泽有委蛇],在上古榛莽未辟的时代,在大泽乡之中,可能有[车毂]这样大的泥鳅……惹起初民的畏惧,能把它当做自己的图腾。④

孙作云主要依据郭璞《山海经图赞》:

> 锐头无鳞,身青黄色,以涎自润,滑不可捏,出水能鸣,性至难死,大者能攻堤岸。

青龙形与蟠龙挂

(左:二十八宿与青龙白虎,漆箱图案;右:玉制挂饰。皆为湖北随县曾侯乙墓出土,战国)

几条"虫形龙"似连非连地相"映对",还有"对凤"相伴。结构的精美与巧妙,又使人"错认"其为一条矫夭蟠屈连蜷的巨龙在飞翔,不"忍心"看出它是几对龙凤的组合。

同墓出土漆箱,二十八宿及北斗星旁的青龙形体诡异,头部尤其古怪,虽属"地方特色",但仍可看出母型取象与一般迥别。有待考实。

---

① 孙作云:《蚩尤、应龙考辨——中国原始社会蛇、泥鳅氏族之研究》,《孙作云文集·中国古代神话传说研究》(上册),河南大学出版社,2004年,第168页。

② 孙作云:《蚩尤、应龙考辨——中国原始社会蛇、泥鳅氏族之研究》,《孙作云文集·中国古代神话传说研究》(上册),河南大学出版社,2004年,第169页。

③ 孙作云:《中国古代图腾研究》,《孙作云文集·中国古代神话传说研究》(上册),河南大学出版社,2004年,第176页。

④ 孙作云:《中国古代图腾研究》,《孙作云文集·中国古代神话传说研究》(上册),河南大学出版社,2004年,第176页。

然而郭璞赞的不是"应龙"——应龙有翼，飞天，但能下水划地。又，郭璞所赞，与其说是泥鳅，毋宁说更像鳝鱼。但这是孤证。班固《答宾戏》说："故夫泥蟠而天飞者，应龙之神也。"这不过是说龙游浅水或陷泥中之时不得不蟠伏待机。至于《庄子·达生》养鸟用委蛇，司马彪注为"泥鳅"，不过是"委蛇"之一种——"委蛇"有数十种写法，以"交蛇"为主，形状多变。

古代笔记或说，龙有时化为蛇蟺，或鲜（不是蛇），就是"鳝"；有时还包括泥鳅。

《稽神录》说，饶州有柳翁，熟知各种水族，说鄱阳江南岸一处鱼多，有小龙。网起，贮鱼于巨盆，"中有一鲜（鳝）鱼，长一二尺，双目精明，有二长须，绕盆而行，群鱼皆翼从之"（《太平广记》卷四二三，9·3448）。后来失其所在。此即鳝形龙，或鳝形龙子。佛教传入，民间传言，鳝鱼直立水中，仰头吸气，是在"朝北斗"，不可杀食；多购以放生。姑附于此。

鲮鲤：穿山甲：小龙或蛟

《山海经》有陵鱼，即鲮鱼，或写作"龙鱼"。鲮、龙一声之转。

《楚辞·天问》："鲮鱼何所？"鱼本应在水，忽又"陵居"，奇而问之。《山海经·海外西经》："龙鱼陵居，在其北，状如狸（鲤），一曰鰕。即有神圣乘此以行九野。"(224)"陵鱼"之陵，或许指此。

唐·陆裎《续水经》说："蛇、雉[交]遗卵于地，千年而为蛟。其出壳之日，害于一方，洪水飘荡，吴人谓之发洪。"所以，鲮鱼，注家或说即鲮鲤（穿山甲），亦即"龙（形）鱼"或"蛟"的一种形态。居于山陵洞穴。一旦山洪暴发，鲮鲤逐流而下，初民或古人便说：这是小龙！这是龙鱼！它发动大水啦！——其身躯有鲤鱼般大鳞甲，称为"鲮鲤"。当然，陵居而被水冲出者也可能是扬子鳄——鼍，因其作"恶"被认为是龙的异化或"蛟"。"龙鱼"也可能像龙一般成为仙神的座驾，并且飞升。郭璞《山海经图赞》：

> 龙鱼一角，似鲤居陵。
> 俟时而出，神圣攸乘。
> 飞鹜九域，乘云上升。

这"一角"的"龙鱼"，又跟独角鲸相混淆。

以"鲮鲤：穿山甲"为蛟或龙，虽然鲜见，却并非绝无。

彝族，除滇南峨山彝族以"山壁虎"（蜥蜴）为龙，凉山彝族以红色小花蛇

("尔布")为龙以外,滇西哀牢山彝族以穿山甲("龙鲤")为龙,其山神庙有"十二生肖"塑像,其中"龙"便是穿山甲①。

峨山彝族称穿山甲为"干龙"。但节日"耍龙"(舞),又以山壁虎(蜥蜴)为龙②。

鲮鲤——穿山甲

(上:云南昆明羊甫头出土文物图纹,战国—秦汉;下组:中国鲮鲤、印度鲮鲤和巨鲮鲤)

蛟是什么?

古人说是一种无角(或无鳞)的龙,异化与怪化的龙;也可以说是一种"龙子"。母型可能是白化的巨蛇,或罕见的巨蜥。周本雄说指马来鳄,非是。较大可能便是"鲮鲤:穿山甲"的夸饰。

---

① 参见杨和森:《从彝族的图腾层次看夏、商、周的原生图腾》,《彝族文化研究文集》,云南人民出版社,1985年,第401页。

② 杨和森:《图腾层次论》,云南人民出版社,1987年,第91页。

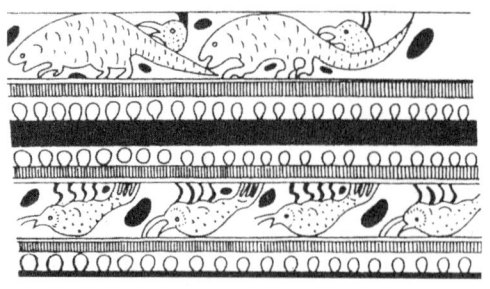 

穿山甲：蛟螭母型

（左：青铜戈纹，云南昆明羊甫头，战国—秦汉，复见；右：动物标本照片）

鲮鲤俗称"穿山甲"，其最大的神奇之处是用利爪坚鳞挖洞而穴处，并且"四处为家"，一有危险就"土遁"，一般消失得无影无踪，所以称之为"穿山"的披甲武士。或以为它是蛟螭母型。博物家言：山洪暴发，裹挟泥石与鲮鲤俱下，初民便认为这是"异化的龙——蛟"在发大水。

汉文典籍，《淮南子·泰族训》及注，蛟形征与鼍、与鲮鲤都较合。

　　蛟龙寝于渊而卵剖于陵。

汉·高诱注："蛟龙，鳖属也。乳于陵而伏于渊，其卵自孚。"鳄鱼固然也产卵于沙滩软土，但不似穿山甲之长久"陵居"。

或说鲮鱼之鲮指其有棱角——"龙鱼"有角，所以可称"鲮鱼"。《山海经·海外西经》晋郭璞注引或曰：

　　龙鱼，似狸（鲤），一角。（224）

《文选》中郭璞的《江赋》："龙鲤一角。"旧注引《山海经》说："龙鲤陵居，其状如鲤。或曰：龙鱼一角也。"

《淮南子·兵略训》："发如秋风，疾如骇龙。"汉·高诱注："龙鱼也，飞之疾者也。"（下·501）

龙鲤或龙鱼极度放大就是鲸。

如前文介绍，海兽有"独角鲸"（学名 mondon monoceros），它的独角，其实是伸出的长牙。这太神奇，"鲮鲤"之类跟龙一样忽小忽大，大而成鲸，这种鲸因其"独角"并且巨大，被古人当成一种龙。而且推扩而为"鲸龙"（参见本书专节）。

《初学记》卷三〇、《北堂书钞》卷一三七引《海内北经》：

　　鲮鲤吞舟。

《太平御览》卷九三八引作"鲮鱼吞舟"。

这分明是指巨鲸，不仅限于独角鲸。晋·王嘉《拾遗记》写到鲸鱼搁浅，却称其为蛟。可见"鲮/鲸/蛟"常常混淆。

有时,古人对"穿山甲"之鲮鲤观察、记录接近正确。例如《楚辞·天问》汉·王逸注说:

> 鲮鱼,鲮鲤也,有四足,出南方。

《文选·吴都赋》说:"陵鲤若兽。"李注:"陵鲤,有四足,状如獭,鳞甲似鲤,居土穴中,惟好食蚁。"

宋·洪兴祖《楚辞补注》引陶隐居(弘景)说:

> 鲮鲤,形似鼍(扬子鳄)而短小,又似鲤鱼,有四足。

有的神话学者说,"鲮鲤"本来指形态与鳞甲多少像鲤而又有四足的"穿山甲",由于有巨鳞或者陵居穴处,所以叫"陵鲤"。"陵:鲮"经由"麦克斯·缪勒经典过程",即因"语讹"(语言生病)变成"龙鱼";或者因"稜"而误解为"角",跟"一角鲸"相混,逐渐被夸大为龙,或龙的母型。这有些道理,但不能否定其形态、习性、"遭遇"(为洪水裹挟激荡)跟龙、龙子或蛟有可"类比"、可联想之点。

第六章　龙与兽畜

东北方龙的虫首或兽首

东北方的龙，目前所见主要是"猪龙"；但蛇躯或虫躯明显，更早的"蟠龙"等，蛇的形态也明显，尤其是所谓"C形龙"。根据前文介绍，中国东北辽河（流域）支流绕阳河源头处的"查海文化"遗址，已出现形象似龙的"堆石"①，也出现过龙形陶器纹饰或造型。郭大顺介绍一种稀见的"龙形木雕"道：

[沈阳新乐遗址]这条龙形木雕为扁平长条形，一端趋向尖锐，本体似可分辨出嘴、头、眼、鼻、尾和饰几何菱形纹式的龙鳞纹体等几个部分（引案：菱形或长方形鳞甲为其母型"鳄"的一个指标，扬子鳄形龙形象越过北纬36°，甚为珍奇），皆为浮雕，两面纹饰基本相同，部分镂空。②

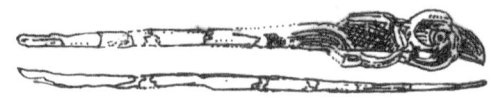 

东北"类龙形"

（上：查海的堆石类龙体，辽宁阜新；左下：龙鳞纹木雕，沈阳新乐F2；右下：战国后期鸟喙龙形觿）

东北辽河流域发现"最早"的类龙形造型艺术品，包括"大地艺术"。从C形或玦块形玉龙到"龙鳞木雕"，基本具虫躯或蛇体。不但龙本身"可大可小"，其人工造型也"可小可大"。或可作为发饰的龙鳞木雕（或称"类权杖"）标识权威或地位，为巫酋在举行重大仪式时使用。但是，看它的头形与尖喙，更像膺披"龙鳞羽"的神鸟或"原凤"，或"龙凤合体"。它后来演进为明确的鸟喙龙形笄或"觿"。

---

① 参见《阜新查海新石器时代遗址试掘简报》，《辽海文物学刊》1988年第1期；《辽宁阜新县查海遗址1987—1990年三次发掘》，《文物》1994年第11期。

② 参见郭大顺：《龙出辽河源》，百花文艺出版社，2001年，第57页。

郭大顺的另一本著作则仅称"龙鳞纹木雕"①。案：发掘报告以为"鸟形木雕器"，疑是"权杖"②。他则认为更可能为"发笄"，可作"图腾徽饰"，但这种大而精美的饰物可作"代表等级身份的标志物"③。

像良渚文化的"发梳"等确都具有这种功能。照我们看，它具有尖喙，更像神鸟，凤胸即有类似鱼鳞状羽毛。

辽宁丹东后洼遗址出土蟠屈着的"类豕首龙"。这种类似"猪龙"的石刻或陶制动物模型，时代距今约 6000 年。看起来，确实像驯化不久的猪，但只是后身较长，并未完全"龙化"，习称"C 形龙"者；或说为鹿首、豕首、熊首，却是比较明确的"猪头"龙，我们称之为"纤细型"。主要有：内蒙古翁牛特旗三星他拉遗址出土；内蒙古翁牛特旗广德乡黄谷屯出土；傅家谟家藏（2 件）。

这种 C 形龙，体躯窄细圆长，近于蛇躯，头似豕，易疑为"虫"。

郭大顺对东北地区"龙"的特征、时代和分布的分析是比较实事求是的。他说，赵宝沟文化（与红山文化接近）小山遗址陶尊上有鹰、鹿和野猪的形象，还有一种残缺漫漶的长躯鳞身动物（他暗示是龙，《东北文化与幽燕文明》则称双角不明动物）。这件陶尊，"为龙起源的原型提供了一个极恰当的实证：一是证明确有猪龙；一是证明有多种动物'龙化'现象，而不仅仅是一种动物"④（请参见本书"麟"的探究部分）。

红山粗壮型"玦形龙"的形象是有连续性的，跟纤细的 C 形龙形状单纯而又稀见不同。不但安徽含山凌家滩等地出现过粗壮型"玦形玉龙"，殷墟妇好墓（M5）等也出现过同样的蜷体玉龙，而且跟甲骨文所见"龙"字勾曲的形状相似；殷商遗址还出现了好几种青铜"蟠龙盘"。

尤仁德说，殷商龙的造型，大多是圆或圆形的⑤。周代的某些龙，尤其是玉龙，也是圆曲勾蜷的。

我们认为，这是较早的龙取象于某些昆虫幼虫的证明（阿尔金、孙机等曾对其形体做过鉴定）。但是，其头部却大多不是虫首，"豕首"是客观存在的。虫躯或蛇躯跟不同动物头部（包括角）的拼接，是历代中国龙形象的一大特征。

这种身体如 C 形或块形的"龙"，其首部是什么动物，肯定不是一种，也颇有争议。

---

① 郭大顺：《东北文化与幽燕文明》，江苏教育出版社，2005 年，第 221 页。
② 参见《沈阳新乐遗址第二次发掘报告》，《考古学报》1985 年第 2 期。
③ 参见郭大顺：《龙出辽河源》，百花文艺出版社，2001 年，第 57 页。
④ 参见郭大顺：《龙出辽河源》，百花文艺出版社，2001 年，第 49 页。
⑤ 参见尤仁德：《商代玉雕龙纹的造型与纹饰研究》，《文物》1981 年第 8 期，第 58 页。

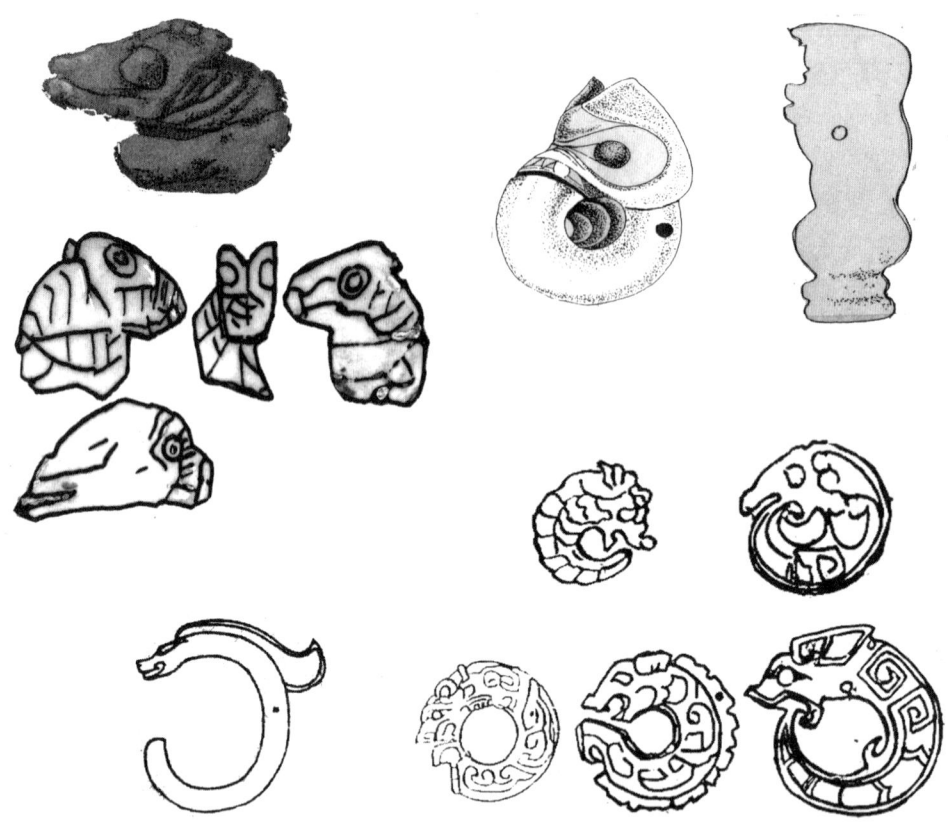

所谓"猪龙"的比照

(左上组:辽宁丹东后洼新石器时代遗址出土;右上组:辽宁建平牛河梁红山文化遗址出土,附采集之"猪头神"像;右下组:大约同时期的蜷龙,属红山文化等。以上均属粗壮型。左下角:C形龙,内蒙古翁牛特旗三星他拉遗址出土,属红山文化纤细型)

猪首的特征是截鼻或上卷唇,大耳,头部粗糙,"潮湿",或有鬣。主要是截鼻。身躯圆长、粗胖、卷曲,疑与某种昆虫幼虫相关。纤细的C形龙,则主要采蛇躯。这样,上举的"蜷体龙"主要是猪首(个别似熊首)。故不能否认"猪(首)龙"的存在。

蜷龙头部的主要说法:

  豕首(郝福祥、何新等)

  鹿首(郭大顺)

  熊首(郭大顺、叶舒宪等)

  虫首(阿尔金、孙机等)

  马首(王笠荃、王东)

  鸟首(那斯台采集者)

第一部分 龙

蜷 龙

（从新石器时期到商周，玉石，采自杨儒宾等的集合图）

"环形龙"或称蜷龙、蟠龙、盘龙，由所谓"咬尾者"的"蛇圈"演进而来，是所谓"永恒回归"的原型意象，或说是"龙蛇形混沌"的一种形式，可表示圆满与丰饶，多数可归为"粗壮型"。

不管是"粗壮"，抑或"纤细"，蜷龙主要是"豕首"，因为它的鼻子有较明显的"截面"，吻部略翘，有的耳朵较大。

持"鹿首"说者，谓其头部"片"状翘起，不是猪鬃变形而是角——我们认为，即令是角，任何母型或"兽首"的龙都可能加角以示尊贵。角不是识别神奇动物母型的唯一指标。鹿首较难确认。或说，黄谷屯出土和傅家谟所藏 C 形龙，吻面圆且上翘而似熊。我们觉得，野猪吻部也可能上翘，尤其是夸张其闻嗅掘进之时（尽管熊首龙确实存在）。

"猪龙"最主要的"指标"应是三星他拉式的"截鼻"，且有大鼻孔，其它为变形。这是鉴别其是否"猪（首）龙"的重要面相特征（可以参看下文我们对良渚"神人兽面纹"母型的鉴定）。据证，辽宁建平牛河梁红山文化遗址"女神庙"主室中，巨大的猪形或"猪龙"造像与巨大的人体塑件残块伴出：遗存为头、耳、吻、前身、下肢与蹄爪。吻上为"截鼻"，可见两椭圆形孔，眼残，獠牙、门牙俱存。推测形体大于实物两倍以上。① 假如这个观察准确的话，"猪龙"可肯定为辽河龙的主流。何新说，还要注意猪鬣及其变形处理（有人说是马鬃，疑非）。

野猪与鳄鱼项部均有刚硬的长鬣，所以猪别名"刚鬣"（《礼·曲礼》；家猪由于长期人工选择的结果，这一特征显著地退化了）。《山海经》郭璞注："猪夹项有粗豪，长数尺，能以之射物也。又《山海经图赞》："刚鬣之族，号曰毫豨；毛如攒锥，中有激矢。"②

这个观察是比较准确的（郭璞则混淆了野猪与豪猪）。

如上，我们觉得，"截鼻"是识别"豕首"的最重要指标。

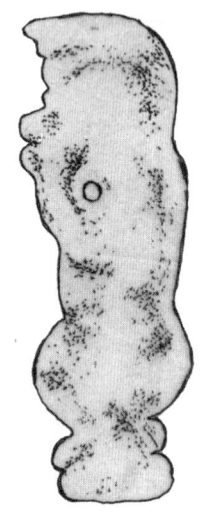

"猪首人身"玉雕

（采集，传为红山文化，采自郝福祥等）

传为红山文化玉雕这件人兽混形雕像，图版不清，但隐约可见头部颇似猪，尤其具有"截鼻"。豕首龙与豕首神确实存在——后者，从西汉卜千秋墓壁画到猪八戒造型都可证明，只是很难由此推出"龙出于猪"的全称判断。

郝福祥、布瀛洲在内蒙古赤峰市东约 30 公里的一个山村之家"采集"到一

---

① 参见《辽宁牛河梁红山文化"女神庙"与积石冢群发掘简报》，《文物》1986 年第 8 期。
② 何新：《龙：神话与真相》，上海人民出版社，1989 年，第 231 页。

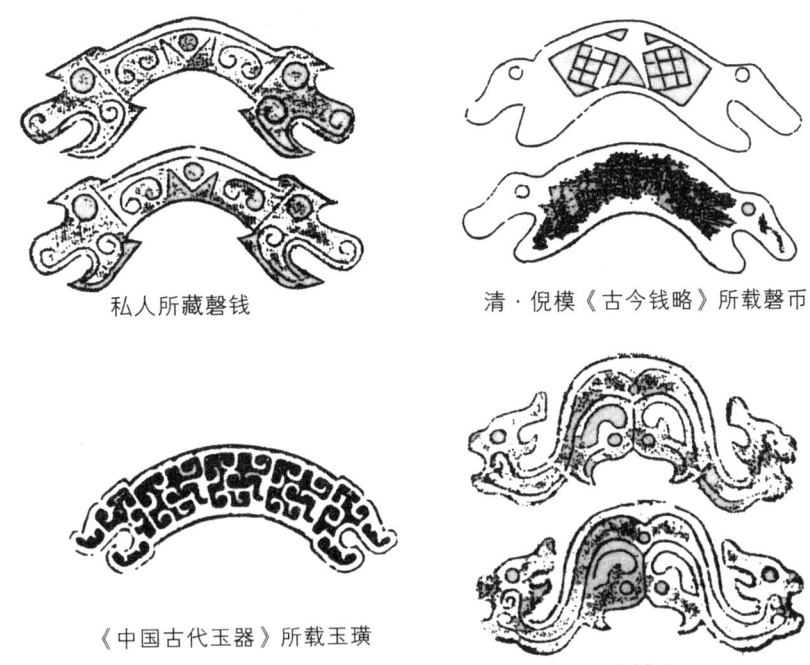

被视为"豕首"的璜形"磬钱"

(约当春秋战国,采集或传世,采自郝福祥等)

这种"磬钱"似由双首蛇龙形的玉璜演进而来,其圆长形的喙部被当做"豕首"的力证,但有人恰据此将之定为熊首。单靠一项近似的指标鉴定物种,不很可靠。

件墨玉雕,据称为"猪首人身",其描写中最重要的一句是,其"吻部顶端为方形平面,上端并列两个圆形鼻孔"[1],这就是"截鼻"。肥大的半圆形耳(案:猪耳、熊耳造型不易区别,图版不清)。虽然假"红山"玉器洪水般泛滥,但此处偏僻,采到的时间是2003年初,地处红山遗址密集区,此件玉雕还是颇值得重视与审鉴的。他们又采集并列举了一些璜形"磬钱",认为其"吻部前伸,造型更富猪像"[2],也是足资参考的。但他们断定"猪者,龙之祖源也"[3],却也性急了些。

---

[1] 郝福祥、布瀛洲:《从磬钱、猪首人身玉雕谈起——为龙之祖探源》,《寻根》2003年第1期,第19页。

[2] 郝福祥、布瀛洲:《从磬钱、猪首人身玉雕谈起——为龙之祖探源》,《寻根》2003年第1期,第17页。

[3] 郝福祥、布瀛洲:《从磬钱、猪首人身玉雕谈起——为龙之祖探源》,《寻根》2003年第1期,第24页。

然而，最重要的是，刘国祥、田广金等人在兴隆洼遗址一处似"窖穴"里发现了一条身躯如蛇蜷曲的龙，头部却安有一只真实的野猪头（曾在电视"纪实"频道上再现），这无可争议地是一条"豕首龙"。许多学者由此推论翁牛特旗三星他拉出土的 C 形龙（纤细型）也是"豕首"而非熊首、马首，甚至粗壮型的玉玦龙也被定为"豕首"。这样，笼统地把蜷体玉石龙都定为"豕首"，可能有些片面；由红山文化"猪（首）龙"是"最早"的龙，一直说到"龙来源于猪"，就更加容易流于以偏概全，就像说"龙源于熊"那样。

猪或龙与雷雨的关系

"深山大泽，实生龙蛇。"（《左传》襄二十一年）"深渊是藏，和尘同光。"（《尔雅·释鱼》）

现在简单看看猪、龙关系以及它们的共同神性，特别是跟"水雨"的关系。中国的龙是多栖性的。水下地底，空中地面，海陆空几乎无处不可在。《说文》所谓"能幽能明"者也。《瑞应图》也说："青龙水之精也，乘云雨而上下，不外渊泉，王者有仁则出。"我们不能不考虑"猪/龙/猪龙"这种奇特的水陆两栖性。

龙是"水精"，从无疑问（海蛇和鲸或海蟒曾是其母型）。此即所谓"乘于水则神立，失于水则神废"（《管子·形势》）。猪也曾是"水畜"。《易·睽》上九："见豕负涂。……往，遇雨则吉。"闻一多曾引大量资料证明猪跟水、雨相关。

《诗·小雅·渐渐之石》："有豕白蹢（蹄），烝涉波矣；月离于毕，俾滂沱矣。"毛传："将久雨，则豕进涉水波。"

《史记·天官书》："奎为封豕，为沟渎。"

《易林·履之豫》："封豕沟渎，水潦空谷，客止舍宿，泥涂至腹。"（另有"封豕沟渎，灌馈国邑"等语）

《楚辞新探·封豨、屏翳、冰夷与河猪》（第692～693页）一书也做了补充和论证。我们曾反复论证"玉龙祷雨"之俗，以为跟殷商至汉的作"土龙"、"草龙"祈雨相同，所谓"旱而为应龙之状"，可得大雨。

殷墟卜辞有"羑"字（参见罗振玉《考释》2·25）。

（参《续》3·4）

李埏已注意到此字"当系象两手奉土龙或龙璧而祷［雨］的形象"①——粗壮型玉龙也不妨依周汉之例称为"龙玦"。

《左传》昭二十九年，昭公命公衍"献龙辅于齐侯"，杜注说"龙辅"是一种玉，孔疏说此"龙"就是"珑"，即所谓"祷旱"之玉。丁山说，这也就是《左传》襄二十八年"与我其拱璧"的"拱"，俗字作"珙"，"珙即祷旱所用的玉珑"。"珙：珑"的人格化就是水雨之神"共工"②。其承接关系为：

玉龙——龙辅——珙玉——共工——龚：龏。

李埏则简洁地说，这些字"都是象两手捧着刻画有龙纹的玉璧之形"③。

所以，"珑：玉龙"形的"猪龙"不但可以兆示丰沃富饶，而且可以用来"祷雨"。不但《说文》谓"珑"为"祷旱玉"，《酉阳杂俎》说到礼玉时也讲"大旱用（玉）龙"④。

此俗一直延续到唐代。《明皇杂录》记载，唐太宗得到传世的"玉龙子"，温润精巧，颇似红山遗物。唐玄宗曾用它请雨，"虔诚祈祷"。有一次涉旬祷而不雨，李隆基暗中将它投入南内的龙池，"俄而云物暴起，风雨随作"（参见《太平广记》卷四〇一所引，9·3251）。

当代有的学者也感知及此。例如，何星亮说，翁牛特和商代的玉龙，"主要用以悬挂祭祀，祈求龙神降雨"⑤。

钱益中、韩连国说，从《说文》"祷旱玉"的解释来看，"龙形玦"或"珑"，即玉猪龙，"似乎还被古代先民当做天旱时求雨用的玉礼器"⑥。我们在立论时，没有及时注意与交代，在我们之前已有此说，颇觉遗憾（请参看《中国早期艺术的文化释读》）。

"猪龙"司雨或赐雨的神迹，后世还有若干记载或传说。

明确的，如宋·孙光宪《北梦琐言》记，邛州临县有"母猪龙湫"。蜀城大旱，地方官亲往求雨，牢醴盛筵，并且以身曝于烈日。"忽见湫上黑气如云，氛氲直上，狂电烨然，玄云陡开，雨雹立至……翌日，此一境雨足。"

彝族故事里的黑母猪龙，却是以恶龙形象出现的，是洪水制造者，其神性

---

① 李埏：《龙崇拜的起源》，《学术研究》1983年第9期，第24页。
② 丁山：《中国古代宗教与神话考》，龙门联合书局，1961年，第264页。
③ 李埏：《龙崇拜的起源》，《学术研究》1983年第9期，第24页。
④ 参见萧兵：《红山玉龙的多层面解析》，《民族艺术》2004年第2期；《趣味考据》，王子今编，云南人民出版社，2007年，第3集，第4页。
⑤ 何星亮：《苍龙腾空》，社会科学文献出版社，1998年，第79页。
⑥ 钱益中、韩连国：《红山古玉》，上海书画出版社，2003年，第29页。

略如汉族的共工（勾龙/黑龙）与苗族等的雷公。"每隔三年，到六月廿四日黄昏时候，它就要从潭子里喷出乌云，遮天蔽日，接着恶风暴雨，洪水泛滥，遇桥桥倒，遇房房坍，把千百亩田地冲成一片沙滩。它又驾着洪水，直冲进洱海里，打翻船舟，吞食鱼鳖。"① 这里描写的有些像汉族的"猪婆龙"——鼍鳄。

水雨相通，雷雨相连，封豨、江豚、水猪所化的"猪头神"还兼为雷神，而能镇魔妖邪，辟逐恶魅。

《太平广记》卷三九四引《传奇》说，义民陈鸾凤以刀挥断"雷"之左股，"雷堕地，状类熊猪。毛角，肉翼青色，手执短柄刚石斧，流血注然，云雨尽灭"（8·3145）。这也说明，互似之熊、豕，并与雷、雨相关。

《酉阳杂俎》说："贞元年中，宣州忽大雷雨，一物堕地，猪首，手足各两指，执一赤蛇啮之。俄顷，云暗而失。时皆图而传之。"（方南生点校本，第82页）

这就是所谓"雷鬼"。唐人沈既济的《雷民传》说雷神是"豕首鳞身"。《太平广记》卷三九四引《投荒杂录》记雷公形云："尝有雷民，因大雷电，空中有物，豕首鳞身，状甚异。民挥刀以斩，其物踣地，血流道中。而震雷益厉，其夕凌空而去。"这即是沈所记之猪首雷神。"雷民图雷以祀之者，皆豕首鳞身也。"（8·3150）《唐国史补》云："或曰雷州春夏多雷，无日无之。雷公秋冬则伏地中，人取而食之，其状类彘。"应亦指是物。

又晋·干宝《搜神记》说，晋扶风民杨道和以锄格霹雳，"折其股，遂落地，不得去。唇如丹，目如镜。毛角长三寸余，状似六畜，头似猕猴"（汪绍楹校注本，第151页）。在《酉阳杂俎》中周洪云，风雨中有物坠如玃，"两目睒睒"，也是雷鬼。疑亦同类之异闻。

《录异记》（《太平广记》卷三九三引）所记，则《酉阳杂俎》之翻版。

> 唐润州延陵县茅山界，元和春，大风雨，堕一鬼，身二丈余，黑色，面如猪首，角五六尺，肉翅丈余。豹尾；又有半服绛裩，豹皮缠腰，手足两爪皆金色，执赤蛇，足踏之，瞪目欲食，其声如雷。田人徐诇，忽见惊走，闻县。寻邑令亲往睹焉，因令图写。寻复雷雨，翼之而去。（8·3144）

又《山海经·东山经》犲山，"其兽焉，其状如夸父而彘毛，其音如呼，见则天下大水"（103）。

夸父，猿玃之形，此兽似之。又有彘毛，疑亦《搜神记》所载头似猕猴，毛角长三寸余之雷鬼，所以"见则天下大水"。

江河湖海里的"猪"（豚），还可能跟某些水生哺乳动物，如海豚及其"亚

---

① 《白族民间故事选·雕龙记》，上海文艺出版社，1984年，第120页。

种"相混,像"江猪"或"白鳍豚"(学名 Lipotes Vexillifer Miller),都曾被滨水居民认做"小龙"或龙的亲属、后裔(可能一直混同于"猪婆龙:扬子鳄")。水猪,作为雷雨之神,便升华为"猪(形)龙"。

袁珂的《中国神话传说辞典》介绍猪龙所化雷神说:

> 唐房千里《投荒杂录》谓"雷公豕首鳞身";唐李肇《唐国史补》亦谓雷公"状类彘",则其唇吻已渐突出。(402;参见《中国神话大词典》563)

如上,猪首的突出特征是有截面和空洞的筒状鼻,平面如∞。

案:某些后世材料描写龙的形状是:

> 猪首驴形,肉鳞畏垒,垂髭下者其长数尺,角势弯曲,有歧其上。(《梦幻居画学简明》卷三,据刘城淮《中国上古神话》引)

旧说,龙蛇的"豕"化,有可能是虫蛇鱼鳄崇拜跟猪崇拜(或猪图腾)的结合。但神话里亦颇见"猪头龙"或"猪形龙"。更为明显的是,今本《拾遗记》说禹在龙门深穴谒见"蛇身人面"的伏羲之前,见一兽,"状如豕,衔夜明之珠";而《北堂书钞》卷一五八所引却作"黑蛇长十丈,头有角,衔夜明之珠"——我们指认它就是"烛龙",是所谓"太阳蛇"或"太阳蜥蜴",是《周易》之"易"的一个母型。但它在洪水传说里却是猪形的。

熊首玉龙

(红山文化。传世,现藏上海博物馆)

红山文化的"龙",基干为虫躯或蛇躯;头部则多变换。这是中国龙形象的一大特征。

其中确有熊首者。熊或"熊图腾"在北方早期文化里地位显赫,熊本身与龙没有直接关系;但置于龙的头颈上就不仅是地区性标识,还有一层文化意义:熊与虫蛇都是以冬眠—惊蛰表示"再生"的神秘,这在兽类中极为罕见。

熊首龙

所以,红山文化玉龙一般定为"猪首"的,可能有"熊首"者。郭大顺曾反复论述"熊首龙"的特征。

> 亚型Ⅱ(龙)除吻部有多道皱纹外,都非猪的特征,其短立耳、圆睛

却与熊的一些特征相似。这与女神庙中泥塑龙（残存下腭部等），尤其是熊的特征正相吻合。①

他特别注意到其"较长的腭部和较长而弯的犬齿"以及"四爪外露"的足。

据说，牛河梁积石冢中还多次出土过完整的熊下腭骨；下腭或下颌骨具有特别的神圣性（参看《中国上古图饰的文化判读》），熊可能被当做神圣动物或祭祀对象（可以参看叶舒宪的《熊图腾——中华祖先神话探源》等）。

红山文化遗址"主室"发现的泥塑的龙形，除头部有熊的特征外，其双足"四爪外露"，郭说"唯熊如此"。他因而认为，所谓"积石冢"，主要为"祭熊"而设。

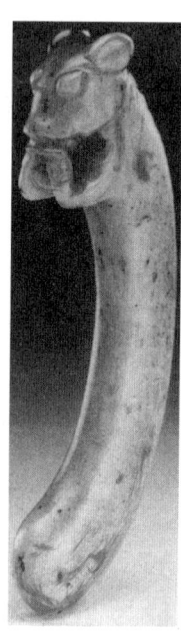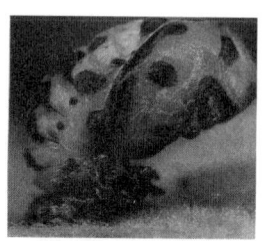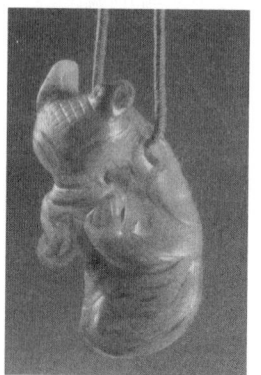

熊首虫身玉：熊龙？
（左：鼓腹蜷体熊形玉，红山文化，传世；中：熊首虫身玉，红山文化，传世；右上：虫蛹，附供参照；右下：所谓"熊首"蚕神，或兽首形玉蛹，红山文化，传世）

这些传世而较为可信的红山玉，证明红山龙确实有熊首者。而其身又大都似虫若蛹——再次证实龙确曾以"虫"为母型。

可见，红山文化玉龙确实有既似豕首又似熊首的龙，也有较确定之"熊首龙"。据称牛河梁女神庙已发现有"熊偶像"。

---

① 郭大顺：《龙出辽河源》，百花文艺出版社，2001年，第61页；《红山文化》，文物出版社，2005年，第207页；又参见《猪龙与熊龙》，《鉴赏家》第4期，1996年9月夏季号。

叶舒宪近年于此用力甚勤,贡献良多。他论证道:

《抱朴子》:"《玉策记》称熊寿五百岁,五百岁则能化。"这里所说的"化",意味着死而再生的神异能力。由于熊的冬眠现象被初民理解为死亡,而熊在春季的复出就被想象为死后的"化"即新生了。龙的神话起源与熊这种具有周期变化的动物有密切关联,显然不是偶然的。①

叶舒宪参照古代欧亚与美洲大陆北方普遍流行熊图腾与熊祖神话的现象,论证熊信仰的古老,以及与龙崇拜的联系②。

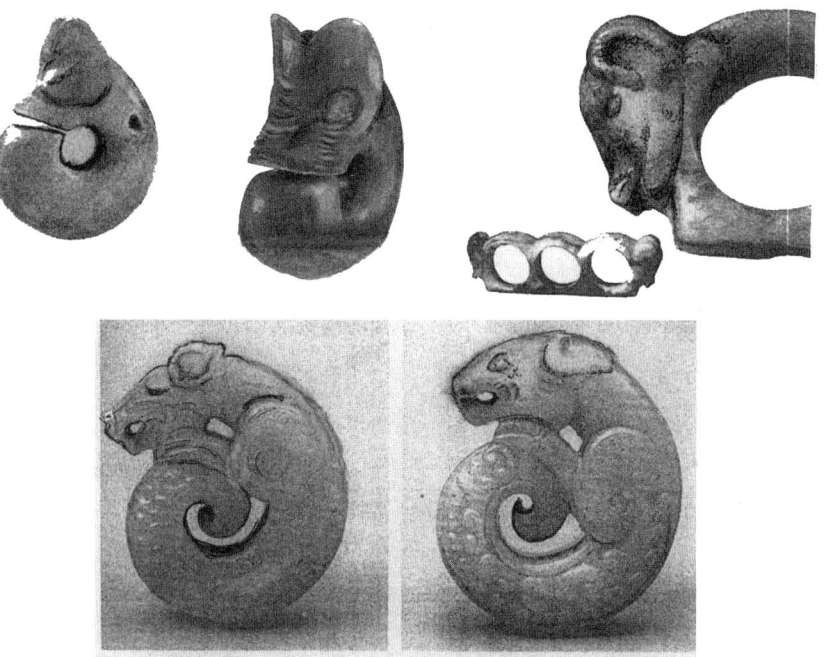

熊(首)龙

(上:红山文化玉龙,玉连环等,见《红山文化玉器》;下:龙形(熊首)对佩,见《春秋玉器》。采自叶舒宪等)

红山文化"玉玦"或玉环龙,的确有极似熊首者。那件"玉连环"器,实是"熊首玉龙"交尾或所谓"双(熊)首玉龙"(或说"猪龙"),即"委维"之形象。叶舒宪等称为"熊龙",但右上者似"截鼻"大耳而近于猪首。

---

① 叶舒宪:《新原道——从考古新材料看道家思想的神话起源》,《诸子学刊》创刊号,上海古籍出版社,2007年。
② 参见叶舒宪:《猪龙与熊龙》,《文艺研究》2006年第4期;《熊图腾——中华祖先神话探源》,上海文艺出版社,2007年。

有一点特别重要：夏人的传说中，鲧有化为"黄熊"入于羽渊的神迹，大禹也曾化熊挖河引水，为涂山氏所窥见①。如果推到更早，被夏周推为"共祖"的黄帝称为"有熊氏"。可见熊崇拜在中华文化始源探寻上的重要。②而他们又都有化龙或与龙粘连的传说，这就有了"熊龙混融"或"熊龙一体化"信仰的可能。所以他认为，二里头夏文化的嵌绿松石的铜牌饰上刻画的也是"熊"神像③——对我们的"犬：藏獒"学说构成"威胁"。

叶舒宪不否认考古学者（如李学勤等）所认为的二里头饰牌有"绿松石龙（面）"④，他只是认为饰牌主导面为"熊"。天上的龙与地上的熊，都是各自活动空间的"霸主"，混形能使其力量倍增。他认为，作为装饰的母题之动物是不同社会经济形态的产物：

熊：狩猎社会
龙：农耕社会

两种"再生"力量的消长，也是两种经济文化递代的反映。神熊和神龙两种神话意象的此消彼长的过程⑤，是"理解源于史前狩猎文化的熊图腾信仰终于在农业社会中被终止和被遗忘的关键"⑥。但我们认为，不会对应得如此机械。以核心地区中原为代表的中华文明，一大特征是进入农耕很早。黄帝——也许还有红山文化主人——至少经营"游农"或农主牧副，却熊、龙兼祀，鲧禹时代同样如此。他们都没有"遗忘"熊。⑦原始信仰或民俗，其经济背景如恩格斯所说是"消极"的，并不全然积极地反映并服务于"经济基础"，随机性很大。

龙　马

以马或野马为龙，特别是"龙生马驹"的观念，跟北方或西北方的"戎狄"集团的游牧—骑乘生活关系直接。

---

① 参见叶舒宪：《大禹熊旗解谜》，《民族艺术》2008年第1期。
② 参见叶舒宪：《玉的叙事与夏代神话历史的人类学解读》，《中国社会科学报》创刊号，2009年7月1日。
③ 参见叶舒宪：《二里头铜牌饰与夏代神话研究——再论"第四重证据"》，《民族艺术》2008年第4期。
④ 参见《中国早期青铜文化——二里头文化专题研究》，科学出版社，2008年，第301页。
⑤ 参见叶舒宪：《猪龙与熊龙》，《文艺研究》2006年第4期。
⑥ 叶舒宪：《鹰熊、鸮熊与天熊——鸟兽合体神话意象及其史前起源》，《民族艺术》2010年第1期。
⑦ 参见叶舒宪：《熊图腾——中华祖先神话探源》，上海文艺出版总社，2007年。

《史记》索隐引崔浩说，是因为"西方胡皆事龙神"，所以"名大会处为龙城"（9·2892）。《汉书》作"龙城"或"龙庭"。

《文选》汉·班固的《封燕然山铭》载："蹑冒顿之区落，焚老上之龙庭。"旧注："龙庭，单于祭天所也。"龙或作"竜"。

丁谦的《史记匈奴列传地理考证》说："考单于庭南有泊，曰台鲁儿和赫，相传为龙所潜，故于五月社之。"

闻一多引为"匈奴的龙图腾的遗迹"①。

又有"龙忌"。《淮南子·要略》："操合开塞，各有龙忌。"

汉·许慎注以为北胡南越皆有此俗，均谓"请龙"（这跟大月氏等的龙崇拜应有不同）。《墨子·贵义》说墨子到齐国，日者告诉他，帝以今日（壬癸）杀黑龙于北方，墨子面黑，十分危险。闻一多说，这就是"龙忌"，齐国也感染了

龙马或天马

（左上：龙马或"走龙"，台北古越阁藏青铜戈援图案，战国；左中：西方的"独角兽"，见于苏黎世古版的《动物志》等；左下：汉代有鳞龙马，山东沂南汉墓画像石。其余是散见汉唐以来文物的龙马，采自王大有等）

"龙马"的特征是亦龙亦马，龙、马难分。大部分有翼、有角或有鳞。或谓亦即"天马"。西方"独角兽"以马为基干，有角如锥，象征男根；跟中国的"麟麟"以鹿为基干不同。但严格说来，都是"龙马"分支。

---

① 闻一多：《神话与诗·伏羲考》，古籍出版社，1954年，第42页。

胡俗；引刘盼遂说，甚至以墨翟为北狄种，"五行"诸日轮流杀五色龙，乃是"匈奴风俗"①。具体内容有待澄清。更多的学者认为，"龙城"只是地名，与龙无干。然而，"龙城"或如新疆的"（白）龙堆"，那是雅丹地貌，连续不断的风蚀沙丘有如长龙，"背"上盐碱堆积而泛银光，所以或称"白龙"。但这也只是有了"龙"观念以后才能作此譬拟。

《晏子春秋·谏》下说："维翟人与龙蛇比。"（吴则虞集释本，上·135）《论衡·订鬼》说得更加古怪。

> 《左氏春秋》曰："投之四裔，以御魑魅。"《山海经》曰："北方有鬼国。"说"螭"者，谓之龙物也；而魅与螭（龙）相连，魅则龙之类矣。

王充的意思似是：螭是"龙物"（后人云螭为无角之龙），螭魅连称，那么魅也是龙。

魅，《山海经》作"袜"，是"一目"的鬼国之异称，那么鬼国（匈奴先民）至少也应有龙之信仰。《山海经》中危与贰负连属，危即威姓、畏姓，是鬼国巫酋，而贰负，"其为物蛇身人面"（《海内西经》，311）。是则鬼国或狄人皆有"龙物"或"蛇身人面"之神，所以《开元占经·客星占》引郗萌曰："客星舍匈奴星，人面龙身，留十余日不去。"

据《匈奴考古资料选辑》（贰贰，108）载，匈奴文物有"马首龙身造型"。看来，匈奴确有龙崇拜，而且龙具有马元素。但是，不一定跟大月氏等的龙/马崇拜相同，而应包含更多华夏—汉或中原影响。

"马，八尺以上为龙。"（《周礼·夏官·庾人》）

罗斯托夫佐夫所说的中国古代艺术三大纹样——龙/饕餮/鹰头兽（变体 Griffin）——都跟西方的两河平原或近东地区相关，其间经过中亚游牧民族的传递，所以龙具有"马首"。王充《论衡》说："世俗画马之状，马首蛇尾。"美国人谢弗认为"龙马"传说源于伊朗——有翼的飞马最多见于波斯艺术。这是"龙"的取材来源之一。他甚至武断说："这种神奇的骏马宣告了汉民族龙的时代的到来。"②"龙马"或"马龙"虽然不是最早或最重要的龙，却也不要漠视它，也不必抹煞其与西方世界的联系。

葛承雍也努力论证，汉唐的龙或指"龙马"，是骏马被赋予龙的要素。"尽管龙起源于马有不同看法，但中原与西域文明在公元前十世纪就有接触和影响，则是被考古文物所证明了的。"③他细致观察后认为，唐代龙的特征都有外来影

---

① 闻一多：《神话与诗·伏羲考》，古籍出版社，1954年，第43页。
② ［美］谢弗：《唐代的外来文明》，吴玉贵译，中国社会科学出版社，1995年，第137～138页。
③ 葛承雍：《唐代龙造型中的外来文化因素》，《寻根》2000年第1期，第40页。

响：一是龙角"分叉伸长"，与"鹿纹"、"叉角羚羊纹"所见接近；二是"龙头变得圆而丰满，大多数脑后有鬣，显然是吸收了外来狮子头形象，鼻子也近似狮鼻"；三是带翼（在西方，翼表示"希望"）①。

 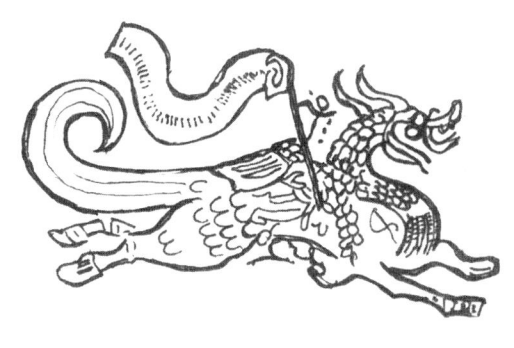

龙鳞马

（左：唐三彩，河南洛阳关林出土；右：龙马，山东沂南汉墓画像石）

有一种马，遍体圆点或圆斑，有的在幼年阶段有这种花斑，成年后逐渐褪去——这极容易被看做"天马"或水中神马生的有鳞"龙驹"。

"龙马"当然不是普通的马，往往出于水中，"一洗万古凡马空"。日本石田英一郎《新版河童驹引考》称之为"水马"。

水马思想主要流传于中国西部及西北部，即所谓的西域。但是，河牛思想则流传于中国南部、西南部以及东南亚半岛。马和牛虽都与具有水神本质的龙紧密结合在一起，但是，与马结合的龙正像《汉书》[的]《西极天马歌》所描写的，它既是水神，也是能够升天的真正的龙。②

水马不一定是水神，却往往能升空化龙，由"潜龙勿用"到"飞龙在天"。

与此相反，与牛结合的龙本是潜在河中或土中，不具升天资格的蛟类。③

《周易·说卦》云：乾为马，坤为牛。石田氏以为："龙马—天马观念首先由在黄河流域建立国家的'北方'种族写入文献，然后渐渐地扩展到民间，渗透到民俗信仰中。"其实，不一定就是这样，但是，"河牛"观念则主要发生于

---

① 葛承雍：《唐代龙造型中的外来文化因素》，《寻根》2000年第1期，第40页。
② 参见[日]石田英一郎：《新版河童驹引考》，（东京）岩波书店，1994年（借用李国栋汉译）。
③ 参见[日]石田英一郎：《新版河童驹引考》，（东京）岩波书店，1994年（借用李国栋汉译）。

民间并且延续在民间。"它原本萌芽于华南华中地区农民的祭祀与信仰，然后一方面在庶民的信仰中持续，另一方面则被王侯士大夫的祭祀活动所吸收。"他强调，这种南与北、土与天、牛与马的二元对立是阐明今天汉族本身的历史及其组合过程的关键，是源远流长的敬天、尊天信仰。①

前引汉·王充《论衡》之说，龙似乎是一种未经充分整合的多元观照，却多涉及马与"马形"。

《龙虚》篇说："世俗画龙之象，马首蛇尾，由此言之，马、蛇之类也（或读为'马（刀）蛇'，疑非）。……[韩非]言虫（龙）可狎而骑，蛇、马之类明矣。"

至少汉代龙具"马首"或说蚕为"马首蛇身"，故为"龙子"，这也因为原初龙为"虫"身，有所谓"龙蚕"之说。

《验符》篇又说，湘水流域侠山下，"水深不测，二黄龙见，长出十六丈，身大于马，举头顾望，状如图中画龙"，像是巨鳄，但按"世俗"龙图，其为"马首"无疑。而且，"去龙可数十步，见状如驹马小大凡六，出水遨戏陵上，盖二龙之子也"。可见汉代民间多以为龙具马首，而水滨野马常被当做"马（形）龙"或"龙驹"。应劭注："天马者乃神龙之类。"

《艺文类聚》卷十一引纬书《尚书中侯》曰："龙马衔甲，赤文绿色。"注："龙形象马，甲所以藏图也。"

案：梁·孙柔之比较"全面"地描述了龙马的形象。

> 龙马者，仁马也，河水之精也。高八尺五寸，长颈，身有鳞甲，胳上有翼，旁有垂毛，鸣声九音，蹈水不没。（参见《瑞应图》）

王东较早提出，龙可以是一种马，红山文化C形玉龙有"鬃"，便是"马（首）龙"②。王笠荃的《龙神之谜》亦强调其鬣如鬃。于锦绣、陈绥祥等说略同③。

李国栋认为，龙跟蛇的关系还不如跟鲤鱼、马那样密切，它只借了鱼的鳞，其长颈则自马来④。

或说，马吃"龙刍"，便可成龙。晋·任昉《述异记》说："东海岛龙川，

---

① 参见[日]石田英一郎：《新版河童驹引考》，（东京）岩波书店，1994年（借用李国栋汉译，参见注④）。

② 参见王东：《中国龙的新发现》，北京大学出版社，2000年。

③ 参见于锦绣：《玉与灵物崇拜——中国玉文化的原始宗教学研究》，《中国玉文化玉学论丛》，杨伯达主编，紫禁城出版社，2004年，第306～307页。

④ 李国栋：《试论龙与鲤、马、牛、羊、鹿、犬的关系》，《神话·祭祀与长江文明》，文物出版社，2002年，第55页。

穆天子养八骏处也。岛中有草名'龙刍',马食之,一日千里。古语云:一株龙刍,化为龙驹。"所以说"周穆王驭八龙之骏"(《拾遗记》)。

王笠荃认为,以龙喻马,是"因为骏马飞奔的动势如闪电腾空",而闪电与龙互拟。《拾遗记》周穆王八骏,有"奔霄"、"超光"、"腾雾"等;《西京杂记》汉文帝九马,有"浮云"、"赤电"可证①。他与王东等都认为,红山文化C形(纤细型)玉龙是马头龙身而非猪首②。此与王充、王符等所谓世俗画龙"马首蛇身"相合。但我们仍因"截鼻"、刚鬣、獠牙认其为猪首蛇身或虫身。

周穆王"八骏"之名,只是传闻或假托。《诗·商颂·长发》:

受(授)小共、大共(珙),为下国骏厖,何天之龙(宠)!

这"骏厖"很可能是暗指如龙一般高大神骏的拉挽马。《周礼》说,马八尺以上为龙。厖,《齐诗》作"駹",应指杂色马。宋·朱熹《诗集传》引董氏说,"谓马也"。我们在分析"龙"的语音时介绍过,"龙:厖"可以互转或者互假,形音义都可通。然则有马如龙的观念甚至可以远溯殷商,至少是东西周。

駹水在蜀汶山郡,见《华阳国志·蜀志》等。《水经注·漾水》说上邽(今甘肃天水)西南六十里有"龙渊水,言神马(即龙马)出水,故因名焉"。其得名都是由于水中发现龙马(野马)。

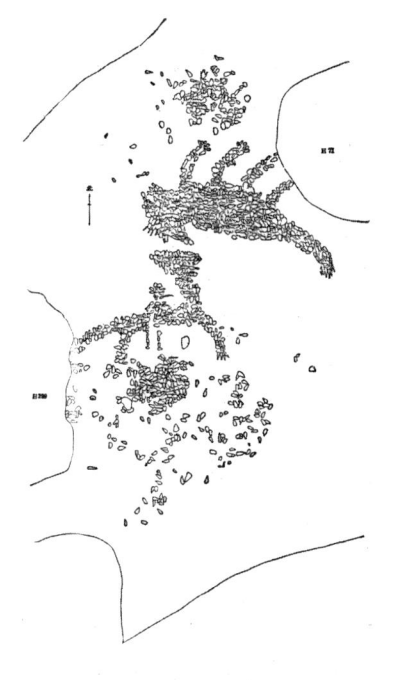

中国人在成文史前就会"骑龙"

(河南濮阳西水坡"龙虎蚌塑葬"之一景,本图复见)

令人震惊的是,中国人早在所谓"前文明"时期就懂得"骑乘"——说起来,骑马比骑龙总要容易些吧。这里神人所骑的似是多见于北方的"走(兽)龙",头昂、身短、尾长、足高,跟马很相像。看来"中国人春秋战国之间才会骑马"的说法要改写了!

---

① 参见王笠荃:《龙神之谜》,《中国文化》1991年第2期,第100页。
② 参见王笠荃:《龙神之谜》,《中国文化》1991年第2期,第100页。

殷墟卜辞有"骉"字（参见《前》4·52·3，罗振玉《考释》中）。何光岳的《南蛮源流史》说："骉人便是以龙马为图腾族称的。"① 引《开山图》："陇西神马山有渊池，龙马所生，即是水也。"这跟《诗·商颂·长发》的"骏厖"可以互证。

水中"龙驹"

（出土带镜及其纹饰：1. 广州汉墓；2. 成都石羊汉墓；3、4. 长沙曹𡣫墓。采自孙机等）

这些马都在波涛间出没，或独角，或狮爪，或有翼，绝非凡马，很可能是龙马。

天马、水马、龙马多是野马

中国的龙跟马一样是可以"骑乘"的。

从前，学术界普遍认为，神与仙的"乘龙"，都是以龙或龙马为"驾"，是"车乘"而不是"骑乘"。早期的马由西部引进以后用来驾车而不是骑坐，骑马是春秋战国之交，尤其是赵武灵王"胡服骑射"以后的事。

但是在濮阳西水坡却发现人"骑"龙的蚌塑。这样，连《诗·大雅·绵》的"来朝走马"都需要再诠释了。西水坡被"骑"的"龙"很像马，昂头短身高足长尾，是北方多见的"走龙"或"兽形龙"最古老的前身。

龙马互拟的一个表现，就是龙像马一样被驾驭或者骑乘，而骑乘型的马也往往（被拉长身子）像龙一般矫夭驰骤或翱翔太空，即所谓"飞马"，如汉唐所称"天马"。于是，西方人看到早期敦煌壁画，就会感到"那里的马似乎有着龙的气质，在空中腾跃着，拉着一位圣人越过群山之巅"②。学者或认为，这种

---

① 何光岳：《南蛮源流史》，江西教育出版社，1988年，第453页。
② [英]劳伦斯·比尼恩：《亚洲艺术中人的精神》，孙乃修译，辽宁人民出版社，1988年，第11页。

"天马",是自由驰骋的野马的神话意象,《周易》等"在天"之"飞龙"的母型即是"天马"(野马)。

阿尔丁夫强调北方游牧民族的"龙马"观念或"想象";而"在北方民族中,除了东胡系诸族(包括蒙古人和原蒙古人)崇拜龙即神化的野牡马之外,崇拜龙的就只有匈奴了"①。材料略如上举,他注意到匈奴文物之马造型和龙纹样。据普洛赫夫和博罗夫卡在蒙古诺颜山苏珠克图谷口挖掘的第 12 号大型贵族墓出土了 507 件随葬品,其中有一件"腾龙刺绣",有马的元素。林干描述道:

> 龙扬着尾巴,一边伸着头向后看,一边向前飞腾。这条龙虽然也是四只爪,双肩上还画着一对短翅,因为小得和龙身不相称,故也不是飞龙。龙的周围是角形图案。……②

阿尔丁夫认为,应称"飞腾的反首翼龙"(实在也是"马龙"或"龙马"),它"只能是匈奴人观念中具有'飞于天'本能的龙"③。这是匈奴崇龙的物证。

道尔吉苏荣说,这种周边绣有角形、圆形和三角形图案的画面结构,令人想起哈萨克地毯的图案画。

耶兹(W. Yetts,或译叶紫)说,这"反首翼龙"具有华夏—汉族元素,"大体上与汉代中国艺术中之一派相差甚微"。但要注意两点:(1)这种奇异动物(所谓"走兽化的龙")被附以翼,当导源于美索不达米亚,常见于西亚—中亚艺术;(2)如博罗夫卡(Brovca)所说,"无下腭之齿为塞种(scythai)西伯利亚艺术雕刻动物之一特征"④。所谓"匈奴龙",仅就造型风格而言,是多元与混成的,但不可否认,躯干较短,"翼兽化",确实含有马之因素,但还不是马。诺颜山匈奴文物凸金片上还有"刻一跂马,似有翼"者。阿尔丁夫前引文说:"这'有翼'的'跂马'正是神化的野牡马即龙在陆地上即将奋力驰骋的雄姿。而'飞腾的反首翼龙'则是神化的野牡马展翅飞行的矫态。"⑤

战国以后,尤其是唐宋以来,北方、东北地区,某些"走龙"或"立龙",

---

① 阿尔丁夫:《华夏文化中龙的原型及其由来》,《民间文化论坛》1992 年第 3 期,第 10 页。
② 林干:《匈奴墓葬简介》,《匈奴史论文选集》,中华书局,1983 年,第 401~402 页。
③ 阿尔丁夫:《华夏文化中龙的原型及其由来》,《民间文化论坛》1992 年第 3 期,第 10 页。
④ [英]耶兹:《俄国科斯洛夫探险队外蒙考古发现纪略》,向达译,《东方杂志》第 24 卷第 15 号;又见《斯坦因西域考古记》附录,向达译,中华书局,1946 年;林干编:《匈奴史论文选集》,中华书局,1983 年,第 458 页。
⑤ 阿尔丁夫:《华夏文化中龙的原型及其由来》,《民间文化论坛》1992 年第 3 期,第 10 页。

或"兽身龙",因其体躯粗壮、腰部发达,有的学者就认其为"夔龙",或以为即"犀状夔"(参见本书"麟"的探究部分)。顾自力便以为,《山海经》之"夔""出入水必以风雨","其声如雷",像龙兼为雷雨之神,身体则很像水牛,他甚至认为龙来源于水牛①。

刘城淮则认为,这一类龙实在指的是河马。夏商时期气候较今湿热,黄河流域出现河马、犀牛颇有可能。负图出河的"龙马",恐怕也是河马②。

这,恐怕只能说,龙的取象是多元与多"渠道"的,可能由水牛、犀乃至河马"借用"某些性征。但说它们是龙的主要母型,似乎太牵强了。

如上所说,欧洲较为晚后的 Dragon 确多具有野牛、犀或河马的躯干,本来的蛇蟒之身被大大缩短,扩充,趋于粗壮。只保留蛇尾,却有时"蝎化"。西方学者说中国龙有些像蝎子,那是他们心目中 Dragon 的某种印象残留或心理投影。

野马、河马与龙马

(左上:"类乌齐马";左中:法国拉斯科洞窟绘画;右上:矮种或"普尔泽瓦尔斯基马"的祖先,也叫"原马";下:非洲的矮河马。)

真正的野马十分稀罕,现在电视里却可见到许多。它是俄国探险家普尔泽瓦尔斯基在中国"西域"发现的,并以他的名字命名。

古人培育良马的一种办法是,放出发情的驯化母马或拴在水边,让野马来与之交配,以取得杂种优势。这多在水草丰美的地方进行。人们看到野马或马驹在水里出没,又异于"凡马",就传言并夸饰其为"龙马"或"天马"。

---

① 参见顾自力:《试探中国古代神话中龙的起源》,《民间文艺季刊》1987年第1期。
② 参见刘城淮:《略谈龙的始作者和模特儿》,《学术研究》1964年第3期。

"天马来,龙之媒。"(《汉书·礼乐志·天马歌》)

古书上所谓龙马、水马,甚至天马,绝大多数以活动在水滨的野马为母型。聪明的古人把发情的驯化母马拴在水边或山脚,以便跟来饮水的野马交配,获得杂种优势,其健壮的驹便被当成"天马"或"龙驹"。这,许多学者已经说过,《山海经的文化寻踪》也曾略作介绍,现摘引一二则内容显豁者供读者一阅。

《史记集解》引《汉书音义》:

大宛国有高山,其上有马,不可得,因取五色马置其下,与交,生驹汗血,因号曰天马子。(标点本《史记》,10·3160)

清《一统志》:

养龙坑,在贵州长官司两山之中,泓渟渊深,蛟龙实藏其下。当春始和,夷人立[柱]坑畔,择牝马之贞者系之;已而云雾晦冥,有物蜿蜒马上。迨天霁,视马旁之沙有龙迹者,是与龙遇,产必为龙驹。

两相对照,就知道真相了。

有一种马,浑身圆圈式花纹(或者在幼年时如此),再加上高大神骏,最容易被当成长着"龙鳞"痕迹的龙马。《北史·吐谷浑传》等说,青藏地区牧民把最好的母马拴在青海湖中小山上,"来春收之,马皆有孕;所生得驹,号为龙种,必多骏异"。这是较为真实的讲述。阿尔丁夫认为,蒙古民间故事《神奇的飞马》、《金马驹》、《云青马》等,就产生于此种"野马生驹"习俗的背景中。①

汉镜里的瑞兽与怪兽

(原器现藏美国华盛顿弗里尔—葛雷美术馆。自上方"中心"顺时针排列:辟邪/拴在铜柱上的恶虎/带锁链的怪兽/赤诵马/羽人六博/王[子]乔马/柏陜作/独角兽)

这里的一些瑞兽有"题铭",十分可靠。特别是在"柏陜作"与"辟邪"之间,可能是一对独角长颈的辟邪,其形象与独角麒麟相似。有些似虎的"怪兽"被链锁着,或锁在铜柱上。东汉以来"立柱"镇恶的习俗于此得到证明。王子乔马等,即为天马。

---

① 参见阿尔丁夫:《华夏文化中龙的原型及其由来》,《民间文化论坛》1992 年第 3 期,第 7~8 页。

"龙马"故事,唐宋犹盛。如《洽闻记》:"唐武德五年三月,景谷县治西,水有龙马,身长八九尺,龙形,有鳞甲,横文五色,龙身马首;顶有二角,白色。口衔一物,长可三四尺,凌波回顾,百余步而没。"(参见《太平广记》卷四三五,9·3530)这是在水中发现,"龙形"而有"角",传言成分居多。但此类传言,可能是因骏马身有圆斑而附会。章士钊的《柳文指要》曾说:山洪暴发,挟卷马匹,浮沉上下,古人误为"龙马"。

《宣室志》记,开元二十九年夏五月,北海郡民家发现"龙马","其色骓毛,两胁有鳞甲,鬐、尾若龙之鬐鬣,嘶鸣真簸笛之音。日驰三百里"。这不过是骏马矫健,腿间有"圆斑";其由来不过家马浴于淄水,"遂有胎而产,遂以'龙子'呼之",分明是跟逃逸的公马交配而得。事前,有神仙告曰:

　　圣主当获龙马,则享国万岁,无劳采药耳。

跟汉武帝以"天马"为祥瑞,证明"圣主"霸权的政治合法性完全一样。

以上证明,野马或以野马为龙的观念,跟大西域的民俗、传说关系极大。西域确实多产"龙马"和龙马故事。

例如,唐·杜佑《通典》说,汗血马出在吐火罗国(Tukhara),与龙交配而成,就是大月氏(月支)西迁之地,林梅村所说"天马:龙马"所出的地区之一。"大夏"(即 Bactria)所出骏马跟较矮的蒙古马杂交而来的"天马",亦即龙马。费拉尔德(H. E. Feinald)的《中国艺术与乌孙马》、谢弗的《唐代的外来文明》均认为龙马指"乌孙马",也就是近年在中国轰动一时的土库曼"汗血马"的近亲。李白在《天马歌》里赞颂的似乎就是因寄生虫病而"汗沟朱"的汗血马。

　　天马来出月支窟,背为虎文龙翼骨。
　　嘶青云,振绿发,兰筋权奇走灭没。
　　腾昆仑,历西极,四足无一蹶。
　　鸡鸣刷燕晡秣越,神行电迈蹑慌惚。
　　天马呼,飞龙趋,目明长庚臆双凫。
　　尾如流星首渴乌,口喷红光汗沟朱。
　　……

(《全唐诗》4·3·383)

无怪乎阿尔丁夫等说,龙本来是一种"野马"了。

蛟龙出水,天马行空。有如杜甫《丹青引赠曹将军霸》所唱:

　　斯须九重真龙出,一洗万古凡马空……

唐代以及后世如宋元的所谓"龙马",无非形容其神骏,好像现代人常说的"龙驹",跟龙毫无关系,我们不拟多说。

元时阿拉伯名马经由金帐汗国到达大都(现在的北京)。儒臣作《莆郎天马歌》及《天马图/赞》。许有壬《至正集》卷十《应制天马歌》仍说：

> 佛朗国在月窟西，八尺真龙入维絷。
> 七逾大海四阅年，滦京今日才朝天。
>
> （据沈福伟引）

元人刘郁《西使记》仍然称之为"龙种马"，说得比汉唐记载还神奇。

> 龙种马出西海中，有鳞、角。牝马有驹，不敢同牧，被引入海，不复出。

这纯属天方夜谭，跟龙毫无关系。

《西游记》里唐僧骑的白马是犯错误的龙宫太子变的，这马是任人皆知的"龙马"（不然怎么能"单骑"远达印度呢），更暗示着龙可能变成马。这也是古代"天马"观念的遗构。

海马跟水里出现的马、龙马不一样，跟河马更是迥异之物。刘城淮认为龙的一种母型是河马。

> 上古时期，黄河流域气候相当温和，存在过象、犀牛、河马之类。《山海经》、《尚书》等有关水马、"龙马出河"的说法，均自有来历。河马比一般的马更加神秘，更能诱发上古人民的神思，便挑选它作龙的模特儿了。①

有记录历史时期，未闻有（原产非洲的）河马遗骨在中原出土。《山海经·大荒东经》中有"苍身而无角"的东海夔牛，《论衡·是应》篇中"善覆人舟"的仓兕，确实很像河马，是很奇怪的事，它也许来自殊方异闻或神话。中国龙，在殷商以后，确实有"兽化"者，如似马、类虎，等等，但身躯大多依然苗条矫夭，跟西方龙截然不同。

唐·玄奘《大唐西域记》记屈支国（古称龟兹，Kutsi，今库车），城北"天祠"有大龙池——

> 诸龙易形，交合牝马，遂生龙驹，抚戾难驭。龙驹之子，方可驯驾。

所以此国多出善马。（季羡林等校注，中华书局，1990年，第57页）

第一代野马（龙）跟驯化马交配所生者，野性难驯，要经过第二代杂交才能生骏马。此间还发生过"龙种"人传说："龙变为人，与诸妇会，生子骁勇，走及奔马。如是渐染，人皆龙种，恃力作威，不恭王命。"（季羡林等校注，中华书局，1990年，第57～58页）也许是上古野马"图腾"传说的遗留，而且跟大西域的原有信仰关系密切。

林梅村说，所谓"龙"，尤其是西域的"龙"，主要指马。

---

① 刘城淮：《略谈龙的始作者·模特儿》，《学术研究》1964年第3期。

【龙】

〔吐火罗语 B 方言〕näge/näg

〔吐火罗语 A 方言〕näke/näk

【神】

〔吐火罗语 A 方言〕näkte

〔吐火罗语 B 方言〕ñkät

这两个字的读音与"月氏"的古音 ŋiwāt ẓi 接近。"月氏"即以"龙"神为族名,"龙"是其"部落的图腾龙神"[①]——实即马。

林梅村认为,胡语的"龙",均指马。他引据《汉书·匈奴传》,说:"匈奴人举行的这种刑马祭天的宗教仪式疑即胡人所谓'请龙'。文献屡屡提到周人祭马的宗教活动,大概类似于胡人这种刑马祭天的宗教活动。周人地近戎狄,因而有此胡俗。"[②] 我们觉得马固然可称龙(例如"龙马"),但龙不一定都是马。北方和西北方的胡人自有其"龙",尽管跟中原不大一样。吐火罗语 näge 或 näke,自然近于梵语"那伽"(Nāga),说不定西域之龙接受着印度影响。而 Nāga 的基干是蛇蟒,并不是"马",二者必须严格分清。

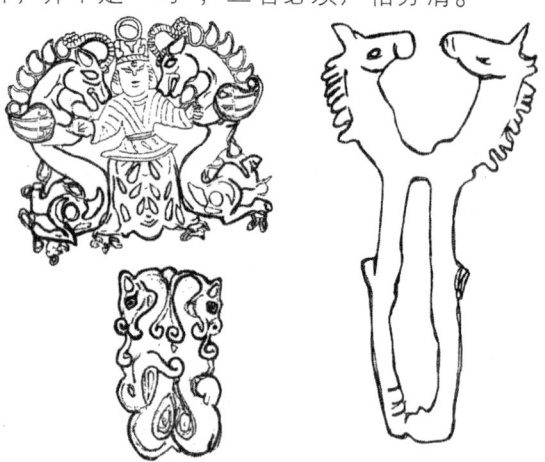

西域神马或"龙马"

(左上:双马神像,大月氏墓出土,金饰,席巴尔甘;左下:双马神像,斯基泰墓葬出土,东南部欧洲;右:双马神造像,波斯石雕;采自林梅村等)

这些"对马"或"双马神",大致源于古代印度。它们多被拉长身躯,或者说有"龙化"趋向。或说大西域常见龙马互融,马即是龙,龙即是马,也有些道理。

---

① 林梅村:《吐火罗人与龙部落》,《西域研究》1997年第1期,第17页。
② 林梅村:《吐火罗人与龙部落》,《西域研究》1997年第1期,第17页。

林梅村《吐火罗神祇考》说：

> 《史记·匈奴列传》索隐引崔浩注："西方胡皆事龙神。"所谓"胡"或"塞外"，自然包括月氏、龟兹、楼兰等吐火罗系统古部落。①

匈奴人确也崇拜龙。林海村认为，《诗经》与《周礼》等书涉及"马祖"之祭，"八尺以上"的西域"天马"被周人称为"龙"②，那么，"祭祀八尺以上中亚马的宗教活动当即胡人所谓'请龙'"③，此意甚佳。但是，最好不要把"匈奴"的龙崇拜跟大月氏的龙/马祭祀混为一谈。

吴焯、林梅村介绍过大夏黄金墓地（M2）出土的"双龙守护国王"耳坠（彩图参见《文物天地》1991年第6期封面；本书第346页插图左上）。微蹲的国王立像两侧，各有一"句龙"（为王左右手所抓持），龙头似马首——林梅村认为吐火罗的马即龙——有鬣，有角、翼和足④。这些"龙"的形象确实颇多马的元素。

王克林认为，这个图纹的祖型就是曾侯乙墓出土的五弦乐器所绘"人/龙"图案⑤——这个图案，冯光生认为是《大荒西经》夏后开"乘两龙"的形象⑥。王克林也持同样看法："曾侯乙墓的跨龙人物为夏代的开国者启，而黄金之王墓的持龙者有人考证为大夏国王，二者何等相似。"⑦ 这些都值得进一步研究。

林梅村还认为，大月氏—吐火罗的"龙"具有明显的马蹄与马鬃，常成对出现，应该源于古代印欧人宗教里的"双马童"（nāsatya, aśvinau）。上文举有语言学证据⑧。

我们觉得，大月氏—吐火罗人确实崇拜马神以及具有马的元素的"龙"，这种龙跟"那伽"关系更大。但是，还不能据此断定，他们的"龙"就是马，更

---

① 林梅村：《吐火罗神祇考》，《国学研究》第5卷，1998年；《古道西风：考古新发现所见中西文化交流》，生活·读书·新知三联书店，2000年，第14页。

② 林梅村：《吐火罗神祇考》，《国学研究》第5卷，1998年；《古道西风：考古新发现所见中西文化交流》，生活·读书·新知三联书店，2000年，第14页。

③ 林梅村：《吐火罗神祇考》，《国学研究》第5卷，1998年；《古道西风：考古新发现所见中西文化交流》，生活·读书·新知三联书店，2000年，第15页。

④ 参见吴焯：《西伯尔罕的宝藏及其在中亚史研究上的地位》，《考古与文物》1987年第4期；林梅村：《大夏黄金宝藏的发现》（上），《文物天地》1991年第6期。

⑤ 王克林：《从出土文物看夏遗民的迁徙》，《考古与文物》2001年第2期，第52页。

⑥ 参见冯光生：《珍奇的夏后开得乐图》，《江汉考古》1983年第1期。

⑦ 王克林：《从出土文物看夏遗民的迁徙》，《考古与文物》2001年第2期，第52页。

⑧ 林梅村：《吐火罗神祇考》，《国学研究》第5卷，1998年；《古道西风：考古新发现所见中西文化交流》，生活·读书·新知三联书店，2000年，第13页。

兽身龙，或"走龙"

(上：战国走龙，青铜，日本新田氏藏品；中：鎏金走龙，唐代；下：陶立龙，元代)

兽身龙，早在战国前后就已经出现，多在北方，早期者似存鳄形。或说，此与游牧民族爱重走兽与家畜有关。所谓"龙马"或"马姿走龙"似乎亦与此相关。

不能说，西域的龙指的都是马。新旧两《唐书》说，焉耆吐火罗王以龙为姓。林梅村等引据敦煌写本《唐光启元年沙州伊州地志》云：

> 龙部落本焉耆人，今甘、肃、伊州各有首领。

于阗文、藏文文献也称居留中国西部的小月氏为"龙家"①。案：小月氏颇多"羌种"，他们跟龙的关系确实密切。

---

① 参见林梅村：《汉唐西域与中国文明》，文物出版社，1998年，第79～81页。

问题的关键在于:大月氏或吐火罗人心目中的"龙"是什么意思?跟华夏—汉人或中原人的"龙"有什么异同?

林梅村所论,我们觉得只能证明:"月氏"的族称,古音与吐火罗语"神:龙"有些接近。

我们不懂吐火罗语,只觉得这里有若干义项论证不周,或有待论证。

(1) 月氏的"图腾"是什么,是否以"图腾"(例如"龙:马")为族称?

(2) 吐火罗语的"马"怎么读,跟"龙:神"是否对音?

(3) 吐火罗语的"神/龙/马"跟邻近的印度、中国的同时期读音有没有关系,有没有相互间的"影响"?

只有搞清这些问题我们才会知道古中国人为什么用"龙"对译月氏的"马",然后才能谈到这三个邻近民族对"龙/马"的看法或民俗,到底存在什么样的文化关系。

龙是海马?

日本的高田忠周《古籀篇》等著作认为,龙的外形极像海里的小生物"海马"(hippocamp),这跟龙出"水(中)马"之说不同,也跟西方"Dragon:龙"体躯似河马或犀牛不一样。

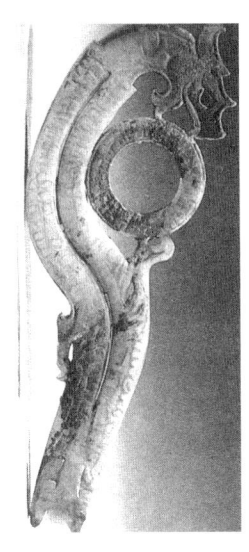

海 马

(左、右:海马;中:西汉龙形玉带钩)

龙有些像海马——古人也说,马首似龙;海马正是蛇躯与马首的某种结合。看,玉带钩(西汉)所见的龙形跟海马是多么相似!当然,这只是由"形似"着眼,没有什么依据。

高田氏举出甲金文中外形与"海马"略似的例子,并且跟克里特文的"海马"相比照,认为中国龙的马首、鱼鳍、鳄身、蛇尾(或蝎形)摹写的都是海马。① 海马是水族,但其形确似马而微,古人或认为是"水中龙马"的"遗孽",所以姑将其附于"龙马"项下。

我们知道,仅仅根据外形的偶似去判定某种神秘动物的母型,是极不可靠的。

龙可大可小,可长可短,如果海滨渔民、潜水"蛙人"乍见小小的海马,可能惊为"龙子龙孙"——这可以说明龙形象的涵盖性与模糊性。但是仅仅凭长不过数寸的海马,是很难"生长"出凶猛而又雄伟的龙形象的。

龙,很重要的是带有黄土高原居民的想象,即使是很少的,但他们亲眼目睹海马的机会是极少的。

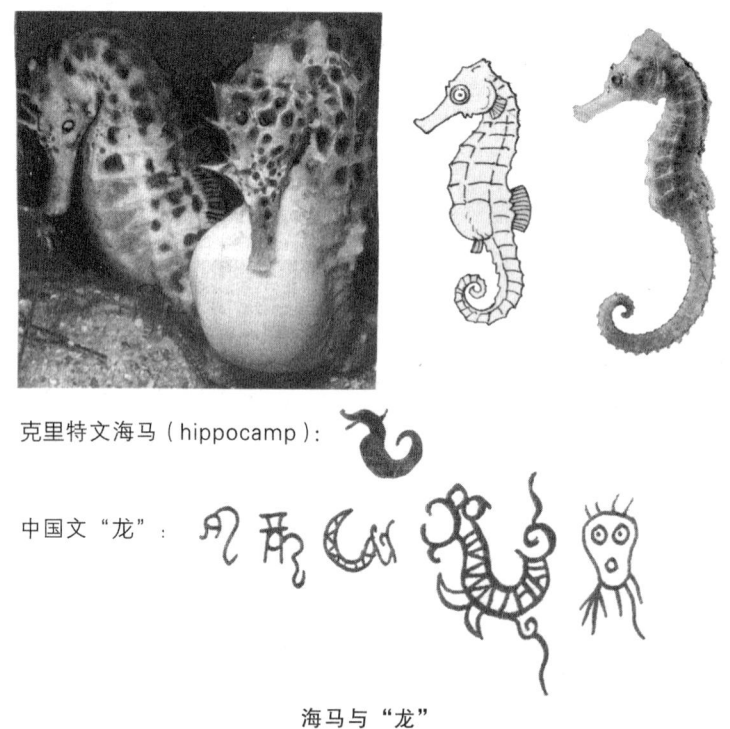

克里特文海马(hippocamp):

中国文"龙":

海马与"龙"

(上列:海马,影像资料与图绘;下列:克里特文字"海马"与金文、甲骨文之"龙",末一字可疑。采自蒋善国)

日本的高田忠周说,中国"龙"来源于"海马"(不同于"水马:野马",中国古代文献里"海马"主要指西域"洋马",不是 Hippocamp),形态确实略似,但仅从"形似"臆测,并不符合中国龙形象发生与演进的历史。

---

① 参见蒋善国:《中国文字之原始及其构造》,武汉古籍书店影印本,1987年,第76页。

据说，卫聚贤的《龙与舞龙》（原文未见）也认为，龙的母型之一是海马①，但论据不明。可能因为海马头部似驴马之马，而龙亦具"马首"，以致"附会"。

海马在唐人陈藏器的《本草拾遗》里有记载。其引《异志》云，海马"生西海。大小如守宫虫，形若马形。其色黄褐"。主治女人难产，可带之于身，"神验"。

《本草图经》说："生南海，头如马形，虾类也。"引《异鱼图》说，收之，暴（曝）干，以雌雄虫为对，主（治）难产及血气。

要注意，中国古代文献里的"海马"，如所谓"海马蒲桃镜"，指的是来自大西域的焉耆马、土库曼马、阿拉伯马之类。鲁迅的《看镜有感》曾作介绍，有意令其与凡马杂交的"水马"，多指野马，不要将其误会为海洋中的那种小生物。

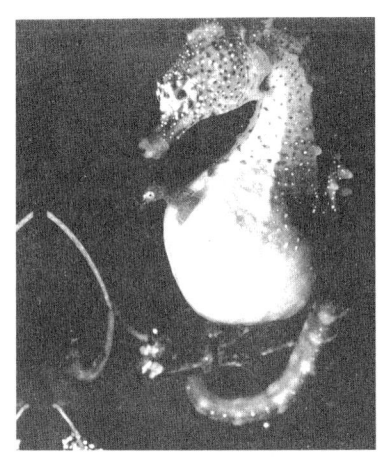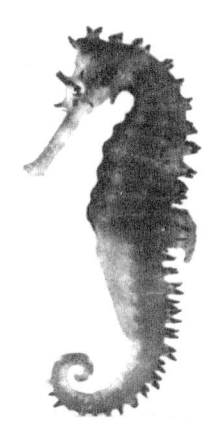

小海马

（左：牛津科学电影公司的照片；右：太平洋、印度洋的冠海马和刺海马）

猛一看，海马确实有些像某种长嘴钩尾且有鱼鳍的龙——甚至有些像Dragon。但是缺乏多重证据的支持。

龙与犬

《搜神记》中说，徐国宫人生卵弃于水滨，神犬"鹄苍"衔归，蛋中出儿，即徐偃王，"后鹄苍临死，生角而九尾，实黄龙也"。《渊鉴类涵》引《述征记》说："彭城东岸有丘，俗谓之'狗葬'。或云，斯则徐偃王葬后仓者也。'后仓'，狗名。后仓将死，生角而九尾，实黄龙也。"（参何新引，"后仓"疑"告仓"之误）此如南方槃瓠是狗或"龙犬"，但又可化为"虫"或"龙"形。

---

① 参见那志良：《玉器上的龙》，引见《龙在故宫》，（台北）故宫博物院，1978年。

《搜神记》（卷二十）有救主义犬名"黑龙"。

《搜神记》（卷九）杀奸救主的义犬亦名"乌龙"。

《列仙传》说，有仙人持二"茅狗"来，呼子先与酒媪各骑其一而升天，"乃龙也"。这是一种"幻术"，把祭祀用的茅狗（或即刍狗）变成了龙。仙人神通广大，就是一把扫帚也能将其变成龙。这在民俗学上意义并不大。

闻一多《伏羲考》早就注意到这些材料，说"龙有时又像狗"，"狗〔有时〕也被呼为龙"，但他并不认为龙来源于狗。

郭长生等则径以为龙源于犬（参后）。

唐·张鹭的《宣室志》说，卢畅在郊野遇二白犬，"腰甚长，而其臆（胸）丰，飘然若坠，俱驰走田间"。卢立马观望。

> 俄而其犬俱跳入于一湫中，已而湫浪泛腾，旋有二白龙自湫中起。云气噎空，风雷大震。……（参见《太平广记》卷四二三，9·3441）

以上是狗变成龙的一种说法。

"龙犬"的称呼，颇多见于槃瓠传说。

《后汉书·南蛮传》仅说高辛帝畜狗，"其毛五采，名曰槃瓠"（10·2829）。

徐益棠《浙江畲民研究导言》述畲族传说云，高辛氏由耳中取出似蚕的虫子，置于盘中，忽变龙犬，"毫光显现，遍身丝绸"，赐名"龙期"，号曰"槃瓠"。

畲民《祖图》中神犬名"金龙"。瑶族《过山榜》则称为"龙犬"。

凌纯声《畲民图腾文化的研究》引《蓝氏宗谱》说，高辛皇后属下老妇耳中出虫，"如异茧（或蚕茧），以瓠盛之，将盘覆之"。这前半段早见《后汉书》注引《魏略》（10·2830），或是"语讹"（语言疾病）的结果，美称之曰"龙"，乃民间传言："须臾，化作一龙，身有一百二十斑点花色。"又说，长大后，"长一丈二尺八寸零，遍体龙鳞火珠，花色青黄，左右称为'龙犬'"。郭长生也介绍说，贵州麻阳地区祭祀槃瓠的庙被叫做"龙王庙"，大王的形象为龙头狗身，可见苗族认为狗也是一种"龙"①。

龙犬槃瓠

（畲族《祖图》之一：《槃瓠杀燕王头献功》，采自宋兆麟）

苗、瑶、畲等族传说，祖先槃瓠为高辛王解忧，跋山涉水，取来入寇的犬戎王或吴将军的头颅，得与公主成婚。

有的"文本"将其神化或尊化为"龙犬"，其母型是凶猛的藏獒。

---

① 参见郭长生：《试述"槃瓠"图腾的龙的因素》，《贵州民族研究》1987年第3期。

凌纯声介绍说，畲族早期"祖图"乃槃瓠犬形或犬首人身。吸收龙之元素，是汉族影响的结果，狗头变成龙头①，是犬/龙"混合图腾"②。这样说，犬与龙之间本来没有多少本质的有机联系。其所引《狗皇歌》云，槃瓠本是皇后（或说老妇）耳中金虫，保存"龙出于虫"的古老信仰——

> 一日之时望长大，变成狗龙长二丈。……
> 五色花斑生的好，皇帝圣旨变金龙。

畲族《祖图》，槃瓠画像为"人身狗头鳞颈"。
而开天辟地的盘古（与槃瓠对位）也有龙躯。

> 盘古之君，龙首蛇身。嘘为风雨，吹为雷电；开目为昼，闭目为夜。（董斯张《广博物志》卷九引《五运历年纪》）

这很像"烛龙"（袁珂将烛龙列为创世大神），不能排除北方或中原神话的影响。甘肃民歌有《盘古龙》篇。

凌纯声介绍说，畲族"亦有讳言其祖为犬，而改称龙犬；祖杖雕刻作龙头"③。

我们看两则有关畲族祭祖的传闻：

> [温州畲人] 相传以木置（刻）犬头，饰以金箔，涂以赤漆，置于袋中，祭则须三昼夜。（徐珂《清稗类钞》）

> [浙江畲人]（竹箱）一置香炉红布袋，相传袋内置木刻龙首，饰以金箔，髹以丹漆；一置画像，所画图像与槃瓠传说略同。（余绍宋《龙游县志》）

刻"龙首"者，犬形全失，不复故貌，"尊化"的代价是传统损缺。

刘尧汉以苗、瑶、黎、壮、水、布依等族为"龙女娲系"（与"虎伏羲系"相对），又说其"（洪水）葫芦神话，多涉及雷公即龙神。这些出自葫芦的'槃瓠之种'，也就是龙种"④。羲娲洪水遗民故事跟槃瓠神话同样包含着葫芦（瓠：匏瓜）崇拜，他们可能也崇拜蛇龙，然而槃瓠化形之一也可能为龙。

槃瓠≠雷公≠龙神

雷公赠给羲娲兄妹以葫芦，其内有"雷公牙"（暗喻"有牙女阴"，vigina

---

① 参见凌纯声：《畲民图腾文化的研究》，《中央研究院历史语言研究所集刊》第16本，1947年。
② 潘宏立：《试论畲族的图腾崇拜》，《人类学研究》试刊号，民族出版社，1981年。
③ 参见凌纯声：《畲民图腾文化的研究》，《中央研究院历史语言研究所集刊》第16本，1947年。
④ 刘尧汉：《中国文明源头新探》，云南人民出版社，1985年，第228页。

tantata），用其"种"出"新人类"，却与龙崇拜关系不大。刘氏又说："浙江畲族的狗图腾是从虫、鱼之类的龙图腾演变而来，故仍称'金龙'。由广东海南岛黎族'文身'来看，其'自云本系狗种'也是龙的演变，狗种实为龙种。"① 其实亦无理据。并徐偃王"黄龙（犬）"故事在内，狗是主体，狗而称"龙"者主要是演进过程中的"尊化"。但不可否认，犬/龙在特定语境中可相互转化。

牛龙与龙牛

龙的"分类"，不决定于身躯，而决定于头部，甚至决定于"角"。所谓"牛龙"，多属"牛（角/首）龙"。晋·常璩《华阳国志·南中志》说，诸葛亮"为夷作图谱，先画天、地、日、月及君长、城府，次画神龙，龙生夷及牛、马、羊……以赐夷，夷甚重之"。孔明当是依南方兄弟民族传统及民俗，再现龙之所生，"诸夷"也欣然接受。他们不但崇龙，而且认为人类及牛、马、羊等都是"龙的后裔"，万物齐等，并没有华夏—汉人根深蒂固的"人类中心主义"。

牛角龙

（左列：南方"龙舟"上的牛角龙；右上：带"标语口号"的牛角龙舟头部；右下：民间艺术里的牛角龙。牛形龙或牛角龙多见于南方，就好像"马（形）龙"多见于北方，其角基本是巨大的水牛角）

这种"水牛龙"多装置于竞渡的龙舟上，汉、苗都有，且相互影响。目的在祈求"风调雨顺"，以至"人寿年丰"，进一步就是"国泰民安"了。但是大部分中原或华夏—汉人秦汉以前的龙并不像许多人说的那样长着牛角，而多是有一副羚羊的角。

---

① 刘尧汉：《中国文明源头新探》，云南人民出版社，1985年，第246页。

先秦有一种短角的龙，其角似采自牛，其中有些很像水牛的角，但不如南方者明确。例如，苗族龙的形象至为复杂，其"牛形龙"或"牛首龙"最有特色。或认为这跟他们崇祀的"剖尤"（或"蚩尤"）公公大有关系。蚩就是"螭"，尤或写做"蚘"，被认为是一种蛇或"水虫"，若"虺"。而"蚩尤"又长着牛角，能以角为武器，"角觝"与"角觝戏"为其创作。这样，苗族塑造的龙或龙舟就多见水牛角。这当然跟他们尊敬助人耕田的牛相关，也跟他们"剽牛"祭神祀祖一致（以尊贵之物为牺牲）。

顾自力认为，二十八宿的苍龙形似水牛，除头、角外，躯体、四足都像水牛，连甲骨文的"龙"字也不脱水牛形状。①

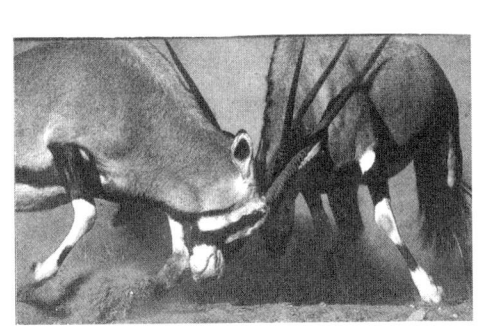 

羚羊角龙

（左：羚羊角斗；右：类龙，浮雕石刻，伦敦圣·保罗修道院，11 世纪初期，现藏伦敦奎德豪尔博物馆）

这是类似 Dragon 的怪兽，或以为是"龙"，注意它头上长的是羚羊角。

李埏以为龙出于蛇，但"龙的首角［却］是古人摹写牛头而塑造出来的"②。阜阳出土商代"龙虎尊"，龙首便极类牛头。传说伏羲为"龙身人首"，却有更多材料说他生有牛角或牛头（螭龙属的蚩尤也是牛角而善觝）。牛是农耕之神，人们"希冀龙也能像它那样嘉惠于人"③。

但是，秦汉以前，中原或华夏—汉人的龙却大多不长牛角，而生着"羚羊之角"，这为许多学者所忽视，倒是一件奇怪的事。

苗族的"龙"繁多，但龙的"品秩"不高。《苗族古歌》说，（蝴蝶）妈妈下了 12 个幼崽，多是动物。"花的老虎蛋／长的水龙宝。"跟英雄姜央、雷公等是弟兄，为当"大哥"而角力、斗智。"水龙翘尾巴／忽溜下山冲／挥舞头上角／撬垮

---

① 参见顾自力：《试探中国古代神话中龙的起源》，《民间文艺季刊》1987 年第 1 期。
② 李埏：《龙崇拜的起源》，《学术研究》1983 年第 9 期，第 34 页。
③ 李埏：《龙崇拜的起源》，《学术研究》1983 年第 9 期，第 34 页。

牛角龙

（苗族刺绣，范明三摄影并供稿）

苗族的龙，品种很多，较常见的"牛角龙"或"牛头龙"，在短躯的鱼尾龙的头部容纳了苗族人最喜爱的牛的特征。

龙身上的"猛人"，或说即化形为牛的"剖尤"（蚩尤）公公。

半边坡。"本领不过如此，当然斗不过姜央，后来是分区而治。"雷公在天上／雷公管雨水／水龙在大海／水龙管龙虾。"雷公是南方特产。龙，有时称"龙王"，"水龙有圆宝（珠）／海中亮堂堂"①，含印度元素。

当然，在若干民俗故事里，龙的地位依然重要。或说，这是受华夏—汉人的影响。

蚩尤与牛首龙

（贵州东南台江施洞等地苗绣，钟涛等收集）

蚩尤，苗语称"剖尤（公公）"，尊为祖先英雄。蚩尤化身为牛为龙，苗族以其扈从之"牛首龙"来表示。苗族祭"枫树神"（蚩尤）时，扮"枫树神"者戴三角冠或"连山冠"，如图所见。有时，其上还飞翔着它们的始祖母"蝴蝶妈妈"。

---

① 田兵编选：《苗族古歌》，贵州人民出版社，1979年，第211～218页。

岐从文认为，苗族崇拜的伏羲、女娲，本来就有"蛇身人面，牛首虎鼻"之类的形象特征（参见《列子·黄帝》篇等；《春秋合诚图》谓伏羲"龙身牛首"）。苗绣常见大母神"蝴蝶妈妈"两旁有"龙身牛首"图案，或即暗指羲娲①。苗族故事中姜央祭祀蝴蝶妈妈之时，大牡牛忽然跑到海中与龙"嬉戏"，弄得龙、牛不分②。暗示龙与牛（就像"龙"与母马一样）在水中交媾，生下"龙牛"或"牛（角）龙"，是苗人某支的祖灵或图腾。

神兽珍禽仙树宝鼎

（江苏睢宁九女墩出土汉代画像石）

这是一幅热闹的祥瑞图。两只凤形神鸟夹侍"生命树"（这是典型的西亚式"对兽"构图）；空中除飞鸟外，还有九尾狐以及类麒麟而有"叉尾"的翼兽；夹护宝鼎者除熊、犬外是一对鹿角牛体鸟翅、身上布满圆斑或疣状突起的神兽，跟铜山出土"神兽"（铜盒）十分相似，而且开启了后来龙体鹿角麒麟的造型。

在藏族史诗《格萨尔王传·花岭诞生之部》里，有一头雌牦牛被称为"龙牛"。"当时，龙宝玉帐（龙王宝帐）和《十二万龙经》（苯教经典）等物，无论是骡子还是马，都无法驮动它，只好让福角母龙牛驮着走。"③ 龙牛突然乱跑，龙女（格萨尔王母亲）追赶不上，迷了路，在果地遇到（白）岭国大军，后来与王子僧伦婚配。这头"龙牛"（龙是神圣化的荣称）在民俗学看来，实是一种"引导兽"（guide beast），跟"角端"等相同，它以神秘行径"引导"团族、英雄、圣王或公主走向"吉祥"（参见本书有关"麟"的探究部分）；也可以认做动物化的"媒神"。

---

① 参见岐从文：《贵州施洞苗绣的原始梦魇》，《民俗与民间美术》，陈瑞林编，湖南美术出版社，1990年，第244页。

② 参见岐从文：《贵州施洞苗绣的原始梦魇》，《民俗与民间美术》，陈瑞林编，湖南美术出版社，1990年，第244页。

③ 《格萨尔王传·花岭诞生之部》，王沂暖、何天慧译，甘肃人民出版社，1985年，第22页。

象鼻龙

殷商时期中原气候较今湿热,犹有象群活动。安阳殷墟出土过象骨、象牙,甲金文与青铜器造型或纹饰,也都有象的形象。"为"字繁体是以手牵象。舜象冲突便是殷人服象的象征讲述或曲折反映(徐中舒、闻一多、袁珂等曾作细致分析)。为了"加强"龙的神异生命特性与力量,为某些龙加上象鼻毫不足奇,某些昆虫(如象鼻虫)也有长而勾曲的"鼻"或喙。

西藏螭吻:象鼻龙
(大昭寺,西藏拉萨,黄垠鹏摄影)

由龙变幻而来的"螭吻"或"蚩尾",据说能够以水神的灵性而辟火,所以安装在宫殿式建筑的屋脊上,华丽而精美。后世说是"龙生九子"之一。

西藏佛寺的"螭吻"尤为著名,多以"象鼻龙"的形态出现,糅合了中原汉族与印度的神圣动物之形象。

奇怪的是,不出产象的美洲,古代也有"象鼻龙"的造型。论者引为哥伦布以前美洲与亚洲有过文化交流的证据。

梵文 Nāga(那伽),意为"龙/象",合用一词,盖因水行龙力最大,陆行象力最大。二者似乎没有本质上的联系,但印度与中国西藏都有"象鼻龙",不知道跟这种"双称"或"双关"词语是否有关,两者的融汇也许可以使它们各自的力量倍增。

最奇特的是,美洲不乏"象鼻龙"或"象鼻(羽)蛇"的形象[①],可美洲从

---

① Paul Shao(邵保罗),*Asiatic Influence in Pre-Columbian American Art*(《哥伦布以前美洲艺术里的亚洲影响》),Iowa State University Press, U.S.A., 1976.

前没有象，所以有学者认为，美洲众多"象鼻龙"造型或纹饰，是在哥伦布以前由中国或印度传去的。①

"象鼻龙"纹

（西周青铜器纹饰。左上：簋盖，山东曲阜鲁国故城M48出土；右上：簋盖，河南三门峡虢季墓出土；下：《函皇父鼎》，原器藏上海博物馆）

商周青铜器上有"长鼻龙纹"，实为"象鼻龙"的图案化。

象鼻龙

（1. 象纹，周初，《乙公簋》，局部；2. 象纹，周初，《邢侯簋》；3. 商夔龙纹《象尊》；4. 象鼻蜗身龙，商代）

商代有象。某些龙，包括蜗身龙（或称蜗身兽）鼻子都上卷，是模拟象鼻。除了审美要求变化与灵动之外，主要是想让混形动物的龙增加一份象的力量，特别是象鼻子的灵活与多能。

---

① Paul Shao（邵保罗），*Asiatic Influence in Pre-Columbian American Art*（《哥伦布以前美洲艺术里的亚洲影响》），Iowa State University Press, U.S.A., 1976.

作为"混形动物",龙具有相当的包容性与聚合力。它不仅吸收地面、天空、水中乃至地底许多动物富有生命力与更新性、再生性的肢体、器官来强化自我,并且天衣无缝地"融会贯通",浑然一体,甚至在开通"草原之路"与"丝绸之路"以后,吸取主要活动在异方或域外的一些猛兽,如狮子、象等的雄伟与力量,使自己更显得勇猛与强大——特别是某些龙鼻"翩然"上卷,既生动又增加了美感,在其多栖性、多变性之中又添进了"多能性"与"多样性"。当然,龙也容纳进了印度、波斯等国家狮、龙、虎、豹等猛兽造型艺术的"优长"。

这还可以在邻近的中亚、南亚、东南亚国家的龙、类龙以及其它猛兽艺术里看到其相互交流与影响的痕迹。

屋脊上的象鼻龙

(西藏建筑龙头脊,采自王大有)

西藏建筑多以象鼻龙替代一般的螭吻,这说明它兼具印度与中国的影响。

象鼻龙

(左上:供参照的商代《象尊》图纹;右上:佛教建筑上的象鼻龙,西藏拉萨大昭寺铜塑,董磊摄;中:龙舟上的龙纹饰,象鼻或象牙,高安与西双版纳;下:卷鼻或翻唇龙纹,或夔龙纹,商代青铜器纹饰)

象鼻龙较易辨识。佛教系统者出自印度,自然不在话下。有饰以象牙或"唇鼻"一体者,值得注意。

可见，龙意象的张力或"散射"能力跟它的包容性、吸收力并行不悖，且相得益彰。波斯龙（或龙凤）的形象基本是中国式的，而不似 Nāga-Dragon；相反，后者还可能在特定历史时期接受中国龙的影响。东南亚的龙、狮子、罗睺（Roha）与马卡拉（Makala）等"异兽"形象便有不同程度的中国龙的影响，证明它们所蒙受的"恩泽"是双重或多向的。

狮与龙

狮子跟龙的结合，对于没有狮子的古代中国是很奇怪的事情。但是，唐或汉唐以来，这一结合却是不争的事情。沈福伟说：

> 龙在中国是四方之神中的水物，属于阴兽；狮在伊朗是太阳的化身，象征君权；它们各自在本民族的意识中起着崇高的指导作用。狮龙结合代表了东周以来的阴阳交合观念，中国传统的龙与来自伊朗的异兽狮的结合，是一种文化上的融合与反馈。①

是否阴阳融合，还不一定。龙是很令人惊奇的，它有相当的包容性与聚合力，它要向龙以外的其它"神物"吸取力量与威风。葛承雍据以强调："龙的狮化开始于东汉与安息加速交往之际，首先出现在北方交通要道附近。"② 或者说，随之而来的是明显的走兽化。例如那一组精巧的青铜镀金走龙，像猛狮般行走。同样，波

"狮龙"：人立的狻猊
（宋代狻猊纹）

中国的"狻猊"，一般认为指狮子，但也有异说。中国不出产狮子，可是"舞狮"却跟"龙灯"一样被当做中国文化的一个"代表"，可见民间文化潜能的巨大。或说，狻猊指"狮子龙"，是"龙生九子"中的一种。

---

① 参见沈福伟：《中国与西亚非洲文化交流志》，上海人民出版社，1998年，第78页。
② 葛承雍：《唐代龙的演变特点与外来文化》，原载《人文杂志》2000年第1期；《龙文化与民族精神》，上海人民出版社，2000年，第103页。

斯也向中国吸收乃至移植龙的形态与雄奇。

葛还说："［唐代］龙体与西域诸国使者所献珍禽异兽中的狮、豹等类似，明显地［集］具有高足的狮子和龙形于一身。……［而且］唐代龙的造型与狻猊、天禄、辟邪等灵兽有着直接或间接的关系。"①

中国的铺首（龙生九子之一）就是狮/龙融汇的小小的证明。

如龙之狮

（巴厘岛的狮神，具有中国龙的某些外形特征，印尼）

狮子是西来的，唐代《西凉伎》写到以狂舞的狮子来表达思乡之情，却成了中国文化的一大"特色"。狮子的神化意象，也吸收了龙的特征。例如，拉长身子，突出"蟹目"，甚至披上龙鳞。这似乎还影响到亚洲某些狮子的形象。

新加坡城徽：狮龙或鱼尾狮

（左：新加坡城史青铜浮雕；右：后来的狮首鱼身雕塑。2008年摄于新加坡）

据说，当初拓殖者登上海滩的时候，只有一条"狮龙"迎接他们。后来，"鱼尾狮"便成为新加坡城的象征。

较古老者还显示为龙身。"鱼龙曼衍"，加上东南亚特有的狮子，便成为武勇与聪智的同义语。

---

① 葛承雍：《唐代龙的演变特点与外来文化》，原载《人文杂志》2000年第1期；《龙文化与民族精神》，上海人民出版社，2000年，第111页。

狮头龙

（上：神兽镜；下：神人镜。汉天纪二年，采自［日］林巴奈夫的《汉代诸神》；图右是分解出来的类狮兽神物）

汉画里某些龙形头部极似狮，原因不明。

天纪二年镜的白虎头部也似狮——却长着蛇躯，活像"狮头龙"。

纳西族有"狮头龙身之神"(tʂʋ1sifnafpʋ↙)(见方国瑜、和志武:《纳西象形文字谱》,云南人民出版社,1981年,第200页)。何星亮说:"印度佛教中的狮子对中国龙形象的演变影响很大。唐宋时期的龙吸收狮子的形象,头圆而丰满,脑后披鬣,鼻子也近似狮鼻。江苏江宁属于南唐时代的一些墓中壁画上的龙,不但头部像狮子,就连整个身体也有点近似于狮子。"① 或说,新加坡"城徽"狮头鱼,实质上也属于"狮龙"。当初拓殖者登岸时只有一条"狮龙"来欢迎,便被当做吉祥物,后来其逐渐演变为"鱼尾狮"。

东南亚地区(例如印度尼西亚爪哇、巴厘等)的一些"狮子",面部或身躯极像中国的龙,或称"龙狮"、"狮龙",那是接受印度狮子、Nāga造型与中国龙交互影响的结果。这里应该特别注意狮形对于麒麟形象的影响。

欧洲的"混形"神话动物中与龙有关的,最有名的要算喀迈拉(chimaera),它是巨蛇提丰(typhon)与少女厄客德娜所生。赫西俄德《神谱》描写道:

> 他呼气为火,高大可怕,身强力壮,快步如飞,长有三个头——一个是目光炯炯的狮首,一个是山羊之首,另一个是蛇首或者说凶猛的龙首。②

这里还羼进了荷马史诗《伊利亚特》的两行描写:

> [它]上半身是一头猛狮,下半身是一条巨龙,身体中段像山羊,呼出来的是熊熊火焰(6·181~182)。

欧洲美术家多据此创作混形神话动物,它看起来如狮形,其实主要是狮与蛇的混形。论者或径以为此即西方的"狮龙"。它后来为英雄佩加索斯(Pegasus)与柏勒罗丰(Bellerophon)所杀。

---

① 何星亮:《中国龙文化的特征及其发展阶段》,《龙文化与民族精神》,上海人民出版社,2000年,第156页。

② [古希腊]赫西俄德:《神谱》,张竹明、蒋平译,商务印书馆,1991年,第36页。

第七章 龙与自然现象

龙为虹说

王子今采用汉画中虹呈现为双首蛇虺的形象，来论证龙与虹崇拜有关。①

很有趣的是，马来人称虹为"那伽"或指"水蛇"。这个词移植自印度，梵文原义是"龙：象"。可见古代南亚人也以虹为龙蛇的形象。《山海经》中，夏启与其它神"乘两龙"，王子今认为这跟虹/霓（副虹）的神化相关。马王堆3号汉墓帛书《天义气象杂占》指出，虹为"双脊微拱的龙"，并且有"双虹"的图形②，正是一雄一雌的双龙：雄虹与雌蜺③。我们认为，雌鲸称"鲵"若"蜺"，正与副虹之"霓"有语音与神话上的干涉（参见"鲵龙"节）。王子今又以为，龙身拱屈的形象，很可能所表现的正是治水之神共工的儿子"句龙"。句通"勾"，即弯曲。

虹桥：双首虺龙

（左：汉武梁祠画像石；右：秘鲁特鲁希略"龙墙"，印加文化，采自王大有等）

双首虺龙构成拱桥形的"虹"，是圣物崇拜与自然崇拜的叠合，拱桥起源很晚。但殷墟甲骨文却有"双首虺龙"构成的拱桥形的虹。疑莫能明，也许跟璜的形制有关。

---

① 参见王子今：《龙与远古虹崇拜》，《文物天地》1989年第4期。
② 参见《长沙马王堆3号汉墓出土西汉帛书〈天文气象杂占〉》，《中国文物》第1期，文物出版社，1979年。
③ 参见王子今：《龙与远古虹崇拜》，《文物天地》1989年第4期。

"鲧"接近"共工"的合音,"工"与"虹"音同,而"共"又通"拱"。①。

王子今举出山东嘉祥、沂南等地汉墓画像石虹呈两头龙而又似"桥"的例子,暗示虹龙可以交通天地。"龙体的弧形与虹的角半径一致,均为42°",而玉石之璜,"也往往表现为'双龙首'的形式,其弧度也与虹相近"②。璜的起源可推溯到红山文化。

虹形双首虺龙玉璜

(上左:红山文化玉器;上中:殷墟 M5 妇好墓出土玉器;上右:楚器。下面是作为参照的拱桥形彩虹,北京全景图片公司图片)

"半璧曰璜",璜早在新石器时期就被做成双首虺龙的形象。桥形虹很早就被想象成双首龙蛇的样子,二者结合就成了虹桥形双首龙。

我国直到殷商时期都还没有拱桥,"双首虺龙"的"虹桥"意象也许来自"半璧"的玉石璜。但"虹龙"弧度之"小"确实令人起疑,莫非很早就有简陋或半天然的"拱桥"?它们跟"虹龙"的关系一时确难澄清。

当然,龙为虹说的主要或较早依据是甲骨文之"虹"作"双首蛇虺"之状。如图:

世界民俗神话史上,"虹蛇"(rainbow-serpent)的观念或典故是非常普遍的(参看《周易的文化解码》,待刊);但是,仅仅因为这些就把虹当做龙的母型,其在考据学上的严密性还是不够的。

胡昌健说,"龙的原型来自春天的自然景观",是"综合"的,如"蛰雷闪

---

① 参见王子今:《共工神话与远古虹崇拜》,《民间文学论坛》1988年第6期。
② 王子今:《史记的文化发掘》,湖北人民出版社,1997年,第615页。

电的勾曲之状",以及"蠢动的冬虫、勾曲萌生的草木",所依大概是早期龙的造型多身、尾"勾曲"。而"三月始现的雨后彩虹"是"最直接的原型,因为虹有美丽、具体的可视形象"①。《楚辞·天问》汉·王逸注还说,霓或蜺,是"云之有色,似龙者也"。其实仅仅美丽、直观的"勾曲"外形,并不足以使它们替代"虫"或爬行动物的躯体而成为龙的母型。最主要是它们的内在神秘,让初民深信它们具有跟龙同样的行云布雨、乃至赐福降祸的神力,形体造成的类似联想只是一端。洪成玉说:"虹也与龙一样,同属虫类。甲骨文中'虹'的字形与'龙'字颇为相近。……看来在古人心目中虹是龙的又种。"② 他还认为"虹/龙"在上古都是复辅音字。

【虹/龙】klong

前此,丁山在论述龙与雷电有关时,已提出龙或取象于虹(《神考》122)。

美洲的拟虹双首虺龙

(左上:双首虺龙,印加文化,秘鲁特鲁希略;中上:阿兹特克双头龙;右上:作为参照的中国双首虺龙,或拟虹龙,周代青铜器纹饰;下:拟"虹"的双头龙,古代秘鲁陶器纹饰)

太平洋两岸古代文化,都有以"两头蛇"为形象基础的双首虺龙,有的还被拟为拱桥形的"虹"。

可见龙确实与虹有关,但又不能简单地说"龙来源于虹"。

---

① 参见胡昌健:《论中国龙神的起源》,《中国文物报》总第25期。
② 洪成玉:《申、虹、雷、龙——从汉字看龙的观念的形成》,《龙文化与民族精神》,上海人民出版社,2000年,第85页。

蒋明智认为:"原始宗教信仰的核心是自然力,因此,最为原始的神既不是动物神,也不是植物神,而是以宇宙、天象为主的各种自然力和自然现象本身。"① 即令这是"一般规律",也不足以证明某一"类似性"自然天象为龙之母型。这一观点注意到了作为"龙"可能的自然形象基础的"虹"与云雨雷电有连带关系,并非单独便能成为龙母型。"龙的原型是虹,就可以很好地解释龙与雨水的关系。虹与雷电有关,直接为地上带来雨水。尤其当彩虹出现之前,雷电交加,狂风大作,暴雨倾盆而下,有时还出现雷击现象。"② 初民由敬畏而产生崇拜。但这仍然不足以证明"虹"、"雷"等能够替代龙的"第一性动物存在"而成为龙的最早母型。

虹:龙的自然意象之一
(优秀摄影作品)

五彩虹霓被认为是龙的自然意象之一——如果说成"唯一自然依据",就以偏概全了。

钟涛也不想把龙的来源局限在某一"天象",如电闪、云雾、虹霓之类,而认为"龙是风、云、雷、雨、水共同的生命格,不能只归于云的生命格"。他更强调水意象与水崇拜的促成作用。"风"、"云"、"雷"、"雨"并与水相关。"龙的本体意识是对水的崇拜,即对水的自然力的神化。"③ 这同样也是抹杀了龙的

---

① 蒋明智:《论龙母的崇拜》,"中国神话研究的当代走向"学术研讨会论文,(武汉)2011年,第17页。
② 蒋明智:《论龙母的崇拜》,"中国神话研究的当代走向"学术研讨会论文,(武汉)2011年,第18页。
③ 参见钟涛:《论清水江苗族龙文化》(原文未见)。

原初或"基元性"的"生物存在"。且要注意,虹的"生物模式"是虫或虫虺,而虫或蛇是龙的最重要母型。

没有被崇拜的动物形象的龙,无机界、天象或植物的"类龙"形象就不可能单独产生动物性的龙形象。没有"本体"的龙蛇形象,后起的用做"隐喻"、"象征"的"比附物"怎能发生在前呢?

龙 星

从《史记·天官书》开始,一般把"东宫七宿"称为苍龙。也许前此并不全是如此。何星亮《苍龙腾空》比较了另几种说法——

《周礼·冬官·考工记》龙星——"大火:心宿";

《尔雅·释天》龙星——房、心、尾三宿;

晋·郭璞注:"龙为天马,故房四星谓之'天驷'。""龙星明者,以为时候,故曰'大辰'。"

汉·蔡邕《独断》引旧说:"灵星,〔大〕火星,一曰'龙星'。〔大〕火为'天田'。"

何星亮认为:

(早期)龙星≈大辰星≈大火星(心宿;案:天蝎座γ)≈房(四星)≈天驷(天马)。

古人为了观察与记录的方便,在邻近的星辰间用假想线连接,通过联想或模拟作用,将自己所崇敬、喜爱、畏惧的神话或宗教意象,特别是(混形)动物,用来命名各种星座。龙星并不只是一颗星如大火星,而是以它为"主"的一组星(如房、心、尾三宿),身躯滚圆,如虫似蛇,又似有角,乃称之曰"龙星"。龙星有"头",有"角",有"尾"——相当于西方的"天蝎座"(有的西方学者便说龙像蝎子)。

《周易·乾卦》中有"飞龙在天"。闻一多说,"古书言龙,多谓东宫苍龙之星;《乾卦》六言龙,亦皆谓龙星"①。我们认为此说未必成立。

森安太郎认为,龙的形象跟"东方苍龙"同构。他在《黄帝的传说》一书里说:

从《史记·天官书》里的苍龙(龙)星象看,〔它包括〕在牧夫座(Bootes)的大角星、处女座(Virgo)的角星与亢星、天秤座(Libra)的氐星、天蝎座(Scorpio)的房星与心星(大火),及尾九星。……

---

① 闻一多:《周易义证类纂》,《古典新义》(上册),古籍出版社,1954 年,第 46 页。

心星是龙的心脏，氐星一带断定是为龙角，尾九星是为龙尾。①

"心星"就是"大火星"（《诗·七月》中"七月流火"的火，不是"火星：Mars"），"最初孕育着大火的威力，而成为观念里的东西"②。

其实，应该先有（爬行）动物性的龙——森安也承认龙本是蛇——才把"类似"的星座命名为"苍龙"之类。东西方古代星座命名都是如此，尤其爱用神话名称。

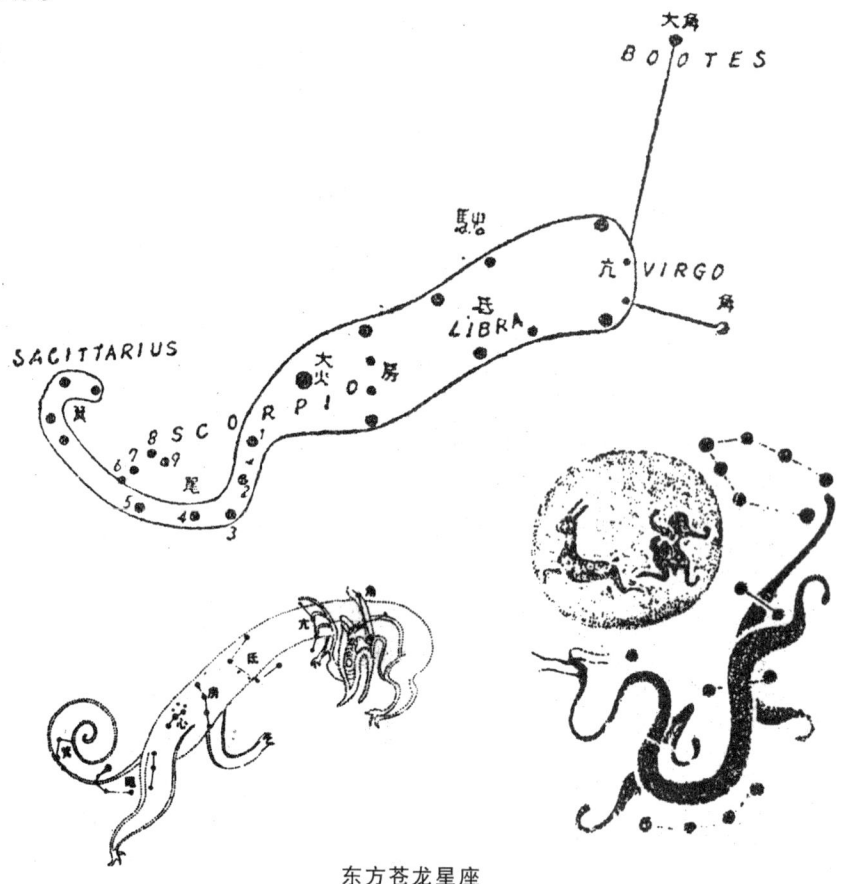

东方苍龙星座

（上：与西方星座比照的苍龙座，采自森安太郎等；左下：更形象的画法，采自何星亮等；右下：汉画里的苍龙座，河南南阳）

龙升上太空便成了"苍龙"星座——"四神"之一，标识东方或东方的天空。

---

① ［日］森安太郎：《黄帝的传说》，王孝廉译，（台北）时报文化出版公司，1988年，第195页。

② ［日］森安太郎：《黄帝的传说》，王孝廉译，（台北）时报文化出版公司，1988年，第195页。

《管子·内业篇》："凡物之精，此则为生，下生五谷，上为列星。"《说文》说"星"亦谓："万物之精，上为列星。"很清楚，应是先有地上之"生"，其灵曰"精"，再登为"星"。只有《论衡·龙虚》说，天有"四象"（或称为"四神"），地有"四灵"，"四星之精，降生四兽"。

闻一多以后，陈江风具体论述《周易·乾卦》所及之"龙"皆为龙星由地平线下跃上天空之运动。

"潜龙"最可能指黄土或黄沙，甚至深渊之下的"龙"（巨蜥或大蛇）在冬眠，其跃于渊，是惊蛰，何曾"跃上天空"？他认为：

九五爻"飞龙在天，利见大人"，指初昏时苍龙位于正南方；

上九爻"亢龙有悔"，表示苍龙升至高位之后，开始下行。

那么，前人最精彩的诠释是，"亢龙"指直挺挺的龙，隐喻得势便张狂，因而有悔，便被"瓦解"了。

用九，"见群龙无首，吉"，龙无首，指东方苍龙七宿的"角宿"（代表龙头）隐没不见，而苍龙其它各个部分在初昏仍呈现在西方地平线上。①

以"苍龙"之运动解释《周易·乾卦》诸龙，所谓"乾卦六爻还表现东方苍龙从潜隐到出现、飞升、高亢，然后一步步伏沉，回归潜渊的循环过程"②，实在困难多多。"群龙无首"却"吉"，最难解释。闻一多也只好改字读经，读"群龙"为"卷龙"，以与苍龙心宿之"不欲直"（亢龙有悔）相对照（《古典》上·46～47）。不局限于"星象"，便好办得多。

冯时则认为："《周易·乾卦》所记六龙的六条卦爻辞，明确反映了古人对于苍龙六体回天运行的完整观测结果。"③ 分别为：

（1）潜龙——龙星之首伏未出——角宿

（2）见龙在田——角宿与天田星一起昏见东方——亢宿

（3）或跃在渊——龙星诸宿尽现于东方地平——氐宿

（4）飞龙在天——龙星横镇南中天——房宿

（5）亢龙——龙星移过中天而西流——心宿

（6）群龙无首——龙首之角、亢、氐诸宿重新行移到太阳附近，与太阳同出同入而伏没不见——尾宿④

---

① 参见陈江风：《天文与人文》，国际文化出版公司，1988年。

② 参见陈江风：《天文与人文》，国际文化出版公司，1988年。

③ 参见冯时：《中国早期星象图研究》，《自然科学史研究》第9卷第2期，1990年；参见《中国天文考古学》，社会科学文献出版社，2001年，第308页。

④ 参见冯时：《中国早期星象图研究》，《自然科学史研究》第9卷第2期，1990年；参见《中国天文考古学》，社会科学文献出版社，2001年，第308页（引文经过我们的重新排列）。

河南濮阳西水坡龙、虎（蚌壳塑）夹墓主人而葬。被发现以后，冯时试图证明它是最古老的"四灵"苍龙、白虎的造像①。这极具原创性。左龙、右虎可能有"定位"或"指向"功能。但这仍然是以龙/虎来"突显"并捍卫墓主人的"中心霸权话语"，如常见汉镜铭所说：左龙右虎辟不祥，子孙备具居中央。没有出现北方的龟，不能把游离在外的鹿拉进来硬充"西宫"或"北宫"麒麟。所以很难说这是"最早"的四神或四象。还有，朱雀在哪里呢？他并不否认龙的起源的多元性，但是，强调龙的信仰，主要植根于"对东方星宿的崇拜，而这一崇拜的缘起则在于诸星宿对于远古先民的授时意义"②。他反复论述：

> 最早的龙是作为星象存在的。
>
> 龙的世俗形象，也可以说是它的艺术形象，乃是多种形象逐渐杂糅的综合体，而它原始的真实形象则来源于星象。③

其实，就龙形象而言，先有"动物模式"，再有"天文模式"，从"有生"的人化自然到"无生"的人化自然，不仅符合原初神话思维的某些定则，也是被历史与事实所反复证明了的。

有学者批评这种看似严整、实是臆测的构拟时指出：过分的逻辑严密"对应"或严整"秩序"，都不大符合原始性事象，包括神话思维特征。新石器时期文物中已经多次出现龙或类龙的形象，那分明是在映写某种带混形性的动物形样，那时并没有什么"东方苍龙"六宿的观念。初民或上古人"不可能依天上星座所呈现的可以主观建构的几何形象来杜撰地上事物"（王小盾：《四神》上·19）。王小盾还认为：

> 《周易》的基本理论是讲阴阳的关系，"龙所以象阳"，故六龙讲的是阳气消长盛衰的六种状态，而龙星的东升西沉只是其中一种表现。（《四神》下·784）

这值得神话学之"天文学派"学者们思考。

1950年，伊曼努尔·维里科夫斯基在纽约哈伯出版社推出了一本备受争议的奇书——《碰撞中的世界》，它试图用天体的"意外"活动造成"灾变"来解释地球上许多神秘事件。他说，远古时期，有一颗彗星飞近地球，受到潮汐或雷电的"干扰"，变得奇形怪状，于是许多群团创造了"魔蝎"或"飞龙在天"之类神话意象（这也许可以叫做"龙的彗星来源"学说）；更由于彗星之类进一

---

① 参见冯时：《河南濮阳西水坡45号墓的天文学研究》，《文物》1990年第3期。
② 参见冯时：《中国早期星象图研究》，《自然科学史研究》第9卷第2期，1990年；参见《中国天文考古学》，社会科学文献出版社，2001年，第303页。
③ 参见冯时：《中国早期星象图研究》，《自然科学史研究》第9卷第2期，1990年；参见《中国天文考古学》，社会科学文献出版社，2001年，第308页。

步被"破碎",于是"心理投影"现象导致东西方古人用"狮子"(或"苍龙"、"轩辕")、"豺狼"(天狼)、狗、猪或鱼来命名包含"星座"在内的天空的某些部分——他甚至用这种"理论"解释人类崇拜动物的原因(陆生动物"飞"到天上便是神秘)。① 这当然也无法诠释"龙"的来源,因为"苍龙"等星座命名比龙意象出现的时间要晚得多。

青 龙

(汉王晖墓画像石拓本,四川雅安;郭沫若、沈尹默等题词)

龙曾被当做中国人的"图腾"或"象征"。青龙、白虎等四神图像,汉墓极为常见,此幅画精美异常,连拓本都很珍贵,加上名人题跋等,已成"文物"。

殷墟卜辞所祭祀的"龙",许多是"龙星:灵星",不限于"苍龙"七宿(参见《综》283等)。尤多"㚰龙"之祭(例如,《粹》48·3,《甲》754等),饶宗颐说,犹言"祈龙",多属于求雨的"雩祭"一类。"龙为宋、郑之星,正当殷之星虚(分野)。"② 饶氏以为:"殷人祀龙(星),意者即雩祭,所以祀年也。"③ 也就是说祈雨求丰。

马承源说,除了主要在水里活动的"兽头蛇身和有爪的幻想动物"之外,龙又是"天象的象征",《周礼·冬官·考工记》:"龙旂九游。"郑注:"诸侯之

---

① 参见[美]卡尔·萨根:《布鲁卡的脑:对科学传奇的反思》,金吾伦等译,生活·读书·新知三联书店,1987年,第114~115页。
② 饶宗颐:《巴黎所见甲骨录》,《选堂丛书》之2,香港大学,1956年,第18页。
③ 饶宗颐:《巴黎所见甲骨录》,《选堂丛书》之2,香港大学,1956年,第18页。

所建旗也。大火，苍龙宿之心，其属有尾，尾九星。"所以，"龙旗""可能代表苍龙宿之大火（星）"。汉代美术，"东方宿的青龙，就直接描绘成龙的形象"①。他们都没有否认幻想动物性质的龙的古老存在。

3月春分之时，虫醒鳄动蛇出，"春，蠢也"，虫蛇都在蠢动。

在神话思维系统里，不是按照什么季节出现什么动物或植物，再按照（此种）"物候"去测定时令；而恰恰相反，是按照出现的动物或植物去断定"时令"、"节令"或其创造者，并以之命名。不是春天带来燕子，而是"玄鸟至，春分临"——是燕子创造了春天。"在某个季节出现的动物通常认为是这个季节到来的使者和原因：就神话观而言，创造夏季（或春天）的正是燕子。"② 所以，"龙见而雩"，是"苍龙"或"龙虫"（母型动物）惊蛰而苏，创造了"春分"，随之升上太空化为"灵星：龙星"或苍龙星座（二者逐渐对应，龙星逐渐显著而龙虫冥昧）——对之进行祈雨之祭。雩祭对象首先是创造云雷和雨季的龙虫，后来才是苍龙星宿。水和雨同质而异构，作为"水之灵"的龙当然会变成"雨之神"——雷电便是这种"转变"的音声信号（龙也因而可能成为雷电之神，雷电的"动物形态"）。正如王小盾所说："古人曾把雷之'震'和人之'娠'看做相对应的事物，并且用龙符号'辰'来作代表，这也出于同样的原因，即龙神和雷神具有同一性，都代表生命发动。"（《四神》下·783）

同样是以"综合"诸形或诸说相标榜，陈绶祥却据实专注于能够提供"观象测候"依据的动物。他认为龙形象是"动物历法"的反映，产生于古人"依草木鸟兽自然现象定时节的记岁方法"。

> 在广大的范围中，人们选择不同的物候参照动物，因此，江汉流域的鼋类、鳄类，黄河中上游的虫类、蛙类、鱼类，黄河中下游的鸟类、畜类等等都有可能成为较为固定的物候历法之参照动物。③

他似乎暗示，不同区域的不同动物都有可能是龙的主要母型，而且首次提到虫类、蛙类（"鸟类、畜类"却太笼统）。"这些关系演化成观念，集中在特定的形象上（引案：什么样的'特定形象'，应当作进一步的说明），便形成了龙"④，《说

---

① 马承源：《商周青铜器纹饰》，文物出版社，1984年，第7页。

② ［德］恩斯特·卡西尔：《神话思维》，黄龙保、周振选译，中国社会科学出版社，1992年，第51页。

③ 参见陈绶祥：《遮蔽的文明·中国龙》，北京工艺美术出版社，1992年，第82页；参见《龙与民间文化五人谈》（陈绶祥的谈话），《民间文化论坛》1988年第4期，第67页。

④ 参见陈绶祥：《遮蔽的文明·中国龙》，北京工艺美术出版社，1992年，第83页；参见《龙与民间文化五人谈》（陈绶祥的谈话），《民间文化论坛》1988年第4期，第67页。

文》云，龙"春分而登天，秋分而潜渊"，龙母型之虫、蛇、蜥、鳄等有冬眠习惯，龙确实与物候、物候历法相关；但龙的主要职司或"功能"却并非用来测候。"物候性"动物，如陈所举者，除鳄外，至多充当龙的某种躯体之取象依据，鸟类、蛙类、鼋类等不可能成为龙的基本性母型，只有虫、蛇、蜥、鳄能够成为"一时之选"。

苍龙星，与日月争辉
（东汉画像砖，或称《东王公乘龙图》）

这里确实出现有人"乘"龙，有三足乌与"兔捣药图"，其神确实可能为东王公，与西王母相对。但这里出现星辰，"东王公"又在东方，所以较可能仍是"东宫苍龙"的意象。

另一与龙形相比附的是"轩辕星"（西方为狮子座）。《史记·天官书》："轩辕，黄龙体。"集解引孟康曰："形如腾龙。"正义："轩辕十七星，在七星北，黄龙之体，主雷雨之神。"

这相当明白：轩辕星座形似黄龙躯体——在神话中，是黄龙升上太空成了轩辕星，"创造"了这一星座，并主司"雷雨"以及天象、天气之二十四变（参见《史记正义》及《太平御览》卷六引《大象列星图》等）。其神格极高，所以跟黄帝相粘附。

我们认为，它可能就是《楚辞·九歌》里主持云雨、出入寿宫、顾恋冀州的云中君女神（参见《楚辞新探》）。蓄水、导河、行雨、布云的应龙，很可能是云中君化身，兼为云神。她们的神性跟龙的职能、神通全合。而黄帝亦曾"以雷精起"（《艺文类聚》卷二引《河图帝纪通》）。何星亮的《苍龙腾空》说："'轩辕'一名很可能是龙的别称，因此，轩辕星也就是龙星。"（第150页）

除了相对静态的"星座"之外，动感极强的彗星或大流星，"连头（核）带尾"划过太空，更容易被初民或古人当做飞龙，尤其"火龙"行空的壮观景象（参见前举《碰撞中的世界》的说法）。

龙与极光

"烛龙"或"烛阴",学术界有人以为是"极光"的神话映象,称之为"北极光之神"。但极光有时与大流星或彗星并见而难以区别,却又强化了"火龙"飞天之印象。此说创自日本人神田选吉①。

刘文英较早对此详加论证。他说:"我国关于北极光的记载,最早见于《左传》、《周礼》等书。古人所谓'光异'、'五色光'等说法,就是指的北极光。"② 《汉书·天文志》所记,更具龙蛇之状。

> 孝成建始元年(前32年)九月戊子,有流星出文昌,色白,光烛地,长可四丈,大一围,动摇如龙蛇行。有顷,长可五六丈,大四围所(许),诎折委曲,贯紫宫西,在斗西北子、亥间,后诎如环,北方不合。留一刻所(许)。

其基本形态,颇像红山文化"C形"玉龙。但这也有可能是大流星或彗星,所以才"留一刻"左右。

刘文英列举了"烛龙"为北极光的多条理由,注意到二者均是龙蛇之形。

彗星与极光交互辉映
(摄影艺术作品)

北极光曾被中日学者当成神话里"烛龙:烛阴"的自然依据,让"自然现象的龙"又多了一个"新品种"。

尤其是当彗星与流星伴出之时,"龙来了!"这种强烈的幻觉与记忆相交织的观感很容易产生。

---

① 参见 [日] 小川琢治:《昆仑与西王母》,《中国文学研究译丛》,汪馥泉译,北新书局,1929年。

② 参见 [英] 李约瑟:《中国科学技术史》(第4卷),科学出版社,1979年。

《汉书》描绘北极光"动摇如龙蛇行",这是由于光带闪烁,亘天而动。因而在神话中,人们以为有一条"神龙","身长千里"。《山海经》曰[烛龙]"蛇身",《淮南子》曰"龙身",其实烛龙之"龙"已经说明了它的形状。不过,应当指出,北极光有时呈弧光闪烁之形,出现一条亘天的光带,有时则表现为光斑或光幔。①

后来,上海古籍出版社的张明华,也在一篇文章里指出:"我们的祖先,见到极光,不知何物,便根据极光之形状、颜色,以为是条巨龙,衔着火精,照亮整个天际。并将这现象加以扩大、神化,以为有条神龙守卫在北方天空。"②他们都承认,先有龙的实体与信仰,再把类似天象比附、夸饰为龙,"天象"加强并丰富了龙的形象与神话。

极 光
(艺术摄影)

在北极圈或其附近以及某些朔方严寒地区,在一定季节里会出现"极光",有时还形成"白夜"。有的学者认为,这就是在幽都的暗夜里也能发光的烛龙——它代替了太阳。所以《楚辞·天问》说:"日安不到?烛龙何照?"

先秦时期的中国人怎么会"知道"北极、北冰洋及其上空的神奇天象与动物(例如北溟之"鲲鲸",龙的一种),这是个繁难的问题,按下不表。张明华

---

① 刘文英:《中国古代关于北极光的记载和神话》,《活页文史丛刊》第93号,《淮阴师专学报》增刊,1983年,第5页。

② 张明华:《烛龙和北极光》,《山海经新探》,四川省社会科学院出版社,1986年,第313页。

介绍说,太阳耀斑(爆发)产生的高能粒子,激发大气原子进入电离状态,在磁场特别强大的南北极,最容易使其发光。"在太阳爆发剧烈的年代,会放射更大量的高能粒子流,这时地球大气受到冲击的范围增大,有时在 40～60 度的中纬度地区,也可以看到极光。"① 她举例说——

1957 年 3 月 2 日晚 7 时,中国东北漠河及呼河城出现色彩缤纷的光带,由雅布洛威山岭腰部升起,从黑龙江上空伸向大兴安岭之南,宛如一条五色巨龙翱游天际。

1982 年 6 月 18 日晚 10 时许,黑龙江、内蒙古、辽宁、河北、山西等地区,民众也看到了"北极光"(参见《解放军报》1982 年 7 月 12 日)②。

这样"烛龙—烛阴"以带状北极光被象征讲述或诠释为发光巨龙的临空辉耀,就是顺理成章的事。神话、神话意象本来是自然—人文交互作用下的神圣而兼审美的诠释系统。

龙:电闪雷鸣

李镜池的《周易通义》曾说,《周易》里的龙多似闪电。在天的"飞龙"是闪电,潜伏在云层里(未响)的闪电是"潜龙","无首"的"群龙"则是被浓云所遮蔽的闪电。

朱天顺提出,龙是闪电引出的想象。

> 从龙的神话中就其自然作用来看,主要跟降雨和洪水有关。春、夏和秋天,晴空中雷鸣电闪之后,接着就是一阵大雨,这种现象很容易使人联想到雨是雷电带来的。人们依据闪电的作用与形状,把它幻想成一条行速很快、身子细长、曲折前进的动物,这种动物就是龙。③

其论证、行文都很平实,其说有合理之处。但是,初民最早接触、观察、了解,并且言说、想象、再现的是一种动物,例如"行速很快、身子细长、曲折前进"的蛇,它比闪电更普遍地"危害"树居穴处的原居民。只是由于闪电在一定程度上与蛇相似,在类似联想下,才描摹它为"乱舞的金蛇",进而想象它也是一种龙。

徐山则说,甲骨文"龙"字,"可视为'电'、'雷'的变形"④。

---

① 张明华:《烛龙和北极光》,《山海经新探》,四川省社会科学院出版社,1986 年,第 313 页。
② 张明华:《烛龙和北极光》,《山海经新探》,四川省社会科学院出版社,1986 年,第 313 页。
③ 朱天顺:《中国古代宗教初探》,上海人民出版社,1982 年,第 51 页。
④ 徐山:《雷神崇拜》,上海三联书店,1992 年,第 3 页。

闪电，在天之"飞龙"
（摄影艺术作品）

闪电在高空突然出现，伴随着滚滚的惊雷，这可能让初民或古人感到天龙再次闪现……但这是在"动物龙"观念牢固建立之后才会有的类似联想。闪电可能被当做龙，但是龙并不"发生"于闪电。

胡孚琛说，龙是根据闪电意象创造的自然神。①

洪成玉也以类似理由提出："［初民］把雷电现象想象成一种能呼风唤雨的神异大虫在行使神力。这种大虫即被称为'鳞虫之长'的龙，实际上就是先民心目中的雷的化身。"② 陈勤建更详细论证："最早的龙是物象景观：雷声和闪电。"他首先举出《山海经·海内东经》所记：

雷泽有雷神，龙身而人头。

这就不是自然景观，而是动物意象。兽形"雷神"是出入水必以风雨，其光如日月，其声如雷的夔牛（其母型为水牛、犀牛或河马，可能与雷电意象互拟）；长身子的便是夔龙（其母型为吼声如雷的鳄或蟒），加上人面，便由"雷兽"而"准人格化"为"雷神"。"雷神，古吴楚地称为'丰隆'，其快读为'龙'声，龙即为雷电之声的拟声。"古无轻唇音，"丰隆"合音为"蓬"，确是炸雷之拟音，与"龙"之转化为"庞"相应；"丰隆"也写成"丰龙"，丰、封

---

① 参见胡孚琛：《谈龙说凤》，《中国社会科学院研究生院学报》1987年第4期。
② 洪成玉：《申、虹、雷、龙——从汉字看龙的观念的形成》，《龙文化与民族精神》，上海人民出版社，2000年，第86页。

义均为"大",雷电确实可以转换成动物意象之"大龙"(对此,语言学家已有论证)。这至多能够说成"龙"字由电鸣取声,雷电是龙的"语音形象",视觉形象却首先为虫、蛇、蜥、鳄之类,提升到天空,便联系上了电闪、龙卷(风)或者星座(东方苍龙)等。

再者,"隆"也可以模拟雷声。《诗经·大雅·云汉》中"蕴隆虫虫":毛传,"隆隆而雷";郑笺,"[隆隆],雷也";孔疏,"隆隆是雷声不绝之状"(上·561)。至今我们还说"雷声隆隆"。

而隆、龙古音近,音近义同,例可通转。

《左传》成二年:"围龙。"
《史记·十二诸侯年表》作"取我隆"。
《史记·鲁周公世家》:"取我隆。"集解:《左传》作龙。
《史记·晋世家》:"取隆。"索隐引刘氏云:"隆即龙也。"

所以,郑杰祥《新石器文化与夏代文明》说:"隆与龙古音同,可通用。"① 河南濮阳西水坡蚌壳塑的"龙"以鳄为母神,鳄鸣如雷(参上)。由此也可以证明龙曾兼为雷神(或雷电、雷雨之神)。

何星亮注意到,鄂温克人认为最初的雷神是龙,龙身上每一枚鳞片都藏着100担水(古代中原传说,龙打个喷嚏,唾沫星便使得大地洪水横流;抖下身上的三滴水,人间便三天三夜暴雨不止)。广东客家人称闪电为"火蛇"(现代人犹言"金蛇乱舞")。"蛇每年都必须脱壳,当人们看到蛇壳时,便以为蛇脱壳化身为雷电飞上天空去了。"② 他还说,往往雷电多的地方蛇蟒也多。这确实可以使二者在神话思维上发生"互动"或"互增"的效应。"《山海经》或谓长蛇'其音如鼓柝',或谓大蛇'其音如牛'。这样,在古人奇妙的联想下,误以为雷电就是蛇的化身,把雷电与龙蛇混同或等同起来。"③ 王笠荃《龙神之谜》说,"藏族的龙是从中原传去的(引案:也有印度元素),藏文中的雷电与飞龙是一个字",拉丁文转写为 abrug,汉语音译为"竺"。彝族支系《阿细人的歌》里,雨姑娘赫拉兹骑龙蜿蜒行空,"炸雷万里惊,龙尾甩又甩,雨滴落不停",完全是雷电之意象。

在印度神话里,不但旱魃弗栗多或维特拉(Vitra)化形恶蛇,雷神因陀罗(Indra)也曾化身龙蛇,它吐出的有分叉的舌头(蛇信)就是电闪,就像《楚辞·天问》的"雄虺九首,倏忽焉在"那样。正如林惠祥先生所说:

---

① 郑杰祥:《新石器文化与夏代文明》,江苏教育出版社,2005年,第220页。
② 何星亮:《中国自然神与自然崇拜》,上海三联书店,1992年,第254页。
③ 何星亮:《中国自然神与自然崇拜》,上海三联书店,1992年,第254页。

> 蛇有时被视为电光的象征，因其迅速蜿蜒倏发倏止的动作〔与蛇〕很为相类。……亚尔贡钦族信电光为创造者马尼突（Manito）吐出来的蛇，其被击死的树上必留有其蟠绕的痕迹云。波尼族说电光是蛇吞吐的舌尖，因为夏天的雨能润湿田土，故放电的蛇就被崇拜为收获的神，但因他又是暴雨及大水的前驱，故也很被畏惧。①

柳田国男也说："在古代人的想象中，闪电是美丽如锦的小蛇。"②

跟龙是闪电之象相应，森安太郎认为龙是雷，是雷雨之神。他的主要论点如下：

> 轩辕是黄龙，是主雷雨的神，说明龙和雷有关。……
>
> 丰字也有"大"的意思，因此〔云雷之神〕丰龙（丰隆）就可说是大龙。大龙（蛇）像雷，正是以龙为雷神的见解。③

这跟他所持龙为星象之说毫无矛盾且可相互补充。

> 从带有大火星（心宿）的星象苍龙，来看龙和火的关系，也可见龙象雷，亦是雷。由于雷是能生火（电火）的东西；故像雷的龙就被想象为能吞火、吐火，腹能藏火、育火的神物。④

这就跟西方的"龙：Dragon"能喷火之说相似了。

我们说，龙是云雨雷电之神，这是毫无疑问的。但如果要追寻龙的母型的话，与雷声相应的矫矢抖动的闪电确实像龙——如前所说，是闪电像龙，而不是龙像闪电。先有爬行动物的龙，才被用来比附天象。

甚至于"鳄形"的"龙"，初民也能想象它会雷电似地奋击长空（何况其神化之夔、夔龙能由"鳄帆"发出雷声或"鼍更"（参见本书有关鼍、鳄章节）。

波斯人拉施特介绍蒙古风俗说：

> 据说，在蒙古斯坦经常打雷。蒙古人认为闪电出自某种类似于龙的动物，而且在他们的地区上，居民〔仿佛〕亲眼见到它怎样从天上降落到地上，以尾击地，蜿蜒而动，并从口中喷出火焰。⑤

---

① 《林惠祥人类学论著·神话学》，福建人民出版社，1982年，第113页（个别字有变动）。

② 〔日〕柳田国男：《桃太郎的诞生》；引见〔日〕森安太郎：《黄帝的传说》，王孝廉译，（台北）时报文化出版公司，1988年，第16页。

③ 〔日〕森安太郎：《黄帝的传说》，王孝廉译，（台北）时报文化出版公司，1988年，第193页。

④ 〔日〕森安太郎：《黄帝的传说》，王孝廉译，（台北）时报文化出版公司，1988年，第194页。

⑤ 〔波斯〕拉施特：《史集》（第一集第一分册），余大钧、周建奇译，商务印书馆，1983年，第256页。

一位诗人把这"雷龙"描写成鳄鱼。

> 它宛似一条鳄鱼,驰骋嬉戏于太空,
> 它那怒气冲冲黑黝黝的躯体,仿佛从海中升起;
> 它对人世间发了怒,咆哮如雷,
> 从它的口腭牙齿之间,喷出烈火浓烟。①

其描写,又与"龙卷"相似。

王笠荃也认为,龙(以扬子鳄为母型)与雷电具有同一性,不过雷电不是龙的肉体而是其"灵魂"。"在泛灵论流行的远古,龙神趋向鬼魂式的更高的变化","龙魂即雷电"。②

秦汉以前,中国人似乎没有分割龙之"灵/肉"的观念,龙本身就是"精灵",无所谓"龙的灵魂"。《太平广记》等引《感应经》说,鼍鱼"被人捕取宰杀之,其灵能为雷电风雨",那是唐宋人的说法。

李炳海等则进一步认为龙蛇图腾来源于"雷图腾"③。

陈勤建论证龙源于闪电,用力甚勤,论证也相当绵密而有力④——至少证明闪电确曾被人附会为龙。

陈勤建责备传统说法"极少注意人的心理意识在其间的加工幻化,以及已积淀的民俗心理龙意象的定向反馈催化"⑤,良是。但传统说法并非完全不管心理与民俗的积淀。初民害怕闪电,但那是季节性现象,多数转瞬即逝。闪电"诱发"暴雨大洪,主要是南方经验。山洪"裹挟"蛇蟒、鳄蜥,甚至穿山甲,奔腾而下,也给坝子里的民众以极大心理冲击。南国因树栖而畏蟒,北方则穴居而惧蛇,连打招呼都用"无它乎",不敢直斥其名,或用"长虫"替代。我们跟陈勤建的分歧只在"什么"(是虫蛇还是闪电)先行,"什么"是龙意象的物象基础。"若没有龙的最初意象原型,猪头龙身或其它[动]物[之]首与龙躯怎么生发出来?"他认为"蛇身"只是中介。我们觉得"闪电"等只是龙意象形成或生长过程的一个因素。从古到今,龙形象首先都是长体躯的动物。不信,您画一道闪电、龙卷、奇树、大河,题曰"中国龙",看看老百姓相信不相信。

---

① [波斯]拉施特:《史集》(第一集第一分册),余大钧、周建奇译,商务印书馆,1983年,第256页。
② 王笠荃:《龙神之谜》,《中国文化》第5期,1991年秋季号,第95页。
③ 参见李炳海:《楚辞与东夷族的龙凤图腾》,《求索》1992年第5期。
④ 参见陈勤建:《关于中国龙的起源》,《文汇报》1990年1月4日;《新华文摘》1980年第5期。
⑤ 参见陈勤建:《关于中国龙的起源》,《文汇报》1990年1月4日;《新华文摘》1980年第5期。

民族文化心理及其积淀或集体无意识，也有像"票选"那样的"多数"与"少数"的问题。这似乎可笑。但是，"约定俗成"是民俗学、群体心理学乃至"语言"（从声音形象到概念形象）、文学（早期）的决定性"标准"或"尺度"。大众不承认，免谈神话、传说、民俗或"文化心理"；什么"象征"、"表象"乃至"语言"，都会因脱离群众，丧失其"质的规定性"，成为个别学者或艺术文学家的思维玩具。

虫蛇与蜥蜴几乎是无处不在、无时不有，比闪电等"天象"的普遍性大多了。它们是进化得十分成功的昆虫类或爬行类动物。它们伤人，但往往可以充当食物、药饵，行踪诡秘；"用肚皮走路"，除了虫蛇，谁还有这本事？这是上帝的"恩赐"。它们能在地面、土下或水中活动（飞蜥或飞虫还能翔行空中），连"冬眠"和"蜕皮"都被当做能够"再生"或者"不死"的神迹。

早在新石器时期，就有"蛇（形）龙"的造型。查海遗址有土/石塑造的"蛇"形龙，比濮阳鳄形龙早得多。马家窑文化彩陶有大量"类龙"的蛇形象，还有"脑后蟠蛇"与神首共享一对角。闪电、龙卷、奇树、大河形成的"龙"，有这样古老的"物质证据"吗？

卢履范批评陈勤建忽略古老的文献与古文字证据而"倒本为末"，是有道理的。但他的说法也有不严密之处，易滋误解。

> 兹据我国上古的历史实体考证，殷代有"龙侯之国"（引案：卜辞有"龙方"），夏后之世有"御龙"之国（《左传》），虞舜之世有"豢龙"之国（《左传》），黄帝之世有"龙伯"之国（《列子》）。这些国家均以畜牧为民生大计，其所畜与所牧便是"龙"。可见原始的"龙"是实有所指的生物。[①]

姑不论其所述是传说还是史实，这些"国家"不可能以畜龙、牧龙为畜牧业支柱。不管他说的龙是"古代已经灭绝的爬虫类动物"，或者指至今还活得好好的蛇或者鳄，都只能是养来玩玩，或者多少以"食其肉而衣其皮"为生计补充，都不能大量养殖。借用马文·哈里斯"文化唯物主义"的话说，太不划算，投入的动物蛋白质恐怕要比产出的蛋白质还要多，不如养猪；它们又不像狗能打猎，牛会耕田，没有什么实际用途。

《左传》昭二十九年所记，"秋，龙见于［晋］绛郊"，不能证明"自此之后，就不再有龙的历史实录出现了"。学术上，说"有"容易说"无"难。此后，"龙"的出现记录不知凡几。龙是"多元混成"，是带幻想性而又或有"实体"基础的动物。历史上，只要公认为"龙"，那就是"实录"或"传言"，是

---

① 卢履范：《释龙——与陈勤建同志商榷》，《文汇报》1990年2月13日。

真是假，是什么东西，那是学者们的事。

说"黄帝至春秋（前25世纪～前513年）"，龙是实体，"由野生动物驯养为家畜"①，后来才有"神化的龙"，也不正确。新石器时期的"堆塑"巨龙，趴在人脑后的"小龙"，早都"神化"了。可见，很难离开神话、民俗、文化心理而言龙。周国荣也说，龙来源于"电闪"，年代可推到万年前②。赵天吏注意"综合"，说："世俗之人，见雷电发时，有光宛转如腾蛇，因谓之龙。不明其理，遂想象其为'马首蛇尾'之'鳞虫之长'，妄矣！"③ 电光如蛇仍然是蛇通过"电闪"而被神化为龙，其本体依旧是蛇虫之类。

彗星与火龙

欧洲的恶龙几乎都喷吐有毒的烈火。西蒙、西古尔德与贝奥武甫以及圣·乔治等杀的都是"火龙"。

现存动物中，据说印尼有一种鱼，因体内富含磷，急了会喷"火"，名为"火鱼"。其它多出传闻。据李奭学介绍，公元8世纪，《盎格鲁-撒克逊纪年》(*Anglo-saxon Chronicle*) 里记载：

天空明亮闪烁，火龙飞天。

《新约·启示录》（第12章第3节）说："有一条大红龙，七头十角。"

学者们认为，这可能是彗星或大流星掠过夜空的神话映象。"这个名词形成之后，'火龙弥天而飞'的意象随之就在欧洲龙史上登场。'火龙'的形貌，学者也认为出自《圣经》影响。鼻喷火焰或口吐火舌，正合尤其是《新约》所状的地狱形貌，其中满布硫磺，烈焰熊熊。"④ 这是跟"飞天火龙"不同的地狱妖龙，有些像《楚辞·招魂》里的"九约"土伯，"约"或解说为九曲，加上叉角，就有些幽都恶龙的形貌了。

《法苑珠林》卷二引《智度论》说："有大力毒龙，以眼视人，弱者即死（案：此即 evil eyes：邪眼）；以气嘘人，强者亦死。"这种毒龙很像 Dragon。梁·僧佑的《释迦谱》中有火龙："恶龙毒心转盛，举体烟出。世尊（佛陀）即入火光三昧。龙见是已，火焰冲天，焚烧石室。"这是自然异变与动物意象相融汇。

---

① 卢履范：《释龙——与陈勤建同志商榷》，《文汇报》1990年2月13日。
② 参见周国荣：《释龙》，《民俗研究》试刊号，1985年。
③ 参见赵天吏：《说龙》，《河南师范大学学报》1983年第2期。
④ 李奭学：《西秦饮渭水，东洛荐河图——我所知道的"龙"字欧译始末》，（台北）《汉学研究通讯》第26卷第4期，2007年，第5页。

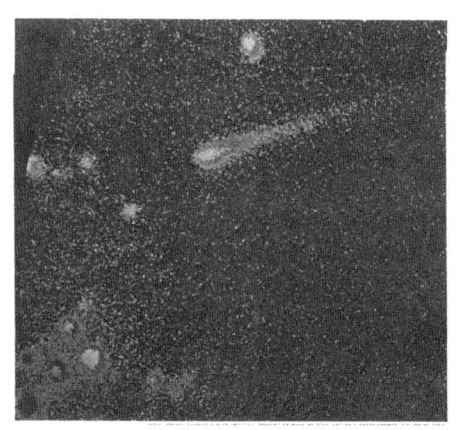

哈雷彗星：回归的龙？

（艺术家笔下的哈雷彗星。左：Davis Meltzer 等的作品；右：1986 年拍摄的哈雷"回归"）

彗星，尤其是规律性地周期出现的哈雷彗星，可能被某一特定时空的民众认为是回归的"天龙"。彗星或大流星划过太空，发出拖长的光，也可能被当做"火龙"的一种自然"依据"。

或说，作为龙或 Dragon 母型的蝾螈，有一种黑斑而浑身赤红的"火蝾螈"，因火的联想，可能被先民们虚构出"蝾形龙"的喷火神力来。

还要注意，大鹏金翅鸟在争夺不死仙药"甘露"（amrta）—苏摩（soma）酒之时，曾击落诸天可畏的武器"旋盘"；旋盘之下是守护仙露的火龙——跟欧洲保卫金羊毛或财宝的 Dragon 十分相似。

>……两条火龙施放烈焰，
>其状狰狞，其舌如电，
>口有火烧，目有火燃。
>目光肆毒，凶猛尤殊，
>暴怒成性，动作神速。
>它俩在此地保护甘露，
>是龙蛇中一双翘楚。
>二火龙永远双目圆睁，
>二火龙永远不眨眼睛。
>一个若是看了另外一个，
>后者也会立刻化灰丧命。

（《摩诃婆罗多插话选》上·148）

它们很像希腊神话中守宝的"百眼巨龙"或者海怪戈尔贡—墨杜萨。大鹏扬尘迷了它们的眼睛，才能将其撕成碎片。

欧洲的喷火毒龙

（采自美国《时代—生活丛书》）

印欧文化系统的"毒龙"多能喷火。

浑身是火的凶龙出现在天空，学者或说是彗星或大流星给人们留下的"集体表象"。

混形动物本就多功能。实存的动物罕有喷火的，但这不是纯粹的臆想，或说这是蛇蜥红舌的夸饰；或说这是森林大火，原木带火倒下滚出造成的"幻象"；或说这是"锻冶神秘"的幻想产物：烈火能改变铜铁的性状，如果由"龙口"喷出，当然能摧毁一切……

唐人李朝威《柳毅传》中钱塘君的本相与此十分相似，看来它主要源于那伽，也有德拉贡的成分。

大声忽发，天拆地裂，宫殿摆簸，云烟沸涌。
俄有赤龙长千余尺，电目血舌，朱鳞火鬣。
项擎金锁，锁牵玉柱。千雷万霆，激绕其身。霰雪雨雹，一时皆下。
乃擘青天而飞去……（《太平广记》卷四一九，9·3412）

中国龙能喷火的无多。宋·罗愿《尔雅翼》说：

［龙］呵气成云，既能变水，又能变火。

这只恐也羼进了印度材料。

龙的吐火，或以"自然主义"解释：那是蛇信或蜥蜴红色长舌的"联想夸张"；或以为由喷"水"对立转化而来。

火龙，或以为象征炽烈的阳光及其所造成的酷旱。袁鹤翔介绍说，西方学者或认为屠龙故事里"口吐火焰的妖龙"是影射"自然灾害"（干旱），"中国的后羿射日神话，也未尝不可作此解"[①]。另外一点，就是龙与雷电的紧密联

[①] 袁鹤翔：《从国家文学到世界文学——兼谈中西比较文学研究的一些问题》，（台北）《中外文学》第11卷第2期，1982年，第6页。

系——雷电是一种"天火"(参见本书"龙：电闪雷鸣"一节)。

火蝾螈

（上：红斑蝾螈，英国牛津科学电影公司照片；下：欧洲的"火龙"，或曰"火蝾螈"、"火蜥蜴"，此图复见）

西方人认为，有一种蝾螈能够在火里生存，有的还会帮助人防火、避火（有些像中国站在飞檐尖上的蚩尾或螭吻）。这一点跟西方的"龙：Dragon"在火中出没或者口喷烈火颇有关系，它们的形体也颇似蝾螈或巨蜥。

瑞士高原有一座皮拉图斯山（Pilatus）。据说害死耶稣的罗马总督皮拉图，为了逃避谴责，躲藏在这座峰危谷险的"破碎山"中。后来他的幽灵潜入山中湖泊里。这里从此风雪交加，常常爆发山洪。政府严禁登山。每年的"耶稣受难日"，痛苦的幽魂便浮出水面，试图用冰水洗净双手上的斑斑血迹。

西方的"火龙"

（左：瑞士皮拉图斯山传说中的"火龙"；右：喷火的龙，弗朗兹·波奇画作，1846年）

西方，尤其是北欧或日耳曼民族的龙会喷火，有的简直就是在火中生活。

瑞士皮拉图斯山，原称"破碎山"，盛传那里有一条能喷火的红色巨龙。它遗留下来的浸泡在"龙血"中的"火龙石"，据说还能治病。此山现在有"齿轨"铁路，登山火车叫做"火龙"，可以登上绝顶欣赏美丽的湖山雪景。

1421 年，突然有一条火红的巨龙飞临此山。农夫斯特普·费林看到，吓昏在地。醒来后发现有块"火龙石"浸在殷红的"龙血"之中。农夫拾起它，四处奔走传观，哪里知道此石竟有疗疾功能，触摸到它的病人马上恢复健康，面色红润，声音洪亮——这可能是一块有强烈放射性的矿石，在短暂时间里使人亢奋，长期接触很危险。1509 年，官方正式定其名为"治疗石"（Healing stone）。现在此处已成为旅游度假胜地，有世界上最陡峭的铁路直通海拔 7000 英尺的山顶，登山火车便被命名为"火龙"。

龙卷风

"龙卷风"（water-spout），即令没有被大多数人亲眼目睹，也会因新闻、影视等而为公众所熟知。

中国古代称龙卷风为"龙挂"。其威力可以在美国灾难片《龙卷风》里略窥一斑，美国的广阔平原上最常发生"龙卷"现象。

据称，吴越之俗，以 5 月 20 日为分龙日，故五六月间，雷起云簇，忽然而雨，浓云中远见若尾垂地，蜿蜒屈伸者谓之"龙挂"（参见 1988 年版《辞源》第 4 册，第 3608 页）。

宋·叶梦得在《避暑闲话》（下）曾记云："浓云中，见若尾坠地，蜿蜒屈伸者，亦止雨其一方，谓之'龙挂'。"

陆游有《龙挂》诗（见《剑南诗稿》卷七）。

"龙卷"现象
（现代素描）
龙卷风常被当做"龙存在"或"龙发生"的证据。

民间曾讹传为"蛇吞象"。《闻奇录》谓："有书生游番禺，历诸郡，经山中，见有气高丈余，如烟。乡人曰：此冈子蛇吞象也。"击鼓叫噪，"蛇退入一岩谷中"，盖风息也。乡人寻得一头大象，"尚立，而肌骨皆化为水"，针皮取水，相传，"此过海置舟中，辟去蛟龙"（《太平广记》卷四五九引，10·3755）。是同类相克。

白居易的《黑龙饮渭水赋》颇具写实性，所写似即"龙卷"现象。

> 呼吸而声起风雷，宛转而势超云汉！

孙作云说：

> 勺即云，云之取象乃由于龙取水。日文名之曰"龙卷"（tatsumaki），即海上黑云之竖立者；英文名 water-spout，世人以为龙取水者即黑云。原其所以称为云者，乃由勺字之引申。云即勺，勺即龙也。勺为云，云从龙，

故龙蛇能致云雨。①

这是把龙取水跟龙兴云、龙致雨结合起来的民俗观念。

泰勒说:"诗歌使我们跟古代灵性观的自然哲学亲近到如此程度,以致我们不必特别费力就能够把龙卷风想为伟大的巨人或海怪,并用一种恰当的暗喻方式描写它从茫茫大海上刮过。"② 这就无怪乎初民或古人把它想象为龙蛇的有意识行为了。日本人认为,这是"飞到天空浮游然而同时又急速运动"的"长尾龙"③,称为竜卷。

从前,琉球群岛原住民甚至把飓风取名为"龙神(大)会"或"龙神朝帝"(《琉球志略》)。可见在海滨人意识里海上暴风雨是跟龙紧密相关的。

龙卷风

(采自美国《国家地理》杂志)

"龙卷"现象是"龙形成"的自然依据之一。

爱德华·泰勒根据杜特利尔所写《中国人》(Ⅱ·265)说,他们认为"龙卷风"是龙在水上升降造成的,"即使是由于乌云,谁也没能同时看到它的头和尾",但水手们坚信龙由海面初升或降落时,就可以看到它的躯体。这似乎可以为《周易·乾卦》的"见群龙无首,吉"提供一种"自然主义"的诠释。成语"神龙见首不见尾"似乎也与此种现象有关。

泰勒说,欧洲中世纪的一部编年史里也有类似记载:

> 有一条巨大的黑龙似乎从云端飞出来,它把头浸在波涛之中,尾巴固定在天上。它贪婪地吸海水,连一条满载货物的船都会被它吸得高悬起来。船上的水手为了躲避这条黑龙,应该大声嚷叫,敲打甲板,把黑龙赶跑。④

这有点像中国人对付"天狗吞月亮"的传说。该书编者"辩解"说,这不是龙吸水而是太阳在取水。《聊斋志异》也有《龙取水》篇,说苍龙自空中垂尾取水,水

---

① 孙作云:《蚩尤考——中国古代蛇氏族之研究,夏史新探》,《中和月刊》1941年第2卷第4、5期;《孙作云文集·中国古代神话传说研究》(上册),河南大学出版社,2004年,第181页。

② [英]爱德华·泰勒:《原始文化》,连树声译,广西师范大学出版社,2005年,第240页。

③ [英]爱德华·泰勒:《原始文化》,连树声译,广西师范大学出版社,2005年,第240页。

④ [英]爱德华·泰勒:《原始文化》,连树声译,广西师范大学出版社,2005年,第240页。

随龙身而上，水足龙隐，大雨滂沱。

宋·孙光宪《北梦琐记》记载，"大江之南，芦荻之间，往往'烧起龙'"，这是因为热空气突然上升形成"小龙卷"；连烧纸钱时都可能形成小旋风（民间以为鬼取钱）。唐天复中，澧州（在湖南澧水流域）村民"烧畲（田）"，"龙突出，腾在半空……竟以仆地死毙"。这是"小龙卷"把某种蜥蜴（或蛇）带上天再甩下而摔死。孙氏所记杂龙，包括"小龙"蜥蜴。

杨文公的《说苑》（《宋朝事实类苑》卷五八引）说，张洎出使高丽，渡海，问船夫"龙"之形，对曰："常因云起，多见垂尾于波澜间，动摇舒缩，良久，雨大作，未尝见其全体及头角也。"王海根指出，这是把"龙卷风"当成"龙吸水"①。

"龙卷"现象较之星座、闪电，更易构想为海中蛇龙升天，或空中飞龙下海吸水，准备行云布雨（民间就称之为"龙吸水"）。陈勤建引《易》云："云从龙。""召云者龙。"某种"云气"矫夭屈曲圆滚，也容易被联想为飞天的龙蛇。王子今等还论证过水畔虹霓也能被建构成龙之意象。

诸如此类的自然景观，如果没有虫、蛇、蜥、鳄作为母型或形象基础，并从动物模式扩延到天象模式，以神秘动物"比喻"奇特天象，就很难建构为血肉生动的龙意象。

不过，陈的论述比较巧妙、具体。例如他解释龙形体"面积"的多变性就颇为有趣。

> 有的民众群体认为它（闪电）像水蛇的一种，随季出没（引《说文》"龙"条）。……一条粗黑的曲柱状乌云，赫然从天空挂下，弯弯曲曲直降到地平线上。这曲柱状乌云，能粗能细，能黑能淡，能长能短，如一条硕大变化多端的蛇。②

但这不是更像"龙卷"吗？

我们常听说，西方的"Dragon：恶龙：蛇妖"会抢掠、劫持美丽的少女，尤其是公主，一阵旋风就把姑娘卷上天去，再无下落。民间传言，"在旋风的背后通常要么隐藏着蛇妖，要么隐藏着科谢依（吃人妖怪），要么隐藏着鸟"。这就是龙卷风裹挟生物（包括人）上天的神奇讲述。"旋风劫持得手，而当主人公（案：例如王子、武士）四处寻找公主时，却发现她已落入蛇妖的掌握之中"③，这预期着"英雄救美"了。

《韩非子·难势》："飞龙乘云，腾蛇游雾。"（下·886；亦见《论衡·龙虚》引《慎子》）王笠荃《龙神之谜》认为这是反映"急旋风所卷的积雨云（中国俗称龙

---

① 王海根：《维系国家统一的精神纽带，保持民族团结的思想基础》，《龙文化与民族精神》，上海人民出版社，2000年，第245页。
② 参见陈勤建：《关于中国龙的起源》，《文汇报》1990年1月4日；《新华文摘》1980年第5期。
③ [俄] 普罗普：《神奇故事的历史根源》，贾放译，中华书局，2006年，第279页。

卷)"。《论衡·龙虚》说所谓"天取龙",无非是"雷电击折树木",藏在其中的龙(蛇)暴露,"龙见,雷取以升天",也正是"龙卷的情景"①。王还说:

> 急旋风常发生于炎夏,现在华东沿海及华南出现次数较多。它范围小,往往出现在强烈的积雨云下面,若将云卷作漏斗形下垂,即成龙卷。其下端达到地面,则所经路线"击折树木,发坏室屋",将碰到的"龙"以及蛇、鱼、湖水、人、畜、杂物卷上天上,飞行十几米、百余米,甚至几千米。②

加上久已形成的龙是能乘云上天的雷雨之神的观念,自然会把体躯与运动都像龙蛇的高速旋风叫做"龙卷"。王笠荃为了解释龙能登云上天,还说,实际上是鼍的"龙不会飞,但有时被高速旋转风云卷上高空"③,便造成"飞龙"或"龙飞"的印象。其实,这样的"机会"是极少的。

明·刘廷玑《在园杂志》有"龙见"条,称其行盱眙水道,风雨之中,见"四龙挂空中,最近者可一箭及之"。它没有明确的首尾或头角,"只见大水四段,倒流上天,如旱地之大旋风"。这就是所谓"水龙柱"。明·高一志的《空际格致》以他学到的科学知识驳斥之。略谓:"地出之气,不甚热燥密厚,冲腾之际,忽遇寒云,必退转下方,乃其旋回之间,必致点燃,而成龙腾之象。"这是用冷热空气突然猛烈冲撞对流来解释它。

阿拉伯作家马苏第说,大西洋一侧常见龙卷风。

> 有些人认为龙(tinīn,即 tanānin 的单数形式)是一股黑风,在水底形成,上升到大气层中,与云相汇合,如同从大地上旋转而上的大风暴,吹起了灰尘和所有干枯植物的残余并随之而盘旋。④

所以,有人认为(龙)是一条"出海的黑蛇"⑤。

有些阿拉伯故事则说,这种海上的黑色气柱,是"巨大的妖魔变的",这种妖魔往往是人格化的。

但更多民众以为是"大黑蛇"趁着暴雨升上天空。

在9~10世纪间,阿拉伯作家写的《中国印度见闻录》描写"龙卷"现象说:

> 海上有时见到一块白云,投影在船上,云端吐出一条细而长的舌头,接触海面,海面顿时翻滚,犹如锅里的开水沸腾:就如同龙卷风一样,如果这种旋

---

① 王笠荃:《龙神之谜》,《中国文化》第5期,1991年秋季号,第90页。
② 王笠荃:《龙神之谜》,《中国文化》第5期,1991年秋季号,第90页。
③ 王笠荃:《龙神之谜》,《中国文化》第5期,1991年秋季号,第94页。
④ [阿拉伯]马苏第:《黄金草原》,耿昇译,青海人民出版社,1998年,第161页。
⑤ [阿拉伯]马苏第:《黄金草原》,耿昇译,青海人民出版社,1998年,第162页。

风触到船只，就要把它吞没。接着云雾升腾，落下倾盆大雨，浪花飞溅；不知道究竟是白云从海中汲水呢，还是别的什么造成的。①

法国人丁·索瓦杰译注据《印度珍奇志》（第24节）说："阿拉伯人有时认为，龙卷风是一条龙，跳出大海，想升入云端。"② 中国人则多认为是龙在吸水，准备行雨，也颇"合理"。

上述种种自然现象，包括某些天体、天象，不仅外在形态或运动形态跟龙极为相似，而且跟龙的神话、民俗以及龙的灵性或"超能力"不同程度地"密合"，古今中外都有学者或文献把它们说成"龙"或龙的母型、龙的自然依据，这在学术上是很有意义的。但是，龙首先是（有生物母型的）神话动物，必须肯定其前提性的"活体存在"，然后才能分析其在特定语境里与某种自然现象怎样因"类似联想"而相比附，但不能说龙本来就是某些天体、天象或其"动物模式化"，更不能把其中之一说成是唯一性的龙母型或龙成因。

龙为河川

何根海提出，龙的"初始原型"是"河川"③。他说：

> 龙在中国上古文化中的滥觞、发展、流变、定型经历了一个由自然初始原型（河川）到次原型即动物原型，和（再）到多种图腾动物特征整合的历史进程。④

河川的"变形"，是龙神话的原始文化解绎。

> 龙滥觞期的初始原型为蜿蜒的河川，河川是龙最原始的基型，河川的形色声态流变动势与龙的形象结构系统有隐秘而真实的趋同性质。龙是河川活物化表达者，自然崇拜阶段原生形态的龙是初民将自然对象超自然化过程中表象联想互渗的产物……⑤

至于动物性的龙，不过是"龙（形）河川"的一种"寄托"，也是河川神秘机制的功能性载体。定型期的龙图腾则是初民以蛇、蟒、蜥、鳄等动物之联缀

---

① [法]丁·索瓦杰译注：《中国印度见闻录》，穆根来、汶江、黄倬汉译，中华书局，1983年，第6页。

② [法]丁·索瓦杰译注：《中国印度见闻录》，穆根来、汶江、黄倬汉译，中华书局，1983年，第38页。

③ 参见何根海：《龙的初始原型为河川说》，《中国文化研究》，1999年第2期。

④ 何根海：《中华神龙原型之谜》，《百科知识》2000年第1期，第59页。

⑤ 何根海：《中华神龙原型之谜》，《百科知识》2000年第1期，第59页。

或整合而成的。

　　这也真奇怪！我们在成文史以前的图象、纹饰或"造型"（例如泥塑、蚌塑、石雕等）里看到的明明已成型的具体确定的动物（尤其是爬行动物）形象，如今反而"后起"，成了"河川龙"的模拟或"载体"。我们不否认，某些"九曲回环"的河川看起来像龙，或者它们在"定型龙"形象的构成或"拼缀"里起过某些作用——但绝不是最早的"原生龙"（有人把恐龙或其遗体看成"原生龙"，可那还是动物，而不是树或河川）。我们能不能找到一些确实以河川为母型或形象基础的"远古（龙）图形"，来充作这种假说或理论推导的证明呢？

九曲黄河
（著名摄影作品）

　　九曲黄河是中华民族的母亲河。"我站在高山之顶／望黄河滚滚／奔腾澎湃……"很可能想起一条黄色巨龙把中华大地劈成南北两面，而又紧紧拴连。但是说龙来源于河川，实在是简单化了。

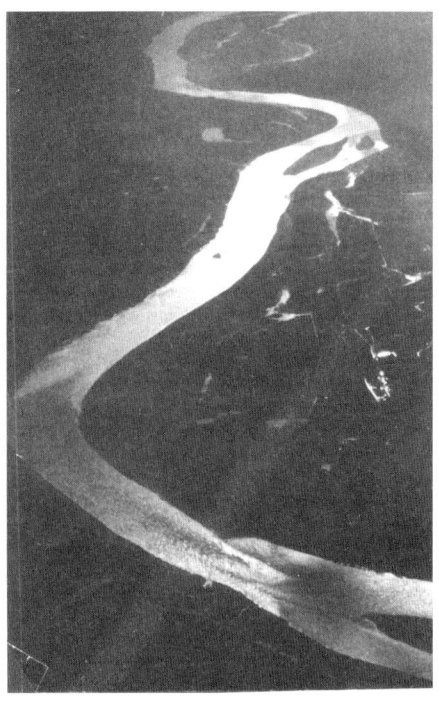

巨龙般的江河
（空中摄影）

　　诗人们把我国南北两条"母亲河"比做黄龙和绿龙（可悲的是绿龙也逐渐变黄了）；某画报《龙年话龙》也聪明地把江河当成"龙"的一种意象。

　　然而把江河说成龙的"来源"，抹杀其最初是"动物式存在"，是不大妥当的。

泥石流与熔岩凝体

有趣的是,一位观测泥石流的地质工作者,不仅把这种可怕的灾害比喻成灰色的"暴龙",而且在观察川东一次特大泥石流时说道:"居高望去,它像一条昂头的铅灰色泥龙,喷溅着泥浆泡沫,裹挟着无数石碴,顺着流通区的河床奔涌。"① 还发挥着想象力"揣度":

> 最早想到把"龙"作为崇拜图腾的那位祖先,肯定见过泥石流,并以它为模特儿,把它形象化、人格化来作为力量的象征;要不然,怎么图腾上的"龙"和眼前的"龙"竟会如此相像,简直就是真身和画像的区别而已……②

当然,这是一种精彩的联想。泥石流很像奔跑着的超长"暴龙",这位地质工作者并没有把一切龙都说成源自大地上的某种蜿蜒奔涌的"流体"。

大地上的"奔龙"

(左:川东的泥石流,顾俊周摄,采自郑荣兴;右:火山熔岩流,Reunion 岛,采自《人与自然》2007 年第 5 期)

大地上某些蜿蜒起伏,在狭长地域奔涌的"流体",像江河,像山间激流,像火山熔岩,像泥石流,都容易使人联想到暴怒的势不可当的"龙"。但我们总不能说是它们最早造成了龙的意象,连动物的巨龙都来源于大地激流吧。

由于火山爆发或者地热运动,"大地"天然形成群龙乱舞的奇妙景观。特别是黑龙江内谟尔河"五连池"熔岩台地,岩流冷却以后,往往呈现出群龙遍野蜷曲蜿蜒、蠢蠢欲动的情景。治民在《中国旅游》上发表的一篇文章里说,火

---

① 参见郑荣兴:《直击"暴龙"泥石流》,《风景名胜》第 12 期,2001 年。
② 参见郑荣兴:《直击"暴龙"泥石流》,《风景名胜》第 12 期,2001 年。

山熔流逐渐冷却,初步凝固而仍有弹性:

> 这时,表面下的熔岩仍在流动,经岩浆流动的挤压,使表壳形成各种各样奇妙的石形景观:有的如逼真的爬虫,有的似探头的海龟,还有的象粗大蜷曲蛰眠的巨蟒……

简直是"龙战于野,其血玄黄"!

由于初民或古人保存着蛇蟒、巨虫或鳄、蜥逶迤蟠曲连蜷蠕动的记忆,会很自然地把这圆滚绵长的"熔流体"看成群龙的活动痕迹或其遗留,从而巩固并扩延对龙的神秘想象,虽然是"死"的,也能让它们"活"起来。

假如附近"伴出"恐龙或蛇、蜥、鳄之类的化石,那么这种基于"记忆"与"直观"的联想会更加生动,更加变化多端。

再者,我们认为女娲补天神话的自然背景是火山爆发,那么,内谟尔河畔黑龙山的"火山口"(直径达 350 米,深 145 米)上下遗留下来的七彩斑斓的岩石,不就是用来"补天"的"五色石"的珍贵保存吗?那巨龙形的筒状"熔岩体"不正是女娲牺牲以后的"肚肠"吗?在《山海经》中,"女娲之肠"已化成神。

据说,还有人把喀斯特地貌里的某些柱状溶岩当做龙的原初意象的。待考。

"滚地龙":地壳剧变形成的"群龙"
(左:黑龙江内谟尔河"五大连池"景观;右:"秘洞群龙")

火山爆发,熔岩横流,可能形成"熔岩台地",民间称为"石海",以黑龙江"五大连池"为最。有的则仅是地壳剧变高热形成的"石流",冷却以后,犹如群龙争竞,蜿蜒起伏,曲折连蜷……

这可能引起"龙战于野,其血玄黄"的联想(如果跟恐龙等化石伴出,那情况就更加复杂)。女娲补天的背景是火山爆发且引起海啸或山洪骤下,数十条圆滚滚的熔岩流还可能被当做"女娲之肠"。

龙：树象或树神

龙是由"松树"演进为爬虫，原是"树神"，"龙是植物之神的动物化"。这也是相当奇特的说法。主要的文献"依据"是汉·王充《论衡·龙虚》：

> 盛夏之时，雷电击折树木，发坏室屋，俗谓"天取龙"。谓龙藏于树木之中，匿于屋室之间也。雷电击折树木，发坏屋室，则龙见于外；龙见，雷取以升天。世无愚智贤不肖，皆谓之然。

这个"俗说"，仔细读来，意思大致清楚：龙是龙，树是树，屋是屋，只是龙喜欢躲在树、屋里——这行为只有龙母型之蛇最常见：蜥蜴、壁虎和某些虫子也会这样藏身，鼍鳄亦能上树，但不如树洞、墙壁里的虫、蛇那样隐蔽而又多见。雷未折树，未发屋，"则龙〔不〕见于外；龙见，雷取以升天"。树、屋不是龙，虽为雷坏也不升天。尹荣方说，"龙从树中升天"①，实在很难得出"龙是树神"的结论来。当然，粗略一看，似乎"龙：树"互拟乃至合一（"尺木"云云亦见于《论衡》及《酉阳杂俎》，学者多说指龙角，三星堆柱睛人面额鼻间"夔龙饰"，或即尺木）。

尹荣方引宋·黄休复《茆亭客话》（卷五）云：

> 世传乘龙者，苦于行雨，而〔龙〕多方逃匿，藏人身中，或在古木槲柱之内，及楼阁鸱甍中，〔乘龙者〕须为雷神捕之。若在旷野，无处逃避，即入牛角。

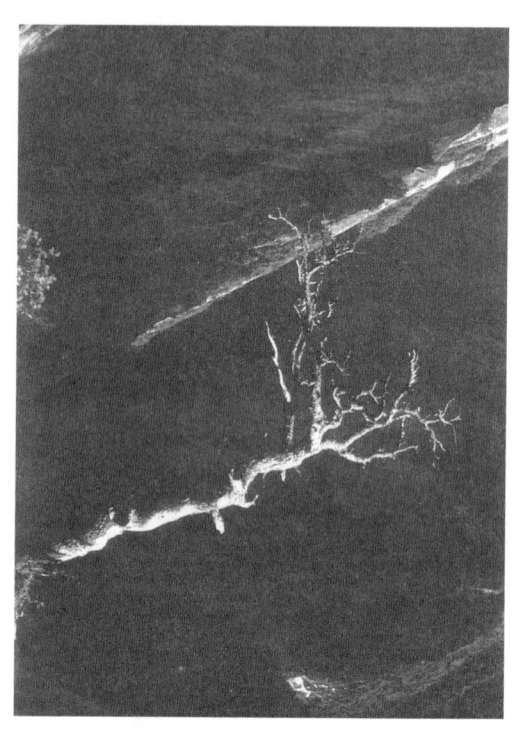

龙：树
（杰出摄影作品，佚名）

水滨的树，夭矫耸动，猛一看还真像龙在泳游。说"龙出于树"并非全无道理，然而把它当做龙的唯一自然来源，就未免片面化、简单化了。

---

① 尹荣方：《龙为树神说——兼论龙之原型是松》，《学术月刊》1989年第7期，第39页；《神话求原》，上海古籍出版社，2003年，第149页。

这是民间所谓"懒龙"的传说,是神龙的颠覆与喜剧化。其母型只有蛇、蛇状虫(或寄生之虫)才能担当——仍然是龙可小可大、可长可短、多栖多样的具体化。所藏匿的不只是树木,树木更不是龙本身。刘子翚《咏松》,"近经雷霆带龙腥",只是因为龙藏树内被雷劈死所致。

蟠曲矫夭的苍松古柏,瘰疬遍体,"残鳞"满身(就好像某些树根或"根雕"),确实像龙,文人墨客、村野农樵,或拟之为龙,"龙甲虬髯不可攀"(宋·王安石诗),或祀之如龙,"孤松倚云青亭亭,故老谓之苍龙精"(元·王冕诗),这确是龙/树互拟,但龙先松后是很明显的。这种"互拟"扩大了、丰富了龙的民俗存在和形象特性,却不能说松是龙的母型,或龙神信仰来源于神树崇拜,尽管二者不时融汇。

龙　树

(左:神木园老树,准噶尔盆地,采自梁彤瑾;右:龙树,云南马大娘江贝美村)

有的老树跟人们心目中的龙出奇的相似,引起种种传言与联想,就不足为奇。

兄弟民族确实有一些以树为"龙神"载体,或视树如神者。据尹荣方等列举——

彝族(云南宣威)

二月属龙的头一天开始祭祀米塞树,也称"祭龙"。①

傣族(云南元江:新平)

普遍崇拜龙树、龙神。②

---

① 参见佘仁树说,《云南民俗集刊》第1集,1984年。
② 参见《傣族简史》编写组:《傣族简史》,民族出版社,2009年。

哈尼族（红河南岸）

"祭龙"，实际是祭祀"龙树"和"龙树林"。①

彝族（云南楚雄）

［龙］树可算龙，爬在树上的动物都可叫龙。②

这确实是二者的互渗或互拟。但依然很难证成："树、谷本身即是龙，龙是树、谷之神，是植物之神。"③

论证"树神"的多种"性能"，包括龙的性能，也不能证明龙"来源"于树。比较有力的例证，还有彝族的"龙树"信仰。

> 据说，龙亦是森林之神，在滇池东岸的彝族村寨中，每年二月的第一个午日祭"龙神"。"龙神"的象征物，是在村子附近的茂密森林中，挑选两棵大树作为"龙树"，一棵是公树，一棵是母树；前面放置的椭圆形石头，其性别和大树亦保持一致，称公石头和母石头。据毕莫（巫师）说，"龙神"就是大树的躯体；又说管理森林树木之"龙神"就寄居于大树之中。④

可见树确实能够成为龙的象征品，但也只是"龙神"的一种负载物而已。这主要因为神树与龙神都能"蓄水"，都是祈雨对象。"形似"还在其次。介绍者张福还注意到闪电跟雨龙在意构上的联系。但他仍然实事求是地说，"龙的原生形态是蛇"⑤，有时亦似蜥、鳄，是动物形象在先，"寄托物"、"象征物"或"植物载体"在后。

再者，王大有曾以马王堆西汉帛画扶桑树间有龙蜿蜒，以为"龙和扶桑树可互换"；又说："在云南，枫树和龙树是一个概念，蚩尤死后变为枫树，枫树、龙树一个概念来自扶桑树，扶桑树可以变做龙。扶桑的本意是高大的树，在美洲文化里扶桑树完全变成了龙，叫生命树。"⑥简短的表述当然不可能把这里的众多"环节"论证清楚。值得注意的是：

枫树≈龙树≈蚩尤（螭）树

---

① 参见毛佑全：《叶车人的"灵魂"观念与原始宗教的调查》，《云南民俗集刊》第1集，1984年。

② 参见刘尧汉：《彝族社会历史调查研究文集》，民族出版社，1980年；《龙与民间文化五人谈》（刘尧汉的谈话），《民间文化论坛》1988年第4期，第69页。

③ 尹荣方：《龙为树神说——兼论龙之原型是松》，《学术月刊》1989年第7期，第41页；《神话求原》，上海古籍出版社，2003年，第152页。

④ 张福：《彝族古代文化史》，云南教育出版社，1999年，第506页。

⑤ 张福：《彝族古代文化史》，云南教育出版社，1999年，第506页。

⑥ 王大有等：《龙与民间文化五人谈》（王大有的谈话），《民间文化论坛》1988年第4期，第64页。

老迈的"树龙"

(刺果松,北美海拔 4000 米之惠勒峰,4000 年以上树龄,《世界知识画报》资料,孙逊简介)

树老了,盘根错节,皮开肉绽,瘰疬满身,蟠曲而上者,看起来确实有些像巨龙"连天接地"。偶尔有蛇、蜥自树洞爬出,也似乎是小龙诞生。

但这至多是龙意象的一个参照,或者是由龙诱发的"九龙松"之类比附式联想。

"湛湛江水兮上有枫",化形为龙螭的蚩尤(剖尤公公),确实曾与苗族枫木崇拜相融汇(笔者跟王孝廉等做过详细论证),但仍然无法由此推演出"龙来于(枫)树"的结论来。只能说,"扶桑树"曾被古代中国人或美洲人当成龙的一种象征物或负载体,"扶桑树"能够被看成龙或龙的变体,在一定程度上异质同构,但并不是所有的龙都"起源"于大树或古树。

"龙出于树",此说不便"归类",作为乔木的怪树也是"自然物",暂且附叙于本章。

又案:汉·焦延寿《易林》说:

> 龙生无常,或托空桑。

这话的意思是:龙与龙的出现变幻不拘,有时"产生"或"托寄"于空桑,有时与空桑异质同构地"一体化",龙即桑,桑即龙——这仍不能证明桑形龙产生于爬虫龙之前并成为一切龙的母本。

王小盾用很大精力证明为什么"空桑"之类会成为孕育或诞生婴儿的载体(如伊尹生于空桑之类):它是"空腔",与"母腹:生殖腔"类同,跟葫芦等值(《四神》下·785~787)。这不错,却也不足。他大概也有我们 20 年前的困惑:"桑"犹"丧"也,"丧礼器用多以桑木为之"(闻一多说),却为何能成为生命的载体或象征?——原来作为蚕的"专利"食品,桑也跟蚕同样年年"再生",更新生命。以桑治丧,绝不仅是"用哭丧棒赶鬼",而是为了延续并更新生命。所以,桑也能"生民"。加上与龙同构,桑树或"桑树龙"一样成为生命意象乃至生命的"创造者"。

龙与木表

有人认为,"龙"跟星辰或日月的运行相关,是测量时间的天文仪器:(土/木/金/石)"表"。陈绶祥在《艺术中的龙》等论著中由龙角入手,论述龙的性质:龙是测时的刻度"木表"。这是龙与天联系的"中介"①。

他特别重视——也许以之为主要论据——"尺木","尺木即一块木头上刻有刻度",它表示龙凤神性是天与神授的②。

他还在其论文《中国龙》里说:"龙角正是这类'表'的图象化产物,它以基本符号刻划出表的形状,表达的是'龙'这类动物与'时刻'(物象测时)发生必不可少的联系。"③ 以"龙角"有刻度来证明"在以物观天的上古,物候动物(龙)头顶'尺木'以测天"④,可惜前提(龙角=尺木=表)还有待证明或竟不能证明(他说,甲骨文"且"为似角之"表"柱,"酉"为倒置"漏"中之表,更是无稽;"且"已证实为男根象征,即"祖";"酉"是尖底陶瓶:都很难翻案重说)。

谨案:"尺木"见于文献晚在东汉,但也许出现很早,解说也很多。从前认为是"龙角"的"衍生义",可能原即古文字上的"干"或"丵"(在凤凰为冠羽);还有"刑具"等说(戴"辛"或戴"干",被说成"刲劂"之器),以及"荣饰"、"武器"或"生命符号"等

蛇缠树
(云南风光摄影)

粗壮的藤本植物把"可怜的"乔木一圈一圈地缠住,看起来活像巨蟒(森蚺)绕树——这确实能使人产生"树龙"的联想。

---

① 陈绶祥:《遮蔽的文明·中国龙》,北京工艺美术出版社,1992年,第79页。
② 陈绶祥:《遮蔽的文明·中国龙》,北京工艺美术出版社,1992年,第79页。
③ 陈绶祥:《遮蔽的文明·中国龙》,北京工艺美术出版社,1992年,第80页。
④ 陈绶祥:《遮蔽的文明·中国龙》,北京工艺美术出版社,1992年,第80页。

说（笔者在《中国上古图饰的文化判读》等书里有所讨论）。甲金文龙角上有装饰性花纹（也许模拟牛羊角之纹路），跟"木表刻度"毫无关系，那样看连"望文生义"都说不上（广汉三星堆出土的一个青铜突睛面具，额鼻间有所谓"夔龙形柱饰"，也许跟"尺木"有关，说不定是其"前身"，象征着龙可以"上天下地，沟通圣俗"，是所谓"通天鼻"的繁变[①]）。即令"尺木"可能刻度为木表，龙的整体，龙的来源、性质、结构、功能还得另说。"因此，碰到关键问题便无法解决。"

"木表"是人工制品，并非自然物，但它与测算天象、天时有关。而且，远古人类曾以树木、竹竿乃至山峦等为测时物，土圭、木表等俱由其演进而出。所以，姑附于"龙出于树"之后。

[①] 参见萧兵：《人面烛龙、神树烛龙即蜀龙、蚕龙——三星堆"蟹睛人面"的新研究》，《文化遗产研究》（第2辑），四川出版集团、巴蜀书社，2013年，第113~142页。

第八章　跨文化的龙

东西方龙的基本特征

　　就文化或文化史而言，东西方的"龙"根本是两样东西，这几乎是不证自明的事情。一眼看去，东方龙（主要指中国龙——印度的"那伽"情况较为特殊）绝大多数身躯长曲，首先令人联想到蛇。西方龙（主要指欧洲的龙，即Dragon，"印欧"民族是否有共相的龙，待考）身躯较蛇粗短，主干像走兽。其意蕴或象征指向也有所不同。中国龙早在秦汉之前，春秋战国甚至西周时期，就主要用来标识权威、吉祥、勇武，还能行云布雨、飞天潜地（最明显的是《周易》的飞龙、潜龙等），但少数也意味着危险或灾难（例如亢龙、恶龙），或者可能"异化"为恶凶、妖兽（例如蛟蜃），它们同样内在着矛盾或"辩证"精神。欧洲的龙则主要是妖恶，不但有翼、有巨尾和利牙，还能喷火、吐水或者施放毒气。东西方的龙几乎不能或很难放在一起论述，其外形与内在的迥异，也许不需特别揭示。谈论它们的不同，没有什么了不起（上文涉及印欧文化系统之"龙"的母型或缘起时，已在相关章节中介绍，这里主要讨论Dragon、Nāga及其衍生态的结构、功能或性格、特征，间或与华夏—汉人的龙作些比较）。

英雄屠龙救美
（欧洲绘画）

英雄"屠龙救美"是西方神话文学"杀怪成婚"母题的核心。龙在欧洲多属反面形象，在这一点上跟中国龙完全不同。

西方的龙：Dragon 的取象依据

（动物摄影与绘画：河马/蝙蝠/犀牛）

西方的龙，躯干一般像犀牛或河马那样肥壮，四足，有时长着蛇尾、蝠翼与犀角，能跑、能飞、能泳，有时还会喷火，并且吞噬人畜。

在上古世界里，"龙"的传说相当普遍，绝不仅限于中国及印欧系统，其重要者如——

〔苏美尔—巴比伦—亚述〕　蛇形或鱼形龙（Tiamat）

〔埃及〕　Apsu　巨蛇，或眼镜蛇

〔印度〕　Nāga　（译言"那伽"）龙，象或"不来"

〔希腊〕　Dracones（西文为 Dragon）　主要母型为蛇蟒

〔波斯〕　黑暗恶神 Aligmann 化身为蛇，达恰克等

〔腓尼基〕　毒龙

〔希伯来〕　Satan 化身为蛇；或称"沙恩"

〔玛雅〕　蟒/鳄，太阳、雨水之神化身为羽蛇

这些，本书或多或少地都有所提及。

西方的 Dragon 与 "三角龙"

（左上：《珀尔修斯拯救安德洛美达》，[法]安格尔的油画，1819年；右上：三角龙复原图，白垩纪，北美洲；下：杰克逊三角"变色龙"，[德]因格·安德特摄影）

西方的"龙"（Dragon）从某一视界看，颇像"兽形"恐龙：大到白垩纪的三角龙，小到杰克逊三角"变色龙"，跟 Dragon 都有几分相似，但后者不大可能以它们为母型。这是很奇怪的事情，用"化石联想"诠释也不周密，很可能是因虚构组合而偶似吧。

世界神话传说里的"龙"，躯干也主要以虫、蛇、巨蟒或者蜥蜴、鳄鱼为母型，也有以鲸及其它海兽或某种大鱼为母型的。

它们当然有民族的、地区的、时期的特点，甚至在文化史意义上跟中国龙根本不是一种东西。然而，多数或主要的龙却跟"中国龙"具有某种趋同性或相似点，例如：

——圆长弯曲的虫蛇状身躯或长尾（即令是兽形，躯体也有"拉长"趋向）；
——不同的夸饰、变形或神秘化，或者说具有"超现实性"；
——凶猛异常、具有强大的灵性或"法力"；
——多数与水或火相关。

它们跟中国（或华夏—汉人）的龙大多"形似而神不似"，性格或特征有相当大的不同，有的根本还未成"龙"，仅仅是蛇蟒或鱼兽。然而就民俗神话学而言，它们往往类似或趋同，大多数具有"可比性"，有些还不能排除在因子层面上交流、播化的可能，所以广为"容纳"。斯蒂·汤姆逊撮要说，欧洲的龙（除了具有蛇尾或蛇身以外），还有下列动物元素：

蝎子/蜥蜴/鳄鱼

易言之，即在动物母型或取象依据上，颇多类同。它的"特征"（结构/功能）：

多首级（砍去一颗即生出另一颗）；
吞烟吐火；
护卫财宝，或劫掠财富；
要求以人为祭品。①

这些则与中国龙相异。欧洲龙多属恶凶之物，普罗普称"神奇故事"里的蛇龙为"蛇妖"。其主要特征（结构/功能）：

多首级；
会飞，或有翼（蝙蝠式肉翅）；
喷火，或与水、或与山相联系；
劫持女人，或"勒索"受害者；
"边界卫士"，或"守护者"；
吞食者（尤其吃人）。②

还有外形上的（粗壮型）兽躯，也与"中国龙"差别较大，但还没有"大"到不可比。现在先来看看专家们介绍的西方"龙"的名称。

---

① 参见［美］斯蒂·汤普逊：《世界民间故事分类学》，郑海、郑凡、刘薇琳等译，上海文艺出版社，1991年，第292页。
② 参见［俄］普罗普：《神奇故事的历史根源》，贾放译，中华书局，2006年，第276～288页。

看起来可怕的蜥蜴

（1. 各种鬣蜥；2. 巨鳞裂舌蜥，原产南美洲；3. 鳄蜥；4. 颈圈蜥，原产大洋洲；5. 巨刺蜥，原产大洋洲；6. 砾背石龙子，原产大洋洲；7. 须龙蜥，原产大洋洲）

有的蜥蜴，特别是鬣蜥，看起来非常可怕，但它实际上只是为了吓唬敌人，并没有多大杀伤力。有的蜥蜴，如图2巨鳞裂舌蜥和图3鳄蜥，看起来非常像凶猛的鳄鱼。它们给初民或古人强烈的视觉冲击力或心理刺激，可能成为各大洲"龙"的一种母型。特别是西方的"龙：Dragon"跟那些外形特别凶恶、怪诞的蜥蜴有许多共同之处。

【龙】

〔希腊语〕δράκων：drakon，drakön；dracones

〔拉丁语〕drāco

〔意大利语〕drago

〔西班牙语〕dragón

〔葡萄牙语〕dragāo

〔德语〕drache

〔古斯堪的那维亚语〕drekī

〔法语〕dragon

〔英语〕dragon

据称，drakon 在希腊语里意为"明眼所见"，然则暗喻（被光明烛照之）"黑暗"，一般多用它来指称"巨蛇"，《大不列颠百科全书》说，Dragon 以"四脚（之）蛇"为主干，身有鳞甲，背生肉翅，巨尾有倒刺（这又像鳄鱼或蝎子）。希腊与拉丁作家多用它来称呼巨蛇，这也符合北欧"龙"之特征。

Drakon 或 Dragon 跟中国龙比起来确有更多负面特征。如前所说，它是兽身却有蛇尾，陆地动物偏有蝠翼，完全违背神或上帝的"规定"，反正统、反秩序、反常规，那么肯定会因为其"反面"的表现，成为"生命"或人类的对立面，能够"吃人"或者导致其它生物大量死亡或灭绝。

特别是它的喷火，完全不是普通动物所能   这是它的幻想性、神话性或超现实性的最重要表征。或说其原为光明或太阳的意象；或说由于"语讹"或"语源误解"而来。

希腊文 drakön，或说来自 derkomai（看起来可怕的，闪闪发光的），被"误读"为喷出火焰，而且异化为"地狱之火"（西方地下世界是充满烈焰的"炼狱"），而与"太阳：天上的光明"相对立，所以最初的 Dragon——Python，便为太阳神阿波罗所杀。

另一种学说认为，满身火焰或喷火的 Dragon 取象于彗星或流星（雨），这在西方古代也主要是"凶咎"（参见前文），是反正统的恶兆、灾害或"异端"。

所以，在西方神与英雄要"屠龙"。据斯蒂·汤姆逊统计，世界屠龙故事高达 1000 例以上！

中国龙虽也凶猛，乃至"毒恶"，因恐怖而被敬畏、被崇拜，但很快被讲求实际而又善良多智的中国人所驯扰、所改良、所利用，很早就变成灵物，代表吉祥和瑞兆，成为生命、生命力之意象，还被帝王所篡夺与独占，直到现代才回归其灵智、活跃、欢乐的本性。

无可讳言，早期的中国龙跟西方 Dragon 的主要母型——虫、蛇、蜥、鳄，也都是相当凶狠的，甚至是"恶"和"丑"的。动物的善/恶、益/害、美/丑都只是人类的价值判断，包括所谓益鸟/害鸟、益虫/害虫等在内都是人类中心主义的"评断"结果。动物只是按照其"本性"或"本能"生存，为了个体—集体，包括后代的生命及其繁衍，弱肉强食，优胜劣汰，物竞天择，适者生存——必要时对人类也"一视同仁"，一律加以"帮助"或"吞噬"——人不过是自然界"生物链"的一环，动物以竞争中自然而然的反馈或调节，保持生态的平衡、环境的佳适以及物种的多样性。人类由于有所谓"理性"的抽象、判断与推理能力，以自身利益为基准，对动物进行"道德的分类"。这样，虫、蛇、蜥、鳄最初主要是恶物，它们不免危害人类的"存在"乃至生命；但是，人类由畏惧而尊敬、信仰，逐渐把它们提升为超人类乃至超自然的力量。费尔巴哈在《宗教的本质》中说，人们更多地崇拜恶神包括猛兽，道理便在于此。"吃人"或"伤人"的虫、蛇、鳄、蜥，直到龙、Nāga、Dragon，便因为作为"异己的力量"而被人们想象为超自然存在的一种神秘"载体"。

然而生存艰辛，而适应性较强的中国人，善于化凶为吉、变害为利，让消极因素转化为积极因素。穷凶极恶和饕餮者，也能利用它辟恶除害，"以毒攻毒，以夷制夷"。像龙的诸多母型或取象依据，虫、蛇、鳄、蜥，其它兽畜，或者水虹风雷，中国人当然更善于利用、限制、改造，以使"地尽其利，物擅其用"。这跟西方人对"龙"的态度实有不同。

阎云翔指出，Nāga、Dragon与龙是三种不同的神异动物（他反对三者互译），然而，他认为：当我们探讨"为什么是［龙］"的时候，我们就有必须在一个更为抽象的层面将龙、Dragon、Nāga三者联系起来考虑，有必要将它们都归入一个范畴——以爬行动物为原型发展而来的神异动物。它们都是人类用来表现自己与自然界和社会文化环境之关系的范畴和手段，相应地也应具有某些共同的内在结构特征。①

这是很有见地的说法。所以我们不时由"生物人类学"之视角，用民俗神话学的方法，把它们当做一个"整体"，一个比较文化与文学人类学的对象，来考察与观照。

龙的形象是混合的、怪异的，是反传统与超现实的，如果再加进人类对于巨大、凶猛、"怪诞"的敬畏，那就极可能形成"崇高感"，直到"信仰"或"崇拜"。成熟形态的中国龙的基干虫、蛇或者巨蜥与鳄鱼，西方龙的基干猛兽体躯以及显著的爪、牙、鳞、角，蛇鳄之尾与蝙蝠之翼，都颇为可怕。

罗马人说，宗教是恐惧与依赖感的产物。龙，实质上是一种"信仰"，一种

---

① 参见阎云翔：《试论龙的研究》，（香港）《九州学刊》第2卷第2期，1988年；又见《中国神话学文论选萃》（下编），马昌仪编，中国广播电视出版社，1983年，第538页。

鳄鱼/神蛇/恶龙

（左上：欧洲家蝠；右上：马尔杜克杀龙，蝠翼兽身龙而似鳄；左下：鳄龙，城市雕塑，西班牙巴塞罗那；右下：亚洲江口鳄）

由西亚的苏美尔—巴比伦开始，鳄就是"西方龙"的重要母型，只不过常被猛兽化，并且加上蝙蝠的肉翅。

某些欧洲学者认为，太阳神阿波罗射杀的神蛇比东（Python），实际上是一只巨鳄。西班牙巴塞罗那 Parc Guell 公园门口的巨龙 Python，就基本是鳄的形象，它已被驯化（或善化）成地下甘泉的保护神。

"敬畏"，一种"崇拜"制造的"新物种"。

那被崇拜的为什么偏偏是"龙"而不是别种形状的可畏动物？"崇拜"往往是随机的。还必须说明，远古或上古，中国被敬畏、被崇拜的生物非常多，绝不止于龙或"龙形"。凤凰，当初也很可畏，也很凶猛，所以曾被"选择"为镇恶、辟邪的"保护神"。它的母型首先是鹰鹫（例如大鹏），然后才是孔雀和雉鸡；还有虎，神化为"开明兽"；饕餮就更不用说。只不过，龙（尤其是中国龙）的生命力、影响力、扩张力特别大而已。也因为龙的主要模特儿或者"取象依据"之虫或蛇，其分布特别"普遍"，在生物（进化）史上存在的时间分外绵长，给人类的威胁、伤害或"帮助"又十分大，就有更高的几率被提升为"怪"或"神"，包括被影响深邃的群团（如夏、周、古苗人等）选为"图腾：祖先"。

我们反复申述，生物重"生"，首先关注的是生命现象和生存能力。许多昆虫，特别是爬虫类之蛇及其近亲蜥蜴与鳄鱼的生命史几达亿年，在进化上非常成功，从恐龙时期到现代，其基本形态与习性都没有大的改变。恐龙灭绝了，

西方龙：Dragon

（1. 西方绘画里的龙；2. 较早的 Dragon；3. 海龙或巨蟒；4. 英雄屠龙；5. 犀牛；6. 作为参照的中国兽形龙）

以蛇为母型，或长着蛇尾的 Dragon 跟中国龙是同质异构的。必须承认，许多西方龙已经"走兽化"，身躯粗短，有翼，长角，还能喷火，异于中国龙。但较早或较多的 Dragon，蛇的"要素"或形态还比较明显，跟中国龙、印度 Nāga 都有趋同之处。

虫、蛇、蜥、鳄依然强大地存在着。它们的生命力特强，最具"生存智慧"。现在危害人类的蜥蜴已经不多，只有"科摩多龙"比较可怕；凶猛的鳄鱼"退居"热带、亚热带（极少数在温带，不超过北纬36°）；蛇则依然可畏，它几乎无孔不入，无处不在，无时不有。"虫"的众多与生存能力之强更是不可思议，有的还相当凶猛，跟蛇一样，它们的吞噬、捕杀、攻击能力令人毛骨悚然。尤其是毒蛇的毒性极大而又独特（参见本书"作为龙母型之'蛇'"部分）。至今世界上每年死于毒蛇的人多达数万或数十万之多。无怪乎令人无限敬畏的中国龙要以蛇为基干，而恶毒的欧洲龙至少也有巨大的蛇尾巴。更有一些 Dragon，特别是 Nāga，基本以蛇为母型，只是或附以四足，或使其"猛兽化"。这也可以说是世界范围"龙"的不同程度的"异质同构性"，它们的"趋同性"现实背景或"生物学基础"造成其结构上的相似性或稳固性。

因此，东西方龙一大共同特征是它的"超常态"或怪异性。

前文揭示，违反"上帝规定"的动物及其行为都是不洁的，甚至是妖异的、非正统的、反神圣的。这里再具体申述一下。例如，《旧约·创世纪》规定了宇宙之"三重"结构及其动物的常规行为方式：

陆地：四条腿的兽畜在跳跃与行走；

海洋：有鳞与鳍的鱼在游动；

天空：两只脚的鸟在飞行。

《利未记》表明，"任何生物，只要其'配备'不适于其所在层位的正确运动方式，就是违背神圣的"①，是不洁净与非正当的，违逆着"存在的"合律性、合理性、合法性。例如，虫、蛇、蜥、鳄之类是"在陆地上爬行、蠕动的动物，这种行进方式显然与神圣相违背（《利未记》11·41～44）。……既然主要的动物范畴都已经按照其典型的运动方式确定下来了，那么'爬行'就不是适于特定层位的、正确的行进方式，因为它破坏了世界的基本分类"②。

龙，作为虫、蛇、蜥、鳄升华的混形性"多栖动物"，却能在陆地/海洋/天空三界行动，这是加倍的反合法、反分类、反常规、反秩序和反神圣——所以，"龙：Dragon"在基督教兴盛以来的欧洲，命中注定是妖恶，是魔怪，是罪孽。

这当然是一种宗教情感，加上其它心理因素，就成了具有文化或精神色彩的"传统"，谁都很难完全摆脱。"事物首先是神圣的或凡俗的，是纯洁的或不纯洁的，是朋友或敌人，是吉利的或不吉利的。这就是说，它们最基本的特征所表达的完全是它们对社会感情的作用方式。"③ 最初的事物本身的固有性质或特征，包括对人的吉凶、利害，到文化传统心理结构形成之时，就显得十分淡

---

① ［美］玛丽·道格拉斯：《〈利未记〉的憎恶》，刘澎译，《20世纪西方宗教人类学文选》（上册），史宗主编，上海三联书店，1995年，第328页。

② ［美］玛丽·道格拉斯：《〈利未记〉的憎恶》，刘澎译，《20世纪西方宗教人类学文选》（上册），史宗主编，上海三联书店，1995年，第329页。

③ ［法］爱弥尔·涂尔干、马塞尔·莫斯：《原始分类》，汲喆译，上海人民出版社，2000年，第92页。

薄、隐蔽或间接——以至于西方人以 Dragon 为恶凶，中国人则以龙为祥瑞或权威，母型大体相近的神话动物，竟被截然"对立"看待，这"在更大程度上取决于情感而不是理智"①。

然而，从根本上说，人类与（远古）爬虫类有某种亲缘关系，人具有"龙性"，龙也具有"人性"，它们相互为敌，又互相"学习"。

天使米迦勒战胜恶龙

（[德]卡罗斯斐尔德的《圣经》故事画）

西方的"龙：Dragon"，往往是四足兽形，蛇形长尾，独角或多角，长着蝙蝠那样的肉翅。特征是凶恶异常，可以映衬屠龙英雄的超人性质，以证明其神圣性。

这跟中国"吉祥物"之龙似乎根本不同。其实中国龙在上古也极为凶猛，而且多以蛇、鳄为母型，有些亦具"兽化"趣向——有人认为它们都受了恐龙化石的"联想"诱发。

美国宇宙学家卡尔·萨根说，世界性的龙及其神话传说都与爬行类，特别是蛇关系密切。其重要原因是，"人和爬虫相互间不可调和的敌意"，西方负面形象的龙尤其如此。《创世纪》第 3 章说："上帝注定人和爬虫是永恒的敌人。"中国、印度、波斯的蛇（形）龙如此，美洲的蛇（形）龙也是如此。"这不是西方别出心裁的行为，而是遍及全球的现象。"人类表示"禁止"的"嘘嘘"声来自爬虫类。人，作为哺乳动物，可能是由鱼甚至某些恐龙进化来的。人的大脑皮质高度进化，

---

① [法] 爱弥尔·涂尔干、马塞尔·莫斯：《原始分类》，汲喆译，上海人民出版社，2000年，第 92 页。

然而还保存着所谓"爬虫复合体",人类的某些"进攻"行为,求偶的某种"礼仪",可能都跟这种"遗存"相关。如果把龙看做人性的一种隐喻的话,人具有"蛇性",蛇也具有"人性"。《创世纪》里的蛇,便能理解、使用人的语言,它由魔鬼(Satan)变成,在中世纪某些文献里终于化为"恶龙"。邪恶或者凶毒,暗指人性中潜藏着的恐龙特征或者基因。"不管怎么说,在伊甸园里是有恐龙的。"①

东西方龙可能相互影响

一般认为,西方的龙源出西亚。蛇形龙以及"鱼龙互渗"的龙形象,见于苏美尔—巴比伦—亚述文物。

巴比伦创世神话中说:原初的"水体"名叫混沌(Chaos),蒂亚玛特(Tiamat)或蒂亚瓦兹(Tiawath),或说是大鱼,或说是大海蛇。它被太阳神斜马什(Shemash)或英雄马尔杜克(Marduk)分解其身体,用它的身体造成了世界。

有的学者认为,龙来源于古埃及。倡导"埃及:世界中心"与泛埃及主义的英国学者G. E. 史密斯认为,包括龙在内的一切重要典章文物、神话意象都来源于古代埃及。据说,他在1919年于伦敦出版了《龙的进化》一书,试图论证古代埃及与巴比伦的龙形象通过印度影响了中国。如前所说,他认为,东方的龙与西方的龙在来源和性质、外形上都基本一致。

据文崇一介绍,史密斯(G. E. Smith)的《龙的进化》等著作的看法:东西方的龙在许多关键之点上是趋同的。

> 他(史密斯)在中缅交界的卡金(Kachin Hille,或译"卡钦")所看到的中国式的龙,几乎与所有欧洲式的龙的特质相同。……我们虽不知Achiles的青龙(blue dragon)是怎样,而埃及的龙却是和蛇(serpent)相像到一样的程度。又如四川苗民传说,他们的祖先是龙王的儿子,夏民族认为他们的祖先是由龙变化而来的。缅北龙女与太阳神恋爱的故事,Hittites(赫梯人)传说龙和司气候之神(weather-god)斗争的故事等,在细节上虽有些变化,大体总是差不多的。②

极端"播化主义"当然不可取,但是世界之"龙"在结构上大同小异,却是值得考察与思索的。

---

① [美]卡尔·萨根:《伊甸园的飞龙——人类智力进化推测》,吕柱、王志勇译,河北人民出版社,1980年,第105~106页。

② 文崇一:《中国古文化·楚的水神与华南的龙舟赛神》,(台北)东大图书公司,1990年,第38~39页。

更由于法国人拉克伯里（Laceperie）的《中国文化西方来源论》和英国人贝尔（Ball）的《苏美尔文与中国文》等论著的发表，辛亥革命前后的一些杰出学者，从刘师培、章太炎到黄人，都接受过这种现在很少提起的极端见解。地质学家章鸿钊的《三灵解》，便是在这种学术背景下论述中国龙源出西方的。

更重要者，许多人都说，东西方的龙存在着截然区别——

东方龙（蛇神）：祥瑞

西方龙（蛇妖）：恶凶

这却是缺乏"历时性"之依据的。普罗普曾经批评弗罗贝纽斯的机械看法："他们断定好蛇妖（龙）是东亚所特有的，而作为［人类］敌人的蛇妖是欧洲特有的。"① 他指出，即令在欧洲，仪式化地"吞食"人或英雄的蛇妖（起初）也"全都是作为善兽出现的"。只不过，"好蛇妖，作为惠赠者的蛇妖是蛇妖的初级阶段，后来它转向了自己的对立面"②。在中国，也许恰恰相反，起初是可怕和凶恶的虫、蛇、蜥、鳄，后来则对转为吉祥物与"力量"标识的龙。这与欧洲、亚洲无关。

七头龙与龙群体

（左：《太阳女与七头龙》；右：《米迦勒斗龙》，［德］丢勒的铜版画）

西方的"龙：Dragon"，不但是组合性与虚构性的，躯体或外形也颇多样：有时以飞蛇或翼兽出现，有时却是多首级的：三首、七首、九首都有。

---

① ［俄］普罗普：《神奇故事的历史根源》，贾放译，中华书局，2006年，第295页。

② ［俄］普罗普：《神奇故事的历史根源》，贾放译，中华书局，2006年，第295页。

重要的是挖掘并且揭示东西方龙的可比性与趋同性。比较的前提是两项以上事物的共同点,"求同"而后"存异"。东西方的龙就是异中有同,同中又有异。前辈们把 Dragon 乃至 Nāga 翻译成"龙",是很有见地的。至于西方人为什么用(或不用)Dragon 翻译中国的"龙",我们屡加引证的李奭学的论文有详细介绍,可以参看。

两种(或三种)龙都基本上是幻想动物、神话动物,而且都是"混形性"的。现实生活或地球史上并没有真实存有的,如神话传说或幻想性艺术作品里那样的龙。它们以某一种或数种现实性的自然界动物为基干或"母型"(model),组合进具有杀伤力,特别是有"再生"能力的器官——凸现的首先都是勇猛(中国龙,看惯了觉得有趣,华丽,甚至"温良恭俭让",其实那牙、那角、那嘴、那眼、那鳍、那尾都是很厉害、很可畏的)。勇猛,在远古,就是吉祥。勇猛才不会轻易地被吞食,被"弱肉强食",被欺负,被侵犯;勇猛,才配做守护神和吉祥物。所以,我们反复强调,龙从来都是被看做"力"或"能"的象征,东西方、太平洋两岸几乎都是如此。

多头龙蛇:章鱼触手

(左:章鱼,古代希腊陶瓶;右:大力神赫拉克里斯棒打许德拉,[意]安东尼奥·波拉约洛的油画,1470 年,现藏意大利佛罗伦萨乌菲齐美术馆)

神话里有一种多首级的怪蛇或毒龙,像欧洲的三首 Dragon、希腊的九头水怪许德拉(Hydra)、东南亚的七头巨蟒、中国的九首雄虺等,自然学派神话学家认为,其母型是章鱼或大乌贼。这种腕足类动物,有时躯体连足长达数十米,能够把一艘小型海船拖入水底,十分可怕,是海怪的"原来面目"的一种。它的圆长粗壮的触手或腕足很容易被水手们当做多首龙蛇。

也有一种意见认为，是亚洲龙或中国龙影响了西方 Dragon。

荒川紘认为，那有"角"又有"足"的爬行纲怪兽——龙，是大河文明所孕育的，首先出现于西亚。苏美尔海怪蒂亚华兹既有鱼形又具蛇躯（有时生出足、角）。"产生于美索不达米亚的龙，首先为犹太教所接受，随即又影响到希腊，然后就传遍了欧洲。"有人认为，亚洲龙包括中国龙，出现得早，影响了欧洲龙，首先是它的蛇形。荒川紘说：

> 在希腊，龙与大蛇 δράκων（转写应是 Drakon，原印误）结合起来，所以英语把龙称作 "dragon"。"dragon" 本是水怪，而且代表某种宇宙观。……"dragon" 一般生活在河湖岸边、山泉之中或涌泉水的洞穴里。①

希腊的"龙"或作 Dracones，本意是"明眼所见"，或"闪光的"。因为虫蛇类多住在阴暗的穴窟里，两眼却似能"发光"。

蛇的祖先是一种蜥蜴。由于气候严寒，蜥蜴钻进土里生活，用进废退，便丧失了足、听力乃至视力。但在"记忆"中，在"联想"里，蛇仍然像蜥蜴一样长出四脚——那离龙就不远了。这是集体无意识的记忆再生或"返祖"冲动。

荒川紘因而要把龙叫做"返祖蛇"②。而原初的蛇，则是因为钻入土中避免烧灼而"失去四脚的蜥蜴"，它们是同构而又同源的。无论东西方，蛇形龙都是较早的。

"龙：Dragon"的外形，因幻想而怪诞，因组合而诡异。例如兽形而有翼，蛇躯却有足，无角变有角等，特别是它的多首级，更增强了它的不正常、不确定或反秩序的性质。

三头：三首那迦
七头：七首那迦，七首妖龙（太阳龙与"七首龙"）
九头：九首雄虺，九首许德拉（被赫拉克里斯所杀）

神话修辞术上"肢体增加"属于"前进的夸张"。自然学派专家用水母的多触手、章鱼的多腕足的"误读"来解释，固然颇为合理，却依然不足。斯蒂·汤普逊比较谨慎地说：

> 也许，在所有神奇动物中，人们最为熟悉的是龙。人们并不怀疑，至

---

① 参见［日］荒川紘：《龙——大河文明孕育的怪兽》，李国栋译，《神话·祭祀与长江文明》，文物出版社，2002 年，第 36 页。
② 参见［日］荒川紘：《龙——大河文明孕育的怪兽》，李国栋译，《神话·祭祀与长江文明》，文物出版社，2002 年，第 37 页。

少在欧美地区有关龙的传说之间都存在有机的联系。但是，圣·乔治［等］传说中吞烟吐火的多头怪物同中国象征吉祥的巨龙是不是一种动物却浑然不清。①

这也是国外学者的一种"误会"，他们往往只拿"成熟的龙"（元、明、清以来的龙）跟西方的龙相比较，殊不知中国龙原初也凶猛、怪诞、可畏，而且出处多元，外形多样，母型多种，性征多变。以头的数目而言，九首雄虺、三头妖物也并非罕见。这说明两者至少在虚构的目的上一致：使其尽可能地超现实、超物性、超能力。

巨大的腕足动物
（采自美国《野生动物》杂志）

大章鱼以及（传说中的）大王乌贼，十分可畏，水手们传说它能把一条船拖到海底去——是所谓"海怪"传说的一大"自然依据"。自然学派神话学家认为，它们的多触手是多首级蛇虺或恶龙的"母型"性来源。

法国人加科·布德更强调中国龙对 Dragon 的影响。

龙的流行基本上是从东方传到西方的，而在欧洲传说中出现的带翅膀的巨兽，则可以从中亚或南亚，甚至遥远的中国之商道上觅得其踪迹。即

---

① ［美］斯蒂·汤普逊：《世界民间故事类型学》，郑海、郑凡等译，上海文艺出版社，1991年，第292页。

使说欧洲龙（Dragon）是本地龙，它们也肯定受其东方的同类所影响。①

这，尤其是在罗马时代与中世纪前后，草原—丝绸之路更加通畅之时是可能的。

在欧洲罗马式的艺术中，据丁·鲍尔楚塞提斯所说，龙是"一条既没有翅膀也没有脚的大蛇，或者是带有蜥蜴尾巴的鸟"。13世纪时成吉思汗打仗一路打到奥得河及多瑙河，征服了整个的波斯，他从远东带来了龙。于是哥特式的欧洲龙有了翅膀，随之而来也有了龙的威力。②

当然，龙或走兽之"翼"的翅膀来源十分复杂，一般认为添翼的"神兽"来自西亚，包括后来的波斯。

东西方的恶龙大都跟某种"水患"或"旱灾"相关，英雄神杀龙多为"理水"或"抗旱"。

屠龙并且建庙"镇龙"的故事，其渊源似乎可以远溯到西亚。

作为战神的尼努尔塔（Ninurtar，"南风"之神，创造神 Enlil 之子），曾经屠杀龙怪阿萨格（Asag），或称库尔（Kur）。它本来深藏在地底，被杀以后，"库尔那原初之水（案如"水体"混沌，Chaos）升上地面，四处横流，致使淡水无法流入田野和园圃"（克莱默：《苏美尔神话》，参照魏庆征汉译）——这显然是因为地下富含盐碱的"污水"入侵农田使之五谷不生的神话映象（"地下碱水"的情况完全属实）——那么，Kur 大概是一条巨大的"水蟒"（甚至海蟒，代表咸水）。尼努尔塔的办法是在龙怪尸体上堆砌石块（这实质上是一种神圣建筑物），像一堵巨墙横亘在苏美尔良田之旁，使洪水不得泛滥，"咸水"不能入侵，"污水"不会上升。

这立即让我们想起《山海经》中同样屠龙的治水英雄大禹，杀戮并且建台镇压妖蛇相繇即相柳的神话。《大荒北经》说：

共工臣名曰相繇，九首，蛇身，自环，食于九土。其所欤（呕）所尼，即为源泽，不辛乃苦，百兽莫能处。禹湮洪水，杀相繇。其血腥臭，不可生谷，其地多水，不可居也。禹湮之，三仞三沮，乃以为池。群帝（百神）因是以为台。在昆仑之北。

《海外北经》说：

共工之臣曰相柳氏，九首，以食于九山。相柳之所抵，厥为泽溪。禹杀相柳，其血腥，不可以树五谷种。禹厥之，三仞三沮，乃以为众帝之台。……
相柳者，九首人面，蛇身而青。

---

① [法]加科·布德：《人与兽》，李扬等译，山东画报出版社，2001年，第130页。
② [法]加科·布德：《人与兽》，李扬等译，山东画报出版社，2001年，第130页。

相柳是"九首雄虺",与赫拉克里斯所杀的沼泽地里的九头蛇许德拉(Hydra,一般认为是多触手章鱼的怪化)相似。它的污血不能灌溉,显然跟代表盐碱的asag-kur水蟒一样,杀死以后仍然作祟,必须用"神圣建筑"(台坛、堤防、祠庙等)来镇压,这跟后世"水神英雄"获怪或捕蛇之后要用"雷峰塔"或神树圣石加以"羁押"一样。

光明神阿波罗射杀神蛇比东之后,在其尸体之上建造"特尔斐"神庙或"预言石",以资镇压,目的也相同。

尼努尔塔"积石镇龙"的行为有些奇怪,我们不知道这怎么能防止土地盐碱化。积极的解释也许是,用堤防沟渠引来清水,冲洗盐碱,让咸水归海,淡水浇田。这就是苏美尔神话叙事诗所描述的灾后美景:

> 横流大地的〔淡水〕,他加以挹集,
> 从库尔(地下盐碱)漫流而出的,
> 他导引、纳入底格里斯河,
> 他把浩大的(淡)水流注入农田。
> 看啊,地上已是应有尽有,
> 尼努尔塔,疆域之主,为之心旷神怡。
> 田野五谷丰稔,
> 葡萄园和园圃结实累累,
> 仓廪丰盈,谷草堆积如山……

(魏庆征汉译)

这也是禹杀相柳,开九河,导洪水,开沟洫,灌农田,建造新乐园的美好场景;这也是"次生态"的解除混沌、重建秩序的"准创世"行为。

在"原初之龙"一节里,我们简介了东北等地河畔或水道中发现长达百十公尺的石砌(或泥塑)巨龙,一般认为那是用来"祈雨"的祭祀场。现在看来似不仅如此,它跟西亚镇龙"分水"堤防相似,这种石砌(或泥塑)巨龙可能有"导水"的巫术意图:

(1)使龙安其位,不再兴风作浪;
(2)令水安流(安龙亦为镇水);
(3)预防它处大水入侵。

"吞入"龙腹及其象征意蕴

由西亚到欧洲,西方恶龙有吃人传统。由此可知,与龙蛇吃人相对,"人:英雄"以屠龙为勋业的顶峰,有时还故意描述其乘机进入其腹,用孙悟空式的战术以各种方式致其死亡。早在巴比伦—阿卡德人创世史诗《埃奴玛·埃立什》里，苏美尔太阳英雄马尔杜克（Marduk）在与水怪蒂亚玛特（Tiamat，即 Tiawath）的战斗中，他就率先采用了这种冒险进入敌人"腹地"，从内部攻破敌堡的战术。

> 主（指 Marduk）撒开他的网，将她套住，
> 把随后而来的恶风放到〔她〕面前，
> 蒂阿玛特张开嘴打算吸进……①

但在伊利亚德（M. Eliade）引用伽雷利（P. Garelli）等所译的"异文"中，却是：

> 提阿马特张开大嘴把他（Marduk）吞了下去（4·97）……②

然后才是：

> 他将恶风送进（她的体内），使她闭不上嘴，
> 疯狂的风使她的腹膨胀，
> 她的体内胀了起来，她张大了嘴。
> 他放箭就把她的肚皮撕裂，
> 切开内脏，射穿心脏，
> 他绑了她，要了她的命。③

一般的"译法"是 Marduk 把恶风送进 Tiamat 腹中；另一种解法是，他"将一颗能变成风暴的药丸投入梯亚马特口中，使她的肚子立即膨胀起来……"④

饶宗颐氏的典雅汉译为，马尔杜克亦未入水怪之腹。

> 至尊乃布网以掩彻墨（Tiamat），
> 魔风则尾随之，伺机扬击其面；
> 当彻墨张口欲吞噬（马独克，即 Marduk）之际，
> 彼乃鼓动魔风前进，使其双唇难闭，
> 众风群起而吹袭其腹。
> 使其躯体膨胀而其口阔张，
> 彼则以箭射其腹，
> 洞穿五内，并裂其心。⑤

---

① 《吉尔伽美什》附录，赵乐甡译，译林出版社，1999年，第202页。
② 〔美〕米尔恰·伊利亚德：《宗教思想史》，晏可佳等译，上海社会科学院出版社，2004年，第64页。
③ 《吉尔伽美什》附录，赵乐甡译，译林出版社，1999年，第202页。
④ 刘卿子编著：《两河文明：逝去的辉煌》，百花文艺出版社，2004年，第87页。
⑤ 《近东开辟史诗》，饶宗颐编译，辽宁教育出版社，1998年，第43页。

威胁约拿的巨龙：鲸

（左：古本基督教《圣经》插图，巨龙列维坦吞食约拿；右：虎鲸：巨龙出水）

《圣经》里把约拿吞进肚里的"龙"，一般专家都认为是指"鲸"。怪兽之"列维坦：巨龙：鲸"被认为是吃人的海怪（《圣经》插图里的一条怪鱼），或说是鲸之夸饰、龙的变体。

克雷默《世界古代神话》，奥弗《太阳之歌》，以及魏庆征译述等，都采用此说。史诗的叙述本身就包含着某种"混乱"，各个时代的译述者也许还试图按自己的理解对其进行"加工"，将其"合理化"，这就更容易形成不同的版本。从《圣经》和西方神话、史诗有"承续性"的"入腹杀怪"母题看来，马尔杜克是很可能"钻"进了"兽腹"，用不断生长的身躯涨破了龙腹。某些后进群团也曾仪式地再现类似的原生神话（母题），以体现入社青年的"死"与"再生"。

《圣经》里，约拿就曾被鲸龙吞入腹中，经历生死的考验。印度教三大神之首毗湿奴第八化身大黑天（Krishna，克利须那），曾经被巨蛇（妖龙）吞进腹中，他让自己的身躯暴长，让大蛇活活胀破肚子而死。《封神演义》中二郎神杨戬曾进入蛟魇腹中撑破其肚皮，《罗摩衍那》中的神猴哈奴曼（Hanuman），《西游记》中的孙悟空，乃至西南方的斩蛇英雄杜朝选、段赤城等，也曾采用类似的"入腹"战术，可能都有大黑天神迹的浅淡影响。①

---

① 参见萧兵：《无支祁哈奴曼孙悟空通考》，《文学评论》1982年第5期；收入《20世纪〈西游记〉研究》（上册），文化艺术出版社，2008年。

一说：雷神因陀罗与恶龙弗栗多冲突，首战不利，被吞进龙腹，众神为之颤栗，只好撬开它的嘴，因陀罗缩小身子，跳将出来，后来才用"泡沫圆柱"做武器，在昼夜之间杀死了它。①

吃人的龙

（左上：吞吃动物的大鸟和巨龙，斯基泰文物；右上：青铜车件，东周；下：雅典娜逼使守卫金羊毛的恶龙吐出被吃的英雄，寄寓"再生"观念，古希腊瓶画）

无论东西方，早期神话和传说中，并非所有的龙都是吉祥物，却有一些是凶猛或暴恶的，它们吞吃家畜、"善兽"乃至人类。这跟鳄鱼、大蜥、巨蟒等吃人的传闻有关。但有人认为这是在仪式地再现入社仪式之"死"与"再生"。

根据普罗普的概述，"蛇妖"（恶龙）是喂不饱、吃不休的"吞食者"，人、动物、植物，乃至石头、武器，什么都要吞下。但这种"吞吃"有时是仪式化或仪式性的，其象征指向决不仅是贪嘴、能吃、果腹，也不仅是为了杀死并消灭对手——这是普罗普论述里最为精彩的部分。此类神话或故事的深层意蕴是生命的经历、考验与"再生"。在一幅希腊瓶画里，屠龙者伊阿宋（Jason）正由龙口中"吐"出来（也就是说，他肯定曾被龙吞食），也就是得到新的生命。从

---

① 参见[法]吕凯等：《世界神话百科全书》，徐汝舟等译，上海文艺出版社，1992年，第475～476页。

瑞德玛彻（L. Radermacher）、普罗普到坎贝尔都注意到这个被流传文本失落的细节。"这个神话讲述了伊阿宋在科尔希达如何为了得到金羊毛而投身进入蛇妖卫士的嘴里，并怎样杀死了它。"① 这个模式是具有广泛性，却又个性十足的。它包含若干情节因子：

（1）杀死"食人龙"，英雄进入龙腹是为了杀死它；
（2）卫护或者夺取被龙占有的"宝物"（杀怪"得宝"或"救美"）；
（3）英雄保存并强化了自己的生命——可以喻指获得一次"新生"。

现代"象征模式—精神分析"与（转换）仪式学派认为，龙的肚子代表着妇女、尤其是大地女神的生殖腔，巨龙或大鱼实质上是"世界母亲"、"兽主"乃至创世母神——例如前举印度创世大神毗湿奴（Vishnu）就从"摩羯鱼：鲸腹"中生出或者"吐"出。

神或英雄被吞，象征着回归母腹，回归大地，回归生命本源。吞入—吐出，代表着死与"再生"。

人生的"转换"或过渡仪式，也可以看做经历一次接一次的"死亡"——人在生命转变期或"更年期"中都非常脆弱而处在高度危险之中——而后"再生"。非洲有些部落儿童参加"成年仪式"时，必须进入一座代表兽口或蛇（龙）腹的大门或房子，经历一次"死亡"，而后走出，即由此再次诞生。

在这样的视角下，进出龙腹就是仪式地再现"生—死—再生"的循环。这种学说确实能够诠释某些"吞进"龙腹的故事或仪式，但并非绝对，它不能说明所有的"吞进—杀出"的现象。

如同《旧约》里的约拿被巨鲸或"列维坦"吞下，孙悟空进入妖怪腹中，朗费罗笔下的印第安英雄海华沙也被"鱼"吞下，乘机弄死了大鱼。这类"鲸腹"（母题）（the belly of the whale），坎贝尔等不但视之为"世界性子宫"，而且认做意识深层的"未知领域"，跟上文讲的"龙腹"或"龙穴"一致。

赫拉克里斯也曾跳进海怪的大嘴，剖腹而出，救出公主海西欧尼（Hesione），是"杀怪成婚"的一种"变型"。

> 在这里英雄并不向外追求，超越过有形世界的局限，反而走向内在以求再生。……（礼拜者的）庙堂内部，亦即鲸鱼之腹，和超越尘世界限上下的天堂净土是同一的。②

---

① [俄] 普罗普：《神奇故事的历史根源》，贾放译，中华书局，2006年，第313页。
② [美] 约瑟夫·坎伯（即坎贝尔）：《千面英雄》，朱侃如译，（台北）立绪出版公司，1998年，第95页。

吃人的鲸

（左：怪鱼吞食约拿，欧洲古代《圣经》插图；右：作为参照的巨头鲸、灰鲸）

《圣经》说：耶和华派了一条大鱼把约拿吞了。《白鲸》作者麦尔维尔说，这肯定指的是鲸，也许就是危险的白鲸。海怪列维坦也是鲸。它们可能代表一种可怕的异化的社会力量，跟斯皮尔伯格导演的《大白鲨》一样，展示的是一种深刻的危机感。或说，约拿原是像孙悟空钻进妖怪的肚子里一样，撞破代表"死亡"的巨鱼的肚腹，获得了新的生命。

英雄所经历的是：生—死—再生。

他们说明信徒在进入庙堂的那一刻，确实经历了一项变形（蜕变）。他的世俗性格留在外面，并像蛇蜕皮一样被抖落。一旦进到里面，他可说已死于时间，并回到世界的子宫，也就是世界轴心或人间净土。①

同理，龙蛇之腹也不仅是"藏宝的窟穴"，而且是生命得到考验、再造与更新的"危险乐园"，它是集体无意识里"生⇌死"原型。

荣格（C. Jung）认为，各种各样女性的蛇妖、鱼怪，都涵化着人类的无意识或潜意识。这就更进了一步，却也更加"隘化"。

阿利玛（Alima，女水妖）是一个自然的原型，它令人满意地概括起无意识所有的供述，概括起原始头脑以及宗教和语言史所有的供述。②

---

① ［美］约瑟夫·坎伯：《千面英雄》，朱侃如译，（台北）立绪出版公司，1998年，第95页。
② ［瑞士］卡尔·荣格：《心理学与文学》，冯川、苏克译，生活·读书·新知三联书店，1987年，第77页。

海怪或"龙"吃人

(右上:海蟒吞人,欧洲古代绘画;右中:骑士杀龙,《特里斯坦和绮瑟》插图,1484年;右下:斗龙的卡德摩斯,他的仆从被毒龙咬死,或被其毒气熏倒;其余为鳄、虎鲸、鲨鱼和蛇)

传闻里恶龙或"水怪"吃人,也不是一点根据都没有。巨鳄、虎鲨、大蟒,甚至蓝鲸之类,都曾攻击过进入它们的(水中)"领地"的人,有时把人活活吞下去。《白鲸》和《大白鲨》,小说与电影里都有血淋淋的"再现"。稍加夸饰,便是恶龙、水怪之类的恐怖故事。

"吞食者"也可以说是以母性和母性力量为原型,"肚腹"就是生命的容器。埃利希·诺尔曼说,母神或者女性——

> 她是"鲸—龙"的肚腹,像约拿(Jonah)的故事里所说的,"鲸—龙"在西方,每个夜晚都要吞噬英雄;她是"日暮时分的毁灭者"。①

但这种"吞噬"是复演人与自然的"死"与"再生",夜间吞食,黎明吐出,是复演无意识的骚动与复苏。龙的子宫或蛇腹的物化形式就是各种窟穴及其人工模式的各种封闭或半封闭的容器。

---

① [德]埃利希·诺尔曼:《大母神——原型分析》,李以洪译,东方出版社,1998年,第163页。

"龙腹：龙宫：龙宝"三者具有同一性，既是死的暂居地，也是生与再生的子宫；既是"水底：冥土：地狱"，也是通过"考验"以后可能超升的"地上天堂"。

在精神分析理论看来，"蛇妖：蛙怪：恶龙"及其所栖居并护卫的（藏宝）深穴，都代表着深不见底的"潜意识"或"无意识"，"在那里囤积了所有被排斥、不承认、不认可、未知或尚未发展的存在因素、规律和要件"①。但作为"混沌"及其所内含的自我解破和重新创造的力量，宝物与守卫者，"所有物"与"所有者"，转换生成，合二而一（故事说，宝物由龙发现并保护，"龙穴：龙宝：龙"是等值的），它们汇聚成一股待解放、待升腾的生命的力量，只是被暂时"封闭"而已。这样，龙宫、蛇穴又与龙蛇之腹异质同构。

这[才]是女水妖、半人半鱼的海神和水底守护神（龙）之虚构水中宫殿的精华；[才]是照亮地下世界魔鬼城的宝物；[才]是支撑地球并被大蛇般环绕它之不朽大海内的火种；[才]是不朽之夜中的星辰。这[些]都是龙怪黄金宝库中的金块；是黄昏女神黑丝柏里缇丝（Hesperides）四姊妹看管的金苹果；是金羊毛的细线。②

英雄，代表着自我回归和自我更新的人类，把这种潜在的力量解开、点燃、升华；蛇妖或毒龙，也通过肉体的死亡达成自我的解放、救赎与涅槃。当然这只是一种"理论"或假说。

中国的龙，特别是蛟蜃之类，有时像蛇蟒一样吃人，但不太常见。

前举《述异记》说，夏桀宫中"有女子化为龙"，以丽人之形而"食人"。夏桀命为"蛟妾"，使其占卜吉凶。

商代青铜器纹饰里出现过很像是"龙吃人"的意象。可见不仅是蛟，龙也有凶猛至能食人者，或说此已受外来影响。

传到中土的 Nāga，依然吃人。最突出的就是李朝威《柳毅传》里"凶恶"的龙：钱塘君，请看他跟兄长洞庭君的对话。

"所杀几何？"
"六十万。"
"无情郎（指泾阳小龙）安在？"
"食之矣。"

唐·李复言《续玄怪录》写苏州客刘贯词访问龙宅，饮宴间，龙母"瞪视眼赤，口两角涎下"，想吃人，刘亏得龙妹呵护才得免于难。这只龙曾盗窃罽宾

---

① [美]约瑟夫·坎伯:《千面英雄》，朱侃如译，(台北)立绪出版公司，1998年，第52页。
② [美]约瑟夫·坎伯:《千面英雄》，朱侃如译，(台北)立绪出版公司，1998年，第52页。

龙的吞噬与掩藏

(左：中国民间"二龙争珠"图饰；右：争食的龙，萨满剪纸)

大概因为蛇、虫、鳄等"龙母型"都善于吞噬，并且"大肚能容天下难容之物"，所以民俗多强调龙的吞食、掩藏、争夺宝物的习性。"抢珠"，"护宝"无非是其一端。

(Keshmir) 镇国宝椀，看来是印度 Nāga，不是中国龙 (《太平广记》卷四二一；又见程毅中校本，第 165 页)。

唐·谷神子《博异志》载，天宝中，陈仲躬所居洛阳大宅古井，中有毒龙，利用铜镜变成美女，以"妖冶之姿"诱人落井，供其食用，"自汉以来，已杀三千七百人矣"(王达津等点校本，第 2 页)。应该注意，诱惑者并非龙女(第 167 页)。纯正的中国龙虽也凶猛可畏，却无人肉燕血之嗜；而佛经里的那伽却有毒恶狠戾者，连龙王都不例外。

他如波斯神话蛇王或妖龙达恰克 (Dazak) 竟有 1000 个肚子，吃人无数。

著名的发布神谕的"德尔斐"(Delphi)，本来是神蛇比东 (Python) 盘踞的巢穴，阿波罗斩杀它之后，便就地建起神坛与自己的祠庙，以镇魇被驱除的妖魂。delph 作为词根，兼含"蛇：穴：子宫"三义。

> 无论词源学如何解说，希腊人都将德尔斐这一名词与"子宫"(delphys) 一词相联 (原注表明：被杀的 python 原即地母 Gaia 生下的雌蛇 Delphes)。神秘的洞穴则是一张嘴 (stomion)，这个词还表示阴道。①

再则，这里有圆锥形"德尔斐神石"(omphalos)，代表着"肚脐"——世界的中心 (参见《中庸的文化省察·世界脐》)。

---

① ［美］米尔恰·伊利亚德：《宗教思想史》，晏可佳等译，上海社会科学院出版社，2004 年，第 230 页。

这样，接纳"生命之滋养物"的腔孔便被视为"异质同构"，而且被认同于蛇龙的大口与腹腔。

嘴（stomion）：龙口≈子宫（delphy）：龙腹≈阴道（生殖腔）≈腹脐（世界中心/人体中心）≈某种容器≈洞穴（谷神：玄牝；龙潭，蛇穴）≈地裂（chasma）或通道（adyton）≈生命/死亡的出入口

恶龙大口前的少女　　　　　　　　　　大白鲨

（左：[意]马奈迪：《珀尔修斯解救安德洛美达公主》；右：大白鲨的血盆大口）
海中毒龙多是巨鳄或鲨鱼的高度夸饰。

龙的主要母型蛇与鳄鱼，也许还有像"科摩多龙"那样的巨蜥，都会吃人。可以说，恶龙：蛇妖的"吞食"不过是这种巨型爬虫"吃人"恐怖事件的神奇反映。

但是，如前所说，许多专家认为某些神话、故事的蛇龙吃人，是"成丁礼"中进入（象征性）兽腹以获得"再生"与"灵力"的一种象征讲述。普罗普还认为，这是"英雄屠龙"故事的先导（其本末有待商榷）。

与蛇妖作战的母题是从吞食的母题发展而来的。吞食最初是一种在授礼时举行的仪式，这个仪式赋予青年人或未来的萨满以神力。……后来这些都消失了，不再发展了。[被]吞食已经不被当做一件幸事，只是偶然发生而已，与仪式的关联也失落了。……出现了一些替代物：主人公不再亲自跳进去，而是把能从吞食者腹内致其于死地的滚烫的石头或宝物扔进它

的口中，而主人公自己是从外面杀死它。这种杀灭形式渐渐发生着变化。①

 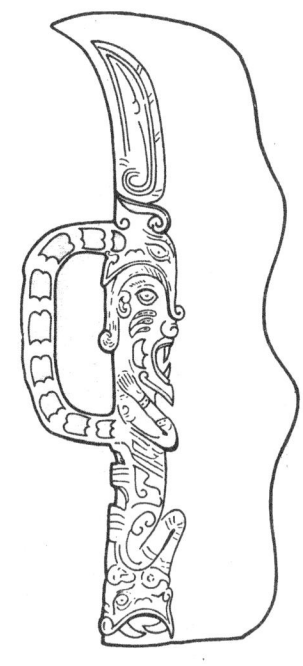

龙吃人——英雄杀龙

（左：圣·乔治杀龙，欧洲近世油画；右：龙食人，刀面纹饰，商代，传世）

龙以奇诞的"组合"被当成反规则、反神圣的"妖异"，以及"除害"的对象。无论东西方，妖魔化的龙蛇都是吃人的妖怪，是英雄杀戮或解构的"阴：黑暗的力量"。

"孙悟空：哈奴曼"与二郎神们"入腹杀怪"（其变形是进入炼炉），不但杀怪得宝救人，还强化了自己（例如获得火眼金睛或金刚不坏之身），可以说是更新了生命。

这，启发无穷却不能用它框套一切。

人类学家与民俗学家不断报告说，在"原始公社"的成丁仪式里，常常仪式地再现这种"吞食—吐出"的再生节目。"形式之一是被授礼者钻过一座怪兽（例如，"龙：蛇妖"）形状的建筑物……[或]由样子特别的茅舍或房子来充当。被[吞食的]授礼者似乎是被消化了，接着被吐出来成为一个新人。"② 类似的许多地区和群团礼仪给"蛇妖：恶龙吃人"的神话提供了一种民俗学的诠

---

① ［俄］普罗普：《神奇故事的历史根源》，贾放译，中华书局，2006 年，第 313~314 页。
② ［俄］普罗普：《神奇故事的历史根源》，贾放译，中华书局，2006 年，第 290~291 页。

释。美国与中国的考古学家曾经借用这种理论来解释种种"饕餮吃人"的造型，却并不成功。

在野兽腹中的逗留赋予从那儿返回的人以魔力，包括对野兽的统治权。返回者成为了不起的猎人。这一点揭示出了仪式和神话的生产基础。它们的思维基础是史前的，这种思维基础根据的是吃与被吃同为一体的观念。①

例如在旨为繁殖"图腾"的"因特丘玛"（Intechuma）一类的仪式上，特选人物可以而且必须吃图腾动物；同理，"为了加入图腾动物之列，变成它，从而进入图腾氏族，需要被这个动物吃掉"②。但这并非普遍的民俗或礼仪。

所以，也有人把"洞窟"似的"龙腹"看做女神或女性的子宫及其通道，这里充满欲望、快乐与危险，进入"龙腹"就是成年礼最后的节目：进入女体，并接受考验，获得新的生命体验与能力。

爱斯基摩人的盗火英雄列文，跳入雌鲸大口之中——一般神话学者认为同样是"回归母腹"或进入"世界的子宫"——发现一位美丽的姑娘伊努亚（Inua），鲸鱼的精魂，"窟穴中的性"，她终于成为他的"母亲兼妻子"。因为好奇与贪嘴，他吮吸鲸油，弄断她的心血管，"水之母亲"死亡，他却带着火炬"新生"。或说，这是在描写没有经验的少年在初夜的鲁莽与过激行为，危及"新娘"；"母亲兼妻子"的死亡，换来入社战士成熟而新鲜的生命。或说，这本质上是一种变体的"龙女"传说，却比较"幼稚"（无"救助/报恩"情节）。

龙女：鲸的精魂：水之母亲——
英雄的妻子（兼母亲）

这甚至于是一则改型的"英雄屠龙救美"故事：英雄杀死"鲸龙"，救出跟它本系一体的"公主"并与之成婚——美女却因母体的死亡而亦死亡。但是，"基本结构"却与上述系列故事一致，而略有变动。

生命　　龙腹　　历险

躯体 —进入→ 子宫 —死亡→ 成丁 —再生→

英雄被"吞"并乘机杀死这"水中吞食者"（各种各样的龙），经历了一次生死考验，却获得新的生命或"生存超能"，是这类故事相对稳定的构造或主题（一般的"屠龙英雄"故事暂且不讲）；同时，"龙腹"也往往被看做"生命的乐园：世界的子宫"，这跟龙被看做生命或生殖意象是一致的。

---

① ［俄］普罗普：《神奇故事的历史根源》，贾放译，中华书局，2006年，第292页。
② ［俄］普罗普：《神奇故事的历史根源》，贾放译，中华书局，2006年，第292页。

守宝龙

西方的龙是凶暴与可怕的,但并不都是"恶"(阎云翔把 Dragon 添字译为"毒龙",并不恰当)。有些"龙:Dragon"跟"Nāga:龙"。同样,本来只是守护神,跟宝物、财富有联系——有时本身像"金羊毛"或圣树那样象征财宝,守宝龙则体现"天命"或"神意"。

伊阿宋屠龙
(美国通俗杂志插图)

希腊神话说,英雄伊阿宋杀死永远不肯全然闭目睡觉的"百眼毒龙",夺取了象征财富的金羊毛。印欧神话里,龙非常富有而且贪婪,或者"小气",它们往往在深穴中守护宝物,死也不肯放弃。英雄们只有克难才能得宝,屠龙而后救美。

加科·布德说:

龙经常和埋藏的财富有关联。卡德摩斯杀死了一条龙,它是阿瑞斯(Ares,战神)的后代,为的是给底比斯城取水。赫拉克里斯也结束了守护金苹果之龙的生命。阿波罗(Apollo)神最早的功绩是消灭了守护着神庙的那条可怕的龙:巨蟒(Pheton)。(《人与兽》,第130页)

守护神山、圣地、生命树、祠庙或财宝，是一些"圣兽"的职责。我们并没有把苏美尔—巴比伦守卫神庙的"圣牛"看成敏诺"怪牛"那样的恶兽，只是欧洲的传统多把进攻者、掠夺者看成英雄。Dragon、Nāga 跟 Sphinx、Griffin 在早期同样主要是守护圣地、宝物、财货的神话（混形）动物，在中国被置换为：开明兽/离朱（凤鸟）/烛龙等，而且多与宇宙山（昆仑及其"分化"）相联系。它们的主导面是怪诞、凶猛、神奇而不是毒恶。

印欧神话里，龙非常富有而且贪婪，或者"小气"，它们往往在深穴中守护宝物，死也不肯放弃。英雄们只有克难才能得宝，屠龙而后救美。

印度龙那伽像希腊神话的"毒龙"那样守护着地下世界或神秘异域的珍宝（"菩伽婆提"是珍宝集中的都城），乾闼婆曾一度夺取那伽领地，后来毗湿奴助其夺回。藏族的龙也能看守宝藏，甘孜一带藏族还以龙为财神，其所居之水洞，藏着珊瑚、珍珠、九眼勒子，和绿松石等，"二龙戏珠"故事或亦其曲折映现。这也许是因为中国龙、欧洲龙、印度龙，都有"穴"。这跟虫、蛇及蜥、鳄多在洞穴里生活有关——甚至不排除人类对自己远祖的"穴居"回忆在起作用。中国"龙穴"，除烛龙等个案外，没有过多神奇（只是在坤舆术里，"龙穴"指上好风水）。西方"龙穴"往往"窖藏"珍宝，龙则多是守宝者。或说，这跟海盗荒岛藏宝的习惯，冒险家热衷"探宝"之传统相关。"洞穴珍宝"很可能导源于"世外桃源"和"水晶宫"之类的"乐园"。有学者说，"乐园"是人类温暖的"子宫"（龙是守护者兼垄断者）；"龙宫"故事同样反映"返祖冲动"。它们的底里都暗藏着成丁的历险、性的考验以及最重要的"生长—死亡—再生"主题。但龙的守宝母题有相对独立性。

《梨俱吠陀》里，雅利安最古老的旱魃、妖龙弗栗多，盘踞在水底或深山的岩穴里。这就是最古老的险恶"龙宫"。

布朗介绍"弗栗多"（Vrtra, Vitra, Frita，或译维特拉）的语义说：

"弗栗多"为阳性，词根则为中性，意即"覆盖"、"某种遮蔽者、隐匿者"（引案：所以它遮蔽、障隐水雨，不令畅流）。由此可见，精魔弗栗多为"覆盖"、"遮蔽"、"隐匿"的神格化身。

弗栗多又称"达诺沃"，意即"达努（Danu）的后裔"、"达努的子孙"或"出于达努者"。后者的词根为阴性，来自词根 da，意即"束缚"、"限制"；Danu 的词义亦为"限制"、"束缚"。①

简言之，弗栗多为阻碍者，是阻雨的妖龙，要由雷神因陀罗来"打开"。在法国人加科·布德笔下，Nāga 的形象和居处是——

---

① ［美］布朗：《印度神话》，见［美］克雷默编：《世界古代神话》，魏庆征译，华夏出版社，1989年，第257页。

作为半神半人之物，与神极为接近。据说它们有三个、七个或十个头，能变成戴珠宝或皇冠的漂亮青年。它们住在地下的蛇世界里，那是一个有房子、塔和花园的大王国，首都是极乐之城波格瓦提（即菩伽婆提）。不过它们也住在地面上，在山里神秘的洞穴里安家。①

这就是"龙宫"，更典型的是海底的水晶宫。它们掌握水、雨和丰饶，像中国龙一样，并非一味地"恶"与"贱"。但"龙宫"最初不过是蛇穴。弗栗多是以负面形象出现的"守宝者"：它保卫的是水。

在史诗《摩诃婆罗多》里，蛇王德叉迦（Takshaka）的地底"无边王国"十分豪华精美，圆柱林立，回廊曲折，遍布宫殿、楼台、庙宇和种种娱乐设施，跟"龙/龙宫"趋同。蛇王还盗窃并藏匿人间和王室的珠宝，只有雷神因陀罗（Indra）能够威胁它和它的宫殿。

在《吠陀》经里，龙有时是守宝者。《摩诃婆罗多》里，仙人迦叶波与妻子迦陀楼生下那伽龙，与大鹏王是死敌。

在民间传说乃至佛经里，守宝者的"那伽：龙王"尽心尽责，却"小气"得像个土财主，十分可笑。

普罗普认为，"蛇妖：恶龙"常居住或者守护的洞穴，通向死者的世界，而且主要是冥土（其实并不全都如此），天上或水底的"另一世界"常常被美化成"天堂"般的"龙宫"，地下世界则常被恶化。但印度"龙宫"，如菩伽婆提（波格瓦提），见于《湿婆往世书》和《毗湿奴往世书》等，为黄金制就、宝石砌成，是蛇王 Vashuki（婆薮吉）的住所——诸"Nāga"则居于龙宫"七域"之"波罗陀"，全身以宝石为饰。此地既无严寒，也无酷暑，众龙（蛇）逍遥自在，显然具有"乐园"的一些特性。简单地说，这只是某些珊瑚海深处风光的夸饰，其华丽，则自李朝威《柳毅传》（即《柳毅传书》）可见一斑。"柱以白璧，砌以青玉，床以珊瑚，帘以水精。雕琉璃于翠楣，饰琥珀于虹栋。奇秀深杳，不可弹言。"而且，"台阁相向，门户千万，奇草珍木，无所不有"（参见《太平广记》卷四一九，9·3411）。绝胜于湘君水府，河伯龙堂。这可能是须弥山神话的遗存。

然而，某些佛经里的龙王处境却相当糟糕。《法苑珠林》卷二引《起世经》说："所有龙王，尽有三患。"一是"被热风热沙著身，烧其皮肉，可烧骨髓"，是北印度沙漠环境的写照；二是"恶风暴起"，沙尘暴席卷龙宫，"失宝饰衣，龙身自现"，是赤裸裸的沙碛巨蛇的处境；三是常常被金翅大鹏鸟侵入啄食——龙一旦脱下神灵外衣，就是痛苦扭曲的蛇蟒。观念虽说"辩证"，但是中国龙神，即令"现出原形"，一般也不会如此狼狈不堪。

---

① ［法］加科·布德：《人与兽》，李扬等译，山东画报出版社，2001年，第134页。

二龙戏珠

（1. 苗族双龙蜡画，丁卫国摄影；2. 云南丽江纳西族"彩龙戏珠"彩灯，车文龙摄影；3."二龙戏珠"，贵州侗族钟鼓楼装饰；4. 器具装饰，清宫用物；5. 故宫屋梁装饰）

"二龙抢珠"是中国各民族的传统装饰，既与蛟龙护宝故事相连，又跟"木难珠"神话相关（参见笔者的《中国文化的精英》）。后来，"抢夺"、"守护"，蜕变为一种祥瑞与快乐的"游戏"，可供观赏。

这种可怕的处境，也许正是所谓"冥土：地狱"的缩写。《楚辞·招魂》："魂兮归来/西方之害，流沙千里些/旋入雷渊，靡散而不可止些/幸而得脱，其外旷宇些/赤蚁若象，玄蜂若壶些/五谷不生，藂菅是食些/其土烂人，求水无所得些/彷徉无所倚/广大无所极些。"这西部沙漠似乎比土伯居住的"幽都"还可怕。在印度，这可能带着对某些原住民所处的沙漠环境的贬斥。

西藏那住居水底、近于Nāga的龙，"高贵者"也有"龙宫"。《十万（净）龙经》里的"王族（刹帝利）龙"，其"居处是一座巨大的蓝色龙宫，龙宫的基础由玛瑙砌成，护墙由金砌成，屋顶用青金石砌成，四个角楼用银铃装饰"①。这位"王族龙"也不像其它龙魔那样可怖，一头二手，身蓝，骑蓝色"龙马"，右手持闪光珍宝，左手持宝囊；身穿绿松石铠甲护持，头戴绿松石头盔；伴神为10000名"龙勉（灵）"②。但是，龙魔及其所控制的世界便可怖了。即令如此，它们都掌握着珍宝与海洋。

萨满教系统的北欧人，例如芬兰人，也相信水神纳基（Nakki）住在装满财富的海底巨大城堡中，入口便是大湖的"无底洞"③。

英雄进入"龙穴"或秘密地点夺取为龙所占有的"宝物"（也许是美女），是"入腹杀怪"的一种改型，或"弱形式"，却同样是"生命的考验"。

西方的（黄金）"宝藏"往往是多义或者"复义"的，《萨迦》里毒龙对杀它的英雄西古尔德说：

这笔黄金就是你的死神，因为它会害死所有得到它的主人。（1076）

它既是短暂如梦的人生的象征，又是"死亡"的"标的"。④
欢乐与名利都像黄金的光芒那样一闪而过。

宝藏里的"金杯"是经过诅咒的：得到它的人，只能面临死亡。但最重要的，仍然是它寄托着西方人对于征服、扩张，特别是积累与掠夺财货的强烈欲望；又潜伏着对于财富力量的畏惧。

据说，埋藏黄金的人，往往就变成看守黄金的龙，就像北欧神话中的"守宝龙"。它得到被小矮人诅咒过的"尼伯龙根魔指环"：谁得到它，谁将死去。

---

① 参见［奥］勒内·德·内贝斯基·沃杰科维茨：《西藏的神灵和鬼怪》，谢继胜译，西藏人民出版社，1993年，第347页。
② 参见［奥］勒内·德·内贝斯基·沃杰科维茨：《西藏的神灵和鬼怪》，谢继胜译，西藏人民出版社，1993年，第347~348页。
③ 参见［法］吕凯等：《世界神话百科全书》，徐育新等译，上海文艺出版社，1992年，第445页。
④ 参见《贝奥武甫》，冯象译注，生活·读书·新知三联书店，1992年，第184页。

宝藏支配者和他所变成的守宝龙,都叫做:

法夫尼尔(Favner)

他"杀父夺金,变龙护宝"①,为英雄西古尔德所杀,英雄后来也死于非命。

英格兰屠龙英雄贝奥武甫与毒龙同归于尽时,也都没有忘却对财富的渴望,声称这是"王国的利益"。龙——埋宝者兼护宝者——死也要占有财富,杀龙的"英雄"临死也要让他的同族人"继承"财富。"遍地的黄金,眼花瞭乱/满墙的奇迹。那大蛇/黎明前的飞怪的老巢里,还立着酒盅/古人的饮具……"(冯象译本,142)威拉夫武士"随心所欲,往怀里放进杯盘……"

"理想化"君主和英雄("hero"的一义是"统治者"),屠龙杀怪,犁庭扫穴,掳掠珍宝,不仅是一种物质占有或肉体胜利,而且要通过它们证明:

王权的神圣性(the divinity of kingship)

尼伯龙根宝藏里,最宝贵的是一根黄金小杖,这实质上就是石器时期就已出现的"指挥棒"或"权杖",是权力的标志。"谁能够掌握住它,那真是幸福非常/全世界的人都会对他俯首听命。"②

神赐的黄金既使武士法夫尼尔(Favner)不由自主地变成视财如命的悭吝的恶龙,也使屠龙者如西古尔德们因为夺得"被诅咒的黄金"而不能不惨死——在《尼伯龙根之歌》里,黄金假手恶徒杀死了他。财富报复贪婪。"这是所有人的归宿,这是暴虐无忌、贪心不已、财迷转向和权力欲的最后结果。"③黄金却回归了大自然。这是对于醉心于财富和征服者的戏剧性批判。

就浅层而言,"毒龙"所获取、埋藏、守护的"黄金"、"珠宝"、金羊毛、圣树、盔甲、"金杖"都意味着财富。财富就是权力(尤其是在中世纪,领主们没有宝货、金钱,就无法豢养军队或骑士,既不能征战,也不能守卫碉堡、要塞或庄园)。金钱是权力的物化,"毒龙"是它们的"保障",杀了龙便能夺取财宝、权力,成为 hero:英雄。这个词在西方有几重意思:

半人半神(谢选骏译为"超人")

悲剧主角

统治者

所以,龙跟它所守护的财宝包括它的"神珠",一体化地成为"英雄:统治

---

① 参见《贝奥武甫》,冯象译注,生活·读书·新知三联书店,1992年,第184页。
② 《尼伯龙根之歌》,钱春绮译,人民文学出版社,1959年,第235页。
③ [西班牙]卡洛斯·纳达尔·加亚编:《世界各国神话与传说》,齐明山译,中国民间文艺出版社,1985年,第197页。

者"的权力话语。这在东西方基本一致。温良恭俭让、敦厚平和的中国最高统治者,就好像"退位神",用不着亲自去屠龙,它掌控、占有、垄断了龙及其意象,穿上龙袍,登上龙廷,坐上龙椅,便具有龙体、龙颜与龙性,"那真是幸福非常/全世界都会对他俯首听命"!他也失去了英雄性,成了孤家寡人。

龙蛇守卫生命树

(《俄尔浦斯教祷歌》之十二:赫拉克里斯,希腊装饰改绘)

龙蛇守卫藏宝的一种古老形式:保卫生命树。撒旦蛇的保卫并利用"智慧树",是其演进。

《旧约·创世纪》里与魔鬼撒旦(Satan)"一而二,二而一"的大蛇,实际上是生命树、智慧树、圣水和伊甸(Eden)乐园的"守宝龙",就好像美索不达米亚滚筒印章图案乃至希腊瓶画所见,蛇龙总是"缠绕"并守卫着生命树。"无论从哪方面来说,《创世纪》里的蛇都成功地扮演了守护生命或青春之象征的角色。"① 它同样是被曲解、被妖魔化的守宝龙。

如上所述,就表层而言,龙所守的宝,是财富,也是知识、智慧或权力。若由深层而论,无论藏的是种子、宝货或者"美色"、珍馐,龙腹或龙宫都是生命的"子宫"或"乐园"原型:进入"龙腹"都如同进入"女体",对英雄都是一种"危险的考验",一种"死亡"而后的"再生"。夺宝如同夺取生命的精华,盗窃宇宙的秘密,是成为"英雄:统治者"的必由之路,也是其统治的圣俗合法性的证明。

---

① [美]米尔恰·伊利亚德:《宗教思想史》,晏可佳等译,上海社会科学院出版社,2004年,第143页。

中国龙与印度龙

梵文 Nāga，佛经汉译为"那伽"，是天龙八部之一，其形略如蛇蟒。玄应《音义》(3)：

> 那伽，此云"龙"，或云"象"，言其大力故以喻焉。

公元 2—3 世纪，龙树菩萨《大智度论》云："那伽，秦言龙。"

唐·玄奘《大唐西域记》译为"龙（王）"（梵文为 Nāgarāja）。

龙王能兴云降雨，跟华夏—汉族或中原的龙趋同，但"龙王"之性格却基本是印度式的。高亨《周易大传今注》说，乾卦诸"龙"可以指（中国式）"龙王"，没有多少依据。战国前，中国有"龙"而无"龙王"。

较早者，公元前 1 世纪，印度阿旃陀第 10 窟有"龙王及其家族"壁画，第 9 窟有"龙王礼拜菩提树"壁画，是"龙王"为其所固有的证据。而且，在《吠陀》时期，成文史前，Nāga 或以蛇蟒为母型的"蛇王"或"蛇怪"就已存在。恶蛇弗栗多（Vrtra）还可能是雅利安或古印欧人的共同信仰物（详后）。

印度那伽跟中国的龙、龙神当然不同。正如季羡林先生所说："佛教传入以后，'龙'的涵义变了。佛经里，以及唐传奇文里的'龙王'就是梵文 Nāgarāja，Nāgaraj，或 Nāgarājan 的翻译。这东西不是本国（中国）产的，而是由印度输入的。"① "龙王"确实不是中国"龙神"，但不久同样被"中国化"——人格化的龙王更容易为看重"人"与家庭的中国人所接受，更容易被加以改造与"消化"。姜伯勤介绍说：

> Nāgas 是水神、河神、泉神，主雨，与早期佛教融合，而出现于佛陀的各种故事中。犍陀罗雕刻中的龙王（Nāgarāja），其穿着似王公，打扮成人的样子，蛇头（龙头）从头巾上升起，以作为其性质的象征。龙王的这种人格化的神王图像，影响到中亚及中国的佛教艺术。②

中国神怪很早就有"龙首人身"或"人首龙身"者，与那伽王略似。在隋代莫高窟壁画里，毒龙呈蛇形。龙王作天神状，或以中国龙、龙头形象出现③，

---

① 季羡林：《比较文学与民间文学》，北京大学出版社，1991 年，第 106 页。
② 姜伯勤：《敦煌艺术宗教与礼乐文明·莫高窟隋说法图中龙王与象王的图像学研究》，中国社会科学出版社，1996 年，第 130 页。
③ 姜伯勤：《敦煌艺术宗教与礼乐文明·莫高窟隋说法图中龙王与象王的图像学研究》，中国社会科学出版社，1996 年，第 132 页。

极具"中国特色"①,极容易被接纳。

阎云翔认为,Nāga 跟中国"龙"根本是两回事,两者对译不妥,不如音译(那么,Dragon 也只能音译为"德拉贡")。我们则认为,三者有很强的趋同性或"近似点",无论其格位、性状、母型,抑或结构、功能、意蕴,都有潜脉暗通,甚至在中国所谓"先秦",特别是战国,也还不能完全排除其构成之"因子"或"元素"的某种"播化"或"交流"。

印度的"那伽"龙——以眼镜王蛇为母型

(左:印度寺庙刻石;右:搅乳海的龙王婆薮吉,那伽王,摄于泰国曼谷机场)

印度的那伽龙,主要以眼镜王蛇为母型,而由多首级或多身躯组合而成。在造型上,龙首昂起或突出,相当可怕;头部或身躯有"眼斑",是剧毒的眼镜蛇的标记。所以,Nāga 趋于负面,代表凶恶。

当年佛经翻译家译"那伽"为龙,大有深意,启发无穷。阎云翔只承认两点:(1)二者存在"共同"或"相似"之处;(2)"外来的佛教适应中国文化环境的努力。"② 笔者认为,最重要的是,二者存在"整体对应"(由蛇等爬虫类升华为神灵)乃至"细节密合"(掌司水雨,参与创世,保卫宇宙山、宇宙树及宝物等)。

何星亮的《苍龙腾空》中的观点与阎云翔等以为中印早期龙"毫无关系"的看法恰恰相反,他认为印度佛教里的"龙"或"龙王",是由中国先秦主宰雨水的龙西传而来的,所以印度龙王也主掌雷雨,后来才又以"龙王"的身份回流到中土。③

---

① 参见胡同庆:《莫高窟早期龙图像研究》,《敦煌研究》1988 年第 1 期;《胡同庆论文集·敦煌学研究》,甘肃人民美术出版社,1994 年。
② 参见阎云翔:《印度的那伽与中国的龙》,《中国比较文学》第 4 期,1987 年,第 53~54 页。
③ 参见何星亮:《苍龙腾空》,社会科学文献出版社,1998 年,第 185~193 页。

"在汉代之前，只有龙神，而无龙王。"

但中国龙自从与君王皇帝相结合（这至迟由秦汉开始），地位便至高无上。天龙八部里的"那伽"却只是护法神之一。

龙文化传入印度在秦汉之前。……在此之前，中国龙的神性主要是行云播雨，而印度的龙王也一样，主宰大海、湖泊和水潭等水域。①

眼镜蛇母型之那伽：七首雄虺

（左：吴哥窟里的巨蟒造像，柬埔寨；右：创造大神毗湿奴睡在"蛇筏"上悟道，九世泰王离宫雕塑，摄于曼谷郊区）

印度教与佛教里的那伽龙王以多种形象出现，重要的一种是七头巨蟒，或"九首雄虺"，母型是眼镜蛇的"编组"。创造神毗湿奴曾经睡在由它们编成的"蛇筏"中冥想或者"悟道"，世界在其"幻觉"中诞生（有时，他的肚脐中生出八瓣莲花，大梵天 Bruhma 端坐其间）。元·周达观《真腊风土记》说，州城桥栏刻为蛇形，"蛇皆九头"，实仅七首。印度巴拉凡（Palava）王朝，有王族乃蛇王女后裔的传说。《真腊风土记》说，王宫金塔里"九头蛇精，乃一国之土地主也"，每夜优先与国王媾合。这些都带有龙蛇图腾崇拜的残迹。

---

① 何星亮：《中国龙文化的特征及其发展阶段》，《龙文化与民族精神》，上海人民出版社，2000年，第157页。

我们觉得,"那伽"以蛇为主要母型(中国龙的母型却是多元而有变化,由虫而蛇而蜥、鳄而其它,极为复杂),必须考虑其印欧人原始信仰或婆罗门教的"基础"或背景,早在南亚次大陆原始文化里就有蛇的敬畏与巫术。

史密斯(G. E. Smith)曾在《古代埃及与文明的起源》(1923年,伦敦)等书里,论证世界文明与一切"发明"都来自埃及。前举他的论著《龙的进化》(*The Evolution of the Dragon*, 1919, London)认为,中国与印度的龙(直到Dragon与美洲的"羽蛇")都起源于埃及或巴比伦,龙是"水生动物"。例如蛇、鳄、鱼等的"代表"或"形象"的结晶,体现着"既能创造生命也能毁灭生命"的"水"的力量与神秘。他更强调龙的"怪物"性质,显然是以西方龙为"本位",而突出印度Nāga的许多元素,并且以中国龙(主要是秦汉以后者)的某些特性相附会。

他的看法缺乏实证,现代学者多不取。但是,如果把握中、欧、印之龙的整体特征(以蛇及蜥、鳄为母型的水雨操控者),把可能的"交流点"控制在目前已较了解的"因子"水平上,我们还是很难完全否认它们之间或直接、或间接之相互影响的。

弗栗多或那伽龙的古老形态

某种巨型的蟒(包括或曾实存的海蟒),是否为操印欧语的群团、原始欧洲人或雅利安人所共同信仰的"龙",或者说Dragon与印度Nāga的"原生形态"是否同源,还有待研究、澄清。但是,体现在《吠陀》里的雅利安信仰,弗栗多(Vrtra)是最早的妖蛇或恶龙,是最古老的Nāga。一般认为它是蛇蟒之形,《吠陀》说它无足,无臂,无肩,深潜水底,或堵闭岩穴,不让水、雨畅流。Nāga承袭着它的负面特征。

有人认为,弗栗多(Vrtra)跟前雅利安时代的"达萨"集团混同。

或说,Nāga是北印度一个强有力部落的名称,他们崇拜蛇。其他部落于是借Nāga为名,将由蛇尊化而来的"蛇神"(中译龙),用民族偏见造成其"邪恶性"。弗格森的《树崇拜与龙崇拜》,沙玛的《印度百科全书》,都认为这是雅利安人进入之前固有的部落蛇(图腾)崇拜。《大唐西域记》迦毕试国有凶龙,日本堀谦德的《解说西域记》认为,这"龙王"实是古代印度北方山区一支勇猛的"龙种"(所谓蛇图腾族),见于古代雕刻①。有些像南亚之"那伽族"。R. 塔帕尔说:"蛇也被赋予力量,也许这是与强有力的那伽(Nāga)部落冲突的结

---

① 参见[唐]玄奘、辩机:《大唐西域记》,季羡林等校注,中华书局,1985年,第153页。(简称季校本)

果，因为他们崇拜蛇。"①

上古印度的摩亨佐·达罗（Mohenjo Daro）与哈拉巴（Harappa，两地今属巴基斯坦）文化（公元前4000～前3000年）的泥版或印章上出现——

蛇/蛇神像

有的学者认为这就是那伽之祖本，表达的是水或土地之崇拜。有的学者说，印度此类原始宗教或信仰，"是在其本土上发展的，并不完全由雅利安人传来"②。我们认为，还必须考虑其西亚—中亚的某种渊源，也不能完全排除其与古代埃及的关联。

哈拉巴文化还发现"戴头罩的眼镜蛇"的赤陶塑像，这该是一种"蛇神"。有的粘土印章上有混形动物，"这种生物有着人脸和鳄鱼的尾巴"③。这跟后来人形化的那伽龙王有些相似。

印度龙的古老形态

（"三面模制书版"，船/蛇/铭文，摩亨佐·达罗遗址出土，采自基诺耶）

古老的摩亨佐·达罗遗址出土的书版上的"鳄食鱼"形象，或以为这就是那伽龙的原初影象。进入印度河流域的雅利安人把热带可怕的毒蛇或鳄鱼夸饰为Naga，一支转向欧洲的原始印欧人又把它们的形象与传闻带到西方世界，参与了Dragon的创造。

上古印度河流域发现的粘土印章上有宽嘴或窄吻两种鳄鱼。前者，方形印章上见得少；后者则常见于模制的书版。摩亨佐·达罗的一件三面模制书版，

---

① ［印］R. 塔帕尔：《印度古代文明》，林太译，浙江人民出版社，1990年，第24页。
② 常任侠：《印度与东南亚美术发展史》，上海人民美术出版社，1980年，第3页。
③ ［美］乔纳森·马克·基诺耶：《走近古印度城》，张春旭译，浙江人民出版社，2000年，第146页。

有条故意拉长尾部、头部的窄吻鳄衔着一条大鱼,已是"叙述性图景",似在表达某种意图。基诺耶认为:"[这些]印度河鳄鱼可能与后来印度神话中的水神或河流女神有关。"① 这跟埃及的观念很接近,可能是继起的那伽的一种祖本或母型。美国学者瓦尔特·费尔塞维斯说:"当时各村落都以一种动物的图像来代表酋长或首领,贵族们自认为出身于月亮、太阳或星星。"② 有人则干脆以为蛇鳄是图腾。

早在《阿达婆吠陀》里,四条巨大的那伽守卫着天地四方,就像《山海经》里,圣王颛顼等的"冢"有四蛇卫之。这跟后来保卫须弥山或昆仑山的"前四灵"或"四神"(四兽)有潜在联系。可见,婆罗门教(印度教)的那伽是守护神。按照以上神话看来,那伽龙是不断地被"卑化",连做"恶龙"都缺乏其"前身"所具有的张力或灵性。阎云翔说:"在吠陀时代和史诗时代,尽管那伽往往被视为恶魔,但地位还不算低。到了佛教盛行时代,那伽虽然被赋予种种美德,被塑造为佛教护法天神八部众之一,但地位却大大下降。"③ 神通再大,也是"畜生"。

"四大天王"里,西方"广目天王"(梵名"毗留博叉")佑护瞿耶尼或西牛贺洲的部属或助手就是:

那伽(深海龙王)
富单那④

就其基本结构而言,它们略同于中国那保卫并标识"四方"的四神、四灵。"四大天王"后来成为替如来护法的"四大金刚",道教又改造他们做玉皇大帝的守门四将(四大神王)。《封神演义》以道教和合三教,"那伽:龙"被转移在"东方":

东方"持国天王"魔礼寿
[那伽——] 蛇:蜃(顺),或花狐貂

"那伽"恢复为蛇——但中国人以为是"蜃"(由蚌贝变来的蛇形龙),谐音(四大天王分司)的"风、调、雨、顺"之"顺"。明·杨慎《艺林伐山》就说它是蜃龙,"似蛇而大"。

---

① [美]乔纳森·马克·基诺耶:《走近古印度城》,张春旭译,浙江人民出版社,2000年,第140~141页。
② 参见《4000年前的哈拉帕"印章文字"初步破译》,《人民日报》1982年5月24日。
③ 阎云翔:《论印度那伽故事对中国龙王龙女故事的影响》,《中印文学关系源流》,湖南人民出版社,1987年,第398页。
④ 参见[法]雷奈·格鲁塞:《印度的文明》,常任侠、袁音译,商务印书馆,1964年,第12页。

海蟒：Nāga、Dragon 的一种母型

（上：卡通里的海蟒；左下：海蟒，动物画；右下：《卡德摩斯斗龙》，欧洲近世油画）

　　古今航海者深信海中生存在着一种长达数十米的巨蟒，它是海中巨龙的母型。

在婆罗门教里，那伽龙具有弗栗多的负面特征，但能够卫宝，守土或行雨，助人。维吉尔《印度的蛇传说》讲得较为确切：

　　那伽实际上兼有神、人、动物这三种等级的本性。

总的来说，"那伽：龙"具有两面性：既能播布和风好雨，也会兴暴降灾。佛教龙王，仍是"畜类"，神格低下，跟中国龙不同。长久地演进之后，才回归为"不来：超越生死"的智慧与生命力的原型，才用来喻"佛"。或者可以说，龙的"升级"，印度比中国慢了一步。

《大唐西域记》迦毕试国（Kāpiśī，地在今阿富汗 Begram），有大雪山"天池"，请雨祈晴，随求果愿。相传，有沙弥跟龙王交恶，变成"大龙王"，威猛奋发，杀龙自立，常常"兴暴风雨，摧拔树木"。迦腻色伽王加以镇压，他自陈："夫龙者富也，卑下恶类，然有大威，不可力竞。乘云驭风，蹈虚履水，非人力所制……"后来虽被降服，却承认"龙性猛恶，不能自持，瞋心或起，当忘所制"。必须击响"楗槌"，它才平息疯狂，克服"蛇性"。不然，Nāga 就会跟欧洲的 Dragon 那样吃人。中国的河伯（他有时化为"白龙"，有时化为鱼蛇），索取新娘子，做他的食、色双重牺牲（所以后羿可以看做拯救美女的"屠龙英雄"）。"神明在[活人]死者中为自己挑选情人。死亡之产生是由于作为劫取者的鬼魂[神灵]喜欢上了活人，于是将他带到死者的国度去成婚。"①

《摩奴法典》说，无上主创造了众仙与诸神，"他们创造了夜叉，罗刹，吸血鬼，天界乐师，天界舞女，阿修罗，龙王，蛇神，神鸟以及祖灵的各氏族"②。这里，以婆薮吉（Vâsouki，或译瓦苏基）为首的是——

龙王（Nāgas）≠ 蛇神（Sarpas）

此"龙王"人面、蛇尾、麟颈，住在地狱里，为"半神"，蛇神地位比它更低。水族们的"谱系序列"本来就在家畜、鸟兽以及巨人、吸血鬼和人之下，"蛇、鳄鱼、鱼、龟和其它种类的动物，或陆栖，如蜥蜴，或水栖，如介壳类亦然"③，仅高于虫蚁。它们都被认为属于"暗德"，特别是其中不地不水、不伦不类，有脚没脚都"蠕动"行进的两栖类、爬虫类，完全非常规、反传统、无秩序，根本上就是"另类"，是边缘化的怪物。由虫、蛇、蜥、鳄等提升而出的龙：Naga：Dragon 长期以来都被视为妖恶，与印欧的宗教观念有关。但是，在演进中，它们逐渐"分化"或"趋异"。

蛇只是那伽龙的母型，那伽并不就是蛇。

查尔斯·埃里奥特（Chales Eliot）介绍说："那迦是蛇，有时候被描写为一头或多头眼镜蛇，有时候具有半人形状。……蛇崇拜无疑地曾经在一切时期流行于印度。"④

《善见论》（卷十七）说："龙者，长身，无足。"这是蛇形。主要见于早期艺术与文学作品。

《大云龙请雨经》有"大蟒蛇龙王"。龙王虽有以蛇身或多首级毒蛇出现的，但大多人格化，人身而多蛇首，或半蛇半人；蛇，多是眼镜蛇。中国的"它"（蛇）字也是眼镜蛇象形，但经过夸饰或美化。这一点跟中国龙主要以蛇为母型而加以增饰与提升极为相似。而眼镜蛇、眼镜王蛇，以其剧毒和突然的袭击技巧更显可畏。

唐·段成式《酉阳杂俎》说："龙住阎浮提者五十七亿。"显然似蛇。

传说的印度龙王数字庞大，且越来越大。所谓"听经龙"，昙无谶译《金光明经·鬼神品》说，阿耨达龙之类，"有如是等，百千龙王，以大神力，常来拥

---

① [俄] 普罗普：《神奇故事的历史根源》，贾放译，中华书局，2006年，第325页。
② 《摩奴法典》，[法] 迭朗善译，马香雪汉译，商务印书馆，1982年，第13页。
③ 《摩奴法典》，[法] 迭朗善译，马香雪汉译，商务印书馆，1982年，第14页。
④ [英] 查尔斯·埃里奥特：《印度教与佛教史纲》（第1卷），李荣熙译，商务印书馆，1982年，第208页。

护，听如是论，昼夜不离"。《大吉叉神咒经》说，诸龙王，"与八十那由他龙，来请佛所"；"时娑加罗龙王与九十一子及诸龙围绕，往诣佛所，头面礼足"。在其影响下，藏族、纳西族等的"龙"也多得不可胜数。

这也跟蛇的广泛分布、"威力"无限相关，但龙更多具有神力。

Nāga 主要以蛇蟒为母型，有时仅指蛇或"蛇神"，但绝不止此。英国人维吉尔（J. Vegel）《印度的蛇传说》云："印度神话和民俗中的那伽并非普通的蛇，而是被奉为神祇的眼镜蛇。"（参见阎云翔引）其实，即令仅指母型，也不仅是眼镜蛇。看印度古代图像可知其变化多端，形状各异。

必须注意的是，古代印度的龙蛇繁复多变，那伽不但母型多样（以蛇蟒为主），其构成亦属多元。如《摩诃婆罗多》歌人所说："众蛇的名目可谓繁多。"它们之间往往可相置换、相叠合。这里只能摘要介绍。

> 首先出生的是舍湿，
> 其后婆苏吉（Vasôuki）；
> 有爱罗婆多和多刹迦，
> 又有迦拘托迦和胜财。
>
> 有一玄色，有一宝龙，
> 又有一蛇以丰满为名；
> 有蛇名雄黄、豆蔻叶，
> 尔后是蜷曲随之诞生。……①

仅歌人"简便"列举，蛇还有数十种名称："靛青"、"雪白"、"黑点"、"花章"，"尊贵"、"元始"，"驴子"，"慈口"、"乳口"，"无瑕之疣"，"既得"、"冬天"，"螺贝"、"毛冠"、"吐沫"、"金心"……还有叫做"蜗牛"、"噱头"或"香水"的。还可参见《插话选》第22章，歌人把蛇名又重复并扩充了一遍（《插话选》上·285～287）。这不仅指蛇的品种，有些还牵涉某些"水族"。

巴思（A. Barth）《印度的宗教》论那伽信仰之性征道：

> 这些主要迹象足以证明印度的蛇崇拜是一个复杂的整体，这样的整体不能以一种简单的观点来解释。在其中，我们可以分辨出：
> （1）对于动物的直接崇拜，即对于人类最可怕的神秘敌人蛇的崇拜；
> （2）对于水神的崇拜，即蛇的蜿蜒形状所象征的河流小溪；
> （3）与《吠陀》中的阿希（Ahi）相似的概念，并且与暴风雨的神话，

---

① 金克木编选：《摩诃婆罗多插话选》（简称《插话选》）（上册），金克木、赵国华、席必庄等译，人民文学出版社，1987年，第159页。

光明与黑暗斗争的神话密切相关。①

这三点无一不与中国龙暗合。(1) 中国龙也主要是起于对蛇的恐惧与神秘感，敬畏导致崇拜，并非像论者所说，龙"天生"就比蛇高贵；(2) 农业民族如中国和印度普遍以水和雨为生命线，龙蛇居于水泽或喜卑湿，而且形体似江河；(3) 山川之神出入必以暴风骤雨，西来的龙王嫁女要大兴风雨，很为中国人所理解；(4) 中国也有明暗、阴阳二元冲突，黄帝（龙）战胜蚩尤（螭）就是著例。

炎帝系统与羌藏文化的龙

印度Nāga随着佛教的藏传，对"西藏龙"影响最直接，西藏的龙又影响了西南某些兄弟民族，以纳西族为最。对它们做标本解剖，不仅可以了解这些龙的源流和性状，而且能够"返本追源"，认识其"祖本"的性质或构造——这决不限于Nāga，因为藏系的龙还有个重要来源：炎帝系统的古羌，以及通过其中介传导过来的华夏—汉人的龙。

我们自承"炎黄子孙"，炎、黄都崇龙，所以我们是"龙的传人"。黄帝以姬水成（姬是周姓），炎帝以姜水成——炎帝是羌（姜）人的传说祖先。羌、周传统为"对婚"关系，履"大迹"（恐龙足印）而生下周先后稷（弃）的，就是羌人圣处女姜嫄。所以"羌：炎帝"是华夏—汉人母亲系统的祖先，古羌人一部分融入华夏—汉人的血裔，另一部分南下与藏族先民融汇，还有一部分演进为羌族，以及纳西族、白族、彝族等一大批西南方族群②。羌人为藏族祖先之一，文献有明确记载，例如《新唐书·吐蕃传》说其"本西羌属"，刘师培等曾作论证。现代人类学证明，藏族（B组）头骨接近于古羌人（如火烧沟组）③。

中国各民族的龙，都有本土根源，也大多具有华夏—汉人的龙的特征或属性。

古羌人也不例外，有自己的"龙"与"龙崇拜"。

甲骨文"龙方"，或与氐羌相连。例如：

戋羌龙。（《铁》105·3；《拾》5·5，《掇》1·150）

吴吊羌龙。（《哲庵》186）

龙来氐羌。（《河》626，630）

---

① ［英］巴思：《印度的宗教》（伦敦）英文版，1882年，第266页。（借用阎云翔汉译）

② 参见萧兵：《炎帝—羌人文化融入并改良华夏文化》，《炎帝·姜炎文化与民生》，霍彦儒主编，陕西出版集团、三秦出版社，2010年，第106～109页。

③ 参见韩康信：《丝绸之路古代居民种族人类学研究》，新疆人民出版社，1993年，第231页。

《山海经·海内经》记羌人世系为：

伯夷父——西岳——先龙——氐羌（乞姓）

郭注："伯夷父，颛顼师，今氏、羌其苗裔也。"指氐羌祖先曾以"先龙"为称。

按照此经，炎帝之后有"祝融"（五行系统，它们以"帝/神"配置），祝融可能化形"烛龙"，后者为创世神。

"融"字从虫。而"祝融"异称之"陆终"，见于《邾公钘钟》等。终（或融），王国维跋云，"以声类求之，当即螽字"（《观》3·894）；而此字从"蚰"而涉"龙"——这又为"龙出于虫"提供了一条例证。闻一多《伏羲考》进一步说，"陆终：祝融"即《山海经·东山经》之"鯈鰅"（《神话与诗》第39页），这也是一种"虫"，而似龙，"其状如黄蛇，鱼翼，出入有光，见则其邑大旱"（《东山经》，104）。

"烛龙"以水火之神对转为"旱神蛇"，很像印度恶龙弗栗多（Vrtra）；而"烛龙：祝融"之"后"的"共工：句龙"，又保持着水、雨及土地神格（参见《山海经·海内经》及《左传》昭二十九年）。共工氏，其化形很可能就是羲娲神话里发动洪水的黑龙或雷公（闻一多说）。共工之子后土"句龙"，或尾交头上为蜷龙，或有九首为雄虺或九龙（印度Nāga龙亦有"九首"者）。

西南方哀牢夷有龙生九子之"九隆"神话。徐嘉瑞说："九隆神话，本西北羌族之神话，传于哀牢。而最初之哀牢夷，乃在西昌，本与羌族接近。"① 我们论证过：

九龙≈句龙≈纠龙≈九隆

它们的音、义都大致相通（参见丁山：《中国古代宗教与神话考》，第31页）。王孝廉说："水神共工（龙身），龙生九子，其最小的儿子勾龙（九龙）是为后土。九隆神话中'沙壹将九隆居九龙山下'，应该是源于共工之臣相繇'食于九土'（九山）的古代羌族神话。"② 这些都是"羌人：炎帝"祖先神序列里的龙成分。

羌人像匈奴那样有"龙城"，《水经·河水注》说是"姜赖之虚"，在"泑泽"（蒲昌海：罗布泊）附近，"胡之大国也"；还有"白龙堆"羌人故址（古代西域或新疆已发现许多羌人遗骨，直逼帕米尔高原）。冯承钧说："此乃古盐泽之湖床，湖水迁流，积盐成块，土人不识，讹为龙堆。"③ 钱伯诚说为"雅丹"地貌，迤逦而成"龙形"④，良是。

---

① 徐嘉瑞：《大理古代文化史稿》，中华书局，1978年，第29页。
② 王孝廉：《氐羌族群创世神话研究》（下），《国际文化论集》第11卷第1号，（福冈）日本西南学院大学，1996年，第250页。
③ 冯承钧：《西域南海史地考证论著汇编》，中华书局，1957年，第20页。
④ 参见钱伯诚：《西域的羌族》，《西北史地》1984年第1期，第36页。

炎帝系统的氐人有鱼祖先或"鱼化龙"神话,见于郭璞《山海经图赞》之暗示。

> 炎帝之苗,实生氐人。
> 死则复苏,厥身为鳞。
> 云雨是托,浮游天津。

浮游于天河并且掌司云雨者,当然是"鱼(形)龙"。这里还羼进后稷"潜龙"于深渊的神话。《淮南子·地形训》说:"后稷垅(龙)在建木西,其人死复苏,其半身,在其间。"氐羌是后稷母家,周、羌有类似的龙崇拜无疑(以上可参看《山海经的文化寻踪》,下·1141~1177)。

西藏的龙

然而我们决不抹杀域外的龙对汉族兄弟民族,尤其西南边疆民族的龙的影响。从文化史视角看,有的龙还属于Nāga系统,所以论述于此。例如接受印度Nāga与"炎帝—羌"或华夏—汉人龙双重影响的是藏族的龙,而以前者为重心。

藏族《十万净龙经》(包括《十万白龙经》、《十万花龙经》、《十万黑龙经》),汉译或称《济龙经》,是苯教(Bon)"根本"经典之一,相传为祖师辛饶·米沃且亲口所传。苯教号称西藏本土原始宗教,现代所见,却已掺杂许多印度宗教成分。其龙分为三种颜色:

> 白龙
> 多色龙
> 黑色龙

早期主要是负面的龙或"龙魔"。"龙魔据说是由龙和魔结合后生出的魔类。龙魔之王那保郭固('九头黑龙魔')……是魔护法森冬的伴神,也是李庆哈拉的伴神。"①

《十万净龙经》就记叙了八位女魔(魔龙女),还有"龙魔九兄弟",是引起各种重症的精怪,长着毒物如蛇蝎的头,另外有与"赞"神结合的"龙赞",例如为格萨尔击败的九角、九眼、九臂的北方魔龙赞。

霍夫曼说,西藏苯教的龙繁多无比,居所更十分复杂。河、湖、井、泉,尤其水底都是它的家,"守卫着秘密的财富"(此与Dragon、Nāga一致)。有一本苯教著作说:"龙住在一种奇怪的山尖上,在黑岩石上,它的峰像乌鸦的头一样,也住在像猪鼻子似的坟堆上,像卧牛的山上,也住在柏树、桦

---

① [奥]勒内·德·内贝斯基·沃杰科维茨:《西藏的神灵和鬼怪》,谢继胜译,西藏人民出版社,1993年,第341~342页。

树和云杉上,也住在双山、双石和双冰川上。"① 此亦略见于《十万(净)龙经》。

国外藏学家对西藏龙的"居所"或职掌的观察各有侧重。例如,石泰安强调其住居地底,是"地下的神"②,它带来疾病③。

图齐则更注重其印度根源:作为"大地和水中的神灵,大家认为农业的丰收取决于它们"④。

内贝斯基也着重其负面形象,但注意到"王族龙"的特殊性(《西藏的神灵和鬼怪》,第347页)。有的则主要论述其时代较后居"水"者。

据《十万净龙经》,各部类之龙(Nāgas)由创世金龟的六颗卵中孵出,完全根据"种姓"(caste)制度分类(其头部形态则在另外一处标出)。

  王族(刹帝利)龙——白马头,或黄鹅头
  平民族(吠舍)龙——蓝色黑公牛头
  贵族(婆罗门)龙——红色鼠头
  最下种姓(首陀罗,或屠夫族)龙——蓝色蜥蜴头
  白(色)族龙
  躲避族龙

天龙力士
(壁画,西藏古格王国遗址)

作为佛教护法,"天龙八部"之首是龙,由"那伽"升格——有时人格化为力士(古格壁画呈现的为波斯人的形象),以龙为徽识。这里,力士托举的"团龙"完全是中原式,再没有那伽的影迹。西藏文化带着多元性,也是中西文化的交汇点与桥梁。

---

① 参见 [德] 霍夫曼:《西藏的宗教》,李有义译,中国科学院民族研究所,1965年,第5页。
② [法] 石泰安:《西藏的文明》,耿昇译,中国藏学出版社,1999年,第217页。
③ [法] 石泰安:《西藏的文明》,耿昇译,中国藏学出版社,1999年,第281页。
④ [意] 图齐、[德] 海尔希:《西藏和蒙古的宗教》,耿昇译,天津古籍出版社,1989年,第277页。

王族龙特别显贵，有华丽无比的龙宫。

然而，一般说来，西藏的龙多以负面形象出现。祭祀仪式中，一方面是加以膜拜，抚慰；另一方面又加以利用。"龙是黑巫术仪式中崇拜的神灵之一。因此大龙王也在祈请之列，祈请他切断仇敌的'最后一息'，使其染上各种疾病，特别是麻风病就是龙引起的疾病。"（内贝斯基：《西藏的神灵和鬼怪》，第348页）跟华夏—汉人以及印度的龙一样，西藏居于水底的龙（"水神"龙王）同样控制雨水（发怒时制造干旱）。所以，人们也要向龙求雨。

藏传佛教所崇拜的鳌或者摩羯鱼、摩羯迦罗，其母型最可能是鲸（参见本书专节）。

以上可见，西藏龙的形体繁复多变，尤其是头部。《十万净龙经》里，龙已有人身而动物面者，也有人首而动物身者。动物，以冷血或可栖水者为大宗，但几乎都有蛇尾——这是全世界的"龙"的颇为普遍的主要特征。

丹珠昂奔说，华夏—汉族之龙性状具体确定，"藏籍中的龙所指较为模糊，仿佛泛指地下的、尤其是水中的动物，诸如鱼、蛙、蝌蚪、蛇等"[1]。其实华夏—汉族的龙变迁也很厉害，上述水族都曾经成为其母型或构成元素。只是西藏早期的龙倾向于负面（这有些像印度早期的Nāga，颇具"蛇性"）。据他介绍，早期的龙多侵犯人类生活，尤其会带来疾病，是"龙魔"。中期的龙则善恶并见，分工明确，蛇性也逐渐潜隐。我们觉得，这有印度与华夏—汉人的双重影响，晚期尤甚。

善龙

　　嘉让——保护人类，赐予幸福

　　恰布龙神——主司雨雪，闪电；祈雨对象

恶龙

　　芥让——带来病瘟、干旱

　　僧波等——带来疮癞痘疱等"龙病"

善恶兼具的龙

　　解让，章赛让，得巴让——可能带来福祉或者灾祸

　　却热神——主司饮食、饥饱、战争等[2]

要之，藏族对待"龙"，像许多民族对待凶猛的神灵一样，既害怕又依赖，既敌视又畏敬，其"崇拜"完全是二重性的，祭祀行为也矛盾重重。

---

[1] 参见丹珠昂奔：《藏族神灵论》，中国社会科学出版社，1990年，第3~4页。
[2] 参见丹珠昂奔：《藏族神灵论》，中国社会科学出版社，1990年，第6~7页。

摩羯伽罗——巨鳖：鲸神
（西藏寺庙雕塑，采自叶星生；右附白玉鳌鱼）

佛教神话里，"鳌"有两种：从龟的鳌是巨大的海龟；从鱼的"鳌"便是鲸。佛经或称"摩羯鱼"，可能吞舟食兽，也可以护法，防灾御害。

它们被看做"海龙"的一种，还曾托举并且维系动荡的地球。

祭品用"龙药"，品种和功效都比较奇特。

　　甘松，竹叶——助其须、发生长；
　　芫荽（香菜）——使龙眼明亮；
　　孔雀尾羽——让龙神体色鲜艳，永不消褪；
　　蛇皮——使龙不脱皮；
　　仙人掌——使龙肢体粗壮；
　　青苔——补养龙神筋脉；
　　红线——滋补龙神血管；
　　肉豆蔻——增长气力；
　　大海"泡沫"——使龙神口水不受玷污；
　　芝麻——补养五脏六腑。①

这体现并加强巫师的祭祀权。"只有掌握了这（多）种龙药的苯教巫师，才能够主持这种对龙神的祭祀。"②

---

① 参见格勒：《论苯教的神》，《藏族学术讨论会论文集》，西藏人民出版社，1984年；周锡银等：《藏族原始宗教》，四川人民出版社，1999年，第66页。
② 参见格勒：《论苯教的神》，《藏族学术讨论会论文集》，西藏人民出版社，1984年；周锡银等：《藏族原始宗教》，四川人民出版社，1999年，第66页。

纳西族的龙、龙王、龙女

对在印度—羌藏与华夏—汉人多重影响下的纳西族龙神话,洛克、阎云翔等有精彩研究①。纳西龙既是印度、西藏"那伽"的"变体",又是它们与华夏—汉人之龙的"中介"环节,它兼收并蓄,而又具有自己的鲜明个性。在纳西族《东巴经》里,龙是山神②。经典里的"龙",较多Nāga成分,反映的多属凶暴的自然力,以及人神与大自然斗争的结果。纳西象形文字"龙"与"龙王"有区别。

(龙)　　　　　　(龙王)

"龙"作蟠曲昂首蛇形(或说蛙头蛇身),跟汉字"它"的籀篆略同,音Ssu(署,或译苏、素),颇似眼镜蛇。"[龙]山神也,吃素,神话称与人类同父异母。"③

"龙王",蛇身而曲,鱼鳞高脊,有双角,却与华夏—汉人之"龙"相似。字从龙,以本名加声符,称呼繁多的龙王,跟印度的Nāga(rāja)之纷纭大同小异。民间神像,则人首(或蛙首)而蛇身,还有各种动物或怪物头颅加上蛇身的造型,跟西南兄弟民族"龙"之多样化同其"特色"。

藏语与纳西语"龙"的读音表面没有联系。

【龙】

〔藏语〕KLu(卢;一般指蛇蟒精灵,类似于Nāga)

brug/brong glu/grong

〔纳西语〕Ssu(署)

²Llü—mung(里丹)(口语"龙")

〔彝语〕lu(鲁)

意大利的图齐(Tucci)在《西藏画卷》里说,有一种"鬼",跟"龙"相关。

---

① 参见阎云翔:《纳西族汉族龙故事的比较研究》,《民间文学论坛》1986年第1期。
② 方国瑜编撰、和志武参订:《纳西象形文字谱》,云南人民出版社,1981年,第595页。
③ 方国瑜编撰、和志武参订:《纳西象形文字谱》,云南人民出版社,1981年,第356页。

【鬼】

〔纳西语〕

^{3}Shi—^{1}Zhi("世日",蛇精灵,或山精灵)

〔藏语〕

Se

bSe

Se-bdud(Sa-bdag 部之鬼)

二者之间似有联系。

西藏 Sa-bdag 部众全是"那伽";纳西称之为"世日",即"蛇精灵"。这就跟"龙灵"有了隐蔽的联系。

纳西族神牌:龙王与神祇
(纳西族象形文字,神牌的放大模型)

纳西族的龙、龙王保存着蛇神或"那伽"的可畏,但已有几分憨实、有趣与和善。

洛克认为，纳西语称"龙"为"署"（Ssu），可能就因为西藏"那伽"部（Sa-bdag）称"蛇精灵：鬼"为 Se-bdud（纳西语称蛇精灵为"世日"）。他的论证极为复杂，我们只录其结论。

> 藏语中的 Se 和纳西语中的"署"（Ssu）是相同的。……我认为 Se 和 Ssu（署）是比［藏语］Klu（龙）一词要早得多的指那伽的名词，可以回溯到古代的黑苯教时代，而 Klu（卢）一词只是从近代的佛教中产生出来的，甚至有可能是从汉语的"龙"（lung）一词中指那伽的"里母"（^{2}Llü-^{2}mun）一词，它与藏语 Klu-mo（那吉，Nagi，指那伽女王）相同。①

这就是说，"龙"音为"署"（或写为"素"、"苏"、孰等），跟蛇精灵之词干 Se 有关。

纳西族崇拜蛇或龙，有的支系、族团或家族还以其为"祖灵"（或图腾）。

"死亡就是人返回自己的氏族图腾。"（柯斯文）

"纳西人认为，人死后，其灵魂先变为蛇，处于此阶段的人称为'日木里斯'。"② 这实质上是"复归于图腾"，杨福泉以为这是"回归人之本源"的潜意识显现。典型的如"《改什罗名·剃头》中说：主祭东巴罗除达恒说，他（指死者）死于白色的锅庄石旁；生命神之子（指死者）死，他的尸体变为蛇，他登上杜松树之山谷，去到他父亲那里，去往三十三个神地"③。理丧之东巴口诵：

> 你老人家去世以后，
> 你的亡灵变成了蛇，
> 蛇又变成了祖先。
> 你点着明亮的灯光，
> 让灯光照耀着路程，跟着祖先去吧！④

纳西族的"返祖：图腾回归"还有一个重要环节：返回母腹。纳西族为死者举行的丧礼叫"日昧"，意为"示路"，即给死者指明去祖先之地的路。

这条"路"或"路口"在何方呢？象形文字写如：

---

① ［美］洛克：《论纳西人的"那伽"崇拜仪式——兼谈纳西宗教的历史背景和文字》，《国际东巴文化研究集粹》，杨福泉、白庚胜编译，云南人民出版社，1993年，第63~64页。
② 杨福泉：《原始生命神与生命观》，云南人民出版社，1995年，第144页。
③ 杨福泉：《原始生命神与生命观》，云南人民出版社，1995年，第144页。
④ 杨福泉：《原始生命神与生命观》，云南人民出版社，1995年，第145页。

是"蛇与女性生殖器之形",蛇的象征指向之一就是女阴,蛇肚子就是母腹或子宫。杨福泉说,"这可能也与人死变蛇的观念有关,因为该仪式实际上是[为]变成蛇的死者指示道路"①。其实是通过"产门"进入"子宫",哪里来的还到哪里去,回归母腹即回归"图腾",回归蛇。希腊天后赫拉(Hera)的"子属"大力神赫拉克里斯(Herakles,注意其词干即是 Hera),为了返回神界,为了确认与至高天神的"血统",要举行"钻入天后"裙底的仪式(由男女巫师扮演),表示其回归于"神",回归于神的子宫。

纳西族创世史诗《董术战争》指出,宇宙及生物的产生十分繁复,"龙"是其中一个环节。其程序可简化为:

(原)声与(原)气——白露珠——五行(木、火、铁、水、土)——白云与白风——五色之蛋
白蛋——盘神,白天与白地——白日与白月……
黄蛋——署龙王的黄天与黄地……

日月、山川、木石、水渠和各种牛、马、羊出现之后——

出现了成千上万个署龙王的儿女,署龙王养育了九个男儿,建起了九个村寨;署龙王养育了九个女儿,开辟了九个地方。②

龙并不独特。其它颜色的蛋,渐次变出的牛、马、羊等"早期动物"同样生儿育女,开辟村、田。然而——

在居那若罗山(相当于须弥、昆仑)山顶,有一个黄色的龙海;黄色的龙海里,有一对黄色的鱼;这一对黄鱼,在咬着一对黄蛋……开始了争斗。③

似乎又出现了"创世大鱼"。这"黄鱼"出现在"龙海",暗示它跟龙可能相互转化。

东巴经《休曲苏埃》描写神鹏和龙王的斗争,却极富纳西族特色。龙主、人祖同父异母,俗话称做"同山不同海",天天闹着要分家,分了天地分山水。龙主私吞祖传宝帽,藏于大海,在其下建了九个寨,"人类没有立足地"。"守宝"的龙王很霸道,而又吝啬,本来并非其开辟、创造的天地万物,都被强列"龙主"名下,贪天之功以为己功,又不让人类去再创造。我们认为,这里曲折

---

① 杨福泉:《原始生命观与生命神》,云南人民出版社,1995 年,第 145 页。
② 《董术战争》,和士成解读,和力民汉译,云南民族出版社,1989 年,第 9 页。
③ 《董术战争》,和士成解读,和力民汉译,云南民族出版社,1989 年,第 17 页。

地反映了龙曾参与世界的创造（参看本书论印度龙"那迦/婆薮吉"节）。所以，经书说，"龙主左那里赤呀/不让人类开辟新的天/他自己却开了九重天/不让人类建造新的地/他自己却建了九层地"①。人类无法正常生活与生产，处处受到龙主干扰，只好请来大神丁巴什罗及其座下的大鹏金翅鸟降服了"恶龙"。这当然是印度鸟/龙斗争的移植。龙主虽然强横，却爱洁净，爱美貌，素食，善于变化，曲折映写纳西人民爱护山川与森林环境的习惯。经过调解，龙与人分季节与地域居住，皆大欢喜。②

这也跟印度Nāga喜欢独来独往，我行我素，"怙恶不悛"截然不同。

洛克强调，纳西（象形文字）文献，尤其是有关龙的文献，跟佛教没有直接关系，许多来源于西藏本土宗教苯教。纳西龙极少是印巴次大陆或东南亚那样的多头颅或眼镜蛇状。它的广泛存在或多职司性，也具有其民族特色。

> 它不仅仅是指水中的那伽，在纳西人的观念中，在山上、尖坡、高原草地、干燥的陆地上都有那伽。而且，在树、岩石、悬崖、开垦和未开垦的土地、村寨、住宅和宅基地中都有那伽。③

这跟带有浓重萨满教与巫术色彩的苯教神灵极为相近。

纳西龙虽然居无定所，却被定性为"山神"。这些都是上古沿着山脊或高地草原迁动的游牧—游耕生活的折射。如阎云翔所说，这"可能在一定程度上保持着古羌人龙之原貌，或更接近于原貌"④。

但我们很难否认纳西龙的印度色彩或元素。对纳西信仰有影响的苯教已渗进许多印度成分，藏传佛教的决定性"播化"更不必说了。

纳西族"龙"、"龙王"虽然繁多，但主要有三类：

山龙王
地龙王
海龙王

其中，"山龙王"最为重要。"山曾经使摩梭人（纳西支系）蕃衍生存至今；能够使牲畜和庄稼丰歉，可以使人们受到保护或遭不幸……还能左右人口蕃衍

---

① 《东巴经典选译》，和志武编译，云南人民出版社，1994年，第112页。
② 参见李静生：《祭孰龙仪式及其社会功能》，《东巴文化论》，云南人民出版社，1992年，第236～237页。
③ ［美］洛克：《论纳西人的"那伽"崇拜仪式——兼谈纳西宗教的历史背景和文字》，《国际东巴文化研究集粹》，杨福泉、白庚胜编译，云南人民出版社，1993年，第58页。
④ 阎云翔：《纳西族汉族龙故事的比较研究》，《民间文化论坛》1986年第1期，第12页。

和身材的美丑。"①

李霖灿说，这种"龙王"，是"汉人山神与[印度]龙王的合体"。但他不仅管山，"水自然是龙王所出，就是山林池沼等等也都是龙王的所有物，一切野兽都是龙王家的家畜，一切山精水怪也都是龙王家的家臣奴才"②。它的权威大大溢出印度的地方保护神 Nāgarāja（龙王）与华夏—汉人的山神。正如一则故事里小龙王的女友所说：

龙王住在天上，能征服世界上一切的人！③

在纳西族"精威"五行或准八卦系统里，龙居北方，北方属水（参见李国文《东巴文化与纳西哲学》，云南人民出版社，1991年）。

白庚胜说，纳西族之"署"（龙），虽然主要是山神，但依然与水密切相关。"属于署支配的还有土地、岩石，即一切包含有水分的物质、动植物都属其所有。"所以，"它很可能起源于古老的水崇拜"，这跟华夏—汉人的龙信仰十分相似，"因蛇为水中霸主，并具有上陆活动之能力而奉水神为蛇体"④——终于成为山川之主的神龙。阎云翔指出，这主要因为纳西龙控制着"水源"。有的学者也曾注意到"山川"在根柢上的勾连。

他们似乎想以此来解释水中龙蛇却被独特地祀为"山神"的原因⑤，也还因为"署"管辖山川，控制水雨，就带着鲜明的二重性，跟它的祖本 Nāga 一样。东巴经《龙鹏争斗》说，没有"署"，一切河海源泉都要干涸，圣俗之山与石头全要开裂，植物枯萎，动物饿死。所以人类既与龙争斗，又要祭祀它，讨好它。⑥

在《崇邦统——人类迁徙记》里，龙亦司雷电，当然也能控制水和雨。

天上的玉绿青龙劈雷又闪电，白松被雷劈，劈成千百节！⑦

讲到这里，我们想起西方的 Dragon，它有时跟 Nāga 同样，像旱魃蛇怪弗栗

---

① 杨学政调查，《宗教调查与研究》，1986年，第176页；《中国原始宗教资料汇编》，上海人民出版社，1983年，第66页。
② 李霖灿：《仫佬研究论文集·幺佬族的故事》，（台北）故宫博物院，1984年，第385页。
③ 李霖灿：《仫佬研究论文集·幺佬族的故事》，（台北）故宫博物院，1984年，第387页。
④ 白庚胜：《东巴神话研究》，社会科学文献出版社，1999年，第262页。
⑤ 参见李霖灿：《仫佬研究论文集·幺佬族的故事》，（台北）故宫博物院，1984年，第385页。
⑥ 参见白庚胜：《东巴神话研究》，社会科学文献出版社，1999年，第263页。
⑦ 参见《纳西东巴经选译》，和芳、和牛恒读经，和志武编译，云南省社会科学院东巴文化研究室，1994年，第4页。

多（维特拉）那样"把守着春天，拒绝给人们水"。但跟西方龙相比，东方龙不大能够"喷火"。

作为"飞行的蛇"，却既"水栖"而又"山居"，这一点东西方的龙十分相似，尤其深受Nāga影响的西藏龙、纳西龙。普罗普说："蛇妖（恶龙）不只是火之王，也是水中王。这两个特征毫不排斥，它们常常结为一体。……自然界的水与火并非不相容……当它（黑海之蛇）从水里冒出来的时候，它身后的水都涨高了。"① 而它们又往往"生活在山间"，"这样的居处并不妨碍它们同时也当海中怪"②。

这跟华夏—汉人的龙既异又同。异的是华夏—汉人的龙基本不管山，而与印度—藏族—纳西族的龙同样掌管与人类生存关系至大的"液态物质"（这大概跟三者都以喜居卑湿之蛇为主要母型有联系）。"龙为水畜、生于水的观念［中国］古已有之。印度影响又带来专司行云布雨的龙王，故自六朝以后龙的水神特性日趋突出。"③ 华夏—汉人的龙早在西周就用来标识（或暗喻）政治权威，秦汉以后更成为皇权符号；但在神的谱系或格位上虽高于印度Nāga，却低于纳西Ssu（署）——Ssu几乎无所不管，掌握着人类的生命线（水/雨/丰歉乃至繁育），平常并不受"天帝"约束或指派（有人甚至以Ssu为整个"自然力"的象征）。只是它与人类的暴力冲突升级到危害宇宙生存之时，天神丁巴什罗才出面武力干预，但最终之"和议"仍然是二者各管各事，力求和谐相处，"动态平衡"。要之，在姜炎文化系统，纳西族的"署"、藏族的"卢"、彝族的"鲁"跟印度的"那伽"同样，相当凶恶——这跟华夏—汉人龙猛而不恶、力而不暴不同——体现着自然力的"残暴面"。然而，它们不仅通过调解，能与人类和平共处，也不仅洁净、美丽、素食，就是在民间故事里以个体形象出现者，也有：

——"玉龙雪山"与"雪山玉龙"的真善美
——恋慕金沙江姑娘的东海龙王太子　（《金沙江和玉龙山》，《纳西族民间故事选》第256页）
——跟英古姑娘热恋的龙三王子　（《七星披肩的来历》，《纳西族民间故事选》第261页）

龙三王子还与"旱魃"战斗，被关进地洞。善神制造"雪精龙"——或说即美丽的"玉龙雪山"的"原型"——镇压旱魃，并且"吞"下旱魃放出的多

---

① ［俄］普罗普：《神奇故事的历史根源》，贾放译，中华书局，2006年，第278页。
② ［俄］普罗普：《神奇故事的历史根源》，贾放译，中华书局，2006年，第278页。
③ 阎云翔：《纳西族汉族龙故事的比较研究》，《民间文学论坛》（后更名为《民间文化论坛》）1986年第1期，第9页。

余的七颗太阳。龙子撞开地洞,变成丽江碧波玉液的水渠(参见《纳西族民间故事选》第263页)。

印度龙王、龙女的情况非常复杂,特别是跟中国仙宫公主融汇以后,更加多样化(这要专门研究)。一般说来,中国各民族龙女基本是正面形象;但印度系统的龙女就难说了。

中国龙宫公主的多情、善良、勇敢、美丽,更不在话下,这些似乎都不能仅以"民间"不顾经典教条的偏见来解释。最重要的是,西南兄弟民族的龙有其自身内在的真善或"正面性",跟Nāga不同而又深受华夏—汉人龙的影响。

彝族的龙

同样属于"古羌"系统的彝族,他们的龙也是游徙性很强的,其结构却相当独特,其民族特色或地方个性也强于藏—纳西的龙。其古旧者多属原生态,未受印度影响。

彝族最重要的创世史诗《勒俄特衣》,就是"关于龙的书",跟《周易》用"蜥蜴(龙)"命名一样。其流传地为凉山的"龙",可能由蛇升华。诗云"雪族子孙"12种,有血者6,第一是蛙,第二为蛇,"蛇类长子分出后/住在峭岩陡壁下/成为龙土司(犹言'龙官')"①。

彝族龙的形象或母型:

    小红花蛇——川、滇凉山彝族

    穿山甲——滇西哀牢山彝族

    山壁虎(蜥蜴)——滇南六诏山区峨山彝族

【龙】

  〔彝〕⊙ lu("鲁";注意:"龙"、"虎"、"蟒"、"马"音近,写法不同)

彝族或自称lo lo(倮倮),音近lu;而后者有龙(luʌ)、虎(luɿ)二义,仅声调不同②。彝族"十二兽"历法里的"龙",彝文"突出的正是穿山甲的鳞甲壳"③。

"哀牢夷"为彝族先民。《后汉书·南蛮·西南夷列传》说,其先有妇人沙壹(《华阳国志》等或作"沙壶")触龙所化的沉木而有孕,生子"九隆",实即"九龙"(见前文)。一般以为彝族先民神话。

---

① 《凉山彝族奴隶社会》编写组:《勒俄特衣》,《凉山彝文资料选译》(第一集),1978年,第32页。

② 参见马学良等:《彝族文化史》,上海人民出版社,1989年,第224页。

③ 刘尧汉:《彝族社会历史调查研究文集》,民族出版社,1980年,第92页。

九龙之母沙壹

（摄于云南大理洱海雕塑园）

哀牢夷少女沙壹（沙壶）浣衣，为龙所化的断木所触，怀孕生下"九隆"（九龙）。这是稍加变形的"龙感生"故事。"龙：断木"与男根异质同构。

彝文《祭龙经》说，鲁肯舍夷遇海上（蛇形）"小金龙"，奉回祭供，"献食龙不饥/奉饮龙不渴"，乃生子阿大德神，后为"君长"。所以，"在彝文经中龙神是彝族最崇拜的神"①。《祭龙经》又说，祖代去世以后，便与龙同处；依《指路经》，人死"作斋"，回归祖源，"人死归祖，祖源即与龙在一起"②，与图腾一体化。

徐嘉瑞以为："哀牢夷为羌族。羌为夏民族，故以龙为图腾。"③ 羌为彝族上古先民。"盖羌族自西北向川北及川西，逐渐迁徙于现在之西昌一带，所带西北之色彩，非常浓厚。"④ 崇龙即其一端。诸葛亮为他们所作图谱，"画神龙，龙生夷，及牛马羊"，正反映羌彝之俗。《续汉书·郡国志》"永昌郡"晋·刘昭注补，"永昌郡见龙之耀，日月相继"，亦其证明。

《勒俄特衣》第7章英雄始祖"支格阿格系谱"说：

远古的时候，

---

① 马学良等：《彝族文化史》，上海人民出版社，1989年，第224页。
② 马学良等：《彝族文化史》，上海人民出版社，1989年，第224页。
③ 徐嘉瑞：《大理古代文化史稿》，中华书局，1978年，第29页。
④ 徐嘉瑞：《大理古代文化史稿》，中华书局，1978年，第30页。

天上生龙儿，地上住龙子，
地上生龙儿，江中住龙儿。
金鱼陪衬龙，大鱼作龙伴，小鱼作龙食。……①

龙生九子

（四川芦山樊敏阙，汉代刻石）

龙生九子是哀牢夷传说，沙壹触"沉木"（龙）而孕，生九子，最小者名九隆，为夷王（见《后汉书·西南夷传》等）。

龙化沉木而感生神王也是重要的母题。可见龙能够变成"沉木"，或"沉木"可以成龙。

后世记录或保存的"龙生九子"故事，虽然没有完全"成龙"，却保存着龙的许多特征：勇猛、坚强、灵活。它能生下九子，并且繁衍儿孙无数。

史诗将龙与鹰混合，成为"生商"之玄鸟一般的"龙鹰"，"龙鹰掉下三滴血/落在蒲莫列衣（圣处女）的身上"，一滴中头，一滴中腰，"一滴中下部/裙褶穿九层"，使她怀孕生下英雄支格阿龙。因为他不吃母乳，不跟母睡，被"弃"于岩下。"岩是龙住所/阿龙懂龙话/自称'我也是条龙'/饿时吃龙饭/渴时吃龙乳/冷时穿龙衣/支格阿龙啊/生也龙日生/年岁也属龙/行动也是到龙方/名也叫阿龙"②。这里确实含着龙图腾机制。民间故事则简化为，这小孩在山沟里，天天和蛇住在一起③。

彝族龙与蛇、蜥相关，但跟华夏—汉人的龙一样，早已由蛇"蜕变"升华而出。在史诗《勒俄特衣》等文本里，支格阿龙由龙母鹰父生出，他最后却因

---

① 《凉山彝族奴隶社会》编写组：《勒俄特衣》，《凉山彝文资料选译》（第一集），1978年，第45页。

② 《凉山彝族奴隶社会》编写组：《勒俄特衣》，《凉山彝文资料选译》（第一集），1978年，第46页。

③ 参见《中国民间故事选》（第一集），人民文学出版社，1959年，第359页；李德君、陶学良编：《彝族民间故事选》，上海文艺出版社，1981年，第1页。

飞马折翅，落水为群蛇吞噬，从此鹰/蛇结成血海深仇①。而在印度神话里，大鹏的死敌也是群龙。或说，英雄为蛇所食，是回归图腾。前举雪族子孙有血的第二种便是蛇（后来其洞穴做了"龙宫"）。支格阿龙与蛇同住。但在《支呷阿鲁》、《阿鲁举热》诸"口唱"文本里，龙/蛇却分得较清；民间故事说，蛇本来体形极大，能吃人，被支呷阿鲁打得像木棒一样细，再不能吃人②。

额尔格培讲述的《支呷阿鲁》则较繁复。蒲莫列伊生下小英雄，他却不停地哭。毕摩（巫师）说他的生辰与"方位"，都很"凶恶"，"恰好都是龙年、龙月、龙日、龙时和龙位"③。可能是在"进化"过程中，吉凶或善恶发生对转。"特异"人物"生辰八字"也奇怪、巧妙。《离骚》诗人以庚寅年庚寅月庚寅日生，是其"内美"（有趣的是，马寅初也以马年马月马日生而又姓马），生于"龙辰"、"龙位"，具有图腾本性，本应贵重无比，却对转为"凶忌"。

学者认为，"史诗中所说，'龙子传九代，代代都是女'，是指支格阿龙的远祖出自一个以'龙'为图腾的母系氏族"，滴血之鹰则表示父系④。马学良等的《彝族文化史》亦将其归于图腾崇拜⑤。罗希吾戈更说："龙在彝族人民的心目中，是最早、最重要的图腾对象。龙早已成了古代彝族先民始祖的象征。"⑥所以，龙的繁衍、人的进化、支格阿龙系谱三者是统一的，可以用前者来象征而又神圣地讲述后者。彝族先民敬祖而崇龙，殆可无疑。

支格阿龙或尼支呷洛在云南滇池地区更名为糠宝。

萨咪（即撒梅，彝族支系）故事说，三姑娘丽丽因为在"土主庙"里嬉戏，梦见男神与她媾合致孕，生下阿龙。同样第一夜不吃母乳，第二夜不随母睡，第三天"爬起来走路"。外公把他埋在糠里（"丢弃"的喜剧化），阿龙五天后却在打呼噜；后准备将此"孽种"丢到山沟里喂豺狗，走到龙潭边，雷响处，"一条有鳞片的大蛇拦住去路"，只好把他扔下。

> 龙潭里住着一条母龙，它从水面伸出头来，变成一只山羊，把小孩子叼进草丛中，用羊奶喂他。⑦

---

① 参见罗希吾戈：《从英雄史诗〈英雄支格阿龙〉看彝族古代社会》，《云南民间文艺源流新探》，云南民族出版社，1986年，第84页。

② 参见李德君、陶学良编：《彝族民间故事选》，上海文艺出版社，1981年，第14页。

③ 额尔格培讲述，新克整理：《支呷阿鲁》，四川民族出版社，1982年，第15页。

④ 《凉山彝族奴隶社会》编写组：《凉山彝族奴隶社会》，人民出版社，1982年，第184页。

⑤ 参见马学良等：《彝族文化史》，上海人民出版社，1989年，第218～219页。

⑥ 罗希吾戈：《从英雄史诗〈英雄支格阿龙〉看彝族古代社会》，《云南民间文艺源流新探》，云南民族出版社，1986年，第85页。

⑦ 张福：《彝族古代文化史》，云南教育出版社，1999年，第572页。

阿龙吃龙羊奶长大,"能听懂龙说的话",逐渐成长为除害英雄。他具有"弃子英雄"异类致孕、早慧速长,被丢弃而又被"图腾"所救助并且养大等民间故事要素,是"龙族的光荣"可以断言。

彝族遇到旱涝等灾害时,往往要祭龙,诵《祭龙经》,"善龙没听说/善龙没见过",黄龙降霜,白龙下雪,红龙扔雹,灰龙则随日落、随月逝、随星灭,"邪龙不能要"①,但没有说怎样处置它们。在《那司姆——祭祖经》里,格兹天神在日出、日落,月升、月落时派遣的黑、黄、红、白龙,下了四色雨,造成顶着天的洪水。②

善龙倒也有。"昆明有金龙/澄江有银龙/宜良有铜龙/陆良有白龙/路南有黑龙——回首望群龙/尽是善龙啊/善龙保佑人……"彝族尚黑,以黑龙为"下雨龙"。"它从山上来/从我荞地过/雨来浇荞棵……这对黑龙啊/原是护粮龙/原是护人龙。"③请龙请的就是善龙。可见它跟 Dragon、Nāga 主要为恶龙不同,倒是接近华夏——汉人的龙,且颇具特色。洪水迫天之时,格兹收回四色龙,"善龙降大地/把它放洪中/洪水退四方/洪水吸入地"④。

对"恶龙",要"咒"——由此也许可以窥见由殷商到秦汉作"土龙"或"草龙"祈雨或消灾的仪式。

> 毕摩先占卜[出]作祟恶龙。占卜决断之后,用稻草扎一条恶龙草像,束于竹竿上,呈"龙上树"状,再备一碗米、一只小公鸡、一只小狗、一只铜锅,一并带到被认定恶龙作祟处(多是出水的天然小水塘、小龙潭),将草龙像插于水塘边,然后念诵《祭龙经》,杀鸡祭龙,将鸡血淋于草龙像上,再拔些鸡毛粘上。⑤

祭于水泉,重在祷旱。汉·董仲舒《春秋繁露·求雨》有,"以甲乙日,作大苍龙一,长八丈,居中央;为小龙七,各长四丈,于东方。皆东乡(向),其间相去八尺",看来这里祭祀的也是混杂着草的土龙。由于是乡邑以上官祭,要

---

① 《普兹楠兹——彝族祭祀词》,黄建民、罗希吾戈译,云南民族出版社,1986年,第88页。

② 《普兹楠兹——彝族祭祀词》,黄建民、罗希吾戈译,云南民族出版社,1986年,第88页。

③ 《普兹楠兹——彝族祭祀词》,黄建民、罗希吾戈译,云南民族出版社,1986年,第89页。

④ 《普兹楠兹——彝族祭祀词》,黄建民、罗希吾戈译,云南民族出版社,1986年,第89页。

⑤ 左玉堂、陶学良:《中国西南彝族毕摩文化》,《毕摩文化论》,云南人民出版社,1993年,第15页。

隆重得多。先贿劝，杀鸡煮粥——"雨幸大澍，即奉牲祷"。毕摩等亦食"鸡肉稀饭"，继之以威胁。"[毕摩]大声诵《咒龙经》，边诵经边取出藏于篮中的铜锅（据说，龙畏铜器，故彝人禁忌将铜器带至水源处，怕龙惊走而水涸）敲打、诅咒、恐吓恶龙。咒毕，一刀砍死小狗，抛于水塘中（据说，龙最讨厌死狗）。"① 逼得龙不得不为善，行雨。汉人主要是"正面启发，鼓励为主"，但也要使之"闻鼓声，皆烧豭猪尾"。冬天，也要"祭之以黑狗"。民间谓，龙爱吃狗肉，但厌恶死狗。董还提到兼用上古之"鼓用牲于社"，"以朱丝萦社（主）十周"之类的消极巫术或"咒诅法"，逼迫社土之神行雨，就好像春秋以后用这个办法救日蚀一样。

滇池地区"萨米"（撒梅）彝族人相信有妖魔化的"龙"。滇池"霸王龙"蛇身人面，跟华夏—汉人的龙一样"能大能小，能短能长"。他有七兄弟，反映着龙之母型的多样性。

翻天龙——有翼，翼长达 15～20 米，吃飞鸟。

钻地龙——长扁嘴，全身黄褐"纹身印"，"身体蜿曲似鳞。它能像蜥蜴一样钻进深山大泽，也能像泥鳅一样潜伏于滇池湖底泥沙之中"②。

其余为蛇龙、龟龙、犬龙、兔龙和母猪龙，隐藏在水底洞穴中，不时为非作歹。阿拉酋长在部众与"白胡仙"的帮助下，把"霸王龙"变成"长蛇山"。降龙英雄阿拉还戴着龙头，手脚扎上利刃，入水与钻地龙大战（此似段赤城、杜朝选以及纳西族、白族等的一些斩蛇或杀龙故事）。孽龙们或被变成大山，或被镇于枯井。③ 这些民间故事里可能保存一些次生态、再生态神话，更可能羼入他族或外来元素，特别是 Nāga 成分，但仍保持个性。

以上可见，彝族的龙亦司理水、雨。他们的龙崇拜实为水崇拜，"故许多地方把龙神作为水神来祭，如弥勒西山的阿细人，以水塘或龙潭作为龙神的象征，逢农历三月合村杀肥猪祭祀"④。"水神：龙神"都是祈雨对象。昆明西山谷律一带彝族，称"祭龙"为"下铜牌"，牌刻"恭请龙王下雨"，由青年携至深泉出水口暂置，三五日降雨后"烧香磕头"谢神⑤。

《阿细的先基》里有雨姑娘拉赫兹、风小伙赫梭，他们驾龙翔天，及时行

---

① 左玉堂、陶学良编：《中国西南彝族毕摩文化》，《毕摩文化论》，云南人民出版社，1993年，第15页。
② 参见张福：《彝族古代文化史》，云南教育出版社，1999年，第583页。
③ 参见张福：《彝族古代文化史》，云南教育出版社，1999年，第583～585页。
④ 马学良等：《彝族文化史》，上海人民出版社，1989年，第209页。
⑤ 马学良等：《彝族文化史》，上海人民出版社，1989年，第209页。

雨,"……龙尾甩一甩/就哗哗地下雨了"。《查姆》里则有龙王罗阿玛奉仙王之命,播撒豪雨,将平原冲刷出沟河山箐,丘陵沙衍。金、银龙神还造成了洪水。

这种赐雨的龙神或龙王,华夏—汉人与印度的痕迹便明显了,至少是渗进了外来成分。"龙女型"故事(参见《彝族民间故事选》第204～216,217～223,277～279页),与藏族、纳西族一样,基本上是印度式的,但她们一般都美丽、善良、勇敢,跟印度龙宫家族的繁复多变已有不同。

又如,傣族民间故事里,神官帕雅英,由于处理"专管日月星辰"的捧麻远冉神"过激",被天王玛哈捧贬到海中"赎罪"。

<blockquote>
从此帕雅英啊
就住在海里
改名为"帕雅纳"①
</blockquote>

傣语"纳"是龙,"帕雅纳"即"龙王",犹如Nāgarāja。从此龙王专与天王作对,"闹得天地不安宁"。这一故事姑且附此。

美洲的羽蛇龙

美洲的"龙"主要是长有鸟翼或鸟毛的"羽蛇"。有人因其或有角、爪,头部繁饰,似鳄若虎,认为它已"升格"为龙;有人则认为它实在是蛇,美洲并没有中西方那样的"龙:Dragon"。我们已在《中国文化的精英》等书里将它们略作比照,这里只做简单提示。值得关注的是,羽蛇之神凯察尔夸特尔(Queztzalcoatl)——

神的名字包括questzalli(尾羽

羽 蛇

(《德累斯顿手抄本》第74页,采自《古代玛雅》)

据说,此图再现的是洪水毁灭人类的故事;或说表示"雨季"之开始。天穹上是"天魔神",鳄首而龙身,身上有天象符号。

绿色枝叶状的长条,或说是羽毛的繁变;或说表示洪水倾泻而下。"鳄龙"或羽蛇本都是司理水雨的。中间头顶蛇蟒的女神,把装着豪雨的水瓮倒过来,洪水注下。

下方是头戴神鸟的黑色冥土之神,手持武器,准备杀人或者杀怪。

---

① 《巴塔麻嘎捧尚罗》(傣族创世史诗),岩温扁译,云南人民出版社,1989年,第351页。

和 coatl（蛇）。他是羽蛇，也是昂头的蛇。总之，他是带来丰饶的风神和雨神。作为原始神祇天神和地神之子，他兼具蛇的地属性和鸟的天属性，他是一种联合象征。他属于那些二重性神祇的群组，如霍洛特尔（Xolotl），他的塑像表明他与死神不同，而是生命与死亡的联合。①

它掌司雨风、太阳与丰饶，本质上又是转变"死/生"的生命力量，地位之高，像中国极盛时期的龙而不似印度那基本"反面"的"龙王"（Nāgarāja）。它的外形，猛一看极似中国龙。

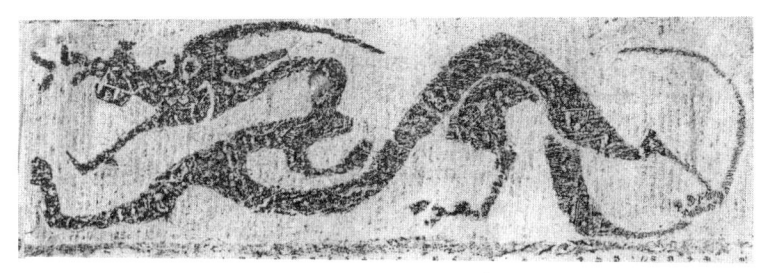

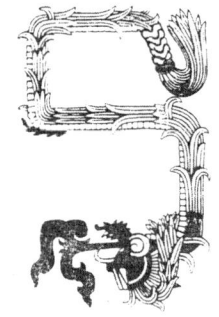

飞龙与美洲的羽蛇龙

（上：汉画里吞物的"走龙"，似乎有翼，河南南阳；左下：吐舌的羽蛇龙，古代美洲图像；右下：美洲的鳄形龙，古代美洲图像）

中国的龙能飞，无翼亦能翱翔天空；也许受了西亚或中东的影响，添上鸟翼，成为中国式"羽龙"。

美洲的羽蛇，大多带有啄木鸟、翠鸟或咬鹃的羽毛，或添翼，或饰首，或披挂全身。头部，尤其是喙部，像美洲鳄，繁化、尊化以后就成了"羽蛇龙"。

芬诺洛沙（Ernest F. Fenollosa）以较早建立"太平洋艺术"学派而知名，他认为太平洋沿岸与诸岛"龙"的形象与"中国龙"并没有根本上的差别。

中国的龙与太平洋南岸到南北美洲皆相同的，同时也能在新西兰及墨

---

① ［德］埃利希·诺尔曼：《大母神——原型分析》，李以洪译，东方出版社，1998年，第208～209页。

西哥的艺术中找出相同的性质来。并且同时出现于阿拉斯加（Alaska）的陶器中，而较迟的形式也出现在亚硕特（Aztec，即阿兹特克）的石龙中。①

它跟中国（祥瑞）龙最大的不同，是 Nāga 一般地嗜血，要求人祭。这主要是因为上古中国与美洲经济文化形态与观念都不同。耕稼的中国看重（男性）劳力，没有人、人工就没有食物，又因为"牧副"相对兴旺，人与神都不缺乏动物蛋白，所以爱惜人、人命与人力。美洲苦旱，靠天吃饭，龙蛇又亟需短缺的"动物蛋白"，所以不惜以人为牺牲血祭，与自然进行实际上不等价的能量交换。

美洲蛇龙吃人
（"双头蛇虺"吃人并猎头，古代秘鲁陶器纹饰）

古代美洲的许多神怪都嗜爱人肉与人血。太阳神、水神兼风神凯察尔柯特尔化形的"羽蛇"（翼龙）要求人血、人心的供奉。一些蛇妖龙怪吞食人牲无数。巨蟒、鳄鱼等是其主要母型。

---

① Ernest F. Fenollosa, *Epochs of Chinese and Japanese Art*（《中国和日本艺术的新纪元》，或译《中日美术史》）；参见曾松友：《中国原始社会之探究》，商务印书馆，1935年，第6页。

新出图证(鄂)字 10 号
图书在版编目(CIP)数据

龙凤龟麟:中国四大灵物探究/萧兵著.—武汉:华中师范大学出版社,2014.12
ISBN 978-7-5622-6599-3

Ⅰ.①龙… Ⅱ.①萧… Ⅲ.①中华文化—研究 Ⅳ.①K203

中国版本图书馆 CIP 数据核字(2014)第 081729 号

龙凤龟麟:中国四大灵物探究(上下册)

ⓒ 萧 兵 著

责任编辑:章光琼 冯会平	责任校对:刘 峥	封面设计:胡 灿
编 辑 室:学术出版中心	电 话:027-67863220	

出版发行:华中师范大学出版社
社址:湖北省武汉市珞喻路 152 号
电话:027-67863040(发行部) 027-67861321(邮购)
传真:027-67863291
网址:http://www.ccnupress.com   电子信箱:hscbs@public.wh.hb.cn
印刷:湖北新华印务有限公司   督印:章光琼
总字数:1200 千字   总印张:63.5
开本:787mm×1092mm 1/16   彩插:8
版次:2014 年 12 月第 1 版   印次:2014 年 12 月第 1 次印刷
总定价:130.00 元

欢迎上网查询、购书

敬告读者:欢迎举报盗版,请打举报电话 027-67861321

第二部分 凤

第九章　凤：大鹏鸟——风神

凤的混形特征

古代"凤"名颇多，除见于殷墟卜辞"四方风"外，较古老的还有：

凤　（早见于殷商甲金文，及《诗》、《书》等经典）

凰（皇）　皇鸟（《山海经·大荒西经》）

　　黄鸟（《山海经·海外西经》，《山海经·大荒西经》）

　　狂鸟（《山海经·大荒西经》："有五采之鸟，有冠，名曰狂鸟。"）

梦鸟　（《尔雅·释鸟》："狂，梦鸟。"袁珂云即《海内西经》蒙鸟，《海外西经》灭蒙鸟，亦即《大荒西经》狂鸟）

鸾

离鸟　（阳离；火离；炎离；长离）

最古老的凤凰图案

（湖南洪江高庙新石器时期出土陶尊，高庙文化，距今约7000年）

　　图右上方一只凤凰正在展翅飞翔，它有华美繁复的"冠羽"，类似鸡冠却又不全是"鸡头"，身躯有细密花纹，证明凤凰确由雄鸡等美鸟"升华"而来——跟东部（例如殷商）凤鸟的演进途径不同。

这也证明凤凰的一身多形，小大由之。跟龙一样，凤凰也是一种结构多元、母型多样的混形性神话动物。

在五行思想与美学的支配下,凤的"混形"具体化为"五象"。汉人以为传之于黄帝时的"天老"(姥:音母)。说法大同小异。

《说文解字》(卷四鸟部)　　　《韩诗外传》(第八章)

鸿前麐后　　　　　　　　　鸿前而麟后

蛇颈鱼尾　　　　　　　　　蛇颈而鱼尾

鹳嗓鸳腮　　　　　　　　　[鹳嗓而鸳腮]

龙文虎背　　　　　　　　　龙文而龟身

燕颔鸡喙　　　　　　　　　燕颔而鸡啄

神话意象发展的一个规律是,越来越繁复,或者说是越来越华丽,越来越"超现实",越来越"理想化",以致我们的集体表象里的凤凰,自秦汉以来,总是身材高大、毛羽飘拂、色彩辉煌、鸣声亮丽的神鸟,其母型越来越难识别了。

变体鸟纹

(左:西周晚期《吕王禺》腹部;右:春秋早期《鸟纹匜》口沿。采自马承源《商周纹饰》584,585)

这种"分解"的或"变形"的鸟纹,依然有殷商各种器物上鸟类造型的传统:混形、美化、图案性。但也有人因其"身躯"极长认做"龙躯凤鸟",甚至是"鸟首龙"。疑莫能明。由此可见,龙/凤有时居然也能够"混合"。

据称,凤鸟的形象特征或者躯体各个部分的花纹,还与某种道德品性相对应。动物形象的混合性或丰富性,被附会上人间道德的完美性,比龙更甚,完全是儒家思想在作怪。《韩诗外传》说:

天下有道,得凤象之一,则凤过之;

得凤象之二,则凤翔之;

得凤象之三,则凤集之;

得凤象之四,则凤春秋下之;

得凤象之五,则凤没身居之。

(许维遹校释本,中华书局,1980年,第278页)

"五德"是否对应"凤象"之五种?跟五色凤有什么关系?如果说包括凤鸟

外形，那么，从人文视角，怎样鉴定并诠释凤的"蛇颈而鱼尾"云云，它们又有什么好处？"五象"恐怕是指凤的毛羽（或"潜在的形象素"）及其所表示的五种德行。可"戴德负仁，抱中挟义"，只有"四德"。用《说苑·辨物》和《山海经》等作参照，《韩诗外传》的原貌也许是下列异文中的一种：

（1）首戴德，颈揭义，背负仁，心入信，翼挟义，足履正，尾系武（《太平御览》卷九一五引《韩诗外传》，《说苑·辨物》略同）。

（2）戴德扬义，背负仁，翼挟信，心抱忠，足履正，尾系武（《白帖》卷九四引《韩诗外传》）。

（3）首文曰德，翼文曰义，背文曰礼，膺文曰仁，腹文曰信（《山海经·西山经》）。

（4）首文曰德，翼文曰顺，膺文曰仁，背文曰义（《山海经·海内经》）。

我们不得不透过后人的种种增饰，来窥视一下凤凰在"三代"及其前的本来面目，以及它的形象变迁。

凤凰的混形性

（左上：唐代铜器，鸡身鱼尾的凤凰；左下：战国图案；右上：鸟首C形玉石龙，红山文化，采集于那斯台；右下："鱼化凤"，民间图饰）

跟龙一样，凤凰不但在自己所属的种类（鸟类）内部"混形"，吸收同类某些优异或美丽的特征，而且"淆杂"了其它种类（如兽类、鸟类、爬虫类等）的某些形象元素。有些凤凰表现出高度的混形性，令人惊讶。例如红山文化里的C形龙（纤细型），竟也有具鸟首的——有人认为是最早的"龙凤合体"。更奇特的，有的还把它胸腹部的"圆羽"夸饰为龙鳞（鱼鳞），使其具有龙身乃至"鱼体"。

甲骨文的四方风神都是"凤",还可能跟某一先公先王相粘合。

更让我们惊讶的是,神鸟凤凰不但多母型,而且多品种,决不仅限于小小的燕子。

"风:凤"本来是一个字。甲骨文"四方风(神)",原来就写成"四方凤",指的是四方位的凤鸟。现在把我们待刊的《四方风》一书里四方方位神、四方凤鸟神的母型或品种列举如下,就可见当初凤鸟之"流品淆杂"。

东	东方神	析:昭明:焦明鸟	东风神	俊:帝俊:鹓鸡(锦鸡)
南	南方神	兇(微):上甲微:夔鸟	南风神	上甲微:夔鸟(猫头鹰?)
西	西方神	彝:鸡	西风神	羿(?)
北	北方神	夗:宛:雊雛(信天翁)	北风神	女和,或羲和:役:鹬

(南方、西方,方位神与风神可以互换,故可互兼)

东方俊凤(风),指鹓鸡,母型为锦鸡,即金雉;西方为彝雉或(野)鸡,它们毛羽华丽,翔舞优美,本就是凤鸟母型,不足为奇。雊雛即信天翁,体巨而高洁,文献上或称"白凤"。焦明和鹬都是水鸟,可以兆雨,毛羽洁丽,有人说是所谓"鹥凤"(雨神鸟)母型。它们也被看成一种"凤",独特而不怪异。

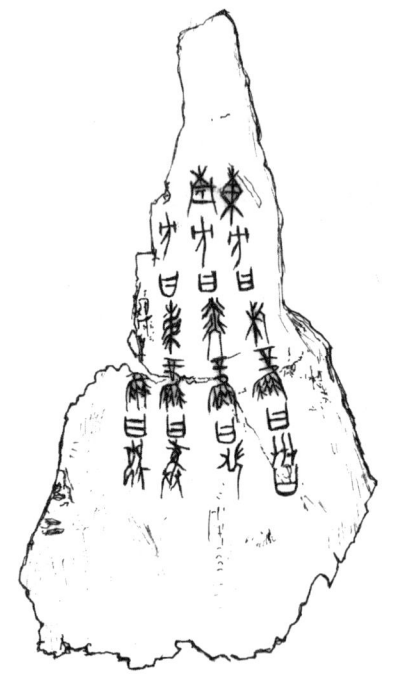

甲骨文四方风名

(善斋藏大骨,《京津》520,《掇》2·158;参《合》17294)

甲骨文有四方方名与四方风名,二者相应。异说很多。其实这里明明讲的是四"凤"(鸟)之名,而后才"假借"为四风之名。根据我们对"四方风"的研究,四方凤鸟都有专指或专名,不但跟四方神名对位,而且很可能跟殷商某些先公、名臣"叠合"。

世界上许多民族(如苏美尔、希腊、印度、玛雅等)都有"四方风神"及其崇拜。

如果从美学的观点看,凤凰受到崇拜,重要的原因是它的美:华丽、优雅、飘逸,自由自在地翱翔天空,徐徐挥动它裙裾一般飘舞的羽翼,摇曳它云霓一般轻柔的长尾……

龙，尤其是它的母型，主要是在渊泉、泥土与滩涂上扭动的爬虫乃至虫子，怪诞、卑琐、凶恶，浑身腻滑或者疙里疙瘩，还可能释放出毒液，伤人性命……人们害怕它们，怀疑它们，曾经以其为"地/水"的代表，跟"云/天"的特选者构成"善/恶；生/死；美/丑"的二元对照，由飞行者来啄食蠕行者（参看有关"大鸟巨鱼"章）。然而，人们后来却由"畏"生"敬"，由"敬"生"爱"，从"尊化"到"美化"再到"神化"，龙实现了几何级数的"升华"与"跃进"，成了中国最尊贵、也最华美的神话动物（从龙/凤的演进，也可以体认麟的跃升与龟的转化）。"龙/凤"在最擅长辩证法游戏的中国人的"操作"下，由"对立"走向"和合"，从"冲突"变成"谐调"，最后终于龙飞凤舞，凤吟龙啸，凤龙齐飞，龙凤呈祥。

凤最初是巨大的鹰鹫，因其伟硕且能高飞，显得雄健而可畏。"崇高"里本就含着若干"雄大"，"壮美"中也少不了几分"恐怖"——最初的"凤"，尤其是原来的"龙"都是如此，是"壮美"而不是"秀美"，还带着悲剧那样的"崇高"，激起的是"敬畏"而并非"爱怜"（然而，凤凰也"可小可大"，"小"到以极乐鸟为母型，归于"秀美"，激起人的爱怜感）。

龙凤的交融

（左：龙凤绣衾；中：蟠龙飞凤绣衾；右：凤龙交蟠绣纹。湖北江陵马山楚墓出土，战国）

这类被认为是"龙凤呈祥"的图纹，龙凤纠缠交错，说不定是上古"鹰/蛇"二元冲突的一种孑遗或"变形"。

"龙"虽然广泛为世所知，像"古老的东方有一条龙"等等。近世以来，"龙"还被当做"共和国"的"代表"标志。其实照我们在本书"龙的探究"里考察，以虫、蛇、蜥、鳄为主要母型的龙几乎遍及欧亚，超迈东西，跨越太平洋两岸。只是龙的神圣性在中国延续得最久，并且最有"中国特色"罢了。

凤的"民族性"与"专有性"似乎更大一些，更为广大中国人所喜爱和"使用"，其历史跟龙一样悠久，而"应用"远较龙普遍。因为龙在人间除仪式或游戏之外，更多为帝王所垄断，凤的使用范围则较为宽松。"火离为凤"，凤凰或"离：鸾"当然也是长生鸟或不死鸟。但在现代，"五四"或"辛亥"以前，绝大多数中国人并不熟知 phoenix 及其自焚与再生的奇迹（郭沫若的《凤凰涅槃》使其传布并深入人心）；而世界上其他地方虽有雉鸡、孔雀式的瑞禽和各种各样的"大鹏式"巨鸟，却极少有凤凰这样巨大、华丽而又能歌善舞的"嘉年华"神鸟——据我们所知，只有波斯，或许还有希腊曾见——但波斯"细密画"中的凤凰可能由中国移植，或是东西交融的美学成果。

似龙若凤

（战国青铜镜，原题"三龙纹镜"，现藏上海博物馆）

铜镜上的动物，鸟躯鹰爪凤尾，说是凤，却有蛇龙之首与长身；说是龙，胸腹部却肥硕如鸟（或说是繁饰），尾部分明卷羽若凤。

大鸟：鹰鹫——凤凰最古老的母型

我们说凤凰最古老的母型是鹰鹫之类大鸟而不是孔雀、雉鸡，理由就是甲骨文"风：凤"是一个字，读音为"鹏"。大鹏就是大凤或大风。风与大鸟可以互拟。因为大鸟时常在大风中出现——某些大型水鸟如"爰居"即信天翁，起飞时要利用迅疾的逆风来获得强大的空气升力。《庄子·逍遥游》描写大鹏起飞——

> 鹏之徙于南冥也，水击三千里，抟扶摇而上者九万里，去以六月息者也……

"水击三千里"，就是起飞前的滑行，如李白《大鹏赋》所写，"激三千以崛起"，所以，大鹏就是大凤，亦即大风。《淮南子》汉·高诱注：

> 大风，鸷鸟。

《禽经》注说："风禽，鸢类，越人谓之风伯。飞翔则大风。"

古人也因此认为风灾是由鹰鹫等大鸟造成,所以后羿要射"大风",而中其膝,使其不能"暴走"。还是可以看《战国策·楚策》所记宋玉《答楚王问》,其所描绘的凤凰跟庄子的大鹏几乎一样:

> 凤皇上击九千里,绝云霄,负苍天,足乱浮云,翱翔乎杳冥之上!

龙凤混形

(贵州清镇汉墓 M15,参见《考古学报》59·1:95)

此图所见龙形粗壮肥硕,凤形若兽,唯首尾为鸟,极富"地方特色"。这证明鸟蛇可能"混形"。底下是兽化的龙,很像巨蜥。

凤凰"过昆仑,饮砥柱,濯羽弱水,暮宿风穴",基本都在昆仑中心文化区("砥柱"或说在黄河"中流",是中原人具体而微的天柱:地轴)。所谓"风穴",由于凤凰是"风神(鸟)",初民以为风是它从"风穴"带出来的(《淮南子·览冥训》说凤凰"羽翼弱水,暮宿风穴"。高注说由此而出的是北方寒风,凤凰宿此,不但不怕冷,还是"风主";孔雀却怕冷)。

"风穴"见于《楚辞》等(《山海经·南山经》及《尔雅·释地》等说凤出丹穴;参见《楚辞新探·不周与风穴》)。

《楚辞·九章·悲回风》:"依风穴以自息兮。"宋·洪兴祖《楚辞补注》引《归藏》云:"乾者,积石风穴之翏翏。"就是宋玉赋说的"空穴来风"。主要材料说其在西北,出的是寒风。

晋·张华《博物志》却说:"风山之首方高三百里,风穴如电突,深三十里,春风自此而出也。"(范宁校本,中华书局,1980年,第106页)

北欧人认为风由大鹰扇起,希腊人认为有翅膀的南风是由天帝朱庇特从关闭"风"的"山洞"(风穴)里放出来的①。阿拉伯神话中,大鸟 Rukh 飞行引起的风声会震聋耳朵。不管吐纳的是什么风,凤凰出自风穴,证明它首先是"风(神)鸟"。

---

① 参见[古罗马]奥维德:《变形记》,杨周翰译,人民文学出版社,1984年,第6页。

前凤凰

（左上、左中：河姆渡文化，上者待核；左下：玉水鸟，辽宁建平牛河梁第十六地点 M4 出土，红山文化；右上：仰韶文化；右中：马家窑文化；右下：良渚文化。器具物纹饰）

鉴定是否凤凰，除了看毛羽（特别是冠/羽）华丽与否之外，最简单的办法是，看它像不像别的"美鸟"。凤凰肯定是有别于它们，华丽于它们或高大于它们的。类似，而又"高越"。当然，操作起来相当困难。一般使用"严近宽远"的原则。

新石器或成文史前时期，目前所知较明确而古老的凤鸟应属 7000 多年前高庙文化的展翅凤（参见第 471 页插图），其它的多属于"类凤"、"准凤"，可以用"前凤凰"称之。它们多与太阳崇拜相关，这里仅为举例，部分在本书的"太阳鸟"部分介绍。

德国人布舍尔（S. W. Bushell）的《中国艺术大纲》（台北启明书店，1960年）说，凤凰体型巨大，看起来像美洲大鹫，其形象原如猛鹰，跟希腊的格里芬（Gryphon 或 Griffin）、印度的迦楼罗（Garuda）、波斯的卢克（Rukh 或 Roca）相似，都是神话大鸟，其母型是鹰鹫之类。布舍尔较早提出了这个"首要的凤母型"，而不限于通常认定的孔雀与雉鸡。王从仁也在他的小册子《凤凰》的序言里特别强调："凤凰最早、最基本的原型是鹫鸟，一种鹰类的猛禽。"

我们认为，中国古代世界的"四灵"，星宿与方位标识的"四神"，最初都是凶猛的鸟兽，甚至能够吃人。崇拜的心理是敬畏，其次是认同：尊敬与羡慕——同情性的情感移入——希望成为鹰鸷那样健壮、强悍、勇猛、机敏的群团或"英雄"。

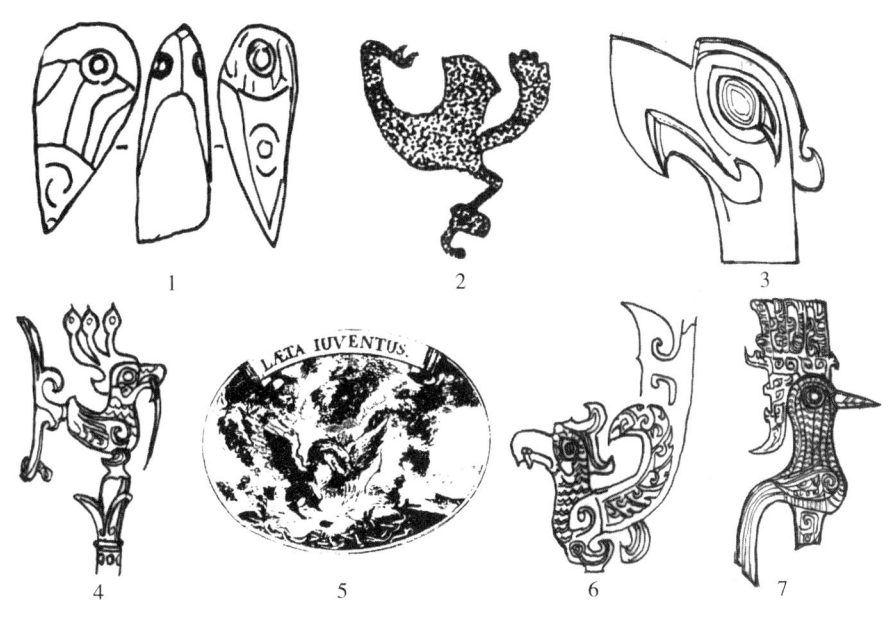

鹰鸷形象及其凤化

（1.石雕，辽宁东沟后洼出土，ⅡT1④:14；2.《青海岩画》105，S2；3、4、6、7.四川广汉三星堆器物坑出土，晚商；5.《凤凰》，霍伯格作，1675年）

鹰，雄鸷凶猛，但头部却基本朴质无华，尊化为凤凰的第一步，是赋予华丽的冠羽，再加以变形、繁饰（参见图7）——这也是凤凰戴干、戴盾或戴辛、戴举的一个很好的阐释（同时也是圣物头戴干戈等武器的美化）。

《说文解字》卷四"凤"条引天老曰："[凤]出于东方君子之国。"君子之国，见《山海经》等，学界多以为指古朝鲜。"相土烈烈，海外有截。"这大概因为大型鸟类多出自海滨，那里有"大海风"便于获得升力。《庄子》说大鹏和鲲（鲸）故事出自《齐谐》，就因为青齐濒海地区多大鸟（大洋之滨，鹰鸷翼展可达2米左右，给人印象深刻），前引《逍遥游》说：大鹏起飞，要"水击三千里"，就像大飞机要用长跑道，"助跑"很长时间和距离，才能获得巨大空气升力。若属"龙卷"现象，更完全得自海上观察经验。大鹏（凤）凭借六月的"龙卷"或大海风，逆风腾上"九万里"高空。

这也是鹏凤被看做"风神（鸟）"的"自然原因"。小小的"孔雀"、"雉鸡"断无这种能力与资格。

印度教大神跨骑在迦楼罗背上

（印度教—佛教造像，东南亚木雕。左：拘摩罗天像；中：大神与迦楼罗；右：木雕佛像，印度尼西亚）

"创造"之主毗湿奴（Vishnu）原是太阳神，他置换了太阳轮，出现在展开双翼的大鹏金翅鸟（它也是一种太阳原型）身上——或说，这构成古印度独特的"有翼日盘"之意象。这跟中国的"大鹏：巨凤"原为太阳神鸟一致。

进一步说，大鹏飞翔时，翅膀像"垂天之云"，那可以看做是海上突发的"龙卷风"。所以《逍遥游》说它是"抟扶摇而上"。"抟"就是"团"，是圆转的螺旋态，既像龙而又在"卷"。扶摇，《尔雅》谓之"飙"（念"标"）。"飙"是"扶摇"的合音而近于"飘"（"飘风不终日"的"飘"是跟龙卷相似的台风）。郭注："[飙]暴风从下[而]上也。"正是团旋上升之状。陈鼓应《庄子今注今译》按照章炳麟、蒋锡昌等所据异文，把"抟"改成"搏"，是不晓得"龙卷"的活动特征，更不知道神话思维中大鸟与旋风并"举"的叙事特色。

《一千零一夜》里的大鹏鸟"卢克"(Ruke) 以"六月息"而飞行时，风声震耳欲聋。所以，杜渐认为它"更像一团巨大的暴雨黑云，由此推断所谓鹏鸟，实际是一场热带风暴"，"特别是龙卷风直卷上天"①，正是"抟扶摇而上者九万里"也。这是"自然主义"神话学的一种较合理的解说（参看本书"龙"部分对"龙卷"的介绍）。

凤的身材远比孔雀、雉鸡高大，才能扇起大风。北欧神话说，是大鹰扇出刺骨的寒风，跟希腊有翼的"南风"扇出来的暖风恰恰相反，却跟凤鸟出于"严寒"的"风穴"之说有相似处。

这样，"凤：鹏"就被列入世界大鸟神话队伍之中了。

---

① 杜渐：《书海夜航·说鲲鹏》，生活·读书·新知三联书店，1980年，第156页。

爱居：鸱雏：信天翁
（大鸟的滑翔，拍击，起飞）

　　信天翁、天鹅等体躯庞大的鸟，起飞前要拍水、逆风，先做滑行动作，就像大型客机要求长跑道那样，"水击三千里"而后才能"抟扶摇而上（者）九万里"。如果没有足够的空气升力，信天翁只好"信天由命"，等待大风。不然就只好像爱居那样傻站三天等死。

　　主要由鹰，还有一些被视为"神圣"乃至"祖灵"、"图腾"的候鸟如燕子、鹄、鹤等为"基干"，夸饰其身躯，综合雉鸡、孔雀等羽毛华丽的特征，特别是变形美化其冠羽，逐渐创造出混形性神鸟凤凰的形象，这大致是东部"凤凰"的演进轮廓。

陶鹰鼎

（高36厘米，1959年陕西华县泉护村出土，新石器时期，仰韶文化，距今5000年左右）

　　中国人早就熟悉、喜爱和尊敬高贵而雄健的鹰，5000年前就创作出了肖形的陶"鹰鼎"（或说鸮变形）。"凤：鹏"的第一母型就是现存最大的鸟类：鹰鹫。

　　西部情况较复杂，许多文献说凤鸟出自西部"中心山"昆仑，不能全然排除其外来元素。中南与西南更加复杂，资料纷乱又难于断代——却又有"最早的凤鸟"出现。狂风既是大鸟掀起来的，凤神就是风神，"凤：风：鹏"同音乃至同字（甲骨文的"风"写作"飌"或"凤"，所谓四方风神都是凤鸟的"变种"）——这样，风就传达着天神或天空的信息，凤凰是上帝的使者（殷墟卜辞称为"帝史凤"）。最能够"掀起"狂风的当然是海边的鹰鹫。所以，凤凰最古老也最重要的母型是巨大而勇猛的雄鹰，古人称为"鸷鸟"，而不是柔媚的锦鸡、华丽的孔雀、不会飞的鸵鸟，更不是娇滴滴的极乐鸟。

这种大凤或大鹏跟西亚—中亚的狮头鹰格里芬（Griffin）有些相像，应该把它看做世界性神话巨鸟的一种（参见《中国的文化精英》第1篇第3章第1节）。"凤凰：大鹏""卑化"或"蠡变"的飞廉（风神鸟），造型更与"格里芬"有相当密切的文化因缘（参见本书专节）。

迦楼罗：大鹏金翅鸟王

（创造大神毗湿奴与性爱女神拉克西米的坐骑。近世印度绘画）

创造大神毗湿奴（Vishnu）与其妻性爱女神拉克西米（Laksmi）相拥，同坐在象征女阴的莲花之上，而又置于大鹏金翅鸟王迦楼罗背上，在天空飞翔。

这暗示迦楼罗是"宇宙大鸟"，参与世界之创造与蕃育。由此也可以推知凤凰的神格与神性。

"鹰在远古时代总与太阳和天神联系在一起。"①

早在巴比伦神话里，鹰就曾把国王伊塔纳（Etana）送上天空。古代埃及太阳神拉（Ra），荷拉斯（Horace），都曾化形鹰隼。

古代叙利亚之巴尔米拉（Palmyra）鹰代表太阳神。古代埃及有"太阳鹰"的称呼。

古代印度的大鹏金翅鸟"迦楼罗"（Garuda），跟中国的"鹏凤"同样是翱翔于太空的太阳神鸟，它以蛇龙或怪鱼为食。

古希腊天神宙斯的大鹫，太阳神阿波罗化身的乌鸦，对位着中国的太阳神鸟"金乌"（三足乌），已为众所熟知，不必多说。

---

① ［英］詹姆斯·霍尔：《东西方图形艺术象征词典》，韩巍等译，中国青年出版社，2000年，第38~39页。

商周青铜器上的凤鸟纹

（上组：长尾；下组：短尾。采自王小盾等。右下附汉画三足鸟，供参照）

我们判读商与西周早期青铜器纹饰为"凤鸟"的标准主要是：（1）夸张冠羽；（2）不管长、短，尾部都作优雅的卷曲；（3）身材较"大"而矫健，保持鹰类的风韵。王小盾认为：长尾者主要以（长尾）雉为母型，与火崇拜关系较大；短尾者以猫头鹰—三足鸟为母型，与太阳崇拜关系较大。其实，太阳—火崇拜基本统一。短尾者主要是昂首直立姿态之需要，尾部多作分叉鱼尾状，长尾者亦有据此夸饰者。姿态矫曲必须夸张其尾。

要之，在西方世界，"鹰为天空之王，它可以带来风雨和雷电（引案：在这一点上，颇似水鸟之鹳，请注意下文）；它是一种太阳鸟，能紧盯着太阳而不感到眼花瞭乱"①。这在"凤凰的神性"章节里还要细谈。

这里再简单介绍一下东西方普遍的鹰崇拜，或者说"爱敬"。纹章史家A.G.贝克勒在1688年前后，歌颂鹰道：

> 鹰是羽类动物的国王，
> 他严峻的目光能直视太阳，
> 他捕猎总是马到成功，
> 他能自我再生；
> 他飞得最高；
> 他从头顶掠过是预示胜利即将到来的普遍征兆。②

这些话，反映出西方民俗里对鹰的独特看法。他还说："罗穆卢斯（Romulus，罗马开国者，'狼孩'）在阿旺廷（Aventine）山丘上第一个看到鹰，他以为这是吉兆，于是让他的军队不是举旗而是擎一只鹰。……鹰不仅是皇帝的个人标志，更是神圣罗马帝国的象征。金地上的鹰指天父上帝，他的星辰大放光芒，带来宁静，引起敬畏。"③

在萨满教（Shamanism）系统里，鹰的地位极高，跟萨满的"始祖"或最高神往往融为一体。

天帝的使者

根据殷墟卜辞（《通》398，《续补》918），凤凰是天帝的使者，叫做"帝史凤"——凤就是风，风能够把"信息"吹到四面八方，所以风神或者风神鸟能够"沟通天人，交际民神"，向上转达民人的意思，向下传送天神的命令。所以，长着翅膀的希腊"帝史"（宙斯的传令者）赫尔墨斯（Hermes，就是"爱马仕"）兼为风神。

中国的凤或风神地位很高，要使用祭祀帝或大神的"燎"（燃柴置牲）的仪

---

① [英]克里斯蒂娜·霍莉：《西方民俗传说辞典》，徐广联等译，黄山书社，1990年，第527页。
② [德]汉斯·比德曼：《世界文化象征辞典》，刘玉红等译，漓江出版社，2000年，第425页。
③ [德]汉斯·比德曼：《世界文化象征辞典》，刘玉红等译，漓江出版社，2000年，第425页。

式，用"大牢"(牛)供奉它。

燎，帝史凤，一牛。(《续补》918)

而西亚"暴风雨之神"安祖德神鹰也是天帝使者。

在神话中，安祖德通常是天地之间和人神之间的媒介。……他身上善恶并存。①

斯宾登的《太阳崇拜》说："当太阳被接纳为神祇或上天被认为是神祇的居处时，高飞的鸟类如鹰、鹫等便成为使者了。在埃及，猎鹰成为埃及王的保护者，荷马又把鹰作为费伯（Phoebus，通译法布斯，太阳神）的快速使者。"②

鸟形风神"帝使"赫尔墨斯

（近世欧洲绘画）

或说，赫尔墨斯是宙斯与雅典娜的孩子，后来成为他的信使。在这个"血族"神群里，许多尊神都有鸟的化身。宙斯化身鹰鹫，雅典娜化身猫头鹰，阿波罗化身金乌，赫尔墨斯也以鸟为伴，以翼为饰。

这很像萨满教的神鹰"阔里"（Kouli）。

布里亚特人更认为鹫是善神派下来帮助人的，最初的萨满就是鹫和布里亚特女人生的。……雅库特人和达斡尔人都认为萨满是神鹰的后裔。③

就像殷墟卜辞二见的"帝史凤"（《通》398，《续补》918），在萨满世界里，"所有鸟类（引案：包括从白色到杂色的水鸟）都属于天界神灵，认为它们是往来于天人之间的使者"④。

---

① 鲁刚主编：《世界神话辞典》，辽宁人民出版社，1989年，第228页。
② 参见陈炳良：《神话·礼仪·文学》，(台北)联经出版公司，1985年，第15页。
③ 汪玢玲：《萨满教与伊玛堪》，《萨满教文化研究》（第1辑），吉林人民出版社，1988年，第265页。
④ 乌丙安：《神秘的萨满世界——中国原始文化根基》，上海三联书店，1989年，第102页。

古代美洲的巨鹰：大鹏

（左：阿兹特克人"太阳石"上的大鹰；中：古代美洲的巨鹰；右：古代墨西哥石雕。采自王大有等）

古代美洲主要的神话大鸟，是跟巨鲸战斗的"雷鸟"。但巨鹰神话也颇丰富，或称"美洲大鹏"。墨西哥神话说：一只巨鹰抓着大蛇降落在长满仙人掌的地方，那就是国家的中心。至今这还是墨西哥的国家徽识。他们跟中国一样，以鹰鹫做神鸟（凤）的主要母型。

鸟同样是萨满"登天"或"通神"的助手或使者。其甚者——

> 费雅喀人认为乌鸦是天上最高神派到地上来的，因此把乌鸦当做最高神崇拜，认为它从宇宙开辟之初就存在了。①

鸟具有多种自然神性，最重要的是能帮助或驮载萨满登天。

萨满神鹰还是光明与火的承载者与传播者。

> 在萨满观念中，光与火是生命能量之源，象征宇宙生命。鹰，在萨满神话中常常作为光或火的传播者，或者作为太阳和火的化身，被当做光鸟或火鸟。……［满族］萨满歌中称它是"神武的披金光的鹰神，带着阳光的神主"。它"展开神翅遮日月。后尾巴蔽住了七层林莽和大海的水"。②

这极像《庄子·逍遥游》取自青齐海滨传说（《齐谐》）的大鹏——巨凤。"它来的时候'神风呼啸'，山谷村寨都在抖动"，"旋了九个云圈，又长鸣了九

---

① 参见吕光天：《北方民族原始社会形态研究》，宁夏人民出版社，1981年。
② 参见富育光、王宏刚：《萨满教女神》，辽宁人民出版社，1995年，第109页；孟慧英：《尘封的偶像——萨满教观念研究》，北京出版社，2000年，第227～228页；富育光、孟慧英：《满族萨满教研究》，北京大学出版社，1991年，第214页。

声",引得"神鬼皆惊遁,众神退后"①。所以,鹰凤以风神兼为太阳神。

萨满画里的鸟

(左上:双头神鸟,埃文基萨满男性长衣图像,现藏俄罗斯伊尔库茨克博物馆;左中:埃文基萨满神服飘带图像,现藏俄罗斯民族学博物馆;右上集合图:萨满神鼓图纹;左下、右下集合图:萨满剪纸图案。采自王纪、王纯信等)

萨满以鸟尤其是鹰和鸦鹊为尊神和吉祥物,以为是天帝的使者,就好像殷商的"帝史凤"。它是萨满的"动物伙伴"或助手,能够帮助萨满作法、登天或者治病,并且驱除恶物、邪秽或妖灵。

这里,"鹰与太阳混融一体,属火、属光,其生命能量充满宇宙……昼来夜往地驮日的鹰神应被看做永恒的宇宙光明神、司时神"②。

---

① 参见富育光、王宏刚:《萨满教女神》,辽宁人民出版社,1995年,第109页;富育光、孟慧英:《满族萨满教研究》,北京大学出版社,1991年,第214页。
② 参见富育光、王宏刚:《萨满教女神》,辽宁人民出版社,1995年,第109页;孟慧英:《尘封的偶像——萨满教观念研究》,北京出版社,2000年,第227~228页。

这种巨如大鹏，翼翅遮住日、月的"腾格里"（Tangri：天）神鹰，也见于锡伯等族传说。①

富育光在《萨满教与神话》中指出：

> 鸟类有奇妙的双翼，有无与伦比的凌空本性。所以，在萨满教意识中便被赋予了超凡的神秘性，认为他们是天之信使，神的化身或某种精灵，可以无拘无束地随意升降于天与地、人与神之间。②

金芭塔丝同样说："鸟类能够在天地间自由自在地飞翔，既然它们可以这样与天界沟通，也许因此先民就把它等同那些居住在天界的神灵。"③ 它们特别适合充当天/地、神/人间的使者，交流"天意"与"民心"。

鸟的"帝使"职能是如此地"普遍"——也许是被过分"泛化"了。我们主要关心具体特殊的鸟，"个性化"的鸟，尤其是与凤凰关系密切的鸟。

金芭塔丝还指出，鸟卵是初民的重要食物，卵能孵化为小鸟，便被看做具体而微的"宇宙蛋"（Cosmic egg）和"生命之源"。

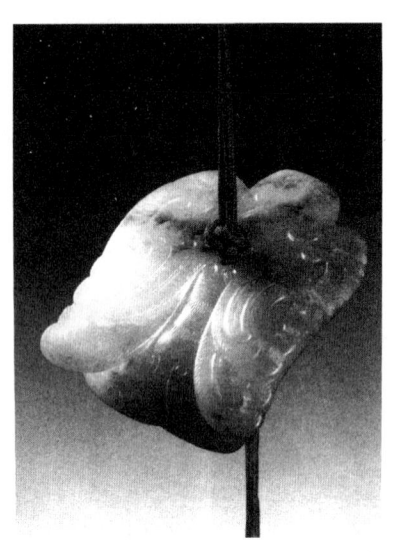

玉　鹰

（长5.75厘米、宽4.5厘米、厚2.2厘米。白玉，黄沁。此器为一圆雕的展翼之鹰，双爪拳于胸前，背面有长羽，末端作云头形，边缘加边线，内加短细线。汉代，传世）

从红山文化到商周到两汉，鹰都是"艺术玉"或玉质"肖形器"的重要题材。鹰象征着天空、阳刚、正气和勇敢。一般用最好的玉材精雕细刻，跟对待凤凰形象一样。

"风：凤：鹏：篷（帆）"的通转

现在从古文字的形、音、义看"凤"的神话特性。

---

① 参见伍韧：《萨满教中的萨满》，《内蒙古社会科学》1982年第2期，第101页。
② 富育光：《萨满教与神话》，辽宁大学出版社，1990年，第59～60页。
③ [美]金芭塔丝：《活着的女神》，叶舒宪译，广西师范大学出版社，2008年，第14页。

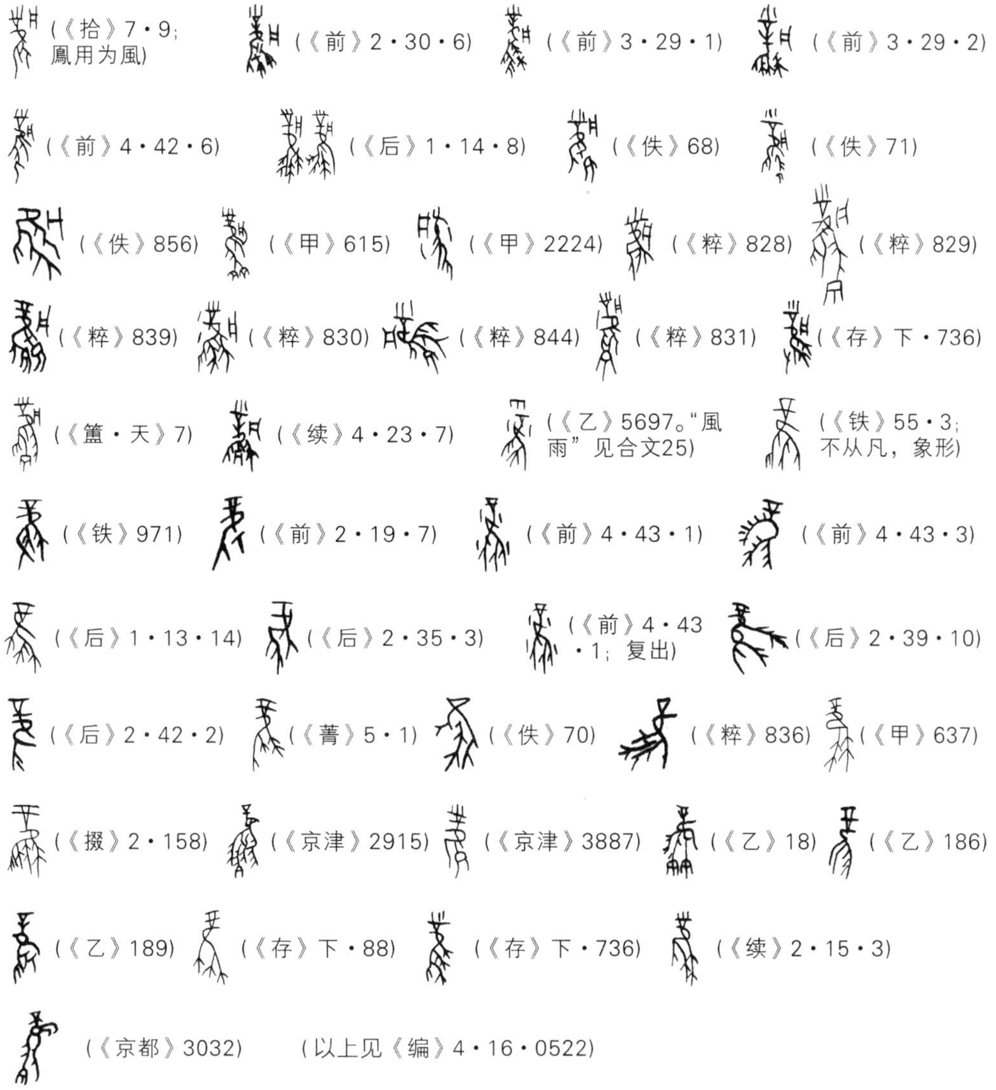

(《拾》7·9；鳳用为風)　(《前》2·30·6)　(《前》3·29·1)　(《前》3·29·2)

(《前》4·42·6)　(《后》1·14·8)　(《佚》68)　(《佚》71)

(《佚》856)　(《甲》615)　(《甲》2224)　(《粹》828)　(《粹》829)

(《粹》839)　(《粹》830)　(《粹》844)　(《粹》831)　(《存》下·736)

(《簠·天》7)　(《续》4·23·7)　(《乙》5697。"風雨"见合文25)　(《铁》55·3；不从凡，象形)

(《铁》971)　(《前》2·19·7)　(《前》4·43·1)　(《前》4·43·3)

(《后》1·13·14)　(《后》2·35·3)　(《前》4·43·1；复出)　(《后》2·39·10)

(《后》2·42·2)　(《菁》5·1)　(《佚》70)　(《粹》836)　(《甲》637)

(《掇》2·158)　(《京津》2915)　(《京津》3887)　(《乙》18)　(《乙》186)

(《乙》189)　(《存》下·88)　(《存》下·736)　(《续》2·15·3)

(《京都》3032)　(以上见《编》4·16·0522)

甲骨文的"凤"字

(采自孙海波的《甲骨文编》)

甲骨文里的"凤"(与风同字)，展示为一只巨大的"立鸟"，不仅有强韧而华丽的羽毛，其冠部特别突出，可能加添了"荣饰"；其尾长而美艳，后期的还有所谓"眼斑"或"眼(形)纹"——这是孔雀的重要特征。

甲骨文里的"凤"字大体写作：

凤身上有华丽的羽毛，头上戴着高贵的"丵"形(羽)冠，有的还带着孔雀

尾巴似的"眼羽"。侧上方声符的"凡"就是风帆的"帆"(因为大鸟多与大风相伴),上古应该念作船篷的"篷",跟大鹏的"鹏"、狂风的"风"一样("朋"也是声符)。

凤:鹏:风
朋:凡(帆):篷

可以粗略地拟音为:

【风:凤:鹏】
pong(帮东),或＊plong(音似"丰隆"急读,复辅音字)

因为大鸟的飞翔要依赖大风,如《庄子》所描写的那样,大鹏鸟要从北极飞到"南溟",得有"海运"(海上狂风),才能"抟扶摇而上者九万里"。

调　鹰

(新疆天山的驯鹰老人)

鹰是凤鸟,即大鹏的最初母型。甲骨文两见"帝史凤",鹏凤是殷人心目中上帝忠实的使者,就好像宙斯有他的大鹫。其背景,可能是某些猎人掌握驯鹰技术,能让它们为主人效劳。

上古没有"轻唇"(唇齿)音而只有"重唇"(双唇)音,现在读 f 的都可以分属明(m)、帮(p)、滂(p')诸纽。"风:凤"都念"鹏"(船帆因此要读船篷)。《庄子》释文引崔云,《说文》之"凤"读为"朋"(朋党字),所以它们的读音基本一样。此即《庄子音义》崔谓所说:鹏音凤(宋·罗愿《尔雅翼》用此)。这一点,前人已有论述。

清·钱大昕《十驾斋养新录》引宋玉《对楚王问》"鸟有凤而鱼有鲲",即《庄子》所说"鹏/鲲",所以,"凤即朋(鹏)字",引《字林》:"鹏,朋党也,古以为'凤'字。"

郭沫若《卜辞通纂》言"风:凤:鹏"古通[①]。闻一多略同:"大风即大凤,

---

① 郭沫若:《卜辞通纂》(简称《通》),科学出版社,1962年,第393页。

亦即大鹏。古人盖以有大风过,即有大鸟出现,因谓风为鸟所致,而以鸟为风神。及造字时,遂合'鸟'与'凡'以为风字。"① 王献唐以为,风、凤俱读"蓬"声,"蓬为凤鸟起飞之声,大鸟一举,群鸟相从,声蓬蓬然,故名曰凤"②。其实,更准确地说,风者无形可象,御风而举的"凤",迎风而张的"帆",可借用来"会意"。所以,"风:凤"由"帆"(蓬)得声,如:

鸟＋凡(帆)＝凤:蓬(鹏)声
凤＋朋(蓬)＝鹏:朋声   ] 风

这就附带解决了两个"神"名的由来:

丰隆:蓬隆(风雷之声)
逢蒙:风民(蓬的延长音或析音)] 凤(风)

"丰隆"是风雷之声,摹拟雷声之蓬蓬然,且隆隆作响。

双凤立虎

(凤鸟立虎"建鼓",湖北江陵楚墓出土,战国,现藏湖北荆州博物馆)

长颈的凤鸟站在虎背上,跟"建鼓"一起,作为吉祥物对凶物的镇魇——或说虎是巴人图腾,这表示楚对巴人的征服。

神鸟,其形象近于仙鹤,却被"凤化"。不但浑身华彩,而且是带冠的"公鸡头",腿部特别粗壮,这分明是在强调其鹰鹫般的勇武。这再次提醒我们,凤凰不仅是华丽或美艳的,而且它最古老、最重要的特征是凶猛。

---

① 闻一多:《古典新义》(上册),古籍出版社,1957年,第338页。
② 王献唐:《炎黄氏族文化考》,齐鲁书社,1985年,第541页。

"逢蒙"是风族之民，也属东夷集团，却成了后羿的敌人，其实也是英雄射手，却被当做"异化之凤"（就像后羿为人间小日神，却射落异化而为害的九只太阳）；"凤：鹏"主要是神鸟，但即令在崇祀鸟图腾的殷商文化里，凤鸟或风神也会对立转化为制造风灾的"风怪"，要杀狗来"宁风"（参看下文有关"风鸟的二重性"一节）。

可见作为"风"的"凤"或"鹏"，本身也内在着"二元对立"结构：善/恶；美/丑，就好像作为凤凰的异变的鸱鸮一样，自身"矛盾"。

这跟希腊神话里，既是妖龙又是怪鸟的提丰（Typhon）即台风之神能够兴风作浪是完全一致的。

凤的标志性符号

"凤凰"字样，头部有冠羽，形如"丵"或"丫"。这表示它的勇武与尊贵。这个"丫"形符号，往往跟龙头上的"尺木"相联系，其象征功能，主要有下列几种说法：

草木丛生 （旧训）

"丵岳"不经：奇特 （陈邦怀）

欹刻类工器 （郭沫若）

刑具 （郭沫若等）

干盾或剑匕类武器 （王小盾、萧兵等）

男根，角：性别和武勇符号 （袁德星、王大有等）

测天木表 （陈绶祥）

"圭"的变形 （林巳奈夫）

这里，介绍几种过去不大为人注意的说法。较奇特的如陈绶祥说，龙、凤头上都有借以"登天"的"尺木"，即此，但这更可能是"测天"之"表"。"'尺木'本身就是指有刻度的、用以量度的像尺子一样的工具。"这样，冠戴"尺木：测天表尺"的凤就是一种"物候鸟"[①]。

陈绶祥认为，"凤"作为"物候鸟"，跟龙一样，古人借以观候测时。通常所说"凤"字头上的冠羽，所谓"戴干"、"戴辛"或"戴丵"，绝不表示"角"或生殖器官，而是像龙头上的"尺木"一样，是测天之"表"[②]。"甲骨文中的

---

① 陈绶祥：《遮蔽的文明·中国龙》，北京工艺美术出版社，1992年，第80页。
② 陈绶祥：《遮蔽的文明·中国龙》，北京工艺美术出版社，1992年，第80页。

'凤'字从'候鸟迎风舞动的羽毛'变成有着与'龙角'(尺木)相似的符号。"①

鹰凤及其冠羽

(1. 陶器装饰,崧泽文化;2. 商代青铜器纹饰;3. 传世凤鸟形象;4. 现代民艺;5. 神鸟立柱,北美洲民间艺术;6. 经过人工装饰的阿拉伯猎鹰;7. 供参照的冠羽华丽的鸟)

凤凰的母型是鹰鹫、雉鸡、孔雀,它们都善于"滑翔",在进入艺术世界之后,除了翅膀和尾羽更得到"展开"与夸饰之外,头上的簇羽也被"提高"或"延长",这是完成"凤化"的特有标记或"关键"。

王小盾将"戴干"与"戴胜"结合起来做统一性的解释:干"乃是用首戴

---

① 陈绶祥:《遮蔽的文明·中国龙》,北京工艺美术出版社,1992年,第81页。

法器、兵器的方式象征克而能治的能力"，后来才改用"玉胜"等来效法之（关于西王母的"戴胜"，日本与中国学者有专门的图解和说明，参见《山海经的文化寻踪》）。他对"干"的注解太纡曲：作为"射的"之"鸤鹄"之名，"在商周文字中，它们恰好是作戴干之形的，是鸷鸟之名。这一点足可证明'戴干'、'戴戚'等等，乃是从鸷鸟崇拜中产生的形象，它们同样是王权和统治之力的形象"①。其实很简单："戴干"就是头上插着干戈一类武器。王小盾的看法，基本方向是正确的（可以参看《楚辞与神话·颛顼考》）。

凤所戴"干"，本义是盾，我们以为是某种武器的变形，表示其神勇凶猛——最初甚至有"控制"其狂野的意思。

头上冠戴利器（或者只是夸饰其簇毛），都是加强鸷鸟猛兽的威风。这跟鹏凤为猛禽的观点完全一致。最重要的证据是《山海经·海内西经》开明（门）之北——

　　　　凤皇、鸾鸟皆戴瞂。（郭注："音伐，盾也。"字或作盾；王小盾说是"干戈"合文）

此即戴干。所谓"冠羽"，《韩非子·初见秦》篇："顿首戴羽为将军。"陈奇猷集释本说，"顿"是整理，"整首戴羽者，盖古人长发，欲戴羽，必先整理其首"（上·9）。王先谦《集释》引《文选·羽猎赋》："贲、育（勇士）之伦，蒙盾负羽。"《后汉书·贾复传》："被羽先登。"

装饰鸟羽的目的很多，例如求雨、送葬等，但战士而冠羽，主要是为了获得并张扬壮美和武勇。

金文里"戴干"的神鸟与龙凤

（采自王小盾等；参见《金文编》）

甲金文里的"龙""凤"等字样（图右），头上的荣饰或由角、或由冠羽等演变而来；有的却分别由干戈等武器（乃至刑具）演变而来（上古兵/刑往往无别），这可以由戴戈的神鸟形象（图左）得到证明。它们升华为暴力、权威或地位的标志。

---

① 王小盾：《中国早期思想与符号研究》（上册），上海人民出版社，2008年，第379页。

苗族英雄茂沙猎杀一只为害四方的"大白野鸡",拔羽插发以为纪念。后来人们跳芦笙舞,都要头冠白雉之羽,"一来表示不怕魔鬼,二来表示能找到一个如意的对象"①。美能够驱除邪恶并且带来善和爱。

鸟因冠羽华丽而"尊化",鸷鸟冠羽则被夸饰为戴干、戴盾或戴辛、戴胜;战士、英雄则因戴羽而显得勇武而尊贵——"皇"的一个意思是戴羽而作"望"——也许,这彩羽同时在模拟日光辉煌。人们以鹰或鹰羽为装饰,也是希望获得鹰的敏锐、勇猛、迅疾,以及一切"灵力"(mana)。

初民或古人冠戴鸷鸟毛羽,佩挂凶兽爪牙,都是希望"感染"、转移其勇猛或灵动。

列维-布留尔指出,以"互渗律"为最高原则的原始思维,"它处处见到的是属性的传授(通过转移、接触、远距离作用、传染、亵渎、占据,一句话,通过各式各样的行动),这种传授可以在片刻之间或在较长的时期内使某个人或者某个物与所与(传)能力互渗;而这些属性则拥有在什么仪式的开始和结束时进行神格化(使人或物变成神圣的)或非神格化(使他或它失去这种性质)的能力"②。

太阳历盘:鸱鸮纹

(金质,尤卡坦奇琴·伊查遗址出土,玛雅文化,中美洲)

王昆吾说,殷商的鸱鸮是很特殊的"太阳神鸟",作为"昏鸟",它司理"夜行的太阳"。玛雅人把可敬的猫头鹰镌刻在"太阳历盘"之上,可知其行为确实跟太阳运动相关。所以它可以成为"异变的凤凰",或者说是凤凰的一个奇特的母型。

"草原萨满教"也崇敬猫头鹰,珍视它那沐浴日月光华的毛羽。

这样,"某些人每次披上动物(如虎、狼、熊等)的皮时就要变成这个动物",这种人比"只是人的人或者只是老虎的老虎"更可怕、更神秘③。回乔尔

---

① 《芦笙是怎样吹起来的》,贵州人民出版社,1979年;参见《中国民间故事选》,人民文学出版社,1962年,第2集,第277页。

② [原注] Cf. Hubert and Mauss, *Mélanges d'Histoire des Religions*(《美兰格斯的历史与宗教》), pp. 22-32, 66-67.

③ [法]列维-布留尔:《原始思维》,丁由译,商务印书馆,1981年,第92~93页。

人头上插起鹰羽来，便"相信他能够借助这些羽毛来使自己附上这种鸟的敏锐的视力、强健和机灵。迫使他这样行动的又是那个作为集体表象之基础的互渗"①。同理，让龙凤等神话动物冠饰人类武器，同样认为它们可以获得"神"力、人"智"。崇拜鸟，尤其是鹰的萨满巫用鸮羽为饰，是希望其辟邪驱恶的能力与效果倍增。

> 有用鸱鸮的羽毛装饰的冠，还有削下完整的条皮作成冠的。用完整的条皮制冠帽，其用意是最明显不过的了，人们企望鸟类驱散或吃掉给人类带来灾厄的精灵。②

这不但有助于解释鸱鸮成为神鸟母型的原因和人们装饰鸟羽的目的，而且有助于认知混形神鸟如凤凰必须凸显羽毛美丽的理由（玄鸟等之化为凤凰除放大体躯外，主要是夸饰色彩）：神鸟能够"综合"并且放大许多鸟类（乃至非鸟类）的优异特性，其意旨绝不仅在于审美。

"凤：飞廉"：风神鸟

"风：凤：鹏"既然是一个字，那么，凤凰或大鹏被看做风神，也就是当然的事。这种鸟形的风神就叫做"飞廉"，是"风：凤"的"析音"(即一个字分成两个字音)。这个字音在比较语言学上特别重要。"凤：飞廉"的意象更属于"巨鸟：大风"原型，体现着自然力的狂暴和原始人心中强烈的征服欲望或骚动。

《楚辞·离骚》："前望舒（月神之御车者）使先驱兮，后飞廉使奔属。"汉·王逸注："飞廉，风伯也。"较古老的飞廉是鸟身或竟是凤身。

《汉书·武帝纪》应劭注说："飞廉，神禽，能致风气者也。"这跟古人认为大凤或大鹏能诱发大风是一致的。

汉武帝曾经在上林苑建造"飞廉观"，即风神馆。今本《三辅黄图》（卷五）说："［汉］武帝命以［飞廉］置观上，因以为名。"为什么要在观顶上置放"飞廉"的铜像呢？

第一，凤凰是最强大的"瑞禽"，它能带来繁荣昌盛，如魏文帝（曹丕）的歌所唱：

> 长安城西双圆阙，
> 上有双铜雀；
> 一鸣五谷生，
> 再鸣五谷熟。

---

① ［法］列维-布留尔：《原始思维》，丁由译，商务印书馆，1981年，第93～94页。
② 参见［俄］尼奥拉兹：《西伯利亚诸族的原始宗教》（原书未见）。

鹿角立鹤：风神飞廉造像

（湖北随县曾侯乙墓出土，战国；中下为"鸟翼"；左附鹤形供参照）

"鹿角立鹤"跟鼓伴出，可能有或隐或显的"联系"。鹤唳长空，鹿鸣幽谷，跟"天音"之鼓的雷鸣风吼之声一道，威慑着邪鬼和敌害。仙鹤的形象，曾渗入风神（飞廉）和凤凰的创作。"飞廉"的合音就是"风"，就是"鹏"，就是"凤"。

第二，它能辟除邪恶。

第三，有时还结合着"实用"。北魏·郦道元《水经·渭水注》说，汉建章宫渐台中殿铸有五丈高的铜凤凰，"饰以黄金，栖屋上"；《三辅黄图》说它"下有转枢，向风若翔"，可以借以测定风向（或风速），是"观风鸟"一类装置，还表明它"能致风气"。

诸家对"风"上古音的拟定大同小异。

【风】

〔汉语上古音〕 pium　　　　　　（罗常培）

　　　　　　　pǐwəm　　　　　　（王力、郭锡良）

　　　　　　　pam　　　　　　　（邢公畹）

有的把"风"拟为一个复辅音字（或称"双声母"字）。

* plum　　　　　　　　　　　　（罗常培）

* pləm（或 bləm）　　　　　　　（邢公畹）

* plam　　　　　　　　　　　　（闻一多）

漆木虎座凤鸟及其与仙鹤的关涉

（左上：灰鹤以及蓑羽鹤；右上：湖北江陵楚墓出土凤纹刺绣；下行：虎座凤鸟，湖北江陵包山1号楚墓等出土，战国）

楚国用来"镇墓"的"鸟立虎背"，一般认为是凤凰意象，也有人说即是风神"飞廉"，可见"凤：风：飞廉"的一致性。仅看外形，却颇像长腿美首的鹤类。

这就与"飞廉"相干。这个词曾在中亚以东、南亚以北的广大地区"游走"。人们心目中的风能够带来祥瑞、快乐与幸福，但也可能迅猛狂暴，像鹰鹫那样扑食家畜，带来灾害；却又正因为它的雄挚刚强，能够制服敌害，辟除恶鬼，像"格里芬鹰"或"格里芬鹿"那样被某些族团看做保护神与辟邪物（它们在艺术源流上的传承演化关系略见下文）。这跟攫食人首的雄鹰意象也是完全一致的。

鹰的这种攫噬职能，与本书关系最大者，就是它曾"现形"于湖北江陵楚墓出土的"立凤伏虎架鼓"或镇墓装置之上：架上的"建鼓"能使鬼怪敌害"闻风丧胆"，两只背靠背的"立凤"，或即暴风之神"飞廉"；以"毒"攻"毒"，它们正踩在一对像山风一般凶暴的猛虎背上（风生从虎，这猛虎既代表强暴的自然力，又可能表示与楚人为敌的"崇虎"的巴人）。

所以，它同时是一件极其优越的吉祥物——镇墓器。

再具体看前举"凤：风"读音的演化。"风：凤"上古音，严格地确定是 pǐwəm（帮纽冬部）；或是 pam（帮纽谈部）；同样由于古无轻唇音，"飞"上古音 pǐwəi（帮微），"廉"上古音 lam 或 lǐam（来谈）：就是说，"风"字可以分读为"飞/廉"；或者，"飞廉"快读，可以拼合为"风（凤）"，图式为：

风（凤）＝飞＋廉

pǐwəm（或 pam）：pǐwəi（飞）lǐam（廉）

更快地"拼读"，就可以采"风"、"飞"的声母（p）和"廉"的韵母，合成一个"双声母"或"复辅音"字：

pǐwəi　lǐam ——→ ＊plǐam

飞　　廉　 ——→ 风（凤）

这个 ＊plam 或 ＊plǐam 来源非常复杂。语言史家和比较语言学家指出，梵语的"毗蓝婆"(Vairambha) 跟 ＊plǐam 读音很相似，其意义也是"迅猛风"。

讲述古朝鲜事迹的《鸡林类事》说："风曰孛览。""孛览"跟 ＊plǐam 或 ＊plam 确实非常一致。专家们曾举出与此类似的一些民族语言里"风"的读法，值得关注。

【风】

〔朝鲜语〕parram（音似"孛览"）

〔维吾尔语〕boran（暴风）

〔伊朗语〕boran（雨）

〔俄语〕σypah（平原之大风雪）

〔彝语〕brum（风）

有的专家认为，"风"最可能源起于阿尔泰语系的"暴风"。但朝鲜 18 世纪音韵学家黄胤锡的《颐斋遗稿》却说，"孛览：风"来自梵语"迅猛风"之"毗蓝婆"，所以"风"的古读可否追溯到异语系的梵语，也不应否认或过早否定。

藏缅语族的"风"，读音与上古汉语差距较大，却与"风"的"韵母"相当接近。

【风】
〔阿昌语〕li⁵⁵，或 lɯ²¹
〔基诺语〕ɖi⁴²
〔载瓦语〕lai⁵¹
〔错那门巴语〕rØn³⁵

壮侗语族的"风"，基本是来纽，韵部近"谈"(-am)。

【风】
〔壮语〕lum²（龙州壮语）
〔傣语〕lom
〔侗语〕ləm²
〔仫佬语〕ləm²
〔毛难语〕ləm¹
〔壮语〕ɤūm²（武鸣壮语）
〔布依语〕zum²（望谟布依语）

"飞廉"作为"凤"的分身、"风"的化形，主要是鸟，也有"走兽化"者。《离骚》说，"后飞廉使奔属"，言"奔"，恐怕已具鹿足，但指善奔的鸵鸟的可能性不大。

清·毕沅校本《三辅黄图》（卷五）说："飞廉，神禽，能致风气者。身似鹿，头如雀，有角，有蛇尾，文如豹。"混形化，但基干仍是"禽"。《汉书·武帝纪》注引晋灼说，也是"身似鹿，头如爵（雀），有角而蛇尾，文如豹文"（1·193）。

《文选·上林赋》"椎飞廉"注引郭璞说"龙雀也"，与龙拉上关系，示其"神气十足"，"鸟身鹿头"，鹿头有些像"龙首"。

到了《淮南子·俶真训》"骑飞廉"汉·高诱注则说为"长毛有翼"的"兽名"。这一点跟西方神话大鸟格里芬间或变出狮子之类的身子十分相似，所谓"鸟/兽混形"。

以上主要就东部滨海地区考察的内容进行阐述，也涉及与其关系密切的荆楚和个别"西域"材料。

可就目前所知，最早的凤鸟形象见于湖南高庙新石器时期的一件陶尊上——高庙文化遗物的纹饰极为独特，简直难以置信，例如"口牙型"饕餮、干栏式建筑等。

这里所说的凤鸟综合着雉鸡乃至孔雀的特征，类鸡冠的簇羽十分华丽，却缺少鹰的特征。西部，尤其是西南部，凤鸟的来由、母型与演变的研究，则刚刚开始。

以鹰为主体的混形怪物

（左上：印度的金翅大鹏鸟，人格化并且获得"类龙首"，印度铜雕；左下：美洲的虎头鹰身怪，虎系安第斯山的至尊神，莫希干文化；右上：斯芬克斯与怪狮喀迈拉的混形，欧洲绘画；右下：格里芬狮身鹰，象牙雕版，迈锡尼类型，前希腊文化，公元前13世纪）

凤凰跟龙同样是"虚构性"混形神物。但"混形"到古怪程度的则是"凤"的"分身"飞廉（风神），它混合着鹰、鹤与鹿、虎等元素，能飞能跑，有时具有台风那样的破坏性，相当于古希腊忽蛇忽鸟的"提丰：台风"怪（Typhoon），其形象还使人想起"狮鹰兽"格里芬（Griffin）。

鹤、凤的合合分分

凤凰也许还容纳了一些大型候鸟或水鸟的特征。鹤的体态矫健而又轻盈，羽毛洁白或光洁如新，深受人们欣赏喜爱，再加上长寿（鹤龄高达60年，《古今注》说，"鹤千岁则变苍，又二千岁则变黑，所谓'玄鹤'也"），就成了长寿、健康的象征，其颈、其足，其音、其舞成为战国以还凤凰取象的依据。

鹤鸣九皋，声闻于天

（左上：三鹤瓦当，秦代；右上：莲鹤方壶，战国，河南新郑出土；左下：汉画像石；右下：丹顶鹤，中国特产珍禽）

鹤鸣、鹤舞，都被中国人视为吉祥，兆示着纯洁、健康、长寿。

凤凰可能由鹤的躯干及双足取象而后加以夸饰，使其高挑、健壮，富于生命力。

凤凰是"太阳神鸟"，丹顶鹤头上的一点红被当做太阳的标志，崇拜太阳神的日本人把它当做"国鸟"（他们甚至以为"丹顶"像他们的国旗图案）。或说，鹤是"羽族之宗长，仙人之骐骥"（《淮南八公相鹤经》）。

由于长寿，鹤多与"正常死亡"相联系，成为招魂与丧葬仪式的重心，特别是在汉唐神仙与道教思想走向成熟的时候，鹤与凤鸟都能引导或者驮载凡人（包括魂灵）登天，从而成神成仙。起初二者相互为用。《楚辞·九叹·远游》说：

> 驾鸾凤以上游兮，从玄鹤与鹪明；
> 孔鸟飞而送迎兮，腾群鹤于瑶光。

它们并驾齐驱，同心协力，助人升仙。后来凤鸟（尤其鹤形与孔雀、雉鸡

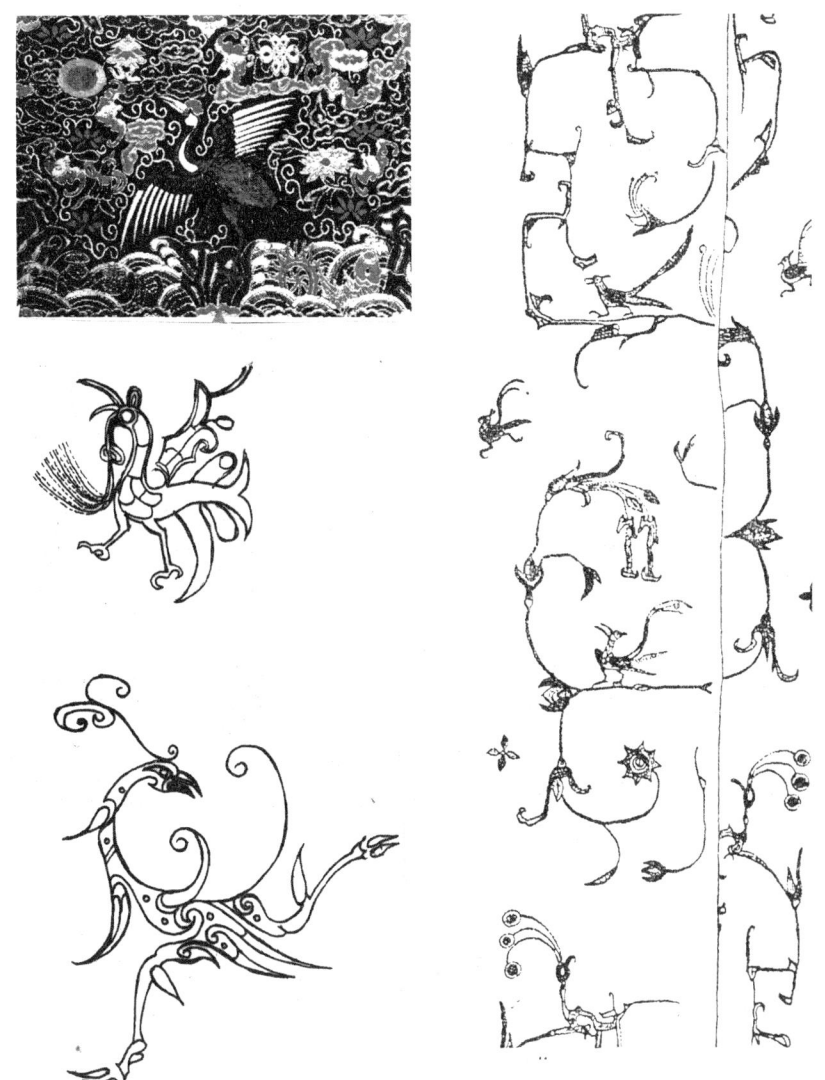

纤细型的凤凰

（左上：附凤凰化仙鹤图案，清代文官一品补服；左中、下：楚绣里的凤凰，湖北江陵，黄凤春摹绘；右：巴泽雷克大墓丝绸纹样，阿尔泰地区，相当于春秋战国时期）

楚绣里的"纤细型"凤凰跟中亚巴泽雷克塞人大墓绣品中的神鸟十分相似。许多专家认为二者之间有交流的关系——中亚凤凰同样很像雉鸡和孔雀。

这种长腿细颈的"纤细型"凤凰，也许更多吸收了鹤鹭等涉禽的特征。

母型之凤）为"贵人"或"仙人"所跨骑。"驾鹤西归"便成（尊贵）死者特权：一面是抚慰死者与亲朋，暗示其已活够寿数，一面是庆祝其升仙①。最明显的是马王堆西汉漆棺上有人骑鹤图绘，帛画上端有七鹤引亢长歌且舞，似是"腾群鹤于瑶光（星座）"。"鹤舞本身是祭祀和丧葬仪式中艺术表演的一部分……后来和道家的神秘主义相结合。"（阿姆斯特朗：《乐园神话》，参见李约瑟：《中国科学技术史》，1·1·352）

可能由天鹅取象的凤凰

（1、2. 器皿纹饰，战国；3、4. 摇钱树上的凤凰，汉代；5. 铜镜图纹；6. 壁画里的凤凰，唐代；7. 用作参照的《兔尊》，战国；8. 长沙马王堆汉墓帛画，片断；9、10、11. 分别为冕鹤与白、黑天鹅）

张孟闻等曾说，除雉与鸡类外，凤凰也有可能向蓑羽鹤或冕鹤取象。王从仁等说，战国特别是唐代出现以天鹅为母型的凤凰，这主要是因为其细长而弯曲的、矮短的身躯（颈部是家鹅与天鹅的主要差别点），但鹤等颈部也长（那主要区别便在身躯）；尾部则照例取象雉与孔雀的彩羽予以夸饰。尹荣方则以为凤凰母型为候鸟鸿雁。

---

① 参见［日］曾布川宽：《昆仑升仙》，（东京）中央公论社，1981年，第68页。

仙鹤，兼及天鹅与鸿雁，据说鸣声也近于凤。"鹤鸣九皋，声闻于天。"（《诗·鹤鸣》）可比拟"凤凰鸣矣，于彼高冈"。《太平御览》引《山海经》说："丹穴之山，有鸟，状如鹤，五色而文，名曰凤。"如上所说，长身细颈，美丽善舞的鹤，有时也被当做"凤"的取象来源，其壮硕的身躯和结实的长腿成为楚凤、楚风神（飞廉）或镇墓神鸟的重要特征或"母型要素"。

至于蓑羽鹤或冕鹤或所谓"闺秀鹤"，张孟闻《四灵考》认为是北方凤鸟的重要取象依据（黄河以北，较难看到孔雀、极乐鸟之类）。

利普斯说："在古代许多地方，太阳是从水面升起的，而鹤由于它的红腿被相信与火相联系，因而也就是与太阳相联系。"①

火烈鸟也因为浑身通红被认为是太阳神鸟，某些非洲人坚信，它决定雨旱阴晴。

一些古代文献，都说凤有鹤颈（或说"鹄颈"，即天鹅之颈）；也有说凤是鹤体，组合进其它美鸟的元素。例如《帝王世纪》（清·宋翔凤集校本，卷一）说：

> 黄帝服斋于中宫，坐于园扈洛上。乃有大鸟，鸡头燕喙，龟颈龙形，鳞翼鱼尾，其状如鹤体，备五色。

鹳鸟颈长，仙鹤的脖子更长；而凤（或者因为与龙匹配）的脖颈常常被有意延长，其短腿者，如唐代的某些凤凰，便被王从仁等认为是由"天鹅：鸿鹄"取象。鸿鹄不仅洁白美丽、肉质鲜美（癞蛤蟆便很想吃天鹅肉），而且矫健有力（据说有用翅膀把牛腿打断者），她的血还有巫术性功效，能使人气力陡增。

讲到神鸟们毛色的"点睛"作用，这里不妨介绍一下天鹅跟"白色凤凰"的关系（参看前文论述北方凤母型"雍䳑：信天翁"）。

在"人神恋"或所谓"异类婚姻"的故事传说系统中，有强大而重要的一个类型是：

天鹅处女（swan maiden）

故事的模式：一群或几位仙女以天鹅或别的美鸟乃至其它动物形状出游、飞翔，在水畔脱下"羽衣"（或外壳、皮毛）游泳，其中一位（通常是最漂亮的小妹）的"羽衣"被一位男子藏起，不能升天，只好跟他结婚、生子，后来偶

---

① ［德］利普斯：《事物的起源》，汪宁生译，四川民族出版社，1982年，第342～343页。

然发现自己的"羽衣",便重新穿起,飞走了。这故事见于中国文献的是敦煌写本《搜神记》。由此可见天鹅在神话传说、民俗和民艺里的重要地位。在中亚地区,如哈萨克人等,视之如神鸟,如凤凰。"香格里拉"的母型之一"罕萨"(Hansha)王国便以"天鹅"为名。《穆天子传》侍从们曾以天鹅之血饮天子,因为它不但能够解除饥渴、延年益寿,而且可避免邪恶与祸祟。

波斯"羽人"

([伊朗]法尔希奇扬《殉难者》,细密画,当代)

无论是升天的殉难少女还是天使们,全都插上凤翼,羽人化,是白凤,又像是波斯版的"天鹅处女"。

柴可夫斯基等的芭蕾舞剧《天鹅湖》,实质也是天鹅处女与凡人之恋。

王从仁等说,秦汉,特别是唐代,某些凤凰取象天鹅,不无道理。早在汉代,《决疑》注文里说,似凤者有五:

> 多白色者鹄。

这就是或归于凤属的"白凤:鸿鹄"(但也有人说,"白凤"以仙鹤、信天翁或鹈鹕为母型;鹄雏则可能暗指信天翁)。湖南长沙砂子塘汉墓外棺侧板上绘有长颈、高足而有冠羽的神像,既似仙鹤,又有些像天鹅,曾布川宽则以为仍属引魂升天的凤凰①。可见其形象难以区别。

---

① 参见[日]曾布川宽:《昆仑升仙》,(东京)中央公论社,1981年,第68页。

凤凰不是水鸟,但被说成"东方凤"或"南方凤"的鹢明,一般认为是水鸟;"北方凤"的鹣雏母型信天翁也是水鸟。所以,凤凰跟水、水鸟也有牵涉。水鸟当然不只是鹤鹭之类涉禽,而有更多"神秘"之处:

多栖性:能水能空(能飞行空中,又能深潜水底);

食蛇(吃鱼不算稀奇);

大多毛羽明丽。

初民对于特别美丽的动植物,往往情有独钟。过去常把原初信仰中的审美要素排除干净,那是机械与无知的做法。毛羽或外形的秀丽或者壮美,在动物性选择里作用极大,怎么能完全排除初民信仰中的美学成分呢?在人类看来,特别的"美"或特别的"丑",都容易因惊奇而产生"敬畏"。龙的母型如蛇、蜥、鳄或某种"虫",多属丑怪、可畏之类,初民因怖而生敬;凤的原型如鹰、雉、孔雀,乃至仙鹤、天鹅、极乐鸟等,除鹰鹫因雄鸷而催生"崇高感"之外,都非常华美或者明丽。这是个很有趣的对照。当然,美丑既相冲突,又能够互渗或对转,种种审美过程中的复杂现象,都在"四灵"信仰中发生不同作用。宗教与民俗都是不排斥审美及其价值观念的。

似乎从天鹅取象的凤凰

(左:双凤穿璧,湖南长沙砂子塘西汉墓出土;右:玉制凤饰,传为商周时物)

这里的神鸟,一般考古书都因其长尾及翅羽华丽而称之为凤凰,但细看其头部和长颈,却似由鸿鹄(天鹅)增饰美丽尾羽而成。注意它们口中多像朝阳的丹凤那样衔着明珠、仙果或圣卵(这些都是"生命的结晶")。

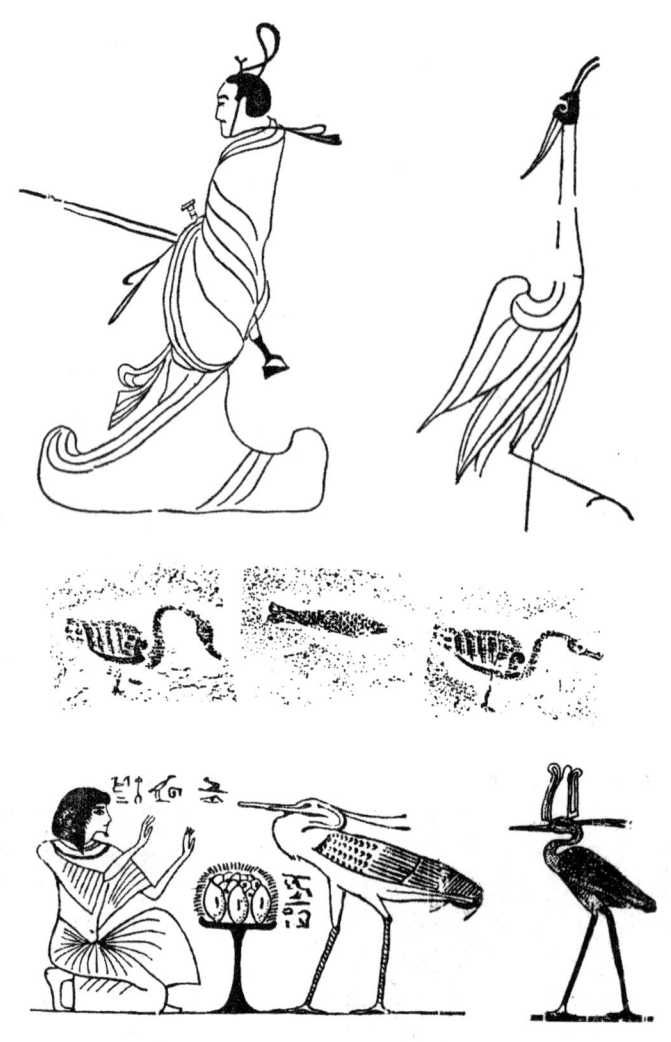

水鸟型神鸟

（上列：楚帛画里导引"魂舟"的鹳鹭，湖南长沙子弹库出土，局部；中：鸿雁与鱼，铜鉴图饰，战国，河南辉县琉璃阁出土；左下：鹳鹭，火中再生的芬尼克斯母型，古埃及陵墓壁画；右下：戴王冠的鹭形"凤鸟"，底比斯陵墓壁画，公元前 1150 年，埃及）

古人对于能够食蛇吞鱼，能空能水的"涉禽"感到神秘。古代埃及人就把在火中自焚、涅槃再生的 phoenix（火凤凰）说成是朱鹭。楚人将引导魂舟升天的鹳鹭一类水鸟看成天/地/水的"中介"，视若"凤皇翔只"（日本学者就称其为"凤凰"）。

古代埃及，被西方人唤做"凤凰"的鹭鸟，头戴地狱"神判"的王冠，既是死亡的标志，更是由死到生的"不死鸟"的一种形象。

鸾与鸵鸟

"鸾"并不就是"凤"。"凤鸾"或"鸾凤"被合称或混同,最早是战国的事。《说文》卷四鸟部"鸾"次"凤"下:

> 鸾,亦神灵之精也。赤色,五采,鸡形。鸣中五音,颂声作则至。从鸟,䜌声。周成王时,氐羌献鸾鸟。

正像"凤"之为"风","鸾"就是"乱","乱"的繁体"亂"在上古形容音声纷繁;其字与"辞"之繁体(辭)俱从"䜌",《说文》一曰"不绝也",原是音乐术语,盖乐曲卒章时每多变奏,音声纷"乱",余音绕梁,三日不绝。所以诗赋结章有"乱(曰)"(参见《楚辞与美学》、《楚辞全译》)。鸾鸟"鸣中五音",宛转纷繁,所以称"鸾"。当然毛羽色彩也颇繁丽。《山海经》有所谓"鸾鸟自歌"。

《山海经·西山经》:"[女床之山]有鸟焉,其状如翟而五采文,名曰鸾鸟,见则天下安宁。"(41)郭注说:

> 翟似雉而大,长尾。或作"鹞";鹞,雕属也。
> 旧说鸾似鸡,瑞鸟也。周成王时西戎献之。

鸾的母型,看来是西北高原特产的一种大型雉鸡。

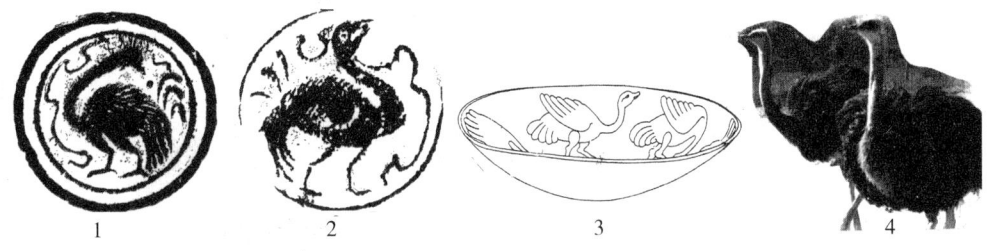

鸵鸟:鸾的母型

(1. 汉瓦当;2. 汉瓦当砚,何新藏品;3. "七鸵鸟纹"盘,唐代,新疆焉耆出土;4. 鸵鸟)

鸾凤的"鸾"可能以名为"大马雀"的鸵鸟为主要母型。鸵鸟能歌善舞,跟作为"乱"的鸾鸟在习性上有很多相似之点。

《大荒西经》里鸾鸟是"五采鸟",与皇鸟、凤鸟并列。又见于《大荒北经》、《海内经》等。鸾鸟以色彩鲜丽,"自歌自舞"著名。鸵鸟最善舞蹈,也能"歌唱",虽然不怎么好听。《山海经·海外西经》:"诸夭(沃)之野,鸾鸟自歌,凤鸟自舞。"《大荒西经》:"有沃之国,沃民是处;沃之野,凤鸟之卵是食,甘露是饮。""鸾鸟（或作'鸾凤'）自歌，凤鸟自舞。"（又见《海内经·都广之野》）"有五采鸟三名：一曰皇鸟，一曰鸾鸟，一曰凤鸟。"《海内西经》："开明西，有凤皇、鸾鸟，皆戴蛇、践蛇，膺有赤蛇。"

也有说它善舞的。

> 鸾乃凤之族，翱翔紫云霓。
> 文章辉五色，双在琼树栖。
>
> （李白：《登黄山》）

《博物志》述《山海经》："诸沃之国，鸾自舞；民食凤卵，饮甘露。"自补："羽民国，民有翼，飞不远。多鸾鸟，民食其卵。去九疑四万三千里。"（范宁校本，22）

凤鸾的卵，都为民所食。或以为鸵鸟蛋，以其大也。但也未必。

《括地志》（《太平御览》卷九一五引）说："夏后之末世，民始食卵。"其地为秦先孟戏所居，"凤凰随与止于此"。可能是某种大卵，却不一定是热带的鸵鸟蛋。

鸾鸟对镜悲鸣而死的故事很感人。

善舞的鸵鸟

（左："七鸵鸟纹"盘，银质，新疆焉耆出土，唐代；右上：鸵鸟；右下：非洲原住民绘画）

鸵鸟善舞，也能歌唱，特别是在发情追逐的时候。

《艺文类聚》（卷九〇）引范泰《鸾鸟诗序》说，"罽宾"（指 Keshmir：克什米尔）之王得到一只鸾鸟，想要它鸣啼，却毫无效果，"乃饰以金樊（笼子），飨以珍馐；对之愈戚，三年不鸣"。王的夫人知道它"见其类而后鸣"，用镜像来骗它。"鸾睹形悲鸣，哀响中霄，一奋而绝。"李白《代美人愁镜》诗说："影中金鹊飞不灭，台下青鸾思独绝。"韩愈《雪》诗亦谓："舞镜鸾窥沼，行天马渡桥。"

这样的悲情在国外也发生过。达尔文介绍，有"一只不能生育的金丝雀在照着一面镜子歌唱，唱了一会儿，突然向镜中自己的照影撞去"[①]。有的鸟就这样撞死了。

有资料说，有的毛羽美丽的鸟对镜自舞，舞得精疲力竭而死。这是死于自己的"美"，是死于自己的"爱"，却并非人类误认的"自恋"。动物行为学家说，这主要是因为鸟把镜像当成异性，为爱而死。

唐宋（也许还可推溯到战国秦汉）时有人曾把"鸾"当成鸵鸟（学名 Struthio camelus，西文称 Ostrich）。

鸵鸟早就见于《汉书》的《西域传》："[安息国]有大马爵……"安息国约指波斯（波斯文称鸵鸟为 Ushturmurgh，阿拉伯语称 Teir-al-djamal，据戴闻达等）。

唐·颜师古注引郭义恭《广志》说：

> 大爵（雀），颈及膺（胸）、身似橐驼，色苍，举头高八九尺，张翅长丈余。食大麦。

唐·李贤在注《后汉书·和帝纪》时也引了《广志》，有省略。他只简单说："条西国，临西海，出师子、大雀。"《本草纲目》引《广志》较详："安息国贡大雀，雁身驼蹄，苍色。举头高七八尺，张翅丈余。食大麦。其卵如瓮。其名鸵（驼）鸟。"

《周书·异域传》说，波斯国，出"大鸟卵"。《隋书·西域传》同。

《山海经·海外西经》说，诸夭（沃）之野，"凤皇卵，民食之"，这最可能指鸵鸟卵，但别的鸟卵，初民也吃的。

《北史·波斯国》说，出"大鸟卵"以后，"有鸟，形如橐驼，有两翼，飞而不能高，食草与肉，亦能啖火。"

《本草纲目》引李延寿《后魏书》说："波斯国，有鸟，形如驼，能飞不高，食草与肉，亦啖火，日行七百里。"

"啖火"使其超脱平凡，走向神秘（或说，有些鸟喜爱发光的东西，看到燃烧的木炭也衔回巢中当"装饰"，甚至因而焚巢亡身，是所谓"凤凰涅槃"的一个自然依据）。

宋·张邦基《墨客挥犀》有"骨托禽"，"骨托"快读音近鸵。其出河州。

[①] [英] 达尔文：《人类的由来》，潘光旦、胡寿文译，商务印书馆，1983年，第568页。

鸾鸟：鸵鸟

（唐建陵雕刻，陕西醴泉武将山，参见《文物》65.7.f.9；右附鸵鸟）

"状如雕，高三尺余。其名自呼。能食铁石。"

宋·周去非《岭外代答》云：

> [昆仑层期国]骆驼鹤，身项长六七尺，有翼能飞，但不高耳。食杂物、啖火。或烧赤热铜铁与之食。（杨武泉校注本，中华书局，1999年，第113页）

这也是看到鸵鸟偶食锈成红色的小铁钉等，以补充矿物质营养或磨砺硬壳果实帮助消化，以致误解为爱吃金属（"啖火"原由参上）。

何新在《诸神的起源》、《龙：神话与真相》里努力证明凤凰的母型是鸵鸟。

> 鸾鸟自歌，凤鸟自舞。（《山海经·西山经》）

如上，鸵鸟与凤或"鸾"相似的有两点：

（1）体型巨大；

（2）善舞，也能哽叫。

但它绝没有凤凰那样的美丽与善于飞翔。

其实，德国福尔克（A. Forke）在《西王母与示巴女王》等书中早就说过，凤凰应多少与鸵鸟有关。顾实的《穆天子传西征讲疏》（商务印书馆，1937年）介绍并且肯定了福尔克的说法。

唐建陵有所谓"鸾鸟"一对，石质，高 1.19 米、宽 1.4 米。《太平御览》说："鸾鸟见，则天下安宁。"故被置于帝王墓前当做祥瑞，其形状却绝似鸵鸟。"这对鸾鸟，过去一直被人们称为朱雀或鸵鸟，有的还传说为凤凰。"[1] 可见其说

---

[1] 《唐建陵探测工作简报》，《文物》1965 年第 7 期，第 9 页。

也"古已有之"。

谢弗的《撒马尔罕的金桃》(汉译名《唐代的外来文明》)认为,鸾鸟相当于——

  Argus pheasnt(阿古思鸟,雉的一种)
  Simurgh(西莫尔,波斯神话大鸟)[①]

而作为神话大鸟的Simurgh和Rock,都有学者说是鸵鸟(或已灭绝的巨鸵)的"象征夸饰"。

善舞的鸵鸟

(欧洲人笔下的鸵鸟,与普通鸟儿的比较)

欧洲人同样对鸵鸟颇有"惊异"与喜爱之情。它体型巨大,善走,却较温顺。特别是它美丽的舞蹈相当动人。

何新在《谈龙说凤》中对旧说略加修正,说"凤凰的生物原型是大鸵鸟"。补说理由如下:

  (1)鸵鸟形体高大,是鸟类中之最长大者,高约 2~2.5 米;
  (2)鸵鸟的颈细而柔长,如蛇颈;
  (3)鸵鸟背部隆起;
  (4)鸵鸟羽毛有花纹;
  (5)鸵鸟有红、褐、青、灰、黑诸色。

鸵鸟个体的色彩却是单纯的,花纹也简单,跟凤凰的毛羽鲜丽华美迥然不同——这也是(单纯)鹰母型说的重要缺陷。他综述鸵鸟的生态特征云:

  (6)鸵鸟以植物为主要食物;
  (7)鸵鸟群居;

[①] 参见[美]谢弗:《唐代的外来文明》,吴玉贵译,中国社会科学出版社,1995年,第90页。

(8) 鸵鸟有较稳定的一雄一雌配偶；

(9) 鸵鸟穴居；

(10) 鸵鸟善鸣叫、奔跑。行走速度极快若飞，双翼张起如帆……被认为是"风神"；

(11) 鸵鸟力大可以拉车。传说中的凤凰也可以御车，即"鸾车"。①

我们认为，鸵鸟跟凤凰确实有一定的相似之处，例如高大、长颈，"能歌善舞"等；但在毛羽华丽这一基本点上不同，特别是鸵鸟的翅膀早已退化，体躯过重，不能飞行，只靠粗壮的双腿奔走——而凤翔龙飞，鹰鹏在飞行时善于利用空气升力且又能"扇"起大风，不会飞的鸟怎么能当"风神"的"生物原型"呢？很难说鸵鸟是凤凰母型，更不用说唯一母型了。

其它如凤鸟未闻群居，"百鸟朝凤"时，它是独立寒秋，领袖群伦，睥睨众鸟。鸵鸟穴居是因为体重过大，无法上树筑巢；凤凰因为是风神，出自神话性的"风穴"，平时栖于梧桐高树并不住在土石中。鸾车、凤辇之类是很晚近的皇家排场，多属人工制作与装饰。亚洲东南部有"凤舟"，跟"龙舟"并行不悖，却不能因此证明凤凰仅为水鸟。就好像前文说的，凤凰形象只是向鹤鹭或鸿鹄等汲取某些有趣的习性或体征罢了。

古人所谓"鸾"，特别是汉唐人所说的"鸾"，倒很有几分像鸵鸟——因其体型巨大却不能飞，善舞又温顺而"神秘"——鸾被看做凤凰的一种，鸵鸟通过"鸾"的"中介"而与凤凰发生了形象与习性上的干连。

---

① 参见何新：《谈龙说凤——龙凤的动物学原型》，时事出版社，2004年，第46～47页。

第十章　凤凰与玄鸟

"玄鸟"的多样性及其授孕能力

"天命玄鸟，降而生商，宅殷土芒芒。"(《诗经·商颂·玄鸟》) 殷商传说：他们的"圣处女"(兼大母神) 简狄在河里洗澡，"玄鸟"衔着鸟蛋飞过落下，她吞下此卵，便孕生殷商开国祖先"契"，契也称为"挚"，就是"鸷鸟"(如鹰)；作为"玄王"，即"鸟蛋王"，他当然也是鸟。商器《玄鸟妇壶》等铭文有：

（殷墟花园庄东地甲骨第3号）　　（《玄鸟妇壶》铭，见《三代吉金文存》，采自于省吾）

甲骨文中也有"玄鸟"①。金文底下是"妇"字（繁体从女从帚），上面就是神鸟"玄"（悬：衔）着两颗卵准备赐给圣处女——这是"追源神话"的展示与"纪念"。这样，"凤凰：玄鸟"就以祖灵神或"图腾神"而兼着：

太阳神

风神

英雄神

"玄鸟"是什么鸟？"玄"音"悬"而近于"衔"；看外形，"玄"本是"悬"着两颗鸟卵或果子的象形字。但是，很快就有"玄：黑色"（或赤黑色）的用法，那么，"玄鸟"就是"黑色的鸟"(black bird)，首先指家燕或雨燕 (swallow)——战国秦汉的资料大部分都这么说。例如：

《诗经·商颂》"玄鸟"的毛传说是"鳦"，乙鸟就是燕（"乙"字左端本有一小曲），故云"春分，玄鸟降"(《十三经注疏》上·622)。

《礼记·月令》的仲春二月，"是月也，玄鸟至。至之日，以大牢（牛牲）祠于高禖"(上·1361)。汉·郑玄注说："玄鸟，燕也。燕以施生时，来巢人之堂宇而孚乳（下蛋孵卵育雏）：嫁娶之象也。媒氏之官以为候。"燕子来意味着

---

① 参见饶宗颐：《"玄鸟"补考》，《九州学林》(秋季号) 第2卷第3期，复旦大学出版社，2004年。

春天，春天是婚恋的季节。"高禖"（原指神圣的媒合之神），简单地说，就是"圣婚"仪式。后世君王在祭祀"圣媒"的庙寝里与后妃同房，祭求得子。有人说，圣处女简狄"吞卵"得孕，就发生在这当口。郑玄便把帝喾/简狄的"圣婚"跟"玄鸟生商"混融起来："高辛氏之出，玄鸟遗卵，娀简［狄］吞之，而生契。后人以为媒官嘉祥，而立其祠焉。"（上·1361）

殷商"玄鸟"

（1、2．"太阳冠"玄鸟，殷商青铜器铭；3．类玄鸟图纹，波斯图纹，供参照；4．青铜器饰，商代，相似的神鸟形象）

殷商文字或器铭里已出现"玄鸟"，形状已有些凶猛，喙大而弯曲，有的还戴着"毛角"（有人因之认为玄鸟的第一母型为"角枭"，或猫头鹰）；有的已开始"繁饰"或者"尊化"，只要与图4钩喙、冠戴长羽的鸟形器饰一比照，就能够发现它"靠拢"凤凰的趋向。特别要注意它跟太阳的联系；有的头部闪耀着日芒，胸部有"心"形符号。

《吕氏春秋·音初》说："燕遗二卵，北飞……"下文也是说简狄吞卵而致孕。征之卜辞，《簠室殷契征文》第58页有：

前一字有剪刀尾与后掠翼，为燕无疑。王襄读为"燕示（祀）"，云即"高禖之祀"①。

---

① 王襄：《簠室殷契类纂》，北京图书馆出版社，2000年，第58页。

远古与甲金文类"燕"形

（1. 新石器时期彩陶纹饰；2. 甲骨文的"燕示"或"燕"；3. 金文类"燕"字）

燕子春来冬去，年年如此，"永久循环"。古人认为她是春天之神，带来的是春天、温暖、丰收和蕃育——作为天帝使者、代表乃至化身，赐予圣孕。

鉴定燕子的主要标准，除外形娇小、喙略钩而常张，主要是它的剪刀尾；有时还可注意它的后掠翼。

人形燕首神

（汉画像砖；或说战国肖形印）

此神鸟首人身，似践蛇、持蛇，或说玄鸟之神，或说帝俊。

似乎不能如此机械地对号入座。然其属于燕或一般鸟神可以肯定。

玄鸟致贻，女何喜？

（清·萧云从《楚辞图》）

传说简狄、建疵姊妹沐浴水中，玄鸟（或燕子）衔卵飞来，坠在简狄掌里，简狄戏而吞之，有孕，生下殷商开国祖先契。

卜辞"帝（禘）祭"对象有：

朱芳圃亦说为燕，云："此贞问高禖。燕，高禖之神也。"① 此皆"玄鸟"。后一个字，似乎下方也包含一个"示"（丁），而不纯是尾纹。"示"是祭祀（可能由大石文化的石桌、石棚外形衍出），燕子以高禖神或祖灵神、图腾神受到殷商王族或子民的祭祀——逐渐尊化、美化而为神鸟，"凤凰"。

燕子，"玄鸟"较早的母型

（左上：家燕；右上：殷商玉燕，传世；下：殷商青铜器铭文类燕形）

青铜器铭文里有一种鸟形，娇小而头大嘴阔，剪刀尾，肯定以燕为取象依据。

"天命玄鸟，降而生商，宅殷土芒芒。"玄鸟，较早的母型是赤黑色的燕子。后来，多种鸟乃至凤凰，都可以称做"玄鸟"，取其"神玄"之意。商的开国先公契，最可能主要化形燕子，称为"玄王"。所以殷人被认为"子"姓。

吴继文认为，"玄鸟"最初指黑色之燕。因为，作为"谷母神"之燕是人类熟识的候鸟，行动极有规律。"对殷人而言，燕来自邈不可知之南方天外，来时又似在告知农事节候。"在农耕仪礼中，燕子极可能以农事神或其"使者"成为祭祀对象，可能将谷种带到南方或北方。而且，"燕是生殖多产、农业丰饶之象征"②。燕栖屋梁，生卵育雏，比别的鸟更易为人窥见而印象深刻，以为祥瑞。家兴年年必至，家败从此不来。长者劝诫顽童决不能掏燕子窝。"燕鸟年年岁岁在最近人之处上演此一出生殖繁衍庄严之剧，正是为古人取之与高禖求子仪式

---

① 朱芳圃：《殷周文字释丛》，中华书局，1962年，第130页。
② 吴继文、王孝廉：《玄鸟降临——殷民族始祖传说研究》，《神与神话》，（台北）联经出版公司，1988年，第374页。

相配合之最大原因。"①

《说文》说"骗"字是"马白州"。"州"就是"窍"(《尔雅·释畜》),动词化为入窍,上古读若"丢"。鲁迅听章太炎讲《说文》及此,联系广州版国骂("丢那姆"),明白是古语遗留。御手洗胜以为燕与"州"(丢)相关。《说文》有"山"(喙)"鸟"(隹)与"囧"组成之燕名,说此字指孔穴尾窍,产子之处,属于"燕"与女阴意象②。其实女阴亦表示"日",双重象征,有如印度之"约尼"(Yoni)也。所以,太阳与燕联系,除了殷商祀"日"之外,还有生殖崇拜意味。

这样,我们宁愿相信,最早的玄鸟指的是"燕子"。它之所以成为图腾或授孕的动物,最初都是具体而个别或特定的物体,逐渐被人们"泛化"和"尊化"而成神。

玄鸟—[衔卵的鸟 / 黑色的鸟]—燕子——凤凰——神玄之鸟

王小盾则认为:"作为商民族图腾的'玄鸟',并不是燕子,而是若干种具有生殖神力的鸟——首先是鸱鸮类鸟——的共名。"(《四神》上·288)这跟我们截然不同。但他把鹰(含猫头鹰)在组合式"玄鸟:凤凰"里的地位提得很前、很高,这是比以往泛论"玄鸟"或"凤凰"而不注意鹰母型和鸱鸮作用的学者前进了一步。

我们之所以认为早期的"玄鸟:凤凰"或其母型跟龙一样,是可大可小,可长(尾)可短(尾)的,重要原因就是小小的家燕或雨燕与硕大的鹰鹫都可以入选(其基调,又都是褐黑色的)。

又者,古人或认为燕是一种很凶猛的"鸷鸟",跟现代人的看法不同。例如,崔豹的《古今注》说:"燕一名天女,一名鸷鸟。"明·李时珍《本草纲目》说,燕身有毒,鹞鹰食之则死——这可能是保护这种益鸟的一种说法;还说燕子能够制服海东青,故有"鸷鸟"之称(也许是由"挚鸟"语转为"鸷鸟")。

要是用台湾原住民推源神话做辅证的话,除了鹰(含猫头鹰),同样可以举出能够授孕的燕子:太古无人之时,两只燕从日月潭中衔出两颗鹅卵石(燕卵:朱果),它们(太阳之结晶)照得山林金光闪耀,石卵落地之时,裂出一个姑娘,一个小伙子③。可见燕卵同样可以孕育出祖先神。

---

① 吴继文、王孝廉:《玄鸟降临——殷民族始祖传说研究》,《神与神话》,(台北)联经出版公司,1988年,第375页。

② 参见[日]御手洗胜:《古代中国诸神》,(东京)创文社,1984年,第181~184页。

③ 参见陈炜萍等编:《台湾高山族传说与风情》(上册),福建人民出版社,1982年,第1~3页。

叶舒宪独特地以鸱鸮即猫头鹰为"黑夜之鸟"与"智慧之神",亦即玄鸟,是"殷人所崇奉最虔的鸟"。证据是殷商等有大量精美的玉与青铜的鸮"肖形器"。更有力的证明是,他说的"田野"所得的"第三重证据":台湾岛的山林民族邵族以猫头鹰为图腾。其神话讲述,猫头鹰本为祖先时代部落女子所化(引案:就像殷人的"玄鸟妇")。后来每当部落中有女子怀孕,则先到猫头鹰神前来报喜①。这证据并非无力。但此一辅证至多能够证明猫头鹰也能授孕,可能是殷商图腾神鸟,或神鸟(玄鸟:凤凰)的一种母型。而不能取代燕子等成为殷商图腾或神鸟的"唯一性"母型。

我们照样可以找到更近切的田野辅证来说明,(凤凰的最初母型)鹰鹏能够为部落女人授孕,乃至成为图腾。

凤凰双栖或鸾凤和鸣
(四川新津崖墓画像砖,汉代)

凤凰本是二鸟(图上有冠者为凤,衔花者为凰),双飞双宿,亲密逾恒,后来才以鸳鸯代替其意象。这些蕃育意象的神鸟,雌雄谐合,是繁荣昌盛的象征。

"玄鸟不至,妇人不娠。"可以看做一种仪式过程,后世就有高禖那样的仪式重演。这在彝族就是一年一度的鹏鸟会。

    四方的鹏鸟都飞到介台山来。介台山的姑娘都穿上鲜艳的裙子(引案:"穿裙子"原是一种成年礼),像雏鸡一样地满山飞(引案:这暗示她们是一群"雏鸡姑娘",如"玄鸟妇")。鹏鸟拥抱着姑娘,姑娘偎依着鹏鸟……②

鹏鸟授孕给最优秀的"蒲么列日姑娘",让她孕生英雄支格阿鲁(相当于商契)。史诗《勒俄特衣》用"鹰血"置换了"燕卵","龙鹰掉下三滴血/落在蒲么列依(姑娘)身上"(42)。这跟萨满始祖生于神鹰的传说一样。

凤凰由"帝使"成为"鸟王",由风神鸟、太阳神鸟升华为天神鸟。这有些

---

① 参见叶舒宪:《四重证据法:对传统国学的挑战与发展》,《证据科学》2009年第4期;《神话意象》,北京大学出版社,2007年,第43～65页。

② 参见《中国民间故事选》,人民文学出版社,1958年,第369页;《中国文化的精英》,上海文艺出版社,1989年,第81页。

像鸟代表萨满的灵力,甚至成为创世者或萨满之宗的演变过程。

航卡洛夫报道:

> 世界开初,人间没有病,也没有死。过了不久,恶鬼向人间撒下病和死,人们开始了受苦。这时,众神就派鹰从天上来到人间相助。①

这次下凡由于语言不通受到挫折。第二次降临则授孕于女人并让她生下最初的萨满。就像"天命玄鸟,降而生商"那样。

> 鹰再次来到人间。一眼就看到一棵树下睡着一个女人。鹰便和这个女人相交,使她怀孕。……到足月时生了一个男孩,这就是人间最早的萨满。②

鹰把医术传给它的血裔:萨满。萨满图上的神鹰等,除了载他上天之外,便是助他治病。故事的后半部分极像"天命玄鸟,降而生商"的传说以及它的改型:神鹰("阔里")或喜鹊授果给浴于长白山天池的仙女佛库伦,使她生下满族始祖。史学界有一种理论:殷商王族来源于幽燕或东北亚,有萨满教的传统文化因素。

列维-斯特劳斯曾对加拿大太平洋沿岸的原住民钦西安印第安人的一则《阿斯迪瓦尔故事》做了很有启发性的层面分析:地理层面/技术经济层面/社会学层面/宇宙论层面。故事本身及其结构分析都极为繁复,这里只截取与本题相关的断片。英雄阿斯迪瓦尔的父亲哈特森纳斯(Hatsenas)是一只"玄鸟:凤凰"似的吉祥鸟。"天命玄鸟,降而生商。"天上的神鸟通过"圣处女"(简狄/饥饿的流浪女)生下英雄(商契或"少皞挚"/阿斯迪瓦尔)。

神鸟:

吉祥鸟 ┬ Hatsenas(钦西安语:幸运):天国派遣的使者
　　　　└ 凤凰:天帝的使者(卜辞)

黑鸟(Ixoreus naevius):叫声(hō hō)奇特而神秘的冬鸟(候鸟)

玄鸟:燕子—候鸟

这里的"巧合",不去管它。这位"太阳(鸟)的子孙"肯定是属于天空、属于"阳"的。他追求"太阳的女儿"(化形白熊),爬上"天梯"到达天上,通过"婚姻考验"跟她结了婚。他重婚并致富以后,曾被嫉妒的妻舅丢下海并遭遇风暴。"在及时赶来的父亲(吉祥鸟)的帮助下,阿斯迪瓦尔成了一只鸟,用

---

① 引见乌丙安:《神秘的萨满世界》,上海三联书店,1989年,第89页。
② 引见乌丙安:《神秘的萨满世界》,上海三联书店,1989年,第89页。

他的魔物作为栖木,使他在海浪中免于遭难"①,回归他的"太阳鸟"身份或形象。列维-斯特劳斯指出,他的冒险登天,"向我们展示了一个对立——天地对立——主人公之所以能克服这个对立,是由于他的父亲吉祥鸟哈特森纳斯的干预。吉祥鸟是大气中或半空中的生物,因此他有资格扮演生于尘世的阿斯迪瓦和最高天国的统治者太阳之间调解者的角色"②。列维-斯特劳斯揭示出在结构上的几组对立:

[世俗:尘世:凡人]	[神圣:太阳:天上的统治者]
低	高
地	天
男	女
族内婚	族外婚

可见神鸟在神话史上的重要性。

"凤凰:玄鸟"的神格或神话地位本来就很高。等到东方的夷殷(崇拜凤鸟)和西部的夏人、周人(崇拜神龙)结合起来,并且接纳、团结四方百族,组成"华夏"之后,"龙/凤"就成为中华民族最重要的"圣物"乃至象征,而且是最强大的辟除不祥与邪物的"祥瑞"(后世统治者将其"封建化"和僵化、特化、专用化,那是另一回事)。闻一多在《龙凤》一文里揭示,必须将其宗法社会化或专制化的"后添的糟粕"剔除干净之后,"龙凤"才可以成为民族团结、家庭和美的象征。

奇特的是,崇拜鸟神或鸟图腾的殷商,虽然玉器里多神鸟或凤凰的形象,文字或铭识、符号里也颇能窥见,但是青铜器皿里鸟形象并不多——周人的青铜器里鸟形象却多得多。这只能是因为鸟的崇拜或爱敬延续得很长久,不亚于龙。马承源的《殷周青铜器纹饰》认为,到了周代,凤鸟仍然是天帝的"使者",昭示周王以"天命",不仅是吉兆图案(第10~12页)。林巳奈夫等认为,凤鸟是西周王朝新兴之"物"(物不仅是怪,而且是神);其地位随着商王朝的"物"(饕餮)影响的削弱而上升(参见《日本考古学研究者·中国考古学研究论文集》,蔡凤书译,东方书店,1990年,第152页)。杨晓能在《另一种古史》中说,这可以看做"青铜器纹饰转型的副产品",体现着"周人对凤鸟的崇尚"(唐际根等译,三联书店,2008年,第381页)。

---

① [法]列维-斯特劳斯:《结构人类学》(第2卷),俞宣孟、谢维扬、白信才译,上海译文出版社,1999年,第169、178页。

② [法]列维-斯特劳斯:《结构人类学》(第2卷),俞宣孟、谢维扬、白信才译,上海译文出版社,1999年,第178页。

雉鸡是凤凰的重要母型

（上：白鹇，马晓峰摄影；下列：白凤凰，或白孔雀，民间织品与湘绣，颜豪行作）

美丽的雄鸟，尤其是锦鸡、凤冠孔雀雉、白鹇等，是凤凰取象的重要依据，或曰"母型"。汉以后凤有五色，白凤以白孔雀、白鹇或信天翁为母型。

周人代兴，鹫鸶鸣于岐山，表示祝贺与欢乐。一般认为，它是紫凤，也有人认为它既出现在西方，即按照萌芽期五行观念，也应该是"白凤"。何况周人以白雉为祥瑞。录供参考。

我们在研究周先"弃子"后稷的论文里提出，周人仍然崇拜神鸟或鸟神，"三弃三收"的图腾考验仪式里，后稷被置于寒冰，却有"鸟覆翼之"，加以温暖与救助。这不涉及图腾崇拜。《国语·周语》说，周人兴起的时候，"鹫鸶"（紫色凤凰）"鸣于岐山"，报喜并且佑护周人将建的新王朝。周人虽然自认拜龙的夏人之后，却在许多方面秉承商制，连尊鸟祀凤都加以传承。

经过商、周两代的揄扬，龙凤并祀，互补互促的文化传统初步建构起来。

有人说，"五行"观念，潜伏在含山凌家滩"前八卦"玉版里，商代已见萌芽，周代可能已有"配色"观念，鹫鸶起源于西方，应是"白色凤凰"。待考。但周人确实以白雉为"祥瑞"。

《楚辞·天问》	今　　绎
昭后成游，	昭王游南土，
南土爰底（抵）；	远征到荆楚；
厥利惟何，	辛辛苦苦有什么好处，
逢彼白雉？	为了白野鸡就身沉江湖？

《竹书纪年》与《后汉书》等记载，周公摄政的时候，东南亚的越裳国晋献白雉——这当然是因为周人以其为报喜的吉祥物。"进贡"与"纳献"是一种政治行为，表示"边缘"对"中央霸权话语"的臣服或归顺。周昭王南巡，希望再得南人白雉，重新证明周天子中央政权的正当性与权威性，"普天之下，莫非王土；率土之滨，莫非王臣"。到了战国，"意义"失落，屈原怀疑此事，将其与昭王舟沉身死的传说联系在一起。

鸾凤和鸣——鸟的性意味

"鷾，凤，其雌皇。"(《尔雅·释鸟》) 意思是燕（写做"鷾"）已成为一种凤（凰）；凤本是雄的，雌凤叫做"皇"(凰)。这里"燕：凤"已经一体化。

燕子以"孳乳"或"蕃育"之鸟生长而为凤凰，凤凰首先承袭了燕的"象生性"。凤凰起初是二鸟，后来才合为一鸟，跟玄鸟一样都成为爱情尤其是性爱的象征。

《尔雅·释鸟》："鷾，凤；其雌皇"，"皇"（或皇鸟）本来取象于它的灿烂辉煌，因为凤凰本质上是一种光辉四射的太阳神鸟，后来"皇"字专用化，就加"凡"（风帆）成为"凰"，同样领有"风神"格。后来《禽经》便说："凤，雄；凰，雌。"

陆玑的《毛诗草木鸟兽虫鱼疏》说："凤，雄曰凤，雌曰皇，其雏为鸑鷟；或曰凤皇一名鷾，非梧桐不栖，非竹实不食，非醴泉不饮。"或说凤雄鸾雌。《逸周书·王会》："氐羌（献）以鸾鸟。"孔晁注："鸾大于凤。"《诗·大雅·卷阿》说："凤皇于飞，翙翙其羽。"形象祥和而快乐。

所以，"凤皇于飞"跟"鸾凤和鸣"一样，譬喻夫妻生活美满。《左传》庄二二年，占卜婚姻之事，得"吉"兆。繇辞曰：

凤皇于飞，和鸣锵锵。

晋·杜预注："雄曰凤，雌曰皇。雄雌俱飞，相和而鸣锵锵然，犹敬仲夫妻相随适齐，有声誉。"

按照生物学的一般规律，雄性华美，雌者素淡，跟凤凰直接相关的孔雀、雉鸡就是如此。但"皇"原来指日光辉煌，"皇鸟"应亦璀璨如太阳。所以，我们怀疑,"凤凰"之"凰"原是状写凤鸟之逐渐披上华彩的羽饰。王小盾则认为,"皇"可作"翌",就是"戴羽"——也可以称"戴皇",这种凤鸟就是因其冠羽华丽而被叫做"皇鸟"(参见《四神》上·374)。

鸾凤和鸣

(汉及汉以后图纹,右下是傣族表示"求偶"、"招魂"的"恋爱符")

凤雄凰雌或凤雄鸾雌,二者的好合象征着"宇宙生命",包括人类种裔或家庭的和谐、美满与繁盛。这是"鸟:生殖"崇拜的重要内容。

这个意象,在河姆渡文化中,一对"太阳鸟"(或"原凤凰")共同孕育"太阳卵"的图纹里已见端倪。后来绵延不绝(注意:它不是一般的"对凤",而是雌雄有别)。

右上图,汉画(山东沂南汉墓出土)里两对神鸟的"交尾"(中央小鸟暗示孕育的结晶),傣族"求偶/招魂"用的雌雄"凤凰"恋爱符箓,奏响一曲热恋的《凤求凰》,为上述母题或意象做了生动的诠释。

鸟的生殖力是所谓鸟(图腾)崇拜的重要"物质基础"。家燕育雏的辛勤,给人印象深刻。前举,春分时节,燕来孵乳,是"嫁娶之象"或繁殖生育的象征，因此它成为"高禖"之神的动物模型。《逸周书·时训》说："玄鸟不来，妇人不娠。"古人认为二者之间有交感与互动的关系。

凤凰与其众多母型

（上组图为商周时期玄鸟及凤凰的形象；中间两幅图为后世高度美化之凤凰；下组图是凤凰的重要母型：孔雀、雉鸡与极乐鸟）

凤凰最早的母型是凶悍的鹰鹫，壮伟而非一般之美；后来则加冠增尾，夸饰毛羽，越来越华丽尊贵，终于成为中华民族最"美"的神鸟。

然而，凤凰虽然可通"玄鸟"，却不仅仅是候鸟，它还是"涅槃"而后再生的"不死鸟"；"天式纵横，阳离爰死"，它以更广阔的"生—死—再生"成为宇宙生命循环运动的原型。

龙是（男性）生殖器象征（偶尔也能代表女性，有如其母型之蛇、蜥），展示为生殖力意象；凤，以蕃育力强盛之鸟，成为女性象征，后来还被"国母"或皇后垄断为身份符码。"龙凤呈祥"是中国人最大的祥瑞。"生商"的玄鸟或遗卵的凤凰，跟圣处女或大母神简狄同格或混融（如上所说，燕子母型时期的玄鸟也是蕃育象征）。

然而，"鸟"在中国人心目与话语中，至今还是男根的代号。从"关关雎鸠"，鱼鹰叼鱼（鱼多属女性符码）到《水浒传》的"撮鸟"，再到元曲和坊间丰富多彩的"国骂"中的主动入侵者，大家都明白它的"粗俗性"。而凤雄凰雌，颠鸾倒凤云云，"凤"都是阳刚的，男性的。只是"龙凤"语境中的"凤"才产生性别转换，阴阳易位。这样，我们把凤凰同样看做生命原型，应该也说得过去。

因此，"玄鸟：燕子"的神话地位就很高：是图腾兼始祖神，不仅是天帝使者，而且是天、天帝的代表——一直到尊称其为"凤凰"（最高神鸟）。试比较《楚辞》三句：

> 凤凰既受诒兮，恐高辛之先我。（《离骚》）
> 玄鸟致贻，女何喜？（《天问》）
> 遭玄鸟而致诒。（《九章·思美人》）

玉凤：鹰母型

（商代晚期，传世，现藏上海博物馆）

凤凰最初的称呼是"大鹏"，就是"大凤：大风"，它以鹰鹫之类大型猛禽为母型。鹰击长空，飞得很高，"接近"天廷，所以天帝用它做"交通天人"的使者，卜辞叫做"帝史（使）凤"。

可见贻赠鸟卵的燕子可尊称为凤凰；"玄鸟"也逐渐被解说成"神玄之鸟"。前举《尔雅·释鸟》还说，鹥（燕）就是凤，"其雌皇"。

凤凰的母型主要是"鹰"(鹏)、雉鸡或孔雀。再华丽、再高大，也还是"凡鸟"。在殷墟卜辞里以"风"神做天帝使者("帝史凤"，见《通》398，《续补》918)。只是因为殷商风神多由祖先神兼摄，东风（俊风）之神更由最高祖先神帝俊亲任，凤凰渐被尊化、美化、圣化，"混形"成分越来越大，神话地位越来越高，形象也越来越华美。

所以，殷商的鸟造型多是"人立"，或具有人的特征，应当不仅仅是"人格化"的修饰（在一些可比的"人"造型里也发现鸟特征，甚至有"鸟人"或"人鸟"出现，后来变成"鸟首人身"或者仅仅带翅膀的"羽人"）。

巫鸿通过排比观察了一"组"商代玉器，以流动的视线使其产生类似"动画"的效果，认为这14件玉雕再现出"一个从纯粹人像到纯粹鸟像的变化序列，其间是各种'鸟人'或'人鸟'的变体，而没有一个清晰的界限来区分人和鸟"①。

鸟，鸟人或人鸟，往往与太阳"玄鸟：凤凰"相融汇，并且跟殷商的先公先王相叠合，且能以不同形式变化或"转形"(transform)。王晖就着力论证：商王族心目中，上帝既是自然神，又是祖先神，而且是鸟（图腾）神；鸟是"王室的远祖"，也是"先公的形象"②，有时还分司某种自然物或自然力。

坎贝尔（Joseph Campbell）认为，早在旧石器时期的（法国）洞穴绘画里，就发现"巫师"(他称为萨满)有时以"鸟人"形象出现。

> 有个萨满被描绘出来，他处于入定状态，戴着鸟的面罩，身边还有一个鸟的形象。这些西伯利亚［式］萨满的这种打扮，至今如此。许多人认为他们是由鸟母亲所生。③

所以，巫师被认为是"天国的后裔"，他必须或可能"永生"。

心理分析学家因而认为，鸟是"最适当的超越象征"④。超越于生死，便是以"再生"为保证的"长生"或"永生"。

鸟，或者鱼，在特殊语境里，是"再生"的象征，在东西方古代多是如此。河南临汝阎村彩陶，"鹳鱼石斧"绘在巫酋"瓮棺"上，此说与之"偶合"。有人说，鱼代表"死亡"，鸟食鱼之后带来某种"再生"。但这还是假说。

---

① ［美］巫鸿：《礼仪中的美术——巫鸿中国古代美术史文编》（下册），郑岩译，生活·读书·新知三联书店，2005年，第540～541页。
② 参见王晖：《商周文化比较研究》，人民出版社，2001年，第34～35页。
③ ［瑞士］约瑟夫·汉德逊：《古代神话与现代人》；见［瑞士］卡尔·荣格等：《人类及其象征》，张举文、荣文库译，辽宁教育出版社，1988年，第129页。
④ ［瑞士］约瑟夫·汉德逊：《古代神话与现代人》；见［瑞士］卡尔·荣格等：《人类及其象征》，张举文、荣文库译，辽宁教育出版社，1988年，第129页。

古罗马人的"鹰喙"造型上便有"永生的光环",它能够引导亡魂升天,并且有"复活"的意味。

火凤凰

(磨漆壁画,唐小禾、程犁作品,湖北武汉。采自《文艺研究》1987年第4期)

凤凰在火中翻飞,即将取得"再生"。画家的丰富想象力与巧妙的布局、造型,使其与"太阳火"融为一体,又让它们与日、月、星辰相伴出,暗寓着宇宙更新的主题思想。

那么,概括地说,凤凰在中国人的心目中是什么样的"神鸟"或"祥瑞"呢?用现代"精神-心理分析"的术语来说,它在中国人"群体表象"之中具有什么样的象征符号功能,或者,在人类"集体无意识"中是什么样的"原型意象"(archetype image)呢?西方人熟悉的phoenix当然是"永生—不死"原型或"再生"原型,它跟凤凰都是"极乐园"里的幸福鸟、生命鸟。所以,最简单地说,龙、凤同样是"生命"或"生命力"(life force)原型。

我们知道,候鸟如"燕子:玄鸟",秋去春来,是(四季)循环的象征,跟太阳的东升西落同样,可以跟草木的萌蘖荣枯乃至人类的生壮衰老相比拟,以规律性、周期性变化成为"生命环"(life cycle)之意象,升华为宇宙的"永恒回归"(eternal return)的"原型"。中国人也曾经以燕、雁等为"生命里程"或所谓(人生)"过渡仪式"(the rite by passage)的象征,更不用说"凤凰涅槃"是更典型的"永恒回归"或"永久循环"的神话意象了。

这也是"玄鸟—凤凰"成为生命原型的重要原因。

凤凰的二重性

"天命玄鸟,降而生商,宅殷土芒芒。"(《诗·商颂·玄鸟》)

前文交代,殷商以鸟为"祖灵"或"图腾",殷商的先公先王及自然神多有鸟的化形。例如"高祖夒"(喾/俊/舜)化形锦鸡而为太阳神兼东方风神。

一般承认,"玄鸟"是"太阳神鸟"。但作为"风之鸟",它却具有二重性。有时,凤形"对鸟"侍卫在饕餮两旁(或以卜辞"帝史凤"说二鸟"顺理成章"地推出饕餮为天帝或太阳神,却不一定可靠)。因为,有时,"对鸟"居然在饕餮中心纹位置上替换了"兽面"(见商代的父己鼎等),这样,凤形"对鸟"就可能跟狰厉的饕餮同样展示其凶猛的一面,或以为它们是以"变形置换"方式替代饕餮成为"太阳神鸟"乃至"天帝"。这是无稽的。我们必须注意,殷墟卜辞固然二见"帝史凤",然而——

宁风,巫九犬。(《库方》992)

其宁风?三羊三犬三豕。(《续》2·15·3)

这又意味着什么呢?至少,风或"风鸟"并不都是神或善神。

殷商重器上鸟纹,其为神鸟,或说(简式)凤凰或玄鸟,或说"太阳神(鸟)",或说殷商"祖灵"(或称"图腾"),或说"天帝使者(左右)"。

但我们也看到,"凤"在殷墟卜辞里也可以是普通的鸟,成为网罗猎获的对象。例如:

甲寅卜,乎(呼)鸣䍜,获凤。丙辰,获五。(《甲》3112,三期)

"凤",原来从"隹"从(戴)辛,依于省吾释凤①。"鸣"下一字是以网罗捕鸟的意思,结果是捕凤成功——丙辰日还捕获五只。可能指凤凰的母型雉鸡或孔雀。它们居然成为捕猎的对象。

重器"对鸟纹"

(父己鼎,商代后期,公元前16~前14世纪,河南安阳出土)

"对鸟"有时处于饕餮纹两旁,被未加论证地当做"帝史凤",从而推论置于中央的"兽面"是天帝或太阳神的形象。然而,有时"对鸟"本身便处于中心位置,并不侍奉谁。那它们又是什么神格呢?

---

① 参见于省吾:《甲骨文字释林》,中华书局,1979年,第324页。

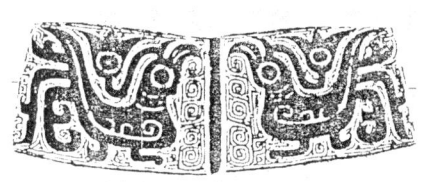   

对　鸟

（青铜器纹饰，商代）

商代青铜器上常见鸟纹，或说这是"简式"的凤凰或玄鸟。它们最大的特征是有神圣之"冠"，所谓"戴干"或"戴辛"（"䇂"字形冠羽）。左边的似燕如鹊，而有长尾。中间和右边的钩喙利爪，傲然挺立，显然以鹰鹫为母型。它们或作为饕餮的"侍卫"，或替换着"饕餮"的位置。但它们不一定就是地位显赫的神鸟或祖灵。作为"帝使"，或有可能。周人并不以鸟为图腾，却多见居于器中的凤鸟纹。

西周初年《中鼎铭》说：

中乎（呼）归（馈）生凤于王。

"凤"，左旁从"隹"从"辛"，同于甲文，右有声符"兄"，从郭沫若释凤。他说："生凤，自是活物。"① 可见并非所有称凤或饰凤者都是"帝使"，都是"神鸟"。

张光直先生将"帝史凤"天帝使者的职司覆盖面扩大，认为：

所有动物在商代神话传说中都着重被描绘成与祖先们相沟通的使者。②

殷人以龟甲兽骨及其文字"联系"他们的先公先王，也证明他们必须利用一切动物形象加强这种二元世界的联系。

象征性地使用肩胛骨和龟壳来帮助王与他们已故去的祖先取得联系。总之，商代的这种动物艺术形象是描绘和反映王室组织成员的生活如同动物王国一样。③

---

① 郭沫若：《两周金文辞大系·考释》，科学出版社，1964年，第18页。
② 张光直：《商代文明》，毛小雨译，北京工艺美术出版社，1999年，第191页。
③ 张光直：《商代文明》，毛小雨译，北京工艺美术出版社，1999年，第191页。

我们不懂，使用或描绘动物使者，为什么会使王室成员及其生活如同"动物王国"（译文有问题？），是不是指殷商艺术动物形象之繁多使人如同进入"动物王国"，或者像"动物王国"具有复杂组织？然而"所有……"这种全称判断，至少陷入片面性。殷商对待动物、动物形象，态度或意向是多样的：有的用为祭牲，有的敬若神灵，有的奔走供役，有的畏之如"魔"。怎么会把自己降低为"动物王国"，或者全面依靠它们为"神使"呢？陈惠根据陈公柔、张长寿对饕餮纹的断代与分类①（包含93图、35式）说：约有一半含有"羽纹"（这种"羽纹"，艾兰以为虎斑），"有时整个兽面纹以全鸟纹代替"（共6件），"附加的小鸟纹共有4个，有'3'字形横斑的兽（牛）角5件。雷纹以地纹形式出现。夔纹共有103个，有22例出现在兽面纹两侧"②。所以，他说，陈、张所举"全部兽面纹均与'雷'、'雷鸟'及'雷兽'有关，除此以外并无它物"。从而说明，"饕餮可能就是雷鸟"，是"雷公"或"雷神"的形象③。

照我们看，有些"饕餮"之肢脚"鸟爪化"，有的具"羽状"头饰或"毛角"，特别是有些饕餮纹与夔龙纹伴生或竟"夔龙化"。这些都很值得重视，饕餮跟东部居民的神鸟崇拜的某种关联，跟"雷火"或"太阳"可能相干，都是

四鸟"拱卫"饕餮纹或其标记

（左：青铜卣颈饰，西周，陕西泾阳高家堡 M3 出土，《商周纹饰》194；右：夸扣特尔印第安人"太阳神鸟"图）

左图当中是"缩略"的饕餮纹，或说"牺首"，两旁有四只"凤鸟"拱卫——或说"陪饰"。有人以此证明饕餮为"上帝"，"牺首"为"下帝"。其实它们可能只是因袭性尊饰，不一定有太高的神格。右图是供参照的夸扣特尔印第安人"太阳神鸟"图，中间是正面观的太阳鹰，可能表示"太阳舞"里巫首所戴面具，该舞可以沟通天人；两旁是"拱卫"的神鸟；下方是兼体为鸟形的鹰爪。但很难由其推出类似的"四鸟"及饕餮为太阳神。

---

① 参见陈公柔、张长寿：《殷周青铜容器上兽面纹的断代研究》，《考古学报》1990年第2期。
② 陈惠：《饕餮新释》，《殷都学刊》1995年第3期，第20页。
③ 陈惠：《饕餮新释》，《殷都学刊》1995年第3期，第21页。

神面"四鸟"

（左：玉琮图纹；右：细部特写。上海青浦福泉山出土，良渚文化，公元前31～前22世纪）

"中心"神面两侧各有一鸟，上下两层合为"四鸟"（图纹可参见右边线图），但不一定是"四凤（鸟）"图形。由此可见，我国东南部早就有神鸟崇拜，而且跟"前饕餮"的"（神人）兽面纹"有潜在的联系。

应该深入研究的重要"细节"。但饕餮既是"兽面"，其主干以虎形猛兽或猛兽化的羊、牛、犬、豕为母型，跟"鸟/羽"等只有枝节性干连，无法混为一物。以猫头鹰为饕餮母型的只占少数。那些神鸟（纹）是否"雷（神）鸟"也需要更多的实证。

林巳奈夫认为，有些"高等级"的饕餮（纹）两旁有二鸟，极似卜辞所说的"帝史（使）凤"，所以，这种地位甚高的"王朝之'物'的饕餮也就是帝"①。如前所说，殷商的鸟或鸟形物象，并不都是图腾或祖灵，更不一定全是天神、"上帝"或其使者。赫尔墨斯（Hermes）式的"帝使"，地位并不超等崇高，无非传达帝命，沟通天意，在帝左右，以乐帝心罢了。商周彝器上的许多动物装饰都不是神，有时仅仅是"饰物"，不能过度诠释。凤鸟、大鹏还可能"异化"而为风灾，需要杀犬屠猪来"宁"。

段勇可能受林巳奈夫的启迪，说"玄鸟纹从属于兽面纹很可能反映了商人对帝（上帝）至诚至深的崇拜和敬畏"②。其实商器鸟纹并不一定都是"降而生

---

① 参见［日］林巳奈夫：《所谓饕餮纹表现的是什么》，《日本考古学研究者·中国考古学研究论文集》，蔡凤书译，东方书店，1990年，第136页。

② 段勇：《商周青铜器幻想动物纹研究》，上海古籍出版社，2003年，第162页。

商"的玄鸟。有些"类玄鸟",甚至"准凤凰",还为猛虎或神龙所噬食——具体对象是要具体对待的。离开"上下文",语词被泛化,"意义"就抽空了。

段勇承认,作为殷商象征(或"祖灵")的玄鸟,其纹样在商器中隐而不彰。在饕餮纹丛中,兽面从来都占据"中心",被认为是殷商祖灵或"图腾"的"玄鸟纹则大多处于从属和陪衬地位"——这再次证明"饕餮:图腾论"讲不通——然而,"玄鸟纹是仅次于夔龙纹外第二种经常配置于兽面纹两侧的纹饰,显示其与兽面纹有着特殊关系"①。就像林巳奈夫等所指认,饕餮纹如果代表上帝或太阳神,两侧神鸟则是"帝史凤"之类。但这不一定全是商周鸟形纹饰的涵义或功能。有时"对鸟"占据图饰中心,那是"图腾始祖"还是"帝史"?周器的鸟纹比商器更多见,并且占据"显赫"位置,这又该怎么说?神鸟——有人说还有饕餮——可能成为"人神之中介"或张光直们所说的"巫师的助手",乃至"天帝的使者"——但这是有条件或有限制的。而且,"中介"不是辟邪、镇恶之猛兽的主要职能。玄鸟、鹏凤不但可能异化为"大风"、妖鸟,为后羿射中其膝,卜辞以犬"宁风"之祭,就是厌胜恶鸟。

后羿射日鸟

(左:四川汉墓画像石;右:萧云从《楚辞图·天问》,明末清初)

"太阳神鸟"可能异化为"多余的"。制造干旱的烈日的"代表"或标识物,所以为英雄神后羿所射——就像他射杀异变的灾难性"大风"(鹏凤)一样。可见"凤凰:阳鸟"跟龙一样也内在着善恶对立的二元性。

后来,也有一些"凤"或凤属由"祥瑞"变成了"灾咎"。

松浦史子说,从六朝到唐代的"祥瑞"志书里,四凤逐渐演变为四凶鸟。日本现存残本《天地瑞祥志》(成书于唐高宗麟德三年,公元666年),引纬书

---

① 段勇:《商周青铜器幻想动物纹研究》,上海古籍出版社,2003年,第162页。

《乐斗图》有此。

　　《乐斗图》：[发明]东方鸟也。状似凤皇。鸟喙，大颈，羽翼，又，大足胫。身仁，戴智，婴义，膺信，负礼。至则兵、丧之感，为兵备也。

　　《乐斗图》：[焦明]南方鸟也。状似凤皇。鸠喙，疎翼，负尾。身礼，戴信，婴仁，膺智，负义。至则水之感，为水备也。

　　《乐斗图》：[鹔鹴]西方鸟也。状似凤皇。鸠喙，专形。身义，戴信，婴仁，膺智。至则旱、疫之感，为旱备也。

　　《乐斗图》：[幽昌]北方鸟也。状似凤皇。锐喙，小头，大身，细足，胜翼，若邻叶。身智，戴义，婴信，膺仁，负礼。至则旱之感，为旱备也。

　　相关汉籍，也有以四方凤鸟为凶咎者。如《后汉书·五行志》引《乐叶图征》说五凤，为瑞者一，为孽者四。梁·刘昭注引《叶图征》曰："似凤有四妖。"余与其它文献略同。别的文献也有类似说法。

　　松浦史子认为："对于政治动荡而忧心忡忡的六朝后期人来说，从东汉末至三国时代经常出现且引致灾害（导致王朝走向灭亡）的似凤的四鸟，在有关凤凰的祥瑞观念中处于最重要的地位。"[①] 话是不错，但还要从"凤：鹏"本质在起源期就带着两面性来考察。在初民心目中，没有绝对的善和绝对的恶，对其生存、发展有益的就是善，有害的就是恶。"吉善"本身也会"异化"，或者"对立转化"。"祥"字本身也曾分裂成"吉祥"与"妖祥"二义——后者不是"妖与祥"之意。《老子》中的"益生曰祥"，这"祥"就是凶祥、不祥（就像羊也有"妖羊"一样）。略有异状或变异的"吉祥鸟"，有时也会被"敏感"为灾难的征兆。以占卜为职业者特别喜欢大惊小怪，牵强附会。

　　"凤鸟：生殖或生命力原型"之说稍嫌空泛，不像"龙：生命原型"那样相对贴切，"涵盖性"较大（龙不仅是性力，还是武力或扩张性、运动性的象征）。把"风（神）鸟"或凤凰的地位绝对地神圣化是不符合实际的。但总的看来，商周以来，凤凰多被看做美与吉庆的象征。

　　从根本上说，古代中国人非常爱鸟，不擒"孕伏"，不伤雏幼，不害孵乳，爱屋及乌，爱鸟及林，比现代人还重视保护环境与生态，天人以和，和谐共处，"可持续发展"。周汉以还，只有几种鸟倒霉地被视为妖鸟，凶禽，恶物。"有毒"的鸩，"淫荡"的鸨，母型还有争议。诗人屈原甚至想过以鸩为媒，以鸩示爱（布谷鸟或鸠鸽，在东西方都是性与爱情的"使者"，佻巧而又富于魅力）。

[①] [日]松浦史子：《似凤四凶鸟之来历——以日本尊经阁文库本〈天地瑞祥志〉引〈乐斗图〉为端绪》；《新世纪神话研究之反思——第8届通俗文学与雅正文学国际学术研究会》，陈器文主编，（台中）《中兴大学中文学报》第27期增刊，2001年，第20页。

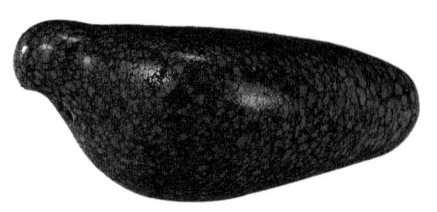 

"情媒"斑鸠与鸽

（左：绿松石鸽，长6.8厘米、宽3.1厘米，安阳殷墟M5妇好墓出土；右：玉鸠杖首，汉代，传世，现藏美国旧金山亚洲艺术博物馆）

鸠鸽，东西方古人都以为其轻佻冶荡，可以做情人间的媒介——其实这依然是凤凰受诒、玄鸟赐卵的繁殖信仰与仪式的延伸。汉代，因其生命力强大，颁赐给老人，祝他们青春永驻。

现代农村遇到乌鸦叫，以为不祥或"预死"，还要"呸"一声吐口唾沫；古人却以为它是"孝鸟"，能够"反哺"（喂饲）衰老的双亲。再古老一些，三青鸟或三足乌是王母使者，甚至是太阳神鸟。

楚龙凤人物御舟帛画

（湖南长沙楚墓出土，战国，熊传新新摹本）

新的摹本发表以后，人们看到，蛇龙状神物有四足，而非独足的"夔"；而细腰的贵妇人（或说女巫）站在月状的"引魂之舟"之上。其寓意较可能是龙凤齐翔，引导并呵护贵妇（墓主人）升天。

但是，刘敦愿、叶舒宪等仍坚持，这是龙凤的冲突，贵妇人尊凤而抑龙，祝福代表天空与"阳"的凤战胜归属于"阴"与水土的"蛇龙"。

可见龙形也并非绝对尊贵。

人类最愚蠢的认知之一，是把为民除害的猫头鹰当做妖怪。然而殷商却以之驱邪，视如"祖灵"，可能还当做"夜间的太阳（神）"，其壮美的形象凝聚在高度精巧璀璨的青铜容器或利器之中——它可能以一种勇武之鹰成为凤鸟之别种或（另类的）母型（详后），还曾经以狞猛之形替代"兽面"成为饕餮纹的一种而威慑邪恶。

凤凰更以其丰硕艳丽而又雍容华贵成为富家或民间"喜庆"的原型,以各种形态,从"凤冠霞帔"到"鸾凤和鸣",出现在婚嫁、生育、寿考的庆祝场合或器物之中——皇后用它表示"母仪天下",但是很难像禁止民间用"龙"那样杜绝下层借用凤凰造型或图案来庆祝喜瑞、兆示吉祥(最贫穷的人家喜庆时也会张贴凤凰剪纸、彩饰、花纸或年画)。凤凰比西方的 Phoenix 拥有更广大的"群众基础"和"应用范围",比龙的"命运"似乎还要好一些。

龙凤呈祥

(左:泰国曼谷近郊中国佛道教风景区,摄于景区壁绘;右:青玉龙凤佩,元代,传世,采自秋峰,《东方收藏》,2005年)

"龙凤呈祥",龙凤并出是中华文化最大的瑞应或吉祥物,作为民间吉庆标识、娱乐节目或装饰物,并不止是皇家专利。

它们往往作为婚庆点缀,有时龙凤交缠,结构精巧,预祝孕生高贵的后代。

"凰"是什么

《诗·大雅·卷阿》:"凤皇于飞,翙翙其羽。"(皇或作凰)毛传:"雄曰凤,雌曰皇。"《左传》庄二二年有占词曰:"凤皇于飞,和鸣锵锵。"("皇"或作"凰")

《书·益稷》:"箫韶九成,凤皇来仪。"(解释参见《孔子诗论的文化推绎》)"凤皇",又见于《山海经》,与"凤鸟"之称杂出,可见其处于过渡时期。

《西山经》:"有鸟焉,其状如鸡,五采而文,名曰凤皇。"

《南山经》:"南禺之山……有凤皇、鹓雏。"

《海内西经》:"开明西有凤凰、鸾鸟,皆戴蛇、践蛇,膺有赤蛇。"

"开明北有……凤皇、鸾鸟皆戴蛇。"

上古多单称"凤",后来"凤皇"连称。严格说,"皇"与"凤"有所不同。后世才逐渐混淆、融合。"凰"字出现更晚,《说文》乃至《新附》都未见,大致见于唐代韵书,凤雄凰雌的说法也是汉以后才有。司马相如《琴歌》:"凤兮凤兮归故乡，遨游四海求其凰。"凰，疑后人改。

"皇"或"皇鸟"之名虽然晚到战国才"常见"，但"凤"与"皇"的粘合却大有深意。古老的名称是"凤"或"凤鸟"；"皇鸟"则是另种（凤属）。《诗》、《书》结合之为"凤皇"，大概起于西周。"皇鸟"见于《山海经·大荒西经》等。

古"皇：黄"多通，"黄帝"或作"皇帝"（见于汉武梁祠画像石题铭等）。所以，"皇鸟"可能亦作"黄鸟"，见于《山海经·海外西经》及《大荒西经》等。

还可能别作"狂鸟"（黄、狂二字一音之转，并且都从"王"）。《尔雅·释鸟》："狂，梦鸟。"《大荒西经》："有五采之鸟，有冠，名曰狂鸟。"与凤略同。

"皇"字在上古是"日光辉煌"之意（也许表示"土坛"上有"日"形）。"凤皇"即"皇凤"，标上"皇"字，突出其太阳神鸟、光明神鸟之性格。

《诗·大雅·卷阿》："凤皇鸣矣，于彼高冈；梧桐生矣，于彼朝阳。"暗示凤皇与朝阳的密切关系——凤栖梧桐之说，似乎也由此推出。

繁殖力象征之凤凰

（左：商代青铜觥纹饰，原器现藏上海博物馆，《商周纹饰》138；右：秦代凤纹瓦当，直径14.5厘米）

除了"玄鸟：凤凰"致诒遗卵之外，人们很少注意这种神鸟的繁殖力。凤凰携带雏鸟（特别的多达4只），似乎就在暗示她精心育雏，善于繁殖。也有人说，这是"百鸟朝凤"的雏形。

这里凤属的名字似有二组：

皇（凰）：黄：狂（鵟）

鸣：梦：蒙：孟（鸟）：灭蒙（鸟）

二者都是阳、东韵（-ang, -ong，阳东可转）。

声母，一是见纽（k-），一是明纽（m-）。

它们通过"凤"（pong）的"中介"，也可通转。

郭郛《山海经注证》说：它们都是鹰科的"棕尾鵟"。

> 此是狂鸟、鵟鸟，鵟Buteo，又名孟鸟、蒙鸟、灭蒙鸟、梦鸟，棕（赤）尾鵟Buteo rufinus。鹰科。高空飞翔鸟类。（597）

"狂鸟"还可能跟风速、风级有关系。古人也许认为风的疾徐刚柔跟鸟的大小强弱正相关。《广雅·释诂》："怳，狂也。"陈梦家指出"兄：王"古音略同，甲骨文有从风（凤）从兄之字"飓"，应指"大狂风"（《综》241），实亦指狂鸟、狂凤。屈万里补充说，《玉篇》有从风从皇（或黄）之字，"狂风也"，实亦此字（《甲释》）。可见狂鸟、皇鸟、黄鸟又可指狂风，所以"大凤"或"泰逢"又即"台风"。

比较古怪的是《尔雅·释鸟》的"狂，梦鸟"。郭注说，"狂鸟，五色有冠"，见前举《山海经·大荒西经》。闻一多说，又即：

> 皇，黄鸟；
> 鹓（燕），凤，其雌皇（引案：燕已尊化为凤）。

闻一多说："狂、皇音同。以其黄质而五采皆备成章，故又谓之黄鸟。黄与皇、狂音亦同也。"① 极是。他又以为"梦鸟"就是《大荒西经》同样"五采"的"鸣鸟"。"鸣、孟、梦一声之转。"② 这些名称都是由于凤凰善鸣，也有道理。

《山海经·海内西经》有"孟鸟"，"在貊国东北，其鸟文赤、黄、青，东乡（向）"，跟"凤"同样"五采而文"。

《海外西经》又有"灭蒙鸟"（或说指灭蚊鸟），在结匈国北，"为鸟青，赤尾"，郝懿行、袁珂等说"梦：蒙：孟"同音（"灭蒙"，"灭"字或衍），即"狂鸟：皇鸟"，是凤凰的一种。郭璞《图赞》说：

> 青质赤尾，号曰灭蒙。大运之山，百仞三重。
> 雄常之树，应德而通。

凤凰曾是世界中心的"乐园鸟"

《逸周书·王会解》说，氐羌献［成王］以鸾鸟，《说文》依之。看来是西北特产。《山海经·西山经》郭注云"西戎"所献。晋·王嘉《拾遗记》将其写得十分华丽，说是㴂涂国献凤雏，"饮以琼浆，饴以云实"，成王泰山封禅之后，

---

① 闻一多：《古典新义·尔雅新义》（上册），古籍出版社，1957年，第228页。
② 闻一多：《古典新义·尔雅新义》（上册），古籍出版社，1957年，第229页。

"文彩炳耀,中国飞走之属,不复喧鸣"。成王崩,"冲天而去"(《太平广记》,10·3763)。

而凤,《说文》云:"翱翔四海之外,过昆仑,饮砥柱,濯羽弱水,莫(暮)宿风穴;见则天下大安宁。"《山海经·海内西经》:"开明西有凤皇、鸾鸟,皆戴蛇、践蛇,膺有赤蛇。"

凤凰跟黄龙一样,必须占据"世界中心",像"宇宙树"、"宇宙蟒"那样,才能张扬"权威话语"。

昆仑在西北,"属"于西戎,战国以来公认为"世界中心山"。凤凰或鸾鸟出于"西戎"之昆仑文化区,表明它实在是"宇宙—乐园"的圣鸟。

《水经·河水注》卷一引张华所叙《神异经》,表明凤凰出现在"西戎王母"之地。

> 其鸟铭曰:有鸟希有,绿赤煌煌。不鸣不食,东覆东王公,西覆西王母。王母欲东,登之自东〔王公欲西,登之自西〕。阴阳相须,惟令益工。

这就是经过"再加工"的巨鸟"中央凤凰"(参见《说文》):西覆西王母,东盖东王公,正在世界中心,所以能够调节阴阳,兼顾左右。

凤凰衔嘉禾

(左:四川成都附近汉墓画像砖;右:波斯工艺装饰。此图复见)

神鸟衔嘉禾是耕稼民族的大吉祥。汉画里常见的凤凰衔仙草或瑞禾,多是"赤乌衔谷"母题的补充,"神鸟含珠"意象之演进。这幅画里凤鸟所衔瑞草,巧妙地"过渡"为羽冠乃至眼纹孔雀尾,似乎整个鸟都为自己的祥瑞物所围绕。必须注意,中亚、西亚艺术中也有类似的"母题"。

这跟穆王从西王母等处取得"穄麦"的传说有关。是所谓神鸟福地或"西方乐园"观念的一个印证。当然,从根本上说,这仍然是把神鸟当做生命本源,凤赐嘉谷跟玄鸟降卵同属"蕃育"原型。

所以，在五行系统中，"凤凰"居中（参见《说文》卷四鸟部等）。

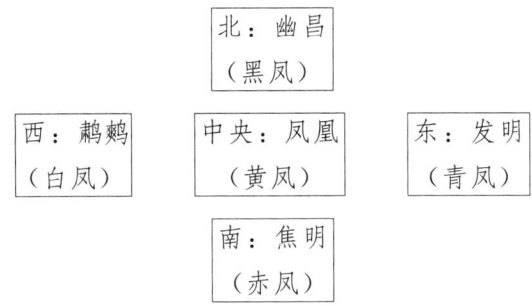

我们已经知道——
凤凰：

《说文》卷四说，凤，"出于东方君子之国，翱翔四海之外，过昆仑，饮砥柱……"

《山海经》昆仑有凤鸟、鸾鸟或赤凤。

大鹏：

大鹏所转化的"鲲鲸"："朝发昆仑之墟。"

那么，跟"大鹏：大凤"相对应的大鹏金翅鸟、印度的迦楼罗呢？

《佛说观佛三昧经》："阎浮提中及四天下，有金翅鸟。"

纳西族《休曲苏埃经》说："螺白神鹏呀，紧紧抓住龙主不放松，拉到居那什罗山上来，把身子拴在大山上。……""居那什罗"即印度须弥山（Sumeru），相当于华夏之"昆仑"，是世界中心，显然为神鹏根据地。

纳西族这段叙述来自印度创世神话：诸天以"中心山"须弥为搅棒，巨蛇（龙主）婆薮吉（Vashuki）为牵引绳，搅动乳海，搅出世界万物和不死药"阿弥陀"（Amita）灵液来。

J. F. 洛克即以印度名称讲述此段故事：

迦卢茶（大鹏鸟）将他（龙主：Vashuki）拴在须弥山（居那什罗）上，将其体绕山几匝，迫使他将宝物归还给人……

《山海经·西山经》说，凤鸟身上五个部分的花纹分别显示出五种道德品性。

首：德／翼：义／背：礼／膺：仁／腹：信

凤鸟身上五个部分，所谓"五象"，就是"五德"，不论是凤（自然）还是统治者（人文）都可能具有（一项或者全部）。《西山经》最全，《海内经》后出而杂乱。《韩诗外传》,《白帖》所引,"戴(载?)德扬义"是总说,下文也正是"五象:五德"。这些都是秦汉五行思想发达以后的掺杂与附会。所谓儒家"五行",也是仁、义、礼、智、信之类道德伦理范畴,跟"五行"的五种物质元素相对应,见于汉墓出土《帛书·五行》等。

因为"惟凤为能通天祉,应地灵,律五音,览五德",所以统治者及其思想家唯恐没有这种最高级的"祥(瑞)鸟"降临,连黄帝都要极力"修养"而期望有凤来仪。

> 黄帝乃服黄衣,带黄绅,戴黄冕,致斋于中宫,凤乃蔽日而至(引案:依然不改大鹏鸟的威风)。黄帝降于东阶,面西(面朝西,凤来的方向),再拜稽首,曰:"皇天降祉,敢不承命!"(《韩诗外传》,许维遹校释本,第278~279页)

这里暗示凤凰实属黄帝的专用符码或象征,跟黄龙一致。(1)皇(凰)、黄古通,"皇(凰)鸟"可暗指黄帝之鸟;(2)凤凰虽五色备举,以黄色为主色调,可称"黄鸟";(3)凤凰过昆仑,居中央,黄帝为"中央之帝","西北"是它们的发祥处,"昆仑"为其圣地;(4)黄帝居五帝之首,凤凰系五雉之中,并且均具"五德"而致中和;(5)它们都具有太阳神性,是"中央"神物。

凤凰:宇宙和谐的象征
(南京古云锦,传世)

五色备举,光华满身,凤凰是"鸟王"。在某些西方神话系统里,类凤凰巨鸟还是众神之母,万物之先——俨然是"宇宙鸟"的性格。但在中国古人心目中,凤凰更是宇宙和顺、阴阳调谐的象征。

五德皆备,由生存的合适进到道德的完善。饮食自然,天下安宁,当然社会和谐。

《山海经·西山经》：

[丹穴之山]有鸟焉，其状如鸡，五采而文，名曰凤皇。首文曰德，翼文曰义，背文曰礼，膺文曰仁，腹文曰信。是鸟也，饮食自然，见则天下安宁。

"凤皇"疑应作"凤鸟"，古凤鸟、皇鸟常被当做凤属二鸟而并举，"凤凰"的名称恐怕要晚到战国或秦汉才常见，"五德"也疑非原有。

《山海经·海内经》：

有鸾鸟自歌，凤鸟自舞。凤鸟首文曰德，翼文曰顺，膺文曰仁，背文曰义（缺"腹文曰信"）。见则天下和。

这里凤体五处毛羽成文，与儒家思孟学派直到荀子的"五德"或道德化"五行"基本相同，这恐怕是汉人羼入的"道德化"内容。

"饮食自然"，却有道家色彩，所以凤为道教及神仙家所重（具体的食竹实，饮醴泉即甘露，又被当做"服食"清洁而长生的根据）。

如鸡——恐指"野鸡：雉"，家鸡没有"五采而文"的华丽，凤鸟至多采用公鸡的华冠跟颈羽。

重要的是，占据"中心话语"就具有圣俗乃至道德上的优越性与权威性（后人因五采而文更附会以"五德"），加上其与自然的交融，所以象征着世界的安宁与和谐。

凤凰为"中央"神鸟，绝不仅是成熟的五行思想以其色"黄"，声"宫"而属"土"，一些文献还是透露出更为古老的消息。

《礼记·礼器》："[圣王]因名山，升'中'于天。……升'中'于天，而凤皇降，龟龙假。"（下·1440）

上古之"名山"，多属世界山，例如凤鸟所从出的昆仑。泰山，在河洛地区，海岱要冲，本来是中心大山（何幼琦、何新等甚至以为泰山就是昆仑）；后来"五岳"说起，才被封为东岳。升"中"于天，就是把"下情"写在神圣中简（如史中）之上，烧给天帝看（参见《中庸的文化省察》）。天帝便派遣"帝使"凤凰由中心山下降，颁赐天意——就像赫尔墨斯由"中心"奥林普斯降临传达宙斯旨意一样。龟、龙也适时而"假"（孔疏释为"至"），"假"是"昭假"，是"格"于天人、交通人神的意思（用张光直的话说，四灵都是"通天动物"，能够交流上下）。

《礼记·礼运》孔疏引《乐纬》说："宫（声）致凤皇，身信；羽（声）致幽昌，身知。"（下·1426）"五行"或以"信"对应中央之土。如孔疏引《易乾凿度》所说："四时之义，皆法中央。中央土者，可以兼四方之行，知之决也。"知之决乃信之基。凤凰结合"信"与"智"，是中央之帝使也。

"中央凤凰"和中心圣鸟大鹏
（左：莲座大鹏，云南滇人图像；右：莲花凤凰，唐代石刻）

中国的凤凰与印度的大鹏金翅鸟，都处于"世界中心"，是作为"乐园"的昆仑或须弥山的圣鸟。

莲花，是太阳或女阴意象，在系统化象征里，可表示"世界中心"。

大鹏、凤、鸾都是处在"世界中心"的"乐园鸟"（有如极乐鸟，或译天堂鸟，也正因此，都被当做凤凰的一种母型）。

它们所处的"世界山"昆仑，此山有"寿木"，"不死药"或"不死树"，各种美玉珍异，自是"乐园"，跟须弥山（Sumeru）基本同构。

《史记·大宛列传》引《禹本纪》说，昆仑有"醴泉"，正是凤属鹓雏所饮（见于《庄子·秋水》），醴泉又即"甘水"（《海内西经》）。

凤鸟歌舞的丰沃之野（有沃之国），民食凤卵（鸵鸟蛋），饮甘露，"百兽相与群居"（《海外西经》）。民称"沃民"，"凡其所欲，其味尽存"，还有许多名贵花木、玉碧、金属。"爰有百兽，相群是处。"（《大荒西经》）郭注："言其土沃饶也。"这又跟凤凰衔嘉禾传言相应。

又，《山海经·海内经》后稷所葬的"都广之野"，是"天下之中"（古经文，参郭注），不仅鸾歌凤舞，鸟兽和处，而且"爰有膏菽、膏稻、膏黍、膏稷，百谷自生，冬夏播琴（种）"。完全是耕稼理想中的极乐世界：地上天堂。

凤鸾由此巡游天下，"翱翔四海之外"，天人和悦，"见则天下安宁"，是"乐园效应"。暗示着仅靠采集便能生存，是出产"鸵鸟：大马爵"的亚热带特征。这正是采集经济型社会的极乐世界。

这样,神话中的"乐园鸟"逐渐变成民俗里的"吉祥物",并且成为政治神学的"构件"。凤凰作为政治性的"祥瑞"与道德性的"意象",殷商已启其绪,卜辞有"鸣鸟"、"羊(祥)鸟"可证。孔子说:

> 凤鸟不至,河不出图,吾已矣夫!

就是表示他所处的"乱世"还达不到"有道"或"太平"。楚狂接舆还以凤喻孔子,"凤兮凤兮,何德之衰",就好像孔子以龙喻老子,不涉性别,也并不太神圣。

《韩诗外传》(卷八)描写凤鸟最为详细,是《说文》等所据。

> 黄帝即位,宇内和平……未见凤凰,惟思其象。乃召天老而问之曰:"凤象何如?"天老对曰:
> "夫凤象,鸿前而麟后,蛇颈而鱼尾,龙文而龟身,燕颔而鸡啄(喙)……延颈奋翼,五彩备明。"(许维遹校释本,第277页)

由此可见,凤凰完全成了"混形"神物。不但"小音金,大音鼓",所谓"鸣中五音",或"举动八风,气应时雨",与成熟的阴阳五行思想(包括儒家以"五德"出现的"五行"理论)相融汇,"戴德负仁,抱中(忠)挟义",而且成为统治者"合法性"的证明,"往即文始,来即嘉成",即"天下有道"的"自然效应"("祥瑞"出现)。"凤象"被分成"五等"或"五种"——这说得有些含糊。我们不知道统治者或其行为怎样达成"五象",也许是倒过来,以凤凰的行动(停留时间长短)来证明政治行为符合"凤象"之多少。

楚人物夔龙舟帛画
(湖南长沙子弹库楚墓出土,战国)

峨冠佩剑的贵族(墓主人?)乘驾夔龙之舟,由鹤、鹭之类仙禽呵护,"神仙鱼"引导,登天或者"重生"。结合另一幅《楚龙凤人物(魂舟)帛画》考察,战国以来,凤凰及其"母型鸟"具有"引魂"功能,助人上天或者"成仙"。

仙人跨凤

（左上为北魏石刻，右上为民间剪纸，其余皆唐代石刻，采自王从仁等）

凤，或以鹤、鹰等为母型的凤，体躯高大，再加夸饰，古人认为可以骑乘，就像非洲人骑鸵鸟。

大鸟飞高而近"天"，所以登天除了乘龙以外，便以跨凤为方便。神仙家与道教思想成熟以后，跨凤与驾鹤"升天"便是"成仙"的最佳途径。所以晋唐以来，常见"仙人跨凤"的图像，有时更是"人凤一体化"，比"羽人"更加神气而尊贵。如此便是仙亦人，人亦仙——跨凤者是白日飞升了。

鹤长寿（可活60年左右），所以"鹤寿"与"鹤驾"都是好话。后来鹤形或鹤舞多用于招魂与丧葬仪式，"驾鹤西归"便是（尊贵）死人的专利，不好用来恭维活人。活人是要骑凤登天做活神仙的。

正因为凤凰占据的是"中心话语",是乐园或世界山的神鸟,所以能够引导"有道者"或其灵魂登天,升遐于"天堂",如《楚辞·九叹·远游》所歌唱:

驾鸾凤以上游兮,从玄鹤与鹍鸣;
孔鸟(孔雀)飞而送迎兮,腾群鹤于瑶光。

这里,"鸾凤"还跟它的一些"母型"(如鹤与孔雀)呈分合之态,后来鹤更多独立地承担让"仙圣"或其魂灵"驾鹤西归"的任务(参见"凤凰与鹤"节),而战国秦汉依然多见仙圣驾凤(或化凤)的图像。在民俗中,凤凰还因其"生命鸟"的神性而引导灵魂乃至仙圣"羽化登仙"(民间则多由"卑化的凤凰"——鸡来引魂)。《楚辞·大招》说:

魂乎归徕,凤皇翔只!

笔者在《楚辞与神话》等书中便猜测,楚人可能还以凤鸟来招魂。《楚龙凤人物(魂舟)帛画》里的凤凰可能助人乘驾"魂舟"升天;另一幅《楚人物夔龙舟帛画》,"魂舟"尾上站着鹤鹭类水鸟,也可能有"引魂"作用①。《三国志·魏书·东夷传》说,弁辰人"以大鸟羽送死,其意欲使魂气飞扬"(3·853)。王小盾说,借此,"我们就能理解何以在汉墓画像石上会出现那么多的凤鸟或朱雀……原来,它们都代表了灵魂的升仙和生命的永恒"(《四神》下·661)。

"前凤凰":太阳神鸟

作为宇宙或宇宙生命"永久循环"意象的"凤凰:phoenix",跟作为生命本源的太阳永恒运动相关。人类历史上的"太阳崇拜"发生得很早,一般认为,旧石器时代晚期,已经发生朦胧的"太阳"信仰和简单的太阳神话。

中国新石器时期仰韶文化彩陶里已经有了连续性太阳图案(例如河南郑州大何庄出土的彩陶图纹等)。我们更关注与早期"凤鸟"相关的"太阳神鸟"图纹。马家窑文化庙底沟类型彩陶上有飞鸟展翅图纹,却又很像火焰在升腾;有的鸟背上方有用圆点表示的太阳,有人认为它表示"神鸟"(最早的"三足乌"之属)在驮载太阳,让时光有序地运转——也许可以调谐众说,称之为"太阳火神禽",列之于"生命:太阳:神鸟"崇拜的范畴。

---

① 参见萧兵:《引魂之舟:楚帛画新解》,《湖南考古辑刊》第 2 辑,1982 年;收入《楚辞与神话》,江苏古籍出版社,1987 年;又见马昌仪编:《中国神话学文论选萃》(下册),中国广播电视出版社,1998 年;陕西师范大学出版社,2014 年。

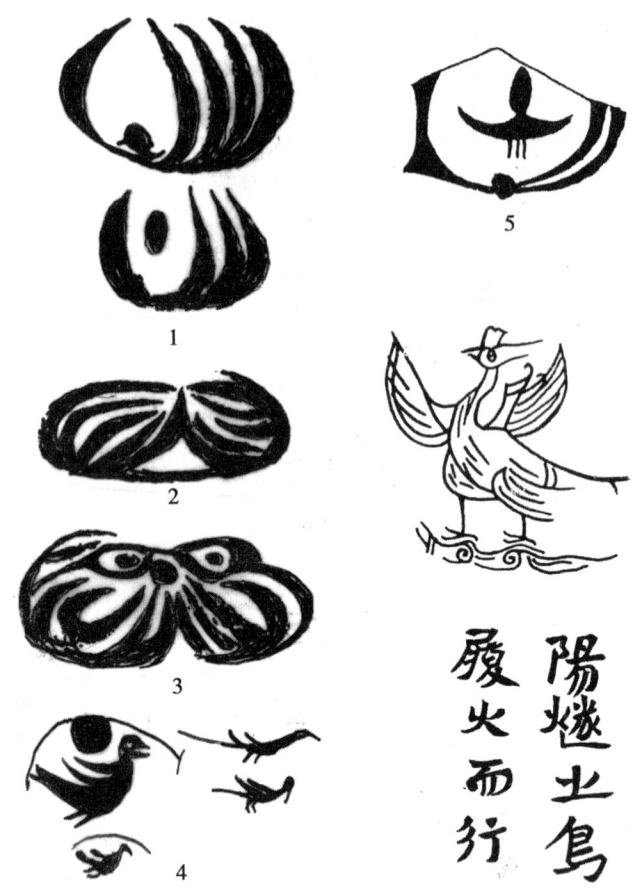

鸟纹：火焰纹

（1. 仰韶文化庙底沟类型彩陶纹，见《庙底沟与三里桥》，图版拾壹；2. "羽形纹"，马家窑文化，甘肃秦安；3. "双鸟拥日纹"，马家窑文化，甘肃天水；4、5. 飞鸟纹，仰韶文化庙底沟类型，陕西华县泉护村出土；右中下附朝鲜德兴里高句丽墓壁画及题铭）

上图自下而上，越来越抽象（这里不涉及先后问题）。看来，火焰纹与鸟羽很容易发生"混淆"或互拟。泉护村的一件（4），像是鸟在太阳照耀之下飞行（或说"神鸟负日"），翅、尾似（太阳）火焰；"双鸟拥日"（3），则似双鸟在日焰中展翅飞舞，必然导致秦安陶纹（2）那样翅羽的完全火焰化，连头部都消失了。最后只剩下升腾的火焰，稍存飞鸟之影像，"太阳"（?）只是点到而已。

严文明介绍彩陶上的鸟纹说：

> 鸟纹也是在半坡时期就有的，西安半坡就有鸟纹残片，宝鸡北首岭发现的一件大头细颈壶上，绘一鸟啣虫，相当生动。庙底沟时期的鸟纹就多了，陕西华县泉护村和华阴西关堡是发现得最多的，其它如河南陕县庙底

沟，山西芮城大禹渡等处也有一些。鸟的形象多种多样。……早期的鸟纹还是比较写实的，到庙底沟类型晚期已有简化趋势。①

他特别注意马家窑鸟纹与旋涡纹的难解难分。"为了让两种纹饰取得协调，鸟纹本身也便旋涡纹化，使得多数只有头部保持鸟的形状，身体有时变得难以辨认。"② 我们觉得最好不要把旋涡纹机械地理解为"水"。那也是狂风起处云翻雾卷所形成的"流体力学"现象，所以跟飞腾的鸟浑然一体——有人则进一步诠释为神鸟在太阳圣火里翻飞的神话意象。

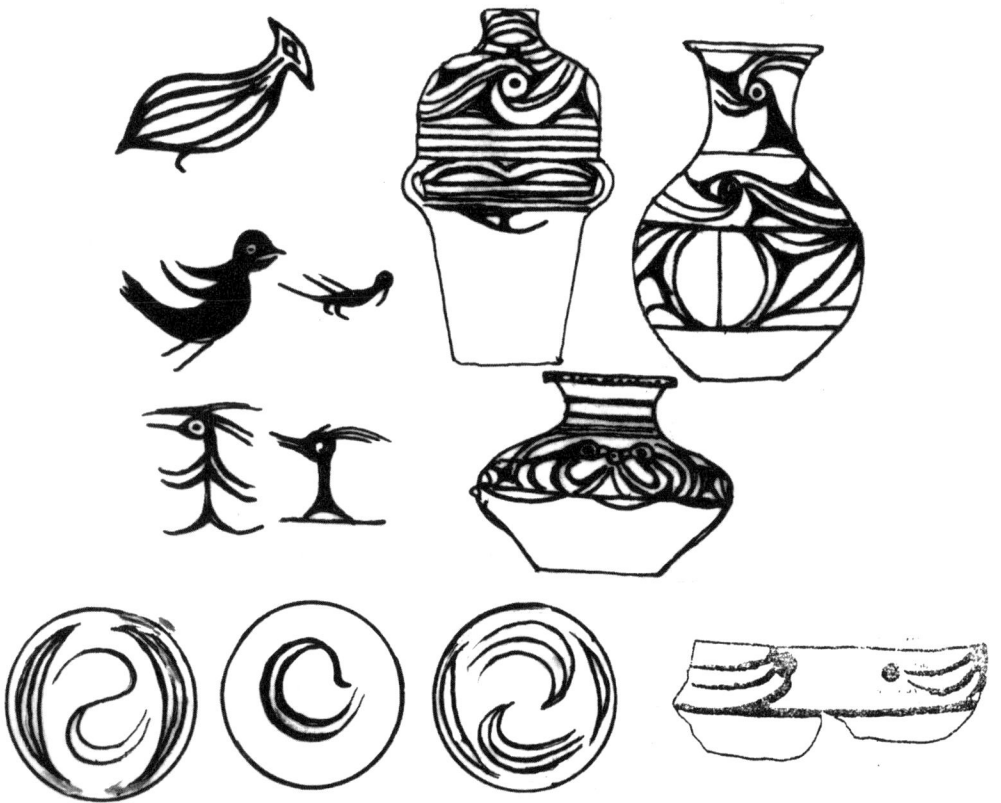

雏型凤鸟：经过变形或简化的（太阳）神鸟

（左上、中图主要为仰韶文化庙底沟类型及半坡类型；右上及下组图为马家窑文化。为便于对照，间有重复。采自严文明、石兴邦等）

新石器时期彩陶上的带神性的鸟，尤其是跟太阳有所干涉的鸟，不妨看做凤凰的一种雏型。因为凤凰一直跟"太阳：太阳火"有连带关系，甚至被看做一种太阳神鸟，跟太阳一样常常处于"世界中心"。

---

① 严文明：《甘肃彩陶的源流》，《文物》1978年第10期，第65页。
② 严文明：《甘肃彩陶的源流》，《文物》1978年第10期，第64~65页。

石兴邦说，马家窑文化，"动物图案以鸟纹和蛙纹为主体，有形象逼真的，也有象征性的"，而与庙底沟型不同。他举出长嘴带冠的鸟纹，"似啄木鸟之类"①。其实，后来"戴举"的凤鸟跟它有渊源关系。蛙纹则"以图案化的俯视象居多"。他认为，在马家窑文化里，"蛙鸟图腾"的图像"占着主导地位"②。他还认为，庙底沟类型也可能属于鸟图腾。从纹样的演变看，"半坡彩陶的几何形花纹是由鱼纹变化而来的，庙底沟彩陶的几何样花纹则是由鸟纹演变而来的，所以前者是单纯的直线，后者是起伏的曲线"③。

刘扶德注意到，仰韶文化半坡类型的大量"鱼纹"装饰，后演变为"含有鸟纹饰的庙底沟类型"；后者纹饰中"三足鸟形象应该就是象征日的鹏（凤）鸟"。由此一类型"发展到东海之滨的'扶桑'一带，形成了青莲岗一大汶口文化"④。

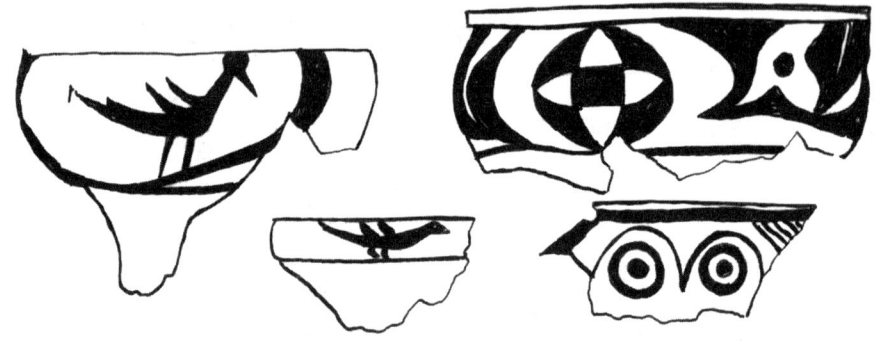

彩陶上的鸟纹

（仰韶文化彩陶，陕西华县柳子镇出土，参见《考古》1959年第2期，采自石兴邦等）

彩陶上有生动的鸟纹，手法极其简洁而流畅，例如画出鸥鹩的眉眼，就是中西纹饰都常见的"图案"。有人说此时已有鸟图腾崇拜，恐怕不一定。但是，这些神鸟多与"太阳火"相干连，连猫头鹰（参见图右下）都在特定时空里被看做"夜间的太阳"。

南方新石器文化里"太阳鸟"的意象，最明显的莫过于浙江余姚河姆渡的"双鸟拥日"⑤——有人称之为"双凤朝阳"或"两鸟舁日"。对此，我们有专门的介绍与讨论，这里只说简单的意见。

---

① 石兴邦：《有关马家窑文化的一些问题》，《考古》1962年第6期，第325～326页。
② 石兴邦：《有关马家窑文化的一些问题》，《考古》1962年第6期，第326页。
③ 石兴邦：《有关马家窑文化的一些问题》，《考古》1962年第6期，第326页。
④ 刘扶德：《扶桑考》，《社会科学战线》1985年第3期，第127页。
⑤ 参见《浙江余姚河姆渡第二期发掘的主要收获》，《文物》1980年第5期。

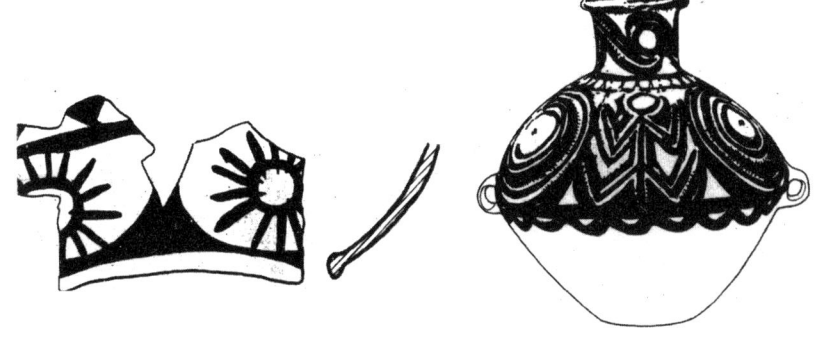

彩陶上的太阳纹

（左：彩陶，河南郑州大何庄出土，仰韶文化；右：彩陶罐，马家窑文化半山类型）

大何庄陶片上出现许多有芒太阳纹，不知道是连续性图案还是"多太阳"神话映像。

马家窑文化有"晕"太阳纹，常与"蛙形人"伴出，有的还充作"头颅"，颇具神秘色彩。

在波涛汹涌的海面上，两只巨鸟簇拥着闪射光芒的旭日喷薄而出。这"红日"由一重重的同心圆构成，表示它是有层次的，中心正是生命的内核、始基或者胚芽，显然又是禽卵的意象（蛋，因其在光照下易于观察到鲜活的"核心"而与种胚早就被初民当成生命的象征）。这可以看做以"太阳"形象出现的"宇宙卵"(Cosmic egg)，而它正是由一对雌雄神鸟育出并且护卫着……

这由河姆渡一件骨匕上的"双头鹰"孵育"太阳卵"得到证明："双头鹰"实际上是"交尾"的雌雄神鸟，发光的"太阳卵"正孵育在它们的腹部。而能够孵育并且护卫"太阳卵"的，当然只能是硕大无比的"太阳鸟"或"宇宙鸟"。

这种神鸟孵育"宇宙卵"，卵中生出世间万物和人类的神话，在中国苗族、高山族、北美印第安人以及北欧的神话里讲述得比较完整，我们的专题研究《中国早期艺术的文化释读》有详细的介绍，此略。

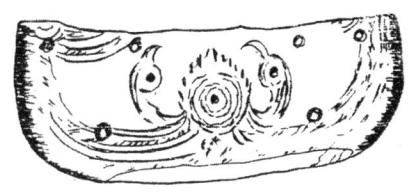

双鸟"育"日

（左：牙雕牌饰，浙江余姚河姆渡出土，T226③：79；右：骨匕，同地出土，T21④：28）

两只神鸟孵育并且簇拥着的正是光芒四射的"太阳卵"，它再现的是原初的太阳鸟生养或者创造"宇宙"的伟大神话。

有的专家认为,太阳与鸟的关系,其高端形式是"鸟日同体"。董楚平揭示,在南方环太湖或吴越地区,"神鸟"多胸怀太阳或"太阳卵"。他说:

> 在吴越地区,鸟日同体的神话源远流长。河姆渡时期是双鸟与太阳同体,双鸟像是太阳的翅膀。到良渚文化时期,都是单鸟与太阳同体。1973年,嘉兴双桥遗址出土的良渚文化陶鬶残片上刻着一只展翅的飞鸿,"胸背部位刻出重环的外缘,并填以红色彩绘"①。这是典型的单鸟与太阳同体的画图。反山出土的"玉琮"、玉钺、冠形器、玉璜、三叉形器,瑶山出土的冠形器,上海福泉山出土的玉琮,在宗神(引案:即所谓"神人兽面")旁边都刻有单鸟与太阳同体的侧身图,以表示宗神居于天上。②

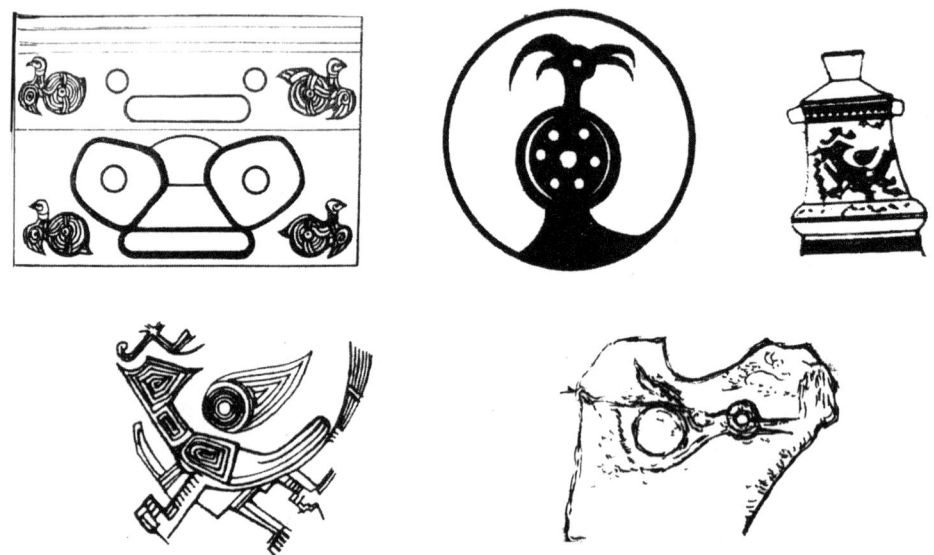

太阳与鸟的生命联系

(左上、左下:简化神人兽面纹与"四鸟",玉琮图案,良渚文化;上中、右上:陶器纹饰,崧泽文化;右下:陶罐残片,浙江嘉兴出土,良渚文化)

这些"太阳神鸟"的胸腹部(或其附近)都有多层同心圆构成的"太阳轮",不但表示鸟与太阳的紧密联系,而且暗示神鸟能够孕育太阳或"宇宙卵"。

---

① [原注]参见牟永抗:《东方史前时期太阳崇拜的考古学观察》,(台北)《故宫学术季刊》第12卷第4期,第7页。

② 董楚平:《鸟祖卵生日月山——良渚文化文字释读之一,兼释甲骨文"帝"字》,(台北)《故宫文物月刊》第168期,1997年3月;《良渚文化玉璧研究论文集》,南宋钱币博物馆,1999年,第173~174页。

这些神鸟都经过夸饰或美化，但最重要的是胸腹部（少数是翼翅部）被夸张为类似太阳的圆轮形图案，是典型的"太阳神鸟"。董楚平曾以此与古埃及的"太阳鹰"图案相比照。

我们认为，河姆渡"双鸟拥日"（通常称"双凤朝阳"）图像，体现的是一对"太阳神鸟"在孵育"宇宙卵"，暗寓太阳鸟"创世"神话（参见《中国早期艺术的文化释读》）。

又者，安徽含山凌家滩新石器文化玉器上曾出现"兼体造型"的"太阳鹰"图纹，两翼是野猪头的形象①。它"怀抱"外有大圆圈、中有小双圆的"八角星"图案——这种图案发现于中国南北"原始"到上古的出土文物之上，实质上是光芒射向"四面八方"的太阳。只要看看含山"龟书"玉版上"八圭"（原八卦）图纹，中心亦有"八角星"太阳，就能明白。

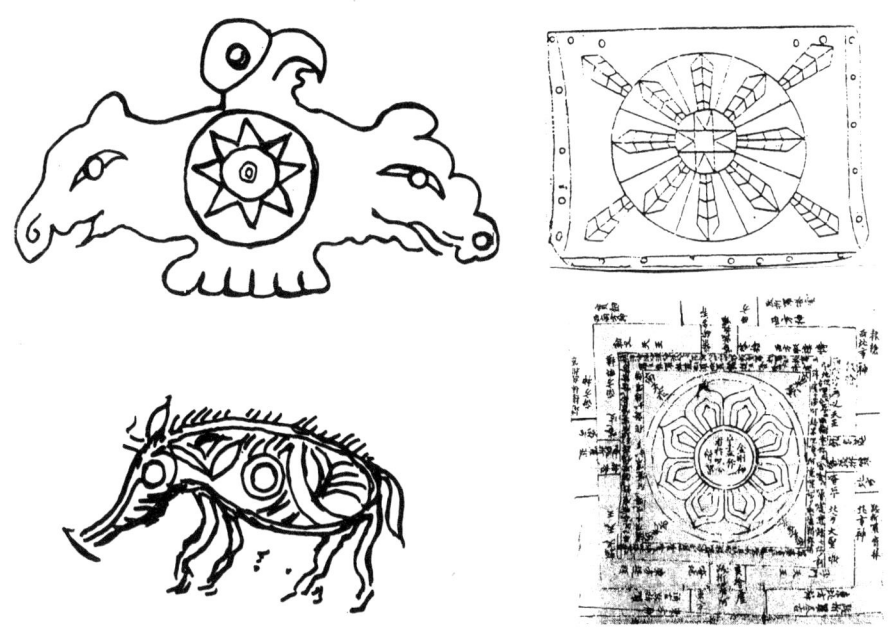

胸怀"八角星"或太阳的神鹰或野猪

（左上：玉器图纹，安徽含山凌家滩新石器文化遗址出土；右上是"原八卦图"玉版；左下："太阳猪"纹，浙江余姚河姆渡文化；右下是作为参照的敦煌《随求尊位曼荼罗》，唐代，现藏英国伦敦不列颠图书馆）

"太阳神鹰"胸怀"八角星"或太阳，两翼幻化为野猪头，兼体造型。这可以由河姆渡"太阳猪"形象找到参照系。八角星或八角星太阳亦可代表宇宙，这能够从含山玉版"原八卦图"与印度八瓣莲花"曼荼罗"得到印证。

---

① 参见《凌家滩玉器》，文物出版社，2000 年；李修松：《试论凌家滩玉龙、玉鹰、玉龟、玉版的文化内涵》，《安徽大学学报》2001 年第 6 期，第 42～43 页。

八角星又能表示"宇宙",跟印度"八瓣莲花"曼荼罗(mandala)所象征的"太阳中心之大千世界"异质同构,是几乎遍及中国上古文化的宇宙符号,而且在西亚与美洲等地也有所发现。

鹰鹫是"凤凰:大鹏"的最初母型。它飞翔高空,接近太阳。古代西亚与埃及、希腊等地人都认为它是太阳神鸟,或称"太阳鹰"。"太阳鹰"以神鸟而"怀抱"八角星或太阳,意味着它占据中心霸权话语,意味着最高权力的掌握或施予。可证之以蒙古旧俗。

铁木真(成吉思汗)求婚于诃额仑家,德薛禅用吉梦称赞他说:

> 我今夜得一梦,梦白海青(猎鹰的一种)握日月二者飞来落我手上矣。我将此梦语人曰:日月乃仰望之者也。今此海青握来落我手上矣。①

他说,这是"族灵神"来昭告祥瑞。原文为"速勒迭儿"(sulder),明本旁注为"吉兆"。道润梯步说,此词含义颇繁,除"灵魂"、"精神"外,"有时指'招宝神'或'增福神'而言,有时指以军旗形象表现的'战神'而言,有时指以马的画像或塑像的形象表现的'旺运神'而言"②。可供参照。

鹰和鹰翅上的野猪均以勇猛迅疾著称,"兼体"能使力量倍增,莫非这也是"战神"的一种形象?

赵振才介绍说,自名为"太阳—鸟"的东北赫哲族,其先民名称就是"太阳"与"雉"的结合③,而雉是凤鸟的重要母型。

【纳特—基】

〔汉语上古音〕nʲiei(日)　　〔汉语上古音〕dʲiei(雉)

〔赫哲语〕no-t(纳特:日)

〔藏语〕ni-o-t(尼澳特:日)　〔藏语〕dʒia(贾:鸟)

〔蒙语〕o-dor(澳多尔:日)

所以,"纳特—基"就是"太阳鸟"④。这种"太阳—太阳鸟—太阳鸟树"的崇拜,从埃及到中国,从东方到西方,是相当普遍的。

如前所说,自然学派的神话学家认为,鸟类的早出晚归,跟太阳的东升西降相对应,所以初民觉得鸟与太阳有"规律性联系",或者说二者能对位。

前举斯宾登(H. J. Spinden)《太阳崇拜》曾引用弗里彻(F. Flesche)等的见解说,雁、燕、鹅、天鹅等候鸟,"随季节而迁移,所以在铜器及铁器时代的

---

① (蒙古族)道润梯步:《新译简注蒙古秘史》,内蒙古人民出版社,1979年,第28页。
② (蒙古族)道润梯步:《新译简注蒙古秘史》,内蒙古人民出版社,1979年,第31页。
③ 参见赵振才:《从民族名称看赫哲族的起源》,《求是学刊》1980年第1期。
④ 参见赵振才:《从民族名称看赫哲族的起源》,《求是学刊》1980年第1期。

欧陆及北美，它们被认作太阳鸟，意思是：它们似乎在夏季时把太阳带向北方，在冬季则带去南方"①。

太阳，尤其是在云彩中隐显出没并且"翔行"的太阳，容易被"幻视"为鸟（或"两鸟"）跟"火云"齐飞——至少太阳火与飞鸟可以互喻。

冠戴太阳的凤鸟

（上：殷商青铜器纹饰；左下：白族纸马；"日宫"人面神鸟；右下附青铜器铭"日鸟"形象，此图复见）

殷商有些凤鸟形象，属于"兼体造型"。头部的"冠羽"，像"三角龙"之首，眼、鼻、口、颔分明。但仔细一看，凤目又似太阳，三"角"则像省略的日芒（似"皇"或"冏"字）。然则风神鸟之"凤"，确实兼为太阳神。剪刀尾的"燕子：玄鸟"头部似乎"幻化"为太阳（参见图右下）——那有"日芒"者分明就是太阳。

这种太阳与鸟的互拟，也发生得很早。最明显的如《左传》哀六年，有云

---

① 参见陈炳良：《神话·仪式·文学》，（台北）联经出版公司，1985年，第15～17页。

如鸟,"夹日以飞";《史记·楚世家》述为"赤云如鸟,夹日而飞",就像彩陶"太阳火神禽"之意象所见,三者发生互渗。

太阳⇌赤云(火)⇌鸟

太阳与鸟,似乎都在"有规律"地飞翔或运转,"朝出晚归",日夕交替,不断地循环。这甚至体现于文字所构拟的太阳升降的"二向"之中。

东:初升的太阳神鸟暂歇在扶桑之上
西:归还的太阳神鸟栖息在巨巢之中

中国东北萨满教的观念就是,鹰,"白天背着日头来,晚上驮着日头走"①。

这样,太阳的运动又跟鸟的出没相比附——直到四季的循环,都被认为跟"太阳:鸟"的生活同一节奏。

当然,"候鸟"的冬去春来也会被比拟为(由太阳方位与运动所决定的)季节周期性轮转(参见相关章节)。

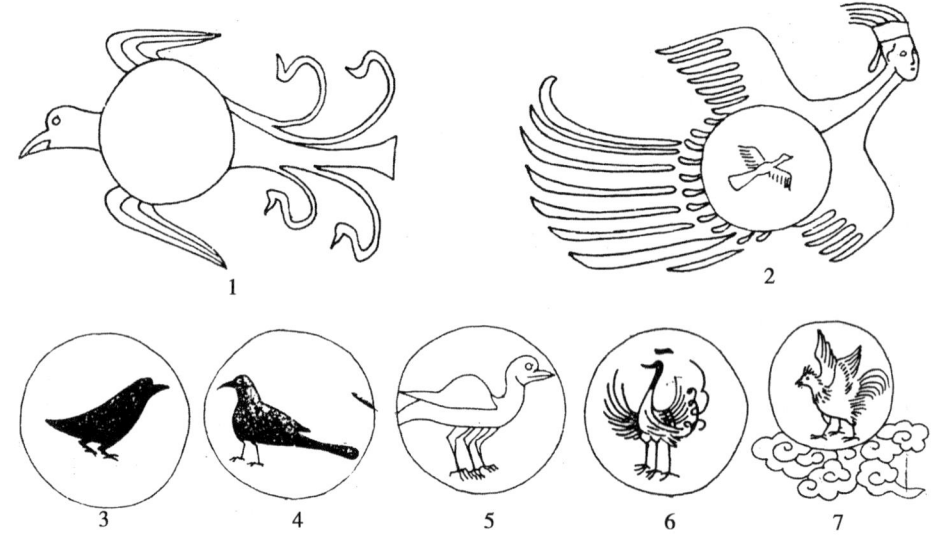

汉画里的太阳神鸟

(1. 河南南阳英庄汉画像石;2. 载日之鸟——羽人,或说羲和,四川成都汉画像砖;3. 金雀山西汉画;4. 马王堆西汉帛画;5. 汉代画像石;6. 敦煌壁画;7. 明代帝王冕服纹饰。采自孙机等)

太阳与神鸟互渗的结果之一就是"日中三足乌"的出现。日中金乌或乙鸟,可能还是"太阳黑子"的神话意象,却又与崇拜太阳的鸟图腾群团的信仰相融合。

---

① 参见富育光:《萨满教与神话》,辽宁大学出版社,1990年,第61页。

要之,早期的"(类)太阳神鸟",大体有这么几个特征(或者是向这些"特征"逐渐进展、靠近)。

(1) 鸟的形象被"尊化"和"美化"——美化本是尊化的一种手段,"凤凰"就其形象而言,便是凭借"美化",特别是"混形性"的"美化",而成为神话大鸟的(最明显的就是"日中三足乌"的美化)。可以说,鸟的美化就是"凤化",可以从中窥见"原始凤凰"的形象。

(2) 鸟,神鸟或鸟神,逐渐与太阳之意象及信仰相融汇。

(3) 有时,鸟跟某种"超现实"的"人"的形象相结合,或相伴出(这种"人"多属巫、巫酋、英雄或祖先),暗示着鸟的"灵"跟人的"灵"(spirit)有某种神秘的联系,"鸟祖灵"或"鸟图腾"观念似乎随之诞生——但是,没有充足材料最好暂且不做类似判定。

这些都跟"凤凰"及其民俗神话的发生、发展密切相关。

宇宙柱上的太阳鸟

(铜鸟柱盘,河北平山战国中山王墓出土。采自孙机等)

虽然是"器具",但并非"实用"。"中柱"实际上是"宇宙轴"(cosmic axie)。神鸟代表太阳或天空,底盘蛟螭(有时是鱼或龟鼋)标志"水"或地下世界。中间的圆盘也许表示大地—人间(所谓"球面生物圈")。

作为太阳神鸟的玄鸟

凤,尤其是凤皇(后来才写做"凤凰"),既是风(神)鸟,又是太阳神鸟。这不仅因为它"五采而文",光辉灿烂。

凤凰所出之"丹穴",也有人说是"太阳火"在大地上的"居所"。丹是红色,所以凤或称"丹凤"。其观念最早可远溯殷商。前文证明,殷商以鸟为图腾,以太阳为最高自然神兼祖先神,是天帝及天帝"信仰"的基础或内核。

前文说,"玄鸟赐卵",让简狄孕生商契;也可以说成"凤凰致贻"或太阳(鸟)降赐血裔。所以殷商的先公,不但有鸟的化形,而且自命"太阳的子孙"。帝喾(皓;昊;暤)、契、昭明、昌若、上甲微等名字多与太阳运动相关(参见《中国文化的精英》等书)。甲骨文四方、四风名称多与殷商先公名字相干连,而且也体现着太阳及"太阳祖灵"崇拜。

以上也证明着凤凰跟远古的"太阳神鸟"是一脉相传的关系,凤凰前身或母型的"燕:玄鸟"又被称为"鳦鸟",是太阳神鸟。

《商颂·玄鸟》汉·郑玄的"笺"说:"天使鳦(玄鸟)下而生商者,谓鳦遗卵(下蛋),娀氏之女简狄吞之而生契。"《商颂·长发》:"有娀方将,帝立子生商。"郑笺也说:"简狄吞鳦卵而生契。"燕、乙一声之转,乙鸟暗指燕子。严格说,"乙"字应该写成"乙",原是用来模拟燕子"嗌嗌"之鸣声的,如《吕氏春秋·音初》所写:"帝令燕往视之(指简狄等),鸣若谥(嗌)隘。"

这就像"鸭"模拟鸭子"呷呷"地叫(参见 Herder 语言起源的"象声"理论)。而由形体看,"乙"是由"日"字中间的"一"或"·"演变来的。我们看看古代"日"字的种种写法:

⊙　▫　日　乙　乙

太阳"轮"中有一黑点(古埃及象形字"日"也有这么写的),分明表示"太阳黑子"(macula)。初民或上古人通过水中倒影或阴翳中的"太阳"看到黑子活动(太阳爆发漩涡核子)——这是天文学上最古老的伟大发现——他们感到十分惊讶,以为灵异或者灾祥。于是用符号(后来以文字)来记录它,用"象征"来"讲述"它,以神话或传说来摹写它。

科学史家多认为,至迟到汉代,中国已有"太阳黑子"的正式记录。

李约瑟的《中国科学技术史》综述道:"记录从公元前 28 年即刘向时代开始,比西方最早的文献几乎早 1000 年。自那时起,至公元 1638 年止,在中国的正史中,显著的黑子记载共达 112 次……太阳黑子被称为'黑气'、'黑子'或'乌',其大小被描写为'大如钱'、'大如卵'、如桃、如李等。"(天学卷,4·2:637) 他已注意到"日中三足乌"之类与"黑子:日斑"的关系,但只是根据其在文籍里的出现立论。"三足乌",据孙机、王小盾等研究,周代已有其形象。根据我们在《楚辞与神话》(1987 年)中有关日、月神话的讨论,新石器时期就有太阳神鸟乃至"三足乌",以及⊙那样的类似"太阳黑子"的神话意象了。殷墟卜辞有:

日又(有)戠

陈梦家介绍说,此字读若"识志"或"痣";或以为"乃指日中黑气或黑子",即日斑(《综》240)。更多的人则不以为然。小屯南地甲骨有"月又(有)戠",则不是"月斑",因为月一直有"斑"即阴影。陈邦怀乃说为异常之"土黄色",也牵强。郭沫若则读为"蚀"(《粹》55)。但是卜辞有丰富而明确的"日食/月食"记录,不知与"戠"有什么不同。温少峰参用徐中舒说,以为后者指"日月交食"(《殷墟卜辞研究:科技篇》31),却更纡曲。"戠"到底是什么,只能存疑,但不能完全排除日斑/月斑之说。

如前所说，初民对此发现十分惊异，于是就用⊙之符号来表示太阳黑子。新石器彩陶里有这个"纹样"或"符码"。甲骨文里有这样写的"日"字，后来为了更方便刻画和书写，便写成方形的"日"，一"点"也逐渐变成短划（或说，美化或繁化以后成了"乙"）。在神话思维里，这个·/一或者乙，就形象化为黑色的乙鸟。

商代的"类玄鸟"形象

（左列：文字或徽识，采自《金文编》；右列：徽识或纹样，采自容庚、马承源及王大有；右下是当做"标准像"的"玄鸟妇"壶铭，采自《三代吉金文存》，参考于省吾，复见）

甲金文类"玄鸟"字样，喙大而钩曲，不大像燕子。"标准型"的与"玄"字并见的"鸟"，口衔二卵，形似鹰雕——也有燕子"短小"的身形。可见商代的"玄鸟"（或神鸟）已经过某种抽象与概括，其母型不限于自然界的某一特定的鸟。

559

鸟跟太阳在神话里就常常互拟，慢慢地，人们就传言太阳里有一只黑色的神鸟（燕子或三足乌），并且跟群团崇拜的鸟神、鸟祖先神或鸟图腾神融合起来——也有人说，是先因为"太阳黑子"诱发出"日中神鸟"神话，再用上举日、乙等符号来"记录"它；也可以说，"日中神鸟"是"日"字符号或"太阳黑子"神话的动物模式；还有人说，"日"中一圆点所表示的"太阳黑子"也逐渐被意象化成玄鸟之卵。殷商等女祖先或圣处女简狄吞吃了神禽（玄鸟：乙鸟）衔来的"太阳卵：太阳的黑色种子"，怀孕而生开国祖先"契"，殷商王族既是"玄鸟的后裔"，又是"太阳的子孙"。

含卵（或衔珠）的凤凰

（左上：摇钱树上的含珠凤凰，山东彭山东汉墓出土；左下：南阳汉代画像砖，珠在口前；右上：秦代空心砖图案（残缺），陕西咸阳秦宫遗址，现藏西安兵马俑博物馆；右下：汉代画像石，四川，复见）

在商器"玄鸟妇"（壶）铭玄鸟含卵之后，古代造型仍然有"玄鸟"或"凤凰"致诒神卵之意象。"含卵"跟"衔禾"、"含珠"是异质同构的。彭山汉墓摇钱树上的凤凰含"珠"，其上有人伸手，不知道是在喂饲还是索取。

爬虫类的龙跟蛇、蜥、鳄同样是下蛋的。当它"阳性化"之时，就难得见到"龙卵"之意象了。而神鸟一直是"卵生"的，甚至能生下"太阳卵"或"宇宙卵"。宇宙生命之卵，在神话式微之时，就"卑化"为物质性的宝珠，尽管在口碑里，龙珠或凤珠还具有许多的神奇。

三头太阳神（或兼风神）"离珠"，或说原就是含"珠"的太阳神鸟。

殷商的"太阳神鸟"祖先崇拜，有一个理想的参照系：嬴秦（"嬴：燕：匽"读音相似）。

秦人定居陕西，与戎狄相结合，但是他们的王族来自滨海的"东夷"，所以跟殷商一样有"吞卵（果）生子"的祖先神话，而且崇拜神鸟。特别是他们描绘的鹏凤，像玄鸟那样口含神卵（或宝珠），他们的祖先有名叫"蜚廉"（飞廉）的。

陕西咸阳秦宫殿遗址出土的一块残缺空心砖，上面镌刻着像《山海经》里西海神"弇兹"、东海神"禺彊"那样"珥蛇"的海神，他的"手"像鸟爪，可见他跟禺彊一样能转变为风神，就好像大鹏鸟（风神）能够转化为巨鲲（就是大鲸：海神）一样。所以秦人的鸟爪海神控驭着一只大凤——《齐谐》里的风神大鹏的形象就这样突现出来（这只巨鸟也可以看做风神"飞廉"）。宫殿用砖镌刻着海神与风神，为的是纳福祛邪。

"太阳离鸟"与凤凰

太阳里的"黑子"团旋飞转，被神话化为"神鸟"者，不仅有玄鸟（乙：燕）、三足乌，也许还有更古老的"离"鸟。它们都是凤凰的"前身"或"异名"，而其本身的称呼也有一些不同（详见《楚辞新探》、《楚辞与神话》）。

阳离 《楚辞·天问》："天式纵横，阳离爰死；大鸟何鸣，夫焉丧厥体？"

火离 《春秋元命苞》："火离为凤凰。"（参照《鹖冠子》："凤凰者，鹑火之禽，阳之精也。"）

炎离 《尔雅·释鸟》："鸉离。"

明离 《周易·离卦》："明两作离。"

《海外东经》郭注："羿之铄明离而毙阳乌，未足为难也。"

长离 《符瑞图》："鸡趣（凤之别称），王者有德则见，又名长离。"

汉·张衡《文选·思玄赋》李注引《大人赋》："前长离，后裔皇。"

如淳注："长离，凤也。"（《汉书·司马相如传》同，《史记》作陆离，《汉书·礼乐志》及注引作"长丽"）

汉·张衡《文选·思玄赋》："前长离使拂羽兮，后委衡乎玄冥。"

《后汉书·张衡传》唐·李贤注："长离即凤也。"

晋·潘岳《文选·为贾谧作赠陆机》："婉婉长离，凌江而翔。"

晋·傅咸《文选·赠何劭王济》："双鸾游兰渚，二离扬清晖。"

李注引《汉书》："长丽前掞光耀明。"臣瓒注："长离，灵鸟也。"

《周易·说卦》："离，丽也。"

凤凰：离朱

（四川汉代画像砖，本图复见，摹本略有不同）

太阳神鸟"离朱"是极为古老的"火凤凰"。汉画里的凤鸟口中还衔着"太阳之精"的宝珠，其翅尾之羽有如火焰升腾。凤鸟衔珠也可以看做玄鸟衔卵（或果）赐予生命的一种衍变。

《周易》有"离"卦。

《说卦》的诠解对此大有启示："离也者，明也，万物皆相见，南方之卦也。"离是光明，是太阳或太阳火，所以说"离为日"。

　　离为火，为日，为电。

太阳或太阳火的"动物模式"便是（太阳）"离鸟"，尊化即凤，母型为雉，为孔雀。请比照——

《说卦》	纬书（《春秋元命苞》等）
离为雉	火离为雉
	火离为孔雀
	火离为凤（凰）
	火离为鸾

注意："离：鸾"双声，歌寒旁转。可见"离"后来成为"鸾：凤"的"祖宗"。"太阳离鸟"再变为"离朱"——也许"离朱"是"朱离"的"词素易位"。《山海经·海外南经》：

　　［狄山］爰有熊、黑、文虎、豹、离朱。

晋·郭璞注："［离朱］木名也。见《庄子》。今图作'朱鸟'。"

朱红是太阳光色。五行学说或"四神"里，南方"朱雀"也是"朱鸟"，最古老的名称应即"朱离"或"离朱"，也是凤凰的一种——注意，它具有"三首"。《艺文类聚》卷九〇，《太平御览》卷九一五引《庄子逸篇》（异文略）：

　　南方有鸟，名曰凤皇。……以球（或作"璆琳"）琅玕为食。天又为生离朱，一人三头，递卧递起，以饲琅玕。

这有些像古希腊的"百眼"巨龙，眼睛轮流开闭，"递卧递起"，看守着生命树或"金羊毛"——又像格里芬看守黄金。

《山海经·海内西经》曰："服常树，其上有三头人，伺琅玕树。"郭注："庄周曰：有人三头，递卧递起，以伺琅玕与玗琪子——即此人也。"

凤凰，像龙一样，又成为守宝的圣动物，并且人格化为英雄。这样，"离朱"既是太阳神鸟，又是太阳神树，还是太阳英雄。

```
        ┌ 太阳神鸟（朱离：阳离：火离：炎离：长离）
    离朱│ 太阳神树（离朱：朱木——扶桑：若木）
        └ 太阳英雄（离朱：离珠：离娄）
```

三头鸟与三头神

（1. 楚绣，黄凤春据江陵马山一号楚墓插图摹绘，战国；2. 西王母与三头凤，洛阳卜千秋墓壁画，西汉；3. 山东沂南汉墓画像石；4. 甲骨文里的"三头人"；5. 三头神，楚帛书，湖南长沙子弹库出土，战国；6、7. 附爱斯基摩人绘画）

三头动物、三头人神，中外神话里都有。三头鸟/神"离朱"主要与太阳相关；或说，这跟日中三足乌同样，体现阳数之"三"。但原初神话思维里似无这种"天三地二"之类观念。由正常的一首进而为三头或三足，仍是"前进的夸张"。有些民族的风神是三头的，值得注意。

袁珂说，离朱即"日中踆乌（三足乌）"，又即"长离"，朱鸟[①]；离为火，为日，又即太阳神鸟，为金乌、玄鸟之前身，完全叠合或对应。

---

① 袁珂：《山海经校注》，上海古籍出版社，1980年，第204页。

"三头神"(太阳英雄)见于《楚十二月神帛书》。饶宗颐指出,其即离朱之神,"离朱当即离珠之凤,亦称长离"①。

其人格化之"离朱"为三头神,"凡俗"者称"离娄"(朱、娄可声转),《礼记·檀弓》释文云,"邾人呼'邾'声曰'娄'"。《孟子·离娄》称"离娄之明"。赵岐注云:"离娄,古之明目者,盖以为黄帝之时人也。黄帝亡其玄珠,使离朱索之,离朱即离娄也。能视于百步之外,见秋毫之末。"

"明目人"离娄(离朱)是太阳英雄的卑化。眼睛是太阳之意象,"日:目"可以互渗或相喻。《周易·说卦》:"离为目。"就暗含此意。

"离朱"之"朱",义本为赤,后来加偏旁为"(离)珠"。一来离朱鸟以太阳神树(三珠树)上的"球琳琅玕"为食,二来太阳之精可能"卑化"为光明之"珠"而为神鸟所衔所守,经过麦克斯·缪勒"语言生病"的经典过程,"语讹"为离朱,离朱之神或英雄离娄曾因"明目善视"找到黄帝所遗失的玄珠——在《庄子·天地》里又成了"寓言",变做黄帝失珠于昆仑,"使离朱索之而不得",也就是《韩非子·观行》所说的,"离朱易百步(之明)而难眉睫(之睹)"。

更重要的是,离朱鸟之有"珠",跟印度等地的大鹏鸟"木难珠"神话又有些混融,成了比较文化史的一桩疑案(事繁,详见《中国文化的精英》)。

凤是风神。那么"三头凤"是否以"前进的夸张"体现强大的"风"?

希腊的恶龙提丰(Typhon),曾经变形为有大鸟翼的Typhon,相当于中国的"大风"(神)——泰逢,实际上就是"台风:Typhoon"。所以"大风"怪的众多儿女里有混形的三头怪物喀迈拉(Chamyra)——它有狮子、山羊、蛇龙三个头——"普遍认为她是暴风云的拟人化"②。易言之,大风或神鸟派生出"三头"怪物。

粟特的风神维西帕塔尔也有三个头。依据此神的印度神话背景,如湿婆(Sheva)事迹所表示,这三首分别代表:

  创造 维持 摧毁

——"按照印度模式,这个风神是把宇宙中彼此对立的东西融为一体了。"③这是神话的哲学化,就好像神鸟"离朱"人格化为三头神"离珠",象征太阳般

---

① 饶宗颐:《长沙楚墓时占神物图卷考释》,(香港)《东方文化》第1卷第1期,1954年,第79页。
② [法]吕凯等:《世界神话百科全书》,徐汝舟等译,上海文艺出版社,1992年,第219页。
③ [德]克林凯特:《丝绸古道上的文化》,赵崇民译,新疆摄影美术出版社,1994年,第77页。

的光明普照，孳乳万物，创育生命——哲学在中国就是"光明学"。阳光之下没有蒙昧和愚蠢。中国与希腊、印度的"三头神"都与大风或太阳相关，恐怕并非偶然。

凤凰与南方朱雀

凤有出自"丹穴"之说，有"丹凤"之称。

古人有"丹鸡祀日"的风俗，不仅把"红日"与"赤鸟"联系起来，还用以标志日照最为强烈的南方，即"四象"或"四神"之一：

朱鸟，或朱雀

《礼记·曲礼》讲到军旗或军阵的时候说：

行，前朱鸟而后玄武，左青龙而右白虎。
（郑注："以此四兽为军阵，象天也。"）

郑玄说的是一种"方阵"，渗入了"兵阴阳家"的内容。《鹖冠子·天权》则依五行观念，以春、夏、秋、冬匹配东、南、西、北："春用苍龙，夏用赤鸟，秋用白虎，冬用玄武。"

"朱鸟"或"赤鸟"，原即"丹凤"。纬书《春秋演孔图》说："凤为火精，在天为朱雀。"以锦鸡为母型的凤鸟，基调为红色，所以也称丹凤。早期，例如殷商，并没有"赤凤"等四色或五色凤鸟，卜辞"四方凤（风）"也不以颜色为主要区别。"丹凤"或"朱雀"之类可能产生于五行学说的早期。

汉代所见"朱鸟"十分华丽，似雉鸡又似孔雀，实在就是（标识南方的）凤鸟。所谓"朱雀"，主要指称"朱红色的孔雀"或孔雀型凤凰，并非新引进的一种鸟，更不是单指"鹑"或"鹑火之禽"——那些名称起得很晚。

"朱鸟"（或朱雀）被当做南方星座群的标识。

《史记·天官书》：南宫朱鸟，权、衡。（4·1299）
正义："柳八星为朱鸟咮（喙），天之厨宰，主尚食，和滋味。"
集解引《文耀钩》："南宫赤帝，其精为朱鸟。"

《史记·天官书》：柳为鸟注，主木草；七星，颈，为员官，主急事；张，素（嗉），为厨，主觞客；翼为羽翮，主远客。（4·1303）

《尔雅·释天》：鸟喙谓之柳。

孙炎注："喙，朱鸟之口。"

《史记·天官书》：二十八舍主十二州，斗秉兼之，所从来久矣。……吴、楚之疆，候在荧惑，占于鸟衡。(4·1346)

正义引《星经》："柳、星、张，周之分野，三河；翼、轸，楚之分野，荆州也。"

正义："荧惑、鸟衡，皆南方之星，故吴、楚之占候也。鸟衡，柳星也。"(4·1346)

最粗疏的概括——

南宫朱鸟（吴、楚分野）
  嘴：柳（八星）
  颈：七星（天都）
  嗉：张（六星）
  翼（羽翮）：轸等（二十二星）

这里，南方的朱鸟（星座群）跟鹑火没有关系。

我们不懂天文学，只是认为《史记·天官书》所载是一系统，"鹑火"却出现在另一系统（《三统历》，夏正系统）。

所以，《史记》正义才说，"翼二十二星，轸四星，长沙一星，辖二星，合轸七星皆为鹑尾，于辰在巳"，却仍然是"楚之分野"(4·1303)。

"鹑火"，出现在《国语·周语》（下）伶州鸠之对周景王：

昔武王伐纣，岁（星）在鹑火。（上·138）

汉·韦昭《国语解》说："岁，岁星也。鹑火，次名，周分野也。从柳（星）九度至张（星）十七度为鹑火。"（上·139）即《周语》所说："岁之所在，则我周之分野（鹑火）也。"（上·138）《左传》昭二十一年亦记其语，却只说钟（下·2097），不说天象。韦昭简明地说："张，鹑火也。"相当于《天官书》朱鸟之嗉（六星），属于南方吴、楚分野，只是《星经》说："柳、星、张，周之分野，（地在）三河。"与《周语》略合。

《左传》襄九年晋臣士弱介绍"火正"的职司云："古之火正，或食于心（大火星），或食于咮（嘴），以出内火。是故咮为鹑火，心为大火（星）。"亦不说"星野"之事。

日本学者成家彻郎认为,《周语》的"岁在鹑火",讲的只是"火"(大火星),与鹑无涉。"在殷和西周时代,只是'火',即长蛇(座)α星。后来,人们把天上'火'一带看成鹑(这个鹑是雕),而后'火'才成为'鹑火'。"鹑火主要与"十二次"联系,"十二次"是春秋晚期的天文学概念;《周语》说的只是武王伐纣,"黎明前在'火'附近看到了木星(岁星)"①。

张培瑜认为,伐纣之年,"岁在鹑火"较为可靠。"殷人可能已认识岁星十二年一周天,故用作年岁的称谓。用岁星在天空的位置来纪年可能也是很早的。很可能'岁在鹑火'是周人流传下来记述克商年代的说法。"② 但是,他提醒:"当时不一定有'鹑火'这个名称。殷人已认识并祭祀鸟星,'岁在鹑火'实际就是指伐纣之年,岁星在鸟星附近。"③ 这又跟"十二岁次"有牵连。木星(岁星)之恒星周期约等于12年,《天官书》里每一年都有个怪名字(丁文江、竺可桢等认为是印度"木星纪年"岁名的汉译,但很多人不同意)。

现在按照李约瑟《中国科学技术史》(4·2:554)的概括,录有关"鹑火"者如下,以便参考(《天官书》岁名有异文,但可通)。

十二支	天文学名称(次)	占星术或历法名称(岁名)	对应的宿	对应的方位
6 巳	鹑尾	协洽(岁)	翼,轸(27,28)	南
7 午	鹑火	涒滩(岁)	柳,星,张(24,25,26)	南
8 未	鹑首	作噩(岁)	井,鬼(22,23)	南

《晋书·天文志》说:"班固取《三统历》十二次配十二野,其言最详。"(据中华书局1975年版《历代天文律历等志汇编》第1册,第193页,以下简称《汇编》,仅标注出册次、页码)其相关者——

> 自东井十六度至柳八度为鹑首,于辰在未,秦之分野,属雍州。
> 自柳九度至张十六度为鹑火,于辰在午,周之分野,属三河。
> 自张十七度至轸十一度为鹑尾,于辰在巳,楚之分野,属荆州。(1·194~195)

其说看来属《三统历》系统。李仲操《西周年代标尺的运用》说:"《国语》

---

① [日]成家彻郎:《武王克商的年代》,《西周史论文集》(上册),陕西人民教育出版社,1993年,第32页。

② 张培瑜:《西周天象和年代问题》,《西周史论文集》(上册),陕西人民教育出版社,1993年,第52页。

③ 张培瑜:《西周天象和年代问题》,《西周史论文集》(上册),陕西人民教育出版社,1993年,第52页。

的岁次，以夏历为准。"(《西周史论文集》上·79)

星野学说本质上属于源出苏美尔—巴比伦的天象影响人事的占星学。决定星座与地区关系的当然主要是星辰的相对位置或"视运动"，但也与文化传统里认为某颗星或星座对群团的"利害"或影响有关。

印度也有类似的"星野"学说。《月藏经·星宿摄受品》说：

> 告娑婆世界主（Sahampati）大梵天王（Maha Brahma）四天王（Devaraja）言：过去天仙云何布置诸宿（Naksatra）曜（Graha）辰（Raci）摄护国土，养育众生。娑婆世界主大梵天王释提桓因四天王等而白佛言，过去天仙分布安置诸宿曜辰，摄护国土养育众生，于四方中各有所主。（据饶宗颐等引）

至于哪些星辰、星座决定何方的利益幸福，为"天"或天神所掌控。当然，各个群团的理解、接受、认同都不一样。这对理解作为"方位神"或标识物的"四象"、"四神"或"四灵"非常重要。

在神话思维的空间系统或观念里，"所处位置本身即是事物存在的一部分，位置对事物（包括群团）施加非常特殊的内在束缚"①，地上的位置跟星空的某一部分（星座或星座群）相对应，并且相互影响——这种"关系"包括"视运动"或视觉形象的一致性（例如相垂直、相跟随或者"互动"）。恩斯特·卡西尔把这种"天地互动"或星人感应看做由占星术产生的"神话地理学"(mythical geography)。例如——

> 早在古巴比伦时代，地上世界就依据它与天堂的关系被分为四个不同区域：阿克达，即南巴比伦，由木星（岁星）统治和卫护；西部的阿姆鲁由火星统治；北部和东部的苏巴吐和伊拉由昴星团和英仙座统治。②

这是很值得参考的。

出于神话思维的直观需求和具象性特征，抽象而又纷纭的星空的某些部分被赋予动物的名称（东西方星座或星宿基本以动物命名），这些动物为群团所熟知、所敬畏、所关切，或者（曾经）是被崇拜的圣物或图腾，最明显的是中国的"四象"或"四神"。起初往往不稳定，例如（青）龙虽为众多群团所认同，形态（尤其是头部）却大不相同，只是被分配于"东方/春季"大体一致；西方本该分派给出于昆仑风穴的凤鸟，却在麒麟、猛虎之间摇摆不定；北方由"鹿：

---

① ［德］恩斯特·卡西尔：《神话思维》，黄龙保、周振选译，中国社会科学出版社，1992年，第105页。

② ［德］恩斯特·卡西尔：《神话思维》，黄龙保、周振选译，中国社会科学出版社，1992年，第105页。

麒麟"转变为龟或龟蛇——炎热的向阳的南方只能由红色基调的"太阳鸟"凤凰来认领,并且由"丹鸟"、"赤凤"改称为"赤鸟"或"朱雀"。"少昊以凤鸟至,乃以鸟纪官,则所谓丹鸟氏即凤也。"(沈括引或说)鹑的加入,如上所说,时代恐怕要晚到汉代。

宋·沈括《梦溪笔谈》说,"朱雀"在四神中最难确定是什么动物,"但谓鸟而朱者,羽族赤而翔上,集必附木,此火之象也;或谓之'长离',盖云'离方'之'长'耳"。他提到《周礼》旗帜上的圣物,见于《冬官·考工记·辀人》。

龙旂九游,以象大火也;鸟旟七游,以象鹑火也;
龟蛇四游,以象营室也;弧旌枉矢,以象弧也。

汉·郑玄注:"鸟隼为旟,州里之所建。鹑火宿之柳,其属有星,星七星。"

这是《三统历》系统。在中国式方阵里,前军打朱雀旗。这是绣着"鸟"或"隼"的军旗,郑玄认为它象征的是"鹑火"星座。

鹌鹑与黄脚三趾鹑

(左为象牙雕刻,清代)

后来的材料说,"赤凤谓之鹑",这也许因为朱雀或朱鸟曾向黄脚三趾鹑取象,并采其红褐色与勇而好斗的性格。它还被"升"上太空成为星座的名称。

"鹑火之禽"不一定就是凤,凤也绝不会主采"鹑"为形象基干。

朱鸟、朱雀乃至丹凤,确曾与"鹑"或"鹑火之禽"连接起来,但那恐怕是汉以后的事(《西山经》较古老,但编成早不过战国初)。

《山海经·西山经》说"赤凤"出在昆仑之丘,"有鸟焉,其名曰鹑鸟。是司帝之百服"。清·郝懿行《笺疏》:"鹑鸟,凤也。《海内西经》云:昆仑开明西北皆有凤皇,此是也。《埤雅》(卷八)引师旷《禽经》云:赤凤谓之鹑。"

《鹖冠子·度万》说:"凤凰者,鹑火之禽,阳之精也;麒麟者,玄枵之兽,阴之精也。"

纬书《春秋演孔图》:"凤为火精,在天为朱雀。"

《师旷禽经》:"赤凤谓之鹑。"

晋·顾恺之《凤赋》:"凤禀鹑火之曜,资和气之氤氲。"

只是在某一特定时空,有人把鹑(或鹑火)看做一种(红色的)凤,凤鸟以雉为重要母型,鹌鹑(鹑的一种)属于雉科,是鸡形目里最小的一种,创造凤鸟的群团可能也会以之作为"参考",但绝不会把它当做凤鸟重要或主要的母型。作为混形神物,龙、凤都是大小不拘,甚至可以忽大忽小。但对于凤,至少要求具有极乐鸟或太阳蜂鸟那样的美丽。至于说赤色,红腹锦鸡足矣,何必独独青睐于鹑?

沈括素有创见,他提出朱鸟(并不就是凤)母型为鹑。

古人取象,不必大物也。天文家"朱鸟",乃取象于鹑。故南方朱鸟七宿,曰鹑首、鹑火、鹑尾是也。

鹑有两种,有丹鹑,有白鹑。[朱鸟]此丹鹑也,色赤黄而文,锐上秃下,夏出秋藏,飞必附草。皆火类也。

沈括之说虽杂着五行家"火类"云云呓语,但也含着卓识。他说苍龙有尾,"南方朱鸟七宿,有喙,有嗉,有翼,而无尾。此其取于鹑欤?"马永卿《嬾真子》也以朱鸟七宿无"尾"而鹑亦无"尾"说之。尹荣方反对此说,王小盾为之辩护,姑略。他们都揭示,鹑有两种:

鹌鹑(coturnix;coturnix;commonquail) 雉科,鸡形目,鸟纲

水鹌鹑,或黄脚三趾鹑 (turniciformes;turnicidae;turnixtanki)三趾鹑科,鹤形目,鸟纲

尹荣方认为,朱鸟所据为母型的是后者,原因主要"在于鹑作为夏候鸟,其本身所具有的时令意义"。因为"古人观察天象的最重要目的是辨别时令、节气,是为了掌握时间"①。"四方"与"四季"的对应,也跟作为农业国的中国的地理—气候环境有关(夏暖似南,冬寒如北,春如东方日出,秋似西方日落),所以四分的"时/空"可以用相应的圣动物命名(龙春出蛰,凤赤似夏,虎如秋杀,龟寒冬眠——当然,古代学者还有一大套理由,尤其阴阳五行家善于利用神话的诠释)。

尹荣方认为,作为"音乐鸟",凤凰母型为大雁;"传说中'火凤凰'的来源非鹑莫属"之说,我们不敢苟同,理由如下。他引用的史料主要是汉代及其以后的。稍古老的《尔雅·释鸟》"鹠,凤;其雌皇",鹠虽可通"鹑"(鹑之异称,却不止于鹑),但主要指燕(如宴可通谯,郾国指燕地等)。《南山经》丹穴凤凰,"其状如鸡"(鹑似少年之鸡),则主要落足于"五彩而文",黄脚三趾鹑

---

① 尹荣方:《神话求原·火凤凰与三足乌的起源》,上海古籍出版社,2003年,第145页。

"暗淡"得不及凤鸟之万一。燕子、猫头鹰则具神圣性或神秘性,鹑太无奇(化生说例外),只有好斗,才能引人注目。

王小盾说:"种种迹象表明,当古人建立起'朱雀'这一概念的时候,他们心目中的形象,就是作为夏候鸟的三趾鹑。"(《四神》下·846)此说虽有可能,但时代晚。即使如此,三趾鹑也不与凤发生直接关系。

以上我们主要论证——

(1) 古老的朱鸟是"赤凤"或"丹凤",以"红腹锦雉"等为母型,赤黄色基调使其被选为南方标志(汉画朱雀大都华丽如雉凤,似孔雀,早期个别短尾者也矫夭健美如鹰雕,无一似鹑)。

(2) 凤凰作为混形神鸟,主要取象于雉与孔雀,雉科、鹤科之鹑也可能因其某些生态特征或"变形"(化生)为四神、四灵创造者所注意。

(3) 早期的,或《史记·天官书》所说的星空划分或命名,不以"鹑"为南方朱鸟的主要母型,《三统历》后或司马迁时代,鹑火等可能与朱鸟相粘合(它本身出现不晚于东周,其"分野"是周而不是南方)。

鸾凤、神树,后羿射妖鸟

(汉画像砖,四川新津宝子山崖墓出土,复见)

画面中心,是大叶神树上栖息双凤,形象迥异,应是雄凤与雌鸾。

穿插以后羿射鸟(一共12只)——这种鸟应该是被看做异化了的"妖鸟",也许还代表着那些多余的太阳。鸾凤则似是被捍卫的神鸟。

凤凰与太阳神树

《论衡·状留》:"枫桐之树,生而速长。"

杜而未认为:"这必是将树的速长与月形速长在神话上连合为一。"① 这也未

---

① 参见杜而未:《凤麟龟龙考释》,(台北)商务印书馆,1996年。

免太简单了。我们找不到梧桐与月亮在形/质上有任何类似之点,就好像硬要将板凳和云做"比较"那样。他说,"凤:鹏"能化为"鲸:鲲",就是月亮鸟,它常栖止的梧桐树是月亮树①。月亮常变化。那么任何会变化的生物都可以是月亮原型吗?

鸟跟神树的关系,最集中地体现在"太阳鸟"(三足乌)与扶桑-若木之间关系的密不可分。后者以"太阳树"兼着生命树与世界树,太阳神鸟栖息其上;或说:"日出扶桑"构成"东"的意象(甲金文"东"却多像"囊橐"),鸟栖神树之巢便是"西";日出"木"上为"杲",日入"木"下为"杳"。这构成"太阳/神鸟/圣木"三位一体的崇拜(参见《楚辞与神话》专篇,《中国文化的精英》第1章)。前文说的"离"也一分为三,而离朱神鸟也离不开离朱木。

某一种多少有些"特化"的动物,依赖某一种植物,以之为食宿之源,否则就活不下去。这种"共栖"现象在生物界并不罕见。大家熟悉的如熊猫只吃竹子,考拉离不开桉树,就好像某种人群适应某种环境和食物一样。

以珍奇鸟类而言,极乐鸟只在十几丈高的"雀树"上栖息;渡渡鸟一般只吃30米高巨树"卡尔瓦利亚"坚硬的果实。渡渡鸟灭绝,巨树坚果不经其消化系统的"折磨"便不能发芽;再加上滥伐,如今在毛里求斯这种珍木只剩下区区13棵……

这样一来,说凤鸟非梧桐不栖,非醴泉不饮,非竹实不食,也不是什么太奇怪的事,只是生物学界至今没有找到这种"挑嘴"的奇鸟。神话里,那不死的古埃及火凤凰,只饮天降的甘露。

再看多少与鹏凤有关系的印度巨鸟——大鹏金翅鸟,除了"非龙肺不食,非凤血不饮"之外,

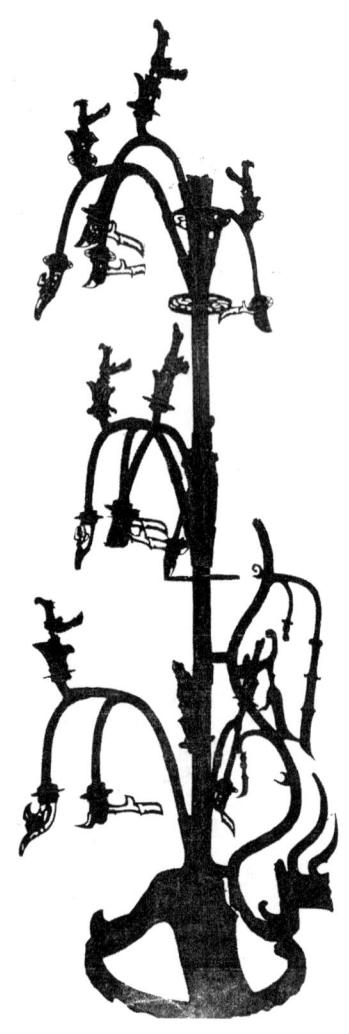

青铜神树

(四川广汉三星堆器物坑出土,晚商)

这是具体而微的太阳神树,或即"扶桑",其枝称为若木,其花为变体"莲华"(颇似令箭荷花)。其上栖止的多是象征太阳的神鸟,体现出"太阳:神鸟:树"的一体化。

---

① 参见杜而未:《凤麟龟龙考释》,(台北)商务印书馆,1996年。

它还会利用"铁权树"捕捉恶龙。深受印度神话宗教影响的纳西族螺白神鹏则是凭借坚硬的桑树来生存的——就好像金乌休憩的扶桑。西南民族神禽与英雄止息的马桑树——洛克称之为：

希望之树（wish-granting tree）

由于生克效应，那伽龙很忌惮这种神树。

在纳西族一种"神路图"上，相当于大鹏的"修曲"所栖息的是居那什罗山上更加有名的生命树——"含英宝达"。

凤栖树藤

（左上：原题"花冠凤纹"，青铜器攸簋腹部纹饰，西周，陕西扶风法门寺出土；右上：供参照的阿尔泰巴泽雷克大墓的雏凤；下：北京房山琉璃河53号墓出土铜器纹饰）

这种流苏形的冠、尾，是凤鸟与其所栖止的树枝或藤蔓的融合，或一体化。这种手法犹见于楚墓与巴泽雷克大墓出土凤鸟绣纹，但都不常见。其形象也可能受了某种穗状冠尾的美鸟之启发诱导。这可能暗示凤鸟喜爱栖息在某种生命力强大的藤蔓之上——叶形"果"与八角星纹在此属生命符号。

> 凤凰鸣矣，于彼高冈；梧桐生矣，于彼朝阳。

自从《诗经·大雅》的《卷阿》把凤凰与梧桐联系在一起，凤鸟非梧桐不栖就成为很难解释清楚却又"公认"的说法。问题可能出在现今梧桐到处可见，"悬铃木"或称"法国梧桐"，是生长最快、树冠最大的城市绿化树，毫无神秘可言。

宋·晏殊有《梧桐》诗云：

> 苍苍梧桐，悠悠古风。叶若碧云，伟仪出众。
> 根在清源，天开紫英。星宿其上，美禽来鸣。……

这比我们这些迟钝麻木的现代人对这种美树的观感高明多了。

唐启翠在她的博士学位论文里说，凤凰朝出夕入的梧桐，可能曾是扶桑似的"太阳神树"。"凤凰的栖落，则象征着光明到来。即祥瑞降临，故而有'栽桐引凤'、'桐花凤'之说。"或说："凤凰"雌雄同体，也许"梧桐也是象征着阴阳雌雄同老同长、同生同死"，是爱情坚贞的象征。所以《孔雀东南飞》说：

> 东西植松柏，左右植梧桐；枝枝相覆盖，叶叶相交通。

日出扶桑

（神鸟与神树，美洲古代雕刻，墨西哥谢奇皮列地区，约15世纪，采自朱谦之、王大有等）

不仅古代中国，古代埃及文明与希腊文明里也常见"太阳神鸟"与圣树相伴出的意象。

尤其是古代美洲，神话与造型艺术的"太阳神鸟"栖止"圣树"，跟中国的"日出扶桑"意象相当接近。

唐·孟郊《烈女操》也说："梧桐相待老，鸳鸯会相死。"跟鸾凤和鸣、双飞双宿等一起构成坚贞爱情意象群[①]。

庞进认为，作为"太阳神鸟"的凤凰，之所以选择梧桐，因为梧桐同样也是"喜光"的生物。

梧桐喜光，属"向阳花木"，故有所谓"梧桐生矣，于彼朝阳"（《诗经·卷阿》），还有"昔也植朝阳，倾枝似鸾簇"，"阳阿泫绿水"，"欲待高

---

① 参见唐启翠：《神话、仪式与象征——〈礼记〉的文化阐释》，南方日报出版社，2010年。

鸾集","梧禽激响于朝阳"等说法。这便和凤凰向阳的神性相吻合了。①

然而生长快的乔木，绿化功能虽较强，但材质疏松，很难成为栋梁之材，做实用性器具也多不适当，所以不能从"实用"层面而应该由审美与民俗观念去理解梧桐与凤凰的"共生性"关系，但关于梧桐"知月"、"应时"的记载太晚。梧桐高大而又扶疏摇曳，确能衬现凤凰的华美。传说桐木能制古琴。这跟传说中凤凰鸣声清亮高亢能够相互"喻拟"（参见后面的尹荣方说）。最重要的是它在漫射的暖日下快速生长的能力，被古人认为是生命力强大的乔木。

《庄子·秋水》说：

> 南方有鸟，其名为鹓雏，子知之乎？夫鹓雏，发于南海而飞于北海，非梧桐不止，非练实不食，非醴泉不饮。……

鹓雏是卜辞"四方凤"里的北方凤"夗"，体现与追求的是庄周理想的高洁虚静，她的品质跟梧桐、竹实、甘泉是完全一致的。从"音训"的角度说，"梧桐"就是"吾同"，即"我认同于她的高洁、幽清、光明以及生命力的强大"。

闻一多《尔雅新义》等文说，《卷阿》之诗应作：

> 梧桐生矣，于彼高冈；
> 凤皇鸣矣，于彼朝阳。

（《古典》上·229）

像极乐鸟那样迎着朝阳歌唱，就更是"太阳（神）鸟"的性格了。但我们觉得，梧桐在特定时空里确曾像扶桑与若木那样被当做"太阳神树"，凤栖梧桐传言由此而起。后来又被看做"凤凰（神）树"，"红稻啄余鹦鹉粒，碧梧栖老凤凰

"碧梧栖老凤凰枝"
（清代石刻）

太阳神鸟与神树本是"伴生"关系，后世演变为凤凰与梧桐树的亲密联系。

梧桐喜欢温暖的阳光，扶疏摇曳而高洁虚静，生长快速，生命力充沛，古人选择其为尊贵的凤凰之伴生物。

---

① 庞进：《凤图腾》，中国和平出版社，2006年，第71页。

枝",此之谓也。另一个可能是,"梧桐"云云,只是兴辞,经过"语义误读"的麦克斯—缪勒经典过程,由虚到实,使它们变成了谁都离不开谁的"联盟"关系,就像前举太阳鸟与扶桑树、离朱鸟与离朱木、大鹏与含英宝达树的"共生"一样。

尹荣方则以凤凰为风神兼"音乐之鸟"推出,非竹实不食,暗示"竹管定律"乐制与历法下凤鸟与竹的密切关系;"凤凰非梧桐不止传说的产生,其契机也正在其音乐性上"(《神话求原》143)。可备一说。

美国加州大学洛杉矶分校的李彼得教授(Prof. Peter Lee)曾质询我们,凤凰为什么只喜欢栖止于梧桐,我们当时回答得很含糊。以上也许有助于解答此谜。

鸟立壶"中"

(左:立鸟盖铜壶,战国,河南汲县山彪镇M1出土;中:莲鹤方壶,战国,河南新郑出土;右:立鸟铜壶,战国,江苏涟水出土)

春秋战国时期,出现一种"立鸟"于器盖之"中"的铜壶,四周以莲花或仙禽环绕。

时代越发展,越晚近,太阳或神鸟的意象越多元化。例如太阳,可以由"太阳花"来代表,凤凰也能够由仙鹤等来置换。

林巳奈夫指出,从战国到汉代,莲花形象总是处在"太阳"亦即"宇宙中心"的位置,并且跟某些"中心"标志相对位,相一致①。例如,四叶莲花能够

---

① 参见[日]林巳奈夫:《汉代诸神》,(京都)角川书店,1989年,第232页。

代表或置换居于"四神"之"中"的"天极星"①。"此星应是中央星座中最为明亮的β星,与太阳联系在一起,则象征着帝王。"② 亦即——

莲花:天极星:太阳:君主或天子

由这个视角来观照河南新郑出土的有名的莲鹤方壶,河南汲县出土的大同小异的兽带纹鸟盖壶等,屹立在八瓣莲花之"中"的仙鹤或神鸟,就跟"玄鸟"同样可以看做"宇宙(中心)鸟"或"太阳鸟"一样(必要时它也能够生出"太阳卵"来),跟凤凰异质同构,至少也是凤凰向它们"取象"的主要依据。

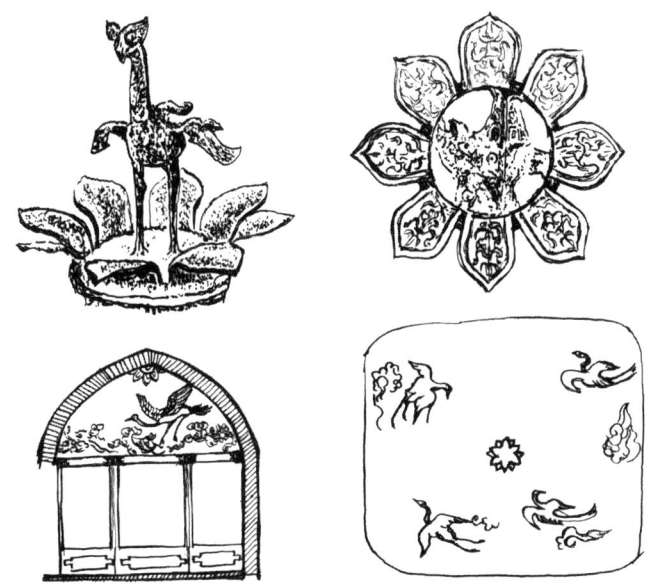

莲花中心与仙鹤

(上组:立鸟铜壶,河南汲县山彪镇 M1 出土,战国,壶盖部分;下组:墓室天井莲花与仙鹤,河南焦作老万庄、井陉柿庄出土,金代)

东汉·王延寿《鲁灵光殿赋》描写大殿"藻井"时说:

圆渊方井,反植荷蕖。

在中国古代人观念中,屋室是小型宇宙,居于"中央"的"天井",就是宇宙中心,中心处是太阳之类发光体。《鲁灵光殿赋》宋·张载注就说:

[莲花]种之于圆渊方井之中,以为光辉。

---

① 参见[日]林巳奈夫:《汉代诸神》,(京都)角川书店,1989年,第242页。
② [日]林巳奈夫:《中国古代的日晕与神话图像》,杨凌译,《三星堆与巴蜀文化》,巴蜀书社,1993年,第128页。

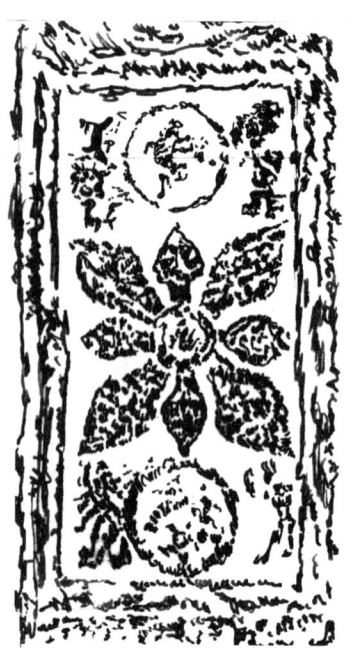
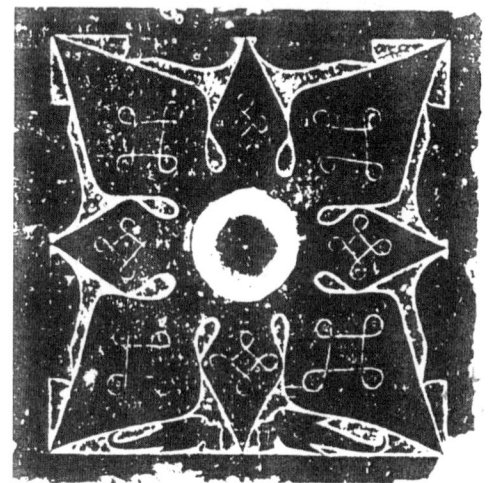

处于"中心"的八瓣莲花

(汉代画像石,采自林巳奈夫等;右中附莲花图供参照)

处于"图纹"或"构形"中心位置的八瓣莲花,多与"八角星"异质而同构,以太阳的一种形象"代码"来标识世界的"中央"。特别要注意它与太阳神鸟等相伴出所表达的原初信仰或观念。

八瓣（或四瓣、六瓣）就是"光明花"向四面八方放射的光芒。曹植描写莲花的《芙蓉赋》说：

其始荣也，皦如夜光寻扶桑；
其扬晖也，晃若九阳出旸谷。

莲花就是晚上的月亮、白天的太阳。林巳奈夫以为，这莲花跟"建木：若木"等值。《淮南子·地形训》曰：

建木在都广，众帝所自上下。日中无景（影），呼而无响，盖天地之中也。若木在建木西，末有十日，其华照下地。

汉·高诱注说："若木端有十日，状如莲华。华（花）犹光也，光照其下也。"这样，莲花就是太阳。若木之上或栖太阳鸟，这神鸟应视为"宇宙鸟"凤凰的"分身"。

太阳鸟：太阳树（宇宙树：中心树）：太阳花

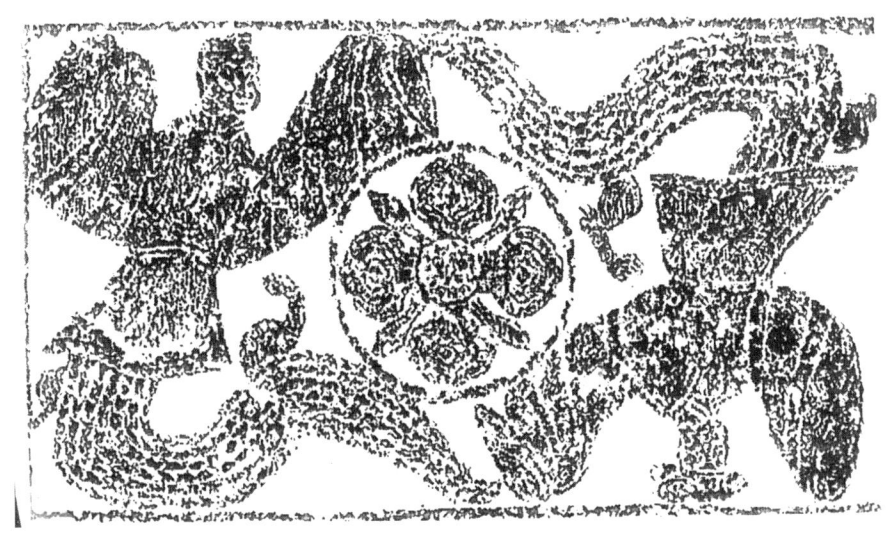

伏羲、女娲和莲花

（安徽宿县褚兰镇汉代画像石，参见《安徽宿县褚兰镇汉画像石墓》，《考古学报》1993年第4期）

人首蛇身的"原人"（或"原夫妻"）伏羲、女娲"颠倒"配置，像"太极图"那样表示"阴/阳"的循环往复运动，她们所"围绕"的"中心"是作为生命本源的"八瓣莲花"——太阳。

古代埃及原初的"大瀛海"（水体混沌："宇宙海"）萌生出最早的"生命实体"，除了"蛙"及其"卵"之外，就是莲荷。"荷花，据较晚期的信仰或赋予太阳的生命。"① 太阳神拉（Ra）与荷拉斯（Harace）都诞生于荷莲，同样反馈给荷莲以"光辉"。所以，神话讲述道，"创世之初，太阳即从荷花中生起"②。应该注意，古代埃及的太阳或太阳神常以鸟的形象出现。

古代印度的大梵天即婆罗门（Brahma, or Brahman）大神"出现"时也是站在莲花之上，以确认自己"宇宙中心"的位置——"唯我独尊"的佛陀：释迦牟尼同样诞生于莲花，由"中心"观察并确定了"四面八方"或"十方"(八方加上下)③。

众所周知，莲花在古印度是女阴的意象，"莲花：女阴：太阳"是对位或等值的，有时可以"相通"或者"互拟"，就像"约尼"（Yoni）一词所表示的那样。"莲花"的中心，便是太阳一般的凤禽神鸟。

---

① ［美］塞·诺·克雷默：《世界古代神话》，魏庆征译，华夏出版社，1989年，第29页。
② ［德］埃利希·诺伊曼：《大母神》，李以洪译，东方出版社，1998年，第223页。
③ 参见［瑞士］卡尔·荣格等：《人类及其象征》，张举文、荣文库译，辽宁教育出版社，1988年，第220页。

第十一章　凤凰的"取象"与"异变"

凤凰的孔雀母型

写过《中国文学史》的英国人翟理斯在《谁是西王母》一文中说，凤凰可能与印度的孔雀，和马六甲、婆罗乃一带的 Argos（雉属）相关连。他引用动物学家牛顿（A. Newton）的看法说："凤可能出于一个见过孔雀、尤其是产于印度本土的 Pavo cristatus（'凤孔雀'）的艺术家的作品。……鸾也可能是一位熟悉麻六甲、婆罗乃一带'Argos 属'的雉鸡的艺术家的作品。"[①]

孔雀母型之凤凰
（左：古瓷上的凤凰；右：孔雀，摄影作品）

凤凰是组合型的神鸟。鹰鹫、雉鸡、孔雀是其三大母型（武丁时期甲骨文"凤"还有孔雀"眼纹尾羽"）。古人为了让凤凰跟孔雀有所区别，故美化其"公鸡头"，淡化尾部的"眼（纹）羽"，夸饰其身躯和色彩。可以看出，汉唐以来的凤凰形象比较像孔雀，而与雉鸡区别较大。

[①] 参见周自强：《古代凤凰与今南洋凤鸟的研究》，（台北）《民族学研究所集刊》第 24 期，1967 年，第 84 页。

其实，不但中国南方盛产雉鸡，河南安阳殷墟也发现过孔雀遗骨。那时的中原比现在炎热潮湿，不难看到象、犀牛、孔雀之类的热带动物。

荷兰人式莱格尔的《中国史乘中未详诸国考证》（冯承钧译，商务印书馆，1929年）等书也说，神鸟凤凰主要以孔雀、雉鸡为母型。

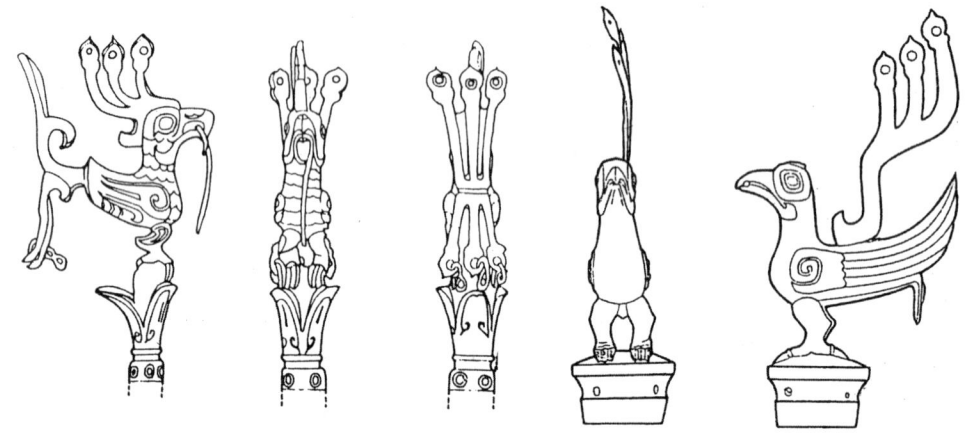

三翎羽凤鸟

（青铜立鸟，四川广汉三星堆K2，晚商）

即令是家鸡，加上孔雀尾翎、冠羽，也能使它成为"凤凰"。这是一种奇特的美化神鸟的装饰模式：或将尾部的"眼斑"翎羽省略成三根；或将其移置头部为三翎冠羽；或头、尾兼具三翎羽。其省略为三者，也许跟神秘数字"三"即所谓"阳数"相关。

甲骨文学者如叶玉森较早提出，凤凰极似孔雀。头上"羊"形簇羽，"像大鸟之冠"；长尾之末"有圆斑，如孔雀然"。他又以为凤凰或有实物，"或古代凤尾亦有此［孔雀］圆斑"①，不一定就是孔雀。

董作宾则说，三期以后，尤其是四、五期甲骨文"凤"字，"又加眼球形彩斑"，比照一下孔雀，"确也甚肖"②。

曾昭燏先生说："凤皇与孔雀，原系一物，甲骨文中的凤字，长尾婆娑，完全是孔雀的样子。"③雉鸡同样婆娑长尾，为什么不能也是凤凰母型，她怀疑汉代"雀戏"，可装扮成鸵鸟，也可装扮成孔雀，到晋代才把"孔雀舞"叫成"凤凰舞"。这样，短尾而长羽，喜欢婆娑起舞的鸵鸟也可以做凤凰母型。

---

① 参见叶玉森：《说契》，富晋书社，1929年。
② 董作宾：《甲骨文断代研究例》，《庆祝蔡元培先生六十五岁论文集》，集刊外编Ⅰ（上），第415页。
③ 参见曾昭燏：《关于沂南画象石墓中画象的题材和意义》，《考古》1959年第5期，第249页。

在与"母型"对照中看"凤"的形质性征

上举学者大都认为凤凰就是孔雀（我们只说孔雀是凤凰的一种母型）。

又如刘蕙荪约在 1945 年于《艺术与生活》杂志上发表《从"孔雀东南飞"谈到"凤鸟不至,河不出图,吾已矣夫"》,力证"凤凰＝孔雀"。理由是殷墟"白麟"是一种牛（兕：野牛）,龙是大蟒（或说大鳄）；那么,卜辞中 40 多次出现的凤,应该也实有其物——其实殷人"迷信"而又浪漫,卜辞就是"宗教（性）记录",为什么不能出现神话动物呢？用《说文》之凤与《异物志》孔雀对照,依然有同有异,甚至异大于同。

《说文》卷四鸟部
凤,神鸟也。天老曰：
凤之象也,
鸿前麟后,蛇颈鱼尾,
龙文龟背,鹳颡鸳思（腮）,
燕颔鸡啄,五色备举。

《异物志》（东汉·杨孚；《太平御览》引）
孔雀,体貌既大,纳后隆背,
似凤凰；背及尾皆五色采文,
五彩光耀,长短相及。
羽毛条背作员（圆）文,五色相绕如带。

8

孔雀：凤凰的母型

（1. 汉画像石，凤鸟或朱雀，陕西绥德；2. 铜鼓形柱首孔雀，云南晋宁石寨山；3. 汉碑凤凰，义宁陈师曾摹本，采自《三灵解》；4. 朝鲜金凤凰饰件；5. 金银错铜车饰件，西汉，河北定县出土，部分；6. 汉画像石，陕西；7. 卜千秋画像墓，壁画，西汉，河南洛阳；8. 作为参照的孔雀石雕，印度大塔，公元前1世纪）

由商代开始，凤凰就有以孔雀为母型的，武丁卜辞可证。其形象特征是尾部长大，且有"眼斑"，冠羽分外华丽。尾羽丛集或展开者已很难说是凤鸟还是孔雀，只能看语境确定。尾部分为三叉且有眼斑者，肯定是凤凰。

仅仅看甲骨文、金文及籀篆"凤"字，确实最像孔雀，特别是三期或武丁卜辞"凤"字后部带"眼纹"（圆斑）的尾羽。但是"像"不等于"是"。

（甲骨文"凤"）　　（《说文》古文"凤"）　　（《说文》篆文"凤"）

《说文》等假托黄帝臣天老（姥）所说，虽属秦汉人夸张增饰，用了许多美丽动物形体来"组合"凤，无非譬喻。但《说文》要证明凤是一种"混形"神物却是无疑的。

甲文、金文"凤"的戴"辛"或是戴"干",就相当神秘。孔雀冠羽没有如此高大整饬。

凤凰与孔雀难分难辨
(各民族民间吉祥图案里的凤凰或孔雀)

作为母型,雄鸡与孔雀不易分辨;有时,凤凰与孔雀也难解难分。只能说,尾部或冠部特别华丽、体躯高大者是以孔雀为母型的凤凰。

凤首所"戴",其意旨争论纷纭(参看《中国上古图饰的文化判读》饕餮的"识别符号"节)。如上所说,戴干、戴盾等主要是头戴干戈等武器,戴辛、戴举等可能与刑具有关（贵贱转化），在一定语境里，古代"兵、刑无别"(参见顾颉刚说）；或加强其威慑力乃至蕃育力，还神圣化为"通天"法具，但总是标识尊贵。即令暗指雀、雉的冠羽，也已经过极大美化与尊化。

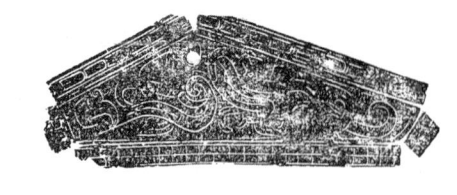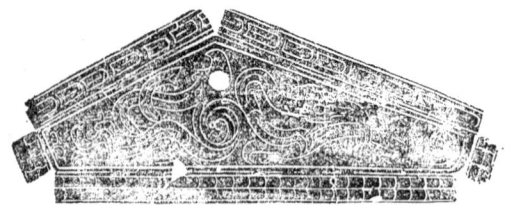
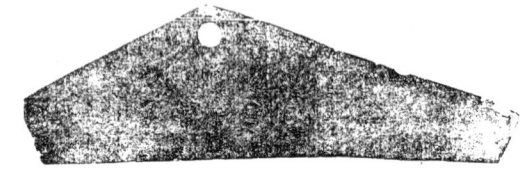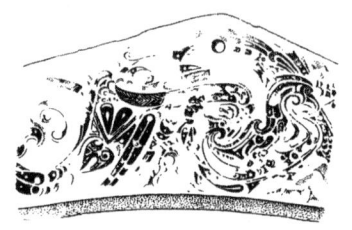

石磬上的长羽凤鸟

（陕西扶风召陈乙区及云塘出土西周编磬；右下附战国孔雀形凤鸟纹石磬）

由战国石磬图纹上的"孔雀形凤鸟"可以推知西周编磬上的长羽、长尾神鸟最可能亦以孔雀为母型。"击石拊石，百兽率舞。"来仪的凤鸟（孔雀母型）必须起示范或诱导的作用。古人以凤鸾善于歌舞，而它们的母型如鹰、孔雀、雉鸡或鸵鸟、极乐鸟等鸣声并不美妙（所以有人极力代之以毛羽鲜丽的鸣禽，如太阳鸟、蜂鸟等）。目前只能说是神话性组合或增饰。

《山海经·西山经》："有孔鸟。"郭注："孔雀也。"

刘蕙荪说，"孔雀"最初单名"孔"。《逸周书·王会解》：

"方"人以（献）孔鸟。

"孔，大也。孔雀即一种大鸟。"① 很对。"雀"，有时可用作泛称、大名，鸵鸟就叫"大马雀（爵）"。但二者名称读音却很难"通转"。

【孔】

〔上古音〕k'ong　溪东　　　　《广韵》：康董切

〔中古音〕k'ung　溪董　　　　《集韵》：若动切

　　　　　　　　　　　　　　*k'long（孔：窟窿）

---

① 刘蕙荪：《凤凰考——说凤凰就是孔雀》，《福州大学学报》哲学社会科学专刊，1982年，第84页。

【凤：风】
〔上古音〕pong 帮东　　　　《广韵》：冯贡切
（或）bĭwəm 并冬　　　　＊plong（凤：蓬隆）
〔中古音〕p'ĭung 帮东　　　＊plam（凤：飞廉）
（或）bĭung 并送

二者叠韵或准叠韵，声母却距离较远，并非"一音之转"。但刘氏称引的《湾甸译语》称孔雀为：

【孔雀】
〔弯甸语〕Hon（赫翁）①

现在闽粤方言称"凤：风"依然近 Hon，二者确实颇似。可惜只是孤证。
前文已略作交代，孔雀与凤凰有许多不同点。

美的炫示
（《朱莉奥与阿加斯》，〔意〕鲁本斯的油画，1671 年）
画家笔下的孔雀，比其原来面目要华丽，简直可以看做"西方的凤凰"。

孔雀出在南方，至少是在亚热带地区。中原上古气候较今湿热，安阳殷墟发现过孔雀遗骨，并不稀奇。"稀奇"的是卜辞中至今没发现有明确的"孔雀"记载。刘蕙荪等因而说甲骨文"凤"字便指孔雀——但卜辞"凤"多假作

---

① 刘蕙荪：《凤凰考——说凤凰就是孔雀》，《福州大学学报》哲学社会科学专刊，1982 年，第 84 页。

"凤",敬为"风神：帝使",孔雀飞而不高，翔而不远，更不会像滨海常见的鹰鹫那样"裹挟"并且"鼓动"大风以行。孔雀、雉鸡不加以神化，不与鹰鹫"混形化"，决不会被称为"大鹏"，尊为风神、太阳神鸟。在艺术形象上，孔雀型凤凰的鉴识特征主要是：

(1) 身躯高大；

(2) 冠羽夸饰，华丽；

(3) 尾羽"眼斑"，或省变为三支——"三"是天数或阳数，三尾（羽）凤、三青鸟、三足乌，在"五行"观念发育时期表明其为"中央——太阳神鸟"。

宋·罗愿《尔雅翼》记孔雀颇涉怪奇，却不说其与风有关。

> 孔雀生南海，尾凡七年而后成，长六七尺，展开如车轮，金翠斐然。始春而生，至三四月后凋，与花萼同荣衰。

这是把孔雀尾羽的生发跟季节、物候的改变对应起来，暗示它是有节律地更新生命的奇鸟。但是随季节、气候"转变"形态者，不仅是孔雀，鸡、雉鸡等亦复如此。

日本人峰须贺正在1924年说过，凤凰母型恐非孔雀，而应该是一种叫做Coellated的雉鸡。后来注意及此者也颇有人在。

雉鸟：凤凰的又一母型

出于基本相同的原因，雉鸡跟孔雀同样可以成为凤凰的母型，再次证明审美在神话意象构成上是很大的"动力"。

"楚人不识凤，重价求山鸡。"（李白：《赠从弟列》）到底还是因为二者相似处太多。《说文》卷五鸟部说，"赤神灵之鸟"的鸾，"赤色，五采"而"鸡形"（凤只是"鸡喙"），"鸣中五音，颂声作则至"。除鸣声外，也与雉鸡相近。

《山海经》说，凤皇，"其状如鸡"，没有分清家鸡与野鸡，但强调其"五采而文"（《南山经》）。《逸周书·王会解》："西申以凤鸟。"晋·孔晁注："其形似鸡，蛇首，鱼尾。"

"家鸡"，尤其是矫健的雄鸡，它的冠、它的尾乃至它的头、它的喙，以及身上丰美的毛羽，都可能成为凤鸟取象的某些依据。如今所见汉唐以来所描述的凤凰图像，头部多数像雄鸡，夸饰其冠羽。

闻一多《尔雅新义》说，甲骨文鸡与凤皆"丰羽而有冠"，引《南山经》为证。

华丽的雉鸡：凤的母型（短尾类）

（1、2. 虹雉，中国西藏等地特产；3. 雉，或山鸡，吴志勇摄；4. 唐代石刻"凤凰"）

雉毛羽华丽，体态轻盈，品种很多。中国古代文献有的分为四种，有的分为五种、七种、十四种。很难说清。有的形体竟与孔雀相似；有些雉的喙也尖而弯曲。这些都是战国秦汉以来"凤凰"的重要母型。这里所举主要是短尾雉及其"影响"下的凤鸟形象，但与家鸡还是区别明显。

> 是凤皇本鸡属，故又名"鹖鸡"，或名"莎鸡"。鸡善鸣而凤皇为鸡属，故凤皇谓之"鸣鸟"。（《古典》下·229）

《诗经·卷阿》："梧桐生矣，于彼高冈；凤皇鸣矣，于彼朝阳。"（此从闻氏校改）闻氏注意到，"朝阳"正是雄鸡啼晓之时（当然，公鸡虽善打鸣，却实在说不上"鸣中五音"而华丽如歌）。

多数专家都认为凤凰母型是雉鸡加上孔雀。早期的如章鸿钊的《三灵解》，后继的如张孟闻的《四灵考》，都是如此。

张孟闻的综说较有代表性，他介绍的雉形较为详细：

> 照［古文字"凤"］字形推测，应是头上有冠，身后长尾，嘴如鸡喙，脚胫有距，体羽五采，背羽采色成斑纹而略弯起，颔下广阔，颈部细长。具备这些特征而广泛分布于全国的是［下列数种］。

雉，即环颈雉，学名 phasianus colchicus linnaeus。

尾羽特长的是长尾雉 syrmaticus humiae hume；在南方有锦鸡 chrysolophus pictus linnaeus 与孔雀 pavo mutius linnaeus；在西部可能是马鸡 crossoptilon hodgsen；在北方甚至可能是蓑羽鹤，也叫闺秀鹤 anthropoides virgo linnaeus。"总之，头上有冠，身后丛羽，脚胫有距，体羽采色。"①

它们的这些特征都或多或少地被当做凤凰的取象依据乃至母型。

凤冠孔雀雉

（动物画，下为明代皇后用金凤钗）

有一种很像孔雀的雉鸡，毛羽非常地美丽，有人以为它最配做凤凰的模特——其实只是可能的取象依据。

卜辞有"鸣雉"，"雉"字跟"凤"不同，但不妨碍它作为凤凰的母型。饶宗颐说，"鸣雉"或可读"鸣鸟"，略同"祥鸟"。

【雉】 (《前》4·17·5，《通》772，《编》附·下·1·5232；武丁卜辞)

---

① 张孟闻：《四灵考》，《中国科技史探索》，上海古籍出版社，1986年，第514页。

朱雀：凤凰

（左上、左下：四川渠县沈府君墓右阙朱雀，汉代画像石；右列：日本的凤凰；其它为汉族、傣族、侗族的凤凰）

朱雀与凤凰也不易分辨，有的明明是处于南方的朱雀，却被命为"凤凰"。更难分辨的是它们的母型：是孔雀还是雉鸡？一般来说，尾巴"炸"开，特别是有"眼翎"者是孔雀，否则为野鸡。但这种"争辩"在"民俗审美学"上没有多大意义。爱美的凤凰几乎把一切鸟的美丽都占尽了，再加上它的雍容、典雅和高贵，它不做百鸟之王谁来做？

中间的一横，许多专家认为是"贯鸟颈之矢"，但不一定表箭中雉鸡，"矢"是"雉"的音符。[①]

王襄说，这是"雉之初字"[②]。陈邦福说，"雉祭"犹如《尔雅》的（祭）

[①] 参见胡厚宣：《甲骨文商族鸟图腾的遗迹》，《历史论丛》（第1辑），中华书局，1964年，第159页。

[②] 参见王襄：《簠室殷契类纂》。

"天鸡",《山海经》的"丹鸡"祀日,表明其为鸡属。胡光炜(胡小石)说,这可能指雄鸡之"牺",指美丽的尾羽。"此象'悬雉'之形。"① "雉",卜辞从矢贯颈,也可能不仅表音,而且表示将捕获的雉鸡悬吊起来致祭(后人犹以吊颈为"雉经"),就好像祭祀悬挂起来的祖先、英雄或敌酋的首级。"神鸟"模型或"标本",人们同样可以祭拜如仪。

无美不归凤凰

(上:太平鸟,张祠祖摄;左下:凤冠鸠,伊里安查亚;右下:蓝鹇,黄文欣摄)

孔雀、锦鸡、鹇雉……有如此美丽的鸟儿,还愁凤凰找不到模特吗?它们艳丽绝世的羽毛,尤其是高贵的冠羽、华奢的尾羽,为中国凤凰的创造提供了无尽的依据与想象的空间。

鸡

"一唱雄鸡天下白。"《说文》称鸡为"知时畜"。每天日落日出,都由"鸡栖"与"鸡啼"来"配合",民间甚至传言,羿(或其他射手英雄)射落九日之后,仅存的一颗太阳吓得躲在山后,天地一片漆黑,幸亏公鸡涨红面孔用力把

---

① 参见胡光炜:《说文古文考》,《胡小石论文选集》(第三编),上海古籍出版社,1995年。

它叫了出来。

鸡:世俗的"太阳鸟"

(左上:青铜公鸡,杆首饰,四川广汉三星堆,晚商;左下组:金文"鸡";上中、上右:商代短尾玉凤与文字"凤"或"鸡",传世;右中:壮族凤鸟;右下:汉画短尾凤鸟)

公鸡色泽鲜丽,冠、尾羽特别好看;野生的雄雉更是华美非凡。

《说文》卷五说,"神灵之精"的鸾鸟"鸡形",而"赤色五采"。凤也"鸡首",吸收了公鸡元素,特别借鉴了雄鸡之尾。

早晨公鸡一叫,太阳就出来:鸡与太阳运动的联系,使得崇日拜鸟的殷商在创造凤鸟形象之时,不仅参照"鸡形目"以及孔雀、鹰鹫的某些"外形",而且"参考"了现代人看起来"平凡"的公鸡之形象。

域外摹写东方、尤其中国凤鸟时,主要采用了孔雀与雄鸡的形象。

纬书《春秋说解辞》云:"鸡为积阳,南方之象。火,阳精物,炎上。故阳出鸡鸣,以类感也。"(据《太平御览》引)纬书《易通卦验》说:"鸡,阳鸟也;以为人候四时,使人得以翘首结带正衣裳也。"汉·应劭《风俗通义》引《青史子书》说:

> 鸡者，东方之牲也。岁终更始，辨秩东作，万物触户而出。故以鸡祀祭。

连一年的季节循环，有节奏、有规律、周期性地"岁终更始"都跟鸡相关——可以说鸡是最世俗也是最典型地体现"永恒回归"的禽鸟。凤凰，作为神鸟，是长生乃至永生的；东西方神话都表明，凤凰（phoenix）是通过"涅槃"而得到再生的。鸡则以"卑化"形式体现这一特征。

庞进《凤图腾》一书论述鸡与凤凰关系较为精详。"按《说文》所言，鸡是将自己的长喙尖嘴贡献给了凤凰。……郭璞注《尔雅·释鸟》称凤为'鸡头'，这是说凤凰头上的冠类似鸡冠。陕西商州丹凤县的凤冠山就称鸡冠山。《桂海禽志》载一种'乌凤'，其'颈毛类雄鸡'。雄鸡善鸣，有司晨的功能；凤凰也善鸣。"① 只是如前所说，鸡的形体过于卑小，鸣声单调，毛羽不够华丽，更不善飞翔。鸡/凤"差距"比较大。

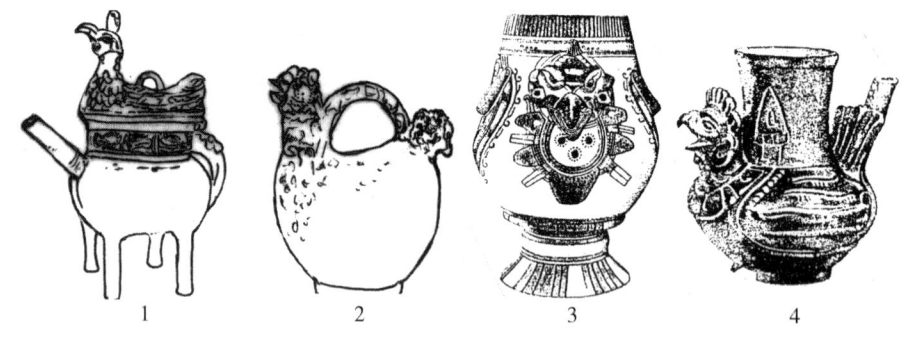

鸡形容器

（1. 类鸡形盖铜盉，周代；2. 鸡冠壶，辽代；3、4. 古代美洲"鸡尊"）

太平洋东西两岸文化里都有一些鸡形容器，制作相当精美。暗示他们认为鸡是一种神禽，尤其跟太阳的周期出没有关系。

然而，最值得注意的一点是，鸡在神话思维里与太阳的"共生"关系。《拾遗记》中"双睛在目"（此处睛指瞳仁），能够搏逐猛兽、辟除妖恶的"重明鸟"（"重明"即"重瞳"），其鸣似凤，其状"如鸡"，与《山海经·南山经》的凤状如鸡暗合。

要注意，舜"重瞳"，或四瞳仁，或四目，如同中国之太阳神，印度的大梵天（brahma 或 brahman）——《淮南子·修务训》称舜为"重明"，比《孝子传》等说"舜为鸡所感而生"更相合。这使得凤凰成为"太阳神鸟"多了一重"传说"的依据。

---

① 庞进：《凤图腾》，中国和平出版社，2006年，第10页。

对鸡与太阳的崇拜的叠合，欧亚大陆都颇有所见。伊萨克《驯化地理学》说：

> 公鸡的报晓与西亚的太阳仪式有密切联系，鸡已成为公元前2000年内近东太阳画像的一个不可分割部分。"火公鸡"的神话确实已经流传广远，并在欧亚大陆西部的民间故事中存留下来。至少早在公元前1000年的初期，鸡蛋已被承认为死亡（及再生）的象征。①

陈勤建引用一则浙江丽水山区畲族故事说：后羿射落的九个太阳变成走兽、家畜与鹅鸭，有一只变成雄鸡。"这个太阳变成的公鸡，畲族人民叫'金鸡'。"是它把吓坏了的"做种"用的太阳叫了出来，并且规定它啼叫三轮后太阳才出来。"所以，畲族人民称它为'神鸡'和'报晓吉祥鸡'，而且还爱把雄鸡画成图像，祭祖时挂在大门口的左侧，意为神鸡守门，报吉祥大利。"② 陈勤建说："鸡或金鸡，实际上就是远古先民所信奉的太阳鸟在现实中的偶像。"③ 它是世俗化的"重明"神鸟。这是因为太阳的出没以及跟太阳运动相关联的"报晓雄鸡"，对原初或古代的农牧民实在太重要（这是活的报时器），他们由爱生敬，渐渐把"现实的关怀"升华为"超现实的崇拜"。

门户上的"鸡"或"重明鸟"

（左：汉代画像石；中：汉族民间剪纸图案；右：壮族窗户贴花）

窗棂是光明的通道，金文的"囧"或以为窗棂，或以为表示"太阳火"。民间在门户、尤其窗棂上装饰鸡形图像，是为了加强其"光明神性"，使"暗魅"无处藏身。

---

① ［美］埃里奇·伊萨克：《驯化地理学》，葛以德译，商务印书馆，1987年，第149～150页。
② 陈勤建：《中国鸟信仰——关于鸟化宇宙观的思考》，学苑出版社，2003年，第125页。
③ 陈勤建：《中国鸟信仰——关于鸟化宇宙观的思考》，学苑出版社，2003年，第143页。

Long Feng 龙凤龟麟：
Gui Lin 中国四大灵物探究

鸡头的巴锡蛇妖

（想象图，采自美国《时代—生活丛书》）

巴锡蛇妖，是一种半蛇半鸡的混形怪物，简单地说，是"鸟蛇混合体"。跟中国的鸡首凤凰等"祥瑞"不同，这是一种7岁大的公鸡。据说它是在正好高悬中天的天狼星照耀下，从一枚浑圆的卵里孵化而出的。这枚卵由蟾蜍孵抱了9年，可能吸纳了蟾蜍的毒素，所以它像喷火的Dragon那样，喷出的气使大地焦灼，草木干枯（有些像中国制造干旱的多余的"日鸟"）。它的目光是一种"邪眼"（evil eye），看人一眼，就能致其死命，甚至能把自己"看"死。降服它的办法之一，是拿一面大镜子，让它看自己的影子，一看它就会死掉。

可以说，凤凰作为"神鸟"与"太阳"的神秘联系，在一定程度上，是世俗地由雄鸡奠定下"现实基础"的。有人进一步认为，凤凰成为太阳神鸟是在野鸡被驯化为家鸡，发现并确定其"鸣日"或"报时"功能以后才"完成"的。陈勤建因此强调鸡是凤的母型。

> 它是人们所幻想的太阳鸟——凤凰的原型。传说中的凤凰实为鸡类。①

鸡的神化，便是"天鸡"，家鸡之所以能"升天"，因为它跟太阳运动相关。这是凤凰神话的分支。《玄中记》说：

---

① 陈勤建：《中国鸟信仰——关于鸟化宇宙观的思考》，学苑出版社，2003年，第143页。

蓬莱之山，岱舆之山，上有扶桑之树。树高万丈，树巅常见天鸡，为巢于上。每夜至子时，则天鸡鸣，而日中阳乌应之；阳乌鸣，则天下之鸡皆鸣。（据鲁迅《古小说钩沉》辑《古玉图谱》卷二四引）

"天鸡"置换了"太阳树"扶桑上的三足乌，却依然与"阳乌"相配合，报告太阳之将出。这可以说是"鸡窝里飞出了金凤凰"。

河南济源西汉墓曾出土陶扶桑树，枝叶九出（象征九日），树顶站着"阳乌"①。这太阳树与太阳鸟，郭沫若改说为"桃都山"桃树与天鸡②。其实二者同质异构，都是凤鸟神话之分化（从形态看，说为"阳乌"较为合适）。苗族村落广场立有"芦笙树"，上面站着一只面朝东方的太阳神鸟，其形态则近雉鸡。《吕氏春秋·古乐》："……因令凤鸟天翟舞之。"或分为两种凤类神鸟，或谓"天翟"即"凤鸟"，翟者雉也，即天雉，天鸡也。

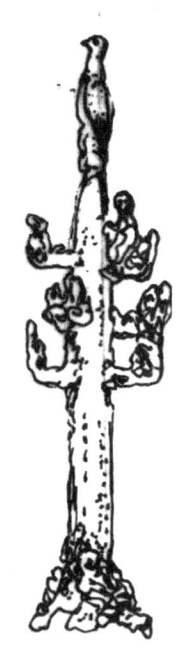

苗族芦笙柱上的雉形神鸟

（贵州苗族村落广场，[日]竹田武夫摄影；右附汉代陶扶桑树，供参照）

鸟立高杆或者树巅，面向东方，这本质上是"日出扶桑"之一种神话意象。无论野鸡或者家鸡，抑或被尊化美化的家禽野鸟，在这里都已成为"三足乌"式的太阳神鸟。

---

① 参见郭沫若：《出土文物二三事·扶桑木与广寒宫》，文物出版社，1972年，第44～45页。
② 参见郭沫若：《桃都、女娲、加陵》，《文物》1973年第1期。

《孝子传》："舜父夜卧，梦见一凤凰，自名曰'鸡'。"此"鸡"托梦而生舜之传说中，鸡似指家鸡。但更多的资料说舜或俊、喾化为"俊鸟"。

俊鸟：鶠鸟：鶠鸡——锦鸡或金雉

这就是更加"合理化"的雉为凤凰母型说，比笼统地说"鸡为凤凰母型"更容易说服人一些。①《山海经》等说凤鸟，"其状如翟"；前引《吕氏春秋·古乐》称"凤鸟天翟"，翟就是雉。《说文》："翟，山雉也。"俗称山鸡。鷩雉，即锦鸡，毛羽华丽，以红、黄为主，在草丛中隐显出没，金碧辉煌（所以又名"金雉"），学名 phasianus colchicus linnaeus。

刘城淮说："凤凰是以雉类为主体，融合了鹰等许多种鸟的典型形象，是以雉类为代表的鸟族的艺术结晶。"② 突出雉母型并不错，但至少要点明还有孔雀的"功劳"。

鸡与雉俱属鸡形目。公鸡，除特别培育的"长尾鸡"之外，尾部短；雉，也有短尾者，如主要出产于西藏的虹雉或褐马鸡，都属于《说文》所谓"短尾"［鸟］的隹部（长尾者在"鸟"部）。张孟闻等认为，它们也可能成为凤凰母型。凤凰也有短尾者，似乎更多地采用公鸡或虹雉等为母型，或称"短躯凤鸟"。

"嘉年华"里的"凤凰来仪"

（特立尼达狂欢节，1981 年，克·凯洛斯摄）

在狂热的音乐和喧闹之中，鸟兽也会激动而起舞。这是以雉鸡等为母型的神鸟，犹如中国的凤凰。人兽的谐舞，能使风雨调适，禾稼丰收。

---

① 参见刘俊男：《龙凤文化源于南方的鷩雉崇拜》，《人文杂志》2000 年第 3 期。
② 参见刘城淮：《凤凰的模特儿与始作者考》，《民间文学论坛》1985 年第 6 期。

鸣鸟与祥鸟

卜辞"雉"字还有异说。例如郭沫若解读为《山海经》之"帝鸿"(《通》772),陈梦家《商代的神话与巫术》释"鸹",云指"帝鸿"①。杨树达说它形如鸟而特显其口,似即鸟嘴之"咮"②。他的《古文字学研究》则说指商"契"(原文未见)——然则简狄吞卵所生的商先祖"契"也有鸟形。朱芳圃说此鸟可落实为"燕"(引案:殷商的"子"姓,其字繁化亦似"燕",暗指其为燕卵,玄鸟之"子"所生;姓者生也)。朱则以此"燕:玄鸟"为"高禖之神"③。胡厚宣说,武丁卜辞有"鸣雉"记事,跟《尚书·高宗肜日》说"越有雊雉"若合符节。④ 谨案:殷高宗(武丁)祭祀成汤的时候——

> 有飞雉升鼎耳而雊(鸣)。(《书序》,《十三经注疏》上·176)

但这却不是好事。旧注说是高宗耳朵"不聪",不能"兼听"不同意见,所以有妖异的"鸣雉"来警告。图腾鸟会报喜,也能示警,甚至其本身也会异化。

饶宗颐直截了当解读为"鸣鸟"是有道理的。"名从旧有","鸣鸟"见于《周书·君奭》及《山海经·大荒西经》:

> 有弇州之山,五采之鸟仰天,名曰鸣鸟。爰有百乐歌舞之风。

这也是凤凰之类。清·郝懿行笺疏说:

> 鸣鸟盖凤属也。《周书·君奭》云:"我则鸣鸟不闻。"《国语》(周语)云:"周之兴也,鸑鷟鸣于岐山。"

鸣:鸣鸟或鸣雉

(甲骨文)

卜辞"鸡"形之字有从口者,一般释为"鸣"。鸡善鸣,所以字作鸡形,而偏旁以"口";或说此野鸡,应释为"鸣雉"。

---

① 参见陈梦家:《商代的神话与巫术》,《燕京学报》第20期,1936年。
② 参见杨树达:《积微居甲文说》,中国科学院出版社,1953年,第2页。
③ 朱芳圃:《殷周文字释丛》,中华书局,1962年,第130页。
④ 参见胡厚宣:《甲骨文商族鸟图腾的遗迹》,《历史论丛》(第1辑),中华书局,1964年,第159页。

凤鸣岐山是吉兆，雉雊鼎耳却是祸音。

"鸣鸟"与歌舞相关（郭注谓"爰有百种伎乐歌舞风曲"），跟"鸾鸟自歌，凤皇自舞"相应，也许由凤凰善于鸣啼而命名。《周书·君奭》"我则鸣鸟不闻"，汉·马融、郑玄都说指凤皇。前文介绍，闻一多说，鸣鸟就是《尔雅》"鹑鸟"之"狂"（皇，黄鸟），《山海经》"孟鸟"（或灭蒙之鸟），诸字并一音之转（《古典》下·229）。其"鸣"，闻先生更注意《诗经·卷阿》凤皇"鸣于朝阳"跟公鸡晨鸣呼唤日出的联系（《古典》下·229）。

由雉取象的凤凰

（1. 四川汉代画像砖，传世；2、3、5、6. 汉族民间凤凰；4. 巴泽雷克大墓雄凤，尾有"眼翎"；7、8、9、10. 藏族凤凰）

这种凤凰尾部细长、夭曲，但不大"展开"，且无"眼翎"，更可能由长尾雉取象。

金雉：凤凰的重要母型

（左：玉凤，传世，商代；右：红腹锦雉，张祠祖摄影）

凤凰一般都有突出的冠羽，但从其尾部可辨出母型：是瘦长尾的锦雉，还是扇形尾的孔雀。

殷墟卜辞有吉祥鸟，写成"羊鸟"（古无偏旁，"羊"可作"祥"）。作为乐园鸟、光明鸟的凤凰就是一种"祥鸟"。

庚申卜……令小臣取□羊鸟。（《甲》2904）

饶宗颐说，"祥鸟"，如典籍之言"神禽"①。引晋·孙柔之《瑞应图》："凤，王者之嘉祥。"（《六帖》卷九四引）敦煌彩图本《瑞应图》残卷（P2682），有"发鸣"（鸟）一类，"状似凤凰"。案：《说文解字》卷四鸟部神鸟，中央为凤凰，四方神鸟应是凤属，而四方神鸟或与雉相关。②

东方：发明（疑即"发鸣"）

南方：焦明（相当卜辞东方"析"）

西方：鹔鹴（白凤，如雍雏）

北方：幽昌（黑凤）

卜辞□指"祊祭"。"此谓有祥鸟见，命'取'（人名）祭之。斯即祀鸟之遗俗也。"③ 看来祭祀的是凤属"吉祥鸟"。前引胡厚宣《甲骨文商族鸟图腾的遗

---

① 饶宗颐：《巴黎所见甲骨录》，《选堂丛书》之二，香港大学，1956年，第30页。

② 参见陈槃：《古谶纬书录解题附录》，（台北）史语所《集刊》第12本，1947年，第72～73页；饶宗颐：《跋敦煌本〈白泽精怪图〉两残卷（P2682，S2682）》，（台北）史语所《集刊》第41本，1969年，第546页。

③ 饶宗颐：《巴黎所见甲骨录》，《选堂丛书》之二，香港大学，1956年，第30页。

迹》引《史记·殷本纪》"祖己嘉武丁之以祥雉为德"（1·104），说"祥雉"就是"祥鸟"的一种（《历史论丛》1·155）。

长尾凤鸟

（右上为清代宫廷绣凤，其下为商代凤鸟纹饰、秦汉朱雀瓦当；其余为辽金及明清凤鸟图像）

从商周到明清迄于现代，凤凰以毛羽华丽、身躯高大而有别于其母型之雉鸡与孔雀——其尾羽特别悠长、夭曲，多为三股（"三"是阳数，为吉祥模式数字），这当然与其上述母型有关。但经过精巧的提炼、加工，以致中国民众绝不会误认其为孔雀或雉鸡。

这就是神话思维与艺术创作的迷人之处。美在这里得到升华与张扬。

"祥鸟"之"祥"包藏着"不祥"的意思，或可对转为"不祥"之义，犹如《老子》所说，"福兮祸所伏，祸兮福所倚"，"祥瑞"中孕育着"灾祸"的种子，一旦盲目推崇放大或者由得意而骄妄，那就可能因福得祸而危亡。《老子》（第55章）曰：益生曰祥。盲目地、过分地不择手段去"增益"生命力，从"采补"到乱吃药、瞎减肥，表面是"祥"，其实是不祥。轻则患"厌食症"，有"副作用"，重则丧命。

惠子问庄子道："不益生，何以有其身？"庄子答："道与之貌，天与之形。"为什么还要硬去增益？"无以好恶内伤其身。"进补就是一把双刃剑。"祥瑞"更具有两面性。

李泽厚说，希腊辩证法多得益于"辩论"（诡辩）与"思辨"；务实趋善的中国人，其辩证法却主要产生于农业生产、医药卫生和打仗，那都是生死攸关的事，绝不仅是思维操练或"游戏"。照我们看，连天马行空、"胡思乱想"的中国神话，都充满实实在在的辩证法。

玛雅"凤凰"

（飞禽纹彩盘，高 11 厘米，直径 38.5 厘米，粘土，彩绘，古典期）

彩盘中央表现了一只羽毛华美的飞禽，基本以鹰为母型，融进鸡、雉等元素，尽力渲染毛羽的鲜明华丽，宛如中国凤鸟之形象。盘边上描绘着数字和编织带形纹饰，完全是古代美洲风格。

这是中国古人特有的"幼稚"或"原始"辩证法，也体现在神话思维之中。现实生活中的鸟，尤其是外形或习性有些特别的鸟（例如燕子能报"春"，雉鸡善为"媒"），都可能被崇拜为神圣，传言为祖宗，美化成凤凰的。但并非所有的雉鸡、燕子、鹰鸷都是好鸟，都是神或祖宗或图腾。要看"语境"，看时空条件，特别是要看其与人类、与族众的关系（包括利/害关系）。

前文交代，甚至大鹏鸟（就是大凤鸟）已经被夸饰、被神化，但如果某些"异化"的大（凤）鸟乱刮狂风造成灾害，那就要杀狗（剥下狗皮张挂）来警告它，以"宁风"，甚至要由英雄（如后羿）来射杀它。"不完全"是凤凰的雉鸡，不但能报喜或示警，也可能异化为妖怪，乱飞乱叫（鸱鸮更可能"制造"死亡或灾害），那就由"祥鸟"变成了"不祥鸟"。用箭射落并且贯穿其颈，"悬雉"

以祭，不仅是膜拜，也可能有羁縻、绥靖或警告、控制的意思，就好像对待某种同样有抗恶辟邪威力的（鸱鸮面）饕餮那样。

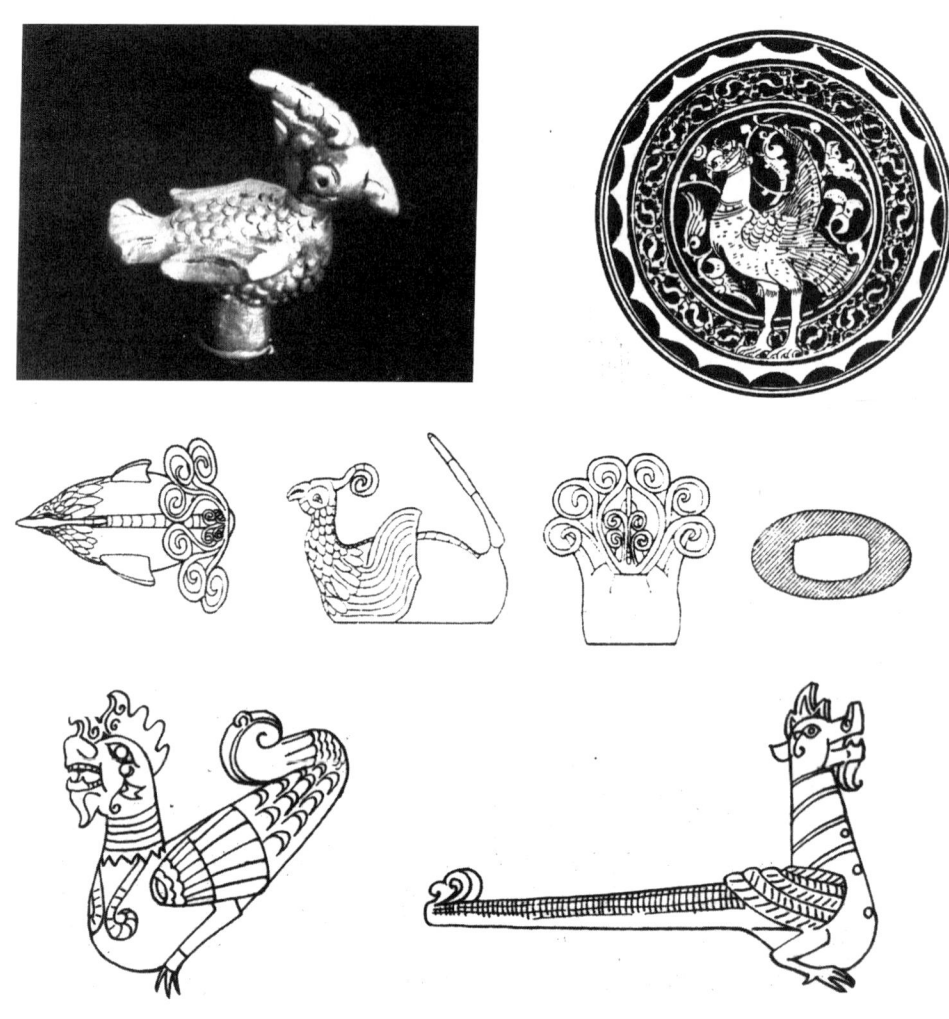

短躯凤鸟

（左上：绿尾虹雉；右上：作为参照的波斯凤鸟银盘；其它为中外艺术品里的神鸟）

中外某些"类凤凰"的神鸟颇似特产于西藏等地的虹雉：短尾，大目，有冠羽，身躯矮胖。这似乎可看做凤凰的一种形态：粗壮型。或者说，一旦加以美化或尊化，这种泛着金属虹彩的雄鸡就可以成为凤凰或者"玄鸟"，甚至公鸡也可能被美化为短尾的凤鸟。

玄鸟，起初指玄黑色的燕子，后来也可指神鸟或"黑凤"，甚至"凤凰：玄鸟"之间也能够相互换位。

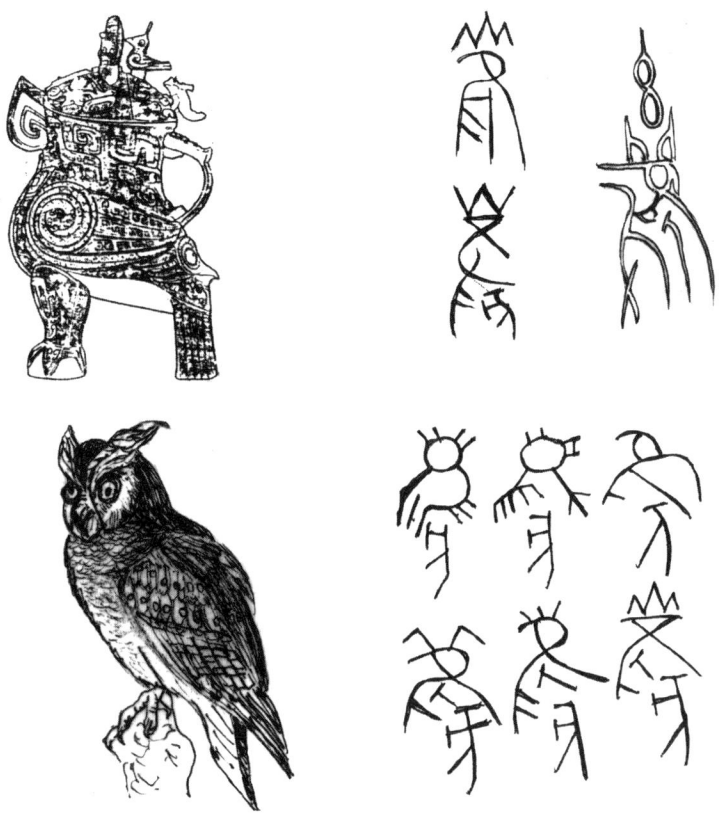

从长耳猫头鹰取象的殷商祖灵名称

（左上：鸮尊，河南安阳殷墟 M5 妇好墓出土；左下：长耳鸮；右上组：甲骨文"玄鸟"，头有"双角"；右下组：甲骨文王"亥"从"隹"之形）

殷商尊敬除害而又神秘的鸱鸮。"玄鸟"虽然不一定就以鸱鸮为母型，但吸收了它的一些元素（例如大目与毛角）。商人先公王"亥"，字或从"隹"或"鸟"，作"雈"若"鵏"，冠羽发达似角，可能是以鸱鸮为母型。

猫头鹰亦或凤凰母型

最古怪的是，"鸱鸮"可能也是凤凰的一种母型，是南方或南方凤的"候选者"。

这说起来非常曲折而麻烦。甲骨文南方或南方风之神"兇"，是"微"的简体，指殷商祖先上甲微（他的异名不少，例如"昏微"，二者互文，主要取象于早晨阳光希微昏蒙）。《楚辞·天问》说：

昏微遵迹，有狄不宁；
何繁鸟萃棘，负（妇）、子肆情？

这一问晦涩难懂，可能说，"昏微"（上甲微；但也可能分读，昏指王亥）遵循祖先游牧群团遗风，"父死，妻其后母"，弄得有狄（北方戎狄一支）不得安宁。就像"繁鸟"萃集于荆棘丛中，老婆跟儿子放肆于情欲（这当然出于后世"文明人"的偏见）。鸟、吊上古同音，指的是男根（想一想《水浒》还在大骂"鸟人"就会明白），那么荆棘遍地之处就暗指女阴。"父死，妻其后母"，繁鸟飞入棘丛，在中原、荆楚文人看来就是"负（妇）、子肆情"。那么，"繁鸟"是什么鸟？它也写做"鹫鸟"，就是"鹏鸟"，汉代贾谊还为它做过赋，写的就是鸱鸮：猫头鹰。那么，上甲微或其父王亥就可能化形"繁鸟：猫头鹰"，兼任南方、南风之神；换言之，猫头鹰曾被殷商王族看做"南方的凤凰"。

这看起来很离谱，但说清楚了就不是怪论。

第一，殷商以鸟为图腾，其先公先王多有鸟的化身，即"祖灵化鸟"而回归图腾。例如帝俊化身锦鸡，"契：昭明"化身水鸟鶅明。上甲微父亲王亥在卜辞里或写做"鵋"，也是鸟，或有毛角，颇似长耳鸱鸮；然则"昏/微"可分读：昏（鸟）指王亥。

第二，殷商有许多精美绝伦的猫头鹰状青铜肖形器。

第三，据叶舒宪、王昆吾等的研究，猫头鹰被殷商当成"夜间的太阳（神）"。

第四，殷商人可能已了解，吃老鼠、清臭腐的猫头鹰本是益鸟，是他们喜爱的鹰的一种，而鹰是凤鸟最早的母型，可以凭借它驱除邪秽与敌恶。

第五，古人以为鸱鸮是"鹰凤"的一种，它们都因凶猛成为勇武的象征。

引导亡魂的鸱鸮们

西汉帛画之二，湖南长沙马王堆 M3 出土）

马王堆 M1 帛画上端有七只仙鹤，让我们想起"驾鹤西归"来（这不一定是佛教观念，"五行"中西方是刑杀与死亡兼再生之所）。长沙子弹库楚墓《人物御夔龙舟帛画》里，鹭鹤在引导"魂舟"升天。

另一幅《龙凤人物（魂舟）楚帛画》里，凤凰也是"引魂舟"的导航者，跟《楚辞·大招》的"凤皇翔只"一致。那么，马王堆 M3 帛画里替代仙鹤、白鹭与凤凰的四只（或五只）"鸮凤"是否也有"引魂升天"的功能呢？

青铜鸮卣

（商代，湖南长沙出土）

商代鸱鸮形器造型多样，构思独特，形象生动。林巳奈夫认为，这是一个戴着"饕餮面具"的神鸟形象。叶舒宪认为猫头鹰是饕餮极为重要的母型。

还有一件难于解释的事情：以鸟为图腾的殷商之青铜器，很少用鸟做纹饰，中心性的"鸟纹样"更少。以鸟为主纹饰以及凤鸟纹样，"大约出现在殷周之际，特别是周初"①。

马承源先生说：

> 在商代只有一种鸟纹例外，这就是鸱鸮纹。鸱鸮纹有时作为器上的主纹。②

西亚死亡女神利里特

（赤陶浮雕，苏美尔，约公元前2000年）

利里特以"大母神"司掌死亡，她手里拿着表示"公平"的法器，却长着鸟翼和利爪，暗示其与鸱鸮"一体"，飘忽不定，神秘莫测。她控制的狮子和鸱鸮都标志死亡——狮子掌日，鸱鸮司夜——当然，主要是使敌人死亡。她也能使崇祀者复生，是死/生交替的原型意象。她是西亚、南欧、中亚许多夜与死亡女神的"原身"。所以，她的鸱鸮也可能象征从"黑夜：死亡"到"白天：再生"的圣鸟。

---

① 马承源：《商周青铜器纹饰·综述》，文物出版社，1984年，第11页。
② 马承源：《商周青铜器纹饰·综述》，文物出版社，1984年，第11页。

鸱鸮纹有时"置换"了"兽面",成为(类)饕餮纹的一种,几乎是唯一的辟邪慑敌镇恶的"鸟面纹"。叶舒宪认为,所谓"饕餮纹",基本以现实性面目出现,并且能够明确辨识的只有鸮面纹,其它兽面都有很大变形。他甚至考虑以饕餮纹来源于鸮面而创作《猫头鹰的文化史》。①

猫头鹰扑噬鼠蛇之类,可谓"穷凶极恶",吃相十分难看。但人们寄望于饕餮的,不正是要让它去生吞活剥一切恶物妖鬼吗?

"鸟腹葬"或"天葬"
("天葬",土耳其柴特尔·休于遗址壁画,公元前6500年)

作为神鸟引魂升天的一种极端性的仪礼,就是让神鸟(例如兀鹰或秃鹫)吃掉尸体——西藏的"天葬"表明,吃得越干净越好,亡魂便更可以"超脱"物质性的肉体而得到精神性的飞升。

早在8000多年前,土耳其柴特尔·休于地区就有类似"鸟葬"或"天葬"的观念与仪式。

---

① 参见叶舒宪:《第四重证据:比较图像学的视觉说服力——以猫头鹰象征的跨文化解读为例》,《文学评论》2006年第5期;《神话意象》,北京大学出版社,2007年。

东西方古人确实曾把鸱鸮跟夜晚、黑暗乃至死亡联系在一起,它在很多方面成为阴暗或恶丑的负面形象。但事情并不如此简单。

古代阿拉伯人认为猫头鹰是死亡之鸟。马苏第的《黄金草原》说,

> 他们称这种悲哀的鸟为"哈姆"(hàm)。……他们声称这种鸟开始时很小,最后一直长成一种猫头鹰的体材。它始终都很悲哀,始终发出哀鸣。人们只能在被荒废的地区和坟墓附近、在横陈着暴卒者们尸体和死者安息的地方(引案:这些地方鼠和蛇很多)才能遇到它们。①

西亚大母神利里特(Lilite),掌司死亡。她身有鸱鸮之翼,足为鹰之利爪,暗示着她与她的随从"一体化"。她使敌人死亡,也能使崇祀她的人复活——这样,她的鸱鸮也可能成为从黑夜到白天、由死亡向再生的引导者。

我们看,西汉马王堆 M3 帛画上段"天阙"之上排列着"死亡之鸟":四只猫头鹰,代替了 M1 帛画上端在丧葬仪式里常见的七只仙鹤。那么,鸱鸮是否跟仙鹤同样具有安灵乃至引魂升天的作用呢?

两幅帛画中段的"双凤华盖"之下都有一只似已"凤化"的飞行物——我们的《马王堆帛画与楚辞》系列论文集曾以其有"鼠须"而认定为蝙蝠,以为是雷神。现在看来,许多学者如鲍昌等把它认做鸱鸮也很有道理。"死亡之鸟"绘在丧礼用的"非衣"或引魂幡上,很可能也是为了导引亡魂"升天"乃至"再生"。

青海发现了一些齐家文化陶罐,不知道是用来贮藏骨殖抑或粮种的——这二者都要求"再生":亡灵寄寓于骸骨,生命深藏于种子。它们都可能"暂时"死亡在"鸮罐"里,等待春天或生命的"转折点",升上天空,或者植于泥土,萌长出"千千万万的生命"来。也正因此,一直到汉魏六朝,"谷仓"形或"母腹"形陶罐,代表"子宫",跟所谓"魂瓶"往往外形相似,有时竟可混用或兼用。

《楚辞·大招》叫魂仪式里有"凤皇翔只"。如上,长沙两幅楚帛画中都出现引导亡魂的神鸟。莫非"鸮凤"也有类似的职能?

我们再看西藏等地所谓的"天葬",或认为近于"剔尸二次葬"(two-stage burial: excarnation and reburial),其目的主要是使其"再生"而不是纯粹的"死亡"。西藏"天葬"主要是"剔尸"给秃鹫吃。猫头鹰是吃腐尸的,当它啄食曝露于野外之尸体的时候,古人会不会认为它是在"导引"死者"升天",或者想象死者通过"神圣口腹"的吞食而达成"再生"?

---

① [阿拉伯]马苏第:《黄金草原》,耿昇译,青海人民出版社,1998年,第647页。

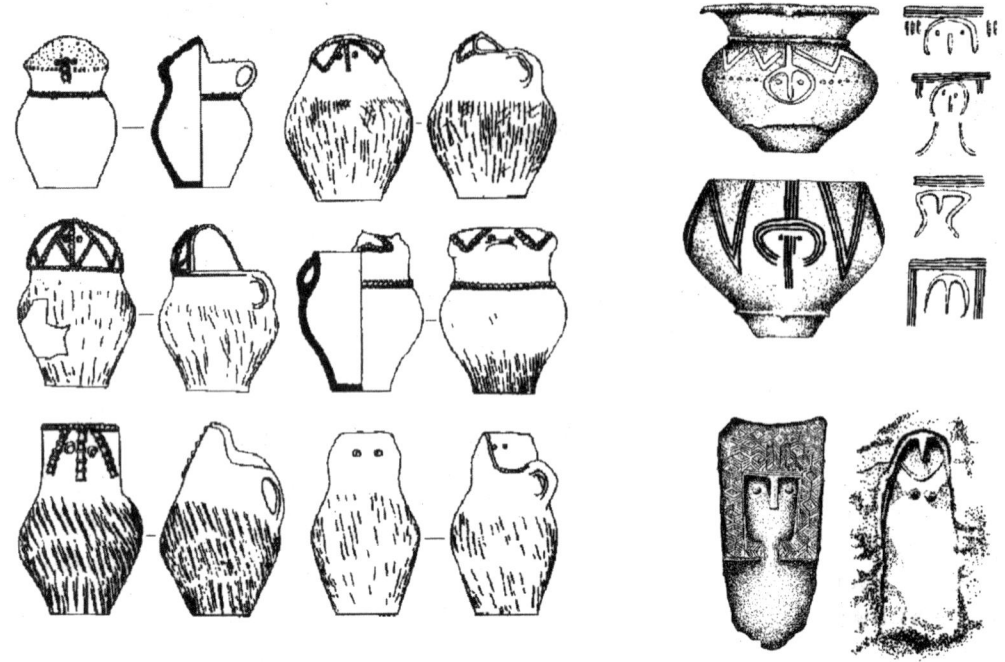

鸮形陶罐

（左组：青海出土鸮面陶罐，齐家文化；右上组是作为参照的罗马尼亚鸮面陶罐，青铜时代；右下组为法国鸮纹刻石，新石器晚期。参见朱狄、汤惠生等）

早期鸮形或鸮面纹饰器物，中国、欧洲及美洲均有发现，其用意不明。只有两点可以肯定：一是他们决不以鸱鸮为恶物，二是最可能是用来驱辟邪恶的。

由于鸱鸮能够在夜间飞行，而"过渡"到白天，这可能被看做"死亡—复活"的象征。陶罐可能是用来放置粮食或骨殖的。须知，古代的"骨罐"跟"谷仓"是异质同构的，往往可以互兼。粮种或骨头放在某种如同"子宫"的陶罐里可以保持生命，撒到地里便能再生。

也许因此，汉人以为"死亡之鸟"鸱鸮也能引魂升天，所以画在引魂幡上。

土耳其安纳托利亚（Anatolia）高原发现公元前6500年的神庙壁画，考古学家称之为"秃鹫圣位"(vulture shrine)。其中有鹰鹫啄食无头人尸的场面，发掘者梅拉尔特（J. Mellart）认为即是再现"剔尸二次葬"（近似"天葬"或"鸟腹葬"）。金芭塔丝（M. Gimbutas）认为属于"再生"仪轨：鹰作为人格神象征死亡（或象征"可能再生"的死亡）。汤惠生认为，这属于伊利亚德（M. Eliade）所说的萨满"断身"(dismemberment) 仪式的一种。"只有经过'断身'之后，才能获得再生。"① 介入人类死亡与丧葬仪轨的猫头鹰，是否也具有助成"再生"的职能？"古欧洲的猫头鹰象征系统将死亡与生命融为一体。在布列塔尼和爱尔兰发现的墓葬和雕像上，猫头鹰造型的中央都有一个女阴。"② 女阴正是生命或诞育新生命之意象。

"人立"的鸱鸮
（青铜"鸮尊"，殷商）

"人立"的鸱鸮可以跟古代秘鲁的人形化猫头鹰相比照。有时，它的"毛角"还被尊化为龙形特有的"瓶形角"。

商代鸮形器形态多样，构思独特，有的人立；有的突出"毛角"而兽化；有的用尾巴当"第三根支柱"，这可能诱发出"三足乌"的奇想来（参见孙机、王昆吾等）。这些都是猫头鹰崇拜融入所谓"图腾"信仰、自然崇拜和英雄传奇的重要原因。

鹰鹫是猛禽，视之若神，不足为奇；猫头鹰也是"鹰"，却被多数人视如邪怪。

然而，殷商人却把鹰看做"白天的太阳"，把鸱鸮当做"晚上的太阳"。

> 鹰在白天出现，而猫头鹰在夜晚出现，其功能相同，这已经可使我们把前者定义为白天的猫头鹰，而把后者定义为夜晚的鹰。而这说明关键的对子是白天与夜晚。③

列维-斯特劳斯就此提醒说：

> 要理解一个词语的意义总是要在它所在的上下文中对它作出改变，在

---

① 汤惠生、张文华：《青海岩画——史前艺术中二元对立思维及其观念的研究》，科学出版社，2001年，第124页。
② [美] 金芭塔丝：《活着的女神》，叶舒宪译，广西师范大学出版社，2008年，第20～21页。
③ [法] 列维-斯特劳斯：《结构人类学》（第2卷），俞宣孟、谢维扬、白信才译，上海译文出版社，1999年，第150页。

口述文学的情况下，这些上下文首先是由变体的整体提供的。[①]

换言之，要在特定语境中"定性"对象的特征、功能或价值。

战神：鸱鸮

（上：藏传佛教"金刚橛"四大门卫之一，日喀则夏鲁寺，采自叶星生；中：民间猫头鹰造型，已转化为宠物、玩具，却仍以其祛邪纳吉；下：猫头鹰钱币，古希腊，女战神雅典娜的标识或象征）

凶猛的猫头鹰可以充当战神或战神的标识。它可以夺去生命，也可以保卫生命。

人格化的猫头鹰

（上：草鸮；中：秘鲁鸮形陶器；下：翡翠挂饰，哥斯达黎加发现，古印第安人作品，现藏哥斯达黎加国家保险局）

古今美洲印第安人都尊崇猫头鹰，或以为战神、夜神、生命神。

有时还将其人格化。草鸮似人面、猴面，这是人首鸮身造型的成因之一。

[①] ［法］列维-斯特劳斯：《结构人类学》（第2卷），俞宣孟、谢维扬、白信才译，上海译文出版社，1999年，第150页。

猫头鹰：女战神之鸟

（古希腊钱币图案；右附殷商鸮纹供参照）

古希腊人尊重猫头鹰，认为它勇敢、机敏，明察秋毫，用为女战神雅典娜的标识。

无论是西亚的利里特、南亚的迦梨，抑或她们在古代希腊的分身，从雅典娜、阿尔特米斯到罗马的戴安娜，她们都曾以黑夜（或月亮）女神和死亡—战争女神的性格，控制着夜间的"太阳神鸟"猫头鹰。它是她们的扈从、化身或徽号。它们虽然也掌管"战士的死亡"，却又能捍卫它们的生命，助成它们的再生。

猫头鹰形盖顶陶香炉

（玛雅文化，古典期晚期，公元700～900年，高25厘米，直径16.5厘米，墨西哥坎佩切州奇坎纳出土，现藏国家人类学历史研究所）

香炉用来焚烧芳香松脂，炉盖顶上通常有人或动物形提纽。猫头鹰可以代表死亡和阴间，也许有再生的暗示；乳突，或说是其毛羽。陶罐是"子宫"，乳状突起或说是乳房，至少亚洲的谷罐、魂瓶是如此。

猫头鹰的"二元对立结构"

世界史上似乎还有希腊人"尊敬"猫头鹰。这跟西亚的鸱鸮神有传统的因缘。雅典守护神,处女兼智慧与战争之神雅典娜(Athena)的化身就是猫头鹰。

鸱鸮不但是她的徽号,而且是智慧、勇敢与胜利的象征——尽管它仍然是"夜"之鸟,"死亡"之鸟。因为它的出现就是敌人的死亡,希腊的胜利。

妇好"鸮尊"与角鸮

(商代晚期,河南安阳殷墟 M5 妇好墓出土,复见,通高 45.9 厘米,口径 16.4 厘米,有毛角;旁附角鸮供参照)

这只精美繁缛的鸮尊,标志着所有者的地位和权力。或说,能够吃蛇的鸱鸮代表战神,而妇好正是地位颇高的女将军。叶舒宪则更强调"妇好之鸮"作为"死亡"与"阴间女神"的一面,但不反对其象征"复出"或"再生"的另一面——猫头鹰昼伏夜飞,犹如太阳之夜落昼升。

雅典娜、阿尔特米斯、戴安娜这些"处女"之身的大女神,是从西亚母神,例如利里特,乃至伊斯塔尔那里"承袭"并且"演变"而来的(当然也包含与当地原有神祇的"合流")。而西亚女神的猫头鹰却主要是黑夜和死亡的象征。上述希腊罗马"处女神"也是夜之女神,所以她们"掌管"猫头鹰而司理"月亮";死亡呢,仍然是死亡,只不过是让敌人死亡罢了——所以希腊人直接将猫头鹰视若胜利之鸟。如前所说,猫头鹰能吃恶鼠和毒蛇,是辟邪除害的英雄鸟,这大概是某些聪敏的群团喜爱它的重要原因吧。而且，猫头鹰即使"联系"着本群团的"死亡"，那也是可能"再生"的死亡，就好像它的主人"大母神"们是保证生命更新与蕃育的"死生"兼顾之神一样。

鸮鸮内含"二元性"

(《鸮卣》，商代，山西石楼二郎坡出土，通高19.7厘米，复见)

双鸮背部相对，展现着两面。鸮鸮能够吞食腐恶；或说容器制为鸮形，能够保证酒不变质；或说为保护生命的"子宫"。这对理解鸮鸮以及其它"祥鸟"所具有的"二元对立"结构会有所启发。

一方面是以猫头鹰为祸鸟、恶鸟、害鸟；另一方面某些人群又以为它的肉是无尚的美味，把它做成"鸮炙"和"鸮羹"，大吃特吃——或说"吃"猫头鹰的动机之一是想获得它能够安度死亡并促成再生乃至长生、永生的特性。

鸮鸮纹

(妇好墓出土的"鸮尊"纹饰，安阳殷墟M5；上列，或说为"鸮凤")

商器不但颇见鸮鸮全身的造型，鸮纹也不时可见，这可能跟祖灵崇拜相关。

615

这对猫头鹰是极大的威胁,对鼠辈却是莫大的福音。这样下去,就会破坏生态平衡,特别是会损害粮食的收获与保存。

然而,如前所说,初始时期,许多地方的群众并不以猫头鹰为害鸟,而认为它是吉祥的除害者和辟邪物。几件新石器时代精美的陶器与石雕就是生动的证明。

有人指出,猫头鹰跟乌鸦一样,爱吃腐肉而嗅觉又灵敏。屋里有快死的人,内脏和肌肉开始败坏,发出"尸气",猫头鹰嗅到就恋慕不去,绕室飞翔……它确实闻到并且"传导着"那"死亡的气息",硬要民众把它当"吉祥鸟"实在困难。然而,正如"恶"可能对转为"善",即令是"毒"也可攻"毒","用于邪恶目的之功能也能用来达到善的目的"①,在西方也有汉代视作美味的"鸮炙"或"鸮羹",猫头鹰肉可以"治"许多怪病,就像它的"主人"雅典娜,有时也能"同一切引起疯狂和非理性的东西作对"②,甚至(也许在更早的时期)有人认为,吃了猫头鹰肉,能够像它那样安然面对并且"战胜死亡",而"获得再生"。

鸮形容器

(左:《鸮纹觯》,商代晚期,传河南安阳出土,现藏美国旧金山亚洲艺术博物馆;中:鸮纹卣"鸮形饕餮"拓本,采自林巴奈夫等;右:古印第安人陶尊,哥斯达黎加出土)

古代印第安人与中国殷人都曾把饮食用的容器做成猫头鹰的样子。或说这样可以防避恶物对食品的侵害;或说食用其中贮品,可能获得猫头鹰的种种灵异或机敏;或说能够保护生命,驱除邪秽。

代商而起的周人却不喜欢猫头鹰。大概从汉代开始,中原人多把猫头鹰(有鸱鸮、鸱旧等不同名称,现在一律简称为"鸮"或"鸱鸮")看做害鸟,有时认为它会带来死亡,因为它对"死亡气息"比较敏感;有的由于它行踪诡秘,样子古怪,叫声若"呼"而凄厉可怖,就认为它是鬼怪所变;甚至污蔑它是吃

---

① [英]克里斯蒂娜·霍利:《西方民俗传说辞典》,徐广联等译,黄山书社,1989年,第395页。

② [英]克里斯蒂娜·霍利:《西方民俗传说辞典》,徐广联等译,黄山书社,1989年,第395页。

父母的"不孝鸟"(大概是看到它扑食鸟雀吧)。

然而,代表"死亡"的神秘之物往往可能带来"再生",正像猫头鹰在夜里飞行一直到白天的到来。

在此之前,战国时期楚国诗人屈原在《天问》里说,"帝乃降观,下逢伊挚","观"借代"祸",原指"祸鸟"猫头鹰,就好像《续汉书·礼仪志》的大傩仪式里,"委随食观",就是命令神蛇吃鸱鸮(其实是猫头鹰喜欢吃毒蛇)。

然而,如上所说,在马王堆汉墓帛画,鸱鸮却很可能被用来导引亡魂升天。

给敌人带来死亡的胜利之鸟

(左:古代希腊的"盘子";右:雅典娜女战神与她的"胜利之鸮",青铜雕刻)

希腊人喜爱猫头鹰,把它当做战争和智慧女神的徽识或化身,认为它能带来敌人的死亡和己方的胜利。这也许是因为鸱鸮感觉敏锐、动作快捷,能够发现隐蔽的敌恶,迅速将其制服。

克里斯蒂娜·霍利说:"在古希腊,这种鸟却备受崇拜,因为她是智慧女神雅典娜的神鸟。在战争中,如果一只猫头鹰在希腊士兵面前或头顶飞过,那就是胜利的一种预兆。"① 是不是因为它能给敌人带来"死亡"呢?或者它会给战士一个"再生"或"永生"的保证呢?

但在希腊以后的西方文化传统里,猫头鹰也不是吉祥的鸟。

在迷信传说中,几乎所有的夜鸟,特别是那些发出可怕叫声的鸟,都是引起恐怖的生物,最可怕的就是猫头鹰。古罗马人恨这种鸟,把它同死亡和灾难联系在一起。……正如在欧洲大多数地区一样,这种鸟在英国一

---

① [英]克里斯蒂娜·霍利:《西方民俗传说辞典》,徐广联等译,黄山书社,1989年,第394页。

直被看做是不吉祥的,今天仍然有许多人害怕在夜里听到猫头鹰的叫声。……猫头鹰飞进屋子里,或者绕屋飞翔,或者落在屋顶上,这些都是死亡的征兆。①

这些迷信跟周秦以来的中国差不多。战国以后,猫头鹰甚至被妖魔化,可能成为"鬼车:九头鸟"的母型。

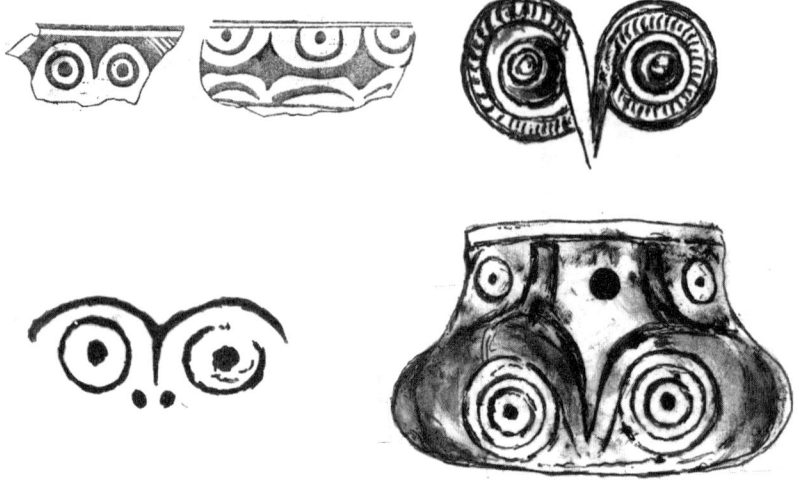

神鸮面目

(左上:仰韶文化彩陶纹饰,庙底沟类型;右上:陶制鸮首面目,局部,陕西华县出土,新石器时期;左下:江苏连云港将军崖岩画,局部;右下:石钺镦上的图纹,距今5500~6500年,江苏金坛三星村新石器时期遗址出土)

石钺是标志权威与暴力的仪仗。钺镦镌刻鸮面目纹,与其勇猛有关,图形与华县鸮首圆球状模型图像相似。注意:古代西亚、南欧常以鸱鸮为战神或死神,以威慑敌害。

这些简洁而又巧妙的图案,如此地趋同,令人惊异。

后羿所射的"九婴"之"婴",原义是戴着贝壳项链的颈脖,以颈代首,九婴就是"九首"怪鸟,而《山海经》中九凤正是"神鸟"而"九首"。这就是最早的"九头鸟"。

"上有九头鸟,下有湖北佬。"这"九头鸟"起初便是"九(头)凤",并非什么恶类。楚地,或近世湖北、湖南两地,凤凰传说丰富,有人说九头鸟是凤凰的"母型"。九头鸟,古人又叫做"奇鸧"。晋·郭璞《江赋》说:"龙鲤一角,奇鸧九头。"

---

① [英]克里斯蒂娜·霍利:《西方民俗传说辞典》,徐广联等译,黄山书社,1989年,第394页。

漆鸮壶

（四川青川出土，战国）

到战国时期，还有极少数的鸮形器出现，依然精美，但这已是微弱的赞叹了。

唐·李善在《文选》中注引《玄都赋》："一足之夔，九头之鸰。"

九、奇、鬼一声之转。奇鸰就是"鬼鸰"或"九鸰"，是"九凤：九婴"的进一步怪化。

"猫头鹰"巨人

（秘鲁纳斯卡高原山腰巨画，距今约2000年；右上是夜晚灯光勾画出来的轮廓）

山腰"超大"人像，头部似猫头鹰，一手指地，一手指天；据称正指向"大角"（即五月星空的牧夫座α星）。或说这是猫头鹰神，或鹰族巫师，或说是风神，与"四方风"的祭祀有关。

"鸰"或写为"苍"。《白泽图》有"苍鸓"，是九头鸟，又与猫头鹰混淆。

《正字通》说:"苍鶵,妖鸟也。一名'鬼车鸟',一名'九头鸟'。状如鸺鶹(猫头鹰的一种)。大者翼广丈许,昼盲夜瞭,见火光则堕。"《太平御览》卷九二七"鬼车"条引《三国典略》说:"齐后园有九头鸟见,色赤似鸭,而九头皆鸣。"

"鬼车"是后人对九头的"九婴:奇鸧:苍鶵"的称呼,见于《荆楚岁时记》、《酉阳杂俎》、《岭表录异》等,形象基础之一也是"死神鸟"猫头鹰(但也有人说,"九头"意味着每个头断掉以后还能再生出,象征着"不死")。

前文说,殷商曾把猫头鹰"美化"成凤凰,成为其母型之一;将其丑化,就是这九头鸟、鬼鸟或死神鸟。但即令如此,它也有生命力强大的特性。猫头鹰头面似猫。格里芬也是猫科动物与鹰鹫的"混形",凶狠异常,跟猫头鹰不无关联,它也具有"二重性"。

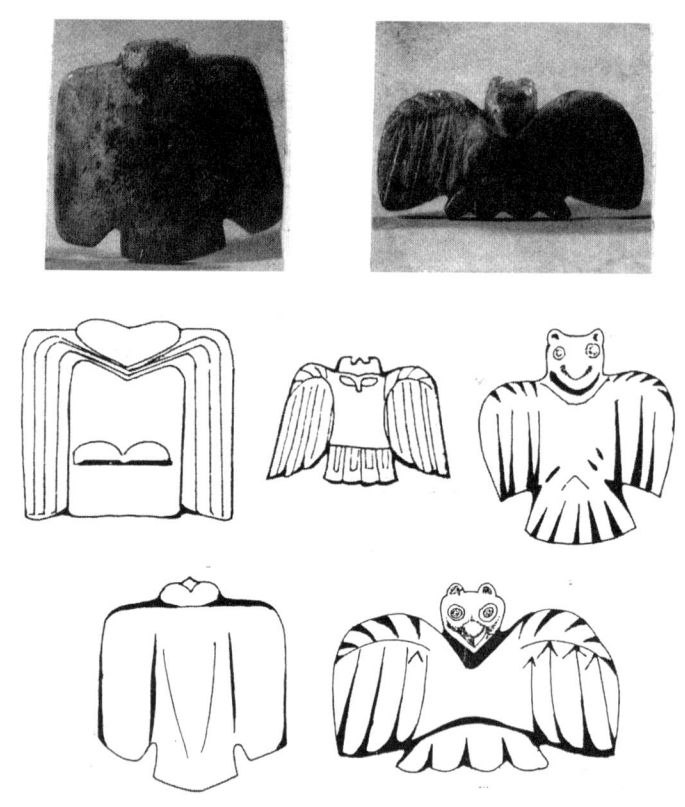

红山文化的玉石鸱鸮

(上列:石鸮,内蒙古巴林右旗出土;中、下列为玉鸮,辽宁建新胡头沟出土)

远古时代,鸱鸮的矫健、诡秘已为人所注意。除后洼文化类似鸱鸮的玉石鸟以外,红山文化(距今5000~6000年)有数量较大的玉鸮出土。其性质与功能尚待揭示。

有人认为,所谓"九头鸟",九头皆不易断,即断也能"再生",生存机会更大,其生命力更加顽强、坚韧。"上有九头鸟,下有湖北佬",本是外地人的偏见与詈辞。但湖北人认为,这只能证明,"楚虽三户,亡秦必楚",荆楚后人强悍、勇武、顽韧;不服输而多主意,善策划,能机动——湖北省文联院子里就有"九头鸟"的不锈钢雕像。也许南国楚雄,江汉俊彦,并不以鸷猛的猫头鹰或九头鸟为"妖恶",而直接承袭着殷商的浪漫传统(楚文化本就富含东夷因子)。

极乐鸟:具体而微的凤凰

或说凤凰还有一个"具体而微"的母型,那就是极乐鸟。

旧版杜亚泉编《动物学大辞典》介绍"极乐鸟"时就曾说:"古时相传之凤凰,考其形态,略与此相类似。"① 此说后来沉寂很久。

极乐鸟

(大极乐鸟或乐园鸟与汉画细羽凤凰,或说极乐鸟为凤凰母型。汉画里的凤凰或朱雀,注意其枝条状尾羽,极似某种极乐鸟或凤鸟)

凤凰与九头鸟,它们体型大小迥异,形状毛羽却极为相似。所以有人怀疑,当初凤鸟也是跟龙一样可大可小的。

---

① 杜亚泉:《动物学大辞典》,商务印书馆,1930年,第180页。

具体论证，使之显得有些理据的。如卫聚贤介绍说，印度尼西亚的马罗原住民称其为"万绿"(banlock)，利孤则称"沙鸡"(saki)，旧称"黄金雀"，有的华侨称为"黄雀"。但也有群团以为即是小凤凰。

［它］在黑漆漆的夜里及炎热之甚的午间，不知其眠息何处（或谓在危崖上浓密的灌木丛中作巢），迨至早晨五点至八点与午后三点至六点，天气清和之候，则群出飞集于十余丈高的"雀树"顶上。一群雀，少则一二对，多者至四五十只，以木实果腹，不吃昆虫等物；其早晚嬉戏的场所，亦只有一二种乔木——［如］雀树上，而不栖止别树。①

凤凰"疑似"风鸟或琴鸟

（左：琴鸟；右上：殷商青铜器纹饰；右下：长尾公主风鸟）

与其说凤凰来自极乐鸟，倒不如说有一种瘦长而又夭曲的凤鸟受到极乐鸟科中某种美冠的风鸟或双钩尾的琴鸟的启示，才完成其混融性神鸟之华丽形象。

---

① 卫聚贤：《古史研究·古代中西的交通》（第2卷下册），商务印书馆，1933年，第772页。

案：曾被当做凤凰一种母型的极乐鸟（也叫"天堂鸟"），是世界上最美丽、最奇特的鸟。

【极乐鸟】

〔学名〕paradise apodal

〔英语〕great emerald bird of paradise（直译为"极乐园中的大翡翠鸟"）；paradise bird（乐园鸟、天堂鸟，或称"义鸟"）

〔德语〕paradiesvogel

〔俄语〕райская птушка

〔日语〕ブチヨ|，或ゴクラクうウ

〔印尼原住民语〕banlock（音译"万绿"）　　saki（音译"沙鸡"）

〔新几内亚原住民语〕sacaleli（舞蹈者）

〔汉语〕凤鸟/天堂鸟

极乐鸟科，属雀形目，共有60种左右，体型较小，大者称"大极乐鸟"，大多羽毛奇丽，鸣声浊哑，却仪态万方。目前只产于大洋洲、新西兰和印度尼西亚的西伊里安、摩鹿加群岛。

大极乐鸟

（动物摄影）

如果凤凰确实能够变化，大小随心，那么，世界上最美丽的极乐鸟，可能成为它的一个母型。

1523年，发现印度洋新航线的人们把第一只极乐鸟标本带到欧洲。由于制作上的技术原因，截去了双脚和翅膀，更显得奇诞诡谲，轰动一时，被视为"神鸟"，又称"义鸟"。由于其体态曼妙，色彩璀璨，清晨迎着太阳歌舞，向着和风而飞，印尼人尊称其为太阳鸟等，与凤凰性格暗合。

极乐鸟	凤凰
太阳鸟	太阳鸟
风（神）鸟	风（神）鸟
歌舞鸟	歌舞鸟
天帝之鸟	天帝使者
乐园鸟（天堂鸟）	"中央"及"乐园"之鸟

《文选·西京赋》说："凤骞翥于薨标，咸□风而欲翔。"《三辅黄图》说："[建章宫]铸铜凤凰……下有转枢，向风若翔。"可见凤凰善于翱翔，与风相关。

周自强详细论证，极乐鸟是凤凰的主要母型。由于它喜欢逆风而飞，古人称它为"风鸟"。"初民抬头看到了风鸟在空中（逆风）飞行的情形，就可知道风的存在以及它的大小与否等情形。"① 所以，"相风"竿上的凤凰模拟极乐鸟的"遡风而翔"，就是"逆飞"。而甲骨文"风：凤"同字：凤为"风（神）鸟"，风是"凤"的自然存在形式。在这一点上，二者确实趋同。

谢信一《甲骨文中之凤、飚、飑说》指出，因为风"无所取象"，来无影，去无踪，便假借"凤"来充当"风"字（这也是一种"声借"现象）。甲骨文有：

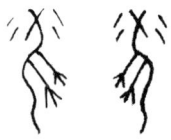

甲骨文此一特殊的"凤"字，也被看做描摹极乐鸟逆风而飞的情状（但此字是否为风或凤，是否逆飞，都还难说）。

长尾羽鸟

（古代玛雅陶瓶）

古代玛雅人也喜欢在普通鸟的首尾加添荣饰，例如华冠、长尾（有时还卷曲如琴鸟），从而将其神化。

---

① 周自强：《古代凤凰与今南洋风鸟的研究》，（台北）《民族学研究所集刊》第 24 期，1967 年，第 82 页。

周自强等说，凤凰的种种华丽神奇，都是汉代以后人踵事增华的结果，仅就甲骨文说，"凤"的形象最似"极乐鸟"。翟理斯（H. A. Giles）还说，常见的凤凰图，"完全是宋元以后写意派画家所想象美化出来的一种女性化乌有之物的神鸟"，此前可能是实存的美鸟。甲骨文中有"凤"形：

它的高冠当像"超美极乐鸟"、"华丽极乐鸟"及"六线极乐鸟"等之高冠。……[极乐鸟]尾后[有]两个能够自由卷舒的圆瓣①。——它见于甲骨文"凤"字。据说，那不是孔雀尾羽上的"圆斑"或"眼纹"。这一点要由鸟类学家等讨论落实，而更重要的一点——

> 凤凰来仪，"诸天（沃）之野，鸾鸟自歌，凤鸟自舞"（《山海经·海外西经》）。"爰有歌舞之鸟：鸾鸟自歌，凤鸟自舞。"（《山海经·大荒南经》）
>
> [而]大凤鸟（大极乐鸟），因为它长有一身华丽的羽毛，所以差不多都是终日不停在树间不间断作种种的歌舞者。……
>
> Wallace（华莱士）谓新几内亚的土人称大凤鸟为 sacaleli，意即为舞蹈群（dancing parties）之意。②

至于其鸣声——

> 凤鸟本来就喜欢鸣叫，而且它的声音连续的也很悦人（pleasing）。③

要把这一点说得"圆通"，实在不容易。我们只知道达尔文的《人类的由来》介绍过："雄的孔雀和凤鸟，即天堂鸟（bird of paradise），[还]会振动羽翮，使相互敲击，咽哒作声。"（第 573 页）为的是追求母鸟，但那不是啼鸣。

---

① 周自强：《古代凤凰与今南洋凤鸟的研究》，(台北)《民族学研究所集刊》第 24 期，1967 年，第 86 页。

② 周自强：《古代凤凰与今南洋凤鸟的研究》，(台北)《民族学研究所集刊》第 24 期，1967 年，第 103 页。

③ 周自强：《古代凤凰与今南洋凤鸟的研究》，(台北)《民族学研究所集刊》第 24 期，1967 年，第 104 页。

极乐鸟

（动物绘画）

凤凰的美丽，大如雉、孔雀，小如极乐鸟，才可以比拟。把极乐鸟看做"雏凤"不会太离谱吧！假如最早的凤凰也像龙那样可大可小，那么，极乐鸟确实能够看做是它的一种母型。

或说，大极乐鸟、风鸟或琴鸟，"名"、"实"都与音乐相关，如"有凤"之"来仪"。尹荣方更进一步认为，凤是一种"音乐鸟"。

(1)"凤凰之鸣声，可别十二律"；

(2)"凤尾十二翎的传说，则因笙之簧为十二也。笙之簧或作十三，于是也就有凤凰，'遇闰岁生十三翎'的神话"；

(3)"笙管参差不齐，于是有凤翼参差之说。"①

据此种种传说与记载，凤凰与乐律、（以及与之相联系的）历法有密切关系。"传说中的凤凰，为'知历之神鸟'、'风神'、'音乐之鸟'，这三者，'历'显然是中心。"② 所以凤的母型是候鸟大雁——这显然脱离了"凤身"五彩而文的主要审美特征。而且，候鸟大雁鸣声也不优美。十二律等的发现，也比凤鸟的出现晚得多。有人因此以"极乐鸟"取而代之为凤凰母型，可惜极乐鸟多数不善鸣啼。

采用凤凰母型为"极乐鸟"之说者，还有人提出过一些理由。郭郛的《山海经注证》说：

> 凤皇原为鸟类，极乐鸟科（Paradiseidae）之极乐鸟（Paradiseus），或鹦鹉科如五彩鹦鹉等一些种类的鸟儿，特别是雄性（羽毛鲜艳，歌声婉转，

---

① 尹荣方：《神话求原·凤凰与"风神"、"音乐之鸟"》，上海古籍出版社，2003年，第142页。

② 尹荣方：《神话求原·凤凰与"风神"、"音乐之鸟"》，上海古籍出版社，2003年，第143页。

美丽动人）的鸟儿。①

蓝极乐鸟
（动物摄影；雀形目，极乐鸟科）
蓝极乐鸟或"大极乐鸟"，据说就是中国古人说的"桐花凤"。

其理由仅仅是色彩靓丽、鸣声优美。所以他不得不承认，"人们常将雉类、孔雀、鹤类、鹄类甚至鸡类的美好特征合成凤凰的形象"，是混形神鸟。他认为，极乐鸟"最初分布于中国亚热带树林中"，不知何据。"中国原产，现已无闻。"②恐怕难说。

要之，凤凰除体型外，跟极乐鸟的相似点确实很多，也许可以把极乐鸟看做具体而微的（袖珍版）凤凰。

或者，在特定时期里，凤凰也像龙一样可大可小，或忽小忽大。若干毛羽华丽、鸣啼优美的鸟儿都被看做凤鸟或者凤鸟的变种。由"四方凤鸟"的多样性就可以看出它母型的多元性。

---

① 郭郛：《山海经注证》，中国社会科学出版社，2007年，第56页。
② 郭郛：《山海经注证》，中国社会科学出版社，2007年，第57页。

餐风饮露的"迦陵频伽"

如上,极乐鸟,也叫"乐园鸟",或"天堂鸟",或"太阳鸟"。关于它,还有许多奇异的传闻。例如说它终年在高空飞行,永不着陆;凝视着太阳一直歌舞;还餐风饮露,长生不老,极乐无边。"太阳鸟"之称由此而起。

又传言,它是由天堂降到人间的,数量不多,很难目睹;或者说,只有像伊甸那样的"乐园"(paradise,亦译"天堂")才能让它生存,paradise bird(极乐鸟或天堂鸟)之名便由此而来。而凤鸟也处在诸沃之野或昆仑文化区乐园之中。

这些又都跟作为"天帝使者"的风神鸟之凤凰来仪相似,虽然歧异之处尚多。

也有人说,它就是佛经里的"迦陵频伽"(Kalavinka),见于《翻译名义集》(卷二)。《长阿含经》说:"菩萨生时,其声清彻,柔软和雅,如迦陵频伽。"《楞严经》说:"迦陵仙音,遍十方界。"

"迦陵",此言美好;"频伽",此言音声。所以意译是"妙音好鸟","其音和雅,听者无厌"。在这一点上跟中国凤凰有些相似。而极乐鸟却大多是"哑美人",其鸣,"呕哑啁哳难为听";只有一种雄性大极乐鸟鸣声清亮,较为动人。大概人们不愿意如此美丽可爱的小鸟却有缺欠,便传言它鸣声也极其优美。特别是其中的一种"金凤鸟",啼鸣宛转如歌,这一特点被"扩张"到了其它极乐鸟身上。

迦陵频迦:极乐鸟

(古格遗址壁画,西藏古格王国遗存)

迦陵频伽以极乐鸟为母型,而凤凰的一种母型也被说成是极乐鸟,证明着凤凰也像龙那样"可大可小"(但证据还不足)。迦陵频伽在中国常现形为人首鸟身,有如"羽人"。古格这只妙音鸟神,尾羽被幻化成花穗,极富变化与想象力。

就好像凤凰非梧桐不栖，非竹实不食那样，极乐鸟也只在几乎一种树——"雀树"上栖止。凤凰非醴泉不饮，中国的仙人及神禽（有人说包含凤凰）也不食人间烟火，只是：

<u>餐风饮露</u>

极乐鸟也只饮用——

<u>天堂露水</u>

被称为"空气的精灵"，"一辈子呆在空中，不谙世事，'从生到死纯洁无瑕'"①，如霍柏格的诗所写：

这天堂的名字，
这灵妙的鸟儿，
离天堂那么近，
从不沾染泥土。②

更为奇怪的是，古埃及太阳圣鸟巴努（Benu，Bynw），即"西方的凤凰"——phoenix，也"只饮露珠"③，飞到异土搜集香料或草药，准备自焚后再生。

印度史诗《摩诃婆罗多》写西方神鸟到诸天由乳海中搅出"甘露"之事（汉译本《插话选》上·72），搅海棒便是须弥山——在神话里对位于"乐园"昆仑山。

他们苦修苦炼长于自制，
为了求甘露聚此山峰。

请让天神和阿修罗，
一起去把乳海搅动！
那里将会出现甘露，
在搅动的大海之中。

（《插话选》上·74）

众多仙圣、动物都得到甘露之惠。为了救母，大鹏金翅鸟也要取得甘露。"金翅鸟变成黄金之地／光华似太阳灿烂无比／奋勇冲进甘露存放地／如一道急流奔入海里。"（《插话选》上·147）他虽然自我克制而不饮，但因为沾了仙水、神药的佳瑞，也得以"不衰老，不死亡"。

---

① ［德］汉斯·比德曼：《世界文化象征辞典》，刘玉红等译，漓江出版社，2000年，第156页。
② ［德］汉斯·比德曼：《世界文化象征辞典》，刘玉红等译，漓江出版社，2000年，第156页。
③ ［德］汉斯·比德曼：《世界文化象征辞典》，刘玉红等译，漓江出版社，2000年，第73页。

迦陵频伽鸟

（上：画像砖，南朝；下：陶塑，西夏）

"迦陵频伽"，此云"妙音好鸟"，鸣声与羽色都相当亮丽，或拟之于"凤凰"。学者认为其母型是大极乐鸟或"琴鸟"。作为"天龙八部"之一，它甚受尊敬，有时呈现为"人首鸟身"，如中国的"羽人"。

但我们更应该注意，埃及、希腊、阿拉伯乃至中国都出现过"phoenix：凤凰"通过烈火自焚而后再生与永生的传说（埃及的 benu 也只饮甘露）。凤鸟所饮"醴泉"，即如甘露、甜水、浓果酒（《庄子》李颐注，"泉甘如醴"，醴者甜酒）。

我们知道，凤、鸾处于"世界（中心）大山"昆仑，或其开明门之西、北，完全是东方的"极乐世界"，其中盛产"不死药"或"（长）寿木"。如：

开明北有……不死树。凤皇、鸾鸟皆戴䑋。又有……甘水、圣木曼兑。

（《海内西经》巴蜀本，351）

甘水，郭注说，"即醴泉也"。《史记·大宛列传》引《禹本纪》言"昆仑上有醴泉"。《山海经·南山经》说凤凰"饮食自然"。《山海经·海外西经》：诸夭（沃）之野，"凤皇卵，民食之；甘露，民饮之：所欲自从也"（巴蜀本，267）。这说的是伴有凤鸾的乐园人，渴饮甘露。《太平御览》卷十二引《瑞应图》："甘露者，美露也。神灵之精，仁瑞之泽，其凝如脂，其甘如饴。一名甘露，一名天酒。"《神异经·西北荒经》："西北海外，有人长二千里，两脚中间相去千里，腹围一千六百里，但日饮天酒五斗。"旧注引晋·张华说："天酒，甘露也。"

汉武帝作"承露盘"，取甘露。专家们说，由盘中刮下来的是蚜虫尿，那也"其凝如脂，其甘如饴"，被当成不死药了。这也许跟印度传说有关。诸天搅动乳海，取得"阿弥陀"（Amrta，此言"无量寿"）不死仙液，译为"甘露"，又与月中"桂浆"相混。民间或言，凤凰不死，因为饮的是长生甘露（参见我们待刊的《仙药》）。

说到凤凰及其母型的饮食起居、毛羽外形，虽然繁复，但除个别外，都离不开一个"美"字。这里顺便介绍一些相关的美鸟及其美食、美饮。

"北方的凤鸟"鹓雏也只饮甘洌的醴泉。

《庄子·秋水》说：

> 夫鹓雏（"南方"之凤鸟），发于南海而飞于北海，非梧桐不止，非练实不食，非醴泉不饮。

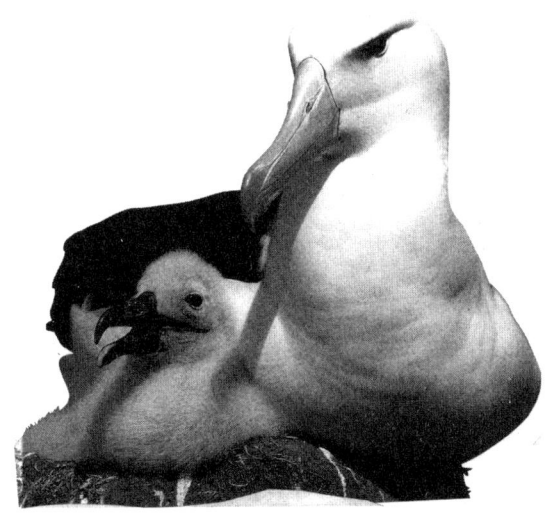

鹓雏，白色的凤凰：信天翁
（采自英国牛津科学电影公司的图片）

凤凰主要不是水鸟，但"东方凤"母型之一的青凤"焦明"，或说为水鸟；"北方凤"的白色"夗：鹓雏"母型是水鸟信天翁。

鹓雏是古人心目中的一种特殊的凤凰。甲骨文"四方风"次于北方，写作"夗"，即宛，《山海经》作"鼘"即"鹓"(《南山经》有"鹓雏"，郭注"凤属"）。

异名有：爱居。据我们的研究，它是一种善飞的大海鸟（能从南海飞到北海），但起飞要依赖强风。如三日无风，就只能傻站着等死。因此，它最可能以信天翁为母型。

Banlock，卫聚贤说，这就是所谓"南方凤鸟"鹓雏，可谓不幸而言中。上古无轻唇音，"鹓雏"跟"万绿：Banlock"读音确实有些相似。据我们研究，"鹓雏"即"爱居"，它是"白凤"，体型较大，跟极乐鸟不同。但在饮用"甘露"这一点上实在相似。

有的学者仅据读音，断定"鹓雏"是凤凰的唯一母型，而且锁定为极乐鸟。这至少是片面的。

蜂　鸟

比蜜蜂大不了多少的蜂鸟，居然也可能成为风神或凤凰的取象依据。可见纯粹理性逻辑很难解开神话的秘密。神话思维往往"取其一点，不计其余"。蜂鸟飞行的迅疾和嗡嗡声，鲜丽的毛羽，都容易让初民把它当做一种"风神鸟"。或说，这证明凤凰跟龙同样，也曾经可大可小：大到抟扶摇而上达九万里的大鹏，小到蜂鸟或极乐鸟。

中国古代文献上有"疑似"的记载，也许那时候中国南方热带、亚热带地区还有它的踪影；也可能是类似的品种。据信，福建武夷山前数年发现蜂鸟。

周自强说，一直到宋代，中国南部尚有两种"风鸟"的残存。苏东坡有《五色雀》诗，小引说："海南有五色雀，常以两绛者为长，进止必随焉。俗谓之'凤凰'。"(诗或题《凤凰》)或以为是一种"风鸟"或"极乐鸟"。也有人说是特殊的翠鸟（翡翠）。它们都是一种兆示雨霁的鸟。"[民]云，久旱而见辄雨，潦则反是。"所以，苏诗说：

仁心知闵农，常告雨霁符。

宋·周去非《岭外代答》参据范成大《桂海虞衡志》说：

乌凤如喜鹊，色绀碧，颈毛类雄鸡鬃，头有冠，尾垂二弱骨，各长一尺四五寸；其杪始有羽毛一簇。冠尾绝异，大略如凤。鸣声清越如笙箫，能度曲，妙合宫商，教之精熟者，至能终一阕；又能为（模仿）百虫之音。生左、右江溪峒中，极难得。饲以生物，故又难畜。南方珍禽之尤。①

校注者杨福泉认为乌凤是极乐鸟科的"金凤鸟"（学名 paradise sex-setacea），它的头两旁有三条丝状细羽，尖端有金色"圆结"，尾在臀部之中分出一对长羽，有极长之绒毛，或说是"极乐鸟"的一种②。民间确实以为它是"小凤凰"。更可注意的是，它的鸣声清越宛转，旋律性强，还能模仿各种鸟音虫鸣。

 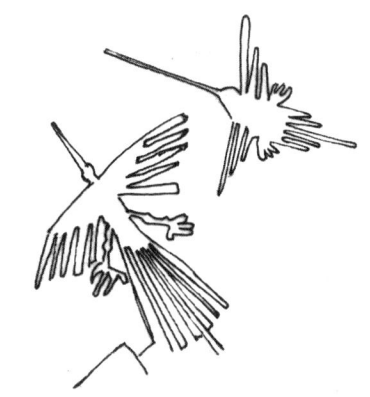

黄腰太阳鸟

（动物照片；右附美洲纳斯卡平原巨画）

凤凰，作为神话的混形神鸟，跟龙一样，也是可大可小，善于变幻的。只是此一特性在演化中逐渐模糊或失落，有的学者论证其曾向极乐鸟、蜂鸟等"取象"，并非毫无理据，倒可以看出它也是无大不臻、无微不至的。

还有一种在分类上跟极乐鸟不同的美禽，也叫做"太阳鸟"。

【太阳鸟】

〔学名〕arachnec thra asiatica（或称"紫阳鸟"）

〔英名〕sun bird（太阳鸟）

此鸟体型比极乐鸟还小，产于亚洲南部、非洲和大洋洲，常回翔花间，采吸花蜜，有"东半球蜂鸟"之称。它的羽毛鲜丽，有金属光泽，和煦阳光将其照得熠熠生光，绚烂夺目，所以得名"太阳鸟"。

它们跟凤凰的最大不同是体型：凤凰身高七尺，超过 2 米，有的甚至高达

---

① 周去非：《岭外代答》，杨福泉校注，中华书局，1999 年，第 369 页。
② 周去非：《岭外代答》，杨福泉校注，中华书局，1999 年，第 370 页。

"丈六",纵使古尺较今为短,也是巨鸟无疑,而蜂鸟等极小。

蜂鸟花车与羽衣仙女
(巴西2007年狂欢节游行,里约热内卢)

就像纳斯卡"巨画"那样,美丽的小鸟可以放大万千倍,使其成为凤凰那样的神鸟。这个繁缛华丽的装置获得2007"嘉年华"冠军。

笔记小说里,有"桐花凤",近世学者以为可能是:

绿喉太阳鸟　　雀形目花蜜鸟科
蓝极乐鸟　　　雀形目极乐鸟科

苏轼诗称"蓬莱宫中花鸟使,绿衣倒挂扶桑暾",是所谓"倒挂绿毛么凤"。据称体型极小,"性极驯,好集美人钗上"。它们确实"小"到不可思议。然而它同样可能被极度"放大"——就好像凤鸟被夸饰为大鹏一样。

美洲纳斯卡平原巨画,其线条长短或以里计,只有在高空才能看到它们的全貌,其意旨或功用至今争论不休——那里就有比美大鹏的蜂鸟。

2007年,巴西里约热内卢狂欢节上有一只装饰得美轮美奂又硕大无朋的(花车)"蜂鸟",看起来并不比凤凰逊色。

凤凰的演进,走的是"美学路线",越来越华丽,所以不仅由孔雀、雉鸡取象,也要采撷极乐鸟、蜂鸟的华彩。看一看巴西嘉年华行列里令人目眩头晕的"大蜂鸟",则思过半矣。

第十二章　世界性的大鸟、巨鱼神话

远逝的大鸟

在人的心目中，无论今古，凤凰总是比鹰鹫、雉鸡、孔雀等高大得难以比拟。可是它"灭绝"了。从 1600 年到 1966 年，大约有 164 种鸟在地球上灭绝。之后，鸟类灭绝的速度加剧了，大约有 200 种鸟在 40 年左右灭绝，这恐怕是保守的估计。其中著名的，跟凤凰有点"关系"而又具悲剧性的有隆鸟、渡渡鸟和新西兰棕鸟。

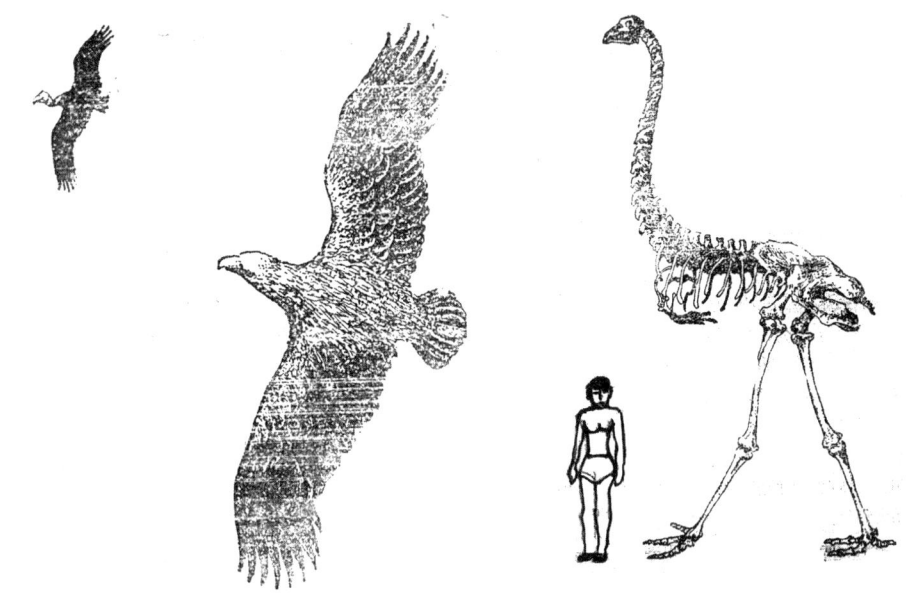

逝去的巨鸟

（左：化石巨鸟"特拉通"，跟安第斯山秃鹰的对照；右：恐鸟骨架，与人体的对照）

现在只存有化石的恐鸟，体型高大，或以为即远古之凤凰。1975 年 9 月 4 日，阿根廷发现 5～8 万年前巨鸟化石，命名为"特拉通"。专家据遗骨推算，它高约 2.2 米，翼展 7.6 米，重约 75 公斤。

隆鸟（学名 aepyornis miximus），或说通高 4 米，重达 45 公斤，因为森林毁坏，灭绝于 1649 年，留有巨卵与骨骼化石。它是"非洲的大鹏"，原产马达加斯加，是神话大鸟鲁克（Rock）的母型。比它更为高大的恐鸟，早在化石时代就消失了——但有人认为，它还以其遗骨令人难忘，其身躯可能"保存"在远古的记忆里。

远古大鸟遗骨化石

（左：不飞鸟，学名 diatryma，高约 2 米，采自杨钟健，依罗美尔；右：恐鸟，学名 dinornis，高约 1.8 米，采自杨钟健。跟现存鸟类对照）

有人说，高大的凤凰是一种业已灭绝的化石时代巨鸟——除了骨骼，最古的人类也看不到它们。高大的"不飞鸟"作为始新纪"走鸟"，跟鸵鸟一样，翅膀退化；凤凰却善于飞翔。

"渡渡"（Dodo，出自葡萄牙语"笨笨"）鸟肥硕笨拙，肉极好吃，却又偏偏不怕人。1503 年，葡萄牙航海家马卡云拿发现其于毛里求斯海滩，它从此便厄运临头，走向灭绝。1681 年，罗德里格斯岛，法国军士托马斯手起枪落，最后一只渡渡鸟应声倒地，只有它的头"幸存"于世，被收藏于英国牛津大学博物馆。"昔人已乘黄鹤去，此地空余黄鹤楼。"中国人这样感叹"鹤去楼空"，而西方人却是如此感叹美好事物的一去不复返：As dead as a Dodo！（逝者如斯夫，渡渡！）

渡渡鸟当然跟凤凰毫无关系，可是它却居于灭绝的隆鸟与幸存的鸵鸟的"中间"，同样有翅难飞，有腿难逃——难道吉祥或喜庆原型、再生原型的凤凰也是不幸灭绝、永不"复活"的悲剧主角吗？

黄鹤一去不复返，白云千载空悠悠。

（崔颢）

凤凰爱栖梧桐，极乐鸟只恋"雀树"，许多可爱的鸟儿从生至死都跟某一种奇树或者藤蔓长相厮守。毛里求斯纹理细密而又刚硬的 30 米高巨树"卡尔瓦利亚"，似乎为渡渡鸟的消失悲恸欲绝，它的种子再也不肯发芽；加上乱采滥伐，

"300年后,遍布全岛的森林之王,仅仅剩下13棵"①。1981年,美国人坦布尔发现,这种巨树的种子外壳坚硬无比,可渡渡鸟最爱吃它,经过它的"消化",籽壳磨薄,幼芽才能萌出;否则,它也无法"涅槃"。原来动物与植物也有种种"共生"或"互动"关系。大自然令人惊叹而且敬畏,我们千万不要轻易去破坏它,有时"生物链"断了一环就没法再接上。

   凤凰台上凤凰游,凤去台空江自流。
   吴宫花草埋幽径,晋代衣冠成古丘。……
(李白:《登金陵凤凰台》)

渡渡鸟因其肥美,新西兰棕鸟由于毛羽鲜丽,都渐次灭亡;凤凰母型之一的"极乐鸟",命运也岌岌可危。凤凰,有那样多美丽而又珍贵的"模特",她们又是因为什么而红颜薄命,或者危在旦夕的呢?

所以,有许多学者想象凤凰是万千年前,甚至是化石时代的某种大鸟在上古时代的"残留"——跟恐龙化石曾造成"巨龙印象"或想象一样,也许有某种翼龙或大鸟的化石骨骼给古人提供了想象的"依据"或"因由"。但有遗骨保留并被发现者主要有:

  不飞鸟(diatryma)
  恐鸟(dinornis)

可怜的渡渡鸟
(现代画家的复原图)

迟钝,肥胖,硕大,在人类面前却又"天真"无比,终于被贪图口腹的人吃绝了种,还被讽刺为"笨笨";与它有"共生"关系的卡尔瓦利亚树也因之几乎灭亡。

或说,高大的凤凰也是远逝的美鸟,跟"隆鸟"、"渡渡"一样,只保存在"美好的记忆"里了。

它们身高数米,或跟凤凰高度相去不远。有的学者就说它们是凤凰的(远古)母型,有的更是逞臆张大其词。庞进的《凤图腾》曾介绍梅里迪妮的文章《凤凰是由恐龙进化过来的》,她说:"最新的考古成就证实,恐龙中的一支逃脱了地球大爆炸的追袭,从灭顶之灾中劫后余生,演变成了凤凰,而后才进化成

---

① 申赋渔:《逝者如渡渡》,《雨花》2008年第2期(A),第61页。

了今天的鸟类。"(《自由写作》第 2 期) 当然这只能是姑妄言之, 姑妄听之。

传说中高近 2 米的某种"巨鸟"(或说 2.5 米, 重可达 25 公斤), 竟也有比它更高大的克星: 哈斯特鹰。

新西兰的毛利人 (Maoris) 传说, 有一种吃人的大鸟, 叫哈斯特鹰。新西兰早期统治者乔治·格雷描述说, 这种"食人鸟"是一种毛色黑白相间的肉食猛禽, 鸟冠呈红色, 翼尖是淡淡的黄绿色。它在 500 年前灭绝, 灭绝前以某种巨鸟为食, 最后它们同归于尽了。但它们"存在"于新西兰原居民创作的岩画上。

鹰/大鸟

(上: 广汉三星堆青铜器物, 晚商; 下: 照片剪贴)

鹰, 以及鹰母型的凤鸟, 早见于上古文物。但是, 远古时期, 还有更大的鸟, 它的化石或骨骼, 直到相关"记忆"与"传闻", 可能都在参与创造巨鸟凤凰的神话意象。

早在 19 世纪 70 年代, 朱·范·哈斯特曾在沼泽地沉积物里发现"食人鸟"遗骨, 推测它是一种食腐的巨鹰, 具体情况不明。近年, 英国坎特伯雷博物馆与澳大利亚新南威尔士大学的生物学家, 使用包括 X 射线扫描等在内的现代技术对其重新鉴定，发现其骨盆十分强壮，能保证它以每小时 80 公里的速度俯冲扑杀地面上的动物，大如猛虎的爪子完全可以抓起一个小孩。据推算，它高达 3 米，身躯是现存最大鹰鹫的 2 倍。1975 年 9 月 4 日，在阿根廷发现 5~8 万年前的巨鸟化石，专家通过推算，它高约 2.2 米，翼展竟达 7.6 米，体重约 75 公斤。专家命名其为"特拉通"鸟。

据称，非洲到现在还保存有比鸵鸟卵大得多的鸟蛋。

有的学者说，这是隆鸟（aepyornis maximus，"最高的大鸟"，亦称"大象鸟"）之卵，据称它身高 4 米，几乎有二层小楼高，体重 45 公斤。翅膀退化如鸵鸟，腿同样有力；却是素食者，抓不起水牛，更别说大象（有人说，它抓起的是一种"矮种象"，其实也不可能，而且这种"侏儒象"已灭绝 5000 多万年了）。

17 世纪，马达加斯加人口膨胀，森林被垦为农田，面积越缩越小。隆鸟几度迁徙退避，终于忍不住饥饿，冲进庄稼地大肆采食。人鸟之争愈演愈烈，"食其肉而寝其皮"，隆鸟虽大却不凶猛，即使再凶猛也打不过"万物之灵"。何况其蛋当然富含营养，壳还可以做水瓮，骨管可制项链，羽毛能饰躯体。

鹰击长空

（美洲白头鹫，动物摄影；左下是古埃及"太阳鹰"翼轮，陵墓装饰）

大鹏（大凤：大风）是鹰鹫的夸饰——其翼若垂天之云，抟扶摇而上者九万里……鹰鹫是凤凰最早的母型。孔雀的绚丽、锦雉的华美，加上鹰鹫的雄大，这些形象综合在一起，就成了凤凰。

终于，1649 年，原住民杀死最后一只隆鸟，只留下半石化的一颗巨卵。但事件还有"余波"。20 世纪初，考古学家在此挖到一件隆鸟的化石，腿骨上居然套着刻有无法辨识的"文字"或符号、图案的铜环，它们跟马达加斯加文化毫无关系。这震惊了历史学界与科学界。是哪一支"文明"的主人，为隆鸟套上"不明意义符号"的铜环呢？

直到不久之后，印度学者班纳吉等在印度河文明发源地（在今巴基斯坦境内）发现了公元前3000多年的摩亨佐·达罗古城遗址，其文明发达程度令人惊异（最不可思议的是有极为宏大的排水与给水系统，深深的"砖井"比许多现代农村的水井还先进）。可惜所谓"哈拉巴文明"者不知所自，不明所去，那时候雅利安人（Aryans）恐怕还在中亚森林里茹毛饮血呢！3600余年前的某一天，这个"文明城邦"突然被毁弃（或说缘于一次原因至今不明的"大爆炸"，而好奇者更说是"外星人"战争的结果）——隆鸟腿骨铜环"符号"居然跟遗址的泥版或印章"符号"相同（此处发现的2000多件遗物上有400个以上不同的"符号"），然而人们依旧不知道它们是什么意思。

古隆鸟不会飞翔，怎么跑到了万里之遥的马达加斯加群岛呢？它既然能远行非洲，为什么不能就近北上亚热带的南中国呢？难道是南海或东海的古人或初民"偶然"窥见它的身影或遗骨（至少有关它的传言），从而创造出了神话中的大鹏或凤凰吗？

据说，1962年4月3日，菲律宾棉兰老岛附近海面上，有渔民三兄弟发现一只大鸟，身子长有2米以上，赤铜色的翅膀长4.5米——这样翼展就达到10米左右。自然史上的巨鸟翼展也不超过8米，但早已灭绝。它凶猛地向人进攻，抓起船桨连人抛进海里。后来这只大鸟被渔叉和枪弹击中，头也被割了下来。马尼拉大学生物学家巴默教授取走了大鸟的尸体以供研究，可是至今没有发表报告。看来这是鹰鹫中的特大型，或属变异个体；其躯体和翅膀的长度令人怀疑，仅据仓促的量度很难达到准确。这事证明世界上确

头戴地狱判官或冥王之冠的太阳鹰 Ra

（鹰头，古埃及文物，公元前2345～前2181年，黄金，头长11厘米，羽长28厘米，现藏埃及开罗博物馆）

鹰被许多民族崇拜为神，尤其是太阳神（古希腊、古埃及尤为明显，后者还奉鹰为冥府或幽都之神，就像鸱鸮兼为"夜间的太阳"与生死之神）。凤凰本质上也是太阳神鸟。

实有极大的猛禽存在——这种大鸟抓起一头鹿或一个人，是颇有可能的。看它的电脑模拟像，却有些像"始祖鸟"，头部则颇似翼龙。

我们的介绍将集中在神话大鸟，尤其是跟巨蟒、大鱼发生冲突的大鸟上（本章内容已在《中国文化的精英》里简要论述过，现在增补且作较详讨论，《中国文化的精英》再版时将缩减有关章节）。

古埃及太阳鹰

古埃及荷拉斯鹰是神话巨鸟，以远古大鸟为"远景"形象基础，也以鹰鹫为其现实性的"模特"；它们是"太空"或"太阳"原型，与大鱼、巨蛇处在永恒的"二元冲突"之中。古代埃及神话是这种冲突的范本。在那里，不仅太阳神"拉"（Ra），太阳神荷拉斯（Horace）也曾化身为鹰。"荷拉斯鹰"与"拉"神所化的鸟同样是古代埃及最重要的神话巨鸟。

> 始于第一王朝初期（公元前3200～前2980年）……霍鲁斯（Horace）则以踞坐或站立之鹰为化身。
>
> 在史前时期，以鹰为化身的霍鲁斯是上埃及希埃拉孔波利斯所信奉的地域神，在战胜其对手并成为埃及王前后，始终是地域性首领。①

他的称号有：

> 天宇的主宰
> 众神之王
> 独一无二（天体）

地位如此崇高，可能其意象构成中还有远古巨鸟的元素。

荷拉斯与拉，都是从象征女阴的莲花里出

太阳鹰
（古埃及陵墓雕刻）

古埃及太阳神荷拉斯（Horace）与拉（Ra）都化身为鹰。

鹰是天空的霸主与最大的"威灵"。它庇护着法老："太阳的子孙"。它的意象构成中可能有远古巨鸟的元素。

---

① ［美］鲁道夫·安西斯：《古埃及神话》，《世界古代神话》，［美］克雷默编，魏庆征译，华夏出版社，1989年，第21页。

生的，象征太阳从"宇宙海"（自然的/人体的）缓缓升起。跟印度的"约尼（Yoni）：莲花"一样，这些由太阳原型衍生的意象是异质同构的：

（八瓣）莲花：（八芒）太阳：女阴：宇宙中心

太阳神与死敌"阿波普"冥蛇
（左上：太阳神荷拉斯由莲花里生出，占据"世界中心"；右上：太阳神拉；下：太阳神猫玛芙代特用拉神之刀杀死冥蛇阿波普。古代埃及陵墓壁画）

古代埃及的太阳（神）有多种生物化身：鹰、圣甲虫、莲荷或纸草花、猫……

太阳神荷拉斯与拉，都由象征女阴的莲花里生出，占据宇宙或天空的"中心"。

太阳的死敌是处于冥土的恶蛇阿波普，太阳神不断与之厮杀，它被杀死但又活过来。

同样为太阳化形的猫神，利用太阳光芒变成的"拉神之刀"，接续斩杀死亡之蛇阿波普。

这样，"太阳鸟"就像古代"日心说"所表达的一样，占据了世界中心——我们记得，中国的鸾凤也居住在"乐园：世界中心"。

古代埃及：日鸟与冥蛇的对立

古埃及最重要的太阳神 Ra 与 Horace 所化形的巨鸟都与蛇为敌。《死者之书》记载：

> 拉（Ra）奋起神威，
> 他额头上的乌赖乌斯与他同行，
> 驱除那来自地下之蛇（阿波普）……
> 他用这刀割下蛇的头，
> 这刀在玛芙代特（猫形日神）的手中。

"天空"与"幽冥"之战是你死我活的：

> 他们迫使前进者倒退，
> 阿波普见之于世……
> 颤抖吧，我是拉！颤抖吧，后退！

消灭你的危害,
拉把你打翻。

(参用魏庆征译文)

玛芙代特挖出蛇的心,并将蛇神禁锢。这是与"天空:生命"对立的"地底:死亡"之蛇(在地下,Ra 神之舟也要在巨蛇麇集之所穿行,并得到它们的保护;太阳船所通过的"地下尼罗河"分为 12 段,每段的关卡都由喷火的蛇把守,以防妖蛇恶灵袭击 Ra 神)①。蛇在这里是"恶龙",但也有"善"的"火蛇"。

鹰与蛇

(左为古代埃及石碑;中附楚绣:食蛇之凤鸟;右为食蛇鹰)

或说,古代埃及用鹰与蛇(似乎只限于眼镜蛇)来体现太阳与"太阳的子孙"即法老王的威烈。但也有人认为,这块碑碣上高高在上的鹰是在震慑代表死亡、幽冥或邪恶的蛇。

食蛇鹰,即鹭鹰,全长约 120 厘米、身高 100 厘米,食蛇前将其抛掷、"戏弄"至晕厥,然后吞下。

古埃及《死者之书》(C.4~6)说,"混沌"(黑暗之大瀛海)之中隆起一个丘阜,大鸟"大戈戈通"生下一枚巨卵(实即"宇宙卵",cosmic egg),由其中孵出太阳或太阳神。《哈里斯纸草卷》赞颂道:

歌颂你,太阳神 Ra,
你是阿图姆自我孕育而成,
无母而生。

---

① 以上参见《古代埃及神话》,魏庆征编译,北岳文艺出版社、山西人民出版社,1999 年,第 195、197 页。

"丘阜"就是阴阜，它置换了莲花。

有人认为，"不死鸟"芬尼克斯（Phoenix）及其在火中自焚的神话，也产生于埃及。后来进入古埃及地区的阿拉伯人接受并"再造"了"凤凰涅槃"神话——芬尼克斯相当于中国的"日中火离"，也就是太阳神鸟凤凰。应该注意，Phoenix还有埃及母型（例如苍鹭）或前身——太阳神鸟：

巴努（Benu，或Bynw）

据比德曼《世界文化象征辞典》说，它是降落在"原始沼泽"（所谓"水体混沌"）或其"山丘"之上的"原始生命"（第73页）；后来被供奉在赫利奥波利斯（Heliopolis）太阳圣殿之中。它每500年出现一次，西方人多称之为Feng-Huang（凤凰）。

太阳鹰
（古代埃及陵墓内部装饰）

古代埃及人认为鹰、眼镜蛇与眼睛都属于"太阳意象（群）"。"太阳翼轮"，鹰头或胸腹部的"日轮"，都旨在使鹰与太阳"生命一体化"。

古代埃及，关于太阳或天空并且化形为鹰的大神，降服"地"或地底水下的蛇/鱼之类魔怪的故事还有很多（参见本书"龙"的探究部分），择其要者：

天　空	地　下	
太阳神赖（化形为鹰）	蛇/蛇神	阿波普
荷拉斯（化形为鹰）	杰费尔	
	英迪弗	
猫形日神玛芙代特	玛伽/尼克	
	赖奈努特（眼镜蛇形）	
	萨塔（蛇神：大地之子）	

"大鹏护法"：金翅鸟首——太阳意象

（西藏古代文物，采自叶星生；右附印度的迦楼罗神像）

藏传佛教的护法神大鹏金翅鸟，是"金刚手"的一种化身。注意：它头上不但有角，还冠戴着日、月，可见其与"光明"相关。

它是传播瘟疫与灾害的毒龙 Klu 或 Lu（噜或卢）——那伽（Nāga）的克星。在印度神话里，它具有鸟首人身，称为迦楼罗或揭路荼（Galuda），为圣贤及其妻所生的类"宇宙卵"所孵出，称为百鸟之王，比中国的凤凰更凶猛。它曾经奋勇去劫取"不死仙露"阿弥陀（Amita），救母并且屠龙。所以，其自身也具有相对立之"二元性"。因其特别明显且典型，此处先作简介。

神话学家指出：

> 按照古埃及人的神话观念，蛇与大地及大地的丰饶之力相关联。相传，赖奈努特以眼镜蛇为形，守护新收获之谷。地神格卜，其形象有时为蛇首。蛇之出没以及与太阳神相斗，又往往与地相关联。有些蛇神又与大地有不解之缘：蛇神萨塔，被称为"大地之子"。①

作为"宇宙蟒"，蛇神梅嫩塔是"环绕大地者"。太阳神等的地下通道，挤满1300肘长②的巨蛇，拉神之舟必须在其间穿行③。这些都象征着宇宙运动及其

---

① 《古代埃及神话》，魏庆征编译，北岳文艺出版社、山西人民出版社，1999年，第196页。
② 在尺度发明之前，古人是用肘作为计量单位。
③ 《古代埃及神话》，魏庆征编译，北岳文艺出版社、山西人民出版社，1999年，第196页。

内在的冲突。

土地（地下/水底）从来都是跟"冥界：幽都：死者之家"联系在一起的。这里主要介绍与蛇相关者。

中国，见于《楚辞·招魂》等的幽都，那里有长着大杈角的"土伯"，其身九"约"，有的说是九曲，有的说是九丈（大概数字），这样就可能是蛇身。它会吃人，代表着阴、土地或水；代表着黑暗乃至恶丑。

又比如在古代埃及，作为地下之神的蛇，与冥世相关联；而地下则被想象为冥世。

> 女蛇神梅里特塞格，其名意为"喜沉寂者"，被视为"死亡之神"。据说，冥世（即地下世界）为善或恶之蛇麇集之地。相传，地下尼罗河分为众多区段，有许多蛇守护，以保障太阳神拉（Ra）之身安然通行。倘若妖蛇阿波普阻挠，众神则群起而攻之。众多蛇被视为人和神之襄助者，神和法老之首，往往盘以圣蛇。①

所以，古埃及的蛇有善、恶两种，无论是在神界还是在地下。

苏美尔"混形"怪鸟

[苏美尔] **安祖德**

历史最为悠久、演变特别复杂的神话大鸟，是苏美尔（Sumer）的"狮头鹰"安祖德（Anzud）。

【安祖德】
〔苏美尔语〕Anzud（狮头鹰）
〔阿卡德语〕Anzu
　　　　　　Imusudogud（暴风雨）

安祖德实质也是太阳神鸟（solar bird），不过以"日神"而掌司暴风雨（就好像中国东部始祖神帝俊以太阳神司掌"东方风"，希腊天神、太阳神宙斯也兼掌雷雨）。太阳是生命的源泉，赐予温暖、光明乃至雨水与丰饶。安祖德还是丰收之神的徽号，跟丰收神有时粘合。

宁胡萨格（Ninhushag，丰收女神）
宁吉尔苏（Ningirsu，丰收之神）

---

① 《古代埃及神话》，魏庆征编译，北岳文艺出版社、山西人民出版社，1999年，第197页。

混形神鸟：安祖德—格里芬

（左：狮面神鹰安祖德制服二鹿，苏美尔宁胡萨格神庙门楣铜饰；右：埃及蛇身怪鸟，法老陵墓壁画，或说为原初格里芬变体）

苏美尔怪鸟安祖德，或说即西方怪鸟格里芬的母本；跟中国的"大鹏：凤鸟"同样是世界性神话巨鸟的一支。安祖德曾被祀为土星之神，又兼为风神、战神，是苏美尔—巴比伦最重要的守护神。

它，或狮首鹰身，或鹰翅狮身，变形极多，除了以鹰喙、爪、翼为必备的"攻击器官"之外，狮首或狮躯，或置换为虎、为马、为鹿、为驼、为蛇，"因地制宜，因势利导"，不一而足。

安祖德又被看做土星神之子尼尼伯（Ninib）的一个化身，还被看做神格很高的"空气"与"水"之神恩利尔（Enlil）的子属；Enlil 在巴比伦史诗里又称为宁尼尔（Ninlil），是"暴风雨之神"；在亚述，它是风神兼太阳神。所以，神鸟安祖德兼司"暴风骤雨"，太阳隐匿以后便是风雨。

在巴比伦的一种史诗里，是 Ninlil（而不是太阳英雄 Marduk）斗杀了鱼形女怪蒂亚华滋（Tiawath）。Tiawath 在苏美尔多称"蒂亚马特"（Tiamat），有蛇/鱼两种形状，实际上是西亚的"龙"（参见本书"龙"的探究部分）。蛇/鱼与鹰/鹏的冲突是如上所述的世界性的阴阳战争，地天之斗。Ninlil 所化的 Anzud（安祖德）神鸟与 Tiamat（鱼/蛇）之争，就像中国的鲲/鹏大战和埃及的太阳与冥蛇厮杀。

埃尔—欧贝德地区的苏美尔文化遗址，出土的浮雕门楣上面有一只巨大的狮头巨鸟安祖德攫住两只权角公鹿；就好像中国"鹿"可以代表同音的"陆"，这里的公鹿可能象征"干旱"，被暴风雨之鹰所镇伏。

　　神鹰象征久旱的喜雨，其展开的双翼能遮蔽天空。[①]

这很像中国的大鹏鸟（大凤），其翼若"垂天之云"，能遮蔽半个天空。但

---

① 于殿利、郑殿华：《巴比伦古文化探研》，江西人民出版社，1998年，第109页。

也有人以为，这是神鹰在保护圣羚羊或角鹿。①

暴风雨浇灌大地，驱赶旱鹿，给土地以肥沃与丰饶。所以安祖德又是丰收之神的徽号，并且逐渐生长为苏美尔王的"保护神"——雄鸷的鹰，能够扑食有蹄类食草动物乃至狮子，更有资格做"王之爪牙"或战神标志。

苏美尔和巴比伦，太阳神马尔杜克（Marduk）屠戮蛇身或鱼形女怪蒂亚马特（Tiamat 或 Tiawath）的"阴阳冲突"神话，为众所周知。"天象"或"天体"之神斩蛇，也见于他们的艺术。

太阳神——马尔杜克，他的一种化形，"一半是鹰，一半是蛇"，有些像古代美洲的"羽蛇"英雄。

一个印章图案上"人身有翼"的"双头鹰"，也有学者指认其即太阳英雄马尔杜克。

苏美尔有勇猛的鹰搏噬凶猛的蛇的图像。

有一种说法：Anzud 是一切神话大鸟的老祖宗。它不仅是埃及—希腊怪鸟格里芬的祖型，而且是后世西亚大鸟安卡（Anca 或 Angh）以及西姆尔格（Simurgh）的"原身"，Anca 又"音变"为 Engle，即英语系统的"鹰"，甚至"讹变"为中国北方游牧民族语言里的 Autour（鹰或隼）——其神话再现便是百鸟之王"脱斡邻勒"（Toghoril）。

或可构拟其如下关系：

杉树妖芬巴巴

（陶器雕像，苏美尔—巴比伦）

杉树妖芬巴巴（或胡姆巴巴）与杉树一体化，大鸟安祖德寄身其中。作为异化的日鸟，又曾与太阳英雄吉尔伽美什等发生冲突。安祖德鹰与芬巴巴杉树的关系，就像凤凰与梧桐、三足乌与扶桑树的关系一样。

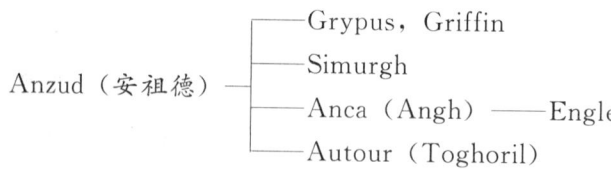

———————

① 参见［埃及］尼阿玛特·伊斯梅尔·阿拉姆：《中东艺术史》，朱威烈、邹黎译，上海人民出版社，1985年，第106页。

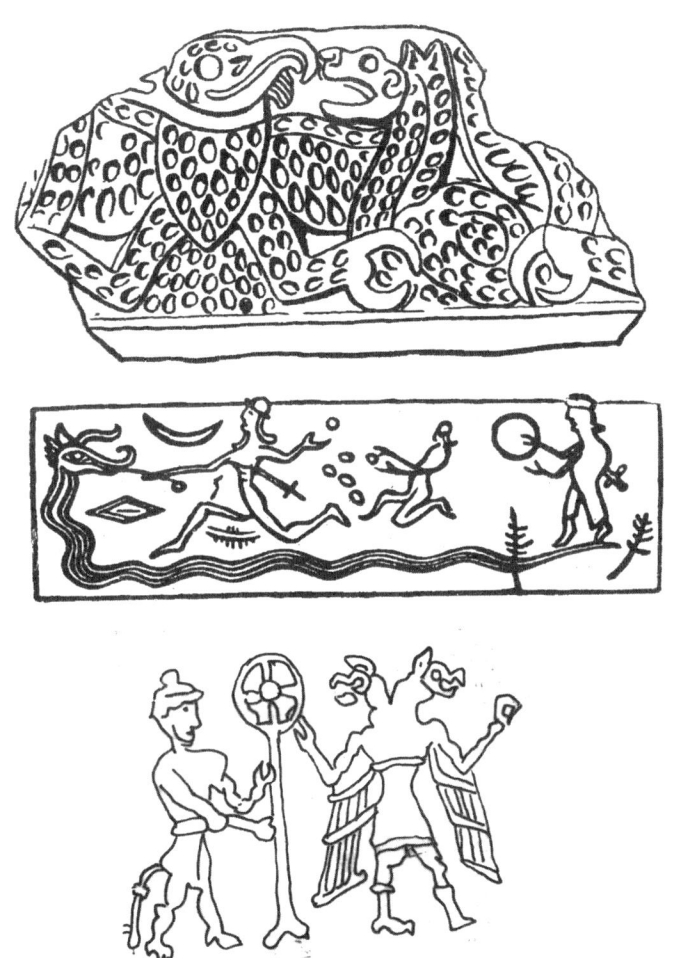

化身为鹰的太阳神马尔杜克斩蛇

（上：鹰蛇相搏，苏美尔残陶片图纹；中：太阳神斩龙，滚筒印章图案；下：人格化的"双头鹰"，或说为马尔杜克化形，苏美尔图纹）

太阳神、太阳英雄马尔杜克通常化身为鹰或巨鸟安祖德，他跟阿波罗、后羿等同格神一样，曾经斩蛇"除害"或"救世"。

当然，这是一些学者的设想，若干中间环节有待补缀。

前文已述，狮头鹰"格里芬"不但是土星（Saturn）之神尼尼伯（Ninib）的化形，也是水与空气之神恩利尔（Enlil）之子——而苏美尔神恩利尔执掌暴风；尼尼伯在亚述也兼为风神，直至太阳神。换句话说，"格里芬"（Enlil之子和Ninib的化形）又像中国的"凤：飞廉"，埃及的"太阳鹰"拉（Ra）那样兼为：

   风神   太阳神   英雄神—祖先神

因此，作为鹰鹫，大鹏（凤：飞廉）跟西亚巨鸟安祖德—格里芬在造型上的相似，是有民俗神话基础的。

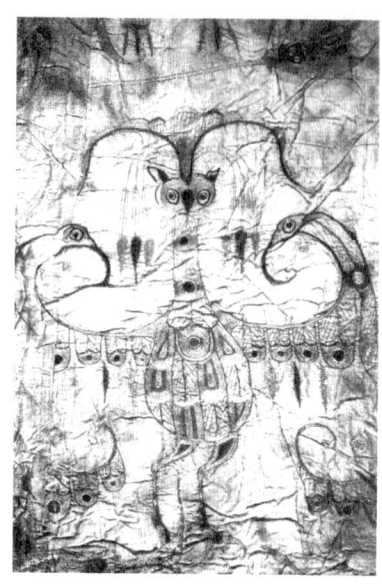

三头凤：离珠

（湖北江陵楚墓出土，绣品，战国）

它有三颗脑袋，正面似鸭，两颗侧视的"凤首"由翅端生出，很像是神话中明目善视的"火凤凰"离鸟（离珠）。三三见九，它以后生长为九头鸟（鬼车），跟"九凤：九婴"合流，妖魔化为死亡之鸟（这又跟它以鸱鸮为母型相关）。其"兼体造型"有些像凌家滩"猪首翼翅"的太阳鹰。

叶舒宪的《英雄与太阳》认为，苏美尔英雄史诗里吉尔伽美什（Kirgamesh）曾经砍倒杉树妖芬巴巴的杉树，威胁到栖息于杉树的神鸟安祖德（中国的凤凰也栖息在太阳树或梧桐之上），有些像后羿射杀九婴①——汉·高诱注说它是"水火之怪"，安祖德是"善恶兼具"的暴风雨之鸟（暴风雨有"两面性"）。

中国也有这种善恶兼具的神鸟。前文讲猫头鹰时提到的九婴，或说就是后来的九头鸟，古人叫做"鬼车"（婴指脖颈，"九颈"暗示"九首"）。这应该就是《山海经》里很古老的"九首凤凰"之神，即"九凤"。

大荒之中，有山名曰北极天柜，海水北注焉。有神，九首人面鸟身，名曰九凤。

九凤或九婴，后来被妖魔化，变成"九头奇鸧"（见于晋·郭璞《江赋》及《玄都赋》等），是鬼鸟、鬼车鸟，有九个头。民间很害怕它，认为它一叫就要死人。它是从"善恶并存"转化为"恶鸟"。其母型，可能是一种凶狠的鹰或猫头鹰。

我们认为，"九凤"是东方太阳神"句芒"的一个分身（句、九一声之转，"芒"跟凤凰异称的鸣雉、梦鸟、蒙鸟之"蒙：梦：鸣"暗合），怪化为后羿所射杀的"九婴"。可见它的二元对立结构很鲜明。

---

① 叶舒宪：《英雄与太阳——中国上古史诗的原型重构》，上海社会科学院出版社，1991年，第116页。

《淮南子·本经训》汉·高诱注："九婴，水火之怪，为人害。"

"九凤—九婴"的形象有点像西方的怪鸟格里芬（Griffin），是凤鸟的一种"繁变"。凤鸟像巴努似的，本是处于宇宙中心的创世者、"唯一者"，以"前进的夸张"衍变为三头的"离珠"，三三见九，再变为九头的"句芒"或"九凤"。

在中国神话思维的"辩证法"里，吉祥的凤鸟在特定条件下可能"异化"为怪鸟（九凤：九婴），如"大鹏：大凤"转化成危害性的"大风"（盖如古希腊之"Typhon：台风"），并为后羿所射杀。

拉伽什王恩铁米那（Entemena）的一件银瓶上，镌刻有狮头鹰安祖德在扑噬狮子，而狮子又在威胁羚羊或鹿①，象征着王权的威力或强大。

变体格里芬

（1. 鹰首鹰翼狮身格里芬，古代西亚美术，复见；2. 马身鹰翅格里芬，古代欧洲绘画；3. 格里芬鹰扑噬四足兽，鄂尔多斯器饰，传世；4. 格里芬狮扑噬驯鹿，蒙古诺颜乌拉古墓出土青铜牌饰；5. 格里芬鹰扑噬野牛，内蒙古青铜牌饰，参见《内蒙古长城地带》；6. 格里芬狮，墓主人纹身图案，阿尔泰地区巴泽雷克大墓）

鸟首狮身兽格律普斯—格里芬，有多种变形，（或说与西姆尔格巨鸟叠合）主要为鸟喙、鸟爪、鸟翼的狮身兽，或主体为鹰，部分器官为狮；到后来，狮身变为牛、马、虎、羊、驼等，只有鹰喙与鸟翼基本不变。它是西亚、北非、南欧最重要的神话大鸟，进入中亚与东亚之后，变形更多。上述地区常见它扑噬有蹄类"家畜"的意象，代表着天空或"圣域"对土地的占有（异说较多）。

这个"鹰扑走兽"的母题，不断在西亚—中亚地区出现并且"变更"，其余

---

① ［法］雷奈·格鲁赛：《近东和中东的文明史》，常任侠、袁音译，上海人民出版社，1981年，第29页。

波一直达到中国腹地和云南。它"历代相传,自喜特人、亚述人、阿开米尼朝和萨珊朝的波斯人,一直流传到阿尔泰各民族"①。其间最重要的是斯基泰人(Scythians)的传递与再创造。还有中国北狄,包括"鬼羌"和"匈奴"等北方游牧民族的积极干预。从阿尔泰、西伯利亚以至新疆、蒙古,特别是鄂尔多斯草原,都流传着类似母题之格里芬鹰扑噬有蹄类食草动物的青铜雕饰。中山王国和云南晋宁石寨山、江川李家山、昆明羊甫头的青铜艺术作品把它推到了极致。

古欧洲格律普斯—格里芬怪鹰

安祖德进入地中海世界后,变成更加闻名的混形巨鸟格里芬。

【格律普斯—格里芬】

〔希腊语〕Gryphus ⟶ Gryphons ⟶ Gryps ⟶
〔拉丁语·法语·英语〕Griffin

有人说,古埃及早就有这种"鸟首狮身"兽。西方"历史之父"希罗多德在《希波战争史》(汉译《历史》)里引用阿利司铁阿斯(Aristeas)的叙事诗《独目篇》(*Arimasper*)说:

在伊赛多涅斯(或译"伊赛顿",或与月氏、乌孙有关)的那面住着独眼人种阿里玛斯波伊人(Arimaspea,或即《山海经》"一目"或鬼方),在阿里玛斯波伊人的那面住着看守黄金的格律普斯(Gryps),而在这些人的那面则是领地一直伸张到大海的极北居民。②

格律普斯就是格里芬,在希腊人等的心目中,是一种长着狮身的混形神鸟(或生有狮首、狮爪,或作有翼、鸟喙或鹰爪的狮形)。这里,希罗多德用它来标识体躯古怪的"异族",是黄金矿与制品的守护者,他们崇拜这种"鹰狮兽"(旧说以鹰为图腾)。中国学者孙培良介绍说:

格里芬在西方艺术中有悠久的历史。鸟头格里芬早在史前时期(公元前3300年以前)已出现在埃及,波斯艺术有狮格里芬,古希腊艺术有鹰格里芬。公元前7世纪,希腊的格里芬已在斯基泰亚成为流行的艺术装饰。

---

① [法]雷奈·格鲁赛:《近东和中东的文明史》,常任侠、袁音译,上海人民出版社,1981年,第29页。

② [古希腊]希罗多德:《历史》(上册),王以铸译,商务印书馆,1982年,第270~271页。

阿里斯帖亚（《独目篇》作者）从伊赛顿人那里听到的神物或怪兽并非希腊人的鹰首狮身双翼的格里芬，他用希腊人所熟悉的那种形象来描写独目人的对手。①

鸷鸟擒拿插翅虎

（夔凤纹三足青铜盘耳纹饰，山西太原晋国墓出土，战国；采自陈振裕等）

类"狮爪格里芬"的猛禽，紧抓住"翼虎"的"双翅"，后者的额、颊、舌都经夸张，像退化的饕餮。这很像西亚—南欧—中亚"兽斗"母题里格里芬鹰对有蹄类的扑噬，不过更具紧张性罢了。

赫拉克里斯射杀斯廷法拉湖怪鸟

（左：古希腊瓶画；右：欧洲近世油画）

怪鸟成群结队，基本为雁鹅形，只是体型巨大无比，长着铁爪或人头，会吃人。大力神赫拉克里斯（也称"赫拉克勒斯"）"十二劳绩"之一，射杀巨鸟，相当于后羿弋射破坏力很大的"风怪"大凤。

麦克斯·缪勒（Max Müller）指出，一连串的光明神或太阳英雄如阿波罗、赫拉克里斯与后羿消灭"黑暗"蛇龙的神话在构造或模式上是相同的。

---

① 孙培良：《斯基泰贸易之路与中亚古代的传说》，《中外关系史论丛》（第1辑），1985年，第12~13页。

在赫拉克勒斯杀死喀迈拉及类似巨怪的故事中，我们看到特尔斐的阿波罗杀死蠕虫的影像，或明亮的苍天之神宙斯的影像，赫丘利和宙斯共享有伊塔山的、奥林达斯的、造就万物的称号。①

这为后来列维-斯特劳斯"光明/黑暗"二元对立之学说准备了理论基础。当然，怪鸟本身就内含着"二重性"，甚至凤凰也会"异化"为破坏力极强的"大风"（相当于古希腊的"提丰：Typhoon：台风"），为后羿所射杀——赫拉克里斯也曾射死斯廷法拉湖那代表邪恶的吃人怪鸟。

鹰蛇互动

（左：西亚上古图纹"鹰蛇搏斗"；右："太阳轮"化的神鹰与眼镜蛇，古代埃及陵墓绘画，局部。本图复见）

作为天空、太阳与水地二元冲突的动物模式，鹰蛇以及它们的搏斗，是上古世界常见的神话母题。然而，有时也会发生奇妙的转化：太阳鹰的死敌毒蛇也升上天空（这有些像中国的蛇化龙），与鹰"共栖"，如古埃及文物所见，"蛇/鹰"还成为太阳的一个"代码"。

苏联学者鲁金科等认为，希腊人把崇拜神鸟格里芬的阿尔泰山诸部落直接称为狮身鹰翅的Griffin②。阿尔泰（Altai）山出产黄金，所以又名"金山"，居住在金山一带的原住民也就被看做"看守黄金"的神鸟。这个地区巴泽雷克大墓出土的文物上就装饰着这种混形的"神鸟"或怪兽③，或说这是再现波斯—伊朗大鸟西姆尔格与斯芬克斯式怪兽的冲突。如前交代，格里芬扑噬有蹄类食草动物，这一母题在文化史上影响巨大，中国至迟在春秋战国时期的艺术里就有

---

① [英]麦克斯·缪勒：《比较神话学》，金泽译，上海文艺出版社，1989年，第115页。

② 参见[苏]鲁金科：《论中国与阿尔泰部落的古代关系》，《考古学报》1957年第2期，第40页。

③ 参见[苏]鲁金科：《论中国与阿尔泰部落的古代关系》，《考古学报》1957年第2期，第40页。

格里芬的"变种"或"改型",像九凤、𩿨堆、鬼车等神鸟,各种造型中都可以发现它活跃的身影(参见《山海经的文化寻踪》)。格里芬本来是神怪二性兼具的混形神话大鸟(凤凰的主导面则是崇高与吉祥),曾被当做天空、太阳或"圣"的领域的"代表",除了它的食蛇或者擒龙仍然是天空与水地、光明与黑暗的二元冲突之外,它的扑噬有蹄类"家畜"或食草动物(如马、牛、羊等),或以为表示"天空"或"圣域"对世俗的土地(包含禾稼)的占领与侵夺,或以为是炫耀"游牧"对"农耕"的征服。

古希腊宙斯、阿波罗殪杀妖蛇

古希腊天神(主神)宙斯斩杀的是巨蛇提丰(Typhon)。提丰,赫西俄德说:"他是一条可怕的巨蟒,肩上长有一百个蛇头,口里吐着黝黑的舌头。在他奇特的脑袋上、额角下、眼睛里,火光闪烁;怒目而视时,所有的脑袋上都喷射出火焰。"① 这几乎可以将它看做欧洲毒火龙之祖。古印度的那迦(Nāga)、西藏的孽龙,外形都与之相近。"他所有可怕的脑袋发出各种不可名状的声音;这些声音有时神灵能理解,有时则如公牛在怒不可遏时的大声鸣叫,有时又如猛狮的吼声,有时也如怪异难听的狗吠,有时如回荡山间的嘘嘘声。"② 这是"台风"发出的呼啸或"怪叫"。"提丰"又是风暴之神,另一化形是怪鸟,跟《山海经》风神"泰逢"对位,其语音遗迹就是汉语和英语的"台风"(参见笔者的《山海经的文化寻踪》),所以提丰生出几位风神。神王宙斯用霹雳轰击"怪风","灼烧他所有怪异的头颅",从而"把他打成残废,扔下天空,大地因之叫苦呻吟……[他只能]在阴暗多石的山谷里发射出火焰",就像夷羿射杀"巴蛇"与"九婴",大地与山石都为之融化(一般解释为火山爆发)。最后宙斯把它扔进地狱③。这跟宙斯、阿波罗等太阳英雄斩蛇"除害"的神话相辅相成。

维尔南复述下的提丰神,就完全是风暴的意象。"提丰(Typhon)激动起来就会令大地摇晃振动,空间的方向就会迷失在狂风的漩涡中,天空和大地会混杂在风暴中。"④ 初民或以为,自然界的剧变或大灾难是天上地下恶灵或妖怪共谋的结果,风暴与海啸和地震可能同时发生,恶果倍增,天空的怪鸟跟水中地

---

① [古希腊] 赫西俄德:《神谱》,张竹明、蒋平译,商务印书馆,1991年,第50~51页。
② [古希腊] 赫西俄德:《神谱》,张竹明、蒋平译,商务印书馆,1991年,第50页。
③ [古希腊] 赫西俄德:《神谱》,张竹明、蒋平译,商务印书馆,1991年,第51页。
④ [法] 让-皮埃尔·维尔南:《希腊人的神话和思想——历史心理分析研究》,黄艳红译,中国人民大学出版社,2007年,第230页。

下的妖蛇同时"发难",所以提丰既有蛇龙的身躯,又有鹏凤的化形,综合了它们的负面形象。

宙斯制服巨蟒

(古希腊瓶画)

曾经化形鹰鹜、长着双翼的天帝兼太阳神宙斯(或说图上者为阿波罗),曾经制服百首巨蟒,象征着"天空"(或为希腊人所"独占"的"圣"的领域)对土地或财富的占有。

正如人们所知,这些斩蛇英雄本身也是大鸟的化身——天生地跟巨鱼封蛇敌对。

宙斯——大鹜

阿波罗——金乌

赫拉克里斯——雄鹰

如上所说,在古老的神话系统里,蛇(或由蛇尊化而来的龙)也能以阴、黑暗或罪恶的力量,而为"阳"或"圣"所制服。

李奭学认为,"欧龙"(dragon)主要是凶物,是屠戮对象,最明显的即是Python。"其情节模式大多出诸《梨俱吠陀》(Rig-veda)等印度古典。《梨俱吠陀》中的恶龙乌里特那(Vitra,即弗栗多、维特拉)曾经为人(案:雷神indra)追猎,而在欧洲,此一故事的叙述结构:一可见于希腊人处理泰丰(Typhon,或译提丰)故事或怪兽萋麦拉(Chimaira,或译喀迈拉)之死;二可见于罗马人如奥维德笔下阿波罗屠杀皮同(Python,或译比东)的叙写。"① 或说皮同是地母该亚之子。一般认为,这象征土地、黑暗被天空、光明所征服,

---

① 李奭学:《西秦饮渭水,东洛荐河图——我所知道的"龙"字欧译始末》,(台北)《汉学研究通讯》第26卷第4期,2007年,第4页。

就像拉神杀死冥蛇阿波普。阿波罗因而被冠以荣衔：斩蛇者——阿波罗·皮提俄斯（Apollo-Pythoneos）。《俄耳甫斯教祷歌》甚至称颂他说："皮同（Python）之神，提坦神！你……征服皮同，[占领]降谕德尔斐。"① 小太阳神斩蛇的勋迹与宙斯杀提丰同构，也是对立性二元冲突。

大鸟劫持或驮载少女

（左、中：欧洲美术作品，"潘诺尼亚饰针"与彩画；右：古希腊瓶画摹本）

希腊神话里多见大鸟运载或捕捉少女，例如斯廷法拉（湖）怪鸟攫食少女的故事，是大鸟母题的一个分支。最终是掠夺、劫持，后来弱化为引诱、追求。

宙斯就曾变成天鹅诱惑丽达，并且把她"驮"到奥林普斯山的"天宫"。他们并不隐晦"圣"的领域固有的专横与粗暴。

这是欧洲许多画家最喜爱的题材，但大都被美化了。

这在印度神话里，转换为雷神因陀罗（Indra）对"旱蛇"弗栗多（Vrtra）的"锤击"；在波斯神话中，则转化为光明神米特拉对黑暗妖龙的"胜利"。

提丰蛇怪兼妖鸟为宙斯殛死（类同于比东妖蛇为太阳神阿波罗所杀），从前认为这段故事是"伪作"，但近年的编整考据发现，它是"真实"的（参见威斯特：《赫西俄德的学说》，第379页；伊利亚德：《宗教思想史》，第211页）。赫西俄德还说，"提丰"这个丑八怪"胆大妄为，不知法度"（《神谱》36），看来他也跟刑天们一样曾是"混沌英雄"或"反抗神的神"；但在神格上近似于"巴蛇"加上"九婴"（九头鸟"鬼车"）——太阳英雄后羿既射杀巨蟒（吞象的巴蛇），又射杀"水火之怪"九婴（这故事的平凡化即射"大风"而中其膝）。

或说，提丰又变成百眼巨龙，看守金羊毛，为阿尔戈英雄伊阿宋（Jason）所杀。或说它又化形"百首毒龙"而为赫拉克里斯所杀。帕蒂·汤普逊介绍，伦克确信：在西欧发展而成的"屠龙者"现有形式最接近于"典型形式"（北欧

---

① 《俄耳甫斯教祷歌》，吴雅凌编译，华夏出版社，2006年，第70页。

的此类神话多在其影响下发生）；往东去，则出现越来越纷繁的变体① （或列入民间故事分类 A-T 法 "类型 300"）。

劫 持

（左：[尼德兰]鲁本斯，油画，部分，现藏西班牙马德里普拉多博物馆；右：欧洲古代星图）

古希腊天神兼太阳神宙斯，常常化形为鹰鹫或天鹅劫持人间少女。那劫持伽尼墨得斯姑娘的宙斯鹰，还被移上天空，成了"天鹰座"。天空、天体或天象，变幻无常，往往反理性、非人道，常常暴露出专横、粗野或霸道，就像"古典世界"的统治者或"权贵"；它们不隐瞒要控制或支配世俗力量或"普通人的世界"。

而宙斯所变的"大鸟"也"作恶多端"，他不但变成天鹅引诱美女丽达，还化成神鹰"擒拿"或劫持伽尼墨得斯等人间少女。这不但"重复"着大鸟攫人或吃人的奇谈，同样体现着"天空"或天神的霸权，它对"三界"、对大地和海洋都拥有可怕的"支配力"。

巨鹰攫人（首）

原初的"凤"狞猛凶悍，甚至会吃人。殷商时代（有人说可以追溯到山东龙山文化时期），有一种主要镌刻在玉佩或玉饰件上的"鹰攫人首"的装饰母

---

① 参见［美］帕蒂·汤普逊：《世界民间故事分类学》，郑海等译，上海文艺出版社，1991年，第35页。

题，争议不大，却牵涉颇广，不得不专门讨论。首先，"鹰攫人首"无非是"大鸟食人"的一个"简化"形式，可以归入这个世界性的神话母题（作为天空或"阳"的力量的大鸟跟水地之鱼蛇二元对立，人居其间）。

有的鹰已有"凤化"趋向，其为凶猛悍鸷。不容置疑，无论是作为凤凰母型抑或独立意象，鹰攫人头或抓住整个人体，都说明作器者在有意强化它的武勇，旨在威胁俘虏、奴隶或"非我族类"的文化他者，直到震慑一切"妖邪"和"顽恶"，其功能跟猛兽（化）形态的饕餮基本一致，而"主题"更加明确；在形象上，尽可能地"夸大"并且美化它的身躯，让鹰成为鹏凤。

另外一种是与之难解难分的"人/鸟组合"形象，情况稍微复杂：有的可以当做主题近似的"鹰凤胁人"，有的却相对"分离"，人/鸟关系不大明朗。然而许多专家把它们合并讨论，我们也不得不尽力加以"联系"，至于完全独立的玉人或玉鸟或"鸟人"混融造型，则另行处理。

怪鸟攫人

（饕餮成性、邪恶好色的斯廷法拉湖的怪鸟，现代西方"通俗"绘画）

斯廷法拉（湖）怪鸟，是希腊神话大鸟之一，后来被英雄赫拉克里斯所射杀（就好像后羿射死"大凤"即"大风：大鹏"）。怪鸟攫人不过是吃象、吞蟒的"人间化"，是世界性神话母题，反映初民对于自然力的恐惧以及试图"克服"它的愿望。

台北故宫博物院珍藏的一件鹰纹玉圭，梅原末治曾在《故宫月刊》第1卷第1期撰文介绍；嗣后邓淑苹在其一侧窄边上发现了一个侧视人头，"留长发，戴圆耳环,船形帽"①。美国华盛顿弗里尔博物馆所藏大玉刀,窄边侧缘也以浅浮雕刻一侧视人头,"杏眼,塌鼻,厚唇,戴船形帽与圆形耳环,一绺长发,发

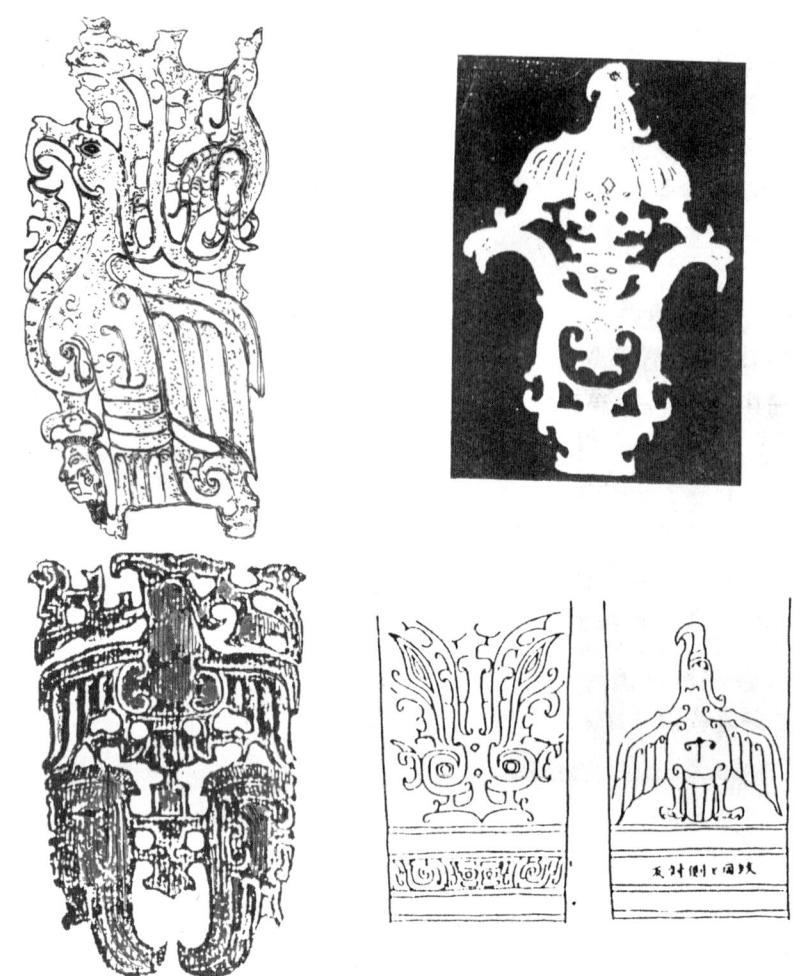

鹰和鹰攫人首纹

(左上:"鹰攫人首"玉饰件,殷商,现藏上海博物馆;左下:"鹰攫双人首"玉饰件,殷商,现藏北京故宫博物院;右上:"鹰攫人首"玉嵌饰,传世,多说殷商,现藏天津博物馆;右下为供对照的玉版鹰形图案,殷商或山东龙山文化)

这些巨鹰攫人或攫人首的图形,具有一致性。或说是以奴隶或俘虏的头献祭给图腾或祖先神;或说是太阳神鸟屠杀被看成"阴"的力量的文化异类或边缘人,有威慑或魇胜的作用。

---

① 邓淑苹:《天命玄鸟,降而生商——古玉花纹所反映的古代信仰》,(台北)《故宫文物月刊》第4卷第6期,1986年,第58页。

梢外卷，头后方以勾连弧线琢出飞檐式部分，有如前述大眼面纹的'帽沿'。上面又插了数根蓬松的鸟羽，羽梢亦作杏仁状，与（台北藏）鸟纹圭大眼面纹上所插的鸟羽相似"。这就使得玉刀和玉圭有了图形上的联系。"玉刀是扁平器身，在其侧边两面各琢一个相同的侧面人头，拼合着看，就成了一个正面的人头。这种由两个侧面合成一个正面的手法，为上古艺术品中所常见。"① 这些足以证明，"凤凰—鹰鸷"之凶猛狠鸷。殷商器物上这些"鹰凤"噬咬人头或抓住"人身"的造型，极有特色，可以列入"大鸟（吃人）"的母题；其意旨与功用，看法不一，争议颇多。

其中展翅玉鹰的一个奇特之处在于，它不是用双爪而是用双翼攫取人首。天津博物馆所藏的一件，鹰翅紧紧联结着似人臂的双枝形物——其顶端似乎又兼为鸟首——其"中"或其"下"有人首，个别器物上的鹰所攫，似为整体人形。

谢崇安称此器为《鹰攫人冠》，说"鹰的双翅又系连着人的两臂"，让他想起王亥"两手操鸟，方食其头"②。我们原来也有这种想法，王亥，卜辞写作"䳗"，其化形为"䳗：繁：鹥"，或即鸥鹥，如谢所说，它"体现了神鸟与人王合一的关系"。鹰攫人首造型，意即以猎来的敌头祭献给"神鸟/人王"。但《山海经》说，王亥是吃鸟头而不是人头，目的较可能在认同于"祖灵：神鸟"，并促进其族类的蕃育。两者还不能说是一回事。

"鹰攫人首"玉环

（传世，多说殷商；现藏美国希努齐博物馆，见于黄浚的《古玉图录初集》，采自李学勤等）

优美的凤凰的母型是鹰鸷，它所攫住的人首肯定属于"文化异类"；跟猛虎"夹"人头一样，它的主要意旨是攘逐邪魅。凤凰既是古代的吉祥物，又是辟邪鸟。其"基础"是对鸷鸟的崇拜。有可能是殷商的图腾神或祖灵神。

玉器巨鹰，当然可以像多数学者所认为的那样，被看做殷商的图腾或祖灵神，跟"凤鸟：玄鸟"大致同格。人头，不仅是猎头风习的曲折映象，还是某种献祭仪式的"艺术再现"。

---

① 邓淑苹：《天命玄鸟，降而生商——古玉花纹所反映的古代信仰》，（台北）《故宫文物月刊》第 4 卷第 6 期，1986 年，第 58 页。

② 参见谢崇安：《商周艺术》，巴蜀书社，1997 年，第 89 页。

然而，巨鹰也可以如某些神话学家所认为的那样，被视如安祖德—格里芬或者宙斯鹰、阿波罗金乌等，代表"天空"与"阳"的力量，而与地上、水中的鱼蛇之类天生地相对立。这里虽然没有出现水族或蛇龙，但所攫的人、人首却被当做"非我族类"的负面力量而替换了鱼蛇。本来"人"居于天/地之间，是"中立者"，视其"文化性格"可划为敬天者与入地类。阶级社会里，人或团体都是分层的，往往被割裂为所谓"善/恶"两种：善者可登上天堂，恶者被打入地狱。殷商统治者以神鸟后裔或"太阳的子孙"自居，自以为代表天、阳或美、善，奴隶、战俘、外族，一切的边缘人或文化他者，都被归为地底、水中的"阴暗"或恶丑的力量——当然会被视若毒蛇恶兽怪鱼妖物，并且由鹰爪下的人物或人头来标示。当然，统治者会挑选奴隶、战俘，尤其是"罪犯"，当做人牺，或割下头来，奉献给天神、祖灵或图腾鸟。但在"鹰攫人首"造型里，却主要是一种图像化的"仪式象征"，依然可以看做鹰蛇（或大鸟巨鱼）二元冲突的一种"异变"再现。

古代罗斯巨鸵斯特列菲

古代罗斯人（俄罗斯先民）把一种以鸵鸟为母型的大鸟叫做"斯特列菲"，其名称来自希腊语。

【巨鸵】

〔希腊语〕　　　　　斯特鲁菲奥（Steropheo）
〔古罗斯语〕　　　　斯特列菲（Sterephe）

俄罗斯学者说它能够遮挡日月，使天地无光，有如鹏凤，相当于西欧的Griffin、伊朗的Simurgh、阿拉伯的Rukh，"鲁赫（Rukh）能用脚爪抓住一只大象或者[抓住]一只角上串有三只大象的独角兽"①。同样——

它能造成海啸地震，水涌山摇。

> 斯特列菲鸟是一切鸟之母……
> 它打一个寒颤，
> 蓝色的大海就波涛翻滚，
> 载有珍贵货物的商船
> 就被大海吞没……
> ——所以，斯特列菲鸟是一切鸟之母。②

---

① [苏]阿基穆什金：《自然界奇闻怪事》，宋东方译，科学技术出版社，1981年，第32页。
② [苏]阿基穆什金：《自然界奇闻怪事》，宋东方译，科学技术出版社，1981年，第30页。

这暗示，此种鹏凤式巨鸟，实际上是创造诸生的"宇宙鸟"(Cosmic bird)。

在一本流传于 12 世纪罗斯的奇书《鸽书》里，与鹏凤式大鸟对照的也有鲸鲲，它同样造成山崩地裂。

> 鲸是一切鱼之母——
> 只有它才能使大地、使世界，
> 稳固下来；
> 鲸一滚动，
> 大地就翻转，
> 所以，鲸是一切鱼之母……①

古代北欧也有巨大的作恶怪鱼，被英雄神鸟制服。在芬兰史诗《卡勒瓦拉》里，这是一条梭子鱼，"它的喉有三条大河宽/它的背有七艘船的长短"。英雄铁匠伊尔马利能铸造出浑身冒着火焰的太阳神鹰，"它的尖嘴有一百时长/它的喉头有六条大河宽/它的舌有六支枪矛长/它的爪有五把镰刀长短"②。一翅触天，一翅盖海，跟金翅大鹏一样。它扑向大海的时候，怪鱼咬它的翅膀，却被它抓住肩胛和背脊，拽出水面，"同时它用另一只爪子/钉住了坚硬如铁的山岩"③，结果了怪鱼。

古印度妙翅鸟迦楼罗

古代印度最重要的巨鸟是迦楼罗：大鹏。

【大鹏金翅鸟】

〔梵语〕Garuda

（异译：迦楼罗，揭路荼，诫噜哦，迦娄罗，迦留罗，蘖噜拏，迦鲁达）

《慧琳音义》说："揭路荼，正音蘖噜拏，古音加娄罗，即金翅鸟也；或妙翅鸟。"

《华严探玄记》说："迦留罗，此云妙翅鸟，鸟翅有种种宝色庄严，非但金。依《海龙王经》，其鸟两翅相去三百三十六万里，阎浮提只容一足；依《涅槃经》，此鸟能食消龙、鱼、七宝等。"

迦楼罗是"天龙八部"之一（参见《翻译名义集》）。

---

① ［苏］阿基穆什金：《自然界奇闻怪事》，宋东方译，科学技术出版社，1981 年，第 30 页。
② 芬兰民族史诗《卡勒瓦拉》（上册），侍桁译，上海译文出版社，1985 年，第 347 页。
③ 芬兰民族史诗《卡勒瓦拉》（上册），侍桁译，上海译文出版社，1985 年，第 348 页。

大鹏鸟抓起大象
（现代绘画）

大鸟抓起大象，是许多民族的传说，其中印度的大鹏传说最为著名。这是世界性大鸟与巨鱼或怪兽斗争传说的一个分支。

其两翅相去 336 万里，整个阎浮提洲（世界四大洲之一）只能容纳它一只足，比《庄子》的大鹏鸟大多了。古印度最喜欢数字夸张游戏，什么东西动不动上千上万上亿。但这确实是一只"宇宙鸟"，它的蛋可以孵出整个世界。

在史诗《摩诃婆罗多》里，跟《齐谐》或《逍遥游》里的大鹏一样，迦楼罗也是"龙卷风"式的，抟扶摇而上，其翼如垂天之云。

> 扬起滚滚之尘埃，
> 其势巨大接云天。
> 茫茫大海水漫漫，
> 大鹏将海吮吸干；
> 近旁矗立有群山，
> 大鹏复将山摇撼。

（《插话选》上·114）

它同样抓起正在争斗的大象和巨龟。

> 他用一只爪抓起大象，
> 另一只爪又抓起乌龟。

（《插话选》上·121）

> 他劈开了一道道山峦，
> 又将江河的水流吸干，
> 使世界陷入可怕的混乱，
> 看上去他俨然死神一般。

（《插话选》上·125）

双头鹰衔蛇

（大鹏金翅鸟的化形，克孜尔石窟第八窟壁画，新疆，约当唐代）

大鹏金翅鸟本身还有化形，但基本是鹰；其宿敌是蛇，和由蛇演进而来的那伽龙。

《庄子·逍遥游》里的大鹏，是否受到印度的影响，现在做结论还难，尽管可能性很大，但缺乏力证。《列子》成书在佛教明确西来之后，《汤问》里的大鹏承袭《庄子》，是否有印度元素，也有待研究。

《庄子·逍遥游》

北冥有鱼，其名为鲲。鲲之大，不知其几千里也。化而为鸟，其名为鹏。鹏之背，不知其几千里也，怒而飞，其翼如垂天之云。是鸟也，海运则将徙于南冥；南冥者，天池也。

《齐谐》者，志怪者也。《谐》之言曰："鹏之徙于南冥也，水击三千里，抟（或作搏）扶摇而上者九万里。去以六月息者也。"（陈鼓应注本，第1~3页）

《列子·汤问》

终北之北，有溟海者，天池也。有鱼焉，其广数千里，其长称焉，其名为鲲（释文云："鲲，鲸鱼也。"）。有鸟焉，其名为鹏，翼若垂天之云，

其体称焉。(杨伯峻校释本,第 156~157 页)

[附]《文选》宋玉《对楚王问》

鸟有凤而鱼有鲲。凤皇上击九千里,绝云霓,负苍天,翱乎杳冥之上。……鲲鱼朝发昆仑之墟,暴(曝)鬐于碣石,暮宿于孟诸。(《太平御览》卷九八三引《春秋后语》;宋玉之对作"鸟有凤而鱼有鲸",亦可证鹏即凤,鲲即"鲸")

这里最难解释的是鸟/鱼之间可以转换生成。

现实的"依据"倒是有一些:大鸟在越洋飞行之时,因为疲劳饥饿或受伤不幸跌入大洋,此时恰好有大鱼跃出(或者乘机噬食大鸟),初民便以为这大鱼是鸟变的。而某些大型水鸟入水时人所未觉,忽然看到它由海中鱼群里窜出,便以为鹏是鱼"化而为鸟"。

鹏凤的改型与鲸鲲的对转

可以当做"鱼/鸟"对立转化的一个样板的,是海神兼风神禺疆,他上天为风、为凤、为鹏,下海便化鱼、化鲸、化龙。

其为(北)海神,众已熟知。《山海经》说:

"北方禺疆,黑身,手足,乘两龙。"(《山海经·海外北经》注引一本;袁珂云"黑身"应作"鱼身")

其为风神,则——

"隅强,不周风之所生也。"(《淮南子·地形训》)

"伯强焉在?"(《楚辞·天问》)

其作鸟身,则——

"北方禺强,人面鸟身,珥两青蛇,践两青蛇。"(《山海经·海外北经》)

其"互兼"或"对转",专家早已窥知。

郭注《海外北经》云,禺疆字玄冥(水海之神),而玄即北方所代之色,是则鹏也者,风神也,其名则曰禺疆(伯强)。(闻一多《古典》上·336)

禺疆不仅是海神，实又兼风神职司。（袁珂：《校注》）

大鹏鸟吞蛇

（左：纳西族东巴巫绘画；右：佛教绘画摹本）

大鹏有时人格化为"王"，具人形。它以蛇——那伽为食物，镇魇一切邪魅，成为佛教的护法神。

其图式：

成书于秦汉间或战国末的《晏子春秋》中也提到大鹏。

[鹏]足游浮云，背凌苍天，尾偃天闲（间），跃啄北海，颈尾咳于天地乎！然而渺渺不知六翮之所在。（吴则虞集释本，中华书局，1982年，下册，第514页）

最重要的是《符子》里的晏婴说：

臣闻琬琰之外有鸟焉，曰"金翅"，民谓为羽毫。其为鸟也，非龙肺不食，非凤血不饮。其食也，常饥而不饱；其饮也，常渴而弗充。生未几何，

天其天年而死。(据《太平御览》卷九二七引)

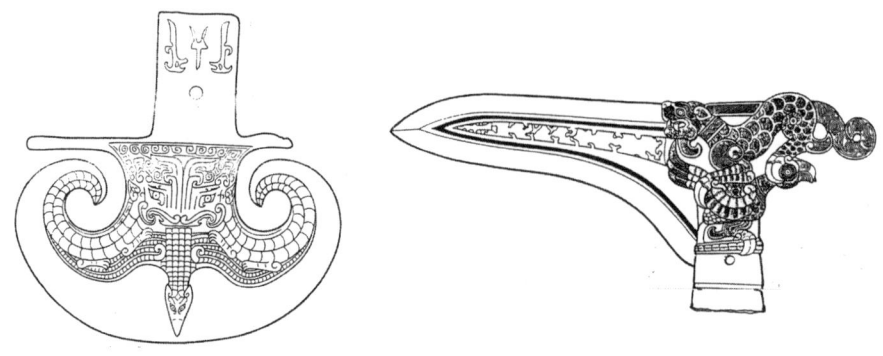

龙虎凤的搏噬

(左:"龙食鸟",《分钺》纹饰,商代,现藏英国伦敦苏富比拍卖行;右:"虎鹰搏击",戈鎏图纹,春秋)

龙凤的交汇比相搏为多,但并非没有相搏;加进虎的形象,却较罕见。"北方"或欧亚草原系统的"搏噬"母题,或鸟/兽"二元冲突",也可以在商周器物里发现,只是不如春秋战国的同类艺术那样明显。

这里提供两条重要信息,证明它来自印度:

大鹏又名"金翅"——跟 Garuda 称"金翅鸟"暗合;

大鹏以龙肺为食——Garuda 以 Nāga 龙为食。

白鹰衔鳝

(采自美国《野生动物》杂志)

鹰雕攫食蛇鳝,是古代"鹏凤吞蛇"或"鹰蠎交战"母题的一个自然背景。

"非凤血不饮",或为"对仗"而补足(模拟凤皇"非竹实不食,非醴泉不饮"),反而弄巧成拙。大鹏即凤,而以凤血为饮,是很古怪、很不合情理的事情。或"非龙血不饮"之误。

鲲、鹏在中国也是有冲突、有混融、有转化的。

到了南北朝,假托东方朔做的"仿《山海经》体"的《神异经》里,大鹏鸟便干脆以鲸鲲为食,跟 Garuda 一样了。

> 北海外有大鸟,其高千里。头文曰"天",胸文曰"鸡",左翼文曰"翳",右翼文曰"勤"。左足在海北涯,右足在海南涯。其毛苍,其喙赤,其脚黑。名曰"天鸡",一名"鹭"。勒头河东止海央,唯捕鲸鱼,[鲸]死,则北海水流利。不犯触人,不干物。或时举翼飞,其两羽切,如雷如风,惊天动地。(据《太平御览》卷九二七引)

跨洋而立,这几乎等于"阎浮提洲"只能容纳它的一只"足"了。它是风雷之神无疑,极像美洲"雷(神)鸟"(thunder bird)。

龙凤交融,或龙凤相搏

(《楚人物龙凤帛画》,战国中期,湖南长沙陈家大山楚墓出土,采自熊传新新摹本,参考日本藤森氏的复原;右为陆式熏氏旧摹本,采自郭沫若)

郭沫若等据陆式熏氏手工摹本,认为是凤击一足之夔。使用新技术复原的摹本,却显出所谓"夔"有四足,应为龙,墓主人或为女巫,身下有月形舟。应是龙凤引导妇人亡魂升天(参见《引魂之舟》)。但刘敦愿、叶舒宪以凤之矫夭雄健,利爪正当"疲龙"之腹部,认为仍应是"龙凤相搏"。此说并非无理。引导魂舟的凤凰,也许正在击退挡路的妖龙,扫清魂游道路上的障碍。

《水经·河水注》引张华叙此"希有"之鸟，是"绿赤煌煌"，"不鸣不食"，而且，"东覆东王公，西覆西王母"，表示它跟凤凰同样占据"中心霸权地位"，其翼展可达日出之东极，日落之西极。

德国的孔拉第（Conrady）曾说，中印的大鹏是相同的，妙翅的Garuda就是巨翼的大鹏。日本的藤田丰八也曾引据上述材料，提出先秦时期中国与南亚次大陆已有交通①。岑仲勉等先生也就此论述过先秦东西方文化的交流关系②。

"希有"，其名翳者，森安太郎说："翳鸟'飞蔽一乡'，是形容此鸟为巨大的鸟。……翳鸟是鹏的异名，也还是风神鸟。"③

中国上古，雨神称"屏翳"，但也有说"屏翳司风"者（如曹植）。"屏翳"可以是阴云密布的雨象，但风、雨相连，所以雨神、风神有时也相兼，玛雅雨神恰克（Chac）就兼为风神。

《楚辞·天问》："蓱号起雨，何以兴之？撰体胁鹿，何以膺之？"二句紧连着，盘问雨师、风神之事（参见《楚辞新探》第514～526页）。

这里主要探讨"屏翳"的鸟化身。《山海经·海内经》说，蛇山，"有五采之鸟，飞蔽一乡，名曰翳鸟"。郭注："凤属也。《离骚》：'驷玉虬而乘翳。'"是凤凰的一种。郝氏笺疏引《广雅》云："翳鸟，凤属也。"今本《离骚》"翳"被改做"鹥"，目的在于明示其为鸟。王逸注说："凤皇别名也。"《史记·司马相如传》张揖注，《文选·思玄赋》李善注，《后汉书·张衡传》李贤注引《山海经》"翳"都改做"鹥"。参考《神异经》，它实在就是鹏凤，且带有印度元素。

大鹏鸟与龙王的对立

迦楼罗（Garuda）是创造大神兼"水天"（水神）毗湿奴（Vishnu）的坐骑，实际是他的化身之一。它有巨大的翼翅，其上光彩闪耀，犹如七宝辉煌，所以又叫"妙翅（鸟）"。

"凤：鹏"跟蛇是死敌。《山海经·海内西经》："凤鸟、鸾鸟皆戴蛇、践蛇，膺有赤蛇。"那伽，最令人注意的是，它是迦楼罗的敌人或"食物"。它本质上是蛇，组合进了鱼、鲸等"水族"的要素。

---

① 参见[日]藤田丰八：《中国古代神话考》，黄毓甲等译；引见卫聚贤：《古史研究》（上册）第2集，商务印书馆，1939年。

② 参见岑仲勉：《上古中印交通考》，《西周社会制度问题》，新知识出版社，1956年，第163页。

③ [日]森安太郎：《黄帝的传说——中国古代神话研究》，王孝廉译，（台北）时报文化出版公司，1988年，第120页。

```
鱼 ┐
    ├── 龙（Nāga）
蛇 ┘
```

《增壹阿含经》说：

> ……化生金翅鸟，欲食龙时，上铁叉树上，自投于海；彼海水纵广二十八万里，擗水不至，值卵种龙、胎种龙、湿种龙、化种龙，皆能捉之。……
>
> 又日别食一大龙王、五百小龙，达四天下，周而复始，次第食之。命欲绝时，诸龙吐毒，不复能食；饥火所烧，耸翅直下，圣风轮际，为风所吹，还复上来，往返七次，无留停足。

吞吃那伽龙的妙翅鸟王

（佛教图绘摹本）

大鹏金翅鸟王，以"蛇：那伽龙"为食，或持蛇、践蛇，跟中国忽鸟忽鱼的海神禺彊形象十分相似。

这再次表明，鸟/蛇以"天/地：空/水"的二元冲突而常见于世界神话。这也是此类神话"稳定的结构"。

在《罗摩衍那》故事里，作为生殖力象征的龙，被"放大"了蛇的"淫欲"特性，以海中"邪龙"的身份觊觎罗摩王美丽的妃子悉达（Sita）。《六度集经》叙其事曰：

> 龙伺王行，盗挟妃去，将还海居。路由两山夹道之径。山有巨鸟，张翼塞径，与龙一战焉。

这见义勇为的巨鸟就是大鹏金翅鸟。"龙为震雷击鸟,坠其右翼,遂获还海。"后来国王得猕猴王(即哈奴曼)之助,出发征龙,路遇大鹏,鸟王告诉他们王妃的踪迹,"言毕气绝"。这是较早期形态的"鸟/龙之争"。一般来说,鸷鸟捕食鱼蛇当做饲料育雏,是手到擒来、十拿九稳的事。但是,在个别时候,也会遭到蛇的"报复"。在中国辽宁海中蛇岛上,曾发现若干鹰的残骸或遗骨,考察团专家起初颇为惊讶。经过长期观察,发现有的鸷鸟在捕蛇时不小心被蛇"反戈一击",咬到身子,中毒跌落,反而成为蛇的佳肴。

最古的那伽,有时跟宇宙蟒婆薮吉(即瓦苏基:Vashuki)化为一体,成为世界的本源;跟苏美尔—巴比伦之"鱼龙"或"蛇龙",女体的蒂亚华滋(Tiawath)一样,是创造世界的"原料"或"环节"。

作为恶凶面的那伽,"旱魃"巨蛇弗栗多(Vrtra:Frita)曾被因陀罗(Indra)所肢解,躯体"被抛掷四方",满世界都有。这些西亚—南亚的超巨龙蛇都曾以不同形式参与了世界的创造,成为"被动式"身化宇宙的典型范本。只是那伽龙一直被"卑化"而已。

当那伽以三千小龙被大鹏金翅鸟(迦楼罗)所啄吃的时候,其造型再现无非是小蛇或水蛇。但它多以眼镜蛇的样子出现,或说这是它的肉身相、世俗相。其实,跟这种毒蛇在古埃及代表王权或太阳(神)的威灵同样,印度眼镜王蛇也常被圣化。其剧毒的可怕导致敬畏。至今,印度的 Nāga Panchmi 节,还供奉并祭祀活的眼镜蛇。

人格化的金翅鸟王

(东南亚国家的印度教造像,范为刚摄影)

大鹏金翅鸟被人格化为护法神,能够震慑、殴逐一切妖魔鬼怪。

可怕的蛇,一直处于潮湿阴暗污秽之所,一方面被敬畏;另一方面却是被排斥,被丑化,被误读。这就是以蛇为主要母型的那伽印度龙地位相对"卑下"的原因。蛇是印度人的重要威胁,除了恐惧乃至崇拜,还希望有神鸟来啄食它,镇伏它，使人类得到安全与快乐。

这种观念和信仰在婆罗门教（印度教）时期就形成了。到了佛教时期，龙和龙王的地位有所改变，但"金翅鸟"的格位更加高了。

《佛说观佛三昧海经》说：

> 阎浮提中及四天下，有金翅鸟，名音"伽楼罗"王，于诸鸟中快得自在。此鸟业报，应食诸龙。于阎浮提日食一龙王及五百小龙，第四日复于郁单越食一龙王及五百小龙，周而复始。

现在，我国的南、北方，尤其是西藏和滇黔诸省，以及东南亚地区，仍然可以看到大量金翅鸟镇龙的绘雕。

龙凤相斗

（左：青铜器纹样，战国；中、右：近世瓷器图饰）

龙凤搏斗，从根柢上说，是鹰鹏搏食蛇蟒的神话意象；却又是"龙凤共舞"的一个前身，或者说"补充"。在中国人心目中，龙凤关系是对立而又统一、冲突而又和谐的。有时候，龙凤搏斗跟"龙凤呈祥"看起来没有多大区别。

作为"土地：水"与"天空：火"的永久冲突的象征讲述或神圣叙事，那迦龙与大鹏金翅鸟迦楼罗构成世仇，其根源极为繁复。印度大史诗《摩诃婆罗多》写到这一对死敌：

蛇王婆薮吉（Vashuki，或译"瓦苏基"，是较古的Nāga之王）
鸟王迦楼罗（Garuda，是神鸟Souparnas之王）

构成宿怨的原因之一，是鸟王之母受到群蛇诅咒，被人奴役。蛇族因而与鸟族长久冲突。后来那迦（族）继承了蛇王的"血族宿仇"，与鸟王（族）搏斗不已（请参看笔者的《中国文化的精英》中有关大鸟及鸟蛇冲突的论述）。

金克木说，这里包藏着"关于蛇和以蛇为图腾的蛇族的历史"①，蛇族可能就是"那迦族"，其敌人是鸟图腾族。

后来大鹏鸟取得甘露（阿弥陀），解放了母亲，而且从帝释天那里得到允许，"强暴的大蛇（案：那迦龙）/应该成为我的食品"（《摩诃婆罗多插话选》上·154）。说明蛇族的衰微与"下降"和鸟族的"上升"与"崛起"。

鹰蛇大战

（杂志插图，[美]波里斯·瓦莱约作）

鹰蛇之战，以其戏剧性或紧张性成为艺术作品的常见母题，却有其古老的观念根源：阳/阴或天/地的冲突。

大鹏金翅鸟

（纳西族壁画，复见）

金翅鸟通过西藏进入丽江以后，同样经过高度人格化，并保存了鹰爪与凤翼，它践蛇、食蛇，成为吉祥物兼保护神。

纳西族东巴经典《休曲苏埃》叙写"神鹏与龙王的斗争"：龙与人类同父不同母，好似"同山不同海"。龙很霸道，天地、山川、木石为其独占，人类无法生存与生产。人类请大神丁巴什罗主持公道，神命坐骑螺白（色）大鹏鸟把龙主"左那里赤"抓来。

螺白神鹏呀，紧紧抓住龙主不放松，拉到居那什罗山（相当于须弥：

---

① 金克木：《印度文化论集·印度大史诗〈摩诃婆罗多〉的楔子剖析》，中国社会科学出版社，1983年，第131页。

昆仑山）上来，把身子拴在大山上。第一次绕一圈又拉一下，美令达金大海（宇宙海）呀，顿时干涸了一节。第二次绕两圈又拉两下……①

龙（署：那伽）的蛇躯可以延伸拉长，足够绕"宇宙山"三圈。我们认为，这是印度婆罗门教"搅海"神话的"卑化"：诸天以宇宙蟒婆薮吉（Vashuki，亦译瓦苏基等）为牵引带，须弥山（Sumeru）为转轴，搅动"乳海"，再创世界。"署：那伽"却被悲剧性地减损了"创世大神"的性格。更重要的是大鹏鸟"把不服输的龙王左那里赤紧紧拴在[居那]什罗山的坚硬桑树上，不分昼夜来看守"②。这与龙有生克关系的桑树，名称应来自华夏—汉的跟"日乌"有共生关系的"太阳树"扶桑，它到了西南方兄弟民族那里多被称为"马桑树"（日月神树）。

纳西象形文字里的翼狮或"狮鹏"

（1. 坐式的狮首人身鹰翅神左提尤玛；2. 手持剑戟的狮首人身鹰翅的图赤尤玛；3. 狮首鹰身的巴乌尤玛。丽江藏本，采自戈阿干）

纳西象形文字舞谱里有"尤玛"护法神，作狮首鹰翅（或具人身之形），有人将其与西亚北非的狮身人面像或鹰翅狮身神联系起来。它确实有些像格里芬，但更明显地是带着狮子特征的大鹏鸟。

美国学者洛克（J. F. Rock）陈述此故事道：

迦卢荼（Garuda，即迦楼罗）将他（署：那伽）拴在须弥山（即居那什罗）上，将其体绕山几匝，迫使他将宝物归还给人。最后，迦卢荼神鸟将卓拿罗赤（那伽王）拴在赐予希望之树（wish-granting tree）上——引案：正如太阳鸟止于扶桑树，离朱鸟宿于离朱木，凤凰栖于梧桐——这棵

---

① 《东巴经典选译》，和志武编译，云南人民出版社，1994年，第114～115页。
② [美]洛克：《论纳西人的"那伽"崇拜仪式——兼谈纳西宗教的历史背景和文字》，《国际东巴文化研究集粹》，杨福泉、白庚胜编译，云南人民出版社，1993年，第60页。

树是迦卢荼神鸟栖息之处，据说那伽非常害怕这棵树。①

大神听了龙主哀诉，为其斩断锁链，命它交出珍珠，让大鹏鸟镶在头上——这实在便是"木难珠"。

在纳西族鸟/龙冲突神话里，也有"宝珠"的争夺。"同父异母"的龙（Nāga）与人类分家，龙主左那里赤偷藏了珍珠或"宝珠帽"（神奇的宝珠帽被藏到"美令达金"大瀛海底下，龙族却能在帽底建起九个寨子，弄得人类无立足之地）。大神丁巴什罗从人类哭诉里了解到龙主的蛮横霸道，便命令座下的大鹏金翅鸟制服龙主，逼他双手献上宝珠帽给大鹏鸟，"神鹏头上有宝珠/出处来历从此始"②。

另一个说法是，宝珠本来就属大鹏所有，为龙侵夺。或者，珠为祖传，人/龙兄弟共有，为龙所独占，大鹏为人伸屈，用巨爪提起"三节"身躯的龙，"海水全干了"③。大鹏绑龙于"神树"，后来令其"住在远离人世的黑山黑岩间"，复归于幽冥。人类感恩，"把那颗传家的夜明珠送给大鹏"④。

这些可以说都是由鹰/蛇或鸟/鱼的斗争衍生出来的。

纳西族"神路图"有个地方叫"依短"。

"依短"地之上绘生命树"含英宝达"，树上栖息着神鸟"修曲"，它正在吞吃一条大蛇（引案：实即 Nāga），这蛇是"暑美纳布"。⑤

它本来与人类"同父异母"，因为它太霸道，人请求大神将它绑在"世界树"上（这说明，它本来像婆薮吉那样是"宇宙蟒"），并由大鹏鸟来镇压。

跟它们相对位的，可能是上述的圣物：

迦楼罗	铁叉树	仇敌：那伽龙
螺白神鹏	坚桑树（希望之树）	仇敌：左那里赤（那伽王）
修曲	含英宝达（生命树）	仇敌：暑美纳布大蛇

修曲鸟又名"格尔美"，是"有羽之神"，鹰鹏之神；把持雨水的孽龙又叫"意母古"。大旱时，"鹰神从天而降，把主持雨水的'意母古'抓住，训斥一番，惩罚龙变成蛇"⑥。

---

① [美]洛克：《论纳西人的"那伽"崇拜仪式——兼谈纳西宗教的历史背景和文字》，《国际东巴文化研究集粹》，杨福泉、白庚胜编译，云南人民出版社，1993年，第60页。
② 参见《东巴经典选译·休曲苏埃》，云南人民出版社，1994年，第118页。
③ 《纳西族民间故事选·大鹏斗孽龙》，上海文艺出版社，1981年，第90页。
④ 《纳西族民间故事选·大鹏斗孽龙》，上海文艺出版社，1981年，第91页。
⑤ 杨福泉：《原始生命神与生命观》，云南人民出版社，1995年，第151页。
⑥ 严汝娴、宋兆麟：《永宁纳西族的母系制》，云南人民出版社，1983年，第195页；参见《纳西族文学史》（初稿），云南人民出版社，1960年，第76页。

大黑天与大鹏鸟

（印度绘画）

神往往与其坐骑"一体化"，动物坐骑或"伙伴"常为此神的化身。大鹏金翅鸟本是创造神毗湿奴的坐骑兼化身，有时呈现为人形而鸟首。英雄神大黑天骑上了它，与骑白象的破坏神湿婆相遇，从而汲取大鹏的"灵力"。

古代伊朗的卡尔希普塔尔与西姆尔克

古代伊朗神话里还有"飞禽之王"（见于创世史诗《班达希申》等）。

【鸟王】

卡尔希普塔尔（Karshiptar）

它是"水之主宰"，母型是一种巨大的水鸟，有翼善飞，相当于印度的"梵天鹅"。它能说人话，也会鸟语，并用其讲解圣书。

在琐罗亚斯德教圣书《阿维斯塔》之《万迪达德》（驱除妖魔者）里，它将太阳神—天主阿胡拉·玛兹达的"法"带到人间，这就是"瓦拉"。

噢，物质世界的创造者，神圣者！谁将玛兹达的宗教传入伊玛所造之瓦拉？

阿胡拉·玛兹达答曰："是神鸟卡尔希普塔［尔］，噢，神圣的查拉图什特拉！"①

---

① 《古代伊朗神话》，魏庆征编译，北岳文艺出版社、山西人民出版社，1999年，第27页。

原初，它可能是"宇宙鸟"（产生宇宙卵者）或"创世大鸟"；又是"鸟体混沌"。据说，"史前"陶器图纹里有它被火神"肢解"（破启）的意象，就像凤凰的火中"涅槃"与再生。伊朗创世史诗《班达希申》写到 Griffin 之被创造与出现。

> 三种称为"格里芬"之鸟的始初者被造……

此最早之"格里芬"，便是波斯神话大鸟 Simurgh（西姆尔克），其异称颇多。

> 称为卡姆罗斯之鸟，为群鸟之首，相当于赫瓦尼拉斯之众鸟，除称为"格里芬"之鸟外。①

他们认为，Griffin 形似蝙蝠（鸟而具兽形）；Simurgh 则是最大神鸟，或具狮身。前述的 Karshiptar 则是 Griffin 的"首领"②，其母型为"**隼**"。它们都是毒龙的死敌。

狮身鹰首的格里芬或西姆尔克

（浅石雕盘，古印度西北之恒叉始罗，今巴基斯坦境内，采自《塔克西拉》Ⅲ·145·81～84）

考古学家认为这些是多见于西亚—中亚的"翼狮"，但也可能是进入南亚次大陆的格里芬—西姆尔克，有的是鸟首，有的是鹰喙。

西姆尔克被看做生命大神，他曾从天界或者圣山取来"生命树"的嫩枝赐给人类——就好像西亚"安祖德"大鸟常与"生命树"（或宇宙树）伴出一样；又像三足乌与扶桑、凤凰与梧桐、大鹏与含英宝达树是"共生"关系那样。其"卑化"，就是这只大鸟能够（以其鸟羽）为人治病或占示休咎③。它曾经把"丢弃"的小王子扎尔叼到自己巢中抚养。它跟"鹏凤"同样，自身就有善/恶二重性。比如它能够以有毒的"羽箭"伤害英雄（就像赫拉克里斯与巨鸟、后羿与九婴的冲突），就是其恶的一面。它常见于西亚与中亚的造型艺术，有时跟

---

① 《古代伊朗神话》，魏庆征编译，北岳文艺出版社、山西人民出版社，1999年，第171页。
② 《古代伊朗神话》，魏庆征编译，北岳文艺出版社、山西人民出版社，1999年，第170页。
③ 参见鲁刚主编：《世界神话辞典》，辽宁人民出版社，1989年，第277页。

Griffin 同样以"鹰首狮身"形态出现,弄得很难区别。

在帕兹雷克(即阿尔泰山区之巴泽雷克)古墓的毡毯上(公元前5—3世纪)就绘有西木尔格(即西姆尔克)同斯芬克斯一类怪物搏斗的场面。

科皮奥内恰阿塔斯古墓(公元8世纪)中金器上刻有西木尔格的形象,在上述时代的一些马刀的刀身上雕刻有西木尔格与凶龙搏斗的场面,那意思当然是暗示西木尔格对马刀的主人的保护。①

所以它又是凤凰似的啄食"邪恶"的吉祥鸟。

波斯的凤凰

(波斯的凤凰图案,唐代,或说本是中国纹样;右边是孔雀母型的波斯"凤凰")

受中国影响最大的,是沟通草原之路、丝绸之路的波斯吉祥鸟兽。波斯古代"细密画"的龙凤几乎完全是中国作风、中国气派。

或说,凤凰西来,经过昆仑山脉进入中原,其证据就是多见于西亚的鸵鸟与孔雀。即令如此,华夏—汉族创作完成的凤凰,又飞回西亚与中亚,"反影响"于他们的祥瑞。

通常以巨鸟形态出现的西姆尔克(Simurgh,Simourg 或 Simargh),虽然被某些宗教家当做"鹰首狮身"格里芬的一种,其母型依然是鹰。

在伊朗—波斯神话里,鹰隼是最雄健的天空主宰。

《阿维斯塔——琐罗亚斯德教圣书》叙述说,像印度创造大神毗湿奴有十次"化身"那样——太阳神阿胡拉·玛兹达创造的巴赫拉姆第七次化身是"矫健的雄鹰","它以利爪捕捉[猎物],用尖喙将其撕碎——飞向琐罗亚斯德。[它]在飞禽中速度最快,在百鸟中最擅于飞行"②。动物中,只有它能够避开飞得最快的

---

① 参见鲁刚主编:《世界神话辞典》,辽宁人民出版社,1989年,第277页。
② [伊朗]贾利尔·杜斯特拉赫选编:《阿维斯塔——琐罗亚斯德教圣书》,元文琪译,商务印书馆,2005年,第249页。

"翎箭";它整日飞翔,觅食,"[它]飞过深山峡谷;[它]飞翔在高山之巅;[它]盘旋于悬崖峭壁之间;[它]在茂密树林的上空,聆听鸟儿的啁啾啼啭"①。

百鸟朝凤凰

(波斯—伊朗细密画)

这里再现的是以鹰、孔雀等为母型的神话大鸟,如安卡、西姆尔克等,跟"Phoenix:凤凰"的形象极为接近。

一般来说,波斯细密画里的龙、凤,肯定受到了中国古代绘画的影响,他们的凤凰同样具有孔雀和锦鸡的华丽特征。

在伊斯兰神话里,西姆尔克与安卡等同样跟古印度的大鹏金翅鸟(乃至中国凤凰)一样,都是吉善大鸟。

伊朗细密画里常见的这类神话巨鸟,毛羽修长飘拂,极为华丽。学者认为那是由中国孔雀、雉鸡夸饰而来的凤凰的创造性移植与再现。

波斯的大鱼巨鸟

波斯—伊朗高原系统文化里也有神话大鸟与巨鱼之争。

岑仲勉先生以为《庄子》中的鲲鹏与波斯的大鱼神鸟有关系。"按《火教经》文,Kara 是神话的鱼,鱼极大,波斯古典称其在 Vouru-Kasha 海内保护 hom 树。Kara 的联合式写作 Karō,故得变为《切韵》之 Kuən(Karō,鲲)。……鲲鱼是中亚传来的神话,鲸或鳙,《切韵》gʻiaog 与'鲲'为浊辅音、清辅音互转,且鲸谐京声(《切韵》gʻieng),尤征其语原得为 Kara—Kang。"② 这个对

---

① [伊朗]贾利尔·杜斯特拉赫选编:《阿维斯塔——琐罗亚斯德教圣书》,元文琪译,商务印书馆,2005年,第250页。

② 岑仲勉:《两周文史论丛·读庄发微》,商务印书馆,1958年,第334页。

音、发声近似，却不密合，也缺乏其它证据支撑。鹏、凤的对音字则相去更远。"按《火教经》文有鸟名 Vāren-gan，也作 Varə-gan 或 Vareghan，具灵力，还与我国所传凤凰，《切韵》biiung ghwang 相类，其音系从 bāˈən ghan 转出。……鹏，《切韵》bəng，只用全语的前截 Vāren (-bāˈən) 而立名，司马彪云：'鹏者凤也。'凤、鹏同一，毫无疑义。"①

谨案：kara 是源自梵语的"世界性"词汇，初义为"黑"，Kara kang 者疑是"黑鲸"，即"鲲"——出自"昆仑"的"宇宙鱼"，昆仑（Kara）义亦"黑"，为"混沌"之象。宋玉《对楚王问》里说"鲲鱼朝发昆仑之墟"。

甚至鲧或鼢都有"黑鱼：玄鱼"之义（参看《拾遗记》等），所以与"鲲：鲸"对音。

印第安人有一支以"黑色的巨鲸"为图腾②。至于波斯巨鱼、大鸟，人们研究得太少，应予注意。大黑鱼：Kara (Karō)，大鹏鸟：Varen-gan (Varə-gan, Vareghan)，这个"大黑鱼"跟中国的（黑色）"鲸：鲲：鳣"确实颇有牵连；大鹏鸟，更是"游走性"的。

伊朗创世史诗《班达希申》（XVII 2～6）中说，水里有恶灵特造的蜥蜴和鱼，它们是"精神食"而非"物质食"者——

> 在此，鱼被描述为"水中的阿里兹"。据所述，奥哈尔玛兹德（太阳神与创世者）所造者最大的为此鱼，出于恶灵者中最大的为此蜥蜴……
> 据说，此等鱼在深水中颇似蛇，它们知一微洞，借助于此，水可增减。
> （《古代伊朗神话》160）

"鲧：鼢"化身"黑鱼"，涉及水神玄冥、海神禺彊。这里有几个关键字在语音上是对应或互通的。

鲸：鳣（彊：强）：鲲：鲧（鼢）

《山海经·海外北经》郭注引一本云：北方禺彊，黑身，[人]手足，乘两龙。（或简为"禺强"）郭云："[禺彊]字玄冥，水神也。"引《庄子》："禺彊立于北极。"而"鲲"（黑玄之鱼）也正在"北溟"。北溟即冥海，黑海。《列子·汤问》释文引《神仙传》："[禺彊]号曰'玄冥子'。"玄冥俱有"黑：Kara"之义。

杨宽谓：

---

① 岑仲勉：《两周文史论丛·读庄发微》，商务印书馆，1958年，第335页。
② 参见徐松石：《华人发现美洲考》（上册），（香港）东南亚研究所，1981年，第98页。

"鲧字古作'鲸','玄'本读若'鲲'。"

"鲧或即殷人东夷之水神玄冥。"①

所以,在特定情况下,它们"相当"或者"对位"。

玄冥:禺疆:鲧(鲸)——大黑鱼(鲲:鲸)

鲧(玄鱼)曾经沉于"羽渊"——或说即日落之"虞渊"。森安太郎说:

> 太阳所出的旸谷(阳谷)是明海,因此太阳所沉落处虞渊当然是阴谷、是冥海了,虞渊必是暗黑的海即冥海的意思(案:亦即黑海)。所以《左传》中鲧化黄熊(大鳖)入于羽渊是说鲧入于〔冥〕海。此和《庄子》中的鲲居于北溟(冥海:黑海)之说是一致的。②

髭兀鹰与秃鹫

(动物照片,采自《西藏》图集等)

《穆天子传》与《山海经》里提到从青藏高原到帕米尔高原(Pamir,即葱岭:钟山),有一种能够抓起小牛羊的大鸟,就是髭兀鹰(Hun Griffin Vulture,或称胡兀鹫),它能飞越8000米左右的高山,横越珠穆朗玛峰。它是大鹏或Griffin的一种母型。

兀鹫(Griffin Vulture,即秃鹫),正伫立在"天葬台"等待吃尸骨,这是大鸟吃人的一个由头。

马王堆"帛画"中的托地巨人,或说禺疆,或说玄冥,或说鲧,看来不一定不能"统一"。

---

① 杨宽:《中国上古史导论》,参见《古史辨》(第7卷,上册),上海古籍出版社,1981年影印本,第387页。

② 〔日〕森安太郎:《黄帝的传说——中国古代神话研究》,王孝廉译,(台北)时报文化出版公司,1988年,第54页。

波斯—阿拉伯巨鸟鲁克

【鲁克】Ruke

所谓鲁克（Ruke）大鸟，旧籍记载出于波斯。《梁书·诸夷·西北诸戎传》波斯国，只说："中有鹜鸟啖羊，土人极以为患。"《南史》略同。

抓羊、鹿的大鸟，早就见于《穆天子传》所记"舂山"（指葱岭，即帕米尔高原），专家说指的是：髭兀鹰（hun griffin vulture）。

晋·王嘉《拾遗记》说，尧时，析（析）支之国，献"重明"之鸟，一名"重睛"，言"双睛在目"，跟重瞳或四目的舜一样，本质上也是"太阳神鸟"。"状如鸡，鸣似凤"，或说即"鹫"（大金雕），"时解落毛羽，以肉翮而飞；能搏逐猛虎，使妖灾不能为害"（参见《太平广记》10·3765）。这当然也是以鹰鹫为母型的神话大鸟。后人"或刻木，或铸金，为此鸟之状，置于户牖之间，则魑魅丑类，自然退伏"，这样也就实现了太阳神鸟的辟邪功能。

种种神话大鸟，世界性的格里芬狮头鹰、"腾格里神鹰"向南"飞翔"，跟印度大鹏"迦楼罗"相融汇，在非洲、东南部亚洲和太平洋诸岛，炫示它的神威。但在阿拉伯世界里，它却以古典文学世界里的超级大鸟闻名。

捕象大鸟

（左：怪鸟捕象，蚀刻画，丁·斯特拉达努斯作品，1522年；右："胜利者"大鹰捕获"魔鬼龙"，霍伯格作品，1675年）

纵横千万里，遍及几大洋的神话巨鸟在文学艺术作品里留下了鲜明的印迹，让凡夫俗子们津津乐道，念念不忘。

最著名的是《一千零一夜》里的水手辛巴达所见，巨蛇以大象为食，大鹏鸟抓走吞象的巨蛇，喂饲它的雏鸟。

《一千零一夜》里，辛巴达遇见鹏鸟的航程正是在东印度群岛一带。阿拉伯旅行家伊本·巴图塔（Ibn Burdādbin）于1376年由中国航行到苏门答腊时，就曾把浮在海面上的一只大鹏当成岛屿或一座山。

或说，它本即Ruke，却在非洲大陆或南亚地区跟许多大鸟相混淆了。或说其正名应为 Anca（安卡）。

辛巴达第二次航行时在荒岛上见到一座巍峨的白色圆顶大建筑，原来是一颗大鸟蛋。片刻，天空突然"暗"了下来，鲁克（Ruke）大鸟飞临海空，"它的躯体遮住了阳光，才造成大地上的黑暗"①。辛巴达想起古老的传说，"在某些海岛上，有一种身体庞大、被称为神鹰的野鸟，常常攫取大象喂养雏鸟"②。有的说，大鸟用的喂雏饲料是吞下大象的巨蛇，那在小鸟看来，巨蛇无非是一条小小的青虫。

格里芬保卫圣树，扑噬猎物

（左：格里芬鹰保卫圣树，苏美尔滚筒印章图案；中：拉迦什王恩铁米那银瓶，格里芬威胁走兽，保卫圣树，苏美尔文物；右：镶嵌绿松石的斯基泰青铜牌饰，格里芬鹰扑噬牦牛，西伯利亚出土，参见《西伯利亚青铜牌饰》）

安祖德—格里芬以及后来的西姆尔克鹰栖止在生命树上，所以本能地要保卫圣树，就好像凤凰与梧桐、三足乌与扶桑是"一体化"一样，谁都离不开谁。作为王权与暴力统治的代表，或者为了炫示游牧人的武勇，格里芬鹰总在扑噬有蹄类食草动物。也有人认为这里的格里芬已演变为西亚—中亚的西姆尔克巨鸟，并且融汇为鲁克或安卡。

在辛巴达的故事里，水手们把鲸的背当做乐园一般的小岛，那上面已经长出了树木。类似的传说，亦见于《广异记》（《太平广记》卷四六四引，10·3818），《异物志》（《太平广记》卷四六六引，10·3840），还可参见晋·葛洪《西京杂记》（卷五），《金楼子·志怪》等。钱锺书《管锥编》（2·829）曾有介绍。阿拉伯人9～10世纪所作《中国印度闻见记》也写到它，专家们以为出自《一千零一夜》（参见穆根来等译《中国印度闻见记》，第10页）。

有的故事说是，水手们在鲸背小岛上架锅煮饭，烧痛了它，它便把人掀到

---

① 参见《一千零一夜》，纳训译，人民文学出版社，1985年，第4卷，第13～14页。
② 参见《一千零一夜》，纳训译，人民文学出版社，1985年，第4卷，第14页。

海里去了("龙的探究"里已涉及)。在波斯—伊朗神话中，鲸被妖龙所取代。《阿维斯塔·亚什特》(6·40) 说：

> 伽尔沙斯布［击败并］杀死了头上生角的巨龙——那遍体流脓的怪物，有上千个肚子、鼻子和脖子。它喷出的黄色毒液高过梭镖（引案：此鲸呼吸之水气），吞噬的人畜无可计数。
>
> 时值中午，伽尔沙斯布［在巨龙背上］架锅做饭。那怪物［被烟熏火燎］，大汗淋漓。但见它猛然跃起，把铁锅掀翻。热汤四溅，英雄伽尔沙斯布闪身躲到一边。（元文琪译本，272）
>
> 他殄杀生有角的龙，此妖吞噬人和马，有剧毒，其毒汁呈绿色，喷射而出，宛如拇指一般粗细。一次，克雷萨斯帕在其背上支铁锅做午饭，这一剧毒者灼热难忍，一跃而起，沸水洒在外面。颇有英雄气概的克雷萨斯帕连忙躲避。（魏庆征译本，112）

此亦可证，西亚或波斯地区龙的母型之一也是鲸鲲。

阿拉伯安卡神鹰

除了著名的振翅横飞欧、亚、非大陆的 Ruke 之外，还有阿拉伯的 Anca（安卡）。安卡，本来只是鹰，在神话里成为巨鸟，音转即为 Engle，西文之"鹰"。

【安卡】
〔阿拉伯语〕Angka，Anka（转化为 aguila，即鹰）
〔波斯语〕Humayi（忽马伊）
〔拉丁转写〕Anca 或 Angh

神鹰多见于伊斯兰教史籍。据说，它本来是天帝安拉创造的吉善大鸟，它的影子罩在任何人身上，都会使他成为帝王。但是后来在某种语境里成为灾难——就好像鹏凤变为"大风"或"台风"一样。

它的故事跟高加索山相关（或说宙斯派去啄食普罗米修斯脏腑的大鹜即其前身）。

希腊罗马古典作家多认为，它即是生存在阿位伯沙漠的 "phoenix：凤凰"，通过圣火而再生，或更新自我。

传说把安卡同《古兰经》中提到的阿斯塔布·阿尔—兰斯人联系在一起了，这一族人曾被消灭了安卡鸟的先知汉扎拉所拯救。有些传说认为，安卡并没有消失，只是极其少见。（鲁刚：《世界神话辞典》200）

"安卡"音转为"安其拉"或"亚既剌"。

意大利人艾儒略的《职方外纪》介绍"利未亚"(非洲)大鸟说:

> 有鸟名亚既剌,乃百鸟之王也。羽毛黄黑色,高二三尺,首有冠,钩喙如鹰隼,飞极高,巢于峻山石穴内。生子则令视日,目不瞬者乃留之。寿最长久,长者脱去羽毛,复生新羽,与雏不异。(谢方校释本,中华书局,2000年,第106页)

"亚既剌"即鹰鹫之类。据说,令其视日而目不瞬,也是从古埃及到阿拉伯驯鹰的办法。

【亚既剌:鹰】

〔西班牙语〕aguila(鹰)←〔阿拉伯语〕angka, angh

〔英语〕engle(鹰)

其读音似与"安卡:anca"有关。"亚剌"当是某种非洲兀鹰或秃鹫。高二三尺,并不算"大",疑"二三丈"之误。"性鸷猛,能攫羊、鹿、百鸟食之",其实它只能捕食小羊、小鹿,大型或成年者是抓不起来的。性喜食鲜,"肉经宿则不食矣",这跟一般食腐秃鹫不同。"有冒险者寻得其巢,取其余肉,可供终岁。"其它灵异处有:

> 有毒蛇能害其子,则知先寻一种石置巢边,蛇毒遂解。(谢方校释本,中华书局,2000年,第106页)

其性有知觉,受人德则必报焉。这样便易驯养。"西国大王恒用此鸟像为号",国徽、族徽、家徽上常见,取其勇猛、机警、"高越"之意象。

非洲大鸟

宋·周去非《岭外代答》中的"昆仑层期国",张星烺认为"层期"对音为Zinj,指桑给巴尔(Zanzibar);冯承钧认为是指Zangi,即马可波罗说的马达加斯加岛。

> 常有大鹏飞,蔽日移晷(遮挡阳光的时间,日晷针影都移动了)。有野骆驼,大鹏遇即吞之。或拾鹏翅,堪作水桶。(杨武泉校注本,中华书局,1999年,第113页)

这当然是指非洲神话大鸟,被视同大鹏,或被称为"鲁克"。

宋·赵汝适《诸蕃志》也记此"西南海上"昆仑层期国说:

常有大鹏，飞蔽日移晷（与杨氏断句不同，此近是）。有野骆驼，大鹏遇则吞之。或拾鹏翅，截其管，可作水桶。（杨博文校释本，中华书局，2000年，第127页）

现代学者说，这种巨大的翼翅空心骨，或羽毛管，其实是一种巨竹或棕榈树的叶茎——空心，截下，加底，确实被原住民当做水桶，但也有人说确是鸟翅。

鲁克"飞"入非洲大陆，跟当地原有的大鸟传闻合流（或说，非洲自有其独立系统的神话大鸟，被附会为Ruke）。马可波罗记述马达加斯加的大鸟鲁克说道：

据岛上的人报告，他们把它叫作鲁克，据说形态酷似一种鹰，但体积比鹰要大得多，力大凶猛，能用爪子抓起一头象，把象吊到空中，目的是为了把它抛到地面摔死后，再取食它的肉。……当其双翼展开时，凭目测，长达16步，毛长8步，厚度也和它相等。①

德国学者福尔克（A. Forke）说，这讲的是鸵鸟——他与顾实氏早就认为中国的凤凰也是指鸵鸟。但鸵鸟不会飞。也有人认为这是一种已经灭绝的飞禽。《马可波罗游记》英译者曼纽尔·科姆罗夫（Manuel Komroff）说，马达加斯加至今还出产下大蛋的巨鸟。大不列颠博物馆里珍藏着一颗大蛋，容量约等于2.33加仑，重达9公斤。这比鸵鸟蛋大。"［非洲巨鸟］使人想起阿拉伯故事中所描写的神秘'大鹏'。"发现后，有生物学家命名其为Spyornis②。

这应该是隆鸟的蛋——澳大利亚佩斯博物馆所藏者，归属已得到科学鉴定。

玉素甫·卡米勒《非洲和埃及地图集》（4·4·1409）记弗拉·毛罗地图（1459年），有"题词"述南非景物云：

海员们曾登岸求食，见大鹏卵，一如双耳罐的鼓腹。此鸟之大，展翅可达60步（步，pace：合30英寸），能随意衔象和一切巨兽，对当地居民极为有害，且飞翔尤速。③

图中之地约当马达加斯加。

马可波罗说，这种（神话）巨鸟，使他想象这"可能是鹰头狮身带有翅膀的怪兽"，亦即希腊人说的格里芬。但原住民坚持说，Ruke像鹰。

---

① 《马可波罗游记》，陈开俊等译，福建科学技术出版社，1982年，第239页。
② 参见《马可波罗行纪》，冯承钧译注，内蒙古人民出版社，2008年，第276页。
③ 引见沈福伟：《中国与非洲——中非关系2000年》，中华书局，1990年，第489页。

元人大汗（指成吉思汗）派人去考察它的真实性，带回来一片"鸟羽"，确有90指距，羽茎直径达"两掌尺"。"这种触目惊心的展品，使陛下极为快乐，用贵重礼物赐给呈递这片羽毛的人。"① 有如前举论者所言：这不过是一片"酒椰"（raphia palm）或棕榈树的树叶，风干以后，极像鸟羽（就像说它的羽管可以当水桶用，那也是中空的Langan巨竹或树茎）——也像他带回重达6公斤多的"野猪牙"（野猪长得像水牛那么大），不过是野象的牙。

大鸟攫象

（大鹏鸟捕象喂饲幼雏，近世）

传说从波斯高原、阿拉伯半岛，到非洲大陆，有一种大鸟能够攫取大象（或说"侏儒象"）当早餐——在《一千零一夜》里则说，有一种蛇能够吞象，大鸟则把这种蛇衔去当小青虫喂雏鸟。

在马达加斯加岛，还发现了比鸵鸟蛋大得多的"隆鸟"蛋，这种鸟已经灭绝，却不妨碍它曾充当神话巨鸟的母型。

《马可波罗行纪》冯承钧译注称：据沙海昂氏说，这似乎是"寓言"。Ruke大鸟相当于：

〔印度〕Garuda（迦楼罗，大鹏金翅鸟）

〔波斯〕Simurgh（西姆尔克）

〔阿拉伯〕Angka（安卡）

〔古希腊〕Gryps（Griffin）②

蒙古脱斡邻勒

蒙古族神话大鸟"脱斡邻勒"，出于突厥语词。

【神鸟】

〔阿拉伯语〕tġril

〔突厥语〕To'oril（客列亦惕部称 tūnqrūl）

---

① 引见沈福伟：《中国与非洲——中非关系2000年》，中华书局，1990年，第489页。

② 参见《马可波罗行纪》（下册），冯承钧译注，中华书局，1957年，第748页；内蒙古人民出版社，2008年，第276页。

〔蒙古语〕Toghoril

〔拉丁转写〕Togroul

本义又为"苍鹰"、"鹰隼"（autour），兼义"贪婪者"。

蛇吞象，鹏食蛇

（照片剪贴）

俗语说：人心不足蛇吞象。《山海经》就有吞象的"巴蛇"。西亚神话还说，大鹏鸟把这种"食象蛇"当小青虫喂给雏鸟吃。

《多桑蒙古史》说，此鸟甚为有名，但是从来没有人真正看见过，它跟西亚与阿拉伯盛传的"安卡"（Anca，亦称 Angh）相当。"相传此鸟类秃鹫，其爪坚利如钢铁，一蹴可杀他鸟二三百头。"① 说详下引拉施特《史集》。游牧民族的子弟喜欢用鹰雕等命名，以表示武勇。

拉施特《史集》说，成吉思汗的"义父"王汗便以"脱斡邻勒"命名。原文是tg̣ril；突厥语及客列亦惕部落语称"屯黑鲁勒"（tūnqrūl）。《蒙古秘史》（104 节）略同。《蒙古秘史》载帖木真 9 岁时随亲"聘女"。德薛禅慧眼识英雄。

> 汝之此子，其目有烨，其面有光之子也。我今夜得一梦，梦白海（东）青（巨鹰）握日、月二者飞来落我手上矣。我将此梦语人曰：日、月乃仰望之者也。今此海（东）青握来落我手上矣……盖汝乞牙惕百姓之族灵神来告之也。②

这跟华夏—汉族梦见龙、凤或日、月"降临"为大喜、为贵兆是类似的民俗观念。波斯—伊朗神话也说，安卡（Anca）大鸟的影子罩在谁的身上，谁就会成为君主。

---

① 《多桑蒙古史》（第 1 册），冯承钧译，中华书局，1962 年，第 65 页。

② 《蒙古秘史》，〔蒙古族〕道润梯步新译简注，内蒙古人民出版社，1979 年，第 29～30 页。

腾格里神鹰——天神鸟

（绿松石、黄金镶嵌帽饰，摄于"金色中国"展览，参见《鄂尔多斯青铜器》）

它高踞帽顶，似乎要超越高山，腾空飞翔，实际上它就是蒙古先民的"天神巨鸟"——腾格里神鹰（Tängri-anca）。

《史集》述"脱斡邻勒"巨鸟云：

> 这种飞禽尽管谁也没有见过，但却为人们所知，就像西方的安卡鸟（Anca）那样地出名。人们肯定地说：这种飞禽跟鹰很相像，嘴和爪子坚硬似钢。它一次能击落、捕杀二三百只鸟雀。人们说："……有时在某个地方会从空中落下一二百只各种鸟雀，有的身首分异，有的翅膀撕裂、腿折断。由此可见，一定是有一种可怕的飞禽杀死了这些鸟雀，它的爪子该有多么坚硬呀！"①

空中忽降"鸟雨"，原因之一是鸟群遭遇"龙卷风"之类，被旋风挟至它处而下。这也是大鸟被看成"风神"的缘由。

公众最熟悉的，平江不肖生（向恺然）《江湖奇侠传》中金罗汉吕宣良的两只通灵的大鹰，金庸《射雕英雄传》和《神雕侠侣》里人性化的金雕，其实都是由这脱斡邻勒—腾格里神鹰演化出来的。

就好像格里芬鹰扑噬各种食草动物，有时还能斗杀狮虎等猛兽一样，"脱斡邻勒"或"腾格里神鹰"（天鹰）也是猎人的好助手，从而成为勇猛、智慧、刚强的标志，而且是"王权"或"圣/俗"双重"合法性"的证明——种种圣物饰牌如"辟邪"物、保护神神像、护身符、吉祥物……往往兼具某种"Charter"（意近"法制文书"或"护照：通行证"）功能，能够向邻族和部属证实拥有者的神圣权威和政治合法性。

---

① ［波斯］拉施特主编：《史集》（第1卷，第2分册），余大钧、周建奇译，商务印书馆，1983年，第144页。

第二部分　凤

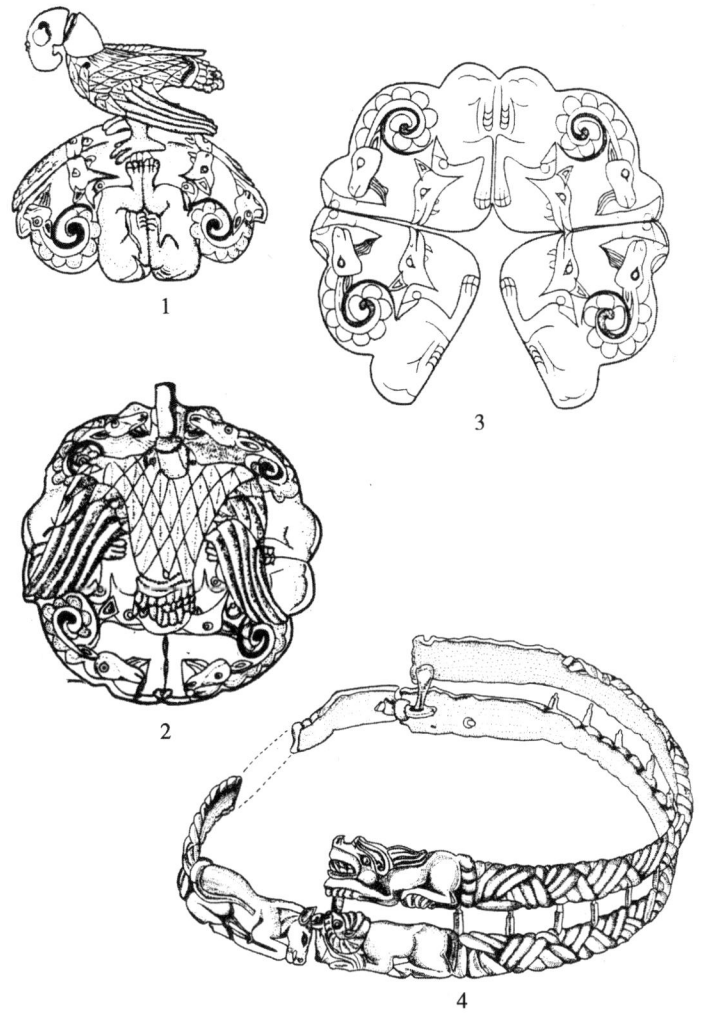

鹰顶金冠：顶饰和带饰

（内蒙古伊克昭盟阿门其日格地方阿鲁柴登出土。1. 鹰形冠顶饰；2. 鹰顶饰俯视图；3. 鹰爪下动物图案展开图；4. 金冠下部带饰。采自《鄂尔多斯青铜器》）

雄踞"山巅"的苍鹰控制着包括猛兽在内的四足动物。

在内蒙古伊克昭盟杭锦旗阿门其日格地方，阿鲁柴登以南3公里的"沙窝"里发现一批极其珍贵的金银器，其中一顶金王冠，用绿松石镶嵌、精制，属于鄂尔多斯（Ordos）文化系统，冠顶饰着一只黄金鹰，展翅傲立在高山一般的"帽尖"上。我们以为它应该就是"腾格里神鹰"或"脱斡邻勒"的一种造型，君临在冠顶饰和金冠带的动物群之上，像格里芬鹰一样控制着草原诸生，证明着自我的神圣和威权。

691

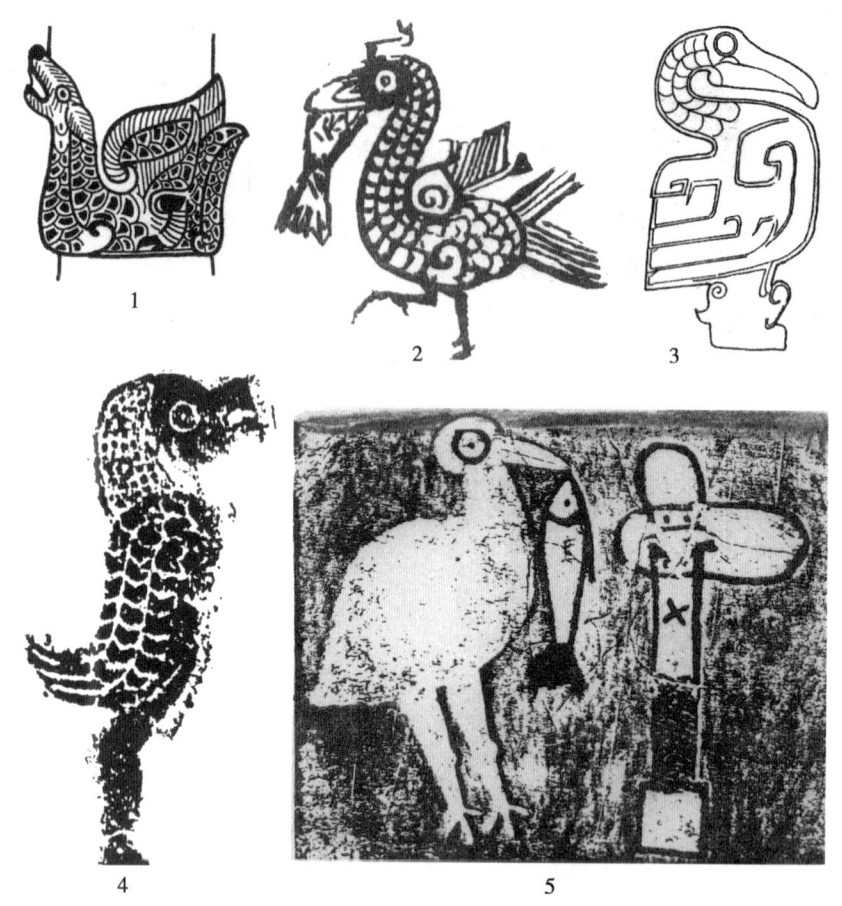

水鸟食鱼

（1. 水鸟戈镦纹饰，战国，湖南长沙子弹库楚墓出土；2. 鹬鸟食鱼，战国铜器纹饰；3. 鸬鹚类水鸟，战国铜器纹饰；4. 戈镦纹饰，战国，山西长治分水岭出土；5. 鹳鸟食鱼与石斧，陶器纹饰，新石器时期，仰韶文化，河南临汝阎村出土）

水鸟食鱼是常见的现实图景与艺术母题。一般是以水鸟飞天、涉陆、潜水的多栖性为神奇，其象征指向（特别是异说）颇见纷纭：或祷祝丰饶；或群团间冲突以及性的征服等。所谓"天/水"二元冲突观念，也可能以之作为具象的"依据"。

"脱斡邻勒"的现实版是突厥大鹰，其袖珍本就是"海东青"。《蒙古秘史》中帖木真、合撒儿之母称他们——

> 如自冲其影之海（东）青焉。（卷二，道润梯步新译本，第39页）

马可波罗讲到蒙古"皇帝陛下"所豢养的能够捕狼的鹰，"它们体大有力，犀利凶猛，是被专门训练来捕狼的，遇到这种鹰，不管多大的狼，都逃不过它们的爪。"[1] 英译者曼纽尔·科姆罗夫注道：这种鹰出产在东突厥斯坦，至今还被训练来捕猎。捕狼，恐怕有些夸大。

至于海东青，马可波罗称为隼，它只比鹌鹑大些，"尾巴像燕子，脚爪像鹦鹉，飞行神速"[2]。白隼尤其珍贵，据说它们能够捕猎天鹅。辽、金、元时期有一种玉雕，专门摹写"海东青猎天鹅"的生动情景，古董界归于"春水玉"，寄寓着游牧民族敢于"以小击大"的尚武精神。《蒙古秘史》则说它有时会追击"自己的影子"，神化以后成了巨鹰。

希伯来的巴一雅克

据白鸟库吉关于大鹏金翅鸟与璧琉璃的论文介绍，希伯来人的神话大鸟是：

【巨鸟】

巴—雅克（Bar Yachre）

1987年，笔者在普林斯顿大学壮思堂演说《离骚》与火凤凰故事时提到这只大鸟，引起这个学校的年轻教授浦安迪（Andrew Plakes）的注意。他是犹太裔东方文学和"叙事学"专家，他说查了好几种希伯来文献和工具书，都查不到这个鸟名，质询我们"根据"何在，可惜笔者更不清楚，只告以引自白鸟库吉著作，实在没有说得更多。

匆匆二十载过去，浦安迪也两鬓渐斑，笔者更无长进，只知道古代犹太人曾经借用"西方的凤凰：phoenix"，与《旧约·创世纪》"失乐园"故事结合，创造出：

神鸟"米尔坎姆"（Milcham）

说它不受"禁果"的诱惑，耶和华许以长生。每一千年，巢内起火焚烧，只留一卵，孵出新的神鸟——这也可算一种涅槃的"大鸟"吧。

美洲斗鲸雷鸟

北美洲西北部印第安人传说，有一只"从湖里上升"的巨鸟，吼声如

---

[1] 《马可波罗游记》，陈开俊等译，福建科学技术出版社，1982年，第105页。
[2] 《马可波罗游记》，陈开俊等译，福建科学技术出版社，1982年，第69页。

雷——这就是"雷鸟"(Thunder bird)，跟自然界中的雷鸟有些牵连，却大得不可比拟。其翼像垂天之云，眼睛发出像闪电一般的亮光；瞬息之间便可飞越海洋；它四处寻找巨鲸为食。而印第安人有一支正以"黑身"的巨鲸为图腾①，所以他们十分敬畏雷鸟。

这种美洲大鹏同样与大蛇为敌，印第安人用以解释洪水或地震的起源。

> 每逢雷鸟与巨蛇打斗的时候，洪水便会发作，而且会高涨起来。②

初民以为，暴雨以及由暴雨引发的山洪或大水，是由"雷"（雷神，雷公）发动的。中国西南少数民族的洪水神话，多说大水是由羲娲兄妹之"父"（老伏羲/蚩尤/盘古）的死敌雷公鼓动起来的——闻一多的《伏羲考》以为此"雷公"相当于振滔洪水的共工氏。而雷公（包括《封神演义》中的雷震子），无论南北，多说是鸟或雄鸡之形。鸡是凤凰的卑化，大鹏的"凡俗"化，微缩型。所以，"雷公鸟"跟强化的凤凰是有关系的，"凤"不仅司风，而且涉雷。古印度的雷神因陀罗（Indra）跟旱魃妖蛇弗栗多（Frita）作对；有人说其动物化形也是鹰鹏。

类凤鸟的神禽
（古代玛雅陶瓶）
古代美洲的神鸟往往被夸饰得非常华丽、高冠、"旋目"，尾羽长而飘拂，极像凤凰。其母型却很难辨认。这里展现的可能是食鱼的水鸟。

中国也有（鸟形）雷公跟巨鲸大战的记述。《太平广记》卷三九三引《广异记》说：

> 唐开元末，雷州有雷公与鲸斗。鲸身出水上，雷公数十（案：应为海鸟群），在空中上下，或纵火，或诟击，七日方罢。海边居人往看，不知二者何胜，但见海水正赤。

---

① 徐松石：《华人发现美洲考》，（香港）东南亚研究所，1981年，第277～279页。
② 徐松石：《华人发现美洲考》，（香港）东南亚研究所，1981年，第279页。

  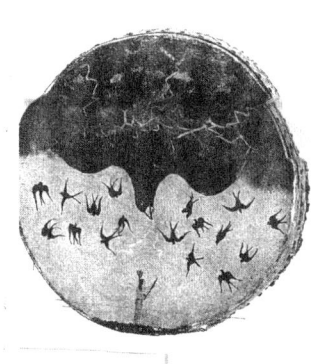

雷（神）鸟

（古今印第安造型艺术。左：鹰化的"雷鸟"或"太阳鸟"；中：人格化的雷鸟，木雕，加拿大北温哥华岛；右：群鸟之王的雷鸟）

古今印第安神话里的"雷（神）鸟"极像印度—中国的大鹏（或鹰形凤凰），身躯巨大无比，凶猛绝伦，以鲸或蛇蟒为食。飞翔时如雷鸣太空，翼如垂天之云，遮空蔽日，眼里发出电光。跟"百鸟朝凤"一样，为群鸟所追随；或者，它一出现，众鸟辟易，乃至纷纷坠落水中。

事实也许不过是巨鲸"自杀"——搁浅或负伤流血待毙，群鸟飞来啄食其肉。但看起来很像鸟/龙惊心动魄的决死之战。

《太平御览》卷九二七，张华引《神异经》：

> 北海多鲸鱼而产子多，北海淤塞，故鸟食此鱼，海水通流。

这是大鸟啄食巨鱼神话的一个"现实样板"，巨鲸搁浅之后，鹰鹫来吃它的肉。这在古代文献里有曲折映写。晋·王嘉《拾遗记》说："……至亿万之年，山一轮，海一竭，鱼、蛟陆居。"就是由于磁场

玛雅凤头

（石雕，宽34英尺，与纳贝克金字塔底座相连，复原速写图，玛雅文化，约公元前300年，古典时期）

这个有繁饰的大鸟头基本以鹰鹫为母型，多变形，不易辨识。专家称之为"天鸟"或"大鸟神"。有人认为，这是"太阳武士"的鸟头装饰，其性格与中国凤凰相似。

"混乱",鲸群误上浅滩,搁浅失水,鹰鹫乘机啄食,这就是《太平御览》卷九二七引张茂先(华)注引《神异经》所说的"大鹏食鲸",其"错觉"便是《拾遗记》所说:

"有赤鸟如鹏,以翼覆蛟鱼之上。"

有的人结合《韩非子·十过》篇所说,黄帝合鬼神于泰山之时——

腾蛇伏地,凤皇覆上……

认为这是在暗示,凤、蛇(龙)能够交合,从而像《逍遥游》中所写的那样,由相互搏斗、相互融合到相互转化:鹏入水化鲲,鲲登天成鹏。

而古代印第安的雷鸟不但斗鲸、食蛇,有时也会像水鸟那样潜入水下,或者就此化为鲸鲲。这种比较文化学上难得一见的"细节密合性",实在令人神往。

鸟吃鱼毫不足奇,鱼吃鸟就有些特别了。

美洲神话中有一则很有趣地说明了在天空飞翔的鸟(不是水鸟)为什么会被鱼吃掉:

化身为羽蛇(半鹰半蛇)的太阳神凯察尔柯特尔(Quetzalcoatl),有时故意跟雷鸟为难。它像中国鹏凤能变成鲸鲲那样,恶作剧似地"依附在一只鲸的身上",鲸引诱雷鸟来捕食,等到雷鸟们抓牢了它,它却猛地潜下水去,"将三只雷鸟淹死了,只有一只逃跑存留至今"①。然而也有神话说,雷鸟一旦入海,就变成了鲸鲲。

在另一些故事里,美洲大鸟(鹏凤:雷鸟)不仅与鲸为死对头,而且它们之间也可能互化。Chinook印第安人相传,南风之妇遇到一个高大的女人,向她借网,用它网到一条小鲸,把它横剖开来,取出油脂(以备点灯照明),这鲸突然变成一只大鸟(或说大鸟刚刚为鲸所食而未死,

大鸟与巨鲸之"战"
(现代摄影)

大鸟捕食鱼类是常见的。但有时利爪陷入鱼、鲸之背,反被其拖入水中淹死、吃掉,初民就传言为大鸟与巨鱼的战争——神话学家一般诠释为天空与水地的二元冲突。

大鸟与巨鲸一起被摄入镜头,颇为难得。"自然主义"神话学试图用类此现象来诠释"鸟鱼斗争"的现实背景。

---

① 参见《林惠祥人类学论著·神话学》,福建人民出版社,1981年,第109页。

鲸被剖腹后,大鸟苏醒飞去——这种几率是极低的)。"这只鸟真大,飞到天空里,连太阳也遮住了。"① 这有如中国传说中的鲲/鹏之转化。

鸟入鱼腹得以不死,甚至啄开鱼腹飞出,事实上几乎不可能,但神话是不拒绝"偶然性"的,它追求的是奇诞和诡谲,以补偿或抵制理性思维之僵硬与枯索。

以前,海面浮现一大鲸,张口呼吸空气。绕飞空中的一只乌鸦,错入鲸鱼的口中。乌鸦智能十足,旋将鲸鱼击毙于海岸。②

原住民听到鲸腹里有乌鸦歌声传播,十分惊奇,遂将鲸腹剖开,乌鸦飞出。众人惊畏,推之为酋长——乌鸦也从此变成了人:人间的英雄③。这里,"雷鸟"被置换为(太阳)神鸟,而且同样得到人格化。

雷 鸟
(动物摄影,佚名)

美洲产的"雷鸟",跟中国的"雷(公)鸟"不同,是实存的动物。据说,在神话中,它是某些海鱼及海蛇的死敌。印第安神话中,巨大化的雷鸟跟鲸鱼等的战斗,与东亚、南亚的鲲鹏之战、龙鹰之战大致相同,是世界性大鸟/巨鱼战争的太平洋版本。

---

① 参见文崇一:《亚洲东北与北美西北及太平洋的鸟生传说》,(台北)《民族学研究所集刊》第12期,1961年,第95页;收入《中国古文化》,(台北)东大图书公司,1990年,第397页。
② 参见[日]宫武辰夫:《阿拉斯加所见原始艺术》,第70页;引自岑家梧:《图腾艺术史》,商务印书馆,1935年,第40页。
③ 参见[日]宫武辰夫:《阿拉斯加所见原始艺术》,第70页;引自岑家梧:《图腾艺术史》,商务印书馆,1935年,第40页。

美国俄勒冈州印第安提拉木人传说,雷公是由雷电劈开的大树洞里生出来的,像所有英雄那样"速长",很快成为巨人,"身上长满了羽毛"①,暗示他是"雷鸟"的人格化,或可化形为"雷鸟"。像雷震子那样,"雷公的翼振动一次,就发出一阵轰隆的雷声"②,也就是"飞廉"转化为"丰隆"。它同样以鲸为食。它捕到一条极大的鲸,便把鲸"背到附近的一个大石洞里(风穴?)。当它把鲸扔到地上时,鲸乱蹦乱跳,把山震得摇晃起来了,以至于人很难在地上站稳"③,就这样解释了地震的来源。众所周知,中国与印度等地的神话都说,大地是载在鳌龟或鳌鲸身上的(如马王堆西汉帛画下段所见),龟、鱼一感到不舒服,就晃动身子,地震便发生了。

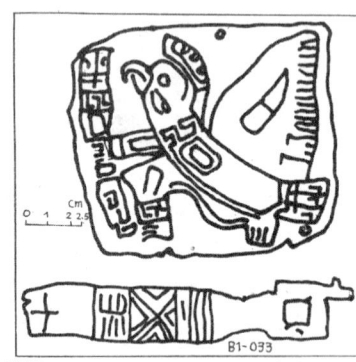

兀鹰:雷鸟的母型

(左:铜版浅雕,Quechuan 印第安人艺术,玻利维亚地区;中:左之线图;右:陶器纹样,Mazca 印第安人艺术,约 1500 年前,秘鲁地区出土)

印第安造型艺术里的兀鹰,颇似神话中的"雷鸟";看来鹰鹫确实也是美洲大鹏的主要母型。

印第安人普遍神化这种雷鸟的巨大与凶猛。"有一次,一个印第安人从一个雷鸟的巢里得到一根羽毛,量之,竟过 60 公尺长。"④ 雷鸟抓一条鲸回巢(喂饲小鸟),不在话下。有时不需要雷鸟的泼剌跳跃,只要"鼓动它的两翼,大地

---

① [美]杰罗尔德·拉姆齐编:《美国俄勒冈州印第安神话传说·和雷公作伴的人》,史昆、李务生译,中国民间文艺出版社,1983年,第116页。

② [美]杰罗尔德·拉姆齐编:《美国俄勒冈州印第安神话传说·和雷公作伴的人》,史昆、李务生译,中国民间文艺出版社,1983年,第116~117页。

③ [美]杰罗尔德·拉姆齐编:《美国俄勒冈州印第安神话传说·和雷公作伴的人》,史昆、李务生译,中国民间文艺出版社,1983年,第117页。

④ 徐松石:《华人发现美洲考》(上册),(香港)东南亚研究所,1981年,第279页。

[便]为之震动,山岳为之雷鸣"①。这就极像"其翼若垂天之云"的大鹏鸟了。

在美洲印第安人大量的关于"雷鸟"与巨鲸"二元冲突"的故事里,有大鸟战败而被鱼吞食的情节,如上所说,是有自然依据的。据说,大鸟贪嘴,由高空猛地扑上鱼背,企图把它提出水面置于死地,至少要抓下它一大块肉,哪知"用力过猛",双爪深陷鱼背,难于挣脱。巨鱼忍痛,乘机快速潜到水中,把鸟淹死,而后吃掉。这就是捕鱼大鸟在"天对海"的战斗中偶尔失利的"现实版本"。

在史诗《罗摩衍那》里,鹫王(化成英雄奢吒优私)不仅跟龙,也跟十首魔王罗波那(Ravana)成为死敌,在救助王妃悉达的行动中,甚至被这"行为残暴的罗刹"割断了翅膀。鹫王把王妃的行踪告知罗摩王以后,便气绝身亡,"眼睛发红,像山一样"。鹫王显然是中了魔王的毒招。罗摩王为他举行火葬,祝愿他(像"凤凰:phoenix"一样)在烈火中涅槃,再生。印第安人也有传言:雷(神)鸟是不死的。

前举加拿大钦西安印第安人《阿斯迪瓦尔故事》说,英雄阿斯迪瓦尔之父哈特森纳斯(Hatersonas),是一只"凤凰:玄鸟"式的吉祥鸟,上天派它跟流浪女结合,如"玄鸟生商(契)"似地生下英雄。

这里的"帝使凤"似的"天国派遣的使者"——巨大的吉祥鸟,不但代表着天空与美善,而且是"天/地:神/民:圣/俗"的中介与调谐者、沟通者,它还被看做始祖神。

业已"登天",获得一定"神圣"成分的英雄,不但落水遭难(陆地/水下:天空/海洋也是"对立"的),而且被水中的动物海狮所援救并"挽留"(其实海狮曾被它当成猎物而射伤,它们也构成对立)。正如列维-斯特劳斯所指出:

> 天/地的明显的对立在这里是通过一个隐含的形式——天/水对立——实现的,而天/水对立是神话所运用的三个要素构成的系统中固有的最强的对立。②

这种对立,极其频繁地体现在古今印第安神话里天空/海洋的代表性动物之间的对立。

天空:鸟	海洋:鱼,或水兽
雷鸟	鱼/鲸
鹰鹏	鲸:鲲
凤凰	水蛇(或海蟒)

---

① 徐松石:《华人发现美洲考》(上册),(香港)东南亚研究所,1981年,第279页。
② [法]列维-斯特劳斯:《结构人类学》(第2卷),谢维扬、俞宣孟译,上海译文出版社,1995年,第194页。

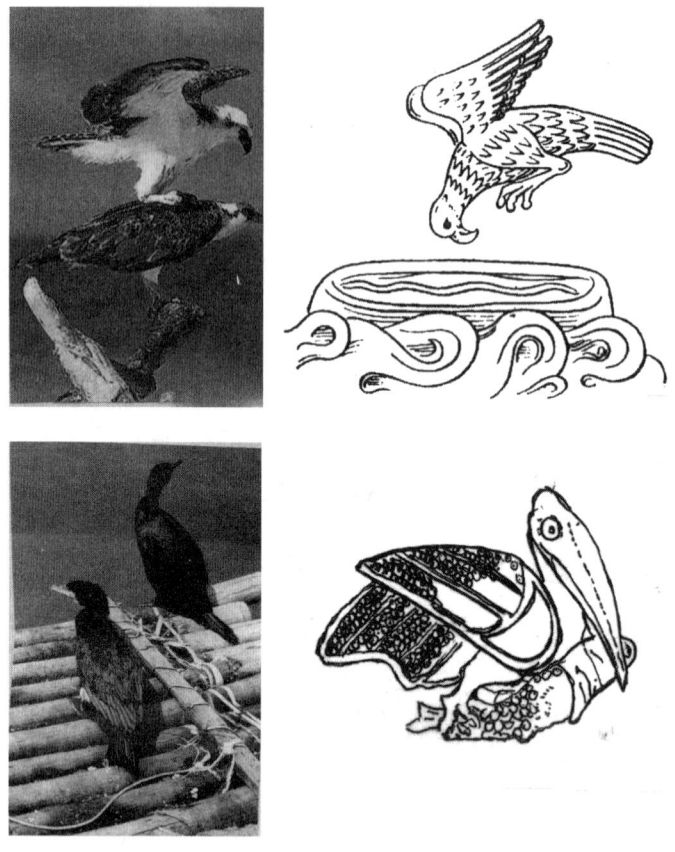

鱼鹰捕鱼

（"鱼鹰"有两种：一是左上的鹗，或称鹗鹰，是"关关雎鸠"，雌雄嬿好的主要母型；另一是左下的鸬鹚，水老鸦；右上：飞鹰入水，[法]伯斯第阿里的绘画，巴黎，11世纪；右下：云南晋宁石寨山出土文物）

  鱼鹰和其它大型水鸟入水捕鱼的目击经验，助成了大鸟与巨鱼搏斗的传言，成为天/水冲突的一种"原型意象"。

鸟/鱼：鹰/蛇斗争的象征指向

  大鸟攫食巨鱼或大蛇的神话，它的诱因往往既简单又"卑微"。除了滨海居民偶尔看到大型猛禽、特别是水鸟盘旋于高空，伺机捕食鱼类，乃至攻击大鱼或海蛇、海鳗形成奇诡经验之外，人们（尤其是儿童）对于鸟类捕蛇、捕鱼的戏剧性场面往往印象深刻，"记忆犹新"。

  例如，在苍茫的暮色中，瞥见展翅的大猫头鹰（或普通鹰雕）以迅雷不及掩耳之势由草丛深处抓起一条一两米长的毒蛇，那蛇还在挣扎、抵抗、反噬，那实在有些惊心动魄,一旦进入"百口相传"的"舌下媒体",那么用"变本加厉,踵事增华"来形容都不够了。

又例如,某些笔记、稗史记载,蛇与雉会"交媾"(生下的是蛟螭之类的怪物)。目击者看到二者肉搏一般的"颠鸾倒凤",热烈非常,事后雉飞蛇遁,流精遍地,腥膻逼人。这不仅是鸟蛇搏斗的"实录",而且常常成为"蛇鸟交融"乃至"互转"的实证。其实那不过是大蛇来偷吃雉卵,雉鸡奋起反抗护卵,毒蛇反扑,打成一团,结果"鸡飞蛋打",蛇走草伏,蛋液流溢的现实景象而已。

吃老鼠和蛇的猫头鹰
(采自美国《野生动物》杂志)

猫头鹰比一般的鹰更善于捕鼠食蛇,虽然许多群团以它为死亡与黑暗的象征。但也有人认为它专门消灭臭腐与污秽,已由阴转阳,成为"夜间的太阳"或天空的力量,它的食蛇,被当做鸟/蛇之战的一个样本。

在神话里,尤其是西方神话里,英雄常常是"屠龙者"(中国则是"斩蛇者")。由于"英雄: hero"往往属于"天神"系统,或是"(准)太阳神"、"太阳的子孙";也由于太阳英雄往往化形为鸟(鸟跟太阳同样在天空活动;Zeus、Apollo、Ra,后羿等都曾化形为鸟),所以它们(如大鹏)跟鱼龙虫蛇(如Nāga)的二元冲突是永恒的。如叶舒宪所说:

> 作为爬行动物,蛇的基本生理特征决定了它在宇宙模式象征系统中只能处在与上界飞行动物相对立的下界地位,因此凡是与天神世界所代表的正面价值如光明、生命、善等相对立的负面价值如黑暗、死亡、恶等,便归结到蛇这种无辜的动物身上了。①

---

① 叶舒宪:《中国神话哲学》,中国社会科学出版社,1992年,第53页。

鸟与蛇鱼的冲突

（左：大鹰攫鱼，影像资料；中：鹰"捕"巨鲸，图片剪贴；右：鹳鸟食蛇，现代动物画）

飞鸟以蛇、鱼为食，是固有的习性。初民、古人看到可怕的蛇、善泳的鱼居然能被"天空动物"所制服，惊异非常；看到鹰鹫等在巨鲸上空盘翔（觅食），便想象而且传言，它连"鲸：龙"都能吃。"天空：水地"冲突的观念也由此渐次发生。

渔夫利用鸬鹚（也叫鱼鹰）捕鱼，中国人（主要是南方人）习以为常。可是在当初的北方人，乃至今天的外国人看来却是奇异非常，要登上报刊"科学珍闻"栏的。鸬鹚捕鱼本领极高，有时还能分工合作，几只"鱼鸦"一起"抬"上一条大鱼送到渔夫手中，自己只吃小鱼。外国人不知底里，十分佩服中国人能把水鸟驯养得如此道德高尚，如此懂得礼让与奉献（渔人在鸟脖子上拴一绳圈，使其吞不下大鱼——几近"虐待动物"）。于是乎种种神鸟捕鱼的传言便被添枝加叶地诞生了。有人甚至说，"五方凤鸟"中，北方"黑凤"幽昌，属水，就是以鸬鹚为母型的。

南方铜鼓上水鸟纹或铜鼓船纹上，代替"鹳眼"的有时便是长颈大嘴的鸬鹚。在神话思维或"原逻辑"里，同声相应，同气相求，能够抓获"怪鱼"的神鸟当然也可以镇魇水怪，驱逐妖邪。

"鸬鹚：水老鸦"，民间亦称为"鱼鹰"。但真正的鱼鹰，即《诗·周南》里人们熟悉的关关咕咕地啼叫着的"雎鸠"——却是"鹗鹰"，《说文》称为"鸷鸟"（由凶猛的"鸷"到热恋的"挚"，跟燕子的由"挚"到"鸷"相反，都是麦克斯·缪勒"语言生病"过程的经典体现），也就是少皞称"挚"或"鸷"的本真相。《本草纲目》说鹗"能翱翔水上捕鱼食，江表人呼为'食鱼鹰'，亦啖蛇"。是水族的死对头。《山海经·西山经》中为天帝所杀的钦䲹，化为大鹗，"其状如雕而黑文白首，赤喙而虎爪，其音如晨鹄，见则主大兵"，可见其武勇。我们认为它是解破"葆江"封闭体的混沌英雄；它也是鸟/鱼斗争的一种自然"依据"或取象"素材"。

鸬鹚：捕鱼和辟怪

（左上：越南玉缕铜鼓图纹，船尾的鹚鸟与眼纹；下：即将入水捕鱼的鸬鹚，鱼鹰的一种；右上：广西铜鼓图纹，跟鹚舟伴出的大型水鸟，或以鸬鹚为母型）

  鸬鹚能在地上蹒跚，低空飞行，更能潜入水底，顺从人意捕鱼，初民或古人视如神物，是辟逐水怪之精灵，甚至是"水里的日鸦"或由阴入阳的神秘力量。铜鼓图纹（如右上）中的某种水鸟（鸬鹚）有冠，长尾，身躯巨大，有如"鸟凤"，身上似有星纹，更值钩索。

体现世界之"二元对立"结构，最典型的是伊朗—波斯神话。

在《阿维斯塔——琐罗亚斯德教圣书》最古老的《伽萨》里，"天空：光明"与"水地：黑暗"的对立被道德化为善恶冲突。

  思想和言行自古皆有善恶之分，
  只因原始之初两大本原孪生并存，
  真诚者求善，从恶乃虚伪之人。（30·3）

  生命宝殿善端起，死亡魔窟恶端立，
  来日善者在天国分享阿胡拉的恩泽，

恶者跌落阿赫里曼阴暗的地狱受罪。(30·3)①

元文琪说:"善与恶、明与暗两大本原'思想有别、言行殊异、灵魂信仰相悖,实难相容'(45·2)。正是这种善恶之间始终存在的势不两立的矛盾和斗争的发展演变,构成了世界万物的变化和有规律的运动。……从天上到地下,从国家、村社、部落到个人,〔这〕是无时不在,无所不在的。"②

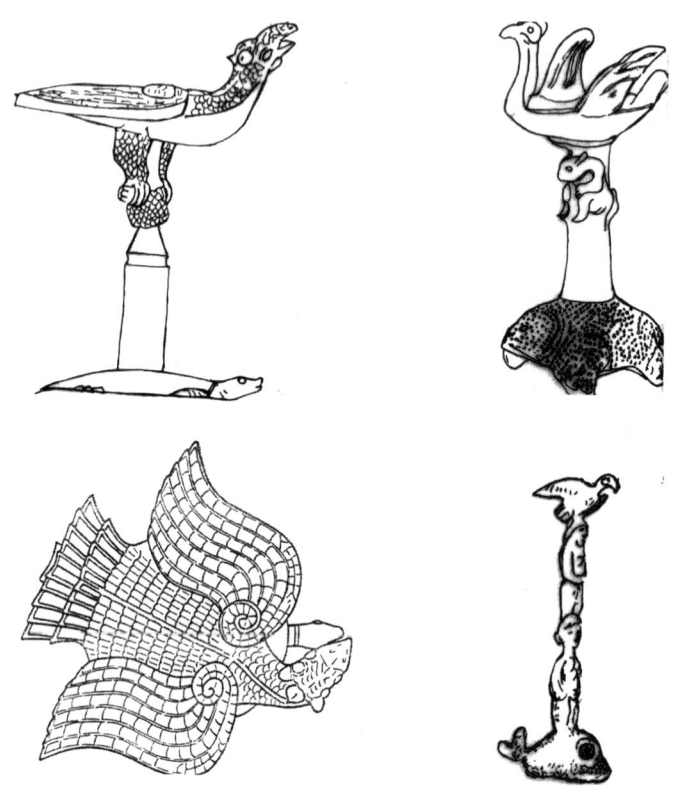

鸟与龟、鱼的二元对立

(左:鸟柱盆,侧视,中山王国墓出土,河北平山,战国,左下:上图之俯视;右上:陶灯,河南济源泗涧沟出土,新莽时期;右下附印第安人神柱)

鹰击长空,鱼游浅底。初民或古人以之象征天/地;阳/阴;生/死;明/暗的二元对立。鸟栖之"中心柱",或可视为"宇宙轴"(Cosmic axie)。"中心柱"中部,或以四足动物、人等表示人间—凡俗世界。

---

① 参见〔伊朗〕贾利尔·杜斯特拉赫选编:《阿维斯塔——琐罗亚斯德教圣书》,元文琪译,商务印书馆,2005年,第414页。

② 参见〔伊朗〕贾利尔·杜斯特拉赫选编:《阿维斯塔——琐罗亚斯德教圣书》,元文琪译,商务印书馆,2005年,第414~415页。

波斯"二元对立"神话的动物模式就是大鸟西姆尔克与大黑鱼或毒龙的斗争。

伊利亚德说:

> 阿胡拉·马兹达与魔鬼之间的对立,在印度—伊朗时期已经形成,因为吠陀时期的印度就已有天神提婆与阿修罗之间的对立。①

许多专家也注意到,波斯—伊朗宗教及神话中的"二元"结构,包括"明/暗:天空/水地"乃至"神鸟/鱼蛇"的冲突,早见于印度吠陀神话,波斯文化深受其影响。托卡洛夫承认,吠陀时期诸神分为"势不两立的两类":

> 提婆(Deva,诸天)/阿修罗(Asura,"非天")

阿修罗的神话地位本相当于伊朗善神阿胡拉(太阳神)②,后来才对转为恶神。更重要的是"雷"(天)与"蛇"(水、地)的对立:

> 因陀罗(Intra,雷神)/弗栗多(Frita,巨蛇,旱魃)

布朗认为,甚至在因陀罗之前,"混沌之前,乾坤未奠",弗栗多即与阿修罗并存,而渐成"万恶之源"③,后来跟"空界"之主因陀罗大起冲突。这样,就不能说"综观中国、日本、印度三国的宗教,[伊朗]这种[善恶]二元论无迹可寻"④,尽管伊朗宗教以此为"几乎有异于世界一切宗教的特征"⑤。元文琪介绍,伊朗宗教"道德善恶二元宇宙观"导源于《吠陀》经,而"由自然精灵崇拜演化而成的神魔观念,当是(伊朗经典)《伽萨》中善恶二元神之滥觞"⑥。严格说来,二元对立以不同形态贯穿于世界几乎所有古代宗教世界观。

---

① [美]米尔恰·伊利亚德:《宗教思想史》,晏可佳等译,上海社会科学院出版社,2004年,第250页。

② 参见[苏]谢·亚·托卡列夫:《世界各民族历史上的宗教》,魏庆征译,中国社会科学出版社,1985年,第141页。

③ 参见[美]塞·诺·克雷默:《印度神话》,《世界古代神话》,华夏出版社,1989年,第257页。

④ [苏]谢·亚·托卡列夫:《世界各民族历史上的宗教》,魏庆征译,中国社会科学出版社,1985年,第143页。

⑤ [苏]谢·亚·托卡列夫:《世界各民族历史上的宗教》,魏庆征译,中国社会科学出版社,1985年,第143页。

⑥ 元文琪:《二元神论:古波斯宗教神话研究》,中国社会科学出版社,1997年,第144页。

伊利亚德的《宗教思想史》概括说：

> 从一个更加广泛的地理范围来说，从某个历史时刻开始，宇宙创造的神话中总会有个神或英雄战胜水中怪物或巨龙（如因陀罗与弗栗多、巴力与耶姆、宙斯与提丰，等等）。①

上文揭示，这种创造者、天帝或大神、英雄本来都领有天体——天象，如太阳、雷电、明星等"光明"神格，而且往往化形为鹰、鹫、鹏、凤；被征服或杀戮的蛇、蜥、鱼、龙等本就处在地下或水中，二者是对立的结构。

美化的太阳鹰

（金耳饰，古代埃及）

鹰翅"弯曲"几成圆形，接近于常见的"鹰身太阳轮"。它经过精细而严整的图案化，色彩斑斓、辉煌如日，可以看做是"埃及的凤凰"。

二元冲突是世界神话里"大鸟"与"巨鱼"（或蛇龙）斗争和相互"转化"的母题，《中国的文化精英》一书已有专章介绍（这里适当扩充）。叶舒宪的《中国神话哲学》则更多地揭示了其内涵的扩张或引申。其要旨是：

---

① ［美］米尔恰·伊利亚德：《宗教思想史》，晏可佳等译，上海社会科学院出版社，2004年，第273页。

大鸟	巨鱼（或蛇龙）
天空	土地
太阳	水
白昼	黑夜
光明	暗黑
阳	阴
善	恶
生命	死亡
天堂	地狱

在萨满式神话里，神鸟则大都栖息在宇宙树或世界树之巅，代表着天神；鱼蛇则处在树底的深渊或地狱里。这也相当典型地体现了二元结构。

 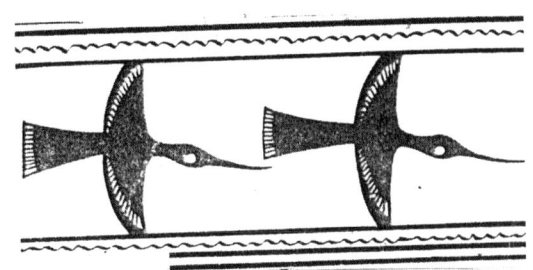

鸬鹚或鱼鹰

（左：鸬鹚；右：铜鼓纹饰）

南方"祭祀船"或"竞赛船"，头部或尾部，画的不是"鹢眼"，而是鸬鹚或鱼鹰。他们认为这种善于捕鱼的鸷鸟，也能镇伏"水怪"。

如前所说，萨满教的神鸟，尤其是鹰，被当做天、天神的代表或使者。水生动物，如蛇、蜥、鳄、鱼，萨满教既敬之如神，又以为它们包藏着邪恶。萨满文化圈里的满族，或认为水中有吸血、播瘟的水怪。

恰克拉人信奉的傲克珠，它是一个恶神，专在水里作怪，一到夜里就像牛似地哞哞叫。它专门吸人的血，害死许多人。它很诡秘，黑乎乎的，跑时一阵烟。①

---

① 孟慧英：《满族的萨满教》，《萨满教文化研究》（第1辑），吉林人民出版社，1988年，第176页。

它的外形变幻不定，或化为恶蟒，或变成妖鱼（有些像《西游记》里吃小孩子的乌鱼精），最像猪婆龙（扬子鳄）。谁也制服不了它，被视为"恐惧"制造的"神"，人们只好刻为木像膜拜。或说，只有神鹰"阔里"（满语"鹰"）才能威慑它。神鹰曾化为射落多余太阳的后羿式英雄——大力神（叫做"三音贝子"），它能制服一切恶灵。"鹰神与雕神又是力量与威武的象征，雕神为最凶猛的宇宙大神。"①

上面我们简略地介绍了众多的神话大鸟，它们之间有的是相互"影响"或"播化"的关系，有的则是独立发生的，有待深入研究。下面将其简要列出，以清眉目。

［古代埃及］鹰头格里芬（Griffin），芬尼克斯（Phoenix）
［古代西亚］安祖德（Anzud）—伊姆杜古德（Imdugud）、格里芬（Griffin）、安卡（Anca）
［古代希腊］格律普斯（Gryps 或 Gryphon）
［古代印度］迦楼罗（Garuda 金翅大鹏鸟）
［古代波斯］西姆尔克（Simurgh）、瓦伦干（Vāren-gan）
［古代阿拉伯］安卡（Angka 或 Anca）
［古代波斯—阿拉伯］鲁克（Ruke 或 Rock，涉及东南亚及非洲）
［古代中国］大鹏、凤凰、飞廉（*Plong，*Plam）
［古代希伯来］巴—雅克（Bar Yachre）、米尔坎姆（Milcham）
［古代中亚—北亚］脱斡邻勒（Toghoril）、腾格里鹰（Tängri engle）
［古代罗斯］斯特鲁菲奥（Steropheo）或斯特列菲（Sterephe）
［古代美洲］雷鸟（Thunder bird）

如前所说，中国和印度的龙都主要以蛇为母型（还吸收了鳄鱼、蜥蜴和海蟒等的特征），但是中国的龙主要是祥瑞，是神圣，是华丽；印度的龙或龙王（Nāga）却有毒，就像旱魃恶蛇弗栗多，经常代表邪恶（地、水或"阴"），常常与天空、光明或"阳"相对立，跟欧洲那喷火的龙（dragon）同样不是好东西。所以大鹏金翅鸟手里抓着大蟒，腰上缠着毒蛇，脚下踩着怪蛇，表示它能够控御、制服一切的"恶"（奇怪的是，这跟中国海神兼风神的弇兹—禺彊发蛇、珥蛇、腰蛇，并持蛇、践蛇十分相似，原因不明）。

印度教和佛教寺庙，从南亚到东南部亚洲，包括中国云南等边疆地带，都

---

① 富育光：《萨满教与神话》，辽宁大学出版社，1990年，第61页。

常常能见到迦楼罗的造像,这些造像精致华美,金碧辉煌,目的就在于以之制止一切恶鬼的"进入"或"捣乱"。

这种二元冲突的宗教宇宙观,当然也影响到了藏传佛教文化区。汤惠生等说:

> 鹰蛇二元之间的对立同样也是青藏高原从古至今的艺术主题。早在公元前1000年以前羌人的卡约文化中,便出土有镌以鹰啄蛇图案的骨管。①

在藏传佛教里,大鹏鸟吃孽龙的神话有时被"卑化"(或"还原")为鹰吃蛇。

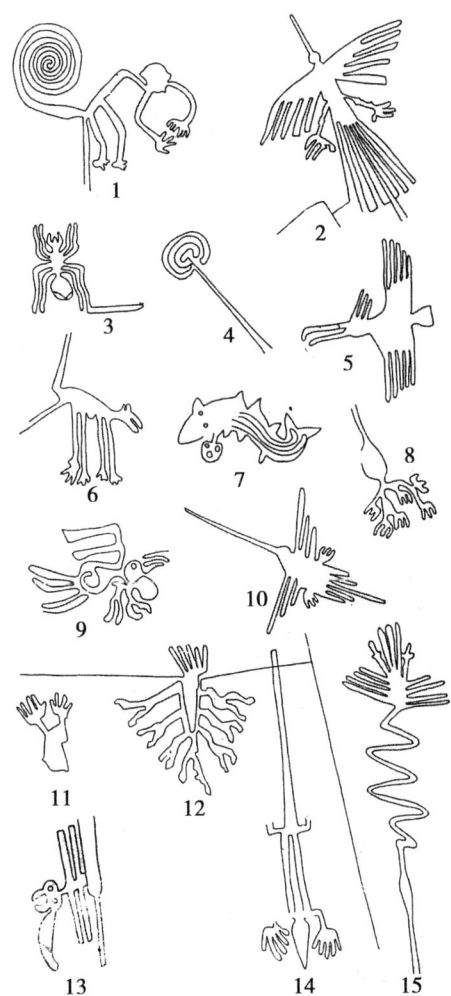

纳斯卡巨画

(安第斯山脉,纳斯卡地方,古代秘鲁,中美洲)

纳斯卡巨画,只有在天空中"航拍",才能看清那大得无比的图形。人们对它的解释多种多样,其中有一种说法认为跟"四方风"崇拜有关。注意它有7只鸟的形象。图10据称是长嘴的蜂鸟;图5是鹰,其余不知名。它们都巨大无比。它们也许涉及古人"天/地/人"三维世界里物种的神话冲突。

《爱多列雅奥义书》(Aitareya Upanishad)说,"自我"(Atman)或"神灵"创造世界。天属光明,地为死亡。"彼遂创造此诸世界:洪洋也,光明也,死亡

---

① 汤惠生、张文华:《青海岩画——史前艺术中二元对立思维及其观念的研究》,科学出版社,2001年,第100页。

也,诸水也,洪洋在天之彼面,天为其基。两间,诸光明也,地,死亡也,地之下者,诸水是也。"(徐梵澄汉译)

斯宾格勒在《西方的没落》里说:

> [原始]二元论充斥于牧斋(magian,有宗教神秘悟觉的意味)世界里,尽管具有一千种的形式,却都是一个样子。光明照耀于洞天,并且与黑暗搏斗(《约翰福音》1·5)。两者都是牧斋的物质。天和地,一上一下成为具有实体而又相互战斗的力量。①

这是最早的宇宙运动的图景,同样存在于"混沌"的内核。天/地分开以后,更有明确无误的光明与黑暗、阳与阴的对立。这种对立在高级宗教里被道德化、价值化了。"这种最原始的感觉中的极性同那种经过提炼和鉴别的理解中的极性,例如善与恶,上帝与撒旦,混杂起来了。"②

耶和华是太阳,撒旦是黑暗的深渊。

耶和华是天上的鹰,撒旦是冥土的蛇。

在基督教世界里,明与暗、天与地、善与恶、上帝与魔鬼的对立,则往往被看做是绝对的、永恒的、不可更改的(但在古老的"二元对立"神话里,光明/黑暗不是绝对对立与截然分割的,它们不但斗争,而且相互渗透、转化,光明可能转为黑暗,黑暗可能变成光明)。然而——

> 对于保罗来说(见《新约·哥林多前书》15),耶稣复活的意义存在于一个心灵的和一个圣灵的肉体间的对立之中,这种对立,同样对于他和斐罗与巴鲁书的作者来说,都是天与地、光明和黑暗的对立相吻合的。③

灵与肉、精神与物质被分割了,被分配给光与暗、上天与冥土、善与恶,并且僵持地对立着。

> 保罗认为救主是天上的圣灵。在约翰福音中,他作为逻戈斯(Logos)与光明相混淆,在新柏拉图学派中,他以努斯而出现;而在古典的名词学中,则为太一以与物质相对立。保罗与斐罗根据他们古典的(亦即西方的)概念的标准,把灵魂和肉体分别与善与恶等同起来。④

其形象之体现,不仅有云端上飞行的上帝与冻土下潜行的魔鬼,太阳与雾

---

① [德]奥·斯宾格勒:《西方的没落》(上册),齐世荣等译,商务印书馆,1991年,第393页。
② [德]奥·斯宾格勒:《西方的没落》(上册),齐世荣等译,商务印书馆,1991年,第393页。
③ [德]奥·斯宾格勒:《西方的没落》(上册),齐世荣等译,商务印书馆,1991年,第394页。
④ [德]奥·斯宾格勒:《西方的没落》(上册),齐世荣等译,商务印书馆,1991年,第394页。

团，还有有翼的天使与各种爬虫、鸽子、鹰与蛇。

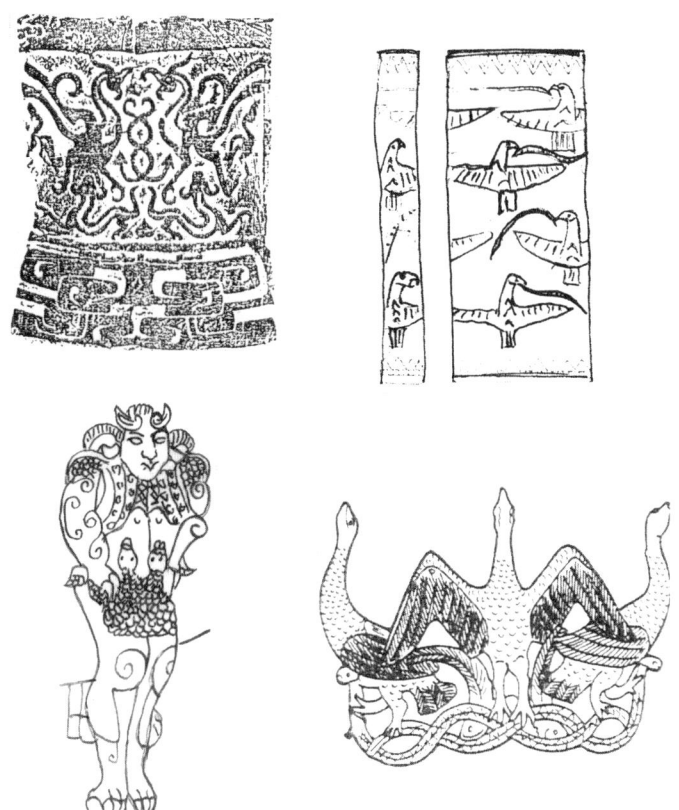

鹰蛇之战：艺术再现

（左上：狩猎纹壶饰，战国，河南辉县琉璃阁；左下：螭梁盉的足部造型，战国，原器现藏北京故宫博物院；右上：卡约文化骨管，青海，约公元前 1000 年，采自汤惠生等；右下：青铜牌饰，云南晋宁石寨山出土，约当西汉）

造型艺术里的鹰/蛇或鸟/鱼之战（有的鸟已被美化为凤），暗示着古人重视这种"天空/水地"的冲突，寄托着吉善通过勇敢镇伏邪恶的观念。

"天空：太阳"与"水：地"二元对立之"动物模式"（及其代表者）主要如下：

天空：太阳（神）	地：水：水底混沌（或鱼蛇）
［苏美尔］马杜克（Marduk）	蒂亚玛特（Tiamat，鱼/蛇身女怪）
尼尼尔（Ninil）	蒂亚华滋（Tiawath，Tiamat 之异名）
［古埃及］拉（Ra，化形为鹰）	塞内克（混沌）
荷拉斯（Hoarace，鹰）	阿波普（Apop，妖蛇）
［古埃及］奥赛里斯（Osiris，兼太阳神）	格卜/赖奈努特/萨塔（蛇首或蛇形）
	塞特（Set）

[古希腊] 宙斯（Zeus，化形鹰鹫）
  阿波罗（Apollo，化形乌鸦）   比东（Python，巨蛇）
[古印度] 因陀罗（Indra，雷电神） 弗栗多（Vrtra，Frita，妖蛇）
[古波斯] 阿胡拉·奥玛兹德（Ahura-Mazdā）阿利曼（Ahriman，或亦化蛇）
[希伯来] 耶和华（Jahovah）   撒旦（Satan，蛇）

蛇/鱼以及它们栖止的地洞或水窟，往往以"龙宫：蛇窟：兽穴：藏宝洞"等代表着美善与恶丑之两面，就像龙蛇的巨口与大腹，它们基本属于"西方的恐怖母神象征群——夜、深渊、海、水的深处、蛇、龙、鲸［腹］等，所有这些象征都相互浸染、相互融合。吞噬的水，撕裂的子宫，死亡的深渊，敌意的、代表夜与死亡的蛇，鲸（龙？）、海和海中之鲸，都是'深水'即消极的无意识的形态，它们居于人的世界之下的暗夜里，并以使世界洪水泛滥来威胁人类"[①]。当然这只是精神—心理分析学派的一种诠释。

坎贝尔特别重视约拿所进入的鲸腹"子宫"的性质，以为"进口"就是到达"意识觉醒"的神奇门槛。阿兰·邓迪斯批评说，至少，这并非"全世界性"的。罗伯特·西格尔则揭示出了坎贝尔在神话理论与价值预设方面的一些缺欠乃至"混乱"，暗示容格学派的"原型"（archetype）并非万应灵丹，不一定能解释所有的神话[②]。

然而，如前所说，"蛇窟：龙穴"，主要处在地下、山中或水底，甚至包括吞人的"龙腹"在内，都是跟"乐园：天堂"相对立统一的"阴"的世界。作为"万物生命"之子宫的"龙腹"不同于温暖的母腹，而主要是冰冷、黑暗、凄凉的"地狱"。然而，既是"腹腔：子宫"，便是"再生之地"。被吞进龙腹虽是"死亡"，却同时面临再一次的出生。这同时也是从死亡到复活的宇宙生命之更新。所以，"子宫：洞窟：生殖腔"既是生命的乐园，又是死亡的黑穴，还是再生的通道、复活的出口。

"天"之神（或"阳"的力量）对于"阴"（水地）的蛇鱼龙蜥之类的杀戮，不但具有英雄除害"救世"的性质，而且带着所谓"末世论"的色彩（"末世"或宇宙的死亡同样意味着"再生"）。伊利亚德指出，这是"通过仪式性地重复宇宙起源来更新世界"，就好像回归"混沌"并且重新将其"开启"。

在祆教里，献祭中的末世论的意图仍不断地得以加强，但它的宇宙价值并没有因此被抹掉。我们可从耶和华宗教中看出宇宙节律和现象，一个

---

① [德] 埃利希·诺尔曼：《大母神——原型分析》，李以洪译，东方出版社，1998年，第190页。

② 参见 [美] 西格尔：《约·坎贝尔的神话理论》，余顺姬、李顺德译，《西方神话学论文选》，上海文艺出版社，1994年，第347～354页。

类似于"历史化"的过程。①

地母之蛇

(赛丽斯崇拜仪典,古罗马壁画,庞贝)

蛇常处于地下、山洞或水窟,初民视若"母腹"——"大地的子宫窝",所以有时把蛇当做"地母"或"地母之形象"。蛇穴就像"子宫"那样被看做生命的乐园兼死亡的地窟,而又是再生之孔穴。

杀怪,屠龙,或每个新年都要重复举行的"解破混沌"的仪式,都是在毁灭旧世界,创造新世界。所以——

在马兹达教中,与怪兽的战斗和其它英雄[救世]主题都被解释为末世论的情节,即与恶魔的斗争以及等待和准备宇宙的更新(frašō-kereti)。因为在新年的节庆里,世界会象征性地再造,时间也会重新开始,最后末世的更新也有着同样的场景。②

这讲述的实质上仍然是"永恒回归"的人类元语言,跟"凤凰涅槃"所体现的不朽思想完全一致。

中国神话思维里原始的辩证法,在"龙/凤"之意象中,在阴阳的对立与转化的观念里,体现得极为深刻,很难用"朴素"描写其丰富,更难以"幼稚"来标志其古老。

龙的最重要母型,蛇与蜥蜴,它们本都生存于地下、水底,完全是"阴",

---

① [美]米尔恰·伊利亚德:《宗教思想史》,晏可佳等译,上海社会科学院出版社,2004年,第279页。

② [美]米尔恰·伊利亚德:《宗教思想史》,晏可佳等译,上海社会科学院出版社,2004年,第279页。

甚至是"恶"的形象。然而,尽管"潜龙勿用",有朝一日,却飞龙在天;天行健,君子以自强不息。完全变成了阳、阳刚(或男性)的意象,与凤一起,成为高贵、庄严与美善的象征,生命与吉祥之原型。

女仙乘凤

(传为东晋·顾恺之《女史箴图》局部,绢本设色,现藏英国伦敦博物馆)

乘凤翔游,是"登遐"或者"升仙"的最华丽形态。凤鸟多被当做"阴性",所以高贵的女仙也多乘凤——这里的女仙头戴"凤首",暗示其与凤凰的一体化。"凤神"最适宜引导凡人成仙,是许多凡俗"贵人"的白日梦。

蛇、蜥、鳄的狠恶,鹰、鹫、鸮之阴鸷,统通被"扬弃"(奥伏赫变),升华为勇猛或刚健。但由于中国人固有的辩证观念,并非善的一切皆善,恶的永恒是恶。即令最高贵的吉善,龙/凤自身也会裂变出恶龙与妖凤,保存并且扩张其母型曾有的凶悍、残忍的负面。

凤凰,作为它的一种母型的极乐鸟,是娇弱或纤小的;甚至其主要之母型雉鸡和孔雀,也是柔媚或秀美的:基本是"阴柔"或女性的,以其生卵和孵育,至少表示着"暂时的雌伏"。然而,在设定的语境中,它却更加彰显着飞翔的勇健,鹰扬之壮美,昭示吉善的崇高感。而且,利用着俚俗里"鸟"的隐喻,涵化着男性的武勇与"进攻性",不但与龙不相上下,而且相互生发,共同发扬着爱和真、善、美,成为完整的"生命(力)之原型"。

而这种"生命(力)之原型"与"崇高性的意象",又并不消减其内在的紧张、奔竞乃至冲突,这真是一种互动着的"发展",涵化着对立与和谐。而且,由上述的介绍可以看出,中国上古宗教或神话并非没有"二元对立"结构,没有鹰鹫等与蛇鱼的冲突或者"天/地:阳/阴:善/恶"的矛盾,只是根深蒂固的"中庸之道"与"和为贵"的中和美学,使得中国神话宗教文化更强调、更突出对立面冲突而后的"统一"与"调谐",以"龙飞凤舞"、"龙凤呈祥"之类的和谐话语与美好意象来表达"天人以和"的善良理想(当然也不免遮蔽了某些古老的真实),从而在世界文化格局中建构出自己独特的"神话美学"系统。

第三部分 龟

第十三章　隐藏着的勇者与智者

"四灵"序列里的龟鳖

乌龟是很平常的爬行动物。它的造像，例如从后洼文化、红山文化到殷周的"玉（石）龟"，大部分都是供玩赏的"弄器"，并不见得就是"圣动物"或膜拜对象，更说不上"图腾"（上古往往龟鳖不分，多数情况下可以一并论列）。这一点跟其它三大灵物大不相同。

但是初民或上古人很好奇，对于习性"古怪"或"不合常规"的动物颇为关注，像孩子似的总要问个"为什么"。

有时因疑生惧，有时因奇而敬，有时为利而尊。

蛇以肚皮走路，许多蛇有毒，令人疑惧非常。有些龟（如肉食水龟、凶咬龟等）虽然勇猛，却不怎么可怕。然而，它除了头部与蛇相似、大为"可疑"之外，某些与蛇类似的习性同样令人称奇。

> 冬眠，或经常蛰居洞穴、水底，被视为"再生"或"长生"者；
> 行踪诡秘；
> 长寿（许多能活到百年，乃至 300 年以上），生命力强大；
> 尤其是善于繁殖。

这些都令人羡慕。再加上体"外"有坚甲，除海龟外多数品种的龟能够缩头壳中保护自己。"生存的智慧就是最大的智慧。"生命力是一切生物最重要的"能力"。这是它们被看做"灵物"的自然因素（或说，卜辞里曾以"灵"字代"龟"，可见其灵性早为人所重视）。

讲到这平凡的龟，不但要把它放在"四灵"或"四神"的序列中，还要把它放在人与动物或人与自然的关系中，看看它有什么"灵性"。

《礼记·礼运》说，"四灵"指麟、凤、龟、龙。上古中国人的思想主潮是以人为本位的"天人以和"，"人天合一"；人类被看做宇宙的中心，万物之灵长——这在2000余年前是相当"先进"的人文主义、人本主义思想。

莎士比亚在《哈姆雷特》里说过，人是"宇宙的精华，万物的灵长"，得到许多思想家、艺术家的赞扬（当然在当时还有一层反对神学统治的意思）。我们都还不能以"人类中心主义"来否定或轻视他们。每种思想都有其背景或时代条件。

Long Feng 龙凤龟麟:
Gui Lin 中国四大灵物探究

 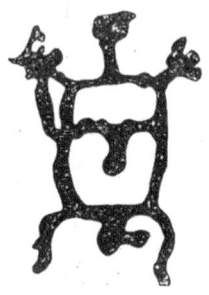

玉石龟鳖

（上左：龟形饰品长3.9厘米；上右：长4.8厘米。各有一圆孔，或供佩戴，1973年辽宁阜新胡头沟出土，红山文化，距今约5000年；左下：动物画，龟；右下：《阴山岩画》782，龟图）

在中国远古时期，已有相当精美的玉石龟鳖出现。一般认为，这暗示着某种因其奇异生活方式或强大生命力而产生的某种"崇拜"。有人却认为这不过是一种供玩赏的艺术品。玩赏往往包含惊异或喜爱。

由于人被当成"天地之德，阴阳之交，鬼神之会，五行之秀气"（《礼记·礼运》，《十三经注疏》下·1423），所以"圣人作则，必以天地为本……四灵以为畜"（下·1424）。这个"畜"，不仅仅如注疏所说，是"畜养"的意思，还有"掌控"、"调驯"、"使用"的意思。"四灵"尽管是"四类"动物灵秀或精英，甚至是神话性"圣物"，但还不能高踞人类之上，哪怕是后世那高不可攀（为统治者所独占）的龙凤。它们不是普通家畜或野物，它们导引或决定同类动物的行动。人类只要掌控了它们，便可以让生物界（包含人类）摆脱"无序"甚至混乱颠倒的状态，而达成万物有序，世界和谐。这就是上古的"动物人类学"，是"天/人"关系的一项内容。《礼记·礼运》还说：

四灵以为畜，故饮食有由也。（下·1425）

人类食用动物就有了来源与保证——当然不是说连"四灵"都吃（虽然它们都被吃过），而是说灵物们能佑助或保障生命，从而保护了人类的食物资源。

列维-斯特劳斯《图腾制度》说：

> 对各种膜拜来说，与之相应的是控制物种的欲望，无论是可吃的、有用的或是有危险的物种，人们相信这样一种力量可以带来一种生命共同体的观念：人与动物必须在本性上相互渗透，从而使人有能力作用于动物。于是，就有了如禁止杀死和食用某类动物等"各类明显的限制"，以及有关人的力量可以繁衍生息的相关说法。①

所以，笔者觉得，对于"四灵"的"畜"，绝不仅仅是畜养，更不是"吃"，而是通过对这些具有代表性、领导性的灵物的控制，以达到对各种动物的掌控，这样就能以人为本位或以人为主体地引领并调谐宇宙万物的秩序或"关系"，包括相关动物与人类"一体化"的繁衍与生息。这该是何等明智与重要！

一位法国传教士报告他在1634年所了解到的印第安人的独特想法时说：

> 他们说，每一种类的动物都有一个兄长，它是本源，是所有个体的创造者。这位兄长极其庞大有力。海龙的长兄，他们对我说，或许如我们的房子那样大。②

物之四灵，不仅体躯奇特，而且集中了其所代表的物种"灵力"(mana)，领袖群伦，以身作则，影响着物种以至人类的活动与存在，是一种维护群体、群体生存及其秩序的"领头者"，中国古代谓之"长"。

> 在俄罗斯神话的极乐岛"布洋"那里，住着一条所有蛇中最可怕的蛇，一只能预言的乌鸦，它是所有乌鸦的长兄，一只所有鸟中最大最老的鸟，有一只铁嘴、一双铜爪，以及一只蜂中最大的蜂王。③

这不是很像我们的龙凤母型或者"四灵"吗？泰勒称之为"保护精灵"。"自然界中的大部分物体都处在保护精灵的管辖之下。"④

《礼记·礼运》说，"四灵"代表四类动物，但处在人类的掌控之下，比上述思想"进了一步"。

> 麟、凤、龟、龙，谓之四灵。

---

① [法]列维-斯特劳斯：《图腾制度》，渠东译，上海人民出版社，2002年，第73页。
② [英]泰勒：《原始文化》，连树声译，广西师范大学出版社，2005年，第596页。
③ [英]泰勒：《原始文化》，连树声译，广西师范大学出版社，2005年，第597页。
④ [英]泰勒：《原始文化》，连树声译，广西师范大学出版社，2005年，第597页。

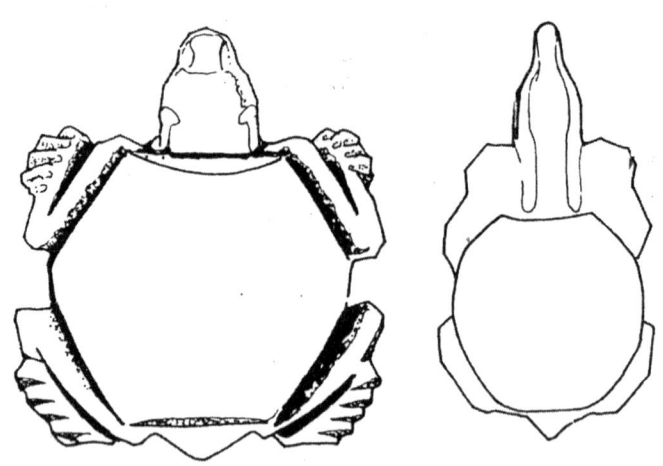

食用或玩赏的龟鳖

（辽宁阜新胡头沟出土玉石龟鳖，红山文化；参见上文的照片）

普通龟鳖充作食用或玩物。艺术上加以再现者，也有仅为玩赏的。

注意它们与神圣化的龟鳖相比，大多朴素无华，忠实刻画，没有"变形"或特殊符号的夸饰或装饰。但也有学者认为，年代如此古老，制作这样精美，无论是"把玩"或"佩挂"，很可能都是为了借以标识尊荣或高贵，或者具有某种未知的巫术功能。

　　故龙以为畜，故鱼鲔不"淰"；

　　凤以为畜，故鸟不"獝"；

　　麟以为畜，故兽不"狘"；

　　龟以为畜，故人情不失。（下·1425）

动物的三种"非常态"，用字偏僻，至今不能得到确解。

"淰"，是"闪"躲（汉·郑玄注），是"水中惊走"（唐·孔颖达疏）。但是鱼类遇到网罗或投射总不会呆着"束手就擒"——那是死鱼。"淰"似乎指不符合常规，行为失范。例如，明明是汛期却偏偏不出现（就好像过度捕捞导致大黄鱼几乎绝迹，连渔汛都混乱不堪）；又好比生态失衡后某种水族疯长，拥挤以致死亡，惊骇导致混乱与失序。"有龙则灵"，有了龙，鱼群就不会失去"行为规则"，以致不可养，不可畜，也不可捕。《说文》云，淰是水"浊"，浊也是无序。

"獝"，飞（郑注）或惊飞（孔疏）。释文本作"矞"。有"狂"意。《书·尧典》仲冬，"厥民隩，鸟兽氄毛"（上·119）。按照甲骨文四方风名推知，"氄"就是"鹬"（水鸟）；其动词化，就是诡谲，狂獝——不正常，异变。鸟类到冬天皆生软氄细毛以自温焉（伪孔传），但是看起来就是"疯长"。

清·阮元《十三经注疏》的《校勘记》引钱大昕说，应即《说文》走部的

"趫",意为"狂走"(案:意与"狄"同,二字一音之转)。引《文选》中汉•张衡的《东京赋》"獝狂",薛综注:"恶厉之鬼名。"《埤苍》说为"无头鬼"。钱云:"矞本有狂义。因矞狂连文,并矞字亦加犬旁。"(下·1429)

"狄","走"貌(郑注),"惊走"(孔疏)。见《说文新附》。狄,本来指一种"狂走"病,即《说文》卷七疒部的"疨"(参见清•郑珍《说文新附考》)。此字"读若欻",是突然变动之意。"狄"如"越",就是跳跃腾走,指的是无缘无故地四散奔匿"狂走",这样就会使得正常的捕猎也一无收获。其原因是其领头者或"保护精灵"失去了正常的"生存"秩序以及人类的掌控。

要之,这都是在讲"天然"或"人为"的动物行为乖谬,暗示生态平衡破坏之后,人类将失去动物蛋白资源,饮食无"由"。相反地,只有掌控"四灵",以及"四灵"导引下的动物们,保护,调驯,滋养,首先注意某些动物群体里似乎通灵、毓秀的主要品种的生态与行为,那么才能够改善人与动物的生存环境,"取之有道,食之有序",便"饮食有由"。"四灵以为畜",不妨看做譬喻性却又充满智慧、哲理性的经验之谈。

谓予不信,以为这是理想化、浪漫化古人,那不妨看看《礼记•月令》一则。

[孟春正月] 命祀山川林泽,牺牲毋用牝(母兽)。禁止伐木。毋覆巢,毋杀孩虫(泛指小动物),胎夭飞鸟,毋麛毋卵(郑注:为伤萌幼之类)。(上·1357)

这不是努力认识并适应生物或自然规律,又是什么呢?"毋变天之道,毋绝地之理,毋乱人之纪(秩序)。"(下·1357)这不是敬畏自然,尊重生命,保护生态,又是什么呢?

以上不是本书的主题,只是匆促交代数语,以待高明。

只有"龟"的被"畜",对动物的影响不直接(水族由龙来"代表"),却直接关连着社会运作,"人情不失"。有人也觉得阐释困难。

郑玄注:"龟,北方之灵,信则至矣。"(下·1425)

孔颖达疏:"按《月令》'冬'云:'其虫介。'注云:'鱼鳖之属。'则龟为水虫。水主信。水既为信,则土为知也。……但水、土二行俱有信、知。"(下·1425)

道德化的"五行"与物元素的"五行",可能对应。按照习惯顺序:

金 木 水 火 土
仁 义 礼 智 信 (参见《荀子》及汉墓帛书《五行篇》等)

这种"对应"本不确定,无怪乎后人不知道该怎样"整合",连博学多闻的孔颖达都有些举棋不定。

仅仅用秦汉成熟的五行理论解说"龟以为畜"便可使"人情不失",是没法说通的——《礼运》这段话具有相当的质朴性或古老性,至迟产生于战国前期(暂不涉及《礼运》成书年代)。

龟,诚然有"信",是因为用它来占卜特别灵验而不迷,不是因为它属"水"或者属"土"。

"人情"不"失"有二义:一是不散失;一是不放佚。这跟"淰/獱/狱"相关。龟具有凝聚力,是因为它能够指示律则,测知进退,规划未来。这样可以使人心不散,令行为不乱。"以龟知人情。龟既来应人,知人情善恶。故人各守其行,其情不失也。"(孔疏)

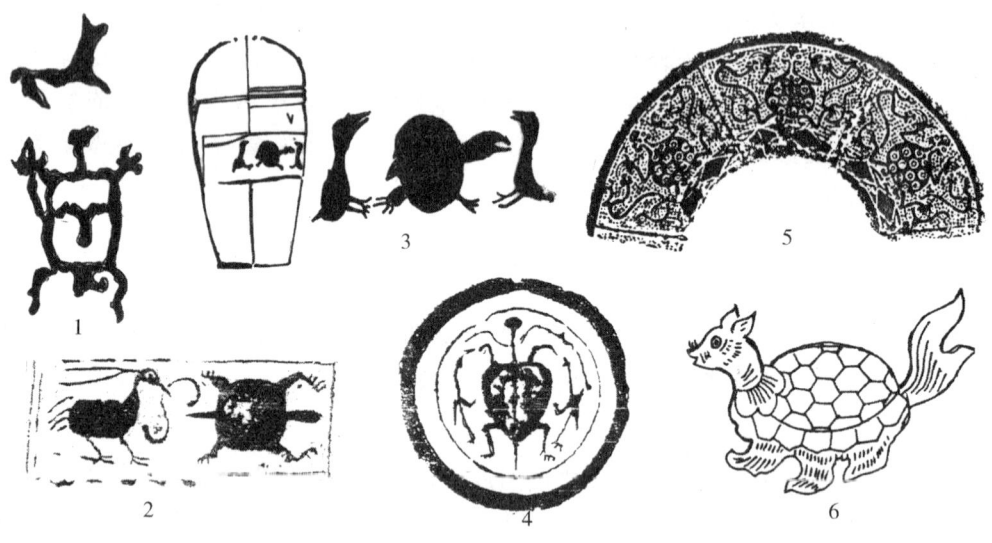

龟鳖的"去平凡化"

(1. 犬与龟,《阴山岩画》782;2. 河南新郑汉代画像砖,其后,或说鸩鸟;3. 龟与鸟,瓮棺图饰,河南汝州洪山庙,仰韶文化;4. 汉甘泉宫瓦当;5. 青铜豆圈足纹饰,战国中期;6. 汉代画像石)

龟鳖本来是平凡的东西。由于它们"不平凡"的习性,例如冬眠,"长寿",外壳坚硬,"保身有术",故被先民们当做生命或蕃育的意象。一旦进入神话思维或"崇拜"的范畴、巫术的仪轨,就必须"去平凡化"。办法极多,例如让它跟"圣物"共生或伴出,置换其"头尾"——"龙(首)龟"就是著例。或者将其与龙蛇、飞鸟并置,暗示其亦可行空驭气。但上列图像,意义多不明;录取,也因为其奇特、晦隐。

神龟的混形性

"四灵"都有"混形"特征,不同程度地是"神话"动物。

龟似乎最单纯，但是在神话传说和早期造型艺术里，不但龟鳖不分，蛙龟难辨，而且"灵物"之龟决不仅仅是因常见而平淡无奇的乌龟。《尔雅·释鱼》分龟为十种，山、泽、水、火（炎热或温泉所在）说的是活动地或产地，"摄龟"是呷蛇龟，其它多不是动物学分类。"文龟"，也许花纹繁复一些。神、灵、宝、筮四种就不好分，我们不去纠缠。

"混形性"的龟

（左：上附纤细型神龟，与蛇共舞，即"玄武"，高句丽壁画；右：大海龟）

"四灵"中的龙、凤、麟，基本上是混形性神话动物，似乎只有龟最世俗、最庸常。其实任何"灵物"，除了职司、性格、功能上的奇异之外，外形多少都是"混形"的：或加减、置换其肢体（如三足鳖、鹰首龟等），或改变、混融其外形——这是"去平凡化"的招数。除了有意无意地混淆"龟鳖蛙蟾"之外，陆龟、水龟不分，乌龟、海龟融汇，还"夸张"着象龟的伟岸……最后一招，才是与蛇混合为"玄武"。

神龟，或作为灵物的龟，不但种类繁多，"区别"模糊，而且形状多变，体型不定。《史记·龟策列传》中的江南长老曰："龟千岁乃游莲叶之上。"（10·3225）

龙的可大可小、可长可短，是最突出的。凤的"取象"不仅有雄鸷之鹰，华丽之雉，雍容而又光彩的孔雀……有时还被夸大为"鹏"，比远古（已经绝灭的）巨鸟大得多；有时却又平常如鸡，"渺小"如极乐鸟或蜂鸟，都可能成为它的一种母型，或几种"元素"。麒麟本是高大而罕见的长颈鹿，然而，有时却被看做（或画成）娇嫩的鹿，瘦小的羚，或被描绘为神骏疾驰如马，壮健驯顺若牛……

龟呢，大如赑屃，由"象龟"取形，可以驮碑，首戴神山，背负世界；小则隐匿于蓍草之间，浮萍之下，瓦隙之中，荷叶之上，比"金钱龟"更小。灵物之龟，更组合进：

海龟的硕大、善潜和极能繁殖；
象龟的雄伟；
普通水龟或食蛇龟等的凶猛。

许多神话性的灵龟,有龙首、鸟翼、羚角或者鳄体、蛇尾,更何况还有龟蛇合体的玄武,行踪莫测的玄冥,高贵神秘的天鼋。既然"四灵"都能"神变",变大变小,变长变短,且能转换生命形态或色泽、外形,转换生存环境或时空,那么龟的混形性与变化性就是意料中之事。

龟不但"与物变化,四时变色"(《史记·龟策列传》,10·3231),而且形状、体积都能变幻不拘,而与生长过程无关。

《抱朴子·对俗》引《玉策记》说,千岁龟,具玉色,额上有两突起似角,还"解人之言",暗示其能缩小身子,"浮于莲叶之上,或在丛蓍之下",与前举《龟策列传》千岁龟能游于莲叶之上一致。

《本草经》有"秦龟",陶弘景说即山龟,"形大小无定"。

《本草图经》说:"山中龟,其形大小无定,大者有如碑趺。""碑趺"指的就是"象龟"母型的赑屃。元人袁桷诗云,"龟趺负穹石",暗示巨龟背负天穹。

形状类似而小大不同,容易让古人以为它有变幻(大小)的能力。如《本草纲目》说它,"或大或小,变化无常"。

初民或古人的"分类"看起来非常怪异,但其中包含着神话思维特征与民俗观念。"安置在生物上的概念和情感,并非源自生物本身,而是别处"(埃文斯),例如这些生物"与心灵的联系"(列维-斯特劳斯)。

《周礼·春官·龟人》有"六龟","若有祭祀,则奉龟以往"。《尔雅·释鱼》有"十龟",《史记·龟策列传》有"八龟",千万不要把这些单纯看做生物学分类。

原初的"分类"跟现代所谓"理性"或科学的分类,从根本上说,都是企图把宇宙或宇宙万物"秩序化",都是跟"混沌"相对立的,而所谓"混形"不过是"混沌"(chaos)的具体而微,同样是"有序"(order)的对立面。秩序与混沌、个性与混形、独立与合体、明确与模糊,它们的对立统一,是神话思维的最大特征。

爱弥尔·涂尔干与马塞尔·莫斯在《原始分类》里说:

> 人类心灵是从不加分别的状态(案:即混沌)中发展而来的。直到今天,我们的大众文化、我们的神话以及我们的宗教中的相当一部分,仍然是建立在所有意象和观念基本上相互混同(案:具象化而又"混形")的基础上的。这些意象和观念彼此不相分离,因而也很不明确。①

四灵中,龙的混形性最强,所以神话性特强,有多达30种左右的"母型"的辨识与争论;麟次之,但也极难确认主要(更不要说单一)的母型或个性;凤似乎好一些,跟孔雀与雉鸡十分相似,但是其最初母型却是鹰鹫,大到"不

---

① [法]爱弥尔·涂尔干、马赛尔·莫斯:《原始分类》,汲喆译,上海人民出版社,2005年。

飞鸟"鸵鸟，小至燕子、极乐鸟，许多特性，都先后为其容纳或融汇；龟最"单纯"，实则海龟、山龟、陆龟、水龟，都常被"混合"，大至象龟，小到金钱龟，"忽大忽小，变化无常"，似乎"一本万殊"；玄武，更是连蛇都被组合进来，本质上也是"混形"与"可变"的。

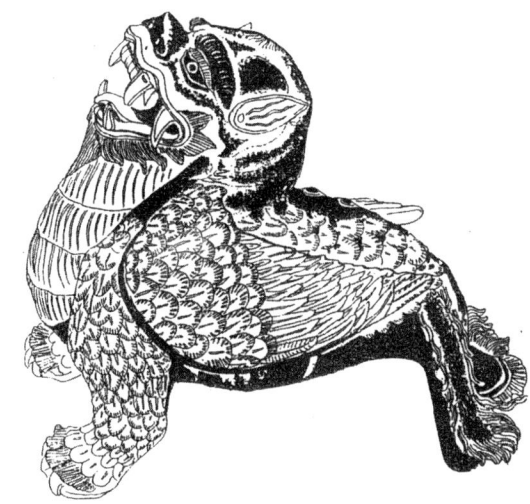

混形再混形：四灵合一？
（唐代造像，现藏重庆市博物馆，采自王大有等）

这真是一座奇特的造像："四不像"而又"四全像"。虎的身躯与四足，背部又隆起似龟。有凤翼和鳞甲毛羽。类狮龙首。整体看，说成麒麟也并无大错。或说是西亚"翼兽"（如辟邪）的变形，却又诡异太甚。或说是"鲲鹏"合体，更加不似。

当然，"灵"而有"四"，还各自代表某类动物（参见《礼记·礼运》等），早已"分类"与"有序"，不再是原初的"混沌"；但其"混形"，至少是"混沌"的具体化或"痕迹构造"。"形状的变化［或融合］，品质的传递［与转变］，人、灵魂以及肉体的相互替代，坚持认为精神能够物质化、物质对象也能够精神化的各种信念，所有这一切，都恰恰是构成宗教思想和民间传说的要素。"① 这样，由"混沌"与"有序"的辩证发展所推动，神话与"圣物"更加展现出其多变与多彩的生动。"圣物"间的相互渗透或转化，例如"四灵"或其母型间的互渗或变换（甚至龙、凤间，龙、龟间，龙、麟间都会发生这种奇妙的相互渗透或移植，直到将四灵形象"集中"于一身），其思维基础是"宇宙生命"的"一体化"与"可变性"；在神话与民俗里，事物间没有绝对的界限和"质的规定性"，一切都可能变化、互动、混形甚至转换生成，令人"匪夷所思"，眼花缭乱。

灵龟的多样化，跟龟的品种繁多、生存普遍有关。前举《周礼·春官·龟人》掌"六龟"。《易·损卦》："或益之十朋之龟，弗克违，元吉。"或涉十龟。

孔颖达疏引马（融）、郑（玄）即以《尔雅》"十龟"以注，实非。

案：《尔雅·释鱼》龟有十种：神、灵、摄、宝、文、筮、山、泽、水、火

---

① ［法］爱弥尔·涂尔干、马赛尔·莫斯：《原始分类》，汲喆译，上海人民出版社，2005年，第5页。

(龟)。这主要是后人铺衍。至少神、灵、宝、筮最初不应有太大区别。董作宾《商代龟卜之推测》就说："盖神、灵、宝之名，不过卜用龟之美谥。"据说神龟都"尺有二寸"，那是周天"十二"的模式数字。《庄子·秋水》："楚有神龟。"《史记·龟策列传》讲的主要是宋元王与卫平讨论杀不杀神龟的故事，其"分类"是八种名龟。

海 龟

（动物摄影。左：登陆；右：潜水）

海龟不但生命力与"战斗力"强大，而且其神秘的"深潜"或两栖生存使初民十分惊异与敬仰。海龟或被当做"地球"的承载者，或以为其参与了世界的创造。

古人对龟的分类似乎细琐，与今不同，但也可见观察之详、研索之深。我们主要关注其名称涉及灵异者。

灵龟，《尔雅》晋·郭璞注："涪陵郡出大龟，甲可以卜，缘中文似瑇瑁，俗呼为灵龟，即今蟕蠵龟，一名灵蠵。能鸣。"邢昺疏："洛阳曰：灵龟者，玄文五色，神灵之精也。"

郝氏笺疏据《文选·蜀都赋》刘逵注引谯周《异物志》曰："涪陵多大龟，其甲可以卜，其缘中文似瑇瑁，俗名曰灵［龟］。"《华阳国志》："其缘可作叉，世号灵叉（钗）。"《说文》云："蠵，大龟也，以胃鸣者。"但这多涉海龟，"灵"不过俗称。"灵龟"，从性质上看，就是"神龟"、"天龟"；就其功能而言，便是"筮龟"、"宝龟"。

《礼记·礼器》中孔颖达疏引郭璞注又说，今江东所用卜龟"黄灵"、"黑灵"者，此盖与天龟、灵龟一也。《说苑·辨物》："灵龟五色，似玉似金。"《尔雅》清·郝懿行疏又据《艺文类聚》引吴承谢表云："伏观灵龟，出于会稽、章安。臣闻：灵龟告符，五色粲彰，则金则玉，背阴向阳。"

这些都不一定为卜筮专用。殷墟龟甲，就颇见地产的"安阳田龟"。

有些"怪龟"，涉及"混形"，以及"佩龟"或"操龟"的功用，文献上有所透露，并录于此。

《山海经·南山经》："［杻阳之山］怪水出焉，而东流注于宪翼之水。其中多玄龟，其状如龟而鸟首虺尾，其名曰旋龟，其音如判木，佩之不聋，可以为底（胝）。"（3）

有人说，这种旋龟就是《楚辞·天问》"鸱、龟曳衔，鲧何听焉"的"鸱龟"(参见清·蒋骥《山带阁注楚辞》等)。马王堆西汉帛画出土，人们才知道鸱、龟指的是鸱鸮和鳖龟。旋龟，倒是像所谓"鹰嘴龟"或"鸮龟"，还有海龟。《山带阁注楚辞》引《岭海异闻》："海龟鹰吻，大者径丈。"《南越志》："宁县多鸯龟，鹅首，啮犬。"强调其喙，就容易发生与鸟的"混淆"。海龟确定尖喙而钩曲，鸯龟则是呷蛇龟，是"玄武"的一种母型。

忍者神龟：大智大勇

"军行：左青龙，右白虎，前朱雀，后玄武。"（参见《礼记·曲礼》上·1250）

按照《礼记》等书对"四神"的讲述，多粘附于军旗，跟军队编制、阵形、队列相关。玄武十分强调"武"，专家们以为这跟当时的"兵阴阳家"有关。

《礼记·曲礼》唐·孔颖达疏说：

> 军前宜捷，故用鸟；
> 军后须殿捍（后卫），故用玄武。玄武，龟也。龟有甲，能御侮用也。

（下·1250）

《周礼·春官·司常》涉及军旗制度："龟蛇为旐。"郑注："龟、蛇，象其捍难避害也。"这还涉及星象。《后汉书·舆服志》有龟旐，"以象营室"。"营室"星座本身就涉及军事。

倪润安认为，"玄武"以龟蛇（合体）意象加入"四神"序列，缘于军事行动中后军地位的演变——战斗部队编成到汉代已逐渐稳定，"玄武"里的蛇善于进攻，龟擅长防守，攻守结合，进退有序是玄武意象所蕴涵的兵阴阳家、兵谋略家的军事思想。①

龟善守，蛇善攻，"玄武：龟蛇"综合着战斗或战术的两个基本面，所以"玄武"成为某种战阵，尤其后军构成的代称，这很有道理。但我们觉得，"玄武"之称，尤其龟、蛇二象之"玄武"，出现的时间上限不会超过战国。而此

---

① 参见倪润安：《论两汉四灵的源流》，《中原文物》1999年第1期。

前，神龟早就与战术、战略、战争相联系。龟是聪明的防守者，却又不是完全或纯粹的"防守"意象，在一定程度上，是"积极防御"的象征。

"四灵"最初都颇为凶鸷勇武。龟"玄"而又"武"，绝非无由。

作为"玄武"的龟，跟传统兵学有干连。

《白虎通义》说："龟，介虫之长也。"(《慧琳音义》卷七四注引)

介就是"甲"。水族中龟的"甲"，是最明显和最突出的。何况四足或颈项还生有"鳞"。鳞与甲是最被古人看重的防守"武备"(战国或秦汉以后移植进鳞/甲融汇的"鱼鳞甲")。奇妙的是，"四灵"都被赋予"鳞"：龙有鲤鳞而蛟似穿山甲；凤与龟都有"鳞颈"或"鳞尻"；鹿的斑纹，长颈鹿的色彩，都被整合为麒麟之"鳞"(或说，这就是鹿形之"麒"或马形之"骐"，而又有"鳞"的奇兽，所以用"麒麟"对译"其拉夫")。

《史记·周本纪》说，武王渡河，白鱼跃入王舟中，武王俯取以祭。集解引马融曰："鱼者，介鳞之物，兵象也。"(1·121) 龟同样是"介鳞之物"。

所以"鳌·敖·傲"有甲则"被服强圉"，恃力而行：玄武之象，与之直接相关（故事详后）。

相传，作为"天下之宝"的大龟，"十言十当，十战十胜"，或者"以言而当，以战而胜"(《史记·龟策列传》10·3230，3231)。所以——

王者发军行将，必钻龟庙堂之上，以决吉凶。(10·3227)

这就是《孙子·谋攻》所说"庙算"，战略决策与计算前必行的仪式。

灵龟的善守而又能攻，这是不是会给在强敌之前不能暂取守势，而又能待机转入进攻的聪明将帅以某些启发？

耕稼民族爱好和平，但在受尽欺凌、忍无可忍之时，却会奋起反抗；其反抗之强韧与持久，往往使侵掠者大感意外，不但使其措手不及，而且进退两难，最后胜利往往在坚忍、坚持、坚韧的一方（所以，寓言"龟兔赛跑"，胜者在龟一方）。

要知道，坚忍的民族往往有大智慧。日本人学习中国儒道与兵法，深知神龟既是"忍者"，又是"仁者"，还是"智者"，斗胆侵犯必定碰得头破血流。结果还是忘记了！

坚忍、善良、仁慈、淳厚的神龟，潜藏着大智大勇。龟有坚甲而善战，"玄武"之称即由此而来。

浅见者往往以"缩头龟"讽刺单纯防御的一方，殊不知单纯防御、消极防御都是战术的一种，并不纯属贬斥之意（就像"消极修辞"也是语言技巧一样）。必要时必须坚守不战，貌似消极，却为形势所需（李牧、廉颇、赵充国都在强大而气盛的攻敌面前使用过"消极防御"）。像龟那样躲在硬壳里头，哪怕如狼似虎的匈奴骑兵，在坚城利箭之下，就会不知从哪里下手，弄得师老兵疲，不得不悄然撤退。而且,"消极"或"积极"没有绝对界限,稍微做些布置调动,由"消极"而"积极",便是"攻势防御";而一旦敌疲气竭,坚甲里的防守者便猛一下伸出头来,冷不防地咬住敌人的要害——那便是"积极防御"。李牧、廉颇、赵充国都是这样得胜的。积极防御,是耕稼民族最重要的战术——而且常常被提升为战略。

象龟:赑屃的母型

(加拉帕戈斯岛)

这是世界上现存最大的陆生龟,能够驮着五六岁的孩子行走自如。它特别长命,据说拿破仑时代的象龟如今还活着,距今300多年了——无怪乎中国"龟"的上古音如"旧"似"久"。它的厚壳与驮载力使古人深信它能背着巨碑,并且使被纪念者(及其家族)健康长寿——既然能驮碑,那么,它的祖先肯定能载得起大地或世界。

龟的勇武,还可以由它的人格化——英雄神"敖"来证明。

《楚辞·离骚》:

> 浇身被服强圉兮,纵欲而不忍;
> 日康娱而自纵兮,厥首用夫颠陨。

强圉,王逸注"多力",并无大错。闻一多《离骚解诂》以"坚甲"说之。引《释名·释名器》:"甲,似物有孚甲以自御,亦曰介,亦曰函,亦曰铠,皆坚重之名也。""孚甲"有如斗士之"甲胄"。《尔雅·释天》"强圉"孙炎注:"万物皮孚坚者也。""强圉"可以用来形容甲胄的坚牢。"物之孚甲谓之强圉,则人之介胄亦得谓之强圉(强御)。……'浇身被服强圉',犹言浇身被服坚甲耳。"(《古典》上·299)那么,浇的动物化形一定也"身被(披)坚甲"。谨案:这位英雄的名字写法不少,诸如:

浇:敖(傲):羿

"敖"就是"鳌"（或鼇，有坚鳞）。鳌龟有坚甲，又大力，所以海神禺彊命令15只巨鳌"举首"而"戴"仙山（世界），《楚辞·天问》也说：

> 鳌戴山抃（舞），何以安之？
> 释舟陵行，何以迁之？

下一问就是讲人格化的"鳌：敖"陆地行舟的事情。

我们过去对《天问》中此二问之间的有机联系还不能体味出来，只说"敖：浇：鼎"自恃多力，有意舍水登陆，在土地上撑船，吃力不讨好——其背景则是这位文化英雄发明"泥橇"——然则是这位英雄被"妖魔化"的一大"罪证"。

现在想起，鳌龟本是爬行动物，有的龟能够营"两栖"生活，所以能够舍水登陆，"释舟陵行"，能够发明"泥橇战"。

但鳌是大海龟，在沙土上爬行都不方便，"释舟陵行"当然是奇事而必得"问"它一下，"何以迁之"，为什么要舍长趋短，任意动迁？在儒籍、子书乃至《楚辞》里，"敖：浇"几乎完全被负面化，"子不语：怪，力，乱，神"，后羿有幸，只有一半被置于"反面"。所以，《离骚》与《天问》还涉及"敖：浇：鼎"被历史化的故事。事繁（参见《楚辞新探》），简单地说："敖：浇"性格放纵，"纵欲而不忍"（上古人以为龟蛇性"淫"，欲望强烈），跟嫂子通奸，"日康娱以自纵"，夏少康放出神犬，咬断它的脖子，"厥首用夫颠陨"。乌龟缩头进壳，"被服强圉"，连猛兽都无处下口。唯有当它不慎伸出细长的脖子，暴露其"生命线"之时，猛犬才得以一口咬下它的头。但这仍能说明化形巨龟的"敖"十分勇武。

这样，闻一多先生的"玄龟：玄冥：玄武：玄龟"相同之说，实在浅显而又有理。

> 龟、黾古字每不分，玄武即玄黾，黾、武一声之转，犹蛙黾、耿黾，一曰虾蟆、螆蟆也。黾、冥音同通用，故玄武又变为玄冥。《淮南子·天文》："北方水也，其帝颛顼，其佐玄冥。……其兽玄武。"玄冥、玄武并属北方，明为一名之分化。……兼言其色则曰玄黾，字之变则为玄冥，声之转又为玄武，其又或以为龟、蛇二兽者，似属后起。（《古典》下·576，577）

"玄冥：玄黾：玄武"音义相通，在生物界即为龟鼋，理由就充足多了。《楚辞·九歌·大司命》说：

> 广开兮天门，　　　　　［今译］大开那天帝之门吧，
> 纷吾乘兮玄云。　　　　　　　　我乘驾纷飞的乌云。
> 令飘风兮先驱，　　　　　　　　让旋风为我开路啊，
> 使冻雨兮洒尘。　　　　　　　　叫暴雨替我洗尘。

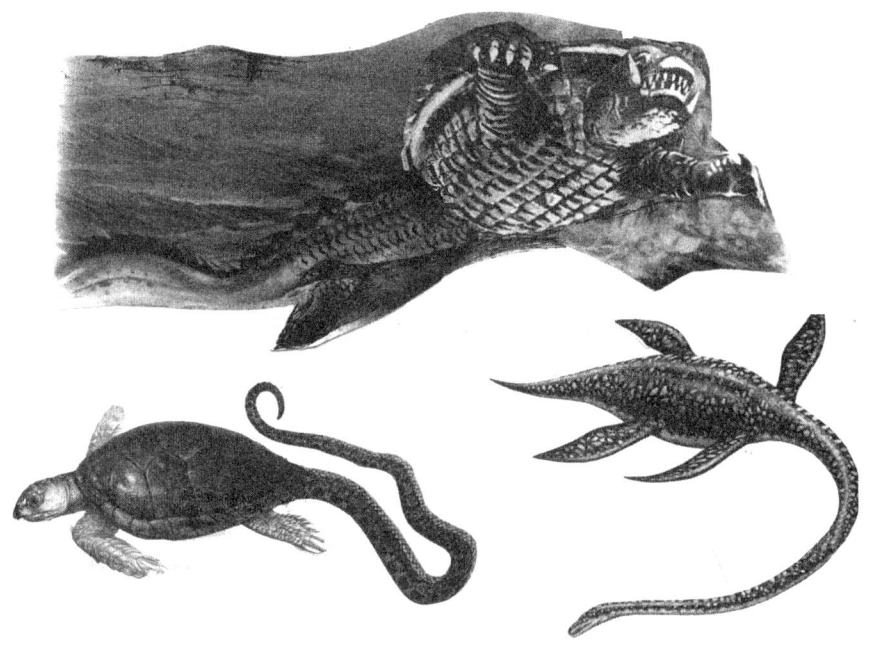

海怪：加上蛇尾的龟

（上：西方人想象的一种"海怪"；左下：加上蛇尾的海龟；右下：蛇颈龙的一种，复原图）

有人说：某种"海怪"，是长着极大蛇尾的海龟，这是中国龟蛇合体的"玄武"。玄武多是长蛇缠绕龟体，二者区别清楚，并不混形。

有人说：尼斯湖怪、新西兰海怪之类不过是对"海龟"的误认。甚至西方的德拉贡和东方的龙，都是巨龟的误认。长尾则是它游泳时尾浪的附会。

还有一种更诡谲的说法：海龟因故躯体由大壳中脱出，无论活体或者死体，在深水的昏冥之中看起来就是"龙"或者"大腹蛇颈龙"。

这就是《史记·龟策列传》所描述的神龟，"不用手足，雷电将之，风雨送之，流水行之"（10·3235～3236）。所以，闻一多在《九歌古歌舞剧悬解》里描写大司命变成巨龟在天空飞行。

> 一声号角，两个司阍敞开了宫门，分别站到门的两旁。一群水族跟着一头大龟从门内拥出……

"玄冥：玄黾：玄龟"之所以美称"玄武"，不仅仅因为它"有甲，能御侮用"（孔颖达），"被（披）服强围"，也不仅仅因为其"主刑杀"，最重要的是如前所说，它能使自己"体型最大化"，变成能够创世或维持大地平衡的鳌龟，"举首而戴仙山"，弓背能载土地，所谓"鳌戴山抃"，宇宙得以和谐。

玄武：从玄冥大龟到龟蛇组合

北方"玄武"，连这个名称都出现得很晚：战国或秦汉以后才见于载籍。《礼记·曲礼》是"四神"同列："行：前朱鸟而后玄武，左青龙而右白虎。"如前，这跟军阵与仪仗队相关。

《周礼·冬官·辀人》："龟、蛇四斿，以象营室也。"汉·郑玄注："龟、蛇为旐，县鄙之所建。营室，玄武宿，与东壁连体而四星。"（上·914，"璧"应作"壁"，见阮元《校勘记》）讲的是星座。

《楚辞·远游》是模拟《离骚》做的，词句搬套者不少。它可能是战国后期（或说秦汉）楚地诗人的仿制品，用了一些简古的《离骚》没有用的"典故"。

> 时暧曃其曭莽兮，召玄武而奔属。
> 后文昌使掌行兮，选署众神以并毂。

前面两个今天看来晦涩的词，都是形容日光幽暗的，为下文的北行（或夜行）幽都制造气氛。笔者的《楚辞全译》里，此四句为：

> 日光渐隐天将暗晦啊，
> 召唤玄武紧相跟随。
> 文昌在后掌管随从啊，
> 布置众神并驰紧追。（第159页）

汉·王逸《章句》只说："呼太阴神使承卫也。"太阴不只是月亮。

以上说明玄武已被说成北方、暗夜、冷阴的掌管者。

玄武此时还只是龟。前引《礼记·曲礼》说：

> 前朱鸟而后玄武

唐·孔颖达疏："玄武，龟也。龟有甲，能御侮用也。"

逐渐成熟起来的五行系统，"北方：水"的配搭是：神颛顼/佐玄冥/兽玄武。

《远游》也写到玄武，又提起玄冥。所以——

> 玄武≠玄冥

《远游》后半出现"玄冥"。

历玄冥以邪径兮，	[今译] 面见玄冥啊转驰斜路，
乘间维以反顾。	天维之间啊含情回顾。
召黔嬴而见之兮，	召见黔嬴啊深深水府，
为余先乎平路。	快为我啊踏平崎岖。

这位"玄冥"比"玄武"资格老得多，甚至可以说玄武是从玄冥分化出来的，慢慢地才"独立"起来。

二者神格、神性都很接近。

（司理）北方；暗夜；冷阴；水流；冥土

《远游》写"玄冥"之前，已"逴（驰走）绝垠乎寒门"，"轶迅风于清源兮，从颛顼乎增（层）冰"，其后又召见水灵之黔嬴：这是按照神话民俗传统来叙写的。《左传》昭四年"司寒"杜注："司寒，玄冥，北方之神。"

跟龟（或蛇）潜藏土中、水底一致，"玄冥：玄武"也处在幽都。

玄 武

（四川汉代画像砖，渠县出土）

汉代画像石、画像砖里常见龟蛇组合的"玄武"，主要以"四神"之一标识或指示北方。

龟、蛇的头部往往"亲密"相对，论者多以为是交合的暗示，其实多是相互咬啮。

《后汉书·冯衍传》引《显志赋》："玄武潜于婴冥。"唐·李贤注："婴冥犹晦昧，犹幽都也。"

《淮南子·地形训》："西北曰不周之山，曰幽都之门。"高注："幽，闇也；都，聚也。玄冥将始明事，顺阴而聚。故曰'幽都之门'。"

幽都就是中国传说中的冥界、地狱（相当于印度之泥犁或希腊之塔塔罗斯）。《楚辞·招魂》："魂兮归来，君无下此幽都些。"幽都的掌管者是"土伯"，或"冥伯"。《庄子·至乐》有"冥伯之丘"。玄冥大概是冥伯、土伯之属。

《左传》昭元年:"昔金天氏有裔子,曰'昧',为玄冥师。"(下·2023)

> 晋·杜预注:"金天氏,帝少皞裔远也。玄冥,水官,'昧'为水官之长。"(下·2023)

《左传》昭十八年:"禳火于玄冥、回禄。"(下·2086)

> 杜注:"玄冥,水神;回禄,火神。"(下·2086)

"金天氏:少皞"在早期五行系统里,属金,本来司掌西方和兵刑。所以,王逸注《九叹·远逝》说:"玄冥,太阴之神,主刑杀也。"在方位性"四神"系统里,玄武却是北方,水神。可见早期的配搭还不严格:西方并不为"白虎"所专擅(或说西方为麒麟)。《文选·羽猎赋》:"以奉终始颛顼、玄冥之统。"李善注引汉·应劭曰:"颛顼、玄冥,皆北方之神。主杀戮者。"这里,玄冥已处北方,但仍掌刑戮。这也是"玄冥"可以改称"玄武"的重要原因。

《庄子·秋水》说"彼方跐黄泉而登大皇",于是"始于玄冥,反于大通",玄冥是玄渺幽冥之地,意思开始抽象,并不一定指北(西)方或地下世界。这种哲学化的用法(王小盾说《老子》玄牝是"玄冥:玄武"的思想基础,可参),姑置不谈。

双头龟与玄武
(汉代画像石,陕西绥德出土,局部;《陕北汉代画像石》185)

通常认为"双头兽"者,可能是双头龟拉长,变形。头部"人首化",表示尊化。按照闻一多的"双头动物"多属"牝牡交合"的定律,这表示雌雄交尾——在此有"点题"作用:暗示其下龟蛇也是在交配:"龟与蛇交曰玄武。"(李善)

《左传》昭二十九年蔡墨说:"水正曰玄冥。"(下·2123)"修及熙为玄冥,世不失职,遂济穷桑。"(下·2124)

这里玄冥是"水官"或"水师",司理(东)北方的水。"五行"系统里,他是(东)北方帝颛顼的佐属,其"动物助手:兽(龟)"是后来补进去的玄武。除《曲礼》外,《楚辞·九怀·蓄英》:"玄武步兮水母。"王注:"天龟(玄武),水神,侍送余也。"

《淮南子·天文训》:"北方,水也。其神颛顼,其佐玄冥……其兽玄武。"

龟/虎/鸮的奇异组合
(《郑州汉代画像砖》151)

或说这是西方世界的三位动物神,或"方位神"。

早期"五行"系统,标识方位、星宿或向度的"圣动物"还不确定,尤其"西方"者,白虎、麒麟、龟黾都曾被定位于此。

此图若说"四神"组合,独缺"苍龙"。鸱鸮在汉代地位更加低下,不能替代"朱雀"或凤凰。

王小盾说:"它讲述了一个关于西方世界的故事:黄昏,当太阳西落,化身为鸱鸮的时候,迎接它的是西方星宿之神白虎。"这显现的是:"黄昏,太阳从地下星空升起。"

盖本《礼记·月令·孟冬之月》:"其帝颛顼,其神玄冥。"

闻一多论证《九歌》的大司命神即玄冥,这很有理据,证成也不困难。最重要的是"大司命:玄冥"作为(东)北方天神颛顼之"佐",与"空桑:穷桑:扶桑"圣地相关。帝颛顼生自若水,"实处空桑"(《吕氏春秋·古乐》),所以《尚书大传》说:"穷桑,颛帝所居。"(据《路史·后纪》引)玄冥是颛顼的臣佐,所以要"济穷桑"(《左传》昭二十九年)。《九叹·远逝》:"就颛顼而陈词兮,考玄冥于空桑。"大司命同样要"逾空桑兮从女(汝)"。

笔者的《楚辞新探·九歌新解》"二司命"篇(第273~276页)做了一些补证;还由此推论出少司命是"句芒",春天的燕子女神,与大司命对列,或构成生/死:春/冬:明/暗的二元对立。

但要证成"大司命:玄冥"化形大乌龟并不容易。这里在《楚辞新探》论证的基础上再做一些努力。

(1) 大司命主知生死,既是死神也是寿神;乌龟长命。

(2) 大司命依傍"空桑",空桑(穷桑)作为东方夷殷社祀圣地,既主生也预死。桑就是"丧"(甲骨文"桑:丧"二字近似得难以区别)。古人用桑木制成

"丧木"（哭丧棒），不仅为了殴逐可能危害亡魂或尸体的鬼怪（古时出殡要武装），而且为促成"再生"（桑：蚕相连，桑叶萌生与幼蚕孵出同步，都是"生—死—再生"意象）。

（3）职是之故，灵龟与桑木既相互依存，又相互生克。海神禺彊就是海"若"，"若"的一个形象是桑树枝（若木），灵龟玄冥是禺彊海神的一个化形或使者（参后），所以也可称"若龟"。

《周礼·春官·龟人》："北龟曰若属。"郭沫若《金文丛考》力证"若者，龟也"（97）。若，古文字有似桑者；若木就是扶桑之枝。

前说"司命：玄冥"关连着空桑，即"扶桑若木"之神。

《异苑》载，大龟不怕烧，只有用"桑"才能使它"丧"命（《太平御览》卷九三一引，详见《楚辞新探》279）。这就是龟/桑的相依相克，方死方生。

（4）金文"大黾"之"黾"有作龟鳖之形者，郭沫若读为姬周所自出的"天鼋"。玄冥（或后起之玄武）是"大龟"，也是"天龟"（参前引王逸）；"大黾"在特定情况下也可读"大龟"或"天龟"，"玄冥：大司命"是其神性、神格的具体显现，可以在"天"。或说，玄龟是土/水之物，怎么能飞？这是神话，不是生物课。汉画里就有乌龟在天上飞，更早的铜器纹饰龟身还有"太阳：火"纹（参见"太阳龟"一节），是"天龟"。

（5）龟以水族为水神，"海龟"玄冥与海神禺彊忽分忽合，疑原为一体。《山海经·海外北经》"北方禺彊"郭注："字玄冥，水神也。"所以《神仙传》说禺彊号"玄冥子"（见《列子·汤问》晋·张湛引）。张湛又引《大荒经》说："北极之神名禺彊，灵龟为之使也。"在神话中，坐骑与本神往往互兼或易位。海若（海大龟）正是北极之神。"玄龟：玄冥：玄武"并为北方之神，北极（海）之神。玄冥能够掌寿，司命。

（6）就文献或训诂学而言，"玄冥：玄灵：玄龟"义皆可通，龟为灵物而司冥理水，"玄冥"就是暗黑之龟灵，可称"冥灵"。指寿命很长的灵物。

《庄子·逍遥游》："楚之南有冥灵者，以五百岁为春，五百岁为秋。"并见《列子·汤问》。"冥灵"可言寿木，可指若龟（龟者寿）。陈鼓应《庄子今注今译》（10）注"冥灵"即为"溟海灵龟"。引宋人罗勉道《南华真经循本》云："麟、凤、龟、龙谓之四灵。'冥灵'者，冥海之灵龟也。"

（7）殷墟卜辞有习语"不玄冥"者，争议颇多。多与"龟卜"相关。

卜辞 不玄黾 读法有十种以上。其中比较重要的是闻一多《古典新义》读下一字为"冥"，通"黾"（黾有蟾、龟二义，此指龟），指龟兆，"不玄冥"意思是"不告龟"，指占卜时不显示兆象（下·576～578）。但是，闻一多本就主张玄冥为龟("黾:〈玄〉冥:黾龟"),不足为证;再者,卜辞文例,此三字多指不要"犹豫不决"。所以,杨向奎解释"不玄冥",意思是龟兆裂隙清楚,不必疑惑;"玄冥"转为"龟黾"之称,再转为"玄武"①。

"不玄冥"或"不踟蹰"
(甲骨文,参见杨向奎等)

殷墟卜辞有习语,意为"不犹疑"。第二字,专家多隶定为"黾",形似大腹蜘蛛(二字皆可从黾作),借音"不踟蹰";或读为龟黾之黾,字通冥,"不玄冥"义略为"不眩瞑"。"黾"上一字争议更多。或说,其形略似"有绞动杆的钻子",为"攻治"之意,借"治"之音为蜘、为踟。

而就字形看,下一字更像蜘蛛,多足、大腹且有触角,"不蜘蛛"就是"不踟蹰",盖借其音②。而且,中国古人以"黾"字作为大腹昆虫、水族的意符兼音符。例如:

(蛙)黾/(龟:鳖:鼋)黾/(苍)蝇/鼋鼋(蜘蛛)/蚌黾

都是鼓腹善孕多子的意象。蜘蛛,现在看起来,丑陋而卑微。鲁迅说敢于"吃螃蟹"的先觉者可能也吃过蜘蛛,结果是不好吃。像"天鹅处女"那样可爱的蜘蛛精,在吴承恩《西游记》里,还被喜剧地耍弄一番。其实蜘蛛在一些群团的信仰里还是创生或创世的大母神③,完全能够与龟黾相置换、相通假,不妨碍"(玄)冥"之为神龟。

---

① 参见杨向奎:《释"不玄冥"》,《历史研究》1955年第1期。
② 参见胡光炜:《甲骨文例》,又见《胡小石论文选集》(第三编),上海古籍出版社,1995年,第84页;董作宾:《甲骨文断代研究例》,《庆祝蔡元培先生六十五岁论文集》(上册),商务印书馆,1935年,收入《董彦堂先生集》,(台北)联经出版公司,1962年。
③ 参见萧兵:《盘丝洞》,《明清小说研究》2004年第3期。

"飞天"之玄武

（左：汉画像石，河南南阳十里铺出土；右：四神"瓦当"之玄武，汉代）

爬行动物龟蛇居然能飞行于空中，跟羽人、翼鹿、九首"开明"飞兽并见于一个画面，似乎很可怪。但如考虑到神物"玄冥"、"腾蛇"之存在，"太阳龟"等的再发现，玄武作为星座出现于天上的"北宫"就是情理中事。玄武瓦当以"中心纽"暗示"太阳"，便证明"四神"原是太空星座之神，"玄武"由"太阳龟"演进。

"玄武"的成因

"玄武"以龟、蛇形象出现的原因，汉以前人讲得较少。龟、蛇并见且交缠的缘由，无非是：

古人以为龟蛇同类，都是（龙裔）水族，可以伴出；

龟蛇相斗；

龟蛇交媾；从而表示：阴阳融汇。

日本的驹井和爱就认为，龟蛇合体是阴阳五行思想所派生的"阴阳交合"意象，大约产生于战国时期到公元前后。①

《礼》书，《楚辞》（后期作品）及汉人之注，多不言龟/蛇并出即是玄武，

---

① 参见［日］驹井和爱：《中国汉代的神仙像·玄武图像私考》，《中国考古学论丛》，（东京）庆友社，1976年。

更未说"龟蛇交媾"为玄武。

殷墟青铜刻刀纹样，龟甲上有"蟠蛇"，既不相斗，亦不交接，似乎不能称为"最古之玄武"。但已昭示龟、蛇可伴出。

《文选》中汉·张衡的《思玄赋》唐·李善注（或引古注）说："龟与蛇交曰玄武。"

"相交"之说久未为人接受。宋·洪兴祖"补注"《楚辞·远游》只引说者曰："玄武谓龟蛇。位在北方故曰'玄'，身有鳞甲故曰'武'。"此说亦不古。对《文选》注的说法不置可否。但宋代人确曾以"玄武"为战旗，《宋史·兵志》说，令"中军"亦宜以龟为号，即采灵玄勇武之义。

龟蛇对峙的玄武

（左：四川雅安王晖石棺墓，石棺后端图饰；右：朝鲜平安南道江西郡贤里王陵壁画，高句丽时期，公元6世纪前半。中：龟蛇纹刻刀，殷商）

蛇缠龟躯，龟、蛇头部如此生动对峙，说明这一"组合性"形象的出现，缘于对龟蛇生死搏斗的观察。"龟蛇交合"说显然十分晚起。

商代纹饰有龟蛇并见于一器者，虽然"最早"，却不一定是"玄武"（王小盾说是"相交合"，未必然）。但龟蛇伴出，暗示可走向相合。

《宋史·兵志》似乎由庙算龟卜等而赋予龟旗以韬略智谋的特性，说"战国时，大将之旗，以龟为饰，盖取前列先知之义"。所以，进一步说，龟、蛇之所以合体为"玄武"，见于文献虽然很晚，但它们在神话思维里的融汇或混合却相当古老而又有充分理据：它们都因凶猛而被敬畏，因智慧而被思慕。

初民多崇敬凶猛动物，如果加上神奇或神秘，那就更容易形成崇拜或信仰。龙以蛇、蜥、鳄、虫为主要母型。蛇本就凶恶毒狠，被耶和华罚令用肚皮走路已够古怪，再添上"兽足"，无异为虎增翼。凤本是鹰鹫一类鸷鸟，后来才吸纳雉鸡、孔雀等娇美"玩赏鸟"的一些特征。麟以长颈鹿之"仁善"著称，长颈鹿愤极扬蹄，能踢死狮子；更何况神化之麟吸取了虎豹、野牛的矫健、勇武与华赡。龟，近现代被污辱得不成样子，但在上古，不但"赑屃：象龟：鳌龟"显其雄大，肉食的水龟、海龟相当凶狠，陆龟缩头于坚甲是"被服强围"，懂得消极防守，连虎豹都无可奈何——如果与蛇联盟，那就勇不可当了。因为龟、蛇都有暗藏的大智。

龟、蛇以黑青为主色（以此称"玄"），头部近似，初民或说，龟是戴甲的蛇，蛇是出壳的龟。前举商代青铜刻刀，以龟、蛇为纹饰，是最早的龟蛇结合的"准玄武"（王小盾说是龟蛇交媾，但实在不能确认其有性关系）。它们相生而又相克。呷蛇龟能吃蛇，蛇奋起反抗，力缠龟体，待机噬咬施毒，这可能就是龟蛇合体的自然情景。汉画"玄武"还有龟蛇恶斗而非交合者。

何况它们都眷恋泥土、阴湿、幽冥，多数会游泳，兼营两栖生活。所以虽有分别，却被类同地定为水、土、暗黑、幽冥或北方的神物。

大龟（尤其是驮碑之赑屃）的自然界取象依据，学者多说是"象龟"。今天只见于太平洋上的加拉帕戈斯岛，不知怎么会出现在中国上古。

蛇颈龙，有"极长而善于弯曲的颈，善于左右攫食"①，其骨骼化石，除长尾外，有一副极其饱满的椭圆形身躯，看起来颇为怪奇。所以"旧日作家［把它］当做龟的身躯加上蛇的脖子"②，这跟中国"龟蛇合体"的"玄武"极为相似。假若初民或古人看到它的化石，很容易由它构拟出龟腹蛇身的怪物玄武，以及许多龟蛇混融的"怪物"。

还有一种龟，颈部特长，古人似乎有意拉长它的脖子，并且给它一条长尾。明清的"龙首龟"（或龙化的"赑屃"），基本上就是这个样子。

古生物学上有所谓"蛇颈龟"，学名 Plesiochelys，日本名ブレシヨクリス，背甲长达 1.3～1.65 米，其颈似蛇。化石多产于瑞士、法国等地侏罗纪地层，其形亦似"玄武"。

现生的"摄龟"，又名呷蛇龟，躯干较狭、尾长、腹甲中心"横折"，能够自由开合。据说它能以此把蛇夹住，慢慢吃掉——这看起来也颇像"玄武"。

吃蛇的"摄龟"，又叫鸯龟、蠳龟，早为博物家、本草家所发现和记载，见于《尔雅》等。《唐本草》说："鸯龟腹'折'，见蛇则呷而食之。荆楚之间谓之'呷蛇龟'也。"刘禹锡等发挥说，此即《尔雅》所谓"摄龟"，"腹下曲折，能自开闭，好食蛇，江东呼为'陵龟'，即'夹蛇龟'也。"

陈藏器《本草拾遗》说："鸯龟腹下折。"《本草图经》说："［其体］小狭，长身，腹下有横折，见蛇则呷而食之。"李明珍《本草纲目》说，"摄龟"之"摄"，由"蛇"音变化而来（这倒不一定）；"蠳龟"则是"鸯龟"的转音。

---

① 杨钟健：《脊椎动物的演化》，科学出版社，1955 年，第 140 页。
② 杨钟健：《脊椎动物的演化》，科学出版社，1955 年，第 140 页。

玄武取象的自然依据

（左上、左中：吃蛇龟与长颈龟，大洋洲等；左下：蛇颈龙，复原图；右上：鳄甲龟，北美洲；右中：凶咬龟，北美洲；右下：龟蛇——后期玄武，四川雅安王晖石棺纹饰）

龟称"玄武"，它不仅能够躲在硬壳里"消极防御"，连猛兽都不晓得何从下嘴；有时还能奋勇出击，例如吃蛇，与蛇搏斗，极凶的毒蛇缠在它身上也无可奈何——这样看起来就像"龟蛇相交"的后期玄武了。

有的龟，作为食肉动物，不但凶猛，看起来也很可怕，如鳄甲龟。

有一种"呷蛇龟"，能够把蛇"呷"在腹甲里（腹甲中间裂为两截）夹死，然后再吃掉；有的脖子长如蛇，像蛇"寄居"于龟甲。凶咬龟则首尾皆长——这些龟，猛一看，便是龟蛇融合，混形为"玄武"。

案:《抱朴子·登涉》有"蠳龟",疑即鹰嘴龟之类。

> 云日鸟及蠳龟,亦皆啖蛇。故南人入山,皆带蠳龟之尾、云日(鸟)之喙以辟蛇。蛇中人,刮此二物以涂其疮,亦登时愈也。"云日"(或作"运日"),鸩鸟之别名也。(王明校释本,中华书局,1980年,第279~280页)

李时珍认为,蠳龟即是呷蛇"鸯龟"的异称。

龙 龟

(摄于九世泰王宫花园,2009年,泰国曼谷市郊)

龙龟是海龟的神化。也见于南亚、东南亚的印度教—佛教文化区。据说,作为混形神物,它兼具龙与龟的灵性:能登天入水,沟通阴阳。

龟卜:龟的灵智

最重要的是龟曾被中国古代人当做卜测——预知未来的圣物,号称"灵龟"。如《周易·系辞》所说:"探赜索隐,钩深致远,以定天下之吉凶,成天下之亹亹者,莫大乎蓍龟。"安徽含山凌家滩新石器时期出土的玉龟甲,腹"含"原八卦纹"玉版"[①]。这是最古老、最真实的"龟书"。"原八卦纹"玉版因为置于龟腹,就能获得其几乎所有的神圣性或"灵力"(mana)。一切的《河图》、《洛书》构成、性能与"传闻"、信仰,可以说都导源于含山玉龟及所含玉版。河出龙马所负之图,洛现灵龟所载之书,就是《周易·系辞》所谓"河出图,洛出书"。

"北卜南筮",其实古说以蓍草占筮的《周易》或八卦系统,也离不开龟卜。殷商的龟卜,更是把占卜技术、占卜文化提到最高度。《周礼·春官·宗伯》:

---

① 参见《安徽含山凌家滩新石器时代遗址发掘简报》,《文物》1989年第4期,第1~8页。

"国大迁、大师,则贞龟。凡旅(祭),陈龟。凡丧事,命龟。"

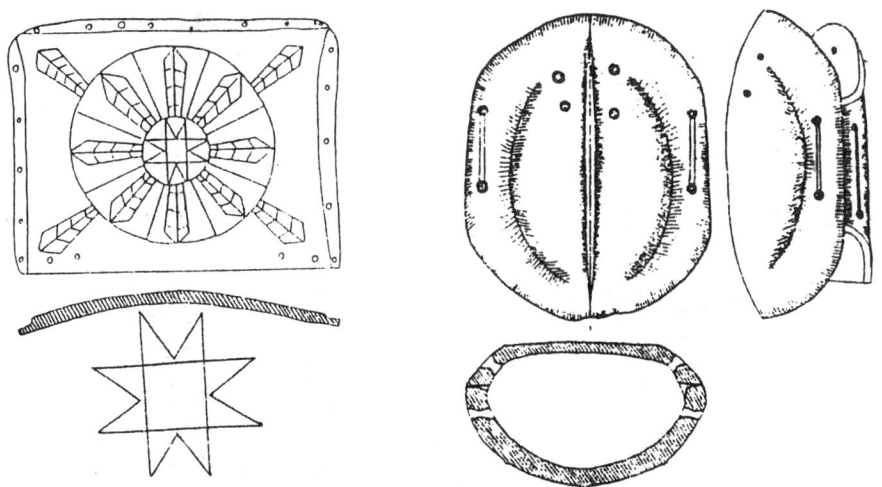

"原八卦"纹玉版与玉龟甲

(安徽含山凌家滩新石器文化遗址出土)

含山"玉版"置于龟腹之内,是最古老的"龟书"。玉版中心小圆内的"八角星纹"(左下),是光芒四射的"太阳"符号,大量发现于"原始文化"遗物之上,境外也有所分布。小圆外"伸"出的8枚长箭头似的"八圭",就是"八卦"("卜"是意符),它像"日芒"似地"射"向"四面八方",跟八角星的"能指"基本一致。外边大圆边缘所"射"出的四圭,似乎强调"四隅"的重要。

原八卦图与玉龟的灵性相互渗透、生发并且加强。

《史记·日者列传》说:"昔先王之定国家,必先龟策日月,而后乃敢代。"(10·3218)国家大政、征伐、历算、法令都要占卜而后定,不但决疑,也为了取信于民。所以《礼记·曲礼》说:"龟为卜,策为筮,卜筮者,先圣王之所以使民信时日,敬鬼神,畏法令也。"

《龟策列传》(褚少孙补)发挥道:

闻古五帝、三王发动举事,必先决蓍龟。(10·3226)

因为龟能交通天地,融合神民,像凤为天帝使者那样,"龟,大宝也,为圣人使,传之贤王;不用手足,雷电将之,风雨送之,流水行之"(10·3236)。凤是"帝史(使)",龟是"神史",本质都是天人之间的交通者。

凤是"帝使",这很好理解,风传信息,"某些人们广泛持有的信仰可能会用某些事物来满足这一功能。例如,鸟会飞,所以更能够与天上的神灵相沟通"(埃文斯-普里查德的话,引见《图腾制度》)。然而,如列维-斯特劳斯所说,"这种观点并不适于蛇",四灵中不仅以蛇等为母型的龙,善于奔跑的麒麟,乃至于只是属"地"、属"水"、属"冥"或属"阴"的龟,都能在天空飞行,都能成为天与地或神与人之间的"中介"、使者或助手,它们都"以自己的方式成为神灵的体现";"人们也相信它们是具有超凡力量的精神活动的明显标志"①。否则,就不成其为"灵"了。

灵龟或龟灵尤其能成为传达、交流天与人意旨的神物,因为它被用于占卜。神龟可以强化占筮的灵性——这是含山"玉版"含在"玉龟"腹内的根本目的。

古人认为玉也有很高的灵性,以玉制龟,旨在使它们的灵性相互加强。所以《龟策列传》等径称活体灵龟为"玉龟"或"玉灵";卜辞有时称龟为"灵",因为它能把人类的祈问禀告于天,并且迅速显兆,传布天的判断、神的意旨。

《左传》僖四年:"筮短龟长,不如从龟。"龟卜比草占更灵,它能验证筮法的正确性。蓍龟同称,同样是为了使龟与蓍草的灵性相互加强,从而使占筮结果更加准确。传说里蓍草的寿数和灵龟的长命相互为用,它们的生命力和灵性能够相互补充从而倍增。据说,灵龟守护着神蓍,其上还有"青云覆之"。

《史记·龟策列传》引《传》曰:"下有伏灵,上有兔丝;上有捣蓍,下有灵龟。"(10·3226)所以褚少孙说:"能得百茎蓍,并得其下龟以卜者,百言百当,足以决吉凶。"(10·3227)最能体现天人意旨。

《尔雅·释鱼》十龟有筮龟。郭注:"常在蓍丛下潜伏。见《龟策传》。"《抱朴子·对俗》引《玉策记》说得更加神秘:"千岁之龟,五色具焉。其额上两骨起似角,解人之言,浮于莲叶之上,或在丛蓍之下,其上时有白云蟠蛇。"(王明校本,第41页)

这种龟被认为年老多经验而富智慧,如《公羊传》何休注所说:"千岁之龟,青髯,明于吉凶。"再加上"音训"的附会,龟的古音近"久"、近"旧",所以能知过去未来。

殷人使用龟甲占卜,本质上跟使用牛胛骨一样,都是因其具有神圣性、生命力,且借用其为媒介性的法具(或说甲卜重于骨卜,或然;但大骨也颇记大事,因为初民认为骨骼比血肉更具"生命力"),占卜的对象是:

(1) 天神地祇;
(2) 祖先神。

那么,龟是否本身即是祖先或者神祇或其代表呢?恐怕不是。不然人们不会那样烹煮屠剥它。它只是神使,贡献出骨甲来供神祇或祖灵指示"天意",也表达占卜的王者或巫臣的疑问与祈祝。《龟策列传》说,要使用卜甲,先洗,再

---

① [法]列维-斯特劳斯:《图腾制度》,渠东译,上海人民出版社,2002年,第102页。

"以卵祓之"，而后"持龟而遂之，若常以为祖"（10·3239），遂是顺遂龟意，不强加"主观愿望"，"祖"在这里如索隐所说，是"常法"、定制、老规矩。祖灵通过卜兆示意，如金景芳先生所说："卜龟不过是因为祖先的意志不能直接告语，想借龟的显兆以传达而已。"① 当然，神意也能通过别的渠道传输，但最灵验的还是龟，所以要杀龟取甲；不杀龟不用甲，"龟"就不那么灵了。平民杀龟致祸，"人民与君王者异道"，实行双重标准，所以"古明王、圣主皆杀［龟］而用之"（《龟策列传》10·3228）。圣与俗是二元分裂乃至对立的。圣王、明君、大巫、卜史，"祖先英雄们已经近乎于神，因而他们去吃神圣的食物就再自然不过了，但是，却没有理由把这一特权授予寻常的凡人"②。

讲到龟的灵性，有的学者认为，鸱鸮，甚至乌龟，都曾被殷商人看做"夜间的太阳"。叶舒宪《中国神话哲学》等书已有触涉。

王昆吾认为，"鸮和龟都是黑夜的太阳使者"，其理由是：

（1）鸱鸮虽是夜鸟、梦鸟，略同于生商的"玄鸟"（引案：玄鸟虽有多指性，但是否包含鸱鸮，还需证明）；

（2）《鸮卣》上鸮翅有王仁湘所说的"旋目"或太阳纹，还涉及神龟，这"体现了鸱鸮、龟和太阳的合一"③，此说有力；

（3）殷商龟纹身上有"太阳"或"囧：火"纹饰④，这就证明神话中确有在天空飞行的"神龟：玄冥：玄武"。

最重要的是，王昆吾引《礼统》（见《初学记》卷三〇引）云：

> 神龟之象，上圆法天，下方法地，背上有盘法丘山，玄文交错以成列宿，五光昭若玄锦文。

这样，龟就能够象征宇宙，跟创世或创生的"宇宙龟"是相当的，可以相互证成（艾兰的《龟之谜——商代神话、祭祀、艺术和宇宙观研究》曾加以细致论证，详后）。

龟形被认为体现了早期的"天圆地方"宇宙观（盖天说）。所以，《龟策列传》说龟"知天之道，明于上古"；掌握生死和吉凶，"明于阴阳，审于刑德；先知利害，察于祸福"（10·3231）。《楚辞·九歌》所写化形巨龟的大司命，是"一阴兮一阳，众莫知兮余所为"。可他却能掌握自己和人类的命运，"驾清气兮

---

① 参见金景芳：《古史论集·易论》，齐鲁书社，1981年，第192页。
② ［法］爱弥尔·涂尔干：《宗教生活的基本形式》，渠东、汲喆译，上海人民出版社，1999年，第171页。
③ 王昆吾：《中国早期艺术与宗教》，东方出版中心，1998年，第46页。
④ 王昆吾：《中国早期艺术与宗教》，东方出版中心，1998年，第49页。

御阴阳"。

艾兰说，龟与龟（腹）甲可以用来占卜，因为它是"土地的模型"。但不止于此。

"太阳龟"与"星辰龟"

（左上：《龟鱼盘》里的龟，商代；中上：青铜器饰，商代；右上：铜罍纹饰，商代，河南郑州白家庄出土；左下：青铜器饰，商代；中下：《龟鱼盘》里的龟，商代，北京平谷出土；右下：青铜器饰，商代）

背甲上带着"太阳火"或"囧"字纹的是"太阳神龟"；或说上古的神龟（玄冥）不仅掌管黑夜、水和土，还管理"夜间的太阳"。龟背上的圆圈表示星辰。神龟或与天体运行相关。

女娲"断鳌足以立四极"，艾兰认为鳌足即龟足。如此，"龟就与宇宙联系在一起"①。

王昆吾（小盾）则主要讨论龟与鸱鸮跟"天"、跟太阳的关系。鸱鸮以其"黑色"或夜间飞行成为"夜神"，龟也同样是暗黑的，是水、土与夜晚（幽冥：玄冥）的象征。

---

① ［英］艾兰：《龟之谜——商代神话、祭祀、艺术和宇宙观研究》，汪涛译，四川人民出版社，1998年，第118页。

这样一来，鸱和龟便扮演了一种特殊的太阳神的角色，即作为太阳使者的角色。它们主要联系于夜间的太阳；它们所承担的是在黑夜之中将太阳自西方（或北方）运往东方的任务；它们代表了阴和阳的交通、死和生的交通、短暂和永恒的交通。①

它们是否驮载并运送太阳，当然不能仅凭其身上有"太阳火"的纹饰，而要有更充足的论证。"它们既是太阳死亡的象征，又是太阳复生的象征。"② 这同样是值得进一步论述的假说。由"神龟：玄冥：大司命"与"桑：丧"的神秘关连来看，龟确实是"生—死—再生"的象征。

"河图"、"龟书"的出现

《周易·系辞传》说："河出图，洛出书，圣人则之。"圣人怎样"摹写"图、书，以成八卦或（洪范）九畴？旧说有两种范本：

(1) 负图出水的龟（或龙马）的形状或花纹；
(2) 由它们带出来的某种"文本"（例如含山玉龟所怀"玉版"）。

《史记·孔子世家》中，孔子说："河不出图，洛不出书，吾已矣夫！"(6·1942) 集解引孔安国曰："圣人受命，则河出图，今无此瑞。吾已矣夫者，[伤]不得见[也]。河图，八卦是也。"(6·1942) 此以"八卦"卦爻为"河图"。

《文选》中汉·张衡《东京赋》："龙图授羲，龟书畀姒。"薛综注："《尚书传》曰：伏羲氏王天下，龙马出河，遂则其文，以画八卦，谓之河图。"这是说，伏羲氏模拟龙马之"花纹"，画成八卦，这八卦的卦爻组成"河图"。"姒"指的是"禹"。《尚书·洪范》传说，"神龟负文而出"，有些像含山玉龟怀"版"出土，禹"遂因而则之，以成九类（指洪范九畴）"（"则"或作"第"）。

《汉书·五行志》做了简明的概括：

伏羲氏继天而望，受河图而画之，"八卦"是也；
禹治洪水，锡洛书而陈之，"洪范"是也。

这就是伪孔传所说："禹顺水之性，地平天成，故天出'书'于洛，禹别之以为'洪范九畴'，此彝伦之所叙也。"

有的材料说，"龙图"、"龟书"都有文字，如《水经注·洛水》云，"黄帝东巡河，过洛，修坛沉璧，受'龙图'于河，'龟书'于洛，赤文篆字"；有的

---

① 王昆吾：《中国早期艺术与宗教》，东方出版中心，1998年，第49页。
② 王昆吾：《中国早期艺术与宗教》，东方出版中心，1998年，第49页。

说，主要是纹样，如《水经注》同篇云，"仓颉为［黄］帝南巡，登阳虚之山，临于玄扈洛内之水，灵龟负书，丹甲青文以授之"（此处"青文"似指青色纹路）。

《拾遗记》更让人感兴趣的地方，是说"龟额下有印，文皆古篆，字作九州山川之字"，能作"封泥"（这分明是从龟颈皱襞附会）——这显然是所谓"河图洛书"的一种嬗变。字作"九州山川"，实在是模写世界，如同印度的曼荼罗（Mandala）龟书，是宇宙性符号。《太平御览》卷四七二引此更作"龟额有印，文皆古言"。而越南的《金龟传》金龟除怪筑城故事也涉及"秘书"。它说白鸡化鸭，"衔书飞上㳅檀之树，奏于上帝，乞坏其城"，收书方可成城。果然，"金龟化为鼠，随其后，啮足，书坠于地，王速收书，蠹已过半；鬼精灭，筑城一月而就"。看来这种"龟书"可以据以筑城，当亦半巫术、半技术，半地图、半图篆的秘籍，跟河图洛书、山经禹纪有一脉相通之处。

《搜神记》说："秦惠王二十七年，使张仪筑成都城，屡颓。忽有大龟浮于江，至东子城东南隅而毙。仪以问巫。巫曰：'依龟筑之，便就。'故名'龟化城'。"（汪绍楹校本，第161页；标点略有更动）此事亦见《华阳国志》等。下文讲到龟助理水、筑城时还要提及。

前引《文选》中张衡《东京赋》，"龙图授羲，龟书畀姒（指禹）"，可能暗示洛水所出"龟书"，暗含地理图能帮助大禹们治水。它摹写自然界及其产物的特性，如《书·洪范》等所示，只有认识了河水才能治理它们。

纬书记载"龟书"较多，却羼杂谶纬之说，史料价值不高。

《河图挺佐辅》："天老告黄帝曰：洛有龟书。"

《河图玉版》："仓颉为帝南巡狩，登阳虚之山，临于元扈洛汭之水。灵龟负书，丹甲青文以授之。"（参见前引《水经注·洛水》）

《孝经援神契》："洛龟曜书，垂萌画字。"

《尚书中侯》："周公摄政七年，制礼作乐。成王观于洛，沉璧，礼毕，王退。有玄龟青纯苍光，背甲刻书，上跻于坛。赤文成字，周公写之。"

以上参见《古微书》及马国翰《玉函山房辑佚书》等。

晋·任昉《述异记》附会云："陶唐之世，越裳国献千岁神龟，方三尺余；背上有文，科斗书，记开辟以来［事］。帝命录之，谓之'龟历'。"

《洛书》、《河图》很可能只是"含山玉版"那样简明的（宇宙）图式，较"近古"者至多是八卦九宫或所谓"幻方"。后人（尤其是宋儒）硬要把这场"数字游戏"玩到底，把数学哲学化、政治化、伦理化。现代学者已有精细的研究，离本题已远，恕不转述。

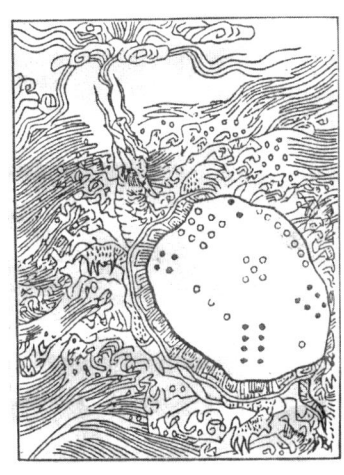

灵 龟

（左：台湾古庙灵龟像；右：《龟书》，采自徐芹庭等）

所谓"洛书"，就是洛水出现《龟书》，也许有些像含山玉龟/版。后人附会以龟甲文似幻方，或九宫八卦图。灵龟的主要功能在占卜，至今犹然。

今本《竹书纪年》编述得颇有传说趣味：

> 帝禹夏后氏，当尧之时，禹观于河，有长人白面鱼身出，曰："吾河精也。"呼禹曰"文命"，[令其]治水。言讫，授禹《河图》，言治水之事。乃退入于渊。

这样，《河图》就是治理黄河及其支流的设计图和说明书。这样人间的工程就有了"天命"的依据，使禹向政治舞台的转移有了"合法性"。"禹治水既毕，天锡玄珪，以告成功。乃受舜禅，即天子之位。"继之，"洛出龟书，是为洪范"，将其哲学化。

这让孔丘因"不遇"而悲哀。王充《论衡》企图"调和"并且淡化这种"预兆"的政治霸权意义。其《问孔篇》说，这是"夫子自伤不王"，但更重要的是"不遇"，不能凭借王道以致太平。"已王，致太平；太平则凤鸟至，河出图矣。今不得王，故瑞应不至，悲心自伤，故曰'吾已矣夫'。"这是一面，另一面是说无明主使用自己。"凤鸟、河图，明王之瑞也。瑞应不至，时无明王；明王不存，己遂不用矣。"《指瑞篇》也说："不见太平之象，自知不遇太平之时矣。"时代变了，现实的政治与平淡的生存没有神话产生的背景、传说苗长的土壤，孔子却苦苦等待天降奇迹，地出圣王，幻想当然要落空。

清·刘宝楠《论语正义》说："后一义（不遇明王）胜也。"其实这是跟西狩获麟、孔子悲泣事相一致的。《史记·孔子世家》载"河不出图，洛不出书，吾已矣夫"之语于鲁哀公十四年春狩大野获兽（麟）之后，而以西狩见麟为

"吾道穷矣"(6·1942)。都是因为中心话语及其象征的失落。有人说,这是因为麟是孔子祖先所属群团的"图腾",龟是东部夷殷集团(孔子先人属之)某一群体的祖灵或宗神,一旦死灭或者消失,就得不到祖先或神祇颁降的信息,精神资源、生命资源就会耗尽,所以麟失龟藏,孔子们会如此悲哀。这一观点有待论证。

杨希枚当然知道纬书里《河图》、《洛书》故事的假托性和为当时政治服务的意图,但他也承认其背景的真实性。河洛本就是三代文化和政治的核心区。很可能,某个时候曾出土"背甲刻书"的"龟甲文书"或图篆,"甚或载有帝王系谱,或如殷代卜辞一样地以朱文书写"①。含山玉龟及玉片的出土,证实了类似看法是有眼光的。"据《礼记》所载,《河图》与'山出器车'并言,其情形与今安阳殷墟的出土龟甲卜辞及铜鼎车器也正相同。《淮南·说山训》也云,'大蔡神龟,出于沟壑'。"② 安知没有比含山玉龟更重要、更"详尽"的龟书重见天日的一天?

而仅就含山玉龟而言,它"含"着"原八卦"玉版,玉版图纹是世界图式(四面八方,圆天角日),实在就是曼荼罗式的宇宙符号或宇宙象征——而这宇宙的形象或格局是由神龟来掌控(或创造)的,或者说是由神龟赋予它以灵性。从根本上说,这是神龟创造或负载世界的一种"改型"或特殊形式。

阴阳五行家们竭力将龟或龟甲、"龟书"说成是宇宙图式之显现。

汉·刘向《说苑·辨物》附会得最为详密而彻底:

> 灵龟文五色,似玉似金,背阴向阳,上隆象天,下平法地,槃衍象山。四趾运转应四时。文著象二十八宿。蛇头龙翅,左睛象日,右睛象月(睛或作精)。千岁之化,下气上通。知存亡吉凶之变。

《拾遗记》说帝尧时,"河洛之滨,得玉版方尺,图天地之形"(第22页),是《洛书》的一种。

这里使用"玉版"一词,名从旧有,是饶宗颐氏称含山玉龟所夹玉片为"玉版"的依据之一。我们当然不能说它跟大禹所得洛书"玉版"有多少共同之处,但是含山玉版包含着以太阳为中心的"天"(小圆或大圆)和"地"(长方形格,四/八圭标识四隅八极),也是显然的。"图天地之形",暗示着龟甲或相关玉版曾经摹写宇宙之图式。

---

① 杨希枚:《先秦文化史论集·论今文〈尚书·太誓〉、〈尚书大传·太誓〉及〈史记〉的白鱼赤乌神话》,中国社会科学出版社,1995年,第597页。

② 杨希枚:《先秦文化史论集·论今文〈尚书·太誓〉、〈尚书大传·太誓〉及〈史记〉的白鱼赤乌神话》,中国社会科学出版社,1995年,第597页。

所以，古人认为龟也能象天法地，循规蹈矩，志圆而示方。

> 神龟之象，上圆法天，下方法地，背上有盘法丘山，玄文交错以成列宿，五光昭若玄锦文。（《初学记》卷三〇引《礼统》，复见）

> 龟者，神异之介虫也。黝采五色，上隆象天，下平象地。（孙柔之《瑞应图》）

> ［龟］上隆而文以法天，下平而理以法地。（《本草纲目》）

我们看商周某些青铜器纹饰，龟背上饰有象征"光明"或"太阳"的囧形符号，就知道隆起的龟背确实曾被人们认为可以代表"天穹"。可见上列的"附会"并非毫无根据。

龟背上的太阳纹

（左：商代青铜龟鱼盘中心纹样，陕西清涧张家坬出土；右：商代《斁盘》外底鳖纹）

左图龟背上是商周青铜器的"囧"形纹，或说"火"，或说"牖"，或说"炯"，取象于"光明"（太阳）是无疑的，旁边的小圆圈或说是星辰。右图为其省变。可见隆起的龟背确实曾被人们认为可象征天穹——它向着光明也放着光明。

《太平御览》卷九三一引《洛书》说："灵龟者，玄文五色，神灵之精也。上隆法天，下平法地。能见存亡，明于吉凶。"这就跟艾兰们同样，注意到龟壳或龟形跟"天圆地方"的"盖天说"宇宙模式的关系了。

> 龟有圆圆的穹拱形的背甲和宽平的腹甲，这与古代中国人认为天是圆穹拱形的，地是平坦方形的这一宇宙模式观有所联系。①

---

① ［英］艾兰：《龟之谜——商代神话、祭祀、艺术和宇宙观研究》，汪涛译，四川人民出版社，1988年，第118~119页。

艾兰认为，在《淮南子·览冥训》"女娲补天"神话里，"断鳌足以立四极"，鳌不是鱼而是鳌龟，这就把龟鳖跟宇宙联系在一起。她还认为龟甲呈"亚"字形（这不一定对），"大地［也］是亚形的，和龟腹甲一样"①。

张光直等认为，"亚"形兽口（或腹部十形开口）是人间与冥界、生与死的分界点——其下或其中乃是祖先们居住的地下世界②。这跟殷墟所见"亚"形大墓的结构一致。我们则认为，"亚"形作为宇宙符号，主要是、至少同时是"阳光四射"的意象，属于"十"之文化字群（参见笔者对于"五行四方"的研究）③。神龟虽然背上或有太阳纹，但目前不能证明其与"亚"形的直接联系。

晋·王嘉《拾遗记·员峤山》条还有"龟书"神话说：

> 西有星池千里，池中有神龟，八足六眼，背负七星、日、月、八方之图，腹有五岳、四渎之象。时出石上，望之煌煌如列星矣。（齐治平校本，第228页）

这实是暗示：神龟之体是"宇宙"形象的摹写。

古印度神话说：创造之主、至尊神毗湿奴，令巨龟负起"曼荼罗"以确定宇宙之形象与规模。曼荼罗（mandala），此云"坛场"，实际上是方格形或外方内圆、外圆内方的世界图式，象征着宇宙。员峤山神龟背上也是宇宙图形：

天空：七星/日/月

"天下"：八方（主要指政治疆域）

大地：五岳/四渎（水）

这是由龟甲纹路具体而微地再现的世界，是龟书的重要形式。印度也有类似的"龟书"。《妙法莲华经文句》说：

> 摩诃叶，此翻"大龟氏"。其先后学道，灵龟负"仙图"而应，从德合族，故言"龟氏"。

白庚胜的《东巴神话象征论》注意到其与中国龟书神话的类同性（第28页）。

下文还可以看到，作为"宇宙大神"的巨龟还把曼荼罗"拥"在怀里，表示世界为它所创造并且掌有。这再次证明它领有"宇宙龟"的神格。

---

① ［英］艾兰：《龟之谜——商代神话、祭祀、艺术和宇宙观研究》，汪涛译，四川人民出版社，1988年，第119页。

② 参见张光直：《中国青铜时代（二集）·说殷代的亚形》，生活·读书·新知三联书店，1990年，第81～82页。

③ 参见萧兵：《明堂的秘密：太阳崇拜与轮居制》，《神与神话》，（台北）联经出版公司，1982年。

纳西族"龟书"或"金蛙八卦"

东巴经《白蝙蝠的故事》(即《白蝙蝠取经记》),说到占卜经书为"黄金大蛙"吞下的事情。

> 三百六十种占卜打卦的经书,经风飘起落在某莉达嵇海子中,被黄金大蛙一口吞了下去,那只黄金大蛙白天爬到海宜巴达(案:即含英宝达)神树上来歇息,夜里到某莉达嵇海里去睡觉。①

白庚胜认为,吞经书的"含时罢美"不是黄金大蛙而是金黄神龟,占卜经典成为"龟书",跟华夏—汉人龟负"河图"、"洛书"由水中出现十分相似。我们认为,他提出的理由十分重要,涉及亚洲南部、东南部原初(神话)宇宙观的形态及其成立和演变过程。但纳西象形文字确有金蛙与"卜书"粘接的再现,金蛙也许是由印度或华夏神龟"规划"或负载宇宙的神话"置换"而来。作为蕃育或生殖意象的蛙/龟能够互渗,在一定语境里可以转换生成,不一定全要废此立彼。更重要的是,由大蛙或金龟"显示"或"标志"世界之"四分"图式,跟创世大龟掌控"曼荼罗"、含山玉龟身"含""原八卦"玉版之深层结构趋同。

白蝙蝠请来天神四兄弟,一箭射死大蛙(或金龟)。

> 黄金大蛙死的时候,蛙头朝着南方,它口中喷出火来,所以南方属火了。它的尾部朝着北方,由尾部撒出尿来,所以北方就属水了。箭由东方射进去,由西方透出来,因为箭镞是铁的,所以西方属金,箭身是木做的还有一截留在东方,所以东方属木了。蛙的身体变成了中央的土,于是八卦的方位就由此确定——一直到如今,么些人的占卜图片上总是画着一个黄金大蛙,由蛙身上分出四方方位,那来历就是出在这里了。②

这当然是对华夏—汉人四方五行或八卦图的重构——所以或称"金蛙八卦"。现在,云南丽江东巴文化研究所大门口,就竖着这金蛙八卦图,它已经成为纳西东巴文化的标志性符号了。白庚胜指出,这是"中古"时期的产品。

> 纳西族上古神话中即有牦牛或老虎死体定宇宙五方八位的传统,到中古神话,受藏族本教的影响,出现了神山(居那什罗:须弥:昆仑)定宇

---

① 引见李霖灿:《么些研究论文集》,(台北)故宫博物院,1984年,第360页。
② 引见李霖灿:《么些研究论文集》,(台北)故宫博物院,1984年,第361页。

宙五方八位，继之还出现了以龟体（引案：或蛙体）定宇宙五方八位。到了近古神话，龟体定宇宙五方八位，最终变成了八卦宇宙五方八位。……在五行与五方、五色、五神的配置中，表现出纳西、印度、汉文化的有机结合。①

中原古人或以龟形标识世界，背弯似天，腹平状地，头、尾及四肢指向"六方"，还有"二方"怎么办？就说左右腹侧表示东/西，可是那里没有"指示器"，极不明确。聪明的纳西人用天神或东巴贯腹的一箭把问题解决了（之所以要射死金蛙，是因为要让它以蛙体或龟体"身化宇宙万物"为神话背景，也像中原杀龟用甲占卜）。白庚胜还揭示，这也是"为了解释西方之所以用金代称，东方之所以用木代称的原因"②。

所谓"金蛙八卦"或"精威五行"，是把古老的青蛙（或龟）身体各部变成世界万物的神话跟移植来的华夏—汉人的《易经》哲学巧妙结合以后建构出来的。

"蛙书"或"龟书"里有"身化宇宙"的余痕与"五行"形成之讲述，兹举《碧庖卦松》或《布杷过书》（求取东巴卜经记）之异译如下：

《碧庖卦松》（和正才、李即善、周汝诚译）

……金黄大蛙不死将死时，叫了五声，就产生了精威五行。……金黄大蛙死时：蛙毛来变化，变出了东方的木；蛙血来变化，变出了南方的火；蛙骨来变化，变出了西方的铁；蛙胆来变化，变出了北方的水；蛙肉来变化，变出了中央的土。

《布杷过书》（和志武译）

金黄巨蛙将死未死时，吼出五声巨响来，变成五样"精威"（金木水火土）。五种精威又变化，出了八门"巴格"（图谱）占课法。

金黄巨蛙皮子做变化，出了东方甲乙木的巴格课；蛙血做变化，出了南方丙丁火的巴格课；蛙骨做变化，出了西方戊己铁的巴格课；蛙胆做变化，出了北方庚辛水的巴格课；蛙肉做变化，出了中央壬癸土的巴格课。③

还有一种流传于木里县的经书异文是："青蛙肝子变化，出现了木；青蛙心变化，出现了火；青蛙肺变化，出现了铁；青蛙腰子变化，出现了水；青蛙肚

---

① 白庚胜：《东巴神话研究》，社会科学文献出版社，1999年，第49～51页。
② 白庚胜：《东巴神话研究》，社会科学文献出版社，1999年，第51页。
③ 参见和志武编译：《东巴经典选译》，云南人民出版社，1994年，第103页。

子变化，出现了土。"①

《白蝙蝠取经记》的一则"异文"：

蛙毛走向东边，产生了木的方向；蛙血走向南边，产生了火的方向；蛙骨走向西边，产生了铁的方向；蛙的膀胱走向北边，产生了水的方向；蛙肉走向天地中间，产生了土的方向。②

说神蛙死时——将"蛙"身各部与方位、物质元素整合起来，与上述分列"八方"（或五方）与"精威五行"略有不同。

李国文揭示，"远古羌戎属裔纳西族的精威五行由水中负纹理而出的金黄大蛙（案：或神龟）所得；《洪范》五行由［兴于西羌的］'禹'依'神龟负文而出'所悟得，或由'天乃锡禹'而得"③。二者存在密切联系——如果均属"龟书"的话，则联系更加微妙。但李国文认为："纳西族原始巫教以青蛙为图腾，由此可以说，精威五行观念最早即蕴育于原始而古老的动物图腾即青蛙图腾意识中，亦即通过对青蛙图腾的抽象、概括而得。"④ 却没有材料证明纳西族诞生于"青蛙图腾"（白庚胜更认为"金蛙"应为"金龟"），这样也就更难证明占卜圣书必定存在于（蛙）图腾的机制。

李国文小结说："青蛙八卦图就是早期纳西族的八卦，或叫做原始青蛙八卦。"它"以青蛙形体为圆轮来表示时、空及其世界事物的结构，便力图用它来推演、说明宇宙事物的联系变化，这在根本上具有同汉族八卦一样的功能"⑤。

含山玉龟与"原八卦"玉版

现在集中观察含山玉龟玉版。

严文明说，"玉版上面刻着象征天地和方位的复杂图案，并且夹在一个玉龟里面，这和［伏羲］作图之说可能有很大的关系"⑥。他指出，这里包含着"以八角星纹为中心和象征四面八方的圭形"⑦。

---

① 引见朱宝田：《木里纳西族自然崇拜观念》，《云南少数民族哲学思想史论文选集》（1）；李国文：《东巴文化与纳西哲学》，云南人民出版社，1991年，第126页。

② 参见傅懋勣：《纳西族图画文字〈白蝙蝠取经记〉研究》，原在日本东京出版；参见前举李霖灿书。

③ 李国文：《东巴文化与纳西哲学》，云南人民出版社，1991年，第165页。

④ 李国文：《东巴文化与纳西哲学》，云南人民出版社，1991年，第167页。

⑤ 李国文：《东巴文化与纳西哲学》，云南人民出版社，1991年，第241页。

⑥ 严文明：《农业发生与文明起源·东方文明的摇篮》，科学出版社，2000年，第167页。

⑦ 严文明：《凌家滩玉器浅识》，《凌家滩文化研究》，文物出版社，2006年，第51页。

"玉版"上是宇宙的符号，是由"十"字符号群繁变而来（参见"凤凰"篇对含山出土玉"太阳鹰"的分析）。

其中心是指向"八方"的八根"圭状箭头"，围绕它们的"大圆"是"天"或者"圆形世界"(此时"方地"概念还不明确——或说最外围的"长方形"便是"方地")，大圆外另有"四圭"指向"四面"(奇特的是不指正向而指"隅向"，即东北、西北、东南、西南，可能是为了强调"四隅"的重要，并且使"测向"更加准确而又明白)。

"四面八方"就是世界或"天下"。中心小圆及"八角星"是太阳，这是标准的"日心说"宇宙观。四面八方是由太阳的时空运动来决定的。四面八方的指示器是(原始)"圭"("圭"，剖成两半便是"璋")；用作"箭头"，指示四维、八方。①

"圭"就是"卦"，形、音、义俱通；"卦"要"卜"，后来才加上这"意符"，有些画蛇添足。所以，"八圭"就是"八卦"，八卦就是指向"八方"的八圭。这样，含山玉版中心便是"原八卦"。②

李零猜测，含山玉版可能与"式法"有关。《洛书》云：

灵龟者，玄文五色，神灵之精也。上隆法天，下平法地。能见存亡，明于吉凶。(《初学记》卷三〇，《太平御览》卷九三一)

如上，《艺文类聚》卷九九引《孙氏瑞[应]图》，《初学记》卷三〇引《礼统》略同。它解说龟之骨相如"式盘"(艾兰说亦据之)。"《龟策列传》和后世卜书也多以天文、地理附会龟图，甚至以背甲之纹为五行九宫，腹甲之纹为十二时。"③李零据以称："这些都暗示我们，洛水神龟负文于背的传说，可能来自龟形、龟纹对'式'的模仿。"④龟形或龟纹肯定能附会上宇宙，但为了更明确，便以先进的几何图形显示宇宙图式。

俞伟超认为，灵龟与再现太阳和"八分"大地的玉版，是占据"主神"地位的"宇宙之神或天地之神"的"神像"，是可以对之祭祀或借以占筮的灵物⑤。

他们都认为，玉版可以看做初始的"式盘"。俞氏说的"太阳"(圜天) 跟"大地八分"(再加"四分")的一致，也是很对的，它们是符号，是否属于尚未

---

① 参见饶宗颐：《未有文字以前表示"方位"与"数理关系"的玉版——含山出土玉版小议》，《文物研究》第6期；《凌家滩文化研究》，文物出版社，2006年，第18页。
② 参见陈久金、张敬国：《凌家滩出土玉版图形试考》，《文物》1989年第4期。
③ 李零：《中国方术考》，人民中国出版社，1993年，第57页。
④ 李零：《中国方术考》，人民中国出版社，1993年，第57页。
⑤ 参见俞伟超：《含山凌家滩玉器和考古学中研究精神领域的问题》，《文物研究》第5辑，1989年，第59页。

人格化的"神像",不好决断。但涉及神圣宇宙①,殆可无疑。

式 盘

(高句丽"乐浪"古墓出土)

有人说,含山"原八卦"图玉版是"原始"式盘,它们都可以用来测向定时,占测太阳时空运动所决定的时间或方位;跟别的巫术手段结合起来,就能够"卜筮"吉凶休咎。

我们更注意作为"原八卦图"的玉版与相伴而出的玉龟甲灵性的互渗与互动。

钱伯泉更具体地论证其为原始"式盘"。他说,玉版头部 4 孔、肩部 1 孔与右腰部 2 孔"显然组成北斗七星"(这极为牵强,有人却注重其四、九、五之数,云与《洛书》暗合。参见《凌家滩文化研究》第 82 页);再把圭形箭头的"两条边"、"八方"的"每格划分三等分",凑成"二十四位",这"式盘"便不再"原始"。"天盘的七星即为北斗七星,地盘的'四面八方'正可测一年的'四时八节'",按秦汉式盘操作,即能"算出时日"②。这实在难以置信。

王育成认为,玉版中央"方心八角纹"图案,与太阳无关(我们坚持其为"十"字文化丛繁化的太阳纹),或系龟腹甲的"图案"化③。然而,他认为:"玉片上的小圆及与其相接的八束箭实际即是一个完整的太阳构图,小圆代表太阳,箭形代表射向八方的八束光芒。"④

李斌则将其视为"史前日晷"。他跟钱伯泉不同,只从八圭"中线"着眼,这样就得到 16 根线,可将圆周划为一昼夜的 16 个时区。所以,它可用来"测日测星定时","反映了 3500 年前的观象测时方法和时间制度"⑤。

---

① 参见邢文:《帛书周易研究》,人民出版社,1997 年,第 124 页。
② 钱伯泉:《凌家滩新石器时代遗址出土的玉制式盘》,《文物研究》第 7 期。
③ 参见王育成:《含山玉龟及玉片八角形来源考》,《文物》1992 年第 4 期。
④ 王育成:《含山玉龟玉片补考》,《文物研究》第 8 期。
⑤ 李斌:《史前日晷初探——试释含山出土玉片图形的天文学意义》,《东南文化》1993 年第 1 期。

李修松认为"玉版"已体现原始性的"天圆地方"宇宙观。他认为：

大圆外四圭——四方；或四维/四隅
（共）八圭——八方
长边四孔——地之四极
短边（各）五孔——五方
长边九孔——九天/九野

穿孔，是随机还是有所象征，尚不可知，目前只能存疑。

李修松还说："玉版在当时是测量时节，从而指导农业生产的用具。"①"用具"，他后来改为"仪器"(《凌研》5)。玉龟/版出土时，置于人体胸部，近"心"，如"忠"或"衷"，亦犹人体之"中"。墓主应为巫师。

> 这种玉版是符合天理的，神秘的，故应当是上天颁赐的。这就是后世所说的玉符。……灵龟是通神的，当时在观测到时节时，照例还要占卜今后的吉凶。玉龟甲（含版）的作用，正是在于此。②

"含"于玉龟，使有灵性，发挥着灵龟"知地通天达人"的固有功能。

比较独特的是，俞伟超把作为"崇拜物"的玉版（牌）看做"社神的象征"，因为那"八圭"形如"树叶形图案"，表现的是"八棵（社）树"。但他承认，它实质上是"表现天地的总体，是宇宙的象征"③。案：李学勤也说它们是"叶脉纹"，却知道它们是"矢形"④，八枚箭头使人"联想到八卦"；"玉版是方形的，上画圆形，用矢形标出八方，是天圆地方这种古老的宇宙观念的体现"⑤。杨泓也说其为"箭头"，"图形中的四方和八方，正与《周易》所言'四象'和'八卦'的概念相合，或许这一考古发现提出了解决'洛书'之谜的线索"⑥。我们说，这是用"圭"当作指向的"箭头"。

---

① 李修松：《试论凌家滩玉龙、玉鹰、玉龟、玉版的文化内涵》，《安徽大学学报》2001年第6期，第44页。
② 李修松：《试论凌家滩玉龙、玉鹰、玉龟、玉版的文化内涵》，《安徽大学学报》2001年第6期，第44页。
③ 俞伟超：《含山凌家滩玉器反映的信仰状况》，《文物研究》第5期，1989年；《凌家滩文化研究》，文物出版社，2006年，第16页。
④ 李学勤：《论含山凌家滩玉龟、玉版》，《中国文化》1992年6月；《凌家滩文化研究》，文物出版社，2006年，第33页。
⑤ 李学勤：《论含山凌家滩玉龟、玉版》，《中国文化》1992年6月；《凌家滩文化研究》，文物出版社，2006年，第34页。
⑥ 杨泓：《含山玉器留下许多待解之谜》；《凌家滩文化研究》，文物出版社，2006年，第38页。

张敬国除了再次陈述八圭所指"四方和八方，正与以上四象和八卦概念相合"，还因为其与玉龟伴出，证明其为"远古洛书"。而"玉片上四周的四、九、五之数，与'洛书''太一下行八卦之宫，每四乃还中央'相合"①。后一说有待商榷，凿孔数目参差，也许是随机的，当时恐怕没有如此严整的数学知识。

江苏东海尹湾汉墓群M6出土《博局占》木牍②。木牍背面为《博局图》，正面绘一"灵龟"，上题占算"用神龟之法……"，下有以"龟甲"状排列的干支表，显然跟含山玉龟/版等同属"龟卜"系统，发掘简报称为"神龟占卜法"。李学勤的《〈博局占〉与规矩纹》讨论了"博局"占法，以及与含山玉版的关系③。博局有一"方"字，玉版的八角星𠂤与"方"相关——而𠂤属于"十"字文化群，像太阳一般指向四"方"。李氏认为𠂤与"亞"（巫）就符号性质而言是相通的④，艾兰、范毓周等径读亞为"方"⑤。

这些宇宙符号性质的图纹，都跟龟的神秘、灵异性互渗互动，使其神圣性与合法性的效果、功能倍增。

张忠培认为中国史前宗教存在三大系统：

龟卜（以"大汶口"为代表）
"黄琮礼地"（以"良渚"为代表）
骨卜（以"龙山"为代表）

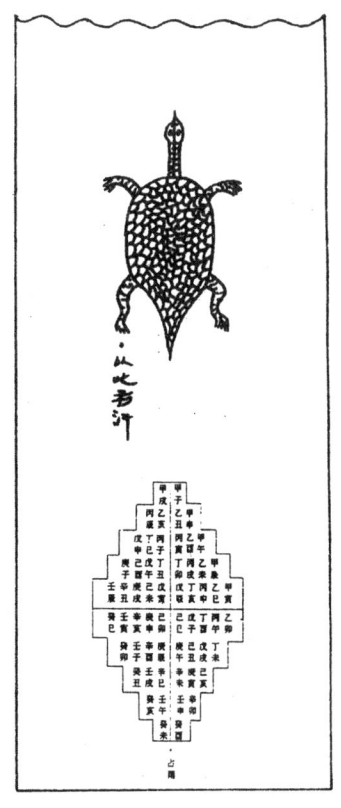

《博局占》之"神龟占卜图"

（江苏东海尹湾出土，汉木牍，正面）

"六博"既是游戏，也是一种占卜——这种占卜跟含山玉版同样要借重灵龟。

"博局"（六博棋盘）、龟书"玉版"、规矩纹（TLV）铜镜、式盘等，都包含着世界格局，是宇宙符号或其变种。

---

① 张敬国：《从安徽凌家滩墓地出土玉器谈中国的玉器时代》，《东南文化》1991年第2期。
② 参见《江苏东海县尹湾汉墓群发掘简报》，《文物》1996年第8期，第4～24页。
③ 参见李学勤：《〈博局占〉与规矩纹》，《文物》1997年第1期，第49～51页。
④ 参见李学勤：《走出疑古时代》，辽宁大学出版社，1994年，第120～121页。
⑤ 参见［英］艾兰：《龟之谜——商代神话、祭祀、艺术和宇宙观研究》，汪涛译，四川人民出版社，1992年，第82～98页；范毓周：《殷墟卜辞中的亞与亞帝》，《南方文物》1994年第2期，第115～119页。

从龙山开始，骨卜宗教普遍化，这是"影响深及商周文化，具有重大意义的宗教革命"①。其实这时龟卜文化并未退出，而是与骨卜相结合成为"甲骨文化"，或者与草筮相融汇成为"卜筮文化"(典型标本就是《周易》)。

卜骨，早见于内蒙富河沟门遗址：鹿或羊胛骨；甘肃武山傅家门，马家窑文化遗址：羊、猪、牛胛骨5件(F11)，1件(T25H1灰坑)；类似者，还见于甘肃灵合桥村，客省庄文化遗存。其用料决定于当时对动物"灵验"程度的信念。初民认为，骨具有强盛的生命力。

这样，就必须注意作为巫术法具的兽骨与龟甲的巫术价值取向及其意义、功能的互通性与独特性（暂略）。

二龙"夹"龟

(《韦钱》纹饰，商代，传世，现藏英国伦敦埃特纳齐拍卖行)

二龙所"夹"之物有颈而后肢不曲踞，疑龟而似蛙。

居于二龙之"中"，似即"天黾"。背甲中心圆点，疑亦"太阳"。二龙虽大，却屈居两侧；"天黾"虽小，却在中央。处在下方，似非常规。但本质上仍属二神兽"夹侍"中央神物的构图原则。

据张忠培等介绍，用龟甲作卜卦器具，可追溯到斐李岗文化。例如：贾湖349座墓葬，23座随葬龟甲，占6.6%。其中除以或整或碎龟甲随葬外，以龟背、腹甲扣合成完整龟壳，或伴以石子等，同于大汶口；墓主多为男性，随葬品亦较丰富。其它见于：大溪（文化）墓地；半坡文化，龙岗寺墓地；淅川下王冈，后冈一期文化墓地。

张氏认为：以龟甲为卜卦器具的宗教，与大汶口文化[同样]源远流长，当是这一文化固有的宗教。汉水流域的半坡文化龙岗寺墓地以龟或龟壳随葬的现象，与江淮地区的凌家滩墓地居民以龟甲作卜卦器具，均属孤例。它们所以存在这类宗教，或认为是受大汶口文化谱系文化影响的结果。

凌家滩文化出现玉龟/版以及玉太阳鹰，均非偶然，它们可以借用来"通摄"或者诠释几乎所有的涉龟"卜筮文化"。研究有待深入。

综合各地报告可知，新石器时代文化遗址陪葬物或藏品中出现加工龟甲

---

① 参见张忠培：《窥探凌家滩墓地》，《文物》2000年第9期，第56～58页。

(重点为内藏砂石、骨针之类者），主要是大汶口文化，大汶口墓地有 11 座墓，共随葬龟甲 23 件。

  龟甲 15 副，或有小穿孔（一般为 4 个，略作∷形），M182 龟甲 2 副藏有小石子。

——江苏邳县刘林遗址①

  龟甲 1 副（M88∶1），背甲四孔（∷），置于女性死者腰部。

——山东邹县野台遗址②

  龟甲 16 副，多有穿孔或线磨痕迹，少数藏小石或骨针。

——江苏邳县大墩子遗址③

  龟甲 20 件，或穿孔，或涂朱，或藏砂。

——山东泰安大汶口遗址④

  龟甲 1 副（L·4002 水井底部），有穿孔（∷）。

——山东兖州西吴寺遗址⑤

  龟甲，大量，边缘或穿孔，或装石子（M344×8），刻 8 符号（或释"目"）。

——河南舞阳贾湖遗址⑥

  龟甲 1 副，置于葬骨腰右。

——河南淅川下王岗遗址⑦

  龟甲 4 副，各置于葬骨腰右（死者多为儿童）。

——四川巫山大溪遗址⑧

  龟甲 1 副（M19），置于葬骨（女性）右臂附近。

——江苏武进圩墩遗址⑨

  龟甲，或藏有骨锥。

——山东王因大汶口文化遗址⑩

---

  ① 参见《江苏邳县刘林新石器时代遗址的第一次发掘》，《考古学报》1962 年第 1 期；《江苏邳县刘林新石器时代遗址的第二次发掘》，《考古学报》1965 年第 2 期。
  ② 参见《邹县野店》，文物出版社，1985 年。
  ③ 参见《江苏邳县四户镇大墩子遗址探掘报告》，《考古学报》1964 年第 2 期。
  ④ 参见《大汶口》，文物出版社，1974 年。
  ⑤ 参见《兖州西吴寺》，文物出版社，1990 年。
  ⑥ 参见《河南舞阳贾湖新石器时代遗址第三至六次发掘简报》，《文物》1989 年第 1 期。
  ⑦ 参见《河南淅川下王岗遗址的试掘》，《文物》1972 年第 10 期。
  ⑧ 参见《巫山大溪遗址第三次发掘》，《考古学报》1981 年第 4 期。
  ⑨ 参见《江苏常州圩墩村新石器时代遗址的调查和试掘》，《考古》1974 年第 2 期。
  ⑩ 参见《山东兖州王因新石器时代遗址发掘简报》，《考古》1979 年第 1 期。

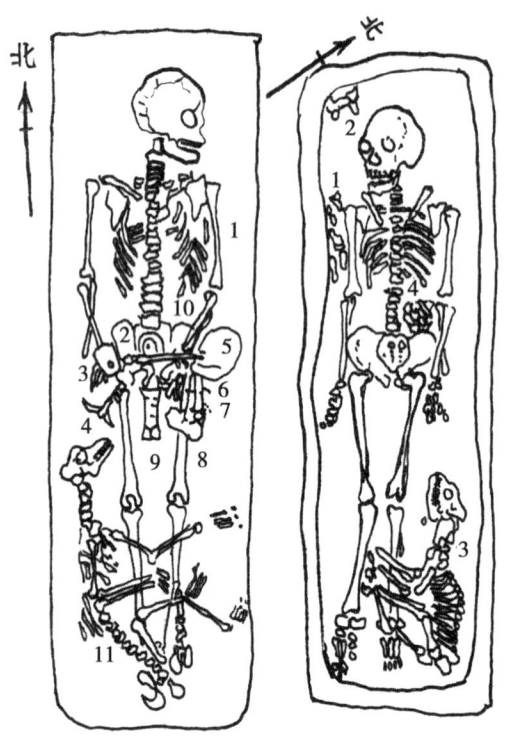

大汶口文化龟甲、犬牲之放置

（刘林 M25，下王岗 M112 平面图，采自高广仁、邵望平。

左：1. 骨匕；2. 石枪头；3. 石斧；4、6. 骨钩；5. 陶罐；7. 骨叉；8. 陶鼎；9. 陶环；10. 龟甲；11. 狗骨架。

右：1. 陶罐残片；2. 陶鼎；3. 狗骨架；4. 龟甲）

龟甲放在腰际，肯定有某种神秘的意义。无论作为"佩饰"抑或不可离身的巫术法具，都可能与占卜、神示有关。

高广仁、邵望平概括大汶口文化等龟甲随葬的情况说："史前时代以龟甲随葬的习俗，相对说来，以大汶口文化最为发达。从大汶口文化五处墓地情况看，龟甲多出自随葬品较丰富的大、中型墓，墓主多为中年男女，绝大多数龟甲经过加工处理，穿孔或截去一端；大多数是背腹甲同出，少数为背甲单出，有些内装骨针、骨锥或许多石子；绝大多数置于腰间。"[①] 这些龟甲就最可能作为腰佩灵物。他们认为：

> 龟甲极可能由织物、皮革或绳索缀合为囊，或如某些学者所说，囊上可能配有流苏一类的饰物，从内装石子或背甲涂朱来看，似非日常用品，当与医、巫有关，或具有原始宗教上的其它功能，是死者生前佩戴的灵物。因此可以说，大汶口文化早期已出现了"龟灵"观念。[②]

后来，他们直截了当地说："甲囊（本身）极可能是一种独特的医、巫用

---

① 高广仁、邵望平：《中国史前时代的龟灵与犬牲》，《中国考古学研究——夏鼐先生考古五十年纪念文集》（第 1 集），文物出版社，1986 年，第 62 页。

② 高广仁、邵望平：《中国史前时代的龟灵与犬牲》，《中国考古学研究——夏鼐先生考古五十年纪念文集》（第 1 集），文物出版社，1986 年，第 62～63 页。

具。"(《海岱文化与齐鲁文明》第81页)

进入成文史时期,商周利用龟甲占卜并记录结果等,毋庸赘言。还有一些与龟相关的器物出土,举例如下:河南陕县七里铺商代遗址出土陶龟纽盖①;陕西出土2件商代龟鱼纹盘,中心饰龟,内壁饰游鱼三尾②;福建武夷山悬棺葬,出土"龟形木盘"一具③,或以为是商周时代遗物,"用途是盛放食物"④。

只怕这些都不仅止于实用或玩赏的目的,只是其它作用还有待"发现"。

获麟得龟的政治效应

《史记·龟策列传》宋博士卫平论君主有权"用"大龟,曰:

> 玉椟只雄,出于昆山;明月之珠,出于四海;镌石拌蚌,传卖于市。圣人得之,以为大宝。大宝所在,乃为天子。(10·3232~3233)

这些"宝贝"与神秘软体动物、爬行动物的非常态出现,跟后世的"祥瑞"同样能够证成皇权统治的神圣性与合法性——"大宝所在,乃为天子"。

上古巫王要取得政治合法性和权威性,就要掌握图腾圣书,掌握巫书或巫画的秘密(这里的书、画都不过是"符号"的意思,不拘泥于"文字")。《周易·系辞》说:

> 天生神物,圣人则之;天地变化,圣人效之;天垂象,示吉凶,圣人象之。河出《图》,洛出《书》,圣人则之。(上·82)

神物,与《易》相关者,往往是周期蜕变或冬眠的爬行动物、两栖动物,例如蛇、蜥、鳄、龟、蛙等。四脚蛇(或鳄)求偶时鸣吼旋跳,圣人则之,以为"禹步","步不相过"是为一例。《河图》、《洛书》都是(图腾)圣书,是神或图腾赐予的。掌握了它,便掌握了权力话语,就有诠释和施行的"特权",并宣称其为"天授神与",普通部落成员是不能与闻的。

《书·顾命》有"天球"与"河图"之陈列。传云:"球,雍州所贡。《河图》,八卦;伏羲王天下,龙马出河,遂则其文,以画八卦,谓之《河图》。"(上·239)孔疏据《汉书·五行志》说,刘歆亦以为伏羲氏"继天而王,受《河图》则而画之,八卦是也"(上·239)。这就是神授天与的圣书。但是圣书的授

---

① 参见《河南陕县七里铺商代遗址的发掘》,《考古学报》1960年第1期。
② 参见《陕西出土商周青铜器》。
③ 参见曾凡:《关于武夷山船棺葬的调查和初步研究》,《文物》1980年第6期。
④ 林忠干、梅华全:《武夷山悬棺葬年代与族属试探》,《民族学研究》第4辑,1982年,第37页。

予往往有神圣动物作为中介——它也许是图腾,也许不是。例如龟、蛇、蜥、鳄等"再生"动物都可能担任起这伟大职责和行动。前引《易·系辞》说:"探赜索隐,钩深致远,以定天下之吉凶,成天下之亹亹者,莫大乎蓍龟。"(上·82)孔疏说,圣人所谓的"天生神物"就是这"蓍"与"龟"。所以,《河图》、《洛书》也有称做"龟书"的。

《书·洪范》:"天乃锡禹洪范九畴。"(上·187)伪孔传就说是神龟带来的。"天与禹,洛出书,神龟负文而出,刻于背,有数至于九。"(上·187)这就是《春秋纬》等所谓的"河图龙发,洛书龟感"。《后汉书·方术传》李贤注引《尚书中侯》:"尧沈璧于洛,玄龟负书,背中赤文朱字,止坛。"

遇见神秘动物,或神秘动物在特定时空出现,就可以"王",可以"霸",从边缘进入中心,古人谓之"祥瑞",举不胜举;今人或称之图腾示兆,颁降祯祥或预警。可以成为"见延维而殆(近)乎霸"的参照。这也是宣告三代之兴的盛事,而与"亡"相对照。《国语·周语》云:

> 昔夏之兴也,融降于崇山;其亡也,回禄信于聆隧。商之兴也,梼杌次于丕山;其亡也,夷羊在牧。周之兴也,鸑鷟鸣于岐山;其衰也,杜伯射王于鄗。——是皆明神之志者也。(上·30)

汉·韦昭注引三君曰:"鸑鷟,凤之别名也。《诗经》云:'凤皇鸣矣,于彼高冈。'其在岐山之脊乎?"(上·31)殷墟卜辞以凤为"帝史(使)",周人也把凤凰、赤乌之类看做报喜的祥鸟。它的光临,兆示着周之近乎王霸,即将掌握中心政权。孔夫子感叹"凤鸟不至,河不出图",许多学者便以凤凰鸣于岐山做对照,是悲叹丧失亲炙圣物、进入中心的机遇。

遇见"延维:委蛇"就可能成为霸主,掌握神秘图书也就控制着"霸权话语",那么,无缘得见者,政治上便丧失了"奉天承运"的依据,就只能像孔子那样感叹:吾已矣夫!

何晏《论语集解》说:"孔曰,圣人受命,则凤鸟至,河出图,今日无此瑞;吾已矣夫者,伤不得见也。"孔子的悲哀是有历史背景的:他缺乏自己学说"合理性"与"合法性"的神圣物证。《汉书·董仲舒传》对策曰:为人君者得"正",则"诸福之祥,可致之祥,莫不毕至;孔子则自悲可致此物而身卑贱,不得致也",所以不能"受命",干预国柄,实现自己的政治理想。他的政治野心,掺和着宿命论。《易坤凿度》所说也是此意:

> 仲尼偶筮其命,得《旅》,泣曰:天也,命也!凤鸟不至,河无图出,呜呼,天命之也!——叹息而后息志。

《管子·小匡》:"昔人之言受命,龙龟假河出图,洛出书,地出乘黄,今三祥未有见者。"

民初,夏曾佑先生就认识到,《河图》、《洛书》之类在假托天命、建构政治秩序与权威上具有重大的作用。

《河图》之由来,盖草昧之时,为帝王者不能不托神权以治世,故必受《河图》,以为天命之据。①

只是他以为此类"图书"必有文字,而"列治国之法,与《洪范》等",没有什么根据。

葛兰言的《中国古代的跳舞与神谭》早就指出,要建树政治合法性,就必须掌握神圣的礼器(如九鼎),带象征性的武器和神秘舞蹈(仪式),才能在Poltach(饕餮饮宴与赠礼)或"争霸"里稳操胜算②。巫术性圣书,其一端耳。

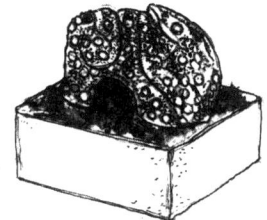

汉龟蛇纽三金印

(左一:龟纽《广陵王玺》,江苏扬州邗江甘泉乡出土;左二:蛇纽《汉委奴国王》印,弥生时代,日本福冈市志贺岛出土;右一、右二:《滇王之印》,云南晋宁石寨山出土)

这三枚金印在文化史上紧密联系,其以龟蛇为纽,具有镇恶辟邪的意旨。进一步说,获龟、命龟、用龟都是政权"圣俗"合法性的证明。

与龟相关的文物

如前述,大龟,特别是龟甲,与龟相关的典章制度文物,都是政治权威话语或符号。《尚书·金滕》:"今我即命于元龟。"

《史记·殷本纪》祖伊报告纣王说:"天既讫我殷命,假人元龟,无敢知吉……"(1·107)大龟获得,却不以吉兆示殷,是预其亡。就是《龟策列传》说的"纣为暴虐,而元龟不占"(10·3224)。

大龟甚至跟鼎一起被当做国之重器,政权的象征。《后汉书·宦者传·序》

---

① 夏曾佑:《中国古代史》,生活·读书·新知三联书店,1955年,第24页。
② 参见萧兵:《中国上古图饰的文化判读》(有关Poltach的专章),湖北人民出版社,2011年。

说:"魏武(曹操)因之,遂迁龟鼎。"唐·李贤注:"龟、鼎,国之守器,以喻帝位也。"见于文献虽晚,观念却极古老。

如上所说,在上古特定时期,某些君王以得到大龟(或大龟壳)是权力"天与神授"之神圣性的证明,通过这种宗教肯定,以向天下炫示其政权的(世俗)合法性。

汉·扬雄《太玄》:"龟绋厉。"注:"龟为印,绋为绶。"这还是基于龟的灵性,基于龟的珍异、高贵。

《史记·龟策列传》引《万毕石朱方》说,游于江南嘉林、巢在芳莲之上的神龟,"自铭"道:

甲子重光,得我者,匹夫为人君,有土正,诸侯得我为帝王。(10·3227)

但也有以千岁灵龟五色备具的大甲当做仙药的,"火炙捣服",定量定时,"尽一具,寿千岁"(《抱朴子·仙药》)。

珍异、高贵,其弱形式就是"龟纽"金玉之印,供王侯专用。

唐武则天时,三品以上官得佩金饰"龟袋"。李商隐诗:"无端嫁得金龟婿,辜负香衾事早朝。"至今女士们还以钓得"金龟婿"为荣。

龟:权力与财富的意象

(左:石龟纽印,汉代;中:龟纽盖豆,河南偃师二里头出土,或属夏代;右:龟与钱币,汉画像砖,四川成都出土)

龟纽印章标识权位,且能"辟邪"。《史记·龟策列传》说,《万毕石朱方》记,江南嘉林,兽无虎狼,鸟无鸱枭,草无毒螫,"龟在其中,常巢于芳莲之上"。

龟纽容器,除炫示尊荣之外,还因为人们希冀它具有"聚宝盆效应"。含山凌家滩"原八卦图"玉版被"含"在玉龟甲里(成为《龟书》),能获得绵延不绝之灵性,使用"龟甲盒"或"龟纽容器",便能希冀藏在其中的财宝货物能够自我生长如"玄龟青泥"(即"息壤"),取之不尽,用之不竭。

所以汉画里有龟与铜钱伴出者。

新石器遗址出土龟甲，有的夹有砂粒或小石子。或说，龟甲里装着石子或砂粒，摇动有声，或许是佩饰兼原始"音响器"，就好像环珮丁当、佩玉有傩那样，是一种节奏容与的"有声装饰品"。江苏邳县大墩子遗址 M21 出土的一例，龟甲是套在肱骨上的，内装许多石子，也许可以支持"音响"之说。然而"音响龟甲"也可能带有神秘性与宗教用途。更值得特别注意的是，安徽含山新石器时代遗址出土的、那刻着八角星纹的"玉龟"，中间是否也夹着小石子？

有人怀疑，盛放砂粒的龟甲，或即某次占卜结果的记录，"可能与某种宗教魔法有关"①，是"器乐化"的"龟语"或者"巫音"。这个说法比较新颖，但似乎不宜过分强调，它发出的音响究竟太"小"了。

如上所说，龟在初民心目中，不但长寿，而且是生命力的象征。龟、蛇等的冬眠或蛰居的习惯，使它们似乎具有"死亡—再生"的神秘循环能力。以龟随葬，跟"含贝"、"饭玉"、"施珠"同样可能暗寓"蕃殖信仰"。

还有一种独特的说法：龟甲常置腰腹下，而"多有穿孔，可能是联缝在衣服上保护生殖器用的"②。这倒是跟龟作为"蕃育象征"的巫术法具的性质有关。

这就引起佩龟是否能够促进生育的问题——如上所说，龟由于生命力强盛和寿命的绵长，龟头又似男阴，跟蛇同样常被视作"生殖"的象征。但是，大汶口等地具有灵物性质的龟甲或发现于人架臂部。上述说法至少不能"周延"，更无法"兼顾"许多龟甲内藏砂粒的特殊目的。

然而，红山文化遗址曾发现"雌雄龟同出一棺"，如杨伯达所指出，这"可能与生育繁衍有关，也可能是人与神的媒介，后世龟成为长寿的象征"③，雌雄龟同作随葬，其促进蕃育乃至再生的意旨是很难抹煞的。

又者，那些藏有砂石或骨针的龟甲，或说"可能系在皮带或织物上作为甲囊使用"④，或称之为"龟甲囊"⑤。

萨满巫倒是有把"龟神"神像放在皮袋里以便取出祭祀的，似乎暗示其有（或只有）实用功能。前举高广仁、邵望平补充云："龟甲极可能由织物、皮革或绳索缀合为囊，或如某些学者所说，囊上可能配有流苏一类的饰物，从内装

---

① 李锦山：《东夷原始宗教概论》，《东夷古国史研究》（第 1 辑），三秦出版社，1988 年，第 59 页。

② 石兴邦：《试论大汶口文化及其有关问题——中国原始社会文化探索之二》，《山东史前文化论文集》，齐鲁书社，1986 年，第 184 页。

③ 杨伯达：《中国古代玉器面面观》，《故宫博物院院刊》1989 年第 2 期。

④ 参见《江苏邳县刘林新石器时代遗址的第二次发掘》，《考古学报》1965 年第 2 期。

⑤ 参见王育成：《含山玉龟及玉片八角形来源考》，《文物》1997 年第 4 期，第 58 页。

石子或背甲涂朱来看，似非日常用品，当与医、巫有关。"①

吴钊论文独到地称藏有砂石等内含物，晃动作响的"甲壳"为"龟铃"。他注意到仅大汶口文化遗址就出土了16副以上的龟铃，而且主要出在地位较高的单人葬里。他重点探讨了河南舞阳贾湖遗址 M344，此墓主人"头骨缺乏，而用八枚龟铃代替"②。他说甲骨文"鬼"字可读"兄"（即祝），又像戴"鬼面具"；龟铃代首，似乎鬼面符号之⊕，"就是一串龟铃"③。这当然不合逻辑，但可证"龟铃"的神秘。

在"卜测性巫具"的大前提之下，我们可以讨论带砂粒龟甲的具体功能。

饶宗颐先生介绍，目前所知最古老的斐李岗文化贾湖龟甲（C14 测定，树轮校正，距今 7500～8000 年），腹甲上刻似"日"与似"眼"形文，涂朱，内贮石子。墓主为壮年人，随葬一叉形骨器，两支鸟骨制"雌雄笛"和八副龟甲——与"所谓节八音而行八风是否有关，还很难说"。红山文化亦有玉龟；安徽含山凌家滩玉龟所夹玉版，"有表示方位九宫形态的图案和若干钻孔，可能用以拴绳，亦可能有些数理关系的意思"，纬书所谓"神龟负书"，极可能由此引起④。

前举吴钊认为，贾湖"龟铃"，是"与方位、节气、八卦等有关的一种法器兼乐器"⑤，可能用作巫舞的伴奏，但"铃声"实在太小，目前还无法证实其是否以"器乐"为主要用途。

文献上确有古人"佩龟"风习的记载，除唐代的"金龟"标识权位等之外，巫术目的是主导性的。例如《史记·龟策列传》说："取［龟］前足臑骨穿佩之，取龟置室西北隅悬之，以入深山大林中，不惑。"《抱朴子·登涉》说，"南人入山，皆带鼍龟之尾、云日（鸟）之喙以辟蛇"（王校本，279）。

至于龟甲中藏放砂粒，我们从前有个假说：原初的类似含山玉版的"原八卦图"之类是一个"巫术场"，初民在其上任意或随机地撒播"草茎"、"枝叶"之类"条状物"，巫师随其"布局"判断行动的时地或者休咎，以后"进化"为占筮用的"卦爻"（—/- -）；也可以撒播籽种、砂砾一类"粒状物"，同样能够据其分布（或分布"规律"）确定进退行止吉凶。稍加"微缩"，便是砂粒——藏于龟甲是为了取得神龟灵力，就像"玉版"（玉版可能只是袖珍本八卦图或"模型"，占卜撒布时将其图形绘在地上）。但这个假说没有直接证据支持。

---

① 高广仁、邵望平：《中国史前时代的龟灵与犬牲》，《中国考古学研究——夏鼐先生考古五十年纪念论文集》（第1集），文物出版社，1986年，第63页。
② 吴钊：《贾湖龟铃骨笛与中国音乐文明之源》，《文物》1991年第3期，第53页。
③ 吴钊：《贾湖龟铃骨笛与中国音乐文明之源》，《文物》1991年第3期，第54页。
④ 饶宗颐：《论龟为水母及有关问题》，《文物》1999年第10期，第35页。
⑤ 吴钊：《贾湖龟铃骨笛与中国音乐文明之源》，《文物》1991年第3期，第54页。

最奇特的是，江苏邳县大墩子 1963 年第一次发掘的大汶口文化遗址，M21 出土龟甲一副，"发现时套在人架的右肱骨上，其中还有许多小石子，背甲上有穿孔"①。龟甲只能在墓主生前或死后套在其右臂上（因为不是二次葬）；那这龟甲必定巨大，而且为什么"其中还有许多小石子"？无怪乎专家都为之迷惑不解。尽管含糊，参照其它新石器时代墓葬有龟甲放置臂旁的情况，死者生前在某些场合臂上佩饰龟甲或手持灵龟是十分可能的（有报道说，大汶口遗址曾发现人架"手持"龟甲）。

案《山海经·海外东经》：

> 雨师妾在其北，其为人黑，两手各操一蛇，左耳有青蛇，右耳有赤蛇。一曰在十日北，为人黑身人面，各操一龟。（263）

可见古老文献上也有操龟的（祈雨）女巫或女神，新石器墓葬女性陪葬龟甲并不鲜见。

从此条内容看，操龟跟巫术仪式，尤其是跟卜测或祈求甘雨的仪式相关。这跟操蛇之舞基本目的在于祈雨求丰是一致的（参见《山海经的文化寻踪》"海神禹疆"节）。

据说，辽宁建平牛河梁红山文化遗址第五地点"巫酋"大墓，墓主人戴环的双手也"各操一龟"。

大汶口文化某些大墓以龟"陪葬"，性质基本与之相同。再看《海内北经》：

> 蛇巫之山，上有人操柸而东向立。一曰龟山。（305）

准以"蛇巫之山"文例，一曰龟山者，意亦"龟巫之山"，跟雨师妾（女性雨神或祈雨女巫）之或"操龟"相似。

雨师妾在汤谷北。王昆吾参以《西山经》崦嵫之山，"其阳多龟，其阴多玉"，认为："在古人的看法中，龟是居于日出之处（汤谷）和日落之处（崦嵫）的。龟具有日神和水神的身份，所以它成了雨师之神力的象征。"② 当然，作为"太阳使者"、水神（玄冥）化身、雨神法物，龟也是能够司雨或促雨的——跟"太阳神蛇"的蜥蜴一样。

无怪乎，有人把蜥蜴看成脱去坚壳的神龟！从根本上说，操龟、佩龟、践龟，都是"墓主"或"灵巫"的神圣地位与权力话语的仪具证明；但是，具体说来，追求生命与繁殖能力的加强，祈雨求丰，或辟邪镇恶等目的，也不能完全漠视——特别应该注意其在"上下文"或特定语境里的特殊作用。

---

① 《江苏邳县四户镇大墩子遗址探掘报告》，《考古学报》1964 年第 2 期。
② 王昆吾：《中国早期艺术与宗教·楚宗庙壁画鸱龟曳衔图》，东方出版中心，1998 年，第 48 页。

第十四章　龟与饮食、寿命及财富

"四灵"与人类的饮食习惯、习俗

《礼记·月令》季夏之月，"命渔师伐蛟取鼍，登龟取鼋"（上·1370）。郑玄注《周礼》，说是在秋天抓捕这些"甲类"，主要目的是吃。《淮南子·时则训》同（上·171）。

蛟或是某种蛇，鼍是扬子鳄，鼋是大鳖，后人也是不敢随便杀食的。但春秋时尚以为美味，楚人献鼋于郑灵公，他不给公子宋鼋羹吃，"公子怒，染指于鼎，尝之而出"。今人熟知的"尝鼎一脔"、"染指"等，都典出于此。龟，不但取甲为"宝货"或卜占，肉也可吃。

《吕氏春秋·季夏纪》："[季夏] 是月也，令渔师伐蛟取鼍，升龟取鼋。"（1·311）高注说"升"，却似后人观念："龟，神，可以决吉凶，入宗庙，尊之也，故曰'升'也。"（1·317）其注《淮南子·时则训》略同（上·172）。根据之一是《月令》说"登龟"，郑注说用"登"字，是"尊"之。其实不一定。

可见，龟、鳖长期以来都是捕食对象，甚至是美味。龟，其甲壳被当做占卜法具以后一段时间，仍然"食其肉，用其甲，杀其身而奉其灵"，"灵物"观念加强以后，人们才吃鳖而忌龟（龟肉资源也不如鳖丰富）。到20世纪上半叶，中国人还基本上不吃龟。直到近年对鳖的"饮食迷信"大行，祸延灵龟，它们才遭到厄运；好在人工饲养业迅速崛起，高价格又在一定程度上抑制了对野生龟、鳖的大规模捕杀。

早期，龟、鳖（二者并不严格区分）可供食用，就像龙之母型蛇与鳄，凤之母型雉与孔雀，麟之母型鹿或野生牛羊，直到老虎，都曾被食用。早期人类，饮食单调乃至匮乏，猎获或豢养野生动物多以充食，它们是不可缺失的（动物）蛋白来源。早期的"食忌"与"审美忌讳"都是很少的，后来才逐渐增多（就好像我们听到西南边远地区有人吃孔雀、吃蛆虫，都感到吃惊一样）。按照人类学家的调查与研究，在所谓"巨兽捕获文化"衰微之后，人口增加的压力导致：

（1）捕杀强化（包括捕杀范围或对象扩大）；
（2）资源枯竭，生态失衡；
（3）战争与掠夺。

所以，天上飞的、地下钻的、水中游的，几乎一切能吃的都吃，狩猎的工具、技术与效率也相应改善或提高，但这又引起上列负面效应增大，陷入恶性循环。

农稼，加上相应的畜牧经济的出现与发展，使上述情况有所缓解与改变。这在温暖而水源相对充沛的亚洲尤其是中国，表现得相当明显。人们还能使植物蛋白与动物蛋白以多种方式相互转化，最大程度地遏制了"动物蛋白缺乏综合症"或"脂肪过剩综合症"，以及它们在文化方面的负面效应（例如动物蛋白缺乏导致智力与健康生活水平下降，动物蛋白或脂肪过量引起心血管疾病以及暴力倾向加大等）。

食物资源及其开发的进步，带来一些在行为与饮食方面的后果。

一是尽量避免去猎捕危险的或大型的鸟兽。因为费力旷时，代价或危险太大。"猎捕这种动物作为蛋白质来源是一种典型的高成本、低效益的肉类生产方式。这种动物很稀少，肉少毛多，很难寻找和捕杀。"[①] 当然更不能消耗大量动物蛋白喂饲毒蛇、猛兽、鸷鸟去换取少量的"肉：动物尸体"供食用——那不如养猪或者放牧牛羊。我们早有交代，除了海龟与大山龟不为水源地带农夫所习知之外，四灵或四神的母型多属猛兽凶禽（蛇、蜥、鳄当做肉食，成本太高，虎与鹰很难捕获，雉鸡与孔雀数量不大，肉也太少。只有鹿好一些，却极易消耗殆尽，"麋：四不像鹿"就是例证）。所以它们逐渐从农夫与牧人的食谱里淡出，还渐渐地"避食"与"禁食"，这当然有利于人类生存环境条件的改良与自然生态的平衡。

也许可以说，古代的动物—灵物崇拜及其所造成的"饮食禁忌"跟《旧约·利未记》中的禁食动物规定同样，"整个模式似乎完全是一种禁止食用不易获得或过于昂贵的肉类的模式"[②]。功能主义的诠释确有一定理据，可以有限制地使用、参考。

要想抑制对某种稀缺动物的猎捕、屠杀与食用，除了宣传、法律、道德以及价格等现代性元素的影响之外，上古时代主要是无意识（少数是自觉）地采取两种文化手段：

（1）消极的：饮食禁忌（taboo of eat）。

例如宣称某物为图腾、祖灵，禁止杀食；或食之致厄，引起病灾祸害等。

（2）积极的：饮食诱导。

---

① [美] 马文·哈里斯：《文化的起源》，黄晴译，华夏出版社，1988年，第128页。
② [美] 马文·哈里斯：《文化的起源》，黄晴译，华夏出版社，1988年，第130页。

一方面宣称其为神圣或灵物或应保护的稀缺资源,劝导自觉地不加伤害与食用;另一方面提供更优质的替代品,例如仰韶文化以后大量引进羊,推广猪。

审美元素逐渐加入并且强化。近世,如果有人捕食美丽的孔雀、雉鸡与麋鹿,可爱的燕子或金鱼,憨态可掬而又善良的乌龟,肯定会遭到责备或嘲笑,从而保护了物种的多样性和生态的优良化。

远古乃至上古,一般情况下并不忌讳吃龟(考古发现可证)。甚至正是因为在烤食龟肉的同时,发现龟甲在烤灼时会发声并且裂纹成"兆"(参见董作宾《商代龟卜的推测》等文)。

《易·颐卦》初九:

> 舍尔灵龟,观我朵颐。凶。

文献如《周礼·地官·鳖人》"秋献龟、鱼"云云,证明古人食龟。高亨的《周易古经今注》(第237页)等已注意到。考古发掘证明,从河姆渡到良渚文化遗址到两广贝冢,"在长江流域及华南地区的一些新石器时代遗址中,有食剩的龟壳存在",一直展延到海岱地区。①

但是,灵龟主要用来占卜,龟成为巫术法具之后,一般人似乎不能吃灵龟之肉。宋元王杀大龟占卜,是"以刀剥之,身全不伤;脯酒礼之,横其腹肠;荆支卜之,必制其创"(《史记·龟策列传》,10·3236),必须经过一定的祝咒与禳解。而世俗日常的吃龟跟仪式性的"剥龟"(而用其"灵")是根本不同的。

普通人竟用灵龟满足口腹之欲,所以卦象示凶。这里的"观",也许借用为"欢",就是后来说的"大快朵颐",绝不是高亨所注"徒观我之啖嚼"的意思。我们释《观》卦为"祸",此亦祸乎?

崇龟,为什么吃龟

在龟成为神秘动物之时,普通人特别是以龟为图腾的群团,没有神秘"理由",不经过仪式手续而杀龟、吃龟是极其危险的事情。"谁要是触犯了这一规定,谁就会大祸临头。"② 这是因为"俗"不能与"圣"相混淆,"圣"不能移就于"俗","俗"更不能侵犯"圣"。"在图腾植物或动物中,始终存在着一种令

---

① 参见高广仁、邵望平:《中国史前时代的龟灵与犬牲》,《中国考古学研究——夏鼐先生考古五十年纪念文集》(第1集),文物出版社,1986年,第59页。

② [法]爱弥尔·涂尔干:《宗教生活的基本形式》,渠东、汲喆译,上海人民出版社,1999年,第169页。

人敬畏的本原（引案：例如"灵"或mana），这种本原一旦进入凡俗的有机体，就必然会被扰乱或破坏。"①

《史记·龟策列传》说，如果山川知道灵龟被辱——

> 江河必怒，务求报仇。……淫雨不霁，水不可治；若为枯旱，风而扬埃，蝗虫暴生，百姓失时。（10·3231）

列维-斯特劳斯介绍埃尔金（A. P. Elkin）《澳大利亚人图腾制度的研究》里对新南威尔士到丹皮尔地北部地区食物禁忌的报道说：

> 它坚信，神话中的蛇就活在巫师体内。这种在图腾与人之间假想的同一性，离不开一种食物禁忌，吃掉了这种动物，就等于吃掉了自己的同类。②

所以，图腾机制重要的一条禁忌（taboo）或戒律，就是不得杀害、毁损或食用（祖先化形的）图腾动物。

波利尼西亚群岛的陶马克岛，有龟氏族等，"各氏族不准杀、食这些动物"；罗图马岛，"主神是龟"，族众"禁止杀害这些神的化身"③。

然而在特定场合，不得不杀、食、用这些"图腾动物"。但这，首先要有"神圣的目的"；其次，必须举行隆重的仪式。例如澳大利亚有名的"因特丘马"（Intechuma）仪式，在饥荒等危机将临或繁殖的季节，"大开筵席"，由酋长或巫师带头食用平时严厉禁止食用的作为图腾（祖先）的"圣虫"，目的是刺激其大量蕃育并且带动部落的繁荣与昌盛。《山海经》载，以鸟为图腾的殷王族，先公王亥却"两手操鸟，方食其头"，金祖同、朱芳圃等认为就属于这种"杀—育"巫术。按照斯宾塞与吉伦的观点，"在某些郑重的场合，氏族成员和他们的首领不仅可以，而且必须吃下图腾动物或植物"④。这就像后来的"秘膳"或"圣餐"。"老人和那些获得了较高宗教地位的人，都不受那些普通人才受其约束的限制。他们之所以可以吃圣物，是因为他们本身就是神圣的。"⑤

中国古人为了占卜杀掉"神秘的"乌龟。起初，也许只为了吃龟肉。烧食它时，龟甲"爆裂有声"，并且出现复杂而多变的纹路。据某些学者说，这导致

---

① ［法］爱弥尔·涂尔干：《宗教生活的基本形式》，渠东、汲喆译，上海人民出版社，1999年，第169页。

② ［法］列维-斯特劳斯：《图腾制度》，渠东译，上海人民出版社，2002年，第48页。

③ ［苏］海通：《图腾崇拜》，何星亮译，上海文艺出版社，1993年，第88页。

④ ［法］爱弥尔·涂尔干：《宗教生活的基本形式》，渠东、汲喆译，上海人民出版社，1999年，第170页。

⑤ ［法］爱弥尔·涂尔干：《宗教生活的基本形式》，渠东、汲喆译，上海人民出版社，1999年，第171页。

"龟卜"。神秘地形成的声音与纹路成为占卜的依据。

董作宾曾根据《吴中卜法》等书及实验所得,以为龟甲的灼卜起源于烤食乌龟。灼龟时"炸然有声",坼兆同时出现①。《吴中卜法》称此炸裂之声为"龟语"(巫音的一种);那么,未灼或不灼之时,要听"龟语",就得借助龟铃之类。龟语之外,还有"龟兆"。这只有通过烧死乌龟来取得。因为它由"凡俗"进入了"神圣"。这,有助于理解像龟这样神圣聪敏灵验的生物,卫平为什么要劝元王"杀"它了。

由龟而言,"'神'能见梦于元王,而不能自出渔者之笼;'身'能十言尽当,不能通使于河,还报于江;'贤'能令人战胜攻取,不能自解于刀锋,免剥刺之患;'圣'能先知亟见,而不能令卫平无言;言事百全,至身而挛(脔割);当时不利,又焉事贤?"(10·3236~3237)这是为什么?

仅仅用道家学说,"天下有阶,[灵]物不全,乃生也",不能尽揭此神秘。

《庄子·外物论》述此故事时,似乎还想揭示出一个"怪圈"。宋元君想杀又想不杀,"必疑,卜之"。卜的结果是:"杀龟以卜,吉。"龟必须牺牲,贡献出它的物化的"灵性"(mana):甲,才能证明其通神,才能"七十二钻而无遗策",完全正确,毫无浪费。他想证明:灵智聪慧者却不能自保,"聪明反被聪明误",愚钝质朴者反能全身。这只是"文明"增进并且出了问题之时,智者的思索与启示,并非"原意"。

这里当然包藏巨大的矛盾与"悖论":爱敬,却要杀死圣物。

新墨西哥印第安祖尼(Zuni)人为了祈雨杀掉"祖灵"或作为"氏族图腾"的乌龟是"杀死——为了拯救"的良好参照系。

由弗雷泽《金枝》转述一位"目击者"的描写,可知:

(1) 由圣湖"黑水"通过仪式取来的乌龟曾是他们的图腾,它们"也许是我(捉龟者)的曾祖父、曾祖母"(这跟宋元王"元龟"大不相同);

(2) 龟是永生的,杀掉也"不会死,它只是明天换个家",回归祖灵居处(它的"实体"可因灵之回归达成不死);

(3) 煮食龟肉可以疗疾,但要用部分肉祭神(这可以看做"圣餐"残余);

(4) 捉龟时,杀龟前都要举行仪式跳舞;

(5) "那么把一只具有人类灵魂的乌龟杀掉是什么意思呢?很显然,目的是要保护和另一世界的来往,死者的魂魄就是以乌龟的形体聚居在另一世界里。"(《金枝》下·725)——非图腾的灵龟同样可以作为人神、圣俗之间的媒介,特别是能够传达祖灵或神祇的意旨;

---

① 参见董作宾:《商代龟卜之推测》,《安阳发掘报告》第1期,1929年;《董彦堂先生集》(第1册),(台北)联经出版公司,1977年,第1册。

（6）直接的目的，"是向祖先的神灵祈求，请他们为活着的子孙的福利让老天爷降下雨水"（下·726）——作为土地与水的精灵，神龟同样能够卜测乃至"影响"晴雨；

（7）最有趣的是，杀龟后，"龟壳剔净晾干，做成跳舞的响鼓，用一块鹿皮包着"（下·724）①。

龟壳响鼓可以视为一种传达神旨的龟语或巫音，只是没有龟卜那样"精致"而已。

张岩的《图腾制与原始文明》曾对此案例做了细密的分析，文长不具录，只摘引一些对宋元王杀龟用龟的矛盾有所启发的片断。

> 在他们（祖尼人）的价值观念中，那个［灵魂的］世界往往比这个［活物的］世界更加重要。这便解释了为什么在人类早期的图腾时代中，图腾（案：或"龟灵"）观念居然可以强迫性地影响和左右先民们的许多因果判断方式和重要的行为选择。②

宋人是盛行龟卜的殷商的后裔，他们不以龟为图腾而且远离"图腾时代"，但是传统的惰力仍使宋元王容易听信卫平的"诡辞"杀龟而取其壳，而用其灵，自愿由其左右自己的"因果判断"和"行为选择"。因为龟壳不但保存着龟的"灵"，还潜藏着祖先或神祇的意志与智慧，它们由"中介者"龟灵及其载体来传递。

这样，龟壳作为占测器、灵骨殖与吉祥符、护身物的功能是互渗的，且在根本上是相通的，是为了取得祖灵、神祇的庇佑、垂爱、降福或示警。其灵验与神圣有如祖先头骨、龙牙、凤毛、麟角乃至佛舍利。阿伊努（Ainus：虾夷）"熊节"杀熊而留头骨，张岩分析道，"他们在仪式后所长期供奉的熊的头骨是'神灵的保持者'。……圣物生前的身体的某些部分在其死后可与其灵魂产生感应，并可以作为其灵魂'回来'的落脚点"③。所以神圣头骨要跟龟甲一样长期供奉，以取得其庇护和指导。

萨摩亚（Samoa）原住民认为，龟是氏族的保护神，在不得已要伤害龟的情况下，必须举行仪式以求龟的宽恕④。有些像东北亚与西伯利亚原住民的杀熊仪

---

① 参见［英］弗雷泽：《金枝》（下册），徐育新等译，中国民间文艺出版社，1987年，第722~726页。

② 张岩：《图腾制与原始文明》，上海文艺出版社，1995年，第72页。

③ 张岩：《图腾制与原始文明》，上海文艺出版社，1995年，第225页。

④ 参见［俄］普列汉诺夫：《论俄国的所谓宗教探索》，《普列汉诺夫哲学著作选集》（第3卷），生活·读书·新知三联书店，1962年；又见王小盾：《中国早期思想与符号研究》（上册），上海人民出版社，2008年，第259页。

式。祖尼人（Zunis）在杀龟的时候也举行仪式，为的是把［龟］的魂魄送回祖先们的灵魂所居住的世界（参见《金枝》下·724；《四神》上·259）。这就很有图腾崇拜气息了。杀龟、用龟、祭龟，其目的虽不同，但要用仪式禳祓并引导，使这种"异变性"行为走向更重要的目的，则完全一样。

> 元王向日而谢，再拜而受。择日斋戒，甲乙最良。乃刑白雉，及与骊羊；以血灌龟，于坛中央。以刀剥之，身全不伤。脯酒礼之，横其腹肠。荆支卜之，必制其创。（《史记·龟策列传》10·3236）

这是仪式，也是祷诗（韵文祝辞），是要表演或歌唱让龟灵感知的。这跟阿伊努人（Ainus）杀熊仪式极为相似。兹参照张岩评述简析如下：

(1) 仪式前"择日斋戒"，"在原始时期是极为普遍的"，表示"洁净"与"虔诚"，清空肚子接受"圣餐"①；

(2) 以白雉、骊羊讨好待杀的圣物，是贿赂、欺骗，也是转移罪责；

(3) 屠杀或烹食的过程、办法、规格都复杂而严密；

(4) "剥了皮的（熊）头顶骨就挂在神杖旁的一根柱子上"（《金枝》下·730）；

(5) 仪式及其前后，反复献祭、歌舞、祝号。

其目的都在保护、延续、张扬代表神明的"圣物"的灵性。这里，关键在于保存并且供奉、利用的"圣动物"有代表性的遗蜕，例如龟甲或熊头（骨）。

据我们思索体会，中国上古所谓拥有宝龟，不指养活它的肉体，主要必须取得它的大壳。没有（元龟）大壳，就不能用以占卜，就无所谓用龟、命龟、筮龟——也就不能依靠它来证明政权或"教权"之"圣/俗"合法性与权威性。用龟，用的是它的"灵"：让"灵龟"变成"龟灵"。

这样一来，动物学意义上的物种似乎也成了物种的灵魂与巫师的灵魂之间的一种中介。进一步说，龟的肉体可以被剥割，"龟灵"却能永存而不朽。出于对龟的"冬眠"与起居隐显特性的观察，上古时人认为，龟（或者说"龟灵"）是不死的，"寿蔽天地，莫知其极"。它能够以永恒之"灵"为人卜胜败，定死生，决疑难；也能够以"惊蛰"之体，"与物变化，四时变色"，从"长生"到"再生"，直臻"永生"。

"春仓（苍）夏黄，秋白冬黑。"虽然附会于"五行"，牵合着"四时"（春、夏、秋、冬与东、南、西、北之"四色"）。然而，正如四季周期性和永久性的循环，龟也能由"冬黑"而"春仓"，从"死伏"到"活出"，体现着"永恒回归"的"元语言"。正如王小盾所说，"神龟是最坚强的生命，它经历了无数个日日夜夜，为一切死亡和再生过程提供了见证。龟遂被视为水神和地神；被联想为母腹，联想为死亡与再生之山，联想为一个神秘使者，在活着的子孙与已

---

① 参见张岩：《图腾制与原始文明》，上海文艺出版社，1995年，第247～254页。

逝的祖先之间交通"(《四神》下·838)。

以此,"四灵"都是不死和永生的,"玄龟:玄冥:玄武"更有无与伦匹的生命力;否则,就不成其为"灵"。纵使其肉体被杀剥,其"灵"依然存在,而且更加强大。这是原始"灵/肉分离"观。

伊利亚德的《神圣与世俗》指出:"象征意义唤醒了个体的体验,并把它转换成精神性的行为,转换成对世界的形而上学的理解。"①

参照爱弥尔·涂尔干的理论,原始社会生活分立为"圣"与"俗"(这就是后来列维-斯特劳斯们所谓"二元对立"结构的一种),结合我们的论题,就是:

圣:灵的:精神世界　　龟灵:龟的大壳
俗:肉的:物质世界　　灵龟:龟的肉体

"如果要从一个世界(世俗)转入另一世界,必须在生物死亡以后重新复活之时才能实现。"② 例如,一个小孩子长大要成为巫师,就必须仪式地死亡,脱离凡俗的人生,而后复活,并复出于神圣的领域。对于龟这种本是普通(而又潜藏神性)的动物,需要时就得把它杀掉,摆脱其凡俗性,而后"再生",并且将其灵升华于其壳。"既然只有彻底离开这个世界,才能完全属于另一个世界……[那么]彻底脱离尘世的唯一方法就是舍弃整个生命。"③ 这样,本来就潜在的"灵"跟圣化的"壳",便真正地"超凡入圣",代表并传达神或天的意旨,指导或决定人间的行为。这确实有些像张岩由祖尼人杀食"图腾龟"的仪式行为里分析出的一个判断:"这里体现了人们在图腾餐仪式中杀死圣物的两个主要目的之一:以圣物的灵魂为'信使',沟通族人与冥冥中的本族类的灵魂的关系,这种祈福性的沟通当然是为了寻求庇护,也就是寻求在他们看来具有超自然能力的本族类灵魂的庇护。"④ 须知,任何占卜行为,根本都是为了祈福避祸,趋吉驱凶。

龟的神奇寿命

《论衡·卜筮》引孔子对子路问,说:"夫蓍(草)之为言'耆'也,龟之为言'旧'也。明狐疑之事,当问耆旧也。"因其名而责其实,其读音造成类似联想。"蓍龟"就是"耆旧",他们以经验来决疑。这是"老人文化"之必需。《太平御览》卷九三一引《逸礼》:"龟者阴虫之老也。"龟古音近久、旧。《说文

---

① [美]伊利亚德:《神圣与世俗》,王建光译,华夏出版社,2002年,第24页。
② [苏]海通:《图腾崇拜》,何星亮译,上海文艺出版社,1993年,第203页。
③ [法]爱弥尔·涂尔干:《宗教生活的基本形式》,渠东、汲喆译,上海人民出版社,1999年,第46页。
④ 张岩:《图腾制与原始文明》,上海文艺出版社,1995年,第72页。

解字》等采用声训,"龟,旧也",段注云即"久"。其能久,诸家也已论述无遗。

龟的肺活量特大,行动缓慢,又有坚甲护身,所以呼吸舒徐,所谓吐纳导引,消耗热量极少。

《初学记》卷三〇引《抱朴子》云:"龟蛇潜蛰则食气,夏咨口而甚瘦,冬穴蛰而大肥。"

《抱朴子·对俗》引难者曰:"龟能土蛰,鹤能天飞。"又说龙蛇等能"竟冬不食"。它的冬眠习性,跟蛇蜥等同样,体现着"生—死—生"的永久循环,寄寓着"长生久视"乃至"不死"的古老愿望(或说,上古音"龟"因而与"久:旧"略同)。

所以龟在"四灵"里主冬。玄冥先是指龟,后来神人化为寿命之神"大司命"(闻一多,参见《楚辞的文化破译》),后来跟蛇一起组合成北方"玄武"。如果能够适应严寒,"安平静正,动不用力",乃至进入冬眠或半冬眠,把活动与体能消耗降至最低,那自然能延长寿命(然而从整体看,又不妨碍其细胞的分裂或繁殖——据说龟的细胞能繁殖90~250代,所以在动物中寿命最长,其长寿"基因"至今仍在分析研究中)。

《礼记·月令》孟冬之月,"其虫介",郑注:"介,甲也。象物闭藏地中也,龟鳖之属。"一方面是其以甲藏身,另一方面就是反映其冬蛰。

据说,龟还有自我疗伤的能力,有些像蜥蜴的断尾"自生"。特别是某些龟甲,即令损伤,也能够很快长成或恢复。

"南方老人,用龟支床足,行二十余岁,老人死,移床,龟能行气导引。"(《史记·龟策列传》10·3228)

长寿就证明龟"生命力"之强大——我们反复强调,古人所崇敬的"四灵"或"四象"、"四神",都是生命或生命力之原型意象,都具有强大的"体魄"乃至"暴力倾向",都具有旺盛的性能力与蓄育功能。

前举《庄子·逍遥游》说,楚南有"冥灵","以五百岁为春,以五百岁为秋",陈鼓应今注引宋·罗勉道云:"冥灵者,冥海之灵龟也。"(10)游于幽冥之海,尚以千岁为一春秋。所以,与"玄武:玄冥:玄龟"相当的大司命既是死神,又是寿神,他掌握自己与人类的生命或寿数。

《史记·龟策列传》中卫平对宋元王论龟之灵异曰:

> [龟]生于深渊,长于黄土。知天之道,明于上古。游三千岁,不出其域。安平静正,动不用力。寿蔽天地,莫知其极。与物变化,四时变色。居而自匿,伏而不食。春仓夏黄,秋白冬黑。明于阴阳,审于刑德。先知利害,察于祸福。以言而当,以战而胜(胜,疑应作"克")。王能宝之,诸侯尽服。王勿遣也,以安社稷。(10·3231)

《抱朴子·论仙》说:"知龟鹤之遐寿,故效其道(导)引以增年。"所谓

"伏而不食"，或餐风饮露，"食气者神明而长寿"，有如辟谷长生，就是因为龟的肺活量大而饮食量小，饱餐后能后长期不进食；到寒冬食物匮乏之时，"居而自匿"，用蛰居或冬眠，不饮不食，渡过难关。据说它天然能够控制运动；减缓呼吸，调节心跳，以尽力减少消耗，延长生命。所谓"气功"，一大半来自"龟息"之启迪。材料极多，只举一二例。晋·张华《博物志》说，有人山行坠涧，"无出路，饥饿欲死"。看到龟蛇"朝暮引颈向东方，人因伏地学之，遂不饥，体殊轻便，能登岩岸"，得脱。（范宁校本，111）亦见《酉阳杂俎》等。术家所谓"龙导虎引，熊经龟咽"，就包含深呼吸，吞津液。《抱朴子》说，有猎者掉入空冢，饥甚。"见冢中先有大龟，数数回转，所向无常，张口吞气，或俛或仰"，乃效仿大龟"导引"运动，遂不复饥。遇救后"竟能咽气断谷"。（《艺文类聚》卷七七，《太平御览》卷七二〇、九三一引；王明校本，327）所以，《诗经名物解》云："龟蛇伏气，首皆向东。龟咽日气而寿，故养生者服日华。"

《抱朴子·对俗》还引后汉·陈寔（仲弓）《异闻记》说，有逃荒者弃四岁幼女于荒冢之中；三年后往寻枯骨，却发现她活得好好的。原来她模仿墓中大龟"伸颈吞气"，"转不复饥，日月为之，以至于今"。"此又足以知龟有不死之法，及为道者效之，可与龟同年之验也。"

李白文云："乃蚪蟠龟息，遁乎此山。"

苏轼诗说："宁知效龟息，三岁号穷山。"

表面上看，龟（以及它启示于人）的饮气引息只是生物性行为，然而它导致"长生久视"，或者说它已是龟的"再生—长生—永生"的生理基础，便已经进入"圣"的领域，成为其"灵性"或 mana 的一种体现，成为其"四灵"（之一）身份的证明。

王昆吾（小盾）指出：

> 龟正是在象征生命永恒、象征再生的意义上成为图腾物，进而成为交通生死的神灵的。因此，龟崇拜的实质是生命崇拜。①

这种生命力与寿命似乎无穷无尽的特征，使初民或古人认为龟是不死的，或者说它能通过"再生"达成"长生"乃至"永生"。

艾兰说："在现代物理学正确解释宇宙以前，人们推想宇宙是永恒不灭的，这样联想起来，龟很容易与宇宙相提并论。"②

法国人莱昂·汪德迈（Leon Vandermeersch）说：龟所代表的不是空间，

---

① 王昆吾：《中国早期艺术与宗教·楚宗庙壁画鸱龟曳衔图》，东方出版中心，1998 年，第 60 页。

② ［英］艾兰：《龟之谜——商代神话、祭祀、艺术和宇宙观研究》，汪涛译，四川人民出版社，1988 年，第 119 页。

而是"时间总体"①。因为它是长生乃至永生的"生命体",似乎有意违逆"有生命就有死亡"的自然规律,而在神话思维里达成"有死亡就会再次获得生命"的超越性观念(其实神灵也能营多栖生存,其生命空间也是无限的)。

我们看萨满衣具或神鼓上往往蛇、蜥、蛙、龟"四灵"并见,它们都是能够冬眠—再生的爬行类、两栖类动物,虽然萨满巫往往"秘而不宣"其奥旨,我们也可以"思过半",知晓龟等是萨满登天或通神的"动物助手",是天/地、神/人之间的"中介"。

萨满神衣图案

  龟   四足蛇   短尾四足蛇   虾蟆   蛇(或以其皮缝制)

萨满神鼓图案

  蛇   四足蛇   虾蟆(各二)   龟(一)(ko yak 人)

萨满鼓槌图饰

  刻布克春神(一)   蛇(二)   四足蛇(二)   龟(一)(赫哲人)

萨满手套

  赫哲人从前还用龟皮做手套(以鹿皮缝制后仍绘龟、蜥)——这也许是巫师持龟以祷的痕迹构造。

萨满神鞋

  中有黑皮制成的龟形(五叉鹿角萨满服用)②

龟的长寿,不但要从生物学上去追究原因,还要注意其神话语境,或民俗学的理由。王小盾结合神龟所处的"黑水"提出了新见。略作补充,介绍如下:

(1)水/龟黑色,"黑色也是夜和冥世的颜色,在古人的观念中,冥世之人是不死之人"。长生,以其"不自生"也;既然"死"去,当然不会再死,而是在冥土永生,从而超越生死两茫茫;或者通过暂时的死亡获得新的生命。

(2)"古人是把昼夜转换之处视为生命再生之地的。故西北日落之处的三身人或三面人、东南日出之处的羽民和不死民,均能超越生死。"

生/死:明/暗:昼/夜(日出/日落)是二元对立并且可以相互转换的,二者之间因而等值,龟的活动被认为与之同步。

---

① [英]艾兰:《龟之谜——商代神话、祭祀、艺术和宇宙观研究》,汪涛译,四川人民出版社,1988年,第119页。

② 参见凌纯声:《松花江下游的赫哲族》,(台北)史语所《专刊》(上册),1934年,第107~112页。

（3）前举《史记·龟策列传》，古人或"畜龟以饮食，以为能导引致气"，益寿延年；西方之极也有"饮气之民，不死之野"（《淮南子·时则训》）。食露餐风、饮气吞息都是从乌龟那里学来的。这就是最古老的气功与健身操，也是长生的一种"操练"或者"展演"。

（4）不死的"玄丘"或"圆丘"，与"盘衍象山"（《说苑·辨物》）的龟形暗合。

古人反复陈述，龟背像圜天，龟腹法方地，与宇宙"同构"，当然能以"宇宙龟"的性格"与天地兮同寿，与日月兮齐光"，而与不死山、世界山"昆仑"连成一体（昆仑玄圃上的"龟山金母"也是不死的西王母之"分身"，"上有仙人不知老，渴饮甘泉饥食枣"）。

（5）"古神话对不死之国的描写，往往以地府或饮气之人为原型"（《四神》下·563～564）。长寿或不死的仙人不辞向餐风饮露的乌龟学习长生久视之术。

（6）龟还成为方位神或指向神，处于北方或水域、冥界，中国人称为"玄冥：玄龟：玄武"。何况龟的"神格"提升，是成为死神兼寿星"大司命"。

大司命
（古代画家构拟的《楚辞》里的神像）

《楚辞·九歌》里的大司命是寿神、死神，掌控人类命运，形象相当严酷。

他的化身是"玄冥"，既能居于黑暗水底，又能飞行天空的大乌龟（闻一多说）。所以乌龟不但象征长寿，还能用来占卜人的寿数或命运。

龟还曾人格化为"不死"的仙人。《淮南子·道应训》有卢敖游太阴的故事（顾颉刚《读书笔记》以为是"宇航"或"登月"幻想的滥觞，有短文发表在我们编辑的《活页文史丛刊》上）。因为脱误，很难通读。兹为其缕析如下：

（1）卢敖所游——"北海：太阴：玄阙：蒙（昧）谷"，都是日月所入的北方阴黑之地，为"玄冥：玄武：玄龟"所主。

（2）所遇的男士，由迎风而舞到"遁逃乎碑"，暗示其为驮载石碑或仙山的赑屃。就近一看，"方倦（踡）龟壳而食蛤梨（蜊）"，正是海龟习性。

（3）其外形，"深目而玄鬓，泪注而鸢肩，丰上而杀下"，深目指乌龟半开半闭的绿豆眼，玄鬓是黑头，泪注是爬虫类多有的排盐分泌物，有如"鳄鱼的眼泪"，鸢肩是缩颈的结果，丰上而杀下是背甲高大远超腹甲。

（4）它所处的"窔奥"，是幽冥死生转化之地。盖犹宇宙运行的出发点或中转站。所以正处于"光乎日、月而载列星，阴阳之所行，四时之所生［之地点］"。

（5）这同时是"下无地而上无天，听焉无闻，视焉无眴"的幽眇冥茫虚空之所，是道家、神仙家追求的超乎生死、超乎九垓［九天］的无何有的"乌托邦"。

（6）神龟能排空驭气——

南游乎冈㝢之野，北息乎沉墨之乡，
西穷窅冥之党，东关鸿蒙之光……

全是此种亡是乌有、超绝无何的"时空"。

（7）王小盾说此仙不过"龟的人格化"（《四神》下·565），良是。其实这《庄子》"寓言"般求仙者"卢敖"，也无非"俗龟"而已，卢者黑，敖者鳌，希企在神龟启示与引导下超凡入圣（"卢敖"之为龟之人格化，跟"敖：傲：浇"之为鳌龟一致，参见专节）。

作为"宇宙生命"一体化的一种形态，动物的人化与人的动物化，或者其表层的显现，人有龟的化身与龟有人的形体，都可能暗藏着某种图腾机制。

龟的不死，不仅是其个体生命（以不同形态）的延长，而且是作为群体的生命的扩大与赓续——这个"群体"绝不仅限于"水族"之龟的种群，而且有龟在人间的"后裔"的无尽扩张，或绵延不绝。这更可以看做是图腾观念的一种心理根源。

在神话思维里，人与动物的生命或寿数，不但能够"互渗"，而且能够"互动"：彼此可以转移、变换、影响。所以，养龟有益于长命。龟的"呼吸"，"餐风饮露"，屈伸引缩都能够助成某种体操、"功夫"或者"养气之术"（从而长生不老，成仙成圣）。甚至龟诗、龟图、龟的器玩，都是极佳的"寿礼"，可用来祝人健康、长寿。

王小盾说，"长寿"是"龟灵"观念的重要依托，而"龟灵观念的首先一种表现形式是图腾形式"（《四神》上·258），很有道理。

神龟是"世界主"毗湿奴（Vishnu）创造宇宙的"依据"或"范式"，它拥抱宇宙，负载天地，涵化世界——实质是参与或间接创造了诸天与诸生赖以生息与存在的时空。

饶宗颐介绍印度的神龟崇拜观念说：

> 印度人举行火祭（agni），必在祭坛之下埋龟。梵文称龟为 kūrma，kūr 字根 kr 的意思是"造、作"（to make）。梵语"龟"又名 kaśyapa，是地神（prajapati）的别号，据说它的液流出而变成龟，所以龟被看做地液，是生命之汁。在印度神话里龟的地位甚高，它是水、天、空三界的表征，所以龟在祭祀上有极重要的作用。婆罗门教徒举行盛大祭典时，祭坛之上必要薶（埋）龟，是这样的缘故。①

中国古代天文学将龟安排在北方，属"水"，《楚辞·九怀·思忠》（汉·王褒作）："玄武步兮水母，与吾期兮南荣。"王逸注："天龟，水神。"可见中国古人以龟为"水母"。《管子·水地》："龟生于水，发之于火（或指'灼龟'）。于是为万物先，为祸福正。"这些与"印度人视龟为 prajapati（地母）及地液，有点相似"。《庄子·大宗师》："伏羲得之，以袭气母。"龟能饮气、知气（如卦气之类），"气母"或与龟相关。

龟，或曾为图腾

"龟图腾崇拜"在民族史和宗教史里并不十分罕见。据摩尔根的《古代社会》介绍，印第安人易洛魁联盟里图斯卡罗腊部有龟氏族，"分化为大龟氏与小龟氏"。摩黑冈部落有称为"龟"的母氏族，分裂出"龟胞族"等，含小龟氏、泥龟氏、大龟氏、黄鳗氏等；特拉华人和猛西氏有"龟氏"（族）；摩霍克部、鄂奈达部、鄂农达加部、卡尤加部、塞内加部等都有首领或战士"属龟氏"，例如，严寒君，属龟氏；美湖君，属龟氏等。密苏里鸦声部有"龟氏"。

方言里使用"图腾"（totem，dotom）一词的鄂吉布瓦人有氏族标志或（图腾）图徽，他们的氏族含：

（泥）龟氏／（啮）龟氏／（小）龟氏（上·162）

特拉华人、邵尼人有"龟氏"。以上不过举例而已。

这里与图腾机制有关的几条值得注意。

---

① 饶宗颐：《论龟为水母及有关问题》，《文物》1999 年第 10 期，第 35 页。

氏族成员声称他们就是本氏族命名的那种动物的子孙，大神把他们的老祖宗由动物变成了人形。①（上·83）

他们都坚信灵魂轮回之说，认为自己死后就会返回原形，仍变成熊、鹿、龟之类。②（上·174）

他们的始祖是从动物或无生物变成男人和女人的，这种动物或无生物即成为他们氏族的徽志。③（上·174）

这不由得使我们想起了鲧或禹。"鲧"或写成"鲸"，《拾遗记》说，他曾变成"玄鱼"。他盗取天帝神土息壤以后被杀，化成熊，抛尸羽渊三年不腐，从其腹中剖出了黄龙形的禹。

"熊"一作"能"，三足鳖。禹，其名，字象"虺蜥"，近于"玄蚖"或"天鼋"；或说禹曾化熊开河治水……最重要的化形是水族。所以，有人说，他们属于龟鳖图腾。④

这种说法虽不一定成立，却是一条线索，只是目前较难证成。

还有下文要详细介绍的，通常读为"大龟"的金文徽铭，郭沫若以为即周人所从中而出的"天鼋"，闻一多却以为是"大龟"。无非是龟鳖蛙蟾的形象。有人以为这古商"奄"之族或龟族，系以龟等为图腾。⑤但我们没有证据指称龟是殷商或其与盟"大族"的图腾。

倍松的一句话，常被引用为"图腾装饰"的体现。"〔美洲〕阿玛巴人（Amabas）的龟部族，把头发剪成和龟的甲壳同样的形式，在四边分成六条小辫，代表龟的四足与头尾。"⑥有人说人禹举行巫术仪式时的"禹步"是模拟爬虫类，如蜥蜴或者龟那样"一脚高一脚低"的"步法"的。

生命意象的"玄冥：玄鼋"

"四灵"因灵异而被崇拜。但这都还是表象，其深层则是它们都由于能够蜕皮

---

① 〔美〕摩尔根：《古代社会》（上册），杨东莼、马雍、马巨译，商务印书馆，1977年，第83页。

② 〔美〕摩尔根：《古代社会》（上册），杨东莼、马雍、马巨译，商务印书馆，1977年，第174页。

③ 〔美〕摩尔根：《古代社会》（上册），杨东莼、马雍、马巨译，商务印书馆，1977年，第174页。

④ 参见田昌五：《先夏文化探索》，《文物与考古论集》，文物出版社，1986年。

⑤ 参见常兴照、张光明：《商奄、蒲姑钩沉》，《管子学刊》1989年第2期。

⑥ 〔法〕倍松：《图腾主义》，胡愈之译，开明书店，1932年，第30页。

/冬眠/善孕多产而被看做"生—死—再生"乃至长生、永生的神圣动物。

蔡大成、谢选骏、叶舒宪、王小盾等相对年轻的神话学者，都曾敏锐地论证过，"四灵"或"四神"本身都是生命力、生育力极强的动物（也许白虎不善生育，麒麟交颈且能"送子"，其为生命意象，可以参看下文专节）。乌龟的性能力与生育力极强，绝不亚于蛇，雄海龟为争夺配偶的战斗可谓惊心动魄，无异于龙争虎斗，鹰击麟搏。海龟产卵极多。近世腐儒赞成龟不能交合，必待蛇媾才能产卵，真是昏聩太甚——"龟头"与"绿帽"之称也由此自我"文化误读"而来（窃尝疑，元初官方规定，男子经营戏剧、曲艺或娼妓业者必戴"绿头巾"，龟、鸭等皆"绿头"才蒙此恶名）。

其实，"龟头：蛇首"形似，并且与男子生殖器异质同构，至今不论生理学术语还是日常用语，都还用前者命名男根之前端，且状其伸缩涨收自如。《说文》云，"龟"字从它（蛇），"龟头与它（蛇）头同"；然而还说，"广肩无雄，龟鳖之类，以它（蛇）为雄"。《搜神记》说"大腰无雄"而"外接"。《博物志》也说："大腰无雄，龟鳖类也。无雄，与蛇通气，则孕。"古人看到龟蛇相斗（画像石龟蛇仍似斗），误解为相交（图像能明确再现相交者很少）。

"玄龟：玄武：玄黾：玄冥"之名称，也许还跟善于怀孕娩子相关。"黾：娩"一音之转（"黾勉"一词由此而来）。闻一多已窥及此，《诗·谷风》："黾勉同心。"释文："黾勉犹黾娩也。"而"娩训生子，媰训怀孕，义亦近"（《古典》下·37）。前言"黾"为大腹善孕之象已略触之。

马王堆汉墓出土帛书《周易·渐卦》：

妇绳不育

邓球柏定为"妇绳不羁"，解释成："即妇不羁绳，谓妻子在家放荡不羁，甚至占据他人的丈夫。"① 大错特错。其实这跟今本《周易》完全一致。

妇孕不育

"绳"应作"黾"，古或作"腜"，就是"娩"或"孕"的意思。

刘大钧曾以文献证成"绳/孕"通假。

《管子·五行》："腜妇不销弃。"杨倞［注］："腜，古孕字。"

《管子集校》（郭沫若著）引丁士涵云："《玉篇》：'腜，或孕字。'《太玄·驯首》曰：'媰其膏。'人（胎儿）一月而膏。'媰'与'腜'同。《周礼》蕉氏'掌杀草秋绳而芟之'注曰：'含实曰绳。'《释文》：'绳音孕。'

---

① 邓球柏：《帛书周易校释》（增订本），湖南出版社，1996年，第330~331页。

'绳'亦当为'腄'字之误。"

朱骏声《说文通训定声》释"孕"字曰："字亦作'媱'作'腄'作'䐃'。"释"绳"字，又曰："《尔雅》又为孕。"其在"升"部后，"附《说文》不录之字"项下释"鲠"字曰："鲠，案犹'孕'也。"

此皆"绳"、"孕"通假之证。①

这又因为"黾"、"媱"二字音通的缘故。其根源在"黾"是大腹而善孕之象。"妇绳不育"即"妇孕（媱）不育"，怀孕而胎儿不成活，所以，"凶"。

龟：黾：冥（媱）
（甲骨文，参见王小盾等）

甲骨文"龟"字象形，鳖似之。"黾"字主要取象于"（蜘）蛛"。

古文字，凡大腹善孕多子之昆虫、水族等皆可以"黾"称之。如蜘蛛、鱼鳖、蛙黾等籀篆皆可从"黾"作。

"冥"读音可通"黾"；古无轻唇音，与"玄武"之"武"不过一音之转。来源则有争议：王小盾等以为阴门即玄牝之象，冥字可通媱。"生命未降之时为'冥'，生命已降之时为'媱'。冥字象双手在产道口取接胎儿，会意。"参见左图。

前举"不玄冥"或"不蜘蛛"的第三个"实体"字，形似大"蛛"，可以隶定做"黾"，黾通冥，兼指蛛、蟾、龟等（这几个字都可从"黾"）。第二字比较麻烦，看字形是用（绞带）钻杆"攻治"木石之类，"治：蜘：踟"都在舌头音（端透定纽）与之部，例可通假。又因为形似"悬卵"之 8 或"玄"，可能被假借为"玄"；但这样说不免牵强，目前只好存疑。好在我们重点审查的是第三字（"黾：冥：龟"）。

王小盾在这两个字上下足了功夫。因为这是解开"玄冥：玄武"秘密的钥匙。"$\frac{8}{\triangledown}$"或"玄"有旋转钻孔之义。其旁或有双手如"屮"，"[象]两手操旋而旋转之"（郭沫若说），所谓"攻龟"、"治玉"者。这样，"玄冥"一义是钻龟（闻一多说是取"兆"，许敬参说是"契龟"，郭沫若说是"镘龟"，它说亦有近

---

① 刘大钧：《周易概论》，齐鲁书社，1988年，第301页。

此者)。王小盾结合"玄鸟"之代表男性，说此字可象征男根(《四神》下·811)。我们觉得，"玄鸟"确实可以代表男神授孕(有时也出现玄鸟女神，例如各种形态的"天鹅处女")。但"玄"是悬吊二"卵"(子：生命胚芽)，并不等同男根，"玄"与"$\overset{8}{\underset{..}{\triangledown}}$"的本义更有区别。

那么，"冥"呢？甲骨文"冥"似分娩之状。"'冥'字和'娩'字几乎是同形之字。……前者像子宫、女阴或孕育，后者(娩)像生命诞出。"(《四神》下·813)这种诠释相当精彩。要补充的是，被假借为"冥"的卜辞"娩"，主干如"门"——产门(不含蓄的说法就是阴道：玄牝或大姒)，中心有"口"者表示子宫口已打开，胎儿即将"娩"出，所以"门"下有两只"手"准备"接生"。而从"冥"或"黾"的昆虫、水族都是大腹便便，民间"蛙"形背部如"冥"有"十"字开口，随时可能"娩"出许多"卵"或"子"来可知，"玄冥：玄黾：玄龟"即由此得名。

王小盾由此二字构成分析出结论：

[$\overset{8}{\underset{..}{\triangledown}}$]它既代表钻孔(攻龟)，亦代表阳精的播种。"冥"字为龟甲上再加两横(字形略)。它即代表两卵在龟腹中的孕育，[阴/阳]构精一旦成功，便是所谓"玄冥"。(《四神》下·814)

此说虽然不免纡曲(我们以为"玄冥"如"玄龟"、"大龟"为主从结构)，但意义取向是确当的。

"玄冥"一词来自殷代的龟卜，原义是男女生殖器。此二字作为动宾词，乃代表性交，亦表示攻龟取兆。(《四神》下·815)

导向不错，却似乎走远了些。"玄龟：玄黾：玄冥：玄武"的本义确实涉及阴性生殖系统(腹腔、子宫、产门)，是繁盛、强大的生命力、蓄育力意象——"四灵"乃至"四神"(四兽)本都是生命的伟大"载体"或"构想"。在这一点上，我们跟蔡大成、叶舒宪、王小盾等的理论基本一致。

我们从前在金文族称或徽饰的"天黾"是指龟鳖还是蛙蟾这个疑难问题上费了许多笔墨。如果仅就"形似"而言，诚如闻一多所辨析，有蛙蟾也有龟鳖(参看插图左下组)。而从神话思维或上古民俗观念来看，它们是"对位"或等值的。

（天）黾—[蛙蟾／龟鳖]—创生或创世圣物

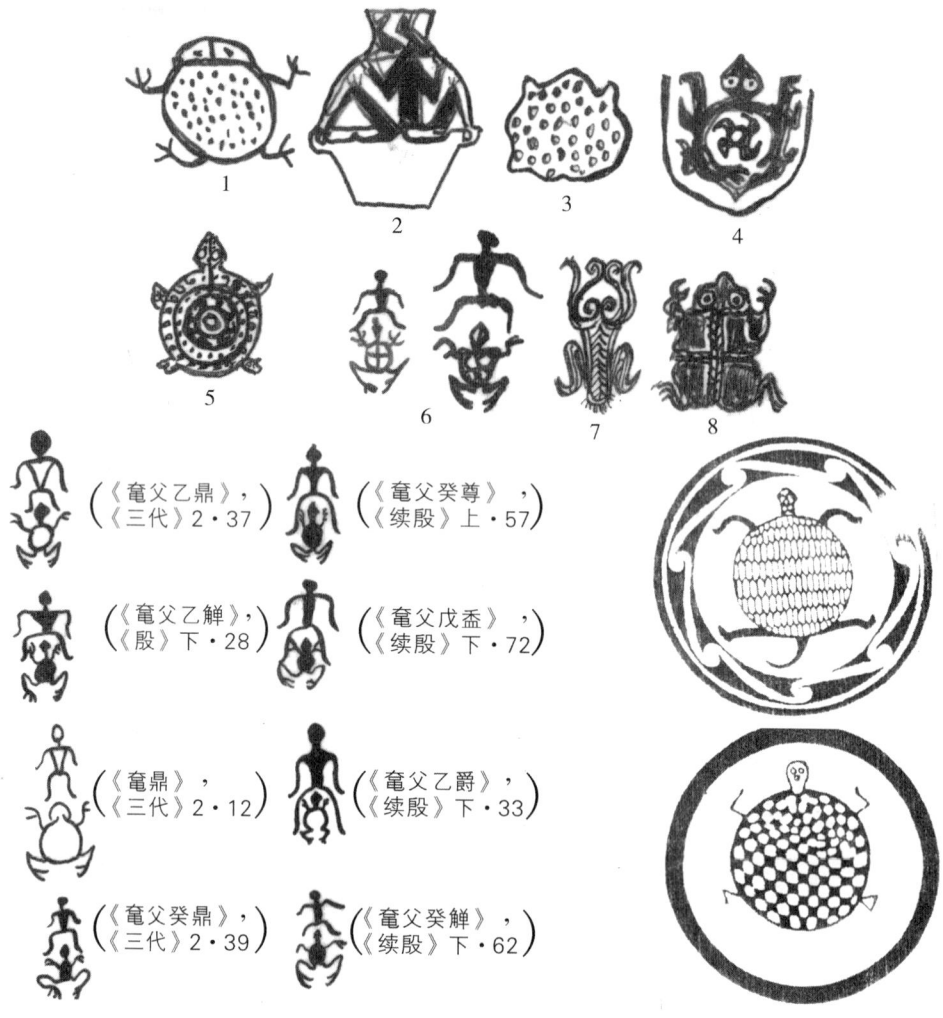

神圣的蛙蟾或龟鳖

（上组：1. 仰韶文化陶器纹饰；2. 马家窑文化陶罐；3. 龙山文化陶饰；4、5. 殷商龟—蛙纹饰；6. 商周铜器铭文"天黾"；7、8. 云南晋宁石寨山等处铜器纹饰。左下组为金文"天黾"。其右附人形化的龟，印第安图案，莫戈尔文化）

蛙蟾纹饰屡见于上古铜器纹饰，旧说"图腾"符号，一般认为是崇拜的圣物，有时还当做蕃育与丰饶的象征。

有些所谓蛙纹，与龟鳖极易混淆（如上组图4）或竟互渗（如上组图5），所以在讨论"天黾"时必须注意某些蛙蟾的形象跟龟鳖"对位"或"等值"的情况，必要时合并考虑。

此一"合文"，上部或释"大"，但作为"正面人"之"天"特别突出其头部、巅顶，所以释"天"较为妥当。

它们都是上肢高举而下肢屈曲作"蹲踞"之状，是这两种形似的准"两栖类"动物的爬伏姿态。由头部也许能够区别其种属，但完全相同的是它们鼓胀的大腹，以致看法迥异的专家们在此点上也异口同声。摘录前引——

  （孙）形如蟾蜍胚胎之象　　（徐同柏，《从古》1·20）
  （孙）象人胚胎形　　　　　（徐同柏，《从古》5·9）
  （孙）象孩儿形　　　　　　（刘心源，《奇觚》1·16）
  黾及从黾之皆取义于大腹　　（闻一多，《古典》下·507；《全集》2·203）
  硕腹四足　　　　　　　　　（李孝定，《集释》13·3945）
  伛偻之小人　　　　　　　　（赤冢忠，《殷金文考释》22）

  换言之，蛙蟾与龟鳖在此神圣组合中是异质同构的，它们往往在腹背部开着"十"字形或圆形的"生殖孔"，以标态其属于蕃育的意象。

  蛙蟾龟鳖腹背部中央的"✚"字形或圆形开口，范明三认为是生殖孔，而且是"原始崇拜中'鲧坼背生子'的图腾遗意"①。种裔都由此娩出，这"子孙洞"就像"玄冥"之甲金文"冥"字（即娩）的中心开口——这是生命的通道，新的生命由此诞生。这跟前举的"黾"字训"娩"也完全一致。

  那么，所谓"亚"形（包括明堂等的"亚"形平面布局），既是"阳光四射"之意象，也可以看做生命朝着"光明"前进的通道。它接受阳光，发射阳光，又复归阳光。那么，不但殷墟的"亚"形墓室可以视为死者或亡灵再生或登天的渠道（"太阳的子孙"由"光明通道"复归于太阳），就连奥尔梅克作为生/死、阳/阴、天/地通道的"亚形蛙口"②（严格说仍是胸腹亚形生殖孔），其主要意旨也是开向天空，开向太阳，开向再生，开向光明。

  "黾"或蛙蟾，与孕妇的大腹可以互拟——母腹本就是"人形混沌"。如赵国华所说，它们同样"浑圆而膨大"，表现出极大的生命力与蕃殖力，"所以，蛙被原始先民用以象征女性的生殖器——怀孕的子宫（肚子）"③。户晓辉更说，"天黾"之类图形文字表现的是女性和蛙蟾（或龟鳖）的生殖力，还可能像澳大利亚"蛙人"岩画那样，试图"使蛙的多产顺延到人的身上"④。对于所谓蛙蟾状蹲踞人像的意蕴，他分析道：

  远古人类为了将青蛙的繁衍能力传递到自己身上，曾经实行过一种模

---

① 范明三：《中国的自然崇拜》，（香港）中华书局，1994年，第131页。
② 参见张光直：《中国青铜时代（二集）·说殷代的"亚"形》，生活·读书·新知三联书店，1999年，第91页。
③ 赵国华：《生殖崇拜文化略论》，《中国社会科学》1988年第1期。
④ 户晓辉：《岩画与生殖巫术》，新疆美术摄影出版社，1993年，第94页。

仿巫术，即以人体四肢模拟蛙体和蛙肢之形，久而久之，这种"蛙形姿势"便成为表达人的生命力的一种固定格式。①

龟鳖蛙蟾腹背的太阳符号

（上：殷商铜器纹饰，复见；下：陕甘和山西民间刺绣"蛙枕"或"蛙枕"）

殷周青铜器"同"形纹饰是太阳或太阳火的符号，它们都从龟鳖蛙蟾腹背的"开口"演进而来，而"蛙口：阴户：产门"甚至可以跟"太阳"对位，有如古代印度的"约尼"（Yoni），因为它们都是"生命的源泉"。其"遗痕"至今还保存在民间。某些形成"十"字、"亚"形的神圣"开口"，既是"阴门"，同样也可看做"太阳：生命"符号。可见它们都是生殖力量的负载者——有的还与天象相干。

这颇为独到。但我们更强调，无论是蛙腹抑或孕妇子宫的破解，都能够象征混沌开启，宇宙诞生。这跟前述的蛙蟾龟鳖图形多在腹背部开出生殖孔是完全一致，而且可相证成的。

---

① 户晓辉：《岩画与生殖巫术》，新疆美术摄影出版社，1993年，第92页。

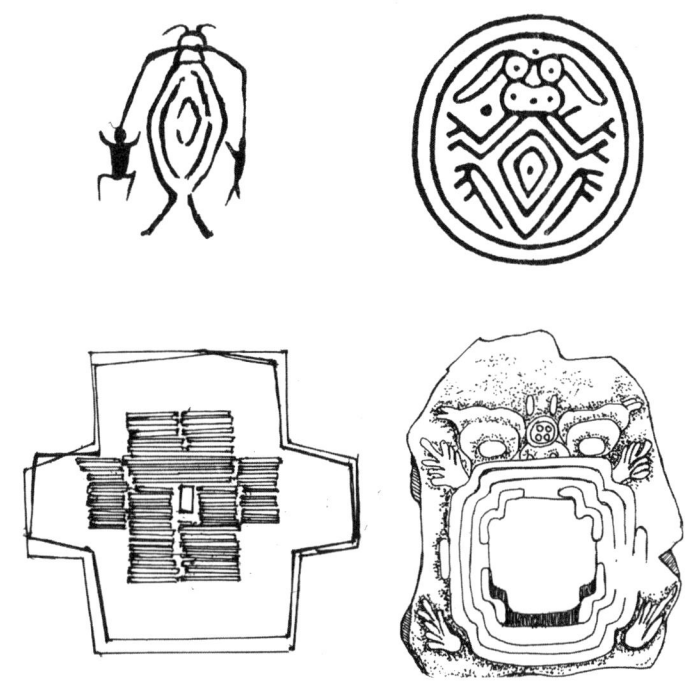

"亚"形开口

（左上：云南元江岩画；右上：龟或某种"虫"，胸腹开口，印第安图纹；左下：商代亚形墓坑木室，安阳殷墟西北冈 M1001 号，采自梁思永、高去寻；右下：亚形蛙口，奥尔梅克地神，墨西哥卡尔金哥遗址石刻第 9 号，采自 D. Grove，张光直）

蛙蟾龟鳖图像，胸腹部常见亚形、十字形、菱形或圆形开口，这表示生殖孔，族裔由此娩出，跟玄冥之"冥"所见一致，是一种生命通道。

"十"字、"亚"形主要属于太阳崇拜系统，表示"阳光向四方发射，墓室开成'亚'形，不但是在观念上接纳阳光，而且向往光明，希望死者或亡魂升天，复归于太阳"。

古代美洲的"亚形蛙口"，是生/死、阳/阴、明/暗的分界与通道，它同样暗寓生命复活、回归光明之意。这使人想起大足石刻的"六道轮回"图（第 848 页）。

上面两图中似有触角的昆虫，不明何物，或说与蛙蟾相关，腹部菱形开口与亚形同质异构，都是阴门。

龟：财富象征

"龟"与"贝"平列——不仅有象征意义，还有实用功能。龟甲曾被当做通货流行。《尔雅·释诂》："龟、贝，货也。"

司马迁《史记·平准书》说，古代货币包含"龟/贝"。但谨慎的货币史专家存疑，"龟甲是否如此用过，用的情形如何，都不明白"①。

古者"龟/贝"并称，"贝"用为币，许多地区与群团都是如此；"龟"（甲）用如"贝"，应不例外。《史记·平准书》说："农工商交易之路通，而龟贝金钱刀布之币兴焉。"

《说文》卷六贝部云："古者货贝而宝龟，周而有泉；至秦，废贝行钱。"

《汉书·食货志》说，"洪范"八政，"食"是食物之意，包括粮食与副食品；货，包括布帛等货用，与"金刀龟贝"，以便"分财布利，通有无"（《汉书·何武王嘉师丹传》亦谓"古者以龟、贝为货"）。货币是从其它商品独立出来的社会性"等价物"，使简单的"物物交换"变成进步的约定俗成的通过"中介：等价物"的复杂交换。市立货通，"国实民富而教化成"。

《周易·损卦》："六五，或益之十朋之龟，弗克违，元吉。"（参见《益卦》）集解引崔憬说："双贝为朋。"朋本是贝的计量单位，一朋二系，一系五贝（王国维说）。"价直（值）二十大贝十朋（即100枚贝），龟之最神贵者。"（崔憬说）《史记》索隐引《汉书·食货志》"十朋五贝"为说，"无（大）龟直十贝，故直二千一百六十"（4·1443），看来龟甲以大小分等计量，确曾进行流通、兑换，并非不可计量（当然龟甲定值可能有不少标准，不限于大小，只是我们不知道罢了）。

要说龟甲太大，不像贝壳那样易于携带和计算，不可能在市面上使用，那也只说对一半，想想比乌龟壳大得多的"雅浦石币"吧！只要在某种场合能够充当商品一般"等价物"，进入交易，就是货币。不管它是否"兼职"，是否当做权力、地位和财富的"象征"或"摆设"；也不管它是否在特定语境里如"金钱龟"一般充作占卜法具。

货币本身也是商品，也有"价值"。马克思《资本论》说，作为特别的、独立的，被赋予"等价物"性质的货币，来源主要有二：

（1）重要的外来的交换品（案：如海贝/大龟）；

（2）曾用于本社会生产的工具或武器（案：如刀、布）。

《书·禹贡》说："九江纳锡大龟。"（《史记·夏本纪》纳锡作"入赐"）对于中原，也算"外来"。

货币本身的特殊价值在于它是社会公认的"等价物"，通常本身没有太多实用性或"使用价值"，然而含有：

审美价值

---

① 王毓铨：《我国古代货币的起源和发展》，科学出版社，1957年，第11页。

马克思说过，金银的"美学属性使它们成为满足奢侈、装饰、华丽、炫耀等需要的天然材料，总之，成为剩余和财富的积极形式"①。同理，海贝坚实、洁净、光滑而又有斑纹的外形；龟甲厚重、沉稳而花纹交错的样子，也都使人喜爱。货币，无论是硬物质还是纸品，总要尽可能美观。玳瑁壳，至今还被用为饰品。还要注意——

象征价值

越是古老的货币，越应重视其象征符号功能，例如信仰或宗教的、民俗方面的价值（或称为货币的"文化性"）。众所周知，子安贝，外形如女阴，是繁殖的象征。龟也由于其生命力与繁殖力，被看做蕃育的意象（海龟尤其如此）。龟、贝因此被认为能够自我繁殖——财富能够从而增长。

云南晋宁石寨山、江川李家山、昆明羊甫头等地出土大量铜鼓形"贮贝器"，用以随葬，不仅为了保藏财货，也是为了使"地下"乃至"地上"的主人的财物不断生长（有人认为还能影响族裔之蕃庶）。

《史记·平准书》说：

> 天用莫如龙
> 地用莫如马（参见《周易》）
> 人用莫如龟（4·1427）

一方面，龟代表财富（索隐引《礼记》云，"诸侯以龟为宝"）；另一方面，更重要的是作为四灵之一，可以用来占卜，"龟以为畜，故人情不失"（《礼记·礼运》1426）。

汉建元以来，以铜锡合金铸硬币，依次大小为龙、马、龟之纹，精美异常，就把货币的"社会一般等价物"的价值、审美价值及信仰、民俗的象征符号价值有机统一在一起。

龟与贝同样是财富增殖的"催化剂"。民间传说，金龟能下金蛋，能"聚宝"。龟壳里置珠玉或金钱起初绝不仅为了占筮，而且是祝愿其自我蕃殖。

这跟"玄龟青泥：息壤"神话相关，自我生长的"息壤"一旦与龟相连，则增殖倍大；龟甲、龟盒、龟纽容器中的宝货也许能像神龟含土那样不断自我生长、增殖，不断供应、改善，使所有者享用不尽。

《太平广记》卷四〇五引《稽神录》说，有邢姓看守仓库的人，聚的钱常失去，就是埋在地下也会飞走。以后得了"自然石龟，其状如真，置庭中石榴树下"，识者教以置于筐箧中，从此钱不再逃跑，"后颇富矣"（9·3295）。

---

① 参见《马克思恩格斯全集》第13卷，第145页。

唐宋时，海外贸易发达，流传着一些异宝奇闻，如上所说，龟为首选。最有名的被编入《初刻拍案惊奇》的"转运汉巧遇洞庭红，波斯胡指破鼍龙壳"。事见《泾林续记》。只是个大可容人的"象龟"壳或海龟壳，识宝胡说是"鼍龙"（史前巨鳄或某种恐龙）的"遗蜕"（化石），"背有九节，各藏一珠；小者径寸，大者倍焉。光可照乘。每颗酬镒万。"（参见谭正璧编：《三言两拍资料》，下·574）

还有无价异宝"大龟壳"，被发现是航海最需要的"海水淡化器"！

其实，在一些古老民族神话里，神龟不但能够诞育人类或其它生命，而且能够创造世界（有的"卑化"或"缩减"为协助造物主创世或创生），或重塑世界，或负载世界；更进一步，便是能生产万物，增殖财产。人类赖龟而存在，而生活，而富饶，而幸福。

《史记·龟策列传》引《记》曰："能得名龟，财物归之，家必大富至千万。"（10·3226）有时，龟或龟甲是"聚宝盆"，生命、珍宝、食品、货物、金钱……由其源源不断地"流"出，取之不尽，用之不竭；"摇钱树"也一样，能像结枣子那样结钱、落钱，拣拾不光，"树根"或器座上，有的爬着乌龟，除"负载"的暗示外，似乎也在利用龟的生命力。这当然需要更多证明。

除龟之外，龙蛇也与财富相关。

南朝时，梁元帝萧绎出游玄州苑，路遇一条大蛇盘踞在地，旁边有小蛇环绕。萧很害怕，宫人赶紧说，不要紧，这是"钱龙"（"钱龙"由钱串变来，它喜欢钱，说不定还能带来财运）。梁元帝命令用数千万"钱币"镇在大蛇出现之处，因为钱能够"厌胜"妖异。

"钱龙"见于唐·段成式的《酉阳杂俎》，本来是枯树里一黑蛇，其根下有大瓮，塞满散钱。枯树主人王清因此致富，于是用钱布成龙体形状（似乎还埋在地下），号曰"王清本"（参见《太平广记》卷四〇五）。看来"钱龙"能够聚钱。这跟印度那伽龙吝啬惜钱，欧洲德拉贡忠诚看守宝货是同一故事类型，只不过或"消极"或"积极"而已。

如上所说，这些也都是传说学上所谓"聚宝盆"母题：某些灵物所"构成"或所"守卫"的容器，都像神秘的"世界子宫"那样会无穷无尽地生产或输出"物资"或财货金宝。芬兰"三宝磨"、中国云南"贮贝器"（由圣兽之类镇守、保护）能够不断孕育"宝贝"，不知灵龟所化、所守、所镇的"容器"是否有明确的增殖财富的功能，希望得到指教。

第十五章　天黾与宇宙龟

"天黾"是什么

龟鳖（以及与它关连的蛙蟾）的神秘，还涉及上古的一个重要符号：黾或鼋——有人认为这就是周人，即姬姓所从出的始祖：天鼋。（金文，参见第788、796页图）。

谨案：这个符号或徽饰多见于殷商彝器。他们不像周人拉"夏"人、拉"黄帝：轩辕"为祖先。白川静便批评姬姓先祖"天鼋"之说，谓有此者"多为殷器，本来并非陕西之族也。以此为轩辕、为周之祖者，本不适当"①。闻一多改读"大奄"，而奄在东部②，由地望言，更不属姬周。其读法主要有：

子黾（罗振玉：《三代吉金文存》；《贞松堂集古遗文》）

大龟（梁上椿：《岩窟吉金图录》；唐兰：《导论》下·36；孙海波：《古文声系·自序》）

天鼋（于省吾：《商周金文录遗》；郭沫若略同）

天黾（陈梦家：《商代的神话与巫术》；《美帝国主义劫掠的我国的殷周铜器集录》）

黾：詹诸（蟾蜍）形（方濬益：《缀遗斋彝器款识考释》）

大奄（闻一多：《古典新义》下·512）

黾（合文）（于省吾：《释黾鼋》，《古文字研究》7·2～3）

至少，暂时要把"轩辕"云云，由此徽识之历史牵连中排除。于省吾认为，《国语》所说"天鼋"绝不是所谓"大鳖曰鼋"之鼋，而应该是"天黾"的误读（或者说应读为"天黾"），即金文所见"天黾"，合文为"鼋"（或"奄"）③。"黾"，主要指蛙蟾。可是在上古符号系统里，它又涉及龟鼋——绝不仅仅是外形相似。上面部分，"正面人"特大其首，释"天"近是。这关系到"三代"的

---

① ［日］白川静：《金文通释》（第7辑），林洁明译，第336～338页；参见《金文诂林附录》，香港中文大学，2005年，第79页。

② 参见闻一多：《古典新义》（下册），上海古籍出版社，1954年，第507页。

③ 参见于省吾：《释黾鼋》，《古文字研究》（第7辑），中华书局，1982年，第2～3页。

图腾或"圣物"。《国语·郑语》说:"我姬姓出自天鼋。"即是神圣龟鳖,或"玄蚖"(蝾螈)。

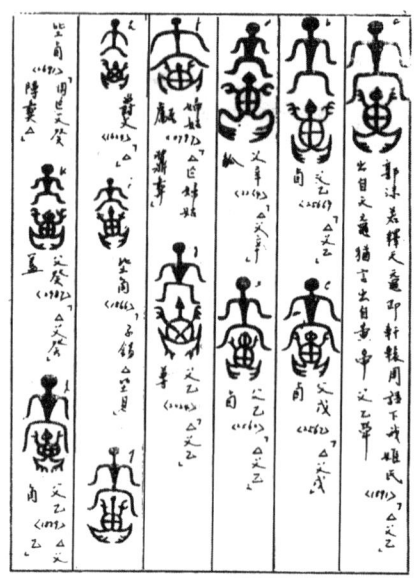
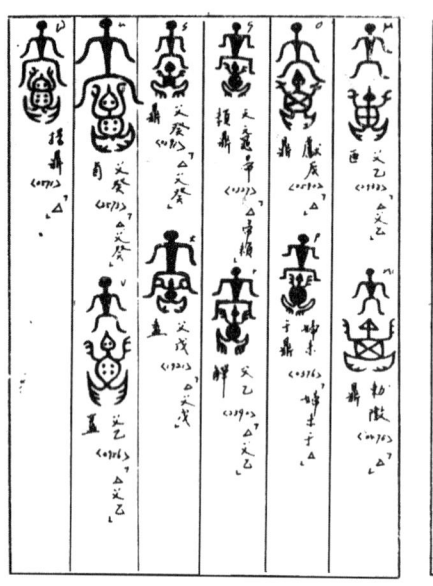

(《申寅父癸角》)　(《父戊方鼎》)

金文"天鼋"

(上组:《金文编》及《金文诂林》所收"天鼋";中组:鼋——学者区别蛙蟾与龟鳖的尝试;下组:含"天鼋"的金文辞举例)

就文字体例而言,此图徽可以隶定为"天鼋"("天"通"大")。这个"鼋",后来主要指蛙蟾,但也可以指龟鳖(此二字本均从"黾")。专家作过区分此四物的努力。而在上古,它们可以"换位",尤其是被当做圣物来崇敬之时,其性质与功能大都相通,不必严加区别,至少能够合并讨论。或认为,这个符号跟蛙蟾龟鳖图腾崇拜相关。

所以，上举异说中，比较重要的应是郭沫若在《甲骨文字研究·释支干》等书里提出的"天鼋：族徽"理论。"大黾"，郭沫若以上字如人而特大其首，应读"天"，下字则龟鼋之象，应读"天鼋"，即轩辕，"轩辕乃单阏之音转"①。又说：

> 余近证得古十二岁名本即黄道周天之十二宫，寅之摄提格为大角，其次为卯之单阏当于轩辕（西方之狮子座），单阏一称天鼋，是则轩辕、单阏为天鼋之音变也。②

在这篇文章里，郭沫若注意到"黄帝"与"轩辕"之可分离："轩辕不必即黄帝，盖古有此氏姓，迄周初犹存而后已消灭，故后人遂附益之以为黄帝耳。"③似乎"轩辕"比黄帝还要古老、可靠。他又说，"单阏：天鼋"相当于"十二宫之狮子座轩辕"④，原是姓氏。

郭沫若的说法，总的看来，复杂而又不可靠，前文已略提及。还得补充：(1) 轩辕确实并不一定就是黄帝，却也不一定即是"天鼋"（读音也有差距）；(2) 轩辕、天鼋并不是单阏（单阏音近"单于"，义为酋主，或由匈奴语移植；(3) 轩辕十七星确当西方狮子座，但说传自巴比伦，争议很大；(4) 天鼋，汉人就有读为"玄蚖"者，仍属龙崇拜系统；(5) 从外形看，这个徽饰不一定全是"天鼋"，有些明显是蛙蟾形象。

孙海波的《古文声系·自序》说，按照字形，它应该读做"大黾"，为方国之号，后世还有"大黾谷"可证。

唐兰的《从河南郑州出土的商代前期青铜器说起》，读其下一字（或单独出现）为"黾"，说是"氏族徽号"（《文物》73·7：6）。

李孝定的《甲骨文字集释》等也说读"黾"近是。

闻一多也大体赞成孙说，但改读"大奄"（《古典新义》下·507）。

王小盾的《中国早期思想与符号研究》，则更强调其似龟若鳖，尤其是具有蛙蟾所无的长颈者；如系合文，则是"鼋"（《四神》下·830），指大龟或元龟。

案：仅就文字学体例而言，上字读"天"，下字确应读"黾"；相关动物名称，繁体多从"黾"。例如：

---

① 郭沫若：《甲骨文字研究·释支干》（下册），大东书局，1931年。
② 郭沫若：《殷周青铜器铭文研究·殷彝中图形文字之一解》，科学出版社，1964年；参见《金文丛考·金文所无考》，人民出版社，1954年，第44页。
③ 郭沫若：《殷周青铜器铭文研究·殷彝中图形文字之一解》，科学出版社，1964年；参见《金文丛考·金文所无考》，人民出版社，1954年，第44页。
④ 郭沫若：《两周金文辞大系考释·献侯鼎》，科学出版社，1958年，第31页。

鼇（巨龟）/ 黿（大鳖）/ 黽（蛙）/ 鼍（扬子鳄）

龟鳖（跟蛙蟾同样）被当成"龙种"，古人一般不区别两栖类与爬虫类，以为它们都是：（1）处于阴湿暗黑之所，主要是"阴"或女性的力量；（2）有极强的性能力与蕃育功能，或大腹，或善交，或多子（卵）；（3）具冬眠或蜕皮习性，被看做具有强大的生命力量或再生力。

蟾有"龙蟾"，有时居然"蛙龙一体化"（有人径以为"龙出于蛙"）。

龟鳖，更有"龙龟"意象或造型，至迟见于汉代（驮载"大地"的"赑屃"，后人以为是"龙生九子"之一）。

案：日本人以黿（巨鳖）为海龟。据说贝冢茂树氏曾说，"天黿"或"大黿"作为"族徽"跟海神的表象相关[1]，而与"轩辕"的音读无涉，倒是跟鲧禹化身为龟为鱼颇有连带关系[2]。

林巳奈夫则以为，所谓"天黿"的下一字许多是蛙形，虽然也有近于龟黿的字形[3]。其说接近孙海波、闻一多而较准确。

御手洗胜氏也以为，此族徽跟"轩辕"没有直接关联。所谓"轩辕"最古老的仍是《山海经》中的"人面蛇身，尾交头上"的意象，这跟"轩辕：权星"的屈曲夭矫一致，而且也跟黄帝的龙蛇化身暗合[4]。他这一思路基本上是对的。但必须补充，蛙蟾龟鳖之类水族在神话思维里，跟作为水雨之灵的龙蛇是可能相融通，乃至相混形的。曹淑琴、殷玮璋以为其是蛙形，是与蛙蟾图腾崇拜相关的"国族"名称[5]。

甲骨文还有个怪字，主体是"黽"。

（《甲》2567）　　（《合》32086）

这个类"黽"字，实在有些古怪。甲骨文还有个字，下半部（主体）是"黽"，上面似"凸"（参见《编》323），张政烺先生辨识出实是"ЕЗ"，表示双手

---

[1] ［日］参见贝冢茂树：《金文所见夏族标识》，（京都）《东方学报》第36册，1964年。
[2] ［日］参见贝冢茂树：《金文所见夏族标识》，（京都）《东方学报》第36册，1964年。
[3] ［日］参见林巳奈夫：《殷周时代的图象符号》，（京都）《东方学报》第39册，1968年，第28页。
[4] ［日］参见御手洗胜：《古代中国诸神·黄帝的传说》，（东京）创文社，1984年，第280～281页。
[5] 参见曹淑琴、殷玮璋：《天黿铜器群初探》，《中国考古学论丛——中国社会科学院考古研究所建所40年纪念》，科学出版社，1995年，第303～305页。

有所持。但说"象两手捉个大鳖之形"（《古文字研究》1·67），恐怕非是。此字与"示"连读（张读"元示"），是很神圣的字样，如张正烺所说，"示"多指先王。所以，该字似乎表示持取"大黾"或其模型，准备奉祭。跟"它示"表示"蛇神"（张政烺说）或"蚕神"（叶玉森说）一致。这个符号很可能跟某种奉献或祭供仪式相关。

容庚曾说，"大黾"（大龟），"象牲体于尸下而祭也"（《宝蕴楼》9）。郭沫若驳之，谓其字分明"蛙黾"之象，"何得说为牲体"（《殷周青铜器铭文研究·殷彝中图形文字之一解》2）。做牺牲的可能性不大，但后世民间祭龙，多用偶逢的小蛇、小鳄乃至蛙、龟等为神体，像祭"尸"一般尊敬，古或如之。所以说殷商可能以蛙蟾龟鳖为牲体祭神，或者说，以之为神体、神的代表来祭祀，也并不过分。

于省吾还举出摩尔根《古代社会》载印第安人有以蛙蟾为图腾，认为大黾（蛙黾）应是殷商某一氏族的图腾（《古文字研究》7·3），这也并非绝无可能。他解释宋人所谓"析子孙"字样，是一位"大人"举"子"，表示"抚育"（其"合文"即"举"）①。常正光等在参与编《甲骨文字典》（徐中舒主编）时发现，这个字实在表示举"子"，即"举尸"立而祭之，"会意为祭祀之祀"②。这对我们理解上述有关"大黾"的字组也是很有启发的："黾"、"子"等可能已渐被当做"祖先神"或"圣物"来祭祀。

谨案：宋代学者多读前举"大黾"符号为"子孙"字类，有时还跟所谓"析子孙"（举"尸"于床）的徽识联系起来解释。

　　子孙　（黄伯思：《东观汉记·古器辨》）

清人的解释也多与此相关。例如说：

　　"孙"字象胚胎形　（阮元：《积古斋钟鼎彝器考释》）

　　"子"下一字（指黾），旧释"孙"，象"子"怀妊初具手足形　（吴大澂：《愙斋集古录释文剩稿》下·6）

　　"子"象人立形，"孙"象人胚胎形　（徐同柏：《从古堂款识学》5·9）

　　"子"象人形，"孙"象孩儿形，此二字亦可读"孙子"　（刘心源：《奇觚室吉金文述》1·16）

这种解释当然不对，但是他们将其与孕育、胚胎、生殖联系起来，还是很难得的：大腹者必定善于怀卵生子。

---

① 参见于省吾：《释举》，《考古》1979年第4期。
② 参见常正光等：《甲骨文字的一字多形问题》，《古文字研究论文集》，《四川大学学报丛刊》第10辑，1982年，第56～57页。

"子",《谷梁传》宣十年:"其曰'子',尊之也。"注:"子者,人之贵称。"林沄经过"子卜辞"的仔细排比,承认这是"男性贵族所通用的尊称"(《古文字研究》1·323);"有权呼令他人的首脑(或族长),就是'子'"(《古文字研究》1·367)。"孙"应不例外。他们血统"高贵",婴幼时就很特殊。以"孙"或以"子"为"尸"而祭,有其内在理由。同理,被视为神灵的"黾"、"它"等也可能被看做神圣的龙、蛇、龟、蛙而奉祭。

进一步假说,"大黾"的"大"("大"可通"天",但不一定全是"天"),如果独立起来视为正面"人"形的话,便不是或不仅是高大的大,而是一位"大人"或"天人",亦即巫觋或巫酋(Preist King,或译"巫王")。它是代表族团的,首先要负责任的是部落的生存与繁衍——我们不能排除其为女性,虽然暂时也不能证实这一假说(汤惠生说,这个"蹲踞人形"以后坐实为"女娲",若"女娃",其立意有与我们暗合之处)。赤冢忠说,就连其下的"蛙黾"符号,即䰟䰟,意为"伛偻小人",亦属"表示神职者之职能之记号"①。

如上,她胯下的符号就是代表蕃育力量的神圣动物,亦即蛙蟾或龟鳖(如上所说,在这种特定的语境中,这二"类"外形略似又都善于育卵的两栖—爬行动物都已"理想化"、"神圣化"为"生殖神"或"生殖动物神",因此可相互置换,是"对位"或"等值"的,民俗神话学一般不需要去严格区分它们)——这种掌司"生殖"的神化动物标志着、保证着上面的"大人"或"女神"能够大量而安全地养育、蕃衍族裔。但仍须说明,"黾"字是主体,"大"或"天"只是使其更加神圣化。

"天黿"之"天",或"大黾"之"大",都保存"人"的形迹,或者说由"人"义孳乳而出,那么,它们作为"加语",限定或修饰"龟黾"之属,显然能将其神秘化,加强了其"圣"的属性或功能。这里的蛙蟾龟鳖再也不是平凡之水族了。

汤惠生提出,所谓"大黾"既可读做"天黿"或"天兽",那么必须确定此"天"的含义。"被文字学家释为'天'字的这种形象显然不是指自然界的天而言",那就应该是宗教观念里的"天",即天老爷,"一个至高无上的'神'或'帝'"②。

他引证——

> 《大盂鼎》:"受天有大命。"

---

① [日]赤冢忠:《殷金文考释》,林洁明译,第22页;见《金文诂林附录》,香港中文大学,2005年,第79页。

② 汤惠生、张文华:《青海岩画——史前艺术中二元对立思维及其观念的研究》,科学出版社,2001年,第75页。

《毛公鼎》："皇天引猒厥德。"
《尚书·泰誓》："天佑下民,作之君,作之师。"
《诗·大雅》："天监在下,有命既集。"

认为以上的"天","都作'帝'或'神'解"。这样,此种"文字组合"或所谓"族徽"里的形象(它已作为"文字"出现),即"蹲踞式人形,应该是'帝'或'神'"①。"天兽"就是"天帝动物"或竟即天帝。这一观点新鲜而大胆,但所涉问题太大,疑难更多,简直是牵一发而动全身,用一两句话说不明白。目前还是认做"加语"较为稳妥。

我们必须明确,"黾"在这一符号或徽识中是主体,"大"或"天"或"大人"是加语,去其平凡化,增其神秘性。最初只有"黾",上一字可有可无,或竟没有。例如,在郑州白家庄一座商中期墓出土的一件铜尊(属二里冈期),其肩部铸一孤独的"黾"字,这是此符号最早出现者②。曹淑琴、殷玮璋以为上一字不是"大"而是"天","'天'字是个褒辞,在'黾'字前加上这个'天'字,或许跟这个国族在武丁时期得到较大发展有关"③。他们观察了118件殷商使用这个符号的青铜器,不能不承认其为"神圣性"名称。"天降之黾"或"天佑之黾"是神圣符号或徽饰。"黾"由于冠以"天"称而更加神秘。我们觉得,"大黾"或"天黾"已不仅仅是个图腾名称,蛙蟾或龟鳖在特定语境里本身就具有神圣性与神秘性——后来生长为"四灵"或"四神"的唯一"现生种"圣物,绝非无缘无故。

授孕者玄鼋与蝾螈

依据《山海经》等较为古老的文献,轩辕是"黄龙体",标准的龙形。玄鼋,以龟鳖之属,可能与"黄龙:轩辕"在特殊语境下"置换变形"(displacement)。但还要论证。

案:陈梦家已说"轩辕:天鼋"是一种"鼋"(暗示其即《周语》之"天鼋"),辕/鼋/熊声近,所以"轩辕"只是大禹治水所化的"鼋"或"熊"的一种别称④——其实这也只能造成更大的"混淆"。艾兰就从郭沫若、陈梦家的理

---

① 汤惠生、张文华:《青海岩画——史前艺术中二元对立思维及其观念的研究》,科学出版社,2001年,第75页。

② 参见曹淑琴:《商代中期有铭铜器初探》,《考古》1988年第3期。

③ 曹淑琴、殷玮璋:《天鼋铜器群初探》,《中国考古学论丛》,科学出版社,1995年,第305页。

④ 参见陈梦家:《商代的神话与巫术》,《燕京学报》第20期,1936年,第323页。

论推出:"黄帝,名有熊氏,又名轩辕氏。文献里,禹和他的父亲鲧变成熊,一种三足鳖,或是龙。轩辕是星宿名,也可以说是一种龟(案:龟鳖同属),玄鼋。在其它地方有记载。那座禹化熊穿过的山名也是'辕'。"① 这就是陈梦家的暗示:黄帝(轩辕)≈禹(熊,鼋)。其实它们根本不是一回事。

谨案:《国语·郑语》赐孕夏宫童妾的"玄鼋",韦昭读为"玄蚖",即"蝾螈:蜥蜴",是龙的重要母型("龙"主要由蛇、蜥、鳄三种爬行动物加上"虫"化合而来)。如此说来,周祖"玄鼋"未尝不可能是"神玄之蚖蜴"。这就把"黄帝/(夏)禹/周先"在龙的意象上"融通"起来——本质上是龙蛇崇拜,并且粘连着"轩辕"那样尾交头上的蛇体混沌。而且,还可能把"准龙属"的龟鳖蟾蛙之类水族涵化为一体。

邹衡对"天鼋:轩辕"之说有较好的演绎与发挥。他引用《姓考》:"天,黄帝臣天老之后。"以为"天"姓属于姬姓(黄帝—周人);周人也有"天氏族",他把"大鼋"、"大豕"等都读为"天鼋"、"天豕"或"天兽"②。我们觉得,这些"族徽"既保存着图腾观念,又体现着生命意识,有的还可能是一种有关调适风雨、保证蕃庶的神秘符码,多少有点儿像"护身符"或"吉祥物"。因为无论是蛙龟、龟鼋,还是猪(龙),都是蕃庶的象征,都是跟雨水或农事紧密联系的生命力旺盛的动物。它们主要是阴性的水族,读为"兽"违背文字学体例。那上面的人形,无论读"大"读"天",其本源都是"人"(起初还没有转变为指事性的"天空"之"天")。邹先生也承认,金文多见人形"族徽",此"天"是"正面站立,圆头,两肩平张,两臂下垂,两腿分开,手足皆外撇",特别是他征引的陕西扶风齐家村周器上的一个"天"字:俨然垂挂着生命之"根"(张政烺说此"根"为"帨:羞耻带"),请问如果不是"人"、不是生命符号,画此"不雅"之物干什么?

讲到"天鼋"或"玄蚖",它们都是泛化或变形的"龙种"。这就不得不详尽解读"二龙一玄蚖"遗精生民的故事。《国语·郑语》引《训语》说:

> 夏之衰也,褒人之神化为二龙,以同于王庭,而言曰:"余,褒之二君也。"夏后卜:"杀之"与"去之"与"止之"?莫吉。卜请其漦而藏之,吉。乃布币焉,而策告之。龙亡而漦在,椟而藏之,传郊之。(下·519)

---

① [英]艾兰:《龟之谜——商代神话、祭祀、艺术和宇宙观研究》,汪涛译,四川人民出版社,1992年,第69页。

② 参见邹衡:《夏商周考古学论文集》,文物出版社,1980年,第339~341页。

或以为《训语》到此为止。下面是史伯的话：

> 及殷、周，莫之发也。及厉王之末，发而观之：漦流于庭，不可除也。王使妇人不帏而噪之，化为玄鼋，以入于王府。府之童妾未既齓而遭之，既笄而孕，当宣王时而生，不夫而育，故惧而弃之。为弧服者方戮在路，夫妇哀其夜号也，而取之以逸，逃于褒。褒人褒姁有狱，而以为入于王，王遂置之，而嬖是女也，使至于为后而生伯服。（下·519）

这里的"讳饰"和疑难至多，只能借鉴诸家解说略加梳理。

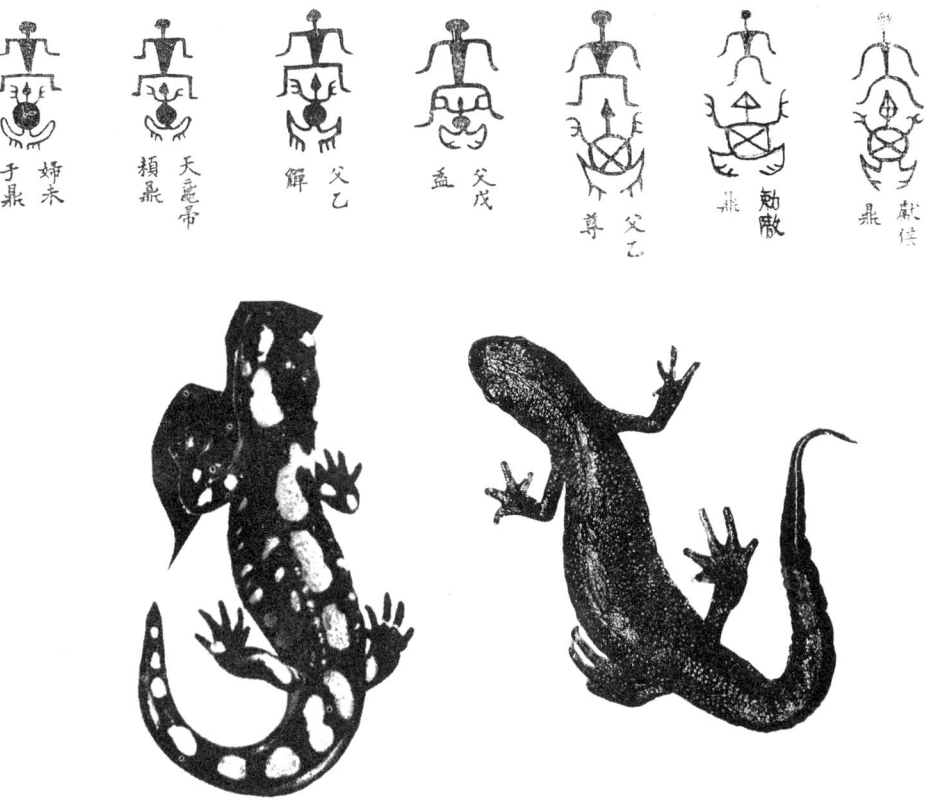

玄蚖：蝾螈

（动物摄影，上附金文"大鼋"，郭沫若所谓"天鼋"）

《国语·郑语》夏时褒人之"二龙"，诸家多据周人姬姓，自称出自"天鼋"——是龟鳖一类，可能化成"玄龙"，郭沫若更说是"轩辕"，是夏、周图腾。但汉·韦昭注说为"玄蚖"，蜥蜴（实指蝾螈）而"象龙"，不是龟鳖。然则此龙其母型为蝾螈。此二说互有短长，请斟酌择弃。

汉·韦昭《国语解》："鼋，或为蚖。蚖，蜥蜴，象龙。"

这里的"龙"的母型，恐怕确是蜥蜴。因为它的漦（沫或精）化成的玄鼋即玄虺，古人就说是"蝾虺：蜥蜴"。周人的龙之母型除了蛇之外，很可能有蜥蜴（扬子鳄的分布不超过北纬36°，周人祖先不容易看到它）。

龙漦能使童妾怀孕，自然是生殖力量，从而"龙：玄虺：蜥蜴"也可以像赵国华等那样看成雄性生殖器官的象征（这不仅因为"形似"）。"文明"的记录不免有所讳隐。二龙"同"于王庭（"同"即交合），当然会遗"漦"。

龙漦（精）是狂野而可怕的，它四处漫游，寻找寄托，渴求介入。"王使妇人不帏而噪之"，简单说，帏就是"帨"那样以障蔽为诱惑的"羞耻带"，不帏就是裸露。高木氏标注《国语定本》说：

不帏者，谓脱帏启前而露丑也，欲以污秽厌之也。

阴部具有辟邪厌胜功能。所以四川汉墓墓门有的刻画阴器或交媾图，以阻止邪魅进入。周人听男女阴讼于"胜国之社"（指失败者的"社庙"）①，荆轲也"箕踞"以骂秦王。不帏而露阴，为的是厌胜可怕的龙漦。但龙漦正到处寻找进入的通道，彰露阴户岂不是大开方便之门？所以，这同时也是一种无奈的测卜，不能不提供选择的机会，"图腾"即令怪化也有授孕的特权。它选择了童妾。

夏、周化为玄鼋的二龙，是相当可怕的。在晋·任昉《述异记》里，它更异化为蛟，为蛟妾。

夏桀之末，宫中有女子化为龙，不可近，俄而复为妇人，甚丽而食人。桀命为"蛟妾"。（参见《太平御览》卷九三〇引）

然而它还奇妙地保存着"玄虺：蜥蜴"占测休咎的特性而"告桀吉凶之事"，延续《周易》之"易"（蜥蜴）的卜筮功能。蛟者，异化或卑化的龙，母型之一为巨蜥或水蜥。

二龙，当然是雌雄。"同"，闻一多引《海内经》及郭注所说"同犹通淫之意"，以为"交合之谓"（《神话与诗》第17页），当是。《楚辞·天问》"馆同爰止"，刘盼遂笺证也说是"媾通"。但闻氏怀疑"二龙：二君"指伏羲、女娲，则未必，至少产生漦精的雄龙是阳具的一种象征（参前赵国华说）。

二龙交合，遗漦在庭。汉·韦昭注："龙所吐沫，龙之精气也。"《汉书·五行志》说："漦，血也，一曰沫也。"这是讳饰，实是精液。这是最早的"龙涎"（龙涎香，古人已知为鲸龙所遗，系胃液病变）。

夏后祖先（神）通过占卜示意固藏龙的精液，以保证图腾精气秘不外泄而待机延续。它不顾宫嫔们的彰露于前，而钟情于有危险趋向的童妾。这就暗示：

---

① 参见萧兵：《观社》，《中国史研究》1982年第4期。

夏后的一支以二龙为神，龙的精液感染厉王童妾而生褒氏，周王嬖之而生伯服。这样，伯服之母感触龙精而延续龙的血裔，"二龙"至少是周人外家，传统人类学家所谓"母系图腾"。

由于历史的迁动与变异，图腾可能异化为凶神。所以它的遗裔可能颠覆那逐渐形成的世俗的王统——这就是所谓"图腾的妖化"或"异化"之复杂进程（例如廪君本以虎为图腾，其后裔反而射虎；某族崇猪，后来却以猪为秽物等，其事过繁，姑略）。于是宣王时童谣曰：

　　檿弧箕服，
　　实亡周国。

韦注说檿是山桑，弧是弓——这是男子之事。《礼记·内则》所谓生（男）子则"悬弧"。弓箭是男性的意象，民俗常识。

服，韦注说是矢箙，即箭袋，可以象征女性。但释"箕"为木，究竟牵强。《汉书·五行志》说："箕服，盖以箕草为箭服，近射妖也。"益谬。案：《说文》卷五箕部："箕，簸也。从竹、其，象形。下'其'，丌也。"古无轻唇音，服，或即箙（中古音布火切）之音转。

簸箕象征女体之有所容纳。所谓箕、帚，都是妇人之事。

"箕"、"筐"与女性孕育腔、生殖腔异质同构，是所谓互文性概念。《周易》的"承筐"，就是接受生命主动体的"输入"，或暗示媾合。同理，纳西族"婚礼中，把新的'素科'（生命神之桩：男根）与'素塔'（女体：子宫）放进生命神竹篓，表示男女双方的生命和'素'神已结为一体，实际上也表示两性的结合"①。或说，这竹篓（筐）是生命神之"家"，其中放置（生命）神体之"塔"，它也象征女体；置入的橡木桩，便是男根。②

箕为簸箕，在星占学上是后宫之象。《史记·天官书》："箕为敖客，为口舌。"(1·11) 索隐引《[春秋]元命苞》说："尾九星，箕四星，为后宫之场也。"又引宋均说，"箕以簸扬，调弄象也"，它又"受物"——所以是后妃之府。

受物之具又可以象征"口"。《诗纬》说箕是"天口"，主"出气"(参《史记》索隐)。又《诗·小雅·谷风》："维南有箕，载翕其舌。"又象征口舌，逸言。《诗·小雅·节南山》："哆兮侈兮，成是南箕。"《天官书》索隐云："调有敖客行谒请之也。"口舌有时跟下孔（生殖腔）对转或互拟（参见弗洛伊德学派理论，以及笔者的《傩蜡之风》等书对口阴互拟、食色互渗之分析）。所以"檿弧箕服"者，既指贩卖二物之褒人夫妇，又承袭雌雄二龙之"媾合"意象，而

---

① 杨福泉：《原始生命神与生命观》，云南人民出版社，1995年，第77页。
② 参见《中国原始宗教资料丛编·纳西族卷》，上海人民出版社，1983年，第109页。

"祸根"实在就是他们拾到的二龙"遗孽",弃女。这就是《楚辞·天问》一句话的背景。

> 妖夫曳衒,何号于市?
> 周幽谁诛,焉得夫褒姒?

褒姒亡周,当然是"祸水论"。但这可以看做"圣"对"俗"的报复。图腾主义的神圣传统被逐渐兴起的世俗王权所替代,所遗弃,所失落,在一定时空条件或文化语境之下,隐蔽而又强大的历史惰力和文化传统,可能"复兴"而对新的政治结构进行报复性的颠覆或冲击。作为图腾祖先的"二龙"通过"檿弧箕服"异构同质的再现,通过"母系的遗子"(褒姒和厉王宫中的童女),对"不肖的子孙"实施了复仇。

龙首龟

(左:神仙乘龟龙图,韩国寺庙绘画,传世,采自王小盾;右:北京故宫铜制龙龟)

这是最高规格的灵龟。只有仙圣神灵与皇家才能设置此物。这也证明,龟鼋曾被看做龙的子属,例如赑屃逐渐"龙龟化"并且成为"龙生九子"的一种。

要之,如果就民俗神话学而言,"天鼋"与其说跟"大奄"相应,毋宁说是蝾螈,古人认为是蜥蜴的一种,也就是《周易》之"易"的原型意象。这是与"尾交头上"的轩辕"黄龙体"比较接近、比较容易互渗或相置换的。然而,几乎是以同样理由也可以说,它是"龙属"龟鳖的一大"变形",它们是异质而同构的,暗示周王室都是"泛化"的"龙种"。

```
龙种:玄虺 ┬ 蝾螈(蛇蜥之属) ┐
         └ 玄鼋(龟鳖之属) ┴ 大鼋
```

在特定条件下,"四灵"中的某些成为"对偶"的圣物,如"龙/凤"、"龙/麟"或者"龙/龟"不但互渗,而且在某些义项里可以沟通,乃至相互转换生成,这里"龙"往往主动或者主导。因为龙较快也较早地占据"话语中心"或"话语霸权",龙凤相配而龙为"主动"性别:龙有龙鳞、龙角或龙尾、龙首,只保留鹿或牛、马形的躯体。蛙蟾龟鼋都被列为"龙种",如果荣幸换头,便成"龙蟾"、"龙龟"。

神龟托载大地

有一种意见值得重视和讨论。"大龟",作为一种"宇宙性符号",也许表现龟鼋、蛙蟾等水族托"天"载"地"的意象。这种由"龟属"来托举"天地"或"大地"的神话,"大地负载者",在世界各民族里并非罕见。众所熟知者有印度、中国(西藏)、希腊、北欧、古代印第安、阿尔泰语系萨满文化圈。

在其它重要的"创世神话"里,托举大地的"圣动物",替换以大象、巨鱼、神鹿、圣牛等,都可以算是"异质同构"(下文详说)。

神龟托地或负载世界,这实质上是在讲述"宇宙龟"神话——或者说,"托地龟"是宇宙龟的一种形态。

前文简介,龟壳曾被看做"天圆地方"的(简化)宇宙形象,龟甲纹路也被拉上宇宙形态或神圣数字。这都说明它确曾被看做"宇宙龟"。只是它跟宇宙的一体化的圣迹以及创造世界的神性,大都失落了。

象龟与赑屃

(左:加拉帕戈斯岛象龟;右:龟趺或赑屃,朝鲜新罗太宗武烈王金春秋墓碑,仿唐造型,采自王大有等)

陆地上最大的龟——象龟,能够驮载一个成人自由爬动。中国古人称它为赑屃(龙生九子之一),让它驮碑。碑就是宇宙;"驮碑"等于鳌龟负载大地。或说,这是龟形"玄武"的模特。

撑起天空或托举大地的,或是巨鳌或大鱼(鳌从鱼者为巨鱼,从黾者则鳌龟)。

在萨满文化圈中,例如西伯利亚布里亚特人、布里亚特蒙古人那里,中国的鄂温克族、鄂伦春族等地,以及西藏宗教化神话里,则是由龟来驮载大地(详后)。

古印度人认为是由"世界之主"毗湿奴变成鱼或龟驮载大地。西藏"龟负世界"神话属此系统。

龟载世界,它的"简化"就是赑屃驮碑。

所谓"大黾",所谓"天鼋",叶舒宪也有这样的猜想,被称为"大黾"或"天鼋"的金文符号里,"处于下部用两足撑(天)地"的是"龟",这表现"鱼鳖类动物撑天或支地"的宇宙神话模式①。可惜"符号"上部明明是"人"的形象,是作为"主体"的"大人"或"天人"。如是"天",则代表神圣"宇宙"而绝不仅是物质或自然的"天空"。原始性图画或造型里被托载的巨柱或板盖,被分成三段,多由符号性神圣动物来代表:

鸟／巨人／龟(鱼)

叶舒宪认为,这是"宇宙模式的拟象","其意蕴显然包括了天、地、地下大水所构成的三分世界"②。这种"拟象"底部确实是龟鳖蟾蛙一类水生动物,叶的目光可谓锐利。但是,说到"大黾"的徽识,以为"它以两臂支撑起用人的腿脚为象征的方形大地",却明显牵强附会。那人形的"大"或"天",作蹲踞之形,显然大腿与小腿并不构成"方"形;"人象的头部"虽然是"巅"(头顶),但在这里却不一定等同于自然的"天"。把一个完整的人形拆成"天/地"的对立形象,实在说不过去。所以,"上述(鼋)符号的象征意义也就是以顶天立地(地载于海)的人为中心的宇宙模式的形象概括"③,这个结论就不容易站得住。不过,说"大黾"这个符号牵涉到龟鳖蟾蛙等支撑或创造世界的神话,却是极值得注意的。巨龟载地的"世俗化",就是口碑里海龟(或者巨鲸)被航海者当做岛屿的奇闻。或者说,这既是海中巨大动物的想象夸张,又是"海物"与"海岛"神话互渗的产物。

《金楼子·志怪》说,有人在汪洋中发现"海岛",原是巨龟。"巨龟在沙屿间,背上生树木。尝有商人,依其采薪及作食。龟被灼热,便还海,于是死者数十人。"

巨龟背上能够生长草木,当然有泥土(其神话意象就是"息壤"),这些泥土或砂石一旦为想象所"放大",就会变成神山,乃至"大地"——"巨龟托地"的神话跟这种海上奇观或"水手异闻"是有关系的。只是龟背上的"土地"极小罢了。

钱锺书《管锥编》(2·829)怀疑这类传说来自佛教经典。如《生经》(3·35)说:

有一鳖王,游行大海,时出水际卧,其身广长,边各六十里。有贾客从远方来,谓是高陆之地。五百贾客车马六畜有数千头,各止顿其上,炊作饮食,破薪燃火。鳖王身遭火烧,驰入大海。贾谓地移,悲哀呼嗟:"今死定矣。"鳖痛不能忍,投身入水,人畜并[丧]命。

---

① 叶舒宪:《中国神话哲学》,中国社会科学出版社,1992年,第39~42页。
② 叶舒宪:《中国神话哲学》,中国社会科学出版社,1992年,第29页。
③ 叶舒宪:《中国神话哲学》,中国社会科学出版社,1992年,第29页。

代表大地或水的龟

（1、2. 驮载华盖的玄武，汉镜图纹，其1现藏美国胡斯顿美术馆，其2现藏日本五嶋美术馆；3."龟凤博山炉"，古朝鲜墓出土，朝鲜平壤；4. 陶盛水器，古代美洲，莫格瓜文化，采自王大有；5. 陶灯，河南济源泗涧沟出土，M24，新莽时期；6. 龟趺华盖，汉镜图纹，部分，采自林巳奈夫）

如果暂时撇开神龟或鸟、兔所托载之"圣器"不谈的话，这里主要再现或象征的是"二元世界"：上端为圆形的天宇（以"华盖"为代表），或是以"玄鸟"或"金乌/玉兔"标示日/月且暗指太空，其下端则是"地/水"（或地下世界），以神龟（有时用鱼）来代表。博山炉代表圣山（如泰山、昆仑等），象征的也是宇宙（或"世界山"）。这跟圣龟负载大地或世界的神话宇宙观在根本上一致，只是"着眼点"不同而已。

这个故事被《西游记》利用。唐僧们取经归来，大鳖如约让他们站在背上渡海，唐僧却忘记为他打听"来生"命运，大鳖生气，潜入海中，经书全湿损了。胡适为之写过《西游记的第八十一难》。

《太平广记》卷四六四引《广异记》记岭南节度使何履光所述"亲见"海中三"大"怪物，都牵涉到鲸。

一是有大鱼被夹在两座小岛之间，进退不能。"海中大雷雨，雨泥，状如吹沫"。鱼鳃"挂"在悬崖上，七日，山裂鱼脱。"雷，鱼声也；雨泥，是口中吐沫也。"这还不算太离谱。

二是海中有"洲"，上踞怪物，"状如蟾蜍数枚，大者周回四五百里，小者或百余里，每至望夜，口吐白气，上属于月，与月争光"，把呼吸的巨鲸跟"吞月蟾蜍"相比附，夸张失实。

三是夏初，"有大蛇如百仞山，长不知几百里"，属于"海蟒"的极度夸大，它竟然绕山数十匝（引案：这跟《玄中记》等书所说环绕"世界山"一圈的"宇宙蟒"神话相关）。蛇"低头饮水"，"而水减者十余日，意如渴甚"。于是，巨鲸出场。有"物"，咬啮半天，"其山遂拆，蛇及山被吞俱尽"(10·3818)。可见，夸张到什么地步。龟鱼托载神山或世界的神话，不过是由天真未凿的初民加以"放大再放大"而已。"前进的夸张"是神话的一大特色。

古人对鲸，往往讶其"大"，传言更从而"大"之，弄得长达数十里、数百里、数千里，"白发三千丈"也不如其夸张。对于海龟、水母、海蛇的惊讶与夸饰，也就"不足为奇"了。

又，《玄中记》："东方之大者，东海鱼焉。行海者，一日逢鱼头，七日逢鱼尾。鱼产[子]，则百里水为血。"如果加以"自然主义"的解释，第一日所见，尾看不清，第七日见另一鲸，头又似隐，"连接"起来就有百里、千里之长了。血水似属"赤潮"。

龟负神山

（鎏金铜博山炉，西汉，现藏美国洛克菲勒亚洲协会）

博山炉是与"封禅"相关的"圣器"。炉上的山多被认为指东岳泰山。

但此博山炉似乎触及一个古老的神话宇宙观：处在底层的龟，不仅象征土地或水，而且像是在"大瀛海"（圆盘：宇宙海）里负载神山——世界。似乎不胜重负而竭力支撑，形态极为生动。可与朝鲜古墓出土"龟凤博山炉"（第809页图3）相参照。

东西方都有水手以鲸为海岛,登陆或系缆的"海外奇谈"。中文记载如葛洪之《西京杂记》卷五:

> 昔人有游东海者,既而风恶舡破,补治不能制。随风浪,莫知所之。一日一夜,得一孤洲。共侣欢然,下石植缆,登洲煮食。食未熟而洲没。在船者砍断其缆。舡复漂荡。向者孤舟,乃大鱼也。吸波吐浪,去疾如风。在洲上死者十余人。(据《太平广记》卷四六六引,10·3838)

天盖与建木

(汉镜图纹摹本,左:原器现藏美国胡斯顿美术馆;右:原器现藏日本五嶋美术馆。采自林巳奈夫)

神龟铜镜上方是建有"华盖"的沟通天地的巨柱(或宇宙轴),由"龟蛇:玄武"来驮载,表示世界要由龟来支持与载负。

这两幅所谓"三段式神仙图"表现着汉人的某种世界观和神仙观念。上端神龟(或玄武)驮着的是"天柱"与"天盖"(或称"华盖"),代表着"圆天"或"宇宙"。

《太平广记》卷四六六又引《异物志》云:"昔有人行海得洲,木甚茂,乃维舟登岸,爨于水傍。半炊而林没于水。遽断舟缆,乃得去。"(10·3840)"洲"其实是巨蟹。

《太平御览》卷四六四引《广异记》说:

> 开元中,台州临海,大蛇与鲤鱼斗。其蛇大如屋(案:此章鱼、乌贼之躯体),长绕孤岛数匝,引头向水。其鱼如小山,鳍目皆赤。往来五六里,作势交击。鱼用鳞鳍上触蛇,蛇以口下咋鱼。如是斗者三日,蛇竟为鱼触死。(10·3819)

所谓"鲤鱼",大如小山,是鲸无疑。与其斗者,或说海蟒,实是章鱼或大王乌贼,其触手看起来像蛇。二者大战,时有所闻。抹香鲸身上常见圆形巨疤,鱼类学家说，那便是被章鱼"吸盘"伤害的结果。

《一千零一夜》辛巴达（Sinbdad）水手故事里，也有航海人误把鲸背当小岛而登陆，终遭溺毙。《天方夜谭》也选了此则。

阿拉伯人在9—10世纪写的《中国印度闻见录》里写到这种"鲸岛"，注家们认为可能出于《一千零一夜》。

> 在这片茫茫大海中，时而有一种海兽出现，它的背上杂草丛生，银壳闪闪发光。船员们往往误为是一小岛，抛锚停泊，一旦发现不是岛屿，便立刻起锚张帆，迅速离开。①

赑屃：象龟驮碑

赑屃驮碑，至早见于汉代，记述或解说更晚。但是，汉人讲述的"巨灵"或"巨龟"赑屃开山辟地、引水造地的神话，应该比出现于文献要早得多。

《文选》中汉·扬雄的《河东赋》说："河灵矍踢，不（丕）华蹈襄。"苏林注："河灵，巨灵也。"河使或江使的玄龟，不仅襄助鲧禹治水，而且开凿华山，使洪水通过，还由使者回归其创世巨灵的面目。这就是——《文选》中汉·张衡的《西京赋》：

> 缀以二华，巨灵赑屃，高掌远蹠，以流河曲，厥迹犹存。

巨龟以掌爪劈出并且撑开挡道的华山，使河流从中流过，掌印足迹至今还存在。这是再造山河，近于创世。袁珂的《中国古代神话》及《中国神话资料萃编》等，就将此类神话列为"创造世界"。

藤田丰八认为，这跟"巨鳌载山"（鳌戴山抃）本质相通，是在整顿并且改造世界的结构。

它虽然不能跟盘古们的开天辟地等量齐观，却究竟是"次生性"的"再创世"行为。它的撑持山岳本质上跟龟鼋的托举"世界"相融通——更重要的撑持者并非人形或人格化大神，而是以"象龟"或"海龟"做母型的"赑屃"——它的"驮碑"不过是一种"卑化"或"弱化"罢了。"开河：撑山：负碑"这三者甚至可以说是某种"等值"性的神圣行为。

赑屃，海外学者多认为是"象龟"的夸饰，也有说是海龟的放大：世界浮载于水面，海龟是"中介性"的支持者。唐·刘恂《岭表录异》说，有一种大型山龟，很接近"象龟"，足可以成为驮碑"赑屃"的母型。或取其壳为装饰或工艺品。

---

① 《中国印度闻见录》，穆根来、汶江译，中华书局，1983年，第3页。

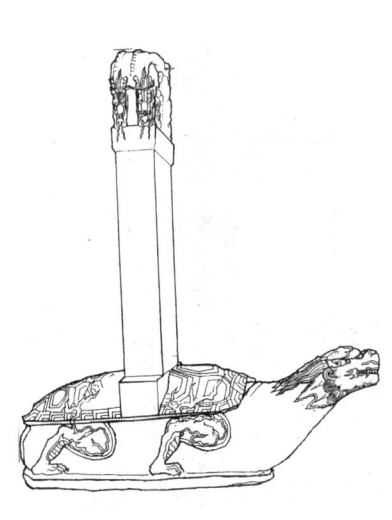

独角"龙（首）龟"

（左：龟趺，龙（首）龟驮碑，清代，北京法源寺；右上：龙首铜龟，摄于江苏无锡太湖鼋头渚；右下：作为参照的巨型象龟，太平洋上的加拉帕戈斯岛）

龙头龟是对龟的最高神圣化，或称"赑屃龟"。独角可能从麒麟取象。

一般认为，驮碑巨龟是从象龟"升华"而出，只有它才能驮得动石碑——最初它还要驮载整个世界。但《岭表录异》说岭南山中大龟，背上可以站人，大比"龟趺"，不仅加拉帕戈斯之所产也。

蟕蠵者，俗谓之"兹夷"，乃山龟之巨者。人立其背上，可负而行（引案：只有象龟能勉力做到）。产潮、循山中，乡人采之，取壳以货。要全其壳，须以木楔出其肉。龟被楚毒，鸣吼如牛，声动山谷。　　（鲁迅校勘本，第84页）

《本草经》有秦龟，后人多说山龟形大者。

陈藏器《本草拾遗》说："今秦龟是山中大龟，如碑下［龟趺］者。……卜人取以占山泽。《汉书》'十朋'有山龟，即此也。"

纳西族蛙、龟关系及神迹

龟鳖与蛙蟾的难解难分，在民俗上的意义，白庚胜所论述的纳西族蛙/龟关系，提供了一个现成而又理想的参照系。据他介绍，根据字形，纳西象形文字的"龟"有如下特征：

（1）长尾。

（2）背负圆甲，身躯平伏（蛙则前高后矮）。

（3）四肢呈立姿。

（4）双目突出。

甲金文或商周纹饰之"龟"，还要补上一个重要特征：

（5）龟鳖有颈而蛙蟾无颈。

康殷《古文字形发微》还提请注意：

（6）［龟］曳尾而后腿不长；［蛙］后腿长而屈折（案：即蛙式蹲踞）。

这些都是在"字形"上可分辨之点，但也有难以区别之处（白庚胜以为"龟"者，多数学者以为"蛙"）。在音义上，纳西语——

【龟或蛙】

〔纳西语〕含时罢美（hæ˧ ʂ˧ ↓ pɑ ˥me˧）

含时（义云"金黄"、"黄金"）

罢（龟；或说"蛙"）

美（义云"大"或"雌"）

【罢】

释"龟"者
——白庚胜：《东巴神话象征论》（22）

释"蛙"者
——李霖灿：《么些经典译注九种》
——和志武：《东巴经典选译》
——东巴研究所：《纳西东巴古籍译注》
——方国瑜：《纳西象形文字谱》（199）

藏语、彝语等"龟/蛙"读音也接近。

【龟】	【蛙】
〔藏语〕nus sbal（书面语）	〔藏语〕sbal ba
〔彝语〕ɔpaʂəxo（嘉德方音）	〔彝语〕ɔpa
〔纳西语〕ba	〔纳西语〕ba, pa
	pɑ˧ tɕə˧
	（《谱》199）

白庚胜承认：

龟在东巴神话中出现频率极低，被专称作"含时罢美"，在绝大多数情况下，"巴"或"罢"也就主要指青蛙。

> [然而]东巴神话中的"含时罢美"乃是一只神龟,不可将它与青蛙混同起来。①

他认为,藏语拉萨、巴塘等地方言称龟为"拉布",读音或词源可能来自梵语。纳西族有一种"龟"称为"伙古罗拉布久吾"(ho^{33} gv^{33} lo^{21} lər^{21} by^{33} dɕə^{33} u^{21}),直译是"印度北部之龟"②。

白庚胜强调,"龟"在纳西人心目中是神圣的,"蛙"则凡俗乃至卑污。这跟华夏—汉族人不同。其实,纳西族有重要的"金蛙八卦",蛙也并非凡俗。但白庚胜以为那是金龟而非金蛙。

在神话意象系列中,"蛙蟾"跟"龟鳖"往往互喻、相渗或等值、对位。它们同时成为:(1)生殖神或创生者;(2)创世神;(3)宇宙规划或摹写者。

白庚胜则认为:所谓"金蛙八卦"应该是"神龟五行、五方图"。

> 蛙在东巴(神话)中并非正面形象,几乎没有任何可能化生五行、五方、十天干,没有任何可能成为人们的崇拜对象。③

证据之一是纳西族"洪水遗民",相当于羲/娲的斯巴贡布与斯巴吉姆兄妹在居那什罗(相当昆仑:须弥)神山上结婚,生下肉团("肉团",由于乱伦的后起"禁忌"介入,变成负面的"畸形胎",本来却是"葫芦"式生命意象)。肉团被切成99块,抛入"海"中者变成鱼、蛙、蛇、蜥等水生物,被"目为秽物",其实全是生命意象,能够蕃育出各种水族——其它"肉块"除变成飞禽走兽之外,最重要的变为"人种"(包含各兄弟民族)。这是羲/娲婚媾故事模式的有机构成,后世伦理观念羼入,使其部分变质。崇仁丽恩与竖眼女子成婚,生下异物,也应做如是观。肉团所变,难道只有入水者才是"秽物"吗?我们看闻一多《伏羲考》文后所列,兄妹结婚后,生下的有"怪胎",有"肉块",有"血盆"。那多属观念"进化"以后的"道德批判"。然而正是这些"畸胎"、"秽物"剁碎成了人类——否则,人早就绝种,无所谓"第二次创世"了。

正如闻一多们所说,神话"愈合理,愈失真";越理性,越歪曲。洪水遗民、兄妹结婚,生下的是"次生性"或微型化的"宇宙卵",只是"再创世"的功能模糊不清,变成创生性的"肉团"之类"外显子宫",主要孕生人类。

"理性化"或"道德化"的结果是——

> 在日常生活中,人们也将青蛙进屋及跳上锅灶视为不祥之兆,要请东

---

① 白庚胜:《东巴神话象征论》,云南人民出版社,1998年,第24页。
② 白庚胜:《东巴神话象征论》,云南人民出版社,1998年,第26页。
③ 白庚胜:《东巴神话象征论》,云南人民出版社,1998年,第24页。

巴禳灾祛邪……

青蛙乃是一种怪胎、秽物，它与蛇结伴而行，与鬼同体出现，或是蹒跚于草泽之中，或是出没于泥水之间，并非正面形象，绝对成不了《祭"仁"神经》所述那样的"仁"神与"趣神"之祖。①

白庚胜独特地把"龟"列为创生或创世大神，澄清了许多误解；但他说壮、侗、汉等民族崇拜青蛙，是因为他们经营水田耕作，而纳西族远祖是游牧民族，不可能崇拜水族——那为什么却以龟为神呢？经济生活形态并不与民俗神话传说直接相关。当然，"信仰"不是仅靠理性就能建构或诠释的。

 pa^{13}，又 $pa^{13}\ tɕə^{13}$　蛙。象其头。(199)

$hæ^{13}\ ʂ_1^{31}\ pa^{55}\ me^{13}$　金黄大蛙（案：白庚胜释金黄神龟）字从蛙，从金、ⵢ（me^{13}，雌、阴）声。(200)

$puɯ^{13}\ pa^{13}\ be^{13}$　变化发展也。从 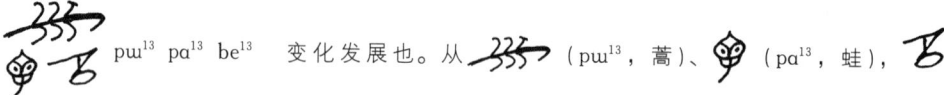（$puɯ^{13}$，蒿）、（pa^{13}，蛙），（be^{13}，做）作声；亦作"性交"解。又 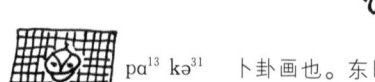。(244)

$pa^{13}\ kə^{31}$　卜卦画也。东巴之一种卜法，与汉族八卦有别。字从蛙画图。相传最古卜书，曾为金蛙所吞。(348)（以上《谱》）

 $hæ^{33}\ ʂɯ^{21}\ pa^{55}\ me^{33}$（"海时巴咩"）　金黄大蛙。神蛙之名。曾吞食占卜经典，为神所杀，死而生八卦者。(75)

 pa^{33}（巴）　青蛙（简写）。（以上《典》）

纳西象形文字中与蛙相关的重要字汇

（采自方国瑜：《纳西象形文字谱》；参考李霖灿：《么些象形文字典》，简称《典》）

与蛙（或龟）相关连的字汇大都与生命或生殖相关，本质上是神圣而非低俗。

"蛙"作为纳西族生命意象证据之一是，象形文字"性交"，由三个字素组成：蒿/蛙（paˇ）/做（作声）②。这跟汉族以"蛙口"或"蛙背坏副"状写女阴

---

① 白庚胜：《东巴神话象征论》，云南人民出版社，1998年，第25页。
② 方国瑜：《纳西象形文字谱》，云南人民出版社，1981年，第244页。

颇为接近。"含时罢美"(蛙或龟)最后的音节是"美"(me^{33}),象形文为又,其义为"女阴:女性:雌",跟华夏古文字以▽为女阴、为"帝"大体相似——所以用为蛙/龟的"词尾",甚至于 pa 或 ba(巴:罢,义为龟或蛙),跟汉语之"巴"音与义趋同,(可以参看黎锦熙用为旧版《辞源》代序的《释巴》,"巴"多与泄殖器官、阴性相关)。

洛克在《纳西—英语百科词典》里解释"天地构精"象形文当中作为中介的"蛙头"说:"性交或作巫术变化称为'beebabbei'('奔巴本'),常以青蛙来表示这个意思。"[①]

杰克逊也说:"在东巴经中,'巫术'一词与'性交'是相同的(即'巴')。"[②]

【巴:ba,pa】
〔纳西语〕交媾
巫术(变化)
青蛙

必须注意,这些词汇在初民的民俗观念里都是神圣的。

杨福泉介绍说,蛙/蛇是生命神(署)的部属。"祭'署'仪式中的主要祭献品之一是用面粉做的蛙和蛇,以及绘在仪式木牌上的蛙和蛇,表示向'署'偿还原来属于它的动物。东巴经《白蝙蝠请"署"》中说,要把木牌做成顶部似蛙,下部似蛇的形状。"[③]人类是借鉴蛙/蛇制作仪式木牌之头/尾的。蛇能蜕皮,蛙的生命形态(由蝌蚪到成蛙)变化巨大,它们的"冬眠"就是从死亡到复活;民俗学通例:蜕皮与冬眠动物一般视为再生、长生乃至永生的"生命体"。

简单比照华夏—汉与纳西的"龟/蛙"关系以后,可知:

(1)"龟/蛙"在形音义上都有差别,有时必须重视并分析这种差别;
(2)龟/蛙在许多情况下又"混淆不清",其特性互渗;
(3)它们的共同点在于,都是生殖与蕃育的意象;
(4)它们又担负着标志宇宙格局(例如四面/八方)与形象的重任;
(5)其根柢在于汉藏语系诸族认为"繁殖者"之龟/蛙具有创生或创世的功能,或者曾经"背负"世界,"规范"宇宙,其形象成为宇宙符号或象

---

① 参见[美]洛克:《纳西—英语百科词典》,杨福泉摘译,《中国原始宗教资料丛编·纳西族卷》,上海人民出版社,1983年,第105页。
② [美]杰克逊:《也谈东巴经中反映的纳西亲属制度》,杨福泉、白庚胜编译,《国际东巴文化研究集粹》,云南人民出版社,1993年,第176页。
③ 杨福泉:《原始生命神与生命观》,云南人民出版社,1995年,第146~147页。

征(这里不排除古代印度的影响);

(6) 所以,龟/蛙粘接或"涵化"着世界图式或宇宙符号(参看本书有关"龟"的章节)。

与龟/蛙相关的宇宙符号（举例）：

含山玉龟腹含"原八卦"玉版

印度神龟或大鹏鸟掌控或布置"曼荼罗"

藏族（风马旗等）神龟身载莲瓣"曼荼罗"

纳西族黄金大蛙（或金龟）以头足加"腹箭"标识"类八卦"

含山（猪首翼）玉鹰"胸怀"太阳：八角星（纹）

作为媒介的创生大龟

作为生命的繁殖者或承担者，神龟还曾在"创世"或"第二次创世"的（洪水）神话里起过重要的媒介作用。湖南、贵州、广西等地的《龟婆孵蛋》故事说：人类与动物都由龟婆孵卵逐步生出。4位"龟婆"孵出两颗"好蛋"(那么，肯定有坏蛋被抛弃)。

——[松恩/松桑]——12兄妹（姜良、姜妹及龙、蛇、虎、豹等）

——（洪水后）人类①

他们有集体歌舞《Yeeh》,歌词唱道:

龟婆孵蛋,

世上有人烟。②

河南淮阳白龟传说：人首蛇身的雷公之子伏羲在捕鱼时认识了"通天神物"白龟。世界危机，即将天崩地陷，伏羲求救于白龟。白龟要他每天送它一条鱼，就把他带到"另一个世界"，并结识了妹妹女娲。洪水来临，白龟藏兄妹于腹或甲中。白龟只准他们每天吃一条鱼，伏羲多吃多占，受罚饿肚，哀求救助。白龟将他们吐在大地上，成婚后，繁衍出人类。③

河南淮阳有一口"白龟池"，杨利慧介绍当地传说：伏羲当年在此放生了一

---

① 参见《龟婆孵蛋》,《民间文学》1986年第1期。
② 参见《龟婆孵蛋》,《民间文学》1986年第1期。
③ 参见淮阳县文化馆：《人祖爷的传说》；采自宋兆麟：《人祖神话与生育信仰》，《神与神话》，(台北) 联经出版公司，1981年，第218页。

神龟主持羲娲交尾仪式

（江苏铜山蔡丘出土，汉代画像石）

伏羲、女娲蛇身交尾，中间抱持者或主持者，或以为"老伏羲"，或以为蚩尤，或以为盘古，或以为西王母——总是创生或创世的大神。这里作为"世界创造者"的神龟取代了人格化的主神，其尊崇可知。

湖南梅山等地区羲娲兄妹成婚的洪水遗民传说，媒合他们的是大龟，即是神龟创世的遗子。

只白龟，后来人们果然在此钓出白龟，而且被钓上来的白龟身上的花纹，正应了五行、十天干、十二地支、二十四节气等数。① 看来"白龟传说"跟伏羲制作"八卦"的典故有密切关系。据说，是龟或"龟书"启发了伏羲制卦。含山"前八卦"玉版，就置于玉龟甲里，成为最古老、最可靠的"龟书"。

在湖南新化与梅山地区洪水遗民故事里，是大龟做"媒"让羲娲兄妹成婚，才有今天的人类。

闻一多《伏羲考》附表，"撮合者"有"金龟"（板瑶《盘王歌》）或"金龟老道"（广西苗族），亦可证明。

江苏铜山蔡丘出土汉代画像石，"替代"老伏羲（或盘古、蚩尤、西王母等）抱着人首蛇身持扇的羲娲兄妹者，竟是一只大乌龟。这证明汉代就已经有"龟媒"撮成洪水遗民婚配的传说。

四川简阳鬼头山东汉岩墓3号石棺上刻有羲娲"人首蛇身"像，女娲尾后有一只似朱雀的神鸟，二人身下有一只大龟。俄罗斯学者李福清认为即是朱雀、玄武，女娲用来标识"西方"②，那么伏羲就只能标识东方。其实二人正下方的

---

① 杨利慧：《女娲溯源——女娲信仰起源地的再推测》，北京师范大学出版社，1999年，第144页。

② 参见［俄］李福清：《中国神话故事论集》，马昌仪等编译，中国民间文艺出版社，1988年，第39页。

龟并非玄武,而只是"龟媒"。河南唐河东汉石刻,也有龟出现在羲娲身下①,那也是龟媒,并非玄武,画面上也无"朱雀"。

鸟、龟与羲娲
(四川简阳鬼头山东汉岩墓石棺,3号;右为传世汉画像石)

乌龟处在人首蛇身的伏羲、女娲正下方,以蔡丘汉画石来推论,它恐怕也是羲娲结合的媒介——只是它并未将他们抱起,他们也还没有交尾。

这不应是表示方位的"玄武"。女娲身后的神鸟,也许是报信者,如像羲娲"添翼"一样,飞鸟表示它们"飞升"的可能性(也不是标识南方的"朱雀")。

瑶族故事《伏羲兄妹》(盘国金搜集)说,羲娲兄妹在葫芦里躲避雷公发动的洪水,出来后由乌龟示意,结成夫妻,生下肉瘤,粉碎后变成汉、壮、瑶等民族(参见陶阳、牟钟秀的《中国创世神话》,上海人民出版社1989年,第263页)。

毛南族的羲与娲或盘与古兄妹洪水后遇到是否结婚的难题,大乌龟提议烧一堆艾,"如果火、烟相交,你们应该成家"②,本质上是乌龟做的媒人。

盘古兄妹成婚故事里也出现了乌龟。拒绝结婚后,盘古被水龟绊倒,用石头砸碎了它的壳。妹妹将龟壳拼接使之复活——这不但解释了龟壳纹路的形成,还暗示了它强大的再生力,加上"合磨",兄妹就成亲生子了。③

汉族中原民间故事《盘古山》(马卉欣等搜集整理)称,盘古跟玉帝三女儿

---

① 参见杨利慧:《女娲溯源——女娲信仰起源地的再推测》,北京师范大学出版社,1999年,第89页。
② 参见《毛南族京族民间故事选》,上海文艺出版社,1988年。
③ 参见姚义雨等讲述、马卉欣搜集整理:《盘古开天》,《民间文学》1986年第1期;《盘古之神》,上海文艺出版社,1993年,第126页。

"兄妹",洪水后,通过"龟卜"成亲(参见陶阳、牟钟秀的《中国创世神话》,第266页)。

这些似乎都不仅仅是"龟媒",正如华夏或中原的"高禖神"往往即是大母神一样,"媒者"常兼生殖者或创生者,而"创生"是跟"创世"联系在一起的。这不仅与龟的善于繁殖相关,也与它的"宇宙龟"性格相表里。

《楚辞·天问》有一个争议颇大的问题:

鸱、龟曳衔,鲧何听焉?
顺欲成功,帝何刑焉?

西汉帛画

(长沙马王堆1号汉墓出土)

这幅帛画由天空世界、地上世界、冥间世界、水底世界四部分构成。或说:以两人踞坐的玄关作地上地下之分;以两龙贯穿的玉璧作水上水下之分。水土之间便是祖先居住的地方。其实,是用三块条状物来"四分"世界。这里要注意的是水底世界,海神禺疆站在大交鱼背上托着"大地",两只大龟"曳衔"并且维系着世界的平衡与安全,鸱鸮立于龟背,等到大龟疲倦或乱动的时候便啄它们,以免世界动荡。

从前学者多认为"鸱龟"指头部像猫头鹰的乌龟,动物学所谓"鹰嘴龟"。如今长沙马王堆M1西汉帛画出土,证明鸱鸮与乌龟明明是两样东西[①]。这样,

---

① 参见萧兵:《马王堆帛画与楚辞·鸱立龟背》,《考古》1979年第2期。

从字面上看，这一问的意思是：

> 猫头鹰、鳖龟拽住大地边，
> 大鲧为什么借用这办法？
> 既然治水快成功，
> 为什么天帝偏要把他杀？

(《楚辞全译》65)

"鸱、龟曳衔"不仅是为了治理洪水，还有更深层的含义，只有结合"鳌戴山抃"才能说得清。这里先说乌龟参与大禹治理洪水的伟业。晋·王嘉《拾遗记》：

> 禹尽力沟洫，导川夷（平）岳，黄龙曳尾于前，玄龟负青泥于后。玄龟，河精之使者也。龟颔下有印，文皆古篆，字作九州山川之字。禹所穿凿之处，皆以青泥封记其所，使玄龟印其上。今人聚土为界，此之遗象也。(37)

龟/鳖筑城与架桥

作为水族或"龙裔"的龟鳖，是可能在"巫酋"或"圣王"(preist king) 或"文化英雄"(culture hero) 的控驭和指挥之下参与治水筑城伟业的。

例如秦代有"龟城"故事。《太平御览》卷九三一引《华阳国志》：

> 秦惠王［更元］十二年，张仪、司马错破蜀克之。仪因筑城，城终颓坏。后有一大龟，从硎（或作砌）而出，周旋行走，仪依龟行，所筑乃成。

成都，民间就有"龟城"之称。事又见《搜神记》等。蒙文通指出："成都俗有'龟城'之称盖始于此。而越南之《金龟传》亦言安阳王攻克雄王，建都封溪，有神龟助之筑城事，与张仪筑成都事略同。"①

越南"野史"笔记《岭南摭怪》有《金龟传》，说瓯貉国的安阳王要在"越裳"之地筑城，屡筑不就，有高人指点他去寻访"江使"（前文说，鲧是"河精"，玄龟是河精之"使"）。"［安阳］王立东门望之，果见金龟从东而来，立于江上，解为人语，自称'江使'，明知天地、阴阳、鬼神之事。"经过一番斗法杀鬼，"筑城一月而就"。城墙延广千丈，"盘旋如螺形"，所以叫"螺城"。如果可以盘旋而上，就有些像《圣经》上可通天的"巴比塔"。又叫"思龙城"——龟是"龙族"，城又是"盘龙"之象。"唐人"（中原人）叫"杀昆仑城"，意为"最高"，赛过"世界山"昆仑。

龙、龟协助鲧禹治水，《天问》也是涉及的。

---

① 蒙文通：《越史丛考·安阳王杂考》，人民出版社，1983年，第66页。

河海应龙，	[今译] 应龙尾巴划地又打洞，
何尽何历？	是不是河海因此才沟通？
（尽，或作"画"）	

汉·王逸《章句》："有神龙以尾画地，导水所注当决者，因而治之也。"应龙，旧注是有翼翅的龙，"飞龙"本应"在天"。但龙是多维时空圣物，也能下地帮助大禹画地成河，疏导洪水入海。

这里似乎不干鲧的事。但《拾遗记》校注者齐治平注意到，前文说变成"玄鱼"的大鲧是"河精"，这里说玄龟是河精的使者，那么玄龟就是大鲧的部属或随从。所以《天问》涉及洪水，都是鲧、禹并提。

鲧何所营？	[今译] 大鲧还有什么经营？
禹何所成？	大禹还有什么奇功？

《拾遗记》还讲到鼋、鼍为大禹充当渡海大桥的事。

> 至舜命禹疏川奠岳，济巨海则鼋、鼍而为梁，踰翠岭则神龙而为驭，行遍日月之地，惟不践羽山[鲧死]之地，皆圣德之感也。鲧之灵化，其事互说，神变犹一，而色状不同。……（33）

至迟在先周时代，古人已经学会用舟船架成浮桥渡河的办法。《诗·大雅·文王》就写到文王"亲迎"大邦姜女为妻的时候，浮舟为梁——就是今天还在使用的连接舟船为桥梁以便"河川进攻"的办法。反映在神话中，就是《穆天子传》等书写到的命令龟鳖与鳄鱼充当"舟桥"以便渡河，亦如《楚辞·离骚》结尾处所写：

忽吾行此流沙兮，	[今译] 快快飞渡可怕的流沙吧，
遵赤水而容与。	循着赤水飘游上下。
麾蛟龙使梁津兮，	指挥蛟龙弓背做桥梁啊，
诏西皇使涉予。	命令西皇护我越过它。

跟"叱鼋鼍以为梁"同样是"就地取材"，利用"水族"渡河。

直到吴承恩《西游记》里，唐僧等四众还是站在大鼋背上渡过大水的。《007》系列电影里，詹姆斯·邦德也曾踩过好多条大鳄鱼的背，飞奔过危险的沼泽地。

当然，大群龟鳖浮在水面上晒太阳或觅食的时候，说不定还给古人一些启发，学习它以舟船架桥，便于人马特别是车辆渡桥（根据《诗经》，这至迟出现在先周时代）——这也许可以说是一种"原始仿生学"吧。

上古的"城墙"，像"土圩子"。有时挖一道深沟，可以疏导大水，像护城河那样御敌；挖出来的泥土，就势筑做"城圩"，防备野兽或外敌入侵。今天还可以在西安半坡遗址看到这种多用途的壕圩。土圩子当然能防水，属于原初的堤防堵截——大鲧筑堤防水的老法子。"鸱、龟曳衔/鲧何听焉？"听从的就是河使大龟的消极防御战术，那是很容易"堕高堙卑"，造成决堤大难，又容易引起部落间的纷争，"以邻为壑"（住在洼地的要吃大苦头）。"鸱、龟曳衔"，依照马王堆西汉帛画的叙事，讲的是背上站着鸱鹗的鳌龟用前爪"护持"大地（石板），使其不得任意起伏漂浮。筑城治水的"目的"却被丢失，而龟助伯鲧"筑城"得以保存在张仪"龟城"与越南金龟故事里。

有些聪明的《楚辞》注家看出了二者之间的关联。

> [鲧]盖睹鸱、龟曳尾相衔，因筑长城象之，犹张仪依龟迹作蜀城之类。（清·蒋骥《山带阁注楚辞》引周拱辰说）

虽然"鸱、龟曳尾相衔"云云不够准确，但已知《世本》等所说鲧发明"筑城"，学的是神龟旧法，主要目的是防水。

> 鲧筑堤以障洪水，宛委盘错，如鸱龟牵衔者然，是就鸱龟形而因之为堤，盖听鸱龟之计也。（清·毛奇龄《天问新注》）

按照"鸱龟"形状弯曲为堤，是因为有传说谓，神龟自我牺牲，沉水"示"形（同时也是以身堵水），以便人类就势治水。

> 秦惠王二十七年，使张仪依龟迹筑成都城，篓倾。忽有大龟浮于江，至东子城东南隅而毙。仪以问巫。巫曰："依龟（体）筑之。"便就。故名"龟化城"。（《搜神记》卷一三，并见《太平御览》卷九三一引《华阳国志》，《太平寰宇记》卷七二引《周地图经》）

这是平面化的龟形城，略似所谓"形象墩"。如吴志连《安南志原》所说金龟城，"其曲屈形如螺也"。这似乎比"依龟行迹筑城"更古老一些。

龟的"自我牺牲"伟业，还保存着巨大活物"身化宇宙"的痕迹构造。满族有英雄化龟治水的故事《神龟勃极烈》（又名《尼旁古部落的来历》）。天降暴雨，洪水滔天，曾化形巨龟的英雄酋长尼旁古投身激流——

> 他枯萎的身躯突然变成庞然大物。他的颈部因拼命贴着地面吸水而伸长了，他的腹部因大量贮水而无限膨胀起来。①

看来，这山岳般的龟身是堵截或分流了洪水：龟颈折断，变成黑龙江巴彦县松花江北岸的"龟形山"，洪水从断颈中流为小河而顺利入海。② 其变化大

---

① 参见汪玢玲：《论满族水神与洪水神话》，《民间文学论坛》1986年第4期，第18页。
② 参见汪玢玲：《论满族水神与洪水神话》，《民间文学论坛》1986年第4期，第18页。

致是：

　　治水英雄→巨龟→龟形山（分流洪水）→水神

"英雄/神龟/龟城"在特定语境里可能"一体化"。仅就英雄利用神龟筑城治水，其源流递变应是：

　　鲧（听）鸱龟→张仪依龟迹筑城→安阳王从金龟筑螺城
　　　└──→鳖灵理水

越南学者陶维英也承认，安阳王传说受了张仪筑龟城故事的影响，"其中并增加了金龟和螺城的部分"①。但追本溯源，其根仍在鲧禹驱使龙、龟治水——甚至可以远溯至神龟、巨鳖创造、维系、重整大地之"创世纪"。

鳖灵原意是龟鼋之精灵，或写做"鳖令"、"鳖冷"，也曾以"英雄：圣王：神奇水族"而开山治水，为鲧禹型故事的四川旁支。

《华阳国志·蜀志》说：

　　望帝使鳖冷凿巫山，治水有功。望帝自以德薄，乃委国鳖冷，号曰"开明"，遂自亡去，化为子规。……

《禽经》引《蜀志》作："望帝以其（鳖灵）功高，禅位于鳖灵，号曰'开明氏'。"张澍辑的《十三州志》略同。

治水的鳖神，当然不甘做瓮中之鳖，井底之蛙。"时荆州有一人化从井中出，名曰鳖灵，于楚身死，尸反溯流上，至汶山之阳，忽复生。"（参见《禽经》及所引《蜀志》；又见《文选·思玄赋》及注引扬雄《蜀王本纪》，《水经注·江水》引《本蜀论》等）

也许这里暗藏一个龟鳖"冬眠"水底而后"再生"，"建功立业"的寓意，就像后稷"潜龙勿用"，蛰居"泑泽：罗布泊"水底，而后才"飞龙在天"一样，还有些"落日"通过决开的冥土而复出为"开明"的意思。说鳖灵是荆人，表明这个故事有多元性的楚文化的背景，说不定楚是巴蜀与中原民俗传说文化交流的中介，"鳖灵"可以理解为神鼋的"人格化"或"英雄化"。

鲧入羽渊，曾经变为熊或三足鳖；而"荆尸变而为鳖"（唐·刘知几《史通·杂说》述《蜀王本纪》）。鳖、龟，上古人并不严格区分，但其"异文"是鲧、禹化熊，似是两个支系的神话。

饶宗颐先生指出："［鳖灵］和《山海经》禹为鲧尸所化很相像。鲧的化身有很多花样。所谓鳖灵，当和鲧化为鳖的神话不无关系。"② 丁山则用自然学派

---

① ［越］陶维英：《越南古代史》，刘统文、子钺译，科学出版社，1959年，第88～89页。
② 饶宗颐：《荆楚文化》，（台北）史语所《集刊》第41本第2分，1969年，第294页。

理论解释道:"鳖之大者,可以穿山穴地,巫峡玉垒,在巴蜀一带的古代人传说是大穿山甲神——鳖灵用力凿通,自然是合乎情理。"① 鳖虽然不是穿山甲,但龟鳖行踪诡秘,又善打洞,确实是这一类圣动物穿山治水,穴地筑圩神话的自然"依据"。穿山甲是"蛟"的一种母型。鲧禹治水故事常与蛟龙纠缠,它们都是水族,能够发动、也能够阻遏洪水。

"鳖灵"与鲧禹治水传说潜脉暗通,还有一个名号的关联:鳖灵号称"开明"(帝),而禹子、鲧孙之"启"也是"开明"。现在来看他们的(水族)化身与名号的对应:

鳖灵 ⎰ 鳖神:三足鳖(鲧)
　　　⎨ 荆尸:蛇虺(禹)
　　　⎱ 开明:蛇龙(启:开明)

他们都以化形"水族:龙裔"而治水开山,且遥遥相应。中原与巴蜀洪水故事固然独立发生,但在传播、交流与演进过程中不期然而然地发生粘连、叠合,或者趋同——这种"同化效应"是有邻接或交通关系的神话故事群所常有的。

龟鳖蛇蛙以"水族"而属"阴",容易衍变为水雨或冥土之神,却以"启:开明"为称号,这似乎不可理解。须知,"阴/阳"不仅二元对立,而且对转(或"互补")。黑夜的终了是白天,幽冥之尽头即光明。治理了洪水,决开了淤塞,有如雨过天晴,雾开日出。"启"在卜辞里是"晴"的意思,鲧禹之子"启:开明"兼为旱晴之神(参见我们的《楚辞新探·天问新解》对"启棘宾商"的诠释)。启为"小太阳",鲧禹也可能转化并升华为太阳神。或说龟鳖与鸱鸮同样司理"夜间的太阳"(详见专节)。然则"鳖灵:开明"曾经被看做巴蜀难得一见的复活的太阳,也未可知。

鳌戴山抃:龟鳖维系世界的稳定

《楚辞·天问》:

鳌戴山抃,　　　　　[今译] 鳌龟背山乱摇晃,
何以安之?　　　　　　　　怎样使它不动荡?
("鳌"各本多作"鳖",应作"鳌")

这跟《淮南子·览冥训》所说女娲"断鳌足以立四极"可以相互印证(汉·高诱引《天问》并说鳌是"大龟")。

如所周知,此问的背景材料也见于"伪书"《列子·汤问》里。它说,渤海

---

① 丁山:《中国古代宗教与神话考》,龙门联合书局,1961年,第35页。

之东有大壑（海中海），其中有五座浮岛般的仙山在漂游着，必须由鳌来"维稳"（谨案：古籍此物多从鱼作鳌，此处应从黾作鼋）。

"鳌戴山抃"：鳌龟托载大地的"简化"版

（左：汉画像石，山东沂南汉墓出土；右：清人构拟的《楚辞·天问》插图）

《列子》载有天神命令巨鳌（或巨鳖）十五托载三（五）仙山、不让它任意浮沉漂游的故事——所谓"伪书"的《列子》的印度成分太多，有的学者认为这是印度神话中"宇宙龟"托载大地（或世界）的"翻版"。但《楚辞》已有这事的影像，注家多用《列子》诠释《天问》此题。

这个故事或母题的源流相当繁复。简要地说，托载仙山跟托载大地同构，只是被后人"卑化"或"简化"。仙山或神山，例如"须弥：昆仑"本就代表宇宙。

五山之根无所连著,常随潮波上下往还,不得暂峙焉。……[天帝]乃命禺彊使巨鳌十五举首而戴之。(杨伯峻:《列子集释》,第152～153页)

"五仙山"或者"三仙山",都是所谓昆仑、须弥、泰山那样的"宇宙山"(cosmic mountain)的"仙话版",或者说"后退的分化",宇宙山或"仙山"实质上都代表着"世界"。十五巨鳌或者"双鳌龟"举首戴山或者奋爪抓地,都是"巨龟载地"这一世界性神话的"卑化"(或说《列子》戴山故事来自印度;但《楚辞·天问》与马王堆西汉帛画证明这一神话在中国也有古老的根源)。藤田丰八就有这个想法,他还敏锐地觉察到这里暗藏着巨龟创世的背景,把鳌龟跟驮碑的赑屃串连起来。"[《西京赋》]巨灵似乎就是巨鳌,'巨鳌负山'的神话,似乎可以当做系由海移入于河,而终成'河曲壁开'的神话。"①

鳌载蓬莱山

(袈裟箱盖里部绘画,日本平安时代法隆寺贡品,794—1134,现藏东京国立博物馆;《日本纹样》29,采自王小盾等)

《列子·汤问》说,天帝命海神禺彊使巨鳌十五举首而戴五仙山。《玄中记》则说:"东南之大者巨鳌焉,以背负蓬莱山,周回千里。巨鳌,巨龟也。"这是龟负大地的缩小版,"仙山"置换了大地或宇宙。

王昆吾(王小盾)把马王堆西汉帛画下段"鸱、龟曳衔"分割对待,说"右边一龟在黑水中悬浮,它已经接受了一颗降落的太阳,就要转移到左边;而左边一龟则代表它的后续动作——此龟已爬上水底世界的地面,即将开始由西向东的漫长旅行"(《早期艺术》,第51页),那是我们万万不能同意的。那分明是

---

① [日]藤田丰八:《中国古代神话考》,黄毓甲等译,《古史研究》第2卷下册,第595页。

鸱鸮监督鳌龟维护大地的稳定与平衡，鸱鸮或鳌龟并非在任何语境里都代表（夜间）太阳。王昆吾说："龟背上的鸱鸮，现在应当称作'踆乌'（蹲乌）了。它代表正在休息的太阳，或暂时死亡的太阳。"这种"泛太阳崇拜"学说或许有"过度诠释"之嫌。虽然他认定鸱鸮为玄鸟的一种，是殷商的图腾证据还不足（我们曾论证上甲微或化形鸱鸮）；然而，他反复论证的，"出土鸱鸮（殷商时代）一般都作三足鼎立的姿态，饰有云纹、雷纹、圆纹、圆涡形龙纹甚至龟纹，可见它是同天空和乌龟具有相关性的一种神鸟"（《四神》下·544），人们在探讨作为太阳鸟、风神鸟的"凤凰"的分化以及"玄龟：玄冥：玄武"形象时，还是应该予以充分注意的。

西伯利亚布里亚特人也有龟载大地的神话。

> 世界开初，只有水和水中的一只大龟，天神便命龟仰在水面，在它的肚上造了大地。
>
> 还有一说是天神命大龟背负大地，每当大龟感到累时便晃动身子，大地便发生了地震。①

乌丙安介绍说，阿尔泰语系萨满文化圈流行神圣动物支撑负载大地的神话——或者用以解释世界的起源。圣动物主要有：

龟／鱼／牛／蛇／象／龙

龟／鱼／蛇／龙负载大地基本是一型：水族，所载物及其因果都大致相同。牛、象则是善于负重的四足兽。

布里亚特人、布里亚特蒙古人、鄂温克人、鄂伦春人等都说巨龟负地。

鱼载大地的神话，也流传于萨满文化圈。中国满族传言，"鲇鱼姥姥"支撑大地，一翻身或眨眨眼皮便会闹地震。锡伯族、达斡尔族、部分蒙古族都有此种与"龟负"同型的神话。日本北海道阿伊努人（Ainus，虾夷）也坚信有这种驮地的"世界鱼"。塔塔尔人则认为有三条大鱼在载地，鱼一乱动就会发大水。②

也有人认为"龟负大地"的创世型神话源自印度。前说，"世界主"或创造大神毗湿奴（Vishnu）有十个化身，其中一个就是巨龟（或说大象），它潜入海中，负起土石，就成了今天人类居住的世界（如果说是由海底带上泥土逐渐生长为大地，那就是"潜水型"息壤神话）。

---

① 乌丙安：《满族神话探索》，《中国神话》（第1集），中国民间文艺出版社，1987年，第37页。
② 参见乌丙安：《神秘的萨满世界——中国原始文化根基》，上海三联书店，1989年，第4～7页。

毗湿奴化身鱼、龟创造世界
(现代欧洲画家仿制)

"世界主"毗湿奴有十大化身,包括摩羯鱼(鲸)与托载大地的神龟。它们都参与创造和支配世界。

还有一则神话说,毗湿奴命令巨龟背负"曼荼罗"(Mandala,此云"坛场"或"坛城",象征世界),以确定宇宙的规模与形象(藏族、纳西族都有类此的图形再现)。

据《摩诃婆罗多》、《罗摩衍那》史诗与其它典籍记载,诸天在宇宙大山"须弥"(Sumeru)之巅,商讨如何搅动"乳海",寻找"不死药"——阿弥陀(Amṛta,Amita,或译"甘露",仙液 Ambrosia;"阿弥陀"就是"无量寿",所以至今人们都爱念诵"阿弥陀佛")。他们设计了一个巨大的"搅动器"(有些像木工用的"转轴钻"),以"曼陀罗"(Mandra,仙草)山做搅棒,用"宇宙蟒"婆薮吉(Vashuki)或蛇王阿兰塔(Ananta)做牵引绳,搅动大海,搅出"不死仙药",也"带"出来诸多小神、人种与"万物",成为今天的人类世界——至今这个宏伟的场面还再现于曼谷的国际机场候机大厅——诸天中长者坦多罗(Tandra)把用过的大山(或说曼陀罗山,即须弥,代表大千世界)放在龟王库尔玛(Kurma)背上,这就是"鼋戴山抃"了!这跟巨鳌(或巨鼋)负载仙山简直如出一辙!必须注意,这则神话的"异文",是创世者毗湿奴自身变做龟王,做"搅海棒:世界山"的底座,从而维持了背上"大地"的稳定。创世者大神与巨龟在这里是一体化的。

诸天搅海——须弥山(宇宙)载于龟背

(左:诸天以须弥山或曼陀罗山搅动乳海;右:作为搅棒的宇宙大山"须弥"载于龟背,现代雕塑。摄于泰国曼谷国际机场候机大厅)

诸天(神)要寻找"不死药"阿弥陀(Amita),就用宇宙大山"须弥"——因为盛产曼陀罗草,又名曼陀罗山——作为"搅棒",宇宙蟒婆薮吉做牵引带,搅动乳海,搅出神、人、万物,创造了世界。须弥山——宇宙,就载在"宇宙龟"坦多罗背上。或说,这是"龟负大地"神话的源头,却不一定。但中国的"鳌戴山抃"或巨鳌负载维系"仙山"的故事跟它太相像。

或说,这只"搅海棒"底座之巨龟是创世大神毗湿奴(Vishnu)亲自变成的,"龟:毗湿奴"共同支持并且维系了世界的稳定。

陶阳、牟钟秀的《中国创世神话》说,天不塌,因天柱;"地不陷,是由神龟驮着"。这是"自古以来中国各民族神话故事中的普遍观念"。虽然没这么"普遍",至少是重要而较常见的。他们认为,这来自初民的一个想法:"大地是漂浮在海洋之上的。"即我们所说的"水源论"宇宙观。

> [海上] 大地必有负者才不会下沉,而创世神话中的负地者以神龟(又称鳌鱼)或大鱼为多。据说神龟与大鱼一眨巴眼睛或摆动身子,便会发生地震。①

由上举可见,这种神奇想法主要来自滨海地区与萨满教文化圈的日常生活经验。顾颉刚说,中国神话有两大系统:滨海的"蓬莱系"与依山的"昆仑系"。海滨,不断可感知海水的涨落、海浪的进退,还较多感受到大地的震动与

---

① 陶阳、钟秀:《中国创世神话》,上海人民出版社,1989年,第170页。

海啸。大海龟也多见于海岸。产生并传播萨满教观念的中国东北、西伯利亚与北极圈地带,积雪及其融化,使他们感觉到,是大地所漂浮的大海在"蒸发"或"渗透"。这样说,只是就其大的方面而言,具体之神话成因要复杂得多。

上文说:"鳌"形虽二,却是异质同构:

  鼇:龟鼋形
  鳌:龙鱼形

较为晚起的马王堆西汉帛画是二者兼顾,既分又合:让鸱、龟曳衔石板代表的大地,让鳌鱼(大鲛鱼)载着"力士"托举"地石"。那么,这位裸身、肥壮的大力士是海神禺疆无疑。不仅前举《列子》"……禺疆使巨**鳌**十五举首而戴之"可证,《山海经·海外北经》郭注引"一本"说,"北方禺疆,黑身,手足,乘两龙",也能证明其确曾以"人状"出现(参见《史记·秦始皇本纪》等)。荆门出土的《大武舞戈》上海神禺疆或弇兹,戴蛇、珥蛇、持蛇、腰蛇、践蛇,西汉帛画上海神则以腰间一巨蛇证明它能驾驭蛇龙①,而与《山海经·大荒北经》所载相合:"北海之渚,中有神,人面鸟身(或说黑身,或说鱼身,其实"鸟身"系鱼鸟对转而成,可以参看"凤的探究"部分),珥两青蛇,践两赤蛇,名曰禺疆。"而《庄子·大宗师》释文引《山海经》,其下还有"灵龟为之使"。

时代越晚,神话越可能"退化",或者被"卑化":世界或"天地"卑化为"仙山",为"碑碣",为"石板";伟大的托地神龟也降格为神使。

  清江—河伯之使
  水神大鯀之使
  海神禺疆之使……

巨鼇或巨鳌托载大地,也被"卑化"为女娲补天、重整世界之后的——

  断鳌足以立四极……
  (参见《淮南子·览冥训》、《论衡·谈天》、《列子·汤问》等)

其"足"居然可以被"第二次创世"的大女神砍下来当柱子,放在"方地"的四角,用来支撑天穹。"宇宙柱"(heaven pole)的形象虽然依旧宏伟,但比起驮载整个世界的完形的大龟来,是"逊色"多矣(一变为"天柱",再变为"萨满梯",可见其卑化进程)。

在钟敬文先生所采用藏族女娲故事"原始故事"里,龙鱼或鳌龟蜕变为大虾鱼:

---

① 参见萧兵:《巴楚文化的碰撞》,《东亚古物》(第2辑),文物出版社,2007年。

……女娲今天用泥巴补上，[天]还是漏水；明天用木头堵水，又被水冲垮。……

[大虾鱼]就用嘴咬断自己的四只脚，拿来给女娲。……女娲拿了大虾鱼的四只脚后，长的那二只顶在东边的天上，短的那二只顶在西边天上，所以太阳往西边落。

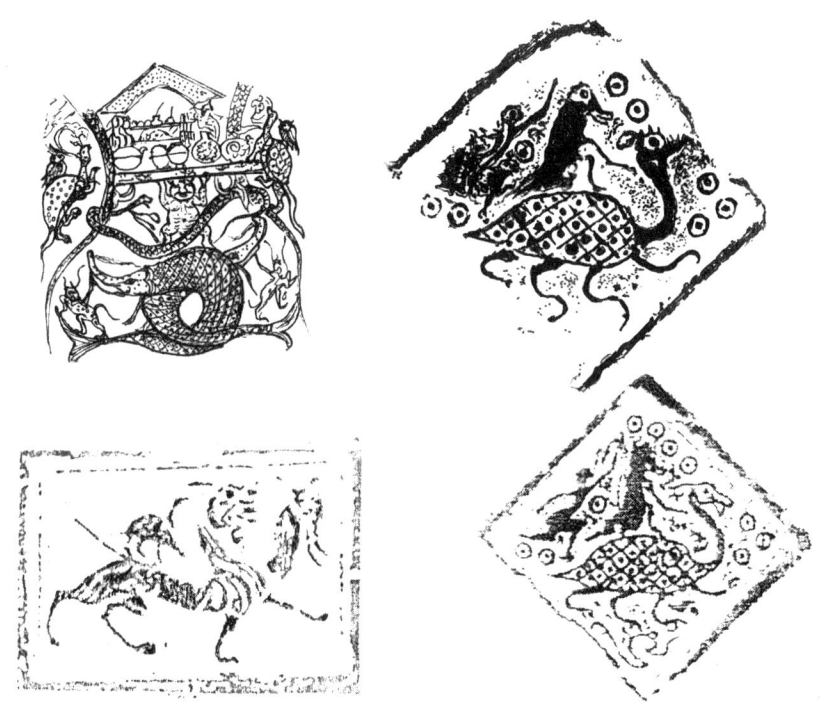

鸱、龟曳衔

（左上：西汉帛画下段，长沙马王堆 M1 出土；右：《河南新郑汉代画像砖》68，拓本与摹本，原题"鲧禹治水"，鸱、龟后"人形"或说即鲧；左下为河南郑州出土汉代画像砖，龟立虎背，前有鸱鸮，含义不明，或以为西方世界诸灵）

鳌龟托载大地，"卑化"以后蜕变为鳌龟维系"大地"（世界）的稳定。"鸱鸮"坐立龟背，按照布朗族故事《顾米亚》推绎，为的是预防、禁止鳌龟累了乱动，以免引起地震。

《楚辞·天问》："鸱、龟曳衔，鲧何听焉？"暗示大鲧是按照水神或海神鳌龟曳衔的"消极"办法来治理洪水，维护世界平衡；或大鲧本身亦曾化身"玄冥：鳌龟"。马王堆西汉帛画，托地的"禺彊：鳌龟"可能在特定语境里与"大鲧：玄冥"对位。新郑画像砖似表示大鲧在驱使鸱、龟去维系大地的平衡与稳定。

这种遗留极为珍贵,却没有了"世界龟"或"宇宙鱼"意象之恢弘,境界之广阔。

那么,为什么西汉帛画里两只鸱鸮要分别站在那一对鳌龟背上呢?这在中原或华夏—汉人的文献或资料中很难找到解释,布朗族创世神话《顾米亚》提供了一条可贵的线索:

> ……天高悬在空中没有东西支撑着,掉下来怎么办啦?地虚悬在下面,没有东西托着,翻过来怎么办呢?聪明的顾米亚想出了办法:他把犀牛的四条腿变成四根大柱子,竖在地的东西南北角上,抵住了天。①

这就是女娲的"断鳌足以立四极"。鳌龟与犀牛对位。

> [他]又抓一条大鳌鱼把地托住(引案:马王堆西汉帛画托地者分化为鳌龟与鲛鱼)。鳌鱼不愿做这件事,随时都想逃跑,顾米亚派了他认为最忠实的一只金鸡去看守。鳌鱼一动,金鸡就啄它的眼睛;有时候金鸡太疲倦了,一闭眼睛,鳌鱼就动起来,发生地震。这时候,人们就要赶快撒米,唤醒金鸡。②

这就像我们在《马王堆帛画与楚辞》里说的,"《天问》和西汉帛画不过把司晨的金鸡换成守夜的鸱鸮罢了";神话的"自我解释"或讲述细节"在母源上失落了,却在支流里可贵地保留了下来"(《考古》79.2;《楚辞与神话》87,88)。这些都可以归属于"天柱"(heaven pole) 神话。③

彝族创世史诗《梅葛》(9) 说是公鱼和母鱼撑住地角地边,不让它乱动;彝族支系阿细人《阿细的先基》(9~10) 则说大地铺在三条大鱼背上。

云南彝族还有一则神话,涉及"鸟/龟"托地,英雄"龙英秀才","将一只金鸡和一双鳌鱼的头对着撑立在天之边缘",撑住天,稳住地,不让它漂游、浮沉、摇动。为什么要选用这两种动物呢?因为它们"最不易睡觉"。

> [它们]又是头对头地立着,即使一个要睡,另一个就会把它咬醒。它们是互视着的,谁都不准睡觉。倘使睡了过去,无力支持,那天就要翻下来,它们的罪可就大了。因此它们非常小心,谁都不敢睡着,它们中一个想睡时,另一个就去咬它,或啄它;在它们这样啄咬的时候,地面就起了震动,这地震的轻重,要看它们啄咬的利害[程度]而定。④

---

① 《顾米亚》,《中国民间故事选》第2集,人民文学出版社,1962年,第527页。
② 《顾米亚》,《中国民间故事选》第2集,人民文学出版社,1962年,第527页。
③ 参见[日]林巳奈夫:《汉代诸神》,(京都)临川书店,1989年,插图21~23。
④ 引见马学良:《云南彝族礼俗研究文集·云南倮族(白夷)之神话》,四川民族出版社,1983年,第130~131页。

土家族神话说是鳌鱼在撑天铺地；拉祜族的《牡帕密帕》则说是巨人站在鱼背上撑天；彝族创世神话还顺带讲述了天地的架构、问题或危险、灾难（例如地震）的成因与救治办法，细节虽然不像《顾米亚》与中原"神画"或"神话"那样贴切，却同样交代了"鸟/鱼"之间相互矛盾与制约的关系。王孝廉引《敦煌琐掇》（D2129，上·18）两句诗：

> 海中有神龟，雨鸟共相随。

认为托地者确实是海神禺疆，神龟背上站着的"雨鸟"为雨师屏翳①。然而雨师鸟站在（或跟着）大龟（背上），有什么作为呢？——我们还怀疑，"雨鸟"为"两鸟"之误；追随仍是为了去维护大地或仙山的稳定。

姚宝瑄搜集的一则《女天神创世》神话说，大女神吸进宇宙灰尘与空气（气态混沌）之后，打喷嚏打出日、月、星辰与地球，地球一直往下落，她派神牛将其驮着，"神牛无处站立"，她又派神龟让它站稳（暗示神龟之下为大水体）。"神龟或神牛一动，地就要动，这便是地震。"②

这跟前举鳌龟托地一支地神话基本同型。

在巨兽/巨人的民俗观念背景之前，自然也会产生超级巨龟或大鱼。所谓"海外奇谈"，有大宗是在航海时遇到巨大如岛的动物，水手们登临其上，游戏炊煮，灼伤动物，它才潜水而去。最常见的是大龟与巨鲸——如上所说，这二者作为托载大地的"圣动物"是可相置换的；也正是有这样巨大的龟/鱼传言并且被"幻视"或错觉所"证实"，巨龟载地、"鳌戴山抃"的神话也就随之产生。

神话学家或从自然视角解释龟载大地或仙山以及协助英雄治水的神话。陈炳良说，鳌足可撑四极，龟能驮碑，还"有能力去治水，因为一方面龟能负重……另一方面龟可以水陆两栖，这当然[也]是治水

大龟创造世界
（"霍霍坎龟"或"霍霍坎蛙"，美国亚利桑那州原住民的绘画）

北美印第安人有"霍霍坎龟"或蛙创生或创世的神话（上图为美国亚利桑那州原住民的作品）。美国西南沙漠，纳瓦霍人也传言，是大龟或巨蛙潜入海底，取得土地的胚芽或众生的种子，创造或者再造了今天的世界。

---

① 参见王孝廉：《夸父考》，（台北）《大陆杂志》第48卷第2期，1973年，第16页；《中国的神话与传说》，（台北）联经出版公司，1981年，第151～153页。

② 参见陶阳、牟钟秀：《中国创世神话》，上海人民出版社，1989年，第156页。

人物（如鲧、禹）的必备条件了"①。陶思炎则说，大地或息壤载于"鲧：玄鱼"或鼋鱼之身，应与它们"常居地下，赖土为生"有关②。

玄龟及其创世息壤

前引《拾遗记》说，大禹治水之时，玄龟负"青泥"于后，应龙奋利爪于前。这"青泥"应该就是鲧禹用来防堵大水的能够自我生长的神土"息壤"，或者说是"息壤"的卑化。参照下举印第安创世神话，这种"神土"是跟创造世界的"宇宙龟"联系在一起的。在某种程度上，玄龟是依靠这种"青泥：息壤"来参与治水和创世伟业的。顾颉刚的《息壤考》便以为《天问》暗示"盗取息壤的事是鸱和龟所出的计谋，鲧听了它们的话"③。虽非必如此，龟与"息壤"是很可能有"共生"关系的。

在夏周系统神话里，息壤是为天帝所垄断的：作为"造物主"，他有权控制创造世界、整顿山河的"秘宝"。这属于"天降型"或"夺取型"。

《山海经·海内经》说：

> 洪水滔天。鲧窃帝之息壤以堙洪水，不待帝命。帝令祝融杀鲧于羽郊。鲧复（腹？）生禹。帝乃命禹卒布土以定九州。

郭注："息壤者，言土自长息无限，故可以塞洪水也。"引《开筮》曰：

> 滔滔洪水，无所止极；
> 伯鲧乃以息石息壤，以填洪水。

《淮南子·地形训》高注："息土不耗减，掘之益多，故以填洪水。"
《楚辞·天问》："[鲧]顺欲成功，帝何刑焉？"就涉及此事。

鲧为人类盗取神土而牺牲，袁珂等学者拟之于普罗米修斯的盗取"天火"，被"上帝"宙斯绑在高加索山崖之上，让鹰鹫啄食他的脏腑，刚被吃掉，又生长如故，受尽痛苦。鲧盗息壤，不过被杀，而且可能三年后复活，"幸运"多了。

鲧的伟业由他的儿子禹来继承并完成。按照《山海经》神话，大禹取得了天帝同意，"帝乃命禹卒布土以定九州"。"布土"就是合理分配布置息壤，重整山河，底定九州。这里既有堕高堙卑，积极防堵，又有开山挖河，整理水道，

---

① 陈炳良：《神话·礼仪·文学》，(台北)联经出版公司，1985年，第22页。
② 参见陶思炎：《防风、王鲧考论》，《防风神话研究》，钟伟今主编，安徽文艺出版社，1996年，第70页。
③ 参见顾颉刚：《息壤考》，《文史哲》1957年第10期；《顾颉刚古史论文集》(第2集)，中华书局，1988年，第204页。

引洪入海之意。

这能够自我生长的神土功不可没。初民大概看到含有某种矿物质或气体的坚实土壤在特定环境之中或施加影响之后能够快速膨胀，便制造出这种神话来。唐·柳宗元《永州龙兴寺息壤记》说，其寺北堂，"堂之地隆然负砖甓而起者，广四步，高一尺五寸；始之为堂也；夷之而又高"。膨胀不已，大概有沼气之类逸出，"持锸者尽死"，是"太岁头上动土"。近日常发现所谓"不明生物体"，属真菌之类，也能自我生长，就是《山海经》说的"视肉"——亦即"息肉"，息者生生不已之谓也。民间称为"太岁"，在其"头上"动土便会遇险。

从神话学来看，这类能够不断自我生长，或者无穷"产出"，取之不尽，用之不竭的神物，大体属于"永久循环"或"永劫回归"的类型，或者说是"复生：再生：永生"的物化形式。

就其"现实依据"或"自然基础"而言，顾颉刚先生曾收集到一些泥土"自我膨胀"的记载与实例，并且请教过土壤学家，证明确实有这种泥土①，当然不可能无限生长。这是一种"自然学派"的有意义说法。

孔令谷说，息壤形"方正"，上锐下广，应该是神圣的"社石"，可以借用来辟除灾害②。恐非。何新说是"山崩或滑坡所造成的土石自行移动"③，也许鲧禹们模仿利用这些土石来堵截引导洪水，变坏事为好事。这实在太"现实"而又牵强。刘晔原说，这是治水者在"扩大"、"生息"其领有的土地④，也不免此弊。徐松石说，息土就是美土，是"冲积增高的土壤"。而"黄河三角洲和黄河两岸的沙田，正是这样的东西。冲积平原的泥土肥沃，所谓'息土之人美'，便是这个意思"⑤。此说虽然在理，却也是高度的平凡化。吕微同样强调，息壤是"肥沃的土壤"，"息"是孳生，"壤从襄，是取义人工整治土地（除地），使之改良后成为肥沃之土"⑥。但他承认那本是"上帝所赐予人类的原始泥土"之古老神话，被耕稼民族及其思想家不断加以现实性的阐释，"打下了人类加工的印记"⑦。这些解读的努力大多可贵，但是不能抹煞其"再创世"的神话本性。

如果息壤是沃土，那么粪便就该是最好的肥壤。陈勤建《中国鸟信仰》介

---

① 参见顾颉刚：《息壤考》，《文史哲》1957年第10期；《顾颉刚古史论文集》（第2集），中华书局，1988年，第201~202页。
② 孔令谷：《禹生石纽与禹为上帝辨》，《说文月刊》第2卷第3期，1943年，第79页。
③ 何新：《诸神的起源》，生活·读书·新知三联书店，1986年，第59页。
④ 参见刘晔原：《普罗米修斯之火与鲧之息壤》，《民间文学论坛》1986年第5期，第56页。
⑤ 徐松石：《华人发现美洲考》（上册），（香港）东南亚研究所，1981年，第74页。
⑥ 吕微：《神话何为——神圣叙事的传承与阐释》，社会科学文献出版社，2001年，第100页。
⑦ 吕微：《神话何为——神圣叙事的传承与阐释》，社会科学文献出版社，2001年，第101页。

绍浙江金华东阳南乡的一则故事《天地和合》说，太初是黑暗（混沌）——也许讲的是大洪水之后的"第二次创世"——亏得"通身赤红，晶亮晶亮"的"火鸟"啄开浓雾，现出"大火盆"，晒得大鳌鱼懒洋洋地睡了几千年。火鸟不愿孤独，在半空中遗粪在鳌鱼背上——这是由荒岛鸟粪"堆肥"得来的经验"演化"出来的——

（粪土型）息壤

置换了由水底捞出来（潜水型）的"神土"或大神遗失在龟背上的"水草"（天降型），凝结为"大山"（宇宙山或"三仙山"），把鳌鱼压入水底。恰便是：

鳌戴山抃，何以安之？

大山露在水面上的便是"大地"（世界）。三千六百年后，鳌鱼累了，要甩掉大山，造成地震；鱼的叹气是乌云——若是乌云不散，把天地遮遍，那又要"天和地合"（复归于混沌即黑暗）。亏得火鸟用力啄开乌云，那声音便是打雷（参见《中国鸟信仰》第64～65页）。这里的主动者或支配者，是跟水里鳌鱼敌对的"太阳神鸟"。

龟甲状漆盾

（湖北江陵凤凰山汉墓出土，M8；采自《文物》74·6：62，图一）

这座汉墓出土的竹笥里装着泥土，自名为"溥土"，很容易使人想起鲧禹利用神龟"息壤"治理洪水的故事。

这副漆盾制作为龟甲形状，绝非无缘无故。盾上方绘有"珥蛇"而鸟爪的神人，或即玄龟之主海神禺彊，但也有学者认为是鲧或者禹。其下的怪物，下肢粗壮长大，前肢"退化"，就像袋鼠，或说某种"恐龙"。或说即鲧、禹所化黄熊或者（脱壳）的"三足鳖"，且加"龙化"。疑莫能明，留质通人。

龟所衔"泥"，禹所布"土"，都极为神圣（根柢里仍是耕稼民族对于土地的眷恋与倚赖）。湖北江陵汉墓（M8）还出土一副竹笥，里面装着泥土，"遣册"竹简载明其称：

溥土

《书·禹贡》："禹敷土……以奠高山大川。"汉·郑玄注：

敷，一作溥。

"敷：溥"大抵是"铺：布"的意思（古无轻唇音，应读"布"）。

《诗·商颂·长发》："洪水芒芒，禹敷下土方。"
《荀子·成相》："禹敷土，平天下。"
《楚辞·天问》："洪泉极深，何以填之？"

都讲的是用息壤重新布置山川水土的事情。"溥土"应是动宾结构，江陵简"溥土"，大概暗示"神（禹）所溥土"，暗代"息壤"。竹笥中的泥土不知化验结果，但肯定已被神化，或作为息壤"代表"，不然不会用以陪葬。

这一重要简文和竹笥，与一面绘有二位"怪神"的"龟盾"伴出。李家浩说："该墓把'溥土'与绘有禹、契的神像的龟盾同置于椁室之内，显然其用意是镇治水，或者是防御水的了。"[①] 他认为盾上绘的神像为治水之神，或曾化熊的大禹等，虽然一时难定，但盾形如龟甲，有如含山玉龟之类"龟书"，而与"禹所溥土：息壤"象征物同处一椁，再次证明玄龟与青泥之不可分离。

我们必须注意，《山海经》说大禹是"布土"而"定九州"，"定"不仅是底定水土，而且是确立、奠定了"九州"的大势与格局——这是世界性的事业。

《淮南子·时则训》说禹"以息壤堙洪水之后"，底下原还有注："禹以息土湮洪水，以为中国九州。"

《启（开）筮》，鲧以息壤堙填洪水，还有一种"息石"，这当然也是一种生息不止的有生命的石头。用它做什么呢？

《淮南子·地形训》回答道："禹乃以息土填洪水，以为名山。"石头堆成名山——应即"昆仑：世界大山"之类。

《大戴礼·五帝德》遂强调"禹敷土"是"主名山川"，这样才九州平，天下治。《史记·夏本纪》带总结性地说："禹乃遂与益、后稷奉帝命，命诸侯百姓，兴人徒以'溥（布）土'，行山表木，定高山大川。"（1·51）确定山川土地森林之"世界格局"。

我们在《中国文化的精英·治水英雄》里用力证明（后世的）息壤是四方形的，是"方形大地"的袖珍本——或者说是"方地"的精华，"神山"的缩影。

---

① 李家浩：《江陵凤凰山八号汉墓"龟盾"漆画试探》，《文物》1974年第6期，第65页。

《舆地纪胜》说，江陵（荆州）掘得"石城"（荆州城石制模型），"中径六尺八寸"；或说此石城或石屋内藏着"息壤"，后来丢失。以江陵楚墓发掘出（长方形）竹笥贮有泥块（遣册称为"溥土"）来对证，江陵"石城"有息壤，洵非虚语。

清·钮绣《觚賸》说它"形方正"，王士禛《香祖笔记》说它"正方"，上锐下广，非土非木，非石非金，有文如篆；当有所本，疑是秦汉前后息壤的标准型。

这显然模拟神山昆仑墟（底部）方而上顶尖，以此集中体现"（天圆）地方"的形象。

《楚辞·天问》："地方九则。"

《山海经·海外南经》："昆仑虚……虚四方（郭注：'虚，山下基也。'）。一曰在岐舌东，为虚四方。"

张岩如果知道我们早在20世纪80年代就揭示"息壤"的标准型是"四方"，以表明其为"四方的大地"的代表或精华，一定很高兴。他认为，息壤就是"社土"（前举孔令谷以息壤为四方的"社石"）。

> "帝之息壤"，指社土。具体说，是以社也就是祭坛作为一种固定的祭祀地形态。"帝"指享祭于祭典中的神，故"帝之息壤"便因此而成为了一种神圣和神秘的通神之土。"息"，指祭祀仪式中神的来享来格（引案：此处"息"非"栖息"而是自我生长）。①

"社"或"社石"、"社主"的标准型也是"方"（正方或长方）。"以社以方"，表明"四方"之祭紧密联系着"方社"之祭。"社祭"与"方祭"通常接续举行，古人或称"方社之祭"，或在某个时期"一体化"。社石或社主的标准形态是"方"，它一般藏在正方或长方的石盒里，那就叫做"祊"；祭祀代表"方地"的社石或社主，也就连带祭祀了土地或地神，那就叫"祊祭"或"方祭"（祭祀大地四方是为了控制四方大地，造成"普天之下，莫非王土"）。先公先王的"庙主"或"神主"（祖宗牌位），有时也放在这石质方匣里，所以上甲微就写做田（甲，而非"田"）；报乙，或写做匚，那是石祊的侧视图。竹笥亦多方形，中置"溥土"或神壤，其简化为散泥，标准型便应该是立体方块——不然不能象征方形的大地或世界。

《中国文化的精英》（1989年）试图用古美洲神话来帮助诠释息壤。

美洲印第安人一则神话"补证"了神土息壤与神龟（或其"主人"）具有"第二次创世"的神迹。

---

① 张岩：《〈山海经〉与古代社会》，文化艺术出版社，1999年，第172页。

"宇宙龟"

（粘土彩陶碗，玛雅文化，古典晚期，公元600～900年）

代表"大地"的大龟，漂浮在海洋上——实质上跟"宇宙蟒"同样是"宇宙龟"。水中荷花等表示原始"水体混沌"。龟壳下（中部）有羽毛的"神首"，或说是水神。玉米神洪·胡那普从"土地：龟壳"缝中拆裂而出。他的一对孪生儿子（胡那普/喀巴伦格）正从壶中倒水浇灌并且催生玉米。"玉米"的被杀（埋）、萌芽、茁长象征着宇宙的周期性循环、复活与更新。

易洛魁（Iroquoi）族传言，洪水袭来之时，天上忽然跌下来一个女子，两只水鸟用双翼托住她，把她放在一只大海龟背上（这不由得令我们想起马王堆西汉帛画鼍龟背上站着两只鸱鸮——但是看来没有什么"播化"关系）。"天女"派出一些西汉动物（像诺亚方舟里诸生一样）去寻找陆地和食物，却只有一只蟾蜍衔来一点点海泥放在龟背上，想不到就是这几粒海泥，息息不断地迅速生长，一直长成如今人类所居住的"地球"①。这里参与治水与"创地"的除大母神以外，还有：

龟/蟾/鸟

可见"龟：蟾"是互补或等值的关系——鸟是重要助手（或为"帝使"）。也可见"息壤"（及其掌控者或获得者）不但能平治水土，更能（重新）创造世界。"生生不已即为易。"世界不灭就靠这无尽的自我生长。

阿尔衮琴（Algonquian）族洪水神话则说，"破坏者"Wisagatjak领着漂浮在大水的木筏上的众人，歌唱祝咒，依靠木筏上的一点"苔土"，才得以息壤般长成今日的大地。其"异文"则说，是主神兼风神"神兔"米恰勃（Michabo）以沙子造岛，投入大海，生成大地。②

阿尔衮琴神话有多种"文本"，一种也涉及"宇宙大龟"以及"潜水型"息壤神话。

创世后的一场大洪水淹没了整个陆地。只有几个幸存者，他们躲在一

---

① 参见徐松石：《华人发现美洲考》（上册），（香港）东南亚研究所，1981年，第73～74页。
② 参见《世界神话传说选》，丰华瞻编译，外国文学出版社，1982年，第199页。

只大龟的背上。这只龟如此年老，它的背壳上都长满了苔藓，就像小河的岸边似的。大龟在漂流中遇到一只潜水鸟，人们乞求它潜入水底带出一些土壤。潜水鸟应召下水，但找不到底，后从远处带回来一小块土，大龟游向那有土的地方，人们走下龟背登陆，从此定居下来，再繁衍出人类。①

巨龟创世或创生

（美洲印第安人作品）

太平洋某些岛屿原住民，也有巨龟创世或创生的神话，这种神话往往建构在巨龟如岛的传闻上。或说大地载于龟背，"仙山"戴在鳌头，人类在"仙岛"上如处"乐园"；或说大地是龟背上的一块泥土，像"息壤"一般自我生长成今天这个样子，逐渐形成"球面生物圈"；或说洪水等灾难过后，乌龟救起幸存的孩子（例如兄弟），让他们在背上生产和生活，繁衍出今天的人类。阿尔衮琴神话则说洪水遗民是躲在龟背上才得以生存的。

上图以玩具形式重现当年巨龟救助人类遗子，使其生存壮大的情景。

这则"潜水型"息壤神话也许出现较晚，多少经过"合理化"，水鸟潜海取"壤"，不见其息息生长，龟背苔藓也无着落，不如直接由带泥苔藓生成"大地"那样较合神话思维逻辑。弗雷泽《旧约中的民俗》引用一则加拿大蒙太格奈斯印第安人神话说，是麝香鼠（musk-rat）从海底取到息土，由原初巨灵梅索（Messou）制造出陆地。同样是凭借"外力"另外以神土创建，而不是玄龟青泥的自我生长。

---

① James Frazer, *Folklore in the Old Testament*（《旧约中的民俗》），Macmillan and Co., London, 1923, p.116（借用叶舒宪汉译）。

美国俄勒冈州瓦纳帕姆印第安则说,"上帝"孤独地在天下汪洋中生活,后来从水底捞出沙子来才制成了"陆地"①。这是海滨沙滩边原住民的神话观念(有的说是海龟带出海底"息壤"来)。

印第安休伦人神话说,太初只有大海,一只强大的乌龟,自愿将"上面世界"掉在一对海鸟身上的妇女载于自己背上,命令各种动物"潜入"海底寻找泥土,它们都死去,只有垂死的蟾蜍嘴中带来一些泥土,妇女将其放在龟壳周缘,逐渐生成世界。"这一切都是乌龟承受的,它至今仍在支撑着大地。"②这里,龟鳖与蛙蟾合力创造世界也是很值得注意的,它们的意象往往互渗或混同。流传于美国加州西南部原住民中的《翁圭创世神话》也说,鸟儿们把天上掉下来的女人放在龟背上,有一只鸟从海底取些泥土撒在龟背上,"散布开来,成为我们世界上的整个地面"③。这位原初女人的"女婿"是个印第安人相貌的"带箭者","据说他就是大地上的乌龟的精灵"④。他们的两个孩子二元地分立为创造者与毁坏者。

令人惊讶不止的是,欧洲前基督教民间信仰与传说里也有"潜水—取土"型息壤神话。例如,在斯拉夫与东南欧传说里,是魔鬼或撒旦(蛇)置换了龟:上帝命令它潜水取土,以便创世。它私藏了一些泥沙于口中,后来它们变成了高山与沼泽。中亚与俄罗斯版本则说,魔鬼具有鸟形。伊利亚德的《宗教思想史》指出,如我们在上文所见,"在北美、雅利安和前雅利安的印度以及东南亚,都有这一神话的不同版"(第973页)。他归纳其情节内容为三:

(1) 大神亲变动物(如野猪),潜渊取土创世(主要是印度教文化区);
(2) 大神命两栖动物(或鸟)潜水取土,其分布极广(由南亚到北美洲);
(3) 不知名动物去"捞土",后来与上帝构成二元对立(亚洲及东欧)。

我们注意到,鲧(化形为鱼、龟或熊)是不待帝命,由天帝处取来息壤治水并且"再创世",却为天帝所杀,确实是人/天"二元冲突",是第(3)类的改型。伊利亚德将其归属于萨满教神话(《宗教思想史》第963页)。但是,中国的"鲧—息壤""夺取型"神话似乎更富"人本主义"精神与革命性。

---

① 《美国俄勒冈州印第安神话传说》,史坚等编译,中国民间文艺出版社,1983年,第8页。
② 参见[美]奥弗编:《太阳之歌:世界各地创世神话》,毛天祐译,中国人民大学出版社,1989年,第47页。
③ 参见[美]奥弗编:《太阳之歌:世界各地创世神话》,毛天祐译,中国人民大学出版社,1989年,第66页。
④ 参见[美]奥弗编:《太阳之歌:世界各地创世神话》,毛天祐译,中国人民大学出版社,1989年,第66页。

有的学者认为（海中）"息壤型"洪水神话属于泛太平洋文化神话（其实与"神龟托地"相融汇者，世界各大洲都有）。南美洲哥伦比亚原住民也说，原初世界只有水与"香鼠"，香鼠在河底取食，带上烂泥，积久成了小岛——大地。①阿尔泰语系萨满文化圈也流行这种神话，或亦称之为"潜水型"。"这种潜水母题从东欧到西伯利亚和亚洲大陆，从东南亚到印度，又越过白令海峡到北美洲，分布极为广泛。"② 日本的"国引"神话，伊邪那岐命与伊邪那美命奉天帝之命，在天浮桥上，用矛搅动海水，矛头滴下的海水，形成日本国土，也被归属此型神话。这也受了诸天搅乳海创世的印度神话影响。

　　中国的"玄龟青泥：鲧禹息壤"，也与洪水神话直接关连，但与"洪水遗民"（例如"羲娲兄妹"再创世故事）有没有关系呢？鲧化玄鱼、三足鳖，禹化熊或虺蜥，羲娲蛇身人首，都是"斗洪救世"的"圣水族"，但明确的神龟介入却不多见。前举湖南梅山地区民间故事说，洪水灭绝人类之后，是一只大龟做媒，说服或撮合兄妹二人成婚生民的。汉画里，确有一只大龟替代"老伏羲"（或蚩尤）抱持蛇身羲娲，让他们交尾繁育人类（参前）。可供进一步思考。

　　叶舒宪的《中国神话哲学》（第349页）由弗雷泽《旧约中的民俗》（第120~121页）等蒐集的材料判断，此类神话"分布自北美洲的印第安语族一直延伸到墨西哥，从太平洋沿岸直到哈得逊湾"，实际上流播得更远。

　　太平洋两岸这一组"洪水/息壤/创世"神话，关键词是"息"：生生不已地自我成长。

　　《集韵》："息，一曰生也。"《广雅·释诂》："息，生也。"

　　"息"是萌生孳长的意思。《说文》说"皇"字从自，"自，始也"（这还要求论证）。叶舒宪注意及此，以为息壤意为"最初的土壤"。由上引印第安神话看，它确实是"世界上最初的、能自己生长的土壤，也就是创世时最先的土壤"③。他引证印第安神话等以后推测：

　　　　息壤原型最先出现于潜水取土造陆的创世神话，后来又被运用到洪水神话之中，成为在洪水之后再创世的物质，而在中国洪水神话中出现的息壤绝不会是孤立存在的，它预示着一个先于洪水神话而存在的海洋型的中国创世神话的原始母型。④

----

① 参见茅盾：《神话研究》，百花文艺出版社，1981年，第38页。
② ［日］大林太良：《神话学入门》，林相泰、贾福水译，中国民间文艺出版社，1988年，第51页。
③ 叶舒宪：《中国神话哲学》，中国社会科学出版社，1992年，第341页。
④ 叶舒宪：《中国神话哲学》，中国社会科学出版社，1992年，第350页。

我们也曾强调鲧禹理水的"再创世"潜结构，这里则突出"神龟中介"母题及其与（神龟）创世/托地神话的隐蔽联系。

鲧窃天帝息壤以堙洪水，解读这则"夺取型"神土神话，有几点必须予以承认或肯定，不然就是离开其基本结构，"改字读经"，或者以"六经注我"。

第一，"息壤"是自我生息不已的神土，与神龟相关，又为上帝所独占；

第二，鲧盗息壤堵截洪水，不待帝命，而被其杀害；

第三，"洪泉极深，何以填之？"用神土来填堵实属必要，但还不够，大禹辅以引导疏浚，"纂就前绪，遂成考功"。但方法不保守，"何续初继业，而厥谋不同？"是革命性的开创（参见《天问》）。

天帝大概默认了这个办法，但归结为自己的天纵聪明，"乃命禹卒布土以定九州"，命令禹完成重整河山、平治水土的伟业（由"夺取型"改变为"天降型"）。

第四，涉及作为祖先神的鲧禹"第二次创世"的勋绩，而神龟们的创造乃至以"主力"参与，是不可忽视的（玄龟青泥的出现，也许暗示着"潜水型"，但不明朗）。

这里，息壤神话最重要的三型——天降型、夺取型和潜水型，似都涵化在内。

神龟胸怀："曼荼罗"就是掌控世界

印度神话，神龟负载世界——在图形再现上，就是神龟"怀抱"或者掌握着宇宙符号"曼荼罗"（Mandala：坛场或坛城）。曼荼罗形式多样，主要为外方内圆的◯或外圆内方的◯，也有呈✢形的，基本上是中国明堂的"亚"形布局。

"怀抱"世界的神龟，有时被"怀抱"曼荼罗（或"八角星"）的蛙蟾或大鹏鸟所"变形置换"(displacement)；或说这是"原型编码"中常见的变换。像奥尔梅克9号石刻那样，蟾蛙胸腹间开出"亚"形的"地下世界"，也可以看做"神龟曼荼罗"之同质异构图像。

这里，龟鼋与蛙蟾（或神鸟）是对位的，参与创世者。那么，其怀抱中物，也应该等值（代表世界）。

纳西族神话（如前举《白蝙蝠取经记》）说，黄金色大蛙"含时罢美"（或说"金黄大龟"），吞下占卜神书，被神用箭射通腹部而死，死体五个部分或"元素"变成"精威五行"：头、足、四肢加上箭头、箭尾指向"八方"，构成所谓"金蛙八卦"，八方或八卦如同世界，看起来如龟蟾"规划"或"支配"宇宙。

安徽含山凌家滩"玉龟"（甲），"含"着玉版——其上刻有指向"四面八方"的"原八卦图"，中心则是有"外圆"的"八角星"，它们都可以象征"世界"。同地的（野猪翼）玉鹰，其胸腹间也有带"外圆"和圆心的"八角星"，同样是

"世界"。这样,"圣物"们所拥控的是整个世界。世界以"阳光四射"式的"十"字花纹群来标识(详见我们对五方十字及八卦、"亚"形的研究)。

十 ✚ 中 ✠

✡

╬ (巫)

它们本质上都是趋同的"宇宙符号"。

法轮化的"八角星形太阳纹"

(左上:藏传佛教"三首佛"手捧八角星形法轮,采自图齐等;右上:大鹏金翅鸟"怀抱"八角星太阳,西藏唐卡图像;左下:胸有八角星太阳纹的猪翼玉鹰,安徽含山凌家滩出土;右下:墓标顶部图案,云南大理西山出土火葬墓,南诏时期)

藏传佛教有一种"法轮",呈八角星纹或八瓣莲花图案,跟"曼荼罗"中心图案基本一致,表示宇宙在太阳照耀下展现、运行。它是神话思维之"日心说",跟世界性的"八角"宇宙符号完全相合。

有一幅唐卡,其中的"八角星太阳"正处在大鹏金翅鸟胸腹之间,是否表示"孕日"不能肯定,但这跟河姆渡太阳鸟、凌家滩太阳鹰乃至玛雅文化(夜太阳)猫头鹰"怀抱"太阳同质又同构,却是无疑的。

大理"墓标"顶部同样的"八角星太阳"置于莲座,法轮与曼荼罗中心"日芒"或"星芒"显示为莲瓣。这跟佛教文化乃至中国战国以来以八瓣(或四、或六)莲花为宇宙中心一致(它兼表"女阴",这也是人体"小宇宙"的中心)。

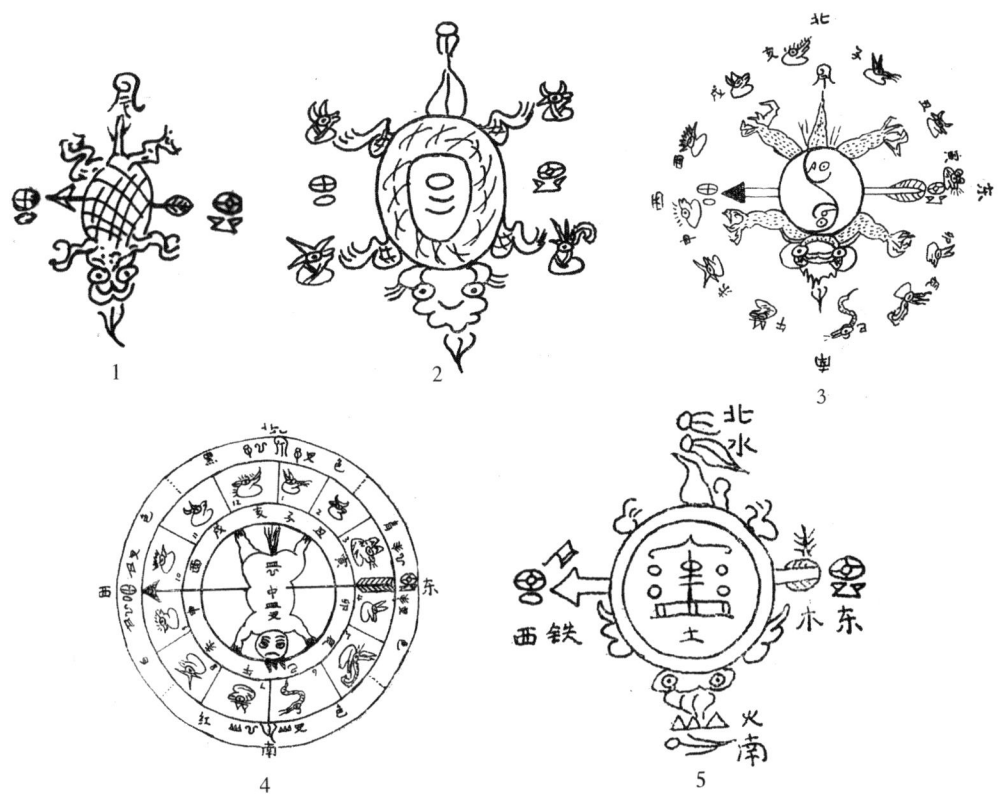

纳西族"金蛙八卦图"

(1. 金蛙八卦,原始母图,参见《碧庖卦松》;2. 东巴经师和画家彩绘;3. 和志武绘,中心为"阴阳鱼"太极图;4. 周汝诚绘《巴格图说明》,1958年;5. 李霖灿仿制《金蛙方位图》,中圆为地支—12生肖图。采自李国文等)

纳西族"金蛙八卦"(或说应为"金龟八卦"),深受华夏—汉人"八卦图"影响,却有鲜明特色。金蛙或金龟吞下经书,创作"八卦",以头、尾、四肢指示六个方向,中间神箭由腰部贯穿,补充成了"八方"。或配以五行,或附以地支,繁复而又明白。这同样暗示蛙、龟涵化并支配着宇宙,跟藏族的大鹏或神龟"怀抱"世界"曼荼罗"一样。

对本题最重要的是"神龟曼荼罗"。这可以看做大龟创造或背负世界的一种形式。

西藏一面"风马旗"上是圆形的类"曼荼罗"(或说九宫五行十二生肖图),极似繁体的纳西族"金蛙八卦"(含五行九宫八卦十二生肖或二十八宿)。西藏还有一种唐卡,大鹏金翅鸟(跟创世神龟一样),也"怀抱"着一颗"八角星太阳"。藏传佛教源流繁复,虽然也有印度教成分,这"八角星"是否同样表示"太阳卵",则要求充分论证。但肯定是作为世界中心的曼荼罗的一种形式,"太阳"跟"宇宙中心"在古代宗教里也常常对位或等值。

"八角星太阳"也出现在一尊三首佛的当胸手掌之中,当做"法轮"。这跟一些"曼荼罗"方型坛城(象征"世界")中心的"八瓣莲花"太阳形象大体相似(这种"八瓣莲花"也出现在云南南诏时期的一座坟墓设施上)。它不仅跟林巳奈夫所举出的多瓣莲花代表"世界中心"相一致,而且可以理解为"宇宙符号"的简化版。"法轮—莲花(座)—曼荼罗"及其中心图案,在印度教—佛教文化系统中,都曾被看做生命本源及世界或世界中心。

大神怀抱"曼荼罗"——世界
(左:"六道轮回",四川大足石刻;右:西藏唐卡)

圆中有方或方中有圆的"坛城"——曼荼罗就是"世界",不管是人间还是天上的极乐世界,它本来就是宇宙的象征。甚至死后的幽冥也是一个圆形或亚形的"世界",这使人想起奥尔梅克蛙蟾"怀抱"的"亚形"地界入口(第791页图)。

怀抱(世界)者,就是创世者,或负载世界的神圣。它们可以置换:法王,大神,大鹏金翅鸟或者灵龟。不管怎样变动,世界及其运动,都由它们掌控。

伊利亚德说,作为"宇宙符号",曼荼罗"一度是宇宙和神的显灵的一种形象——当然,宇宙创造就是神的一种呈现"[①]。

创造大神有时以"金身"在曼荼罗里出现。在印度教中,创造大神是大梵

---

① [美]伊利亚德:《不死与自由:瑜伽实践的西方阐释》,张祥龙主编,武锡申译,中国致公出版社,2001年,第245页。

天（Brahma 或 Brahman）或"世界主"毗湿奴；在佛教中，创造大神是释迦牟尼。但也可以是创世动物或上述大神的动物化形：

大鹏金翅鸟
龟
蛙蟾
象

此时，它们与曼荼罗化为一体，在其内又在其外，在其上又在其中。但就创造与被创造者关系而言，"创造大神"（不管是人形还是动物形），都是"Mandala：宇宙"的规划者、布置者、掌控者。"宇宙创造就是神的一种呈现。"创造者就享有统治权。例如，出现在曼荼罗"中心之中心"的"佛陀是典型的 Cakravartin，是宇宙统治者"[①]。这样，"宇宙龟"又以"创世龟"的面目呈现出来。

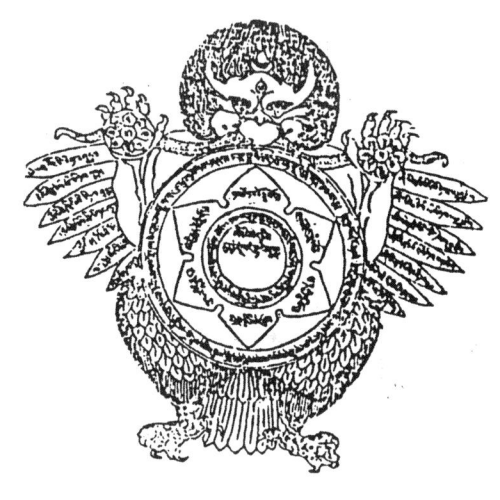

神龟"曼荼罗"

（左：藏族"风马旗"；右：大鹏鸟"曼荼罗"，西藏"唐卡"，本图复见）

"曼荼罗"（Mandala）又译为"坛场"或"坛城"。较早的标准型为方形或大"十"字型（跟中国明堂相似，✛形布局，或称"亚"形）。后来繁变为五角星、六角星或八角星形，或者多瓣莲花形。一般认为是标识"世界中心"，其实同时象征"四面八方"，即"宇宙"。"拥抱"这"曼荼罗：世界"的神物，或为鹰鹏，或为蛙蟾，或为龟鼋，都是世界的创造者、支配者（至少参与了创造或再造）。无论是创造者抑或创造物，稍加比照，就可以看出其异质同构性。

---

① [美]伊利亚德：《不死与自由：瑜伽实践的西方阐释》，张祥龙主编，武锡申译，中国致公出版社，2001年，第246页。

伊利亚德说，作为"宇宙符号"，曼荼罗藏译为"中心"，它是"天堂"或内在超越的"乐园"（paradise），也是神出现或聚居的神圣处所，"这种定位把圣地当做世界中心，因而成为［人间］与天堂和阴间的交流场所"①。

前举奥尔梅克9号石刻，蟾蛙形神物胸腹间的与曼荼罗类似的"亚"形（地下）世界，就是生死之间，人世"与天堂和阴间的交流场所"。

曼荼罗既是"天堂：乐园"性质的"世界中心"，密教仪轨导引信徒进入并体验它。

> 进入曼陀罗之中类似所有的"向中心的前进"。由于曼陀罗是一个宇宙形象，它的中心相对应着被宇宙之轴垂直穿过的无穷小点；当信徒接近它的中心时，他就走近了世界中心。②

当"宇宙神物"——不论其为大鹏金翅鸟、金蛙、巨龟或者白象——拥抱或进入曼荼罗之时，它就达到并且控制了世界的中心。

所以，大鹏或蛙龟"胸怀"曼陀罗等同含山玉龟掌控"八卦"或"河图"，等同含山玉鹰胸有"八角星"（✡：太阳与宇宙中心符号），它们"异质同构"的神话性质或结构，严整而又鲜明。

---

① ［美］伊利亚德：《不死与自由：瑜伽实践的西方阐释》，张祥龙主编，武锡申译，中国致公出版社，2001年，第245页。

② ［美］伊利亚德：《不死与自由：瑜伽实践的西方阐释》，张祥龙主编，武锡申译，中国致公出版社，2001年，第250页。

第四部分 麟

第十六章　麒麟母型是长颈鹿

麟，文献迷踪

明确的"麒麟"，见于记载很晚，卜辞里所谓"麟"字，是有争论的（详后）。

商承祚《殷墟文字类编·考释》、马叙伦《说文解字六书疏证》、李孝定《甲骨文字集释》等，以为麒麟确指鹿科动物。①

麟的母型，比起龙、凤来相对单纯，主要有鹿、马、牛等数种。"麟"或"麒麟"，字都从"鹿"，应该说，最重要的母型是鹿或鹿类。②《说文》说，麟是牡鹿。《文选》中汉·张衡《东京赋》中的"麟"，薛综注说是"大鹿"。尹荣方认为它是"四不像"鹿，即"麋"③。谭佳从《公羊传》等文献记载及注疏里找出关于"麟"的描写，其所涉麋/麂/麇/麐（麇）/麚（獐）等均属鹿科。她还认为："史前神鹿信仰是麟被神话化的文化渊源和土壤。"④

《春秋》获麟，或以为"仁兽"或"瑞兽"，指的却可能是驯良而珍异的长颈鹿，或颈部略短的"霍加皮"，不知道它怎么从非洲跑到中国来的。

《春秋　公羊传》哀十四年："麟者，仁兽也。"

汉·何休注说，"[麟]状似麋（大鹿），一角而戴肉"。长颈鹿虽非一角，头部却有肉状突起（所谓"瓶状角"，前引马承源的《商周青铜器纹饰》正把商周兽面纹上这种角称为"长颈鹿状角"）。

《抱朴子·广譬》所谓"麟角凤爪，不必为斗设"，长颈鹿这两只可怜的角绝不能伤害谁，正是何休说的，"设武备而不为害，所以为仁也"。

《毛诗陆疏广要》说，"有足者宜踢，唯麟之足可以踢而不踢"，长颈鹿倒是

---

① 参见李圃主编：《古文字诂林》（第8册），上海教育出版社，2004年，第518页。
② 参见刘城淮：《麒麟模特儿探源》，《民间文艺集刊》（第6集），上海文艺出版社，1984年。
③ 参见尹荣方：《麒麟原型为"四不像"考》，《社会科学战线》1991年第2期，第332页。
④ 参见谭佳：《断裂中的神圣重构——〈春秋〉的神话隐喻》，南方日报出版社，2010年，第196页。

麒　麟

(香港《中国人》创刊号，1998 年)

龙首，犀角，鱼鳞，虎身，狮爪，火焰般的鬣毛，短而"升腾"的尾巴……这是近世麒麟的英姿。然而它最初的基干却是吉祥而驯良的麋鹿或长颈鹿。

善踢，但只有当它受到虎豹等猛兽严重侵犯，危及生命时，才会一脚踢得它们在地上打滚，但绝不主动踢人。此所谓"仁兽"欤！

长颈鹿只吃树叶嫩草，跑步时往往"横行如蟹"，好像躲避着什么，这就是唐·孔颖达《诗疏》所谓的"不履生虫，不践生草"。麒麟，鹿身有角。《论衡·讲瑞》据《春秋》的麇而角为麟，推论"獐而角者，则是骐骥矣"；角质而又有"肉"(或解为肉球)，即《尔雅》"麐"晋·郭璞注所说："角头有肉。《公羊传》曰：'有麇无角。'"

邢昺疏："李巡曰：'麐，瑞应兽名。'孙炎曰：'灵兽也。'"其身材甚高。京房《易传》曰："麐，麇身，牛尾，狼额，马蹄，有五彩，腹下黄，高丈二。"

依京房之说，麇很像长颈鹿；除了未讲颈脖，通高一丈二尺，古尺较今为短，三米左右，也只有长颈鹿能达到。《尔雅·释兽》的麇，应该是"麕"（今字作麟），只是有"麇身"而不是"麇"。

晋·葛洪的《西京杂记》说：

> 五柞宫前有梧桐楼，楼下有石麒麟二枚，刊其文字，是秦始皇骊山墓上物也。头高一丈三尺。东边者前足折，折处如血。

麒麟，长颈鹿

（上：江苏徐州茅村汉代画像石；下：江苏睢宁贾汪汉代画像石）

多数专家只承认，顶端有肉球的独角之鹿形动物是（汉代）麒麟。其实，麒麟是多样的，而且处在演化中。长颈鹿形的动物，作为珍兽，至少是麒麟的一种母型。汉画所见，它虽能在空中飞舞，却不是所谓"飞兽"或"虬龙"。它们或有翼，或有"牛尾"，是混形神兽、祥瑞。

"头高"，意思不大清楚；或是头本身高，这不大可能。或是指头颈；或是从地上到头顶，即通高一丈三尺，近于京房《易传》之说。张孟闻《四灵考》以为指头颈，"秦时，至少在晋·葛洪之时，必定见到了外国所产的长颈鹿，不然，怎会说头高一丈三尺呢？"[①] 这话是有一定道理的。

---

① 张孟闻：《四灵考》，《中国科技史探索》，上海古籍出版社，1986年，第518页。

还有较特殊者。《逸周书·王会解》说,"规规"地区晋献的是"麟","麟者,仁兽也"。孔晁注:"规规,亦戎也。麟似鹿,牛尾,一角,马蹄也。"戎在西而偏北,不知"规规"何族而所献何兽,如是大型鹿,就不大奇怪了。驯鹿或麋鹿都能适应高寒地区。

我们在徐州的一些汉代画像砖或画像石里看到长颈麒麟的形象。除了长颈鹿,别的"长颈神兽"没有如此"不成比例"的超长脖子以及块状斑纹。有的长颈鹿还被加上三翎凤首,以美化且尊化之。这证明,至迟东汉,长颈鹿已进入中原及其周围地带。

《三辅黄图》说:"青梧观在五柞宫西,梧桐树下有麒麟二,刊其胁文字,是秦始皇墓上物也。头长一丈三尺。"略同《西京杂记》。这里的"头"或包含颈。如此细长的头颈,非长颈鹿莫属。

常任侠据以谓:"秦始皇墓前的石麒麟,也近于长颈鹿。"[①] 张孟闻略同。

前举《尔雅》郭璞注说,汉武帝郊祀于"雍",曾获一大鹿,独角,谓之"麟"。《史记·孝武纪》记,汉武帝建元三年,天子郊雍,"获一角兽,若麃然。有司曰:'陛下肃祗郊祀,上帝报享,锡(赐)一角兽,盖麟云'"(2·457~458),就是像麋(四不像)的独角鹿。韦昭说:"体若麋而一角,《春秋》所谓'有麋而角'是也。"(2·458)

《汉书·终军传》:"从上雍,获白麟。"就跟殷人"获白兕"相似了。

《汉书·武帝纪》太始二年诏就说,"往者朕郊见上帝,而登陇首,获白麟以馈宗庙";还把金币铸成麟足的样子,号曰"麟趾"。

明人谢肇淛《五杂俎》说:

> 永乐中,曾获麟,命工图画。全身似鹿,但颈甚长,可三四尺耳。所谓麋身牛尾马蹄者甚近之,与今俗所画迥不类也。

可见明初已把长颈鹿当做麒麟。如果所记不误,则此"麟"是在野外捕获的,而不是人为由非洲辗转而来。

《明史·外国传》说:"麒麟,前足高九尺,后足六尺,颈长丈六尺有二,有二短角;牛尾鹿身。食粟豆饼饵。"描写长颈鹿相当准确。阿拉伯及榜加剌(孟加拉)献长颈鹿,有宫廷画师写生为证,而称"麒麟"。这是诸家均无疑辞的。麟所出之"阿丹",即今亚丁。此并见于马欢的《瀛涯胜览》,可惜其前并无如此明确的记载。

[①] 常任侠:《东方艺术丛谈·汉代经济政治文化思想对于汉画艺术的影响》,新文艺出版社,1956年,第116页。

明代贡麒麟图

（左上：《贡麒麟图》，波斯古画，14世纪；右上：榜加剌〈孟加拉〉国贡麒麟图，或说明代宫廷画师作品，15世纪；左下：阿拉伯人贡麒麟图，或说明代宫廷画师作品，15世纪；右下：长颈鹿图，采自艾儒略《坤舆图说》，原题"恶那西约"，或仿自1551年自然学者加斯纳的素描）

几乎只有这一种记录，为所有学者所公认：明人所说的麒麟指的是长颈鹿——其实从先秦就大抵如此。如果符号与标本、名称与实体、现象与本质都完全一致，明明白白，无可争议，那还要学术研究做什么呢？

麒麟指霍加皮？

三千多万年前的"长颈鹿"，不过羚羊大小。

长颈鹿进化"三阶段"

（左上：萨摩麟头骨化石，采自罗美尔、杨钟健；左下：古麟或原麟，据江苏泗洪双沟出土化石复原，刘工绘图，采自《双沟醉猿》；中：霍加皮，刚果森林北部，反刍偶蹄类，长颈鹿科；右：长颈鹿）

中国发现过长颈鹿化石，那是千万年前的事，但有人认为它以"远古记忆的痕迹"复现或传说为"麒麟"。古生物学家命名化石长颈鹿为"古麟"或"原麟"。

霍加皮，颈较长颈鹿短，学者或说为麒麟之主要母型，称为"麒麟鹿"。

长颈鹿科，上新统的"属"有沙母兽（或称萨摩麟）、河南兽、古瞪鹿等。亚洲更新统有一分支称"西洼兽"（sivatherium），现代非洲刚果还有"麒麟鹿"，"腿与颈比较短，同原始的祖先差不多"①。此即"霍加皮"。

一千多万年前，中新世，"古麟"来到江苏泗洪双沟②，高约3米，非洲的现代长颈鹿则高达6米有余③。

前几年，有一种"萨摩麟头骨"化石（距今2000万年）在广州博物馆展出，推算身高在3米以上，体长4米以上；头骨长约60厘米，有四只角，前小后大的4只角相对；从牙齿看，属食草动物。当年《中国青年报》报道，湖南金山博物馆馆长刘金山说，此头骨颇似传说中的"麒麟"，可能为其母型。广州博物馆馆长程

---

① 杨钟健：《脊椎动物的演化》，科学出版社，1955年，第309页。
② 参见尤玉柱等：《双沟醉猿》，文物出版社，2002年，第62页。
③ 参见尤玉柱等：《双沟醉猿》，文物出版社，2002年，第62页。

存吉表示,其时代距人类产生时间不太远,"不排除古人在看到这种长相恐怖的巨兽骨骼化石后产生敬畏并将其视为神明的可能"。这大概就是上新统的"沙母兽"(Samotherium),古长颈鹿属之。

霍加皮:麒麟鹿
(现代动物画)

霍加皮属长颈鹿科,或说即长颈鹿亚种或古老的前身,脖子已"拉"长,却没有长颈鹿那么"长"。

近世博物学家或说,这才是麒麟真正的母型。先秦时期麒麟的脖子虽长,却不似汉以后的麒麟那样基本为"其拉夫"之形。但是,"霍加皮"是怎么"传"到中国来的呢?

霍加皮属反刍偶蹄类,长颈鹿科,是一种似长颈鹿的奇兽——

【霍加皮】
〔英语〕okapi(学名 ocapia johnstoni)
〔日语〕オカビ

比长颈鹿略小,而有些像羚羊。雌雄都有短角,雌性者角较"隐蔽";颈和身躯褐色,略带暗紫;脚白色,腿部杂以黑色条纹。近世博物学家以为它最像中国的"麒麟"(可以参看杜亚泉主编的《动物学大辞典》等);杨钟健的《脊椎动物的演化》称其为"麒麟鹿"(第309页)。

奇特的是,直到1901年,它才由英国人约翰斯顿(Johnston)在东非乌干达(Uganda)发现。目前产地仅限于塞米其(Semiki)河附近的刚果(Congo)森林北部。

它怎么会在中国上古出现呢?如果它确如博物学家所说,是麒麟的一种母型,那么,上古中国人可不可能看到它的活体、尸骨或者化石呢?能不能够间接或直接地知晓有关它的传闻呢?

麒麟：长颈鹿？

(1. 近世与现代所见之龙首鹿角兽身麒麟；2. 蹲坐的长颈鹿；3. 草木丛中的长颈鹿)

西方的"独角兽"主要是马形，中国则是鹿形，"麒麟"二字俱从鹿，或独角，或双角而头部似龙。先秦的"麟"形状不明。但"麒麟"读音与Giraffe（其拉夫）的发音极为相似，其间递嬗播迁演变关系极为复杂。明代中东或南亚所赠的"麒麟"则肯定是长颈鹿。长颈鹿蹲伏，或下肢为草木所遮蔽，再将体躯拉长些，便有些像龙。西亚所谓"龙"，将长颈鹿身躯拉长，再加上鹰爪，这个形象给人以启发。但麒麟究竟不是龙，虽然民间相传为"龙种"，并且具有"龙首"。

"原麟"的形象

我们不断强调，"四灵"形象元素多互渗或相兼，例如龙、麟生翼，龟具龙首，麟形象之龙元素更多。最好先在龙形象序列里讨论麟，那么，有没有"鹿首龙"或"龙形鹿"？

我们似乎在北方找到了这种"龙形鹿"，甚或可能是在水中活动的"水鹿"，作为古老的参照物，近于后世之麒麟。这是很意外的事。

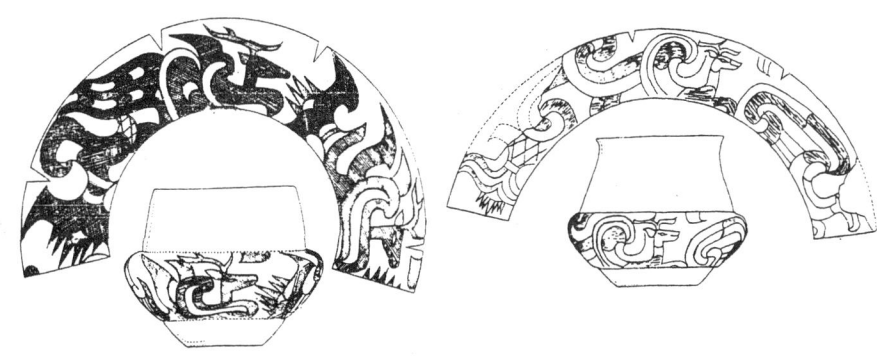

尊形器：龙身鱼尾翼鹿

（内蒙古敖汉旗小山南台地遗址，F2②：30，赵宝沟文化，新石器时期，距今约6000年。左图：尊形器，有翼鹿龙纹饰；右图：尊形器，有翼鹿龙与鸟喙有翼鹿龙纹饰。本图复见）

长着权角的鹿头，衔接在有巨大的翼翅的"飞龙"体上，具有扇形鱼尾或鸟尾。另一只"鹿龙"（或说鸟龙）具有鸟喙。精美繁复，诡谲恢宏。能相信它是6000年前的作品吗？——然而，这里的"龙"，仅是艺术考古专家们的假定，严格的说法应是"类龙体"。

内蒙古敖汉旗小山南台地出土的新石器时期（赵宝沟文化）陶质尊形器（F2②：30），上有复杂的"鹿（首）龙"图案①。能看清的是权角鹿首，其颈部强直，跟龙形的身躯似乎是"焊接"起来的，"龙鹿"身上有巨大的翼翅，尾部像鸟又像鱼，两大"分叉"作扇形展开，中央有长锯齿状"硬羽"或"尖刺"。然则就是鹿首龙身鸟翼鱼尾（极像风神飞廉）的混形神物——另一种具鸟喙（陆思贤称为"鸟龙"），其头部残缺，而"太阳鹿"或"风神鹿"或"水神鹿"都可能是长着鸟嘴的。

陆思贤注意到，此鹿的"鱼尾"或"鸟尾"中心，很像有光芒的半个太阳，这是什么意思，是表明此有翼鹿龙跟自然力、跟太阳有某种联系吗？这样描述正确吗？尽管我们不同意陆思贤《神话考古》对此图意蕴的推测，但他的某些描述还是富有启发性的。

尊饰右侧领先的是鸟龙（引案：我们以为是鸟喙鹿龙），长喙弯钩，嘴里衔一条卷尾状之物（疑与前面龙尾衔接），鸟头有冠饰，兽身，蛇尾上卷，有两羽（翼），躯干穿行卷云纹中表示领先兴风布云；后面相随的是野猪首牛角龙，突出獠牙，微张嘴作吹气状，蛇体旋卷状的身躯，似在急速

---

① 参见《内蒙古敖汉旗小山遗址》，《考古》1987年第6期。

运动之中；在鸟龙（鸟喙鹿龙？）与野猪首牛角龙之间的上面，有一伞盖形的图案，犹如大蚌的两个壳全部张开，里面露出蚌肉，用蛇腹状弧线纹表示（我们怀疑它是鹿龙之"鱼尾"）。①

他以为这些兽首/鸟首龙是在行云兴风布雨，这不是表明它们跟鹿/鸟形的"飞廉"有关系吗？有翼"角鹿"（或说麒麟）或水鹿，可能兼为风雨之神，而鸟（例如屏翳之"鹥"）可作雨神，萨满巫祈雨多借助水鸟，"濩"是以水泼鹳的祈雨仪式——那么，猪龙、有冠鸟、角鹿，都跟风雨相关。

谨案：小山遗址（F2），C14 测定为公元前 4110±85 年，或公元前 4200±85 年；树轮校正为：

公元前 4715/前 4850 年；

距今：6700/6800 年

即令距今近 7000 年，其图案之精美繁复真令人叹为观止。然而其琐细繁缛粘连也令人鉴别至难，因为我们无法把单个动物孤立地、完整地剥离出来，这样描述与认证便可能包含很大偏差或谬误，只能在制作时放大并略加分辨。

让我们兴奋的是苏秉琦先生在《中国文明起源新探》里说，这件在红山文化"玉猪龙"之前 1000 多年的"赵宝沟—小山类型文化"陶尊上刻画的是"麟（麒麟）与龙在云端遨游"②——莫非他也注意到那为"横向环形"画面硬"压短"的长颈鹿般的长脖子？莫非他注意到这很像生翅的"兽形龙"？要知道，曾侯乙墓皮马甲上的"鹿龙"也有巨大而顶部生杈的角，也有长长的脖子——它几乎也被我们认做变体的"水麒麟"（只是它们都具鸟喙、鹰爪、鱼尾）。

苏秉琦在另一篇文章里说，"龙"的形象在"赵宝沟—小山类型文化中已有长期发展历史，并已出现达到神化境界的陶器刻划麟（麒麟）与龙在云端遨游的图案"③。

但是，我们仍然没有勇气和把握称它为"原麒麟"。冯时也认为这只鹿很可能"成长"为后来的麒麟，成为草创时期"四象"或"四神"序列里的北宫神兽④。他进一步的说法是，陶尊上的野猪代表北斗（北宫），鸟与鹿（麟）表示北方⑤。王小盾批评说："没有理由说这是一幅反映星象的图；另外，也没有证

---

① 陆思贤：《神话考古》，文物出版社，1995 年，第 293 页。
② 苏秉琦：《中国文明起源新探》，生活·读书·新知三联书店，1999 年，第 112 页。
③ 苏秉琦：《中华文明的新曙光》，《华人·龙的传人·中国人——考古寻根记》，辽宁大学出版社，1994 年，第 82 页。
④ 参见冯时：《中国天文考古学》，社会科学文献出版社，2001 年，第 108 页。
⑤ 参见冯时：《中国天文考古学》，社会科学文献出版社，2001 年，第 108 页。

鹿角龙

（左：皮马甲图纹，湖北随县曾侯乙墓出土，战图；右：作为对照的内蒙古敖汉旗小山出土陶尊上的野猪与鹿）

曾侯乙墓皮马甲上的龙极为复杂：一条鱼尾龙头部有独角，另一条实是"双首虺龙"；一头具有鹿的权角，另一头独角、吐舌，似是伸出的后肢兼体为独角龙。

敖汉旗小山的鹿颈部较长，极容易演变为"鹿（形）龙"。它的角因摹本不同而有争议：一种为短 Y 形角，这里选的另一种为鹿权角。

据说在公元前 48 世纪前后中国人已经建立了星空四分的观念。"[1] 北斗为猪的"证据"，只是唐以后印度输入的"七曜（咒）术"才出现的。

郭大顺认为，这些奇兽实是"四灵"之初始面目。他把陶尊上的展开图分为 4 个单元，"重新拼接后的画面由大到小依次为鸟、鹿、猪，还有一形状已漫漶不清的双角动物。"[2]

鸟是鹰鹫类猛禽，有"羽状冠"（或说"独角"），展翅飞翔，或即"凤凰：朱雀"的雏形。

鹿，"有长颈、细目、立耳和长角，以前伸的腿和蹄足显示奔跑状，身躯则时隐时现，曲折流动，渲染了奔跑的状态"。鹿有短 Y 形角，它较长的颈部使它很容易转化为龙。

这就不得不令人想到它是否为"原麒麟"，虽然仍无把握。

猪，显露部分最小，很大一部分被某种"龙鳞体躯"所掩盖，显示出一种"游动状态"，有獠牙长喙作标识。作为猛兽，它跟虎的地位相当。但说它是"猪龙"的原初形态也有一点道理。

最成问题的是一种有残缺的不知名动物。

---

[1] 王小盾：《中国早期思想与符号研究——关于四神的起源及其体系的形成》，上海人民出版社，2008 年，第 14 页。

[2] 郭大顺：《龙出辽河源》，百花文艺出版社，2001 年，第 46 页。

可分辨出对称的角，似一动物头部正面形象而不表现体躯。①

他说的"四灵"，当然不是习知的龙、凤、龟、麟，更不像"四神"那样标识方位，这样说易起误解。不过他的描绘比较平实。他暗示，那长躯鳞身的不明动物有可能是龙；鹿和猪有"龙化"趋向，后者可能就是常见于红山文化时期的猪龙。

鹿、龙与麒麟

（1. 类麟首，青铜器纹饰；2. 常见麒麟图；3. 鹿角粗壮型龙，或麒麟；4. 龙化的鹿，随县曾侯乙墓皮马甲饰，战国；5. 鸟爪叉尾的水鹿，或说龙鹿，云南江川李家山器物纹饰，约当汉初；6. 作为参照的鹿；7. 长颈鹿）

虽说龙并不来源于长颈鹿，它的角却像长颈鹿的"瓶状角"或鹿的初茸，唐宋以后除羚羊角仍多见外，主要采用具有"生命转换"特征的鹿之权角。长颈鹿体表花纹颇似"龙属"的麒麟或龙，它蹲伏下来，或为草木遮蔽身躯，猛一看，确实像某种怪龙——西亚的"龙"（穆舒苏）便极似拉长身躯的长颈鹿。

郭大顺、张星德在一部专著里，以现生动物称呼它们，以为它们含有4种

---

① 郭大顺：《龙出辽河源》，百花文艺出版社，2001年，第47页。

动物：鹿/猪/鸟/某种"对角动物"而称之为"'四灵'纹陶尊"，意思是四灵物初现，却与后来的"四灵"、"四神"不同；"重点将鹿的角和耳、鸟的目和喙、猪的唇部分加以神化"①，陶尊本身已是祭祀用"神器"②。四种动物的躯体"部分组合"或竟"任意"配置，参差复叠，难解难分。朱延平等人据此认为，三个不同的"图腾氏族"在此集结，这陶尊很可能是一种"部落或部落联盟"的"象征物"③。

小山陶尊发掘简报说：

> 三种灵物图像都向左侧，绕器一周，颇有宇宙无穷任巡游的宏大气魄，形象地反映出当时人们幻想中的神灵超人的伟力。
>
> ［鹿：麒麟］与龙在云端遨游的图案……已达到神话境界。④

话虽不错，却嫌空泛。考虑到在圆形容器腹部上描画动物群，它们只能环状分布。杨群说："这说明龙的起源还与猪有关，故考古工作者称这一类龙为猪龙。而有冠鸟首形灵物则应与凤的起源有关，鹿首形灵物当为最原始的麒麟。"⑤这也是有道理的。

方酉生则直截了当推测：

> 此刻画龙图像的陶罐，可能是一件祭龙求雨用的祭器。⑥

这就跟继起的红山文化"祷旱"玉猪龙衔接上了。小山陶尊发掘简报对图中"野猪"形象的描述是：

> 猪形首灵物细眼（长半椭圆形），长吻前突，鼻端上翘，獠牙长而略弯，蛇身躯体作蜷曲状，刻划网纹与磨光两部分错置成鳞纹。……
>
> 猪首蛇身图像头部极像（野）猪首，具有明显的原始性。⑦

野猪，隐在左边鹿龙身后，看起来很像红山文化那用来求雨的（玉）"猪

---

① 郭大顺、张星德：《东北文化与幽燕文明》，江苏教育出版社，2005 年，第 151 页。
② 郭大顺、张星德：《东北文化与幽燕文明》，江苏教育出版社，2005 年，第 151 页。
③ 参见朱延平：《小山尊形器"鸟兽图"试析》，《考古》1990 年第 4 期；参见郭大顺：《六千年前的一幅透视画——辽河文明巡礼之一》，（台北）《故宫文物月刊》1996 年第 6 期。
④ 《内蒙古敖汉旗小山遗址》，《考古》1987 年第 6 期。
⑤ 杨群：《龙和龙文化起源的史前考古学研究》，《龙文化与民族精神》，上海人民出版社，2006 年，第 30～31 页。
⑥ 方酉生：《谈龙的起源和本质以及考古中发现的实物龙的图像》，上海人民出版社，2006 年，第 57 页。
⑦ 《内蒙古敖汉旗小山遗址》，《考古》1987 年第 6 期。

多维时空里的麒麟

（上左和上右是后世麒麟造型；下左为汉代瓦当；下中是战国曾侯乙墓的装饰纹样；下右附龙作为参照）

像龙一样，麒麟是多维时空里的神话混形动物。它是水的精灵，可以跟汉瓦当及后世云龙等里的吐水青龙比照，却又能在火中腾舞（它的翼翅都火焰化了）。它又是"天兽"，在云端飞行（"天禄"即天鹿，是它的一支；风神飞廉则是它的一个祖本）。除了地底，它哪里都能去。

龙"，它甚至可能有翅膀①。

龙是"水兽"，具有鱼尾的龙更应在水中翔游，那么这"鹿（首）龙"也该是楚滇文物中所见的那种"水鹿"，可它们分明又长着鸟翼。这就让我们惊疑莫测，只好再复引一下晋灼所说的"飞廉"：

身似鹿／头如爵（雀）／有角／而蛇尾

（《三辅黄图》略同）

莫非它们也是风雨而兼为水神之变体或"龙化"之"飞廉"？莫非它们具有"两栖性"，可以在天空和水面活动？鹿虽言"陆"，但入水而具独角、双翼，是不是已转化为风雨之神？这些都有待进一步研究。

---

① 参见陆思贤：《龙起源于七八千年的内蒙古》，《光明日报》1987年12月14日。

鸟喙鸟爪长颈神兽：风神飞廉？

（上左组：战国狩猎纹青铜壶饰，传世，现藏故宫博物院；下组：金扣针，刻画象牙卮纹饰，广州南越王墓出土，西汉；其余为战国青铜器纹饰）

春秋战国前后，器饰上常见一种神兽：龙躯、长颈、钩尾、独角、鸟喙鸟爪，或有翼，头部作虎或鹿形。风生从虎，鹿曾被看做狂风之神。汉人描述的兽身鸟首蛇尾的"飞廉"与之颇似。收在《商周青铜器纹饰》（604）的两神兽（见图右上、中）夹侍在变形饕餮纹两边，取代"帝史凤"的地位。飞廉为"凤"的一种，有如 Hermes 化形为鸟，以"风神"作为天帝的使者。这对研究麒麟及其神格的形成有参考价值。

"飞廉"跟"麒麟"确实都曾是一种"神鹿"。但它们区别更大。"飞廉"主要由"风：凤"分化出来，是"风神鸟"；后来才走兽化，跟鹿混形。鹿的主要象征或"文化符号"指向是：

陆地/干旱——入水之后或转为"风雨"之神

男性：生殖力

太阳，阳刚之气

热风（与太阳、干旱相关）

鹿曾成为"宇宙兽"(萨满鹿侧卧于地,或"身化宇宙",上角为天,下角为地);麒麟只有作为生殖力象征的"主项"与其趋同。几乎没有发现麒麟是"风神鹿"。

"麒麟:其拉夫"语音对应

麒麟是长颈鹿的神圣化,或者说,长颈鹿是麒麟最重要的母型,诸家提出证据较多。章鸿钊《三灵解》(见 1929 年版《石雅》附录)最早提出,"麒麟"古音颇像长颈鹿西文 giraffe(学名,cameleopardalis)。giraffe 音译"其拉夫"等。根据专家的研究,其语源似已逐渐明朗(由上到下,大致上有演进或递嬗关系)。

长颈鹿的图像

(左:岩画,撒哈拉沙漠东部,距今 9000 年以上,非洲尼日尔达博斯地方;中:相传为 1551 年欧洲自然学者加斯纳的素描作品;右:中国明代作品,复见)

远在 9000 年前,非洲猎人就在岩石上刻出准确的长颈鹿形象,如今已成为世界珍宝。直到 1551 年,欧洲自然学者加斯纳等的素描还远不如 9000 年前的非洲原居民岩画精美。这真是奇怪的事。

1658 年,欧亚地区对长颈鹿的认识还很差——它还是土耳其苏丹的专宠。宋代,中国人已准确记述或介绍了长颈鹿,明代成为远方贡品。

【其拉夫:长颈鹿】

〔索马里语〕giri, geri

〔波斯语〕zurāpā(原义为"笛足")

〔阿拉伯语〕zirāfah, zarāfah; zurāfa
〔意大利语〕giraffa
〔法语〕girafe
〔英语〕giraffe

冯承钧的《考古随笔》说，索马里（Somali）东部称长颈鹿为 giri，北部语 geri，"在阿丹（Aden），即亚丁，不用阿拉伯语名称者，始因其国速麻里（Somali）之侨民甚众"，所以亦称"giri：麒麟"。

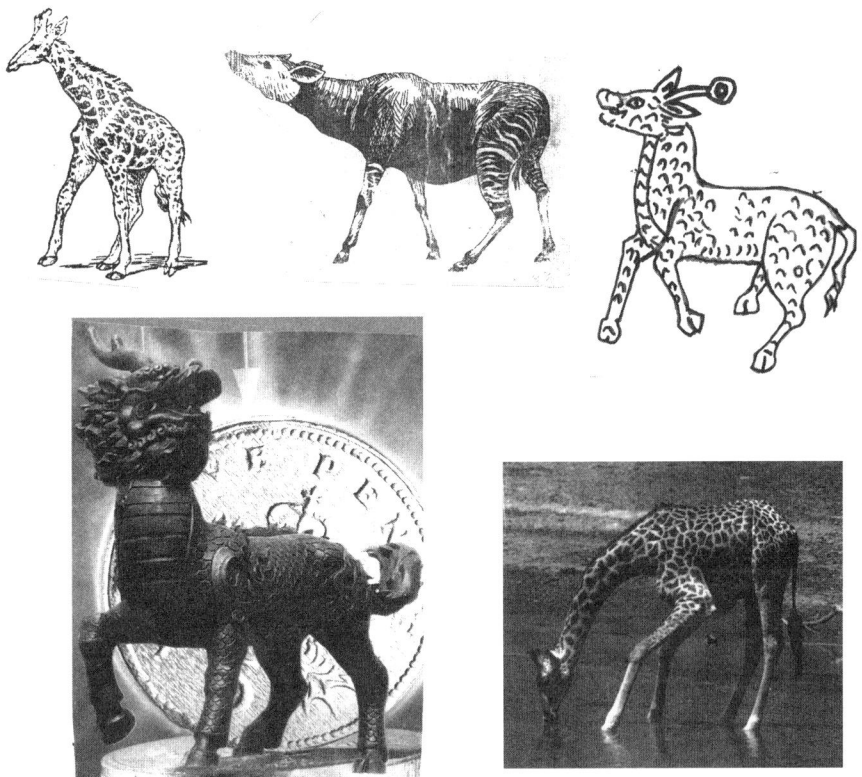

长颈麒麟与"原麟"、霍加皮的对照

（左上：古麟或原麟，刘工绘图，复见；上中：霍加皮；右上：汉画里的麒麟；左下：高颈麒麟；右下：长颈鹿）

麒麟，或有"高颈"者，但怎样都比不过"长颈"鹿。所以，杜亚泉的《动物学大辞典》说："［霍加皮］此与长颈鹿，可认为与古时之麒麟种类甚近。"（2082）

1901年，英国人约翰斯顿（Johnston）在东非乌干达（Uganda）发现这种有些像羚羊的长颈鹿科珍稀动物。它的颈部、躯体褐色带暗紫，脚白，腿部有黑色条纹；有短角，雌性角隐。其产地在 Semiki 河附近的刚果森林北部。

汉画里的"麒麟"身躯很像"霍加皮"——杨钟健称之为"麒麟鹿"。

案:"麒麟"汉语读音为:

【麒麟】

〔上古音〕gǐə（群支）　liěn（来真）　（王力，郭锡良）
〔中古音〕gǐə（群支）　liěn（来真）　（王力，郭锡良）

跟索马里语的 giri, 英语的 giraffe, 基本为双声。

我们还想将其拟为复辅音字，亦即"麒/麟"二字的快读或合音。

　　＊ glǐěn，或 ＊ klem

这跟 giri、giraffe 等也非常相似。

《诸蕃志》云，弼琶啰国（Barbara, Berbéra, 索马里附近）有"徂蜡"（zura）。希尔德（Hirth）、洛克希尔（Rockhill）合译本云: girafe 即长颈鹿。诸家言"徂蜡: 祖剌法"对音为:

〔波斯语〕zūrāpā（本义"笛足"）
〔阿拉伯语〕zirafah, zurāfa
〔索马里语〕giri, géri

《瀛涯胜览》说，阿丹国（Aden）今亚丁，有"福鹿"，费瑯（G. Ferrand）说即索马里语 faro, 指斑马（zebre）。其所记麒麟即《明史花福禄考》及《星槎胜览》天方国（La Mekke）之祖剌法: 长颈鹿①。

黄省曾在《西洋朝贡典录·阿丹国传》、《明史·外国传·阿丹传》里说"麒麟"也指 zurafa: 长颈鹿。虽是用旧名译新物，但费瑯指出，它有更准确的索马里语对音: giri, 或 géri。引证 F. Hunter《琐马里文法》: hal-geri（giraffe, Caméleopard Leo Beinisch）和《琐马里语》: halgiri（giraffe, Caméleopardalis）②。它们的对音确实严密。

案: 索马里称长颈鹿为"其林"，也有专家说，这不过偶然相似，跟古史传说里的"麒麟"没有"整体性"或规律性的对应关系。戴闻达说，由于"巧合"，"中国人听来似乎是'麒麟'"。这种代表吉兆与天恩的神兽，他不认为"等同"于欧洲"传说中身体似马的'独角兽'"，也不是长颈鹿。但他不否认"长颈鹿与麒麟外形上颇为类似，人们以为麒麟是'鹿身牛尾'，仅食青草，无害于人"③。沈福

---

① [法]费瑯:《瀛涯胜览中之麒麟》，冯承钧译，《西域南海史地译丛》（第2卷），商务印书馆，1985年，第110页。
② [法]费瑯:《瀛涯胜览中之麒麟》，冯承钧译，《西域南海史地译丛》（第2卷），商务印书馆，1985年，第112页。
③ [法]戴闻达:《中国人对非洲的发现》，胡国强、覃锦显译，商务印书馆，1983年，第37页。

伟则认为，这不仅是简单的巧合或附会。

麒麟从名称上就和长颈鹿相联，索马里语中的长颈鹿（giri, gerrin）正好和中国古代的神兽麒麟相合，似乎并非是明初到过亚丁见到长颈鹿的马欢和巩珍的符（附）会。索马里民族起源于亚丁湾南岸的奥罗莫人，而混有阿拉伯血统，"麒麟"的索马里语也应有一个更早的起于奥罗莫语或索马里的原住民所操的东部库施语的来源。因为长颈鹿这种热带稀有动物只产在谢贝利河以北的索马里和埃塞俄比亚，早先便是邦特国的特产。①

语音偶合，确实很难达到这样"严密"而又"系统"，从波斯—阿拉伯语到非洲亚丁湾两岸，都跟中国上古音、中古音"麒麟"如此相似，恐非偶然。

除了名称有语音干涉之外，如上所述，长颈鹿跟神话动物"麒麟"可比和趋同之处甚多，可归纳为：

（1）它们都是大型的鹿躯动物（"麒麟"名称大多从"鹿"）；

（2）其拉夫花纹极似麒麟之"鳞甲"，梅花鹿斑点较小，亦颇触目；

（3）长颈——中国由战国到秦汉，都有长颈神兽图像，霍加皮颈部略短，比大型鹿（如马鹿）长一些，恰好跟中国长颈而鹿形的神兽接近；

（4）二者都有瓶状"肉角"（可惜鹿与长颈鹿均非"独角"），鹿茸初发亦似"瓶"；

（5）尾较长，顶端有"毛球"，似"牛尾"，麋鹿也是牛尾；

（6）二者都性情温驯柔顺，是"仁兽"；

（7）《抱朴子》说，"麟不吠守"，不像狗一般看见新异就吠叫，长颈鹿正缺乏声带，不会嘶鸣；

（8）京房《易传》说麒麟高丈余，长颈鹿雄性成年者高达 18 英尺（北宋·李石《续博物志》说"驼牛"之"项长九尺，身高一丈余"，正合），《西京杂记》、《三辅黄图》说麟"头"长"一丈三尺"；

（9）二者都善奔跑。

把长颈鹿、霍加皮、大型鹿（如麋、麈、马、鹿）的触目特征混合起来，再加上——独角、茸角或杈角（其实是在"龙首化"），鳞甲，高大身躯和缩短的脖子，"麒麟"便呼之欲出。这很难说是孤证，困难只在二者的形象或实体如何"播化"，何时"交流"。

---

① 沈福伟：《中国与非洲——中非关系2000年》，中华书局，1990年，第133页。

长颈鹿的异闻

长颈鹿本身也还有"异闻"。

阿拉伯作家马苏第(约9世纪初)介绍长颈鹿"来源"的各种说法道:

> 一部分人认为它出自骆驼。
> 其他人又说它的最早形成是骆驼和豹子杂交的结果。①

当然也有人说它是独立的品种,波斯语称:

> Wshturgaw(乌什杜而高)

有人把长颈鹿作为礼物从努比亚送给波斯国王,正如它晚期被送给阿拉伯国王、阿拔斯哈里发和埃及的总督们一样。这种动物长有很长的前腿和脖子,后腿要短得多,唯有前面的腿才有膝盖。②

蛇与长颈鹿

(北欧碑刻,或说"神秘"文字)

长颈鹿同样可以"进入"北欧,与蛇交缠,成为神兽。或说是北欧"龙斗"。

岩画里的类长颈鹿

(《阴山岩画》834)

图中长颈动物,原题"鸵鸟",其实更像长颈鹿,疑莫能明。它们都是热带动物,为何出现在漠北、阴山?

---

① [阿拉伯]马苏第:《黄金草原》,耿昇译,青海人民出版社,1998年,第466页。
② [阿拉伯]马苏第:《黄金草原》,耿昇译,青海人民出版社,1998年,第466页。

据贾希兹的《动物志》说:"大量猛兽和野生的或驯养的牲畜在仲夏高温的时候,便集聚在位于努比亚高地的辽阔水域之畔。"(据马苏第引)

马苏第说:"在从由此发生的交配而产生的牲畜中,一部分是不生育的;其它则生出了一些其形状和外表很不同的产物,特别是产生了长颈鹿。"① 这仍然是古典"杂种怪物"理论;或者说其时仍将其当做"混形动物"。

【麟】

〔波斯语〕palang(豹子)

多斑而长躯的豹子

(左:酒神狄安尼索斯坐在豹子上,马赛克镶嵌画,公元前1世纪,"面具之家",德罗斯;右:猎豹)

豹子,特别是猎豹(有一种颈部特长)身躯纤细,遍体花斑,有人以为是"麒麟:长颈神兽"的一种母型,甚至把它与长颈鹿混淆。这至少是一种误解。

对于孔子生前出现之"麟",沈福伟表达了一种看法:起于豹子的"误读"。"豹子都产在西亚、非洲,古代中国北方很罕见,因此尊为瑞兽,常当做圣人出、王道行的象征。"② 不知道还有什么具体理由。如果说"仁兽"驺虞(尾三倍于身)跟豹子、猎豹或有牵连的话,还说得过去;而"palang:豹"跟"麟"形音义都不相干。他还说,汉代麒麟似是"麋鹿和豹子的混合体"③。

宋初李石《续博物志》称长颈鹿为"驼牛"(据说语出波斯之 shotorgāv-u-palang),"状如骆驼,而大如牛,色黄,前脚高五尺,后低三尺,头高向上,皮厚一寸"。波斯语原意是:

如牛、豹的骆驼

---

① [阿拉伯]马苏第:《黄金草原》,耿昇译,青海人民出版社,1998年,第466页。
② 沈福伟:《中国与非洲——中非关系2000年》,中华书局,1990年,第133页。
③ 沈福伟:《中国与非洲——中非关系2000年》,中华书局,1990年,第134页。

长颈鹿

（并颈长颈鹿，动物摄影；左上小图为最古老的长颈鹿岩画，尼日尔）

两只长颈鹿，颈部紧靠，碰触，或者交缠，被看做亲热的游戏——两雄性之间的"撞颈"则被视为争斗——是吉祥或强盛的象征。这为东西方"交颈长脖子动物"的图像提供了一种诠释。

沈福伟说：

这个复合名词应该是起源极早的，既复杂又生动地对长颈鹿这种稀奇古怪的非洲动物作了描述。①

长颈猎豹、驮马与独角猛兽

（《菱格佛本生故事》，克孜尔第114窟，新疆）

长颈猎豹和独角兽都曾被认为是荒漠险途上的威胁。

---

① 沈福伟：《中国与非洲——中非关系2000年》，中华书局，1990年，第135页。

它被认为是三种动物的混形:

骆驼:身躯高大;
牛:大小相当,皮厚;
豹:花斑

后一说最奇特——但如果因此认为中国麒麟是"豹"之变体的话,那至少是迂执。

麒麟与西亚有翼飞兽

式莱格尔的《中国史乘中未详诸国考证》说,麒麟母型之一是"日本鹿"(cervus sika)。《拾遗记》所志之"嗅石",并非神兽。案:《拾遗记》之"瀛洲"条说:

> 其状如麒麟,不食生卉,不饮浊水,嗅石则知有金玉,吹石则开,金沙宝璞,粲然而可用。(齐治平校注本,第227页)

类猎豹的长颈动物

(左:漆器绘画,湖北随县曾侯乙墓出土,战国;右上:公元前4000年的埃及石刻,现藏巴黎罗浮宫美术馆;下附猎豹,现代摄影)

猎豹的脖子比较长。初民或古人喜欢拉长它的脖子,有的居然搞得跟长颈鹿非常相似。古代埃及的长颈动物,有人说是长颈鹿,有人说是猎豹(参见右上图)。后世还有人把长颈鹿认做(长颈)猎豹的变种,或"如牛似豹的骆驼"。有人认为,中国的"驺虞",甚至麒麟,是以猎豹为主要母型的神话动物。

日本鹿,"其角直,有横枝四,二枝高而前向,第三枝小而后向,一如中国神话之麒麟"①。但麟角颇"复杂",容后分说。"嗅石"鹿像某种猎犬那样能够帮助找矿,不一定是鹿,也颇神奇。

龙化的麒麟

(2008年摄于泰国曼谷郊外)

鹿角龙首鱼脊鳞身,近世麒麟高度龙化,还被当做"龙生九子"之一。

常见的麒麟是绿色的。或说,这是因为它曾被配置于东方,象征"初升的太阳",而与"青:苍龙"同色。其渲染为黄金色者,则被说成因其为"中央土:圣兽"的缘故。单纯以色彩定其在"四神/四灵"或"五行"序列中的位置容易造成附会;反之,亦然。

孙机说,所谓"麒麟"是由西亚传来的有翼神兽,跟长颈鹿毫无关系②。它只是一种"神话动物"。

李零也持类似看法③。他反复强调:"麒麟也是有翼神兽。"④ 它是西亚传进来的神话性的有翼"飞兽"⑤。宋或元明以前,中原人没有见过长颈鹿。

---

① [荷]式莱格尔:《中国史乘中未详诸国考证》,冯承钧译,商务印书馆,1928年,第145页。
② 参见孙机、杨泓:《文物丛谈·麒麟与长颈鹿》,文物出版社,1991年,第338页。
③ 参见李零:《中国古代的飞兽》,《中国学术》2001年第1期;又参见李零:《"五星出东方利中国"织锦上的文字和动物图案》,《文物天地》1999年第6期。
④ 参见李零:《入山与出塞》,《文物》2000年第2期,第95页。
⑤ 参见李零:《"五星出东方利中国"织锦上的文字和动物图案》,《文物天地》1999年第6期。

见没见过独角而长颈的麒麟暂不说它,战国秦汉以来造型艺术里那么多长颈动物是什么东西,或者说,它们以什么东西为主要"模特"呢?

"四神/四灵"序列中的麒麟

《礼记·曲礼》说:"行:前朱鸟而后玄武,左青龙而右白虎。"郑注:"以此四兽为军陈(阵),象天也。"孔疏:"此明军行,象天文而作陈(阵)法也。"(上·1250) 可见这讲的是军队编次或阵法,是仿效天文星象而编制的序列。

"四神"或"四象"绘于旗帜。孔疏引崔灵恩云:"此谓军行所置军旗于四方,以法天。"(上·1250) 所以,"四神"具有捍卫中央(圣王/将帅)的功能,实际是圣王的部属或扈从。

但"四神"也有被称为"四灵"的。如《三辅黄图》(卷三)说:"苍龙、白虎、朱雀、玄武,天之四灵,以正四方,王者制宫阙殿阁取法焉。"四门或四室也要如"四神:四灵"般布置,作为"亚"形明堂的一种遗构,以捍卫中央"大室"或庙寝,顺阴阳,正四方,辟不祥,驱灾殃。这是"四灵"与"四神"不同中之"同":分列四方,拱卫中央。

四神(或四灵)被赋以捍卫"中央"(大母神/圣王/主祭/将帅)的任务或职分,其萌芽状态即濮阳西水坡的"蚌塑",左龙/右虎保卫"中央"的墓主人(巫酋),并凸显其中心地位。如汉镜铭文所常见:

> 左龙右虎辟不祥
> 朱雀玄武顺阴阳
> 子孙备具居中央

汉画里西王母依然倨坐在左龙右虎之"中央"。

> 四灵俨而为卫兮,六气纷以成群。(《晋书·挚虞传》引《四游赋》)

这跟我们反复论证的四灵(四神)或其母型都是凶猛动物完全一致,所以"四灵"能够辟除不祥,驾驭阴阳,拱卫中央。

那么,麒麟在"四神/四灵"序列里占什么位置?

汉代把西王母当做最重要的大母神,生命与命运、福寿之神,当然因"子孙备具"而居"中央"——中央"土"也正是育养万物的母性力量(还有一种镜铭,最后一句是"八子九孙居中央")。

多功能的"圣动物"

（西汉帛画，左：上段；右：中下段。湖南长沙马王堆M1出土。复见）

"四神"或"四灵"的形象或个别或集体出现，但那不一定就是标识、区别天区或地域的"方向神"。

马王堆M1西汉帛画出现四条龙，不仅如某些学者所说，已有东方（扶桑）苍龙（西面是与月伴出的"应龙：云龙"）；中下段两条有短翼的"交龙"穿璧而过，表示蕃育的力量；中段上方华盖上有双凤，下有"鸮凤"（或说蝙蝠）；下段则"鸮、龟曳衔"大地。学者或以"上南下北"说之，以为已有朱雀、玄武的"雏形"，其实未必。

那么，麒麟呢？它以鹿为母型，《抱朴子》说一群鹿中往往只有一只公鹿，御数十牝而不乏，当然也是"子孙备具"的繁殖力量，何况它还是万物生长与生命之源的太阳之圣兽（参后）。

后世民间以麒麟为"送子"的奇兽，是有古代观念为凭依的。具有强大生命或生殖力量，而又与"土：黄金的颜色"相联系的麒麟是可能在特定时空里充当"中央霸权话语"的。

四（方）神的标准图式

（墓室图绘，北齐，现藏中国国家博物馆）

王大有说："凤凰作朱雀状，口中衔珠，左侧有一孔雀，或为青鸾。"朱雀形状而又铭为"凤皇"，证明直到南北朝，四神名称还没有完全标准化。朱雀本质上是凤凰。

汉代的纬书《礼纬稽命征》明确地将五种圣动物做同样的"五行"式配置，其图式跟所谓"五灵"（纹）铜镜完全一致。

《太平广记》卷二三〇载王度《古镜记》，说"黄帝铸十五镜"，第八镜是较常见的"五方"宇宙格局：

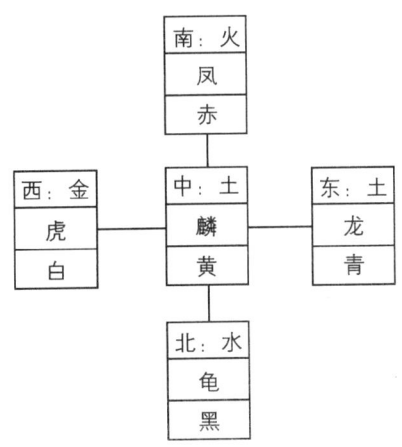

最值得注意的是：

〔中央〕鼻（镜钮）作麒麟蹲伏之象……

环绕镜鼻，"龟/龙/凤/虎"依四方"布陈"，外围八卦、十二辰（生肖）、二十四气（节气）。陈珏说，这种罕见的象数组合，"不见于汉，不见于魏、晋，不见于隋，而仅见于初唐7世纪末的武后朝中"①。我们以为，那观念相当古老，不会晚于东汉。

战国秦汉间把麒麟当做"世界中心"的昆仑山神兽也是有理据的。

当然，也有以熊当"中心"的。楚简《容成氏》五旗便以日、月为东、西，蛇、鸟处北、南，而以熊为"中央"②。

按照《礼记·月令》五行系统，四灵或四神的"方位/季节"配置是：

春：东方　木　鳞虫：龙
夏：南方　火　羽虫：凤（后来为朱雀）
　　（中或"仲夏"配置暂略；其纷纭及争议亦大）
秋：西方　金　毛虫：麟（后来为白虎）
冬：北方　水　介虫：龟（后来为龟蛇）

这是常规，仍属早期，跟秦汉以来的"四神"配置略有不同，且有异义。早期的中央之兽是什么？凤凰、黄龙、猛虎、麒麟都曾充任。

"左氏云，麟是中央轩辕（黄帝）大角兽"，汉儒传之。麟之作为"中央：土：黄色"之兽，如《五经异义》（参见《礼记·礼运》孔疏引）说：

服虔注"获麟"云：麟，"中央：土"〔之〕兽。土为"信"；信，礼之子，脩其母致其子。视明礼脩，而麟至；思睿信立，而白虎扰（驯）；言从义成，而神龟在沼；听聪知正，则名山出龙；貌恭性仁，则凤皇来仪。又《毛诗传》云：麟信而应礼。……（下·1425）

在《五经异义》中，汉·许慎云：

龙：东方
虎：西方
凤：南方
龟：北方
麟：中央（参见《礼记·礼运》孔疏，下·1425）

---

① 陈珏：《初唐传奇文钩沉》，上海古籍出版社，2005年，第203页。
② 参见叶舒宪：《大禹熊旗解读》，《民族艺术》2008年第1期。

郑玄驳义说：四（灵）取象四时（四季），五（兽）取象五行；虎不在"灵"中。据《五经异义》说，虎也曾成为"中央：土"之兽。《月令》（仲夏）"中央土，其虫倮"，注云："虎豹之属，恒浅毛。"而麟曾配属东方，"取其性仁，则属木也"（此与史树青"麟为东夷之兽"说暗合）。孔疏说："取象理有多途。……取象既多，理非一概。"是以早期配置，异说尚多。其实最初麒麟戴角、坚蹄、披鳞，不仅善于冲撞、奔跑，尤其善踢，颇为凶悍，并不"温良恭俭让"。

拱卫昆仑山的双麒麟
（漆棺图案，汉代）
一双鹿形麒麟拱卫"世界大山"昆仑（它们身旁云气缭绕，至少也是神鹿）。这说明麒麟确曾被当做中央神兽。

"左龙右虎辟不祥，朱雀玄武顺阴阳"，四方神兽卫中央。跟"暴力"相关的，作为"保卫者"或者战斗者的动物，当然首先应是凶猛的。蛇（龙）/鹰（凤）/虎都是可畏的，如果再加上神秘（例如蛇，还有龟与"躯体畸变"的鹿〈长颈鹿〉，都非常神秘），那就必然因畏惧、疑惑而导致崇拜，"四兽"（四象）被认为是"四灵"或"四神"，就是敬畏导致的原始信仰。

但是，这种情况很快就有了变化或进步。人类从敬畏种种"神物"的力量（从体力到智力），到"吸取"它们的力量（通过膜拜、感触、模拟乃至吃食，通过种种巫术或者仪式把圣物的力量转移到自己身上），没有"浪费"多少时间。"对于龙，人们更认为它能带来幸福和好运，尤其是在中国。"[1] 它们还被当做狩猎的帮手、巫术的助理、战斗的伙伴以及家园的保卫者。

这样，人类终于"进化"为控驭、支配或者利用动物的力量的"主人"。"在东方，人与兽学会了共存……它们是忠诚的奴仆、朋友和战士，同时也是天

---

[1] ［法］加科·布德：《人与兽——一部视觉的历史》，李扬等译，山东画报出版社，2001年，第215页。

繁复的神鸟圣兽

（浙江海宁汉画像石墓前室西壁、北壁刻绘）

这两幅画像有繁复的神奇鸟兽和人物故事、生活场景，应分别研究。

对于本书而言，重要的是大门两旁有蛇躯长龙蟠绕屋柱，"龟趺"作为柱础，代表土地或冥界，那么上端灯架便指向上天，四灵或四象并不明晰；西壁上端有龙、龙马、双凤、双鱼，也许还有神龟或麒麟；北壁上端则有龙虎、麟凤等拱卫神树，还有独角天马等。看来这是还没有标准化的"四灵"，而不是时空或方位的"四（象）神"。

与地之间的使者。"① 哪怕是"神明"，也请它们"指示"、标识并且捍卫"四方"。

当然包括把自己的力量乃至特质（最重要的是理性或创造能力）"反射"或

---

① [法]加科·布德：《人与兽——一部视觉的历史》，李扬等译，山东画报出版社，2001年，第215页。

"投注"在圣物身上，使它们成为"人类本质对象化"的自然（或自然物），提高了动物，更提高了自己。这种"提高"，依然或更加是自利的：为我所用。

然而，早期"四神/四灵"及"中央"圣兽的配属是不确定的。

"四灵"与"四神"当然不同。"四灵"说的是四种灵异的动物，反映战国以前中国人的"动物分类学"，它们之中卓异者对于群体有引导作用。当然，这是以人类及其利益为标准的（参见《礼记·礼运》）。我们的旨趣是，由其种种母型（或异说）开始讨论其灵异的成因、演变，及其所诱发出来的文化民俗观念，接近于所谓"生物人类学"或"文化生物学"的研究。[①]

"四神"则主要用来标识"星区"或者"地域"（二者孰先孰后是有异议的）——基本是"四分法"而联系于太阳的时空运动（所谓"四向"），更关联着上古天文学和地理学的发展。所以，"四神"跟"星象"相关联（包括东西方都有过的主要基于随机类似联想的以"动物"为星座标识或命名）。这在王小盾的《中国早期思想与符号研究》和冯时等人著作里已有详细讨论，我们尽量不多牵涉。但"四灵"跟"四神"（或"四象"）叠合明显（其不同，主要在西方之"兽"）。

四神	东：苍龙	南：朱雀	西：白虎	北：玄武（龟蛇）
四灵	龙	凤	麟	龟

二者必有内在关系：很可能早就有"神圣动物"的观念或信仰，而且除虎、龟以外都是混形性神话动物，逐渐被借用来区分、标识星区或地域。由于太阳中心之"四向"（乃至四面八方）之宇宙图式形成极早（例如新石器时期之含山凌家滩文化玉版、玉龟所见），"四"作为模式数字根深蒂固，"四神"或"四象"也许还有"四灵"，都随宇宙的四分应运而生并逐渐标准化。但是，早期仍然犹疑不定。最明显的是"四神"图式里麟的加入或退出。这才是我们的兴趣所在，也是在此处讨论"四神"序列的原因。

"忽东忽西"的"麟位"配置，表面看起来十分随意乃至混乱，但是透过"五行"的哲学纱衣，我们仍然可以窥见麒麟的一种古老面相。麒麟直接导源于"太阳鹿"。在草原萨满教及其展延地区，无论是岩画、"鹿石"乃至南方铜鼓上的"行鹿"，鹿都是阳刚或陆地的意象，许多鹿意象都是大角鹿冠戴着太阳，或者将其权角"弯曲"成"圆日"的形状，证明它们都是"太阳原型"。

初民往往以太阳为天空或宇宙的中心，作为太阳圣兽之"鹿：麒麟"当然

---

① 参见萧兵：《文学人类学视角下的"人·生物·环境"——"文化生物学"随想》，乐黛云、钱林森主编：《跨文化语境中的比较文学》，译林出版社，2004年，第87～102页。

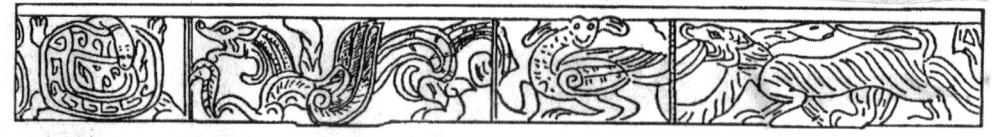

随机排列的"四神"

(上：青铜四神带钩；中、下：青铜四神染炉，西汉，山西浑源毕村出土；采自王小盾等)

有些器物"四神"纹饰布局似乎相当随意。染炉"四神"环炉腹布置，(展开图)从右至左看是：西：白虎/南：朱雀/东：青龙/北：玄武；从左至右看是：北：玄武/东：青龙/南：朱雀/西：白虎。这种顺序是很古怪的。只能说"四神"标识方向的功能在西汉还不十分严格。

可以居"中"。太阳又是周期循环运动着的。这样，鹿属的麒麟被说成是东方仁兽或夷兽，并且比苍龙更早与"木"伴生就毫不足奇了（后世的麒麟决不是无故地被赋予春天的"青"色调）。而麒麟又被说成是"西方圣兽"，那似乎反映它像太阳一般向西方运动。也许正像叶舒宪们所说，"西狩获麟"是"落日隐喻"，它西落冥海之后，复又"杳冥冥兮以东行"，等待第二天的"重生"，麒麟又再次成为"东方'木'之兽"。

前文说，"四灵"或"四神"及其母型大都凶猛，它们首先跟战阵有关，并被绘制于军旗之上，被"升"到天空，能够影响人间休咎，左右战争的胜负。

看来在五行思想兴起不久，"四兽"的配置方位还不严格，但由于跟军阵相连，才逐渐秩序化、规范化。

太阳鹿

（左上："鹿石"上的萨满鹿，蒙古；左下：萨满骑鹿，西藏岩画；右上：驼鹿，蒙古布尔根岩画；右下："冠日"的鹿，蒙古楚鲁特岩画）

鹿头上"戴"着太阳，或者，其权角弯曲成圆日，幻化为太阳，学术界承认其为"太阳神鹿"。

麒麟以鹿为主要母型，可以居"中"。但它本属"东方仁兽"，后来又移到西方，可能象征太阳的东升西落。

倪润安说，战国初期的［《周礼》］《考工记》是最早记录龟蛇（玄武）进入天象的文献，它反映出四灵既代表旗帜，又粘附星宿的特点，从而揭示出将四灵各单位组织在一起的关键，是天象学和兵阴阳学①（参见《四神》上·6）。然而，一直到汉初，"四兽"与"四向"的配搭还不稳定。出现在第四者（北方）位置上的有——

骆驼/虬龙/麒麟和（或许是玄武的）龟蛇等②

麒麟终于成为方位神，但地位还不牢靠（或说，北方之兽还有熊）。

成熟的"五行"将漂泊游移的麒麟"尊奉"为"中央：土"。像《吕氏春秋》及注就是这样处理的（《淮南子》大概以其无据，便用"黄龙"充当中央神，却与东方苍龙重复）。此前，《左传》系统里的文献也说麟是轩辕之"大角兽"，标识"中央：土"(或说，能够冬眠于穴窟的熊也曾成为"中央：土"的

---

① 参见倪润安：《论两汉四灵的源流》，《中原文物》1999年第1期。
② 参见倪润安：《论两汉四灵的源流》，《中原文物》1999年第1期。

象征)。

《吕氏春秋·季夏纪》末附中央土,汉·高诱注:"倮虫,麒麟为之长。"《淮南子》高注略同。

不确定的"四神":北方是麒麟
(青铜镜纹饰,河南三门峡上村岭出土,春秋)

春秋时,方位神或星空"四象神"还不那么确定,特别是北方不是玄武而是麒麟(冯时等首先注意到),原因或理由也不确定。北方有民族叫"其林",以驯鹿为圣兽或图腾,然则麒麟确实曾以驯鹿为一种母型。还有一点不妨一说:此镜东方苍龙粗壮似虎(虎化的龙?),南方"朱雀"是燕或雁鸿之属,不似后来的"类凤凰"。

几位学者以为麒麟母型是鹿,其实应该是"北方"之兽,或竟成图腾。陈久金提出"图腾决定论":东方苍龙是东夷图腾(其实东夷图腾是鸟);南方朱雀是少皞(少皞应属东方的夷殷)和南蛮图腾(南蛮主要以蛇、犬为图腾);北方玄武,还有鹿,是夏民族图腾(案:夏起西北,与鹿、龟无干)①。一片混乱。只有"鹿:麒麟"出于并且定在北方,应予重视。

"四神"的配置是否跟中国文化四大板块或四大集群的"图腾"相关呢?

对此,天文学史和天文考古学家可谓得天独厚,他们既有考古专业学养,又能从天文学视角考察本就与星象或"星野"相关的四神或四灵的源流,研究

---

① 参见陈久金:《从北方神鹿到北方龟蛇观念的演变——关于图腾崇拜与四象观念形成的补充研究》,《自然科学史研究》1999年第2期。

起来得心应手。但他们一般未受人类学严格训练，不管是否"非人类祖先"，见到动物（崇拜）就忙不迭地谥为"图腾"，也不顾神话传说学界对于"四大集群"及其（可能的）图腾理据较为周全的界定，结果论证却是捉襟见肘、漏洞百出。例如东方崇拜鸟却以龙为"象"，等等。

只有北方草原—山原的鹿崇拜是无可否认的（部分属于鹿图腾）。所谓"鹿石"或萨满文化圈的"太阳鹿"（或鸟喙鹿）等就是证明。斯基泰式"野兽艺术"更有大量"蹲鹿"与"奔鹿"的母题（苏联还有学者说 scythian 本为"鹿"之意）。

冯时同样以（由鹿升华而来的）麒麟为北方（族群）图腾或北方标志[①]。他认为由公元前 48 世纪的"小山陶尊"（赵宝沟文化）开始，到战国曾侯乙墓星图，都是以麟代表"北宫"（其它三宫被认为已具"四神"雏形，其实除虢国铜镜外，只能存疑）。

约公元前 48 世纪	小山陶尊	北宫：鹿（麟）
约公元前 46 世纪	西水坡蚌塑	北宫：麟
公元前 9—前 7 世纪	虢国铜镜	北宫：麟
公元前 5 世纪末	曾侯乙漆箱星图	北宫：麟

对于本题，关键的是，"中国古老的天文学确实存在过一个以鹿（引案：或麟）取代玄武作为北宫之象的时代"[②]。虢国铜镜北宫为鹿是有力明证，被王小盾称为"真正的贡献"（《四神》上·13）。王认为，此"鹿"确实是标识北方的"麟"（《四神》下·915），但是否是图腾，不能一概而论。

华夏—汉或中原文化核心区及其周边的一些群团，也崇奉"四神"，但早期配置多有变换，可做参照。例如，接受印度与华夏—汉双重影响的西藏宗教中，区分、代表并保佑"四方"的"四象：动物神"也不大稳定。据《土地神忏悔般若》，其配置是：

东方：白虎
南方：苍龙
西方：朱雀
北方：白龟
中央：金猴

---

① 参见冯时：《中国天文考古学》，社会科学文献出版社，2001年，第 314~315 页。
② 参见冯时：《中国天文考古学》，社会科学文献出版社，2001年，第 431~432 页。

诸神与四神

（天纪二年铭重列神兽镜内区，约3/4；采自林巴奈夫，说明为其所构拟）

有些汉镜里"四神"的画法不大规范：青龙不似龙而有鸟尾；白虎却有蛇躯；朱雀高居日、月中央；"玄武"龟蛇分离，以突出"龟书"；正北方是拱门式"连理树"，下坐一人，右方却伏有一龙。

另外，居于天顶者为土地神吉令帕玛，地底者为藏贡恰巴[①]。

依照有名的《十万净龙经》则是：

东方：白虎

南方：苍龙

西方：（土地神）黑色野牦牛

北方：（土地神）朱雀

在西藏化的"须弥：世界山"四向的保护神兽是：

东方：白母狮

南方：青龙

[①] 参见［奥］勒内·德·内贝斯基·沃杰科维茨：《西藏的神灵和鬼怪》，谢继胜译，西藏人民出版社，1993年，第349页。

西方：老虎

北方：野牦牛①

纳西族、傣族等也各有"四兽"守卫四方，间有变换（参见我们待刊的《神秘建筑与构形》篇）。

印第安普韦布洛等氏族，将动物（图腾，或图腾氏族）分置于四区（四方），以及上、下（天地）、中（有如古代中国的"六合"加上中央）。

区域（方位）	氏族（其图腾或图腾动物）	各区主祭（或首领）
北	鹈，或鹈鹕；松鸡，或雄艾草榛鸡 黄木，或常绿栎树	熊族之首
西	熊；郊狼 春草	郊狼族之首
南	烟草；玉米 獾	獾族之首
东	鹿；羚羊 火鸡	火鸡族之首
上	太阳（氏族已灭）；鹰 天空	鹰族之首
下	蛙，或蟾蜍；响尾蛇 水	蛇族之首
中	金刚鹦鹉	（金刚鹦鹉巫首）②

涂尔干等概括说："作为这六大祭司的亲族的六种动物乃是六个氏族的图腾，而这六个氏族在方向上的定位又恰恰同其相应的动物是一致的。"③ 但也有例外或变更：熊之首领本应主西却移至北。这里的定位是氏族主导，而不是以方位为基准，这一点跟古代中国不同。

疑似麒麟的神兽

冯时学说的一大缺憾正如王小盾所说，是把游离在"外"的"鹿"拉到

---

① 参见［奥］勒内·德·内贝斯基·沃杰科维茨：《西藏的神灵和鬼怪》，谢继胜译，西藏人民出版社，1993年，第349～350页。

② 参见［法］爱弥尔·涂尔干、马赛尔·莫斯：《原始分类》，汲喆译，上海人民出版社，2000年，第50～51页。

③ 参见［法］爱弥尔·涂尔干、马赛尔·莫斯：《原始分类》，汲喆译，上海人民出版社，2000年，第51页。

"四神"里充数，南宫之鸟也不明确（张光直则把鹿说成"无中生有"的"鹿跻"，以凑成三跻）。

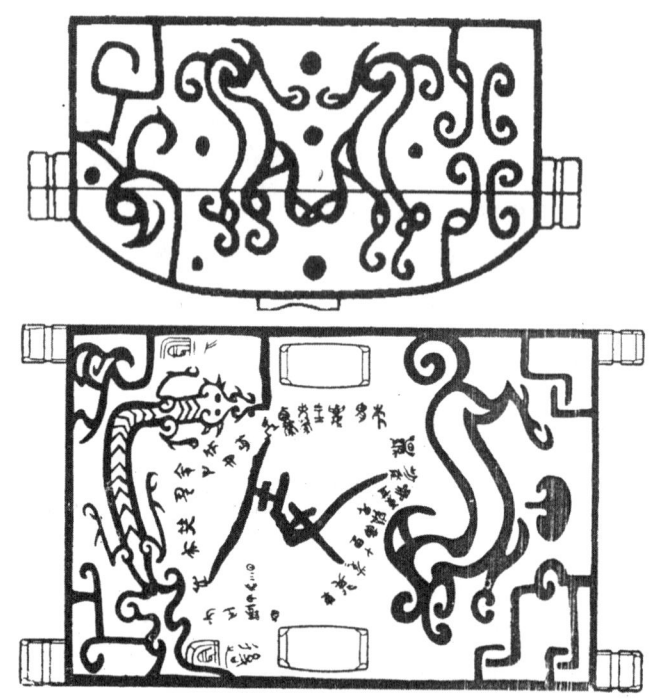

被疑为"麒麟"的虎与青龙
（漆箱图纹，星象图，湖北随县曾侯乙墓，战国；复见）

范明三认为，战国之前，"四神"的分配还不严格，西宫为"咸池"，或以麒麟标示，而不一定为白虎。西水坡者似麟。曾侯乙墓所谓"右白虎"而有独角，应是麒麟。其意甚新，但并非无理。可供讨论。

王小盾等认为，后者展示的是武王伐纣时的天象（《四神》下·938～939）。

又，河南濮阳西水坡"蚌塑"龙虎夹侍墓主人，有个奇特的看法：那通常认为是"虎"的，应是麒麟。范明三说，原来星象上的西宫是咸池，到五行学说兴盛以后，把"毛虫之精"的麟置换为非动物的咸池。人居中央，鳞虫（龙）、羽虫（凤：朱雀）、毛虫（麟）、甲虫（龟）分置四方。"麟凤龟龙，谓之四灵。"（《礼记·礼运》）后来又用白虎置换了麒麟，"这真是一笔糊涂账"。所以，他认为西水坡与龙相对的"绝不是虎，而只是麒麟之像"①。因为它有独角。湖北随县擂鼓墩曾侯乙墓的漆箱图纹，中央是"斗"字，周围拱列二十八宿之名，"两旁画着两个动物形象，东面是苍龙，西面是麒麟，因为麒麟头上明显有

---

① 范明三：《中国的自然崇拜》，（香港）中华书局，1994年，第209页。

一只大角，虎是没有角的。可证战国早期仍是以麟为西方星象，到了汉代才改为白虎"①。冯时也说它是"麟"，却归于"北方星象"神鹿②。这值得进一步讨论。

顺便说一下，西水坡第2组蚌塑，是虎身上叠着鹿，意旨不明。陆思贤《神话考古》说："鹿头靠着虎头，背靠背，四条腿并列南向，如站在东南侧看，犹如一头长颈鹿。"我们却怎么看都看不出来。

 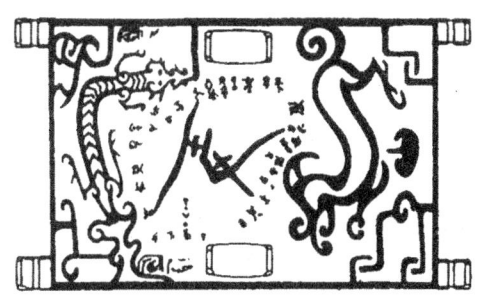

龙虎夹侍墓主人

（左：新石器后期，河南濮阳西水坡蚌塑；右：漆箱图纹，湖北随县曾侯乙墓，战国。本图复见）

龙虎夹侍墓主人，突出其"中心霸权"地位，也是卫护它不受妖恶邪魅的侵犯。

虎有独角，或因此说其不是虎，而是原初的麒麟。可供参照的是曾侯乙墓漆箱图纹，青龙呈蜥蜴形，白虎亦有独角——或说这更不是白虎，而是"西宫麒麟"，如春秋铜镜等所见。待考。

王小盾认为，曾侯乙墓漆箱，除箱盖绘着二十八宿/龙虎/北斗星图以外，其它三向也是星图。"北"面者表示，"星与日辰之位皆在北维"；图中间的"对兽"为麒麟，分出雄（首毛上举）/雌（首毛卷伏），"它们象征的是交合与万物化生"，它们以"天鼋与北维的性格的化身"代表"北方：水"。如《管子·水地》所说——

　　水者，何也？万物之本原也，诸生之宗室也。
　　男女精气合而水流形。

---

① 范明三：《中国的自然崇拜》，（香港）中华书局，1994年，第209页。
② 参见冯时：《中国天文考古学》，中国社会科学出版社，2007年，第427~432页。

这样，雌雄麒麟"代表水，代表一年之始及四时之始，代表化合而生，同时代表了周民族的女性祖先"(《四神》下·967)。这又为麒麟作为生殖与生命力量的象征增添了一个辅证（当然王的说法还有待验证）。

又，御手洗胜先生指出，"四灵"与"四神"是有本质联系的，都联系着方位，四方诸神，并且是它们的"神容"（"神容"相当于动物化身或动物形象）。只有"麒麟"的位次比较难于摆布。

东：青龙（龙）：鳞——大皞：风姓祖先
南：朱雀（凤）：羽——祝融（驩头：丹朱）：芈姓祖先
西：白虎（鳞？）：毛——蓐收：嬴姓祖先
北：玄武（龟）：介——玄冥（乾荒）：嬴姓祖先①

他认为这种配置，大体成在于战国。

之所以尊重此四灵，并不是因为四灵是具有神秘性存在意义的灵兽，而是因为四灵原是古代姓氏部族的始祖神，四种神兽是他们的神容。②

我们觉得，如果只说这是五行思想成熟的"配置"，暂且不把"灵兽"及其"宗主神"与某姓先祖相联系的话，那就简单与合理一些；否则，徒生争执。例如，嬴姓竟有二位祖先进入此序列（其实"玄武：玄冥"不一定是秦祖，秦王族尊祀的是鸟）；太皞风姓（与伏羲无干），风、凤同字，太皞即喾（或俊：舜：高祖夔），是鸟图腾族。那么重要的夏、周先祖，却被排除在龙信仰之外。

其实，这些都是阴阳五行家"秩序化：程序化"的"错配"，我们可要清醒，不要被"方位"所拘束、所摆布，"美"或"秩序"不能代替真实。

东北圣兽或族称"栖林"

"鹿：麒麟"曾被当做北方（或北宫）神兽，还有一种说法。这里牵涉一个以"麒麟"瑞兽为名的东北民族——"鄂伦春"，意思就是"使用驯鹿的人"。难道麒麟指的是驯鹿吗？

《吉林通志·沿革志》："'奇勒尔'亦曰'奇楞'，在宁古塔东北二千余里亨滚河等处，即'使鹿鄂伦春'游牧处所，《职贡图》所谓'鄂伦绰'是也。"

---

① 参见［日］御手洗胜：《古代中国诸神》，(东京) 创文社，1984 年，第 373～378 页。
② ［日］御手洗胜：《关于四灵神话》，王孝廉译，《神与神话》，(台北) 联经出版公司，1988 年，第 8 页。

类麒麟神兽

（1. 甲金文里的"麟"与"丽"字；2. 汉画像石，山西离石马茂庄；3. 4. 汉画像石，河南南阳石桥南、北主室门楣正面；5. 青铜戈援刻饰，战国，传世，台北古越阁藏品，原题"翼龙"；6. 独角鹿，汉代画像石；7. 龙马或麒麟，汉画像石，山东沂南出土。采自王大有等）

汉代图画里有一种似鹿非鹿、似马非马的"神兽"，或有角，或无角，其独角者多被叫做"麒麟"，但也不一定，暂称之为"类麒麟"。

他们主要分布在中国东北和西伯利亚北部，也叫做"埃文基（人）"（evengki, avunki, evenki, avanki, Övöri）。邻族（包括汉族）称呼他们为——

栖林

麒麟

奇里

奇列

奇楞（吉勒尔）

"奇里"、"奇列"、"奇楞"或"吉勒尔"与"麒麟"也是一音之转。

首先要注意的一点是，东北和北方的中国兄弟民族，如东胡、鲜卑、女真、蒙古、鄂温克、鄂伦春等，都崇拜神鹿，有的还可能以之为图腾。①

"栖林"可能是音义两译。宣统三年，《东三省政略》载：鄂伦春实亦"索伦"之别部，"元时称为'林木中百姓'，国初谓'林中人'，又谓'使鹿部'"。后二称明时已有。《鄂伦春族简史》说："至今还流传下来的把鄂伦春族称为'栖林'的说法，当与'树中人'的称呼是一致的。"

"驯鹿"（rangifer）或称"角鹿"，音与"麒麟"、"奇楞"接近。

瓦西列维奇说，鄂伦春人或埃文基人，或称为奇楞。"奇楞也是十七世纪标记的鄂霍次克海沿岸的埃文基人的氏族名称；'奇里'是源于埃文基人的那乃人的自称名称。布里亚特人和蒙古人把埃文基人称为哈木涅干，雅库特人称他们为通古斯。许多雅库特化、布里亚特化和蒙古化的埃文基人也自称哈木涅干和通古斯。"②

案："鄂伦春"之得名有二说：一个是现代鄂伦春人自谓："鄂伦春"是由鄂伦春语"俄伦"（山）和"千"（人）组成，"俄伦千"意即住在山上的人③。第二种说法："鄂伦"或"俄伦"是"驯鹿"的名称——颇疑"俄伦"与"奇楞"是音变的关系。

清康熙年间图里琛的《异域录》（见《朔方备乘》卷四三）说，通古斯人"畜鹿以供乘驭驮载，其鹿灰白色，形似驴骡，有角，名曰'俄伦'"。

所以，"鄂伦春"一词"便含有使用驯鹿的人的意思"④。这种"驯鹿"跟几乎绝种的"麋鹿"同样有"四不像"之称。驯鹿是一种头似马非马、角似鹿非

---

① 参见何星亮：《中国图腾文化》，中国社会科学出版社，1992年，第312页；陈久金：《从北方神鹿到北方龟蛇观念的演变——关于图腾崇拜与观念形成的补充研究》，《自然科学史研究》1999年第2期。

② [苏] F. M. 瓦西列维奇：《埃文基人》，孙运来译，《民族译文集》（第1辑），郭燕顺、孙运来译编，吉林省社会科学院，1988年，第60页。

③ 《鄂伦春族简史》，内蒙古人民出版社，1983年，第11页。

④ 《鄂伦春族简史》，内蒙古人民出版社，1983年，第11页。

鹿、身似驴非驴、蹄似牛非牛的动物，俗名"四不像"①。

"驯鹿"（俄伦—奇楞）可能是瑞兽"郭洛"或"麒麟"的一种母型。

案：满语称"驯鹿"为：

Oron，Oronbuku

"鄂罗沁"（Oroncen）或"鄂伦春"（Oroncun）云云就是"有驯鹿的（人）"，此说音义兼顾，比较合理；而"栖林"之称也有根据。

俄罗斯学者 S. M. 希罗科戈罗夫（汉名史禄国）说："鄂罗沁等名称，意思虽有变化，但几乎适用于所有的通古斯群团。大概这一名称出于 Oron（即北方通古斯的所谓驯鹿）是不会错的。当然也说不定起源于 Oro，即'座位'（或'驯鹿'），后来又有了 Oron 的派生词。"② Orencun 一词在满语里有贬意，据说后来又改称"麒麟"、"栖林"及其派生词"乞列吉"③。

瑞兽"麒麟"是"多元组合"，跟龙、凤及龟相似，以"鹿"为基干，"母型"却不止一种。驯鹿或麋鹿（四不像）都是重要角色。北方天冷，实在极难见到长颈鹿（北欧"圣兽"里却有一种似"其拉夫"的长颈动物），至早战国末年或秦汉初期中原才会偶见它的真容吧！

干志耿、孙秀仁则认为，"郭洛"的原型是驯鹿，与其对音的是"俄伦"、"俄伦布呼"、"奥伦"、"沃列恩"等，"鄂伦春"就由此得名，意思是"使用驯鹿的人"④。

谨案：驯鹿（特别是带翼的驯鹿）曾被视为风神，土地之神，乃至日神、天神，"飞鹿"、"日鹿"是北亚、东北亚民族，或萨满文化圈的重要信仰。它们（包括一般的鹿或角端兽）也曾作为鲜卑等民族的引导兽。例如，一只牝鹿曾经为克里米亚的猎人引路；另一只牝鹿指示"法兰克人（Franks）以过曼河安渡的浅水，而一只白牡鹿则指示他们以过维也纳的浅水"⑤。这跟东北民族信仰的类麒麟的"角端"的"职司"完全一致（详后）。

而《黑龙江外纪》中说满语称"四不像"鹿为"俄伦布呼"，"异域称之为'角鹿'"。"角鹿"恰与"郭洛"对音，而且跟"麒麟"、"强良"（猛虎）为"双

---

① 参见秋浦：《鄂伦春社会的发展》，上海人民出版社，1978年，第15页。

② [俄] 希罗科戈罗夫：《通古斯诸群团的名称》，张璇如译，《民族译文集》，郭燕顺、孙运来译编，吉林省社会科学院，1988年，第331页。

③ [俄] 希罗科戈罗夫：《通古斯诸群团的名称》，张璇如译，《民族译文集》，郭燕顺、孙运来译编，吉林省社会科学院，1988年，第330页。

④ 干志耿、孙秀仁：《关于鲜卑早期历史及其考古遗存的几个问题》，《民族研究》1982年第1期，第21页。

⑤ [英] 柯克斯：《民俗学浅说》，郑振铎译，商务印书馆，1934年，第107页。

声"。它们确实都曾是瑞兽，是吉祥物，可能做后者的一种母型。

驯鹿：栖林
（鄂伦春族聚居区影像）

驯鹿，古代或称"栖林"、"乞列吉"、"奇里"，与"麒麟"对音；或以为即麒麟母型。此亦族称，略谓"使用驯鹿的人"。

要之，东北之"鄂伦"或"乞列吉：栖林：麒麟"跟较古老的"四神"，北宫或北方之兽为麒麟暗合，不知道是偶然还是必然。

又，此一名称大体指驯鹿，就是所谓瑞兽的"郭洛：廓落"，满语gurugu与"鄂伦"不过一音之转；另一义项是指称"麋：四不像鹿"。《黑龙江外纪》说满语称麋鹿为"俄伦布呼"，"俄伦：鄂伦"本指驯鹿，但在某些东北民族方言里跟"麋：四不像鹿"混淆。

米文平便认为，"鲜卑郭洛"指的是"四不像鹿"，现代蒙古语称之为"郭落斯"，被喻为"林海之舟"者。"现今在大兴安岭北部游猎的鄂温克人，在林海沼泽地带通行，唯一的办法是骑四不像。"所以，麋鹿很容易被初民敬为神物。

以高大的驯鹿和麋鹿做北方"圣兽"是有现实基础的。所以《鄂伦春族简史》说，"鄂伦春"一词"便含有使用驯鹿的人的意思"（第11页）。而这种"驯鹿"跟几乎绝种的"麋鹿"同样有"四不像"之称。这样，"驯鹿/麋鹿"便被混淆起来。如前引秋浦的《鄂伦春社会的发展》所说：驯鹿是一种头似马非马、角似鹿非鹿、身似驴非驴、蹄似牛非牛的动物，俗名"四不像"（第15页）。所以，"驯鹿"（俄伦—奇楞）或"麋：四不像鹿"都可能是瑞兽"郭洛"或"麒麟"的一种母型。

陈连开亦列举跟"鲜卑"、"郭洛"对音的东北民族语言如下：

【鲜卑郭洛】
〔蒙古语〕   sibelek   吉祥，祥瑞
〔满语〕   gurugu   兽类
〔达斡尔语〕 guruksu   较大的走兽①

这跟白鸟库吉的意思基本相合。他认为，满语"麒麟"跟"鲜卑郭洛"读音颇为接近。②

【麒麟】
〔满语〕   sabi—tun   麒
              sabin—tu   麟

而我们前文曾说，"麒麟"与"强良"声近，身躯似鹿若虎，有鳞带角。楚国的镇墓兽与之相似，后世的标准型只不过突出了龙首。

古籍里还有所谓通晓四方言语的独角兽"角端"，也是"鲜卑郭洛"一类的引导兽，或以独角犀为模特。《文选》的《上林赋》将其与"麒麟"并提。《元史·耶律楚材传》说它"形如鹿而马尾，其色绿"（11·3456），其形亦略似汉以后的镇墓兽。

《春秋》"西狩"所获的是四不像？

麟之见于中国文献，是很早的。除了殷墟卜辞可能有"麟"之外，《诗经》的《周南·麟趾》就赞叹道："麟之趾，振振公子，于嗟麟兮！"可惜缺乏其肖像的具体描绘。

《春秋》最"大"的一个事件是鲁哀公十四年春，"西狩获麟"（下·2172），孔子感叹道："吾道穷矣！"（见《公羊传》）汉·何休注说："时得麟而死，此亦

---

① 陈连开：《鲜卑史研究的一座丰碑》，《民族研究》1982年第6期，第33页。
② ［日］白鸟库吉：《匈奴民族考》，何健民译，引见林干编：《匈奴史论文选集》，中华书局，1983年，第208页。

天告夫子将没之证。"《春秋》的记录就止于"获麟"。"子不语：怪，力，乱，神。"麟既能"获"，肯定是实在的生物。

（1）珍异、普通或常见者，不必这样张皇其词；
（2）却又不是怪物，或超自然的"物怪"。

晋·杜预注说，麟作为仁兽，是"圣王之嘉瑞"。由于"时无明主"，才出而遇"获"。这是刺激孔子作《春秋》的直接原因，也是《春秋》之"绝笔"。

> 仲尼伤周道之不兴，嘉瑞之无应，故因鲁《春秋》而修中兴之教，绝笔于"获麟"之一句。所感而作，所以为终也。（下·2172）

"春秋"止于获麟
（古人构拟的孔子圣迹之一）

鲁哀公十四年春，"西狩获麟"，这肯定是一种罕见的似鹿非鹿的动物。上古本以为祥瑞，可它死了。孔子感叹道：吾道穷矣！《春秋》记述也到此为止。或认为这是"落日隐喻"。

《孔子家语》据此发挥：

>……叔孙以为不祥，弃之郊外。使人告孔子曰："有麝而无角者，何也？"孔子往观之，曰："麟也。胡为来哉，胡为来哉？"反袂拭面，涕泣沾衿。叔孙闻之，然后取之。子贡问曰："夫子何泣尔？"孔子曰："麟之至，为明王；出非其时而见害，吾是以伤哉。"

《史记·孔子世家》转述此事，要清楚一些。鲁哀公十四年春，狩猎于大野，叔孙氏车夫钽商获"兽"（大概是死体），以为"不祥"。孔子看到，认出是"麟"。取之，曰："河不出图，雒不出书，吾已矣夫！"（6·1942）知命将终。哀公十六年，四月己丑，子卒。

清·臧琳《经义杂记》说，《论衡·指瑞》云："《春秋》曰：西狩获死骥（麟），人以示孔子。"那么所获的是"麟"的尸体，圣物之突然死亡应是凶兆，暗示着伟人孔子的大限；或据以为麟非瑞兽，似是而非。或说这是孔子先人所属群团的图腾，死亡意味着族人的危殆，却没有根据。

这肯定是一只体态表征奇异的"神兽"——我们不敢说它绝对是长颈鹿——不然博闻强记如夫子，绝不会不辨真假、"尊卑"。如果是普通的一具麋鹿死体，人们用得着那样痛心疾首，大惊小怪吗？如果不是"物稀为贵"的圣兽或祥瑞，它的死亡能如此震动夫子吗？

我们知道，长颈鹿的化石曾发现于江苏泗洪双沟等地区，古生物学家称为"古麟"或"原麟"，距今虽已千万年，但仍值得注意。

高亨先生按照《春秋》"西狩获麟"，孔子感喟悲叹，以为《麟之趾》，"可能是孔子的《获麟歌》，孔子（编诗）把它附在《诗经·周南》之末"[①]，这虽很有趣，却属缺乏证据的假设。从西周到春秋，社会上对于贵胄或华族血统的重视，确实是一脉相传的。

东汉·蔡邕的《琴操》记有一首后人假托的"楚辞（体）"《获麟歌》：

>唐虞世兮麒麟游，今非其世来何求？
>麟兮麟兮我心忧……

珍稀动物与仁德君子生不逢时，遭受逐利者的压抑、迫害乃至杀灭，确实是世之悲剧。

晋·干宝《搜神记》说，孔子"见刍儿打麟，伤其左前足，束薪而覆之"；问之，对曰："吾所见一禽，如麋，羊头，头上有角，其末有肉。"发薪见麟。

---

① 高亨：《诗经今注》，上海古籍出版社，1980年，第15页。

"麟向孔子,蒙其耳,吐三卷图,广三寸,长八寸,每卷二十四字。"(汪绍楹校本,第111页)是"推背图"之类图谶。这当然是后人参照"龟书"的捏造。其形象,除角端有"肉"外,似獐。

然而史树青有个新颖的解释,他说麟为"仁兽",按照于省吾等的"人:尸:夷:仁"同源乃至"同字"的理论,"仁兽"的原义应是"夷兽",即东方夷人的神兽,而带着所谓"图腾"的性质。① 但是这跟大部分文献的训释不合。"夷"可以为"仁","仁"也间或涉"夷",然而并不是所有的"仁"都可以解作"夷",儒家的"仁"就绝大多数不是"夷"的意思。

即令是麟为"夷兽",这夷是夷狄之"夷"(泛指),还是专指东部夷殷集团?它又是什么样的"东夷兽"?属于"春天"与"木"(扶桑?)的圣兽麒麟("太阳鹿"),或被看做"初生的太阳"似的升起在东方。如上所述,麒麟被看成"神鹿",所谓"萨满鹿",就是太阳神兽,如像北方众多"鹿石"所见,鹿的一对权角有时弯曲对接得如一轮圆圆的红日——那就是"太阳鹿"了。

民间艺术里的麒麟

(左:民间流传的麒麟;右上:北京法源寺石雕麒麟;右下:北京北海公园"铁影壁"上的麒麟)

明清以来,从民间到官方,麒麟形象逐渐定型:龙头兽身、鱼鳞、牛蹄或狮爪,尾作粗火炬形。大抵被看做是一种走兽化的龙,而且不被皇家所垄断。

上面左图和右下图都是"短角"麒麟,这种角恐怕是由"茸状角"演化而出的。

叶舒宪认为,这实质上是在"象征讲述"太阳的周期性循环运动,《春秋》以"王春正月"开始,表示日之始升,"西狩获麟"则是"落日"的寓言。这同

---

① 参见史树青:《麟为夷兽说》,《古文字研究》第17辑,中华书局,1989年。

时也在喻写"宇宙"在晚间死亡于西方,第二天如太阳或"太阳鹿:麒麟"那样重新诞生并且升起。这也是把麒麟看成"宇宙性动物",其"圣"的象征意义完全压倒了"俗"的"动物学存在"。

伊利亚德说:"宇宙被看作是一个有生命的统一体,它被出生、能发展并在每年的最后一天死去,而将在新年的第一天获得再生。"① 麒麟(神鹿)作为一种"太阳动物"确实可能被当做太阳那样"生—死—再生"的象征。但仅就西狩获死麟为"落日隐喻"来说,还没有找到充分证据。

西狩获"麟"之母型,或指"麋鹿:四不像"

《左传》所记叔孙氏"西狩获麟",尹荣方以为指麋鹿,即"四不像"。他对此的解释很有启发性:

> 从捕获地点看,"狩大野",《孔子世家》集解引服虔之语曰:"大野,薮名,鲁田园之常处,盖今钜野是也。"薮,指少水低平的沼泽地,这正是麋鹿喜欢游居的地方。因此,从地下化石资料以及捕获地点看,叔孙氏西狩所捕获的野兽,最有可能是……麋鹿。②

这种"麟"可能是麋鹿的一种"误解"或"尊化"吗?如果仅仅采用理性化的"现实主义"的态度,不无可能。但即令如此"平凡化",也还不能解释人们为什么竟认不出并不稀奇的麋鹿。那时它只是大量减少,并未灭绝。

又者,前举史树青以"仁兽"麒麟为"夷兽",钜野正处"东夷",与尹说暗合。

有的学者,据唐兰《获白兕考》以为麟主要指獐,认为《春秋》所获之麟为獐,却被"神化"③。"麋而角"者,疏云獐。《诗·召南》:"野有死麋,白茅包之。"孔疏引陆玑《毛诗草木鸟兽虫鱼疏》说,獐也。此说尚有争议。

当时气候转暖,可能有獐出现于齐鲁大地。但死麟在被发现时引起猜疑或惊慌,恐怕不会是相对常见的麋或獐。

谭佳特别注意到当地古远的"獐牙崇拜"。大汶口文化前后,许多男性入葬时手握獐牙、牙状器或獐牙、鹿角复合制成的"勾形器"④。这倒是跟麟出东

---

① [美]伊利亚德:《神圣与世俗》,王建光译,华夏出版社,2002年,第35页。
② 尹荣方:《麒麟原型为"四不像"考》,《社会科学战线》1991年第2期,第332页。
③ 参见谭佳:《断裂中的神圣重构——〈春秋〉的神话隐喻》,南方日报出版社,2010年,第199页。
④ 参见佟佩华主编:《山东20世纪的考古发现与研究》,科学出版社,2005年,第184页。

夷——作为东方"仁兽"暗合的。

可惜其原初功能或民俗、宗教意义远未被彻底认知。

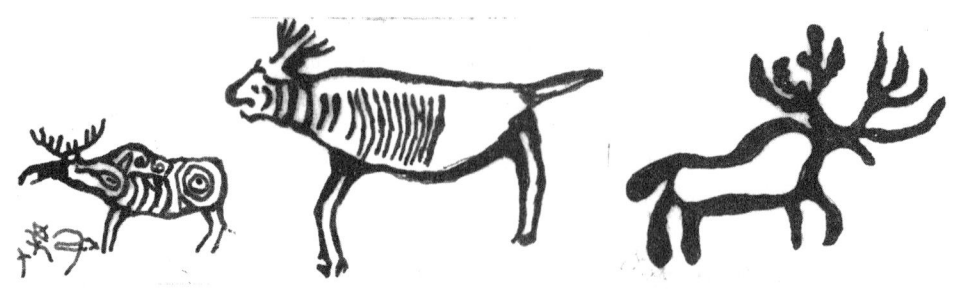

麋鹿：四不像

（左上：黑龙江下游岩画，萨卡奇-阿梁和舍列麦季耶沃，采自克鲁沙诺夫；右上：青海和木里岩画，采自汤惠生；下：麋鹿，北京动物园）

或说"麋鹿：四不像"是麒麟母型。"麒麟"二字都从"鹿"，确实系鹿躯，而且多戴鹿角。但麒麟遍体大块花斑（后世化为鲤鳞），与长颈鹿更为相似，何况早期麒麟颈部较长（与霍加皮更接近）。只是黑龙江岩画上的麋鹿身上被饰以美丽的花纹，可以与麒麟媲美。

对于一般兽牙（包括獐牙）的民俗使用、佩挂或随葬，主要认为其功能归属为：

吉祥物，护身符，辟邪器；
代表财富、地位、权力，或勇敢、荣誉、华贵之装饰品谭佳结合当时大汶口文化等流行"拔牙"风俗，认为拔下獐牙为饰，同样"标志着在神话循环思维作用下的鲁人对死亡的理解，以及对生命往复过程［再生］的向往"，从而证明"在'神圣—世俗'的交融叙事中，'麟'以其特殊的史前信仰而具有神圣表征作用"①。这很精彩，但仍然很难解决麟的"神异性"与獐（或麋）的"凡俗性"之间的龃龉。

王永波等也很重视獐牙崇拜与麟信仰的可能联系，却认为："原始的神化之獐与完全意义上的麟在性质上应有所不同。"②

---

① 谭佳：《断裂中的神圣重构——〈春秋〉的神话隐喻》，南方日报出版社，2010年，第204、205页。
② 参见王永波、张春玲：《齐鲁史前文化与三代礼器》，齐鲁书社，2004年，第683页。

第十七章 麒麟与独角兽

麒麟"独角"

麒麟,尤其是它的主要母型长颈鹿,被说成有美角,或独角,这一直是"文化生物学"或"动物人类学"上的一个难题。

《尔雅·释兽》"麟"作"麐",从鹿,吝声,解说是:"麕身,牛尾,一角。"(《说文》释此为"牝麒",实即麟)

《说文解字》也说,"仁兽"之麐,是"麕身,牛尾,一角"(或说"麟"不过是"大牝鹿";其实"麒麟"是双音复叠词,或复辅音字,不能分割)。《一切经音义》引《说文》则说:"麕身,牛尾,一角,角头有肉。经文作骐。"

汉·何休《公羊解诂》(哀十四年)说它"一角而戴肉"。《初学记》卷二九引《孝经古契》说:"[麟]如麕,头上有角,其末有肉,羊头。"(据沈福伟引)

茸角或短角麒麟

(左:独角麒麟,东汉,河南偃师寇家店李家庄窖藏,现藏河南省博物馆;右:镇庙宝鼎图纹,上龙下麟,北京白云观)

相传麒麟有美角,角形多种,主要是独角或"肉球角",后者多见于汉代造型。其母型是什么,是需要"动物人类学"解答的一个难题。

《尔雅·释兽》晋·郭璞注云:"汉武帝郊雍,得一角兽;若麃然。"事亦见《汉书·武帝纪》和《终军传》等。

这里最奇特的是"一角"。物以稀为贵,双角的鹿毫不稀罕,"独角"者就是神物。自然界里独角的兽有"独角犀",犀牛在中国也颇罕见,所以有人说麒麟的模特是独角犀,肥壮如麇身,牛尾,而且它是食草动物,性情和顺,不食活物,是为"仁兽"——同时它确实曾被视为"祥瑞"。所谓瑞兽的"角端",角可为弓,指的也主要是"独角犀"。但是,笨重的独角犀充其量是麒麟母型的一种。

沈福伟的《中国与非洲——中非关系2000年》介绍"麟:麒麟"形象之演变说:

> 最早记述的麟,并非一角兽,《牟子》是一例。
> 《京房易传》(《左传正义》引)也说:"麇身狼额,马蹄牛尾,有五采,腹下黄。"①

《汉书·司马相如传》说,汉武帝上林苑有"麒麟/角端"(《上林赋》),郭注:"麒如麟而无角。"(暗示麟有角)什么时候,它才有角?沈福伟说:从汉代开始有说麟具肉角的。如《说文》(《太平御览》卷八八九引)、《孝经古契》(《初学记》卷二九引)说:"如麇,头上有角,其末有肉,羊头。"

他又说,这跟"五行"学说盛行有关。

> 麟有一角之说,起自《尔雅》、《说文》,此后这种动物和五行终始说相配合,从王莽开始,麟便成了中央土德的代表,于是越说越玄。一角之说正是谶纬家要和古来的传说相附会而失真的。②

其实事情哪有这样简单?早在上古时期,中国就有独角而鹿形的神兽的说法了。"一角"无非是将其神圣化或神秘化,跟"中央:土"并没有必然联系,额中一角并不表示"中央优势","中央:土"也并非唯我独尊。

对于麒麟的一角,或一角"戴肉",章鸿钊《三灵解》亦有说。阿拉伯长颈鹿,"原有二角,甚短而肥,茸茸然覆以皮毛,非若牛角羊角之易见者"。这就是《明史·外国传》所说:

> 麒麟,前足高九尺,后足六尺,颈长丈六尺有二,有二短角,牛尾,鹿身,食粟豆饼饵。

这是长颈鹿无疑(参见下页插图)。那么,独角呢?章鸿钊说,其"两目之

---

① 沈福伟:《中国与非洲——中非关系2000年》,中华书局,1990年,第134页。
② 沈福伟:《中国与非洲——中非关系2000年》,中华书局,1990年,第134页。

间，有肉突起如锥，或亦名角，其人所谓'一角'者，疑此是也。世称希伯来之里姆（Rēēm）为一角兽，亦曰二角，其例正同"①。

瑞兽（麒麟？）

（左上：戴肉独角麒麟，汉画，参见孙机等，复见；左中：独角有翼麒麟，沂南汉墓画像石；左下：怪兽，战国青铜器纹饰；右上：瑞兽图，摹自长沙马王堆汉墓帛书《天文气象杂占·彗星图》；右中：飞兽，洛阳卜千秋墓壁画，西汉；右下：镇墓兽，陶制，南北朝）

这种瑞兽多见"独角"（短肉角），躯干或颈部较长。疑皆麒麟族裔。

左上者鹿身牛尾，独角，顶端有"肉球"，即所谓"戴肉"，孙机等指明为麒麟，近是；但战国秦汉"麒麟"造型多样，也不能因此否认有一种颈长者以长颈鹿为母型。

右中卜千秋墓壁画飞兽，长身而非龙（飞龙正在其前），录供参考。

这种混形神兽造型还有几个特征：(1) 身上有斑或文采斐然；(2) 鬣或"背鳍"夸饰为利角形或火焰状；(3) 麋尾，右上呈"ᐱ"状，三分支，甲骨文《铁拾》1302之"麟"字，以及释"兕"若"犀"者，尾亦作三歧；(4) 或有翼。

---

① 章鸿钊：《三灵解》，商务印书馆，1929年，第26页。

旧版《辞源》续编（1933年）"其拉夫"条说，长颈鹿"顶中皆突起，而非洲南部之种曰Giraffa Astralis者，其突起尤甚；人但见其突起而两角又小，为柔皮所覆，故谓之一角"。

这样，"其拉夫"几乎就是三角了。谓其一角，其实是看花了眼，二短角似离又并，颇似一角——其实基因变异的独角鹿也是存在的。

长颈独角神兽

（左：唐代织绮；右：新疆吐鲁番出土织物图案，唐代）

这些带着显著波斯风格的织物，上面有"麒麟"或长颈鹿之类西亚圣兽。

麒麟一般被列入西亚"飞兽"母题。有人说有角者为麒麟，无角者为天禄（鹿）或"獐"，鸟形是鸵鸟的夸饰。

另一种说法认为，麒麟一角是有意的"夸饰"而非误解："增减法"一向是神话的修辞策略。一颗脑袋两条胳臂，是普通人；三头六臂就是神话英雄或魔怪。这是"加法"，前进的夸张。三条腿的虾蟆不好找，其实这只是"减法"，是后退的夸张。《山海经》里多的是这种"数字游戏"。独角兽跟"独目人"一样是将对称的器官减去其一，使其成为"不对称"的混沌或畸态，通过"神奇"（或怪异）获得"神秘"直到"神圣"；或者，将此一角或一目移到额中，以求"平衡"，在反秩序中恢复秩序，并且加以突出。

独角的"麒麟"或"辟邪"，都是这样由"减法"而达成神奇、神秘与神圣的。

如果从"自然主义"的生物人类学的视角看，就得注意：

（1）普通动物因基因变异所形成的真实"独角"；

（2）其它动物（如犀）独角之移置（如同欧洲将独角鲸之"锥形角"移置于Unicorn）；

（3）人类刺兵之"启示"；

（4）"独角羊"之类"并角"而成"单"之影响。

独角犀与独角怪兽

犀牛是自然界"唯一的"独角哺乳动物。犀角不但是高级工艺品的优良原料,而且是壮阳补阴、强体补身的"灵药"。王子年《拾遗记》里说的"麟管笔",看来也是用犀角做成的。可怜而驯良的犀牛也因其角而险些灭种。它的皮尤其坚韧,古人用以做铠甲。

殷墟发现的镌刻着"获白兕"的原以为"野牛"的一枚头盖骨,经过再鉴定,却是犀牛头骨,现藏台湾"中研院"。董作宾读为"获白麟",有人以为指的是白犀牛。因为"犀/兕/麟/牛"在民俗和神话里能够互换,它们的角都被看做理想的辟邪物(有人因而说,麒麟的母型是牛或犀牛,而不是鹿)。

宋代嘉祐中,交趾(今越南)献"独角犀",称为"麟",宋·沈括《梦溪笔谈》认为应是南阳所存秦代石兽"天禄"。可见天禄(鹿)、犀、麟三者确有许多相似处。麒麟也能腾云驾雾,确实是一种"天鹿"。

印度支那所献"一角兽",王得臣《麈史》说,"高大如吴牛,身皆肉鳞";沈括也说"通身皆大鳞"——而"犀不言有鳞",可能为长颈鹿,所以都说它"高大"。一角或基因变异,或二短角并生。唯范镇《东斋记事》云"身披肉甲",似犀。他比较"迷信",说是"牛入水而蛟龙感之以生",盖"龙种"也。

犀牛与河马

(左:古代印度的独角兽,滑石坠饰,摩亨佐·达罗出土;中:爪哇犀牛;右:非洲河马)

犀牛,尤其是独角犀,可以是"麟牛"的一种母型。大致上,它就是《山海经》等所说的"夔牛"——但其在潜水运动中不似犀牛、水牛而更像河马。它们在一定"程度"上确有相似之处,而易被古人"误读"。

晋·张华的《博物志·杂说》有:"汉兴多瑞应,至武帝之世特甚,麟、凤数见。"(范宁校本,105)据说,汉代多见"九真之麟"。所谓"九真之麟"最可能是"独角犀"。

> 九真之麟……（班固：《西都赋》）
>
> 九真有神牛，乃生溪上，黑（牛）出时共斗，即海沸，黄（牛）或出斗，岸上家牛皆怖，人或遮，则霹雳，号日（曰）神牛。（《博物志》范宁校本，36）
>
> 九真有神牛……（《太平广记》卷四三四引《异物志》）
>
> 有山出金牛，往往夜见，光耀十里。（《后汉书·郡国志》注引《交州记》）
>
> 九真有狸牛……（《太平广记》卷四三四，《太平御览》卷一三、八九九引《博物志》）
>
> ［九真之麟］麇身马背，鹿蹄牛尾。（《牟子》）

这里讲的主要是"麟牛"，只有最后一种为"混形神物"，近于"麋鹿：四不像"。

《十洲记》有"凤麟洲"，在西海中，应指波斯等地，"上多凤、麟"。宋人乐史《太平寰宇记》正好有"波斯产麟"之说，是宋人已知波斯有"麟：长颈鹿"。

镇庙狮形神兽

（左：泰国王宫或家庙守护神，摄于曼谷泰王宫；中：泰国中式庙宇守护神，狮形已麟化，摄于曼谷市郊，2008年；右：镇庙神兽，泰国，范明三摄影并供稿）

> 麒麟跟天禄、辟邪等吉祥物同样早已混形化。东南亚因为受到南亚、西亚文化的影响，镇辟功能的神兽多以狮形为基础；但也有中国元素，如图中，狮形兽呈绿色，似有麟甲，有些像麒麟——送子与纳吉的麒麟，在泰国、缅甸、越南等地都是有影响的。

刻在野牛等头盖骨上的殷商"卜辞"大体可确定"获白兕"，指野牛。但我们不妨注意一下类似字样。

　　（《佚》25）　　　（《佚》518）　　　（《前》1·19）　　　（《前》1·19）

　　甲骨文上列诸字，分明展示着大角，虽然因为是侧面像，很难判定是独角抑或双角，但从其巨大、显赫和有花纹来看，绝不能排除其为犀牛（多数的"兕"字却指野牛）。有一件现藏台湾"中研院"的刻着"获白兕"的头骨片，近年经再鉴定，正是牛犀骨。

　　据杨钟健、刘东生等报告，殷墟动物遗骨里是包含有犀牛的。竺可桢关于中国五千年来气候变迁的研究表明，殷商时期的河南气候较今湿热，犀牛不一定是外来物。因为气候渐冷，人类又滥捕以剥皮取角，才"绝迹"于中原。而且古代记载多称"兕"为独角之犀牛。"兕：犀"读音至近，殷商所获"白兕"颇大，可能为较珍异的灰白色犀牛。

　　《尔雅·释兽》说兕似牛而非牛。晋·郭璞注："一角，青色，重千斤。"《山海经·海内南经》说兕，"状如牛，苍黑，一角"。只是《南山经》祷过之山，"其下多犀、兕"，又将它们分割，犀之外的"兕"特指野牛。唐兰认为，殷墟所获"白兕"，指的或是野牛；林巳奈夫说指的是一种现已绝灭的水牛，却不一定。

　　《山海经·南山经》中的犀与兕，晋·郭璞注："犀似水牛。兕亦似水牛，青色，一角，重三千斤。"（"三"字疑衍）《论衡·是应》有"仓（苍）兕"，相当于夔，却像河马。

　　直到周代，汉水流域仍有"兕"（独角犀）。《初学记》卷七引《竹书纪年》："周昭王十六年，伐楚荆，涉汉，遇大兕。"楚人车兵依然用坚韧的犀牛皮防身，《楚辞·九歌·国殇》便有"操吴戈兮被犀甲"。这样看起来，《招魂》里楚王狩猎遭遇的"青兕"，很可能也是暴怒的犀牛而不一定是野牛。

　　后来的刘欣期在《交州记》中说："兕出九德（或九真），有一角，角长三尺余，形如马鞭柄。"这些讲的都是"独角犀"。"兕角"（有时很难判定是犀角还是野牛角）可以做酒器（民间以为犀角可以验毒，辟毒）。《诗·七月》："称彼兕觥，万寿无疆。"《诗·卷耳》："我姑酌彼兕觥。"《韩诗说》："以兕角为之，容五斗。"藤田丰八的《中国印度古代交通考》说，据Ctesias记，印度人也认为用犀角杯饮酒可以长寿。这些都跟犀和犀角能"辟水"、"驱邪"、"解毒"的迷信联系在一起。它们所具有的这些优越的"特异功能"，不但使犀牛成为圣兽麒麟的一种母型，而且使其自身也成为"辟邪驱妖"的神奇动物（前文交代，殷墟出土的一件刻着"获白兕"的动物头骨，经再鉴定是犀头骨而不是牛头骨）。

丁山似乎更从"神话化动物"之视角来看殷墟这种"白兕"。《说文》云："兕，如野牛，青色，其皮坚厚，可制铠。"讲的是犀。殷墟时期河南一带天气比现在湿热，应当有犀牛活动，遗骨多件也已出土，可为佐证。丁山说，卜辞有个大角动物的字样，商承祚《殷契佚存·考释》定为"豸"，汉·蔡邕的《独断》说，"獬豸，兽名，盖一角"，就是在"神判"（Ordel）里判定曲直的"任法兽"。"于形，当释为豸；于谊，当释为兕：实皆犀牛的异名。"① 就台湾所藏"白兕"头骨而言，这一说法完全正确。上古时，确实把某些独特的兽角——例如（白）野牛角、羚羊角、犀牛角、鹿角（初茸）等看做神圣器物，不但象征武勇、吉祥、生殖力，还因为其有"解毒"或治病功效，所以像饕餮或兽面之角会被用做"辟邪"。《北史·流求国传》中有"门户上，必安兽头骨角"。丁山据以说："小屯出土的犀牛头骨或者是安在宫门之上，用以辟除不祥的。"②

唐·刘恂《岭表录异》说："岭表所产犀牛，大约似牛而猪头，脚似象，蹄有三甲，首有二角。"（鲁迅校勘本，第28页）他对犀的分类相当科学。

兕犀（Rhinoceros sumatrensis）——二角，在额上。

胡帽犀（Rhinoceros unicornis，案：此即"独角犀"）——角在鼻上。角窘束而花点少，多有奇文。

牯犀（Rhinoceros bicornis）——二角。毛犀（越南语称犀为"色拉"，色、犀读音比较接近）。

刘恂说，犀角"若通，黑白分明，花点差奇，则价计巨万，乃希世之宝也"。宋·赵汝适《诸蕃志》则说，"角之纹如泡，以白多黑少者为上"。

唐人知道，非洲有"堕［和］罗犀"，是"牯犀"的一种，"犀中最大，［角］一株有重七八斤者"。堕和罗在克拉地峡，是中国与印度洋各国贸易的前哨。或说，"堕［和］罗"就是"吐火罗"，古月氏人西迁的定居地。

唐宋人用犀角做"腰带"（饰）。《岭表录异》说牯犀二角，"俱有粟文，堪作腰带"。沈福伟《中国与非洲——中非关系2000年》说："唐宋时代选用粟文的犀角做腰带、带铐，或者制作杯盘器皿之类，同时用作解毒解热药，用途日广。连伊本·郭大贝也知道，中国人用犀角做腰带，已成富家的传统。"（第327页）这可能是误读《楚辞》和《汉书》"犀比（毗）"的结果（那是译音，或作师比、私纰、尸钕，暗指"鲜卑"，就是后来的锡伯、西伯利亚）。"犀比"，沈福伟误以为那是用犀角做带钩、带铐或带饰。明朝人都护《听雨纪谈》说："犀毗，毗者脐也，犀牛皮坚而有文，其脐四旁文如饕餮相对，中一圜孔，坐卧磨

---

① 丁山：《商周史料考证》，中华书局，1988年，第176页。
② 丁山：《商周史料考证》，中华书局，1988年，第177页。

犀 尊

（左上：小臣艅犀尊，商代；右上：非洲犀，供参照；左下：汉嵌金铜犀尊，陕西省兴平县豆马村出土，约公元前3世纪；右下：犀的头部，鼻角突出）

兽里唯犀有"独角"者（畸变除外）。所谓独角兽，从麒麟到欧洲传说的"锥角马"，多从独角犀取意或取象。殷人猎犀，制器取象于犀，其青铜犀尊极为精美，殆属写真。

砺，色甚光明，西域人割取以为腰带之饰。"恐系曲解。丁山《商周史料考证》说，"犀角，可以解毒辟邪；那么，带钩之称'犀比'，古代的带钩，显然以犀角为质，以辟除不祥的"（第844页），也是误会。但说犀是瑞兽，犀角可以"辟除不祥"，却是符合古人观念的。西汉以前文物，没有发现用犀角做带钩的。如有，则是后来的事。

晋·葛洪《抱朴子·登涉》把犀和犀角说得非常神秘，绝不限于清污解毒。

> 得真通天犀角三寸以上，刻以为鱼，而衔之以入水，水常为人开；方三尺，可得炁（气）息水中。（王明校释本，第286页）

所谓"通天犀角，有一赤理如綖，有自本彻末"，这就是李商隐的名句"身无彩凤双飞翼，心有灵犀一点通"的依据了。

《登涉篇》又说，服用犀角丸、麝香丸等，可辟沙虱、短狐（即含沙射影的"蜮"），就因为它能辟水、辟水怪。

《西游记》里的牛魔王骑的就是"辟水犀"，还有犀牛精，都善于游泳——这大概是跟河马弄混淆了，而"误读"成"无角而独足"的夔牛。所谓"犀兽在深山中，晦冥之夕，其光正赫然如炬火也"，正是夔牛的特征。夔有三种（龙/猿猱/牛），夔牛最接近犀牛。

《山海经·大荒东经》说：

> 东海中有流波山，入海七千里。其上有兽，状如牛，苍身而无角（引案：大概是不把鼻尖之角当角吧），一足，出入水则必风雨。其光如日月，其声如雷，其名曰夔。黄帝得之，以其皮为鼓，橛以雷兽之骨，声闻五百里，以威天下。

这大概就是更古老的"辟水犀"，其辟邪御敌本领更大。因为"其光如日月，其声如雷"，躲在暗处的鬼怪也会很怕的。其实它也就是"雷兽"（跟以鳄为模特的夔龙相置换），曾被认为是蚩尤的化身；就跟黄帝用蚩尤的"夔面"镶盾却敌一样，"夔皮鼓"也能威震天下，或径以制服蚩尤。或说夔牛"善覆人舟"。我们怀疑它是"无角"的河马的一种转型。河马发起怒来，喜欢拱翻小船。根据海明威小说改编的电影《乞力马扎罗山的雪》，就描绘过河马覆舟的恐怖场面。

上面说，夔牛或夔龙，都兼司风雨，被视若"雷神"（此与其吼声有关）。

最奇怪的是，中国云南山区民众竟也把一种"变态"的犀牛叫做"雷兽"。处在中缅边境的高黎贡山，平均海拔在 4000 米以上。这里的青河村四季如春，当地人相传，有一种能够掠走家猪的"雷兽"：全身发着金光；样子像马，腿却粗短壮实；额头有独角（这分明是独角犀的特征），鸣声如猫头鹰，嘴角还有獠牙。据说他们还打死了一只盗猪的"雷兽"，把皮卖给了皮货商（当时是 1965 年 3 月）。或说这是一种变异的野猪（它用獠牙挑开了追捕者的肚子），但更像犀，不过形态、"心理"和行为都变异了。所谓"发出金光"，是在月色下引起的幻觉。犀牛是温顺的食草动物，发起怒来却相当可怕，吼声如雷，奋不顾身。所以《楚辞·招魂》写楚王猎犀时"惮青兕"，被它吓坏了，但它绝不会偷猪吃。

传说有一种叫做"骇鸡"或"鸡骇"的犀牛，古人由它的名字推出故事来。《抱朴子》便说，以犀角"盛米置群鸡中，鸡欲啄之，未至数寸，即惊或退；故南人或名'通天犀'为'骇鸡犀'"。

案：此早见于《战国策·楚策》，楚王"遣车百乘，献鸡骇之犀、夜光之璧于秦王"（诸祖耿集注本（中册），江苏古籍出版社，1985 年，第 755 页；"骇鸡"

犀牛的利角

（左：制成工艺品的犀角杯；右：非洲犀牛，鸟儿为其清洁皮褶，摄影）

犀牛性情温驯。但是，"人若犯我，我必犯人"，犀牛发起怒来，连狮子都不敢靠近，它是西方独角兽的重要母型，二者习性和脾气也接近。猎人一般不愿招惹。然而在民俗里，独角兽的角（像羚角又像犀角）是极为珍异的辟毒物，权贵们迷信它。猎户们只好"以身为饵"，站在树旁，挑逗"犀牛：独角兽"，待它猛地冲来，便一闪身，那利角便插进树干，"羚羊触藩"一般拔不出来。可见东西方对角的迷信是趋同的。

原作"鸡骇"）。《太平御览》卷八九〇引《韩诗外传》说，周文王使南宫适至义渠得"骇鸡犀"；藤田丰八等说应从《战国策》作"鸡骇"，东汉以后妄改为"骇鸡"；法国人沙畹（Chanvance）说是音译梵文——

【犀】

〔梵语〕Khadga：鸡骇（上古音 Kie ɣə）

因为用了有实义的"鸡骇"来记音，经由"麦克斯·缪勒经典过程"，语讹而成"骇鸡"（就是说，误读译音的外来语词，望文生义，像语言生病诱发出神话那样，变成"惊吓家鸡"）。这一说法当然不一定准确，但由此可以看出东方人心目中犀角的神秘（唐·刘恂《岭表录异》说，又有骇鸡犀、辟尘犀、辟水犀、光明犀，"但闻其说，不可得而见也"，态度极严谨）。

角端：引导兽

现在顺便介绍一下作为吉祥动物或"引导兽"的"角端（䚔）"，它跟"麒麟"在意构与读音上都有牵涉。这种奇兽也属于"独角兽"一族。

《说文解字》（卷四角部）作"角䚔"，其"状似豕"；说其角"善为弓"，大

动物纹样银瓶：独角兽

（迈科普地区，青铜时代，前苏联，采自阿尔茨霍夫斯基）

这里的神树（仙人掌属）和仙山、河流与湖泊之间，活动着狮、虎、熊、犬、羚羊和某些"幻想动物"；鹿体或牛形的独角兽形象突出。可见在欧亚地区，鹿/牛/马/羊等都可能被赋以独角，"去平凡化"，而成为麒麟一类的神兽。

概指用犀角做复合弓上的附加物。"出胡休多国。"

《文选》中汉·司马相如的《上林赋》说，"兽有麒麟，角䚡"，可见角䚡与"麒麟"并非一物而又近类。张揖说它"似牛"，郭璞云其"似猪"，看样子以"独角犀"为母型是无疑的。

上古有个时期气候炎热，甚至东北亚都曾出现过犀牛。正因为其稀罕，外貌奇特，所以被视为瑞兽或神兽。

要注意，几个"瑞兽"的名称都是双声而且近音（均大致属见纽寒韵），就是前面讲"栖林"时介绍过的：

郭洛：廓落
角端
麒麟
强良

也许它们都可拟为复辅音字：* kl-。

"角端"越到后来，神化越严重。例如《宋书·符瑞志》说：

> 角端者，日行万八千里，又晓四夷之语，明君圣主在外，明达方外幽远之事，则捧书而至。

会说人话，还是全才的翻译；麒麟一般献书，走得又远又快——大概是因为人们认为它能从热带远来寒带又跑回热带吧！

角端：麒麟
（现代城市雕塑，摄于江苏苏州甪直）

江苏苏州甪直古镇，"甪"字古怪，"用"上有一撇，非角似角，很像"角"字。当地人认为，该地得名于古之"独角鹿"（"甪"音"鹿"），就是"角端"，麒麟的一种，这种瑞兽给当地人带来繁荣、富足和智慧（叶圣陶—叶至诚—叶兆言这祖孙三代便是甪直人，至诚一代多是作家，如叶至善）。

控制远方的珍禽异兽，宝物特产，是"大一统"天下或中央政权合法性和圣俗权威性的一种证明。所以皇帝们喜欢炫耀远方异物，经常要求"四夷"进贡宝货。那绝不仅仅是为了钱财，满足占有欲，而是把它们作为中央霸权话语的有机构成。

古代帝王陵墓或立有"角端"，既是炫陈祥瑞，又为威镇四方。宋代永安、永昌、永熙诸陵有神兽，"前期的胸有翼，颇类'辟邪'，后期乃改刻火焰状，均象征奋飞疾走"。或定为角端兽。

角端，作为"引导兽"（Guide beast），元代还保存其传说。《元史·太祖本纪》说，十九年甲申，元太祖远征东印度，"角端见，班师"。《耶律楚材传》写得较详细，说这一角兽，"形如鹿而马尾，其色绿，作人言，谓侍卫者曰：汝主宜早还"。耶律楚材借此"瑞兽"劝太祖退兵："其名角端，能言四方语，好生恶杀。此天降符［瑞］以告陛下，帝为班师。"事并见《皇明世法录》①。

祖灵"引导兽"既能带领"族裔"进入吉祥的"福地"，又能示警避恶，诱导群团离开危险，避免灭亡或不祥。这也是辟邪圣兽的重要职司之一。

张星烺指出，这实际是东西方共有的 unicorn（独角兽）传说的一种。《元史译文证补》也引《史记·司马相如传》及注等，以为就是"麟"，说其母型或为犀牛。可见无论看做"祥瑞"，还是民俗学所说的"引导兽"，角端或者麒麟，都被当成极为稀见的吉祥物。

---

① 参见张星烺：《中西交通史料汇编》第5册，中华书局，1976年，第232页。

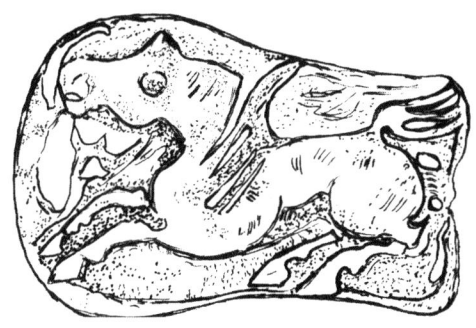 

"角端"纹牌饰

（左：青铜饰牌，内蒙古札赉诺尔出土，战国，采自《鄂尔多斯式青铜器》第73页，图三九，复见；右：宋代永熙等皇陵上角端石雕，供参照）

这只神兽有翼，尾部分歧，身似马，首如犀，额部有角状隆起，很可能是早期的神兽"角端"，而不是独角犀。

据说吉林榆城大坡后岗老河深古墓（M5）曾发现铜质"带头"，状若"飞犀"，"昂首挺胸，四蹄翻腾，胸翼上展，尾部高扬，作奋力疾飞，遨游天际状"。与上面牌饰相似，疑亦角端。或谓，这飞犀跟《魏书·帝纪》所说"其形似马，其声类牛"的引导兽相像，也可能是"鲜卑郭洛（带）"之类的吉祥动物。

角䛗，或独角/有翼神兽

（1. 青铜带镳，鲜卑，西汉，采自孙机；2. 铁剑鞘上金饰片，战国，内蒙古伊克昭盟西沟畔出土）

或说角端如麟，高数十丈，若浮图（塔），观此殊异。或说以独角犀为母型，则略近之。

图中者或以为美洲貘或者马来貘，因为它鼻端如象一般上卷。美洲貘与独角犀同时被发现于东北或漠北地区是同样奇怪的事情。

就其源流言，清·洪钧《元史译文证补》云，《太祖本纪》及《耶律楚材传》所载，"盖本于宋子贞所作神道碑（文），极以归美文正（"文正"指耶律楚材），然非实录也。魏源注［邱处机］《西游记》语同，怪诞不经，斥之诚当。惟元世角端瑞应，朝野同声，非止晋卿墓碣"，不一定纯属臆造的神话动物。他据《司马相如传》郭注，角端似麒麟而无角，毛诗疏，"麟，黄色，角端有肉"（案：此正为长颈鹿之肉角），推测："岂亦麟之属与？"又考《符瑞志》、《名臣事略》、《癸辛杂识》等书，综述其事云：

> 盖太祖皇帝驻师西印度，忽有大兽，其高数十丈（案：此或系长颈鹿之夸饰），一角如犀牛，然能作人语，云："此非帝世界，宜速还。"左右皆震慑。独耶律文正进曰："此名角端，乃旄星之精也。圣人在位，则斯兽奉书而至，且能日驰万八千里，灵异如鬼神，不可犯也。"帝即回驭。（田虎校注本，河北人民出版社，1990年，第260页）

洪氏说，印度有犀，革坚逾甲，"一角生鼻端，多力，能与虎斗，性喜水，恶象，见必触之死（？）"，角端为其讹传铺张。这是一种比较通达的说法。其巨大，一是"巨兽"犀牛的夸饰，也可能组合进长颈鹿的高大与善于驰远。

这类见于平时为"祥瑞"，必要时可以"镇墓"、辟邪、却敌、送葬或"催生"的吉祥物，无论其凶猛，抑或驯良，最初都是可能被视为祖灵的"引导兽"。英国民俗学家柯克斯说：

> 在动物形状里的祖先（引案：一般即是 totem），被视为应负他同族里福利之责，所以使用某种记号或声音以警告他们危险之事。……一个部落在迁移时，也以一个动物引导到它的定居之所，而他们便在那里成立殖民地，建立城市、宫堡及教堂。①

满族的喜鹊或孔雀、突厥民族的狼、夷殷之鸟、鲜卑的鹿、楚之梼杌（虎形神兽）……在早期都曾充当过"引导兽"。前文讲到鄂伦春人的"栖林：驯鹿"时已略涉及，古代伊朗也把某种"独角"的怪驴之类当"引导兽"。例如萨珊王朝开创者阿尔达赫希尔曾中敌计，陷入绝境，"忽见一头野驴出现在阿尔达赫希尔面前，为之引路前行，顺利通过关隘，摆脱了敌军的围追堵截"②。

甲骨文类"麟"与西亚的里姆（Rēēm）

麟，古写作"麐"，从鹿，吝声。甲骨文是从吝省声。

（《前》4·47·3）

罗振玉《考释》释"麟"（增，中·30）。《说文》卷十鹿部相当之字汇：

---

① [英]柯克斯：《民俗学浅说》，郑振铎译，商务印书馆，1934年，第107页。
② 元文琪：《二元神论：古波斯宗教神话研究》，中国社会科学出版社，1997年，第64页。

麐，牝麒也。

麒，大牝鹿也。

麟，仁兽也。麋身，牛尾，一角。（此据《尔雅·释兽》）

董作宾说："麐为从鹿从文，会意。象鹿皮之有斑文也。"（《新获卜辞写本后记》，参见《甲骨文断代研究例》）

巴比伦的独角兽

（左：独角神兽，牛首马身长尾；右：伊斯塔尔神庙，琉璃镶嵌庙门；巴比伦城，在今伊拉克，公元前626—前539年）

巴比伦的独角神牛 Rēēm（里姆），或说近于殷墟野牛头骨所刻"白兕"（或读"白麟"）。

案：殷墟卜辞，"麟"主要有两种写法。

（《前》4·47·3） （《簠》正·44）

或有二短角，或无角（霍加皮似长颈鹿而小，雌性隐角）。金文从鹿从文（从各省声）之字，宋人释"庆"。郭沫若《殷周青铜器铭文研究》是之，云"古文庆"(参见《通》155，《青铜》31)。盖假借。

《周礼·冬官·考工记》画绘之事，"山以章，水以龙"。汉·马融注说就是"獐"，山兽。这跟龙不对称。清·孙诒让《周礼正义》说，赤与白（相间）才是"章"，即"彰"。必须有条纹才是獐，并非今之獐子。郭沫若《金文丛考·名字解诂》说："'山以章'者，乃（绘）以麒麟也。"其实獐无角而麟有角。

《铁云藏龟拾遗》有"麟"字，作： （《铁拾》13·2；孙海波释麟，《甲骨文编》10·3）。叶玉森《铁云藏龟拾遗考释》说："疑古麟字。"(26) 孙海波《甲骨文编》收在"麟"字下（10·3）。

或释"麤"（简作麃），而声通"麐"（麟）。体高而颈甚长，或有"茸状角"，均是长颈鹿特征。张孟闻《四灵考》据以定麟为长颈鹿(《中国科技史探索》第518页)。《尔雅·释兽》："麐(麟),麕身,牛尾,一角。"说的正是此物。

唐兰的《获白兕考》说："'麐'即'麒麐'(麟)之合音。"当然不一定,从神话学的角度看,这个独角同样又是"阳光"的意象,正如北方的(萨满)"太阳鹿"的权角曾经幻化成"圆日"那样。

西亚里姆 Rēēm:麟?

(左:伊斯塔尔神庙大门与门墙,琉璃瓦,复原图,伊拉克巴格达;右:门墙上的独角怪兽,复见)

这只"混形"怪兽的头部、身躯、尾巴,都像所谓"走龙"或"兽化的龙",具有鱼鳞和鹰爪(有人认为是上古 Griffin 的变体),独角却是圣牛 Rēēm 的特有标志,而其长颈却分明由长颈鹿取象。这就使得它跟中国的"麟"从名称到外形都有一些类似点。

唐兰说的殷墟所发现镌有"获白兕"的动物头盖骨,颇滋争议。对于这个刻在野牛头骨上的"兕"字,董作宾释为"麟",以为是一角牛身的奇兽,但不是德日进等所说的 Giraffe(长颈鹿)。董氏认为,"兕"(野牛)也是麟的模特,跟"犀"不同。"麒麟和牛的关系,简直可以说是同类,或者说麟就是牛的变种。"① 他介绍西亚等地的"麟"或神牛的形象,借供比照。特别是里姆(Rēēm),音与"麟"近,值得重视。他说:

> 西方古代的一角兽,像亚述利亚的里姆(Rēēm),巴比伦的神牛,都是白色的麟(汉武帝亦曾获白麟)。……骅马也是"白身",而王隐《晋书》也有"白麒麟见"的记载。……②

---

① 董作宾:《"获白麟"解》,《安阳发掘报告》第2期,第299页。
② 董作宾:《"获白麟"解》,《安阳发掘报告》第2期,第324页。

然而，刻着"获白兕"的头骨，确有属野牛的。其牙，德日进早就识别为牛牙。近年再鉴定，有一块是犀牛头盖骨。

据〔中国〕古代载籍来证，麟的尾确是牛尾了；据西方的雕刻图像来证，麟的趾确是牛趾了。在中国迷信中，知道牛的子孙会变成麟。在西方的记载里，又知道牛（峰牛）的祖宗也便是麟（里姆）。①

西亚 Rēēm：独角麟牛

（左为头部速写，右为巴比伦神庙装饰，参见董作宾）

安阳小屯发掘到一块动物头骨，上面刻有"获白兕"三个字。董作宾作《"获白麟"解》，认为这是"头顶一角"的白牛，尊化而为"麟"，相当于西亚的"里姆"（Rēēm）。Rēēm的特征是头、尾似牛而身似马，有独角。"鬃毛"从头颈部一直延续到尾端。

案：早在基督教圣经里就有"独角兽"，或说指犀牛，或说指某种独角的神兽，跟后来欧洲流传的"独角马形怪兽"不同。

英国人詹姆斯（James）译注《旧约》时，就提出独角兽指西亚的"里姆"（Rēēm），语出希伯来之"立姆"（Rēēm），亦即亚述语的"立苗"（Rimu）；其母型是一种野牛（wild ox）。章鸿钊的《石雅·三灵解·麒麟解》就据以谓，上述诸词，"急读之，音皆与'麟'合，意麟即'里姆'欤？"

【麟】

〔亚述语〕Rimu

〔希伯来语〕Rēēm

〔英语〕Reem

〔汉语上古音〕liěn　来真　（王力、郭锡良）

---

① 董作宾：《"获白麟"解》，《安阳发掘报告》第2期，第324页。

独角神牛 Rēēm

(琉璃砖浮雕,新巴比伦王国城伊斯塔尔神庙大门装饰,公元前626~前539年,复原像;今伊拉克巴格达市郊)

殷墟出土动物头骨上刻"获白兕",董作宾读为"获白麟",云指某种野牛;西亚称"里姆",独角为其"神圣化"的证明。暗示这是中国"麒麟"最古远的祖本。但学术界有不同看法。

正确释读"获白兕"的唐兰,云其见于古老字书,指野牛;却不反对这种难得的野牛已被视为最古老的"麒麟"。其与 Rēēm 的关系有待深入考证。

这意思是说,"麟"或独角兽的母型之一是某种野牛。董作宾《"获白麟"解》以为殷人猎获的就是这种白色"里姆",神化而尊称之为"麟"。这说明,殷墟发现的白色野牛(白兕)已被殷人看做神秘动物,这种野牛很可能成为麟身取象的一种依据。

方国瑜《〈"获白麟"解〉质疑》说,西亚的神兽"里姆"是牛身,"麟"却是大型鹿,跟卜辞所见"白兕"该是三种动物(他提出,应作骨骼鉴定;后来生物学家定其中之一为"野牛")。叶玉森《殷墟书契前编集释》(2·12)说是一角的马,即"驳:兹白",则大错特错。

唐兰发表《获白兕考》,提出名从旧有,所谓"白麟",应该隶定为"白兕",如《说文》所谓"如野牛而青色"者;"一角之兽,而其角又特大者,当为兕之形"——这讲的仍似"独角犀",而不是双角的野牛。

后来经过生物学家鉴定,那刻字兽头的一块碎片不属于犀、鹿、马而是野牛头盖骨。所以,陈梦家《殷墟卜辞综述》说:"卜辞的兕当是野牛。"(第555页)但后来再鉴定,却有一片确属犀者。这样,卜辞逐兕、射兕、获兕也可能指犀。《楚辞·招魂》楚王狩猎曾遇"青兕",也可能指犀,比野牛可怕。因为

独角神兽

（左："独角鹿"，采自吉尔伯特的照片；右：敏诺斯宫壁画，克里特岛）

这似乎是以羚羊为基本形态的"独角兽"，其角尤似。动物学家说，有一种双角"长"在一起而似一角的"独角羊"，不知是否即此物。然而，也许为吉尔伯特等拍摄的独角鹿（左）所诱导，它们看起来又像鹿，说不定古代克里特人看到过"变异"的独角鹿或独角羚，也觉得珍异，"美化"以后用来装饰自己的宫壁。这证明，西亚与南欧都有"独角神兽"的信仰。

是白色犀牛或野牛稀罕、神异、珍贵，所以留下头盖骨，朱书曰"获白兕"。这跟印度人与西藏人崇拜白髦牛、白（野）牛是一样的，它们都是"辟邪"神兽。

西亚的长颈怪兽

（左：伊斯塔尔神庙外墙镶嵌装饰，伊拉克巴格达市郊，复见；右：作为参照的长颈鹿）

西亚"鱼鳞身"的独角怪兽，主要以长颈鹿为母型，也许是"里姆"的一种变体，而近于中国的"麟"。它已经"混形"，鹰爪而蛇首，有人以为是"格里芬"改型，有人径呼之为"苏美尔—巴比伦龙"，因为它的身躯与头部都有"蛇化"趋向。

近代作家往往以西方传说里的"独角兽"跟麒麟相比较或相比附。有的英汉/汉英词典将 unicorn 一词径译为"麒麟";日语则以"麒麟"译"其拉夫"(giraffe,即长颈鹿)。

案:杜亚泉的《动物学大辞典》(第1824页)说,自然界确实有"一角羊"(unicorn-sheep),但并非真正"独角",角实有二但并而为一,惟角尖略分。这大概是西方独角兽传说的来源之一。

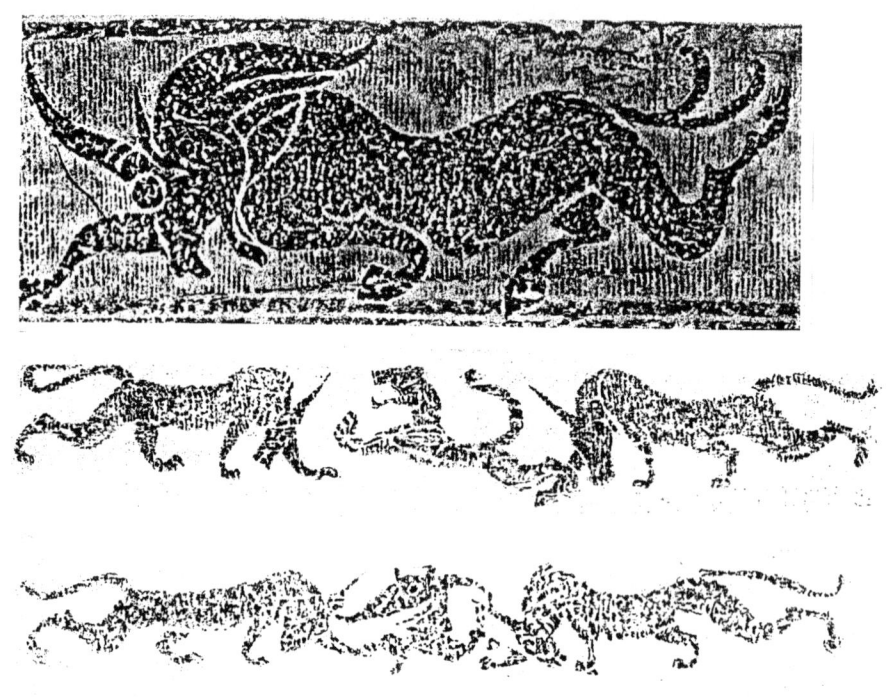

画像石里的独角兽

(上:奔驰的独角兽;中:一对独角兽斗虎;下:牛首怪人斗独角兽。汉墓画像石,河南南阳)

居上的独角兽,或说即"獬豸:任法兽","神判"中触不直者。但汉画中更强调其凶猛,能斗虎,斗牛首怪神。观其姿势,大抵以牛为母型。麒麟也有独角而牛身者,早期的很勇猛。

廌:独角的"任法兽"

《说文解字》卷十廌部说,此字指"解法兽"(即獬豸),"似山牛,一角",用于神判,"古者决讼,令触不直",象形。或说是独角羊或神羊,能以角牴触理屈或者犯法的人。见于《墨子》等书。殷墟卜辞可能有此字,其角高而直,或有分叉,显然是鹿角。

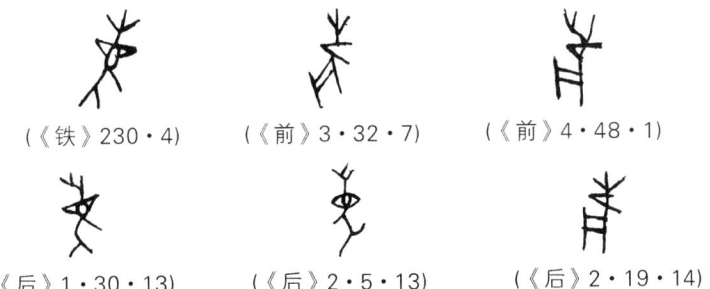

(《铁》230·4)　　(《前》3·32·7)　　(《前》4·48·1)

(《后》1·30·13)　　(《后》2·5·13)　　(《后》2·19·14)

孙海波《甲骨文编》（10·2）等定为"麁"字；林洁明亦以为即獬豸类独角神兽（参见《金诂》12·5906）。

1972年左右，殷墟新发现的甲骨文有此字，是"小臣"的名号。郭沫若考释说，现实里没有"独角"之兽（其实犀牛有独角者），统治阶级为了欺骗民众，把牛羊或鹿之类截去一只角，装神弄鬼，说得很神奇。但双角截去其一，便不对称，骗不了人。只有独角长在额正中者才神奇。

甲骨文再现的是侧面，看不出是一角或二角。唐兰《天壤阁甲骨文字考释》就说仍是"鹿"字。金文也有类似字样（右），可以跟甲骨文（左）对照。

(《铁》230·4)　　(《余》13·1)　　(《延盨》)　　(《克鼎》)

据许进雄等介绍，这本来也是实有的动物，形似大羚羊，黄色，至今还在越南森林中生存（19世纪才发现），叫做"色拉"①。或说，色拉是一种小型犀牛。它有一对平行的长角，猛一看像一角，便讹传为"独角神兽"。

唐兰又说，甲金文所见类"麟"字样，所谓"麟"其实指的是"獐"。

(1)《周礼·冬官·考工记》"山以章（獐）"，汉·郑玄注等说指的是"麇"，就是獐；

(2)"麇"与"麐"，都从"鹿"，是鹿类；

(3)《尔雅·释兽》、《公羊传》等，都说麇就是獐；

(4) 汉武帝获"麟"，一角，旧注谓"麐"，与獐一音之转；

(5)"麐"是"麒麟"二字的合音；

(6)《尔雅·释兽》与"麟"相关的字，皆"麐"字一声之转，为方俗之殊名。②

---

① 参见许进雄：《中国古代社会：文字与人类学的透视》，中国人民大学出版社，2008年，第52页。

② 参见唐兰：《获白兕考》，《史学年报》第1卷第4期，1932年。

"山以章（獐）"：麒麟
（古代品秩装饰性标识）

古人以动物，尤其是带神秘性的动物，当做器物、服装、建筑等的装饰，是品秩或等级的标识。

"章"是鹿类，或说即"獐"，古人亦指麋（或说一种大型鹿类），是麒麟的一种母型——所以历代都把麒麟当做"山"中鹿类神兽。

石獬豸
（北京大学校园内）

獬豸被古人当做能够判断是非曲直的"任法兽"。据说，是独角的牛羊或鹿。后世所雕绘者跟麒麟越来越相似，或被当做"麒麟"的一种。

"望天吼"
（北京天安门华表上端）

据说它时刻注视着帝王外出时的行动，警诫君王不得荒淫耽乐。它实质上是"獬豸：任法兽"的改型，看起来像"龙化"的麒麟。

王永波、张春玲据唐兰等以麒麟为"麇"即獐之说,发挥道:

> 鹿科动物中的"牙獐"原为先民习见之物,齐鲁史前文化的居民称其为麇,亦即麟,西周时期因气候条件的变化而在北方绝迹。春秋时期,随着温湿气候形成又逐渐北上。①

牙獐数量不大,又相违几个世纪,当然少见多怪,以稀为贵,以之为"吉祥"神兽。大汶口文化、龙山文化等还流行过獐类"犬齿"的崇拜与造型,典籍即称为"牙獐"或"牙璋",佩戴之为"趋利避害,消灾厌胜的吉祥符",后来为所谓"(玉)柄形器"所取代。

但是,现代人所说的"獐子"毫无神奇,亦非独角。因此,古人所谓"麇"恐怕并非指獐子,而"山以章(獐)"也不必是现代的鹿獐,而可能是指一种独角的有点神异的类"麟"之兽。那么,它是什么?

解廌:独角兽

(左上:铜匜流部残片,战国,山西长治分水岭出土;左下:汉代陶器;右上:汉墓画像石摹本,河南南阳;右下:洛阳西晋墓陶器)

这是以犀牛、青兕乃至羚羊为母型创作的独角兽,不像麒麟而似"解廌:獬豸:任法兽"(或说是能够吃虎豹的"驳兽"),绝不是一般的镇墓动物俑。它的功能是执行"神判"并镇恶驱邪。但以"一角"而言,均属东西方 unicorn 序列,与麒麟同质异构。

所以,有人说,甲骨文所见奇兽一角,有时还借用为官称,很可能就是

---

① 王永波、张春玲:《齐鲁史前文化与三代礼器》,齐鲁书社,2004 年,第 680~681 页。

"神判"仪式里的主角:解廌。

案:上古那一角的辟邪,或麒麟确曾蜕变为"任法兽"独角羊、独角牛、独角鹿,叫做"解廌"或"獬豸"。有的还保存着鳞身鱼尾的"龙鹿"或麒麟健美的身躯。它的主要任务是以威慑和恐吓"犯罪嫌疑人"的办法执行"神判"(ordeal),随机审判,保护无辜,冲击罪犯,它成为法官的象征或保护神,明清司法系统的官员袍服正中就绣着"獬豸"。它也可以用来辟邪、镇墓或作厌胜性建筑装饰。官府乃至皇宫门口立着"任法兽"或"望天吼"之类,就是为了告诫法官和君主必须公平执法;如果贪赃枉法、私情纵恶,搞权钱交易,"獬豸"就会执行上天和上帝的旨意,给予严厉惩罚。然而,"衙门朝南八字开,有理无钱莫进来",区区独角兽又能纠劾多少专制社会里的司法不公、司法腐败呢?

凤鸟,铺首与独角兽
(汉墓画像石,陕西绥德)

凤凰纳吉,铺首辟邪,独角兽出现在门扉上,用意似是:明辨进出者的邪正曲直,以震慑伺机入侵的邪恶或奸佞;强调其牴触行为,很可能是寓指独角兽即任法兽之獬豸。

麒麟与天马

叶玉森《殷墟书契前编集释》说，殷人所获"白兕"，董作宾所谓"白麟"，应是野马之"駮：兹白"。引司马相如《子虚赋》张揖注以证："駮，如马，白身、黑尾、一角，倨牙，食虎豹。"盖神话动物（参见《山海经的文化寻踪》），不宜言"获"也。

沈福伟分析汉以来麟的"幻想"图像说：

> 自汉以来，艺术图像中的麒麟多有作一角状的，这种幻想的神兽麒麟，是麋鹿和豹子的混合体，因此显得很不真实。①

独角天马

（左：四川昭觉汉阙，原题"麒麟"，身似有鳞甲；中、右：汉墓画像砖，四川渠县出土，二兽原题"辟邪"）

汉画里确实有一种似马的独角兽，有人认为它跟西欧马形"独角兽"趋同；有人认为，麒麟应该以马为母型，正字应作"骐骥"。其实这至多是独角神兽或麒麟的一种。

后来又逐渐"天马化"。例如，河南邓县南朝之画像砖上，有独角翼兽，马形蹄足，榜题曰：骐骥。有人便以"骐骥"美称骏马，《论衡》述此瑞兽都写做"骐骥"，西方独角兽确实大都是马形。

沈福伟注意到，徐州贾汪东汉墓画像石上"九麟图"正是九只长颈鹿，"躯高颈长，头上生有小巧的对角"②。《交颈麒麟图》却被忽略了。

专家介绍说，约当公元1～2世纪，红海地区的阿克苏姆王国，利用居住在厄立特里亚的哈巴沙人的"阿杜利"海港，向中国等地运送非洲土产，其中可能包括长颈鹿；但由徐州几块东汉画像石观察，此前中土就出现长颈鹿了。

---

① 沈福伟：《中国与非洲——中非关系2000年》，中华书局，1990年，第134页。
② 沈福伟：《中国与非洲——中非关系2000年》，中华书局，1990年，第134页。

恭迎独角神马
(河南新郑汉代画像砖,原题《马戏》)

一独角马仰头张蹄长嘶,中间一人躬身迎迓,左边一人长袖飞舞,作要(腰)舞状。从总体来看应该不是"杂技的一种表演形式",而是恭迎祥瑞降临;或说独角马即是马形"骐骥"。

"麒麟",不仅在西方,在中国也跟马相关(曾被写做"骐骥")。对于"麒麟"的"异称",比较特别的是蒲立本(E. G. Pulleyblank)在《汉语与印度语》(1966年)里的意见:这是印欧语借词,原来的意思是天马的"天"。

麒麟(天马)
祁连(天)
撑犁(tängri,"天")

"祁连"意为"天",相当于突厥语族的 tängre(亦即匈奴语"撑犁"),现在通译"腾格里"(tängre, 或 tangri)。林梅村说:"祁连"为吐火罗语"圣天"之对音。①

【祁连】 *kaelum("圣天")

梅维恒(V. H. Mair)则以为,"祁连"为拉丁语 caelum(天空:天堂)之对译,与吐火罗语"天"同源。但蒲立本说,麒麟的本义是"天",衍生为"天马";汉代汗血马之类"天马"观念便由此产生。我们觉得,如果"麒麟"之音义确实与"天"相关,而且是一种"天兽:天狩"的话,也可能跟汉代所谓"天禄/辟邪"神兽系列里的"天禄"(即"天鹿")发生干涉,不仅仅是"天马"。它的"基干"是鹿,圣鹿多具有牛或犀牛的躯干以及骏马快速奔驰的特性,但也不排除部分或"元素"以犀、牛、马为母型。

---

① 参见林梅村:《祁连与昆仑》,《敦煌研究》1994 年第 4 期,第 115 页。

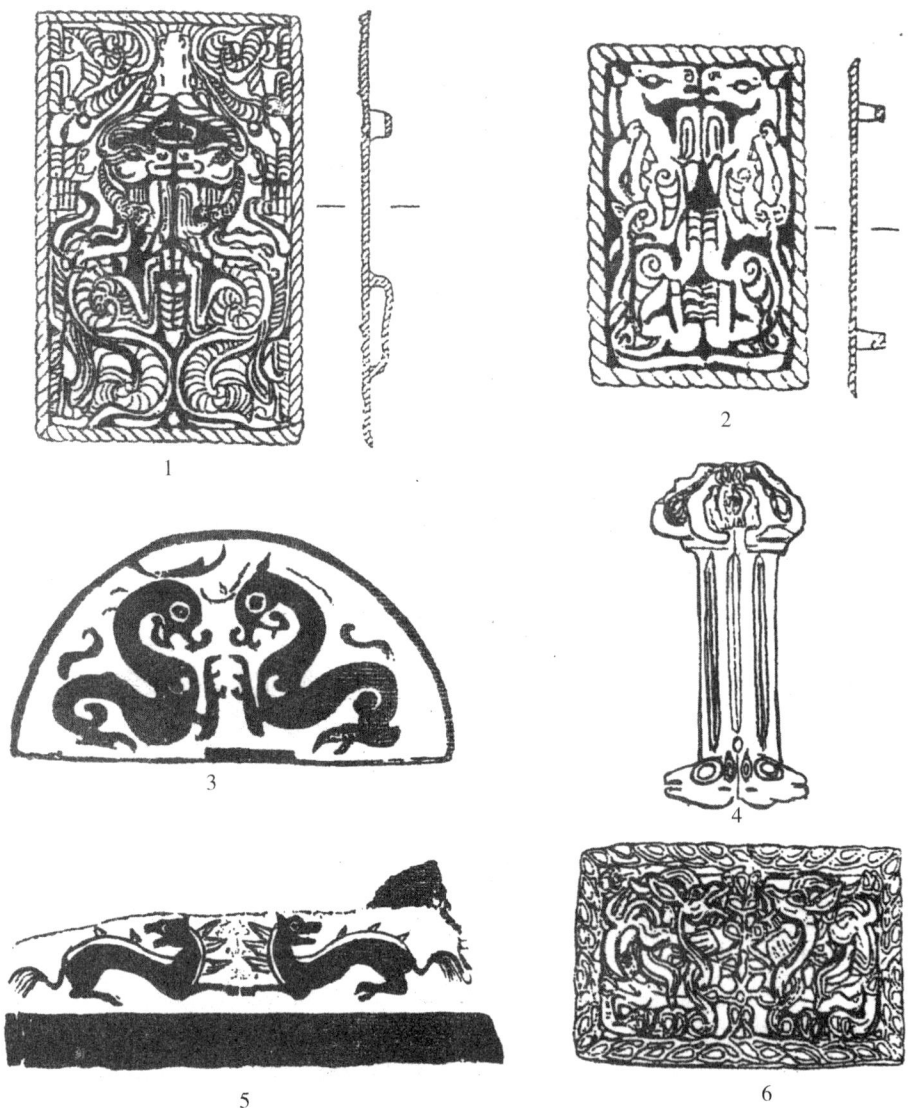

龙马：双马神

（1、2. 金牌饰；3. 瓦当；5. 兰干砖饰。以上均为河北易县燕下都M30出土；4. 青铜剑柄，见《内蒙古长城地带》；6. 金牌饰，南西伯利亚出土。采自林梅村等）

中亚风格的双马神长颈曲身，有龙化趋向。西域有丰富的龙马传说，龙或具马形，马也常被龙化。但这不等于说西域的马即龙，龙即马，或龙来自马。

这里我们更关注马生角或有鳞，这是马形"骐驎"的重要特征。也许由此可以远溯这种"骥"的来源。

但汉人确实称快马为"骐骥"，为麟驹。西藏人的宝马叫 gyi-glin，就来自汉语"麒麟"。蒲立本、梅维恒和林梅村等说"麒麟"指"天马"①,或亦因其奔驰神速,借誉宝马,所谓"骐骥千里"。《论衡·说日》谓,麒麟一昼夜可行1000里;长颈鹿也善于奔驰,时速可达30公里以上,但耐力、速度和持久性都比不过骏马。

另外,"祁连:麒麟"读音还接近"昆仑",这三者至少是可比的。

【麒麟】

〔汉语上古、中古音〕gǐə liěn

【祁连】

〔汉语上古音〕gǐei liǎn

〔汉语中古音〕gi liěn

【昆仑】

〔汉语上古音〕kan lan;或 k'ən lən

兽形龙或龙马
(汉代瓦当)

这,也许是兽的"龙化",也许是龙的"兽化",以前者可能性为大。主要理由是因为它们体躯都较长而又有角。有人称为"龙(形)马",也有人认做"鹿(形)龙"。要之,它们都有一定的龙的特点,却又不能遽定为龙。其独角者可能是龙的支裔:麟。

"昆仑"又可以写做"混沦"(参见《周礼·春官·大司乐》郑注等),"混

---

① 参见徐文堪:《关于吐火罗语和吐火罗人的起源问题》,《亚洲文明》第3集,1995年,第91页;梅维恒语,参见《季羡林教授80华诞纪念文集》,李铮等编,江西人民出版社,1991年,第932页。

沦"就是"混沌",重要的一义为"黑"。"昆仑"来自梵语"kara"(喀喇,义为"黑";黑色为圣色)。

【昆仑】

〔梵语〕kala,kalas

〔突厥〕kara

〔藏〕hara(哈喇),kara

〔蒙〕kara,cara(喀喇)

这样,就有几种可能:

(1) 麒麟曾被看做"昆仑(山)神兽"或"天兽";

(2) 昆仑是"宇宙山"或"宇宙中心山",麒麟也许跟龙、凤、龟同样,确曾被看做"中央神兽"(五行属"土");

(3) 因为躯体或独角纹路趋黑,所以曾被看做一种"混沌神兽"或"黑色圣兽"。

昆仑山上的"天兽"——麒麟?

(山东沂南汉墓画像石)

汉代的长颈动物多带西亚"翼兽"风格,或说即是"辟邪"——它已被当做西王母"昆仑山"上的圣兽;或即所谓"天兽"(不限于天马),与麒麟相关。所居即"中央":宇宙山。

注意其颈部特长。

日本学者驹井和爱系列论文《中国汉代的神仙图像》中《麒麟考》一文认为,麒麟作为祥瑞,是人们在阴阳五行思想影响下对于一种神话性动物的想象①——

太阳马

"太阳马"本质上是"天马",天的"中心"是太阳。

---

① 参见〔日〕驹井和爱:《中国汉代的神仙图像》,《中国考古学论丛》,(东京)庆友社,1974年(原文未见)。

很有趣的是，"四灵"跟"四象"相似，多少都跟太阳（或日、月）的运动有对应性的关系——"四神"本来就是用来标识天空或"天下"四方之位次的（参见前述"'四神/四灵'序列中的麒麟"）。

龙（苍龙）——日出东方。二龙、四龙、六龙或八龙为太阳驾车
凤（朱雀）——南方是阳位，凤被视为"太阳神鸟"
虎（白虎）——标识日落
龟（玄武）——或说是"夜间的太阳"。商周有"太阳神龟"图像
麟——天兽（或变形的"天马"；太阳鹿）

叶舒宪就说，麒麟标识太阳运动，特别是日升（东）日落（西）。这个现象的成因还有待研究。

天马与神山

（汉代画像石）

一对有翼的"天马"在神山"台地"上嬉戏。头上似乎有角，可能是马形"骐骥"。一匹吊挂着阳物，另一匹却无，这正合"麒雄/麟雌"之说，其意义应是促进人畜繁殖。

此神山如果确如王小盾等所说是昆仑县圃，那么这就是所谓"昆仑：麒麟：天马"了。

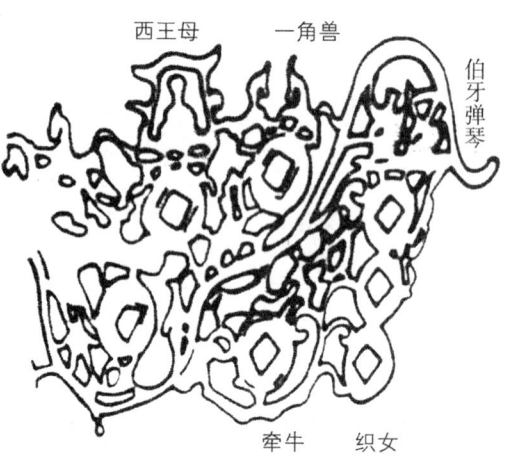

仙山上的一对麒麟

（铜摇钱树，汉代；注文为林巳奈夫等构拟）

摇钱树上的仙山有一对麒麟，看来仍属"麒雄/麟雌"。

由于跟西王母并见，看来也属于"昆仑天兽"序列。

麒麟，作为天之神兽，或以为是太阳鹿，但也有人说是"月亮动物"。例如杜而未认为："麒麟也为古传之月亮神话。"① 他的理由是：

台湾高山族排湾群称"月亮"为 gile，gili，gilas。

澳大利亚原住民某些族群的读法类似，而音近"麒麟"。②

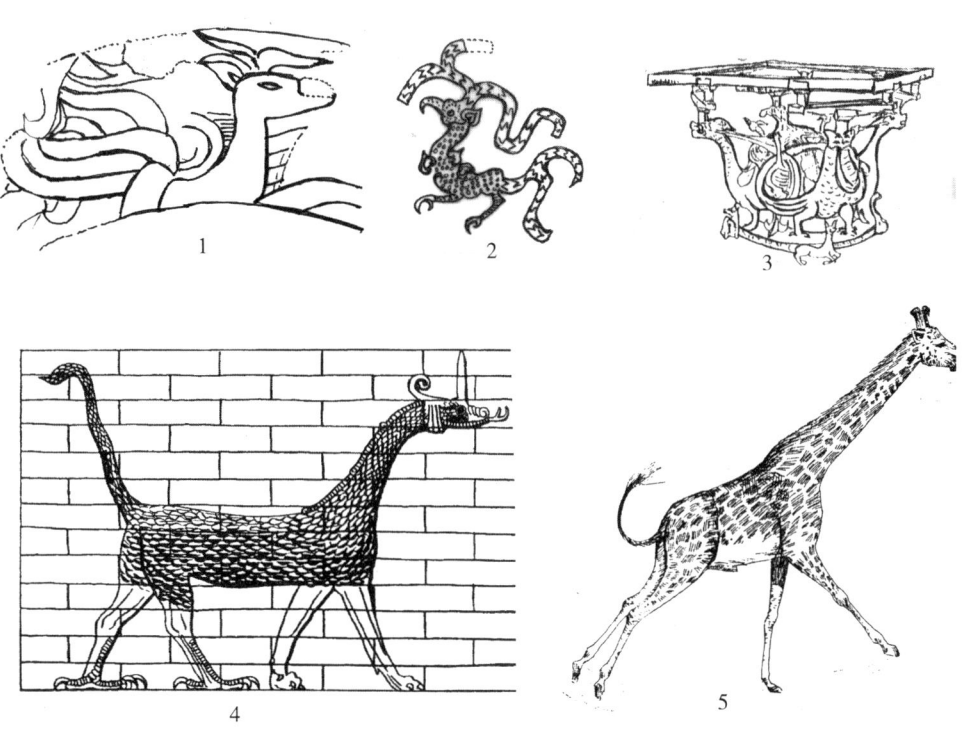

从长颈动物到"鹿（形）龙"

（1. 内蒙古敖汉旗小山遗址尊形器上的有翼长颈鹿龙；2. 湖北随县曾侯乙墓皮马甲上的鸟喙鸟爪、长颈、长角、长尾的"水鹿"；3. 中山王墓龙凤案；4. 巴比伦伊斯塔尔神庙镶嵌画之龙，或说叫"穆舒苏"；5. 供参照的奔跑之长颈鹿）

有角的长颈动物，如果刻意加工——拉长身躯，缩短四肢，加粗尾部，斑块花纹鱼鳞化，就很容易转化为龙："鹿（形）龙"。西亚的"穆舒苏"（鸟爪独角吐舌之"类长颈鹿"），许多学者就径呼为龙。

我们对杜氏"泛太阴主义"的神话学说颇多质疑，但也认为并非一无可取。例如他借助某些月亮神话诠释《老子》"谷神：玄牝"的尝试就很可贵（参见《老子的文化解读》）。仅仅说麒麟有"牝牡"，表示月亮有阴阳晦朔很不够，但

---

① 参见杜而未：《凤麟龟龙考释》，（台湾）商务印书馆，1996年，第51页。
② 参见杜而未：《凤麟龟龙考释》，（台湾）商务印书馆，1996年，第79页。

是麒麟之雄雌（就像"凤"与"凰"）确实可能与太阳/月亮的变化有关。汉代可能有此观念。

独角鹿

（传为薄墟曼人作品，采自［英］巴恩：《剑桥插图史前艺术史》）

如果这独角而似鹿的"怪物"，确实出自薄墟曼人（Bushman，意为"灌木丛中的人"，现多称桑人）之手的话，那么，关于"独角"麒麟式的想象，早在"无文字"（部落）社会里就出现了。注意，它跟西方独角马形的混形动物是不同的。

《淮南子·天文训》："麒麟斗而日、月食（蚀）。"汉·许慎注："麒麟，'大角'之兽，与日、月相动。"（《初学记》卷一引；"大角"，《御览》引作"独角"）纬书《春秋元命苞》说："麒麟斗，日无光。"汉·宋均注："麒麟，少阳之精。斗于地，则日、月亦将争于上。"

这也许可以说明，麒麟等以"圣兽"升上天空，得与日、月齐光。奇特的是，它们多与龙相关，或躯体似龙。

怪　兽

（左：变体翼狮，恒河猴庙壁画，印度圣城贝拿勒斯；右：藏传佛教灵兽山那甲，14世纪绘画）

东方、西方都有许多超常态或混形性"怪兽"，神话与普通文学里有大量"怪兽"母题与故事。龙与麒麟其实也是"怪兽"，它们的意蕴与象征符号功能各不相同。最重要的是，它们由人类的敌害到被驯化为朋友或宠物，或者在这漫长的转变中逐渐变成圣物乃至神。龙与（独角）麒麟，是其典型代表。

西方独角兽及其象征

初民或古人对"角"颇为迷信,不但把羚羊角、犀牛角、鹿角看得极重,以为"灵药"或去毒剂,还把一般不该长角的动物的"角"看得极其神秘。例如:

(1) 鱼或鲸之"角";
(2) 鸟的"角";
(3) 马的"角"。

还包含"独角犀"以外走兽的"可能"有的"独角"(参看本书专节)。

西方的 Unicorn 基本上是马加上独角鲸的有螺旋的"锥状角"。

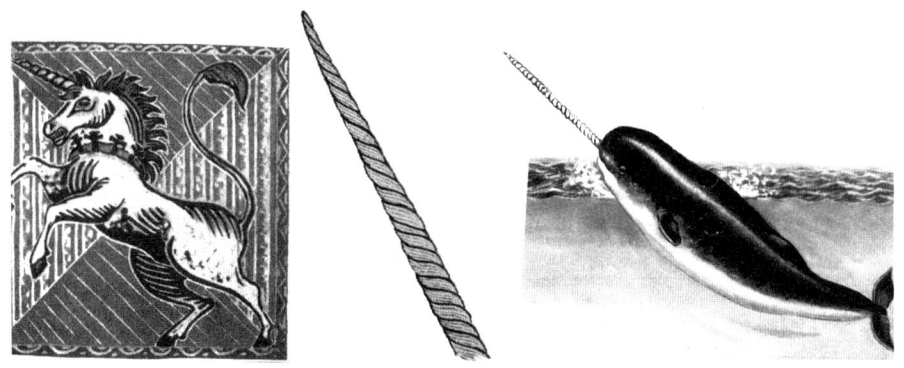

西方独角兽与独角鲸

(左:西方的独角兽;中:角(牙);右:独角鲸,动物绘画)

西方的 Unicorn(独角兽,或译"麒麟"),大体上就是马加上独角鲸的"螺丝形"长角(其实是它的牙),还有一根狮子的尾巴。这个尖锐的长角,可以暗喻男子生殖器。

波斯语有个与角相关的词,被认为借自汉语。见于宋·周密(1230—1320)《志雅堂杂钞》:"今所谓'骨触犀',乃'蛇角'也,以至毒,能解毒。故曰'蛊毒犀'。(制)一刀靶可直(值)数十定(锭)。"

[汉] 骨触 → [波斯] Xutu (Khutu)

(《辽史》:"骨触犀"——或说指"千年蛇"之"角")

弗勒斯为之下了七个"定义",多与"角"相关。

(1) sinensis 牛的角;
(2) 犀角;

(3) 巨鸟之"角"(鸟称 buceros,居"中国与埃塞俄比亚之间",疑指犀鸟);
(4) "千年蛇"之"角";
(5) 毒蛇"角";
(6) "长寿鱼"之"角";
(7) 某种动物的"牙"(或说海象牙,误称为"海马牙")。①

可见"角",尤其是"独角"之神秘。

"魔法圈"里的独角兽

(法国"狩猎独角兽"挂毯,细部,或为法兰西斯一世时代作品,约1514年,采自坎贝尔)

西方独角兽具有性象征意味。栅栏是"魔法圈"(magic cycle),表示把这种不可抑制的危险力量围困起来,不让它尽情横溢。或说这表示男性的欲望,沉溺或围困在"女性之大圆"里面,无所作为,或竟沉沦到底。

劳费尔介绍,发勒氏(P. Valle)描写过一种"鱼角",五六尺长,角根最粗处7英寸,白里透黄,如象牙,"中心是空的,内部很光滑,但外部有圈纹"。船长坚持说,那就是"独角兽"(希腊人称 monoceros)的角,能解毒(但普林尼《博物志》说它黑色而非白)②。其实正是独角鲸的"牙",常常跟"麒麟: unicorn"的独角相混淆。弗雷恰尔《俄罗思国》(1561年,伦敦)说这是"鱼齿",被称为 ribazuba,"有人用这东西的粉解毒,像独角兽(unicorn)的犄角一

---

① 参见〔美〕劳费尔:《中国伊朗篇》,林筠因译,商务印书馆,2001年,第400～401页。
② 〔美〕劳费尔:《中国伊朗篇》,林筠因译,商务印书馆,2001年,第402页。

样"①。这种独角的鱼叫 Morse。

如上所说,"独角鲸"细长的螺旋角加在"天马"头上,就是西方的"独角兽"。

西方的 unicorn

(欧洲装饰画,原题《神与生命树》,采自利明)

西方独角兽一般是马身,这里却似羊若兔,以生命力的象征守卫着"神与生命树",不让他人染指,但它自己却常常监守自盗。

分解一下,西方的"unicorn",corn 是角的词根,uni 是"单",意为"独角(兽)"。荣格的《心理学与炼金术》曾引用古罗马霍诺利乌斯的《教会神秘的镜》说:它极其凶猛。

> 要捕获它,就要让一处女到野外去。独角兽会走近那女子,将角探入女子腹内,此时人们就将其捕获。

这分明是说,"独角"侵入女体之后,失去了"力量"。

这就像苏美尔史诗《吉尔伽美什》中的神妓驯化了半人半兽的恩启都,使它变成了人或"平凡的动物"。经历了"性"或"人道",它就被"驯化"了。然而,霍诺利乌斯说:

> 独角兽是耶稣的象征,独角是其百战不挠之坚定性象征。当耶稣把角插入少女腹内时,被猎人捕获。换言之,他被爱他的人变成了人。

这是"正面"的表达:只有经历"人道"才能真正成为"人"。半神的耶稣跟半人的恩启都"对位"了,成为"人"的"法宝"都是作为"命根子"的男人的"独角"。这就是美人爱"独角(兽)"的根本原因。

---

① [美]劳费尔:《中国伊朗篇》,林筠因译,商务印书馆,2001年,第402页。

驯化的独角兽和女人

(欧洲绘画)

就像"美人爱雄狮"那样,欧洲的美妇人对独角的 unicorn 情有独钟,这里充满色情意味,但对中世纪的宗教禁欲也是有力的挑战。所以常有"圣·安东尼的诱惑"式的故事,无论是圣或俗的一方,都无法抵抗"破戒诱引",教士或僧侣往往拜倒在石榴裙下,就像独角兽被驯服一样。

可以当做美人喜爱独角兽旁证的是,希腊月神阿尔特米斯(Artemis,罗马称戴安娜:Diana)爱恋公鹿。有美丽权角的牡鹿,是这位处女保护神的侍从与宠物——如马克思女婿保罗·拉法格在《关于处女受孕的神话》里说的,这些美丽的女神是众生的"母亲",却又永远是"处女"。她们没有固定而明确的男伴,但是往往有雄狮或公鹿之类追随。

戴安娜有一天跟同伴在"月亮谷"里沐浴,青年猎手阿克泰翁不慎闯进绿荫环抱的"圣女泉",无意中窥见姑娘们圣洁的裸体,引起一片惊慌与奔逃。月神玉颜失色,用手一指,猎人变成了公鹿,她的猎犬们猛地扑上把他咬死(或说被他自己的猎犬咬死,或说兼为射神与猎神的"西方姮娥"亲自一箭把他射死)。从此他成为她的贴身侍从,她不时爱抚着他强韧而光滑的肌肉,尖利而雄伟的大角……

古印度有位"鹿脚大仙",也有称为"鹿角仙人"的,据说他是一位"鹿孩",或由"公鹿"赐孕,或由"母鹿"哺乳,得到鹿的一切灵性。他生下来,上自天文,下至地理,中及人间,一切物性事理,无不知晓;政治军事,文史

月神戴安娜与爱鹿

(法国枫丹白露学派的雕塑，约 1500 年)

永远是"处女"之身的月亮女神阿尔特米斯—戴安娜最爱公鹿，就像欧洲贵妇幻想以独角兽为贴身宠物一样。以角为主要特征的圣兽是生殖力量的象征。

戴安娜把不慎看见她的"圣洁"裸体的猎手阿克泰翁变成雄鹿，唆使猛犬把他咬死，或亲手将其射杀，是惩罚男性的"窥视癖"，并且让他们永远归属自己，成为驯服而健壮的"随从"。说到底，她还是力图"占有"男性或公鹿，只是不让他成为"主动者"。

哲经，全都精通。这当然威胁到世俗的权位，国王知道后，非常害怕。可是，又不能杀害或拘禁他，那样会引起民众的愤怒，军队的暴乱。事实上，"鹿孩"似乎是"长生不老"和永远自由的。此时正是苦旱三年，国王焦虑非常，群臣也不能为之分忧。有一位妓女（或说是寺庙女巫，所谓"神妓"）自告奋勇，说完全能够征服他，让天降甘霖，让这位"傻角"解除武装——有的文本把她尊化为国王的"公主"，"愿为市鞍马，从此替爷征"。她布置了一所美轮美奂、三界罕有的"世外桃源"，所谓"乐园：人间天堂"。桃红柳绿，鸟语花香。林间川湄，到处都是楚楚可怜、艳绝人寰的姑娘。神妓精通美学，引领时尚潮流；而且扬长避短，巧为布置：身子高挑的，亭亭玉立在石林花丛之畔；丰满性感者，频频戏水于白浪碧波之间；娇艳欲滴的，错落坐卧在嫩叶绿茵之上；轻盈活跃者，奔逐于树影山光之中。然后，请来这位鹿角仙人。他一下子惊呆了，喃喃问道："这，这是什么东西？"神妓似不经意地浅笑着说："女人。"

西方的独角兽

（左：贵妇人爱抚独角兽，原作约当1490年；右：精灵乘骑独角兽，15世纪欧洲画家作品）

西方的"独角兽"，往往跟森林里的小精灵相伴生，一道"恶作剧"或施行神迹。精灵有时是"毒茄"的化身，这种毒茄像人参和某些菌类植物（"圣蘑菇"）一样被当做春药。独角兽的角曾引起"男根"之类似联想，研磨成粉末，据说能刺激性欲。中世纪某些贵族或骑士千方百计寻求这种"兴奋剂"，希望自己能像独角兽那样得到贵妇人玉手的抚摸。美人驯服独角兽的故事，有些像古印度神妓驯化"鹿角仙人"。

真要命，他什么都懂，就是不懂女人！这正是他的死穴。他的"鹿角"还只是初茸，没有经过磨练，还不成其为"角"。在这方面，这位全知全能的圣人，还跟完全处在性蒙昧之中的半人半兽的恩启都同样无知无识。"鹿角仙人"

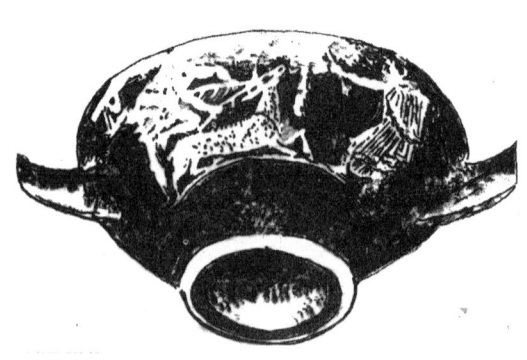

女神射杀公鹿

（古代希腊容器，现藏法国巴黎罗浮宫博物馆）

处女身的月神、猎神阿尔特米斯—戴安娜以阳性的鹿为侍从。但是，男性如果不经允许，闯入她的禁地，窥视她的肉体，就要被变成猎物或被射杀。变成公鹿或被射杀以后，也就永远成为她的"侍从"，她的"伴侣"，她的"宠物"。

只好缓缓地下水,跟"仙女"们共浴,尝试并且完成了一切"仪式"手续。顿时,天降三天三夜的大雨,三年干旱解除,大地回春,万物更生,花开草长,群莺乱飞。可是,这位"哲学家里的哲学家",丧失了一切的知识和智慧,变成俗人一个,吃喝玩乐,风花雪月,一点儿也不妨碍国王的统治。"鹿角"虽然没有断裂,却从嫩到利到钝,再也没有"独角麒麟"的骄傲与珍秘了。

麋角解而复生

(动物摄影,杨国美作品)

"麋:四不像鹿"定期解角并且生"茸"——瓶状角,而且很快长大分叉,逐渐成为坚实锐利的武器。古人认为这是"再生"或"长生"的意象。

有人认为麋是麒麟的母型。

麒麟,瓶状角与性神秘

麒麟除了满身麟甲,极似长颈鹿的大块花斑之外,最奇特的就是其独角。到了与龙合流,成为"龙(首)鹿"之后,倒不怎么强调其独角,而是像龙一样戴上鹿角或羚羊角。尤其是若干较古老的麒麟,长的是"瓶状角"(或称"蘑菇角"、"茸状角")。

马承源的《商周青铜器纹饰·综述》说:"古代所画麒麟就像长颈鹿。"他称"瓶状角"为"长颈鹿角纹"。因为"在实际的动物中只有长颈鹿才有这种类型的角,别的兽类没有此种奇特的角"(第5~6页)。按他的理解,《说文》所说"角头有肉"(《一切经音义》引),或何休说的"一角而戴肉",就是"瓶状角"顶端的"小肉帽"或"盖"。

麒麟之"角"有作"瓶状"者，与长颈鹿之角确实至为相似。对于普通的鹿来说，这就是所谓"鹿茸"。鹿的解角与生茸是周期性的，时间相当准确，可以做"物候气象学"的重要指标，体现自然界的规律性循环。

《大戴礼·夏小正》十一月，"陨麋角；陨，坠也"(46)。（节气晚，则十二月坠）

《淮南子·时则训》仲冬之月，"麋角解"，高注："麋角解堕，皆应微阳气也。"(上·182)《说文》卷十鹿部："冬至解其角。"《本草纲目》："鹿，喜山而属阳，故夏至而解角；麋，喜泽而属阴，故冬至而解角。"

初茸，是幼嫩的，但肯定会长成坚挺而锐利的武器。所以是生命萌长与再生的意象。麒麟或龙，戴上鹿角，就表明它是人们心目中"再生：长生：永生"的动物。这就跟爬行动物因为定期蜕皮、定期冬眠而被当做"不死"的象征是一个道理。

"瓶状角"与男性生殖器十分相似，有时"混淆"或者"互拟"。殷墟出土一种似瓶若"且"的大理石零部件，一般依照郭沫若《甲骨文字研究·释祖妣》学说定为：

石祖——男性生殖器

李学勤在《中国青铜器概说》中指出，这本是装在"木制的龙形"上的瓶状角①。看来李氏是对的。但也由此看出，二者实在过于相似：

瓶状角：且形器（男根）

所以前者确实具有如此的象征符号功能。

《诗·周南》的"麟之角"，喻指公族的繁殖与昌盛。

李零的《"祖"名考实及其他》揭示，明清小说如《金瓶梅》等把"祖形"触器叫做"角帽"或"角先生"②，是意味深长的。但他说是因为"触"字从"角"，才有这怪称呼③。其实主要是因为"角"与男根在民俗话语上是对位或等值的，才把男根与"角"在许多方面联系起来。

袁德星则认为，"龙"的"尺木"，是它的角的尊化与美化；而"角"是男根的象征。美拉尼西亚原住民也把"角"套在根器上当装饰，以炫耀自己强大的性能力与进攻性。

---

① 参见李零：《中国方术考》，人民中国出版社，1993年，第418～419页。
② 参见李零：《中国方术考》，人民中国出版社，1993年，第418～419页。
③ 参见李零：《中国方术考》，人民中国出版社，1993年，第419页。

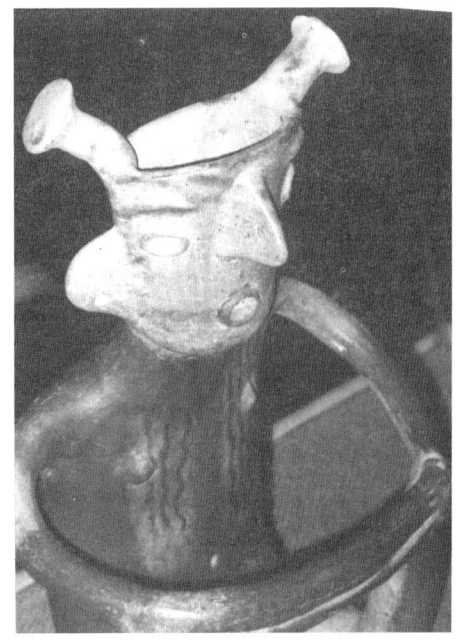

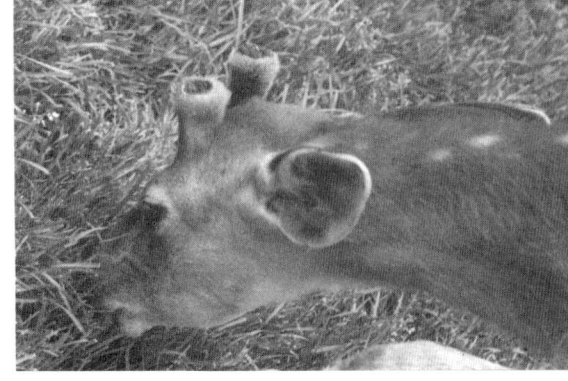

茸状角

（左上：长颈鹿；左下：商代青铜器饰；右上：玛雅神巫；右下：鹿的初茸，摄于哈尔滨太阳岛）

商周前后的龙多戴"茸状角"（有人甚至说具此角者才是龙），或称瓶状角，实是鹿的初茸。长颈鹿角似之（有人即用"长颈鹿角"命名龙角），它象征强大生命之萌发或更新。

美拉尼西亚男人

（特罗布里恩德群岛，采自马林诺夫斯基）

角：男根；用"角"装饰生殖器，炫示其武勇与进攻性。

"角"形"镇墓兽"

（湖北江陵出土）

有的"镇墓兽"，仅仅是一双公鹿的叉角，"以部分代整体"——而且是最有战斗力与进攻性的部分。这样，不但能促进墓主人后裔繁殖，而且能震慑邪魅，驱除恶鬼。

就像羚角一样，阳刚的鹿的初生嫩角所谓"茸"者，被当做壮阳补阴的"良药"。刘禹锡按《药性论》云："[鹿茸]主补男子腰肾虚……夜梦鬼交，精溢自出；女人崩中漏血。"《日华子》："鹿茸补虚羸，壮筋骨，破淤血，杀鬼精，安胎下气。"《政和本草》引此，并且说它能够治虚痨，治"泄精溺血"（卷十七）。

"四不像"的茸角更厉害。《本草纲目》（卷五一）引苏恭说："麋茸功力胜鹿茸。""麟角"还要更加神奇。晋·葛洪《抱朴子·极言》："为者如牛毛，获者如麟角。"唐·刘禹锡《袁州故广禅师碑》云，禅师风采，"犹凤毛成字，麟角生肉，必有以异，不知其然"。熟悉的成语是"凤毛麟角"，见于明·何良俊《四友斋丛说》等。

中医的药材颇有一些是利用了"模仿巫术"的思维，"吃什么补什么"，"像什么补什么"，更神妙的是其中有一些确实含有"活性"或至今没有完全被认知的"药性"——许多洋人至今不肯相信，把它的治疗或保健功能当做"巫术"。最奇怪的就是鹿茸（与男根相似）与人参（略似人形），而前者或含性激素（男性 Holmen），后者有加强生命力与抗病力的巨大作用，仅仅用"巧合"很难圆满解释。

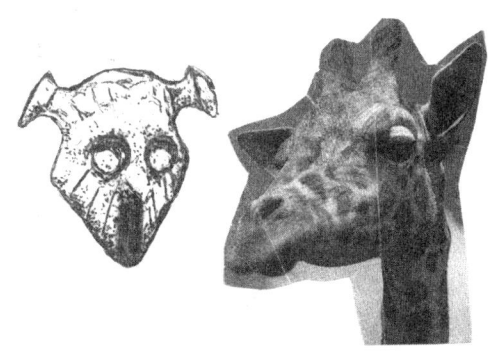 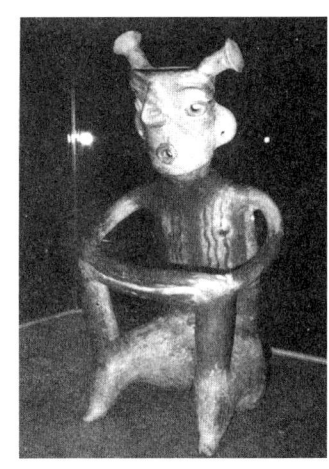

生命力象征的"瓶状角"

（左：面具，新石器时代，南斯拉夫，采自朱狄；中：长颈鹿首；右：巫师，摄自玛雅艺术展览会，南京）

"瓶状角"，严格说是即将生长为大杈角的雄鹿的"茸状角"，以其生长力和成为武器的预期，暗示着生命力与战斗力的强大，不管是加在饕餮、神龙或尊神、巫师头上，都标志着其无限的"灵力"或"法力"。

伊利亚德的《神圣与世俗》说："神圣是一种真正的实在，因此它也同时是一种力量，一种灵验，以及是生命和生命繁衍的源泉。"龙与麟的角、龟的头、"鸟"的称谓、"蛇"的体躯等都绝不仅仅是动物（器官）性的世俗存在，而且早已经是一种神圣象征，一种"生命和生命繁衍的源泉"，它完全进入了人类的生活，回归于"实在"。麒麟等的"独角"长而坚挺、尖锐，翘然翩然，想象力丰富的古人以为是男子生殖器的一种意象（或者说，角是生殖原型）。如前所述，这不仅因为"形似"，而且鹿的角茁长—脱解—再生，是生命循环的一种原型模式。如上所述，布满血丝的鹿茸被中国人看做壮阳补阴的无尚良药——意象化的"鹿茸：瓶状角"更是生命力或生殖力的象征。有的学者认为，某些饕餮纹的"瓶状角"跟额上的"尺木"或贝纹一起构成这种谜一般图案所蕴涵的生殖力信仰（参见本书"龙"部分及《中国上古图饰的文化判读——建构饕餮的多面相》）。

西方人同样深信，独角兽的角可以研成粉末做性兴奋剂服用（中世纪骑士还希望因此受到贵妇人的眷恋与抚爱）。这都因为"角"是蕃育信仰里重要的原型意象，犀角、羚羊角和鹿角都能制成春药或迷幻剂，常常用以代替或冒充神兽的独角。

从此也可以反证，"独角兽"麒麟不但以其生命力和性欲强盛的牡鹿、公牛等为母型，而且被看做龙的一种化形，一种遗裔（有人认为，"龙生九子"之一便是麒麟，或与天禄、辟邪等对位，或相置换）。麒麟是"粗壮型"（或短缩型）

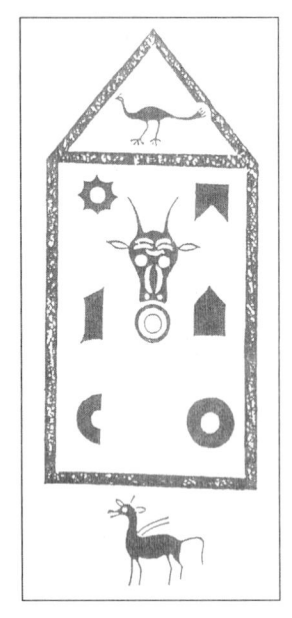

汉代的独角麒麟

（左上："六玉"，其下是有翼麒麟，采自宋·洪适《隶续》之《柳敬碑》，汉代；右上：鎏金"瓶状角"麒麟，1974年出土于河南偃师寇家店李家庄东汉窖藏，复见，高8.6厘米，长6.7厘米，现藏河南省博物馆；下附日本"北野天满宫"神社木雕麒麟，1607年，著录于《日本纹样：龙，麒麟，凤凰》，光琳社，1984年，采自王小盾）

汉代麒麟多是鹿身而独角，但角形不同：成熟的标准型角端有肉球（所谓"戴肉"）；少数是长颈鹿式的瓶状或茸状角；有的是短羊角或短鹿角，角端稍尖，似短型龙角或羚羊角。角对辨识麒麟或其母型颇为关键。更重要的是，"突出"其角，为的是炫示其象征功能、医疗作用与某种"巫术"效果。

的龙，同样长着鹿角、鹰爪、马牙和鱼鳞，这些多属"定期更换"的生命器官——所以龙首先是生命力和繁殖力的原型（采用蔡大成等说）。龙的基干是蛇,而蛇一向是"男根"和旺盛性欲的象征。这样,龙蛇乃至蜥、鳄、麒麟在中国人的"集体无意识"里成为生殖力的"结晶"或物化形式就是意料中的事。所谓"双龙穿璧"等,许多学者便认为是两性交合的暗示。有的文献强调,麒麟是牝牡相伴出的。

更明显的证据是,民间深信,"天兽"麒麟能够"送子",天赐麟儿,高贵的"麟儿"跟龙子同样首先是男性,是"弄璋之喜"。这就因为麒麟跟牡鹿、公羊、雄牛(尤其是它们的角)一样,是"侵略成性"的男人的"符码"(凤则属于女性),像龙那样,是"男性:统治者"的权势话语。"麟之角,振振公族,于嗟麟兮!"(《诗·周南·麟之趾》)

"长颈"、大花斑与茸状角
(长颈鹿的三大特征)

长颈鹿有一对短短的茸状角(或称瓶状角——是较古老的"龙角"),此即中国古籍所说的"肉角"。它生在"最高点",远远看去,容易眼花,讹传为"独角"——其实也是有意的"特殊化",去其"平凡性":无角者加角,双角者减角。于是麟便有"唯我独尊",雄踞顶巅的振振独角。麟角跟龙角是等值的。

《诗·周南·麟之趾》用"麟之角"暗喻周人贵胄的繁殖,"振振公族,于嗟麟兮"!

古代伊朗创世史诗《班达希申》里,大瀛水中有一种"三腿,六目,九口,两耳,一角"的白色怪驴,"其状似骆驼,似马,似牛,又似驴",显然是一种混形怪兽,跟《山海经》等所谓"神马"或"间兽"有些相似。

> 其独角似为金角,中空,一千枝杈生于其上……
> 凭借此独角,它可战胜和涤荡邪恶被造者之一切危害。

它不但是一种"辟邪",还具有强大的生殖力。

> 当它嘶叫,一切雌性被造者(属奥哈尔玛兹德所造者),皆成为妊娠者;一切妊娠之邪恶的雌性水生者,一旦听到其嘶叫,则即刻生其幼仔。(《古代伊朗神话》161)

录此以供参照。

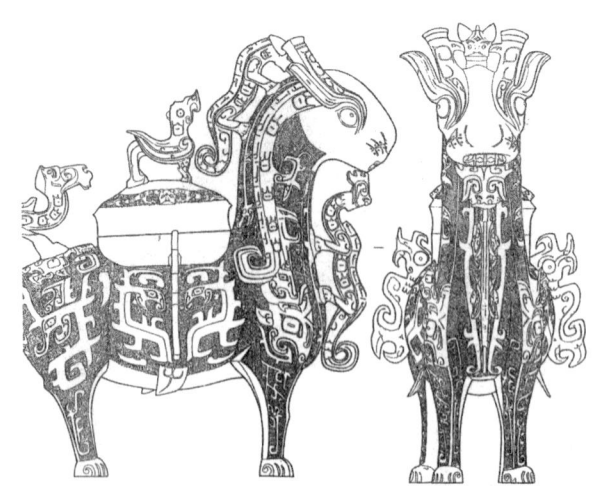

神兽形青铜尊

（西周，陕西西安张家坡 M163 出土）

此神兽身似马，耳长嘴短又像驴骡，甚至是羊，可又有长颈鹿的茸状双角。《山海经的文化寻踪》里怀疑它是似驴而一角的"間兽"，如《仪礼·乡射礼》所谓的"間中"。王小盾的《四神》中猜测其为麟，疑莫能定。但它是一种"混形神兽"，跟神化的牛、羊、马（类），乃至麒麟相干，应可无疑。

麒麟送子

（左：兔儿爷与麒麟，民间玩具；右：女娃、男娃骑麒麟，艺术瓷，采自邢莉等）

麒麟被认为是生殖力的意象，优生优育的象征。这主要是因为它容纳着公鹿旺盛的性力，又涵化着龙的强大生命。麒麟为孕妇送来尊贵、健康与希望，并且成为官府或富贵人家的守护神。或说，这表示作为龙亚种的麒麟送来了明天的小太阳（正像"西狩获麟"隐喻"落日"一样）。

麒麟与生殖力崇拜

不但"麟之角",麒麟的"足趾"也能暗喻华族子孙的繁盛和威风,所谓"振振公族"就是神气活现。

"振"来源于"辰","辰"亦属蕃育的意象,无论是"蜃蚌"、"辰龙"还是"孕娠",都暗含丰殖兴盛的意思,至今我们还说"振奋"、"振兴"。《诗经·大雅·生民》"载震载夙",震可以通振,通娠,所以紧接着就是"载生载育"("夙"指夜晚,高亨说是"孕"字之误)。

我们觉得,"麟趾"借代麒麟的脚印、足迹,暗喻周人邦畿的公族、公姓、公子都是龙类的麒麟遗留下来的光辉"业迹"。众所周知,周人传说始祖"弃:后稷"是他母亲姜原踩上(恐龙)足印,怀了"神孕"生下,通过"三弃三收"的图腾考验仪式才创造农业和周族的。大足印最可能是恐龙足迹化石,是周人图腾龙取象的重要依据(参看《中国文化的精英·弃子英雄》)。麟是"龙鹿"或"龙属"。"我们周家'公族'哪怕只是麒麟的角、'定'、小小的足趾头,也比凡夫俗子威风抖擞。"就好像后来皇室自夸"龙子龙孙"那样。"麟之定,振振公姓,于嗟麟兮","定"不知道是指身体哪个部分,或说"顶";或说"腚",那就很搞笑。"麟之角,振振公族,于嗟麟兮!"角是龙、麟、鹿生殖力量最重要的形象元素,用以夸赞麟族"振振雄风"的生命力,的确太贴切了。

麒麟送子
(民间浆染图案,江苏南通)

这种盛行于民间的图像,证明"天兽"麒麟跟龙一样有促进蕃育、赐给优秀子嗣的职能。

由于孔子"修"《春秋》到"获麟"而止（后世称《春秋》为"麟书"），更由于他以麟迹、龟书等为最大祥瑞，后世讲麟便离不开孔子。跟被神化的孔子相联系，更提高了麒麟在汉代思想史，尤其是"五行"观念里的重要地位。晋·王嘉《拾遗记》叙写孔子诞生灵异，有一事是：

> 夫子未生时，有麟吐玉书于阙里人家，文云："水精之子，系衰周而素王。"故二龙绕室，五星降庭。徵在（孔子母亲）贤明，知为神异，乃以绣绂系麟角，信宿而麟去。

这里明显以麟暗指孔子，其下即附会解释"获麟知命"故事。

> 相者云："夫子系殷汤，水德而素王。"至敬王之末，鲁定公二十四年，鲁人锄商田于大泽，得麟，以示夫子；系角之绂，尚犹在焉。夫子知命之将终，乃抱麟解绂，涕泗滂沱。且麟出之时，乃解绂之岁，垂百年矣。（齐治平校注本，第70页）

齐治平注云，这些故事所据的是伏侯《古今注》（参见《古纬书》卷八《春秋演孔图》附论）。

这也是"天赐麟儿"乃至"麒麟送子"典故祖本之一。汉·焦延寿《易林·比之屯》有"麟子凤雏，生长家国"。

孔子感叹："河不出图，雒不出书，吾已矣夫！"

麟吐玉书

（左：古代装饰图案；右：麟叶玉书剪纸）

最初，麟没有"吐书"的故事，看来是用"获麟"与"龟书"拼缀而成。晋·干宝《搜神记》才把它写成谶纬瑞应之迹。

麟吐玉书与"送子"结合，是一种祥瑞，能够卜测未来，赐予福祉。然而有人以为这表示麟是天人之间的"使者"或中介，跟其它灵兽神禽同样；它带来"天书"即是上天的意旨。这个说法的重要性还在于，它跟孔子诞生奇谈相牵附。

"天赐麟儿"，是古人很爱用并且吟诵至今的典故。中国人以为"多子多福"，又希望其富贵聪明，福寿双全，当然引以为喻——但骨子里仍是生殖力或增殖力崇拜。

《南史》记载，《玉台新咏》的编者、才子徐陵诞生时，宝志上人以手摩其项曰："真天上玉麒麟也！""玉"或作"石"。被宋江看做天下第一达人，既有钱财又有才貌的卢俊义的绰号"玉麒麟"就是从这里来的。《晋书·顾和传》说，族叔称赞幼年的顾和说："此吾家麒麟，兴吾宗者，必此子也。"

杜甫《徐卿二子歌》云：

孔子释氏亲抱送，尽是天上麒麟儿。（尽一作"并"）

宋·元宪诗也说："羽毛丹穴种，头角玉麟儿。"

上句羽毛（外貌）丰美如凤凰，下句头角峥嵘便是"玉麒麟"了。"凤毛麟角"譬喻物稀而贵，诗意取之。唐·张彦远《法书要录》赞《书议》说："麟凤一毛，龟龙片甲，亦无所不录。"四灵都讲到了。

天赐麟儿

（清代绘画，采自邢莉等）

麒麟是蕃庶与丰殖的意象。

传说孔夫子为麒麟，又与麒麟一起回归"天上世界"。

"麟儿"成为中国传统里富贵无限、诗礼传家的天赐婴儿。

汉代未央宫里有"麒麟殿"，是皇家图书馆，或与"麟吐玉书"故事有关；"麒麟阁"，汉武帝时建，宣帝甘露三年，画霍光等11人像于内，都是一时俊彦。后人便以图像麒麟阁为无尚光荣。《文选》中南朝梁·虞羲赞霍光说："当令麟阁上，千载有雄名。"李白《塞下曲》云:"功成画麟阁,独有霍嫖姚。"赞的则是霍去病。

天喜之神

(左:云南白族纸马;右:汉族的"麒麟送子")

注意身有"鳞甲纹"的长颈鹿——麒麟的主要模特。神像主体是一对夫妻(神),右下方者似是小孩。然则这也是"喜得麟儿"的图像。

龙、麟的羚羊角与"龙羊"

龙与麒麟的角,通常认为加的是鹿的美丽杈角,其实包括汉唐及其前加的多属羚羊的直筒角,角尖微弯或有钩。其原因不仅在于审美的要求。

这要从"羊(首)龙"或"龙首羊"说起。古有"羊龙"、"龙羊"之地名。

云南《鹤庆州志》说:"昔有人善笛,牧羊于桃树河之西,忽见龙女来迎之,牧羊者驱羊随入,其羊化为鱼,因号'羊龙潭'。"丁乃通、熊和平等将其列为"乐人与龙女"型(丁592A)传说。这里羊并未化龙,但"羊鱼"入龙潭,也提高了"身价"。鱼是候补的龙,羊具有龙的潜质,主要因为它有灵异的角。

甘肃有"龙羊峡",其水电站颇有名。

这种种"龙羊",很可能成为麒麟的"副本"或者"前身"。

还有一种大型的羊,角似绕于首,黑质白文,颇为坚实,古人或用以制造带钩;或认为是"盘羊"、"大角羊"的一种。出产在西藏与川西一带。宋·宋祁《益州方物略记》云:"羊质而大角缭于首。"这种大角,也见于某些龙首或者麟首。

麟在某一时期具有羊角乃至羊形。龙也或具"羊形",这大多是外来的观念,主要发生在牧羊业发达的中亚与南亚地区。但也不妨看做"龙的走兽化"的一种。三国吴僧人康僧会译的《旧杂譬喻经》说,龙王曾化形为羊。这是"羊形龙"。麒

羚羊角的龙

（1. 东汉王晖石棺上所刻之龙，四川雅安芦山县出土，此墓有简单铭文，为建安十六年（211年），《南阳汉画像汇存》第九图所刻之龙亦与此相类似；2. 河南邓县彩色画像砖墓中之龙（原书图36），此龙首部之颔不仅变长，而上唇亦稍尖突，故其时代较晚，可能为南北朝晚期；3.《营造法式》（卷29）所绘之螭首，此螭首尚具唐、五代之形式；4.《营造法式》（卷29）角石上所绘之龙，此龙已略具南宋以后龙的形式；图上附鹅喉羚，艾尼瓦尔摄，新疆准噶尔盆地之卡拉麦里野生动物保护区）

汉唐的许多龙，长的不是鹿的杈角而是羚羊的角。"羚羊挂角，无迹可求。"它强化着龙的灵异。

麟也有从羊身取象的，不仅是角。戴着羊角的"走龙"，如果再度缩短并且加粗身子，那就跟麒麟颇为相像，也是"天兽"。《柳毅传》里说，龙女牧的羊，只只"矫顾怒步，饮龁甚异"，被称为"雨工"，司掌天上的"雷霆"——这是印欧民族以雷神化形为羊的缘故（商代《四羊尊》就可能表示"四方雷神"）。

滇池彝族支系"萨米"(撒梅)传说,龙变成羊,"奶"大了被弃的英雄支格阿龙(糠宝)。可见"龙/羊"能转化。或引《白泽图》云:"羊有一角当顶上,龙也。杀之震死。"这仍然是说,羊可能化成龙,或龙以羊化身出现("龙羊"为雨工、雷神,误杀"雷羊龙",当然会被"震死")。并不是说羊是一种龙,或龙以羊为母型。实际上麒麟、龙与羊的最大"联系"是,秦汉以来的龙角或麟角,大多不是鹿角,而是"挂角何处、无迹可求"的羚羊角。

以羚羊角为龙角,主要是因为古人以为"羚:灵"同声,羚羊具有某种"灵力",羚羊角不但能辟毒治病,而且能"隐藏"自己,以神秘之灵性镇魇可能来偷袭的敌人。如果那角是单独的,正当颅顶,那就跟"一角"之麟更加接近了。

类麒麟神兽:矮壮型

(左:鎏金铜盒,徐州铜山出土,东汉,现藏南京博物院;右:铜水滴,东汉)

东汉此种混形神兽,属"矮壮型",有羚角或卷角,头部近于"龙首",身躯肥胖,四肢粗短,或有翼;由于器物实用与审美的需要,呈爬伏状。实在很像龙首无颈"麒麟",或可归属其类。

两者粗看很像有角金蟾,特别是图左者,全身有疣状突起,以绿松石镶嵌,制作精巧、华丽,完全克服了母型的"丑怪"。

本草系统医药书都强调羚羊角的疗毒治病功能。宋本《政和本草》引《本草经》说:

羚羊角……主明目,起阴,去恶血(注)下,辟蛊毒、恶鬼、不祥,安心气,常不魇寐(不做噩梦)。(卷十七)

这已经由"俗"的治病进入"灵"的驱邪,"超凡入圣"了。

《后汉书·南蛮西南夷列传》冉𬳿夷,"有灵羊,可疗毒"(9·2858)。唐·李贤注引《本草经》略曰:"零羊角味咸无毒,主疗青盲(青光眼)、蛊毒,去恶鬼,安心气,强心骨。"以上可证其有"辟恶"功能,一旦饰于龙头,两种"灵性"(mana)相互促进,可能形成新的"神质"而力量倍增。《雷公炮炙论》

说得非常神奇：

> 神羊，角长有二十四节，内有天生木胎。此角有神力，可抵千牛之力也。凡修事之时，不令单用，不复有验，须要不拆元（原）对，以绳缚之。……（据《政和本草》引）

据上文介绍，越南的珍兽"色拉"，或说指犀牛，其形似大羚羊，平行的长角被"误读"为独角，曾被看成是中国古代的"神羊"或"触法兽"的"廌"。灵羊之外，又有所谓"麝羊"。此亦为一种羚羊，《后汉书·南蛮传》中李贤注引《异物志》：

> 状似鹿而角触前向，入林树挂角，故恒在平浅草中。肉肥脆香美，逐入林则搏之。皮可作履韈，角正四据，南人因以为床。（9·2858）

灵异者反成"累赘"；但所谓"羚羊挂角，无迹可求"，灵性尚存。

伊朗安息王朝的精美"角杯"，即模仿牛羊等的角做成的酒杯，叫做"利通"(rhyton)，对中国汉宋艺术影响很大（孙机等有详细介绍①）。有的角像"放大"的羚羊角，有的在"角"（杯）的顶端做出羚羊的形象。有些学者认为，这跟"犀角杯"同样，古人认为用它盛装酒水，能够防毒治病驱邪，所以它们多用于仪式，近于巫术法具或祭器。孙机揭示道：

> 它像一只漏斗，可用于注神酒。当时（古希腊）相信来通（希腊语 rhéō—"流出"；rhyton），将酒一饮而尽，则是向酒神致敬的表示。②

还有人说，羚羊角是一种"助阴补阳"的"准春药"，能够强化"勃起"，使其经久不衰。

《本草经》已说其能够"起阴"。陶弘景据传说云"其出西域"，多数双角，"一角者为胜"，可见有单角者，如西方的"独角兽"(unicorn，西俗以其为男根象征)。前引《雷公炮炙论》说它有"神力"，可抵"千牛"。

《政和本草》加以发挥，说它"久服，强筋骨，轻身，起阴，益气，利丈夫(有益于男性)"。

古人认为龙属阳刚之物，"飞龙在天"，天是"乾"，"龙飞"如"阳起"(其卑化，就是以龙为圆长之身如蛇，可象征男子生殖器)；加上羚羊角的"强阳性"，其效果加倍（有学者更说"尺木：龙角"即是阳具象征）。这跟西方"独角兽"象征性欲与男性力量完全一致。

羚羊在亚洲古文化里占据重要地位。

---

① 孙机：《中国圣火·玛瑙兽首杯》，辽宁教育出版社，1996年，第179页。
② 孙机：《中国圣火·玛瑙兽首杯》，辽宁教育出版社，1996年，第179页。

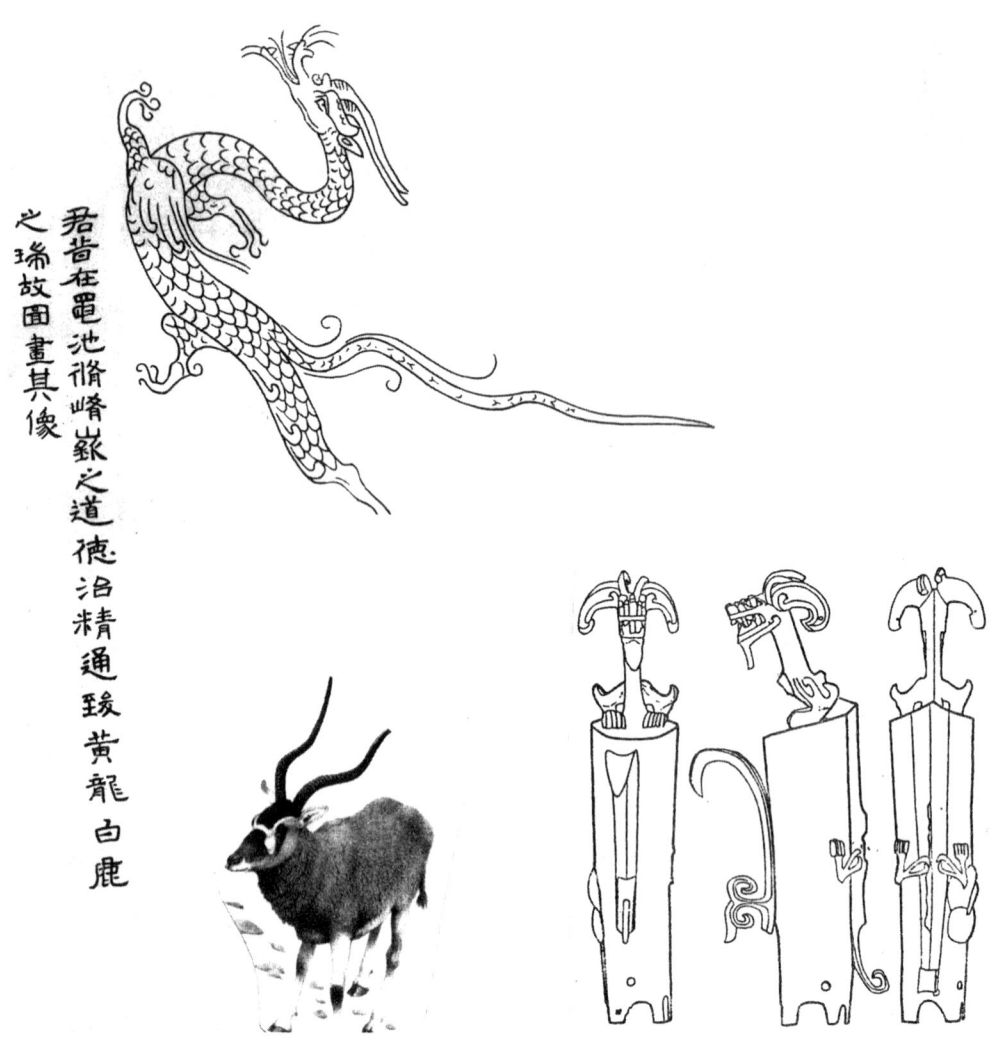

龙的羚羊角

（左上：《祥瑞图》，见《李翕碑》，榜题原有；右下："龙羊"青铜柱形器，四川广汉三星堆器物坑，K1出土，晚商；左下附羚羊图像供参考）

早在商周，已有以羚羊角为龙角"基本"者，迄汉魏未改（当然龙角多变，不止一种母型），可能因为"羚"之言"灵"，故以为其角有某种灵性（例如可壮阳补阴）。

西亚文物里特多羚羊。最有名的一件，是发现在乌尔王陵的镶金的"人立"羚羊，由天青石与黄金错杂制成。它"爬"在一棵神树上，树的叶子由青铜做成。因为羚羊被看做宝物、神树（生命树）的守护神，故说这是一种"圣

欧洲"羚角龙"

（左：羚羊和汉代瓦当羚角"青龙"；右：奇异动物石雕，圣·保罗修道院出土，11世纪，现藏伦敦奎德哈尔博物馆）

西方人也深信羚羊角有神力，或如"独角兽"之角，有所象征。有些似龙怪兽长着羚羊角。

公羊"。发掘者吴雷说，他立即想起《圣经》上的一句话："被抓住犄角的公羊。"①

古代埃及王国时代也驯化了羚羊、瞪羚与大角野山羊。在一些造型艺术里，它们的形象不易辨认，但都被看做"神物"。这也因为他们认为，羚羊善走如飞，迹近通灵。

还有一种说法：羚羊角像"通天犀（角）"那样，半透明质中可以看到一根细长的白线，贯串头尾，人们就以其能够"贯通天地，交际天人"，亦即所谓"通神"。陈藏器《本草拾遗》说，"羚羊角有神，夜宿防患，以角挂树不著地"，选择其有"挂痕"者才是真羚羊角。

自然界真有独角兽吗？除了"独角犀"之外，现实世界里还有没有独角的走兽呢？

---

① 参见［英］塞顿·克劳德：《美索不达米亚考古》，杨建华译，文物出版社，1990年，第90页。

《现代旅游报》曾陆续报道过湖北神农架发现"独角兽"的"传说"。例如，20世纪70年代后期，当地居民张国柱在山谷里看到像马那样高大的"独角兽"，重约150公斤，皮毛呈麻灰色。头像马，身子像大型苏门羚（鬣羚），后腿略长于前腿（谨案：《续博物志》谓驼牛—麒麟"前脚高五尺，后低三尺"），尾长而梢部有"长须"(丛毛)。独角在前额正中，似牛角（或说长约40厘米），弯向脑后；其后颈有马鬃似的鬃毛。

1980年3月，江元海还打死了一只幼体或亚成体"独角兽"。麻黄色皮毛，颈脖较长；头似羊，嘴里却有短"獠牙"。额部正中独角则弯向前方，扁而尖，俨然"匕首"。颈后至角根有一"白筋"似的"白毛带"。

1988年8月，业余向导唐文灿说，曾在太阳坪附近的中峡、寨湾一带发现马那样大的"独角兽"，角从前额弯向脑后①。这跟张国柱所见"独角马"相似。

以上都被当做以讹传讹的"民间奇谈"。没有实体，没有遗骨，没有化石，连照片都没有。

可是，2008年6月11日，意大利普拉托市自然保护区严肃宣布：他们发现了独角小鹿活体，而且公布了照片。

自然界里的独角鹿

（照片，来自［意］吉尔伯特等）

英文版《中国日报》2008年夏报道，意大利普拉托市自然保护区向世界宣布：区内发现一只（从前只存在于神话传说的）独角鹿。它是麕鹿，一岁大。保护区负责人吉尔伯特宣称，这可能是由于"基因变异"所致。因为它的同胞兄弟"正常"，而且"规矩"地长着两只角。

这不是从前发现过的偏在一方的"独角鹿/羊"之类，那是畸形或病变。这只可爱的小鹿，独角长在头顶中央，不偏不倚，中规中矩，挑战着人类固有的认知。

不知道这种并非"后天获得性"的基因变异能否遗传或扩散，能否形成一支小小的群体——不论过去、现在或未来。

---

① 以上参见《现代旅游报》1992年7月14日；林娟：《传说中的动物麒麟可能真正存在》，《劳动报》1995年10月27日。

不是"独角"(偏角/隐角)羚羊,更不是西方传说里安上螺纹独角的骏马,恰恰是从"鹿"的"麒麟"。这不是残疾,也不是一般的畸形。自然保护中心的吉尔伯特说,这是一只一岁大的"麂鹿",独角是"基因突变"的结果。不知道这种"先天性"的变异,能否通过遗传得到"保存",并且在一个小范围里"延续"或"拓展"。

既然意大利能够发现这种"独角鹿",中国也可能发现。当然,"物以稀为贵",古人以其珍异引起惊奇与敬畏,从而被当成"祥瑞"或"圣物",当成麒麟的一种母型或形象基础,是完全可能的;但其发现的几率很低。麟不复出,凤鸟未来,河不出"图"。孔子当然要浩叹了。

第十八章　麒麟的混形性及其成因

"混形"是神话动物一大特征

我们从《左传》与孔子家世资料获知，麒麟是很罕见的瑞兽。不然人们不会不认识它，甚至误杀了它；孔子也用不着那样惊奇或伤心。

《论衡》的《讲瑞》、《指瑞》等篇据经传所记的麒麟（写为骐驎）有几个特征：

(1) 獐形而（独）角（"武帝之时，西巡狩得白驎，一角而五趾"）；
(2) 巨大（"三王之时，骐驎毛色角趾，身体高大"）；
(3) 出于远方，边外（"凤皇、骐驎，亦非中国之禽兽也"）。

龙化的鹿

（右下：秦代瓦当，直径15厘米，陕西咸阳窑店秦墟采集，原题"屠龙"；右上及左列：战国青铜器饰，河南辉县琉璃阁等地出土）

龙化的鹿，主要特征为拉长其躯，夭曲其体，保留并延长其权角。多数变为鸟喙、鸟爪，有的还添翼——所以有人称之为"鹿龙鸟"混合体。也许跟风神"飞廉"神话相关，它曾被混形为鸟躯或鸟翼、鸟爪，或鹿身、鹿角（鹿在南方也曾被看做干旱与狂风之神，它奔腾如风）。龙首或鸟身者，或称"龙雀"。这些都跟麒麟形象有血缘关系。

龙、凤、麟（甚至龟）都是神话混形动物。麟的混形性或结构的杂驳性实在不让于龙。据文献，其躯体"稳定"的只是"四足兽"形，以鹿为主，却不时"转换"为马、牛、羊诸象，其器官则更为多变。据文献——

[麚] 麕身，牛尾，一角　（《尔雅·释兽》）
鹿形　（《诗经》，《说文》）
马形（骐骥）　（《论衡》等）
麕身牛尾（圆顶一角）　（《说苑·辨物》）
獐形而独角　（《论衡》）
角端似貊　（《文选·上林赋》李善注）
如麕，羊头（头上有角，其末有肉）　（纬书《孝经古契》）
麕身，马足，牛尾（一角，角端有肉）　（《诗疏》）
麕身，牛尾，鹿蹄，马背　（《广弘明集·牟子理惑论》）
麕身，牛尾，狼蹄　（《文选·上林赋》张揖注）
[麟] 麕身，牛尾，马蹄，有五采，腹下黄，高丈二　（《京房易传》，《礼·礼运》孔疏引）
[麒麟] 狼头，肉角　（《广雅·释兽》）

明人夏原吉有《麒麟赋》，描写得相当"全面"，尤其宋元至明清麒麟造像，与之大同小异。

丰骨神异，灵毛莹洁。霞明龙首，云拥凤臆。星眸眒兮焜耀，龟文灿兮煜熠。牛尾拂兮生风，麕身动兮散雪。蹴马蹄兮香尘接腕，耸肉角兮玉山贯额。……

山东沂南汉墓画像石里有许多翼兽，我们只举一组似有连续性的"殴逐"仪式为例。

第1只是"应龙"，有翼长颈鹿角，尾后似是吐舌小螭。
第2只是长冠大尾的鹏凤。
第3只是咬蛇的龙首短躯鹿角异兽，疑即麒麟。
第4只是独角的"天禄"(以梅花鹿为母型)。
第5只是口衔小兽的独角牛躯虎首神兽。
第6只是双头双尾的"并逢龙"。
第7只是神兽，"羽人"。
第8只是有翼神鹿；疑亦天禄、桃拔之类。
第9只是翼龙无角，或为蛟螭。
第10只是龙，为持刃带角有羽的力士所逐。

第 11 只是独角翼龙。

它们绝大多数是幻想或混形的动物,兽而有翼,多首或独角,长颈而高冠。目前我们还无法确定是否有麒麟改头换面"隐匿"其中。但可肯定,那些长颈高角者与麒麟关系甚大——它们启示我们,麒麟肯定是混形的,也并非像龙那样基本圆长身躯,同一模式,它还带着相当的模糊性(我们不想说"多样性",害怕反而搅乱事态,将形态相对确定、已有"旧名"的神物弄得游移不定,无所适从)。

汉画里的辟邪神兽

(山东沂南汉墓画像石,说明见前页)

这里许多经过夸饰的神圣动物,能够保护陵墓和墓主人的安全,避免恶物的侵犯,有的嘴里还衔着代表妖邪的小兽。圣兽行列里有神龙、瑞凤,龙首兽身有翼的"辟邪",似鹿又似羊的"桃拔",鸟翅的"天禄"或麒麟……还有"力士"在驱使它们。注意,这里的神兽多被"长颈化"。

看来,作为最有名的"祥瑞"的麒麟,是中国特有的一种"混形性"或"综合型"神兽,又比龙、凤更多地涉及域外的"圣兽"或神奇动物。正如龙以蛇、蜥、鳄、虫为基干,凤以鹰、雉、孔雀为母型一样,以大型鹿类为"主干"的麒麟也综合着许多具有文化类缘性动物的体征。例如:

喜水的麋鹿(有时也涉及驯鹿);

长颈鹿;

独角犀;

野牛——或某种"圣牛"(如 Rēēm);

快速的骏马。

后世以为麒麟是龙的族裔,赋以"龙首"鳞身,除四肢较长外,与"走(兽)龙"相当接近。必须把这两种"混形神兽"结合起来研究。

"混形性"是神话动物的一大特征,主要体现为:躯干或器官(包括最重要的头部)的相互借用或混用;它们的"特性"或功能的混融性被放大、突出。它们并非纯属幻想,而是将现实中确有的动物身躯、官器,用想象力重构成艺术性组合。自然动物的"本体个性"消失了,吸收并放大了别的动物的个性或特性,加上固有的某些"有意义"的特性,形成了新的"混融的个性"。巧妙的整合与重塑使它们面目全非却又音容依稀,浑然一体。

"原始性"思维(或神话思维)的一大特征是"宇宙生命一体化"(卡西尔理论),宇宙间一切物体,不论有机或无机、有生与无生,都可以交流、借用、混合、变换,从而形成"新种"或新的个性。

混融或综合许多物体(尤其是动物)的特性,强调或放大其某些要素,便可能如同麟、凤与东西方的龙那样——形成更强大、更灵异的"力"与"美"。它使世界更加华丽、多彩而生动,更有情趣与诗意。

长颈动物

(左上:长颈鹿;左下:长颈猎豹,古埃及石刻,复见;右上:霍加皮;右下:长颈羚羊)

现实中,长颈动物不仅有长颈鹿,还有霍加皮、长颈猎豹、长颈羚羊等都产于非洲。但脖子最长的还是前两种——也较可能成为中国长颈神兽(辟邪、天禄、飞廉、走龙、角端……)取象之依据,或说以上都是(长颈)麒麟一类,或说是其在某一时地的特殊分支。

想象力使顽石都具有生命和趣味,还让我们在这个日趋机械而又杂乱的世界里,更加可能"诗意地栖居",有更多的朋友或玩伴,也使我们更有童心和爱意。

就麒麟形象的采择与建构而言,最重要的是(鹿躯)独角(但并非所有战国秦汉的麒麟都独角)以及触目的长颈。所以我们首先注目中国古代似麒麟非麒麟的长颈动物——说不定有真麟混杂在内。

古代中国的长颈动物

战国以来,中原跟中亚、西亚的交通增加,与南亚至少有间接的交往,关于域外生物的信息不断丰富。虽然这一时期不一定有长颈鹿(实体)被辗转运到中原,然而,传闻或故事、图像、记载等其它"媒介",是很可能经过中亚或西域的"传递"到达中原的。证据不多。

——中国曾发现长颈鹿化石,当然这是"地质年代"的事;

——《西京杂记》、《三辅黄图》说汉代青梧观梧桐树下有二"麒麟",胁下文字写明是"秦始皇墓上物"。常任侠云,"秦始皇墓前的石麒麟,也近于长颈鹿";

——汉以来则肯定出现长颈鹿和以长颈鹿为母型的"兽形龙"或"麒麟"的图像,除了"九麟图"外,还有最重要的是"交颈长颈鹿"(详后)。

长颈神兽

(错银有翼神兽;左:正视;右上:俯视;右下:侧视;通长40厘米,高24厘米;河北平山中山王国墓出土,战国,采自陈振裕等)

这种神兽头部躯体都很像猫科动物,"如虎添翼",填金错银,使它更加神采焕发,不过其脖子已被拉长,让人联想及"长颈猎豹"。这是此一时期从西亚到中亚到东亚神圣动物造型的一大特征。

随县曾侯乙墓的长颈怪兽的形象并非个别,其出现更非偶然。

中山王国墓出土的所谓"龙凤"方案,其实是利用"狮面"怪兽的"长颈"来支持案面,使其具有一定的高度。要说是龙的话,也是四腿的"走龙",而且是"长颈龙",其颈部值得注意。前举所谓"轻巧型"的先秦翼兽——辟邪,更与秦汉的"辟邪"基本同样。它是"独立"的,并不"支撑"什么。有人说曾侯乙和中山国的神兽颈部变长是为了支物,才人为地加长的,以"长颈辟邪"来验证,其说不能成立。

这些证明,至迟在战国中原已通过中亚与西亚有文化交流。

错金银青铜方形"案"

(河北平山中山王国墓出土,战国)

支撑铜案的,一般称四凤、四鹿、四龙——此"龙"长颈,很像由长颈鹿或霍加皮取象。无怪乎有学者说龙与长颈鹿相关。当然,说龙来源于长颈鹿并没有多少根据。此器极为精美,斯基泰作风,而又富于中国特色。

战国秦汉的神兽,有的脖子很长。马、鹿、豹与骆驼等实存动物脖子也较长,看起来神骏挺拔,艺术再现稍加夸张更是英姿勃发。中国长颈神兽不免受此"启发"。但如果脖子长得与身躯"不成比例",违背"黄金分割律"(一般是1∶1.618),那就应该考虑长颈鹿、霍加皮及其造型的影响了。

学者说,长颈有翼神兽,都是西亚"飞兽"的东方"分支"。但西亚翼兽多以狮、牛等为蓝本,它们的脖子一般粗短。为什么某些中国"辟邪"、"天禄"、"桃拔"、"角端"、"飞廉"等脖子却极长呢?有的学者说是受雁、鹅、仙鹤等的诱导。但明确具有鸟的翼、喙、爪的神兽,近似"飞廉"形象者不如牛身狮爪、虎首鹿躯者多，其间确实有"格里芬（Griffin，鹰狮混形）的影像，但不能说都是"鹄颈"或"鹤项"。这就不能排除在先秦就已出现长颈鹿形象对"麒麟"可能的"引发"。

河北平山出土的中山王墓，可以说是东西方艺术交流的宝库，如郭沫若所称，此间的"白狄"完全是胡风东传的中坚或中介，其"野兽艺术"如猛虎食鹿等，纯属"扑噬"母题的斯基泰（Scythian）余韵。它的一只错银翼兽，虎头牛躯、凤翅狮爪，脖子很长，是所谓长颈"辟邪"(Pathia) 的先驱，确实是西亚飞兽有意拉长脖颈的做派。

钟簴长颈怪兽
（湖北随县曾侯乙墓漆器图绘，战国）

两只似乎鸟喙的长颈怪兽，衔着横梁，梁上悬着编钟，化装成兽首的"巫师"正在跳舞，并且敲击铜钟——这两只长颈兽长着尖尖的鸟爪，这正是北方草原——萨满文化圈处理（太阳）神鹿形象的招数。

最典型的长颈"辟邪"，要数湖北随县曾侯乙墓"钟簴"或"磬簴"怪兽。它显然利用并扩延了这种怪兽的长颈，以便把钟磬高高挂起。但如果它本来并没有这种细长脖子，也就无从被利用了。

所谓"簴"，是指"打击乐器"架两边支承重量的"形象柱"，有时是"人像柱"，像曾侯乙编钟所见，多数雕刻成猛兽的样子（参见《说文》卷五虍部所说钟鼓之栒，"饰为猛兽"）。《续汉书·礼仪志》大傩仪式里"错断食巨"之"巨"，就是这种怪兽。《文选》中汉·张衡的《西京赋》描写道：

洪钟万钧，猛虡趪趪；
负笋业而余怒，乃奋翅以腾骧。

薛综注："当笋（横梁）下为两飞兽，以背负。"《文选·上林赋》张揖注也说："虡兽以侠（夹）钟旁足。"为什么钟架支柱要做成猛兽样子呢？当然不仅仅只是为了美观。

以大腹长颈怪兽为"钟架"，一是为了烘托钟磬及其音响的宏大气势。《周礼·冬官考工记·梓人》说,这种钟簴怪兽,"恒有力而不能走,其声大而宏;有力而不能走,则于任重宜;大声而宏,则于钟宜"。如果巨兽的腹腔是空的,也许还能起点"共鸣箱"的作用。二是最重要的,还因为它是神兽,它的形象能够使钟磬之声更加宏伟远扬,让一切妖魔鬼怪震颤恐惧,逃避犹恐不及。

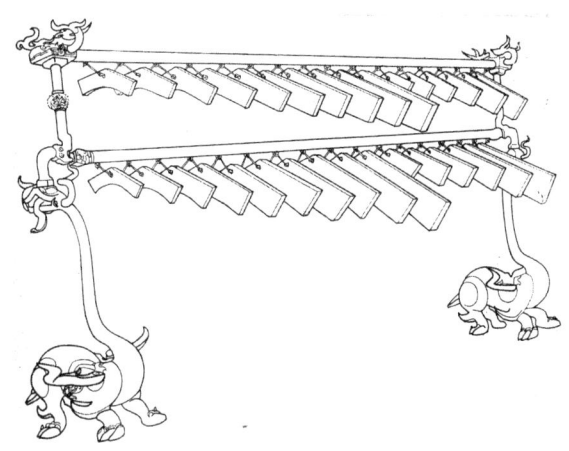

钟簴或磬簴:长颈"辟邪"
(湖北随县曾侯乙墓出土,战国)

这有翼、长颈、曲角的混形动物是"辟邪"吗?

有人把钟簴上的这种长颈怪兽当做变体的龙,甚至认为是"蛇颈龙"。

汉·刘熙的《释名》说:"簴,天上神兽也,鹿头龙身,像之为簴,以架钟鼓。"这最像前举的钟磬架怪兽。它还有翼,不仅为了"如翼斯飞",克服自身的笨重,这里说的"鹿头龙身",正是某种鹿形麒麟的造型特征。如果它是"长颈"的话,又像什么呢?

汉镜里的"辟邪"和题榜
(原器现藏美国华盛顿弗里尔-葛雷博物馆)

汉镜里有一种独角的神兽,"自铭"为"辟邪",然而它不一定是标准型。它的特征是长尾、有角、长颈,身上有虎斑,或说是由猫科动物夸饰而来,或说是麒麟"支脉"。南阳东汉《宗资碑》旁石兽,独角者自铭"天禄(鹿)",双角者自铭"辟邪",可见它们的形象有相通之处。"天禄/辟邪"与麒麟都是有角神兽,体躯、头形或虎,或狮,或鹿,或龙,随语境变化而定。

长颈有翼的"辟邪",其形象的渊源和意蕴,实在令人困惑。狮虎的身躯,拉得很瘦很长,也许是为了构图或装饰的需要,是商周以来动物纹样常见的"龙化"倾向。然而为什么要拉长脖子呢?是否受了麒麟或天禄乃至长颈鹿细长脖子的影响呢?

这些长颈怪兽或神兽,当然不能说是长颈鹿,甚至不能看成"改型"的长颈鹿,不能看成以长颈鹿为母型的麒麟。但它们跟麒麟关系很大,特别是"长颈"对麒麟形象的塑造与完成启发很大,影响很深。

天禄和辟邪

(河南南阳《宗资碑》旁石兽,东汉;现藏河南省博物馆)

这两只有翼石兽侥幸保存至今,身上自铭为"天禄"(独角)和"辟邪"(双角),与《汉书》孟康注等相合,但也不要仅仅以角数来区别它们。有时"辟邪"也是独角。"天禄"就是"天鹿",跟天马同样腾云行空。这也是麒麟作为"三维时空"混形神兽的一大神性(参见沈括说)。

注意,它们的颈部较长。在华夏—汉人观念中,它们都是天兽麒麟的族裔,外形亦颇相似。无怪乎孙机、李零们认为麒麟是西亚飞兽的"移植"。宋时沈括见此二石兽依然"大鳞如手掌",引南阳令曾阜语云,"尾鬣皆鳞甲",确实似"麟",今则磨灭矣。

中国文化里当然有不胜枚举的怪兽,《山海经》是其"渊薮"。这里主要介绍长颈怪兽(翼、角、爪往往是其"异变"特征)。有翼,表明它是能飞的"天兽",像"天禄"、"辟邪"一样保留着西亚的作风。但是把所有有翼、无翼或长颈、短颈的混形动物都认做西亚怪兽,特别是飞兽的中国版本,从而抹煞麒麟的个性及其与长颈鹿的干连,是缺乏理据的。我们看汉画里西王母身旁往往有许多能够辟除邪魅的瑞兽神禽。山东沂南汉墓画像石,西王母高坐在表示"三仙山"或"三危山"或昆仑山的"山"字形神座之上,两旁有玉兔捣药,"山"间正有一只胁生两翼的扁头长颈虎身细尾的"辟邪"在保卫她。这就是"天兽"。

楚墓里某些龙化的镇墓兽也是鹿头鳞身，跟"鹿头龙身"的簴兽颇为相似。陈跃钧、院文清的《镇墓兽考略》说，它是"地神土伯"或其部从，随葬的目的是"求得地神庇佑，其中包括有镇妖辟邪之用"。那么，鹿身龙身，"龙化"加"麟化"的"天兽"，当然也可能让钟声远飏高空，取得天神的赞赏，而使妖邪辟易。这些我们已专门介绍。

长颈似麟若龙神兽

（左上：武士乘麟，青铜造型，战国，摄于河南省博物馆；右上、右下：青铜器饰，战国，河南辉县琉璃阁；左下：神兽铜盒，其中除"四神"穿插其中外，似有带翼麟，江苏扬州市郊，新莽 M6 出土，参见《考古》86.6）

这种似龙非龙、似麟非麟的想象动物，很难辨识其母型或加以"定名"，一般以"神兽"称之。应该强调其长颈——一般认为是"兽形龙"的影响，但不能排除其与麒麟乃至长颈鹿的干涉。

广州西汉南越王赵眜墓出土的青铜长颈矮脚独角神兽，原称"苍龙"。但跟战国以来长颈神兽比照，就可见其与一般"长颈龙"有很大区别：不仅其头部殊异，非狮非虎非鹿，还具"独角"（身子似是巧妙地屈绕成圆），而典型的长颈辟邪，不但有南阳传世自铭的"天禄/辟邪"、汉镜上"自铭"的辟邪，还有洛阳出土的同类神兽（原称"角端"，实亦辟邪）为参照，纯属西亚作风，颈部特长，大多有翼。还有河北满城刘胜墓出土的鎏铜几饰，更是狮形翼兽"辟邪"。这样，就必须承认，至迟在汉代，已经出现了长颈动物乃至长颈鹿的图像，用不着仅以宋明作品来证明。

怪兽们

(东汉画像石,原题"羽人戏龙虎图",现藏山东省费县潘家疃村,1966年发现)

这里出现的主要是有翼怪兽,似龙非龙,似虎非虎,颈部较长,似是变体辟邪。有的似乎有角,有的像是戴着面具。仙人或"羽人"出没其中,却显得卑小。

江苏睢宁贾汪的一块画像石上已经有《九麟图》,有所谓"独角麒麟"。身上有短弧形如∽的"鳞形"纹,不是龙那样的"鱼鳞"(纹),也不是"斑马线";它有长长的"豹尾"和身子——是"龙化"而不是龙,脖子与身躯区分明确,没有鹿角。上方偏中有飞鸟和太阳,暗示它们不是"天禄"就是麒麟,而且有一对是交颈的。

翼 兽

(鎏铜几饰,或说是有翼辟邪,河北满城刘胜墓出土,西汉;参见《无产阶级文化大革命期间出土文物》,第20页)

战国秦汉以来,这种从波斯传来的翼兽极为多见,或说是变体"辟邪"(pathia,"帕西亚",波斯安息王朝名称的音义两译),它跟"长颈鹿:麒麟"不同。但因北非、西亚屡见不鲜的"长颈神兽"影响所及,"辟邪/天禄"一类神兽脖子也长了起来。

 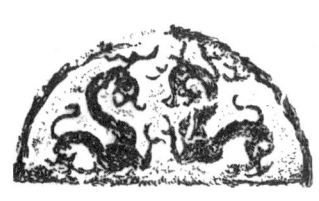 

长颈"苍龙"

(左:原题"苍龙",南越国王墓出土,西汉,广州;中:双兽瓦当,燕下都遗址出土,河北易县;右:双神兽,青铜器饰,传世,约当战国,现藏日本京都泉屋博古馆)

这些长颈神兽都有角,张口露齿,一般认为是"长颈龙"——这长颈肯定是受了从战国到秦汉长颈麒麟、长颈辟邪的影响,也不能否定有长颈鹿的影像作为创作依据。

龙鹿,交互影响

成熟的龙形象,不但身子长,脖子也长,加上瘦脸叉角,上半段有些像长颈鹿,有的学者甚至把长颈鹿说成龙的母型。宋元,特别是明清以后的麒麟标准像,确是龙头鹿身鱼鳞的混形动物。有人干脆说,麒麟就是"龙鹿"。

长颈怪兽

("四龙方案",河北平山中山王国墓出土,战国,张惠摄影,复见)

这座铜案造型精美绝伦,"托案"神兽的定名却令人颇费踌躇。考古学家一般由其头颈鉴定为"龙";然而其身躯与双翼却又极似凤凰——说成"龙凤混形"又不大合适。由此可见当时有龙/麟"混淆"的情况。

如果说是一般具有西亚作风的"翼兽",其修长的脖子却令人想起长颈鹿。莫非是早期的一种变体麒麟?

夏元瑜认为:古人看见长颈鹿的化石,一条长长的脖子,长出一颗似鹿的头,十分奇怪。也许由于化石"不完整"吧,看不清长颈鹿的四条长腿——便把它叫做"龙"。人们没有在大地上看到这种"长身无足"而又有角的"怪物",便推想到它生活在天上或海中，并且逐渐将其神圣化。① 神圣化的结果之一，就是麒麟。

麒麟与长颈动物的关系问题，本书要反复论证。这里主要交代一下：有人把"麒麟"看做一种龙的走兽化，或看做龙的一种"族裔"或"变体"。某些文物也确实龙、麟难分。例如，前举河北平山中山王国墓出土的一件"错金银青铜方案"，其"支架"造型，考古学家一般称"龙"，我们看起来却极像"长颈鹿"；广州南越王赵眜墓出土的一件青铜器物，说者多谓独角、蛇颈、鳄足、兽首"五爪龙"，看起来也很像某种长颈"独角兽"。

这些都让人想起巴比伦伊斯塔尔庙门浮雕"长颈独角兽"，却或称"角龙"②。

麒麟的出现

在较早的"四灵"的序列里，麒麟居首，且有相当的独立性。前举《礼记·礼运》："麟、凤、龟、龙，谓之四灵。"

麟列于前，龙却居后。可见战国或汉初，龙还没有占到绝对崇高的地位。先秦时期的"四灵"还没有完全被崇祀为"四神"，也还没有被完全借用为标志"星空"或"地域"的"四象"，它们的排列次序也还没有确定。

神兽与"龙"

（岩画，山西吉县清水河柿子滩，据称距今万年以上。复见）

柿子滩的旧石器晚期遗址，发现有动物化石、石器与艺术品等，遗址后方岩壁上发现2幅岩画：一幅为裸体妇女；另一幅组成奇特，意义不明。中间为一人，撑开（或连接）神兽与"龙"（形如杂树，或以为其外侧是有角"鱼尾龙"）。神兽似鹿，一角作类"丫形"，这跟混形神兽麒麟有些关涉。颈背及尾部"生"出∞形连环（这跟人胯下整齐排列的10个圆点——不知是否计数——都是比较"进步"的符号式表现）。右方更是奇特构形（"枝"下有相连二圆点）。不知其年代是如何推定的。

或说图中有模糊的飞鸟、蛾（在鹿头上方），有"骨饰"；或说是人与兽格斗；或说是神人"控驭"圣物，疑莫能辨。

---

① 参见夏元瑜：《龙门大阵》，《龙年谈龙文集》，（台北）1977年。
② 参见［英］塞顿·劳埃德：《美索不达米亚考古》，杨建华译，1990年，第204页。

山西吉县清水河柿子滩发现据称距今万年以上的旧石器时期岩面（时代有待论证、落实）：一幅为裸体女性，一幅为人与"怪兽"。后者，中间一人用手脚"撑"开二"怪兽"；右边或说是"龙"，其实状如杂树，性质不明；左边为有丫状角的似鹿"怪兽"，似乎"人立"、"背"有∞形状。人兽下方有排列整齐的10个圆点，似为计数符号。整个画面的意旨不清楚（或说是人兽格斗，或说是神人驭兽）。只有（左边）"怪兽"可能被附会成"原麒麟"。实在难说得很，存疑为妙。

麟的形象，虽有繁多记载，但严格而可靠的描写，先秦的材料却不多（这些主要在讲麒麟母型时介绍），明白确定的图像更少。目前所知的，只是它属于混形性、"综合性"的神话动物，具有与龙接近的一些特征：

兽躯（主要为鹿躯）；

颈部较长；

长尾，或尾端勾曲，或有"毛团"；

鱼鳞或龙鳞；

独角或双角——以羚角或鹿角为主要取形。

这使得它与龙形走兽相似，其晚近形象更具"龙首"。

姜央骑龙

（苗绣）

苗族传说始祖姜央（神话地位略同汉族的伏羲）跨骑于龙身上，此龙却已经走兽化——跟汉族或中原的麒麟相似。很可能，龙化麒麟或麟化蛇龙传到南方以后，苗族仍称之为龙，保存古意。他们的龙本就多元而多样。至少从中可以看到麟/龙的互渗或可能互转的复杂关系。

"龙"对麟形象的影响

我们之所以要讨论龙的"走兽化"或所谓"兽形龙"(尤其是所谓"虎化的龙"与"鹿角龙"),一个重要原因是这种龙跟麒麟的关系特别大,而麒麟确实有若干龙的特征(参见上文)。

我们总认为,混形神物"麒麟"的出现跟龙的神化或演进有很大关系。今天看到的"标准型"麒麟形象(唐宋以后),几乎完全是龙头、鱼鳞、球状尾而鹿角或羚角(这两种是龙角之所据)。而标准型的龙形象(春秋战国秦汉以来的龙)头部极其独特怪诞,很难辨别而又为学者所忽略:似鳄非鳄,似鹿非鹿,似马非马,似羊非羊,瘦骨嶙峋,"干燥"、轻盈却不免丑陋——而这又多是麟首或麟的"龙首"的特征。人们看惯了,加上其整体的神骏与矫健,丑也变成了美。

关于麟或龙的角,我们已反复讨论,其主要取象依据:

(1) 羚角;
(2) 鹿角——杈角或短角;
(3) 长颈鹿式的瓶状角(或鹿初生之茸角)。

这使麟/龙十分相似。

鹿角龙之舞
(西藏寺庙里的神圣舞蹈)

鹿角辟邪,戴着鹿角的龙驱魔力量倍增。这样的"跳神"仪式当然最能驱凶纳吉。

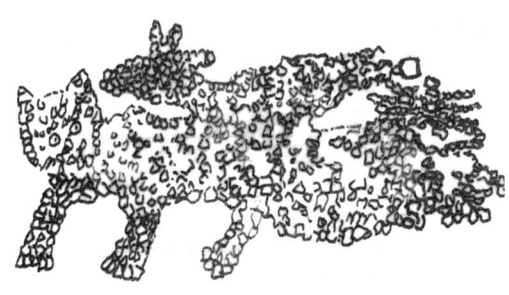 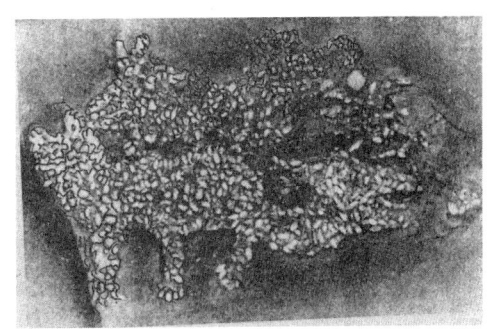

鹿、虎、蜘蛛

（左：河南濮阳西水坡第 2 组蚌塑，仰韶文化，采自陆思贤；右图是较清晰的照片，或称"龙虎合体图"）

在龙、虎拱卫墓主人的蚌塑（第 1 组）南约 20 米处，出现虎形、鹿形，鹿似卧虎背，鹿身后有一宽板状石斧，其下有所谓"蜘蛛"。陆思贤《神话考古》说："鹿头靠着虎颈，背靠背，四条腿并列南向，如站在东南侧看，犹如一头长颈鹿。"图形意义至今不明。但可肯定，绝不是什么"鹿蹻"。照片所见与陆氏的摹本不同。上面的似鹿，又像鹿角龙（或称"龙虎合体"），下面者紧依而未相连，的确似虎。

麒麟的主要母型是鹿或长颈鹿，去"平凡化"的方法之一是去其一角（长颈鹿本就不平凡，"长颈"经常被利用或借用——有人却说是"借用"龙的长颈）。但秦汉时所见独角兽，却并不一定是鹿躯，而麒麟也不只"独角鹿"一种（唐宋以后更多见双角麒麟）。

最佳方案和优化策略是采用"龙首"，体躯加上龙鳞（其实是鲤或龙鲤大鳞）。所以唐宋以来麒麟的主流形象是有鳞的"龙首鹿"。这时龙的唯我独尊地位得以确立并且巩固，基本为最高统治者及其家族所垄断。麟也就沾上了它的霸气与荣光。

龙的主要母型是蛇、鳄、蜥和（某些）虫，它们的身躯基本是圆长夭曲（这是它们的主要特征），头或角变化很大（龙有马首、牛首、羊首、鹿首乃至熊首等）。但正因为夸饰着角并且"怪化"着头，加上"圆长夭曲"的身躯，即令其被兽化或虎化、鸟化……也

鹿角虎躯鳞身长舌的镇墓兽

（河南信阳楚墓出土，战国）

这种镇墓兽虎躯而鹿角，持蛇而噬，除了坐式以外，跟后来的麒麟颇为相似。应该注意它们之间的相互影响。

能一眼认出是龙，而不至于与麒麟或其它（标准体躯）圣兽相混淆。

龙的兽化原因很多。它本来是"混形"的，"混"入兽躯、兽足并不奇怪。又因为特定时空、特定群团偏爱某种骏美动物（例如马、鹿）而有意使其"神似"或者"形似"。由于保留龙首鳞躯长身而又不完全兽化，所以仍然是龙——"反影响"，尤其是麒麟的"反影响"，使龙的走兽化持续出现。

如上所说，有时仅仅是器形或"画面"限制、构图要求，龙、虎、凤、麟都在保持基本形态前提下被随机拉长或缩短身子，实在多样而又多彩。

龙/鹿之间的镇墓兽

唐宋以来的许多鹿角鳞身虎躯"麒麟"造像，已与近代常见的"龙首麒麟"相似，而明显地来源于楚汉的"镇墓兽"。这是龙的"走兽化"（龙的虎化或虎的龙化）的直接结果之一：由形象基干来看，镇墓兽主要是：虎躯/鹿角；（坐式）兽化的龙。

苏美尔—巴比伦的"龙"或"类麒麟"

（左上：长颈、长腿的龙麟状神兽，镶嵌画，古巴比伦神庙外墙；右上：太阳神马尔杜克斗"龙"，苏美尔滚筒印章图案；下：日、月、星神斗龙，来源同上。复见）

苏美尔—巴比伦有蛇身、戴角的"龙"，也有走兽形的"龙"，这是一般称呼。也有人认为是以长颈鹿等为母型的西亚"原麒麟"：它长身、长尾、长腿、长颈而又有鳞有角，属混形神兽无疑；有的还有翼，进入西亚翼兽，乃至格里芬序列。这对研究麒麟来源、性状很有意义。

美籍俄裔文化史家罗斯托夫佐夫（M. Rostovtzeff）在他的《南俄与中国的动物纹样》（*The Animal Style in South Russia and China*, Princeton, 1929）里

指出，镇墓兽的渊源可以推溯到中亚与西亚。"麒麟—镇墓兽"就综合了中国战国秦汉动物艺术的三大母题：

龙，龙首；
饕餮，凶猛的兽面；
（鹿体）格里芬（Griffin，鹰翼狮身怪兽）。

近年发现，后者在河北平山中山王墓出土的青铜器里可以看到它的变体，后来则转变为各种"辟邪"(与 pathia 对音）——我们认为其长颈尤其值得注意。

镇墓兽是否"虎形龙"的争论，涉及"龙首麒麟"或"走兽化"的龙的形象，似乎可以追溯到西亚两河流域艺术的可能影响。苏美尔人的一种"龙"就是"站立式"或走兽形的：

身披鳞甲；
前爪如狮子；
后腿如猛禽；
蛇头蛇尾。

西亚"飞兽"

（滚筒印章图案等，集合图，苏美尔—巴比伦）

两河平原的"怪兽"大多有翼，或具鸟爪，"混形"明显。有时跟"格里芬"混淆，其身躯或马或牛，或虎豹。有独角者，多属西亚的"麟"或 Rēēm（以野牛为躯干的角兽或飞兽），或其变体。

西亚兽形龙，有的见于伊斯塔尔女神庙，是守护神；有的见于古底亚

(Gudea) 王祭器①。

有人说是格里芬（Griffin）的（无翼）变形；有人因其长颈，以为母型是长颈鹿或霍加皮，东传而为中国的（龙首）麒麟；有人以为是中国"虎化龙"或"犬形龙"的同类。

这些都是重要的见解，但都处于"假设"或"讨论"阶段。

走龙，或兽化的龙

罗斯托夫佐夫等便认为，中国的龙（尤其是"高足"的"走龙"或"兽身龙"）可以在迦勒底（Chaldea，或译迦尔迪亚，后巴比伦文化）的"龙"（西文称Dragon）身上找到模型或重要元素：

长躯鳞身；

四足；

有翼。

但我们认为，苏美尔—巴比伦—迦勒底的"龙"或类龙怪兽，更多更直接地影响着战国秦汉以来的"麒麟"形象——当然必须特别注意那些颈部特长的"原麟"造型，还必须注意其"过渡"形式或"中介"形象素：

独角镇墓兽

（左：北魏陶俑；右：六朝玉独角怪兽，传世，现藏美国旧金山艺术博物馆）

这种镇墓兽虽然"虎化"，但依然保持坐姿麒麟的身形，尤其是它的独角。

可供参考的约略同时的玉虎，也是独角。

---

① 参见［法］雷奈·格鲁塞：《近东与中东的文明》，常任侠、袁音译，上海人民出版社，1981年，第29页。

> "辟邪类"神兽,尤其"有翼飞兽";
> 楚汉鳞身鹿躯或龙首"镇墓兽";
> 其它长颈神物。

这些前文已略作介绍,此处只是提醒人们注意其西来因子或元素,罗斯托夫佐夫认为,楚汉"镇墓兽"来自中亚—西亚王宫"守护神"(兽)。

葛承雍据以陈述:

> 五世纪左右开始在中国北方墓葬中出土大量的"镇墓兽",其渊源就是西亚、中亚守卫宫殿、神庙的幻想神兽,有的狮首鹿角、豹身马蹄;有的胡面高鼻、兽身蹲坐,四肢长有三只锋利的爪子,火焰形卷毛上竖,翅膀自腰部向上展开,尾巴端部如同一簇尖头树叶,似乎准备随时一跃而起,驱赶妖邪。①

 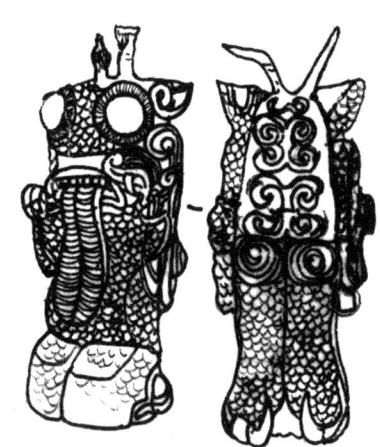

麒麟与(楚)镇墓兽

(左:北京颐和园的坐姿铜麒麟;右:镇墓兽,漆木雕,角残,河南信阳长台关楚墓出土,战国,复见)

镇墓兽,巨目张口,獠牙吐舌(信阳楚墓出土者,前爪还抓一条蛇欲噬),基本上是鹿角虎躯、龙首鳞身(或说是跪坐的"粗壮型"鹿龙)。主要功能是辟除妖魔鬼怪对墓主人尸体或亡魂的可能侵害,跟古麒麟的意构大体一致(主要区别是麒麟行空入水,而镇墓兽是在地下发生作用)。

戴鹿角蹲坐的麒麟,到现在看起来还像楚墓的镇墓兽。

这些确实都有外来因素。

---

① 葛承雍:《唐代龙的演变特点与外来文化》,《龙文化与民族精神》,鲁谆等编,上海人民出版社,2000年,第109~111页。

有翼瑞兽

（左上：四川成都汉墓画像石，仙人用神草引导独角鹿形麒麟；左下：江苏徐州汉墓画像石，有角翼兽；右上：江苏徐州铜山汉墓画像石，卷鼻硕身似象，却有角有翼；右中：江苏睢宁九女墩汉墓画像石，短卷尾，有翼，鹿角；右下：江苏徐州东汉墓出土铜盒，羚角，长翼）

神异动物往往"混形"，或综合了某些神秘动物的特征，例如龙、凤、麟和这里的"瑞兽"，其有翼当然是西化的结果。徐州东汉铜砚台的动物归属争议很大：或以为是"翼牛"，或说是怪兽。但它的"矮化"和身上的疣状突起，则分明组合进蟾蜍的特点。它们都与麒麟形象有所干涉，尤其是九女墩画像石者兽身鹿角鸟翼，而头部似龙，更像麒麟。

在此前后，跟这些镇墓神兽有亲缘关系的几种著名（墓道）神物，葛承雍也认为各有母型：

狻猊←狮子

天禄←权角羚

辟邪←犀牛① （案：辟邪多为狮形）

---

① 葛承雍：《唐代龙的演变特点与外来文化》，《龙文化与民族精神》，鲁谆等编，上海人民出版社，2000年，第109、111页。

我们虽然不敢苟同其说,但认为这些"辟邪群"神兽,其造型元素与风格,确实"均与西方文化东传有关"①。

讲到龙的"走兽化",许多专家注目于"龙的虎化"或"虎的龙化",其实,具有"类龙首"的麒麟形象是最重要的"走兽龙"(麒麟也有采用虎躯者)。

杨和森《图腾层次论》注意到虎形象渗入到龙的造型,"龙正是在同虎部落的融合过程中,逐步综合了各种图腾的突出特点,使之由原来的爬虫类形象变得丰满起来"。他说,所谓"龙虎合体",是"龙中有虎,虎中有龙,龙隐虎现,虎隐龙现,龙虎结合,形成一体"②。这虽有道理,但其起源不能仅从图腾融合着眼。

虎的龙化

(左、中:商代青铜器装饰;右:虎形龙首装饰,奥斯堡殉葬船饰物,约公元820年,现藏挪威奥斯陆北方史迹大学博物馆,或说是"虎头龙",较难确定)

有些器物里的龙纹,因为器身构造的"限制"或"需要",或将老虎身子拉长,看起来像龙;或将龙的身子缩短,看起来像虎。但是,其基本"类属"还是看得出来。我们觉得并没有所谓"龙虎合体",也很难看出"虎形的龙"或"龙形的虎"。有的龙头粗壮,"潮湿",看起来像虎,却不一定是虎。

---

① 参见《寻根》2001年第1期,第40~41页。
② 杨和森:《图腾层次论》,云南人民出版社,1987年,第125~126页。

曹振峰认为，"西水坡龙虎蚌塑"有一组是"龙虎合体"，且"从蚌塑龙的造型看，没有多少（闻一多说）'大蛇'的原形……龙的造型反而受虎的影响，具有很多兽的特征"①。我们觉得，仅就蚌塑而言，龙只是呈现某些"走兽"的形态，鳄鱼在陆地行走的时候并不时时腹部贴地，四足也能较高地"支"起身子而带"兽"形，我们看不出"龙虎合体"来。商周确实有"虎形化"的粗壮龙造型，也还谈不上"龙虎合体"。只是某些肢体或身躯被打乱，或"剖开"以后按构图需要再整合，或属于"兼体造型"（请参看笔者对良渚"神人兽面"以及饕餮纹的研究）。

中原或华夏—汉人，在龙形象的塑造上，有某些"虎化"的做法。我们觉得，这一倾向商周已开始，汉唐大盛。

龙虎难分
（商周器饰）

这些器饰，多数学者释为"虎"，主要辨识标准是侈口、獠牙、圆耳，或有纹，但是体躯修长者，有的学者却说是"龙"。有的有角，有的喙、爪鸟化，殊难识别。其中似乎仅具独角者又近麟。这说明有时"龙化的虎/虎的龙化"跟麟至为相似。

冯汉骥在论述龙的造型时说，汉以前的龙多属"图案化"；汉以后，特别是东汉，龙形趋于"统一"，一个特征是"龙虎混形"。

> 此（汉）时期的龙，在形状上大体与当时所绘的虎相类似，所谓"青龙白虎"。而龙与虎的区别，仅在于龙首有角及身有鳞甲。这种形状一直保存至南北朝时期，而在身躯上和龙首的腭部逐渐变成细长，愈晚者愈甚，上腭上逐渐具有突出的尖形上唇，但龙身与龙尾尚有清晰的界线——即尾

---

① 曹振峰：《古龙觅踪》，《民俗与民间美术》，陈瑞林编，湖南美术出版社，1990年，第31页。

细而身粗大。①

我们认为,"龙虎混形"主要应从形式上来考虑。除了要求"四灵"身躯的相对均衡外,图形之载体或"平台"(狭长方形)要求拉长它们的身子——这是商周"虎的龙化"和"龙的虎化"之变本加厉的重要原因,突出尖的上唇是"象鼻化",身、尾分开则是"走兽化"(另详)。

至于"龙虎混形"对麒麟形象的影响,不妨看一下饕餮对龙元素的吸收。饕餮的"现实"母型,或有自然界存在的动物的"形象"基础,主要有三:

羊/牛/虎

是否有"龙面"或"龙首"之饕餮,或者说有没有以龙的三大母型(蛇/蜥/鳄)为形象"基础"的呢?

虎化而似麟的龙

(左上:青铜饰件,四川什邡出土;右上:青铜镈钟纽纹饰,湖北随县曾侯乙墓出土;左下:钟鼓铜套透雕纹饰,来源同右上;右下:束腰平底鼎腹外附件,来源同右上,战国。胡志华绘,采自陈振裕等)

"龙的虎化"与"虎的龙化"很难区别,后者多出于需要,纹饰要将其身子拉长,多少有神化的意思。前者受后者影响,也为了强调龙的狞猛威武。考古学家多将有角或有鳞而又长躯者称为(虎化的)龙;但有时更像虎形,例如左下图所示,加角只为神化却又极其似麟。

---

① 参见冯汉骥:《王建墓内出土"大带"考》,《考古》1959年第8期,第437页;收入《冯汉骥考古学论文集》,文物出版社,1982年。

瑞典的高本汉（Bernhard Karlgren）在《中国青铜器的新研究》（1937年）里暗示，若干饕餮纹跟龙纹是不可分离的；在《论中国早期青铜器装饰的法则》（1951年）里，他还从型式学的角度论证：

"龙/饕餮"同源

理由之一是，它们都具有形状略同的角（马承源《商周青铜器纹饰》则倡导以角形不同为饕餮分类的依据）。

我们觉得，过分强调龙对其它混形动物的形象塑造的影响，提倡"同源"学说，建构"龙体饕餮"之类概念，并不符合实情。然而必须承认，许多神话性"混形动物"诸元素的相互影响与吸收是存在的。李学勤的《良渚文化与商代饕餮纹》等文，根据极晚的"龙生九子"包含饕餮的传说，提出饕餮纹或是"龙纹"的一种，虽然也走得太远，但提醒龙形象的强大影响力，却是值得注意的。

确实有似"龙首"或"龙面"的饕餮，但辨识与判读都较困难，目前最好存疑（请参看《中国上古图饰的文化判读——建构饕餮的多面相》）。而如果"龙首饕餮"以全躯出现（所谓完形化），不论是鹿身、虎身、牛身或羊身，都跟"麒麟"相似——有的则被列为"走兽化的龙"。

走 龙

（左："鱼龙曼衍"杂技，汉代画像石，山东沂南出土；右：石走龙）

所谓"走龙"或"站龙"，主要特征是身躯短化而如兽形（因而与麒麟有些相似），似乎要竭力摆脱"蛇身"，唯保持"龙首"不变。这种龙最为北方骑射民族所钟爱，西夏或辽金元文物中也常见。

法国的雷奈·格鲁塞（M. René Grousset）从鉴赏的视角论述"龙虎混形"的奇特造型时说：

我们只要看看器皿颈部或盖子上相对的双龙（所谓"夔龙纹"），从这微妙的几何特性上使人认不出它们是属于蜥蜴科还是猫科动物——而且，事实上，中国的龙蛇与中国的虎都要从孕有多种潜力的这一形式演变而来。……[它们]显得比任何已知的动物更加凶猛。[1]

他敏锐地意识到龙、虎都是一种"力"。创作者既要在不可知的命运和险恶的现实的缠绕之中寻找一种潜在的力来诠释和疏解鬼神或自然界的神秘,又要借助它们(特别是它们的"合力")来威慑、辟除各种邪恶或敌顽。无论是饕餮还是龙、虎,都要突出它们的凶猛,哪怕源出于"虫",都是张开长满獠牙的巨口,突起的眼睛,大半还加上武勇的角……以致其母型都难于辨认和区分。

综上,"爬虫类"之龙的"走兽化"包括"虎化",甚至"龙虎难分",一直影响到麒麟形象的完成。主要原因是:

(1)"混形性"本身的扩张力与强传染性,使龙吸收或"趋向"有关系的动物(例如虎或凤),搞得"龙虎混淆",丧失部分的(现实)个性,形成新的(神话)个性。

(2)向母型动物"借鉴"乃至"回归",例如"龙马"或"马(形)龙"更像马躯——尤其是在爱马的游牧民族之中——只有"龙首"一般不变,也许带有使它们更"强大"的意图,例如"如虎"而"添翼"。

(3)所处"画面"或构图需要将龙躯缩短,或把虎身拉长。

(4)审美需要多样化,"兽形龙"使龙的家族更庞大,更多彩(例如有一种似麟非麟的怪兽,或有翼,或有角,都使人想起麟及"类麟"作为混形动物的多样性)。

兽化的"走龙"或"麟龙"
(明清寺庙石刻)

兽形龙依然保持其多栖性,或空中,或水下,都活跃异常。然而兽化程度愈高,愈像麒麟,以致有人称之为"麟龙"——其实它身躯虽短却细而夭曲,其蜥鳄的"基本结构"如故。

---

[1] [法]雷奈·格鲁塞:《中国的文明》,常任侠、袁学礼译,黄山书社,1991年,第17页。

铁证：东西方的交颈长颈鹿——麒麟

我们都知道，无文字时期非洲塔西里岩画兽群中有交颈长颈鹿，古代埃及法老那尔迈的岩板上也出现过所谓"交颈麒麟"的图像——这是我们这种"半瓶醋"的业余作者的叫法，考古专家谨慎地称之为"交颈怪异动物"，因为它无角的头部似犬若豹如狮（我们觉得有些像被"压扁"的曾侯乙墓编磬长颈怪兽"辟邪"的头部），而尾巴又"其长无比"——其实它们的"基干"是长颈鹿殆可无疑。那尔迈岩板是"纪功"用石板，"交颈圣兽"属于吉庆图案，可以肯定。

交缠颈脖的"麒麟：长颈鹿"

（"九麟图"，部分，江苏睢宁贾汪汉代画像石，现藏徐州汉画馆）

许多专家都称之为《九麟图》，那么中间者应即"交颈麒麟"——颈长，而有"肉角"（独角）。与实在的长颈鹿相比，只是身躯稍长而已。

在华夏—汉人民俗观念中，"交颈"就是恩爱，包括性生活和谐。这跟传统中以麒麟或"龙鹿"为繁殖力量象征一致。

但这不是最古老的。不但巴比伦伊斯塔尔神庙有龙化而似麒麟的长颈鹿模样的神兽，苏美尔乌鲁克时代末期圆柱形"印章"上早就出现"交颈长颈鹿"的图像。

这是西亚北非文化早就有所交流的物证。

许倬云的论文《接触、冲击与调适：文化群之间的互动》，曾经以苏美尔/埃及"长颈动物对立交缠图像"等为例，证实二者之间存在"文化互动"关系，证明苏美尔文化的"侵入"激发了埃及文明,尤其文字的新创造①。

许倬云的《西周史》(增订本)也有类似的观点。他认为,公元前2000年的中叶,中亚印欧民族南下印巴次大陆,西南行而进入西亚,这一民族大迁徙及其引起的文化变迁,也曾影响中国上古文化。"我相信亚洲内陆,由中北亚东迤今日的西伯利亚及蒙古,以及南迤今日的新疆、西藏,也曾受族群连串大移动的波及,而有其一波接一波的'推背行'。"②

狩猎图

(塔西里岩画,非洲)

"交颈长颈鹿"的形象,早在成文史前或所谓"原始部落"的艺术里就出现了,意义不太明朗。

一个持弓的猎人以一头牛为掩护,向鸵鸟靠近。三只长颈鹿似乎"自成系统"。

它们与鸵鸟的透视关系,形态或比例都相当准确。朱狄在《原始文化研究》中说:"这显然不可能是一种现实的摹写,而是一种愿望的表达。它也可能与招引巫术有关。"(第620页)

而我们今天居然在汉代的画像石上发现了几乎同出一辙的"长颈动物对立交缠图像",难道还能否认这是西亚北非远远传递来的"吉祥"意象和文化影响吗?

交颈狮面兽

(法老那尔迈岩板,背面,古代埃及;现藏开罗博物馆)

这两只长颈动物虽然长着狮子或猎豹的面孔、尾巴和腿,却以长颈鹿为模特无疑,象征的是吉祥与胜利。

这个姿势或说表示"爱恋"或"友好";或说是争斗,用长颈相互"搏击",被人类视为"吉庆"。

---

① 参见许倬云:《接触、冲击与调适:文化群之间的互动》,《中国考古学与历史学之整合研究》(上册),(台北)历史语言研究所,1997年,第77页。

② 许倬云:《西周史》(增订本),生活·读书·新知三联书店,1994年,第11页。

交颈动物的比较

（左：苏美尔乌鲁克末期圆柱"印章"图案，原物藏巴黎卢浮宫美术馆；右：古埃及法老那尔迈岩版图案中部，原物现藏开罗博物馆）

两幅"交颈动物"图案基本一样（左图长尾间出现神鹰），证明苏美尔与埃及之间有文化交流。

这些交颈动物具有"猫科动物"的头部（或说猎豹长颈亦可夸张，但绝不会长而至此）。学者们谨慎称为"长颈动物"，不肯直截了当说是长颈鹿，但其"大体"近似，殆无可疑。

"交颈长颈鹿"或"交颈麒麟"都是吉庆图案。埃及人刻在纪功碑上，可能还有夸耀缴获、炫示权威、羁縻外邦的政治目的。因为纪功碑第一层右侧出现被砍下头颅的俘虏，最下层（可能）是代表法老的"蛮牛"用犄角撞击敌人要塞的塔楼，还企图践踏被它撞倒的敌人（庆典中的法老臀部后面还系着"圣牛之尾"）。

至于比较文化史家或说，交颈"狮头怪兽"是代表"被征服的敌人"，却不见得如此。因为从苏美尔—巴比伦到埃及、波斯的装饰艺术里，"对兽"（或"对兽—神树"、"对兽—英雄"）都是神圣的"拱卫者"或者被庇佑的圣物。苏美尔乌鲁克末期印章上的"交颈圣兽"又是代表什么呢？那交叉的长尾中央还飞翔着雄鹰（或亦

交颈长颈鹿：吉祥与胜利
（动物摄影，非洲）

长颈鹿"交颈"，或说这跟鸳鸯交颈一样表示爱恋或友好；有人却说是为了择偶而猛击对方脖子——如果在雌雄之间，那就是"玩耍"或"前戏"。

说是"格里芬鹰"),以其烘托着"怪兽"的神圣性。

汉代"交颈麒麟"

(上:江苏睢宁贯汪汉墓画像石;中:徐州十里铺汉墓画像石;下:长颈鹿群)

上图或说是交颈飞龙;中图肯定是长颈鹿了。除了体躯较长,它们跟西亚、北非上古的"交颈长颈动物"没有大的差别。

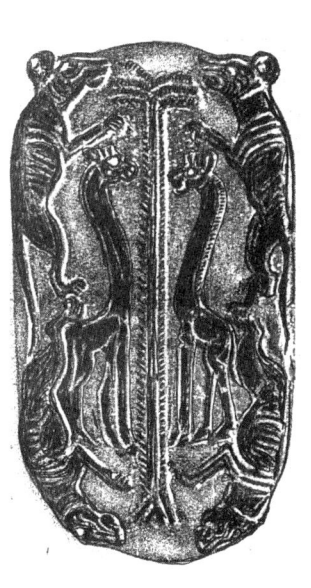

长颈鹿:古埃及圣兽

(古代埃及又一"岩板"雕刻,法老那尔迈时期;现藏法国巴黎卢浮宫美术馆)

古代埃及跟苏美尔一样已将长颈鹿视为"圣兽"。这是西亚—北非特有的一种"对称式"构图,它们拱卫着中央的生命树(枣椰类,或亦"世界树")。

另一块被巴黎卢浮宫美术馆收藏的片岩装饰版,分别是一对长颈鹿拱卫着棕榈或枣椰形"生命树"(或"世界树")——这具有辟除死亡、敌害、邪恶的巫

991

术功能，至少是"祥瑞图"，两兽绝不会是制碑或制版者的敌人。更进一步地说，长颈鹿两雄性之间虽然为求偶而以脖颈互击搏斗，但雌雄之间长颈的轻碰或触摸却是为了表示亲爱，或是"进入主题"前的必要铺垫或准备，其"交颈"简直如同交合——就跟中国人心目中的"鸳鸯交颈"差不多。所以这个图像暗寓"象生"之意，就是在庆典上祝祷族裔与万物的蕃育、繁盛。联想到"西方麒麟"（unicorn，独角兽）和东方"送子麒麟"与生殖崇拜的关系，苏美尔或埃及的"交颈麒麟"简直可以说是此类"生命圣物"的文化源头！

萧兵论著索引

《楚辞与神话》（江苏古籍出版社，1987年）
《楚辞新探》（天津古籍出版社，1988年）
《中国文化的精英》（上海文艺出版社，1989年）
《太阳英雄神话的奇迹》（（台北）桂冠图书公司，1992年）
《黑马：中国民俗神话学文集》（（台北）时报文化出版企业有限公司，1990年）
《楚辞文化》（中国社会科学出版社，1991年）
《楚辞的文化破译》（湖北人民出版社，1991年）
《古代小说与神话》（辽宁教育出版社，1992年）
《傩蜡之风》（江苏人民出版社，1992年）
《老子的文化解读》（与叶舒宪合著，湖北人民出版社，1994年）
《中庸的文化省察》（湖北人民出版社，1997年）
《楚辞全译》（江苏古籍出版社，1998年）
《老子与性》（韩文版，文学村子社，2000年）
《楚文化与美学/楚辞与美学》（（台北）文津出版社，2000年）
《神话学引论》（（台北）文津出版社，2001年）
《避邪》（上海古籍出版社，2003年；（香港）万里书店，2004年）
《亥猪福臻》（中国时代经济出版社，2003年）
《山海经的文化寻踪》（与叶舒宪、［韩］郑在书合著，湖北人民出版社，2004年）
《古代小说与神话宗教》（山西人民出版社，2005年）
《孔子诗论的文化推绎》（湖北人民出版社，2006年）
《藏獒》（上海文艺出版社，2007年）
《中国上古图饰的文化判读——建构饕餮的多面相》（湖北人民出版社，2011年）
《中华民族的神话/中华民族的传说》（译林出版社，2014年）
《中国早期艺术的文化释读》（湖北人民出版社，2014年）
《龙凤龟麟：中国四大灵物探究》（华中师范大学出版社，2014年）

声 明

本书系通俗性科学普及著作，援用他人论点、一般资料，特别是图片，由于多种原因，未能与本人联系，谨此表示歉意和谢忱。如有需要，请与作者联系。